COORDENADORES
MINISTRO MARCO AURÉLIO BELLIZZE
ALUISIO GONÇALVES DE CASTRO MENDES
TERESA ARRUDA ALVIM
TRÍCIA NAVARRO XAVIER CABRAL

ESTUDOS EM HOMENAGEM AO PROFESSOR ARRUDA ALVIM

EXECUÇÃO CIVIL
NOVAS TENDÊNCIAS

ALUISIO GONÇALVES DE CASTRO MENDES • ANA BEATRIZ FERREIRA REBELLO PRESGRAVE • ANDRÉ GUSKOW CARDOSO • ANTONIO ADONIAS AGUIAR BASTOS • ANTÔNIO AURÉLIO DE SOUZA VIANA • ARRUDA ALVIM • ARTHUR FERRARI ARSUFFI • BRUNO DANTAS • CAMILLA PAOLINELLI • CAMILO ZUFELATO • CANDICE LAVOCAT GALVÃO JOBIM • CASSIO SCARPINELLA BUENO • CRISTIANA CARLOS DO AMARAL CANTÍDIO • CRISTINA REINDOLFF DA MOTTA • DANIEL VIANNA VARGAS • DAVID PEREIRA CARDOSO • DIERLE NUNES • EDILSON VITORELLI • EDUARDO ARRUDA ALVIM • EDUARDO TALAMINI • FERNANDO CRESPO QUEIROZ NEVES • FLÁVIA PEREIRA HILL • FLÁVIA PEREIRA RIBEIRO • FREDIE DIDIER JR. • HEITOR VITOR MENDONÇA SICA • HUMBERTO DALLA BERNARDINA DE PINHO • ISABELA ARAÚJO BARROSO • JOEL DIAS FIGUEIRA JÚNIOR • JOSÉ AUGUSTO GARCIA DE SOUSA • JOSÉ ROBERTO DOS SANTOS BEDAQUE • LARISSA CLARE POCHMANN DA SILVA • LEONARDO FERRES DA SILVA RIBEIRO • LUCAS VIEIRA CARVALHO • LUCIANE GOMES • LUCIANO VIANNA ARAÚJO • LUDMILA LAVOCAT GALVÃO • LUÍS MANOEL BORGES DO VALE • LUIZ FUX • MARCELO ABELHA RODRIGUES • MARCELO MAZZOLA • MÁRCIO CARVALHO FARIA • MÁRCIO ROCHA • MARCO ANTONIO RODRIGUES • MARCO AURÉLIO BELLIZZE OLIVEIRA • MARCO FÉLIX JOBIM • MARCOS YOUJI MINAMI • MARCUS LIVIO GOMES • MARIA LÚCIA LINS CONCEIÇÃO • MÔNICA LIMA • PAULA COSTA E SILVA • PAULA MEIRA LOURENÇO • PAULO HENRIQUE DOS SANTOS LUCON • PEDRO HENRIQUE NOGUEIRA • RAFAEL ALEXANDRIA DE OLIVEIRA • RICARDO CHEMALE SELISTRE PEÑA • RITA DIAS NOLASCO • RODRIGO FUX • RODRIGO MAZZEI • RODRIGO VIEIRA FARIAS • ROGÉRIA FAGUNDES DOTTI • RUBENS CANUTO • TARSILA RIBEIRO MARQUES FERNANDES • TERESA ARRUDA ALVIM • THEOPHILO ANTONIO MIGUEL FILHO • TRÍCIA NAVARRO XAVIER CABRAL

Dados Internacionais de Catalogação na Publicação (CIP) de acordo com ISBD

R696e   Rodrigues, Marcelo Abelha
         Execução civil: novas tendências / Aluisio Gonçalves de Castro Mendes...[et al.] ; coordenado por Marco Aurélio Bellizze Oliveira, Teresa Arruda Alvim, Trícia Navarro Xavier Cabral. - Indaiatuba, SP : Editora Foco, 2022.

         840 p. ; 17cm x 24cm.

         Inclui bibliografia e índice.

         ISBN: 978-65-5515-387-3

         1. Direito. 2. Direito civil. I. I. Mendes, Aluisio Gonçalves de Castro. II. Presgrave, Ana Beatriz Ferreira Rebello. III. Cardoso, André Guskow. IV Bastos, Antonio Adonias Aguiar. V. Viana, Antônio Aurélio de Souza. VI. Alvim, Arruda. VII. Arsuffi, Arthur Ferrari. VIII. Dantas, Bruno. IX. Paolinelli, Camilla. X. Zufelato, Camilo. XI. Jobim, Candice Lavocat Galvão. XII. Bueno, Cassio Scarpinella. XIII. Cantídio, Cristiana Carlos do Amaral. XIV. Motta, Cristina Reindolff da. XV. Vargas, Daniel Vianna. XVI. Cardoso, David Pereira. XVII. Nunes, Dierle. XVIII. Vitorelli, Edilson. XIX. Alvim, Eduardo Arruda. XX. Talamini, Eduardo. XXI. Neves, Fernando Crespo Queiroz. XXII. Hill, Flávia Pereira. XXIII. Ribeiro, Flávia Pereira. XXIV. Didier Jr., Fredie. XXV. Sica, Heitor Vitor Mendonça. XXVI. Pinho, Humberto Dalla Bernardina de. XXVII. Barroso, Isabela Araújo. XXVIII. Figueira Júnior, Joel Dias. XXIX. Sousa, José Augusto Garcia de. XXX. Bedaque, José Roberto dos Santos. XXXI. Silva, Larissa Clare Pochmann da. XXXII. Ribeiro, Leonardo Ferres da Silva. XXXIII. Carvalho, Lucas Vieira. XXXIV. Gomes, Luciane. XXXV. Araújo, Luciano Vianna. XXXVI. Galvão, Ludmila Lavocat. XXXVII. Vale, Luís Manoel Borges do. XXXVIII. Fux, Luiz. XXXIV. Rodrigues, Marcelo Abelha. XXXV. Mazzola, Marcelo. XXXVI. Faria, Márcio Carvalho. XXXVII. Rocha, Márcio. XXXVIII. Rodrigues, Marco Antonio. XXXIX. Oliveira, Marco Aurélio Bellizze. XL. Jobim, Marco Félix. XLI. Minami, Marcos Youji. XLII. Gomes, Marcus Livio. XLIII. Conceição, Maria Lúcia Lins. XLIV. Lima, Mônica. XLV. Silva, Paula Costa e. XLVI. Lourenço, Paula Meira XLVII. Lucon, Paulo Henrique dos Santos. XLVIII. Nogueira, Pedro Henrique. XLIX. Oliveira, Rafael Alexandria de. L. Peña, Ricardo Chemale Selistre. LI. Nolasco, Rita Dias LII. Fux, Rodrigo. LIII. Mazzei, Rodrigo. LIV. Farias, Rodrigo Vieira. LV. Dotti, Rogéria Fagundes. LVI. Canuto, Rubens. LVII. Fernandes, Tarsila Ribeiro Marques. LVIII. Alvim, Teresa Arruda. LIX. Miguel Filho, Theophilo Antonio. LX. Cabral, Trícia Navarro Xavier. LXI. Título

2021-3958   CDD 347   CDU 347

Elaborado por Odilio Hilario Moreira Junior - CRB-8/9949
Índices para Catálogo Sistemático:
1. Direito Civil 347   2. Direito Civil 347

COORDENADORES
**MINISTRO MARCO AURÉLIO BELLIZZE
ALUISIO GONÇALVES DE CASTRO MENDES
TERESA ARRUDA ALVIM
TRÍCIA NAVARRO XAVIER CABRAL**

ESTUDOS EM HOMENAGEM AO PROFESSOR ARRUDA ALVIM

EXECUÇÃO CIVIL

NOVAS TENDÊNCIAS

2022 © Editora Foco

Coordenadores: Ministro Marco Aurélio Bellizze, Aluísio Gonçalves de Castro Mendes
Teresa Arruda Alvim e Trícia Navarro Xavier Cabral

Autores: Aluisio Gonçalves de Castro Mendes, Ana Beatriz Ferreira Rebello Presgrave, André Guskow Cardoso, Antonio Adonias Aguiar Bastos, Antônio Aurélio de Souza Viana, Arruda Alvim, Arthur Ferrari Arsuffi, Bruno Dantas, Camilla Paolinelli, Camilo Zufelato, Candice Lavocat Galvão Jobim, Cassio Scarpinella Bueno, Cristiana Carlos do Amaral Cantídio, Cristina Reindolff da Motta, Daniel Vianna Vargas, David Pereira Cardoso, Dierle Nunes, Edilson Vitorelli, Eduardo Arruda Alvim, Eduardo Talamini, Fernando Crespo Queiroz Neves, Flávia Pereira Hill, Flávia Pereira Ribeiro, Fredie Didier Jr., Heitor Vitor Mendonça Sica, Humberto Dalla Bernardina de Pinho, Isabela Araújo Barroso, Joel Dias Figueira Júnior, José Augusto Garcia de Sousa, José Roberto dos Santos Bedaque, Larissa Clare Pochmann da Silva, Leonardo Ferres da Silva Ribeiro, Lucas Vieira Carvalho, Luciane Gomes, Luciano Vianna Araújo, Ludmila Lavocat Galvão, Luís Manoel Borges do Vale, Luiz Fux, Marcelo Abelha Rodrigues, Marcelo Mazzola, Márcio Carvalho Faria, Márcio Rocha, Marco Antonio Rodrigues, Marco Aurélio Bellizze Oliveira, Marco Félix Jobim, Marcos Youji Minami, Marcus Livio Gomes, Maria Lúcia Lins Conceição, Mônica Lima, Paula Costa e Silva, Paula Meira Lourenço, Paulo Henrique dos Santos Lucon, Pedro Henrique Nogueira, Rafael Alexandria de Oliveira, Ricardo Chemale Selistre Peña, Rita Dias Nolasco, Rodrigo Fux, Rodrigo Mazzei, Rodrigo Vieira Farias, Rogéria Fagundes Dotti, Rubens Canuto, Tarsila Ribeiro Marques Fernandes, Teresa Arruda Alvim, Theophilo Antonio Miguel Filho e Trícia Navarro Xavier Cabral

Diretor Acadêmico: Leonardo Pereira
Editor: Roberta Densa
Assistente Editorial: Paula Morishita
Revisora Sênior: Georgia Renata Dias
Revisora: Simone Dias
Capa Criação: Leonardo Hermano
Diagramação: Ladislau Lima e Aparecida Lima
Impressão miolo e capa: FORMA CERTA

DIREITOS AUTORAIS: É proibida a reprodução parcial ou total desta publicação, por qualquer forma ou meio, sem a prévia autorização da Editora FOCO, com exceção do teor das questões de concursos públicos que, por serem atos oficiais, não são protegidas como Direitos Autorais, na forma do Artigo 8º, IV, da Lei 9.610/1998. Referida vedação se estende às características gráficas da obra e sua editoração. A punição para a violação dos Direitos Autorais é crime previsto no Artigo 184 do Código Penal e as sanções civis às violações dos Direitos Autorais estão previstas nos Artigos 101 a 110 da Lei 9.610/1998. Os comentários das questões são de responsabilidade dos autores.

NOTAS DA EDITORA:

Atualizações e erratas: A presente obra é vendida como está, atualizada até a data do seu fechamento, informação que consta na página II do livro. Havendo a publicação de legislação de suma relevância, a editora, de forma discricionária, se empenhará em disponibilizar atualização futura.

Erratas: A Editora se compromete a disponibilizar no site www.editorafoco.com.br, na seção Atualizações, eventuais erratas por razões de erros técnicos ou de conteúdo. Solicitamos, outrossim, que o leitor faça a gentileza de colaborar com a perfeição da obra, comunicando eventual erro encontrado por meio de mensagem para contato@editorafoco.com.br. O acesso será disponibilizado durante a vigência da edição da obra.

Impresso no Brasil (10.2021) – Data de Fechamento (10.2021)

2022
Todos os direitos reservados à
Editora Foco Jurídico Ltda.
Avenida Itororó, 348 – Sala 05 – Cidade Nova
CEP 13334-050 – Indaiatuba – SP

E-mail: contato@editorafoco.com.br
www.editorafoco.com.br

Homenagem ao professor José Manoel de Arruda Alvim

Hoje em dia uma homenagem já não se faz mais com dados que podem ser encontrados na internet. O que há de especial e de peculiar nas homenagens que hoje se prestam são comentários a respeito de características da vida do homenageado que não constam de uma biografia comum.

José Manoel de Arruda Alvim, processualista conhecido de todos, que faleceu em setembro do ano de 2021, foi merecidamente escolhido como homenageado pelos autores que participaram desta coletânea sobre Processo de execução e desjudicialização: aprimoramento e perspectivas para o futuro.

Arruda Alvim foi um homem que construiu sua vida em torno dos seus estudos e do seu trabalho. De fato, para ele, estudar e trabalhar era um ofício e também o seu lazer.

Formado pela Faculdade Paulista de Direito da Universidade Católica de São Paulo, lá lecionou até o semestre anterior ao seu falecimento. Sempre transformou seus alunos em amigos, tendo tido sempre a atitude de oferecer sua excelente biblioteca a todos eles, mas, principalmente, aos alunos que vinham de fora, de outros estados, fazer mestrado ou doutorado em São Paulo. Isso fez com que ele tivesse amigos bastante próximos em muitos dos estados da federação.

Arruda Alvim criou uma escola de processo, formando gerações de processualistas, em razão de sua cultura e de seu temperamento agregador.

Sua mulher, a professora Thereza Arruda Alvim, foi sua perene sócia e parceira de trabalhos acadêmicos: revia seus livros, dava sugestões, discutia muitos temas com ele. Isso, aliás, é o que ela pretende fazer para homenagear seu marido: dar continuidade às suas obras, mantendo o seu estilo e conservando as suas principais opiniões.

Não obstante os seus 85 anos, Arruda Alvim era um homem extremamente atualizado, interessava-se por todos os novos temas. Estudou com profundidade e empenho o Código de Processo Civil de 2015 e escreveu importantes trabalhos a respeito. Nos últimos anos, proferiu palestras sobre processo digital, sobre tecnologia e processo, conferências preparadas a partir da leitura de mais de 10 livros em várias línguas.

O vigor da sua atividade intelectual se comparava a de muitos processualistas ainda jovens. Um dos temas que chamou a sua atenção nos últimos tempos foi justamente a desjudicialização. Sobre o tema, chegou a produzir diversos artigos e a proferir palestras.

Apesar de sua cultura e de seu grau de informação do direito brasileiro e do direito estrangeiro, fruto da constante leitura de originais, já que falava várias línguas, como, por exemplo, alemão, inglês, francês e italiano, nunca se recusou a conversar com os mais jovens, escutar e ponderar opiniões diferentes das suas, tentar compreender uma opinião que fosse fruto de uma outra perspectiva diferente da que tinha.

O entusiasmo e o envolvimento profundo de Arruda Alvim com sua profissão de advogado e de professor, e, durante certo momento de sua vida, como magistrado, influenciou os filhos, que também seguiram o caminho do pai. Ambos são renomados advogados professores de Processo Civil.

Amante de música clássica, principalmente de música lírica e de um gênero pouco conhecido, que são as operetas húngaras e vienenses, esta era quase a única fonte de lazer de Arruda Alvim, além da leitura de textos jurídicos ou de filosofia, para escrever seus livros ou para preparar um parecer.

Sua partida deixou um vazio na cena jurídica e um buraco no coração de quem lhe queria bem. Vai fazer muita falta. Esse vazio, contudo, acabará de uma certa forma sendo preenchido pelo seu legado. Como sua vida foi o Direito – tendo sido construídas, em torno desse polo, sua vida social e afetiva –, também o direito será o melhor veículo de preservação da sua memória e do seu maravilhoso legado.

Luiz Fux

Marco Aurélio Bellizze

Aluisio Gonçalves de Castro Mendes

Teresa Celina Arruda Alvim

Trícia Navarro Xavier Cabral

PREFÁCIO

É com muita satisfação que apresento aos leitores a presente coletânea sobre as novas tendências da execução civil no Brasil, fruto de qualificadas discussões travadas no âmbito do Grupo de Trabalho que tive a honra de coordenar, instituído pelo Presidente do Conselho Nacional de Justiça, Ministro Luiz Fux.

Criado pela Portaria CNJ n. 272/2020, o referido Grupo de Trabalho tem por finalidade contribuir com a modernização e efetividade da atuação do Poder Judiciário nos processos de execução e cumprimento de sentença, excluídas as execuções fiscais, sendo composto pelos seguintes integrantes:

I – Rubens de Mendonça Canuto Neto, Conselheiro do CNJ;
II – Candice Lavocat Galvão Jobim, Conselheira do CNJ;
III – Aluísio Gonçalves de Castro Mendes, Desembargador Federal do TRF2;
IV – Theophilo Antonio Miguel Filho, Desembargador Federal do TRF2;
V – Marcus Livio Gomes, Secretário Especial de Programas do CNJ;
VI – Trícia Navarro Xavier Cabral, Juíza Auxiliar da Presidência do CNJ;
VII – Dorotheo Barbosa Neto, Juiz Auxiliar da Presidência do CNJ;
VIII – Teresa Arruda Alvim, Advogada;
IX – José Roberto dos Santos Bedaque, Advogado;
X – Paulo Henrique dos Santos Lucon, Advogado;
XI – Heitor Vitor Mendonça Sica, Advogado;
XII – Marcelo Abelha Rodrigues, Advogado;
XIII – Márcio Carvalho Faria, Advogado;
XIV – José Augusto Garcia de Souza, Defensor Público no Rio de Janeiro;
XV – Flávia Pereira Hill, Oficial Titular;
XVI – Joel Dias Figueira Júnior, Advogado;
XVII – Antônio Adonias Aguiar Bastos, Advogado;
XVIII – Cristiana Carlos do Amaral Cantídio, Tabeliã e Oficiala de Registros Públicos;
XIX – Victor Teixeira Nepomuceno, Advogado;
XX – Fernando Cerqueira Chagas, Desembargador do Tribunal de Justiça do estado do Rio de Janeiro.

O art. 4º do Código de Processo Civil estabelece que as partes têm o direito de obter em prazo razoável a solução integral do mérito, incluída a atividade satisfativa.

Contudo, os gargalos da execução civil são apontados pelos Relatórios do Justiça em Números – publicado anualmente – como um dos obstáculos à melhoria da gestão judiciária, impactando os segmentos da Justiça Estadual, Federal e Trabalhista.

Não obstante, de acordo com os dados do relatório *Doing Business* Subnacional Brasil 2021, editado pelo Banco Mundial, as disputas nas varas cíveis do Brasil são mais demoradas e mais onerosas do que a média dos países de alta renda que integram a Organização para a Cooperação e Desenvolvimento Econômico (OCDE). E para melhorar esse cenário, o Banco Mundial recomenda a utilização de boas práticas, incluindo a adoção de procedimentos de execução mais eficientes.

Diante disso, o CNJ tem atuado em várias frentes para tentar melhorar os índices da execução, com a finalidade de apresentar resultados e soluções que garantam a sua efetividade, a satisfação dos credores e a melhoria na prestação jurisdicional e no ambiente de negócios no Brasil.

Com efeito, o aperfeiçoamento de sistema de busca de bens, o constante incentivo à autocomposição, a realização de diagnósticos mais detalhados sobre a execução e a transformação digital dos tribunais são algumas das medidas que vêm sendo implementas pelo CNJ, na busca de resultados mais promissores para o Poder Judiciário.

O Grupo de Trabalho também promoveu importantes eventos acadêmicos, com a participação de prestigiados doutrinadores, que lançaram luzes sobre os desafios, mas também contribuíram com relevantes sugestões de aprimoramento da execução civil no Brasil.

Assim, esta obra coletiva é o resultado desses esforços, que ainda contou com a participação de convidados do Brasil e do exterior que se dedicam à temática.

Porém, ao longo dos trabalhos, fomos surpreendidos com a perda súbita do Professor Arruda Alvim, autor de importantes estudos sobre a execução e que vinha se dedicando à discussão que envolvia a desjudicialização.

Nesse contexto, nada mais oportuno do que prestar uma justa e merecida homenagem, dedicando esta obra ao nosso eterno Professor Arruda Alvim.

Dessa forma, agradeço ao Ministro Luiz Fux pela honra de coordenar o seleto Grupo de Trabalho em prol da melhoria da execução civil, bem como aos cocoordenadores desta coletânea, Professores Aluísio Gonçalves de Castro Mendes, Teresa Arruda Alvim e Trícia Navarro Xavier Cabral, pela dedicação a este projeto.

Agradeço, também, à Editora FOCO, que prontamente aceitou publicar o trabalho e o fez em exíguo tempo.

Desejo que a presente obra coletiva atenda às expectativas da comunidade jurídica e contribua como fonte de pesquisa sobre as principais tendências da execução civil no Brasil.

Boa leitura!

Outubro 2021.

Ministro Marco Aurélio Bellizze

SUMÁRIO

HOMENAGEM AO PROFESSOR JOSÉ MANOEL DE ARRUDA ALVIM V

PREFÁCIO VII

PARTE I
PANORAMA DA EXECUÇÃO CIVIL NO BRASIL

EFETIVIDADE JURISDICIONAL E EXECUÇÃO NO CÓDIGO DE PROCESSO CIVIL
Luiz Fux 3

NOVAS TENDÊNCIAS DA EXECUÇÃO CIVIL
Trícia Navarro Xavier Cabral e Marcus Livio Gomes 17

GARANTIA CONSTITUCIONAL DE ACESSO AO PODER JUDICIÁRIO
José Roberto dos Santos Bedaque 33

O PAPEL DO CONSELHO NACIONAL DE JUSTIÇA NA OTIMIZAÇÃO DA EXECUÇÃO CIVIL
Rubens Canuto e Luciane Gomes 47

BREVES CONSIDERAÇÕES SOBRE DESAFIOS E PERSPECTIVAS PARA A EFICIÊNCIA DO CUMPRIMENTO DE SENTENÇA E DO PROCESSO DE EXECUÇÃO NO BRASIL
Aluisio Gonçalves de Castro Mendes e Larissa Clare Pochmann da Silva 69

PASSADO, PRESENTE E FUTURO DA EXECUÇÃO: MEIOS DE TORNAR EFETIVA A TUTELA EXECUTIVA
Luciano Vianna Araújo e Rogéria Fagundes Dotti 79

MEIOS DE BUSCA DE EFETIVIDADE DA TUTELA EXECUTIVA NO SISTEMA JUDICIAL BRASILEIRO
Cristina Reindolff da Motta 93

PARTE II
EXECUÇÃO CIVIL: PERSPECTIVAS ABRANGENTES, COM UM OLHAR DIFERENCIADO

REVISÃO CRÍTICA SOBRE OS PRESSUPOSTOS DA FRAUDE À EXECUÇÃO NA LEGISLAÇÃO BRASILEIRA

Marco Aurélio Bellizze Oliveira 107

ENTRE O JUDICIAL E O EXTRAJUDICIAL: REFLEXÕES SOBRE A IMPLEMENTAÇÃO DE MEDIDAS ESTRUTURAIS

Edilson Vitorelli 137

***SMART CONTRACTS*, "AUTOTUTELA" E TUTELA JURISDICIONAL**

Eduardo Talamini e André Guskow Cardoso 163

UM OLHAR ICONOCLASTA AOS RUMOS DA EXECUÇÃO CIVIL E NOVOS *E-DESIGNS*: COMO OS *SMART CONTRACTS* E AS *ONLINE DISPUTE ENFORCEMENTS* PODEM REVELAR INOVAÇÕES PARA A DESJUDICIALIZAÇÃO DA EXECUÇÃO

Dierle Nunes, Antônio Aurélio de Souza Viana e Camilla Paolinelli 213

MC 14.561/BA E O PRINCÍPIO DA INTERVENÇÃO MÍNIMA NA ATIVIDADE EMPRESARIAL: A INTERVENÇÃO JUDICIAL NA EMPRESA COMO MEDIDA EXECUTIVA ATÍPICA, MAS EXCEPCIONAL E SUBSIDIÁRIA, PARA EFETIVAÇÃO DE DECISÕES ESTRUTURAIS

Fredie Didier Jr. e Rafael Alexandria de Oliveira 249

MULTA COERCITIVA (*ASTREINTES*) E INDUÇÃO DE COMPORTAMENTO PROCESSUAL

Rodrigo Fux 267

É NECESSÁRIA A ASSINATURA DE TESTEMUNHAS INSTRUMENTÁRIAS PARA FORMAÇÃO DO TÍTULO EXECUTIVO? O PAPEL DA JURISPRUDÊNCIA NA ATRIBUIÇÃO DE MAIOR EFETIVIDADE AO PROCESSO DE EXECUÇÃO

Maria Lúcia Lins Conceição e David Pereira Cardoso 285

A POLÊMICA (IM)PENHORABILIDADE DAS VERBAS SALARIAIS (*LATO SENSU*): ANÁLISE DA JURISPRUDÊNCIA RELATIVIZADORA E INDICAÇÃO DE ALTERAÇÃO LEGISLATIVA

José Augusto Garcia de Sousa 297

A PRODUÇÃO ANTECIPADA DA PROVA PARA A BUSCA DE BENS NO PATRIMÔNIO DO DEVEDOR: RUMO A UMA EXECUÇÃO MAIS EFETIVA E RACIONAL

Flávia Pereira Hill 317

A CONEXÃO ENTRE A EXECUÇÃO DE TÍTULO EXTRAJUDICIAL E A AÇÃO DE CONHECIMENTO RELATIVA AO MESMO ATO JURÍDICO (ART. 55, § 2º, I DO CPC/2015)

Antonio Adonias Aguiar Bastos 335

PARTE III
EXECUÇÃO E DIREITO COMPARADO

A DELEGAÇÃO PARA ALIENAÇÃO DE BENS POR PARTICULARES NO DIREITO ITALIANO: REFLEXÕES COM VISTAS AO DEBATE DA DESJUDICIALIZAÇÃO DA EXECUÇÃO CIVIL NO BRASIL

Camilo Zufelato e Lucas Vieira Carvalho 357

A DESJUDICIALIZAÇÃO DA EXECUÇÃO CÍVEL EM PORTUGAL

Paula Costa e Silva e Paula Meira Lourenço 387

PARTE IV
NOVAS TENDÊNCIAS DAS EXECUÇÕES FISCAIS

SISTEMA MULTIPORTAS E EXECUÇÃO FISCAL

Mônica Lima, Rita Dias Nolasco e Tarsila Ribeiro Marques Fernandes 429

OS NOVOS PARADIGMAS DA EXECUÇÃO FISCAL, NA ERA DA INTELIGÊNCIA ARTIFICIAL

Luís Manoel Borges do Vale e Marcelo Mazzola 447

A EXECUÇÃO FISCAL JUDICIAL EM CRISE: A DESJUDICIALIZAÇÃO EM BUSCA DA EFICIÊNCIA DA COBRANÇA DOS CRÉDITOS FISCAIS

Marco Antonio Rodrigues e Rodrigo Vieira Farias 461

INCIDENTE DE DESCONSIDERAÇÃO DA PERSONALIDADE JURÍDICA EM SEDE DE EXECUÇÃO FISCAL

Theophilo Antonio Miguel Filho 481

PARTE V
DESJUDICIALIZAÇÃO DA EXECUÇÃO CIVIL NO BRASIL

NOTAS SOBRE ALGUNS ASPECTOS RELEVANTES À DESJUDICIALIZAÇÃO DA EXECUÇÃO

Arruda Alvim 495

DESJUDICIALIZAÇÃO DA EXECUÇÃO CIVIL: UMA ANÁLISE DO PL 6.204/2019 À LUZ DO PRINCÍPIO DA EFICIÊNCIA

Cassio Scarpinella Bueno e Arthur Ferrari Arsuffi 505

A TUTELA EXECUTIVA NA CONTEMPORANEIDADE: REFLEXÕES SOBRE A DESJUDICIALIZAÇÃO

Bruno Dantas e Daniel Vianna Vargas 525

ALGUMAS REFLEXÕES SOBRE A DESJUDICIALIZAÇÃO DA EXECUÇÃO

Leonardo Ferres da Silva Ribeiro e Teresa Arruda Alvim 541

DURAÇÃO RAZOÁVEL DO PROCESSO E DESJUDICIALIZAÇÃO DA EXECUÇÃO CIVIL

Candice Lavocat Galvão Jobim e Ludmila Lavocat Galvão 553

A POSSIBILIDADE/NECESSIDADE DA EXECUÇÃO EXTRAJUDICIAL

Eduardo Arruda Alvim e Fernando Crespo Queiroz Neves 567

DESJUDICIALIZAÇÃO DA EXECUÇÃO CIVIL E O REGIME DE IMPUGNAÇÃO DOS ATOS DO AGENTE DE EXECUÇÃO: O NECESSÁRIO EQUILÍBRIO ENTRE EFICIÊNCIA E GARANTISMO
Humberto Dalla Bernardina de Pinho e Flávia Pereira Hill 585

ESBOÇOS PARA UMA DESJUDICIALIZAÇÃO EXECUTIVA IMEDIATA NO BRASIL
Marcos Youji Minami 601

NOVOS AGENTES DE EXECUÇÃO CIVIL EXTRAJUDICIAL
Cristiana Carlos do Amaral Cantídio 617

O ADVOGADO COMO AGENTE DE EXECUÇÃO E AS NECESSÁRIAS ADEQUAÇÕES AO PROJETO DE LEI 6.204/19 PARA O RESGUARDO AO DEVIDO PROCESSO LEGAL
Ana Beatriz Ferreira Rebello Presgrave e Isabela Araújo Barroso 637

O AGENTE DE EXECUÇÃO NO PL 6.204/19: POR QUE SOMENTE O TABELIÃO DE PROTESTOS?
Joel Dias Figueira Júnior 653

DEZ RAZÕES PELAS QUAIS O TABELIÃO DE PROTESTO NÃO PODE SER O ÚNICO AGENTE DE EXECUÇÃO
Márcio Carvalho Faria 675

PROTESTO PRÉVIO NO PROJETO DE LEI 6.204/2019 COMO IMPORTANTE MEDIDA COERCITIVA NA EXECUÇÃO
Flávia Pereira Ribeiro 697

A DESJUDICIALIZAÇÃO DA EXECUÇÃO E A DELEGAÇÃO DE ATIVIDADES DE SATISFAÇÃO DO DIREITO
Marco Félix Jobim e Ricardo Chemale Selistre Peña 717

ANOTAÇÕES PRÉVIAS SOBRE A NEGOCIAÇÃO PROCESSUAL E A PROPOSTA DE DESJUDICIALIZAÇÃO DA EXECUÇÃO
Pedro Henrique Nogueira e Rodrigo Mazzei 735

PARTE VI
SUGESTÕES DE APRIMORAMENTO DA EXECUÇÃO CIVIL NO BRASIL

RETIRADA DO EFEITO SUSPENSIVO DA APELAÇÃO: UMA MEDIDA EM PROL DA EFETIVIDADE DA EXECUÇÃO

Paulo Henrique dos Santos Lucon 747

PROPOSTAS DE ALTERAÇÃO DO CÓDIGO DE PROCESSO CIVIL EM MATÉRIA DE EXECUÇÃO CONSTANTES DE ANÁLISE PELO GRUPO DE TRABALHO CRIADO PELA PORTARIA 272, DE 4 DE DEZEMBRO DE 2020 PELO CNJ

Marcelo Abelha Rodrigues.. 767

PROPOSTA DE ALTERAÇÃO DO CÓDIGO DE PROCESSO CIVIL PARA INSERÇÃO DA PREVISÃO DA EXECUÇÃO EXTRAJUDICIAL

Fernando Crespo Queiroz Neves, Flávia Pereira Hill, Heitor Vitor Mendonça Sica, Larissa Clare Pochmann da Silva, Marcelo Abelha Rodrigues, Márcio Carvalho Faria, Márcio Rocha e Marcos Youji Minami 801

Parte I
PANORAMA DA EXECUÇÃO CIVIL NO BRASIL

EFETIVIDADE JURISDICIONAL E EXECUÇÃO NO CÓDIGO DE PROCESSO CIVIL

Luiz Fux

> Doutor em Direito Processual Civil pela Universidade do Estado do Rio de Janeiro (UERJ). Professor Livre-Docente em Processo Civil da Faculdade de Direito da Universidade do Estado do Rio de Janeiro (UERJ). Membro da Academia Brasileira de Letras Jurídicas. Membro da Academia Brasileira de Filosofia. Ministro e Presidente do Supremo Tribunal Federal. Ex-Presidente do Tribunal Superior Eleitoral.

1. CENÁRIO MOTIVADOR DO CÓDIGO DE PROCESSO CIVIL DE 2015

Passados quase 40 anos da edição do diploma processual de 1973, a sociedade brasileira, por meio do Senado Federal, passou a discutir a necessidade de atualização e nova sistematização de um conjunto de normas e regras que estivessem em harmonia com seus novos anseios, quais sejam, de obtenção de uma tutela jurisdicional célere, adequada e efetiva.

Neste afã, o Senado Federal instituiu uma Comissão de Juristas encarregada de elaborar Anteprojeto do Novo Código de Processo Civil, pelo Ato nº 379, de 2009, do Presidente do Senado Federal, de 30 de setembro de 2009. Aprovado no Congresso Nacional com diminutas alterações, veio a lume este novel Código de Processo Civil por meio de Lei nº 13.105, de 16 de março de 2015, que entrou em vigor no dia 17 de março de 2016.

Os tempos hodiernos reclamam por uma justiça acessível ao povo, que conceda ao cidadão uma resposta justa e tempestiva[1], apta a nutrir o respeito ao órgão que a presta[2] – o Poder Judiciário – e a credibilidade necessária diante da cláusula pétrea constitucional da "inafastabilidade da jurisdição".[3]

Primeiramente, verificaram-se causas que impediam o Judiciário brasileiro de conceder uma resposta judicial "pronta e célere", concluindo nessa primeira etapa que o processo, conquanto instrumento de realização da justiça monopolizado pelo

---

1. Neste aspecto, mister consultar: CAPPELLETTI, Mauro. Aspectos sociales y políticos del procedimiento civil. *Proceso, ideologías, sociedad*. Buenos Aires: EJEA, 1974, p. 33-90.
2. Não passou despercebido pela Comissão que o Poder Judiciário vivencia vertiginosa ascensão. Tem sido a última palavra sobre as questões de Estado, não só aqui, como alhures. Sobre o tema, vale transcrição de trecho de citações de Tocqueville: "Não existe praticamente questão política nos Estados Unidos que não seja resolvida cedo ou tarde como se fosse uma questão judiciária. Daí a obrigação dos Partidos, em sua polêmica diária, de tomar emprestadas à justiça suas ideias e sua linguagem" (TOCQUEVILLE, Alexis. *De la démocratie en Amérique*. Coll. Garnier-Flammarion. Paris: Ed. Flammarion, 1993, p. 47). Também justifica, em larga escala, a quantidade de processos enfrentados pelo Judiciário o caráter beligerante apontado por algumas vozes enquanto elemento cultural pátrio, bem como se preferir, constantemente, a judicialização de conflitos, sem prévia tentativa de conciliação ou negociação.
3. Art. 5 da CF: "XXXV – A lei não excluirá da apreciação do Poder Judiciário lesão ou ameaça a direito". A dicção constitucional abarca a tutela repressiva (lesão) e a tutela preventiva ou inibitória (ameaça a direito), quer de natureza cautelar, quer de natureza satisfativa.

Estado, apresentava na sua configuração solenidades obrigatórias que por si só contribuíam para a demora da resposta judicial.[4][5]

Concluiu-se, por conseguinte, que passados 37 anos do Código de 1973, impunha-se elaborar um novo ordenamento, atento aos novos reclamos eclipsados na cláusula constitucional da "duração razoável dos processos", bem como erigir novéis institutos e abolir outros que se revelaram ineficientes ao longo do tempo, com o escopo final de atingir a meta daquilo que a genialidade do processualista denominou uma árdua tarefa para os juízes: "Fazer bem e depressa."[6]

O novel código enfrentou as barreiras da morosidade através de criativas soluções, revelando-se, de plano, três fatores que representavam as causas mais significativas de longa duração dos processos.

O primeiro, tributada ao excesso de formalidades do processo oriunda da era do Iluminismo,[7] na qual reinava profunda desconfiança sobre o comprometimento do

---

4. Esse conjunto de problemas judiciais tornou evidente a velha expressão de Eduardo Couture, jurista uruguaio de escola que afirmara com propriedade nos seus *Fundamentos de derecho procesal civil* que a justiça retardada nada mais era do que "justiça denegada".
5. A Corte Europeia de Direitos Humanos costuma verificar eventual desrespeito à cláusula de duração razoável dos processos pela lente de observação de três critérios principais, a saber: a complexidade da causa; o comportamento das partes e dos seus procuradores; e a atuação do órgão jurisdicional.
6. A expressão é de REIS, José Alberto dos. A figura do processo cautelar. Separata do *Boletim do Ministério da Justiça*, n. 3, Lisboa, 1947.
7. Tratando-se de tutela cautelar que resguarda a utilidade prática do processo principal, como, v.g., a constrição de bens do arresto garantidor de futura execução, justifica-se exigir a propositura da ação principal em prazo peremptório. Afinal, o juízo terá concedido a medida urgente com base em mera aparência em razão da urgência e da promessa de que adviria o processo principal, propiciando uma análise mais aprofundada do direito da parte. Diferentemente, a tutela antecipada é satisfação antecipada na mesma relação processual em que se vai definir o direito ao final. Isso significa dizer que o juiz pode adiantar os efeitos práticos que advirão do pronunciamento final de procedência. Desta sorte, não há processo outro a instaurar e tudo se passa na mesma relação processual. Imperioso que se assente com clareza que a antecipação de tutela se opera no plano da realizabilidade prática e não no plano normativo. É adiantamento dos efeitos práticos do provimento, como, por exemplo, a entrega de uma coisa ou o pagamento de alimentos provisionais, sem que haja uma 'sentença provisória', tanto mais que a própria lei explicita que deferida a antecipação o processo prossegue em direção ao seu destino que é a prolação da sentença.
Ressalta claro que a tutela de urgência não se submete à ritualidade da execução tradicional. A sua efetivação se opera *simpliciter et de plano*, como sói exigir uma resposta judicial pronta. Não há execução 'com intervalo' senão sincrética, no mesmo processo, e imediatamente acompanhada de medidas de apoio que a tornem realidade. Esta mandamentalidade, mercê de restaurar a figura soberana do magistrado, abandonando aquela outra burocrático-judicial, criminaliza o descumprimento da ordem, diferentemente do que se observa na sentença condenatória, que encerra uma mera 'declaração' concitando o vencido para que cumpra a decisão. Há executividade intrínseca no comando decisório de urgência, como preconizava Liebman, de tal sorte que mais apropriado é denominar-se a sua realização prática de 'efetivação ou atuação', como o fazem nossos matizes europeus.
Nesse ângulo, aproximam-se os sistemas do *civil law* e do *common law* ao eclipsarem na figura do magistrado o antigo pretor romano dos interditos e do *imperium iudiciis*.
Outrossim, muito embora não se possa afirmar a existência de uma unanimidade a respeito, a repercussão enérgica na esfera jurídica do seu destinatário faz com que o juízo da medida de urgência obedeça ao princípio da menor onerosidade possível e ao da proporcionalidade do provimento, conferindo solução adequada e sob medida, evitando criar um prejuízo maior do que se pretende evitar e, para tal, analisando a liceidade do sacrifício de um interesse à custa de outro, na visão metodológica de Karl Larenz.

Judiciário com o ancião regime, razão que conduziu os teóricos da época a formular técnicas de engessamento dos poderes judiciais[8].

Assim, evidencia-se a concessão de legitimidade da obtenção do bem da vida pretendido, porquanto o indivíduo não possa se valer das próprias forças para retirar um bem do patrimônio de outrem ou obrigá-lo a fazer ou deixar de fazer algo, ao seguir as determinações previstas no ordenamento, a conduta coercitiva remete a uma legitimidade a partir da teoria do pacto social, na qual a sociedade remete parcela de sua liberdade para que o Estado promova a harmonia e o bem comum, após uma aceitação dessas regras. Destarte, as normas estabelecidas no ordenamento formam o resultado da conjugação da vontade geral legitimando a atuação do Estado na sua conduta invasiva no patrimônio jurídico de um indivíduo.[9]

Entretanto, essa cultura de formalismo chegou a um ponto em que impôs ao processo um excesso de etapas até o advento da solução judicial, que a morosidade decorrente acabou por emprestar às formas usuais de prestação de justiça ineficiência alarmante, gerando a consequente insatisfação popular e o descrédito do Poder Judiciário.

A segunda causa enfrentada revelou a litigiosidade desenfreada advinda, paradoxalmente, da conscientização da cidadania exsurgente da Carta Pós-positivista de 1988[10]. O povo, a partir da percepção de seus direitos tutelados pela carta cidadã,[11] introjetou em sua cultura cotidiana a busca pela tutela judicial dos seus direitos supostamente lesados ou ameaçados de lesão. O acesso à justiça tornou-se o direito dos direitos, o pressuposto inafastável de efetivação de todos os demais direitos.[12]

---

8. Interessante passagem sobre a nova expectativa social sobre os juízes: "(...) Entre outras demonstrações deste 'entulho' individualista, lugar de destaque pertence às posições que defendiam deve ser reduzida a participação e os poderes do juiz, ficando o processo (e principalmente seus resultados) totalmente entregue à sorte decorrente da iniciativa (ou falta de iniciativa) das partes. Esta concepção, hoje ultrapassada, de repúdio ao juiz ativo e participativo, era corolário da filosofia preponderantemente liberal e inidividualista que dominava o pensamento do século passado e baseava sua visão de mundo nos conceitos de liberdade, igualdade formal e propriedade, os quais eram estudados sob o enfoque do indivíduo, ou seja, sem que houvesse uma maior preocupação com a repercussão que o exercício de tais direitos pudesse ter em relação à coletividade. Neste contexto, era deixada para o Estado uma função secundária que vinha sintetizada pelo ideal do Estado Mínimo" (PUOLI, José Carlos Baptista. *Os poderes do juiz e as reformas do processo civil*. São Paulo: Juarez de Oliveira, 2002, p. 22).
9. SILVA, Irapuã Santana do Nascimento da. *Princípio da igualdade na mediação e o acesso à justiça*. São Paulo: Editora Mackenzie, 2016, p. 51-52.
10. Porém, à medida que aumentou enormemente a demanda pela tutela jurisdicional, diminui a capacidade estatal de "expandir os serviços de administração da justiça de modo a criar uma oferta de justiça compatível com a procura então verificada". E isto porque, consoante nos ensina Boaventura de Souza Santos, esta explosão de litigiosidade se deu justamente na década de 1970, momento de crise do Estado-providência, de redução progressiva dos recursos financeiros estatais e da sua crescente incapacidade de arcar com os compromissos assistenciais e previdenciários assumidos para com as classes populares na década anterior. SANTOS, Boaventura de Souza. Introdução à sociologia da Administração da Justiça. *Direito e justiça*: a função social do Judiciário. São Paulo: Ática, 1989, p. 44.
11. Neste sentido, ver AMSTUTZ, Marc; ABEGG, Andreas; KARAVAS, Vaios. Civil Society Constitucionalism: The Power of Contract Law. In: *Indiana Journal of Global Legal Studies*, v. 14, Issue 2, p. 235-258 (Article), DOI: 10.1353/gls.0.0009, Summer 2007.
12. Neste sentido, CAPPELLETTI e GARTH asseveram: "Nos estados liberais 'burgueses' dos séculos XVIII e XIX, os procedimentos adotados para solução de litígios civis refletiam a filosofia essencialmente indi-

A terceira causa revelou o excesso de recorribilidade decorrente da previsão legal de inúmeros meios de impugnação das decisões judiciais, denominada "prodigalidade recursal", a par da efetiva utilização na praxe forense dos recursos, como meio de retardar a consagração da vitória do litigante portador do melhor direito.[13] Nesse sentido, os dados estatísticos comprovaram o número excessivo de recursos utilizados, sem paradigma no direito comparado. Assim, v.g., a Corte Suprema Americana, além do poder de eleição das impugnações que irá julgar, decide "anualmente de menos de uma centena (100) recursos, ao passo que os Tribunais Superiores do Brasil têm no seu acervo 250.000 (duzentos e cinquenta mil) recursos para julgamento".[14]

Os novéis e eficientes meios minudenciados no Código timbram a tendência que se seguiu no alcance da duração razoável dos processos no ordenamento proposto, em comunhão com a efetividade processual, especificamente quanto à tutela satisfativa.

---

vidualista dos direitos, então vigorante. Direito ao acesso à proteção judicial significava essencialmente o direito formal do indivíduo agravado de propor ou contestar uma ação. A teoria era de que, embora o acesso à justiça pudesse ser um 'direito natural', os direitos naturais não necessitavam de uma ação do Estado para sua proteção. Esses direitos eram considerados anteriores ao Estado; sua preservação exigia apenas que o Estado não permitisse que eles fossem infringidos por outros. O Estado, portanto, permanecia passivo com relação a problemas tais como aptidão de uma pessoa para reconhecer seus direitos e defendê-los, adequadamente, na prática. Afastar a 'pobreza no sentido legal' – a incapacidade que muitas pessoas têm de utilizar plenamente a justiça e suas instituições – não era preocupação do Estado. A justiça, como outros bens, no sistema do *laissez-faire*, só podia ser obtida por aqueles que pudessem enfrentar seus custos (...). O acesso formal, mas não efetivo à justiça, correspondia à igualdade, apenas formal, mas não efetiva (...). À medida que as sociedades do *laissez-faire* cresceram em tamanho e complexidade, o conceito de direitos humanos começou a sofrer uma transformação radical. A partir do momento em que as ações e os relacionamentos assumiram, cada vez mais, caráter mais coletivo que individual, as sociedades modernas necessariamente deixaram para trás a visão individualista dos direitos, refletida nas 'declarações de direitos', típicas dos séculos XVIII e XIX. O movimento fez-se no sentido de reconhecer os direitos e deveres sociais dos governos, comunidades, associações e indivíduos (...). Entre esses direitos garantidos nas modernas constituições estão os direitos ao trabalho, à saúde, à segurança material e à educação. Tornou-se lugar-comum observar que a atuação positiva do Estado é necessária para assegurar o gozo de todos esses direitos básicos. Não é surpreendente, portanto, que o direito ao acesso efetivo à justiça tenha ganhado particular atenção na medida em que as reformas do *welfare state* têm procurado armar os indivíduos de novos direitos substantivos em sua qualidade de consumidores, locatários, empregados e, mesmo, cidadãos. De fato, o direito ao acesso efetivo tem sido progressivamente reconhecido como sendo de importância capital entre os novos direitos individuais e sociais, uma vez que a titularidade de direitos é destituída de sentido, na ausência de mecanismos para sua efetiva reivindicação. O acesso à justiça pode, portanto, ser encarado como o requisito fundamental – o mais básico dos direitos humanos – de um sistema jurídico moderno e igualitário que pretende garantir e não apenas proclamar os direitos de todos". (CAPPELLETTI, Mauro; GARTH, Bryant. *Acesso à justiça*. Porto Alegre: Sérgio Antônio Fabris Editora, 2008, p. 9).

13. Daí ter Ulpiano, há dois mil anos, preconizado no Digesto "*Appellandi usus quam sit frequens, quamque necessarius, nemo est qui nesciat*... (Ninguém ignora como o uso da apelação é frequente e como é necessário)... *licet nonnunquam benelata sententiae in pejureformet Boehmer*" (pois corrige a iniquidade ou imperícia dos julgadores, embora às vezes reforme para pior as sentenças proferidas, porque o fato de julgar por último não implica julgar melhor). Texto original de ULPIANO, *Digesta Iustiniani: Liber 49*; Coleção Mommsen & Krüger. Tradução livre para português.

14. Uma compreensão do tema encontra-se em BAUM, Lawrence. *A Suprema Corte Americana*. Rio de Janeiro: Forense Universitária, 1987.

2. PRINCÍPIO DA EFETIVIDADE COMO NORMA FUNDAMENTAL DO CÓDIGO DE 2015

Uma corrente reclamação existente sobre o Judiciário é a falta de celeridade. Também Rui Barbosa advertiu, já em sua época, que *"Justiça que tarda é injustiça manifesta."*[15] Com efeito, quem provoca a jurisdição, o faz porque não encontrou outra saída e precisa que o Estado substitua a vontade das partes e resolva o conflito, em definitivo e o mais brevemente possível. Porém, se a decisão final tarda em demasia, a utilidade do provimento se corrói, o que é especialmente injustificável em questões simples, como o divórcio, ou destacadamente sensíveis e dolorosas, como em inventários.

Os estudos dos professores Mauro Cappelletti e Bryant Garth, em meados do século passado, apontaram, após análise do panorama mundial de acessibilidade ao Judiciário, que existiam três grandes barreiras, a serem vencidas por três ondas renovatórias. A primeira delas ligada aos custos, tendo-se percebido que é absolutamente inconstitucional que se deixe de pleitear em juízo um direito por limitações econômicas; a segunda se referia aos direitos transindividuais (coletivos); a terceira, a outros aspectos do processo, como a inefetividade, a lentidão da decisão etc. No Brasil, essas três ondas vieram em conjunto, com o advento da Constituição de 1988. Tal abertura, no cenário da redemocratização, se revelou desejável ganho do patrimônio jurídico do jurisdicionado. Acontece, contudo, que se apresenta uma espécie de paradoxo: ao mesmo tempo em que se lutou muito para que houvesse o acesso à justiça, a Justiça ficou muito abarrotada de processos, ações e recursos para decidir, de sorte que aplicável a máxima *"better the roads, more the traffic"* (quanto melhor a estrada, maior é o tráfego)[16].

Por essa razão, dois valores centrais do Código de Processo Civil de 2015 são a efetividade e a duração razoável do processo, entendidos como direito das partes (art. 4º[17]) e dever de todos os sujeitos do processo (art. 6º[18]). De fato, a solução dada

---

15. BARBOSA, Rui. Oração aos Moços. Rio de Janeiro: Fundação Casa de Rui Barbosa, 1988.
16. O Relatório Justiça em Números 2020, do CNJ, aponta que o tempo médio de processos pendentes, no Poder Judiciário brasileiro, é de 3 anos e 11 meses, no processo de conhecimento, e 7 anos, na execução. Embora se indique um ligeiro aumento de produtividade, inclusive durante a pandemia que nos assolou, a demanda permanece elevadíssima. Trata-se de ponto muito sensível que exige adequada resolução, não por mera recomendação acadêmica, mas por necessidade prática e de interesse do país. Isso porque o Banco Mundial, no seu Ranking Doing Business, estabelece que os sistemas processuais que arregimentam o maior número de investidores estrangeiros são os que trazem a possibilidade de resolver mais rapidamente os conflitos que eventualmente surjam. Ainda nesse contexto, são índices relevantes para a avaliação de países – e, portanto, para angariar recursos externos – o tempo para se iniciar um negócio (*starting a business*), registrar a propriedade (*registering property*) e cobrar dívidas (*resolving insolvency*). Quanto à abertura de empresas, o cenário brasileiro é melhor que o do restante da América Latina e Central, mas ainda desfavorável em relação aos parâmetros da OCDE (Organização para a Cooperação e Desenvolvimento Econômico). Por outro lado, a resolução da insolvência, no Brasil, é mais lenta que ambos os padrões comparativos.
17. Art. 4º As partes têm o direito de obter em prazo razoável a solução integral do mérito, incluída a atividade satisfativa.
18. Art. 6º Todos os sujeitos do processo devem cooperar entre si para que se obtenha, em tempo razoável, decisão de mérito justa e efetiva.

pelo Judiciário, na atual concepção do fenômeno jurisdicional, não deve ser apenas justa, mas também efetiva e célere. A Justiça deve, portanto, bem decidir, decidir rapidamente e fazer cumprir suas decisões[19].

A acepção exata de que a efetividade do processo[20] consiste na sua aptidão de alcançar os fins para os quais foi instituído pertence a Proto Pisani.

Desígnio maior do processo, além de dar razão a quem efetivamente tem-na, é fazer com que o lesado recomponha o seu patrimônio pelo descumprimento da ordem jurídica, sem que sinta os efeitos do inadimplemento. Compete ao Estado, através do processo, repor as coisas ao *status quo ante*, utilizando-se de meios de sub-rogação capazes de conferir à parte a mesma utilidade que obteria pelo cumprimento espontâneo[21] do direito.

A essa finalidade genética ajunte-se inegável celeridade na prestação jurisdicional, integrante da efetividade, tanto que só se considera uma justiça efetiva aquela que confere o provimento contemporaneamente à lesão ou ameaça de lesão ao direito. Algumas formas de tutela jurisdicional, como, v.g., a tutela de urgência, revelam uma influência prioritária do princípio da efetividade, uma vez que nessas ações almeja-se uma solução sob medida, eficiente e célere. O princípio, como sói ocorrer com os demais, informa a atuação do juiz na cognição e deferimento do provimento de urgência, permitindo-lhe transpor dogmas ortodoxos que limitavam a sua atuação em prol da efetividade da prestação jurisdicional.

Desde a Emenda Constitucional 45/2004, figura no rol constitucional de garantias do jurisdicionado a duração razoável do processo (art. 5º, LXXVIII) [22]. O

---

19. BARBOSA MOREIRA, José Carlos. O problema da duração dos processos: premissas para uma discussão séria. *Temas de direito processual*, nona série. São Paulo: Saraiva, 2007, p. 367-377; CABRAL, Antonio do Passo. A duração razoável do processo e a gestão do tempo no projeto de novo Código de Processo Civil. In: FUX, Luiz et al. (Org.). *Novas tendências do Processo Civil*: estudos sobre o projeto do novo Código de Processo Civil. Salvador: JusPodivm, 2013; CÂMARA, Alexandre Freitas. O direito à duração razoável do processo: entre eficiência e garantias. *Revista de Processo*, v. 223, set/2013, p. 39–53; JOBIM, Marco Félix. O direito fundamental à duração razoável do processo e a responsabilidade civil do Estado em decorrência da intempestividade processual. 2. ed. Porto Alegre: Livraria do Advogado, 2012; PASTOR, Daniel R. *El plano razonable en el proceso del Estado de Derecho*: una investigación acerca del problema de la excesiva duración del proceso penal y sus posibles soluciones. Buenos Aires: AD-HOC, 2002, p. 109-318; SOUZA, José Augusto Garcia de. *A tempestividade da justiça no processo civil brasileiro*. Salvador: JusPodivm, 2020, p. 113-153; TUCCI, José Rogério Cruz e. Garantia da prestação jurisdicional sem dilações indevidas como corolário do devido processo legal. *Revista de Processo*. v. 66, abr./jun. 1992.
20. "L'Effettività dei Mezzi di Tutela Giurisdizionale con Particolare Riferimento all'Attuazione della Sentenza di Condanna", *Rivista di Diritto Processuale*, v. 30, 1975, p. 620 e s.
21. Clássica a fórmula de Chiovenda em *Saggi di Diritto Processuale Civile*, v. 1, p. 110, no sentido de que "il processo deve dare per quanto è possibile praticamente a chi ha un diritto tutto quello e pròprio quello ch'egli ha diritto di conseguire". Quanto aos estreitos limites entre a efetividade e a idoneidade das medidas cautelares, há uniformidade da melhor doutrina nacional, como se colhe em Barbosa Moreira, *Temas*, 3ª série, cit., p. 29.
22. "É praticamente impossível apontar todas as causas que geram a morosidade judicial. Muitas são conhecidas, mas não existe vontade política ou mesmo cultura adequada de grande parte dos operadores do direito no sentido de corrigi-las. A omissão do Estado para fornecer os meios necessários à efetiva solução dos litígios, a utilização inadequada dos instrumentos processuais pelos protagonistas do processo, são alguns exemplos

legislador processual, atento a esse ditame, buscou assegurar a efetividade da tutela jurisdicional, dentro do interregno temporal que se afigure justo.

Diversos são os exemplos de institutos voltados a abreviar o procedimento, v.g., a improcedência liminar do pedido, aperfeiçoada pelo atual Código, atento aos precedentes judiciais (art. 332[23]), a tutela provisória, inclusive a satisfativa requerida em caráter antecedente (arts. 303 e 304[24]), a dispensa de remessa necessária quando o provimento judicial se respaldar em decisões vinculativas (art. 496, § 4º[25]), a concentração da defesa do réu em uma única peça, a limitação do recurso imediato contra decisões interlocutórias, os atos praticáveis por meio eletrônico. Igualmente, depositam-se firmes esperanças nos meios tecnológicos para se alcançar a atividade jurisdicional desejadamente célere. Também consectária da efetividade é a tutela jurisdicional específica, consagrada, hodiernamente, pelo artigo 497 do CPC, destacando-se, nesse âmbito, modernamente, a tutela inibitória.

Especificamente quanto à efetividade da tutela satisfativa, porém, importa destacar seus contornos na dinâmica jurisdicional e sublinhar a inserção dos meios executivos atípicos.

3. MEIOS EXECUTIVOS ATÍPICOS COMO MECANISMO DE EFETIVIDADE DA TUTELA JURISDICIONAL SATISFATIVA

O processo, como instrumento de realização de justiça, é servil diante de uma pretensão justa e resistida, passível de ser resolvida em nível de definição de direitos,

---

das razões da morosidade." (Paulo Cezar Pinheiro Carneiro. Comentário ao art. 4º do Código de Processo Civil. In: ALVIM, Teresa Arruda et al. *Breves comentários ao novo Código de Processo Civil*. São Paulo: Ed. RT, 2015).

23. Art. 332. Nas causas que dispensem a fase instrutória, o juiz, independentemente da citação do réu, julgará liminarmente improcedente o pedido que contrariar:

    I – enunciado de súmula do Supremo Tribunal Federal ou do Superior Tribunal de Justiça;

    II – acórdão proferido pelo Supremo Tribunal Federal ou pelo Superior Tribunal de Justiça em julgamento de recursos repetitivos;

    III – entendimento firmado em incidente de resolução de demandas repetitivas ou de assunção de competência;

    IV – enunciado de súmula de tribunal de justiça sobre direito local.

24. Art. 303. Nos casos em que a urgência for contemporânea à propositura da ação, a petição inicial pode limitar-se ao requerimento da tutela antecipada e à indicação do pedido de tutela final, com a exposição da lide, do direito que se busca realizar e do perigo de dano ou do risco ao resultado útil do processo. (...).

    Art. 304. A tutela antecipada, concedida nos termos do art. 303, torna-se estável se da decisão que a conceder não for interposto o respectivo recurso.

25. Art. 496. (...) § 4º Também não se aplica o disposto neste artigo quando a sentença estiver fundada em:

    I – súmula de tribunal superior;

    II – acórdão proferido pelo Supremo Tribunal Federal ou pelo Superior Tribunal de Justiça em julgamento de recursos repetitivos;

    III – entendimento firmado em incidente de resolução de demandas repetitivas ou de assunção de competência;

    IV – entendimento coincidente com orientação vinculante firmada no âmbito administrativo do próprio ente público, consolidada em manifestação, parecer ou súmula administrativa.

bem como na hipótese de resistência à satisfação de um direito já definido a merecer pronta realização prática. No primeiro caso, a definição judicial é exteriorizada através da tutela jurisdicional de cognição, que consiste, basicamente, no conhecimento dos fatos e na aplicação soberana da norma jurídica adequada ao caso concreto.

Na segunda hipótese, o direito já se encontra definido e à espera de sua realização[26] pelo obrigado. Nesse caso, a forma de tutela não é mais de simples cognição senão de "realização prática do direito" através dos órgãos judiciais. Assim, da mesma forma como o Estado-juiz define a situação litigiosa com ou sem a colaboração das partes, também realiza o direito, independentemente da cooperação do obrigado.[27] Esta é a essência satisfativa do processo de execução e da fase do cumprimento da sentença, porquanto executar e cumprir é satisfazer. O Estado-juiz, na execução ou no cumprimento, não se limita a pronunciar que A deve a B, senão a fazer com que o devedor pague ao credor, voluntariamente ou através dos meios executivos utilizados nesta espécie de tutela jurisdicional e que visam a conferir à parte o mesmo resultado que ela obteria se houvesse o cumprimento espontâneo da obrigação. As diferentes formas de prestação de justiça confirmam a regra de há muito enunciada de que "pretensão discutida e pretensão insatisfeita" são "fenômenos do gênero conflito jurídico", havendo para cada um deles uma forma distinta de solução.

Sob a ótica jus-filosófica, a "execução" – seja o "processo" de execução (título extrajudicial), seja a nova fase de "cumprimento da sentença" (título judicial) – restaura efetivamente a ordem jurídica afrontada pela lesão, realizando a sanção correspondente à violação. A atividade judicial que atua essa sanção é denominada "execução".[28] Através dela, o Estado cumpre a promessa do legislador de que, diante da lesão o Judiciário deve atuar prontamente de sorte a repará-la a tal ponto que a parte lesada não sofra as consequências do inadimplemento.

A distinção entre as atividades de "definir" e "realizar direitos" fez com que parte ponderável da doutrina não considerasse jurisdicional a tutela de execução, porquanto nesta sobejam atos materiais ao contrário dos atos intelectivos que singularizam o processo de conhecimento. Essa característica também se observa quanto aos atos destinados aos demais protagonistas do processo, destacando-se que aos auxiliares do juízo no processo de cognição são delegados atos "não coativos", como, v.g., citação, elaboração de cálculo etc., ao passo que, na execução, aos referidos auxiliares é determinada a prática de "ordens coativas", como, v.g., a penhora, a expropriação etc.

---

26. Por essa razão já se afirmou em magnífica sede doutrinária que "no processo de execução se prova não para julgar e sim para agir".
27. Conforme magistralmente ressaltado por Carnelutti, em *Direito e Processo*, no processo de conhecimento, o juiz passa dos fatos ao direito e no processo de execução completa o ciclo, passando do direito aos fatos, tornando realidade o comando contido na sentença. Mais precisamente esclarece o autor: a sentença transforma o "ser da lei naquilo que deve ser" e no processo de execução "faz com que seja aquilo que deve ser".
28. Esta é a essência do processo de execução na visão de Liebman em seu notável *Processo de Execução* (São Paulo: Saraiva).

Como afirmava o jurista clássico do início do século, na cognição o Estado declara a vontade concreta da lei, ao passo que na execução torna essa mesma vontade efetiva através de atos.

Impregnados desta ideia de que a jurisdição se manifestava apenas na declaração do direito incidente no caso concreto, a doutrina superada, antes citada, não enquadrava os atos de satisfação do processo executivo como "jurisdicionais" e, *a fortiori*, desconsiderava a tutela executiva. Entretanto, a substitutividade que se enxerga no processo de cognição, no qual o Estado-juiz, para evitar a supremacia de uma parte sobre a outra, define o direito com autoridade, também se verifica na execução, na qual o magistrado realiza o direito do credor com ou sem a colaboração do devedor.

A coatividade jurisdicional reinante nesta forma de processo justifica a sua denominação de "execução forçada", uma vez que ela se realiza independentemente da vontade do devedor.

Destarte, não se pode afirmar que cognição e execução vivam isoladas, tanto mais que servem uma à outra. Aliás, não foi por outra razão que o Código de Processo Civil, seguindo a classificação introduzida pela Lei 11.232/2005, mantém a atividade de execução como fase do mesmo processo em que realizada a atividade de conhecimento, denominando-a de cumprimento de sentença. Assim, a cognição judicial, por vezes,[29] prepara a execução culminando no "cumprimento da sentença" – que tem como base uma sentença que reconheça a existência de uma obrigação. Aliás, não houvesse o cumprimento das sentenças, o Judiciário correria o risco de proferir decisões meramente divagatórias, sem eficácia prática alguma. Por outro lado, há processos de conhecimento que resultam em decisões com "executividade intrínseca"; por isso, num só momento, o juiz condena e realiza a obrigação, na própria fase processual de cognição. Parcela da doutrina tradicionalmente denominava essa espécie de *decisum* sob a expressão "ações executivas *lato sensu*",[30] nas quais a efetivação da decisão revela-se sincrética, operando-se no mesmo processo.

---

29. A expressão "por vezes" utilizada no texto guarda relação com a atual distinção entre execução de título extrajudicial e execução de título judicial, rompendo a tradição da máxima "*nulla executio sine previa cognitio*", cuja ortodoxia foi superada pela belíssima fusão do direito romano com o germânico. Este, admitindo a execução de documentos não judiciais e aquele adstringindo a execução à decisão judicial. Desta simbiose resultaram as duas formas de execução com base em duas espécies de títulos executivos (judicial e extrajudicial). Desta sorte o direito comum de tantas e magníficas influências exercidas até então revelou a *executio per officium judici* baseada em sentença – *sententia habet paratam executionem* – e a execução sem precedência em sentença judicial senão em *instrumenta guarentigiata* que eram escritos equivalentes a uma verdadeira confissão – *confessus in iure pro e condemnatio habetur*.
  Na Roma antiga após a condenação que gerava uma *obligatio judicati* conferia-se, primeiramente, um *tempus judicati* para que o devedor cumprisse a obrigação (de regra 30 dias) para somente após iniciar-se a ação conducente à realização daquela *obligatio* e que se denominava de *actio judicati*.
  Essas concepções foram transmitidas ao pioneiro Direito Francês, que na prática costumeira equiparou os títulos influenciando o direito europeu em geral e, como consequência, Portugal, em cujas fontes o nosso legislador se abeberou para instituir na reforma de 1973 a unificação da execução com base em título extrajudicial (ação executiva) e a execução de sentença condenatória (ação executória).
30. Como adiante se verá, as ações executivas *lato senso* correspondiam a um grande anseio da comunidade processual, haja vista que a concentração dos meios executivos apenas no processo de execução, com o

Nesse segmento, expressivo é o elemento cognitivo introduzido na execução de título extrajudicial quando o devedor se opõe à pretensão executiva através de embargos, fazendo exsurgir um contraditório eventual, o que o distingue do processo de conhecimento genuíno. Neste, o contraditório é inaugurado a pedido do próprio autor, ao requerer a citação do réu para responder. A razão está em que a execução de título extrajudicial não se instaura para obtenção de pronunciamento judicial, senão para realização do direito do credor; daí o porquê de o contraditório ser eventual e surgir por obra do próprio devedor, o qual se opõe à legitimidade daquele processo judicial.

Os embargos do executado, na execução de título extrajudicial, representam, assim, um verdadeiro processo de cognição introduzido no organismo do processo de execução.

A execução visa, desta forma, à satisfação plena do credor e, para esse fim, utiliza-se de técnicas que se resumem a duas categorias, a saber: "técnicas de sub-rogação" e "técnicas de coerção". O Estado, no afã de satisfazer o credor, ou substitui o devedor e realiza a prestação devida com o patrimônio do devedor (como, *v.g.*, quando expropria os seus bens para satisfazer o credor); ou escolhe um terceiro, pago pelo devedor, para prestar o serviço sonegado; ou, ainda, pressiona o devedor, ameaçando impor-lhe um sacrifício pessoal (prisão) ou patrimonial (multa diária). No primeiro caso, quando há atividade substitutiva, denomina-se essa técnica "meio de sub-rogação"; na segunda hipótese, em que há "pressão" sobre a pessoa ou o patrimônio do devedor, cognomina-se a técnica de "meio de coerção". São exemplos de técnicas de coerção a determinação judicial de pagamento de pensão alimentícia, sob pena de prisão, e a incidência de multa diária até que se desfaça uma obra em contravenção às posturas municipais edilícias.

Forçoso concluir que, quanto maior é a flexibilidade conferida ao juízo em relação aos meios executivos utilizáveis à satisfação dos interesses do credor, maior é a probabilidade de se alcançar um ótimo resultado no processo de execução, conferindo a quem faz jus aquilo, e exatamente aquilo, que deveria obter caso não tivesse havido o inadimplemento. É o que se denomina "execução específica" consagradora da prestação em espécie a que anseia justamente o credor, em contraposição à "execução genérica", que é aquela que se transmuda em equivalente pecuniário (perdas e danos), quando se frustra o alcance da prestação perseguida em juízo, como, *v.g.*, as perdas e danos que se conferem em lugar da realização da obra a que se comprometera o *solvens*.

No ordenamento norte-americano, a execução específica (*injunctions*) é figura excepcionalíssima, porquanto na generalidade das hipóteses a jurisdição civil consiste na entrega de quantia em dinheiro ao autor (*damages*). A análise econômica

---

abandono de toda e qualquer realização prática no processo de cognição, representou até então, dado significativo para que a prestação jurisdicional e, *a fortiori*, o Judiciário angariasse um grau largo de desprestígio em razão da ineficiência das formas usuais de prestação de justiça. Nesse sentido consulte-se, dentre tantos, Frederico Carpi (Note in Tema di Techniche di Attuazione dei Diritti. *Riv. Trim. di Diritto e Processo Civile*, p. 110, 1988).

do Direito demonstra que, no campo dos contratos, costuma ser mais eficiente para ambas as partes que a tutela da obrigação ocorra por perdas e danos em caso de inadimplemento. Isso porque o cumprimento específico pode ser demasiadamente custoso para o devedor, de modo que o credor, em uma análise *ex ante*, preferiria um abatimento no preço em troca de desobrigar o devedor da prestação avençada, mediante pagamento em dinheiro, na hipótese de os custos de *performance* se tornarem excessivos quando do vencimento.

Tanto os meios de coerção quanto os de sub-rogação são formas de execução, com a diferença de que, na primeira hipótese, a satisfação é indireta, como resultado da ameaça engendrada contra o devedor. Essa característica dos meios de coerção que, atuando sobre a vontade do devedor, fazem com que ele "cumpra" a obrigação, levou parte ponderável da doutrina a considerar apenas os meios de sub-rogação como executivos, posto que nestes o Estado realmente satisfaz o credor, ao passo que naquele outro é o próprio devedor quem implementa a prestação devida.

Impende, ainda, registrar, sob esse ângulo, que os "meios de coerção", porque imaginados como instrumentos de condução ao cumprimento da obrigação, cessam tão logo se verifique o adimplemento da prestação. Assim, v.g., a multa diária que transcorre até o cumprimento da obrigação cessa no seu evolver e montante tão logo o credor seja satisfeito.

Como se pode observar, a execução forçada alcança o seu resultado por via direta ou indireta, conferindo ao credor o resultado que obteria se o devedor cumprisse a obrigação ou o seu equivalente, se for impossível, materialmente, alcançar-se o desígnio específico. Assim, por exemplo, quando o objeto perece na obrigação de entrega de coisa certa, o credor recebe o correspondente em dinheiro (perdas e danos).

Essa discrepância entre o fim pretendido e o resultado do processo de execução levou a doutrina italiana clássica a concluir que a lide de pretensão insatisfeita é doença mais grave do que a lide de pretensão resistida.

Em resumo, a tutela de conhecimento opera-se no plano da normação jurídica, ao passo que a tutela de execução se realiza no plano prático.

Na construção do Código de Processo Civil vigente, foram lançadas luzes sobre uma nova perspectiva instrumental para o magistrado, com a atipicidade dos meios executivos (art. 139, IV).

Como cediço, o processo de execução é satisfativo por natureza, porquanto tem por objetivo a satisfação material da pretensão do exequente, dependendo da utilização de meios de sub-rogação e de coerção. Esses poderes instrumentais do juiz, que visam à prestação de justiça efetiva e em prazo razoável, estão exemplificativamente descritos no art. 772 do CPC/2015[31].

---

31. Art. 772. O juiz pode, em qualquer momento do processo:
    I – ordenar o comparecimento das partes;
    II – advertir o executado de que seu procedimento constitui ato atentatório à dignidade da justiça;

O dispositivo transcrito não exaure os poderes do magistrado na gestão da execução. Por exemplo, o art. 139, IV, do CPC/2015 cuida justamente do poder de determinar todas as medidas indutivas, coercitivas, mandamentais ou sub-rogatórias necessárias para assegurar o cumprimento de ordem judicial, *inclusive nas ações que tenham por objeto prestação pecuniária.*

Sabe-se que o alcance do resultado prático pretendido pelo exequente pode se dar por *meios de coerção*, quando o Estado-Juiz constrange o devedor a proceder, por ato próprio, à satisfação da obrigação (*v. g.*, impondo multa, determinando o protesto do título executivo ou a inclusão do nome do devedor em cadastro de inadimplentes), ou por meios de sub-rogação, quando o Estado-Juiz substitui o devedor e realiza a atividade a que ele se recusou (*v. g.*, penhora e expropriação, busca e apreensão *etc.*).

O CPC/2015 inova ao permitir a utilização de meios executivos atípicos, não previstos em lei, no cumprimento ou execução de obrigação de pagar, ainda que tenham natureza coercitiva. O Código anterior, após a reforma de 2005, já admitia meios executivos atípicos no que diz respeito ao cumprimento de obrigação de fazer ou não fazer (art. 461 do CPC/1973). Assim, por exemplo, a doutrina e a jurisprudência admitem, na execução civil, a quebra do sigilo bancário e fiscal do executado, devendo o juiz assegurar o necessário sigilo dos autos[32].

Questão que ainda será pacificada pela jurisprudência diz respeito à possibilidade de imposição de multa cominatória (*astreintes*) para o cumprimento de obrigação de pagar. No regime anterior ao CPC de 2015, não há dúvidas de que era vedado ao Magistrado fixar *astreintes* para o caso de não pagamento voluntário da obrigação pecuniária[33].

Ocorre que, consoante referido, o art. 139, IV, do CPC/2015 é expresso ao permitir que o Juiz determine todas as medidas indutivas, coercitivas ou mandamentais, inclusive nas ações que tenham por objeto prestação pecuniária[34]. Argumenta-se contrariamente à possibilidade de fixação de *astreintes* com base no fato de que o art. 523, § 1º, do CPC/2015 já prevê uma multa de 10% para o caso de não pagamento voluntário no prazo de 15 dias após a intimação do executado. Havendo regra es-

---

III – determinar que sujeitos indicados pelo exequente forneçam informações em geral relacionadas ao objeto da execução, tais como documentos e dados que tenham em seu poder, assinando-lhes prazo razoável.

32. Nessa linha, confira-se o enunciado n. 536 do Fórum Permanente de Processualistas Civis: "(art. 772, III; art. 773, parágrafo único) O juiz poderá, na execução civil, determinar a quebra de sigilo bancário e fiscal".
33. Nesse sentido, confiram-se as seguintes decisões do STJ: A jurisprudência desta Corte Superior dispõe que, nas obrigações de pagar quantia certa, é descabida a fixação de multa diária como forma de compelir a parte devedora ao cumprimento da prestação que lhe foi imposta. (AgInt no AREsp 1441336/SP, Rel. Ministro Marco Aurélio Bellizze, Terceira Turma, julgado em 19/08/2019). A orientação desta Corte firmou-se no sentido de que, em se tratando de obrigação de pagar quantia, não é possível a fixação de multa cominatória (*astreintes*) em face do devedor. (AgInt no REsp 1728047/SP, Rel. Ministro Mauro Campbell Marques, Segunda Turma, julgado em 16.08.2018).
34. NEVES, Daniel Amorim Assumpção. Medidas executivas coercitivas atípicas na execução de obrigação de pagar quantia certa art. 139, IV, do novo CPC. *Revista de Processo*, v. 265, mar. 2017.

pecífica no âmbito do cumprimento de sentença que reconheça a exigibilidade de obrigação de pagar, afastar-se-ia a regra geral do art. 139, IV, do CPC/2015.

Doutrina[35] e jurisprudência[36] têm admitido a utilização de meios executivos atípicos na execução de título extrajudicial[37].

Parte da doutrina admite, ainda, o contraditório diferido para a decretação de medida executiva atípica – ou seja, dispensa a prévia oitiva do devedor. Trata-se, contudo, de questão ainda tormentosa na jurisprudência. O Superior Tribunal de Justiça tem admitido a decretação de medidas coercitivas atípicas e não relacionadas ao patrimônio, como a apreensão da carteira de habilitação e do passaporte do devedor, mas, via de regra, exige os seguintes requisitos: *(i)* que a medida seja proporcional; *(ii)* que a decisão seja fundamentada; *(iii)* que sejam esgotados os meios típicos de execução; *(iv)* que haja contraditório prévio; e *(v)* que haja indícios de patrimônio expropriável[38].

Vale dizer que algumas decisões do STJ relativizam os requisitos acima elencados. Por exemplo, a Terceira Turma da Corte dispensou o contraditório prévio para admitir tanto a apreensão da CNH quanto do passaporte, pois o executado, violando seu dever de cooperação, não indicou "meio executivo menos gravoso e mais eficaz à satisfação do direito do exequente"[39], nos termos do art. 805, parágrafo único, do CPC/2015[40]. Frisou-se que "embora ausente o contraditório prévio e a fundamentação para a adoção da medida impugnada, nem o impetrante nem o paciente cumpriram com o dever que lhes cabia de indicar meios executivos menos onerosos e mais eficazes para a satisfação do direito executado". Em outro precedente, a Segunda

---

35. BECKER, Rodrigo Frantz. *Manual do Processo de Execução dos Títulos Judiciais e Extrajudiciais*. Salvador: JusPodivm, 2021, p. 53-66; MINAMI, Marcos Youji. *Da vedação ao non factibile: uma introdução às medidas executivas atípicas*. Salvador: JusPodivm, 2019; TALAMINI, Eduardo; MINAMI, Marcos Youji (Coord.). *Grandes temas do novo CPC* – Medidas executivas atípicas. 2. ed. Salvador: JusPodivm, 2020.
36. STJ, RHC 97.876, Rel. Luís Felipe Salomão, Quarta Turma, julgado em 05.06.2018.
37. Nesse sentido, confira-se o enunciado n. 12 do Fórum Permanente de Processualistas Civis: "A aplicação das medidas atípicas sub-rogatórias e coercitivas é cabível em qualquer obrigação no cumprimento de sentença ou execução de título executivo extrajudicial. Essas medidas, contudo, serão aplicadas de forma subsidiária às medidas tipificadas, com observação do contraditório, ainda que diferido, e por meio de decisão à luz do art. 489, § 1º, I e II."
38. Nesse sentido, confiram-se as seguintes decisões: "A adoção de meios executivos atípicos é cabível desde que, verificando-se a existência de indícios de que o devedor possua patrimônio expropriável, tais medidas sejam adotadas de modo subsidiário, por meio de decisão que contenha fundamentação adequada às especificidades da hipótese concreta, com observância do contraditório substancial e do postulado da proporcionalidade." (REsp 1782418/RJ, Rel. Ministra Nancy Andrighi, Terceira Turma, julgado em 23.04.2019); "após esgotados todos os meios típicos de satisfação da dívida, para assegurar o cumprimento de ordem judicial, deve o magistrado eleger medida que seja necessária, lógica e proporcional. (...) para que o julgador se utilize de meios executivos atípicos, a decisão deve ser fundamentada e sujeita ao contraditório, demonstrando-se a excepcionalidade da medida adotada em razão da ineficácia dos meios executivos típicos, sob pena de configurar-se como sanção processual." (STJ, RHC 97.876, Rel. Luís Felipe Salomão, 4ª Turma, julg. 05.06.2018)."
39. RHC 99.606/SP, Rel. Ministra Nancy Andrighi, Terceira Turma, julgado em 13.11.2018.
40. Art. 805, parágrafo único: Ao executado que alegar ser a medida executiva mais gravosa incumbe indicar outros meios mais eficazes e menos onerosos, sob pena de manutenção dos atos executivos já determinados.

Turma do STJ dispensou o requisito do esgotamento das medidas executivas típicas, desde que o comportamento processual do executado seja desleal ou protelatório[41].

Também se discute o cabimento da apreensão da CNH e do passaporte na execução fiscal. A Primeira Turma do STJ entendeu desproporcional a medida em determinado caso concreto, ressaltando que já havia penhora de 30% dos vencimentos do executado e, por este morar em uma região de fronteira, a restrição ao direito de locomoção seria excessiva[42].

Evidentemente, subsistem relevantes dúvidas acerca dos limites para o atuar do julgador. De todo modo, é inegável que a moderna ciência processual se move em direção ao exercício jurisdicional voltado à prestação efetiva e célere da justiça.

---

41. HC 478.963, Rel. Min. Francisco Falcão, Segunda Turma, julgado em 14.05.2019.
42. HC 453870, Rel. Min. Napoleão Nunes Maia Filho, Primeira Turma, julgado em 25.06.2019.

NOVAS TENDÊNCIAS DA EXECUÇÃO CIVIL

Trícia Navarro Xavier Cabral

Pós-Doutora em Direito pela USP. Doutora em Direito Processual pela UERJ. Mestre em Direito pela UFES. Professora da Graduação e do PPGDIR/UFES. Juíza de Direito no TJES, atualmente como Juíza Auxiliar da Presidência do CNJ. Membro do Comitê Gestor da Conciliação do CNJ. Membro do IBDP.

Marcus Livio Gomes

Pesquisador Associado do Instituto de Estudos Jurídicos Avançados (IALS/University of London). Professor-Associado dos programas de Bacharelado, Mestrado e Doutorado em Direito Tributário e Direito Tributário Internacional na Universidade do Estado do Rio de Janeiro, Brasil. Juiz Federal da 2ª Região.

1. INTRODUÇÃO

Ao longo das últimas décadas, o processo civil brasileiro tem passado por relevantes transformações técnicas e ideológicas, que refletiram na reforma do Código de Processo Civil de 2015.

A rigidez processual e o formalismo exagerado cederam espaço para a flexibilização procedimental e o maior aproveitamento possível dos atos processuais. O protagonismo judicial foi equilibrado com a maior participação e cooperação das partes. A priorização da solução estatal das controvérsias foi substituída pela priorização da solução consensual. O acesso à justiça foi ampliado para contemplar a justiça estatal, arbitral e conciliativa[1]. O dogma do monopólio do exercício da jurisdição pelo Estado tem sido superado, para que outras esferas também exerçam essa função, inclusive a privada, como é o caso da arbitragem. A justiça física e presencial vem sendo substituída cada vez mais pela justiça digital.

Como se vê, não são mudanças pontuais, mas sim alterações que modificam amplamente a forma de tratamento dos conflitos.

Contudo, o mesmo avanço não foi evidenciado no âmbito da execução civil.

O CPC/15 procurou contemplar novas técnicas processuais e aperfeiçoar as já existentes, na busca de maior eficiência do processo. Porém, em relação ao processo de execução, as alterações não foram impactantes, uma vez que buscou-se sedimentar as diversas alterações legislativas sobre a matéria ocorridas quando ainda da vigência do CPC/73.

Assim, após mais de cinco anos da entrada em vigor do CPC/15, verificou-se a necessidade de se repensar a efetividade da execução civil, buscando novos avanços

---

1. GRINOVER, Ada Pellegrini. *Ensaio sobre a processualidade*: fundamentos para uma nova teoria geral do processo. Brasília: Gazeta Jurídica, 2016.

sobre a temática, especialmente mediante os impactos que a tecnologia tem realizado no processo judicial.

Nesse contexto, ganha corpo o Projeto de Lei 6.204/2019, que tramita no Senado Federal e que prevê a desjudicialização das execuções civis, com a transferência da competência do Estado-juiz, por delegação, aos tabeliães de protesto (agentes de execução) para a prática de atos e procedimentos executivos.

Não obstante, já se cogita o aprimoramento do próprio sistema executivo do CPC/15, por meio da adoção de novas técnicas processuais que garantam resultados mais satisfatórios.

Portanto, o presente estudo se dedica a analisar essas tendências legislativas, doutrinárias, jurisprudenciais e tecnológicas, identificando caminhos possíveis e seguros para a evolução da entrega integral da tutela jurisdicional executiva.

2. PANORAMA ATUAL DA EXECUÇÃO CIVIL NO BRASIL

Após cinco anos de vigência do CPC/15, constata-se que, apesar de a execução civil ter sido alvo de algumas reformas legislativas em momentos anteriores à edição do novo Código, ela continua, infelizmente, deixando a desejar.

Diante disso, torna-se importante voltar a amadurecer o tema da execução, seus problemas e a perspectiva de sua desjudicialização, com propostas que visem, fundamentalmente, imprimir maior eficiência e resultados melhores e mais céleres à atividade executiva.

Registre-se que, no âmbito do Conselho Nacional de Justiça, nas Metas Nacionais 2021 instituídas para o Poder Judiciário, consta a Meta 9 – Integrar a Agenda 2030 ao Poder Judiciário (STJ, Justiça Estadual, Justiça Federal, Justiça Eleitoral, Justiça do Trabalho e Justiça Militar da União e dos Estados) – que inclui a realização de ações de prevenção ou desjudicialização de litígios voltadas aos objetivos de desenvolvimento sustentável (ODS), da Agenda 2030.

E atento às dificuldades enfrentadas no âmbito executivo, Ministro Luiz Fux, na qualidade de Presidente do Conselho Nacional de Justiça, constituiu, por meio da Portaria CNJ 272/2020, um Grupo de Trabalho para contribuir com a modernização e efetividade da atuação do Poder Judiciário nos processos de execução e cumprimento de sentença, excluídas as execuções fiscais. O Grupo possui integrantes de diferentes profissões e segmentos da justiça.

Com efeito, embora o art. 4º do Código de Processo Civil estabeleça de forma clara que as partes têm o direito de obter em prazo razoável a solução integral do mérito, incluída a atividade satisfativa, os gargalos da execução civil continuam impactando os ramos da Justiça Estadual, Federal e Trabalhista.

O Relatório do Justiça em Números 2020 indica que, no universo de 77.000.000 de processos pendentes, as execuções representam acervo 54% maior do que os processos de conhecimento, com tendência de crescimento de estoque.

Assim, uma das ações do Grupo de Trabalho foi solicitar um diagnóstico mais preciso sobre a realidade da execução civil (excluídas as fiscais e criminais). E enquanto aguardamos o resultado desse diagnóstico, o Departamento de Pesquisas Judiciárias (DPJ) do CNJ elaborou uma pesquisa preliminar acerca das execuções civis a fim de direcionar com maior precisão o diagnóstico definitivo e o tratamento adequado desses processos.

Nessa pesquisa preliminar – e informal – feita em abril de 2021, que incluiu as Justiças Estadual, Federal e Trabalhista, observou-se um panorama assustador, que será assim resumido: a) total de execução cível nas unidades judiciárias (excluídas as execuções fiscais e criminais) - 11.049.660, representado 14% do acervo total; b) 3 milhões de execuções extrajudiciais e 7 milhões de execuções judiciais; c) 5.159.813 de casos novos; d) 4.362.144 sentenças em execuções; e) 4.266.756 processos baixados; f) 72% de taxa de congestionamento; g) índice de acordo de apenas 6%; h) tempo médio de tramitação: 5 anos e 8 meses nas execuções extrajudiciais e 3 anos nas execuções judiciais; i) 2.557.238 execuções estão suspensas, sobrestadas ou em arquivo provisório.

Com esses índices, é imperioso se pensar em novas estratégias de tratamento das execuções civis, objetivando o alcance da racionalização da máquina judiciária e resultados mais promissores aos exequentes.

No momento, a doutrina e o legislador se debruçam sobre duas possibilidades: a) a desjudicialização da execução; e b) o aperfeiçoamento da regulamentação da execução civil no CPC/15.

A seguir serão tratadas algumas dessas iniciativas que certamente auxiliarão na construção de soluções adequadas para a execução civil.

3. A EVOLUÇÃO DA DESJUDICIALIZAÇÃO NO BRASIL[2]

O Poder Judiciário brasileiro sempre foi protagonista na resolução de conflitos sociais, seja pela via da jurisdição contenciosa, seja por meio da jurisdição voluntária, promovendo o resguardo de interesse público frente as situações de interesse privado.

Contudo, nas últimas décadas, o processo civil foi impactado por relevantes mudanças ideológicas e legislativas, objetivando imprimir maior eficiência aos processos, bem como racionalizar o próprio uso da máquina judiciária.

Diante disso, o legislador foi, gradativamente, transferindo para a esfera extrajudicial funções antes monopolizadas pelo Estado-juiz[3]. Trata-se de uma opção

---

2. O tema também foi originalmente tratado em: CABRAL, Trícia Navarro Xavier. Justiça multiportas, desjudicialização e Administração Pública. ÁVILA, Henrique; WATANABE, Kazuo; NOLASCO, Rita Dias; CABRAL, Trícia Navarro Xavier. *Desjudicialização, justiça conciliativa e poder público*. São Paulo: Thomson Reuters Brasil, 2021, p. 127-156.
3. BUENO, Cassio Scarpinella. *Curso sistematizado de Direito Processual Civil*: teoria geral do Direito Processual Civil. Parte geral do Código de Processo Civil. 9 ed. São Paulo: Saraiva, 2018, p. 263.

política, que pode variar de acordo com o momento histórico-jurídico em que o assunto é apreciado.

Percebe-se, assim, que o tema da jurisdição civil tem ganhado novos contornos, bem mais abrangentes do que as concepções originais que limitam a solução de questões pelo Poder Judiciário. Acerca da matéria, Bruno Cavaco defende que o conceito de jurisdicionalização compreende a expansão do Poder Judiciário, que se articula com as demais instâncias jurídicas formais e que, portanto, abarca a judicialização e a desjudicialização dos conflitos[4]. Já Humberto Dalla registra que hoje temos a jurisdição voluntária judicial e extrajudicial, os meios de obtenção de consenso judiciais e extrajudiciais, e, ainda, os meios adjudicatórios extrajudiciais, como é o caso da arbitragem. Não obstante, ao abordar a nova tendência, o autor registra a necessidade da presença de duas circunstâncias: a) a observância às garantias fundamentais do processo, e b) a possibilidade de judicialização da matéria a qualquer tempo.[5]

Sobre o assunto, Kazuo Watanabe preconiza que o conceito de acesso à justiça foi atualizado e ganhou nova dimensão, que abarca a possibilidade de os cidadãos resolverem suas controvérsias na esfera judicial e na esfera extrajudicial, constituindo o que o autor denomina de "acesso à ordem jurídica justa".[6]

Nesse contexto, ganhou destaque o incentivo à desjudicialização, que consiste, numa concepção mais ampla, em retirar da justiça estatal atividades antes reservadas exclusivamente ao Poder Judiciário. Na realidade, terminologia é utilizada na doutrina em diversos sentidos, podendo designar: a) qualquer atuação capaz de solucionar o conflito fora da justiça estatal; b) quando um terceiro atua para solucionar o conflito por meio de métodos extrajudiciais de resolução de disputas (conciliação, mediação ou arbitragem); e c) autotutela, em que a parte credora atua diretamente para satisfazer seu direito material, sem a condução por um terceiro.[7]

Registre-se que as três hipóteses não se confundem, mas são plenamente possíveis no âmbito da tutela executiva.

Dessa forma, inúmeras atividades que antes reclamavam a intervenção direta do Poder Judiciário passaram a ser delegadas ao campo extrajudicial.

Essa transformação teve início na década de 90, e permanece em franca evolução até os dias atuais, em relação a variados temas. Assim, por exemplo, a Lei 8.455/1992 alterou o CPC/73 para permitir a realização de perícias extrajudiciais,

---

4. CAVACO, Bruno de Sá Barcelos. *Desjudicialização e resolução de conflitos*: participação procedimental e o protagonismo do cidadão na pós-modernidade. Curitiba: Juruá, 2017, p. 125-130.
5. PINHO. Humberto Dalla Bernardina de. *Jurisdição e pacificação*: limites e possibilidades do uso dos meios consensuais de resolução de conflitos na tutela de direitos transindividuais e pluri-individuais. Curitiba: CRV, 2017, p. 262-263.
6. WATANABE, Kazuo. *Acesso à ordem jurídica justa* (conceito atualizado de acesso à justiça): processo coletivo e outros estudos. Belo Horizonte: Del Rey, 2019, p. 109-113.
7. Sobre o assunto, cf.: THEODORO JÚNIOR, Humberto; ANDRADE, Érico. Novas perspectivas para atuação da tutela executiva no direito brasileiro: autotutela executiva e "desjudicialização" da execução. *Revista de Processo*. v. 315/2021, p. 109-158, maio 2021.

dispensando a perícia judicial quando as próprias partes apresentarem documentos técnicos satisfatórios.

Por sua vez a Lei 8.951/1994 introduziu novos parágrafos ao art. 890, do CPC/73, permitindo que as consignações em pagamento de dinheiro fossem feitas extrajudicialmente, o que foi mantido no art. 539, do CPC/15. Já os depósitos de tributos federais foram regulamentados pela Lei 9.703/1998. A Lei 9.514/1997 trata do sistema de financiamento imobiliário, também possuindo traços de extrajudicialidade.

Não obstante, a Lei 9.307/1996 (Lei de Arbitragem), representou a quebra do monopólio jurisdicional estatal ao autorizar que árbitros escolhidos pelas partes fora do sistema judicial solucionassem conflitos, inclusive com eficácia de coisa julgada. A arbitragem é um importante método heterocompositivo de resolução de conflito que chegou a ser regulamentado pelo Código Civil de 1916 (arts. 1.037 a 1.048), e pelo CPC/73 – Lei 5.869/73 – (arts. 1.072 a 1.102), até ganhar legislação própria, Lei 9.307/1996, posteriormente alterada pela Lei 13.129/15. Atualmente ela vem sendo reforçada em diversas leis especiais, sendo que seu campo de abrangência inclui diversas modalidades de conflitos. O instituto também está previsto na Lei 9.099/95 (Lei dos Juizados Especiais), mas ainda é de pouca utilização prática, talvez pelo custo financeiro que a arbitragem representa.

A Lei 10.931/2004 alterou a Lei de Registros Públicos (Lei 6.015/1973), passando para o âmbito extrajudicial os conflitos envolvendo retificação de registro imobiliário. A referida Lei também modificou a redação do artigo 1.526 do Código Civil de 2002, para afastar a exigência da prévia homologação do magistrado nas habilitações para o registro civil do casamento. Ademais, a Lei 11.101/2005 instituiu a recuperação extrajudicial, permitindo prévia negociação entre credores e devedores.

A Lei 11.441/2007 autorizou a desjudicialização de inventários, partilhas, separações e divórcios consensuais, possibilitando a sua realização pela via administrativa, a fim de simplificar os procedimentos. Posteriormente, o Conselho Nacional de Justiça (CNJ), por força da Resolução 35/2007, regulamentou o assunto para uniformizar as atividades cartorárias no Brasil. Registre-se que a Emenda Constitucional 66/2010 alterou a redação do § 6º, do art. 226, da Constituição da República para permitir o divórcio direito, por meio de escritura pública, ou seja, extrajudicialmente, desde que respeitados os requisitos legais e que os filhos fossem maiores e capazes.

Observa-se, ainda, que a Lei 11.790/2008 autorizou que o registro de declaração de nascimento fora do prazo legal fosse feito diretamente perante as serventias extrajudiciais.

Neste cenário evolutivo, o CPC/15 encampou a desjudicialização em diversos dispositivos, reforçando a tendência de realização de certas atividades fora do Judiciário.

No que tange aos métodos adequados de resolução de controvérsias, o Código não só absorveu a Política Judiciária Nacional de Tratamento Adequado de Conflitos de Interesses, instituída pela Resolução 125/2010, pelo Conselho Nacional de Justiça (CNJ), como autorizou a desjudicialização das atividades de conciliação e mediação ao prever, no art. 168, que as partes escolham, de comum acordo, o conciliador, o mediador ou a câmara privada de conciliação e de mediação, que nem precisam estar cadastrados no tribunal (§ 1º).

Para reforçar o incentivo ao uso de meios extrajudiciais para a finalidade autocompositiva, o CPC/15 prevê, no art. 515, III, que a autocomposição extrajudicial de qualquer natureza, uma vez homologada pelo juiz, ganha força de título executivo judicial, sendo que o art. 725, VIII – estabelece o uso da jurisdição voluntária para a homologação de autocomposição extrajudicial. Por último, o art. 784, IV – inclui a transação como título executivo extrajudicial.

Além de tratar dos métodos adequados de resolução de conflitos, o CPC/15 ampliou as hipóteses de convenções processuais típicas e ainda inovou ao prever, no art. 190, uma cláusula geral de convenções processuais atípicas, permitindo que as partes tenham imensa liberdade de criar, dentro das condições e limites legais, regramentos processuais que melhor atendam aos seus interesses e às particularidades da causa, inclusive na esfera extrajudicial. Essa técnica processual autoriza que as partes disponham sobre seus ônus, poderes, faculdades e deveres no âmbito de um contrato particular, inclusive antes de ajuizada a demanda.

Outro exemplo de desjudicialização no Código foi a delegação de atos de comunicação da realização da audiência de instrução e julgamento para as testemunhas, agora realizada pelos advogados das partes, em seus escritórios e sob sua responsabilidade (art. 455).

Ademais, o inventário e a usucapião podem ser realizados em serventias extrajudiciais, nos termos do art. 610, § 1º (art. 216-A, da Lei 6.015/1973).

Não obstante, a Lei 13.140/2015 (Lei da Mediação) também previu a resolução de conflito extrajudicial, por meio da mediação.

Por sua vez, outra importante iniciativa no campo extrajudicial foi a possibilidade de realização de sessões de mediação e conciliação pelas serventias extrajudiciais. A novidade foi instituída pelo Provimento 67, de 26 de março de 2018, editado pelo Corregedor Nacional da Justiça, Ministro João Otávio de Noronha, dispondo sobre os procedimentos de conciliação e de mediação nos serviços notariais e de registro do Brasil. Trata-se de uma antiga reivindicação dos notários, que já vinham se estruturando para o oferecimento dos referidos serviços. Com 42 artigos, verifica-se que o Provimento 67/2018 tentou compatibilizar suas disposições com a Resolução 125/2010 do CNJ, com o Código de Processo Civil e com a Lei de Mediação (Lei 13.140/2015).

No que tange à Administração Pública, o uso dos meios adequados de resolução de disputas pela também se presta a prevenir, evitar e racionalizar a judicialização.

Não por outra razão, tanto o CPC (art. 174) quanto a Lei de Mediação[8] (arts. 32 a 40) foram explícitos ao preverem a possibilidade de acordos em causas em que for parte pessoa jurídica de direito público, como a União, os Estados, o Distrito Federal e os Municípios, inclusive exigindo a criação de câmaras de conciliação e mediação com atribuições relacionadas à solução consensual de conflitos no âmbito administrativo.[9]

Em 2019, o Poder Judiciário, Governo e INSS assinam acordo para desjudicializar a Previdência Social. Com o objetivo de diminuir a judicialização de temas previdenciários, a Secretaria Especial de Previdência e Trabalho do Ministério da Economia, o Instituto Nacional do Seguro Social (INSS), o Conselho Nacional de Justiça (CNJ) e o Conselho da Justiça Federal (CJF) lançaram a Estratégia Nacional Integrada para Desjudicialização da Previdência Social.

Com isso, houve a criação de um Comitê Executivo de Desjudicialização, que tem como função acompanhar e executar o plano nacional, inclusive com o intercâmbio de bases de dados constantes em sistemas corporativos, geridos pelo INSS, pela Secretaria Especial de Previdência e Trabalho do Ministério da Economia e pelo CNJ.[10]

Também tramita no Congresso Nacional a PEC 207/2019, que tem por objetivo acrescentar o art. 200-A, à Constituição Federal para determinar que sejam instituídos Comitês Estaduais Interinstitucionais de Desjudicialização da Saúde, a fim de assegurar respostas mais céleres às demandas relativas à saúde.[11]

Outro ambiente de resolução de disputa que tem ganhado muita projeção no Brasil é o das ODR (*Online Dispute Resolution*), que consistem no uso da tecnologia para solucionar conflito via plataformas digitais, otimizando as atividades judiciárias. Assim, as partes substituem o ambiente físico pelo virtual para tentar solucionar o impasse jurídico. Trata-se, sem dúvida, de um grande avanço civilizatório, que confere maior autonomia às partes na resolução de suas contendas. As ODRs podem ser usadas no campo privado e no campo público, como é o caso da plataforma de consumo "Consumidor.gov.br". O CNJ também regulamentou o assunto por meio da Resolução 358/2020, determinando que os Tribunais adotassem essas plataformas, disponibilizando mais essa porta de solução de controvérsias aos jurisdicionados.

Mais recentemente, a Lei 14.133/2021 alterou a Lei de Licitações e Contratos Administrativos, e passou a prever, expressamente, a possibilidade do uso de comitê de resolução de disputas, conforme se vê nos artigos 138, II e nos arts. 151 a 154. Os

---

8. Sobre o tema, cf.: CABRAL, Trícia Navarro Xavier; CURY, Cesar Felipe. *Lei de mediação comentada artigo por artigo*: dedicado à memória da Prof.ª Ada Pellegrini Grinover. 2. ed. Indaiatuba: Foco, 2020.
9. Sobre o assunto, ver: CUNHA, Leonardo Carneiro da. *A Fazenda Pública em Juízo*. 16. ed. rev., atual. e ampl. Rio de Janeiro: Forense, 2019, p. 710-723.
10. BRASIL. Secretaria de Previdência. *Acordo entre governo federal e Judiciário deve reduzir ações sobre previdência*. Disponível em: http://www.previdencia.gov.br/2019/08/acordo-entre-governo-federal-e-judiciario-deve-reduzir-acoes-sobre-previdencia/. Acesso em: 13 jan. 2020.
11. BRASIL. Câmara dos Deputados. *PEC 207/2019*. Disponível em: https://www.camara.leg.br/proposicoesWeb/fichadetramitacao?idProposicao=2231670. Acesso em 13 maio 2020.

Comitês de Resolução de Disputas ("CRD"), mais conhecidos na prática internacional pelo nome de *Dispute Boards*, consistem em um método de solução consensual de conflitos em contratos de execução não imediata, em que é nomeado um corpo independente de profissionais pelas partes para acompanhamento permanente da execução do contrato, solucionando de forma técnica e célere as controvérsias que surgem durante a execução do contrato, evitando maiores avanços dos problemas e custos, bem como preservando o cronograma de execução e o relacionamento dos envolvidos.

Portanto, são variadas as hipóteses já contempladas na legislação que garantem a resolução de conflitos ou o atendimento de interesses pela via extrajudicial.

4. A EVOLUÇÃO DA DESJUDICIALIZAÇÃO DA EXECUÇÃO

O tema da desjudicialização da execução – em seu sentido mais amplo, que inclui a autotutela executiva e a solução da crise do direito fora da justiça estatal – não é novidade no Brasil, e vem sendo regulamentada desde a década de 1960.[12]

A Lei n. 4.591/1964 aborda o assunto do regime de incorporação imobiliária, em que as unidades são negociadas através de compromisso de compra e venda antes da conclusão da edificação. O art. 63 da Lei n. 4.591/1964 prevê a possibilidade contratual de o leilão da fração ideal do promissário comprador inadimplente ocorrer sem o ajuizamento de ação judicial. Assim, em caso de inadimplemento de 3 prestações, o comprador será notificado para purgar a mora em 10 dias, sob pena de o imóvel ser alienado extrajudicialmente, em leilão público. Trata-se, pois, de uma espécie de uma execução forçada sem a intervenção do Judiciário.

Já o Decreto-lei n. 70/1966, referente ao o Sistema Financeiro de Habilitação (SFH) para aquisição da casa própria, instituiu uma execução hipotecária extrajudicial, por meio de um agente fiduciário nomeado pelos contratantes. Com a falta de pagamento de três ou mais prestações, o devedor é notificado para purgar a mora em 10 dias, sob pena leilão público independente de autorização judicial.

Ademais, a Lei n. 9.514/1997 regulamentou a alienação fiduciária de imóvel regida por lei especial, prevendo que a inadimplência consolida a propriedade do credor fiduciário, independente de ação judicial. O credor endereça um requerimento do Oficial de Imóvel onde a garantia está registrada, para que haja a notificação de pagamento em 15 dias, sob pena de o Oficial declarar consolidada a propriedade do fiduciário. O credor leva o imóvel a leilão público para a venda judicial ou extrajudicial. O credor não pode ficar com o imóvel, mas pode licitar no leilão.

---

12. Sobre a evolução legislativa da desjudicialização da execução forçada, cf.: THEODORO JUNIOR, Humberto. As novas codificações francesa e portuguesa e a desjudicialização da execução forçada. In: MEDEIROS NETO, Elias Marques de; RIBEIRO, Flávia Pereira (Coord.). *Reflexões sobre a desjudicialização da execução civil*. Curitiba: Juruá, 2020, p. 461-483.

Ainda temos o Decreto-lei n. 911/1969, que trata das obrigações contratuais garantidas por alienação fiduciária de bens móveis (com redação da Lei n. 13.043/2014) confere ao credor o direito de venda da coisa para pagar a prestação, independente de medida judicial ou extrajudicial.

Por sua vez, a Lei n. 6.766/1979 regula os loteamentos e parcelamentos de terrenos urbanos e contratos de comercialização dos lotes, que disciplina a resolução dos contratos. Com a inadimplência do promissário comprador, ele é constituído em mora para pagamento em 30 dias. Após, o próprio Oficial do Registro de imóveis, a pedido, pode fazer o cancelamento do registro de promessa de compra, ensejando a automática rescisão do contrato.

Não obstante, o CPC/15 autoriza atos executivos expropriatórios por agentes privados, como no caso de adjudicação pelo exequente, com a venda dos bens penhorados pelo credor ou corretor (arts. 825, 876 e 880).

Também temos exemplos de avanços na desjudicialização da execução fiscal, por meio da Lei 13.606/2018, admitindo a averbação de bens móveis e imóveis do devedor tributário pela própria União, sem prévia autorização judicial. Neste campo, há o PL 4.257/2019 altera a Lei das Execuções Fiscais (Lei 6.830, de 1980) que institui a arbitragem tributária no Brasil, e para possibilitar o uso da negociação fora do campo judicial como alternativa para solução de conflitos sobre débitos inscritos em dívida ativa. O texto, que segue para decisão final da Comissão de Constituição e Justiça (CCJ), também regulamenta a execução fiscal administrativa para cobrança de dívidas relacionadas a impostos como IPTU e IPVA.

Seguindo uma tendência que já se encontra institucionalizada em alguns países europeus, foi elaborado o Projeto de Lei 6.204/2019, que tramita no Senado Federal e que prevê a desjudicialização das execuções civis, com a transferência da competência do Estado-juiz, por delegação, aos tabeliães de protesto (agentes de execução) para a prática de atos e procedimentos executivos.

5. ANÁLISE DO PL 6.204/2019[13]

Conforme já exposto, o legislador brasileiro vem paulatinamente autorizando a tutela executiva extrajudicial para a realização dos direitos em diferentes matérias, seguindo uma tendência exitosa do direito europeu, especialmente nos direitos francês e português, na busca de soluções mais efetivas.

Com efeito, a justificativa que acompanha o PL 6.204/2019 indica que a iniciativa teve influência direta no sucesso da experiência portuguesa, sendo que a proposta tenta realizar uma adaptação do referido modelo à realidade brasileira. O PL

---

13. O tema já parcialmente analisado em: RODRIGUES, Marcelo Abelha; CABRAL, Trícia Navarro Xavier. Primeiras impressões sobre a "defesa" do executado na execução extrajudicial do Projeto de Lei 6.204/2019. In: MEDEIROS NETO, Elias Marques de; RIBEIRO, Flávia Pereira (Coord.). *Reflexões sobre a desjudicialização da execução civil*. Curitiba: Juruá, 2020, p. 605-626.

possui 34 artigos e estipula o detalhamento do procedimento, mencionando, ainda as legislações que sofreriam alterações, entre elas o CPC, que teria ajustes pontuais.

O PL 6.204/2019, possui muitos pontos positivos e oferece inúmeras vantagens, dentre as quais, destaca-se: a) engloba títulos executivos judiciais e extrajudiciais; b) garante a presença do advogado em todos os atos, eliminando resistências; c) os atos materiais previstos no projeto são os que realmente sobrecarregam os cartórios; d) prevê responsabilização civil, administrativa e criminal do agente de execução e seus prepostos – não fala da possibilidade de destituição pelo credor por falta de efetividade, tal qual previsto no art. 720 do CPC português; e e) o tempo que o juiz emprega em tarefas mecânicas pode ser revertido para atividades efetivamente jurisdicionais.

O fato de a delegação ser a serventias extrajudiciais e não a agente privado também se mostra mais adequada para o Brasil, já que contará com a regulamentação, implementação e fiscalização das Corregedorias dos Tribunais e do CNJ. As serventias extrajudiciais vêm se mostrando bastante eficientes nesse mister de realizar a solução consensual e desburocratizada desses conflitos, facilitando a vida grande parte da população. Além disso, a especialização em determinadas tarefas traz eficiência e celeridade. Então restaria ao juiz apenas a prática de atos de cunho decisório.

Por sua vez, PL traz há importantes pontos de reflexão e aprimoramento: a) ele limita a desjudicialização ao procedimento de títulos extrajudiciais e cumprimento de sentença condenatória em quantia certa, excluindo, assim, outras modalidades de obrigações; b) restringe ao tabelião de protesto: deveria permitir que todos os cartórios pudessem realizar os atos executivos; c) deveria integrar uma plataforma do Poder Judiciário, como o PJe; d) o art. 5º, § 2º, que trata do beneficiário da assistência gratuita, não está claro se a concessão da assistência será pelo juiz ou pelo agente de execução; e) o art. 6º prevê a necessidade de protesto, providência que parece exagerada; f) o art. 10, § 5º, não deixou claro se o parcelamento do débito também se aplicará ao cumprimento de sentença, ou se só para o título executivo extrajudicial, diferentemente do que prevê o art. 916, § 7º, CPC; g) o art. 17 diz que a extinção da execução independerá de pronunciamento judicial: mas como fica o cumprimento de sentença iniciado em juízo? E se tiver havido decisão judicial (consulta, coercitiva, ou de outra natureza), pode a atividade jurisdicional ser extinta por certidão? h) o art. 22, que trata da suscitação de dúvida deveria ter outro termo, já que é um incidente de natureza distinta; e i) a irrecorribilidade: pode causar problemas sérios, pois foge à lógica da recorribilidade da execução do CPC, ampliando a hipótese se impetração de mandado de segurança contra ato do juiz, o que se procurou evitar no CPC/2015.

Não obstante, a título de sugestão, o PL poderia incluir a possibilidade de tentativa de autocomposição pelas partes, especialmente diante do Provimento 67/2018 da Corregedoria do CNJ que autorizou os cartórios a realizarem sessões de conciliação e mediação. Inúmeros cartórios inclusive já concluíram a capacitação de seus funcionários para a referida atividade.

A referida proposta legislativa, contudo, não é pacífica e enfrenta críticas da comunidade jurídica.

A AMB (Associação dos Magistrados Brasileiros), emitiu uma Nota Técnica contrária à aprovação do PL 6204/2019, que trata da desjudicialização da execução civil, tendo como principais justificativas: a) reserva de jurisdição; b) ofensa aos princípios do juiz natural, da indeclinabilidade e da indelegabilidade; c) violação ao princípio da inafastabilidade jurisdicional; d) o PL tende a tornar a execução civil menos efetiva; e) inadequação do PL; f) o PL é inadequado para realizar os fins a que se propõe; e g) a solução para o excesso de demanda perante o Judiciário não se resolve mediante a supressão das competências constitucionalmente atribuídas a esse Poder.

De outra banda, há vozes na advocacia que critica o PL argumentando o seguinte: a) entendem que a invasão patrimonial deve ser feita perante o Judiciário, respeitando-se o devido processo legal; e b) caso o legislador autorize a desjudicialização da execução, os advogados também poderiam exercer o papel de agentes de execução, exclusivamente ou ao lado das serventias judiciais.

Registre-se que o debate também deveria contar com o engajamento da Defensoria Pública e do Ministério Público, o que não tem sido observado nos ambientes de discussão.

De qualquer forma, a par das críticas levantadas – todas superáveis – tem-se que a proposta legislativa parece interessante e oportuna, haja vista a realidade alarmante das execuções que tramitam no Poder Judiciário. Cite-se como exemplo a 1ª Vara Cível de Vitória/ES, unidade com quase 8.000 processos, sendo aproximadamente 40% de execuções e cumprimento de sentença.

A execução é um momento de enorme ansiedade para as partes e de grande frustração para o juiz. São praticados diversos atos processuais para localização de devedores e/ou de seus bens que tomam muito tempo do magistrado, que poderia estar se dedicando, ainda que na própria execução, a atividades de conteúdo decisório.

Outra realidade pouco refletida pelos jurisdicionados: atualmente há inúmeras ferramentas de busca de endereços, de bens, de dados, e o uso de cada um desses sistemas demanda um tempo precioso do juiz com tarefas absolutamente mecânicas. O SisbaJud, mais conhecido, requer uma decisão autorizando, diversos comandos de bloqueio, o aguardo de 48hs, nova consulta para ver se houve bloqueio, outra decisão indicando o bloqueio e determinando a manifestação do executado, o desbloqueio de valores irrisórios, e, ao final, a manifestação do executado dizendo que o valor é impenhorável por se tratar de verba alimentar, ensejando nova decisão e novos comandos no sistema para realização do desbloqueio.

Assim, as buscas de bens em sistemas como SisbaJud e RenaJud são burocráticas e o índice de êxito é baixo. E mesmo quando se localizam bens, tem-se os questionamentos de impenhorabilidade, em que grande parte são acolhidos.

Dessa forma, são poucas as execuções com satisfação via busca de bens. E se os bens constritos precisarem de expropriação, são outros atos mecânicos. O índice de acordos nessa fase também é muito baixo.

Por isso, temos tantas execuções constando como ativas no sistema, mas que estão sem solução, ou são suspensas ou vão para o arquivo provisório (mas permanecem contabilizadas para a unidade judiciária).

Então se ao menos o uso dos sistemas pudesse ser feito por outros agentes públicos ou privados, já otimizaria sobremaneira a atividade do juiz.

Nesse contexto, as iniciativas de desjudicialização da execução parecem adequadas, não só porque seguem uma tendência do nosso ordenamento, que vem retirando do Poder Judiciário atividades que demandavam a chancela judicial, mas porque de fato possuem o potencial de racionalizar a atividade judiciária, como já ocorreu com outras matérias (divórcio, inventário, partilha, usucapião), as quais, inclusive, não sofreram maiores resistências da magistratura, quando os cartórios passaram a atuar em questões que antes competiam ao Judiciário.

Portanto, no que tange à efetividade da tutela executiva, a perspectiva deve ser, acima de tudo, do cidadão.

6. APERFEIÇOAMENTO DO CPC/15

Conforme já demonstrado, um dos grandes gargalos do Poder Judiciário é exatamente alcançar a satisfação integral do bem jurídico pretendido pela parte, especialmente por meio da tutela executiva.

O CPC/73 passou por relevantes reformas em 1994, 2002 e 2005 para tentar aperfeiçoar o processo de execução, trazendo maior efetividade. Já o CPC/15, até mesmo para prestigiar as alterações impactantes já realizadas, não avançou no âmbito da tutela executiva, fazendo apenas ajustes pontuais.

No entanto, a atual sistemática executiva já começa a ser repensada na doutrina, que enxerga espaços de evolução, por meio de técnicas capazes de melhorar a prestação jurisdicional de entrega do bem da vida tutelado.

O Grupo de Trabalho criado pelo CNJ já mencionado vem se debruçando em diversas frentes, inclusive tentando identificar possíveis melhorias no CPC/15.

Flávia Hill tem sustentado a possibilidade de inclusão de uma hipótese de produção antecipada da prova, no art. 381, para a busca de bens no patrimônio do devedor, a fim de que o credor possa avaliar a melhor conduta a ser adotada diante das reais condições financeiras do devedor.[14]

---

14. HILL, Flávia Pereira. A produção antecipada da prova para a busca de bens no patrimônio do devedor: rumo a uma execução mais efetiva e racional. *Revista Eletrônica de Direito Processual* – REDP. Rio de Janeiro. ano 15. v. 22. n. 2. Maio a Agosto de 2021. Disponível em: https://www.e-publicacoes.uerj.br/index.php/redp/article/view/59559/37727. Acesso em: 1º jun. 2021.

Marcelo Abelha Rodrigues, além de defender a uniformização dos prazos legais, também elabora uma proposta interessante de alteração do art. 525, § 1º, estabelecendo como documento essencial para o exercício de defesa do executado por meio de impugnação, que apresente declaração atualizada de seu patrimônio. Segundo o autor, a mesma regra deveria ser inserida no art. 917 para o caso de embargos à execução.

Já Theophilo Antonio Miguel Filho defende que a "execução invertida" tratada no art. 526 também poderia ser feita pela Fazenda Pública, mantendo-se a dinâmica para a liquidação de suas dívidas por meio de precatório ou por requisição de pequeno valor.

Por sua vez, José Augusto Garcia de Sousa sustenta a inclusão do art. 771-A, prevendo, expressamente, a máxima efetividade dos princípios da duração razoável do processo, da boa-fé, da cooperação e da dignidade humana do exequente e do executado.

Essas questões ainda estão sendo objeto de debate e deliberação, mas indicam com clareza que a execução civil pode ser aperfeiçoada, mediante alterações pontuais no CPC/15.

7. CONSIDERAÇÕES FINAIS

A busca pela solução integral do mérito e da atividade satisfativa inserida nas normas fundamentais do processo civil, art. 4º, do CPC, demanda um diagnóstico mais preciso dos principais gargalos, objetivando identificar possíveis medidas administrativas e legislativas que contribuam para a evolução.

Certamente o problema do excesso de demanda perante o Judiciário perpassa por projetos que envolvam o incremento na estruturação desse Poder, e ainda a criação de técnicas que favoreçam a racionalização do processo judicial. Mas há quanto tempo estamos tentando isso? Já passamos por diversas reformas processuais específicas para a execução, tivemos o CPC/15 instituindo novos mecanismos, mas ainda não conseguimos avançar o suficiente. Por isso, não podemos deixar de analisar outras alternativas que, se bem pensadas, podem agregar.

A efetividade da execução tem esbarrado em dois limites práticos: a) a falta de bens do executado; e b) a inexistência de ferramentas eficazes de busca de patrimônio do executado.

Com isso, os processos executivos/cumprimentos de sentença tramitam sem solução, e ainda por cima demandam do juiz seguidas buscas aos sistemas operacionais de investigação ou de bloqueio de bens[15]. Trata-se de uma atividade mecânica

---

15. Na tentativa de conferir eficiência às ações executivas, vigora no sistema processual português o regime do PEPEX, que tem por finalidade buscar, previamente à propositura de uma ação executiva, informações sobre a existência de bens do devedor, evitando-se processos executivos inúteis. Sobre o tema, cf.: NETO MEDEIROS, Elias Marques de. *O procedimento extrajudicial pré-executivo*. (Lei n. 32 de 30 de maio de 2014: Inspiração para o sistema processual do Brasil). São Paulo: Verbatim, 2015.

e administrativa que retira do julgador importante tempo e expertise que poderiam ser despendidos na solução dos conflitos judicializados.

Assim, temos que repensar a jurisdição não apenas em relação à atividade fim, que é a entrega da prestação jurisdicional, mas também em relação à atividade meio, que são os atos necessários ao alcance da satisfação dos jurisdicionados.

E, embora os tribunais tenham aprimorado a automação de atos e uso da inteligência artificial para otimizar diversas atividades, os sistemas de busca de bens ainda fazem com que juízes qualificados tirem horas do seu dia ou vários dias da semana para realizar atos mecânicos, sem qualquer conteúdo decisório.

O CNJ tem tentado desenvolver ferramentas mais eficientes, como é o caso do SNIPER, que está previsto no âmbito do Programa Justiça 4.0[16], e que consiste em um sistema de pesquisa e recuperação de ativos, visando fornecer subsídios aos magistrados e servidores que favoreçam a diminuição do acervo e do congestionamento processual na fase de execução, facilitando a compreensão de crimes que envolvem sistemas financeiros complexos, como corrupção e lavagem de dinheiro.

Entretanto, revela-se imprescindível acatar e trabalhar pelo fortalecimento de outros instrumentos de pacificação social e realização de direitos, tais como os propostos pelo PL 6.204/19. O

As críticas ao PL já mencionadas poderiam ser afastadas, pois ele em nenhum momento elimina a possibilidade de as partes acionarem o Poder Judiciário, ao contrário, garante a indispensável a atuação do magistrado em algumas situações: a) análise de em caso de propositura de embargos do executado ou de impugnação ao cumprimento de sentença; b) aplicação de medidas de força ou coercitivas; c) resposta a consultas do agente da execução sobre questões relacionadas ao título exequendo e ao procedimento executivo; e d) julgamento de suscitações de dúvida apresentadas pelos interessados relativamente às decisões dos agentes da execução.

Não obstante, se a lei já delegou às serventias outros atos antes afetos ao Poder Judiciário, de modo a não se sustentar a resistência de que mesmo não poderia ocorrer em relação à atos de expropriação.

Como se sabe, os cartórios sofrem ampla fiscalização pelas Corregedorias local e nacional, sendo que o PL ainda prevê a responsabilização civil, administrativa e criminal do agente de execução, o que eliminaria riscos de excessos. Ademais, no que tange às eventuais limitações de busca de bens, o que não estiver no âmbito de autoridade do tabelião poderá ser realizado pelo juiz.

Dessa forma, os atos executivos mecânicos que forem delegados aos agentes de execução, pouparão um tempo precioso do juiz que ele poderá utilizar analisando processos urgentes e complexos, racionalizando do uso do sistema de justiça.

---

16. BRASIL. Conselho Nacional de Justiça. *Cartilha Justiça 4.0*. Disponível em: https://www.cnj.jus.br/wp-content/uploads/2021/02/Cartilha_Justica_4-0_Vers%C3%A3o_Web_em_17-02-21.pdf. Acesso em: 1º jun. 2021.

Portanto, ainda podemos avançar para reverter ou melhorar os números e gargalos que atualmente assolam a execução civil e refletem na credibilidade do Poder Judiciário brasileiro e no ambiente de negócio no Brasil.

8. REFERÊNCIAS

BRASIL. Câmara dos Deputados. *PEC 207/2019*. Disponível em: https://www.camara.leg.br/proposicoesWeb/fichadetramitacao?idProposicao=2231670. Acesso em: 13 maio 2020.

BRASIL. Conselho Nacional de Justiça. *Cartilha Justiça 4.0*. Disponível em: https://www.cnj.jus.br/wp-content/uploads/2021/02/Cartilha_Justica_4-0_Vers%C3%A3o_Web_em_17-02-21.pdf. Acesso em: 1º jun. 2021.

BRASIL. Secretaria de Previdência. *Acordo entre governo federal e Judiciário deve reduzir ações sobre previdência*. Disponível em: http://www.previdencia.gov.br/2019/08/acordo-entre-governo-federal-e-judiciario-deve-reduzir-acoes-sobre-previdencia/. Acesso em: 13 jan. 2020.

BUENO, Cassio Scarpinella. *Curso sistematizado de Direito Processual Civil*: teoria geral do Direito Processual Civil. Parte geral do Código de Processo Civil. 9 ed. São Paulo: Saraiva, 2018.

CABRAL, Trícia Navarro Xavier. Justiça multiportas, desjudicialização e Administração Pública. ÁVILA, Henrique; WATANABE, Kazuo; NOLASCO, Rita Dias; CABRAL, Trícia Navarro Xavier. *Desjudicialização, justiça conciliativa e poder público*. São Paulo: Thomson Reuters Brasil, 2021.

CABRAL, Trícia Navarro Xavier; CURY, Cesar Felipe. *Lei de mediação comentada artigo por artigo*: dedicado à memória da Profª Ada Pellegrini Grinover. 2. ed. Indaiatuba: Foco, 2020.

CAVACO, Bruno de Sá Barcelos. *Desjudicialização e resolução de conflitos*: participação procedimental e o protagonismo do cidadão na pós-modernidade. Curitiba: Juruá, 2017.

CUNHA, Leonardo Carneiro da. *A Fazenda Pública em Juízo*. 16. ed. rev., atual. e ampl. Rio de Janeiro: Forense, 2019.

GRINOVER, Ada Pellegrini. *Ensaio sobre a processualidade*: fundamentos para uma nova teoria geral do processo. Brasília: Gazeta Jurídica, 2016.

HILL, Flávia Pereira. A produção antecipada da prova para a busca de bens no patrimônio do devedor: rumo a uma execução mais efetiva e racional. *Revista Eletrônica de Direito Processual* – REDP. Rio de Janeiro. ano 15. v. 22. n. 2. Maio a Agosto de 2021. Disponível em: https://www.e-publicacoes.uerj.br/index.php/redp/article/view/59559/37727. Acesso em: 1º jun. 2021.

MEDEIROS NETO, Elias Marques de. *O procedimento extrajudicial pré-executivo*. (Lei n. 32 de 30 de maio de 2014: Inspiração para o sistema processual do Brasil). São Paulo: Verbatim, 2015.

PINHO. Humberto Dalla Bernardina de. *Jurisdição e pacificação*: limites e possibilidades do uso dos meios consensuais de resolução de conflitos na tutela de direitos transindividuais e pluri-individuais. Curitiba: CRV, 2017.

THEODORO JÚNIOR, Humberto; ANDRADE, Érico. Novas perspectivas para atuação da tutela executiva no direito brasileiro: autotutela executiva e "desjudicialização" da execução. *Revista de Processo*. v. 315, p. 109-158, maio 2021.

THEODORO JUNIOR, Humberto. As novas codificações francesa e portuguesa e a desjudicialização da execução forçada. In: MEDEIROS NETO, Elias Marques de; RIBEIRO, Flávia Pereira (Coord.). *Reflexões sobre a desjudicialização da execução civil*. Curitiba: Juruá, 2020.

RODRIGUES, Marcelo Abelha; CABRAL, Trícia Navarro Xavier. Primeiras impressões sobre a "defesa" do executado na execução extrajudicial do Projeto de Lei 6.204/2019. In: MEDEIROS NETO, Elias Marques de; RIBEIRO, Flávia Pereira (Coord.). *Reflexões sobre a desjudicialização da execução civil*. Curitiba: Juruá, 2020.

WATANABE, Kazuo. *Acesso à ordem jurídica justa* (conceito atualizado de acesso à justiça): processo coletivo e outros estudos. Belo Horizonte: Del Rey, 2019.

GARANTIA CONSTITUCIONAL DE ACESSO AO PODER JUDICIÁRIO

José Roberto dos Santos Bedaque

Professor Titular de Direito Processual Civil da Faculdade de Direito da Universidade de São Paulo. Desembargador aposentado do Tribunal de Justiça de São Paulo. Ex-Procurador de Justiça do Ministério Público de São Paulo. Advogado.

1. INTRODUÇÃO

Inicio este texto com algumas ideias, desenvolvidas e outras oportunidades, a respeito do significado da garantia constitucional de acesso à justiça. Seguem, portanto, algumas considerações extraídas do estudo "Direito e processo", cuja edição atualizada está no prelo:

O centro das preocupações da moderna ciência processual continua sendo a realização concreta da justiça. Não obstante as tentativas destinadas a alcançar esse objetivo, a doutrina processual ainda não conseguiu resultado plenamente satisfatório. Já há muito, o processualista vem atentando para a "problemática processual central", ou seja, para o verdadeiro objetivo desta ciência. É preciso reconhecer que a lei processual, no seu significado real e profundo, está intimamente relacionada às principais alterações culturais dos povos.

Um dos grandes obstáculos, ainda não superados, à efetividade do processo é a excessiva morosidade. A entrega definitiva da tutela jurisdicional, apta a eliminar por completo a crise de direito material, não observa a exigência constitucional do tempo razoável. Vários são os motivos, mas vale destacar um, pela relação direta com a situação brasileira: o excessivo volume de processos, manifestamente incompatível com a estrutura do Poder Judiciário. Infelizmente, as providências legais, relacionadas à técnica processual, até agora adotadas não surtiram os efeitos desejados.

Como eventuais providências políticas ou administrativas estão fora do nosso alcance, precisamos continuar tentando aprimorar o instrumento.

A partir dessas premissas, os adeptos do método instrumentalista do processo já há algum tempo vêm apresentando sugestões destinadas à eliminação dos impedimentos ao efetivo acesso não apenas à Justiça, como função do Estado, mas também ao valor justiça, representado pela formulação correta da regra de direito material ao caso concreto e pela obtenção dos resultados práticos nela previstos, em tempo razoável.

Mas, para conferir ao processo a natureza de instrumento eficaz de acesso à justiça, não basta assegurar o ingresso em juízo, isto é, a mera possibilidade de utilização desse método de solução de litígios. Exige-se a viabilização de determinado resultado, representado pela efetividade da proteção judicial, com a consequente preservação do ordenamento constitucional e infraconstitucional. Trata-se do acesso à ordem jurídica justa mediante a tutela jurisdicional, a que se refere prestigiosa doutrina nacional.

A ampliação do acesso aos órgãos jurisdicionais, por outro lado, pode trazer problemas de eficiência ao sistema, como destacado acima, motivo pelo qual não basta assegurar os direitos e sua proteção, mas é necessário garantir também o bom funcionamento do mecanismo judicial.

Disponibilidade do sistema processual não significa, necessariamente, acesso à justiça, à ordem jurídica justa, que somente um sistema dotado de técnicas adequadas proporciona. Efetividade e eficiência não são sinônimos. Quanto mais eficiente o método adotado pelo Estado para solução das controvérsias, maior a possibilidade de o resultado dessa atividade, consubstanciado na tutela jurisdicional, ser efetivo.

A principal missão do processualista é buscar alternativas capazes do possibilitar a resolução dos conflitos de modo seguro e tempestivo, mediante tutelas aptas a afastar a crise de direito material, realizando concretamente a vontade do legislador. Para tanto, evidentemente, não pode prescindir, da técnica. Embora necessárias à eficiência do método e efetividade do resultado, as alternativas adotadas no sistema processual são meios destinados a alcançar escopos. Por isso, devem ocupar seu devido lugar, como instrumento de trabalho, não como fim em si mesmo. Não se trata de desprezar os aspectos técnicos do processo, mas apenas de não se apegar ao tecnicismo exacerbado, que acaba sempre em obsessão pelo meio em detrimento do fim. A técnica deve servir de meio para que o processo atinja seu resultado. Critica-se não o dogmatismo, mas o dogmatismo puro e exagerado, o formalismo estéril, indiferente aos reais problemas a serem solucionados no processo.

Por isso, a ideia de devido processo legal ou constitucional deve ser fundida com a noção de fim – concepção teleológica.

Processo é instrumento de justiça material. Estabelecida essa premissa, amplia-se sobremaneira o alcance de certos princípios destinados à adequada exegese das regras processuais. A instrumentalidade das formas, por exemplo, introduz vida ao processo, pois qualquer exigência formal tem sua razão de ser. O processualista não pode, jamais, prescindir desse dado para interpretar e aplicar corretamente as normas processuais. O CPC/2015, corretamente, preocupou-se com a aplicação desse entendimento. Vários dispositivos revelam a possibilidade de irregularidades processuais serem sanadas ou até ignoradas, visando a possibilitar a solução da controvérsia (cfr. arts. 276/283; 294 e ss.; 338; 932, parágrafo único).

Não se quer, com isso, evidentemente, reduzir a relevância daquilo que autorizada doutrina denomina de "dimensão técnica" do direito processual.

O desenvolvimento dessa ciência exige a concepção de um instrumento perfeitamente adequado aos fins a que se propõe. Daí a necessidade de – diante da realidade material e das novas conquistas verificadas no plano dos direitos – criar modelos processuais compatíveis com essa situação e aptos a solucionar a gama enorme de novos conflitos até então inconcebíveis. Para ser justo, não pode o processo prescindir das diferentes realidades litigiosas.

Por isso, o retorno ao interior do processo, para reconstruir conceitos, mostra-se imprescindível.

É preciso conciliar a técnica processual com seu escopo. Não se pretende nem o tecnicismo exagerado, nem o abandono total da técnica. Virtuoso é o processualista que consegue harmonizar esses dois aspectos, o que implica a capacidade para construir um sistema processual tecnicamente eficaz, ou seja, apto a alcançar seus escopos de maneira adequada.

Os trechos acima transcritos enfatizam a relevância da efetividade do instrumento, representada pelo alcance da respectiva finalidade, com segurança e no menor tempo possível.

Nessa mesma linha, tratei do tema no livro "Tutela cautela e tutela antecipada", cuja 6ª edição, atualizada e refundida, intitula-se "Tutela provisória analisada à luz das garantias constitucionais da ação e do processo". Por considerar importantes os argumentos, então desenvolvidos, para a compreensão da conclusão adotada neste breve estudo, peço licença para também reproduzi-los:

Todos têm direito à tutela jurisdicional. Essa afirmação, aparentemente simples, envolve uma das questões mais árduas da ciência processual, na vertente que estuda o relacionamento entre processo e Constituição.

O direito de provocar a atividade jurisdicional do Estado, cujo exercício revela-se necessário por força do princípio da inércia, está assegurado a todas as pessoas no plano constitucional. Ao dispor que "a lei não excluirá da apreciação do Poder Judiciário lesão ou ameaça a direito" (CF, art. 5º, XXXV), o legislador garante, de forma ampla e genérica, o acesso ao meio estatal destinado a proporcionar a tutela jurisdicional a quem dela necessitar. A ideia é reafirmada no art. 3º, caput, do CPC de 2015.

Muito mais do que assegurar a mera formulação de pedido ao Poder Judiciário, a Constituição da República exige seja conferido a todos, indistinta e incondicionalmente, o efetivo acesso à ordem jurídica justa, ou seja, à satisfação do direito não cumprido espontaneamente. Mas não é só. Esse resultado deve ser proporcionado com observância de certas garantias relativas ao respectivo processo, destacando-se o contraditório e a ampla defesa (CF, art. 5º, LV), bem como a duração razoável e a celeridade (CF, art. 5º, LXXVIII).

Nem todos os que se dirigem ao Poder Judiciário são realmente titulares de direitos. Muitos afirmam essa condição, mas não conseguem demonstrá-la, levando o juiz a rejeitar a pretensão apresentada.

Mesmo esses, todavia, têm direito ao mecanismo estatal de solução de controvérsias. Basta a afirmação de um direito, lesado ou ameaçado, para que a pessoa tenha acesso à jurisdição e ao processo.

Assim, a garantia constitucional de ação representa para as pessoas, em última análise, garantia ao devido processo constitucional, ao instrumento estatal de solução de conflitos. Garantia implica proteção, ou seja, predisposição de meios para assegurá-la em concreto.

Não basta, pois, assegurar abstratamente o direito de ação a todos aqueles que pretendam valer-se do processo. É necessário garantir o acesso efetivo à tutela jurisdicional, por parte de quem dela necessita.

Insuficiente afirmar que a Constituição assegura o denominado direito abstrato ou incondicionado de ação. É preciso identificar o quê isso efetivamente representa para a esfera jurídica da pessoa. Importante fixar que todos têm, independentemente de quaisquer condições pessoais, não a certeza ou a probabilidade de obter o reconhecimento de um direito, mas a possibilidade séria e real de contar com instrumentos adequados para alcançar esse objetivo. Significa, portanto, que a garantia constitucional de ação implica a existência de tutela jurisdicional adequada à proteção do direito demonstrado em sede processual.

O correto entendimento do complexo de normas constitucionais, direcionadas para a garantia do sistema processual, constitui o primeiro passo para conferir maior efetividade possível à tutela que emerge do processo.

As regras existentes na Constituição, destinadas a estabelecer garantias para o processo, não estão limitadas aos vários incisos do art. 5º, que substancialmente apontam para o juiz natural, contraditório, ampla defesa, vedação às provas ilícitas, duração razoável do processo e celeridade (incisos LIII, LIV, LV, LVI e LXXVIII). Encontramos ainda no capítulo reservado ao Poder Judiciário inúmeros dispositivos diretamente relacionados com o bom desenvolvimento do processo. As garantias dos juízes e dos tribunais (arts. 95 e 96) e o dever de motivação (art. 93, IX) também constituem importantes instrumentos para assegurar efetividade à função jurisdicional.

Para produzir resultado prático dotado de utilidade e realmente capaz de solucionar o litígio, a tutela jurisdicional depende da existência de sistema adequado de princípios relacionados ao processo em si, mas também da regulamentação adequada dos deveres e garantias daqueles a quem foram incumbidas sua condução e direção.

A Constituição procura estabelecer, pois, o processo justo, ou seja, o instrumento que a sociedade politicamente organizada entende apto a assegurar adequada via de acesso à solução jurisdicional dos litígios.

Ao apontar a natureza constitucional do direito de ação, necessário identificar qual o verdadeiro conteúdo dessa garantia, hoje considerada como inerente à própria personalidade da pessoa. Ou seja, não basta afirmar que o direito de ação é assegurado a todos. Imprescindível determinar o conteúdo e a exata extensão dessa garantia. O que pode exigir do Estado o sujeito de direito, por ser beneficiário do poder de provocar a atividade jurisdicional do Estado, para proteção a determinada situação jurídica, com fundamento em suposta ameaça ou violação? Qual o limite da atuação do legislador infraconstitucional, na regulamentação desse direito?

Em suma, a indagação é uma só: o que significa, efetivamente, direito constitucional de ação?

Não se trata de preocupação puramente teórica ou acadêmica. A identificação do conteúdo da garantia em questão é fundamental, pois o legislador ordinário deve adequar o sistema processual aos postulados estabelecidos em sede constitucional.

Inicia-se com verificação de eventuais limites ao seu exercício pelo titular. Por esse ângulo, a resposta é inexorável. Trata-se de direito desvinculado de qualquer condição, salvo os requisitos formais exigidos para acesso ao órgão judicial: ser sujeito de direito, ter capacidade de exercê-lo ou estar acompanhado do representante legal e ser representado por quem seja habilitado a deduzi-lo em juízo (advogado). O direito de ação destina-se à veiculação de qualquer interesse eventualmente assegurado pelo ordenamento jurídico material. Basta a afirmação da existência de um suposto direito, individual, coletivo ou difuso, para que alguém tenha a seu dispor o meio pelo qual poderá deduzi-lo perante o órgão jurisdicional e postular a respectiva tutela.

Essa garantia estabelecida na Constituição Federal não nos assegura o reconhecimento do direito que afirmamos possuir, mas também não significa apenas o acesso livre ao Poder Judiciário. Representa o complexo de poderes constitucionais conferidos a quem necessita da intervenção estatal. É garantia de meio e de resultado, o que não significa identificação com o conteúdo variável pretendido pelos litigantes – o interesse material deduzido –, mas com o valor constante da efetividade instrumental.

A Constituição também se preocupou em estabelecer as linhas fundamentais desse meio de atuação de uma de suas funções. O legislador constitucional determina os princípios e as garantias essenciais ao método utilizado pela jurisdição para solução de controvérsias, instituindo o modelo processual brasileiro.

O direito de ação nada mais é do que o direito ao modelo processual estabelecido na Constituição da República.

Acesso à justiça, ou, mais propriamente, acesso à ordem jurídica justa, significa proporcionar a todos, sem qualquer restrição, o direito de pleitear a tutela jurisdicional do Estado e de ter à disposição o meio constitucionalmente previsto para alcançar esse resultado. Ninguém pode ser privado do devido processo legal, ou, melhor, do devido processo constitucional. É o processo modelado em conformidade com garantias fundamentais, suficientes para torná-lo equo, correto, giusto.

As garantias constitucionais do processo asseguram esse mecanismo adequado à solução das controvérsias. São garantias de meio e de resultado. Estão diretamente relacionadas não apenas aos instrumentos processuais adequados, como também a um resultado suficientemente útil e eficaz para quem necessita valer-se dessa atividade estatal. Proporcionam vias processuais aptas à resolução dos conflitos de interesses, para que a tutela jurisdicional obtida ao final do processo seja dotada de efetividade.

As regras que compõem o devido processo constitucional destinam-se a estabelecer as bases do modelo processual brasileiro, conferindo-lhe efetividade, ou seja, aptidão para produzir resultados úteis a todos que necessitarem recorrer à atividade jurisdicional do Estado.

O processo, como instrumento de realização do direito material e dos valores sociais mais importantes, deve proporcionar esse resultado com rapidez, sob pena de tornar-se inútil.

Daí decorre a ideia de efetividade como garantia fundamental do processo, a ser extraída dos princípios constitucionais que constituem os fundamentos do sistema processual brasileiro. Trata-se, sem dúvida, de componente inafastável das garantias constitucionais do processo.

Em razão disso, a inafastabilidade do Poder Judiciário não pode representar garantia formal de exercício da ação. É preciso oferecer condições reais para a utilização desse instrumento, sempre que necessário. De nada adianta assegurar contraditório, ampla defesa, juiz natural e imparcial, duração razoável, se a garantia de acesso ao processo não for efetiva, ou seja, não possibilitar realmente a todos meios suficientes para superar eventuais óbices existentes ao pleno exercício dos direitos em juízo.

Essa garantia deve significar, portanto, o direito de obter do Estado mecanismo eficiente de solução de controvérsias, apto a proporcionar a satisfação efetiva ao titular de um direito, bem como impedir a injusta invasão da esfera jurídica de quem não se acha obrigado a suportá-la.

Esse é o significado da expressão "acesso à ordem jurídica justa", que pretende representar o escopo máximo da atividade jurisdicional e de seu instrumento.

A garantia da ação ou da inafastabilidade representa o acesso efetivo ao instrumento constitucional de solução de controvérsias. Quem o utiliza pretende obter, no plano substancial, um dos efeitos mencionados.

Efetividade do processo e, consequentemente, da tutela jurisdicional respectiva, compreende vários aspectos. Todos devem ter pleno acesso à atividade estatal, sem qualquer óbice (effettività soggettiva); é preciso sejam postos à disposição do interessado os meios adequados (effettività tecnica) para a obtenção de um resultado útil (effettività qualitativa), isto é, suficiente para assegurar aquela determinada situação da vida reconhecida pelo ordenamento jurídico material (effettività oggettiva).

Processo efetivo, portanto, é aquele dotado de mecanismos adequados à proteção de qualquer direito e acessíveis a quem se apresente como o respectivo titular. Deve ainda proporcionar, na medida do possível, a reprodução exata do fenômeno substancial, possibilitando ao juiz visão correta da realidade. Por fim, é preciso assegurar àquele a quem for reconhecida a condição de titular do direito, a possibilidade de usufruir plenamente dessa situação de vantagem, devendo o resultado ser obtido com dispêndio mínimo de tempo e energia.

Por isso, afigura-se mais importante estabelecer qual o exato significado da garantia constitucional da ação e do princípio da inafastabilidade do Poder Judiciário. O que pode o consumidor dos serviços judiciários exigir do Estado, em resposta ao seu direito de acesso à ordem jurídica justa, tal como assegurado pela Constituição Federal?

A resposta a essa indagação só pode ser uma. Todos têm direito de exigir do Estado-Jurisdição que desenvolva sua atividade por meio de um processo.

Mas não se trata de um processo qualquer. A garantia refere-se a um processo cujos parâmetros encontram-se estabelecidos na própria Constituição, que fixa os requisitos mínimos do devido processo legal. Nela encontram-se os dispositivos dos quais extrai-se o conteúdo do modelo processual a que todos têm direito. Ali está estampado o devido processo constitucional.

Todas as garantias constitucionais do processo visam a assegurar, em última análise, a eficácia do princípio da inafastabilidade do controle jurisdicional, a fim de que o direito de ação não signifique mero acesso formal aos órgãos do Poder Judiciário. É preciso que o titular de um direito lesado ou ameaçado possa obter a efetiva e tempestiva proteção estatal, pela via do processo jurisdicional.

Essa visão da garantia constitucional da ação leva à conclusão de que o Estado deve colocar à disposição das pessoas meios adequados para satisfação dos direitos. É necessário proporcionar acesso à tutela jurisdicional eficaz. Afinal de contas, processo efetivo é aquele dotado de mecanismos adequados à proteção das situações de direito substancial deduzidas perante o juiz, assegurando a satisfação aos interesses jurídicos que tais relações regulam.

Encerro essa introdução com um alerta e uma conclusão.

Os trechos reproduzidos não observam a sequência seguida nos originais e não estão acompanhados das notas de rodapé. Selecionei-os com o único intuito de apresentar meu entendimento sobre as garantias constitucionais dos direitos de ação e do acesso à ordem jurídica justa. Todos podem dar início ao processo, mediante a propositura de uma demanda. Ao fazê-lo, exercem o direito de ação, tal como assegurado pelo legislador constitucional. Em consequência, terão acesso ao método estatal de solução das controvérsias, dotado de todas as garantias necessárias a que esse escopo seja alcançado.[1]

Estabelecida essa premissa, pretende-se demonstrar que a transferência, a agentes externos ao Judiciário, de determinados atos praticados no processo de execução não compromete essas garantias constitucionais, pois não impede a utilização do instrumento e visa a torná-lo efetivo, ou seja, apto a proporcionar o acesso à ordem jurídica justa, tal como concebida acima, ou seja, com segurança e celeridade.

2. GARANTIA CONSTITUCIONAL DO ACESSO À JUSTIÇA E ATOS EXECUTIVOS PRATICADOS POR AGENTES EXTERNOS

Após a reprodução de considerações feitas em trabalhos anteriores, com o fim de identificar o significado da expressão "acesso à justiça" ou "acesso à ordem jurídica justa", passa-se ao exame, realizado à luz dessa premissa, do tema específico deste

---

1. Sobre a observância das garantias constitucionais do processo, em especial o contraditório e o acesso à ordem jurídica justa, cfr. BEDAQUE, José Roberto. *Efetividade do processo e técnica processual*. 3. ed. São Paulo: Malheiros, p. 492-501.

texto, qual seja, a prática de atos na natureza satisfativa (executiva) por agentes não pertencentes ao Poder Judiciário.

Como informa Humberto Theodoro Júnior, em vários países, a atividade de execução é entregue a órgãos não integrante do Poder Judiciário. A atuação jurisdicional é reservada à solução de litígios. São exemplos a Suécia, França, Bélgica, Luxemburgo, Holanda e Grécia. Em outros, como Alemanha e Áustria, essa atividade é desempenhada por funcionário judicial, mas a intervenção do juiz só ocorre, nos casos de sentença, quando surge alguma controvérsia. Se o título é extrajudicial, há controle jurisdicional prévio.[2]

Importante ressaltar aspecto comum em todos os sistemas: não obstante determinados atos próprios da execução sejam transferidos a agentes estranhos ao Poder Judiciário, não está excluído o controle judicial, sempre que necessário. As partes podem provocar a intervenção do juiz sempre se sentirem prejudicas por eventuais violações à garantia do devido processo legal.

A adoção dessa técnica não implica ofensa à garantia constitucional de acesso ao Judiciário. Como bem observa Humberto Theodoro Jr.: "A nenhum pretexto, enfim, se pode ter a execução desjudicalizada como uma ofensa à garantia constitucional de acesso à justiça. É que os agentes executivos somente se encarregam dos atos executivos, de modo que os eventuais embargos e impugnações ao direito do exequente e aos atos praticados pelos referidos agentes são sempre submetidos à decisão de um juiz togado. A situação é a mesma que se verifica quanto aos atos notariais dos Tabeliões e Registradores, e não é diferente do que se passa com a execução hipotecária do SFH ou na realização forçada dos créditos assegurados por penhor ou alienação fiduciária de bens móveis ou imóveis."[3]

O primeiro obstáculo, e talvez o mais relevante, à "desjudicialização" da execução reside na garantia constitucional da ação, assegurada nos seguintes termos pelo art. 5º, inciso XXXV: "A lei não excluirá do Poder Judiciário lesão ou ameaça a direito".

Para compreender o alcance dessa regra, necessário interpretá-la teleologicamente. É preciso identificar o motivo pelo qual a Constituição assegura a todas as pessoas o direito de acesso à Jurisdição, para deduzir situação jurídica em razão da qual suposto direito esteja ameaçado ou já tenha sido lesado.

Fixada essa premissa, convém acrescentar outras garantias constitucionais, diretamente relacionada à ora examinada. Não se limita o legislador a garantir o acesso ao Poder Judiciário. Garante também o devido processo legal, que compreende o contraditório, a ampla defesa e a entrega da tutela jurisdicional em tempo razoável (art. 5º, LIV, LV e LXXVIII). A ideia de devido processo legal é complementada por outros princípios, também previstos na Constituição, como competência do juízo previamente determinada em lei (XXXVII e LIII), vedação às provas ilícitas (LVI) e

---

2. Op. cit.
3. Op. cit.

publicidade do processo (LX) e exigência de fundamentação das decisões judiciais (art. 93, IX). A observância dessas garantias representa o que J.J. Gomes Canotilho e Vital Moreira denominam de direito de acesso ao direito e à tutela jurisdicional efetiva, assegurada pelo art. 20 da Constituição Portuguesa, em termos bem mais analíticos do que a previsão brasileira.[4]

Dúvida não há, pois, da existência da garantia constitucional da inafastabilidade do Poder Judiciário, com todos os respectivos consectários inerentes ao devido processo legal. O CPC/2015 reproduziu vários deles (arts. 3º/11).

Feito isso, voltemos à premissa inicial, qual seja, a determinação do alcance dessa regra. Para não nos perdermos com divagações estranhas ao objeto deste texto, vamos direto ao ponto. O processo, método de trabalho destinado a regular a função atribuída ao Poder Judiciário, visando à verificação do direito à tutela jurisdicional, é constituído por uma série de atos, cuja realização proporciona o conhecimento da situação de direito material submetida a exame e, se necessário, a satisfação prática do direito.

Explica-se: o reconhecimento do direito à tutela jurisdicional exige, na maioria das vezes, atividade cognitiva por força da qual as partes têm o ônus de trazer ao processo os elementos necessários à formação do convencimento do juiz, sujeito processual incumbido de proferir a decisão e a quem o legislador confere poderes também contribuir para a instrução probatória.

Se a fase cognitiva do processo terminar com o reconhecimento do direito pela sentença, é possível seja esse resultado suficiente para satisfação do autor. Tal ocorre nas tutelas declaratórias e constitutivas. Mas, se o litígio versar sobre o inadimplemento de obrigação, na maioria das vezes é necessário o prosseguimento da relação processual para a prática de atos satisfativos, destinados à realização do direito de crédito. Trata-se da fase do cumprimento da sentença condenatória.

A sentença judicial é apta a adquirir a qualidade da imutabilidade, também prevista no plano constitucional (art. 5º, XXXVI). Essa consequência explica a preocupação com a plena observância, no desenvolvimento da atividade jurisdicional, do devido processo legal.

Daí indagar-se se a prática de atos puramente satisfativos, que não envolvem juízo de valor, nem prévia formação de convencimento sobre fatos controvertidos ou dúvida em relação à aplicação do direito poderiam ser praticados fora do âmbito jurisdicional, sem ofensa à garantia de acesso à justiça. Nesses casos, não há julgamento, mas mera execução de decisão judicial, em princípio transitada em julgado.

Aliás, na própria fase cognitiva do próprio processo, inúmeros atos são praticados por auxiliares do Juiz. O mais importante é a citação, realizada, como regra, pelo correio (CPC, art. 247). Se não for possível efetivá-la por esse meio, caberá ao oficial

---

4. *Constituição da República Portuguesa anotada*. São Paulo: Ed. RT, v. I, p. 408 e ss.

de justiça a realização da diligência (art. 249). A ele confere-se até a possibilidade de suspeitar de ocultação do citando e, em consequência, realizar a citação com hora certa (arts. 252/253), o que pressupõe juízo de valor sobre a verificação dos requisitos necessários à adoção dessa modalidade.

Nessa linha, não se compreende a resistência à efetivação de atos constritivos fora do processo jurisdicional, desde que assegurada às partes a possibilidade de pleitear a intervenção do juiz, se verificada alguma irregularidade ou controvérsia.

Em outras palavras, nada obsta seja a prática de atos satisfativos delegada a agente não jurisdicionais, se garantida às partes o efetivo contraditório, isto é, a possibilidade de impugná-los perante o juiz, assegurando-lhes o devido processo legal.

Como bem pondera Cândido Rangel Dinamarco, no "processo ou fase de execução, que não comporta discussões nem julgamento sobre a existência do crédito – mas comporta-os com referência a outras questões –, o contraditório que se estabelece encereça-se somente aos julgamentos que nesse processo podem ter lugar. Não há processo sem decisão alguma, não há decisão sem prévio conhecimento e não há conhecimento legítimo sem contraditório."[5]

Nessa linha, ao tratar da "desjudicialização" da execução fiscal, a doutrina chama atenção para necessidade de observância da garantia de acesso à justiça, com a consequente garantia do "controle de eventual ilegalidade praticada no âmbito extrajudicial em desfavor da proteção dos direitos dos administrados".[6]

Oportuna a ponderação de Humberto Theodoro Jr. a respeito do tema: "Nenhuma razão há para se ver na desjudicialização executiva uma negação da garantia de acesso ao Poder Judiciário. É que tal acesso é amplo, mas é legalmente subordinado às condições de procedibilidade, entre as quais, o interesse legítimo, que ocorre somente quando a tutela jurisdicional pretendida é necessária e adequada. Ora, quando a lei põe à disposição do credor um serviço público apto a tutelá-lo in concreto, faltar-lhe-á interesse para movimentar a máquina judiciária. Esse interesse, portanto, somente se configurará quando no curso da execução extrajudicial surgir conflito de interesses, cuja solução não se comporte nos poderes do agente executivo. Nessa conjuntura, o sistema de execução desjudicializada não será empecilho ao acesso da parte à tutela jurisdicional, visto que lhe restará assegurada a submissão do incidente contencioso ao juiz competente."[7]

Também a jurisprudência do Supremo Tribunal Federal, nas execuções extrajudiciais de contratos, vem considerando suficiente para assegurar a observância da garantia constitucional de acesso a admissibilidade do controle jurisdicional de eventuais ilegalidades no procedimento (RT 760/188).

---

5. *Instituições de direito processual civil*. 10. ed. São Paulo: Malheiros, v. I, p. 291.
6. ARAÚJO, José Henrique Mouta e FRANCO, Marcelo Veiga. *A desjudicialização da execução fiscal*: reflexões sobre o PL 4.257/2019, Conjur, 9 de abril de 2021.
7. *Projeto legislativo de desjudicialização da execução civil*, Migalhas, 11.08.2021.

Mais recentemente, o Plenário daquela Egrégia Corte, no julgamento de dois Recursos Extraordinários 556.520 e 627.106, adotou esse fundamento para confirmar a orientação, segundo a qual Constituição Federal de 1988 recepcionou as normas do Decreto-Lei 70/1966 e, consequentemente, considerou constitucional a execução extrajudicial de dívidas hipotecárias.

Por maioria, adotou-se o voto do Relator, Ministro Dias Toffoli, para quem, segundo entendimento pacífico da Corte, a execução extrajudicial baseada no mencionado decreto não afronta os princípios do devido processo legal, do contraditório e da ampla defesa.

Segundo a decisão, as regras não implicam supressão do controle judicial, mas apenas o deslocamento do momento em que o Poder Judiciário é chamado a intervir. Além de prever uma fase de controle judicial antes da perda da posse do imóvel pelo devedor, não há impedimento que eventual ilegalidade no curso do procedimento de venda do imóvel seja reprimida pelos meios processuais próprios.

Fixou-se, então, a seguinte tese em repercussão geral: "É constitucional, pois foi devidamente recepcionado pela Constituição Federal de 1988, o procedimento de execução extrajudicial, previsto no Decreto-lei 70/66".

3. PROPOSTAS LEGISLATIVAS

Considerado esse quadro, encontra-se no Senado Federal o Projeto de Lei n. 6.204, de 2019, que dispõe sobre a desjudicialização da execução civil de título executivo judicial e extrajudicial.

De modo geral, o Projeto contém regras compatíveis com a garantia constitucional do acesso à justiça, pois assegura às partes a possibilidade de submeter ao juiz eventuais controvérsias surgidas no processo extrajudicial.

Tenho restrições a algumas delas, por autorizarem atividade cognitiva exercida pelo agente externo (por exemplo, vedação ao duplo grau, ausência de nomeação de curador especial ao réu citado por edital). Trata-se, porém, de discordâncias pontuais, que não comprometem a ideia.

Além disso, em proposta de alteração do Código de Processo Civil para inserção da previsão da execução extrajudicial, apresentada ao Grupo de Trabalho, presidido pelo Ministro Marco Aurélio Bellizze, do Superior Tribunal de Justiça, e instituído para contribuir com a modernização e efetividade da atuação do Poder Judiciário nos processos de execução e cumprimento de sentença, excluídas as execuções fiscais, pelos Professores Fernando Crespo Queiroz Neves, Flávia Pereira Hill, Heitor Vitor Mendonça Sica, Larissa Clare Pochmann da Silva, Marcelo Abelha Rodrigues, Márcio Faria, Márcio Rocha e Marcos Youji Minami, foi plenamente observada a garantia constitucional do acesso à justiça, pois assegurou-se às partes a via jurisdicional, inclusive o duplo grau, sempre que, no curso do das atividades extrajudiciais, surgir algum conflito em relação a atos praticados pelo agente. A exposição de motivos destaca essa garantia:

Assim, o magistrado não apenas realizaria o juízo de admissibilidade da execução, como ainda decidiria, a pedido da parte interessada ou por provocação do agente de execução, sobre todas as questões controvertidas que surgirem ao longo da atividade executiva, em especial sobre as defesas do executado quanto à execução e contra os atos executivos, sobre os incidentes suscitados pelo exequente (desconsideração da personalidade jurídica, fraude à execução etc.) e sobre a aplicação das medidas executivas atípicas ex vi do art. 139, IV, do CPC.

De outro lado, caberá ao agente de execução realizar os atos de comunicação processual (citações, intimações e cartas) e os atos executivos típicos (busca de bens inclusive em bases de dados eletrônicas, penhora, avaliação, expropriação em suas variadas formas e pagamento ao credor). Com isso evita-se que as questões incidentes na execução se submetam a sucessivas instâncias decisórias (agente de execução, instância administrativa de controle dos atos do agente de execução, juízo de 1º grau de jurisdição, tribunal de 2º grau de jurisdição e tribunais superiores), mantendo-se apenas aquelas atualmente vigentes para os processos em geral (juízo de 1º grau de jurisdição, tribunal de 2º grau de jurisdição e tribunais superiores).

Sugiro, desde logo, sejam ambas analisadas em conjunto pelo Grupo de Trabalho, do qual tenho a honra de participar, para apresentação de proposta destinada a afastar um dos maiores óbices à efetividade do processo de execução, representado pela excessiva demora excessiva. Talvez a transferência de atos materiais a agentes externos possa contribuir para o aumento da celeridade do instrumento destinado a eliminar definitivamente a crise de adimplemento das obrigações.

Insiste-se, todavia, na necessidade de respeito, inclusive no processo extrajudicial, à garantia de acesso à ordem jurídica justa e ao devido processo constitucional, como em observa Flávia Hill:

"a construção da Justiça Multiportas em um Estado Democrático de Direito deve estar alicerçada, em bases sólidas, na noção de um devido processo legal extrajudicial, com vistas a garantir que, com a desjudicialização, não haja déficit garantístico. Cada qual das portas que compõem a Justiça Multiportas agasalhará as garantias fundamentais do processo, que são conquistas democráticas da ciência processual, respeitadas, por certo, as peculiaridades inerentes a cada um dos mecanismos disponibilizados."[8]

Necessário atentar, ainda, para a diferença entre a transferência de atos executivos para órgãos extrajudiciais e as hipóteses em que as próprias partes optam por essa alternativa em contrato (arbitragem) ou naquelas em que não existe controvérsia entre as partes (inventário, separação e divórcio etc.). Na situação ora examinada, há litígio, caracterizado pela resistência ao cumprimento de obrigação prevista em título executivo judicial ou extrajudicial, tal como ocorre na execução hipotecária, regulada pelo dec. Lei 70/66, cuja constitucionalidade, como visto, foi reconhecida

---

8. Desjudicialização e acesso à justiça além dos tribunais: pela concepção de um devido processo legal extrajudicial, *Revista eletrônica de direito processual*, Rio de Janeiro, ano 15, v. 22, jan.-abr. de 2021, p. 383. A autora enfatiza a necessidade de a execução extrajudicial observar as garantias do devido processo legal, assim apontados e devidamente explicadas: (a) imparcialidade e independência dos agentes competentes; (b) controle externo; (c) publicidade; (d) previsibilidade do procedimento e (e) contraditório (op. cit. p. 391-401).

pelo Supremo Tribunal Federal exatamente porque assegurado o acesso ao processo jurisdicional.[9]

Considera-se imprescindível, portanto, não apenas a observância do devido processo legal no âmbito extrajudicial, como garantir às partes a via judicial para discussão de eventual divergência surgida no curso do respectivo procedimento, tal como ocorre, salvo engano, em países como Suécia, França e Portugal. Dessa forma, afasta-se do Judiciário tão somente a prática de atos materiais, preservando-se a de intervenção judicial para solução de eventuais questões que demandem atividade cognitiva.

Deve-se atentar, todavia, para a realidade. Talvez não seja suficiente simplesmente transferir a atividade satisfativa para órgãos não vinculados diretamente ao Poder Judiciário.

Em primeiro lugar, como visto acima, não há como afastar definitivamente a intervenção jurisdicional no processo de execução ou na fase executiva, sob pena de violação ao disposto no art. 5º, inciso V, da Constituição Federal.

Além disso, salvo melhor juízo, o grande obstáculo à efetivação da tutela satisfativa reside na dificuldade de encontrar bens no patrimônio do devedor sobre os quais devem incidir as medidas constritivas. Por isso, vale destacar o alerta: "A reforma da execução – seja ela civil ou fiscal – deve vir acompanhada do aperfeiçoamento das técnicas de localização do devedor e de investigação patrimonial. A efetividade executiva não será alcançada sem um eficiente sistema de combate à ocultação ilegítima de bens com o intuito de fraudar credores."[10]

Sabe-se que o número de execuções e em fase de cumprimento de sentenças corresponde a mais de 50% do volume de demandas judiciais. Também o tempo de duração do processo para obtenção da tutela satisfativa supera em muito o despendido na fase cognitiva.[11]

O legislador brasileiro prevê situações, para as quais o procedimento judicial pela via da denominada jurisdição voluntária deixou de ser exigido (Lei Federal 6.015/1973; Lei Federal 8.951/1994 e § 1º no art. 890 do CPC/73; Lei Federal 11.441, de 2007). O Conselho Nacional de Justiça também vem seguindo orientação idêntica, ao facilitar, mediante atos normativos, as alterações de prenome e sexo no registro de nascimento (Provimento 73/2018 do CNJ), averbação da paternidade ou maternidade socioafetiva diretamente perante o cartório de Registro Civil de Pessoas Naturais (Provimento 83/2019 do CNJ) e retificação extrajudicial de registro público (nova redação dada ao artigo 110, da Lei Federal 6.015/1973, pela Lei Federal 13.484/2017).

---

9. Em hipóteses semelhantes, o legislador brasileiro já adotou essa orientação: a) Lei 4.591/1964 (art. 63); Lei 9.514/1997 (art. 27); Dec.-Lei 911/1969, art. 2º).
10. ARAÚJO, José Henrique Mouta e FRANCO, Marcelo Veiga. A *desjudicialização da execução fiscal*: reflexões sobre o PL 4.257/2019, Conjur, 9 de abril de 2021.
11. CONSELHO NACIONAL DE JUSTIÇA. Justiça em números 2019, p. 126-127 e 148. Cfr., ainda, HILL, Flávia Pereira. Desjudicialização da execução civil: reflexões sobre o Projeto de Lei 6.204/2019, *Revista Eletrônica de Direito Processual* – REDP. Rio de Janeiro. ano 14. v. 21. n. 3. set.-dez. 2020.

O Código de Processo Civil de 2015, por seu turno, regulamentou várias hipóteses de atuação das regras de direito material, independentemente da intervenção judicial, em especial se inexistente controvérsia entre os interessados. Destaca-se a usucapião extrajudicial, prevista no art. 216-A, da Lei de Registros Públicos, com a redação dada pelo art. 1.071 do CPC/2015, além do incentivo à solução consensual dos litígios (art. 3º).

Todas essas medidas visam a alcançar o mesmo objetivo, qual seja, proporcionar acesso à justiça de forma mais rápida, sem comprometer o devido processo legal.

O importante, pois, é destacar a imprescindibilidade do contraditório a ser realizado perante o juiz, independentemente de quem tenha praticado o ato executivo. Eventual irregularidade pode ser levada ao âmbito jurisdicional e será necessariamente examinada. A constitucionalidade da execução reside, pois, na observância do devido processo legal e no respeito à garantia do contraditório, assegurando-se às partes a possibilidade de provocar a atividade cognitiva do juiz, sempre que necessária.[12]

Observada essa garantia, a transferência de alguns atos executivos a agentes externos atende perfeitamente a ideia de acesso à justiça, tal como concebida por Kazuo Wtanabe: "O *acesso à justiça*, na dimensão de *acesso* à ordem jurídica justa, exige a correta organização não somente dos órgãos judiciários para o oferecimento à população de todos os mecanismos adequados para a solução dos conflitos de interesses e para a prestação dos serviços de informação e orientação em problemas jurídicos. Também é necessário que, na *esfera* extrajudicial haja a organização e o *oferecimento de serviços de solução adequada de controvérsias*" (grifei).

Nessa medida, estou plenamente convencido da constitucionalidade da denominada "desjudicialização da execução", se realizada de forma a assegurar ao juiz a exclusividade dos atos cognitivos, sempre que necessários à eliminação de controvérsias processuais ou relativas ao próprio direito material.[13]

---

12. Cfr. SICA, Heitor Vitor Mendonça. *Cognição do juiz a execução civil*. São Pauto: Ed. RT, 2017, p. 137 e ss.
13. Como bem observa Joel Dias Figueira: "O projeto não descura em momento algum das garantias constitucionais, amplamente asseguradas às partes durante todo o procedimento; na verdade, é conferido o pleno contraditório e a ampla defesa, seja por suscitação de dúvidas ou impugnação aos atos praticados pelo agente de execução que possam causar gravame às partes, assim como o executado poderá manejar os embargos à execução, que serão opostos perante o juiz de direito competente, nos termos do Código de Processo Civil.
O agente de execução conduzirá todo o procedimento, e, sempre que necessário, consultará o juiz competente sobre dúvidas suscitadas pelas partes ou por ele próprio, e ainda requererá eventuais providências coercitivas. Aliás, ao agente de execução não é delegado qualquer poder de império (*ius imperii*) que permanece integralmente inalterado e exclusivo do juiz de direito competente para análise dessas matérias, de acordo com a lei local" (*Da constitucionalidade da execução civil extrajudicial* – Análise dogmática do PL 6.204/2019, Reflexões sobre a desjudicialização da execução civil. Curitiba: Juruá, 2020. p. 516-544).

O PAPEL DO CONSELHO NACIONAL DE JUSTIÇA NA OTIMIZAÇÃO DA EXECUÇÃO CIVIL

Rubens Canuto

MBA em Direito Tributário pela Fundação Getúlio Vargas (FGV). Conselheiro do Conselho Nacional de Justiça. Desembargador do Tribunal Regional Federal da 5ª Região. Presidente da Comissão de Permanente de Tecnologia da Informação e Inovação do CNJ. Coordenador do Comitê Gestor Nacional do PJe. Coordenador do Grupo de Trabalho Ética na Inteligência Artificial no Poder Judiciário, do Conselho Nacional de Justiça. Coordenador do Comitê Consultivo de Dados Abertos e Proteção de Dados Pessoais, do Conselho Nacional de Justiça.

Luciane Gomes

Mestre em Direito pela Universidade Federal da Paraíba. Especialista em Direito Constitucional pela Unipê/PB. Bacharel em Direito pela Universidade Estadual de Ponta Grossa/PR. Graduada em Fisioterapia pela Faculdade Tuiuti/PR. Assessora-chefe no Conselho Nacional de Justiça, ex-Presidente do Comitê de Inteligência Artificial do Ministério Público Federal. Integrante do Grupo de Trabalho Ética na Inteligência Artificial no Poder Judiciário, do Conselho Nacional de Justiça.

1. INTRODUÇÃO

O Conselho Nacional de Justiça – CNJ vem desempenhando, com maestria, uma gama variável de papéis, merecendo destaque sua atuação direcionada a fomentar a celeridade na tramitação dos feitos de todo o Poder Judiciário. Para tanto, estabelece metas, disciplina a atuação, expede recomendações e disponibiliza ferramentas de apoio, sobretudo tecnológicas.

Isso se revela de inegável importância, sobretudo na medida em que é cediço que a execução civil no Brasil ainda carece de aperfeiçoamento. Inegavelmente, de nada adianta a procedência da ação de conhecimento se o seu resultado não puder ser implementado integralmente. Contra esse tipo de perecimento, a par da atuação mencionada, faz-se mister uma forte reformulação legislativa, o que vem sendo intentada com o Projeto de Lei 6.204/2019.

Entretanto, enquanto isso não se concretiza, revela-se salutar a otimização da tramitação dos feitos, em todas as suas fases, acompanhada da utilização de instrumentos que garantam a implementação do direito atribuído à parte.

Nesse viés, o Conselho Nacional de Justiça tem envidado inúmeros e constantes esforços, consoante se pode observar das metas estabelecidas com vistas à otimização da prestação jurisdicional, dos atos normativos e dos diversos sistemas que capitaneia, a exemplo do SisbaJud, do RenaJud, do InfoJud, do SerasaJud e do DataJud, que serão analisados, ainda que açodadamente, no caminhar deste artigo.

2. DESENVOLVIMENTO

Inicialmente, cumpre alinhavar breve digressão histórica acerca do Conselho Nacional de Justiça. Consubstancia-se em instituição relativamente recente no cenário brasileiro, eis que foi instituído por intermédio da Emenda Constitucional 45, de 2004, e instalado em 14 de junho de 2005, apesar de já contar com expressivo reconhecimento na atuação pelo aperfeiçoamento do sistema judiciário pátrio.

Surge no bojo da reforma do Poder Judiciário, implementada pela Emenda Constitucional retro mencionada, em razão da necessidade de se criar formas de *accountability* judicial. Ao abordar a importância do Conselho Nacional de Justiça enquanto encarregado desse *accountability*, Fabrício Ricardo de Limas Tomio e Ilton Norberto Robl Filho[1] lecionam que:

> Com a preocupação de atacar o problema da prestação da justiça adequada (garantia dos direitos) e célere e o déficit de accountabilities judiciais, foi proposta a PEC 96/92 e a PEC 112/95. A reforma do poder Judiciário (EC 45/2004) procurou atacar o problema da eficiência judicial, além de aumentar os instrumentos de accountability dos agentes estatais e de accountability judiciais institucional e comportamental.

Logo após a instituição do Conselho Nacional de Justiça, Antônio de Pádua Ribeiro[2] já prelecionava:

> Creio que o Conselho, nos termos em que foi instituído, terá condições de prestar bons serviços ao País. Poderá estimular a instalação de gestões mais modernas nos vários setores da Justiça, no plano administrativo e financeiro, estimulando a troca de experiência entre os vários Tribunais, proceder a estudos, visando a adoção de padrões, inclusive quanto ao sistema informático, com a redução de custos e aumento de eficiência, atuar em casos disciplinares ou com vistas a sanar irregularidades, que não tenham sido superadas pelos mecanismos existentes. Enfim, o Conselho poderá servir de liame entre as várias ilhas que compõem o Poder Judiciário brasileiro, com o objetivo de, com o trabalho conjunto de todos, dar-lhe um choque de modernidade e eficiência, tornando a justiça cada vez mais acessível, eficaz, presente e democrática.

No que atine ao objeto deste artigo, cumpre ressaltar a missão institucional do Conselho Nacional de Justiça de promover o desenvolvimento do Poder Judiciário em benefício da sociedade, por intermédio de políticas judiciárias e do controle da atuação administrativa e financeira, com vistas ao aprimoramento da eficiência dos processos judiciais, de modo a alcançar a excelência em governança e gestão do Poder Judiciário, resultando em eficiência, transparência e responsabilidade social da Justiça brasileira.

Para que isso seja possível, dentre suas atividades, sobretudo no que diz com a eficiência dos serviços judiciais, destacam-se a realização, o fomento e a dissemina-

---

1. TOMIO, Fabrício Ricardo de Limas; ROBL Filho, Ilton Norberto. Accountability e independência judiciais: uma análise da competência do Conselho Nacional de Justiça (CNJ), p. 44.
2. RIBEIRO, ANTÔNIO DE PÁDUA. A importância do CNJ na implantação de uma nova ordem judiciária no Brasil, p. 4-5.

ção das melhores práticas voltadas à modernização e à celeridade dos serviços dos órgãos do Judiciário, até porque possui por objetivo promover a efetivação da duração razoável do processo, insculpida no art. 5º, LXXVIII, da Constituição Federal, bem assim no art. 4º do Código de Processo Civil, que estabelece o direito das partes de obter, em prazo razoável, a solução integral do mérito, incluída a atividade satisfativa.

De se lembrar que a busca pela celeridade é antiga. Segundo lições de Daniel Penteado de Castro[3]:

> A reivindicação pela entrega da tutela jurisdicional em tempo razoável (com fundamento tanto no art. 5º, LXXVIII, da CF/1988, na qualidade de cláusula pétrea e, no plano infraconstitucional, erigida a qualidade de norma fundamental do processo civil, art. 6º, do CPC) atingem escala multisecular e global, e a questão se coloca além da busca de reformas no sistema processual. Fatores materiais, como a escassez de juízes para atender ao volume vertiginoso de demandas, a morosidade operacional trazida pelo tempo fisiológico do processo, como a autuação de petições, expedição de ofícios, cumprimento de ordens judiciais pelos serventuários da justiça, intimação de ordens judiciais etc., também contribuem para a lentidão da prestação da tutela jurisdicional. Logo, a presença de fatores exógenos e endógenos ao processo contribuem para a lentidão da justiça.

Dessa feita, para além da promoção do encurtamento temporal, o Conselho Nacional de Justiça deve pautar sua atuação igualmente na busca pela satisfação integral do jurisdicionado, o que inclui a fase da execução, estabelecendo, para tanto, metas claras, destinadas a impulsionar a jurisdição. Ademais, como tem feito com vigor, deve fomentar a composição extrajudicial de conflitos, uma vez que a questão da estrutura do Poder Judiciário carece de recursos financeiros, escassos na atualidade, dificultada sobremaneira pela Emenda Constitucional n. 95, de 2016.

Somado a isso, o Conselho Nacional de Justiça precisa lançar mão de constante automatização das etapas procedimentais, em observância à determinação constitucional de que sejam utilizados meios que garantam a celeridade de tramitação dos feitos, o que, seguramente, oferta maiores possibilidade de a execução ser profícua. Tal passo foi iniciado com a instituição do processo judicial eletrônico e ganhou ares mais robustos e modernos recentemente, com a criação da Plataforma Digital do Poder Judiciário brasileiro – PDPJ-Br, por intermédio da Resolução n. 335, de 29 de setembro de 2020.

Acerca da implementação dos meios necessários para efetivação dos direitos e garantias, sobretudo constitucionais, merecem registro as lições de Valdetário Andrade Monteiro e Felipe de Brito Belluco[4]:

> Portanto, a partir das ideias neoconstitucionalistas de hermenêutica constitucional, torna-se necessário buscar garantir a máxima efetividade às normas constitucionais na atividade de interpretação. Em se tratando de garantias, mormente aquelas de natureza assecuratória, torna-se

---

3. CASTRO, Daniel Penteado de. Atividades extrajudiciais antes delegadas ao Poder Judiciário: breves comentários em confronto com as iniciativas de desjudicialização da execução civil, p. 105-106.
4. MONTEIRO, Valdetário Andrade; BELLUCO, Felipe de Brito. A utilização de sistemas de informatização como mecanismos de democratização do acesso à justiça e garantia da celeridade processual, p. 660.

necessária a implementação dos meios necessários para a sua efetivação, a fim de que não se torne vã promessa constitucional. Significa, no ponto, que o acesso à justiça e a celeridade da tramitação do processo exigem a implementação de meios de acesso e celerização processual.

Corroborando o relevante papel do Conselho Nacional de Justiça de fomentar a celeridade processual, as lições de Antônio Pádua Ribeiro[5]:

> Diante desse panorama, temos que o Conselho Nacional de Justiça veio para construir e não para destruir, para congregar e não desagregar, para unir e não desunir, enfim para convocar a colaborar, na medida das suas forças, todos aqueles que possam contribuir para a edificação de um Judiciário melhor. Essa tarefa há de ser exercitada, reduzindo-se os anos a meses, os meses em dias e os dias a horas, como previu a pitonisa. Ou com a observância ao alerta de Bobbio: para alcançar esse objetivo mais rapidamente é imperioso encurtar a estrada ou aumentar o passo.

Atento a todas as finalidades que o permeiam, e visando dar concretude aos mandamentos constitucionais e primar pelo constante aperfeiçoamento do sistema judicial brasileiro, o Conselho Nacional de Justiça instituiu, por intermédio da Portaria CNJ n. 272, de 4 de dezembro de 2020, Grupo de Trabalho destinado a contribuir com a modernização e efetividade da atuação do Poder Judiciário nos processos de execução e cumprimento de sentença.

Do leque de atribuições definidas para o Grupo de Trabalho, destacam-se, sobretudo nos limites deste estudo[6]:

> [...]
> II – realizar estudos e diagnósticos sobre os obstáculos à efetividade da execução civil;
> III – identificar a viabilidade de automatização de atos e etapas processuais;
> [...]
> VIII – apresentar propostas de recomendações, provimentos, instruções, orientações e outros atos normativos destinados ao aperfeiçoamento das atividades dos órgãos do Poder Judiciário;
> IX – monitorar, avaliar e divulgar os resultados alcançados, inclusive as boas práticas que contribuam para o aprimoramento da prestação jurisdicional;

Um dos motivos para a instituição do Grupo em comento se consubstancia na identificação dos gargalos da execução, apontados pelo Relatório Justiça em Números 2020 como um dos obstáculos à melhoria da gestão judiciária, impactando os segmentos da Justiça Estadual, Federal e Trabalhista.

O Justiça em Números faz parte da política institucional de transparência da atuação judicial e consiste em uma espécie de radiografia do Poder Judiciário, apresentando informações acerca do desempenho dos órgãos que o integram, apontando os valores despendidos e a estrutura organizacional.

---

5. RIBEIRO, ANTÔNIO DE PÁDUA. A importância do CNJ na implantação de uma nova ordem judiciária no Brasil, p. 7.
6. CONSELHO NACIONAL DE JUSTIÇA. Portaria CNJ n. 282, de 4 de dezembro de 2020, p. 3.

O relatório é elaborado pelo Departamento de Pesquisas Judiciárias (DPJ) e apresenta onze anos de dados estatísticos coletados pelo CNJ, valendo-se, para tanto, de metodologia de coleta de dados padronizada, consolidada e uniforme em todos os tribunais do país.

Na análise do papel do CNJ de regulamentar o acesso à informação, Rosane Leal da Silva, Patrícia Adriani Hoch e Lucas Martins Righi[7] destacam a importância da transparência desses dados inclusive para o fomento da celeridade processual:

> Nota-se, portanto, que o CNJ diversificou sua atenção normativa, regulamentando não apenas a publicidade de informações oriundas da gestão financeira e orçamentária, mas também a atuação administrativa e jurisdicional, o que possibilita maior controle social sobre a eficiência do Poder Judiciário e integrantes da magistratura. Trata-se, então, de um importante mecanismo de prevenção à morosidade, porquanto conduz à exposição pública os focos de ineficiência existentes na magistratura nacional. Além disso, a divulgação dessas estatísticas permite a elaboração de pesquisas científicas que poderão contribuir para a realização do planejamento estratégico dos órgãos – o que seria uma manifestação louvável de democratização na Administração Pública.

Seguramente, ao publicizar também os dados da prestação jurisdicional, além daqueles de caráter puramente administrativo, o CNJ contribui com a transparência e estimula a busca ostensiva por resultados e eficiência, resultando em aumento da produtividade e celeridade.

O Relatório de 2020, por exemplo, disponibilizou informações circunstanciadas a respeito do fluxo processual, contendo o tempo de tramitação dos processos, os indicadores de desempenho e produtividade, as estatísticas por matéria do direito[8].

Especificamente com relação à execução, consoante mencionado, foram apontados diversos gargalos, sobretudo envolvendo a execução fiscal. Constatou-se que a fase de execução é a que encerra grande parte dos casos em trâmite, configurada na etapa de maior morosidade. No final de 2019, o acervo total consistia em 77 milhões de processos pendentes de baixa, dos quais 55,8% se referiam à fase de execução. Ademais, revelou que, apesar de o número das ações de conhecimento ser quase duas vezes maior que os de execução, no acervo a situação é inversa: a execução é 54,5% maior, com a boa notícia de que, pela primeira vez na série histórica, o quantitativo de processos baixados superou o número de casos novos no ano de 2019[9].

O Ministro Humberto Martins, preocupado com esse quadro, assim se manifestou: "[...] o processo de execução civil tramita nos tribunais brasileiros por período que costuma exceder o dobro do curso do processo de conhecimento, o que coloca em risco a higidez da máquina judiciária e a satisfação do jurisdicionado"[10].

---

7. SILVA, Rosane Leal da; HOCH, Patrícia Adriani; RIGHI, Lucas Martins. Transparência pública e a atuação normativa do CNJ, p. 504.
8. CONSELHO NACIONAL DE JUSTIÇA. Justiça em Números 2020, p. 5.
9. CONSELHO NACIONAL DE JUSTIÇA. Justiça em Números 2020, p. 150.
10. MARTINS, Humberto. Desjudicialização da execução civil, p. 2.

A par desses números, constam da exposição de motivos do Projeto de Lei n. 6.204/2019, que será analisado na sequência, outros dados alarmantes extraídos do Justiça em Números[11]:

> Aproximadamente 13 milhões de processos são execuções civis fundadas em títulos extrajudiciais e judiciais, o que corresponde a aproximadamente 17% de todo o acervo de demandas em tramitação no Poder Judiciário.
>
> [...]
>
> Os dados do CNJ ainda indicam que apenas 14,9% desses processos de execução atingem a satisfação do crédito perseguido, enquanto a taxa de congestionamento é de 85,1%, ou seja, de cada 100 processos de execução que tramitavam em 2018, somente 14,9 obtiveram baixa definitiva nos mapas estatísticos.

A expressividade das execuções em tramitação, bem assim os números envolvendo a não satisfação do crédito, ensejam reflexões e adequações legislativas, somadas à utilização de todos os mecanismos disponíveis para proteger o credor. Esse cenário, há longos tempos, faz com que a execução civil no Brasil venha recebendo inúmeras críticas, razão pela qual ganha corpo um movimento expressivo em prol de reforma da legislação adjetiva.

Isso não quer dizer que haja propriamente um engessamento do processo civil no tocante à execução, até porque muito já evoluiu neste aspecto desde 1973, em especial nas diversas reformas pelos quais passou o então Código de Processo Civil em vigor, culminando com o Novo Código em 2015. Foram incorporadas melhorias expressivas, podendo-se exemplificar com a modernização da penhora e dos meios de alienação dos bens do devedor, com destaque para a penhora eletrônica de ativos financeiros.

De todo modo, apesar da evolução já presenciada, muito ainda há de ser modificado, notadamente para evitar as recorrentes perdas suportadas pelos credores, bem assim para mitigar os gastos decorrentes da movimentação da máquina judiciária e promover o seu desafogamento.

Dentre os pontos de melhoria, merece destaque o que diz com as dificuldades em se localizar bens do devedor. A esse respeito, válidas as lições de Elias Marques de Medeiros Neto[12]:

> Mecanismos que possam auxiliar na rápida e efetiva localização de bens do devedor, com a sua consequente necessária constrição, são a chave para a melhora da performance dos ritos de execução no país.
>
> [...]
>
> Neste contexto, pode-se afirmar que propostas mais focadas em como conferir mais velocidade na pesquisa de bens do devedor, com obtenção tempestiva e precisa da transparência do patrimônio

---

11. SENADO. Projeto de Lei n 6.204/2019, p. 14.
12. MEDEIROS Neto, Elias Marques de. Reflexões sobre a necessária busca antecipada de bens do devedor, p. 177.

passível de constrição, seriam mais aderentes à solução do problema raiz da falta de efetividade da execução no Brasil: a ausência de bens do devedor passíveis de penhora.

No mesmo sentido, Flávio Luiz Yarshell e Viviane Siqueira Rodrigues[13]:

[...] antes da desjudicialização do processo, a possibilidade de o credor conhecer previamente as condições patrimoniais do devedor pode ser uma solução para evitar processos tendentes ao fracasso, o que se faria em nome da eficiência e da busca pela efetividade da execução.

Esse problema ganha maior amplitude se considerados os inúmeros casos de fraude à execução, justificando uma postura ainda mais vigorosa do Judiciário no que atine ao bloqueio dos bens, a partir do uso dos instrumentos já postos à disposição, de modo a garantir efetividade à prestação jurisdicional quando da execução.

A situação é de há muito recorrente, tanto assim que o próprio Código de Processo Civil, em seu artigo 774, prevê punições para os que atuarem de modo a atentar à dignidade da Justiça ou fraudar a execução (*in verbis*):

Art. 774. Considera-se atentatória à dignidade da justiça a conduta comissiva ou omissiva do executado que:

I – frauda a execução;

II – se opõe maliciosamente à execução, empregando ardis e meios artificiosos;

III – dificulta ou embaraça a realização da penhora;

IV – resiste injustificadamente às ordens judiciais;

V – intimado, não indica ao juiz quais são e onde estão os bens sujeitos à penhora e os respectivos valores, nem exibe prova de sua propriedade e, se for o caso, certidão negativa de ônus.

Parágrafo único. Nos casos previstos neste artigo, o juiz fixará multa em montante não superior a vinte por cento do valor atualizado do débito em execução, a qual será revertida em proveito do exequente, exigível nos próprios autos do processo, sem prejuízo de outras sanções de natureza processual ou material.

A previsão é salutar para conferir efetividade à execução, sob pena do exequente sofrer as consequências da má fé do executado, deixando de ter concretizado direito seu outrora reconhecido, seja em título executivo judicial, seja extrajudicial.

Neste ponto, é importante que o magistrado se valha das penalidades previstas no dispositivo, sem prejuízo de outras que forem cabíveis, inclusive com um caráter pedagógico, uma vez que traz lições ao executado e aos devedores em geral. Isso porque, sabendo da possibilidade de sua aplicação, acabam por repensar suas intenções e deixam de praticar atos atentatórios, sendo inegável que, ainda que intuitivamente, as pessoas sopesam ações e consequências.

Outro ponto diz com a complexidade da execução e o engessamento dos seus ritos, que fazem com que, eventualmente, a concretização da entrega do bem jurídico

---

13. YARSHELL, Flávio Luiz; RODRIGUES, Viviane Siqueira Rodrigues. Desjudicialização da Execução Civil: uma solução útil e factível entre nós?, p. 367.

ao exequente sequer aconteça ou, quando menos, seja em muito postergada, o que se traduz igualmente em injustiça.

Isso sem contar o acúmulo de processos no Poder Judiciário, gerado em grande parte porque, exceto em casos pontuais, ainda há prevalência da solução judicial dos conflitos. Some-se a isso a falta de estrutura adequada para dar conta da cultura do litígio que ganha corpo a cada dia.

Ana Paula F. Ali Grüdtner apresenta outra dificuldade, referente à atuação dos Oficiais de Justiça[14]:

> [...] aponta-se as inúmeras diligências "vazias" realizadas pelo *longa manus* do juízo da execução (oficial de justiça). Esse profissional, munido do mandado de penhora e avaliação, com o propósito de realizar a busca e a constrição de bens do devedor, quase sempre deixam de apresentar resultados positivos, seja pela ausência de dados corretos declinados pelos autores, seja pela falta de "vontade" no exercício do ato.

Essas e outras dificuldades que permeiam a execução civil ensejaram a ideia da sua desjudicialização, que culminou com a propositura do Projeto de Lei n. 6.204/2019, de autoria da Senadora Soraya Thronicke, em tramitação no Senado, atinente à execução civil de título executivo judicial e extrajudicial.

O projeto é visto com otimismo por estudiosos do Direito Processual, sem que isso implique, contudo, em reconhecimento como panaceia para todos os males, sendo apontados vários pontos favoráveis à mudança legislativa.

No dizer do Ministro Humberto Martins[15], entusiasta da desjudicialização como alternativa para conferir celeridade às demandas sociais:

> Comparativamente, o Direito brasileiro ainda é tímido no debate sobre a desjudicialização, uma ferramenta bastante ativa em muitos ordenamentos jurídicos estrangeiros para solucionar controvérsias sem necessidade de provocar nem sobrecarregar a jurisdição formal.
>
> Desjudicializar, porém, não é sinônimo apenas de "desafogar os tribunais". A discussão é muito mais ampla e interessa aos demais poderes; instituições; advocacia; defensoria; e estudiosos do Direito Processual, Tributário, Penal, Previdenciário e da Análise Econômica do Direito.

Flávio Luiz Yarshell e Viviane Siqueira Rodrigues[16], apesar de apresentar argumentos menos otimistas com relação às vantagens da desjudicialização, reconhecem-na como uma alternativa que pode colher frutos positivos. Segundo os autores:

> Assim, assumindo-se que a autonomia da vontade, como força propulsora dos negócios jurídicos processuais, pode ser exercida quanto aos poderes de execução, sem que se levantem barreiras constitucionais a isso, a via da execução extrajudicial se afigura factível entre nós e pode ser

---

14. GRÜDTNER, Ana Paula F. Ali. Procedimento extrajudicial pré-executivo (PEPEX): a busca prévia de patrimônio do devedor de forma desjudicializada e sua aplicação no ordenamento brasileiro, p. 38.
15. MARTINS, Humberto. Desjudicialização da execução civil, p. 2.
16. YARSHELL, Flávio Luiz; RODRIGUES, Viviane Siqueira Rodrigues. Desjudicialização da Execução Civil: uma solução útil e factível entre nós?, p. 367.

tornar uma desejável solução dentro de uma fórmula de justiça multiportas, a partir da qual são oferecidas alternativas de acesso à justiça, adequadas a cada tipo de conflito.

Daí porque, ao invés de afastar de uma vez a hipótese de execução civil judicial, atende a esse escopo de ampliação do acesso à justiça a institucionalização de uma alternativa extrajudicial, que em termos de custos e celeridade quiçá poderia ser alternativa mais vantajosa do que a ofertada pela máquina judiciária. E poderíamos então observar se o Judiciário se transformaria em uma porta supletiva de acesso aos credores.

Apesar de todo o anseio pela desjudicialização, há opiniões bastante expressivas com relação às dificuldades de sua implementação no Direito pátrio.

Daniel Penteado de Castro[17], apesar de reconhecer se tratar de solução vantajosa, registra dúvidas acerca da figura do agente de execução e da obrigatoriedade, previstos no Projeto, entendendo açodada a solução apresentada:

> A uma, dentro de uma nação de dimensão continental como é o Brasil, não se tem conhecimento se a cada comarca haverá tabelião de protesto dotado de estrutura e aparelhamento suficiente ao processamento da execução extrajudicial. A duas, o ajuizamento de execução de título extrajudicial ou da fase de cumprimento de sentença perante o juízo que julgou a ação de conhecimento pode por vezes obter resultados mais rápidos e efetivos do que a falta de opção para limitar referido expediente ao cartório de protestos. A três, tal qual outras modalidades de desjudicialização da atividade jurisdicional comentadas acima (separação, divórcio, recuperação extrajudicial e usucapião), as partes têm a opção de valer-se da via extrajudicial ou judicial para a salvaguarda de seus direitos. Impor ao credor a necessidade da via exclusiva da desjudicialização nos parece açodado frente à ausência de experiência de como funcionará o sistema que se pretende implantar, sem prejuízo de, em segunda etapa, pensar-se na viabilidade de dada limitação.

Nesse passo, convém mencionar a preocupação externada por Luiz Cláudio Cardona[18]:

> É deveras importante discutir questões estruturais relativamente à migração de uma parcela dos 13 milhões de novos processos anuais de cartórios judiciais para cartórios de protesto (bem como os 23 milhões de processos pendentes), a necessidade de criação de novos tabelionatos, concurso para designação de novos tabeliães, custos e regulamentos específicos relativamente a órgãos e conselhos que virão a regular e garantir a eficácia dos agentes de execução etc.

Quanto à preocupação com os processos pendentes, no entanto, convém registrar que o projeto prevê a desjudicialização de execuções novas, não se aplicando àquelas em tramitação, consoante se observa no art. 25, não havendo que se falar em redistribuição aos agentes de execução, salvo se requerido pelo credor, de conformidade com as regras de redistribuição estabelecidas pelas Corregedorias Gerais dos Tribunais de Justiça, em conjunto com os tabelionatos de protestos locais.

---

17. CASTRO, Daniel Penteado de. Atividades extrajudiciais antes delegadas ao Poder Judiciário: breves comentários em confronto com as iniciativas de desjudicialização da execução civil, p. 120.
18. CARDONA, Luiz Cláudio. Primeiras impressões sobre a afetação do projeto de lei da desjudicialização da execução civil sobre o cumprimento de sentença, p. 573.

Com relação à necessidade de criação de novos tabelionatos e concursos públicos, a prática dirá o melhor caminho e a necessidade, o que exigirá estudos mais aprofundados. No tocante à fiscalização, de se consignar que o Conselho Nacional de Justiça já possui esse papel, exercido em conjunto com as Corregedorias locais.

A questão de não se tratar de juiz é resolvida pelo acompanhamento pelo CNJ somado à intervenção judicial quando houver provocação, tanto pelas partes, quanto pelo próprio agente, que poderá formular consulta ao juízo competente. Ademais, atualmente os agentes são necessariamente formados em Direito e ingressam na carreira mediante concurso público de provas e títulos, possuindo conhecimento correspondente às atribuições que desempenharão.

Flávia Pereira Ribeiro[19], estudiosa da desjudicialização no Direito comparado, propôs as atribuições dos agentes de execução, que foram incorporadas ao texto do Projeto de Lei n. 6204/2019. Segundo a autora:

> O tabelião de protesto passa a realizar a tarefa de verificar os pressupostos do requerimento de execução, realizar a citação, penhorar, expropriar, receber pagamento e dar quitação, reservando-se ao juiz estatal a eventual resolução de litígios, quando provocado por intermédio dos competentes embargos, bem como de outros incidentes criados, quais sejam, a consulta e a suscitação de dúvidas, de modo que restam assegurados os princípios constitucionais do contraditório, da ampla defesa e até mesmo do acesso à Justiça, ainda que sob um novo prisma.

Deve-se ter em mente que o acesso à Justiça não se confunde com acesso ao Poder Judiciário. Ademais, a desjudicialização sequer afasta eventual apreciação judicial. O Projeto de Lei em apreciação prevê, ainda, a obrigatoriedade da representação por advogado, a exemplo do que ocorre no divórcio extrajudicial, e o benefício da gratuidade, quando hipossuficiente. Percebe-se, assim, o cuidado com os princípios constitucionais de proteção às partes integrantes da relação processual, contudo sob a visão de Justiça multiportas.

Flávio Luiz Yarshell e Viviane Siqueira Rodrigues alertam ainda para o alcance do Projeto de lei, na medida em que colocam o Estado, um dos maiores devedores, a salvo da desjudicialização pretendida[20], o que pode ensejar um desafogamento menos expressivo do Poder Judiciário.

A par da desjudicialização, outra solução estrangeira bastante ovacionada consiste no PEPEX – Procedimento Extrajudicial Pré-Executivo, adotado em Portugal, que permite ao credor tomar conhecimento da situação patrimonial do devedor, mediante relatório que indicará os bens passíveis de constrição ou sua ausência, antes de decidir se vale a pena correr os riscos da execução, que poderá ser frustrada e gerar prejuízo ainda maior.

---

19. RIBEIRO, Flávia Pereira. Desjudicialização da execução civil: mito ou realidade, p. 1.
20. YARSHELL, Flávio Luiz; RODRIGUES, Viviane Siqueira Rodrigues. Desjudicialização da Execução Civil: uma solução útil e factível entre nós?, p. 367.

Nas lições de Ana Paula F. Ali Grüdtner[21]:

> Resumidamente, o objetivo essencial do PEPEX é possibilitar ao credor conhecer da situação patrimonial do devedor, antes mesmo de propor a ação de cunho expropriatório, eis que oferta ferramenta ao interessado por meio de um relatório da situação financeira do devedor, permitindo assim a ponderação do credor no que toca ao sucesso ou não da propositura da ação executiva futura.
>
> Conhecer sobre a existência ou inexistência de bens penhoráveis numa fase prévia à da instauração da execução implica em ferramenta eficaz para o autor avaliar o custo benefício e a ineficácia da demanda a ser proposta, especialmente quando há ausência de bens a serem penhorados.

A solução poderia ser perfeitamente adotada pelo ordenamento pátrio, importando em inegável benefício ao credor, em diminuição de querelas e, via de consequência, diminuindo os expressivos números de execuções frustradas.

Não se pode olvidar que já se conta com ferramentas de busca e identificação de bens no Brasil, porém acabam servindo a propósito diverso, uma vez que são utilizadas, em regra, após a execução e não para saber se valeria a pena dar ensejo ao processo, à exceção da consulta sobre a existência de imóveis e direitos reais, que pode ser obtida previamente em Cartório, mas se limita a esses bens, não alcançando os demais.

Abordando a questão do conhecimento da situação financeira do devedor pelo magistrado, Elias Marques de Medeiros Neto[22] assevera que:

> Conhecer previamente o patrimônio do devedor não significa dizer que o magistrado deverá autorizar constrições mais onerosas ao executado. Nos termos do art. 805 do CPC/2015, o magistrado deve zelar pela máxima eficiência da execução, mas, ao mesmo tempo, garantir que a execução caminhe, dentro do possível, da forma menos onerosa ao devedor.
>
> E, dentro do espírito do art. 805 do CPC/2015, se o magistrado, na ótica da cooperação processual, conhecer previamente o patrimônio do devedor, terá mais condições de verificar se a conduta das partes está em sintonia com a essência de uma execução equilibrada, que atenda aos interesses do credor, sem violar os direitos e garantias do devedor.

De se consignar que o Projeto de Lei da desjudicialização prevê, em seu art. 4º, dentre as atribuições do tabelião de protesto, a consulta à base de dados mínima obrigatória, para localização do devedor e do seu patrimônio. No artigo 29 dispõe que: "o Conselho Nacional de Justiça deverá disponibilizar aos agentes de execução acesso a todos os termos, acordos e convênios fixados com o Poder Judiciário para consulta de informações, denominada de "base de dados mínima obrigatória".

Dessa feita, todos os acessos atualmente disponibilizados aos magistrados, a exemplo do SisbaJud, RenaJud e BacenJud, deverão ser estendidos aos agentes de execução. Tendo isso em conta, resta a definição da possibilidade de utilização da

---

21. GRÜDTNER, Ana Paula F. Ali. Procedimento extrajudicial pré-executivo (PEPEX): a busca prévia de patrimônio do devedor de forma desjudicializada e sua aplicação no ordenamento brasileiro, p. 45.
22. MEDEIROS Neto, Elias Marques de. Reflexões sobre a necessária busca antecipada de bens do devedor, p. 189.

base previamente à execução extrajudicial, o que poderia fazer as vezes, em certa medida, do PEPEX português.

De todo modo, independentemente da aprovação do Projeto de Lei em tela, outros mecanismos devem ser buscados para otimizar a execução civil e diminuir as perdas comumente experimentadas pelos credores.

Antes de se adentrar nas soluções já disponibilizadas pelo Conselho Nacional de Justiça, convém mencionar relevante sugestão apresentada no âmbito do Grupo de Trabalho mencionado anteriormente, que pode ser encampada sem maiores dificuldades, consistente na criação de um banco das execuções civis em tramitação no Poder Judiciário, permitindo o acesso e conhecimento de todos os magistrados da situação financeira do executado, sobretudo das constrições já efetivadas.

Essa ideia se coaduna com o ovacionado por Elias Marques de Medeiros Neto[23], ao tratar da reforma de Portugal, de 2003, ao asseverar que:

> Sem dúvidas, uma das grandes conquistas da reforma de 2003 foi a criação do registro informático de execuções, com a publicidade quanto aos bens do devedor que foram penhorados, uniformizando-se a base de dados quanto às execuções em trâmite no país e facilitando a pesquisa e atuação dos agentes de execução nas atividades de constrição do patrimônio dos devedores.

Ademais, o autor menciona uma lista pública de execuções frustradas, fruto da reforma de 2008 em Portugal, disponível no Portal do Ministério da Justiça português. No seu sentir, o Brasil deveria adotar tais iniciativas, de modo a contar com gerenciamento uniforme dos dados públicos atinentes aos processos de execução, permitindo pesquisas e consultas[24].

Sem sombra de dúvidas essas possibilidades possuem o condão de auxiliar sobremaneira na satisfação do crédito, contudo precisam antes ser avaliadas sob o ponto de vista da Lei Geral de Proteção de Dados, Lei n. 13.709, de 14 de agosto de 2018. Na pior das hipóteses, poderia se configurar como um banco de dados à disposição do Poder Judiciário, ou dos Cartórios, caso seja editada a lei de desjudicialização, sem a possibilidade de consulta externa.

De toda sorte, enquanto as alterações legislativas não são alcançadas, segue o CNJ com seu papel de maestro na orquestração do autuar do Poder Judiciário. Além de disseminar boas práticas, deve ofertar meios para que o exequente não veja frustrado aquilo que lhe foi atribuído no processo de conhecimento, o que só se presta a aumentar a insatisfação do jurisdicionado e o descrédito na Justiça.

Para tanto, o Conselho Nacional de Justiça já colocou à disposição diversas ferramentas de apoio, sobretudo tecnológicas, que visam ofertar concretude aos efeitos das decisões judiciais. Saliente-se que não são necessariamente desenvolvidas

---

23. MEDEIROS Neto, Elias Marques de. Reflexões sobre a necessária busca antecipada de bens do devedor, p. 178.
24. MEDEIROS Neto, Elias Marques de. Reflexões sobre a necessária busca antecipada de bens do devedor, p. 179.

e/ou mantidas pelo CNJ, mas possuem o Conselho como ponte com as instituições, notadamente mediante a celebração de convênios, termos de cooperação técnica etc.

Pelo seu alcance e efetividade, cumpre iniciar as considerações pelo SisbaJud – Sistema de Busca de Ativos do Poder Judiciário, desenvolvido em substituição ao BacenJud. Trata-se de um sistema que interliga o Poder Judiciário ao Banco Central e às instituições financeiras e demais entidades autorizadas a funcionar, objetivando agilizar a solicitação de informações e o envio de ordens judiciais ao Sistema Financeiro Nacional, com vistas à penhora de dinheiro e ativos e à quebra de sigilo bancário.

Suas funcionalidades possibilitam o envio eletrônico de ordens de bloqueio e requisições de informações básicas de cadastro e saldo, a requisição de informações detalhadas sobre extratos em conta corrente, no formato esperado pelo sistema SIMBA do Ministério Público Federal, e a requisição de informações, das instituições financeiras, acerca dos devedores, como cópia dos contratos de abertura de conta corrente e de conta de investimento, fatura do cartão de crédito, contratos de câmbio, cópias de cheques, além de extratos do PIS e do FGTS[25].

De se lembrar que a penhora de dinheiro ou aplicação financeira está prevista no artigo 854 do Código de Processo Civil:

> Art. 854. Para possibilitar a penhora de dinheiro em depósito ou em aplicação financeira, o juiz, a requerimento do exequente, sem dar ciência prévia do ato ao executado, determinará às instituições financeiras, por meio de sistema eletrônico gerido pela autoridade supervisora do sistema financeiro nacional, que torne indisponíveis ativos financeiros existentes em nome do executado, limitando-se a indisponibilidade ao valor indicado na execução.

Verifica-se que, nessa modalidade de penhora, o devedor não será previamente cientificado, justamente para evitar com que venha a fazer retirada dos valores e ativos, em detrimento da execução e do credor, contudo, a restrição se operará apenas nos limites do valor indicado na execução.

Ernesto Antunes de Carvalho e Tarsila Martinho Antunes de Carvalho[26], ao tratar da eficácia da penhora online, à época ainda realizada pelo BacenJud, assim se manifestam:

> Não há a menor dúvida de que essa forma é muito mais eficaz do que a expropriação que converte bens em dinheiro e de que a alteração havida contribui, sobremaneira, para o sucesso da recuperação do crédito.
>
> Até a forma com que o juiz determina a penhora sobre dinheiro – através do sistema eletrônico (conhecido como BacenJud), sem dar ciência prévia ao devedor e, não mais, através de ofício, como admitido na vigência do CPC/1973 – vai ao encontro do principal objetivo do processo de execução, que é a satisfação rápida e plena do crédito exequendo.

---

25. CONSELHO NACIONAL DE JUSTIÇA. SisbaJud – Sistema de Busca de Ativos do Poder Judiciário, p. 1.
26. CARVALHO, Ernesto Antunes de; CARVALHO, Tarsila Martinho Antunes de. A efetividade da execução civil na recuperação de crédito, p. 243.

Inegavelmente, consubstancia-se em instrumento que imprime expressiva efetividade à execução. De se consignar, ainda, que permite aos magistrados, além do bloqueio de valores em conta corrente, igualmente de ativos mobiliários, a exemplo de títulos de renda fixa e ações, possibilitando resguardar ainda mais os exequentes, uma vez que abarca possibilidade mais ampliada para a satisfação futura. Sob o aspecto de Tecnologia da Informação – TI, o SisbaJud é mantido pelo CNJ.

O RenaJud consiste em um sistema online de restrição judicial de veículos automotores, desenvolvido mediante cooperação técnica entre o Conselho Nacional de Justiça, o Ministério das Cidades e o Ministério da Justiça. Interliga o Judiciário ao Departamento Nacional de Trânsito (DENATRAN), permitindo a restrição de veículos cadastrados no Registro Nacional de Veículos Automotores – RENAVAM.

Mediante recente Acordo de Cooperação Técnica, firmado entre o CNJ, o Ministério da Justiça e Segurança Pública e o Ministério da Infraestrutura, o RenaJud foi aprimorado, e desenvolvida a versão WS, que permitiu a ampliação das medidas restritivas, incluindo restrições ao condutor, a exemplo do bloqueio da carteira nacional de habilitação. Outra novidade diz com o WS-Leilão, destinado a facilitar o leilão de veículos e sua transferência ao adquirente[27]. Cabe destacar que, sob os aspectos de TI, esse sistema não é mantido ou hospedado pelo CNJ.

Uma vez que foram apresentados acima dois sistemas de restrições de bens, cumpre consignar que são medidas previstas no ordenamento pátrio, sobretudo no art. 837 do Código de Processo Civil: "Art. 837. Obedecidas as normas de segurança instituídas sob critérios uniformes pelo Conselho Nacional de Justiça, a penhora de dinheiro e as averbações de penhoras de bens imóveis e móveis podem ser realizadas por meio eletrônico".

Por seu turno, o sistema InfoJud – Sistema de Informações ao Judiciário, estabelecido em parceria entre o CNJ e a Receita Federal, consiste em serviço oferecido unicamente aos magistrados (e servidores por eles autorizados), justamente por envolver informações protegidas pelo sigilo fiscal, que tem como objetivo atender às solicitações feitas pelo Poder Judiciário à Receita Federal, com vistas ao fornecimento de informações cadastrais e de cópias de declarações pela Receita Federal. Frise-se que a ferramenta está disponível, até o momento, apenas aos representantes do Poder Judiciário previamente cadastrados, em base específica da Receita Federal, e que possuam certificado digital emitido por Autoridade Certificadora integrante da ICP-Brasil[28]. Assim como o RenaJud, sob os aspectos de TI, esse sistema não é mantido ou hospedado pelo CNJ.

Quanto ao SerasaJud, disponibiliza diversas funcionalidades e se destina, sobretudo, a encurtar os prazos decorrentes da tramitação de expedientes entre o Poder

---

27. XAVIER, Maria Claudia Ribeiro. Nova versão do RENAJUD permite bloquei on-line de CNH e facilita leilão de veículos, p. 1.
28. CONSELHO NACIONAL DE JUSTIÇA. InfoJud – Sistema de Informações ao Judiciário, p. 1.

Judiciário e a Serasa Experian. Igualmente, sob os aspectos de TI, esse sistema não é mantido ou hospedado pelo CNJ. No site do Serasa Experian[29] é possível obter descrição do seu alcance:

> A ferramenta permite o encaminhamento de ordens judiciais por meio eletrônico, para agilizar e otimizar a prestação de informações à Justiça. Todo e qualquer tipo de ordem judicial passível de atendimento pela Serasa Experian pode ser enviada através do SerasaJud: inclusão/baixa de anotação, revogação de ordens anteriores, solicitação de informações históricas e de eventuais endereços constante em nossa base de dados, entre outros – sem qualquer tipo de restrição.

Por sua vez, a DataJud – Base Nacional de Dados do Poder Judiciário, instituída pela Resolução CNJ n. 331/2020, como fonte primária de dados do Sistema de Estatística do Poder Judiciário – SIESPJ, trata-se de ferramenta de captação e recebimento de dados, que reúne informações pormenorizadas a respeito de cada processo judicial em uma base única. É responsável pelo armazenamento centralizado dos dados e metadados processuais relativos a todos os processos, físicos e eletrônicos, públicos ou sigilosos, referentes aos Tribunais indicados nos incisos II a VII do art. 92 da Constituição Federal[30]. A implantação do DataJud permitiu a extinção e simplificação de diversos cadastros e sistemas existentes, promovendo economia de recursos públicos e alocação mais produtiva da mão de obra existente. Com a base única, novos dados poderão ser coletados, os quais poderão subsidiar novas análises e diagnósticos. No âmbito do Programa Justiça 4.0, estão sendo realizadas ações voltadas ao saneamento dos dados, para que resultem em maior fidedignidade e retratem fielmente a realidade atual dos dados.

O SREI – Sistema de Registro Eletrônico de Imóveis, instituído por intermédio do Provimento n. 47/2015, da Corregedoria Nacional de Justiça, possui o objetivo de facilitar o intercâmbio de informações entre os ofícios de registro de imóveis, o Poder Judiciário, a administração pública e o público em geral. São ofertados diversos serviços online, a exemplo do pedido de certidões, visualização eletrônica da matrícula de imóveis, pesquisa de bens que permite a busca por CPF ou CNPJ[31]. Consoante mencionado anteriormente, faz parcialmente as vezes do PEPEX português.

Resta saber quais desses sistemas integrará a denominada base de dados obrigatória, anteriormente mencionada, prevista no art. 29 do Projeto de Lei 6.204/2019, PL da desjudicialização da execução civil. Há que se observar, contudo, sobretudo a questão do sigilo bancário e fiscal. Uma coisa é sua flexibilização aos integrantes do Poder Judiciário, outra a agentes com atribuição delegada. Como a indicação das bases não foi objeto de previsão legal, por certo demandará definições pelo próprio Conselho Nacional de Justiça, no exercício do seu poder regulamentar.

---

29. SERASA EXPERIAN. SerasaJud, p. 1.
30. CONSELHO NACIONAL DE JUSTIÇA. DataJud – Base Nacional de Dados do Poder Judiciário, p. 1.
31. CONSELHO NACIONAL DE JUSTIÇA. SREI – Sistema de Registro Eletrônico de Imóveis, p. 1.

De toda sorte, todos os sistemas apresentados consistem em mecanismos tecnológicos voltados a auxiliar o juízo na efetivação de suas decisões judiciais, servindo de amparo para se conferir satisfatividade à pretensão deduzida em juízo, ou, quem sabe em algum tempo, também fora dele, caso o PL venha a ser aprovado, sempre dentro dos limites possíveis, conforme destaque anterior no que atine aos sigilos fiscal e bancário. Na sistemática atual, servem de apoio em todas as fases do processo, não se limitando ao procedimento executivo, resultando em frutos profícuos aos credores, já tão aviltados.

Dessa feita, sem sombra de dúvidas, as parcerias firmadas pelo CNJ são fundamentais para o regular andamento das execuções no país. Alexandre Chini e Gregorio Soria Henriques, ao tratar do BacenJud, recentemente substituído pelo SisbaJud, lecionam que: "parcerias como essa têm o foco de otimizar os procedimentos, reduzindo os custos e o tempo necessário para aplicação das medidas, contribuindo em grande medida para o aumento da eficiência, bem como para a efetividade do processo"[32].

Ainda com relação às contribuições tecnológicas, vale mencionar o ostensivo trabalho que vem sendo realizado no âmbito do Conselho Nacional de Justiça, referente à produção e uso da inteligência artificial, uma realidade inexorável, que reclama atuação firme para evitar, tanto o emprego de recursos humanos e materiais em iniciativas semelhantes, quanto produtos que contrariem eventualmente os padrões éticos.

Para tanto, foi instituído, por intermédio da Portaria CNJ n. 197, de 22 de novembro de 2019, Grupo de Trabalho voltado à elaboração de estudos e propostas voltados à ética na produção e uso da Inteligência Artificial no Poder Judiciário, do qual fizeram parte os subscritores deste artigo, que culminou com a apresentação do texto da Resolução CNJ n. 332, de 21 de agosto de 2020, que dispõe sobre a ética, a transparência e a governança na produção e no uso da Inteligência Artificial no Poder Judiciário e dá outras providências.

Na Resolução em apreço, há elevada preocupação com a compatibilização entre os artefatos de inteligência artificial e o cumprimento dos mandamentos insculpidos na Constituição Federal de 1988. Nesse ponto, válido registrar as palavras de Rubens Canuto e Luciane Gomes[33], para quem:

> Na mesma esteira, segue a Resolução 332/2020, do Conselho Nacional de Justiça. Desde os considerandos, demonstra clara preocupação com a compatibilidade entre as iniciativas de inteligência artificial e os Direitos Fundamentais. Cuidou de afirmar, no artigo 4º, que "no desenvolvimento, na implantação e no uso da Inteligência Artificial, os tribunais observarão sua compatibilidade com os Direitos Fundamentais, especialmente aqueles previstos na Constituição ou nos tratados de que a República Federativa seja parte".

---

32. CHINI, Alexandre; HENRIQUES, Gregorio Soria. Desjudicialização da execução e o Projeto de Lei 6.204/2019, p. 21-22.
33. CANUTO, Rubens; GOMES, Luciane. Princípios éticos da Inteligência Artificial e o Poder Judiciário, p. 159.

A título ilustrativo, vale citar iniciativa envolvendo a inteligência artificial e que guarda correlação com os limites deste artigo, o *mandamus*, destinado a otimizar a prática dos atos realizados pelos oficiais de justiça, um dos entraves para o bom correr da execução apontados por alguns doutrinadores, consoante anteriormente mencionado.

Fruto de Acordo de cooperação técnica firmado entre o Conselho Nacional de Justiça (CNJ) e o Tribunal de Justiça de Roraima (TJRR), objetiva dar para maior eficiência na tramitação de processos judiciais. Consoante informações disponibilizadas na página eletrônica do CNJ[34]:

> A ideia é que a plataforma contribua para a diminuição do tempo médio de tramitação processual e da taxa de congestionamento nos tribunais a partir da automatização do procedimento de cumprimento dos mandados judiciais, além de reduzir custos financeiros e promover melhor qualidade de vida no trabalho de servidores cartorários e de oficiais de Justiça.
>
> [...]
>
> Na prática, o sistema eletrônico baseado no emprego de inteligência artificial e geolocalização vai analisar todas as decisões judiciais proferidas, identificando a necessidade de expedição do mandado judicial, com posterior confecção e distribuição deste ao oficial de Justiça mais próximo ao endereço de cumprimento. Assim, o *mandamus* possibilita um melhor aproveitamento do trabalho dos oficiais de Justiça, racionalizando o cumprimento das diligências e gerando ganhos significativos de produtividade para o Judiciário. Também dá maior segurança quanto ao cumprimento dos mandados para as partes do processo.

A iniciativa imprimirá a celeridade necessária à execução dos atos praticados pelo oficial de Justiça, que reverterá em prol do caminhar processual, beneficiando o exequente em particular e a sociedade como um todo.

Outro papel que o CNJ desempenha com maestria é a sua função regulamentar. Ernesto Antunes de Carvalho e Tarsila Martinho Antunes de Carvalho[35] registram que:

> O Conselho Nacional de Justiça, por outro lado, editou a Res. 236/2016, que regulamenta procedimentos afeitos à alienação judicial por meio eletrônico, na forma disposta pelo art. 822, § 1º do CPC/2015.
>
> Outrossim, não retirou a possibilidade de realização simultânea do leilão presencial, obedecendo-se, entretanto, a orientação disposta no art. 11, parágrafo único da sobredita resolução.
>
> Os resultados obtidos por esse dispositivo, no tocante à rápida recuperação do crédito são os melhores possíveis. Além disso, observa-se uma melhor qualidade, acarretando um acentuado acréscimo nos valores obtidos nas vendas e proporcionando a segurança jurídica a todas as partes. Tudo é feito de maneira cristalina e a oferta atinge a todos os segmentos da sociedade.

Igualmente com relação à desjudicialização da execução civil, terá o Conselho Nacional de Justiça muitas frentes de atuação, entre elas a regulamentar, expressamen-

---

34. CONSELHO NACIONAL DE JUSTIÇA. Solução de inteligência artificial de Roraima integra Plataforma Digital da Justiça, p. 1.
35. CARVALHO, Ernesto Antunes de; CARVALHO, Tarsila Martinho Antunes de. A efetividade da execução civil na recuperação de crédito, p. 241.

te prevista no PL 6.204/2019, ao definir que o Conselho Nacional de Justiça expedirá atos normativos para regulamentar os procedimentos da lei. Terá um tempo razoável, uma vez que a *vacatio legis* prevista é de um ano, a contar da publicação da lei.

Igualmente, não se pode deixar de registrar o essencial papel do Conselho Nacional de Justiça de levantamento dos dados judiciais, que permitem a realização de estudos mais aprofundados e a adequação das ações e políticas, de modo a otimizar os resultados, a despeito das dificuldades financeiras e estruturais hodiernamente vivenciadas.

Ademais, nos limites propostos neste estudo, merece destaque, ainda, a atribuição conferida ao CNJ de fiscalização dos cartórios, exercida em conjunto com a Corregedoria. Assim, uma vez implementada a desjudicialização, seguirá o Conselho contribuindo com a otimização da execução civil extrajudicial. De se lembrar que não será novidade no ordenamento pátrio, a exemplo do que se verifica com o divórcio extrajudicial, o inventário e a partilha extrajudicial, que vêm sendo desempenhados a contento.

Nas palavras de Ana Paula F. Ali Grüdtner: "as Serventias Extrajudiciais há muito vêm contribuindo para desafogar o Judiciário, atuando com legitimidade e segurança jurídica para a resolução de conflitos, com maior celeridade e menor custo"[36].

Nesse sentido, as lições do Ministro Humberto Martins[37]:

> A experiência brasileira tem comprovado que os meios alternativos ou adequados de solução de conflitos, uma vez utilizados com responsabilidade, são importantes parceiros do Judiciário, principalmente por seus fundamentos funcional, social e político, que pressupões eficiência e pacificação.

Inegavelmente, apesar das críticas que recebe, há ainda uma confiança maior nas decisões advindas do Poder Judiciário, mas, sabendo-se que o agente público não atuará ao arrepio da lei e de eventual fiscalização, pode ganhar a credibilidade necessária.

Por derradeiro, não se pode olvidar de mencionar que o projeto previu a responsabilidade do CNJ e dos Tribunais, em conjunto com a entidade representativa dos tabeliães de protesto de âmbito nacional, de promover a capacitação dos agentes de execução, dos seus prepostos e dos serventuários da justiça, reforçando sua função fiscalizatória e de auxílio para o efetivo cumprimento das disposições legais.

Diante de todo esse cenário de atuação multifacetada, é inegável que o Conselho Nacional de Justiça contribui vertiginosamente e ainda tem muito a contribuir com a otimização da execução civil no Brasil, tornando-se, a despeito de sua tenra idade, essencial tanto na esfera judicial, quanto na extrajudicial.

---

36. GRÜDTNER, Ana Paula F. Ali. Procedimento extrajudicial pré-executivo (PEPEX): a busca prévia de patrimônio do devedor de forma desjudicializada e sua aplicação no ordenamento brasileiro, p. 47.
37. MARTINS, Humberto. Desjudicialização da execução civil, p. 2.

3. CONSIDERAÇÕES FINAIS

Consoante se pode observar, a execução civil, notadamente diante dos elevados números registrados, reclama urgente modificação legislativa, com a adequação dos ritos, de modo a tornar mais célere seu proceder, evitando-se, com isso, o recorrente perecimento do direito pela impossibilidade de entrega do bem jurídico previamente reconhecido ao credor.

Seguindo movimento europeu, tramita no Senado o Projeto de Lei n. 6.204/2019, objetivando a desjudicialização da execução civil, salvo nos casos que o projeto resguarda, como o incapaz, o condenado preso ou internado, as pessoas jurídicas de direito público, a massa falida e o insolvente civil. Ademais, destina-se tanto à execução de títulos extrajudiciais, quanto judiciais.

Enquanto isso não acontece, segue o Conselho Nacional de Justiça desempenhando seus variados papéis com vistas a otimizar a execução civil. O leque é bastante amplo e se consubstancia, entre outros, na atuação regulamentar, no estabelecimento das políticas judiciárias, na disponibilização e acompanhamento dos dados envolvendo a atividade jurisdicional, na definição das metas destinadas à imprimir celeridade à prestação jurisdicional, na celebração de convênios e acordos de cooperação com outras entidades e na disponibilização de ferramentas tecnológicas, a exemplo da Plataforma Judicial do Poder Judiciário brasileiro – PDPJ-Br, do SisbaJud e do Mandamus.

Contudo, em que pese a efetividade das ferramentas apresentadas e da atuação ostensiva do Conselho Nacional de Justiça, a necessidade de constante evolução reclama, ainda, a apresentação de novas soluções para o Poder Judiciário, sobretudo tecnológicas, que impulsionem e garantam efetividade à prestação jurisdicional, na busca constante pelo aperfeiçoamento do sistema judicial.

4. REFERÊNCIAS

CANUTO, Rubens; GOMES, Luciane. Princípios éticos da Inteligência Artificial e o Poder Judiciário. In: FUX, Luiz, ÁVILA, Henrique Ávila e CABRAL, Trícia Navarro Xavier (Coord.). *Tecnologia e Justiça multiportas*. Indaiatuba, SP: Editora Foco, 2021.

CARDONA, Luiz Cláudio. Primeiras impressões sobre a afetação do projeto de lei da desjudicialização da execução civil sobre o cumprimento de sentença. In: MEDEIROS NETO, Elias Marques de e RIBEIRO, Flávia Pereira (Coord.). *Reflexões sobre a desjudicialização da Execução Civil*. Curitiba: Juruá, 2020.

CARVALHO, Ernesto Antunes de; CARVALHO, Tarsila Martinho Antunes de. A efetividade da execução civil na recuperação de crédito. In: MEDEIROS NETO, Elias Marques de e RIBEIRO, Flávia Pereira (Coord.). *Reflexões sobre a desjudicialização da Execução Civil*. Curitiba: Juruá, 2020.

CASTRO, Daniel Penteado de. Atividades extrajudiciais antes delegadas ao Poder Judiciário: breves comentários em confronto com as iniciativas de desjudicialização da execução civil. In: MEDEIROS NETO, Elias Marques de e RIBEIRO, Flávia Pereira (Coord.). *Reflexões sobre a desjudicialização da Execução Civil*. Curitiba: Juruá, 2020.

CHINI, Alexandre; HENRIQUES, Gregorio Soria. Desjudicialização da execução e o Projeto de Lei 6.204/2019. In: MEDEIROS NETO, Elias Marques de e RIBEIRO, Flávia Pereira (Coord.). *Reflexões sobre a desjudicialização da Execução Civil*. Curitiba: Juruá, 2020.

CONSELHO NACIONAL DE JUSTIÇA. *InfoJud – Sistema de Informações ao Judiciário*. Disponível em: https://www.cnj.jus.br/sistemas/infojud/. Acesso em: jul. 2021.

CONSELHO NACIONAL DE JUSTIÇA. *Justiça em Números 2020*. Disponível em: https://www.cnj.jus.br/wp-content/uploads/2020/08/WEB-V3-Justi%C3%A7a-em-N%C3%BAmeros-2020-atualizado--em-25-08-2020.pdf. Acesso em: maio 2021.

CONSELHO NACIONAL DE JUSTIÇA. *Solução de inteligência artificial de Roraima integra Plataforma Digital da Justiça*. Disponível em: https://www.cnj.jus.br/solucao-de-inteligencia-artificial-de-roraima-integra-plataforma-digital-da-justica/. Acesso em: jul. 2021.

CONSELHO NACIONAL DE JUSTIÇA. *Portaria CNJ n. 118, de 13 de abril de 2021*. Dispõe sobre o portfólio de soluções de tecnologia da informação e comunicação e serviços digitais do Conselho Nacional de Justiça. Disponível em: https://atos.cnj.jus.br/atos/detalhar/3866. Acesso em: maio 2021.

CONSELHO NACIONAL DE JUSTIÇA. *Portaria CNJ n. 282, de 4 de dezembro de 2020*. Institui Grupo de Trabalho para contribuir com a modernização e efetividade da atuação do Poder Judiciário nos processos de execução e cumprimento de sentença, excluídas as execuções fiscais. Disponível em: file:///C:/Users/luciane.gomes/Downloads/PORTARIA%20272.pdf. Acesso em: maio 2021.

CONSELHO NACIONAL DE JUSTIÇA. *SisbaJud – Sistema de Busca de Ativos do Poder Judiciário*. Disponível em: https://www.cnj.jus.br/sistemas/sisbajud/. Acesso em: jul. 2021.

CONSELHO NACIONAL DE JUSTIÇA. *SREI – Sistema de Registro Eletrônico de Imóveis*. Disponível em: https://www.cnj.jus.br/sistemas/srei/. Acesso em: jul. 2021.

GRÜDTNER, Ana Paula F. Ali. Procedimento extrajudicial pré-executivo (PEPEX): a busca prévia de patrimônio do devedor de forma desjudicializada e sua aplicação no ordenamento brasileiro. In: MEDEIROS NETO, Elias Marques de e RIBEIRO, Flávia Pereira (Coord.). *Reflexões sobre a desjudicialização da Execução Civil*. Curitiba: Juruá, 2020.

MARTINS, Humberto. Desjudicialização da execução civil. Palestra proferida no Congresso Digital da Escola Superior da Ordem dos Advogados do Brasil – Seção São Paulo. Disponível em: https://www.cnj.jus.br/wp-content/uploads/2020/07/31-07-ESA-SP-Desjudicializa%C3%A7%C3%A3o--da-execu%C3%A7%C3%A3o-civil-Humberto-Martins-2.pdf. Acesso em: jun. 2021.

MEDEIROS Neto, Elias Marques de. Reflexões sobre a necessária busca antecipada de bens do devedor. In: MEDEIROS NETO, Elias Marques de e RIBEIRO, Flávia Pereira (Coord.). *Reflexões sobre a desjudicialização da Execução Civil*. Curitiba: Juruá, 2020.

MONTEIRO, Valdetário Andrade; BELLUCO, Felipe de Brito. A utilização de sistemas de informatização como mecanismos de democratização do acesso à justiça e garantia da celeridade processual. In: MORAES, Alexandre de e MENDONÇA, André Luiz de Almeida (Coord.). *Democracia e Sistema de Justiça: obra em homenagem aos 10 anos do Ministro Dias Toffoli no Supremo Tribunal Federal*. Belo Horizonte: Fórum, 2020.

RIBEIRO, ANTÔNIO DE PÁDUA. *A importância do CNJ na implantação de uma nova ordem judiciária no Brasil*. Disponível em: https://bdjur.stj.jus.br/jspui/handle/2011/9587. Acesso em: maio 2021.

RIBEIRO, Flávia Pereira. *Desjudicialização da execução civil: mito ou realidade*. Disponível em: https://www.migalhas.com.br/depeso/313285/desjudicializacao-da-execucao-civil--mito-ou-realidade. Acesso em: jul. 2021.

SENADO. Projeto de Lei n 6.204/2019. Dispõe sobre a desjudicialização da execução civil de título executivo judicial e extrajudicial; altera as Leis 9.430, de 27 de dezembro de 1996, 9.492, de 10 de setembro de 1997, 10.169, de 29 de dezembro de 2000, e 13.105 de 16 de março de 2015 – Código de Processo Civil. Disponível em: https://legis.senado.leg.br/sdleg-getter/documento?dm=8049470&ts=1621863671009&disposition=inline. Acesso em: maio 2021.

SERASA EXPERIAN. SerasaJud. Disponível em: https://www.serasaexperian.com.br/serasajud/. Acesso em: jul. 2021.

SILVA, Rosane Leal da; HOCH, Patrícia Adriani; RIGHI, Lucas Martins. *Transparência pública e a atuação normativa do CNJ*. Disponível em: https://www.scielo.br/pdf/rdgv/v9n2/a05v9n2.pdf. Acesso em: maio 2021.

TOMIO, Fabrício Ricardo de Limas; ROBL Filho, Ilton Norberto. *Accountability e independência judiciais: uma análise da competência do Conselho Nacional de Justiça (CNJ)*. Disponível em: https://www.scielo.br/pdf/rsocp/v21n45/a04v21n45.pdf. Acesso em: maio 2021.

XAVIER, Maria Claudia Ribeiro. *Nova versão do RENAJUD permite bloquei on-line de CNH e facilita leilão de veículos*. Disponível em: https://fortes.adv.br/2021/01/12/nova-versao-do-renajud-permite-bloqueio-on-line-de-cnh-e-facilita-leilao-de-veiculos/. Acesso em: jul. 2021.

YARSHELL, Flávio Luiz; RODRIGUES, Viviane Siqueira. Desjudicialização da execução civil: uma solução útil e factível entre nós? In: MEDEIROS NETO, Elias Marques de e RIBEIRO, Flávia Pereira (Coord.). *Reflexões sobre a desjudicialização da Execução Civil*. Curitiba: Juruá, 2020.

BREVES CONSIDERAÇÕES SOBRE DESAFIOS E PERSPECTIVAS PARA A EFICIÊNCIA DO CUMPRIMENTO DE SENTENÇA E DO PROCESSO DE EXECUÇÃO NO BRASIL

Aluisio Gonçalves de Castro Mendes

Desembargador Federal do Tribunal Regional Federal da 2ª Região; Professor Titular de Direito Processual Civil na Faculdade de Direito da Universidade do Estado do Rio de Janeiro; Professor Titular de Direito Processual no Programa de Pós-Graduação em Direito da Universidade Estácio de Sá; Bolsista do Programa de Pesquisa e Produtividade da Universidade Estácio de Sá; Especialista em Direito Processual Civil pela Universidade de Brasília (UnB); Mestre em Direito pela Universidade Federal do Paraná (UFPR); Mestre em Direito pela Johann Wolfgang Universität (Frankfurt am Main, Alemanha); Doutor em Direito pela Universidade Federal do Paraná (UFPR), em doutorado cooperativo com a Johann Wolfgang Universität (Frankfurt am Main, Alemanha); Pós-Doutor em Direito pela Universidade de Regensburg (Alemanha); Diretor do Instituto Brasileiro de Direito Processual (IBDP); Diretor do Instituto Ibero-americano de Direito Processual; Membro da International Association of Procedural Law; Membro da Academia Brasileira de Letras Jurídicas (ABLJ).

Larissa Clare Pochmann da Silva

Pós-Doutora em Direito Processual pela Universidade do Estado do Rio de Janeiro (UERJ). Doutora e Mestre em Direito pela Universidade Estácio de Sá (UNESA). Professora da Universidade Estácio de Sá (UNESA) e Coordenadora do Curso de Direito do Campus Recreio (RJ). Advogada.

1. INTRODUÇÃO

O Conselho Nacional de Justiça (CNJ)[1] aponta, em seu relatório Justiça em Números, publicado no ano de 2020, a partir de dados coletados no ano de 2019, os principais entraves para o cumprimento dos julgados e para o processo de execução no Brasil. Embora ingressem no Poder Judiciário quase duas vezes mais casos na fase de conhecimento do que na de execução, no acervo a situação é inversa: a quantidade de execuções pendentes no Poder Judiciário é 54,5% maior do que o número de processos de conhecimento. A maior parte dos processos de execução é composta pelas execuções fiscais, que representam 70% do estoque.

A partir desse cenário, passa-se, então, a retratar os desafios contemporâneos e possíveis perspectivas para a efetividade do cumprimento de títulos judiciais e do processo de execução no Brasil, que se referem aos entraves para atingir a finalidade de atendimento do interesse do credor, com o menor sacrifício do devedor[2], como também envolvem fatores econômicos, culturais e de ordem prática.

---

1. CONSELHO NACIONAL DE JUSTIÇA (CNJ). *Justiça em Números*. Brasília: CNJ, 2020, p. 150. Disponível em https://www.cnj.jus.br/wp-content/uploads/2020/08/WEB-V3-Justi%C3%A7a-em-N%C3%BAmeros--2020-atualizado-em-25-08-2020.pdf. Acesso em: 31 jul. 2021.
2. ASSIS, Araken, *Manual da Execução*. 18.ed. São Paulo: Ed. RT, 2016, p. 141.

2. DESAFIOS DA EXECUÇÃO NO BRASIL

As soluções consensuais ainda carecem, infelizmente, de adesão no âmbito dos conflitos existentes na sociedade brasileira[3]. O direito, até pouco tempo atrás, era vocacionado para o conflito, para a guerra. Hoje, as faculdades de direito possuem o papel de criar outra cultura, de fornecer profissionais abalizados para a solução, extrajudicial ou mesmo judicial, de modo consensual e, para isso, são necessárias pessoas que estejam devidamente conscientes e preparadas tecnicamente para realizar negociações, conciliações e mediações.

Na execução, ainda são escassas as tentativas de solução consensual. Segundo dados do Conselho Nacional de Justiça[4], na série Justiça em Números, o percentual de acordos no processo de conhecimento foi de 17,2% em 2015, 20,5% em 2016, 20,1% em 2017, 19,5% em 2018 e 19,6% em 2019. Esses números são reduzidos à terça parte quando se trata de soluções consensuais em execução: em 2015, o percentual foi de 3,5%, em 2016 foi de 5%, em 2017 foi de 6,2%, em 2018 foi de 6% e 6,1% em 2019. Os credores insistem em buscar a percepção do crédito no Poder Judiciário, não estando tão dispostos à negociação quando, muitas vezes, o executado não tem patrimônio ou não tem patrimônio suficiente. Há de se destacar, no entanto, que há casos em que o Judiciário esgotou os meios previstos em lei e ainda assim não houve localização de patrimônio capaz de satisfazer o crédito, permanecendo o processo pendente. A negociação da dívida, com eventual pagamento parcelado dos valores devidos, pode ser uma forma de satisfação do crédito mais rápida e mais eficaz do que o tempo despendido com medidas judiciais na localização de bens do executado.

Ainda outro fator é que o espírito empresarial e a sociedade de consumo estimulam o endividamento das pessoas e o inadimplemento das obrigações pelo devedor deixou de ser vexatório e reprovável. Não se trata aqui do superendividamento do consumidor, regulado pela Lei 14.181, de 1º de julho de 2021, mas sim daqueles que celebram negócios jurídicos, contraem dívidas e acabam por não as honrar até o vencimento. Consequentemente, as cobranças estão se multiplicando e, como forma de tutela dos interesses do credor, o Poder Judiciário começa a repensar posições anteriores, não mais exigindo, por vezes, o exaurimento de medidas na busca da efetividade da execução. Um dos casos é, por exemplo, o INFOJUD. No âmbito do Tribunal Regional Federal da Segunda Região, foi fixada a seguinte tese em Incidente de Resolução de Demandas Repetitivas (IRDR): "A partir da Lei 13.382/2006, para utilização do Sistema de Informações ao Judiciário (INFOJUD) é desnecessária a comprovação do prévio exaurimento das vias extrajudiciais na busca de bens a se-

---

3. As soluções consensuais são apontadas como uma das questões fundamentais à justiça contemporânea em MENDES, Aluisio Gonçalves de Castro. Desafios e perspectivas da justiça no mundo contemporâneo. *Revista Eletrônica de Direito Processual*, v. 20, n. 3, p. 22, set.-dez. 2019.
4. CONSELHO NACIONAL DE JUSTIÇA (CNJ). *Justiça em Números*. Brasília: CNJ, 2020, p. 172. Disponível em: https://www.cnj.jus.br/wp-content/uploads/2020/08/WEB-V3-Justi%C3%A7a-em-N%C3%BAmeros--2020-atualizado-em-25-08-2020.pdf. Acesso em: 31 jul. 2021.

rem penhorados, não obstante a invocação do sigilo fiscal".[5] No mesmo sentido, o Superior Tribunal de Justiça (STJ) tem consignado que: o "STJ firmou entendimento pela possibilidade da realização de pesquisas nos sistemas BACENJUD, RENAJUD E INFOJUD, anteriormente ao esgotamento das buscas por bens do executado, porquanto tais sistemas são meios colocados à disposição da parte exequente para agilizar a satisfação de seus créditos".[6]

Na tutela executiva, deve-se manter o equilíbrio entre a proteção dos direitos do executado, assegurando-lhe as garantias fundamentais, com a adoção de medidas efetivas para a realização do direito do credor.

Não obstante os desafios apontados, há medidas concretas quem pode contribuir para a efetividade da execução, caso venham atreladas à mudança cultural.

3. PERSPECTIVAS

Apresentam-se, agora, algumas perspectivas para a eficiência do cumprimento de sentença e do processo de execução no Brasil.

a) Cadastro Nacional de Bens (CNB)

Um dos percalços dos exequentes é a localização de bens penhoráveis do executado. A existência de um cadastro, a nível nacional, à disposição do Poder Judiciário, integrado com as serventias extrajudiciais, poderia permitir o acesso a bens imóveis, veículos e móveis, sujeitos a registro, em nome do executado, bem como a integração com cadastros já existentes. Essa consulta, a requerimento do autor ou do interessado, poderia tornar a execução mais efetiva ao trazer maior publicidade, com uma menor quantidade de atos, tanto em relação à existência de bens em nome do executado como em relação ao valor do patrimônio em seu nome, esclarecendo até mesmo sua situação patrimonial para satisfação do crédito do exequente.

Destaca-se que o que hoje vigora é: i) um Cadastro Nacional de Indisponibilidade de Bens (CNIB), interligado ao Conselho Nacional de Justiça (CNJ), que integra todas as indisponibilidades de bens decretadas por magistrados e por autoridades administrativas, mas não trata dos bens que poderiam ser passíveis de penhora; ii) o SISBAJUD, um sistema que interliga a Justiça ao Banco Central e às instituições financeiras, para agilizar a solicitação de informações e o envio de ordens judiciais ao Sistema Financeiro Nacional, via internet.

O desenvolvimento de um sistema que interligasse as informações referentes ao registro de bens móveis e imóveis pode permitir uma redução na duração da

---

5. TRF2. Processo 0100171-06.2019.4.02.0000. Rel. Des. Federal Luiz Paulo da Silva Araújo Filho. Órgão Especial. DJ: 07.11.2019.
6. STJ. REsp 1941559/RS. Rel. Min. Assusete Magalhães. Segunda Turma. DJ: 22.06.2021.

quantidade de processos e da quantidade de atos processuais praticados na busca de bens do devedor.

A ideia seria a construção de sistemas que poderiam ser acessados e utilizados, de modo isolado ou concentrado, permitindo-se um levantamento o mais amplo possível dos bens do devedor, de modo que o credor e o Poder Judiciário tivessem mecanismos mais efetivos na localização e penhora dos bens existentes.

b) Reunião de processos contra o mesmo devedor

A reunião de processos em face do mesmo devedor possui previsão no artigo 28 da Lei 6.830/1980 (Lei de Execução Fiscal – LEF), que estabelece que, para a garantia da execução, os processos poderão ser reunidos por dependência no juízo que recebeu a distribuição da primeira execução.

Conforme já decidiu a Primeira Seção do Superior Tribunal de Justiça (STJ) no julgamento do Recurso Especial 1.158.766-RJ, de Relatoria do Ministro Luiz Fux, apreciado no dia 8 de setembro de 2010, a referida reunião de processos é uma faculdade do juiz, tendo como condição a conveniência da unidade da garantia, vale dizer, que haja penhoras sobre o mesmo bem efetuadas em execuções contra o mesmo devedor.

O precedente acima possui grande relevância porque aponta a possibilidade da reunião por determinação do magistrado. Isso deve ocorrer, independentemente de requerimento, pois, em certas situações, o credor que figura em determinada execução limita o seu interesse à obtenção do respectivo crédito. Desse modo, as preferências, materiais e processuais, seriam deixadas de lado, ou até mesmo burladas, deixando-se prevalecer interesses egoísticos e isolados de um ou alguns credores, em detrimento dos demais e do direito objetivo. Sendo assim, embora a norma contida na Lei de Execuções Fiscais seja um importante antecedente normativo, o seu comando central, ou seja, a possibilidade da reunião de execuções, não deve ficar condicionada somente ao requerimento do credor, podendo ser determinada de ofício pelo órgão judicial.

A dispersão de processos pode contribuir para a demora ou falta de efetividade nas execuções, na medida em que o demandado poderá indicar o mesmo bem ou um conjunto de bens em diversas execuções. Desse modo, cria a falsa aparência de garantia, propiciando-lhe, até mesmo, a dilapidação, total ou parcial, do resto do patrimônio não penhorado.

A reunião de processos contra o mesmo devedor em um único juízo poderá ser relevante para a satisfação dos credores, observando-se que os bens utilizados como garantia nas execuções sejam suficientes para a tutela do interesse dos credores.

Inclusive, no âmbito da Justiça do Trabalho, foi editado o Provimento CGJT 1, de 09 de fevereiro de 2018, do Tribunal Superior do Trabalho (TST), que dispõe sobre a reunião de execuções em face do mesmo devedor, buscando nítido propósito conciliatório, a eficiência, a quantificação do valor total da dívida e a análise da garantia, até mesmo para que o executado ofereça balanço patrimonial, no caso de pessoa jurídica, e possa se aferir se é devedor solvente.

Destaca-se que, no âmbito do Código de Processo Civil, o artigo 69, inciso II, trata da reunião ou apensamento de processos, prevendo a possibilidade de os órgãos do Poder Judiciário estabelecerem ato de cooperação para a "reunião ou apensamento de processos". Concorrendo diversas ações, seja no mesmo juízo, seja em diversos órgãos executantes, em cada um deles o oficial de justiça poderia efetuar a penhora sobre o mesmo bem do devedor, vinculando-o a diversos processos.

Esta previsão já poderia servir como iniciativa basilar justamente para a reunião das execuções em face do mesmo devedor, estendendo-se a iniciativa regulamentada pelo Tribunal Superior do Trabalho aos demais ramos do Poder Judiciário, de forma a proporcionar maior eficiência à execução civil.

c) Fortalecimento e reiteração das medidas executivas

Na execução, o autor pretende a satisfação mediante a realização de atos materiais concretos que sejam capazes e suficientes de transformar o dever ser em realidade[7]. O desfecho esperado da execução é a satisfação da obrigação prevista no título executivo. Para isso, são importantes o fortalecimento e a reiteração das medidas executivas coercitivas e sub-rogatórias até a satisfação do crédito ou a extinção anômala da execução.

Tratando-se de penhora *online*, através do sistema do BACENJUD, o "Superior Tribunal de Justiça já se manifestou acerca da possibilidade de reiteração do pedido de penhora eletrônica, via sistema Bacenjud, desde que observado o princípio da razoabilidade" (STJ. AgInt no AREsp 1494995 / DF. Rel. Min. Moura Ribeiro. Terceira Turma. DJ: 30.09.2019) e, inclusive, no mesmo sentido o primeiro autor deste trabalho reiteradamente já decidiu enquanto Desembargador Federal no âmbito do Tribunal Regional Federal da Segunda Região[8].

Destaca-se, inclusive, que, em dezembro de 2019, foi firmado Acordo de Cooperação Técnica entre o Conselho Nacional de Justiça – CNJ, o Banco Central e a Procuradoria da Fazenda Nacional – PGFN, visando o desenvolvimento de novo sistema para substituir o BacenJud e aprimorar a forma de o Poder Judiciário transmitir suas ordens às instituições financeiras, sendo que o novo sistema permite a reiteração automática de ordens de bloqueio (conhecida como "teimosinha").

A partir da emissão da ordem de penhora on-line de valores, o magistrado poderá registrar a quantidade de vezes que a mesma ordem terá que ser reiterada no SISBAJUD até o bloqueio do valor necessário para o seu total cumprimento[9].

---

7. MENDES, Aluisio Gonçalves de Castro. *Teoria Geral do Processo*. Rio de Janeiro: Lumen Juris, 2009, p. 76-77.
8. A título de exemplo, reporta-se aos julgamentos proferidos nos processos registrados sob o 0108109-28.2014.4.02.0000 e sob o n. 0214667-42.2017.4.02.5101.
9. As informações estão disponíveis no endereço eletrônico do Conselho Nacional de Justiça (CNJ) em https://www.cnj.jus.br/sistemas/sisbajud/. Acesso em: 02 ago. 2021.

Da mesma forma, ao tratar do protesto do título executivo judicial, previsto no artigo 517, prevê, em seu parágrafo quarto, que o cancelamento do protesto ocorrerá, mediante ofício do juiz, no prazo de 3 (três) dias, contado da data de protocolo do requerimento, desde que comprovada a satisfação integral da obrigação.

Como no protesto, o fortalecimento das medidas executivas poderá, eventualmente, se dar com ações reiteradas ou que tiverem sua eficácia até a extinção da execução.

d) Descentralização da execução

O modelo brasileiro de execução tem sua origem na tradição romano-germânica, com excessiva centralização dos atos executivos nas mãos do juiz. Porém, a atividade prática a ser desenvolvida na execução pouco ou nada tem em comum com o julgamento de litígios com fundamento em conhecimentos jurídicos. Inclusive, países como a Itália, a Alemanha e a França[10] preveem a figura de um auxiliar do juízo, como executor. Nesses países, a execução é processada principalmente por servidores do Poder Judiciário, através dos agentes de execução. Após a provocação por parte do credor, a execução se inicia, respectivamente, com atos do *ufficiale giudiziario*, *Gerichtsvollzieher* e *huissier*, intervindo o juiz após consumada a penhora ao patrimônio do executado ou na ocorrência de algum incidente.

Na Alemanha, por exemplo, a execução inicia-se, através de provocação do exequente, com ato do executor oficial, que é funcionário da justiça. Ele tem o dever de analisar a presença dos requisitos necessários para a execução e realizar medidas executivas, mas caberá ao juízo analisar: i) qualquer objeção formulada sobre sua capacidade ou competência; ii) reclamação apresentada contra o procedimento executivo; iii) questionamento sobre custas.

Nota-se, portanto, que se descentraliza a atividade prática executiva, mas os atos decisórios continuam sob a supervisão ou controle do juiz competente.

No Brasil, como observa Leonardo Greco[11]:

> Hoje o juiz se transformou num burocrata, com a chamada penhora on-line. Pobre juiz! Há meses um juiz federal me disse que perdia um dia de trabalho por semana apertando o mouse do computador na efetivação da penhora on-line. Ouvi há dias no Espírito Santo que lá alguns juízes gastam mais de um dia por semana. O juiz é um funcionário caro, que percebe um dos mais altos salários do Estado. Nós estamos empregando toda a massa cinzenta desse juiz para ficar apertando com o dedo o mouse do computador. Parece que houve até um juiz que foi ao Supremo, arguindo a inconstitucionalidade da prática da penhora on-line pelo juiz, revoltado por ter sido reduzido a ser um oficial de justiça. Essa distorção é comumente justificada no sigilo e na segurança do sistema bancário, mas por que não aparelhar a justiça de funcionários qualificados e responsáveis para

---

10. Uma comparação entre os modelos dos países europeus sobre a descentralização da execução pode ser encontrada em: RIBEIRO, Flávia Pereira. *Desjudicialização da execução civil*. São Paulo: Saraiva, 2013, p. 83-154.
11. GRECO, Leonardo. Op. cit., p. 406.

efetuar a penhora online? Por que tem de ser o próprio juiz, com a sua senha pessoal? O juiz hoje é um escravo da burocracia da execução, esse mesmo juiz que vive angustiado com os processos que ele tem de instruir ou em que tem de dar sentenças, vigiado pelo CNJ com as suas metas irracionais, e ainda absorvido em parcela relevante do seu tempo numa tarefa puramente mecânica.

A descentralização da execução brasileira, a exemplo do que já ocorre com países da Europa, apesar de depender de autorização legislativa, permitiria que auxiliares da justiça pudessem, por delegação, realizar atos executivos, mantendo com o juiz os atos cognitivos mais relevantes, como a apreciação da impugnação dos atos realizados por seus auxiliares. Consequentemente, os magistrados estariam concentrados no ato de decidir, deixando seus auxiliares direcionados para a realização e eficácia dos atos executivos.

e) Medidas atípicas

O artigo 139, inciso IV, do Código de Processo Civil[12] procurou superar a antiga tipicidade dos meios executivos, conferindo ao magistrado um poder geral de efetivação de suas decisões, em prol da obtenção da atividade satisfativa em tempo razoável, tal como preceituado pelo artigo 4º do diploma. Nesse sentido, a apreensão de carteira nacional de habilitação e/ou suspensão do direito de dirigir, a apreensão de passaporte, a proibição de participação em concurso público e a proibição de participação em licitação pública são exemplos de medidas que vêm sendo aplicadas pelo Poder Judiciário, dentro de um debate sobre o seu cabimento e pressupostos.

O primeiro autor deste texto, inclusive, já deu provimento a um agravo de instrumento para deferir a apreensão de passaporte em um caso concreto[13], justamente porque a possibilidade de concessão de medidas atípicas não significa a ausência de parâmetros[14]. O deferimento de medidas atípicas pressupõe o preenchimento de requisitos, que tenham ou venham a ser abalizados pelos Tribunais Superiores e que se mostrem, nos casos concretos, razoáveis.

Um desses requisitos pode ser a subsidiariedade, especialmente quando mais gravosas: as medidas atípicas podem ser um soldado de reserva para as medidas típicas, conforme decidido no bojo do RHC 97.876/SP, de Relatoria do Ministro Luis Felipe Salomão, pela Quarta Turma do Superior Tribunal de Justiça em 5 de junho de 2018.

Outro requisito diz respeito aos corolários do contraditório e da fundamentação previstos no Código de Processo Civil de 2015, conforme consagrado no Recurso Especial 1896421 / SP. Para que seja adotada qualquer medida executiva atípica

---

12. Em relação à constitucionalidade das medidas coercitivas, indutivas ou sub-rogatórias previstas no dispositivo, encontra-se pendente de apreciação a Ação Direta de Inconstitucionalidade (ADIn) = 5941/DF perante o Supremo Tribunal Federal.
13. O julgamento em questão foi proferido no bojo dos autos registrados sob o n. 5001715-96.2020.4.02.0000, no Tribunal Regional Federal da Segunda Região (TRF2).
14. THEODORO JÚNIOR, Humberto. *Curso de Direito Processual Civil*. 53. ed. Rio de Janeiro: Gen/Forense, 2019, p. 218. v. III.

deve o juiz intimar previamente o executado para pagar o débito ou apresentar bens destinados a saldá-lo, seguindo-se os atos de expropriação típicos. A decisão que autorizar a utilização de medidas coercitivas indiretas deve, ademais, ser devidamente fundamentada, a partir das circunstâncias específicas do caso, não sendo suficiente para tanto a mera indicação ou reprodução do texto do art. 139, IV, do CPC/15 ou mesmo a invocação de conceitos jurídicos indeterminados sem ser explicitado o motivo concreto de sua incidência na espécie.

A medida atípica deferida deve, ainda, ser proporcional e razoável, podendo contribuir para a satisfação da obrigação no caso concreto, conforme decidido no RHC 99.606/SP, de Relatoria da Ministra Nancy Andrighi, na Terceira Turma, julgado em 13 de novembro de 2018.

Nesse sentido, foi sintetizado pelo Superior Tribunal de Justiça que: "A adoção de meios executivos atípicos é cabível desde que, verificando-se a existência de indícios de que o devedor possua patrimônio expropriável, tais medidas sejam adotadas de modo subsidiário, por meio de decisão que contenha fundamentação adequada às especificidades da hipótese concreta, com observância do contraditório substancial e do postulado da proporcionalidade" (STJ. Recurso Especial 1.788.950 – MT. Rel. Min. Nancy Andrighi. Terceira Turma. DJ: 23.04.2019).

O deferimento de medidas atípicas, a partir da análise desses parâmetros no caso concreto, é mais uma medida de apoio para a efetividade das decisões judiciais.

4. CONCLUSÃO

Os atuais desafios do processo de execução e do cumprimento de sentença no Brasil envolvem não apenas aspectos jurídicos, como questões econômicas, culturais e de ordem prática.

As ideias trazidas neste texto são apenas reflexões propostas para contribuir para a maior eficiência do cumprimento de sentença e do processo de execução no país. Essas medidas precisam vir, também, de uma mudança cultural, mas, naturalmente, desenvolvem-se algumas perspectivas com viabilidade de serem implementadas, que muito poderiam contribuir para a satisfação do direito do exequente, com o respeito às garantias fundamentais do executado.

5. REFERÊNCIAS

ASSIS, Araken. Execução Forçada e Efetividade do Processo. *Revista Síntese de Direito Processual Civil.* n. 1, p. 7-16. Porto Alegre: IOB, set.-out. 1999.

ASSIS, Araken. *Manual da Execução.* 18. ed. São Paulo: Ed. RT, 2016.

BARBOSA MOREIRA, José Carlos. *O novo Processo Civil Brasileiro.* Rio de Janeiro: Gen/Forense, 2012.

CARNEIRO, Paulo Cezar Pinheiro. *O novo Processo Civil Brasileiro.* Exposição sistemática do processo: de conhecimento; nos tribunais; de execução; da tutela provisória. Rio de Janeiro: Gen/Forense, 2019.

CONSELHO NACIONAL DE JUSTIÇA (CNJ). Justiça em Números. Brasília: CNJ, 2020. Disponível em: https://www.cnj.jus.br/wp-content/uploads/2020/08/WEB-V3-Justi%C3%A7a-em-N%C3%BAmeros-2020-atualizado-em-25-08-2020.pdf. Acesso em: 31 jul. 2021.

GRECO, Leonardo. Execução civil – entraves e propostas. Revista *Eletrônica de Direito Processual*, v. 12, p. 399-445. 2013.

MENDES, Aluisio Gonçalves de Castro. Desafios e perspectivas da justiça no mundo contemporâneo. *Revista Eletrônica de Direito Processual,* v. 20, n. 3, p. 20-32. set.-dez. 2019.

MENDES, Aluisio Gonçalves de Castro. *Teoria Geral do Processo*. Rio de Janeiro: Lumen Juris, 2009.

RIBEIRO, Flávia Pereira. *Desjudicialização da execução civil*. São Paulo: Saraiva, 2013.

THEODORO JÚNIOR, Humberto. *Curso de Direito Processual Civil*. 53. ed. Rio de Janeiro: Gen/Forense, 2019.

PASSADO, PRESENTE E FUTURO DA EXECUÇÃO: MEIOS DE TORNAR EFETIVA A TUTELA EXECUTIVA

Luciano Vianna Araújo

Doutor e Mestre em Direito Processual Civil pela PUC-SP. Professor da graduação e da pós-graduação *lato sensu* da PUC-Rio. Membro do Conselho Científico da *Suprema* – Revista de Estudos Constitucionais do Supremo Tribunal Federal, Membro do Corpo Editorial da Revista da EMERJ – Escola da Magistratura do Estado do Rio de Janeiro, Membro do IBDP – Instituto Brasileiro de Direito Processual, Advogado.

Rogéria Fagundes Dotti

Doutora e Mestre em Direito Processual Civil pela UFPR. Secretária Geral do IBDP – Instituto Brasileiro de Direito Processual. Vice-Presidente da Comissão Especial do Código de Processo Civil do Conselho Federal da OAB, Advogada.

1. O OBJETIVO DESTA OBRA COLETIVA, SEGUNDO OS SEUS COORDENADORES

Ao enviar o generoso convite para escrever um artigo para essa obra coletiva, os coordenadores fizeram o seguinte esclarecimento: "gostaríamos de convidá-lo para contribuir com artigo de aproximadamente 15 a 25 páginas, fruto da sua observação crítica do ordenamento Processual Civil Brasileiro em vigor, no que diz respeito, especificamente, à execução, seus problemas e a perspectiva de sua desjudicialização". Em seguida, os coordenadores ressaltaram que, "apesar de ter sido alvo de reformas legislativas imediatamente anteriores à edição do novo Código de Processo Civil, o regime da execução contra devedor solvente continua, infelizmente, deixando a desejar".

De acordo com o convite prontamente aceito, a proposta desta obra coletiva não é simplesmente analisar o Projeto de Lei 6.204/2019, de autoria da Senadora Soraya Thronicke, que versa sobre a desjudicialização da execução civil, como, aliás, os autores deste texto já fizeram em outra oportunidade[1], mas, sim, "reunir reflexões dos processualistas brasileiros, que vêm revelando especial interesse por este assunto, que podem conter sugestões de *lege lata* ou de *lege ferenda*, que visem, fundamentalmente, a imprimir maior eficiência, melhores e mais rápidos resultados à atividade executiva", como advertiram os coordenadores no convite.

Com base nessas premissas, pretende-se apontar, segundo a nossa opinião, os entraves do procedimento executivo e as possíveis propostas para solucioná-los, inclusive, por meio da desjudicialização da execução civil.

---

1. Por solicitação da Comissão Especial do Código de Processo Civil, os autores deste artigo apresentaram parecer ao Conselho Federal da OAB, com críticas e sugestões ao Projeto de Lei 6204/2019, visando a desjudicialização da execução civil no Brasil.

2. BREVE ANÁLISE HISTÓRICA DO PROCEDIMENTO EXECUTIVO

A partir dos Códigos de Processo Civil brasileiro, isto é, do CPC/1939, do CPC/1973, do CPC/1973 *Reformado*[2] e do CPC/2015, pode-se dizer que o procedimento executivo foi bastante alterado ao longo do tempo com vistas a torná-lo efetivo.

Não obstante, a tutela jurisdicional executiva continua sendo inefetiva, embora nos pareça que as diversas alterações levaram a um procedimento executivo muito mais racional.

2.1 O Código de Processo Civil de 1939

No Código de Processo Civil de /1939[3], tinha-se a *ação executiva* e a *ação executória*. Tanto a *ação executiva* quanto a *ação executória* destinavam-se a realizar a execução forçada. A distinção entre elas dava-se pela natureza do título executivo, extrajudicial ou judicial, respectivamente.

Tais denominações foram introduzidas no Brasil por Enrico Tullio Liebman, como ensina Alfredo Araújo Lopes da Costa[4]:

> "Nosso direito conhece dois tipos de ação de execução: a) um, fundado em sentença; b) o outro, em título que sentença não seja.
>
> Ao primeiro, propôs Enrico Liebman chamar ação executória, para diferenciá-lo do outro (ação executiva).
>
> Nas legislações europeias, foram os dois reunidos num só procedimento: processo de execução. O último, porém, foi conservado nos países da América Latina.
>
> Na ação executória, a execução já foi precedida de um pleno processo de conhecimento, em que o réu teve ampla defesa. Por isso, o executado só a ela pode opor-se recorrendo a outra ação (*embargos do executado*[5]).
>
> Na executiva, dá-lhe ingresso um documento sobre o qual ainda não houve discussão. Praticado o ato inicial de execução (penhora), abre-se margem a um processo de declaração, em que o réu tem a mais ampla liberdade defesa.
>
> A execução não prossegue, sem que antes se tenha proferido sentença condenatória.
>
> Acentuando essa diferença, o Código aqui não chama de embargos à defesa, mas de *contestação*.

---

2. Embora não seja *formalmente* um novo Código de Processo Civil, após as Reformas que modificaram o CPC/1973, visando dar maior efetividade à prestação jurisdicional, iniciadas em 1994 e concluídas em 2005/2006, justamente com as leis que alteraram a execução do título executivo judicial (2005) e do título executivo extrajudicial (2006), tem-se um novo sistema processual que não guarda semelhança com o implementado pelo texto original do CPC/1973. Aliás, o CPC/1973 *Reformado*, principalmente no que diz respeito à tutela executiva, está muito mais próximo do CPC/2015.
3. MARQUES, Frederico. *Instituições de Direito Processual Civil*. Rio de Janeiro: Forense, 1960, v. V, p. 84 e 85.
4. Lopes da Costa, Alfredo Araújo, *Direito Processual Civil Brasileiro*. 2. ed. Rio de Janeiro: Forense, 1959, v. IV, p. 47.
5. Para uma visão sobre os embargos à execução, leia-se LUCON, Paulo Henrique dos Santos. *Embargos à Execução*. São Paulo: Saraiva, 1996.

A palavra *embargos* sempre designou a defesa em forma de ataque, a defesa contra um preceito ou contra um ato real.

Todavia, o legislador atendeu a uma consequência prática: nos embargos, o embargado é quem fala por último. Na contestação, é o réu."

A *ação executiva* configurava um *procedimento especial*, previsto no art. 298 do CPC/1939, cujos 18 incisos previam vários *títulos executivos extrajudiciais*.

O executado era citado para, em 24 (vinte e quatro) horas, pagar o débito, sob pena de penhora, nos termos do art. 299 do CPC/1939. O Livro VIII do CPC/1939 versava sobre a execução do título judicial, sendo aplicáveis à ação executiva as disposições sobre a penhora contidas no Título III, Capítulo III.

Feita a penhora, o réu tinha 10 (dez) dias para contestar a ação, que prosseguia com o rito ordinário, conforme o art. 301 do CPC/1939. A propósito da *ação executiva*, leia-se a lição de Enrico Tullio Liebman[6]:

"A ação executiva oferece as seguintes vantagens práticas: com a penhora inicial fica assegurada a satisfação do direito do credor e, depois de proferida a sentença, a execução pode continuar imediatamente, sem esperar o resultado da segunda instância, não tendo a apelação efeito suspensivo. Em tudo o mais a ação executiva não difere exteriormente do processo ordinário senão pela alteração da ordem em que se sucedem os atos, pois a cognição sobre a existência do crédito, em vez de preceder a execução, acha-se deslocada para o meio do seu curso, de maneira que as atividades da cognição e da execução se acham reunidas em único processo.

Não obstante tudo isso, a ação executória e a ação executiva permanecem duas espécies do mesmo gênero, porque ambas se destinam a promover a execução e as diferenças entre elas existentes desapareceremdepois dejulgada procedente a ação executiva: pode-se dizer que, em certo sentido, este julgamento purifica e a torna igual à executória, cujo caminho segue daí em diante."

No Código de Processo Civil de 1939, a distinção entre a *ação executória* e a *ação executiva* tornava inefetiva a execução do título executivo extrajudicial.

2.2 O Código de Processo Civil de 1973

O Código de Processo Civil de 1973 conferiu ao título executivo extrajudicial a mesma eficácia do título executivo judicial, unificando-se o procedimento executivo, à semelhança da legislação de alguns países europeus (por exemplo, França, Itália, Alemanha, Portugal e Áustria), nos termos da exposição de motivos do Código de Processo Civil de 1973 de Alfredo Buzaid, especificamente o item 21:

"Dentre as inovações constantes do Livro II, duas merecem especial relevo. A primeira respeitante à unidade do processo de execução; a segunda, à criação do instituto da insolvência civil. O direito luso-brasileiro conhece dois meios de realizar a função executiva: a) pela *parata executio*; b) pela ação executiva. Esta se funda em título extrajudicial; aquela, em sentença condenatória. Mas, como observa Liebman, diferentes foram os resultados da evolução histórica nos países do continente europeu. O direito costumeiro francês reafirmou energicamente

---

6. LIEBMAN, Enrico Tullio. *Processo de Execução*. 2. ed. São Paulo: Saraiva, 1963, p. 19.

a equivalência das sentenças e dos instrumentos públicos (*lettres obligatoires faites par devant notaire ou passées sous Seel Royal*); e reconheceu a ambos a *exécution parée*. Este princípio foi acolhido pelas Ordenações reais e, depois, pelo *Code de Procédure Civile* napoleônico, de 1806, do qual passou para a maior parte das legislações modernas. Adotaram, nos nossos dias, o sistema unificado os Códigos de Processo Civil da Itália (art. 474), da Alemanha (§§ 704 e 794), de Portugal (art. 46) e a Lei de Execução da Áustria (§ 1º). *O projeto segue esta orientação porque, na verdade, a ação executiva nada mais é do que uma espécie da execução geral; e assim parece aconselhável reunir os títulos executivos judiciais e extrajudiciais. Sob o aspecto prático são evidentes as vantagens que resultam dessa unificação, pois o projeto suprime a ação executiva e o executivo fiscal como ações autônomas."

Logo, a partir do Código de Processo Civil de 1973, o procedimento executivo uniformizou-se tanto para o título extrajudicial quanto para o título judicial. Na verdade, a distinção coube às matérias objeto de defesa (embargos à execução, comum para ambos os títulos), diante da cognição prévia existente no título executivo judicial, como ressalta Alcides de Mendonça Lima[7]:

"Apesar da unificação das vias executivas, sem diferenciar o título judicial do extrajudicial, para o fim de ingresso do processo de execução, é preciso ressaltar que, quanto à defesa do devedor, a distinção é evidente, sem bem que por meio de embargos. Na execução de título judicial (sentença), os motivos são restritos (art. 741); na execução de título extrajudicial, porém, os motivos são amplos, isto é, aqueles mesmos e mais os permitidos ao réu no processo de conhecimento (art. 745)."

Percebe-se o grande avanço, no que diz respeito ao título executivo extrajudicial, proporcionado pelo Código de Processo Civil de 1973, ao lhe conferir a mesma eficácia do título judicial. Não foi por outro motivo que a quantidade de títulos executivos extrajudiciais foi reduzida consideravelmente (art. 585 do CPC/1973 x art. 298 do CPC/1939).

Entretanto, entre outros motivos, como, por exemplo, a dualidade de processos (de conhecimento e de execução), que exigia nova citação para iniciar a atividade executiva, a oposição de embargos à execução após a penhora, os quais possuíam, por força de lei, efeito suspensivo, não contribuíam para uma efetividade do procedimento executivo.

2.3 O Código de Processo Civil de 1973 *reformado*

Dando sequência às *Reformas* do Código de Processo Civil de 1973, iniciadas em 1994, a Lei 11.232/2005 estabeleceu a fase de cumprimento de sentença no "processo de conhecimento"[8] e revogou dispositivos relativos à execução fundada em título judicial, no que concerne à obrigação de pagar quantia certa.

---

7. LIMA, Alcides de Mendonça. *Comentários ao Código de Processo Civil*. 7. ed. Rio de Janeiro: Forense, 1991, v. VI, p. 6.
8. A nosso ver, após as *Reformas* do Código de Processo Civil, não cabe mais qualificar processo nem ação em de conhecimento ou de execução. Essas qualificações fazem sentido em relação à tutela jurisdicional.

Com a Lei 11.232/2005, introduziu-se *definitivamente*[9] o *processo sincrético* no qual as atividades cognitiva e executiva constituem etapas/fases de um único processo[10].

Com o *processo sincrético*, dispensou-se nova citação do réu, para o início do cumprimento de sentença, bastando sua intimação[11] na pessoa do seu advogado. Do ponto de vista prático, a desnecessidade de nova citação do demandado para o início da atividade executiva configurou um avanço, pela inevitável perda de tempo para realizar tal ato.

Além disso, dispôs-se que, não efetuado o pagamento no prazo de 15 dias (art. 475-J do CPC/1973 *Reformado*), incidiria uma multa de 10% (dez por cento) sobre o montante da condenação. Nas palavras de Cassio Scarpinella Bueno[12], "este acréscimo monetário no valor da dívida, aposta o legislador, tem o condão de incentivar o devedor a pagar de uma vez, acatando a determinação judicial".

A defesa do executado contra o cumprimento da sentença passou a se denominar *impugnação*, sendo certo que deixou de ter efeito suspensivo por força de lei (art. 475-M do CPC/1939), como ainda ocorria, à época, com os embargos à execução.

Tais mudanças no procedimento executivo do título judicial, inseridas pela Lei 11.232/2005 no CPC/1973 *Reformado*, deveriam importar – inegavelmente – numa maior efetividade da tutela executiva.

Posteriormente, em 2006, pela Lei 11.382, alterou-se os dispositivos do Código de Processo Civil relativos ao processo de execução do título executivo extrajudicial. Pode-se resumir nos seguintes pontos as principais mudanças no procedimento executivo:

1. previsão da averbação da existência do processo (fraude). Art. 615-A do CPC/73 *Reformado*;

2. devedor perde o direito à nomeação de bem à penhora. Art. 652 do CPC/73 *Reformado*;

3. penhora e avaliação realizadas, concomitantemente, pelo oficial de justiça. Art. 652, § 1°, do CPC/73 *Reformado*;

4. embargos do executado opostos em 15 (quinze) dias, a contar da citação, sem necessidade de prévia garantia do juízo. Art. 738 do CPC/73 *Reformado*;

---

9. Diz-se definitivamente pois, antes, pela Lei 8.952/1994 e pela Lei 10.444/2002, a execução das obrigações de entrega de coisa certa (art. 461 do CPC/1973) e de fazer e de não fazer (art. 461-A do CPC/1973) passaram a se realizar no mesmo processo, independente de um novo e subsequente processo de executivo.
10. Sobre o processo sincrético, leia-se THEODORO JÚNIOR, Humberto. *O cumprimento da sentença e a garantia do devido processo legal*. 3. ed. Belo Horizonte: Mandamentos, 2007.
11. Não foram poucas as divergências doutrinárias a respeito do termo inicial para a fluência do prazo para o pagamento voluntário da obrigação, com repercussão na jurisprudência do Superior Tribunal de Justiça que, num primeiro momento, decidiu que tal prazo contava-se do trânsito em julgado (3ª Turma, REsp 954.859, julgado em 16/08/2007) e, depois, decidiu que bastava uma intimação na pessoa do advogado pelo Diário Oficial (Corte Especial, REsp 940.274, julgado em 31.05.2010).
12. BUENO, Cassio Scarpinella. *A nova etapa da Reforma do Código de Processo Civil*. São Paulo: Saraiva, 2006, v. 1, p. 73.

5. embargos do executado não suspendem, em regra, o processo de execução. Art. 739-A do CPC/73 *Reformado*;

6. adjudicação como forma precípua de expropriação. Art. 647, inciso I, do CPC/73 *Reformado*;

7. previsão da alienação por iniciativa do exequente ou de corretor credenciado. Art. 647, inciso II, do CPC/73 *Reformado*;

8. instituição da *moratória judicial*. Art. 745-A do CPC/73 *Reformado*.

A previsão da averbação da existência do processo como marco para a fraude à execução (independente da citação), dispensou a propositura da ação pauliana (fraude contra credores). Como a adjudicação passou a ser a forma precípua de expropriação, o executado perdeu, naturalmente, o direito à nomeação do bem à penhora.

Por outro lado, como os embargos à execução passaram ser opostos a partir da juntada aos autos do mandado de citação (independente de prévia garantia do juízo), bem como não possuíam mais efeito suspensivo por força de lei, a penhora e a avaliação do bem passaram a ser realizadas concomitantemente pelo oficial de justiça.

Ademais, a oposição de embargos à execução independente de prévia garantia do juízo permitiu que, muitas vezes, eles fossem julgados antes de mesmo da realização da penhora com um enorme ganho de tempo. Não há prejuízo para o executado pois, realizada a penhora, ele podia arguir sua incorreção por uma mera petição. "Além disso, como os embargos devem ser apresentados quando o processo de execução ainda está no início, tal solução tende, senão a eliminar, pelo menos a reduzir significativamente o uso disseminado de exceções de pré-executividade", conforme José Miguel Garcia Medina, Luiz Rodrigues Wambier e Teresa Arruda Alvim[13].

Previu-se também, como forma de expropriação, a alienação por iniciativa do exequente ou por corretor credenciado, com o fim de tornar mais célere, menos burocrática e mais barata a expropriação.

Por fim, a chamada *moratória judicial* autorizou que o devedor pagasse a sua dívida de forma parcelada. Todavia, num prazo curto (6 meses), com correção monetária e com juros. Tal benefício não prejudicou a satisfação do crédito exequendo, muito ao contrário o estimulou.

2.4 O Código de Processo Civil de 2015

Considerando que as *Reformas* do Código de Processo Civil de 1973 ocorreram em 2005 e 2006, não era razoável que o legislador do Código de Processo Civil de 2015 impusesse mudanças radicais ao procedimento executivo, visto que o novo modelo sequer estava *testado*. Vale lembrar que o anteprojeto da Comissão de Juristas é de 2009.

---

13. ARRUDA ALVIM, Teresa e outros. *Breves Comentários à nova Sistemática Processual Civil*. São Paulo: Ed. RT, 2007, v. 3, p. 105.

No que concerne ao procedimento executivo, tendo em vista as polêmicas geradas com as mudanças implementadas em 2005 (título judicial) e 2006 (título extrajudicial), o Código de Processo Civil de 2015 quis evitar novas e, principalmente, resolver as existentes.

Por exemplo, no que concerne ao título executivo judicial, o Código de Processo Civil de 2015 previu, diante das várias situações possíveis, as respectivas formas de intimação (art. 513, § 2º), bem como a necessidade de intimação pessoal do devedor, caso o requerimento de intimação seja realizado mais de um ano após o trânsito em julgado (art. 513, § 4º). O art. 513, § 5º, proibiu que o cumprimento de sentença seja promovido em face de quem não foi parte desde a fase de conhecimento. Dispôs-se que as decisões interlocutórias podem ser exequíveis, inclusive a estrangeira (art. 515, incisos I e IX). Ampliou-se as hipóteses de mudança da competência na fase de cumprimento de sentença (art. 516, parágrafo único). Estabeleceu-se o procedimento do protesto, como medida típica executiva (art. 517). Neste ponto, vale lembrar a novidade, positivada no art. 139, IV, das medidas atípicas na execução, inclusive na obrigação de pagar quantia certa, cujo alcance ainda não foi decidido definitivamente pelo Superior Tribunal de Justiça. Positivou-se, de certa forma, a denominada *exceção de pré-executividade* (art. 518). Estabeleceu-se que, na impugnação, além de apontar o valor devido, quando se alega excesso de execução, deve-se apresentar também a memória discriminada e atualizada do cálculo (art. 525, § 4º), sob pena de rejeição da impugnação ou de não conhecimento deste fundamento. Reintroduziu-se, no nosso sistema, a chamada *execução às avessas* (art. 526), retirada pela Lei 11.232/2005.

No que concerne ao título executivo extrajudicial, o Código de Processo Civil de 2015 resolveu, por exemplo, polêmicas – a nosso ver de forma equivocada – concernentes à *moratória judicial* (art. 916), a respeito da impossibilidade de cumulativamente requerer o parcelamento de parte da dívida e opor embargos à execução em relação à outra (art. 916, § 6º), bem como da não aplicação desse instituto ao cumprimento de sentença (art. 916, § 7º).

Por fim, diga-se que nos parece que, após as diversas mudanças desde o Código de Processo Civil de 1939 até o de 2015, o procedimento executivo não é complexo, nem contribui para a falta de efetividade da tutela executiva.

3. AS REAIS CAUSAS DA FALTA DE EFETIVIDADE NA EXECUÇÃO

Segundo nosso entendimento, as causas da demora na prestação jurisdicional, no que tange à tutela executiva, não se encontram no procedimento propriamente dito.

Pode-se encontrá-las no excesso de demandas judiciais, diante de um número reduzido de juízos e de pessoal na estrutura do Poder Judiciário. Trata-se de um problema crônico, que não se resolve por alteração legislativa processual.

Um outro questionamento que se impõe diz respeito à própria divisão dos trabalhos internamente nos juízos, visando a prestação da tutela jurisdicional cognitiva e a executiva. Os Cartórios organizam-se relativamente à prática dos atos executivos? Note-se que os atos executivos são praticados em regra por outras pessoas, que não o próprio magistrado, isto é, o oficial de justiça, o avaliador, o leiloeiro etc. Existiria um foco maior na atividade cognitiva, inclusive no julgamento da defesa na execução (impugnação ou embargos à execução)?

Lembre-se que, conforme as Metas Nacionais do Poder Judiciário de 2020, o Conselho Nacional de Justiça instituiu como Meta 5 "impulsionar processos à execução" – Justiça Federal, visando "baixar quantidade maior de processos de execução não fiscal que o total de casos novos de execução não fiscal no ano corrente". Observe-se que, segundo o Conselho Nacional de Justiça, a Meta 5 estaria cumprida se, no final de 2020, o cumprimento fosse igual ou maior que 100%.

Pode-se encontrá-las também na má aplicação ou na não aplicação do procedimento executivo, por exemplo, quando não se rejeita os embargos à execução porque o embargante não apontou o valor devido ou não acostou a memória discriminada e atualizada do valor (art. 917, § 4º); quando não se imite *incontinenti* o credor na posse da coisa (art. 917, § 6º); quando se deixa de rejeitar liminarmente os embargos à execução (art. 918); quando se confere indevidamente efeito suspensivo aos embargos à execução (art. 919, § 1º); quando não se faz a limitação do efeito suspensivo, seja no aspecto objetivo (art. 919, § 3º), seja no aspecto subjetivo (art. 919, § 4º); quando não se aplica o procedimento célere dos embargos à execução (art. 920); quando se indefere medidas executivas atípicas (art. 139, IV); quando se deixa de punir o executado pelo atentado contra a dignidade da justiça (art. 774), especialmente na hipótese do inciso V, ou seja, intimado, não indica ao juiz quais são e onde estão os bens sujeitos à penhora e os respectivos valores, nem exibe prova de sua propriedade e, se for o caso, certidão negativa de ônus; quando se aplica erroneamente o princípio da menor onerosidade da execução (art. 805, parágrafo único).

Como bem questionam Flavio Yarshell e Viviane Siqueira Rodrigues, *o Judiciário funciona como um obstáculo ao credor em tema de efetividade da execução?* [14] Segundo eles, ao menos nos estudos que amparam a justificativa a esse projeto[15], não se identifica uma relação direta entre gargalos da execução com a circunstância de determinados atos processuais serem praticados no âmbito judicial[16].

Além disso, também contribui para a inefetividade do sistema a dificuldade na localização de bens penhoráveis, diante da inexistência de um sistema eletrônico único, capaz de integrar todos os dados dos devedores.

---

14. YARSHELL, Flávio Luiz; RODRIGUES, Viviane Siqueira. Desjudicialização da execução civil: uma solução útil e factível entre nós? In: MEDEIROS NETO, Elias Marques de e RIBEIRO, Flávia Pereira (Coord.). *Reflexões sobre a desjudicialização da execução civil*. Curitiba: Juruá, 2020, p. 361.
15. Referindo-se ao Projeto de Lei 6.204/2019.
16. YARSHELL, Flávio Luiz; RODRIGUES, Viviane Siqueira. Desjudicialização da execução civil: uma solução útil e factível entre nós? In: MEDEIROS NETO, Elias Marques de e RIBEIRO, Flávia Pereira (Coord.). *Reflexões sobre a desjudicialização da execução civil*. Curitiba: Juruá, 2020, p. 364 e 365.

4. O PROJETO DE LEI 6.204 DE 2019

Em novembro de 2019, foi apresentado no Congresso Nacional o Projeto de Lei 6.204/2019[17], de autoria da Senadora Soraya Thronicke. O texto contou com a colaboração dos professores Flavia Pereira Ribeiro e Joel Dias Figueira Junior, ambos processualistas e estudiosos da matéria, bem como do Dr. André Gomes Netto, tabelião de Notas e de Protesto de Títulos. Trata-se de importante iniciativa legislativa que dispõe sobre a desjudicialização da execução civil de títulos judiciais e extrajudiciais.

No já referido parecer apresentado pelos autores deste trabalho ao Conselho Federal da OAB, ressaltou-se, de início, que a proposta legislativa era muito bem-vinda. Ela permite a redução da atividade dos magistrados para os atos que tenham realmente conteúdo jurisdicional. As demais atividades (executivas ou meramente burocráticas) deverão ser realizadas fora do âmbito do Poder Judiciário, mediante o controle judicial.

A alteração legislativa propõe, portanto, uma divisão entre as atribuições do juiz e do agente de execução, assim como já ocorre em outros países. Em Portugal, por exemplo, *o agente de execução actua e executa; o juiz de execução controla e decide. Noutros termos: o agente de execução pratica actos de caráter executivo sem natureza jurisdicional; o juiz realiza actos de natureza jurisdicional sem caráter executivo*[18].

Por outro lado, destacou-se que o Projeto de Lei 6.204 de 2019 poderia sofrer críticas (sempre construtivas) de duas ordens: formal e substancial.

Dentre as críticas de ordem formal, entende-se, principalmente, que a desjudicialização da execução civil não pode se dar por uma lei especial, tal como a Lei de Locações ou a Lei de Recuperação Judicial e de Falências, mas, sim, pela alteração do próprio Código de Processo Civil em vigor, modificando, acrescentando e revogando os seus dispositivos, o que, certamente, contribui para uma melhor visão de todo o procedimento, o que evita entraves e discussões na doutrinária e na jurisprudência.

Dentre as críticas de ordem substancial, a mais contundente é a da atribuição aos Titulares dos Cartórios de Protesto a função de agente de execução. Tal atribuição deve ser dada a agentes privados (inclusive, advogados regularmente inscritos na OAB), os quais devem atuar sob a fiscalização das associações de classe e do Poder Judiciário. Isso já ocorre em outros países, como Portugal e França. Cometer o equívoco de restringir a atividade executiva a um número pequeno e limitado de tabeliães de protesto só servirá para o descrédito da desjudicialização.

Para os advogados que atuem como agentes de execução deve-se criar regras de impedimento como, por exemplo, a proibição de advogar pelo período de dois anos

---

17. Curiosamente, no site do Senado Federal, existe a possibilidade do cidadão *opinar sobre a matéria*. Em relação ao Projeto de Lei 6.204/2019, existem 3.479 votos contra e 3.435 votos a favor (https://www25.senado.leg.br/web/atividade/materias/-/materia/139971. Resultado apurado em 12/05/2021, às 05h42min).
18. TEIXEIRA DE SOUSA, Miguel. Processo executivo: a experiência de descentralização no processo civil português. *Revista de Processo Comparado*, v. 9, p. 83-97, jan.-jun. 2019.

para as partes do processo executivo, inclusive empresas coligadas, subsidiárias ou que façam parte de um mesmo grupo econômico.

Além dessa crítica de ordem substancial, outra fundamental é assegurar que os atos executivos continuem sob o controle judicial, em primeiro grau e nos tribunais. Nesse aspecto, critica-se a irrecorribilidade das decisões judiciais, prevista nos arts. 20, § 2º, e 21, § 2º, do Projeto de Lei 6.204/2019. Isso implicaria em grave retrocesso ao sistema processual vigente, principalmente porque o Código de Processo Civil de 2015 possui como pilar a observância dos *precedentes judiciais*, os quais são formados pelas decisões dos tribunais de segundo grau e dos tribunais superiores. Não se trata apenas de proibir a interposição de recurso como forma de abreviar o procedimento. Os dados do relatório Justiça em Números 2020 do Conselho Nacional da Justiça confirmam que, de todo o tempo de duração do processo, o mais curto é o da fase recursal. E compete aos tribunais formar os *precedentes judiciais*, tão caros ao novo sistema processual.

Também merece reflexão a opção entre a distribuição mediante os critérios de qualidade e quantidade, como prevê o art. 7º, parágrafo único do PL 6.204, ou a livre escolha do agente de execução pelo exequente[19] com a consequente possibilidade de sua substituição[20], como prevê a legislação portuguesa.

Por outro lado, uma vez que a atividade do agente de execução submete-se ao controle do Poder Judiciário, deve-se prever que a atividade executiva, seja do título executivo judicial, seja do título executivo extrajudicial, tramite na plataforma do Poder Judiciário, a fim de evitar perda de tempo.

Entende-se ainda que não há justificativa relevante para a obrigatoriedade do prévio protesto, nem tampouco para a necessidade de nova citação quando se tratar de execução baseada em título judicial.

Por fim, diga-se que também tramita no Congresso Nacional o Projeto de Lei 4.257 de 2019, para instituir a execução fiscal administrativa e a arbitragem tributária. Parece-nos que os dois projetos de lei (4.257/19 e 6.204/19) deveriam tramitar em conjunto, a fim de que se aproveite o que há de melhor em cada um deles para ambos e, principalmente, para evitar as inúmeras e já conhecidas discussões na doutrina e na jurisprudência a respeito do que se aplicação à execução fiscal da execução civil e vice-versa.

5. QUAL É A FINALIDADE DA DESJUDICIALIZAÇÃO CIVIL?

A pergunta, que intitula este artigo, comporta, em princípio, as seguintes respostas: desafogar o Poder Judiciário e/ou tornar mais efetiva a execução civil. Em outras palavras, o foco deve ser a administração pública e/ou o próprio jurisdicionado?

---

19. Arts. 720, 1 e 724, 1 do CPC Português.
20. Art. 720, 4 do CPC Português.

De acordo com os números divulgados pelo Conselho Nacional de Justiça, no Relatório Justiça em Números 2020[21], havia, no Brasil, mais de 77 milhões de processos. Dos processos em curso, 55,8% correspondem a execuções, isto é, cerca de 42 milhões de processos, sendo certo que as execuções fiscais ultrapassam 35%.

Por outro lado, o tempo médio do processo baixado no Poder Judiciário foi de 1 ano na fase cognitiva e de 2 anos e 5 meses na fase de cumprimento de sentença, além de cerca de 10 meses na fase recursal. Quando se trata de título executivo extrajudicial, o tempo médio foi de 7 anos e 9 meses. Curioso notar que, quando se trata de fase cognitiva, leva-se aproximadamente 2 anos para prolatar a sentença, enquanto, quando se trata de título executivo extrajudicial, o tempo médio é de 4 anos e 9 meses, conforme página 47.

A partir destes números, conclui-se que a mera desjudicialização da execução desafogaria o Poder Judiciário, na medida em que retiraria dele mais de 50% dos processos em curso.

Todavia, deve-se perguntar: a desjudicialização tornaria mais efetiva a execução civil? Em outras palavras, será que a falta de efetividade reside no procedimento judicializado ou em outros fatores, como a ausência de uma central única de dados e a inexistência de bens penhoráveis?

Na vida prática, promove-se a execução civil apenas se o devedor possui patrimônio, dado o princípio da patrimonialidade (*toda execução é real* – art. 789 do CPC). O devedor não deixa, em regra, o seu dinheiro em conta bancária ou de investimentos, sujeito à penhora on-line. A inefetividade da tutela executiva decorre da ausência ou da não localização de bens penhoráveis, principalmente.

Em Portugal, antes de promover a execução, o credor pode utilizar o procedimento extrajudicial pré-executivo (Pepex). Introduzido pela Lei 32/2014, ele ocorre eletronicamente e permite que o credor realize, por via do agente de execução, a consulta às várias bases de dados em termos absolutamente idênticos àqueles que se verificam no âmbito da ação executiva a fim de descobrir se o devedor tem bens penhoráveis[22]. Isso é extremamente efetivo e célere. Evita ainda o ajuizamento de inúmeras execuções que estão fadadas ao insucesso.

Saliente-se que a informatização dos dados é considerada muito significativa para o sucesso do procedimento, pois lhe imprime maior celeridade e reduz a burocracia e os custos, visto que todas as buscas são realizadas eletronicamente[23].

---

21. Disponível em: https://www.cnj.jus.br/wp-content/uploads/2020/08/WEB-V3-Justi%C3%A7a-em-N%-C3%BAmeros-2020-atualizado-em-25-08-2020.pdf. Acesso em: 12 maio 2021.
22. CASTANHEIRA, Sérgio. O procedimento extrajudicial pré-executivo português. In: MEDEIROS NETO, Elias Marques de e RIBEIRO, Flávia Pereira (Coord.). *Reflexões sobre a desjudicialização da execução civil*. Curitiba: Juruá, 2020, p. 739.
23. HILL, Flávia Pereira, O procedimento extrajudicial pré-executivo (Pepex): reflexões sobre o modelo português em busca da efetividade da execução no Brasil In: MEDEIROS NETO, Elias Marques de e RIBEIRO, Flávia Pereira (Coord.). *Reflexões sobre a desjudicialização da execução civil*. Curitiba: Juruá, 2020, p. 315.

Mas o banco de dados eletrônicos não é o único elemento para a efetividade do sistema de execução. Sérgio Castanheira[24] destaca que a maior relevância do Pepex consiste na lista pública de devedores. Isso decorre de dois motivos: a) o devedor procura evitar a inclusão de seu nome, efetuando o pagamento ou parcelando a dívida; e b) o mercado deixa de conceder crédito àqueles que têm o seu nome incluído na lista.

Partindo-se da premissa – para nós verdadeira – de que o procedimento executivo não contribui para a falta de efetividade da tutela executiva, deve-se fomentar meios para que o agente de execução realize com eficiência[25] a sua atividade. A eficiência diz respeito ao melhor desempenho de suas funções pelo agente de execução, por meio da organização e da estruturação da sua atividade. Busca-se com a eficiência maiores resultados (quantitativa e qualitativamente) com menores esforços de trabalho, de tempo e de custo.

6. CONCLUSÃO

As sucessivas alterações, implementadas pelos Códigos de 1939, 1973, 1973 *Reformado* e 2015, procuraram racionalizar o processo executivo, mas não foram suficientes para torná-lo realmente efetivo.

O cerne do problema não parece estar no procedimento, nem tampouco no fato da execução ocorrer perante o Poder Judiciário. As reais causas da falta de efetividade parecem ser: a) o excesso de demandas diante do número reduzido de juízos e de pessoal na estrutura judicial; b) a valorização excessiva da cognição em detrimento da execução; c) a má aplicação (ou até mesmo a não aplicação) de certas regras do procedimento executivo; d) as dificuldades na localização de bens penhoráveis, diante da inexistência de um sistema eletrônico único, capaz de integrar todos os dados dos devedores.

O Projeto de Lei 6.204/2019 constitui uma importante iniciativa de mudança legislativa. Ele propõe a redução da atividade dos magistrados para os atos que tenham realmente conteúdo jurisdicional, atribuindo as demais atividades (executivas ou meramente burocráticas) ao agente de execução. Essa distribuição mais racional de tarefas, sob controle judicial, já ocorre em diversos países.

---

24. Segundo ele, *apesar de à primeira leitura poder parecer que a finalidade principal do presente procedimento é a consulta às bases de dados constantes no art. 749º do CPC (bases de dados da administração tributária, da segurança social, das conservatórias do registro predial, comercial e automóvel e de outros registros ou arquivos semelhantes, bem como o acesso a todas as informações sobre a identificação do requerido junto desses serviços e sobre a identificação e a localização dos seus bens) é nosso entendimento que maior relevância deve ser dada à possibilidade de inclusão do devedor na lista pública de devedores.* (CASTANHEIRA, Sérgio. O procedimento extrajudicial pré-executivo português. In: MEDEIROS NETO, Elias Marques de e RIBEIRO, Flávia Pereira (Coord.). *Reflexões sobre a desjudicialização da execução civil.* Curitiba: Juruá, 2020, p. 742).
25. Nesta passagem, fizemos uma distinção entre a busca da *efetividade* da tutela jurisdicional executiva e a necessidade de *eficiência* na atividade do agente de execução.

Entretanto, atribuir as funções de agente de execução apenas aos Titulares de Cartórios de Protesto (art. 3º do PL 6.204/2019) constitui claro retrocesso. Tal atribuição deve ser dada de modo amplo a agentes privados (inclusive, advogados regularmente inscritos na OAB), os quais devem atuar sob a fiscalização das associações de classe e do Poder Judiciário. Isso já se verifica em outros países, como Portugal e França. Restringir a atividade executiva a um número pequeno e limitado de tabeliães de protesto constitui um grande equívoco.

Além disso, merece crítica também a irrecorribilidade das decisões judiciais, prevista nos arts. 20, § 2º, e 21, § 2º, do Projeto de Lei 6.204/2019. Lembre-se que o art. 1.015 do Código de Processo Civil de 2015 manteve a ampla recorribilidade das decisões proferidas no cumprimento de sentença e na execução. Além disso, a possibilidade de recurso é fundamental para garantir a criação e a observância dos precedentes judiciais, os quais dependem justamente das decisões dos tribunais.

Na verdade, independentemente do avanço proposto pela desjudicialização, a finalidade dessa alteração legislativa não deve ser apenas a redução da sobrecarga do Poder Judiciário. Antes disso, deve-se almejar uma maior efetividade do sistema, em prol dos próprios jurisdicionados.

7. REFERÊNCIAS

ARRUDA ALVIM, TERESA. *Breves Comentários à nova Sistemática Processual Civil*. São Paulo: Ed. RT, 2007. v. 3.

BUENO, Cassio Scarpinella. *A nova etapa da Reforma do Código de Processo Civil*. São Paulo: Saraiva, 2006. V.

CASTANHEIRA, Sérgio, O procedimento extrajudicial pré-executivo português. In: MEDEIROS NETO, Elias Marques de e RIBEIRO, Flávia Pereira (Coord.). *Reflexões sobre a desjudicialização da execução civil*. Curitiba: Juruá, 2020.

HILL, Flávia Pereira, O procedimento extrajudicial pré-executivo (Pepex): reflexões sobre o modelo português em busca da efetividade da execução no Brasil. In: MEDEIROS NETO, Elias Marques de e RIBEIRO, Flávia Pereira (Coord.). *Reflexões sobre a desjudicialização da execução civil*. Curitiba: Juruá, 2020.

TEIXEIRA DE SOUSA, Miguel. Processo executivo: a experiência de descentralização no processo civil português. *Revista de Processo Comparado*, v. 9, jan.-jun. 2019.

THEODORO JÚNIOR, Humberto. *O cumprimento da sentença e a garantia do devido processo legal*. 3. ed. Belo Horizonte: Mandamentos, 2007.

LIEBMAN, Enrico Tullio. *Processo de Execução*. 2. Ed. São Paulo: Saraiva, 1963.

LIMA, Alcides de Mendonça. *Comentários ao Código de Processo Civil*. 7. ed. Rio de Janeiro: Forense, 1991. v. VI.

LOPES DA COSTA, Alfredo Araújo. *Direito Processual Civil Brasileiro*. 2. ed. Rio de Janeiro: Forense, 1959. v. IV.

LUCON, Paulo Henrique dos Santos. *Embargos à Execução*. São Paulo: Saraiva, 1996.

MARQUES, Frederico. *Instituições de Direito Processual Civil*. Rio de Janeiro: Forense, 1960. v. V.

MEDINA, José Miguel Garcia. *Breves Comentários à nova Sistemática Processual Civil*. São Paulo: Ed. RT, 2007. v. 3.

SIQUEIRA, Viviane, Desjudicialização da execução civil: uma solução útil e factível entre nós? In: MEDEIROS NETO, Elias Marques de e RIBEIRO, Flávia Pereira (Coord.). *Reflexões sobre a desjudicialização da execução civil*. Curitiba: Juruá, 2020.

WAMBIER, Luiz Rodrigues. *Breves Comentários à nova Sistemática Processual Civil*. São Paulo: Ed. RT, 2007. v. 3.

YARSHELL, Flávio Luiz, Desjudicialização da execução civil: uma solução útil e factível entre nós? In: MEDEIROS NETO, Elias Marques de e RIBEIRO, Flávia Pereira (Coord.). *Reflexões sobre a desjudicialização da execução civil*. Curitiba: Juruá, 2020.

MEIOS DE BUSCA DE EFETIVIDADE DA TUTELA EXECUTIVA NO SISTEMA JUDICIAL BRASILEIRO

Cristina Reindolff da Motta

Doutora em Direito pela Universidade do Vale do Rio dos Sinos – UNISINOS. Mestre e Especialista em Direito Processual Civil pela PUCRS. Professora. Secretária Adjunta do Instituto Brasileiro de Direito Processual – IBDP. Membro da Comissão Nacional do Projeto Mulheres no Processo do IBDP. Advogada.

1. A "CRISE" DA TUTELA EXECUTIVA

A tutela executiva, há muito representa um gargalo na efetividade da justiça. O grande número de processos e a lentidão do Judiciário são argumentos apresentados comumente para justificar a demora e a falta de afetividade nas soluções da execução. Mas a ineficiência da tutela executiva não é prerrogativa do processo civil brasileiro, tendo se mostrado aquém das expectativas em outros ordenamentos como a França, Espanha, Itália.

O legislador do Código de Processo Civil de 2015 trouxe importante preocupação em propiciar meios para buscar soluções justas e mais céleres na prestação jurisdicional, agregando normas que pudessem impactar o *modus operandi* de prestar jurisdição, bem como de se portar frente a ela. Para tanto, inseriu princípios, até então reconhecidos como direitos constitucionais, como normas fundamentais para pautar condutas dentro do processo judicial.

A garantia da duração razoável do processo, insculpida no art. 4º do CPC, o princípio da cooperação, no art. 6º do CPC; a boa-fé processual no art. 5º do CPC e a isonomia no art. 7º. do CPC, são evidências justas da preocupação, de um novo olhar sobre as condutas dos participantes do processo.

Esse código, que reconhecidamente busca trazer maior efetividade e celeridade nas relações processuais introduzindo um novo modelo de processo mais cooperativo, necessita fundamentalmente de novas posturas dos partícipes das relações processuais. Mas não só buscou pautar condutas, como atribuiu deveres tanto às partes, advogados, juízes e a terceiros.

A fase executiva, por ser capaz de entregar a satisfação do direito aos jurisdicionados, deveria ser reconhecida como a fase mais importante ou pelo menos como atividade que mais interesse desperta, em razão de sua função e de sua capacidade de efetivação do direito. Entretanto, há muito, não é assim vista. O direito processual sempre dedicou-se de maneira mais aprofundada à tutela cognitiva.

2. A CONSTANTE MUDANÇA IMPLICA A NECESSIDADE DE EVOLUIR O SISTEMA

A evolução do processo civil mostrou através do tempo uma alteração de processo como instrumento da jurisdição, concepção apresentada por Carnelutti[1] como mero instrumento técnico de resolução de conflitos de interesse para uma hipótese de instrumento neutro de estrutura democratizante de participação dos interessados.[2]

A alteração coaduna-se com as mudanças sociais que se refletiram nas alterações dos *codex* então existentes. A transição do Estado absolutista para o Estado liberal afasta a ideia do *"le etat c'est moi"*, passando à concepção de um Estado que deve ter autoridade, com base nas ideias contratualistas de Hobbes, Locke, Rousseau, Kant e Rawls.[3] Da burguesia e do proletariado à república, este é um processo que se repete ao longo do Estado moderno, permeando outras alterações ao longo do tempo.[4] Do Estado liberal surge o Estado social, que indubitavelmente influencia o processo civil. Não há como conceber que a transição social não influencie o direito e o processo. Aceitar um processo estagnado é negar a possibilidade de o próprio Estado evoluir. É negar que as pessoas e a sociedade modificam-se ao longo do tempo.

A necessidade da alteração da legislação processual, como reflexo de modificações e anseios da sociedade, demonstra um caminho comum trilhado pela sociedade e legislativo.

Não causa estranheza, portanto, o início da própria explanação de motivos do Código de Processo Civil de 39 que já no primeiro parágrafo refere que "(...) de um lado, a nova ordem política reclamava um instrumento mais popular e mais eficiente para distribuição da justiça; de outro, a própria ciência do processo, modernizada em inúmeros países pela legislação e pela doutrina, exigia que se atualizasse o confuso e obsoleto corpo de normas que, variando de Estado para Estado, regia a aplicação entre nós".[5]

O reconhecimento de inúmeras garantias pela Constituição de 1988 propiciou uma majoração de demandas no Judiciário face à facilitação ao acesso à justiça. O aumento do número de processos passou a exigir do Judiciário um trabalho por vezes impossível em termos de celeridade visto o passivo de demandas que passou a ser realidade.

---

1. CARNELUTTI, Francesco. *Instituciones del proceso civil*. Tradução castelhana de Santiago Sentís Melendo. Buenos Aires: El Foro, 1959. v. I, p. 30.
2. FAZZALARI, Elio. Diffuzzione del processo i compiti della dottrina. *Rivista trimestrale di Diritto i procedura civile*, Milano, Giuffrè, n. 3, p. 861-880, 1958.
3. PEREZ LUÑO, Antonio Enrique. *Los derechos fundamentales*. 6.ed. Madrid: Tecnos, 1995. p. 31.
4. Considera-se que o Estado moderno ainda existe, mesmo que eivado de modificações, já que o formato "território, povo e poder" subjaz. Não obstante as estruturas educacional, judiciária e econômica não sejam eficazes, elas permanecem as mesmas.
5. CAMPOS, Francisco. Exposição de Motivos. In: ALCKMIN, José G. Rodrigues. *Carteira do advogado:* Código de Processo Civil. São Paulo: Max Limonad, 1955. p. 15.

Nesses 30 anos de Constituição a legislação processual brasileira foi sofrendo adaptações na tentativa de equilibrar a prestação jurisdicional adequada e a duração razoável do processo com o tamanho do acervo processual existente.

Não por outro motivo, a legislação processual, nesse ínterim, sofreu diversas modificações na busca desse desiderato.

Uma comunhão de fatores culminou, sob o mote de um pacto de justiça social, que anseia por soluções equânimes, celeridade, efetividade, na customização do método de trabalho para desafogamento do Judiciário, com a promulgação Código de Processo Civil de 2015.

O novo código alinhou-se ao movimento de evolução legislativa, tendo reproduzido disposições já contidas na legislação anterior e trouxe outras inúmeras inovações e técnicas, métodos de trabalho, que se justificaram por incremento na isonomia, mas que fundamentalmente também propiciam a gestão de um sem número de casos que compõem o passivo dos tribunais.

Neste movimento de diminuição de passivo, lançou mão ainda de introduzir meios alternativos de soluções de conflitos, tais como a mediação, a conciliação, a arbitragem, que vem sendo implementados, incentivados e mostrando sua eficiência.

Além de fórmulas bem-sucedidas, organizadas, e que fundamentalmente possibilitam aos tribunais não só a gerir o seu passivo de trabalho, trouxe ainda formas de refrear o ingresso de demandas na justiça.

Todo o movimento estabelecido desde a formação do Estado, na centralização do poder de solucionar conflitos, assolado pela litigiosidade gerada na busca de tantos direitos tutelados, também reflexo da abertura política do regime militar, culminou numa máquina judiciária estatal profundamente estagnada pelo alto número de demandas, baixo número de magistrados em relação à população e tempo de duração de processos impactado por burocracias nos atos processuais.

3. A DESJUDICIALIZAÇÃO COMO MEIO EFICIENTE

Após cinco anos de vigência do CPC/15, tem-se no cenário nacional uma discussão fervorosa da comunidade: seja jurídica processual, seja legislativa acerca de dois projetos legislativos que vislumbram a desjudicialização da tutela executiva (civil e fiscal), como o caminho para se chegar a maior efetividade e celeridade, com baixo custo, inspirados em outros modelos de desjudicialização de execução já implementados satisfatoriamente em outros países.

A página do CNJ mostra os números da justiça no Brasil, revelando que 17% do total dos processos existentes são execuções, num número superior a 13.000.000 de execuções, que levam em média 4 anos e 9 meses de tramitação. Destas, somente 14,9% chegam a realizar a execução, e 85,1% são infrutíferas.

De fato, os números apresentados pelo CNJ, demonstram uma realidade distante da efetividade buscada há muito no cenário nacional. O grande número de processos e a lentidão do judiciário, são justificativas apresentadas para os projetos de lei da desjudicialização da execução, que além de forma de combater a morosidade, teriam custo reduzido, como bem mostrou a iniciativa Portuguesa que foi muito bem-sucedida.

Paralelamente a isso, o ordenamento brasileiro veio, nos últimos 15 anos, se moldando no mesmo espírito, reconhecendo a possibilidade de desjudicialização em vários outros campos do direito, na separação e divórcio, no inventário, no usucapião entre outros.

A desjudicialização é a transferência de competência do judiciário para a solução de determinados tipos de conflitos, para terceiros (externos ao judiciário).

Dizem ser do interesse da sociedade esta transferência de responsabilidade sobre a tutela jurisdicional para um agente executivo, desafogando assim a máquina do Judiciário do expressivo número de processos de execução/cumprimento de sentença existentes.

O Projeto de Justiça Civil, aparadas as arestas ainda existentes deste empreendedor plano social, chegará ao seu desiderato "de isonomia, celeridade e estabilidade e segurança jurídica social" a que custo?

O Código de Processo Civil de 2015 trouxe, é bem verdade, um novo modelo processual. Em que pese se diga que visa os interesses dos jurisdicionados, não há como fechar os olhos para a evidente customização do método de trabalho para desafogar o Judiciário.

Até que ponto se pode defender a desjudicialização da execução como meio eficiente para a efetividade quando a referência que vem sendo usada como modelo, apesar de ser de uma experiência absolutamente exitosa, é de uma realidade de distância abissal a da brasileira.

Brasil e Portugal vivem situações incomparáveis que, quando expressa em números, revela a chocante discrepância de realidades. O PIB PPC per capita atual no Brasil é de 9.821,41 dólares, enquanto que em Portugal é de 33.131 dólares. O salário Mínimo em Portugal é de 776 Euros enquanto que no Brasil é de R$ 1.100,00 (que equivale a aproximadamente 178 euros). Os níveis de desigualdade social e econômica vêm caindo, mas o Brasil ainda está entre os 10 países mais desiguais do planeta.[6] "O poder de compra brasileiro também é corroído pelo conjunto de problemas nacionais chamado "custo Brasil"". "Além disso, o país apresenta uma das menores taxas de participação do comércio exterior no PIB, sendo classificado como uma das economias mais fechadas do mundo."[7] Enquanto isso Portugal é um dos

---
6. Disponível em: https://www12.senado.leg.br/noticias/infomaterias/2021/03/recordista-em-desigualdade--pais-estuda-alternativas-para-ajudar-os-mais-pobres.
7. Disponível em: https://pt.wikipedia.org/wiki/Brasil#cite_note-278.

países mais globalizados e mais pacíficos do mundo. A inflação anual de Portugal é de 1,4%, tendo 0% de taxa de juros, enquanto que no Brasil é de 8,99% e a taxa de juros é 5,25% ao mês.[8]

Portugal está classificado como o 18° país em qualidade de vida, enquanto que o Brasil é o 84°. O sistema de saúde brasileiro foi classificado na 125ª posição, enquanto que o de Portugal é 12°.

"No Brasil, 3,8% da população se encontra em situações de pobreza multidimensional[9] (com 42% de intensidade)[10], enquanto 6,2% correm o risco de chegarem a esse nível. Além disso, 26,5% dos brasileiros vivem com menos de US$ 1,90 ao dia, e 0,9% se encontram em situação de pobreza extrema."[11]-[12] O estudo da ONU (PNUD – Programa das Nações Unidas para o Desenvolvimento) não traz dados sobre Portugal ter parte da população em situações de pobreza multidimensional, o que leva a crer que trata-se de situação distinta do Brasil, uma vez que Portugal é considerado pelo estudo do PNUD como um país desenvolvido, com um Índice de Desenvolvimento Humano (IDH) considerado como muito elevado. No Brasil, ¼ da população tem renda mensal domiciliar por pessoa inferior a R$ 406,00 (o que equivale a Euros 66,0).

Não fosse somente a diferença socioeconômica entre os dois países, poder-se-ia discutir a questão cultural e sua influência no modo de agir das partes.

4. UMA ALTERNATIVA EFICIENTE PARA RESOLVER O QUÊ?

Não fosse a impossibilidade de transferir o poder de império do Estado, haveria ainda uma questão de maior relevância a se debruçar quando se trata de efetividade da tutela executiva: a causa da ineficiência do sistema posto atualmente.

O projeto de lei em trâmite, entretanto, não dissocia o judiciário da execução desjudicializada contendo previsões expressas de atuação do juiz nas execuções em hipóteses que ressalvou a atuação do agente de execução (tabelião).

A própria justificação do PL 6204/2019 refere que "o juízo competente só participará desse procedimento em situações excepcionais quando chamado a decidir alguma questão passível de discussão por meio de embargos do devedor".

A justificativa do PL 6204/2019, ainda salienta que as reformas portuguesas de desjudicialização da execução realizadas nos anos de 2003 e 2008, surgiram como

---

8. Disponível em: https://pt.tradingeconomics.com/country-list/inflation-rate.
9. Para calcular a pobreza multidimensional, o IPM vai além da renda, e usa como indicadores principais a saúde, educação e padrão de vida da população. Aqueles que sofrem privações em pelo menos um desses três indicadores se enquadram na categoria de multidimensionalmente pobres.
10. Disponível em: http://hdr.undp.org/sites/default/files/hdr_2020_overview_portuguese.pdf.
11. Disponível em: https://www.correiobraziliense.com.br/app/noticia/mundo/2019/07/11/interna_mundo,770065/cerca-de-21-3-da-populacao-e-multidimensionalmente-pobre.shtml.
12. Os dados sobre o Brasil são os mesmos desde 2015, tendo em vista que a PNUD utiliza dados disponibilizados por cada país, e para 2019, não foram encontrados novos indicadores.

resposta à crise da justiça lusitana, que envolvia o excesso de execuções pendentes e a morosidade na tramitação dos processos, avaliando que os problemas portugueses (crise do Judiciário Português que era assolado por processos de execução e morosidade na tramitação) eram problemas idênticos aos do Brasil.

Certamente os números do CNJ que demonstram a realidade nacional impressionam, e é fato que no Brasil há um longo tempo de tramitação processual, bem como um número muito alto, mas também revelam, é verdade, que há uma mazela muito mais contundente do que a ineficiência do método, do procedimento, que é a inexistência de bens.

Diante da inexistência de bens não há medida capaz de solver o problema da tutela executiva, nos casos em que a realização do crédito subordina-se à existência de patrimônio. Esta impossibilidade, em que pese a lei preveja a responsabilidade patrimonial com os bens presentes e futuros do devedor, se mostra intransponível se na presente inexistência de bens do devedor não se sobrepuser o ingresso de bens penhoráveis em seu nome. A crítica situação da inexistência de bens em nome do executado, que deitava-se sobre a esperança de ingresso futuro de bens no patrimônio do devedor, foi assolada pela promulgação da lei 14.195/2021, que alterou o termo inicial de contagem da prescrição estabelecido na solução, pelo STJ, do IAC 01. A nova legislação estabelece como marco inicial da contagem do prazo da prescrição intercorrente a data da ciência, pela primeira vez, da inexistência de bens em nome do devedor, bem como que a suspensão do processo só pode se dar uma vez, pelo prazo máximo de um ano. A regra tem como consequência nefasta o encurtamento do prazo do exequente para buscar bens, bem como para tramitar a ação. A solução, em que pese se mostre forma fácil de gestão do passivo de processos executivos infrutíferos, ao mesmo tempo reverencia o devedor e frustra o credor.

O câmbio do "gestor" da execução de um juiz, para um agente de execução colabora de qual forma na efetividade da prestação da tutela executiva? Qual o real impacto para a realização da execução da alteração de "lugar de gestão"?

Ainda cabe dizer que a justificativa do PL 6204/2019 propõe "uma desjudicialização da execução adaptada à realidade brasileira, com o máximo aproveitamento das estruturas extrajudiciais existentes e que há muito já demonstram excelência no cumprimento de suas atividades".[13] Ora, se o problema da execução judicial é a morosidade e o grande número de processos, e um número limitado de funcionários, como imaginar que as estruturas existentes dos Tabelionatos – que tem se mostrado eficientes para as tarefas já designadas – poderão absorver as execuções existentes? Sem contar que a transferência do acervo de processos ao Tabelião implicará em inexorável investimento financeiro dos tabeliães, que dada a sua função investem expensas próprias em material humano e tecnológico para a realização de suas atribuições.

---

13. Disponível em: https://legis.senado.leg.br/sdleg-getter/documento?dm=8041988&ts=1624912882976&-disposition=inline.

Se, majoritariamente, o grande gargalo da execução brasileira, segundo os números do CNJ, é a inexistência de bens, em que contribuiria para o problema da efetividade da atividade executiva ser desjudicializada? Cabe uma reflexão aqui: se o problema da consecução da realização do bem da vida é a inexistência de bens, o procedimento não é o empecilho da efetividade do da obrigação do jurisdicionado, que consta em um título executivo judicial ou extrajudicial.

5. ADEQUAÇÕES DO PROCEDIMENTO

A tutela executiva veio sofrendo adequações sensíveis, pelo menos nos últimos quase 30 anos, na tentativa de implementar celeridade e efetividade à tutela executiva: a introdução de técnicas coercitivas e no art. 461 do CPC em 1994, e a autorização de aplicação medidas atípicas e sua extensão ao 461-A em 2002; a reforma do livro III do CPC/73, trazendo o processo sincrético com a fase de cumprimento de sentença, a desnecessidade de nova citação para a fase de cumprimento de sentença, a multa do art. 475-J em 2005, a alteração do cumprimento provisório de sentença autorizando ultimar atos de alienação, a penhora on-line, a alienação por iniciativa particular em 2006, a possibilidade de obtenção de certidão comprobatória do ajuizamento da execução, para fins de averbação no registro de imóveis, registro de veículos ou registro de outros bens sujeitos à penhora ou arresto, no art. 615-A, em 2006, entre outros.

Já o CPC/2015, trouxe ao processo um novo modelo de processo, o modelo cooperativo.

Este tipo de modelo, prevê um processo com uma divisão de trabalho equilibrada entre os sujeitos do processo, propiciando um processo mais justo. A ideia é que juízes, partes, mediadores, conciliadores e advogados devem colaborar para a resolução do litígio. Estabeleceu, assim, no que tange à tutela executiva, seja de título judicial ou extrajudicial, diversos deveres, direitos e ônus aos sujeitos do processo, na tentativa da realização prática do direito já reconhecido.

E nesta mesma toada, recrudesceram as medidas coercitivas e sancionatórias da legislação, parecendo compreender que o processo judicial que carece de instrumentos para a efetiva e adequada implementação dos direitos reconhecidos é ainda mais injusto que um sistema que sequer disponha de um modelo de processo civil. Lançou mão de uma série de medidas, visando à consecução do direito, tais como: a possibilidade do credor requerer que o juiz determine a inclusão do nome do executado em cadastros de inadimplentes (art. 781 § 3 do CPC); o reconhecimento que a decisão que condenar o réu ao pagamento de prestação consistente em dinheiro e a que determinar a conversão de prestação de fazer, de não fazer ou de dar coisa em prestação pecuniária valerão como título constitutivo de hipoteca judiciária (art. 495 CPC); a facilitação da desconsideração da personalidade jurídica (art. 134 CPC), seja na modalidade comum ou na inversa (art. 133 § 2º do CPC), a possibilidade de determinar todas as medidas indutivas, coercitivas, mandamentais ou sub-rogatórias necessárias para assegurar o cumprimento de ordem judicial, inclusive nas ações que tenham por objeto prestação pecuniária (139, IV), entre outras.

Como dito, há muito o direito processual e mesmo os juízes, se preocupavam mormente com a atividade cognitiva, dando a ela uma importância alentada. Mas a prestação jurisdicional que traz real significado ao jurisdicionado é aquela que é capaz de causar alteração no mundo dos fatos. Efetividade, que há muito se discute e busca no processo, não se limita à consequência de uma sentença de mérito da importante atividade cognitiva. De nada adianta uma decisão favorável que não traga, no campo prático nada.

Mas a pecha pelo gosto de dizer a jurisdição ainda é mais avassaladora do que a efetividade de realizá-lo. Há uma aversão aos truncados atos na busca da consecução do direito, que não se mostram tão eficientes, por sua burocracia ou mesmo pela inexistência de bens do devedor. Aparentemente, a burocracia nos atos executivos, é menos admirada do que a tutela de conhecimento.

6. A DESBUROCRATIZAÇÃO COMO MEIO DE EFETIVIDADE

O desenvolvimento tecnológico, que afeta a toda sociedade, deve ser usado na administração da justiça, na gestão dos processos e nos atos processuais. As inovações tecnológicas, a implementação de sistemas e plataformas para a tramitação do processo eletrônico e de informações, são ferramentas que efetivamente podem mudar o rumo da tutela executiva.

A possibilidade de se criar um conjunto de iniciativas, mecanismos e acessos a bancos de dados, unificando a base de dados que geralmente são por Estados, Municípios, para uma base de dados nacional, de modo propiciar de maneira simples, rápida e eficaz de busca de informações, documentos, certidões acerca da parte e de seu patrimônio. Um "Sistema Unificado Nacional de Informações" que além de facilitar a identificação de patrimônio deveria facilitar a constrição e a alienação de ativos.

Muitos passos iniciais já foram dados. A criação dos sistemas SISBAJUD, o CCS-BACEN, RENAJUD, INFOSEG, INFOJUD, SERASAJUD, INFOSEG, SREI, CNIB, entre outros, facilita por demais a obtenção rápida e eficiente de informações inclusive de maneira menos onerosa. Mas os sistemas existentes hoje estão à disposição do judiciário, sendo que são de uso facultativo pelos magistrados. Inúmeras ainda são as decisões em demandas executivas que indeferem o pedido de informações a RENAJUD ou SERASAJUD sob a justificativa que o juízo não possui convênio.

"A inclusão em cadastros de inadimplência é medida coercitiva que promove no subsistema os valores da efetividade da execução, da economicidade, da razoável duração do processo e da menor onerosidade para o devedor (arts. 4º, 6º, 139, inc. IV, e 805 do CPC)"[14] Reconhece o STJ que "exigir que os credores enviem Ofícios

---

14. STJ. REsp 1807180/PR, Rel. Ministro Og Fernandes, Primeira Seção, julgado em 24.02.2021, DJe 11.03.2021.

e paguem por esses serviços, mesmo existindo um convênio específico em vigor[15], mais tecnológico e mais efetivo, data venia, não se coaduna com os princípios da razoável duração do processo e da satisfação dos créditos, contidos no CPC."[16] Reconhece ainda que não se pode fazer interpretação restritiva da norma, bem como que justificativas abstratas com argumentos como: em se tratando de título executivo extrajudicial, não haveria qualquer óbice a que o próprio credor providenciasse a efetivação da medida; o art. 782, § 3º, do CPC apenas incidiria em execução definitiva de título judicial; ausência de adesão do tribunal ao convênio SERASAJUD ou a indisponibilidade do sistema; a intervenção judicial só caberá se eventualmente for comprovada dificuldade significativa ou impossibilidade de o credor fazê-lo por seus próprios meios. Isto porque tais requisitos a lei não estabeleceu. Se o próprio STJ já reconheceu que não há lacunas na lei que permitam justificativas como determinar que a parte proceda o ato extrajudicialmente, ou ausência de adesão do tribunal ao convênio, faz-se momento de o CNJ se posicionar definitivamente que o uso de tais ferramentas não é uma opção, mas sim um meio para que ele cumpra sua função. Da mesma forma que o computador é utilizado para digitar as sentenças, e que o advogado não pode se negar a ter um certificado digital, para o juiz deixar de ter acesso a estas ferramentas é violar os deveres de sua função. A posição firme do CNJ e da corregedoria em estabelecer procedimentos punitivos por violação aos deveres da função, juntamente com o reconhecimento do STJ na impossibilidade de não praticar o ato, certamente acabará por estabelecer a regra de obrigatoriedade de utilização de tais mecanismos imprimindo maior celeridade, economia processual e efetividade ao processo, vez que não é necessário o esgotamento das buscas por outros bens do executado, para se utilizar das ferramentas tais como Bacenjud, Renajud e Infojud.[17]

Com a finalidade de exercer a efetiva gestão dos processos executivos, seja de títulos judiciais ou extrajudiciais, é possível, para sistematizar os métodos no intuito de buscar maior eficiência, para reverter o quadro existente, União de esforços para organizar, de forma equânime, o contingente de processos de execução existentes nas unidades, a criação de varas de execução. A ideia de centralizar os processos executivos em varas especializadas é justamente para propiciar a gestão do acervo de forma isonômica, e voltada para a efetividade, através destes do uso de soluções tecnológicas para a efetividade e eficiência das ações de recuperação de ativos.

Uma grande revolução no cenário social seria, dar acesso aos sistemas de busca, tais como o "Sistema Unificado Nacional de Informações", aos jurisdicionados que

---

15. O Poder Judiciário determina a inclusão com base no art. 782, § 3º, por meio do SERASAJUD, sistema gratuito e totalmente virtual, regulamentado pelo Termo de Cooperação Técnica 020/2014 firmado entre CNJ e SERASA.
16. STJ. REsp 1807180/PR, Rel. Ministro Og Fernandes, Primeira Seção, julgado em 24.02.2021, DJe 11.03.2021.
17. STJ. REsp 1.778.360/RS, Rel. Min. Francisco Falcão, Segunda Turma, DJe 14.02.2019; AgInt no AREsp 1.398.071/RJ, Rel. Min. Mauro Campbell Marques, Segunda Turma, DJe 15.03.2019; AREsp 1.376.209/RJ, Rel. Min. Francisco Falcão, Segunda Turma, DJe 13.12.2018; AgInt no AREsp 1.293.757/ES, Rel. Min. Mauro Campbell Marques, Segunda Turma, DJe 14.08.2018; AgInt no REsp 1.678.675/RS, Rel. Min. Og Fernandes, Segunda Turma, DJe 13.03.2018.

estivessem munidos de um título executivo judicial ou extrajudicial, ou mesmo de um pré-contrato com cláusula de intenção no negócio, tal como as arras, a fim de facilitar o acesso na identificação de ações contra as partes e busca de patrimônio. A ideia é poder ter acesso em momento prévio ao do ajuizamento da ação ou da assinatura do contrato, possibilitando às partes identificarem os riscos e as garantias de fazer o negócio, ou de ajuizar a ação. Certamente isso pouparia tempo, evitaria o ajuizamento de ação ou realização de negócio que já nasce fadado ao insucesso, ante a inexistência de patrimônio.

Franquear o acesso aos sistemas e informações unificadas com dados de todo o Brasil àquele que detém título executivo, ou cláusula de intenção é possibilitar o conhecimento efetivo da situação patrimonial da outra parte, dando segurança para a opção de fazer ou não o negócio ou dar início ou não à fase executiva.

Quando da realização de uma compra e venda de imóvel, é mais do que comum às partes apresentarem as certidões de foro. Entretanto, o habitual é que as certidões sejam da localidade da transação. O acesso ao sistema unificado com banco de dados nacional é que a certidão traria informação das comarcas de todo o território nacional. O acesso a dados patrimoniais ou em relação a pessoa, se faria via CNIB, CRI, Detran; Registro civil das pessoas naturais; consulta a inventário extrajudicial, CESDI – Consulta de Escrituras de Separação, Divórcios e Inventários, Busca de testamentos; Capitania dos Portos; Registro Aeronáutico Brasileiro ("RAB"), ITR, CNA, Junta Comercial, proporciona agilidade, eficiência, e qualidade de informações em tempo exíguo trazendo segurança jurídica a sociedade e confiança legítima para as partes envolvidas.

Quanto ao acesso a Sisbajud e CCS-Bacen, na hipótese de realização de um negócio jurídico, a própria "cláusula" de intenções pode trazer a autorização acesso a dados fiscais, o que afastaria a violação de direitos e garantias com um possível acesso. Quanto à hipótese de haver um título judicial ou extrajudicial em nome do credor, este por si só seria suficiente para superar a inviabilidade de acesso.

A incrementação do procedimento, com novos *modus operandi*, mais simples e geridas pelo próprio judiciário na hipótese de ação judicial, e acessível ao cidadão antes de ajuizar ação ou na posse do contrato ou cláusula de intenção, certamente traria mais efetividade à estas relações, num nível de eficiência que a desjudicialização da execução ainda demoraria muitos anos a atingir, até que fosse possível se aparelhar os tabelionatos criar outros tantos novos; com mais tabeliães novos; mais funcionários; oficiais de justiça, avaliadores e treinamento para absorver todos o passivo de execuções que o judiciário hoje comporta.

Certamente outras reflexões cabem sobre o tema, inclusive quanto a dúvidas e realizações destes próprios aqui sugeridos, mas o importante é se estabelecer meta prioritária o firme propósito de gestão das demandas executivas, refinando os instrumentos e inovações tecnológicas, e a implementação de sistemas e plataformas franqueando o acesso ao particular como forma de se restabelecer o compromisso da efetividade.

7. REFERÊNCIAS

CAMPOS, Francisco. Exposição de Motivos. In: ALCKMIN, José G. Rodrigues. *Carteira do advogado*: Código de Processo Civil. São Paulo: Max Limonad, 1955.

CARNELUTTI, Francesco. *Instituciones del proceso civil*. Tradução castelhana de Santiago Sentís Melendo. Buenos Aires: El Foro, 1959. v. I.

PEREZ LUÑO, Antonio Enrique. *Los derechos fundamentales*. 6. ed. Madrid: Tecnos, 1995.

STJ. REsp 1.778.360/RS, Rel. Min. Francisco Falcão, Segunda Turma, DJe 14.02.2019.

STJ. AgInt no AREsp 1.398.071/RJ, Rel. Min. Mauro Campbell Marques, Segunda Turma, DJe 15.03.2019.

STJ. AREsp 1.376.209/RJ, Rel. Min. Francisco Falcão, Segunda Turma, DJe 13.12.2018.

STJ. AgInt no AREsp 1.293.757/ES, Rel. Min. Mauro Campbell Marques, Segunda Turma, DJe 14.08.2018.

STJ. AgInt no REsp 1.678.675/RS, Rel. Min. Og Fernandes, Segunda Turma, DJe 13.03.2018

STJ. REsp 1807180/PR, Rel. Ministro Og Fernandes, Primeira Seção, julgado em 24.02.2021, DJe 11.03.2021.

Parte II
EXECUÇÃO CIVIL: PERSPECTIVAS ABRANGENTES, COM UM OLHAR DIFERENCIADO

Parte II
EXECUÇÃO CIVIL: PERSPECTIVAS ABRANGENTES, COM UM OLHAR DIFERENCIADO

REVISÃO CRÍTICA SOBRE OS PRESSUPOSTOS DA FRAUDE À EXECUÇÃO NA LEGISLAÇÃO BRASILEIRA

Marco Aurélio Bellizze Oliveira

Mestre em Direito pela Universidade Estácio de Sá em 2003. Ministro do Superior Tribunal de Justiça. gab.bellizze@stj.jus.br

"As duas virtudes cardinais da guerra: a força e a fraude" – Thomas Hobbes

1. INTRODUÇÃO

Difícil conceber uma relação, jurídica ou não, que perdure sobre o engodo, o ardil, a enganação. Não pode haver segurança nem estabilidade onde impera a defraudação.

Em seu papel de pacificar e estabilizar as relações sociais[1], o Direito desenvolveu muitos métodos de combate à fraude, a fim de favorecer não só as relações comerciais, mas também familiares, trabalhistas e, até mesmo, a relação entre as instituições e a sociedade civil[2]. A verdade e a transparência são valores protegidos juridicamente, porque um patamar mínimo de confiança é essencial para o convívio humano.

---

1. A propósito: "O direito como um todo não existe senão como meio de assegurar a coexistência pacífica entre os membros da comunidade politicamente organizada. Os litígios abalam essa ordem jurídica e comprometem a paz social para cuja preservação foram concebidos. Há, portanto, um imperativo de que a ordem jurídica não apenas defina as regras de fundo da aludida convivência, mas que também se una de instrumentos e formas para superar os conflitos e fazer com que, coativamente, se dê a observância in conceito dos seus comandos normativos genéricos. Daí o seccionamento do ordenamento jurídico entre regras de direito material ou de fundo e de direito formal ou processual. Não se trata, porém, de duas espécies de direito completamente diferentes e separados em compartimentos estanques e incomunicáveis. Ao contrário: A necessidade que tem o direito material de se valer do processo para alcançar efetividade quando se estabelece o conflito de interesses, bem como a obrigatoriedade para o processo de encontrar para a lide uma justa composição, segundo os padrões do direito positivo, fazem com que não se possa pensar juridicamente o direito processual como uma realidade técnica completamente isolada ou autônoma frente ao direito positivo material. E certo que, para fins práticos e pedagógicos, se deve proceder a regulamentação e estudo do Direito Processual fora dos quadros do direito material, mas sem jamais perder a noção de que a existência do direito formal não se justificará, em hipótese alguma, a não ser como instituto prático ligado à necessidade de operar concretamente o direito material nas situações conflituosas". THEODORO JUNIOR, Humberto. Tutela jurisdicional dos direitos em matéria de responsabilidade civil: execução, penhora e questões polêmicas. *Revista de Processo*, n. 101, ano 26, p. 29-30, jan.-mar. 2001.
2. Sobre a fraude à execução civil, trabalhista e tributária cf. BRITO, Cristiano Gomes de. Novas perspectivas da fraude à execução nos processos civil, trabalhista e tributário. *Revista de Processo*, v. 277, ano 43, mar. 2018.

Porém, "*quanto mais se civiliza o homem, mais requintados são os expedientes fraudulentos*"[3]. A substituição da garantia pessoal pela garantia patrimonial, com a *lex Poetelia papiria* em 326 a.C., extinguiu as penas corporais contra o devedor[4], mas favoreceu o surgimento de estratégias voltadas para prejudicar credores[5] por meio de um fictício esvaziamento de seu patrimônio[6].

Em se tratando de fraude à execução, instituto exclusivo do Direito brasileiro[7], não é apenas a segurança do crédito que está em voga, mas a respeitabilidade do Poder Judiciário e a efetividade de suas decisões[8]. As execuções são o principal gargalo da crise de demandas enfrentada por juízes e tribunais[9], sendo necessário tamanho esforço do credor para receber o que lhe é de direito[10], que é comparável

---

3. THEODORO JUNIOR, Humberto. A fraude à execução e o regime de sua declaração em juízo. *Revista de Processo*, n. 102, ano 26, p. 68, abr.-jun. 2001. Em outra oportunidade, o mesmo autor observa que: "A experiência da vida nos ensina que a inteligência do homem, por mais civilizado que seja o meio em que se ache instalada a sociedade, não consegue eliminar a tentação da mentira e da astúcia. O homem realmente probo e de conduta irreprochável, em toda linha, não chega a ser, em número, o paradigma das grandes massas, ou, pelo menos, não consegue, só com seu exemplo, plasmar um ambiente do qual a conduta leal e sincera seja o único padrão observado. Estranhamente, é nas sociedades mais evoluídas que a fraude se revela com mais frequência e maior intensidade. Parece que o progresso da humanidade se faz, no campo da delinquência, por meio da substituição de hábitos violentos pelas praxes astuciosas". Cf. THEODORO JUNIOR, Humberto. Fraude contra credores e fraude à execução. *Revista dos Tribunais*, v. 89, n. 776, p. 12, jun. 2000.
4. TEIXEIRA, Sálvio de Figueiredo. Fraude de execução. *Revista da AMAGIS*, v. 3, n. 8, p. 92, 1985.
5. Assim também no Direito brasileiro. Cf. SALAMACHA, José Eli. A fraude à execução no direito comparado. *Revista de Processo*, n. 131, ano 31, p. 107, jan. 2006.
6. SALAMACHA, José Eli. A fraude à execução no direito comparado. *Revista de Processo*, n. 131, ano 31, p. 102-103, jan. 2006.
7. SOUZA, Gelson Amaro de. Execução e fraude à execução no novo CPC/2015. In: CÂMARA, Helder Moroni; DELFINO, Lúcio; MOURÃO, Luiz Eduardo Ribeiro; MAZZEI, Rodrigo (Org.). *Aspectos polêmicos do novo Código de Processo Civil*. São Paulo: Almedina, 2018, v. 2, p. 19-20.
8. ASSIS, Araken de. Fraude à execução e legitimidade do terceiro hipotecante. *Revista Jurídica*, ano 39, n. 168, p. 8-9, out. 1991; TEIXEIRA, Sálvio de Figueiredo. Fraude de execução. *Revista da AMAGIS*, v. 3, n. 8, p. 93, 1985. Assim também reconhecido pelo Ministro Athos Gusmão Carneiro no voto vencedor do Recurso Especial 327/SP, rel. Min. Bueno de Souza, rel. p/ acórdão Min. Athos Gusmão Carneiro, Quarta Turma, j. 29.08.1989, DJ 20.11.1989, p. 17.302. Trata-se do fundamento para afastar, na hipótese a fraude à execução, pois a execução que ocasionou a insolvência do devedor era posterior à penhora do bem, muito embora este já estivesse penhorado em outras execuções. Essa posição foi reiterada em STJ, Recurso Especial 34387/SP, rel. Min. Nilson Naves, Terceira Turma, j. 11.10.1993, DJ 06.12.1993, p. 26664;
9. De acordo com os dados publicados no Relatório Justiça em Números pelo Conselho Nacional de Justiça, os processos de execução representam a maior parte do acervo do Poder Judiciário. No relatório mais recente, referente ao ano de 2019, as execuções representavam cerca de 55,8% dos 77 milhões de processos pendentes de baixa. Processos dessa natureza apresentam uma taxa de congestionamento maior, pois mesmo que sejam ajuizados o dobro de processos de conhecimento, as execuções compõem mais de metade do acervo, sendo que 70% delas correspondem a execuções fiscais, as quais representam aproximadamente 39% do total de casos pendentes e um congestionamento de 87%. As conclusões do documento ressaltam que o tempo médio de duração das execuções fiscais é de 8 anos, ao passo que nas execuções de título judicial ou extrajudicial, de natureza não fiscal, esse tempo é de 3 anos e 3 meses. Cf. *Justiça em Números 2020*: ano base 2019/ Conselho Nacional de Justiça – Brasília: CNJ, 2020, p. 150-162 e 258.
10. Com este fundamento, foi considerada fraude à execução a alienação de todo o patrimônio que empresa estrangeira possuía no Brasil, cf. STJ, Recurso Especial 1063768/SP, rel. Min. Nancy Andrighi, Terceira Turma, j. 10.03.2009, *DJe* 04.08.2009. O devedor que, ciente da ação, evita ser citado, também não impede a fraude à execução cf. STJ, Recurso Especial 799440/DF, rel. Min. João Otávio de Noronha, Quarta Turma, j. 15.12.2009, *DJe* 02.02.2010. A renúncia de herança pelo devedor, já citado, configura fraude à execução,

ao de generais e seus exércitos, em busca da vitória na guerra. Além de dispendiosa, trata-se de campanha arriscada e desgastante, na qual se enfrenta não só o adversário, mas também o tempo, a falta de recursos, e, não raro, vê-se vencido pelo cansaço. Outrossim, não é incomum que os efeitos das "batalhas judiciais", em busca do que é devido, ultrapassem a esfera jurídica de credor e devedor, resvalando em terceiros[11] e, consequentemente, suscitando discussões sobre a sua boa-fé[12].

Humberto Theodoro Júnior corrobora essa analogia ao lembrar que "o campo de repressão à fraude é, na realidade, o da batalha entre a verdade e a mentira, o bem e o mal, o justo e o injusto. É a vitória do bem, da verdade e do justo que nele se intenta alcançar"[13]. No caso da fraude à execução, estão também em xeque a credibilidade e o respeito ao Poder Judiciário e a efetividade da tutela jurídica que ele oferece. Se na guerra a força e a fraude são tão importantes, como sugere Thomas Hobbes, que se fortaleçam as decisões judiciais, com clareza na aplicação dos institutos e seus requisitos legais.

Com esse intuito, o presente artigo oferece uma revisão dos pressupostos da fraude à execução em perspectiva doutrinária e jurisprudencial, e discute a sua permanência na vigência do Código de Processo Civil de 2015.

2. O ENFRENTAMENTO À FRAUDE NO DIREITO BRASILEIRO

2.1 Panorama geral

A livre iniciativa, fundamento da República, e o direito fundamental de propriedade têm seu exercício diretamente relacionado a transações patrimoniais entre indivíduos que se alternam, em incontáveis relações jurídicas, nas posições de credor e devedor. Dispor de um bem é faculdade intrínseca ao direito de propriedade, consoante estampado no art. 1.228 do Código Civil de 2002[14]. Todavia, convém

---

cf.: STJ, Recurso Especial 1252353/SP, rel. Min. Luis Felipe Salomão, Quarta Turma, j. 21.05.2013, DJe 21.06.2013. A alienação de imóvel por sócio da pessoa jurídica antes do redirecionamento da execução em seu desfavor não configura fraude à execução, cf. STJ, Recurso Especial 1391830/SP, rel. Min. Nancy Andrighi, Terceira Turma, j. 22.11.2016, DJe 01.12.2016. É possível o pronunciamento de fraude à execução até mesmo de ofício pelo juiz, cf. STJ, Recurso Especial 1698102/SP, rel. Min. Luis Felipe Salomão, Quarta Turma, j. 12.06.2018, DJe 23.08.2018; Alienação de imóvel e quotas sociais após citação configura fraude à execução cf. STJ, Recurso Especial 1727976/MG, rel. Min. Nancy Andrighi, Terceira Turma, j. 19.03.2019, DJe 22.03.2019. A declaração de ineficácia em relação ao credor decorrente da fraude à execução engendrada por acordo homologado judicialmente não exige o ajuizamento de ação anulatória, podendo ser reconhecida em decisão interlocutória nos autos do cumprimento de sentença, cf. STJ, Recurso Especial 1845558/SP, rel. Min. Marco Aurélio Bellizze, Terceira Turma, j. 01.06.2021, DJe 10.06.2021.

11. CAIS, Frederico Fontoura da Silva. Embargos de terceiro e fraude à execução. *Revista de Processo*, v. 29, n. 118, p. 112. nov.-dez. 2004.
12. THEODORO JUNIOR, Humberto. A execução forçada e a responsabilidade patrimonial. In: DINIZ, Maria Helena (Coord.). *Atualidades jurídicas*. São Paulo: Saraiva, 2001, v. 3, p. 222.
13. THEODORO JUNIOR, Humberto. A fraude à execução e o regime de sua declaração em juízo. *Revista de Processo*, n. 102, ano 26, abr.-jun. 2001, p. 68.
14. Art. 1.228. O proprietário tem a faculdade de usar, gozar e dispor da coisa, e o direito de reavê-la do poder de quem quer que injustamente a possua ou detenha.

reconhecer que o exercício e gozo de tantos outros direitos fundamentais, tais como o de livre associação, de manifestação de pensamento, de locomoção, os direitos autorais e assim como muitos dos direitos sociais, se realizam, na maioria das vezes, por meio de transações patrimoniais, mais ou menos onerosas.

O acesso à moradia, aos meios de transporte, a constituição e organização de associações, a divulgação de ideias em meios de comunicação de grande alcance, inclusive na rede mundial de computadores, a aquisição de alimentos, remédios, livros, estão condicionados à contratação de serviços e/ou bens que, inevitavelmente, implicam na circulação de riquezas entre o patrimônio de pessoas jurídicas e naturais. A circulação de riqueza é, de fato, tão intensa desde meados do século passado, que se tornou uma fonte geradora de novas riquezas, conforme constatado por juristas, como Enzo Roppo[15], e discutido por economistas, como Thomas Piketty[16]. A presença e a pujança dos balcões de negócios ao redor do mundo, as bolsas de valores, confirma essa realidade.

Nessa teia de relações jurídico-comerciais, o mesmo indivíduo é, simultaneamente, credor de algumas obrigações e devedor de tantas outras. Com efeito, a condição de devedor não é suficiente para obstar que novas transações sejam realizadas[17], ela não impede que o proprietário exerça uma das principais faculdades que lhe confere o direito: o poder de dispor livremente de seus bens, sob pena de comprometer a própria circulação de riqueza antes mencionada[18]. Ela, porém, pode ser igualmente prejudicada pela falta da adequada segurança às transações patrimoniais, especialmente se ameaçado o cumprimento das obrigações e a garantia dos credores, sobre a qual repousa o principal elemento do trânsito de riquezas: o crédito[19].

Tão crucial quanto a liberdade para adquirir e alienar bens e direitos que compõem um patrimônio, é a segurança de que essas transações serão cumpridas. Ela é

---

15. ROPPO, Enzo. *O Contrato*. Trad. Ana Coimbra e M. Januário C. Gomes. Coimbra: Almedina, 2009, p. 63-70.
16. O economista faz uma análise da distribuição de renda nos países desenvolvidos desde o século XVIII e, em conclusão, defende que a taxa de rendimento do capital privado tende a ser forte e continuamente maior do que a taxa de crescimento da renda e da produção. Isso faz com que a riqueza patrimonial herdada aumente mais rapidamente do que a produção ou os salários. Nas palavras do autor: "Uma vez constituído, o capital se reproduz sozinho, mais rápido do que cresce a produção. O passado devora o futuro". Cf. PIKETTY, Thomas. *O capital no século XXI*. Trad. Monica Baumgarten de Bolle. Rio de Janeiro: Intrínseca, 2014.
17. BRITO, Cristiano Gomes de. Novas perspectivas da fraude à execução nos processos civil, trabalhista e tributário. *Revista de Processo*, v. 277, ano 43, p. 258, mar. 2018; ASSIS, Araken de. Fraude à execução e legitimidade do terceiro hipotecante. *Revista Jurídica*, ano 39, n. 168, p. 6, out. 1991.
18. ALVIM, Arruda. O terceiro adquirente de bem imóvel do réu, pendente ação reivindicatória não inscrita no registro de imóveis, e a eficácia da sentença em relação a esse terceiro, no direito brasileiro. *Revista de Processo*, v. 8, n. 31, p. 190-191, jul.-set. 1983; CASTRO NEVES, José Roberto de. As garantias do cumprimento da obrigação. *Revista da EMERJ*, v. 11, n. 44, p. 185, 2008.
19. SALAMACHA, José Eli. A fraude à execução no direito comparado. *Revista de Processo*, n. 131, ano 31, jan. 2006, p. 98; SÁ, Renato Montans de. A responsabilidade patrimonial do executado e os atos atentatórios à dignidade da execução. In: ASSIS, Araken de; BRUSCHI, Gilberto Gomes (Coord.). *Processo de execução e cumprimento de sentença*: temas atuais e controvertidos. São Paulo: Thomson Reuters Brasil, 2020, p. 533; SOUZA, Gelson Amaro de. Fraude à execução e a natureza do direito protegido. *Revista Juris Plenum*, v. 2, n. 8, p. 42-44, mar. 2006.

proveniente da estrutura jurídica obrigacional, que tutela o crédito, conferindo ao Estado os meios para proteger o direito de o credor receber o que foi estabelecido, ou o seu equivalente em termos pecuniários, inclusive retirando do patrimônio do devedor o necessário para que seja satisfeita a obrigação[20]. É por confiar nessa estrutura, respaldada no poder estatal e no patrimônio do devedor, que indivíduos aceitam assumir a posição de credores, postergando o recebimento da prestação que lhes interessa.

Tão prejudicial quanto à inabilidade do devedor em gerir seus negócios, a dilapidação patrimonial fraudulenta desfavorece o ambiente de trocas e embaraça o trâmite processual, uma vez que dificulta a localização de bens aptos a satisfação de obrigações descumpridas, além de ampliar a discussão, atraindo para a lide terceiros adquirentes. Os impactos são percebidos no aumento do custo do crédito, na maior dificuldade de acesso a ele[21], bem como no atraso e redução da efetividade das medidas judiciais cabíveis, contribuindo com a crise de demandas que enfrenta o Poder Judiciário.

O desafio que se coloca ao legislador e aos agentes jurídicos é desenvolver e aplicar instrumentos que assegurem as garantias creditícias, com rapidez e efetividade, sem comprometer o fluxo processual, o direito de terceiros e a livre circulação de bens, serviços e capitais. Alguns dos procedimentos para obstar a dissipação pérfida das garantias dos credores são tão antigos quanto a própria fraude, como a ação revocatória ou pauliana. Todavia, a sofisticação da forma de realização das transações patrimoniais, bem como dos modos de fraudá-las, impõe que os meios de combate e prevenção jurídica dessa prática sejam aprimorados[22].

O ordenamento brasileiro conta com dispositivos que amparam diversos institutos para combater a fraude do devedor em prejuízo de seus credores[23], nos ramos

---

20. THEODORO JUNIOR, Humberto. A execução forçada e a responsabilidade patrimonial. In: DINIZ, Maria Helena (Coord.). *Atualidades jurídicas*. São Paulo: Saraiva, 2001, v. 3, p. 207-208; SÁ, Renato Montans de. A responsabilidade patrimonial do executado e os atos atentatórios à dignidade da execução. In: ASSIS, Araken de; BRUSCHI, Gilberto Gomes (Coord.). *Processo de execução e cumprimento de sentença*: temas atuais e controvertidos. São Paulo: Thomson Reuters Brasil, 2020, p. 526-527; CASTRO NEVES, José Roberto de. As garantias do cumprimento da obrigação. *Revista da EMERJ*, v. 11, n. 44, p. 178-179, 2008; TEIXEIRA, Sálvio de Figueiredo. Fraude de execução. *Revista da AMAGIS*, v. 3, n. 8, p. 91, 1985.
21. PINHEIRO, Armando Castelar. A justiça e o custo Brasil. *Revista USP*, n. 101, 2014, p. 141-158; YEUNG, Luciana Luk-Tai; SILVA, Ana Lúcia Pinto da; CARVALHO, Carlos Eduardo. Insegurança jurídica do devedor: pela ampliação do debate sobre seleção adversa e custo do crédito no Brasil. *Revista Análise Econômica*, v. 32, n. 61, p. 63-80, mar. 2014.
22. THEODORO JUNIOR, Humberto. Fraude na execução singular e na execução concursal. In: GALLOTTI, Isabel; DANTAS, Bruno; FREIRE, Alexandre; GAJARDONI, Fernando da Fonseca; MEDINA, José Miguel Garcia. *O papel da jurisprudência no STJ*. São Paulo: Ed. RT, 2014, p. 949; THEODORO JUNIOR, Humberto. A fraude à execução e o regime de sua declaração em juízo. *Revista de Processo*, n. 102, ano 26, abr-jun 2001, p. 76.
23. Registra-se que, embora a fraude à execução seja um instituto típico do Direito brasileiro, outros países não são indiferentes no combate à dilapidação maliciosa do patrimônio do devedor, tratando o assunto em sede de direito material, como demonstra José Eli Salamacha em estudo envolvendo o Direito italiano, português, alemão, francês, inglês e espanhol. Cf. SALAMACHA, José Eli. A fraude à execução no direito comparado. *Revista de Processo*, n. 131, ano 31, jan. 2006.

públicos e privados do direito[24]. Menciona-se, a título exemplificativo, os arts. 171 a 179 do Código Penal, 185 e 185-A do Código Tributário Nacional, os parágrafos únicos dos arts. 10-A e 448-A da Consolidação das Leis do Trabalho, arts. 158 e 159 do Código Civil, 64, III, 99, 103, 130 e 168 da Lei 11.101/2005[25] e 137, 792, 828, § 4º e 856, § 4º, do Código de Processo Civil.

No espectro do Direito Privado, essa prática é genericamente designada pela doutrina como "fraude do devedor", e envolve: (i) fraude contra credores, (ii) fraude à execução, (iii) alienação de bens constritos[26] e (iv) a revogação dos atos do devedor anteriores à decretação da quebra[27].

Não é raro encontrar doutrina que rejeite as distinções entre essas figuras jurídicas, e mesmo entre aqueles que as reconhecem, quem minimize sua importância[28], relegando-as ao plano procedimental[29], tendo uma por especialização da outra[30]. Embora componham uma estrutura gradativa de proteção ao credor[31], uma vez que

---

24. ALVIM, Eduardo Arruda; GRUBER, Rafael Ricardo. Segurança jurídica dos negócios imobiliários versus fraude à execução: ônus dos credores e ônus dos adquirentes de bens no direito civil e tributário brasileiro. *Revista de Processo*, v. 291, ano 44, p. 112. maio 2019.
25. Humberto Theodoro Junior observou, em mais de uma oportunidade, que a revocatória falimentar é uma espécie de ação pauliana adaptada às peculiaridades do juízo universal da quebra. Cf. THEODORO JUNIOR, Humberto. Fraude na execução singular e na execução concursal. In: GALLOTTI, Isabel; DANTAS, Bruno; FREIRE, Alexandre; GAJARDONI, Fernando da Fonseca; MEDINA, José Miguel Garcia. *O papel da jurisprudência no STJ*. São Paulo: Ed. RT, 2014, p. 936; THEODORO JUNIOR, Humberto. A fraude à execução e o regime de sua declaração em juízo. *Revista de Processo*, n. 102, ano 26, p. 74, abr-jun 2001.
26. VICELLI, Gustavo de Melo; FÜRST, Henderson. Fraude à execução e a imprecisão normativa do Código de Processo Civil. *Revista de Processo*, v. 303, ano 45. p. 157-180, maio 2020; SÁ, Renato Montans de. A responsabilidade patrimonial do executado e os atos atentatórios à dignidade da execução. In: ASSIS, Araken de; BRUSCHI, Gilberto Gomes (Coord.). *Processo de execução e cumprimento de sentença*: temas atuais e controvertidos. São Paulo: Thomson Reuters Brasil, 2020, p. 533.
27. THEODORO JUNIOR, Humberto. Fraude na execução singular e na execução concursal. In: GALLOTTI, Isabel; DANTAS, Bruno; FREIRE, Alexandre; GAJARDONI, Fernando da Fonseca; MEDINA, José Miguel Garcia. *O papel da jurisprudência no STJ*. São Paulo: Ed. RT, 2014, p. 936-937.
28. BAYEUX FILHO, José Luiz. Fraude contra credores e fraude à execução. *Revista de Processo*, n. 61, ano 16, p. 251-252, jan.-mar. 1991.
29. THEODORO JUNIOR, Humberto. A fraude à execução e o regime de sua declaração em juízo. *Revista de Processo*, n. 102, ano 26, p. 69, abr.-jun. 2001; THEODORO JUNIOR, Humberto. Fraude na execução singular e na execução concursal. In: GALLOTTI, Isabel; DANTAS, Bruno; FREIRE, Alexandre; GAJARDONI, Fernando da Fonseca; MEDINA, José Miguel Garcia. *O papel da jurisprudência no STJ*. São Paulo: Ed. RT, 2014, p. 960; THEODORO JUNIOR, Humberto. Fraude contra credores e fraude à execução. *Revista dos Tribunais*, v. 89, n. 776, p. 19, jun. 2000.
30. THEODORO JUNIOR, Humberto. A fraude à execução e o regime de sua declaração em juízo. *Revista de Processo*, n. 102, ano 26, p. 75, abr.-jun. 2001; THEODORO JUNIOR, Humberto. Fraude na execução singular e na execução concursal. In: GALLOTTI, Isabel; DANTAS, Bruno; FREIRE, Alexandre; GAJARDONI, Fernando da Fonseca; MEDINA, José Miguel Garcia. *O papel da jurisprudência no STJ*. São Paulo: Ed. RT, 2014, p. 950; THEODORO JUNIOR, Humberto. Fraude contra credores e fraude à execução. *Revista dos Tribunais*, v. 89, n. 776, p. 24, jun. 2000.
31. ASSIS, Carlos Augusto de. Fraude à execução e boa-fé do adquirente. *Revista de Processo*, v. 27, v. 105, p. 226-227, jan.-mar. 2002; LUCON, Paulo Henrique dos Santos. Fraude de execução, responsabilidade processual civil e registro de penhora. *Revista de Processo*, v. 25, n. 98, p. 161, abr.-jun. 2000.

todos esses instrumentos estão amparados no mesmo fato fundamental[32]: *"o desfalque indevido dos bens que deveriam assegurar a satisfação do direito dos credores"*[33], é importante compreendê-los em sua singularidade, destrinchando seus pressupostos, meios de arguição e consequências jurídicas peculiares[34]. Não para sobrevalorizar filigranas jurídicas, mas efetivamente promover o equilíbrio entre a segurança e a liberdade na disposição patrimonial[35], bem como para tornar mais ágil e efetiva a tutela jurídica destes pilares do tráfico comercial, que, por sua vez, favorecem o acesso dos indivíduos a bens e riquezas, e o desenvolvimento das nações[36].

2.2 Fraude contra credores e fraude à execução: distinções, semelhanças e a confusão de requisitos

Para o que interessa ao presente artigo, a discussão acerca da distinção e semelhança entre a fraude contra credores e a fraude à execução tem especial relevo, sobretudo no que tange aos seus requisitos, bem como à natureza de cada um deles. Isso porque, a análise literal dos dispositivos legais, sobre os quais estão amparados esses instrumentos, indica que a fraude contra credores exige não só a demonstração de um dano para o credor, mas a prova da ciência do terceiro adquirente[37], ao passo que a fraude à execução se verifica tão somente com a alienação após iniciado processo

---

32. THEODORO JUNIOR, Humberto. Fraude na execução singular e na execução concursal. In: GALLOTTI, Isabel; DANTAS, Bruno; FREIRE, Alexandre; GAJARDONI, Fernando da Fonseca; MEDINA, José Miguel Garcia. *O papel da jurisprudência no STJ*. São Paulo: Ed. RT, 2014, p. 955.
33. THEODORO JUNIOR, Humberto. Fraude na execução singular e na execução concursal. In: GALLOTTI, Isabel; DANTAS, Bruno; FREIRE, Alexandre; GAJARDONI, Fernando da Fonseca; MEDINA, José Miguel Garcia (Org.). *O papel da jurisprudência no STJ*. São Paulo: Ed. RT, 2014, p. 949.
34. SÁ, Renato Montans de. A responsabilidade patrimonial do executado e os atos atentatórios à dignidade da execução. In: ASSIS, Araken de; BRUSCHI, Gilberto Gomes (Coord.). *Processo de execução e cumprimento de sentença*: temas atuais e controvertidos. São Paulo: Thomson Reuters Brasil, 2020, p. 536.
35. Oportuna a lição de Arlete Inês Aurelli sobre o tema: "Veja-se que a existência de dívidas não inibe a prática de ato de disposição do patrimônio pelo devedor. A fraude, seja contra credores ou contra a execução, somente se caracteriza, se, ao tempo da alienação, os bens presentes no patrimônio do devedor não sejam suficientes para a garantia do pagamento da dívida. Por isso é que o instituto da fraude está intimamente relacionado com a responsabilidade patrimonial. É que, ainda que os bens não mais pertençam ao patrimônio do devedor, respondem pela dívida uma vez que a alienação é ineficaz perante o credor prejudicado. É evidente que a intenção do legislador não seria a de que os bens constantes do patrimônio do devedor ao tempo em que a obrigação tenha sido contraída ficariam imobilizados, sem que o devedor tivesse o direito de aliená-los livremente. A alienação de bens, pelo devedor, é permitida, desde que, se torne, ele, insolvente ao se desfazer de seu patrimônio. Assim, não sendo caso de insolvência, pode o devedor dispor livremente de seu patrimônio. Ora, impera, antes de mais nada a garantia do direito de propriedade, prevista no art. 1.228 do CC". Cf. AURELLI, Arlete Inês. A evolução da fraude à execução na jurisprudência do STJ. In: GALLOTTI, Isabel; DANTAS, Bruno; FREIRE, Alexandre; GAJARDONI, Fernando da Fonseca; MEDINA, José Miguel Garcia (Coord.). *O papel da jurisprudência no STJ*. São Paulo: Ed. RT, 2014, p. 874; ALVIM, Eduardo Arruda; GRUBER, Rafael Ricardo. Segurança jurídica dos negócios imobiliários versus fraude à execução: ônus dos credores e ônus dos adquirentes de bens no direito civil e tributário brasileiro. *Revista de Processo*, v. 291, ano 44, p. 109, maio 2019.
36. SÁ, Renato Montans de. A responsabilidade patrimonial do executado e os atos atentatórios à dignidade da execução. In: ASSIS, Araken de; BRUSCHI, Gilberto Gomes (Coord.). *Processo de execução e cumprimento de sentença*: temas atuais e controvertidos. São Paulo: Thomson Reuters Brasil, 2020, p. 535.
37. SALAMACHA, José Eli. A fraude à execução no direito comparado. *Revista de Processo*, n. 131, ano 31, p. 98-99, jan. 2006.

contra o devedor[38]. Todavia, fundada inclusive na jurisprudência, grande parte da doutrina defende que os requisitos da fraude contra credores e da fraude à execução seriam, basicamente, os mesmos, com exceção da litispendência[39].

A fraude contra credores é o mais tradicional dos meios de proteção aos credores na seara privada. Instituto de direito material, ela tem aplicação quando a dilapidação patrimonial do devedor ocorre antes da propositura de ação judicial, porém de modo suficiente para comprometer o adimplemento de suas obrigações[40]. Para assegurar sua garantia, cabe ao credor a propositura da ação revocatória ou pauliana[41], cuja procedência acarretará a ineficácia[42] da alienação de determinado bem pelo devedor

---

38. CAIS, Frederico Fontoura da Silva. Embargos de terceiro e fraude à execução. *Revista de Processo*, v. 29, n. 118, p. 129-130, nov.-dez. 2004; THEODORO JUNIOR, Humberto. A execução forçada e a responsabilidade patrimonial. In: DINIZ, Maria Helena (Coord.). *Atualidades jurídicas*. São Paulo: Saraiva, 2001, v. 3, p. 221; AURELLI, Arlete Inês. A evolução da fraude à execução na jurisprudência do STJ. In: GALLOTTI, Isabel; DANTAS, Bruno; FREIRE, Alexandre; GAJARDONI, Fernando da Fonseca; MEDINA, José Miguel Garcia (Coord.). *O papel da jurisprudência no STJ*. São Paulo: Ed. RT, 2014, p. 875; ALVIM, Eduardo Arruda; GRUBER, Rafael Ricardo. Segurança jurídica dos negócios imobiliários versus fraude à execução: ônus dos credores e ônus dos adquirentes de bens no direito civil e tributário brasileiro. *Revista de Processo*, v. 291, ano 44, p. 112-113, maio 2019; ASSIS, Carlos Augusto de. Fraude à execução e boa-fé do adquirente. *Revista de Processo*, v. 27, v. 105, p. 227, jan.-mar. 2002; CASTRO NEVES, José Roberto de. As garantias do cumprimento da obrigação. *Revista da EMERJ*, v. 11, n. 44, p. 188, 2008; SALAMACHA, José Eli. A fraude à execução no direito comparado. *Revista de Processo*, n. 131, ano 31, p. 100, jan. 2006; FERRARI NETO, Luiz Antonio. Fraude contra credores vs. Fraude à execução: a polêmica trazida pela Súmula 375 do STJ. *Revista de Processo*, v. 36, n. 195, p. 230-232, maio 2011; LUCON, Paulo Henrique dos Santos. Fraude de execução, responsabilidade processual civil e registro de penhora. *Revista de Processo*, v. 25, n. 98, p. 162, abr.-jun. 2000; TEIXEIRA, Sálvio de Figueiredo. Fraude de execução. *Revista da AMAGIS*, v. 3, n. 8, p. 94, 1985.
39. THEODORO JUNIOR, Humberto. A fraude à execução e o regime de sua declaração em juízo. *Revista de Processo*, n. 102, ano 26, p. 87-88, abr.-jun. 2001; SOUZA, Gelson Amaro de. Execução e fraude à execução no novo CPC/2015. In: CÂMARA, Helder Moroni; DELFINO, Lúcio; MOURÃO, Luiz Eduardo Ribeiro; MAZZEI, Rodrigo (Org.). *Aspectos polêmicos do novo Código de Processo Civil*. São Paulo: Almedina, 2018, v. 2, p. 24, 28-29; SOUZA, Gelson Amaro de. Fraude à execução e a natureza do direito protegido. *Revista Juris Plenum*, v. 2, n. 8, p. 41-45, mar. 2006.
40. SÁ, Renato Montans de. A responsabilidade patrimonial do executado e os atos atentatórios à dignidade da execução. In: ASSIS, Araken de; BRUSCHI, Gilberto Gomes (Coord.). *Processo de execução e cumprimento de sentença*: temas atuais e controvertidos. São Paulo: Thomson Reuters Brasil, 2020, p. 534.
41. SALAMACHA, José Eli. A fraude à execução no direito comparado. *Revista de Processo*, n. 131, ano 31, p. 104, jan. 2006; THEODORO JUNIOR, Humberto. Fraude na execução singular e na execução concursal. In: GALLOTTI, Isabel; DANTAS, Bruno; FREIRE, Alexandre; GAJARDONI, Fernando da Fonseca; MEDINA, José Miguel Garcia. *O papel da jurisprudência no STJ*. São Paulo: Ed. RT, 2014, p. 935; THEODORO JUNIOR, Humberto. Fraude contra credores e fraude à execução. *Revista dos Tribunais*, v. 89, n. 776, p. 18, jun. 2000.
42. Os efeitos da ação pauliana foram muito discutidos na doutrina civilista, uma vez que o texto do Código Civil de 1916 mencionava a anulação, disposição que foi mantida pelo legislador de 2002. Contudo, a doutrina majoritária considera que o retorno do bem ao patrimônio do devedor seria uma tutela indevida e injusta deste, ao passo que o efeito realmente pretendido é a proteção das garantias do credor e, por isso, advogada a ineficácia relativa da alienação em relação ao credor que propõe a ação revocatória. Além disso, embora mencione textualmente anulação, mas não lhe atribui efeitos substanciais próprios desse tipo de defeito jurídico. Cf. THEODORO JUNIOR, Humberto. Fraude na execução singular e na execução concursal. In: GALLOTTI, Isabel; DANTAS, Bruno; FREIRE, Alexandre; GAJARDONI, Fernando da Fonseca; MEDINA, José Miguel Garcia. *O papel da jurisprudência no STJ*. São Paulo: Ed. RT, 2014, p. 951-954; THEODORO JUNIOR, Humberto. A fraude à execução e o regime de sua declaração em juízo. *Revista de Processo*, n. 102, ano 26, p. 71-74, abr.-jun. 2001; SÁ, Renato Montans de. A responsabilidade patrimonial do executado e os atos atentatórios à dignidade da execução. In: ASSIS, Araken de; BRUSCHI, Gilberto Gomes (Coord.).

em relação ao credor proponente da ação[43]. Com efeito, o bem permanecerá disponível para a satisfação do crédito, embora não mais esteja no patrimônio do devedor, mas de terceiro[44].

A ausência de uma ação judicial não é a única particularidade da fraude contra credores, pois, a depender dos termos da alienação patrimonial, isto é, se foi realizada a título gratuito ou oneroso, será suficiente que o credor demonstre o nexo causal entre ela e a insolvência do devedor (*eventos damni*)[45]; ou necessário que ele comprove também a ciência do terceiro adquirente sobre a natureza fraudulenta da alienação (*consilium fraudis*)[46].

A fraude à execução, por sua vez, consiste em realização de negócio jurídico pelo devedor, no curso de processo de conhecimento ou de execução[47][48], que o reduza a

---

Processo de execução e cumprimento de sentença: temas atuais e controvertidos. São Paulo: Thomson Reuters Brasil, 2020, p. 534; ERPEN, Décio Antônio. A declaração de fraude à execução: consequências e aspectos registrais. *Revista de Direito Imobiliário*, v. 14, n. 28, p. 46-47, jul.-dez. 1991; SOUZA, Gelson Amaro de. Execução e fraude à execução no novo CPC/2015. In: CÂMARA, Helder Moroni; DELFINO, Lúcio; MOURÃO, Luiz Eduardo Ribeiro; MAZZEI, Rodrigo (Org.). *Aspectos polêmicos do novo Código de Processo Civil*. São Paulo: Almedina, 2018, v. 2, p. 26-27; THEODORO JUNIOR, Humberto. Fraude contra credores e fraude à execução. *Revista dos Tribunais*, v. 89, n. 776, p. 20-21, jun. 2000.

43. VICELLI, Gustavo de Melo; FÜRST, Henderson. Fraude à execução e a imprecisão normativa do Código de Processo Civil. *Revista de Processo*, v. 303, ano 45. p. 157-180, p. 160, maio 2020.
44. THEODORO JUNIOR, Humberto. Alguns problemas pendentes de solução após a reforma da execução dos títulos extrajudiciais (Lei 11.382/2006). *Revista de Processo*, v. 33, n. 156, p. 31, fev. 2008.
45. THEODORO JUNIOR, Humberto. A fraude à execução e o regime de sua declaração em juízo. *Revista de Processo*, n. 102, ano 26, p. 79, abr.-jun. 2001.
46. VICELLI, Gustavo de Melo; FÜRST, Henderson. Fraude à execução e a imprecisão normativa do Código de Processo Civil. *Revista de Processo*, v. 303, ano 45. p. 157-180, maio 2020; THEODORO JUNIOR, Humberto. Fraude na execução singular e na execução concursal. In: GALLOTTI, Isabel; DANTAS, Bruno; FREIRE, Alexandre; GAJARDONI, Fernando da Fonseca; MEDINA, José Miguel Garcia (Coord.). *O papel da jurisprudência no STJ*. São Paulo: Ed. RT, 2014, p. 957; SÁ, Renato Montans de. A responsabilidade patrimonial do executado e os atos atentatórios à dignidade da execução. In: ASSIS, Araken de; BRUSCHI, Gilberto Gomes (Coord.). *Processo de execução e cumprimento de sentença*: temas atuais e controvertidos. São Paulo: Thomson Reuters Brasil, 2020, p. 534; THEODORO JUNIOR, Humberto. A fraude à execução e o regime de sua declaração em juízo. *Revista de Processo*, n. 102, ano 26, p. 79-80, abr.-jun. 2001; THEODORO JUNIOR, Humberto. Fraude contra credores e fraude à execução. *Revista dos Tribunais*, v. 89, n. 776, p. 28-29, jun. 2000.
47. BRITO, Cristiano Gomes de. Novas perspectivas da fraude à execução nos processos civil, trabalhista e tributário. *Revista de Processo*, v. 277, ano 43, p. 263, mar. 2018; THEODORO JUNIOR, Humberto. Alguns problemas pendentes de solução após a reforma da execução dos títulos extrajudiciais (Lei 11.382/2006). *Revista de Processo*, v. 33, n. 156, p. 30-31, fev. 2008; TEIXEIRA, Sálvio de Figueiredo. Fraude de execução. *Revista da AMAGIS*, v. 3, n. 8, p. 92, 1985.
48. Houve intensa discussão sobre quando seria considerada proposta a ação para fins de configuração da fraude à execução, tendo prevalecido a interpretação de que a litispendência só ocorre após a citação da parte requerida, embora doutrina defenda que, para fins de comprovação da má-fé do terceiro adquirente é suficiente a distribuição da petição inicial com registro no cartório. Cf. COELHO, Daniel Pereira. Aspectos polêmicos da fraude à execução e sua análise de acordo com o Novo CPC. *Revista Forense*, v. 422, ano 111, p. 77-78, jul.-dez. 2015; AURELLI, Arlete Inês. A evolução da fraude à execução na jurisprudência do STJ. In: GALLOTTI, Isabel; DANTAS, Bruno; FREIRE, Alexandre; GAJARDONI, Fernando da Fonseca; MEDINA, José Miguel Garcia (Coord.). *O papel da jurisprudência no STJ*. São Paulo: Ed. RT, 2014, p. 877-879; BAYEUX FILHO, José Luiz. Fraude contra credores e fraude à execução. *Revista de Processo*, n. 61, ano 16, jan.-mar. 1991, p. 256; FERRARI NETO, Luiz Antonio. Fraude contra credores vs. Fraude à execução: a polêmica trazida pela Súmula 375 do STJ. *Revista de Processo*, v. 36, n. 195, p. 226-228, maio 2011; LUCON, Paulo

insolvência ou impeça o cumprimento da obrigação[49], retirando de seu patrimônio os bens capazes de solvê-la[50]. Alienações ou onerações patrimoniais realizadas em tais condições são declaradas sem efeito quando acolhida a fraude à execução, arguida incidentalmente pelo credor[51]. Contudo, trata-se de uma ineficácia relativa, pois o negócio permanece válido e, em geral, eficaz, exceto em relação àquele credor que arguiu a fraude à execução[52].

Outrossim, a fraude contra credores é afeta ao direito material e resulta na anulação do negócio entre devedor e terceiro. Já a fraude à execução é instituto de direito processual, inclusive arguida de modo incidental, dependente da existência prévia de um processo em relação ao negócio, o qual será relativamente ineficaz perante o credor[53], mas permanece válido entre as partes[54].

Uma corrente considerada mais tradicional, exemplificada por Alfredo Buzaid[55] e Enrico Tullio Liebman[56], considera distintas as figuras da fraude contra credores e da fraude à execução, pois essa última dispensa o elemento psicológico[57], além de representar ofensa ao direito do credor e também ao processo[58]. Considerava Liebman

---

Henrique dos Santos. Fraude de execução, responsabilidade processual civil e registro de penhora. *Revista de Processo*, v. 25, n. 98, p. 166, abr.-jun. 2000; TEIXEIRA, Sálvio de Figueiredo. Fraude de execução. *Revista da AMAGIS*, v. 3, n. 8, p. 99, 1985.

49. COELHO, Daniel Pereira. Aspectos polêmicos da fraude à execução e sua análise de acordo com o Novo CPC. *Revista Forense*, v. 422, ano 111, p. 75, jul.-dez. 2015; VICELLI, Gustavo de Melo; FÜRST, Henderson. Fraude à execução e a imprecisão normativa do Código de Processo Civil. *Revista de Processo*, v. 303, ano 45. p. 157-180, maio 2020; ASSIS, Carlos Augusto de. Fraude à execução e boa-fé do adquirente. *Revista de Processo*, v. 27, n. 105, p. 224, jan.-mar. 2002.
50. ASSIS, Araken de. Fraude à execução e legitimidade do terceiro hipotecante. *Revista Jurídica*, ano 39, n. 168, out-1991, p. 9-10.
51. BRITO, Cristiano Gomes de. Novas perspectivas da fraude à execução nos processos civil, trabalhista e tributário. *Revista de Processo*, v. 277, ano 43, p. 258, mar. 2018.
52. VICELLI, Gustavo de Melo; FÜRST, Henderson. Fraude à execução e a imprecisão normativa do Código de Processo Civil. *Revista de Processo*, v. 303, ano 45. p. 157-180, maio 2020; THEODORO JUNIOR, Humberto. A fraude à execução e o regime de sua declaração em juízo. *Revista de Processo*, n. 102, ano 26, p. 84-85, abr.-jun. 2001; SOUZA, Gelson Amaro de. Execução e fraude à execução no novo CPC/2015. In: CÂMARA, Helder Moroni; DELFINO, Lúcio; MOURÃO, Luiz Eduardo Ribeiro; MAZZEI, Rodrigo (Org.). *Aspectos polêmicos do novo Código de Processo Civil*. São Paulo: Almedina, 2018, v. 2, p. 39-41; ERPEN, Décio Antônio. A declaração de fraude à execução: consequências e aspectos registrais. *Revista de Direito Imobiliário*, v. 14, n. 28, p. 45-46, jul.-dez. 1991; LUCON, Paulo Henrique dos Santos. Fraude de execução, responsabilidade processual civil e registro de penhora. *Revista de Processo*, v. 25, n. 98, p. 163-164, abr.-jun. 2000.
53. TEIXEIRA, Sálvio de Figueiredo. Fraude de execução. *Revista da AMAGIS*, v. 3, n. 8, p. 93, 1985.
54. ASSIS, Araken de. Fraude à execução e legitimidade do terceiro hipotecante. *Revista Jurídica*, ano 39, n. 168, p. 12, out. 1991; SOUZA, Gelson Amaro de. Execução e fraude à execução no novo CPC/2015. In: CÂMARA, Helder Moroni; DELFINO, Lúcio; MOURÃO, Luiz Eduardo Ribeiro; MAZZEI, Rodrigo (Org.). *Aspectos polêmicos do novo Código de Processo Civil*. São Paulo: Almedina, 2018, v. 2, p. 22-23.
55. BUZAID, Alfredo. *Do concurso de credores no processo de execução*. São Paulo: Saraiva, 1952, p. 274.
56. LIEBMAN, Enrico Tullio. *Processo de execução*. 4. ed. Atual. Joaquim Munhoz de Mello. São Paulo: Saraiva, 1980, p. 108.
57. DINAMARCO, Cândido Rangel. *Instituições de direito processual civil*. 3 ed. São Paulo: Malheiros, 2009, v. 4, p. 446; TEIXEIRA, Sálvio de Figueiredo. Fraude de execução. *Revista da AMAGIS*, v. 3, n. 8, p. 93, 1985; TEIXEIRA, Sálvio de Figueiredo. *Código de Processo Civil Anotado*. 6 ed. São Paulo: Saraiva, 1996, art. 593.
58. CAHALI, Yussef Said. *Fraudes contra credores*. 5. ed. atual. São Paulo: Ed. RT, 2013, p. 453-454; SALAMACHA, José Eli. A fraude à execução no direito comparado. *Revista de Processo*, n. 131, ano 31, p. 102, jan. 2006; CAIS, Frederico Fontoura da Silva. Embargos de terceiro e fraude à execução. *Revista de Processo*, v. 29, n.

que, na fraude à execução, o elemento subjetivo está *in re ipsa*[59], ou seja, na própria fraude, não sendo necessária sua demonstração.

Contudo, a interpretação que mais prosperou no Brasil foi a de que ambas figuras tinham o mesmo resultado prático, qual seja, a ineficácia relativa da alienação prejudicial aos credores[60] e, embora previstas em diplomas legais de caráter distinto e com algumas diferenças procedimentais, os requisitos da fraude contra credores e da fraude à execução seriam os mesmos: *(i)* fraude do devedor na alienação[61]; *(ii)* a ciência da fraude pelo terceiro adquirente[62]; *(iii)* o prejuízo ao credor decorrente da insolvência ou redução patrimonial do devedor[63].

A exigência do *consilium fraudis* entre o devedor e o terceiro adquirente para configuração da fraude à execução está relacionada a discussão sobre a boa-fé do terceiro e a sua proteção pelo ordenamento[64]. Isso porque a tutela do credor, seja por

---

118, p. 125-126, nov.-dez. 2004; BAYEUX FILHO, José Luiz. Fraude contra credores e fraude à execução. *Revista de Processo*, n. 61, ano 16, p. 250-251, jan.-mar. 1991; CASTRO NEVES, José Roberto de. As garantias do cumprimento da obrigação. *Revista da EMERJ*, v. 11, n. 44, p. 188, 2008; FERRARI NETO, Luiz Antonio. Fraude contra credores vs. Fraude à execução: a polêmica trazida pela Súmula 375 do STJ. *Revista de Processo*, v. 36, n. 195, p. 225, maio 2011.

59. LIEBMAN, Enrico Tullio. *Processo de execução*. 4. ed. Atual. Joaquim Munhoz de Mello. São Paulo: Saraiva, 1980, p. 174; TEIXEIRA, Sálvio de Figueiredo. Fraude de execução. *Revista da AMAGIS*, v. 3, n. 8, p. 93, 1985.
60. THEODORO JUNIOR, Humberto. Fraude contra credores e fraude à execução. *Revista dos Tribunais*, v. 89, n. 776, p. 27-30, jun. 2000.
61. SOUZA, Gelson Amaro de. Execução e fraude à execução no novo CPC/2015. In: CÂMARA, Helder Moroni; DELFINO, Lúcio; MOURÃO, Luiz Eduardo Ribeiro; MAZZEI, Rodrigo (Org.). *Aspectos polêmicos do novo Código de Processo Civil*. São Paulo: Almedina, 2018, v. 2, p. 36.
62. ASSIS, Carlos Augusto de. Fraude à execução e boa-fé do adquirente. *Revista de Processo*, v. 27, n. 105, jan.-mar. 2002, p. 228.
63. THEODORO JUNIOR, Humberto. Fraude na execução singular e na execução concursal. In: GALLOTTI, Isabel; DANTAS, Bruno; FREIRE, Alexandre; GAJARDONI, Fernando da Fonseca; MEDINA, José Miguel Garcia. *O papel da jurisprudência no STJ*. São Paulo: Ed. RT, 2014, p. 957-958; THEODORO JUNIOR, Humberto. A fraude à execução e o regime de sua declaração em juízo. *Revista de Processo*, n. 102, ano 26, p. 80-82, abr.-jun. 2001; THEODORO JUNIOR, Humberto. A execução forçada e a responsabilidade patrimonial. In: DINIZ, Maria Helena (Coord.). *Atualidades jurídicas*. São Paulo: Saraiva, 2001, v. 3, p. 226-227; SOUZA, Gelson Amaro de. Execução e fraude à execução no novo CPC/2015. In: CÂMARA, Helder Moroni; DELFINO, Lúcio; MOURÃO, Luiz Eduardo Ribeiro; MAZZEI, Rodrigo (Org.). *Aspectos polêmicos do novo Código de Processo Civil*. São Paulo: Almedina, 2018, v. 2, p. 33-34; THEODORO JUNIOR, Humberto. Tutela jurisdicional dos direitos em matéria de responsabilidade civil: execução, penhora e questões polêmicas. *Revista de Processo*, n. 101, ano 26, p. 50, jan.-mar. 2001.
64. THEODORO JUNIOR, Humberto. Fraude na execução singular e na execução concursal. In: GALLOTTI, Isabel; DANTAS, Bruno; FREIRE, Alexandre; GAJARDONI, Fernando da Fonseca; MEDINA, José Miguel Garcia. *O papel da jurisprudência no STJ*. São Paulo: Ed. RT, 2014, p. 958-959; THEODORO JUNIOR, Humberto. A fraude à execução e o regime de sua declaração em juízo. *Revista de Processo*, n. 102, ano 26, abr.-jun. 2001, p. 82; DIDIER JUNIOR, Fredie; BRAGA, Paula Sarno. O princípio da concentração da matrícula e a fraude à execução: um diálogo entre a lei n. 13.097/2015 e o CPC/ 2015. In: LUCON, Paulo Henrique dos Santos; OLIVEIRA, Pedro Miranda de. *Panorama atual do novo CPC*. São Paulo: empório do direito.com: Tirant lo Blanch, 2019, v. 3, p. 210; MARREY NETO, José Adriano. A boa-fé do adquirente de imóvel induzido em erro pelos vendedores. *Revista dos Tribunais*, v. 100, n. 911, p. 56, set. 2011; BRITO, Cristiano Gomes de. Novas perspectivas da fraude à execução nos processos civil, trabalhista e tributário. *Revista de Processo*, v. 277, ano 43, mar. 2018, p. 264; LUCON, Paulo Henrique dos Santos. Fraude de execução, responsabilidade processual civil e registro de penhora. *Revista de Processo*, v. 25, n. 98, abr.-jun.

meio da fraude contra credores ou da fraude à execução, vai esbarrar, inexoravelmente, na esfera deste terceiro, que corre o risco de ter declarado ineficaz ou anulado o negócio do qual participou e, consequentemente, retirado de seu patrimônio o bem por ele adquirido[65].

Não é exigido que o terceiro partilhe da intenção de prejudicar o credor, mas apenas que tenha, ou devesse ter, ciência do risco que tal negócio acarreta para a insolvência do devedor, ou mesmo sobre a discussão judicial que paira sobre o bem em questão[66]. Nesse sentido, a lei passou a apontar medidas que reforçavam a divulgação da constrição do bem, ou da existência de demanda contra o devedor. É o caso da inscrição de penhora em assentamento no registro público, não como requisito constitutivo[67], mas para extensão de sua eficácia para terceiros[68], assim também a averbação de certidão de distribuição de ação de execução[69] contra o devedor na matrícula de imóveis da propriedade deste último[70].

2000, p. 166; THEODORO JUNIOR, Humberto. Fraude contra credores e fraude à execução. *Revista dos Tribunais*, v. 89, n. 776, p. 13, jun. 2000.

65. DIDIER JUNIOR, Fredie; BRAGA, Paula Sarno. O princípio da concentração da matrícula e a fraude à execução: um diálogo entre a lei n. 13.097/2015 e o CPC/ 2015. In: LUCON, Paulo Henrique dos Santos; OLIVEIRA, Pedro Miranda de. *Panorama atual do novo CPC*. São Paulo: empório do direito.com: Tirant lo Blanch, 2019, v. 3, p. 209; THEODORO JUNIOR, Humberto. A execução forçada e a responsabilidade patrimonial. In: DINIZ, Maria Helena (Coord.). *Atualidades jurídicas*. São Paulo: Saraiva, 2001, v. 3, p. 218.
66. DIDIER JUNIOR, Fredie; BRAGA, Paula Sarno. O princípio da concentração da matrícula e a fraude à execução: um diálogo entre a lei n. 13.097/2015 e o CPC/ 2015. In: LUCON, Paulo Henrique dos Santos; OLIVEIRA, Pedro Miranda de. *Panorama atual do novo CPC*. São Paulo: empório do direito.com: Tirant lo Blanch, 2019, v. 3, p. 213; ALVIM, Arruda. O terceiro adquirente de bem imóvel do réu, pendente ação reivindicatória não inscrita no registro de imóveis, e a eficácia da sentença em relação a esse terceiro, no direito brasileiro. *Revista de Processo*, v. 8, n. 31, p. 190, jul.-set. 1983; MAZZEI, Rodrigo; BENTO, Leriane Drumond. Fraude à execução no CPC/2015: algumas questões registrais. *Revista Jurídica*, v. 63, n. 452, p. 11, jun. 2015.
67. CAIS, Frederico Fontoura da Silva. Embargos de terceiro e fraude à execução. *Revista de Processo*, v. 29, n. 118, p. 134, nov.-dez. 2004.
68. THEODORO JUNIOR, Humberto. Fraude na execução singular e na execução concursal. In: GALLOTTI, Isabel; DANTAS, Bruno; FREIRE, Alexandre; GAJARDONI, Fernando da Fonseca; MEDINA, José Miguel Garcia. *O papel da jurisprudência no STJ*. São Paulo: Ed. RT, 2014, p. 959; THEODORO JUNIOR, Humberto. A execução forçada e a responsabilidade patrimonial. In: DINIZ, Maria Helena (Coord.). *Atualidades jurídicas*. São Paulo: Saraiva, 2001, v. 3, p. 224; AURELLI, Arlete Inês. A evolução da fraude à execução na jurisprudência do STJ. In: GALLOTTI, Isabel; DANTAS, Bruno; FREIRE, Alexandre; GAJARDONI, Fernando da Fonseca; MEDINA, José Miguel Garcia (Coord.). *O papel da jurisprudência no STJ*. São Paulo: Ed. RT, 2014, p. 881-882; THEODORO JUNIOR, Humberto. Tutela jurisdicional dos direitos em matéria de responsabilidade civil: execução, penhora e questões polêmicas. *Revista de Processo*, n. 101, ano 26, p. 49, jan.-mar. 2001; FERRARI NETO, Luiz Antonio. Fraude contra credores vs. Fraude à execução: a polêmica trazida pela Súmula 375 do STJ. *Revista de Processo*, v. 36, n. 195, p. 233-234, maio 2011; LUCON, Paulo Henrique dos Santos. Fraude de execução, responsabilidade processual civil e registro de penhora. *Revista de Processo*, v. 25, n. 98, p. 169-171, abr.-jun. 2000; THEODORO JUNIOR, Humberto. Fraude contra credores e fraude à execução. *Revista dos Tribunais*, v. 89, n. 776, p. 31, jun. 2000.
69. BONÍCIO, Marcelo José Magalhães. A averbação e a fraude de execução na reforma do CPC: artigo 615-A. *Revista Magister de Direito Civil e Processual Civil*, n. 20, p. 68-69, set.-out. 2007; THEODORO JUNIOR, Humberto. Alguns problemas pendentes de solução após a reforma da execução dos títulos extrajudiciais (Lei 11.382/2006). *Revista de Processo*, v. 33, n. 156, p. 29, fev. 2008.
70. Tal medida foi objeto de críticas quando ainda estava em tramitação legislativa. Cf. PINTO, Rodrigo Strobel; TEIVE, Marcello Müller. Averbação acional e constrição preliminar: críticas e sugestões ao pretenso art.

Oportuno, entretanto, registrar a posição de Arruda Alvim, fundamentada na exegese do art. 42, § 3º, do Código de Processo Civil de 1973, que estendia os efeitos da sentença ao terceiro adquirente ou cessionário[71]. A regra foi mantida pelo § 3º do art. 109 do Código de Processo Civil de 2015[72]. Para esse autor, seria dispensável que o exequente, vencedor de uma ação reivindicatória, comprovasse a fraude à execução, ainda que a ação não estivesse inscrita no registro do bem. O âmago da questão está na interpretação do direito material, na extensão das faculdades e direitos do proprietário sobre o bem, que têm caráter *erga omnes*, o que sustenta a legitimidade passiva de qualquer um que esteja injustamente na posse do bem. Ao terceiro adquirente caberá[73], com base na alegação e comprovação de sua boa-fé, receber a indenização cabível por eventuais benfeitorias, pois a inscrição "(...) nada tem a ver com a eficácia da sentença em relação a ele, terceiro adquirente pendente a lide, em demanda real (= reivindicatória), senão que, será elemento útil, e, praticamente quase definitivo, no estabelecimento da boa ou má-fé do terceiro adquirente"[74].

Ocorre que esse raciocínio não pode ser transposto para todas as hipóteses legais de fraude à execução, uma vez que não são juridicamente equiparáveis a posição do titular de um direito real que busca reaver a coisa e do credor que vê ameaçada a garantia de satisfação do seu direito, que é de cunho pessoal. Isso porque a clássica distinção entre direitos reais e obrigacionais impõe que os primeiros são oponíveis *erga omnes*, ao passo que os segundos apenas podem ser exigidos do devedor, ou seja, *inter partes*, e, quando muito, de eventuais garantidores que anuíram com tal condição.

Assim, a discussão sobre a ciência de terceiro, e, por conseguinte, sobre o registro de constrições e ações, é relevante ainda que para algumas hipóteses de fraude. Mas, se por um lado, tais medidas são consideradas ônus para o credor[75], sob outro ponto de vista elas têm o condão de reduzir as hipóteses de alegação de desconhecimento por parte do terceiro, fortalecendo a proteção daquele[76]. Mais do que isso, elas, por vezes, dão margem à interpretação de que a boa-fé do terceiro adquirente exige dele

---

615-A do CPC, consoante Projeto de Lei 4.497/2005. *Revista de Processo*, v. 31, n. 138, p. 139-148, ago. 2006.
71. ALVIM, Arruda. O terceiro adquirente de bem imóvel do réu, pendente ação reivindicatória não inscrita no registro de imóveis, e a eficácia da sentença em relação a esse terceiro, no direito brasileiro. *Revista de Processo*, v. 8, n. 31, p. 190-193, jul.-set. 1983.
72. SÁ, Renato Montans de. A responsabilidade patrimonial do executado e os atos atentatórios à dignidade da execução. In: ASSIS, Araken de; BRUSCHI, Gilberto Gomes (Coord.). *Processo de execução e cumprimento de sentença*: temas atuais e controvertidos. São Paulo: Thomson Reuters Brasil, 2020, p. 539-540.
73. Posição semelhante é adotada por Bruno Mattos e Silva, que reconhece que os efeitos da ação reivindicatória independem do registro na matrícula do imóvel. A consequência da falta de registro será a imposição de obrigação ao autor de indenizar o terceiro adquirente. Cf. SILVA, Bruno Mattos e. Fraude à execução, registro imobiliário e boa-fé objetiva. *Revista de Direito Imobiliário*, v. 22, n. 47, p. 130, jul.-dez. 1999.
74. ALVIM, Arruda. O terceiro adquirente de bem imóvel do réu, pendente ação reivindicatória não inscrita no registro de imóveis, e a eficácia da sentença em relação a esse terceiro, no direito brasileiro. *Revista de Processo*, v. 8, n. 31, p. 195, jul.-set. 1983.
75. Há quem entenda ser um dever decorrente da boa-fé objetiva. Cf. SILVA, Bruno Mattos e. Fraude à execução, registro imobiliário e boa-fé objetiva. *Revista de Direito Imobiliário*, v. 22, n. 47, p. 130, jul.-dez. 1999.
76. COELHO, Daniel Pereira. Aspectos polêmicos da fraude à execução e sua análise de acordo com o Novo CPC. *Revista Forense*, v. 422, ano 111, p. 79, jul.-dez. 2015; AURELLI, Arlete Inês. A evolução da fraude à execução na jurisprudência do STJ. In: GALLOTTI, Isabel; DANTAS, Bruno; FREIRE, Alexandre; GAJARDONI,

uma conduta ativa e diligente[77], de pesquisar em cartórios judiciais[78], ofícios de registro e outros órgãos sobre eventuais restrições sobre o bem ou demandas judiciais contra o devedor[79]. Outrossim, elas modificam a regra de distribuição de ônus da prova quanto à boa-fé do adquirente[80], constituindo o registro de distribuição da ação ou de penhora uma presunção *jure et de jure* da má-fé daquele que adquiriu o bem[81]. O raciocínio inverso leva à conclusão de que a falta de averbação atribui ao exequente o ônus de provar a má-fé do terceiro[82].

A exigência de requisitos objetivos e subjetivos para a configuração da fraude à execução se notabilizou com a edição da Súmula 375 pelo Superior Tribunal de Justiça, em março de 2009, com a seguinte redação: "o reconhecimento da fraude à execução depende do registro da penhora do bem alienado ou da prova de má-fé do terceiro adquirente"[83]. Em razão da importância desse verbete, convém explorar, ainda que brevemente, seu processo de formação e sua aplicação pelo Tribunal.

Fernando da Fonseca; MEDINA, José Miguel Garcia (Coord.). *O papel da jurisprudência no STJ*. São Paulo: Ed. RT, 2014, p. 883 e 890.

77. CAHALI, Yussef Said. *Fraudes contra credores*. 5 ed. São Paulo: Ed. RT, 2013, p. 353.
78. SILVA, Bruno Mattos e. Fraude à execução, registro imobiliário e boa-fé objetiva. *Revista de Direito Imobiliário*, v. 22, n. 47, p. 129, jul.-dez. 1999; LUCON, Paulo Henrique dos Santos. Fraude de execução, responsabilidade processual civil e registro de penhora. *Revista de Processo*, v. 25, n. 98, p. 169, abr.-jun. 2000.
79. ARRUDA ALVIM, Angélica; MIRANDA, Flávia Poyares. Fraude à execução no novo CPC e a súmula n. 375/STJ. *Revista Forense*, v. 421, ano 111, p. 13, jan.-jun. 2015; AURELLI, Arlete Inês. A evolução da fraude à execução na jurisprudência do STJ. In: GALLOTTI, Isabel; DANTAS, Bruno; FREIRE, Alexandre; GAJARDONI, Fernando da Fonseca; MEDINA, José Miguel Garcia (Coord.). *O papel da jurisprudência no STJ*. São Paulo: Ed. RT, 2014, p. 888; ALVIM, Arruda. O terceiro adquirente de bem imóvel do réu, pendente ação reivindicatória não inscrita no registro de imóveis, e a eficácia da sentença em relação a esse terceiro, no direito brasileiro. *Revista de Processo*, v. 8, n. 31, p. 197, jul.-set. 1983; ASSIS, Carlos Augusto de. Fraude à execução e boa-fé do adquirente. *Revista de Processo*, v. 27, n. 105, p. 237, jan.-mar. 2002.
80. THEODORO JUNIOR, Humberto. A fraude à execução e o regime de sua declaração em juízo. *Revista de Processo*, n. 102, ano 26, p. 83-84, abr.-jun. 2001.
81. COELHO, Daniel Pereira. Aspectos polêmicos da fraude à execução e sua análise de acordo com o Novo CPC. *Revista Forense*, v. 422, ano 111, p. 83, jul.-dez. 2015; AURELLI, Arlete Inês. A evolução da fraude à execução na jurisprudência do STJ. In: GALLOTTI, Isabel; DANTAS, Bruno; FREIRE, Alexandre; GAJARDONI, Fernando da Fonseca; MEDINA, José Miguel Garcia (Coord.). *O papel da jurisprudência no STJ*. São Paulo: Ed. RT, 2014, p. 875-876; FERRARI NETO, Luiz Antonio. Fraude contra credores vs. Fraude à execução: a polêmica trazida pela Súmula 375 do STJ. *Revista de Processo*, v. 36, n. 195, p. 245, maio 2011; THEODORO JUNIOR, Humberto. Alguns problemas pendentes de solução após a reforma da execução dos títulos extrajudiciais (Lei 11.382/2006). *Revista de Processo*, v. 33, n. 156, p. 31, fev. 2008.
82. DIDIER JUNIOR, Fredie; BRAGA, Paula Sarno. O princípio da concentração da matrícula e a fraude à execução: um diálogo entre a lei n. 13.097/2015 e o CPC/ 2015. In: LUCON, Paulo Henrique dos Santos; OLIVEIRA, Pedro Miranda de. *Panorama atual do novo CPC*. São Paulo: empório do direito.com: Tirant lo Blanch, 2019, v. 3, p. 212; THEODORO JUNIOR, Humberto. A execução forçada e a responsabilidade patrimonial. In: DINIZ, Maria Helena (Coord.). *Atualidades jurídicas*. São Paulo: Saraiva, 2001, v. 3, p. 222-223; SILVA, Bruno Mattos e. Fraude à execução, registro imobiliário e boa-fé objetiva. *Revista de Direito Imobiliário*, v. 22, n. 47, jul.-dez. 1999, p. 131; ASSIS, Carlos Augusto de. Fraude à execução e boa-fé do adquirente. *Revista de Processo*, v. 27, n. 105, p. 235, jan.-mar. 2002; FERRARI NETO, Luiz Antonio. Fraude contra credores vs. Fraude à execução: a polêmica trazida pela Súmula 375 do STJ. *Revista de Processo*, v. 36, n. 195, p. 235, maio 2011; LUCON, Paulo Henrique dos Santos. Fraude de execução, responsabilidade processual civil e registro de penhora. *Revista de Processo*, v. 25, n. 98, p. 171, abr.-jun. 2000.
83. VICELLI, Gustavo de Melo; FÜRST, Henderson. Fraude à execução e a imprecisão normativa do Código de Processo Civil. *Revista de Processo*, v. 303, ano 45. p. 157-180, p. 174, maio 2020; SÁ, Renato Montans de. A responsabilidade patrimonial do executado e os atos atentatórios à dignidade da execução. In: ASSIS,

3. A FORMAÇÃO E A APLICAÇÃO DA SÚMULA 375 DO SUPERIOR TRIBUNAL DE JUSTIÇA

Grande parte dos debates e da insegurança relacionada ao conflito jurídico entre a proteção do credor e do terceiro adquirente, decorre da imprecisão de conceitos doutrinários e do uso de termos diferentes para, ao final, designar um mesmo sentido. A propósito, já foi observado em sede doutrinária que a confusão jurisprudencial em torno da exigência de requisitos subjetivos para a caracterização da fraude à execução ocorreu pela adoção da teoria rigorista da boa-fé, que exige uma atitude diligente do adquirente[84].

Além disso, parte da doutrina entende que a boa-fé objetiva é a fonte do critério jurídico para solucionar a questão entre o credor e o terceiro adquirente[85], indicando-a como fundamento para a existência de um dever de registro imposto ao credor. Porém, convém desde logo registrar que foi o aspecto subjetivo da boa-fé, aquele relativo ao estado de consciência desses agentes[86], o determinante na análise dos ministros[87]. Assim, o Superior Tribunal de Justiça identificou, na casuística[88], comportamentos

---

Araken de; BRUSCHI, Gilberto Gomes (Coord.). *Processo de execução e cumprimento de sentença*: temas atuais e controvertidos. São Paulo: Thomson Reuters Brasil, 2020, p. 536.
84. ASSIS, Carlos Augusto de. Fraude à execução e boa-fé do adquirente. *Revista de Processo*, v. 27, n. 105, p. 230, jan.-mar. 2002.
85. GOMIDE, Alexandre Junqueira. Fraude à execução: Lei n. 13.097/2015 *versus* Novo Código de Processo Civil. Retrocessos na defesa do adquirente de boa-fé? *Revista Síntese*: Direito Civil e Processual Civil, v. 19, n. 112, p. 40, abr.-maio 2018; MAZZEI, Rodrigo; BENTO, Leriane Drumond. Fraude à execução no CPC/2015: algumas questões registrais. *Revista Jurídica*, v. 63, n. 452, p. 12-13, jun. 2015.
86. Entende-se que a diligência é um elemento da boa-fé subjetiva, pois somente o equívoco escusável é compatível com esse conceito e sua tutela jurídica. Cf. ASSIS, Carlos Augusto de. Fraude à execução e boa-fé do adquirente. *Revista de Processo*, v. 27, n. 105, p. 223-224, jan.-mar. 2002.
87. STJ, Recurso Especial 2653/MS, rel. Min. Eduardo Ribeiro, Terceira Turma, j. 18.09.1990, DJ 19.11.1990, p. 13.258; STJ, Recurso Especial 60.600/PR, rel. Min. Nilson Naves, Terceira Turma, j. 17.10.1995, DJ 26.02.1996, p. 4011; STJ, Recurso Especial 191505/SP, rel. Min. Waldemar Zveiter, Terceira Turma, j. 30.09.1999, DJ 17.12.1999, p. 355; STJ, Recurso Especial 212107/SP, rel. Min. Ruy Rosado de Aguiar, Quarta Turma, j. 04.09.1999, DJ 07.02.2000, p. 166; STJ, Recurso Especial 235639/RS, rel. Min. Eduardo Ribeiro, Terceira Turma, j. 19.11.1999, DJ 08.03.2000, p. 111; STJ, Recurso Especial 248323/SP, rel. Min. Ruy Rosado de Aguiar, Quarta Turma, j. 04.05.2000, DJ 28.08.2000, p. 91.
88. É o caso da credora, que sendo a construtora de um conjunto habitacional está ciente que as unidades imobiliárias são destinadas à venda pela executada, sendo esta empresa de empreendimentos comerciais. Nesse aspecto, não é exigível do adquirente as diligências de busca em cartórios judiciais e registros de imóveis. Cf. STJ, Recurso Especial 16218/SP, rel. Min. Nilson Naves, Terceira Turma, j. 10.05.1993, DJ 02.08.1993, p. 14241; STJ, Recurso Especial 23416/SP, rel. Min. Waldemar Zveiter, Terceira Turma, j. 25.05.1993, DJ 02.08.1993, p. 14241; STJ, Recurso Especial 32890/SP, rel. Min. Ruy Rosado de Aguiar, Quarta Turma, j. 14.11.1994, DJ 12.12.1994, p. 34350; STJ, Recurso Especial 219867/RS, rel. Min. Ari Pargendler, Terceira Turma, j. 06.05.2002, DJ 12.04.2004, p. 203; Outro exemplo é a proteção do terceiro que adquire do arrematante em penhora anterior, cf. STJ, Recurso Especial 194306/MG, rel. Min. Aldir Passarinho Junior, Quarta Turma, j. 03.06.2003, DJ 19.12.2003, p. 467. Menciona-se, ainda, o reconhecimento de que a alienação de direitos pessoais também pode configurar fraude à execução: STJ, Recurso Especial 620779/SP, rel. Min. Nancy Andrighi, Terceira Turma, j. 05.08.2004, DJ 23.08.2004, p. 236. Na hipótese de ocultação do devedor para não ser citado, cf. STJ, Recurso Especial 173369/SP, rel. Min. Antonio de Pádua Ribeiro, Terceira Turma, j. 24.05.2005, DJ 20.06.2005, p. 263. Interessante resgatar o julgamento dos Embargos de Divergência em Recurso Especial 509827/SP, em que o debate sobre a conduta do credor e do terceiro adquirente foi bastante profícuo. O Min. Ari Pargendler entendeu que, tratando-se de alienação realizada

que justificariam a decisão favorável a um ou outro, e delineou com maior clareza o que se entende por boa-fé desses sujeitos[89].

O mais antigo acórdão[90] disponível na base de dados do Superior Tribunal de Justiça sobre esse tema discute o cabimento de embargos de terceiro por possuidores, cujo contrato preliminar de compra do imóvel não fora averbado no respectivo registro. Enquanto o Ministro Sálvio de Figueiredo Teixeira defendeu o sistema legal de propriedade imobiliária, ancorado no registro público, pois "*o assentamento no álbum imobiliário (e somente ele) permite a oponibilidade erga omnes do direito*", o Ministro Bueno de Souza, autor do voto vencedor, observou que os embargos de terceiro também se destinam à proteção de direitos obrigacionais, e não apenas os reais, afastando a aplicação da Súmula 621 do Supremo Tribunal Federal ao caso[91][92].

No início de seu funcionamento, já vigorava no Superior Tribunal de Justiça a interpretação de que a litispendência e a insolvência do devedor não eram suficientes

---

ainda na fase de conhecimento, quando não é possível o registro de penhora, dado que essa é medida típica da fase de execução, o credor que, posteriormente vem a averbar a penhora no registro merece maior tutela jurídica do que o adquirente que realiza o negócio sem verificar o registro da incorporação imobiliária. Com fundamentação diversa, o Min. Humberto Gomes de Barros asseverou que o registro jamais foi requisito da fraude à execução, nem tampouco qualquer elemento subjetivo, portanto "*a boa-fé do adquirente é irrelevante para a caracterização da fraude à execução. Importantes são os requisitos objetivos (não subjetivos!) previstos na Lei*", e votou acompanhando o Min. Ari Pargendler. Não obstante, os embargos de divergência não foram conhecidos pois, majoritariamente, entendeu-se que os processos não tinham a devida similitude fática. Cf. STJ, Embargos de Divergência em Recurso Especial 509827/SP, rel. Min. Ari Pargendler, rel. p/ acórdão Min. Carlos Alberto Menezes Direito, Segunda Seção, j. 25.04.2007, DJ 29.06.2007, p. 483.

89. SILVA, Bruno Mattos e. Fraude à execução, registro imobiliário e boa-fé objetiva. *Revista de Direito Imobiliário*, v. 22, n. 47, p. 133-134, jul.-dez. 1999; ASSIS, Carlos Augusto de. Fraude à execução e boa-fé do adquirente. *Revista de Processo*, v. 27, n. 105, p. 221-222, jan.-mar. 2002. STJ, Recurso Especial 13.988/ES, rel. Min. Claudio Santos, Terceira Turma, j. 04.05.1993, DJ 28.06.1993, p. 12.886.
90. STJ, Recurso Especial 188/PR, rel. Min. Sálvio de Figueiredo Teixeira, rel. p/ acórdão Min. Bueno de Souza, Quarta Turma, j. 08.08.1989, DJ 31.10.1989, p. 16.557. Discussão semelhante e o mesmo resultado foi alcançado no Recurso Especial 247/SP, rel. Min. Sálvio de Figueiredo Teixeira, rel. p/ acórdão Min. Bueno de Souza, Quarta Turma, j. 08.08.1989, DJ 20.11.1989, p. 17.294.
91. No mesmo sentido: STJ, Recurso Especial 226/SP, rel. Min. Gueiros Leite, Terceira Turma, j. 19.09.1989, DJ 30.10.1989, p. 16.508; STJ, Recurso Especial 866/RS, rel. Min. Eduardo Ribeiro, Terceira Turma, j. 10.10.1989, DJ 30.10.1989, p. 16.510; STJ, Recurso Especial 662/RS, rel. Min. Waldemar Zveiter, rel. p/ acórdão Min. Ilmar Galvão, Terceira Turma, j. 17.10.1989, DJ. 20.11.1989, p. 17.293; STJ, Recurso Especial 556/SP, rel. Min. Waldemar Zveiter, Terceira Turma, j. 17.10.1989, DJ 04.12.1989, p. 17.880; STJ, Recurso Especial 696/RS, rel. Min. Fontes de Alencar, Quarta Turma, j. 17.10.1989, DJ 20.11.1989, p. 17.296; STJ, Recurso Especial 1310/SP, rel. Min. Athos Gusmão Carneiro, Quarta Turma, j. 28.11.1989, DJ 18.12.1989, p. 18.478; STJ, Recurso Especial 1172/SP, rel. Min. Athos Gusmão Carneiro, Quarta Turma, j. 13.02.1990, DJ 16.04.1990, p. 2.878; STJ, Recurso Especial 11.173/SP, rel. Min. Sálvio de Figueiredo Teixeira, Quarta Turma, j. 03.11.1992, DJ 07.12.1992, p. 23.315; STJ, Recurso Especial 15.619/PR, rel. Min. Sálvio de Figueiredo Teixeira, Quarta Turma, j. 03.11.1992, DJ 07.12.1992, p. 23.316;
92. Anos após, o Ministro Sálvio de Figueiredo Teixeira assentou com maior rigor os pressupostos para a mitigação da súmula 621 do STF, sendo eles: i) comprovação da posse do imóvel pelo embargante; ii) demonstração da celebração do compromisso de compra e venda, mesmo que não registrado; iii) quitação do preço antes do ajuizamento da execução; e iv) certeza quanto à inexistência de fraude. Cf. STJ, Recurso Especial 39144/SP, rel. Min. Sálvio de Figueiredo Teixeira, Quarta Turma, j. 16.11.1993, DJ 07.02.1994, p. 1187. Anos após, o tema foi revisitado, em reforço ao cabimento de embargos de terceiro para proteção da posse, no Recurso Especial 256150, rel. Min. Aldir Passarinho Junior, Quarta Turma, j. 27.11.2001, DJ 18.03.2002, p. 255.

para a configuração da fraude à execução[93], embora fossem pressupostos essenciais da mesma[94]. Com efeito, apesar de asseverarem a dispensabilidade da prova do *consilium fraudis* e do registro[95], seja da citação ou da penhora, impunha-se ao credor o ônus de comprovar que o terceiro adquirente tinha ciência de ação em curso, capaz de tornar insolvente o devedor[96].

---

93. STJ, Recurso Especial 2314/SP, rel. Min. Claudio Santos, Terceira Turma, j. 10.04.1990, DJ 30.04.1990, p. 3.526
94. STJ, Recurso Especial 2573/RS, rel. Min. Fontes de Alencar, Quarta Turma, j. 14.05.1990, DJ 11.06/1990, p. 5362; STJ, Recurso Especial 2429/SP, rel. Min. Barros Monteiro, Quarta Turma, j. 19.06.1990, DJ 06.08.1990, p. 7340; STJ, Recurso Especial 2053/MS, rel. Min. Nilson Naves, rel. p/ acórdão Min. Eduardo Ribeiro, Terceira Turma, j. 21.08.1990, DJ 24.09.1990, p. 9978; STJ, Recurso Especial 5208/SP, rel. Min. Eduardo Ribeiro, Terceira Turma, j. 29.10.1990, DJ 10.12.1990, p. 14.806; STJ, Recurso Especial 7429/PR, rel. Min. Waldemar Zveiter, Terceira Turma, j. 12.03.1991, DJ 08.04.1991, p. 3888; STJ, Recurso Especial 8549/SP, rel. Min. Eduardo Ribeiro, Terceira Turma, j. 21.05.1991, DJ 17.06.1991, p. 8206; STJ, Recurso Especial 11178/SP, rel. Min. Nilson Naves, j. 13.08.1991, DJ 09.09.1991, p. 12200; STJ, Recurso Especial 4132/RS, rel. Min. Sálvio de Figueiredo Teixeira, Quarta Turma, j. 02.10.1991, DJ 07.10.1991, p. 13970; STJ, Recurso Especial 15.841/MG, rel. Min. Dias Trindade, Terceira Turma, j. 24.02.1992, DJ 15.06.1992, p. 9264; STJ, Recurso Especial 15.641/SP, rel. Min. Nilson Naves, Terceira Turma, j. 25.02.1992, DJ 18.05.1992, p. 6982; STJ, Recurso Especial 4755/SP, rel. Min. Athos Gusmão Carneiro, Quarta Turma, j. 30.06.1992, DJ 07.12.1992, p. 23.314; STJ, Recurso Especial 23.355/RJ, rel. Min. Dias Trindade, Terceira Turma, j. 10.08.1992, DJ 05.10.1992, p. 17.099; STJ, Recurso Especial 24.154/GO, rel. Min. Waldemar Zveiter, Terceira Turma, j. 29.09.1992, DJ 03.11.1992, p. 19.765; STJ, Recurso Especial 27.431/SP, rel. Min. Barros Monteiro, Quarta Turma, j. 10.11.1992, DJ 01.03.1993, p. 2521; STJ, Recurso Especial 16.823/SP, rel. Min. Sálvio de Figueiredo Teixeira, Quarta Turma, j. 16.11.1992, DJ 14.12.1992, p. 23926; STJ, Recurso Especial 30599/RJ, rel. Min. Nilson Naves, Terceira Turma, j. 29.06.1993, DJ 09.08.1993, p. 15228; STJ, Recurso Especial 103823/SP, rel. Min. Carlos Alberto Menezes Direito, Terceira Turma, j. 23.09.1997, DJ 01.12.1997, p. 62738; STJ, Recurso Especial 133130/PR, rel. Min. Ruy Rosado de Aguiar, Quarta Turma, j. 21.10.1997, DJ 09.12.1997, p. 64713; STJ, Recurso Especial 152432/RS, rel. Min. Carlos Alberto Menezes Direito, Terceira Turma, j. 02.03.1999, DJ 19.04.1999, p. 136; STJ, Recurso Especial 166787/SP, rel. Min. Carlos Alberto Menezes Direito, j. 10.08.1999, DJ 06.09.1999, p. 79; STJ, Recurso Especial 222822/SP, rel. Min. Sálvio de Figueiredo Teixeira, Quarta Turma, j. 14.09.1999, DJ 25.10.1999, p. 94; STJ, Recurso Especial 215914/MG, rel. Min. Ruy Rosado de Aguiar, Quarta Turma, j. 04.11.1999, DJ 14.02.2000, p. 40; STJ, Recurso Especial 204094/SC, rel. Min. Eduardo Ribeiro, Terceira Turma, j. 19.11.1999, DJ 08.03.2000, p. 107; STJ, Recurso Especial 61472/SP, rel. Min. Sálvio de Figueiredo Teixeira, Quarta Turma, j. 03.02.2000, DJ 27.03.2000, p. 106; STJ, Recurso Especial 202084/PR, rel. Min. Eduardo Ribeiro, Terceira Turma, j. 29.06.2000, DJ 21.08.2000, p. 123; STJ, Recurso Especial 302959/DF, rel. Min. Ruy Rosado de Aguiar, Quarta Turma, j. 26.06.2001, DJ 20.08.2001, p. 478; STJ, Recurso Especial 234473/SP, rel. Min. Nancy Andrighi, Terceira Turma, j. 22.10.2001, DJ 18.02.2002, p. 409; STJ, Recurso Especial 330254/CE, rel. Min. Sálvio de Figueiredo Teixeira, Quarta Turma, j. 13.11.2001, DJ 18.02.2002, p. 458; STJ, Recurso Especial 109883/MG, rel. Min. Barros Monteiro, Quarta Turma, j. 18.04.2002, DJ 18.11.2002, p. 218; STJ, Recurso Especial 290938/PB, rel. Min. Jorge Scartezzini, Quarta Turma, j. 16.09.2004, DJ 22.11.2004, p. 345; STJ, Recurso Especial 170126/RJ, rel. Min. Barros Monteiro, Quarta Turma, j. 14.12.2004, DJ 14.03.2005, p. 338; STJ, Recurso Especial 608846/AL, rel. Min. Carlos Alberto Menezes Direito, Terceira Turma, j. 05.04.2005, DJ 06.06.2005, p. 320; STJ, Recurso Especial 605186/MG, rel. Min. Carlos Alberto Menezes Direito, Terceira Turma, j. 16.06.2005, DJ 12.09.2005, p. 320; STJ, Recurso Especial 742609/DF, rel. Min. Ari Pargendler, Terceira Turma, j. 04.08.2005, DJ 01.02.2006, p. 554; STJ, Recurso Especial 255230/RJ, rel. Min. Humberto Gomes de Barros, Terceira Turma, j. 01.09.2005, DJ 26.09.2005, p. 351; STJ, Recurso Especial 1111067/SP, rel. Min. Sidnei Beneti, Terceira Turma, j. 19.05.2009, *DJe* 04.08.2009; STJ, Embargos de Divergência em Recurso Especial 101472/RJ, rel. Min. Humberto Gomes de Barros, Corte Especial, j. 25.06.2001, DJ 15.10.2001, p. 227.
95. STJ, Recurso Especial 333161/MS, rel. Min. Sálvio de Figueiredo Teixeira, Quarta Turma, j. 07.02.2002, DJ 15.04.2002, p. 225.
96. STJ, Recurso Especial 4132/RS, rel. Min. Sálvio de Figueiredo Teixeira, Quarta Turma, j. 02.10.1991, DJ 07.10.1991, p. 13970; STJ, Recurso Especial 26.866/RJ, rel. Min. Sálvio de Figueiredo Teixeira, Quarta

O registro da penhora não era considerado requisito para que fosse reconhecida tal modalidade de fraude[97], mas era importante para que a pretendida ineficácia fosse oponível a terceiros[98], sendo meio de prova apto a ensejar a presunção de que tinham ciência da constrição[99]. Desse modo, na prática, ele era importante para que fosse afastada a boa-fé do terceiro adquirente, e a fraude à execução servisse, de fato, ao propósito de assegurar o recebimento do crédito, ante a ineficácia do negócio entabulado entre o devedor e terceiro. Entretanto, "*a* circunstância de que não se achava averbada a penhora no registro imobiliário não significa a inexistência de fraude (...) não significa que outras formas de comprovação não possam ser utilizadas"[100], cabendo o ônus de prova ao credor[101].

Contudo, as turmas divergiam sobre a possibilidade de o credor comprovar a má-fé do terceiro adquirente no caso de alienações sucessivas, ou seja, naquelas hipóteses em que o atual proprietário do imóvel não o houvesse adquirido diretamente do devedor. A maioria dos precedentes indicava que a ineficácia, inerente à constatação da fraude à execução, não poderia atingir terceiro sem que fosse demonstrada a sua má-fé [102]. Por outro lado, havia acórdãos que sinalizavam que a ineficácia da alienação entre o devedor e terceiro, em razão da fraude à execução,

---

Turma, j. 20.10.1992, DJ 16.11.1992, p. 21.149; STJ, Recurso Especial 113871/DF, rel. Min. Cesar Asfor Rocha, Quarta Turma, j. 12.05.1997, DJ 15.09.1997, p. 44387; STJ, Recurso Especial 166787/SP, rel. Min. Carlos Alberto Menezes Direito, j. 10.08.1999, DJ 06.09.1999, p. 79;

97. STJ, Recurso Especial 2597/RS, rel. Min. Claudio Santos, Terceira Turma, j. 29.06.1990, DJ 27.08.1990, p. 8322; STJ, Recurso Especial 2653/MS, rel. Min. Eduardo Ribeiro, Terceira Turma, j. 18.09.1990, DJ 19.11.1990, p. 13.258 STJ, Recurso Especial 7712/RS, rel. Min. Dias Trindade, Terceira Turma, j. 09.04.1991, DJ 27.05.1991, p. 6962; STJ, Recurso Especial 19.393/SP, rel. Min. Eduardo Ribeiro, Terceira Turma, j. 16.03.1993, DJ 19.03.1993, p. 5254; STJ, Conflito de Competência 2870/SP, rel. Min. Sálvio de Figueiredo Teixeira, Segunda Seção, j. 25.08.1993, DJ 04.10.1993, p. 20490.
98. STJ, Recurso Especial 47806/RJ, rel. Min. Costa Leite, Terceira Turma, j. 02.08.1994, DJ 31.10.1994, p. 29495; STJ, Recurso Especial 3259/RS, rel. Min. Costa Leite, Terceira Turma, j. 22.02.1994, DJ 25.04.1994, p. 9248.
99. STJ, Recurso Especial 37011/SP, rel. Min. Sálvio de Figueiredo Teixeira, Quarta Turma, j. 14.09.1993, DJ 11.10.1993, p. 21326.
100. STJ, Recurso Especial 10214/SP, rel. Min. Dias Trindade, Terceira Turma, j. 13.09.1993, DJ 18.10.1993, p. 21872.
101. STJ, Recurso Especial 76063/RS, rel. Min. Ruy Rosado de Aguiar, Quarta Turma, j. 08.04.1996, DJ 24.06.1996, p. 22767; STJ, Recurso Ordinário em Mandado de Segurança 7229/SP, rel. Min. Ruy Rosado de Aguiar, Quarta Turma, j. 08.10.1996, DJ 11.11.1996, P. 43712; STJ, Recurso Especial 113666/DF, rel. Min. Carlos Alberto Menezes Direito, Terceira Turma, j. 13.05.1997, DJ 30.06.1997, p. 31031; STJ, Recurso Especial 110024/SP, rel. Min. Carlos Alberto Menezes Direito, Terceira Turma, j. 26.05.1997, DJ 04.08.1997, p. 34749; STJ, Recurso Especial 19402/RS, rel. Min. Carlos Alberto Menezes Direito, Terceira Turma, j. 09.06.1997, DJ 22.09.1997, p. 46441; STJ, Recurso Especial 145371/MG, rel. Min. Sálvio de Figueiredo Teixeira, Quarta Turma, j. 14.10.1997, DJ 24.11.1997, p. 61236; STJ, Recurso Especial 140670/GO, rel. Min. Carlos Alberto Menezes Direito, Terceira Turma, j. 14.10.1997, DJ 09.12.1997, p. 64695;
102. STJ, Recurso Especial 2653/MS, rel. Min. Eduardo Ribeiro, Terceira Turma, j. 18.09.1990, DJ 19.11.1990, p. 13.258; STJ, Recurso Especial 9.789/SP, rel. Min. Athos Gusmão Carneiro, Quarta Turma, j. 09.06.1992, DJ 03.08.1992, p. 11.321; STJ, Recurso Especial 68212/SP, rel. Min. Waldemar Zveiter, Terceira Turma, j. 13.02.1996, DJ 15.04.1996, p. 11525; STJ, Recurso Especial 114415/MG, rel. Min. Ruy Rosado de Aguiar, Quarta Turma, j. 23.04.1997, DJ 26.05.1997, p. 22546; STJ, Recurso Especial 136342/PR. Rel. Min. Ruy Rosado de Aguiar, Quarta Turma, j. 14.10.1997, DJ 15.12.1997, p. 66423;

comprometeria a sequência da cadeia dominial, já que não é possível transmitir um direito que não se tem[103].

O julgamento dos Embargos de Divergência em Recurso Especial n. 114.415/MG pacificou a interpretação mais protetiva aos terceiros de boa-fé no caso de alienações sucessivas, na medida em que prevaleceu a posição de que a ineficácia oriunda da fraude à execução só os afetará se tiveram ciência da penhora ou demanda contra o devedor[104], o que se dá, principalmente, pela averbação no registro de imóveis[105].

Nas hipóteses em que o bem era adquirido diretamente do devedor, a prova da má-fé de terceiro chegou a ser considerada dispensável[106]. Em outros precedentes foi valorada a diligência do comprador de se precaver contra aquisições a *non domino*, ou mesmo de verificar o risco envolvido no negócio que estava a realizar[107]. Nessa linha o Tribunal de Cidadania reconheceu como "precavidas as pessoas que subordinavam os negócios de compra e venda de imóveis à apresentação de certidões negativas forenses"[108]. Posteriormente, a Ministra Nancy Andrighi sugeriu que o ônus da prova da ciência do terceiro adquirente acerca da demanda em curso ou da penhora sobre o bem deveria ser atribuído a ele, não ao credor[109].

Todavia, a premissa de que a boa-fé é presumida, e a má-fé deve ser provada fortaleceu-se paulatinamente na jurisprudência do Tribunal[110]. Com efeito, as altera-

---

103. Em sentido contrário, há precedentes admitindo que toda a cadeia dominial seria afetada pela ineficácia da alienação decorrente de fraude à execução. Cf. STJ, Recurso Especial 27.555/SP, rel. Min. Dias Trindade, Terceira Turma, j. 13.10.1992, DJ 16.11.1992, p. 21.141; STJ, Recurso Especial 34189/RS, rel. Min. Dias Trindade, Terceira Turma, j. 14.03.1994, DJ 11.04.1994, p. 7641. Exceção importante foi reconhecida pelo Ministro Eduardo Ribeiro, em caso que o acórdão recorrido evidenciou a completa falta de cautela do terceiro adquirente, mesmo em se tratando de bem móvel, cf: STJ, Recurso Especial 74.222/RS, rel. Min. Eduardo Ribeiro, Terceira Turma, j. 14.05.1996, DJ 10.06.1996, p. 20323.
104. STJ, Embargos de Divergência no Recurso Especial 114415/MG, rel. Min. Eduardo Ribeiro, Segunda Seção, j. 12.11.1997, DJ 16.02.1998, p. 19.
105. A propósito foi mantida a eficácia da alienação e, com efeito, afastada a fraude à execução, no caso de negócio entabulado entre os sócios de empresa e terceiros, que adquiriram o bem dado em caução na concordata preventiva, uma vez que esse ônus não fora averbado no registro. Cf. STJ, Recurso Especial 164472/MS, rel. Min. Eduardo Ribeiro, Terceira Turma, j. 05.05.1998, DJ 03.08.1998, p. 236. Em outra oportunidade, o Min. Ruy Rosado de Aguiar observou que os adquirentes de boa-fé de um terreno vendido pelos sócios de empresa executada, contra os quais não havia pendência, teriam direito a manter a propriedade sobre o mesmo. Todavia, observados os limites do recurso, reconheceu o seu direito de retenção por benfeitorias, amparado na boa-fé. Cf. STJ, Recurso Especial 39887/SP, rel. Min. Ruy Rosado de Aguiar, Quarta Turma, j. 19.10.2000, DJ 18.12.2000, p. 197.
106. STJ, Recurso Especial 38239/SP, rel. Min. Eduardo Ribeiro, Terceira Turma, j. 05.10.1993, DJ 10.10.1994, p. 27167;
107. FERRARI NETO, Luiz Antonio. Fraude contra credores vs. Fraude à execução: a polêmica trazida pela Súmula 375 do STJ. *Revista de Processo*, v. 36, n. 195, p. 230, maio 2011.
108. STJ, Recurso Especial 87.547/SP, rel. Min. Ari Pargendler, Segunda Turma, j. 17.121998, DJ 22.03.1999, p. 160.,
109. STJ, Recurso Especial 655000/SP, rel. Min. Nancy Andrighi, Terceira Turma, j. 23.08.2007, DJ 27.02.2008, p. 189.
110. STJ, Recurso Especial 203677/RJ, rel. Min. Ruy Rosado de Aguiar, Quarta Turma, j. 27.04.1999, DJ 21.06.1999, p. 167; STJ, Recurso Especial 115878/SP, rel. Min. César Asfor Rocha, Quarta Turma, j. 18.05.1999, DJ 21.06.1999, p. 158; STJ, Recurso Especial 185138/SP, rel. Min. Sálvio de Figueiredo

ções legislativas engendradas para assegurar o conhecimento geral da existência de contenda sobre o bem[111] passaram a ser interpretadas como um dever, ou um ônus do credor[112]. Caberia a ele o empenho para tornar pública a contenda, e, com isso, assegurar suas chances de êxito, afastando terceiros interessados em adquirir bens do patrimônio de seu devedor[113]. Caso contrário, ele deveria arcar com os ônus da

---

Teixeira, Quarta Turma, j. 20.05.1999, DJ 28.06.1999, p. 119; STJ, Recurso Especial 111899/RJ, rel. Min. Eduardo Ribeiro, Terceira Turma, j. 02.09.1999, DJ 08.11.1999, p. 75; STJ, Recurso Especial 172910/PB, rel. Min. Carlos Alberto Menezes Direito; Terceira Turma, j. 30.09.1999, DJ 16.11.1999, P. 208; STJ, Recurso Especial 167920/SP, rel. Min. Carlos Alberto Menezes Direito, Terceira Turma, j. 09.12.1999, DJ 22.05.2000, p. 106; STJ, Recurso Especial 218290/SP, rel. Min. Waldemar Zveiter, Terceira Turma, j. 11.04.2000, DJ 26.06.2000, p. 161; STJ, Recurso Especial 153020/SP, rel. Min. Barros Monteiro, Quarta Turma, j. 11.04.2000, DJ 26.06.2000, p. 176; STJ, Recurso Especial 225091/GO, rel. Min. Eduardo Ribeiro, Terceira Turma, j. 29.06.2000, DJ 28.08.2000, p. 78; STJ, Recurso Especial 268259/SP, rel. Min. Sálvio de Figueiredo Teixeira, Quarta Turma, j. 17.10.2000, DJ 11.12.2000, p. 211; STJ, Recurso Especial 256110/SP, rel. Min. Ari Pargendler, Terceira Turma, j. 26.10.2000, DJ 27.11.2000, p. 158; STJ, Recurso Especial 243497/MS, rel. Min. Aldir Passarinho Junior, Quarta Turma, j. 19.04.2001, DJ 25.06.2001, p. 186; STJ, Recurso Especial 298558/RJ, rel. Min. Carlos Alberto Menezes Direito, Terceira Turma, j. 12.06.2001, DJ 27.08.2001, p. 333; STJ, Recurso Especial 175831/SP, rel. Min. Ari Pargendler, Terceira Turma, j. 07.11.2002, DJ 16.12.2002, p. 310; STJ, Recurso Especial 493914/SP, rel. Min. Fernando Gonçalves, Quarta Turma, j. 08.04.2008, *DJe* 05.05.2008.

111. GOMIDE, Alexandre Junqueira. Fraude à execução: Lei n. 13.097/2015 *versus* Novo Código de Processo Civil. Retrocessos na defesa do adquirente de boa-fé? *Revista Síntese: Direito Civil e Processual Civil*, v. 19, n. 112, p. 41, abr - maio 2018.

112. STJ, Recurso Especial 56056/RS, rel. Min. Sálvio de Figueiredo Teixeira, Quarta Turma, j. 04.02.1997, DJ 17.03.1997, p. 7505; STJ, Recurso Especial 49780/RS, rel. Min. Sálvio de Figueiredo Teixeira, Quarta Turma, j. 23.04.1997, DJ 26.05.1997, p. 22542; STJ, Recurso Especial 40854/SP, rel. Min. César Asfor Rocha, Quarta Turma, j. 12.08.1997, DJ 13.10.1997, p. 51594; STJ, Recurso Especial 186633/MS, rel. Min. Sálvio de Figueiredo Teixeira, Quarta Turma, j. 29.10.1998, DJ 01.03.1999, p. 341; STJ, Recurso Especial 80791/RJ, rel. Min. Nilson Naves, Terceira Turma, j. 19.11.1998, DJ 08.03.1999, p. 214; STJ, Recurso Especial 116827/RS, rel. Min. Nilson Naves, Terceira Turma, j. 20.05.1999, DJ 15.05.2000, p. 155; STJ, Recurso Especial 215306/MG, rel. Min. Sálvio de Figueiredo Teixeira, Quarta Turma, j. 10.08.1999, DJ 13.09.1999, p. 72; STJ, Recurso Especial 214990/SP, rel. Min. Sálvio de Figueiredo Teixeira, Quarta Turma, j. 02.09.1999, DJ 11.10.1999, p. 74.

113. ERPEN, Décio Antônio. A declaração de fraude à execução: consequências e aspectos registrais. *Revista de Direito Imobiliário*, v. 14, n. 28, p. 48, jul.-dez. 1991; ALVIM, Eduardo Arruda; GRUBER, Rafael Ricardo. Segurança jurídica dos negócios imobiliários versus fraude à execução: ônus dos credores e ônus dos adquirentes de bens no direito civil e tributário brasileiro. *Revista de Processo*, v. 291, ano 44, p. 118-119, maio 2019. STJ, Recurso Especial 401452/MT, rel. Min. Aldir Passarinho Junior, Quarta Turma, j. 27.06.2002, DJ 26.08.2002, p. 238; Recurso Especial 254554/SP, rel. Min. Aldir Passarinho Junior, Quarta Turma, j. 27.11.2001, DJ 18.03.2002, p. 255; STJ, Recurso Especial 112024/SP, rel. Min. Aldir Passarinho Junior, Quarta Turma, j. 18.04.2002, DJ 01.07.2002, p. 343; STJ, Recurso Especial 351807/SP, rel. Min. Aldir Passarinho Junior, Quarta Turma, j. 04.06.2002, DJ 26.08.2002, p. 232; STJ, Recurso Especial 200262/SP, rel. Min. Aldir Passarinho Junior, Quarta Turma, j. 25.06.2002, DJ, 16.09.2002, p. 188; STJ, Recurso Especial 182760/SP, rel. Min. Aldir Passarinho Junior, Quarta Turma, j. 27.06.2002, DJ 26.08.2002, p. 222; STJ, Recurso Especial 316301/SP, rel. Min. Aldir Passarinho Junior, Quarta Turma, j. 27.06.2002, DJ 26.08.2002, p. 229; STJ, Recurso Especial 316244/SP, rel. Min. Aldir Passarinho Junior, Quarta Turma, j. 27.06.2002, DJ 16.09.2002, p. 190; STJ, Recurso Especial 284604/SC, rel. Min. Aldir Passarinho Junior, Quarta Turma, j. 15.08.2002, DJ 07.10.2002, p. 261; STJ, Recurso Especial 287723/RJ, rel. Min, Aldir Passarinho Junior, Quarta Turma, j. 20.08.2002, DJ 23.09.2002, p. 367; STJ, Recurso Especial 220986/SP, rel. Min. Aldir Passarinho Junior, Quarta Turma, j. 05.09.2002, DJ 28.10.2002, p. 321; STJ, Recurso Especial 457768/SP, rel. Min. Aldir Passarinho Junior, Quarta Turma, j. 15.10.2002, DJ 24.02.2003, p. 248.

prova da ciência de terceiros sobre a demanda e a iminente insolvência do devedor[114], o que representa considerável dificuldade para a tutela do seu crédito[115].

A Segunda Seção debateu se o registro da penhora ou da ação contra o devedor constituía um pressuposto da fraude à execução, no regime anterior à Lei 8.953/1994, no julgamento do Recurso Especial 442.583/MS[116]. Na ocasião, o Ministro Carlos Alberto Menezes Direito posicionou-se no sentido de que "somente quando a venda não é feita diretamente pelo executado é que deve prevalecer a necessidade de provar o credor que o comprador tinha conhecimento da ação capaz de reduzir o devedor à insolvência". Todavia, a maioria encampou a tese do Ministro Aldir Passarinho Júnior, cujo entendimento seguia o perfilhado pelo Supremo Tribunal Federal, considerando "bastante a prévia existência de ação para que se configure a fraude à execução, sendo absolutamente possível ao adquirente a obtenção de certidões junto aos cartórios de distribuição", a fim de "informar-se sobre a situação pessoal dos alienantes e do imóvel, cientificando-se da existência de demandas que eventualmente possam implicar na constrição da unidade objeto do contrato"[117].

Com efeito, a prova da ciência do terceiro acerca da execução ou da constrição sobre o bem passou a ser exigida, apenas, no caso de alienações sucessivas[118]. En-

---

114. STJ, Recurso Especial 155355/PE, rel. Min. Waldemar Zveiter, Terceira Turma, j. 06.10.1998, DJ 30.11.1998, p. 154; STJ, Recurso Especial 123616/SP, rel. Min. Waldemar Zveiter, Terceira Turma, j. 24.11.1998, DJ 01.03.1999, p. 306; STJ, Recurso Especial 193048/PR, rel. Min. Ruy Rosado de Aguiar, Quarta Turma, j. 02.02.1999, DJ 15.03.1999, p. 257; STJ, Recurso Especial 66180/PR, rel. Min. Barros Monteiro, Quarta Turma, j. 27.04.1999, DJ 30.08.1999, p. 71; STJ, Recurso Especial 145296/SP, rel. Min. Waldemar Zveiter, Terceira Turma, j. 18.11.1999, DJ 20.03.2000, p. 70; STJ, Recurso Especial 131871/MG, rel. Min. Nilson Naves, Terceira Turma, j. 06.12.1999, DJ 17.04.2000, p. 56; STJ, Recurso Especial 246625/MG, rel. Min. Ruy Rosado de Aguiar, Quarta Turma, j. 04.05.2000, DJ 28.08.2000, p. 90; STJ, Recurso Especial 249328/SP, rel. Min. Ari Pargendler, Terceira Turma, j. 03.08.2000, DJ 09.10.2000, p. 144; STJ, Recurso Especial 218419/SP, rel. Min. Barros Monteiro, Quarta Turma, j. 07.11.2000, DJ 12.02.2001, p. 120; STJ, Recurso Especial 103719/SP, rel. Min. Aldir Passarinho Junior, Quarta Turma, j. 13.02.2001, DJ 07.05.2001, p. 144; STJ, Recurso Especial 235201/SP, rel. Min. Cesar Asfor Rocha, Quarta Turma, j. 25.06.2002, DJ 11.11.2002, p. 220;
115. STJ, Recurso Especial 135228/SP, rel. Min. Nilson Naves, Terceira Turma, j. 02.12.1997, DJ 13.04.1998, p. 117; STJ, Recurso Especial 77161/SP, rel. Min. Sálvio de Figueiredo Teixeira, Quarta Turma, j. 19.02.1998, DJ 30.03.1998, p. 67; STJ, Recurso Especial 193179/SP, rel. Min. Carlos Alberto Menezes Direito, Terceira Turma, j. 16.09.1999, DJ 08.11.1999, p. 76; STJ, Recurso Especial 235267/SP, rel. Min. Sálvio de Figueiredo Teixeira, Quarta Turma, j. 14.12.1999, DJ 08.03.2000, p. 126; STJ, Recurso Especial 110336/PR, rel. Min. Sálvio de Figueiredo Teixeira, Quarta Turma, j. 16.03.2000, DJ 05.08.2002, p. 343; STJ, Recurso Especial 245064/MG, rel. Mn. Ari Pargendler, Terceira Turma, j. 15.06.2000, DJ 04.09.2000, p. 151; STJ, Recurso Especial 351490/SP, rel. Min. Nancy Andrighi, Terceira Turma, j. 21.05.2002, DJ 01.07.2002, p. 337; STJ, Recurso Especial 331203/RJ, rel. Min. Carlos Alberto Menezes Direito, Terceira Turma, j. 28.05.2002, DJ 26.08.2002, p. 212; STJ, Recurso Especial 885618/SP, rel. Min. Nancy Andrighi, Terceira Turma, j. 23.10.2007, DJ 18.12.2007, p. 270.
116. STJ, Recurso Especial 442583/MS, rel. Min. Carlos Alberto Menezes Direito, rel. p/ acórdão Min. Aldir Passarinho Junior, Segunda Seção, j. 27.11.2002, DJ 16.02.2004, p. 200. Essa posição foi reafirmada nos Embargos de Divergência em Recurso Especial 144190/SP, rel. Min. Ari Pargendler, Segunda Seção, j. 14.09.2005, DJ 01.02.2006, p. 427.
117. STJ, Recurso Especial 200262/SP, rel. Min. Aldir Passarinho Junior, Quarta Turma, j. 25.06.2002, DJ, 16.09.2002, p. 188.
118. STJ, Recurso Especial 401937/MG, rel. Min. Carlos Alberto Menezes Direito, Terceira Turma, j. 29.11.2002, DJ 17.02.2003, p. 271; STJ, Recurso Especial 440665/SP, rel. Min. Carlos Alberto Menezes Direito, Terceira

tretanto, essa distinção não foi feita em todos os precedentes posteriores e, muitos continuaram a mencionar a necessidade de ser demonstrada a ciência do terceiro sobre a demanda ou a constrição, quando não estivessem registradas[119]. Outrossim, para negócios realizados sob a égide da Lei n. 8.953/1994, o registro da penhora era necessário[120].

Os precedentes[121] que deram origem a Súmula 375 tratam, muitas vezes, de alienações sucessivas[122], ou seja, quando o terceiro adquirente já teria alienado o bem para uma outra pessoa, e o devedor originário, embora constasse na cadeia de domínio, não era mais o último proprietário. Contudo, essa peculiaridade não transpareceu na redação final do verbete[123]. Outra crítica era que a redação engendrada pode induzir ao equívoco de tornar o registro da penhora um requisito para a configuração da fraude à execução, ao passo que se trata apenas de um meio para dispensar a prova da ciência do adquirente[124].

A averbação da penhora no registro do imóvel ocasionava presunção absoluta da ciência do adquirente, não apenas da existência da constrição, mas de uma ação

---

Turma, j. 25.02.22003, DJ 31.03.2003, p. 218; STJ, Recurso Especial 533867/RS, rel. Min. Carlos Alberto Menezes Direito, Terceira Turma, j. 16.12.2003, DJ 29.03.2004, p. 236; STJ, Recurso Especial 819198/RJ, rel. Min. Humberto Gomes de Barros, Terceira Turma, j. 25.04.2006, DJ. 12.06.2006, p. 483; STJ, Recurso Especial 784742/RS, rel. Min. Castro Filho, Terceira Turma, j. 21.11.2006, DJ 04.12.2006, p. 306.

119. STJ, Recurso Especial 476423/MG, rel. Min. Ruy Rosado de Aguiar, Quarta Turma, j. 20/05/2003, DJ 04.08.2003, p. 317; STJ, Recurso Especial 217824/SP, rel. Min. Antônio de Pádua Ribeiro, Terceira Turma, j. 13.04.2004, DJ 17.05.2004, p. 212; STJ, Recurso Especial 648457/MT, rel. Min. Nancy Andrighi, Terceira Turma, j. 04.08.2005, DJ 29.08.2005, p. 334.

120. STJ, Recurso Especial 532946/PR, rel. Min, Cesar Asfor Rocha, Quarta Turma, j. 21.08.2003, DJ 13.10.2003, p. 373; STJ, Recurso Especial 555044/DF, rel. Min. Cesar Asfor Rocha, Quarta Turma, j. 04.11.2003, DJ 16.02.2004, p. 271; STJ, Recurso Especial 439418/SP, rel. Min. Nancy Andrighi, Terceira Turma, j. 23.09.2003, DJ 01.12.2003, p. 348; STJ, Recurso Especial 448120/MT, rel. Min. Aldir Passarinho Junior, Quarta Turma, j. 21.10.2003, DJ 01.12.2003, p. 359; STJ, Recurso Especial 557358/MG, rel. Min. Aldir Passarinho Junior, Quarta Turma, j. 18.03.2004, DJ 10.05.2004, p. 294; STJ, Recurso Especial 509062/MT, rel. Min. Aldir Passarinho Junior, Quarta Turma, j. 23.03.2004, DJ 17.05.2004, p. 230; STJ, Recurso Especial 625235/RN, rel. Min. Carlos Alberto Menezes Direito, Terceira Turma, j. 21.09.2004, DJ 25.10.2004, p. 344; STJ, Recurso Especial 626067/RS, rel. Min. Fernando Gonçalves, rel. p/ acórdão Min. Aldir Passarinho Junior, Quarta Turma, j. 02.12.2004, DJ 13.06.2005, p. 312; STJ, Recurso Especial 432185/SP, rel. Min. Jorge Scartezzini, Quarta Turma, j. 03.03.2005, DJ 21.03.2005, p. 383; STJ, Recurso Especial 144190/SP, rel. Min. Barros Monteiro, Quarta Turma, j. 15.03.2005, DJ 02.05.2005, p. 353; STJ, Recurso Especial 127159/MG, rel. Min. Antonio de Pádua Ribeiro, Terceira Turma, j. 19.05.2005, DJ 13.06.2005, p. 286; STJ, Recurso Especial 236369/RJ, rel. Min. Castro Filho, Terceira Turma, j. 15.09.2005, DJ 10.10.2005, p. 354; STJ, Recurso Especial 399854/DF, rel. Min. Aldir Passarinho Junior, Quarta Turma, j. 10.04.2007, DJ 14.05.2007, p. 310; STJ, Recurso Especial 862123/AL, rel. Min. Nancy Andrighi, Terceira Turma, j. 07.05.2007, DJ 04.06.2007, p. 351; STJ, Recurso Especial 943591/PR, rel. Min. Aldir Passarinho Junior, Quarta Turma, j. 19.06.2007, DJ 08.10.2007, p. 311; STJ, Recurso Especial 867502/SP, rel. Min. Nancy Andrighi, Terceira Turma, j. 09.08.2007, DJ 20.08.2007, p. 277; STJ, Recurso Especial 170430/SP, rel. Min. Hélio Quaglia Barbosa, Quarta Turma, j. 28.08.2007, DJ 17.09.2007, p. 281.

121. Resp. 739.388/MG.

122. STJ, Recurso Especial 185813/MG, rel. Min. Ruy Rosado de Aguiar, Quarta Turma, j. 05.11.1998, DJ 01.02.1999, p. 214.

123. FERRARI NETO, Luiz Antonio. Fraude contra credores vs. Fraude à execução: a polêmica trazida pela Súmula 375 do STJ. *Revista de Processo*, v. 36, n. 195, p. 237, maio 2011.

124. DINAMARCO, Cândido Rangel. *Instituições de direito processual civil*. 3ed. São Paulo: Malheiros, 2009, v. 4, p. 446.

contra o vendedor[125]. Essa ciência passou a ser considerada, expressamente, um requisito para configuração da fraude à execução[126], por vezes identificado como *consilium fraudis*[127], e o adquirente poderia afastá-lo caso demonstra a sua boa-fé[128], por exemplo, com a juntada de pesquisa realizada nos cartórios judiciais do domicílio do vendedor e do lugar do imóvel[129].

A súmula estabeleceu, assim, dois requisitos não cumulativos para reconhecimento da fraude à execução. O primeiro deles é o registro da penhora e o segundo a prova da má-fé do adquirente[130]-[131], cujo ônus é atribuído ao credor, por ser quem alega a fraude à execução[132]. O enunciando, porém, não fez cessar os debates sobre

---

125. STJ, Recurso Especial 131587/RJ, rel. Min. Sálvio de Figueiredo Teixeira, Quarta Turma, j. 158.05.2000, DJ 07.08.2000, p. 108; STJ, Recurso Especial 234148/SP, rel. Min, Aldir Passarinho Junior, Quarta Turma, j. 26.03.2002, DJ 27.05.2002, p. 175; STJ, Recurso Especial 332.126/SP, rel. Min. Castro Filho, Terceira Turma, j. 04.11.2003, DJ 16.02.2004, p. 241; STJ, Recurso Especial 647176/DF, rel. Min. Fernando Gonçalves, Quarta Turma, j. 06.10.2005, DJ 13.03.2006, p. 325; STJ, Recurso Especial 136038/SC, rel. Min. Barros Monteiro, Quarta Turma, j. 16.09.2003, DJ 01.12.2003/, p. 357; STJ, Recurso Especial 489346/MG, rel. Min. Sálvio de Figueiredo Teixeira, Quarta Turma, j. 06.05.2003, DJ 25.08.2003, p. 320; Recurso Especial 218419/SP, rel. Min. Barros Monteiro, Quarta Turma, j. 07.11.2000, DJ 12.02.2001, p. 120; STJ, Recurso Especial 131871/MG, rel. Min. Nilson Naves, Terceira Turma, j. 06.12.1999, DJ 17.04.2000, p. 56; Recurso Especial 140670/GO, rel. Min. Carlos Alberto Menezes Direito, Terceira Turma, j. 14.10.1997, DJ 09.12.1997, p. 64695; STJ, Recurso Especial 113666/DF, rel. Min. Carlos Alberto Menezes Direito, Terceira Turma, j. 13.05.1997, DJ 30.06.1997, p. 31031; STJ, Recurso Especial 921160/RS, rel. Min. Sidnei Beneti, Terceira Turma, j. 08.02.2008, *DJe* 10.03.2008; STJ, Recurso Especial 753384/DF, rel. Min. Honildo Amaral de Mello Castro (desembargador convocado do TJ/AP), Quarta Turma, j. 01.06.2010, *DJe* 07.10.2010; STJ, Recurso Especial 1163114/MG, rel. Min. Luis Felipe Salomão, Quarta Turma, j. 16.06.2011, *DJe* 01.08.2011; STJ, Recurso Especial 1743088/PR, rel. Min. Marco Aurélio Bellizze, Terceira Turma, j. 12.03.2019, *DJe* 22.03.2019; STJ, Recurso Especial 1334635/RS, rel. Min. Antonio Carlos Ferreira, Quarta Turma, j. 19.09.2019, *DJe* 24.09.2019.
126. STJ, Recurso Especial 437184/PR, rel. Min. Raul Araújo, Quarta Turma, j. 20.09.2021, *DJe* 23.04.2013; STJ, Recurso Especial 1355828/SP, rel. Min. Sidnei Beneti, Terceira Turma, j. 07.03.2013, *DJe* 20.03.2013; STJ, Recurso Especial 1861025/DF, rel. Min. Nancy Andrighi, Terceira Turma, j. 12.05.2020, *DJe* 18.05.2020; STJ, Recurso Especial 1763376/TO, rel. Min. Luis Felipe Salomão, Quarta Turma, j. 18.08.2020, *DJe* 16.11.2020.
127. STJ, Recurso Especial 1073042/RS, rel. Min. Sidnei Beneti, Terceira Turma, j. 19.03.2009, *DJe* 27.03.2009.
128. STJ, Recurso Especial 1260490/SP, rel. Min. Nancy Andrighi, Terceira Turma, j. 07.02.2012, *DJe* 02.08.2021.
129. STJ, Recurso Especial 1015459/SP, rel. Min. Nancy Andrighi, Terceira Turma, j. 19.05.2009, *DJe* 29.05.2009.
130. DIDIER JUNIOR, Fredie; BRAGA, Paula Sarno. O princípio da concentração da matrícula e a fraude à execução: um diálogo entre a lei n. 13.097/2015 e o CPC/ 2015. In: LUCON, Paulo Henrique dos Santos; OLIVEIRA, Pedro Miranda de. *Panorama atual do novo CPC*. São Paulo: empório do direito.com: Tirant lo Blanch, 2019, p. 208.
131. STJ, Recurso Especial 661103/SP, rel. Min. João Otávio de Noronha, Quarta Turma, j. 29.09.2009, *DJe* 13.10.2009; STJ, Recurso Especial 1112143/RJ, rel. Min. Fernando Gonçalves, Quarta Turma, j. 20.10.2009, *DJe* 09.11.2009; STJ, Recurso Especial 495098/SP, rel. Min. Luis Felipe Salomão, Quarta Turma, j. 16.03.2010, *DJe* 29.03.2010; STJ, Recurso Especial 316242/SP, rel. Min. Luis Felipe Salomão, rel. p/ acórdão Min. João Otávio de Noronha, Quarta Turma, j. 10.08.2010, *DJe* 26.10.2010; STJ, Recurso Especial 809760/RJ, rel. Min. Luis Felipe Salomão, Quarta Turma, j. 17.05.2011, *DJe* 26.05.2011; STJ, Recurso Especial 841192/PR, rel. Min. Luis Felipe Salomão, Quarta Turma, j. 02.06.2011, *DJe* 27.06.2011; STJ, Recurso Especial 860044/SC, rel. Min. Luis Felipe Salomão, Quarta Turma, j. 14.06.2011, *DJe* 01.07.2011; STJ, Recurso Especial 312661/SP, rel. Min. Ricardo Villas Boas Cueva, Terceira Turma, j. 20.10.2011, *DJe* 26.10.2011; STJ, Recurso Especial 1121461/RS, rel. Min. Sidnei Beneti, Terceira Turma, j. 08.04.2014, *DJe* 14.04.2014; STJ, Recurso Especial 1459154/RJ, rel. Min. João Otávio de Noronha, Terceira Turma, j. 04.09.2014, *DJe* 11.09.2014; STJ, Recurso Especial 1636689/GO, rel. Min. Ricardo Villas Bôas Cueva, Terceira Turma, j. 13.12.2016, *DJe* 19.12.2016.
132. ASSIS, Araken de. Fraude à execução e legitimidade do terceiro hipotecante. *Revista Jurídica*, ano 39, n. 168, out-1991, p. 11-12; MAZZEI, Rodrigo; BENTO, Leriane Drumond. Fraude à execução no CPC/2015:

o ônus da prova da má-fé do terceiro adquirente quando a penhora não constasse no registro do bem[133].

Parte da doutrina critica essa atribuição do ônus da prova[134], pois entende que a sua dificuldade é tal que resultaria no esvaziamento da efetividade do instituto da fraude à execução[135]. Tal corrente defende que a fraude é presumida quando pendente ação fundada em direito real ou capaz de reduzir o devedor à insolvência, sendo de caráter absoluto a presunção quando constar averbação da penhora na matrícula do imóvel, e relativa a presunção de má-fé do terceiro que adquirir o bem[136].

Essa preocupação teve lugar nos debates entre os Ministros que compõem o Superior Tribunal de Justiça, especialmente no julgamento dos Recursos Especiais n. 618.625/SC[137], 804.044/GO[138] e 956.943/PR[139], este último julgado sob a sistemática dos recursos repetitivos. A Ministra Nancy Andrighi propôs a revisão da súmula, para que fosse atribuída ao terceiro adquirente o ônus da prova de sua boa-fé, ao fundamento de que: (i) o art. 593, II, do Código de Processo Civil de 1973 estabelecia uma presunção relativa de fraude à execução; (ii) que deve ser considerada a distribuição dinâmica do ônus da prova na fraude à execução, sobretudo, porque só se pode considerar de boa-fé o comprador que toma as cautelas adequadas antes de realizar o negócio, dentre as quais verificar o registro e a distribuição de feitos nos cartórios judiciais do foro do domicílio do proprietário e da localização do bem; e (iii) que a Lei n. 7.433/1985 obrigou que tabeliães fizessem constar a apresentação do documento comprobatório de feitos ajuizados contra o então proprietário do

---

algumas questões registrais. *Revista Jurídica*, v. 63, n. 452, p. 11, jun. 2015; ALVIM, Eduardo Arruda; GRUBER, Rafael Ricardo. Segurança jurídica dos negócios imobiliários versus fraude à execução: ônus dos credores e ônus dos adquirentes de bens no direito civil e tributário brasileiro. *Revista de Processo*, v. 291, ano 44, p. 115, maio 2019; LUCON, Paulo Henrique dos Santos. Fraude de execução, responsabilidade processual civil e registro de penhora. *Revista de Processo*, v. 25, n. 98, p. 170-173, abr.-jun. 2000.

133. AURELLI, Arlete Inês. A evolução da fraude à execução na jurisprudência do STJ. In: GALLOTTI, Isabel; DANTAS, Bruno; FREIRE, Alexandre; GAJARDONI, Fernando da Fonseca; MEDINA, José Miguel Garcia (Coord.). *O papel da jurisprudência no STJ*. São Paulo: Ed. RT, 2014, p. 885.
134. FERRARI NETO, Luiz Antonio. Fraude contra credores vs. Fraude à execução: a polêmica trazida pela Súmula 375 do STJ. *Revista de Processo*, v. 36, n. 195, p. 239, maio 2011.
135. ARRUDA ALVIM, Angélica; MIRANDA, Flávia Poyares. Fraude à execução no novo CPC e a súmula n. 375/STJ. *Revista Forense*, v. 421, ano 111, p. 4-5, jan.-jun. 2015; DIDIER JUNIOR, Fredie; BRAGA, Paula Sarno. O princípio da concentração da matrícula e a fraude à execução: um diálogo entre a lei n. 13.097/2015 e o CPC/2015. In: LUCON, Paulo Henrique dos Santos; OLIVEIRA, Pedro Miranda de. *Panorama atual do novo CPC*. São Paulo: empório do direito.com: Tirant lo Blanch, 2019, p. 211; AURELLI, Arlete Inês. A evolução da fraude à execução na jurisprudência do STJ. In: GALLOTTI, Isabel; DANTAS, Bruno; FREIRE, Alexandre; GAJARDONI, Fernando da Fonseca; MEDINA, José Miguel Garcia (Coord.). *O papel da jurisprudência no STJ*. São Paulo: Ed. RT, 2014, p. 888.
136. ARRUDA ALVIM, Angélica; MIRANDA, Flávia Poyares. Fraude à execução no novo CPC e a súmula n. 375/STJ. *Revista Forense*, v. 421, ano 111, p. 15, jan.-jun. 2015; TEIXEIRA, Sálvio de Figueiredo. Fraude de execução. *Revista da AMAGIS*, v. 3, n. 8, p. 96-98, 1985; ASSIS, Carlos Augusto de. Fraude à execução e boa-fé do adquirente. *Revista de Processo*, v. 27, n. 105, p. 238-239, jan.-mar. 2002.
137. STJ, Recurso Especial 618.625/SC, rel. Min. Nancy Andrighi, Terceira Turma, j. 19.02.2008, *DJe* 11.04.2008.
138. STJ, Recurso Especial 804044/GO, rel. Min. Nancy Andrighi, rel. p/ acórdão Min. Massami Uyeda, Terceira Turma, j. 19.05.2009, *DJe* 04.08.2009.
139. STJ, Recurso Especial 956943/PR, rel. Min. Nancy Andrighi, rel. p/ acórdão Min. João Otávio de Noronha, Corte Especial, j. 20.08.2014, *DJe* 01.12.2014.

bem[140]. Destacou a Ministra que entre os precedentes que formaram a própria súmula encontra-se ressalvadas posições de Ministros que consideravam suficiente a prévia existência de ação judicial para que se configura a fraude à execução, na esteira do posicionamento do Supremo Tribunal Federal, à época[141].

Não obstante, no julgamento do Recurso Especial 956.943/PR[142] manteve-se a posição do Superior Tribunal de Justiça de atribuir ao credor o ônus de prova da má-fé do adquirente quando não houver registro da penhora. As razões do voto vencedor, da lavra do Ministro João Otávio de Noronha, são que: (*i*) a má-fé não se presume, se prova; (*ii*) a inviabilização da compra e venda de imóveis, exigindo que o adquirente busque em todos os cartórios judiciais de todas as comarcas brasileiras alguma restrição sobre o bem ou em nome de todos os proprietários anteriores, não apenas o alienante; (*iii*) tornar inaplicáveis o § 4º do art. 659 e o art. 615-A, do Código de Processo Civil de 1973; (*iv*) o credor pode ter acesso à certidão de registro e verificar a titularidade do domínio. Outrossim, frisou-se naquela ocasião a impertinência de modificar radicalmente a interpretação sobre o ônus da prova na fraude à execução[143].

A força probatória do registro[144], assim como a atribuição ao credor do ônus de provar a má-fé de terceiro adquirente foi, ainda, reforçada no julgamento dos Embargos de Divergência em Recurso Especial 655.000/SP[145]. Na fundamentação o Ministro Luis Felipe Salomão fez referência ao regramento da fraude à execução no Código de Processo Civil de 2015, destacando as hipóteses de configuração e, também, o ônus do terceiro adquirente comprovar a adoção das cautelas necessárias no caso de bens não sujeitos a registro.

4. PRESSUPOSTOS DA FRAUDE À EXECUÇÃO NO CPC 2015

O legislador ampliou as hipóteses de fraude à execução e optou por expor mais detalhadamente os requisitos inerentes a cada uma delas, incorporando, em certa

---

140. Registre-se posicionamento de registradores que entendem ser essa exigência inconstitucional em: RANALDO FILHO, Antonio. As certidões de ações e o dever anexo de registro. *Revista de Direito Imobiliário*, v. 36, n. 74, jan.-jul. 2013.
141. STJ, Recurso Especial 943591/PR, rel. Min. Aldir Passarinho Junior, Quarta Turma, j. 19.06.2007, DJ 08.10.2007, p. 311; AURELLI, Arlete Inês. A evolução da fraude à execução na jurisprudência do STJ. In: GALLOTTI, Isabel; DANTAS, Bruno; FREIRE, Alexandre; GAJARDONI, Fernando da Fonseca; MEDINA, José Miguel Garcia (Coord.). *O papel da jurisprudência no STJ*. São Paulo: Ed. RT, 2014, p. 877-878.
142. STJ, Recurso Especial 956.943/PR, rel. Min. Nancy Andrighi, rel. p/ acórdão João Otávio de Noronha, Corte Especial, j. 20.08.2014, *DJe* 01.12.2014.
143. AURELLI, Arlete Inês. A evolução da fraude à execução na jurisprudência do STJ. In: GALLOTTI, Isabel; DANTAS, Bruno; FREIRE, Alexandre; GAJARDONI, Fernando da Fonseca; MEDINA, José Miguel Garcia (Coord.). *O papel da jurisprudência no STJ*. São Paulo: Ed. RT, 2014, p. 887.
144. Registre-se que a promessa de doação celebrada em ação de divórcio possui a mesma eficácia da escritura pública, conforme reconhecido em STJ, Recurso Especial 1634654/SP, rel. Min. Ricardo Villas Bôas Cueva, Terceira Turma, j. 26.09.2017, *DJe* 13.11.2017.
145. STJ, Embargos de Divergência em Recurso Especial 655000/SP, rel. Min. Luis Felipe Salomão, Segunda Seção, j. 10.06.2015, *DJe* 23.06.2015.

medida, a posição consolidada na jurisprudência e exprimida na primeira parte da Súmula 375 do Superior Tribunal de Justiça[146].

Assim, não só a pendência de ação fundada em direito real, mas também a reipersecutória passou a ser admitida como hipótese de fraude[147]. Essa ampliação veio acompanhada de um novo requisito: a averbação da ação no respectivo registro público do bem, quando houver. De modo semelhante, a averbação de ação de execução[148], de hipoteca judiciária ou outro ato de constrição judicial[149] no registro do bem configuram a fraude à execução. Tal situação se aproxima da venda de bens constritos[150], com ciência do adquirente, já reconhecida jurisprudencialmente como caracterizadora da fraude em questão[151].

---

146. ALVIM, Eduardo Arruda; GRUBER, Rafael Ricardo. Segurança jurídica dos negócios imobiliários versus fraude à execução: ônus dos credores e ônus dos adquirentes de bens no direito civil e tributário brasileiro. *Revista de Processo*, v. 291, ano 44, p. 117, maio 2019; VICELLI, Gustavo de Melo; FÜRST, Henderson. Fraude à execução e a imprecisão normativa do Código de Processo Civil. *Revista de Processo*, v. 303, ano 45. p. 157-180, maio 2020; BRITO, Cristiano Gomes de. Novas perspectivas da fraude à execução nos processos civil, trabalhista e tributário. *Revista de Processo*, v. 277, ano 43, p. 265-266, mar. 2018.
147. DIDIER JUNIOR, Fredie; BRAGA, Paula Sarno. O princípio da concentração da matrícula e a fraude à execução: um diálogo entre a lei n. 13.097/2015 e o CPC/ 2015. In: LUCON, Paulo Henrique dos Santos; OLIVEIRA, Pedro Miranda de. *Panorama atual do novo CPC*. São Paulo: empório do direito.com: Tirant lo Blanch, 2019, p. 214; SOUZA, Gelson Amaro de. Execução e fraude à execução no novo CPC/2015. In: CÂMARA, Helder Moroni; DELFINO, Lúcio; MOURÃO, Luiz Eduardo Ribeiro; MAZZEI, Rodrigo (Org.). *Aspectos polêmicos do novo Código de Processo Civil*. São Paulo: Almedina, 2018, v. 2, p. 30.
148. VICELLI, Gustavo de Melo; FÜRST, Henderson. Fraude à execução e a imprecisão normativa do Código de Processo Civil. *Revista de Processo*, v. 303, ano 45. p. 157-180, maio 2020, p. 65-66; SOUZA, Gelson Amaro de. Execução e fraude à execução no novo CPC/2015. In: CÂMARA, Helder Moroni; DELFINO, Lúcio; MOURÃO, Luiz Eduardo Ribeiro; MAZZEI, Rodrigo (Org.). *Aspectos polêmicos do novo Código de Processo Civil*. São Paulo: Almedina, 2018, v. 2, p. 30-31; SÁ, Renato Montans de. A responsabilidade patrimonial do executado e os atos atentatórios à dignidade da execução. In: ASSIS, Araken de; BRUSCHI, Gilberto Gomes (Coord.). *Processo de execução e cumprimento de sentença*: temas atuais e controvertidos. São Paulo: Thomson Reuters Brasil, 2020, p. 540.
149. SOUZA, Gelson Amaro de. Execução e fraude à execução no novo CPC/2015. In: CÂMARA, Helder Moroni; DELFINO, Lúcio; MOURÃO, Luiz Eduardo Ribeiro; MAZZEI, Rodrigo (Org.). *Aspectos polêmicos do novo Código de Processo Civil*. São Paulo: Almedina, 2018, v. 2, p. 31; SÁ, Renato Montans de. A responsabilidade patrimonial do executado e os atos atentatórios à dignidade da execução. In: ASSIS, Araken de; BRUSCHI, Gilberto Gomes (Coord.). *Processo de execução e cumprimento de sentença*: temas atuais e controvertidos. São Paulo: Thomson Reuters Brasil, 2020, p. 540-541; MAZZEI, Rodrigo; BENTO, Leriane Drumond. Fraude à execução no CPC/2015: algumas questões registrais. *Revista Jurídica*, v. 63, n. 452, p. 13-16, jun. 2015.
150. AURELLI, Arlete Inês. A evolução da fraude à execução na jurisprudência do STJ. In: GALLOTTI, Isabel; DANTAS, Bruno; FREIRE, Alexandre; GAJARDONI, Fernando da Fonseca; MEDINA, José Miguel Garcia (Coord.). *O papel da jurisprudência no STJ*. São Paulo: Ed. RT, 2014, p. 874; ALVIM, Eduardo Arruda; GRUBER, Rafael Ricardo. Segurança jurídica dos negócios imobiliários versus fraude à execução: ônus dos credores e ônus dos adquirentes de bens no direito civil e tributário brasileiro. *Revista de Processo*, v. 291, ano 44, p. 881-884, maio 2019.
151. STJ, Recurso Especial 113666/DF, rel. Min. Carlos Alberto Menezes Direito, Terceira Turma, j. 13.05.1997, DJ 30.06.1997, p. 31031; STJ, Embargos de Divergência em Recurso Especial 114415/MG, rel. Min. Eduardo Ribeiro, Segunda Seção, j. 12.11.1997, DJ 16.02.1998, p. 19; STJ, Recurso Especial 135228/SP, rel. Min. Nilson Naves, Terceira Turma, j. 02.12.1997, DJ 13.04.1998, p. 117; STJ, Recurso Especial 174355/SP, rel. Min, Ruy Rosado de Aguiar, Quarta Turma, j. 03.09.1998, DJ 13.10.1998, p. 133; STJ, Recurso Especial 166787/SP, rel. Min. Carlos Alberto Menezes Direito, Terceira Turma, j. 10.08.1999, DJ 06.09.1999, p. 79; STJ, Habeas Corpus 9729/GO, rel. Min. Nilson Naves, Terceira Turma, j. 28.09.1999, DJ 16.11.1999, p. 206; STJ, Recurso Especial 110336/PR, rel. Min. Sálvio de Figueiredo Teixeira, Quarta Turma, j. 16.03.2000, DJ 05.08.2002, p. 343; STJ, Habeas Corpus 20005/SP, rel. Min. Sálvio de Figueiredo Teixeira, Quarta Turma,

Com efeito, percebe-se que o registro, que originalmente era um meio de prova da ciência de terceiro quanto à situação do alienante e do bem que pretendia adquirir, foi erigido a um requisito legal da fraude à execução[152]. Sendo assim, as discussões acerca da boa-fé de terceiros foram reduzidas à hipótese do inciso IV do art. 792 do Código de Processo Civil em vigor, referente à tramitação de ação capaz de tornar insolvente o devedor ao tempo da alienação ou oneração do bem, correspondente ao inciso II do art. 593 do diploma legal anterior, que também foi a principal fonte de discussões jurídicas sobre os requisitos da fraude à execução. Cumpre, contudo, indagar se nas demais hipóteses legais, na falta do registro, o credor não mais terá a possibilidade de comprovar a ciência de terceiro por outros meios[153].

Alienado bem não sujeito a registro, o § 2º do art. 792 indica que o terceiro adquirente terá o ônus de provar[154] que adotou as cautelas necessárias antes de realizar o negócio, com a juntada das certidões obtidas nos cartórios judiciais do foro do domicílio do vendedor e do local onde se encontra o bem[155]. A legislação anterior não fazia distinção entre bens sujeitos ou não a registro, pois esse não era considerado um requisito legal, mas um meio de prova apto a ensejar a presunção absoluta da ciência do terceiro sobre o risco na aquisição do bem. Todavia, fosse o bem móvel ou imóvel, a ciência de terceiro acerca era exigida indistintamente, fosse por inscrição no órgão competente ou por outros meios aptos a demonstrá-la, na esteira de vários precedentes do Superior Tribunal de Justiça[156].

---

j. 27.06.2002, DJ 02.09.2002, p. 190; STJ, Recurso Especial 432185/SP, rel. Min. Jorge Scartezzini, Quarta Turma, j. 03.03.2005, DJ 21.03.2005, p. 383; STJ, Recurso Especial 690005/MG, rel. Min. Castro Filho, Terceira Turma, j. 27.09.2005, DJ 17.10.2005, p. 293; STJ, Recurso Especial 418032/SP, rel. Min. Humberto Gomes de Barros, Terceira Turma, j. 25.04.2006, DJ 29.05.2006, p. 227.

152. VICELLI, Gustavo de Melo; FÜRST, Henderson. Fraude à execução e a imprecisão normativa do Código de Processo Civil. *Revista de Processo*, v. 303, ano 45. p. 157-180, maio 2020, p. 160; SOUZA, Gelson Amaro de. Execução e fraude à execução no novo CPC/2015. In: CÂMARA, Helder Moroni; DELFINO, Lúcio; MOURÃO, Luiz Eduardo Ribeiro; MAZZEI, Rodrigo (Org.). *Aspectos polêmicos do novo Código de Processo Civil*. São Paulo: Almedina, 2018, v. 2, p. 32.

153. VICELLI, Gustavo de Melo; FÜRST, Henderson. Fraude à execução e a imprecisão normativa do Código de Processo Civil. *Revista de Processo*, v. 303, ano 45. p. 157-180, p. 172-173, maio 2020; SÁ, Renato Montans de. A responsabilidade patrimonial do executado e os atos atentatórios à dignidade da execução. In: ASSIS, Araken de; BRUSCHI, Gilberto Gomes (Coord.). *Processo de execução e cumprimento de sentença*: temas atuais e controvertidos. São Paulo: Thomson Reuters Brasil, 2020, p. 541.

154. DIDIER JUNIOR, Fredie; BRAGA, Paula Sarno. O princípio da concentração da matrícula e a fraude à execução: um diálogo entre a lei n. 13.097/2015 e o CPC/ 2015. In: LUCON, Paulo Henrique dos Santos; OLIVEIRA, Pedro Miranda de. *Panorama atual do novo CPC*. São Paulo: empório do direito.com: Tirant lo Blanch, 2019, p. 211-213.

155. A doutrina critica essa disposição, por considerá-la imprecisa e por tratar como exceção o que, na prática, é a regra, que é a alienação de bens móveis ou não sujeitos a registro, que têm maior circulação comercial. Cf. VICELLI, Gustavo de Melo; FÜRST, Henderson. Fraude à execução e a imprecisão normativa do Código de Processo Civil. *Revista de Processo*, v. 303, ano 45. p. 157-180, p. 174, maio 2020.

156. STJ, Recurso Especial 309832/RR, rel. Min. Aldir Passarinho Junior, Quarta Turma, j. 16.04.2002, DJ 24.06.2002, p. 309; STJ, Recurso Especial 253707/PR, rel. Min. Aldir Passarinho Junior, Quarta Turma, j. 14.05.2002, DJ 12.08.2002, p. 215; STJ, Recurso Especial 618444/SC, rel. Min. Aldir Passarinho Junior, Quarta Turma, j. 07.04.2005, DJ 16.05.2005, p. 356; STJ, Recurso Especial 50878/RJ, rel. Min. Aldir Passarinho Junior, Quarta Turma, j. 19.04.2005, DJ 30.05.2005, p. 378; STJ, Recurso Especial 623775/RS, rel. Min. Carlos Alberto Menezes Direito, Terceira Turma, j. 25.10.2005, DJ 20.02.2006, p. 332; STJ,

A doutrina divide-se sobre o § 2º do art. 792 do Código de Processo Civil e sua relação com a Súmula 375 do Superior Tribunal de Justiça, que imputa ao credor o ônus de provara má-fé do terceiro adquirente.

Sobre o tema, Teresa Arruda Alvim, Maria Lúcia Conceição, Leonardo Ribeiro e Rogério Mello entendem que a Súmula 375 foi superada e deve ser parcialmente revogada, tendo em vista a inversão do ônus da prova determinada pela lei[157]. Por outro lado, as considerações de Fredie Didier Junior e Paula Sarno Braga indicam que a Súmula 375 continua aplicável, permitindo que o credor faça a prova da má-fé do adquirente quando não houver registro da ação real ou reipersecutória, em razão do disposto no art. 54, I, e parágrafo único, da Lei 13.097/2015[158].

Quanto à opção legislativa de inversão do ônus de prova no caso de bens não sujeitos a registro, há quem entenda que o § 2º do art. 792, estaria impondo "ao adquirente de bem móvel um ônus superior àquele que recai sobre o adquirente de bem imóvel", ao passo que "seria mais fácil, simplesmente, a presunção de boa-fé do terceiro adquirente"[159]. Sob outro ângulo, defende-se "uma postura, um dever de conduta proativo, em que se busque conhecer a situação econômica do alienante"[160].

Recurso Especial 694728/RS, rel. Min. Jorge Scartezzini, Quarta Turma, j. 07.11.2006, DJ 11.12.2006, p. 364; STJ, Recurso Especial 784995/MT, rel. Min. Aldir Passarinho Junior, Quarta Turma, j. 14.11.2006, DJ 05.02.2007, p. 249; STJ, Recurso Especial 742097/RS, rel. Min. João Otávio de Noronha, Quarta Turma, j. 08.04.2008, *DJe* 28.04.2008; STJ, Recurso Especial 1726186/RS, rel. Min. Nancy Andrighi, Terceira Turma, j. 08.05.2018, *DJe* 11.05.2018.

157. ARRUDA ALVIM, Teresa Arruda; CONCEIÇÃO, Maria Lúcia; RIBEIRO, Leonardo Ferres da Silva; MELLO, Rogério Licastro Torres de. *Primeiros comentários ao novo Código de Processo Civil*: artigo por artigo. 2 ed. São Paulo: Ed. RT, 2016, p. 1146-1147. No mesmo sentido Cf. ARRUDA ALVIM, Angélica; MIRANDA, Flávia Poyares. Fraude à execução no novo CPC e a súmula n. 375/STJ. *Revista Forense*, v. 421, ano 111, p. 16-22, jan.-jun. 2015; AURELLI, Arlete Inês. A evolução da fraude à execução na jurisprudência do STJ. In: GALLOTTI, Isabel; DANTAS, Bruno; FREIRE, Alexandre; GAJARDONI, Fernando da Fonseca; MEDINA, José Miguel Garcia (Coord.). *O papel da jurisprudência no STJ*. São Paulo: Ed. RT, 2014, p. 874; ALVIM, Eduardo Arruda; GRUBER, Rafael Ricardo. Segurança jurídica dos negócios imobiliários versus fraude à execução: ônus dos credores e ônus dos adquirentes de bens no direito civil e tributário brasileiro. *Revista de Processo*, v. 291, ano 44, p. 889, maio 2019.

158. DIDIER JUNIOR, Fredie; BRAGA, Paula Sarno. O princípio da concentração da matrícula e a fraude à execução: um diálogo entre a lei n. 13.097/2015 e o CPC/ 2015. In: LUCON, Paulo Henrique dos Santos; OLIVEIRA, Pedro Miranda de. *Panorama atual do novo CPC*. São Paulo: empório do direito.com: Tirant lo Blanch, 2019, p. 220-222. No mesmo sentido: ALVIM, Eduardo Arruda; GRUBER, Rafael Ricardo. Segurança jurídica dos negócios imobiliários versus fraude à execução: ônus dos credores e ônus dos adquirentes de bens no direito civil e tributário brasileiro. *Revista de Processo*, v. 291, ano 44, p. 117-125, maio 2019. Por outros fundamentos, mas com a mesma posição: AMARAL, Guilherme Rizzo. *Comentários às alterações do Novo CPC*. São Paulo: Ed; RT, 2015, p. 825; SÁ, Renato Montans de. A responsabilidade patrimonial do executado e os atos atentatórios à dignidade da execução. In: ASSIS, Araken de; BRUSCHI, Gilberto Gomes (Coord.). *Processo de execução e cumprimento de sentença*: temas atuais e controvertidos. São Paulo: Thomson Reuters Brasil, 2020, p. 537-538.

159. GOMIDE, Alexandre Junqueira. Fraude à execução: Lei n. 13.097/2015 *versus* Novo Código de Processo Civil. Retrocessos na defesa do adquirente de boa-fé? *Revista Síntese: Direito Civil e Processual Civil*, v. 19, n. 112, p. 43-44, abr.-maio 2018.

160. BRITO, Cristiano Gomes de. Novas perspectivas da fraude à execução nos processos civil, trabalhista e tributário. *Revista de Processo*, v. 277, ano 43, p. 268, março 2018.

Apesar da extensa discussão sobre os requisitos para configuração da fraude à execução, sobretudo sobre a boa-fé de terceiro, que ora era designada de *concilium fraudis*, ora se dava pela necessidade de registro, outras vezes pela valorização de uma conduta diligente, a ciência do terceiro sobre a penhora ou o risco de insolvência do devedor alienante sempre esteve presente no Direito brasileiro. A imprecisão no tema está mais intimamente relacionada à diversidade de termos e ao uso de conceitos imprecisos, e, sobretudo, como bem observou o Ministro Sálvio de Figueiredo Teixeira em registro doutrinário, ao de ônus de prova[161].

Quanto à primeira indagação, ao contrário do que se depreende da interpretação literal dos incisos I a III do art. 792 do Código de Processo Civil, o elemento subjetivo, isto é, a ciência do terceiro adquirente, mesmo que presumível, continua sendo relevante para a caracterização da fraude. Ela constitui a razão para a exigência do registro. Essa é a conclusão que decorre do estudo da fraude à execução na doutrina e, principalmente na jurisprudência, empreendido neste trabalho. Outrossim, o próprio Liebman não considerava prescindível o elemento subjetivo, mas a sua comprovação, já que o tinha como *in re ipsa*, ou seja, inerente à fraude.

Quanto à possibilidade de o credor demonstrar a má-fé do adquirente quando não houver o registro de ação ou constrição, e ao ônus de prova do terceiro adquirente no caso de bens não sujeitos a registro, não cabe prever qualquer posição a ser seguida pela jurisprudência, pois isso tampouco é possível. Entretanto, na segunda metade de 2021, a Terceira Turma do Superior Tribunal de Justiça revisitou o debate sobre a extensão de ineficácia oriunda da fraude à execução em alienações sucessivas. Na ocasião, a Ministra Nancy Andrighi reforçou o entendimento cristalizado na Súmula 375, quanto à presunção absoluta de conhecimento por terceiros, e, portanto, de fraude à execução, oriunda da inscrição da penhora ou da pendência de ação no registro do bem, inclusive fazendo um paralelo entre os arts. 659, § 4º e 615-A, § 3º, do Código de Processo Civil de 1973 com os arts. 844 e 828, § 4º do Código de Processo Civil de 2015. Considerou, ainda, que a ausência de registro "*não obsta, prima facie, o reconhecimento da fraude à execução*", reiterando o disposto na Súmula 375 quanto à atribuição do ônus de prova ao credor nesse caso. Concluiu que a ineficácia não se transmite automaticamente pela cadeia dominial, sendo necessária a averbação, da penhora ou da ação, no registro do imóvel, ou a prova de má-fé do adquirente sucessivo[162], o que significa que a Súmula 375 é aplicável às alienações sucessivas, já na vigência do Código de Processo Civil de 2015.

---

161. TEIXEIRA, Sálvio de Figueiredo. Fraude de execução. *Revista da AMAGIS*, v. 3, n. 8, p. 96, 1985.
162. STJ, Recurso Especial 1863999/SP, rel. Min. Nancy Andrighi, Terceira Turma, j. 03.08.2021, *DJe* 09.08.2021.

ENTRE O JUDICIAL E O EXTRAJUDICIAL: REFLEXÕES SOBRE A IMPLEMENTAÇÃO DE MEDIDAS ESTRUTURAIS

Edilson Vitorelli

Pós-Doutor em Direito pela UFBA, com estudos no Max Planck Institute for Procedural Law. Doutor pela UFPR e Mestre pela UFMG. Professor de Direito da Universidade Presbiteriana Mackenzie e da Universidade Católica de Brasília (graduação e mestrado). Foi Professor visitante na Stanford Law School e pesquisador visitante na Harvard Law School. É o único autor brasileiro vencedor do prêmio Mauro Cappelletti, atribuído pela International Association of Procedural Law ao melhor livro sobre processo do mundo. Procurador da República.

1. INTRODUÇÃO

Processos estruturais são demandas judiciais nas quais se busca reestruturar uma instituição pública ou privada cujo comportamento causa, fomenta ou viabiliza um litígio estrutural. Essa reestruturação envolve a elaboração de um plano de longo prazo para alteração do funcionamento da instituição e sua implementação, mediante providências sucessivas e incrementais, que garantam que os resultados visados sejam alcançados, sem provocar efeitos colaterais indesejados ou minimizando-os. A implementação desse plano se dá por intermédio de uma execução estrutural, na qual suas etapas são cumpridas, avaliadas e reavaliadas continuamente, do ponto de vista dos avanços que proporcionam. O juiz atua como um fator de reequilíbrio da disputa de poder entre os subgrupos que integram a sociedade que protagoniza o litígio[1].

Embora construir esse conceito teórico não seja exatamente simples, fazê-lo funcionar, no mundo real, é ainda mais difícil. De um lado, as estruturas processuais, conquanto mais flexibilizadas pelas disposições do CPC (por exemplo, os arts. 139, IV e VI, 190, 536, dentre outros), ainda não rígidas demais para uma concepção processual que atenda as necessidades dos direitos materiais implicados em uma reforma estrutural. De outro lado, por mais que o caminho extrajudicial pareça mais desejável, ele acaba dependendo de uma dose significativa de consenso entre as partes, o que nem sempre existe.

O propósito deste artigo é fazer um diagnóstico das dificuldades da implementação de medidas estruturais e sugerir algumas possíveis soluções.

---

1. Desenvolvemos o tema em diversos trabalhos. Ver, VITORELLI, Edilson. *Processo Civil Estrutural*: Teoria e Prática. 2.ed. Salvador: Juspodivm, 2021. Para uma visão geral dos conceitos implicados na definição, ver VITORELLI, Edilson. *O Devido Processo Legal Coletivo: dos Direitos aos Litígios Coletivos*. 2.ed. São Paulo: Ed. RT, 2019. Esse ultimo livro foi o vencedor do Prêmio Mauro Cappelletti, outorgado quadrienalmente pela International Association of Procedural Law ao melhor livro sobre processo no mundo.

2. IMPLEMENTAÇÃO DE MEDIDAS ESTRUTURAIS: OS PROBLEMAS

Se decidir uma causa levando em conta todos os aspectos envolvidos em um litígio altamente complexo já é desafiador, a implementação da decisão é ainda mais difícil. Ela demandará a alteração de uma realidade multifacetada, que envolve interesses superpostos e autoexcludentes, não facilmente identificáveis, titularizados por atores que sofrem o impacto do litígio em diferentes graus, os quais não são proporcionais à sua mobilização para atuar. Em outras palavras, o juiz pode conduzir mal o cumprimento da decisão por confiar nos grupos mais mobilizados, que compareçam às audiências e apresentem manifestações, se o grau de participação não for proporcional ao grau de importância dos valores impactados defendidos por esses participantes. Aspectos periféricos podem "roubar a cena" na execução, consumindo recursos desnecessariamente ou mesmo bloqueando a tutela de questões mais importantes.

A segunda dificuldade é que a execução se protrai no tempo e, pelo menos no Brasil, costuma ser iniciada anos depois da adoção da decisão, em decorrência das delongas do sistema recursal. Assim, quando a execução se inicia, a realidade que encontra é diferente da que foi considerada na decisão. Em alguns casos, por exemplo, em razão do avanço tecnológico, é possível que a decisão originária contenha uma providência já tida como ultrapassada no momento da implementação. Mesmo a simples passagem do tempo pode ter levado à reconfiguração da realidade, tornando ineficazes ou desnecessários os remédios pleiteados e obtidos em um primeiro momento.

Em terceiro lugar, a própria atuação do Judiciário sobre a realidade acarreta alterações que vão se materializando no curso da decisão, nem sempre para melhorá-la. O gestor da instituição que sofre a intervenção pode disfarçar a realidade com providências cosméticas ou alterações superficiais, de mais fácil implementação, que reduzam o poder dos argumentos favoráveis à decisão, sem alcançar o resultado social esperado. O contexto orçamentário pode ser alterado por uma das crises às quais o país periodicamente se vê arrastado.

Em quarto, o desenvolvimento das providências executivas materializa os efeitos colaterais da decisão, que não foram previstos na fase cognitiva. Intervir em uma realidade complexa não é fácil e pode ser que as previsões feitas durante a cognição tenham sofrido de um viés de superotimismo (*overoptimism*). Os problemas heurísticos que impedem que o juiz se dê conta de determinados aspectos do problema, no momento de estabelecer o comando contido na sentença, também podem fazer com que este se amolde inadequadamente à realidade, dificultando cada vez mais a obtenção dos resultados desejados. Como, também em virtude de vieses cognitivos, os juízes tendem a se ancorar na percepção de que suas decisões são respeitadas, eles terão a tendência a forçar menos o executado e aceitar resultados subótimos, que demandam menos esforço.

Essa dificuldade se amplia pela circunstância de que a execução é, tradicionalmente, uma fase processual em que os limites cognitivos são estreitos. Implementa-se a decisão já adotada. Se, na tentativa de abarcar todos os aspectos possivelmente relevantes, o juízo do processo de conhecimento profere uma decisão minuciosa, é provável que as atividades executivas demonstrem outros aspectos que, por não se encontrar na linha de desdobramento causal esperada, não estejam cobertos pelo provimento. Por outro lado, se, como recomendam vários autores, o juiz se limita a estabelecer uma meta final, deixando para o réu a definição das providências para alcançá-la, é possível que os métodos adotados não sejam nem os melhores, nem os mais rápidos, nem os que fornecem resultados mais duradouros. Em ambos os cenários, seja a decisão minudente ou a decisão genérica, a fase de execução pode ser obstaculizada pelo argumento de que a providência determinada não está contida no título judicial exequendo.

Em quinto lugar, Jordão Violin aponta a falta de um momento processual para se discutir o perfil das técnicas de implementação a serem utilizadas. Declarado o direito, o ordenamento jurídico parece pressupor que a sua implementação seria automática, sem necessidade de se discutir a melhor forma de fazê-lo, o que não é verdade em litígios estruturais.[2] Sem um debate adequado das diferentes técnicas processuais de implementação, a fase de cumprimento pode ficar à deriva, dependendo, fundamentalmente, do comportamento do réu.

Por último, a execução coletiva se faz, em princípio, em benefício da sociedade lesada. Isso significa que, pelo menos nos litígios locais e irradiados, será necessário identificar, em algum momento, quem são os indivíduos que compõem essa sociedade, para que a tutela incida sobre eles. Essa tarefa inclui dificuldades tão severas que a própria legislação abre espaço para que ela seja simplesmente abandonada, destinando-se o produto do litígio a fundos de reparação (art. 100, CDC). No processo estrutural, a maioria das providências se voltará para a requalificação do comportamento do réu. No entanto, é possível que algumas prestações sejam pensadas para reparar as vítimas e isso se mostre difícil de viabilizar.

3. POSSÍVEIS ENCAMINHAMENTOS PARA OS PROBLEMAS DA EXECUÇÃO ESTRUTURAL

Se sugerir soluções para os problemas decisórios não é tarefa fácil, a solução de problemas executivos é ainda mais delicada. A efetividade da execução, no Brasil, é baixa, mesmo para o credor individual, que não precisa lidar com as complexidades inerentes à representação da sociedade. Quando o objetivo do processo é interferir em uma realidade complexa e multifacetada, alterando a vida de um vasto grupo de indivíduos, a partir de um título executivo formado anos antes, o potencial para resultados sociais significativos se torna ainda menor.

---

2. VIOLIN, Jordão. *Processos estruturais em perspectiva comparada*: a experiência norte-americana na resolução de litígios policêntricos. 2019. Tese (Doutorado em Direito) – Universidade Federal do Paraná, Curitiba, 2019. p. 102.

3.1 Conhecimento do grupo e participação adequada

O correto tratamento de uma execução coletiva relativa a um litígio de elevada complexidade se inicia com a necessidade de que o exequente e o juiz conheçam e reconheçam o grupo beneficiário da decisão e os subgrupos que o compõem, para evitar que o procedimento seja "sequestrado" por aspectos periféricos, porém defendidos por grupos mobilizados. Esse conhecimento só pode ser obtido pela aplicação dos métodos dialógicos, já descritos em relação à fase de conhecimento, na execução. A realização de reuniões, audiências públicas, inspeções in loco, pesquisas quantitativas e qualitativas com os integrantes da sociedade, busca de apoio dos órgãos públicos e entidades da sociedade civil são técnicas que podem permitir o adequado equacionamento das pretensões dos subgrupos[3].

Conhecido o grupo, o juiz e as partes podem tratar, cooperativamente, o diagrama do litígio, para definir quais aspectos do litígio serão atendidos prioritariamente. Se o plano de reestruturação foi elaborado ainda na fase de conhecimento, esse é o momento adequado para rever as suas disposições e repensar os seus aspectos mais prementes.

O conhecimento do grupo também serve para que sejam definidas interlocuções com os beneficiários da decisão. Na fase de cumprimento, é importante que o diálogo dos sujeitos processuais (todos eles) com o grupo seja ágil e informal, possibilitando que os efeitos das decisões adotadas sejam avaliados com rapidez. Por exemplo, nos desastres de Mariana e Brumadinho, os membros do Ministério Público e defensores públicos criaram grupos de mensagens instantâneas (WhatsApp), internos de cada instituição, interinstitucionais, com peritos e assessorias técnicas envolvidas, e, em alguns casos, também com a participação de representantes das vítimas. Nesses grupos eram repassadas decisões, às vezes resumidas em arquivos de áudio, recebiam-se informações sobre novos desenvolvimentos do evento, combatiam-se notícias falsas e, eventualmente, solucionavam-se controvérsias. Atuar nesse tipo de grupo não é, nem de longe, fácil, mas se houver um adequado gerenciamento, a tecnologia pode facilitar o fluxo de informações.[4]

3.2 Superação da cisão entre conhecimento e execução: a mutabilidade do contexto

É igualmente relevante perceber a possibilidade de que as prestações determinadas no título executivo sejam incompatíveis entre si, total ou parcialmente. Tal

---

3. Os ramos do Ministério Público estão, de modo geral, mais adiantados nessa pauta de contato direto com a comunidade que o Poder Judiciário. Para uma análise de algumas iniciativas do Ministério Público Federal, tais como o "MPF na comunidade", "Ônibus da Cidadania" e "O Ministério Público e os Objetivos do Milênio", ver CURADO, Lúcio Mauro C. F. *A Efetivação não Judicial de Direitos Sociais*. Rio de Janeiro: Lumen Juris, 2020, especialmente p. 219 e ss.
4. Nos Estados Unidos, os juízes que conduziram a resolução das milhares de ações judiciais relacionadas ao medicamento Vioxx também organizaram grupos informais de trocas de ideias, compartilhamento de teses e cooperação. Ver BURCH, Elizabeth Chamblee. *Mas Tort Deals*: backroom bargaining in utidistrict Litigation. Cambridge: Cambridge University Press, 2019.

ocorrência se torna tão mais provável quanto mais aberto for o título. A técnica de produzir sentenças abertas, que indiquem apenas um objetivo final, sem se fixar em pontos instrumentais, costuma ser indicada pela doutrina como uma forma de facilitar a cognição e permitir que o ativismo judicial não substitua a atuação das partes, sobretudo quando se trata do Estado. Em considerável medida, essa é uma solução que simplifica a atividade cognitiva e alivia a sensação de que o Poder Judiciário está invadindo competências alheias.

A dificuldade é que o sistema brasileiro, tradicionalmente, cinde cognição e execução e não tem tradição de mecanismos efetivos para a imposição de ordens judiciais. Assim, a adoção de ordens abertas, técnica que funciona bem nos Estados Unidos, tende a ser menos eficiente no processo nacional. Ela poderá significar o adiamento do problema para um momento subsequente, no qual o réu resistente poderá alegar que a providência específica demandada para atingir o objetivo final não está contemplada no título judicial formado. Isso acarretará aumento da litigiosidade na fase de cumprimento e a possível conclusão no sentido da impossibilidade de sua implementação em virtude do caráter lacônico do título.

Em alguma medida, a solução desse problema passa pela revisão das bases metodológicas da execução e a possibilidade de que atividade cognitiva e executiva convivam em um mesmo momento processual. A definição de questões litigiosas pelas partes é sempre parcial, porque centrada apenas em alguns aspectos da realidade que será impactada pelo processo e, por isso mesmo, sujeita às modificações decorrentes da passagem do tempo. Isso pode ser feito, dentro da teoria tradicional, por decisões provisórias e parciais. No entanto, se o cumprimento for de sentença final, é importante que o juiz não se apegue à literalidade do texto da sentença. O processo existe para resolver problemas, não para criá-los.

O cenário do processo não se expressa como uma fotografia estática, mas como um filme, em permanente movimento. A sentença deve refletir essa característica, ou incidirá sobre fatos que já deixaram de existir. Quando se inicia sua implementação, que se protrai no tempo, as atividades executivas geram novas alterações na realidade, não necessariamente no sentido a princípio desejado pela decisão, e, possivelmente, em segmentos sociais não imaginados durante o processo. Finalmente, a circunstância de se obter a efetivação do comando judicial em um momento específico não significa que essa situação será mantida com o passar do tempo.

Nesse contexto, é preciso que a implementação se inicie tão logo seja adotada a decisão e que as respectivas providências sejam revistas periodicamente, avaliando-se de que modo contribuíram para que se avançasse no rumo do resultado desejado. A regulação minudente do regime da tutela provisória no Código de Processo Civil de 2015, bem como a possibilidade de julgamento parcial de mérito (art. 356), submetido a recurso destituído de efeito suspensivo imediato, passível, portanto, de execução provisória imediata, podem constituir interessantes alternativas para fazer com que parcelas da execução ocorram ainda no curso da atividade cognitiva, o que permitirá a adaptação da decisão das questões controversas remanescentes à nova realidade. A ampliação da tutela provisória e do julgamento parcial também podem auxiliar na resolução do óbice relacionado ao tempo que usualmente transcorre entre a decisão e sua implementação.

Além do início da atividade executiva antes do fim da cognição, é preciso levar em conta a necessidade de releitura das normas de coisa julgada, quando se busca implementar reforma estrutural. As instituições são organismos mutáveis, avessos ao congelamento propugnado pela teoria tradicional da coisa julgada, particularmente no que se refere aos seus limites temporais. A dificuldade, aqui, não está nas relações jurídicas de trato sucessivo, naturalmente excluídas dos limites da coisa julgada material, mas nas mudanças contextuais que demandem uma releitura da situação material, ainda que sem alteração fática. Por exemplo, a coisa julgada pode se mostrar defasada em relação a outras opções que se tornem disponíveis posteriormente, em virtude do avanço tecnológico. Ou pode se tornar indesejável, em decorrência de avanços da sociedade na qual ela se insere.

Independentemente da profundidade da cognição ou do cuidado adotado pelo julgador e pelas partes, a resolução coletiva de conflitos que envolvem questões cientificamente controversas, por exemplo, pode originar decisões cuja imutabilidade, com o passar do tempo, as coloque em total descompasso com as práticas mais modernas, descompasso este que será resguardado até mesmo contra emendas constitucionais, a teor do art. 5º, XXXVI, da Constituição. Nesse quadro, quanto mais complexo for o litígio, mais dúctil deve ser a coisa julgada. Não se pode concebê-la como a autoridade que torna imutável a decisão, pelo simples fato de que, em processos relativos a reformas estruturais, é inconcebível que uma decisão judicial possa reger o comportamento institucional para sempre. A sociedade e as instituições precisam mudar.

Assim, por exemplo, no caso das reformas estruturais relativas à desinstitucionalização psiquiátrica,[5] a decisão de fechamento das instituições de internação foi tomada tendo como base um consenso científico então predominante. Se, no futuro, for comprovado que a internação é o modo mais adequado de tratamento dessas doenças, não se pode pretender superpor a autoridade da coisa julgada aos avanços sociais e científicos. A implementação da reforma estrutural submete-se a uma cláusula *rebus sic standibus* que vai além das alterações fáticas típicas de uma relação de trato sucessivo. Conforme já mencionado, o Projeto de Lei 8.058/14 percebeu essa dificuldade e propôs permitir, no art. 20, a modificação da decisão já na

---

5. Para uma análise minudente da reforma psiquiátrica, especificamente, ver VITORELLI, Edilson. *O devido processo legal coletivo*: dos direitos aos litígios coletivos. São Paulo: Ed. RT, 2016. Capítulo 5. Ver, na jurisprudência norte-americana, *Pennhurst State School v. Halderman*, 465 U.S. 89 (1984); *Halderman v. Pennhurst State Sch. & Hosp.*, 9 F.Supp.2d 544 (E.D. Pa. 1998); *New York State Ass'n for Retarded Children, Inc. v. Rockefeller*, 357 F.Supp. 752 (E.D.N.Y. 1973); *New York State Association for Retarded Children Inc v. L Carey*, 596 F.2d 27 (2. Cir., 1979); e, na doutrina, ROTHMAN, Sheila M.; ROTHMAN, David J. *The Willowbrook Wars*: Bringing the Mentally Disabled into the Community. New Jersey: The Transaction Publishers, 2005.

fase de cumprimento, quando se verificar que o Poder Público já adotou medidas mais adequadas às necessidades do direito material ou que a determinação exarada pelo juiz é inadequada ou ineficaz para o fim que se propõe.

É bom notar que o subterfúgio de adoção de uma decisão mais genérica, que determine, por exemplo, apenas parâmetros de melhoria, sem a determinação de comportamentos específicos, é insuficiente para resolver esse problema. Os parâmetros determinados, conquanto abertos, podem, no futuro, se mostrar inalcançáveis ou inadequados. Seria inapropriado exigir que uma decisão que não acarretará a melhoria institucional que se esperava seja implementada apenas por apego a um conceito que não foi pensado para ser aplicado em um cenário estrutural. A segurança jurídica que a coisa julgada pretende proporcionar litígios individuais, impedindo a sua eternização, não se compatibiliza com as necessidades dos litígios estruturais, mutáveis por natureza.

3.3 Retenção de jurisdição *(retainment of jurisdiction)*

Fredie Didier Jr., Hermes Zaneti Jr. e Raphael Alexandria sustentam que o teor do art. 493 do CPC, ao dispor que "Se, depois da propositura da ação, algum fato constitutivo, modificativo ou extintivo do direito influir no julgamento do mérito, caberá ao juiz tomá-lo em consideração, de ofício ou a requerimento da parte, no momento de proferir a decisão", permitiria a reinterpretação da regra da congruência, constituindo "uma ferramenta fundamental para que o juiz, na etapa de efetivação das decisões estruturais, corrija os rumos da tutela executiva de modo a contemplar as necessidades atuais dos interessados".[6] No mesmo sentido, Arenhart afirma que "deve-se tolerar maior amplitude para a atividade judicial, o que implicará, muitas vezes, extrapolar os limites do pedido expressamente posto pelo autor da demanda".[7]

Essa interpretação do art. 493, que poderia soar ousada para o processo individual, parece perfeitamente admissível para o processo estrutural, em virtude de todas as peculiaridades do litígio que ele pretende solucionar. Assim interpretado, o dispositivo pode servir de base para se introduzir, no Brasil, o instituto norte-americano do *retainment of jurisdiction*, que se traduziria, literalmente, como retenção de jurisdição.

A retenção de jurisdição ocorre quando o juiz, apesar de decidir uma questão ou homologar um acordo, mantém jurisdição para decidir novamente sobre ela, no futuro, à luz de novos fatos. Seria um instituto similar ao debate da inexistência de preclusão *pro judicato* em matéria probatória, ou da possibilidade de reexame dos

---

6. DIDIER JR., Fredie; ZANETI JR., Hermes; OLIVEIRA, Raphael Alexandria. Notas sobre as decisões estruturais. *Civil Procedure Review*, v. 8, n. 1, 2017, p. 46 e ss.
7. ARENHART, Sérgio Cruz. Decisões estruturais no direito processual civil brasileiro. *Revista de Processo*, v. 225, p. 389-410, 2013. Ver também SANTOS, Karen Borges; LEMOS, Walter Augusto da Silva; LEMOS, Vinícius. O processo estrutural como instrumento adequado para a tutela de direitos fundamentais e a necessidade de ressignificação do processo civil. *Revista Jurídica*, v. 506, p. 9 e ss., 2019.

requisitos de admissibilidade de recurso, pelo relator, no momento de proferir a decisão definitiva, ainda que ele mesmo já tenha se pronunciado sobre a questão.[8] A decisão anterior não é impeditiva da adoção de uma decisão posterior, sobre a mesma matéria. Essa situação também ocorre, tanto no Brasil quanto nos Estados Unidos, em relações de trato sucessivo, como é o caso das ações de guarda, em que o juízo continua mantendo jurisdição para decidir as questões subsequentes à sentença original.

A retenção de jurisdição norte-americana generaliza essa proposta, para permitir que o juiz mantenha poder de decisão sobre a questão mesmo após a decisão de mérito, seja esta homologatória ou decorrente de análise da controvérsia pelo próprio magistrado. O Código de Processo Civil da Califórnia, por exemplo, prevê em seu art. 664.6 que, "se requerido pelas partes, o juízo pode manter jurisdição sobre a causa para executar um acordo, até que este seja cumprido em todos os seus termos". Em *Anago Franchising, Inc. v. Shaz, LLC*, o Tribunal Federal do 11º Circuito decidiu, inclusive, que esse pedido deve ser feito expressamente pelas partes e ser expressamente acatado, pelo juiz, sempre que haja acordo, ou ele não será exequível em juízo, posteriormente. A parte prejudicada teria que propor nova ação. O dispositivo processual ainda exige que o pedido de retenção seja feito expressamente pelas partes, não apenas pelos seus advogados, em documento por elas subscrito, ainda que este seja uma cláusula do próprio acordo, antes de o processo ser encerrado.[9]

Essa estratégia foi bastante utilizada pelos juristas norte-americanos que atuaram em processos estruturais, naquilo que se denomina "*consent decree*". *Consent decree* é uma decisão judicial que homologa um acordo que contém obrigação de fazer, ou seja, que contém em si mesmo uma *injunction*.[10] Assim, os acordos estruturais podem conter uma cláusula dispondo que o juízo permanece competente para decidir ou implementar determinadas questões, se houver divergência entre as partes, após a sua celebração.

Por exemplo, na cláusula 255, o TAC original, firmado em relação ao litígio do Rio Doce, tem o seguinte teor: "Cláusula 255: Qualquer incidente decorrente da execução deste Acordo, que não possa ser resolvido pelas partes signatárias, será submetido ao juízo da 12ª Vara Federal da Seção Judiciária do Estado de Minas Gerais para decisão". Assim, apesar de haver um acordo, a cláusula determina a retenção

---

8. "A decisão que admite o processamento dos embargos de divergência não impede o Relator de, no momento da prolação da decisão definitiva, proceder a um novo exame sobre os requisitos de admissibilidade do recurso. Preclusão *pro judicato* inexistente" (AgInt nos EREsp 1446201/SP, Rel. Min. Laurita Vaz, Corte Especial, julgado em 17.08.2016, DJe 19.09.2016).
9. *Sayta v. Chu*, 17 Cal. App. 5th 960 (1. Dist. Nov. 29, 2017).
10. Quando o acordo homologado contém apenas uma obrigação de pagar, ele é conhecido como *consent judgment*. A definição utilizada no texto pode ser encontrada em *FTC v. Enforma Natural Prods., Inc.*, 362 F.3d 1204, 1218 (9. Cir. 2004): "A consent decree is no more than a settlement that contains an injunction". Há um debate interessante sobre o assunto em DISARRO, Anthony. Six decrees of separation: settlement agreements and consent orders in federal civil litigation. *American University Law Review*, v. 60, n. 2, p. 275 e ss., 2010.

de jurisdição, pelo juízo federal incumbido do processo, para tratar das questões em relação às quais não haja acordo. Se esse tipo de cláusula é possível em um acordo, não parece inviável que o próprio juízo insira (e que as partes peçam que ele o faça) em sua decisão, com base no art. 493 do CPC, a determinação de que a decisão está sendo tomada de acordo com os fatos alegados e comprovados nos autos até aquele momento, mas que o juízo retém jurisdição para decidir fatos novos ou para rever suas decisões anteriores, à luz de novos fatos, ao longo do cumprimento de sentença. É claro que, nessa hipótese, deverá sempre ser respeitado o princípio do contraditório. Essa técnica pode ser útil para auxiliar na superação da distância entre conhecimento e execução, imposto pela tradicional teoria do processo.

No entanto, para os casos em que a reforma estrutural seja almejada por acordo, deve-se ponderar com cautela se uma medida dessa sorte é recomendável. A rigor, o juiz é um sujeito que não participou das negociações, não acompanhará, cotidianamente, o desenvolvimento do acordo e, por isso, receberá o conflito entre as partes de forma descontextualizada. Isso tornará bastante difícil que ele tome boas decisões sobre a questão. Além do mais, se ele for percebido por uma das partes como mais favorável aos seus interesses, ela poderá começar a forçar impasses, apenas para que tudo acabe nas mãos do juiz. No desenvolvimento normal de um acordo, a hipótese de divergência será remetida a um juiz previamente desconhecido, em virtude do cumprimento de regras de juiz natural, e isso submete as partes a níveis equivalentes de risco, estimulando a convergência. A predefinição e a atuação recorrente do mesmo juiz podem desestimular o entendimento.

Nas hipóteses em que a reforma estrutural for decorrente de acordo, talvez seja melhor pensar em algum outro tipo de mecanismo extrajudicial para resolver as controvérsias entre as partes, relativamente à sua implementação, como seria o caso de um *dispute board*, um conselho formado por pessoas indicadas por ambas as partes.

Providência nessa linha foi adotada nos acordos que regulam a reparação do desastre do Rio Doce. Além da referência a que conflitos podem ser levados ao juiz, foi prevista a criação de um Comitê Interfederativo (CIF), cujo papel seria o de supervisionar a atuação da Fundação Renova, tomar decisões e sanar as dúvidas no curso da execução do acordo. Assim, há previsão de um trânsito entre a supervisão extrajudicial e judicial das medidas de execução, com a atuação do Comitê como regra e a intervenção do juiz, como exceção, em caso de divergência irreconciliáveis.

O lado negativo dessa providência manifestou-se nesse caso. Com o tempo, o modelo do CIF acabou ficando, de certa forma, esvaziado, porque a previsão relativa à possibilidade de intervenção do juiz criou uma instância superior a ele. O juiz, concretamente, acabou sendo acionado muitas vezes, reduzindo a importância prática do CIF. A receptividade do juiz a esses pleitos, com a designação de sucessivas perícias para rever as decisões do CIF fez com que as partes vissem o estágio extrajudicial de supervisão apenas como um ponto de passagem, sendo que a verdadeira solução para os dissensos ficaria com o juiz.

Essa duplicação de instâncias em questões tecnicamente complexas e controversas gerou uma espécie de "guerra de laudos", que comprometeu severamente a duração razoável do processo. Depois que o CIF, após longos estudos técnicos, chega a uma decisão sobre alguma matéria complexa, as empresas poluidoras produzem contralaudos para desfazer a conclusão. Não havendo acordo, a questão é levada ao juiz, que nomeia um perito para refazer todos os estudos. Com isso, os dissensos tendem a eternizar-se, com o agravante de que nada garante que a decisão judicial, baseada no laudo pericial, será tecnicamente melhor que a do CIF. Ela prevalecerá apenas por força da autoridade, não da sua qualidade intrínseca.

Cabe anotar que a Corte Constitucional colombiana adotou uma técnica de retenção de jurisdição em seu caso estrutural mais conhecido, relacionado aos deslocamentos forçados de pessoas pela guerrilha. Após a decisão, tomada pelo órgão plano do tribunal ("*sala plena*"), foi designada uma "*sala de seguimiento*", um órgão jurisdicional da própria corte, que teria o papel de receber as informações da execução e ajustar a decisão, relativamente aos detalhes[11]. Observa Thaís Viana[12]:

> Perante "salas de seguimiento" (órgão especializado da Sala Plena), a Corte Constitucional instituiu, em 2009, formato para o prosseguimento de sua atividade jurisdicional, com o recebimento de informes periódicos de autoridades administrativas acerca da implantação das medidas que lhes cabem; a emissão de ordens e autuações acerca das nuances e providências a serem adotadas com o escopo de implementação da decisão estrutural; e a realização de audiências públicas periódicas, com o intuito de revisitar as medidas já adotadas, averiguar sua efetividade e promover, se pertinente, sua readequação.

Assim, a retenção de jurisdição é uma técnica que pode ser sustentada à luz do direito brasileiro, sem conflitar com as garantias da coisa julgada, para qualificar a atuação do juiz, no curso da fase de implementação da decisão.

3.4 A participação como ferramenta de controle social da execução estrutural

A terceira situação de dificuldade da execução de medidas estruturais consiste nas alterações que o destinatário da ordem pode imprimir na realidade, com o objetivo de disfarçá-la e, com isso, impedir que ela atinja seu objetivo final, reduzindo a força dos argumentos a seu favor e bloqueando o resultado social que se esperava. O processo coletivo estrutural se desenvolve em um contexto de profunda assimetria de informação, que faz com que o réu entenda a realidade mais que os outros sujeitos processuais e atue diretamente sobre ela com mais frequência, o que lhe permite

---

11. Para uma descrição detalhada desse caso, ver RODRIGUEZ GARAVITO, César; RODRIGUEZ FRANCO, Diana. *Cortes y cambio social*: Cómo la Corte Constitucional transformó el desplazamiento forzado en Colombia. Bogotá: Centro de Estudios de Derecho, Justicia y Sociedad, Dejusticia, 2010.
12. VIANA, Thaís Costa Teixeira. A implementação de reformas estruturais em "procesos de seguimiento": Notas à Luz da Sentença T-025 de 2004 da Corte Constitucional Colombiana. In: VITORELLI, Edilson; ZANETI JR., Hermes. *Casebook de Processo Coletivo*. São Paulo: Almedina, 2020. v. II, p. 105-186.

adotar medidas que, conquanto pareçam adequadas, não contribuam efetivamente para o resultado esperado.

Essa situação pode ser contornada a partir da introdução, na execução, do caráter dialógico que deve orientar o processo de conhecimento. Conforme observou Paola Bergallo,[13] um dos pontos positivos da gestão do caso "Mendoza" foi o envolvimento de uma série de organizações governamentais e não governamentais, que produziram informações paralelas às que eram geradas pelos canais oficiais, permitindo o conhecimento mais amplo do objeto litigioso. Ao mesmo tempo em que o processo judicial gerou mobilização social na região do litígio, a sua tramitação foi constantemente observada, estudada e impulsionada por vários atores sociais, em uma sinergia virtuosa.

Susan Sturm acrescenta que o modelo tradicional de participação no processo é insuficiente não apenas por se restringir às partes, mas por exigir a intermediação de advogados. Esse padrão indireto e formal de diálogo, de um lado, impede a comunicação efetiva do juízo com os interessados e, de outro, obsta a identificação destes com o resultado da lide.[14] É amplamente reconhecida a tendência de que esses problemas levem a uma escalada na gravidade do conflito entre as partes e, ao final, à alienação dos perdedores.[15] Assim, o direcionamento da ação coletiva estrutural para a adoção de mecanismos participativos diretos e informais pode ser um instrumento para contribuir com a organização da comunidade, criando um fórum para a produção de novos conhecimentos, mobilização política e busca de apoio público,[16] em vez da entrega do destino do grupo a um representante paternalista, que decidirá por ele o que é melhor.[17]

Estudos empíricos demonstraram que o processo coletivo pode acarretar o efeito benéfico de contribuir para o empoderamento da comunidade, sobretudo se forem observadas algumas estratégias. Inicialmente, a sociedade precisa fazer com que seus diversos subgrupos trabalhem em conjunto, para evitar que o litígio fique associado apenas a pessoas ou organizações específicas, o que pode desmerecê-lo publicamente. Também se faz necessário que o grupo considere e discuta as possíveis implicações de longo prazo do processo, tanto positivas quanto negativas, atentando, à medida que a tramitação avança, para suas consequências imprevistas.

---

13. BERGALLO, Paola. La causa "Mendoza": una experiencia de judicialización cooperativa sobre el derecho a la salud. *In*: GARGARELLA, Roberto (Org.). *Por una justicia dialógica*: El poder Judicial como promotor de la deliberación democrática. Buenos Aires: Siglo XXI Editores, 2014. p. 245-291.
14. STURM, Susan. A Normative Theory of Public Law Remedies. *Georgetown Law Journal*, v. 79, n. 5, p. 1394, 1991.
15. Sobre essas dificuldades, ver EISENBERG, Melvin Aron. Private Ordering through Negotiation: Dispute--Settlement and Rulemaking. *Harvard Law Review*, v. 89, n. 4, p. 637-681, 1976; FELSTINER, William L. F. Influences of Social Organization on Dispute Processing. *Law & Society Review*, v. 9, n. 1, p. 63-94, 1974.
16. BELL JR., Derrick A. Serving Two Masters: Integration Ideals and Client Interests in School Desegregation Litigation. *Yale Law Journal*, v. 85, n. 4, p. 513, 1976.
17. O paternalismo é um vício notado e combatido inclusive nas relações entre clientes individuais e advogados. Ver: SIMON, William H. The Dark Secret of Progressive Lawyering: A Comment on Poverty Law Scholarship in the Post-Modern, Post-Reagan Era. *University of Miami Law Review*, v. 48, n. 5, p. 1099-1114, 1994.

Finalmente, deve ser definida uma estratégia de comunicação, por meios formais e informais, para relatar à sociedade o andamento do caso, as perspectivas temporais de seu avanço e seus efeitos, tanto concretos quanto projetados. De modo geral, o empoderamento da sociedade será potencializado se a mudança social emergir de coalizões populares, ao invés do grupo dominante, embora isso nem sempre seja possível. É preciso, pelo menos, encorajar a participação e o engajamento daqueles que possivelmente serão atingidos pela mudança, de modo a viabilizar a mobilização em favor das medidas legislativas e executivas eventualmente necessárias para a implementação da decisão.[18]

Outros autores identificaram problema similar, afirmando que, no longo prazo, o não envolvimento da comunidade tem potencial para minar os resultados obtidos no processo. Leroy Clark exemplifica com o combate à discriminação no ambiente de trabalho. Não basta que um autor coletivo vença uma ação que a proíba. Os membros da classe devem saber como fazer para apresentar uma reclamação, os riscos que correm se tomarem essa medida e os fatos que precisam ser registrados para que sua situação pessoal seja passível de tutela jurisdicional. Portanto, não se deve superestimar o impacto das decisões judiciais, especialmente aquelas que pretendem produzir mudanças sociais duradouras, se não houver engajamento dos agentes por ela afetados. "*Class actions* destinadas a afetar os direitos de um grande número de pessoas podem ser erodidas no processo de implementação, se não existir mecanismo para informar a comunidade em geral dos seus novos direitos".[19]

3.5 Acesso à informação

Para o sucesso da implementação de medidas estruturais, é essencial que o fluxo de informações entre juiz, autor e réu se dê de maneira fluida. Isso significa que, para além dos relatórios de implementação, periodicamente apresentados, da publicidade das audiências judiciais, da realização de audiências públicas especificamente voltadas à disseminação de informações, os sujeitos encarregados da reforma devem desenvolver estratégias de prestação de contas que privilegiem a oralidade, imediatidade e informalidade das comunicações. Isso pode se dar com a marcação periódica de reuniões com o grupo e também com a criação de comunidades de mensagens instantâneas, ficando estabelecido, mediante negócio processual (art. 190, CPC), ou mediante determinação judicial, que as mensagens ali enviadas têm caráter oficial e serão consideradas fundamentos hábeis à tomada de decisões. O art. 10 da Recomendação 54, do CNMP, também prestigia a comunicação entre o Ministério Público e os membros do grupo:

---

18. BANACH, Mary; HAMILTON, Daborah; PERRI, Penelope M. Class action lawsuits and community empowerment. *Journal of Community Practice*, v. 11, n. 4, p. 81-99, 2003.
19. CLARK, Leroy D. The Lawyer in the Civil Rights Movement – Catalytic Agent or Counter-Revolutionary. *University of Kansas Law Review*, v. 19, n. 3, p. 459-474, 1971. Citação p. 470.

Art. 10. No intuito de propiciar a maior adequação ou adaptação possível da atuação resolutiva à realidade local e às mais relevantes necessidades da sociedade perante a qual atua o membro, cada unidade do Ministério Público adotará mecanismos normativos e administrativos de incentivo à realização de audiências públicas, audiências ministeriais, reuniões, pesquisas ou quaisquer outros instrumentos de participação ou cooperação junto aos titulares dos direitos e interesses para cuja defesa e proteção a Instituição é legitimada, de periodicidade não inferior a um ano, tendo por objetivo colher subsídios para atuação, notadamente quanto às prioridades e focos de atuação a serem adotados, bem como para verificação da efetividade, qualidade e impacto social das ações desenvolvidas, observado o planejamento estratégico da Instituição.

O segundo ponto se refere ao acesso aos arquivos, instalações e dados, usualmente em poder do réu, que são importantes para aferir o desenvolvimento das metas definidas. O juiz pode determinar, por exemplo, que o réu permita que o autor tenha acesso irrestrito aos locais e registros pertinentes ao cumprimento da ordem, para fiscalizar o seu desenvolvimento. Lottman considera isso uma "condição *sine qua non* de qualquer execução".[20] Em terceiro lugar, o juízo pode nomear terceiros para fiscalizar o cumprimento da decisão, nos moldes dos *special masters*, levando ao seu conhecimento os fatos e violações pertinentes ao objeto do processo. Eles devem ser informados de todas as atividades adotadas e ter liberdade de participar de quaisquer reuniões ou eventos relevantes para a decisão de futuras providências. Esses agentes, que atuam em posição análoga à do perito judicial, têm autoridade inclusive para ouvir pessoas em nome do juízo[21] e podem sugerir determinações a serem adotadas pelo juiz.

Fora do mundo dos especialistas, os juízes também reconhecem a necessidade de se nomear pessoas comuns para avaliar o andamento do cumprimento de uma decisão. No cotidiano dos litígios estruturais, há situações em que uma decisão, ainda que tecnicamente adequada, está em descompasso com os anseios da comunidade afetada. Ciente desse risco, em *Wyatt v. Stickney*,[22] um caso do Alabama relativo a tratamento institucional de pacientes psiquiátricos, o juiz nomeou uma comissão de cidadãos, não especializados em saúde mental, para supervisionar as atividades de cada uma das instituições em questão, sob o ponto de vista da dignidade e dos direitos humanos dos pacientes.

No caso do hospital de Willowbrook, um mecanismo similar, mas mais complexo, foi desenvolvido, com a criação de um painel de revisão, composto por duas pessoas escolhidas pelo réu, três indicadas pelo autor e dois especialistas em saúde mental, com poder geral de supervisão das providências necessárias para o cumpri-

---

20. LOTTMAN, Michael S. Paper Victories and Hard Realities. *In*: BRADLEY, Valerie; CLARKE, Gary. *Paper Victories and Hard Realities*: the implementation of the legal and constitutional rights of the mentally disabled. Washington: The Health Policy Center of Georgetown University, 1976. p. 94.p. 93-105.
21. Art. 473, §3°, CPC: "§3° Para o desempenho de sua função, o perito e os assistentes técnicos podem valer-se de todos os meios necessários, ouvindo testemunhas, obtendo informações, solicitando documentos que estejam em poder da parte, de terceiros ou em repartições públicas, bem como instruir o laudo com planilhas, mapas, plantas, desenhos, fotografias ou outros elementos necessários ao esclarecimento do objeto da perícia".
22. *Wyatt v. Stickney*, 325 F.Supp. 781 (M.D. Ala. 1971).

mento da decisão. O painel tinha autonomia para contratar três assessores em tempo integral e autoridade para acessar todas as informações, arquivos, prédios, pacientes e empregados que fossem necessários para obter informações sobre o andamento da implementação do acordo. De posse dessas informações, o painel tinha autoridade para expedir recomendações vinculantes para o réu, inclusive fixando prazos para o seu cumprimento, mesmo que esses prazos não fizessem parte do acordo original. Ao painel também cabia resolver todos os desentendimentos relacionados à interpretação do acordo, com possibilidade de recurso ao juiz, no prazo de 15 dias. Se não houvesse recurso, as decisões eram vinculantes. O painel também recebia reclamações de qualquer pessoa interessada no processo, podendo determinar medidas para a correção do que lhe fosse relatado, ou do que descobrisse por intermédio de suas próprias investigações.[23]

3.6 Primazia da tutela específica: medidas indutivas e coercitivas

A ideia de que os meios executivos devem ser típicos, explícita e exaustivamente previstos em lei, tem clara origem na matriz liberal que forjou o processo civil moderno, a partir do final do século XVIII e ao longo dos séculos XIX e XX. Caberia ao legislador, democraticamente eleito, determinar de que forma o Estado pode invadir a esfera jurídica do executado. Legar ao juiz essa autoridade implicaria criar insegurança jurídica em pelo menos dois níveis: as medidas seriam definidas de modo imprevisível e casuístico, por um agente fracamente vinculado aos controles populares tradicionais.[24]

É claro que, por trás do discurso oficial, que prega a segurança jurídica e a democracia, está uma pretensão bem menos elogiável: os poderes legislativos das democracias modernas foram rapidamente colocados sob o controle das elites, por intermédio, em um primeiro momento, do voto censitário ou indireto e, mais adiante, de ciclos eleitorais que exigem grandes investimentos, públicos ou privados, para a manutenção dos assentos parlamentares. O acesso a esses recursos depende de uma rede de bons relacionamentos em vários níveis, os quais garantem a previsibilidade dos resultados eleitorais e, consequentemente, das leis aprovadas.

Essa previsibilidade é bem menor quando se trata do Poder Judiciário. Ainda que os juízes sejam predominantemente oriundos da mesma elite social da qual provêm os legisladores, sua investidura vitalícia e independência funcional impedem que, uma vez nomeados, sejam alvo de qualquer espécie de "*recall*". O concurso público faz com que ingressem na carreira sem "dever favores" a quem quer que seja. Assim,

---

23. LOTTMAN, Michael S. Paper Victories and Hard Realities. *In*: BRADLEY, Valerie; CLARKE, Gary. *Paper Victories and Hard Realities*: the implementation of the legal and constitutional rights of the mentally disabled, op. cit., p. 96-97.
24. Essa reconstrução histórica é feita em MARINONI, Luiz Guilherme; ARENHART, Sergio Cruz; MITIDIERO, Daniel. *Novo Curso de Processo Civil*. 3. ed. São Paulo: Ed. RT, 2017. v. 1.

do ponto de vista das elites, o Legislativo, ao contrário do que possa parecer, está mais "sob controle" que o Judiciário.

O problema é que as medidas típicas de execução, por mais que cumprissem o propósito da previsibilidade, se mostraram, ao longo dos anos, incomodamente ineficazes, implicando a necessidade de se substituir a tutela específica da obrigação por tutela pelo equivalente monetário. Em vez de o credor obter exatamente aquilo que o devedor se comprometeu a prestar, ele recebia dinheiro retirado de seu patrimônio, o que não é a tutela prometida pela ordem jurídica e, em muitos casos, frustra o propósito da obrigação.[25] Essa situação impulsionou os desejos de mudança. Ainda que resistissem a se submeter a uma autoridade judicial com poderes mais amplos, as elites também precisam do processo civil para fazer funcionar seus negócios. A inefetividade da execução, como problema crônico, passou a atrapalhar a recuperação de créditos inadimplidos, sobretudo dos credores bancários e tributários, a imposição de obrigações ao Estado e outras atividades sociais reputadas relevantes. Essa percepção, aliada à evolução doutrinária, ampliou os horizontes dos juristas brasileiros e culminou com a transição, ainda na vigência do CPC de 1973, na autorização de adoção de medidas atípicas, ou seja, definidas pelo juiz, à luz das necessidades do caso, para as obrigações de fazer, não fazer e dar coisa. O propósito claro da mudança foi assegurar a primazia da tutela específica sobre a tutela pelo equivalente monetário, o que é especialmente relevante quando se trata de bens coletivos. Uma indenização não pode assegurar ao meio ambiente o mesmo resultado que se asseguraria se ele nunca tivesse sido lesado. É por isso que as técnicas atípicas são associadas à previsão de tutela inibitória (art. 497, parágrafo único, do CPC), permitindo que o juiz adote quaisquer medidas necessárias não apenas na situação em que se busca reparar um bem coletivo, mas, em especial, na hipótese de se pretender evitar que ele seja alvo de ato ilícito.[26]

Apesar dessas previsões, as mudanças foram, em um primeiro momento, relativamente tímidas, limitando-se, como bem aponta Araken de Assis, à adoção da multa cominatória para quase todos os casos, como se esta fosse, em verdade, a única

---

25. Nesse sentido, afirmou o STJ: "Direito civil. Execução de obrigação de fazer e não fazer. Contrato de prestação de serviços artísticos celebrado entre emissora de TV e comediante. Quebra da cláusula de exclusividade. É admissível a aplicação de multa no caso de inadimplemento de obrigação personalíssima, como a de prestação de serviços artísticos, não sendo suficiente a indenização pelo descumprimento do contrato, a qual visa a reparar as despesas que o contratante teve que efetuar com a contratação de um outro profissional.

    Caso contrário, o que se teria seria a transformação de obrigações personalíssimas em obrigações sem coerção à execução, mediante a pura e simples transformação em perdas e danos que transformaria em fungível a prestação específica contratada. Isso viria a inserir caráter opcional para o devedor, entre cumprir ou não cumprir, ao baixo ônus de apenas prestar indenização. Recurso Especial provido". REsp 482.094/RJ, Rel. Min. Nancy Andrighi, Rel. p/ Acórdão Min. Sidnei Beneti, Terceira Turma, julgado em 20.05.2008, DJe 24.04.2009.

26. No mesmo sentido, BERNARDINA DE PINHO, Humberto Dalla. As medidas estruturantes e a efetividade das decisões judiciais no ordenamento jurídico brasileiro. *Revista Eletrônica de Direito Processual*, v. XIII, p. 229-258, 2014.

medida possível.[27] No entanto, o CPC de 2015 introduziu um discreto dispositivo, o art. 139, IV, que reacendeu o interesse dos autores pelo tema, acarretando a publicação de dezenas de estudos. É que essa norma afirma o cabimento de medidas atípicas "inclusive nas ações que tenham por objeto prestação pecuniária". Apesar de esse dispositivo não se refletir em nenhuma outra previsão do Código, nem relativa ao pagamento de quantia, nem nos capítulos dedicados ao cumprimento de sentença ou à execução, ele vem impulsionando uma significativa mudança, gradualmente admitida pelo STJ.

Esse movimento tem ônus e bônus. A execução, no Brasil, é de uma inefetividade trágica. De acordo com o IPEA, o índice de execuções fiscais integralmente satisfeitas se limita a 0,5% dos casos.[28] No âmbito das obrigações de fazer, o STJ desenvolveu uma série de entendimentos restritivos à efetividade da multa cominatória, restringindo o seu vigor inicial. Aquele tribunal entende, por exemplo, que a multa cominatória pode ser modificada, mesmo após o trânsito em julgado, quando se torna "exorbitante ou irrisória".[29] Essa afirmação, contudo, é mera força de expressão. Em realidade, em todos os seus precedentes sobre a questão, o STJ apenas reduz multas que considera exorbitantes, isentando partes desobedientes, retroativamente, do pagamento de multas que já tinham incidido. Não há um único caso relativo ao aumento de multas irrisórias, nem há definição clara do que seria uma multa exorbitante.[30] Adicionalmente, a multa cominatória fixada em decisão de

---

27. Alude o autor: "A ideia da relativa aticipidade, defendida com base na regra equivalente ao atual art. 536, §1°, esbarra na falta de exemplos práticos convincentes e, ainda, nos valores consagrados na CF/1988". ASSIS, Araken de. *Manual da Execução*. 18. ed. São Paulo: Ed. RT, 2016. p. 78.
28. "O processamento da execução fiscal é um ritual ao qual poucas ações sobrevivem. Apenas três quintos dos processos de execução fiscal vencem a etapa de citação (sendo que em 36,9% dos casos não há citação válida, e em 43,5% o devedor não é encontrado). Destes, a penhora de bens ocorre em apenas um quarto dos casos (ou seja, 15% do total), mas somente uma sexta parte das penhoras resulta em leilão. Contudo, dos 2,6% do total de processos que chega a leilão, em apenas 0,2% o resultado satisfaz o crédito. A adjudicação extingue a ação em 0,3% dos casos. A defesa é pouco utilizada e é baixo seu acolhimento: a objeção de preexecutividade ocorre em 4,4% dos casos e os embargos à execução em 6,4%, sendo seu índice de acolhimento, respectivamente, de 7,4% e 20,2%. Observe-se que, do total de processos da amostra deste estudo, a procedência destes mecanismos de defesa foi reconhecida em apenas 1,3% dos casos." BRASIL. *Custo Unitário do Processo de Execução Fiscal na Justiça Federal*. Brasília: Instituto de Pesquisa Econômica Aplicada, 2011. p. 33.
29. "O valor da multa cominatória prevista no art. 461 do CPC/1973 pode ser alterado pelo magistrado a qualquer tempo, quando reconhece ser irrisório ou exorbitante, não ocorrendo a preclusão da matéria nem ofensa à coisa julgada." (REsp 1601576/SP, Rel. Min. João Otávio de Noronha, Terceira Turma, julgado em 14.06.2016, DJe 22.06.2016).
30. "Na hipótese, a recorrente executa astreintes no importe de R$ 338.040,45 (conforme acórdão recorrido), pelo descumprimento da obrigação de fazer imposta pelo Judiciário, qual seja a emissão de novos boletos bancários para o pagamento das parcelas restantes. [...] Recurso especial parcialmente provido." (REsp 1186960/MG, Rel. Min. Luis Felipe Salomão, Quarta Turma, julgado em 15.03.2016, DJe 05.04.2016). "É possível a redução do valor da multa por descumprimento de decisão judicial (art. 461 do Código de Processo Civil) quando se tornar exorbitante e desproporcional. 2. O valor da multa cominatória estabelecido na sentença não é definitivo, pois poderá ser revisto em qualquer fase processual, caso se revele excessivo ou insuficiente (CPC, art. 461, §6°). (AgInt no REsp 1481282/MA, Rel. Min. Maria Isabel Gallotti, Quarta Turma, julgado em 16.08.2016, DJe 24.08.2016). Nesse caso, a multa cominatória totalizava R$ 65 mil pela inscrição indevida do nome do devedor em cadastro de inadimplentes por 22 dias. O STJ a reduziu para

tutela provisória somente será exigível após a confirmação da decisão em provimento de cognição exauriente[31] e somente será exequível, ainda que provisoriamente, se o recurso contra essa decisão não for dotado de efeito suspensivo.[32] Considerou, ainda, que a própria tutela específica da obrigação pode ser afastada quando seu custo se mostrar desproporcionalmente elevado para o devedor.[33] Esses entendimentos foram, em sua maioria, incorporados pelo art. 536 do CPC/2015. Finalmente, cabe considerar que a multa só tem efetividade se o devedor for solvente. Na hipótese de insolvência, a imposição de sanção pecuniária não será mais que uma ameaça vazia.

De outro lado, atipicidade implica insegurança jurídica, que, em algum limite, pode colocar um peso excessivo sobre o réu. Em verdade, esse risco, que é inerente ao litígio, deve ser encarado como um estímulo para que o réu se esforce ao máximo para obter o resultado visado pela decisão, ou pelo menos se aproximar dele, do modo mais rápido, eficiente e barato possível. Ao contrário do sistema atual, que fornece estímulos racionais para o responsável obstar e protelar o cumprimento das decisões em seu desfavor, em razão das penalidades baixas e raramente aplicadas, um sistema que o vincule a um objetivo final, e não à adoção de providências específicas, fixadas na sentença, o estimularia a envidar todos os esforços na busca expedita de uma solução. Mais que isso, o réu também pode se valer da atipicidade para pedir ao juiz a imposição de medidas mais leves do que as inicialmente determinadas, na medida em que demonstra avanços no cumprimento da decisão.

R$ 3.800. "Processual civil. Execução. Multa cominatória. Obrigação principal. Desproporcionalidade. Redução. O montante da multa cominatória deve guardar proporcionalidade com o valor da obrigação principal cujo cumprimento se busca, sob pena de a parcela pecuniária ser mais atrativa ao credor que a própria tutela específica. 2. No caso, a obrigação principal era a entrega de veículo automotor orçado em cerca de R$ 22.000,00 (vinte e dois mil reais), tendo o montante da multa alcançado mais de R$ 455.000,00 (quatrocentos e cinquenta e cinco mil reais). 3. Agravo regimental não provido." (AgRg no REsp 1434469/MG, Rel. Min. Luis Felipe Salomão, Quarta Turma, julgado em 27.03.2014, DJe 04.04.2014). No REsp 1.859.535, Rel. Min. Sérgio Kukina, julgado em 17.03.2020, o STJ reduziu de R$ 51 milhões para R$ 10 milhões uma multa cominatória aplicada ao município de São Paulo por um atraso de 6 anos na condução de uma obra. Há algumas decisões em sentido contrário. No julgamento dos REsps 1.840.693 e 1.819.069, o STJ manteve uma multa de R$ 3,134 milhões ao Banco Santander e à Financeira Aymoré, por inscrição indevida de pessoa em cadastro de inadimplentes. Houve descumprimento de duas decisões judiciais. O Relator, Ministro Ricardo Villas Boas Cueva afirmou que as ordens eram simples e não foram cumpridas por desídia dos réus. Logo, as multas deveriam ser mantidas, para se evitar o "descumprimento eficiente da ordem", ou seja, o descumprimento em razão de um cálculo econômico de lucratividade da desobediência.

31. "Nos termos da jurisprudência desta Corte, a multa cominatória, quando fixada em antecipação de tutela, somente poderá ser objeto de execução provisória após ser confirmada por sentença de mérito." (AgRg no REsp 1482859/DF, Rel. Min. Ricardo Villas Bôas Cueva, Terceira Turma, julgado em 18.06.2015, DJe 06.08.2015).
32. "A multa diária prevista no §4º do art. 461 do CPC, devida desde o dia em que configurado o descumprimento, quando fixada em antecipação de tutela, somente poderá ser objeto de execução provisória após a sua confirmação pela sentença de mérito e desde que o recurso eventualmente interposto não seja recebido com efeito suspensivo." (REsp repetitivo 1200856/RS, Rel. Min. Sidnei Beneti, Corte Especial, julgado em 01.07.2014, DJe 17.09.2014).
33. REsp 1.055.822-RJ, Rel. Min. Massami Uyeda, julgado em 24.05.2011. É bem verdade que a situação fática submetida ao STJ era bastante esdrúxula. O recorrente pretendia a edição, apenas para si, de sete exemplares de uma revista infantil cancelada pela editora, recusando-se a aceitar a devolução do valor pago, que, ao final, foi o determinado pelo Tribunal.

No fundo, esse dilema entre maior segurança e maior efetividade é falso. Grande parte da defesa da tipicidade dos métodos executivos não decorre da percepção de que eles sejam melhores ou de que acarretam maior segurança jurídica, mas sim do fato de que se sabe que eles são menos eficientes e, com isso, melhores para o devedor. Quando um meio é típico, mas é agressivo contra o devedor, como é o caso da penhora de percentual de faturamento (art. 866, CPC) e da penhora de empresa (art. 862, CPC), ele recebe tantas e tão duras críticas quanto os meios atípicos. Parece haver, portanto, um certo grau de insinceridade no debate entre a tipicidade e a atipicidade, que esconde um debate sobre o maior favorecimento ao credor ou ao devedor, no curso da execução.

Seja como for, no que tange às obrigações de fazer e não fazer, que são as que mais interessam à reforma estrutural, a previsão de atipicidade das técnicas executivas é amplamente reiterada pelo art. 536 do CPC. A polêmica se limita, com isso, às obrigações de pagar. Logo, a reforma estrutural pode se beneficiar de toda a lufada de criatividade doutrinária, propiciada pelos debates relativos ao art. 139, IV, do CPC.

No caso mais notório, o STJ admitiu a suspensão do passaporte e da Carteira Nacional de Habilitação do ex-jogador de futebol Ronaldinho Gaúcho, em virtude do não pagamento de uma multa ambiental,[34] decisão que foi mantida, embora sem exame total de mérito, em um provimento monocrático do STF.[35] Com isso, vem se firmando a possibilidade de impor técnicas de coerção pessoal e não apenas de coerção patrimonial, às pessoas que recalcitram no cumprimento de ordens judiciais. Nada impede que essas técnicas de coerção pessoal venham a ser impostas também sobre gestores institucionais,[36] em relação aos quais o STJ já admite, há algum tempo, a coerção patrimonial, mediante multa diretamente incidente sobre si, não sobre a pessoa jurídica que presentam.[37]

É claro que essas medidas precisam ser calibradas, para evitar que se imponham, ao responsável, obrigações impossíveis, ou que não estejam ao alcance de sua própria autoridade. Também é importante que não se imponham medidas desnecessariamente rígidas sobre alguém que pretende cooperar, ainda que não o esteja fazendo da melhor forma possível. Em síntese, medidas atípicas são flexíveis exatamente para permitir

---

34. HC 478963, Rel. Min. Francisco Falcão, julgado unânime, 2ª Turma, DJ 20.04.2019.
35. MC no ROHC 173.332, Rel. Min. Rosa Weber, julgado em 02.09.2019.
36. Nessa linha, também a previsão do Projeto de Lei 8.058/14: "Art. 21. Se a autoridade responsável não cumprir as obrigações determinadas na sentença ou na decisão de antecipação de tutela, o juiz poderá aplicar as medidas coercitivas previstas no Código de Processo Civil, inclusive multa periódica de responsabilidade solidária do ente público descumpridor e da autoridade responsável, devida a partir da intimação pessoal para o cumprimento da decisão, sem prejuízo da responsabilização por ato de improbidade administrativa ou das sanções cominadas aos crimes de responsabilidade ou de desobediência, bem como da intervenção da União no Estado ou do Estado no Município".
37. "As astreintes podem ser direcionadas pessoalmente às autoridades ou aos agentes responsáveis pelo cumprimento das determinações judiciais, em particular quando eles foram parte na ação. Precedentes: AgRg no AREsp 472.750/RJ, Rel. Min. Mauro Campbell Marques, Segunda Turma, DJe 09.06.2014; e REsp 1.111.562/RN, Rel. Min. Castro Meira, Segunda Turma, DJe 18.09.2009" (AgRg no REsp 1388716/RN, Rel. Min. Humberto Martins, Segunda Turma, julgado em 23.10.2014, DJe 30.10.2014).

que o juiz calibre a dose necessária de pressão para induzir obediência, sem causar danos desnecessários às partes.[38] Mas, como lembra Marcos Minami, é importante que as peculiaridades do caso sejam levadas em consideração antes de se criticar a adoção dessas medidas, apenas pelo rótulo da atipicidade ou pelo caráter aparentemente restritivo dos direitos do devedor. "Quando não se sabem detalhes dele [do caso], não se pode propor soluções adequadas nem fazer um adequado controle pelas máximas da proporcionalidade".[39]

Como a adequação ao caso é requisito para verificar o cabimento da medida executiva, é difícil oferecer um rol de possibilidades aplicáveis ao processo estrutural. Apenas a título exemplificativo, elas podem incluir: a) a determinação de inclusão, na proposta de lei orçamentária subsequente, de verbas para o custeio da reforma; b) a determinação de divulgação das atividades realizadas, da ordem judicial ou do caráter ilícito do comportamento adotado até ali, inclusive com o custeio dos respectivos anúncios; c) a vedação de divulgação de determinados conteúdos; d) a suspensão ou cancelamento de eventos, atividades ou programas públicos considerados de menor importância, como a publicidade institucional ou obras meramente voluptuárias, com a determinação de realocação dos valores para as finalidades da reforma; e) a proibição de realizar postagens, ainda que em perfil pessoal, em redes sociais; f) no caso de entes privados, a determinação de afastamento ou redução da remuneração dos diretores, medida que também pode ser cogitada para agentes públicos;[40] g) o afastamento dos gestores da instituição, que pode incluir não apenas o afastamento de suas atividades, mas também a determinação de afastamento físico, caso seja necessário; h) suspensão de direitos de dirigir, guiar veículo, tomar crédito ou praticar determinados atos, o que se implementa pela suspensão dos documentos autorizativos respectivos (passaporte, CNH, cartões de crédito, CPF etc.). Diversos autores admitem também a possibilidade de prisão civil para o cumprimento de ordem judicial, mas parece improvável que ela seja necessária a um processo estrutural, à luz das demais técnicas disponíveis. Se for possível demonstrar que ela é necessária, não parece haver razões suficientes para que não seja admissível.[41]

---

38. Sobre o assunto, ver MINAMI, Marcos Youji. *Da vedação ao non factible*: uma introdução às medidas executivas atípicas. Salvador: Juspodivm, 2019, bem como os diversos artigos coletados em TALAMINI, Eduardo; MINAMI, Marcos Youji (Org.). *Medidas executivas atípicas*. 2. ed. Salvador: Juspodivm, 2020.
39. TALAMINI, Eduardo; MINAMI, Marcos Youji (Org.). *Medidas executivas atípicas*, op. cit., p. 241.
40. Algumas dessas medidas são debatidas por PEIXOTO, Marco Aurélio Ventura; SOARES, Patrícia Montalvão; PEIXOTO, Renata Cortez. Das medidas atípicas de coerção contra o poder público: aplicabilidade e limites. In: Ibid., p. 153 e ss.
41. No sentido do texto, admitindo a prisão civil, quando nenhuma outra técnica for suficiente, ver MARINONI, Luiz Guilherme. *Técnica processual e tutela dos direitos*. São Paulo: Ed. RT, 2019; ARENHART, Sérgio Cruz. *A prisão civil como meio coercitivo*. Disponível em: https://www.academia.edu/214441/A_PRISÃO_CIVIL_COMO_MEIO_COERCITIVO. Acesso em: 28 mar. 2020; ARAGÃO, Nilsiton Rodrigues de Andrade. A utilização da prisão civil como meio executório atípico. In: TALAMINI, Eduardo; MINAMI, Marcos Youji (Org.). *Medidas executivas atípicas*, op. cit., p. 111 e ss.

3.7 Prestações individuais no contexto de reformas estruturais

Quando a reforma estrutural envolve a necessidade de se destinar prestações individualizadas a membros específicos da sociedade, o pensamento acadêmico tradicional brasileiro demanda que cada uma dessas pessoas proponha execuções individuais, referentes às parcelas que lhes dizem respeito, por força do disposto no art. 97 do CDC.[42]

Essa compreensão é equivocada. Quando lidos em conjunto, os arts. 97 e 98 do CDC não pressupõem primazia da execução feita em processos individuais em relação à execução promovida pelos legitimados coletivos.[43] O que o Código pretende é a precedência da reparação individual sobre a destinação dos recursos para fundos de reparação, ou seja, para destinações do tipo *cy-près*. Se, entretanto, a destinação de prestações específicas a indivíduos puder ser alcançada pela via da execução co-

---

42. "[...] 3. Não obstante ser ampla a legitimação para impulsionar a liquidação e a execução da sentença coletiva, admitindo-se que a promovam o próprio titular do direito material, seus sucessores, ou um dos legitimados do art. 82 do CDC, o art. 97 impõe uma gradação de preferência que permite a legitimidade coletiva subsidiariamente, uma vez que, nessa fase, o ponto central é o dano pessoal sofrido por cada uma das vítimas.
   4. Assim, no ressarcimento individual (arts. 97 e 98 do CDC), a liquidação e a execução serão obrigatoriamente personalizadas e divisíveis, devendo prioritariamente ser promovidas pelas vítimas ou seus sucessores de forma singular, uma vez que o próprio lesado tem melhores condições de demonstrar a existência do seu dano pessoal, o nexo etiológico com o dano globalmente reconhecido, bem como o montante equivalente à sua parcela.
   5. O art. 98 do CDC preconiza que a execução 'coletiva' terá lugar quando já houver sido fixado o valor da indenização devida em sentença de liquidação, a qual deve ser – em sede de direitos individuais homogêneos – promovida pelos próprios titulares ou sucessores.
   6. A legitimidade do Ministério Público para instaurar a execução exsurgirá – se for o caso – após o escoamento do prazo de um ano do trânsito em julgado se não houver a habilitação de interessados em número compatível com a gravidade do dano, nos termos do art. 100 do CDC. É que a hipótese versada nesse dispositivo encerra situação em que, por alguma razão, os consumidores lesados desinteressam-se quanto ao cumprimento individual da sentença, retornando a legitimação dos entes públicos indicados no art. 82 do CDC para requerer ao Juízo a apuração dos danos globalmente causados e a reversão dos valores apurados para o Fundo de Defesa dos Direitos Difusos (art. 13 da LACP), com vistas a que a sentença não se torne inócua, liberando o fornecedor que atuou ilicitamente de arcar com a reparação dos danos causados.
   7. No caso sob análise, não se tem notícia acerca da publicação de editais cientificando os interessados acerca da sentença exequenda, o que constitui óbice à sua habilitação na liquidação, sendo certo que o prazo decadencial nem sequer iniciou o seu curso, não obstante já se tenham escoado quase treze anos do trânsito em julgado.
   8. No momento em que se encontra o feito, o Ministério Público, a exemplo dos demais entes públicos indicados no art. 82 do CDC, carece de legitimidade para a liquidação da sentença genérica, haja vista a própria conformação constitucional desse órgão e o escopo precípuo dessa forma de execução, qual seja, a satisfação de interesses individuais personalizados que, apesar de se encontrarem circunstancialmente agrupados, não perdem sua natureza disponível.
   9. Recurso especial provido." (REsp 869.583/DF, Rel. Min. Luis Felipe Salomão, Quarta Turma, julgado em 05.06.2012, DJe 05.09.2012).
43. CDC, "Art. 97. A liquidação e a execução de sentença poderão ser promovidas pela vítima e seus sucessores, assim como pelos legitimados de que trata o art. 82.
   Art. 98. A execução poderá ser coletiva, sendo promovida pelos legitimados de que trata o art. 82, abrangendo as vítimas cujas indenizações já tiverem sido fixadas em sentença de liquidação, sem prejuízo do ajuizamento de outras execuções".

letiva, o princípio da economia processual determina que não se faça, em múltiplos processos, aquilo que pode ser obtido em apenas um.

Em 1990, o legislador não visualizou a possibilidade de que o legitimado coletivo fosse capaz de executar a decisão em favor dos indivíduos. Eles teriam que prover as informações e provas para permitir a liquidação dos prejuízos individualmente sofridos. Trinta anos depois, todos os avanços tecnológicos permitem afirmar que, em um grande número de casos, o réu deterá todas as informações necessárias para a identificação de cada indivíduo lesado, o cálculo do valor devido a cada um deles e os métodos para localizá-los e realizar a tutela ressarcitória.

Nessas circunstâncias, deve ser imposto ao réu o dever de calcular os valores devidos a cada indivíduo, localizá-los e fazer chegar a eles a prestação individual que lhes compete, seja de que natureza for. Essa determinação é útil para obrigações de pagar, em que o causador do dano dispõe dos dados pessoais dos indivíduos, mas também em obrigações de fazer, como é o caso, por exemplo, do dever de reparar trincas em diversas casas. Não são os indivíduos que devem ser onerados com alguma espécie de habilitação nos autos do processo coletivo, mas o causador do dano que deve realizar vistorias em todas as casas potencialmente danificadas, para verificar os reparos necessários.[44] Para usar um linguajar econômico, não se deve permitir que o réu externalize os custos de transação decorrentes da necessidade de se identificar as pessoas lesadas para essas pessoas ou para o legitimado coletivo, sob pena de se permitir que parte do custo da atividade de risco que ele optou por desenvolver seja imputado a terceiros, gratuitamente. É princípio econômico básico o de que todo o custo da atividade e de seus danos deve ser internalizado pelo empreendedor.

Quando se trata de obrigação de pagar, o STJ denominou essa técnica de atribuição de eficácia mandamental ao provimento condenatório, a qual ganha ainda mais fundamento quando apoiada na disposição do art. 139, IV, do CPC. Embora o cumprimento de obrigações de pagar seja tradicionalmente associado à iniciativa do credor, nada impede que o juiz, à luz das circunstâncias do caso, defina que o réu adote as providências concretas para fazer com que o direito de cada indivíduo seja satisfeito.

O *leading case* na matéria, julgado pelo Superior Tribunal de Justiça, é o Recurso Especial 767.741-PR, Rel. Min. Sidnei Beneti, DJ 24.08.2010. No caso, o Banco do Brasil havia sido condenado a pagar aos poupadores com contas ativas na década de 1980 os expurgos inflacionários dos planos econômicos. A condenação se deu em ação coletiva, pressupondo, por se tratar de direitos individuais homogêneos, posterior liquidação e execução individual, na forma do art. 97 do CDC.

O juízo da execução entendeu que "a aplicação de tradicional procedimento executório, pelos indivíduos beneficiados pela sentença, causaria insuperáveis

---

44. O exemplo do texto ocorreu no contexto do desastre de Mariana, em que diversas casas construídas como parte das obrigações de reparação dos réus apresentaram trincas nas paredes, depois de prontas.

transtornos ao Judiciário, traria desnecessário ônus aos titulares de direito e, posteriormente, ao próprio devedor". De fato, exigir execução individual de cada beneficiário da decisão coletiva significa desfazer, na execução, todos os benefícios sociais decorrentes da coletivização da fase de conhecimento. Por esse motivo, o juízo de primeiro grau sustentou:

> Partindo-se da premissa de que o processo é um mero instrumento social para eliminar a lide e, de consequência, realizar os fins para os quais foi concebido no menor espaço de tempo possível, constato que, transitada em julgado a sentença que reconheceu o direito dos poupadores, não há outra coisa a fazer neste processo senão dar eficácia mandamental à decisão de fls. 515/523 e assim determinar que o Banco, em dez dias, deposite em nome dos poupadores, cuja lista se encontra acostada aos autos (fls. 728), a importância que foi condenado a pagar (sic remunerar mediante depósito), acrescida de juros de mora de 0,5%, a contar da citação, cf. determinado na sentença de f. 395, mais correção monetária, observando-se para tanto a S. 37, do STJ; o INPC de março/91 até 06/94; o IPCr de 07/94 até 07/95 e daí em diante o Dec. Lei 1.544/95, pena de multa diária de R$ 10.000,00.

O Superior Tribunal de Justiça manteve a decisão, por unanimidade, determinando que o próprio Banco depositasse o quantum devido a cada um dos seus clientes, nas contas bancárias que ainda estivessem ativas na instituição. Afirmou o Ministro relator:

> É claro que a determinação do julgado, em princípio, diferencia-se do que normalmente ocorre nos comandos jurisdicionais da matéria – afasta-se, em verdade, do "id quod plerumque accidit", ou seja, do que comumente acontece.
>
> Mas não há ofensa a lei federal nenhuma na determinação do Juízo, no sentido de que o preceito do julgamento transitado em julgado se cumpra pela forma mandamental, que se extrai da própria petição inicial, da sentença e do Acórdão – como se demonstrou acima.
>
> Nada há nos artigos de lei invocados pelo Recurso do Banco do Brasil, que obste essa determinação, ou seja, que impeça a execução mandamental direta, mediante depósito na conta bancária de seus depositantes, pelo próprio banco (CPC, art. 463; Lei da Ação Civil Pública – Lei 7347/85, art. 15; Código de Defesa do Consumidor, Arts. 96, 97, 98, 99 e 103, §3°; e Lei Complementar 105, art. 1°, V).
>
> Lembre-se que, do fato incontroverso de os consumidores individuais poderem propor execuções individuais não se pode extrair a conclusão de que seja vedado ao Juízo determinar que o Banco devedor efetue, ele próprio, o depósito dos valores nas contas de seus clientes, até porque seria contraditório imaginar que, do fato de alguém ter direito não seria congruente imaginar a impossibilidade de determinação para a satisfação desse direito.
>
> Casos discrepantes da normalidade – como o de não haver mais conta de algum interessado no Banco – serão resolvidos individualmente, de acordo com as circunstâncias de cada caso.
>
> O que não faria sentido é, tratando-se de estabelecimento que lida com moeda corrente e, portanto, espécie de bem preferente, mesmo na ordem da penhorabilidade, dar início a execução, para que viesse a criar-se novo longo processo, reabrindo-se todas as instâncias recursais, para, ao final, pagar o que, afinal de contas, já deve ser feito de imediato pela forma mais simples, que é a determinada pelo Juízo.
>
> 14. O julgamento evita, permita-se a expressão, a "judicialização a varejo" de execuções multitudinárias, como o que vem sendo observado no Brasil, a produzir verdadeira inviabilização do próprio serviço judiciário.

Nesse contexto, as providências materiais para a implementação da decisão passam a ficar a cargo exclusivamente do devedor e independem até mesmo do ajuizamento de execução, pelos titulares individuais do direito. Contribui-se para evitar o assoberbamento do Poder Judiciário, reduzir os custos associados ao processo e aumentar a efetividade do provimento. Por ocasião do julgamento do REsp 1.304.953-RS, Rel. Min. Nancy Andrighi, julgado em 26.08.2014, o STJ, de modo similar, asseverou:

> É possível que sentença condenatória proferida em ação civil pública em que se discuta direito individual homogêneo contenha determinações explícitas da forma de liquidação e/ou estabeleça meios tendentes a lhe conferir maior efetividade, desde que essas medidas se voltem uniformemente para todos os interessados.

Finalmente, em decisão tomada na ADPF 165, em 2020, o Supremo Tribunal Federal afirmou, ainda que em *obiter dictum*, a possibilidade de execução coletiva mandamental:

> Já com relação à sistemática de repartição e pagamento, vale ressaltar que os dispositivos relativos à execução da ação coletiva (arts. 97 a 100 do Código de Defesa do Consumidor) levaram à equivocada, mas prevalente, interpretação de que a mencionada efetivação dos direitos coletivos é, em regra, individualizada. Foi essa a racionalidade que acabou por prevalecer no acordo e em seu aditivo, a despeito de mudanças significativas na legislação processual civil brasileira, as quais nos conduzem a outra interpretação, a saber, de que a liquidação e a execução individualizada da ação coletiva não são mais indispensáveis. Pelo contrário: seria possível, e até mesmo recomendável, a execução coletiva mandamental.

À luz do art. 4º do CPC de 2015, que assegura às partes o direito de obter, "em prazo razoável a solução integral do mérito, incluída a atividade satisfativa", bem como do art. 139, IV, já comentado, há razões bastantes para se buscar a ampliação e o aprofundamento de soluções desse tipo.[45] Se o juiz pode determinar providências atípicas de implementação das decisões, inclusive em ações que tenham por objeto prestação pecuniária, parece seguro que a imposição de obrigações de fazer, destinadas a instrumentalizar o dever de pagamento, nos termos descritos, não constituiriam qualquer excesso.

Em síntese, trata-se de oferecer uma técnica processual adequada para a tutela de direitos que exigem prestações complexas, as quais, muitas vezes, demandam a associação de obrigações de pagar, fazer e dar coisa, assim como a coordenação entre diversos executados, sendo essencial a superação da visão estática entre essas

---

45. Observe-se que o Projeto de Lei 5.139/09, que pretendia estabelecer uma nova lei da Ação Civil Pública, continha dispositivos no sentido do texto: "Art. 26. Na ação que tenha por objeto a condenação ao pagamento de quantia em dinheiro, deverá o juiz, sempre que possível, em se tratando de valores a serem individualmente pagos aos prejudicados ou de valores devidos coletivamente, impor a satisfação desta prestação de ofício e independentemente de execução, valendo-se da imposição de multa e de outras medidas indutivas, coercitivas e sub-rogatórias. [...]

    Art. 44. Os valores destinados ao pagamento das indenizações individuais serão depositados, preferencialmente, em instituição bancária oficial, abrindo-se conta remunerada e individualizada para cada beneficiário, regendo-se os respectivos saques pelas normas aplicáveis aos depósitos bancários.

    Parágrafo único. Será determinado ao réu, além da ampla divulgação nos meios de comunicação, a comprovação da realização dos depósitos individuais e a notificação aos beneficiários com endereço conhecido".

modalidades de cumprimento.[46] O processo, é sempre bom lembrar, é instrumento para a satisfação dos direitos materiais.[47]

4. CONCLUSÃO

Todos os indicadores disponíveis indicam que o processo brasileiro ainda é caracterizado pela expressão "ganha, mas não leva". A execução é ineficiente, burocrática e presa a uma visão excessivamente formalista da atividade jurisdicional, que não toma em conta, de forma apropriada, que o Estado causa uma nova violação aos direitos da vítima se não fornece a ela mecanismos adequados para vindicar os direitos que já lhe foram reconhecidos.

No contexto dos processos estruturais, a complexidade da intervenção neles proposta, com a pretensão de alterar uma parcela plurifacetada da realidade, significa a probabilidade ainda maior de que os resultados materiais esperados não se concretizem. Este texto propõe que a participação adequada dos subgrupos de pessoas impactadas pela reforma estrutural é o primeiro passo para que o juiz e os demais sujeitos processuais conheçam, com maior profundidade, o objeto da reforma e, com isso, sejam capazes de atuar de maneira mais qualificada.

Além disso, a leitura das normas processuais a partir da promessa constitucional de tutela jurisdicional efetiva permite que se mantenha, durante uma execução estrutural, maior margem de cognição para o juiz, possibilitando a adaptação das disposições da decisão exequenda aos novos perfis da realidade que forem se tonando conhecidos, com o passar do tempo. Essa modalidade de retenção de jurisdição viabiliza o maior intercâmbio entre a fase de conhecimento e a de execução, bem como permite que os consensos obtidos pelas partes, extrajudicialmente, sejam complementados por decisões judiciais, naquelas matérias em que não houver consenso. É certo que esse diálogo entre o judicial e o extrajudicial exige uma série de cuidados, em especial para que a disponibilidade da instância judicial não solape a obtenção de acordos sempre que as dificuldades negociais se apresentarem. Apesar desse risco, parece que nem só de jurisdição, nem só de consenso pode viver uma execução estrutural.

Finalmente, a execução precisa ser responsiva às necessidades dos direitos materiais individuais das pessoas impactadas pelo litígio. Coletividades são feitas de pessoas e pessoas só vivem coletivamente. Não há como se estabelecer uma cisão estanque entre esses dois universos, nem para desconhecer os impactos coletivos de decisões avulsas, que garantem prestações individuais, nem para exigir que os indivíduos aguardem a solução coletiva do litígio, independentemente das circunstâncias pessoais que os afligem. A busca desse delicado equilíbrio talvez seja um dos maiores desafios da implementação de decisões estruturais.

---

46. Aludindo a prestações de fazer complexas, GISMONDI, Rodrigo. *Processo Civil de Interesse Público e medidas estruturantes*. Curitiba: Juruá, 2018. p. 125.
47. PISANI, Andrea. *Lezione di Diritto Processuale Civile*. Napoli: Jovene Editore, 1994.

5. REFERÊNCIAS

ARENHART, Sérgio Cruz. Decisões estruturais no direito processual civil brasileiro. *Revista de Processo*, v. 225, p. 389-410, 2013.

ARENHART, Sérgio Cruz. *A prisão civil como meio coercitivo*. Disponível em: https://www.academia.edu/214441/A_PRISAO_CIVIL_COMO_MEIO_COERCITIVO. Acesso em: 28 mar. 2020.

ARAGÃO, Nilsiton Rodrigues de Andrade. A utilização da prisão civil como meio executório atípico. In: TALAMINI, Eduardo; MINAMI, Marcos Youji (Org.). *Medidas executivas atípicas*.

ASSIS, Araken de. *Manual da Execução*. 18. ed. São Paulo: Ed. RT, 2016.

BANACH, Mary; HAMILTON, Daborah; PERRI, Penelope M. Class action lawsuits and community empowerment. *Journal of Community Practice*, v. 11, n. 4, p. 81-99, 2003.

BELL JR., Derrick A. Serving Two Masters: Integration Ideals and Client Interests in School Desegregation Litigation. *Yale Law Journal*, v. 85, n. 4, p. 513, 1976.

BERGALLO, Paola. La causa "Mendoza": una experiencia de judicialización cooperativa sobre el derecho a la salud. In: GARGARELLA, Roberto (Org.). *Por una justicia dialógica*: El Poder Judicial como promotor de la deliberación democrática. Buenos Aires: Siglo XXI Editores, 2014.

BERNARDINA DE PINHO, Humberto Dalla. As medidas estruturantes e a efetividade das decisões judiciais no ordenamento jurídico brasileiro. *Revista Eletrônica de Direito Processual*, v. XIII, p. 229-258, 2014.

BRASIL. *Custo Unitário do Processo de Execução Fiscal na Justiça Federal*. Brasília: Instituto de Pesquisa Econômica Aplicada, 2011.

BURCH, Elizabeth Chamblee. *Mas Tort Deals*: backroom bargaining in utidistrict Litigation. Cambridge: Cambridge University Press, 2019.

CLARK, Leroy D. The Lawyer in the Civil Rights Movement – Catalytic Agent or Counter-Revolutionary. *University of Kansas Law Review*, v. 19, n. 3, p. 459-474, 1971.

CURADO, Lúcio Mauro C. F. *A Efetivação não Judicial de Direitos Sociais*. Rio de Janeiro: Lumen Juris, 2020.

DIDIER JR., Fredie; ZANETI JR., Hermes; OLIVEIRA, Raphael Alexandria. Notas sobre as decisões estruturais. *Civil Procedure Review*, v. 8, n. 1, 2017, p. 46 e ss.

DISARRO, Anthony. Six decrees of separation: settlement agreements and consent orders in federal civil litigation. *American University Law Review*, v. 60, n. 2, p. 275 e ss., 2010.

EISENBERG, Melvin Aron. Private Ordering through Negotiation: Dispute-Settlement and Rulemaking. *Harvard Law Review*, v. 89, n. 4, p. 637-681, 1976.

FELSTINER, William L. F. Influences of Social Organization on Dispute Processing. *Law & Society Review*, v. 9, n. 1, p. 63-94, 1974.

LOTTMAN, Michael S. Paper Victories and Hard Realities. In: BRADLEY, Valerie; CLARKE, Gary. *Paper Victories and Hard Realities*: the implementation of the legal and constitutional rights of the mentally disabled. Washington: The Health Policy Center of Georgetown University, 1976.

MARINONI, Luiz Guilherme; ARENHART, Sergio Cruz; MITIDIERO. Daniel. *Novo Curso de Processo Civil*. v. 1. 3. ed. São Paulo: Ed. RT, 2017.

MARINONI, Luiz Guilherme. *Técnica processual e tutela dos direitos*. São Paulo: Ed. RT, 2019.

MINAMI, Marcos Youji. *Da vedação ao non factible*: uma introdução às medidas executivas atípicas. Salvador: Juspodivm, 2019.

PEIXOTO, Marco Aurélio Ventura; SOARES, Patrícia Montalvão; PEIXOTO, Renata Cortez. Das medidas atípicas de coerção contra o poder público: aplicabilidade e limites. In: TALAMINI, Eduardo; MINAMI, Marcos Youji (Org.). *Medidas executivas atípicas*. 2. ed. Salvador: Juspodivm, 2020.

PISANI, Andrea. *Lezione di Diritto Processuale Civile*. Napoli: Jovene Editore, 1994.

RODRIGUEZ GARAVITO, César; RODRIGUEZ FRANCO, Diana. *Cortes y cambio social*: Cómo la Corte Constitucional transformó el desplazamiento forzado en Colombia. Bogotá: Centro de Estudios de Derecho, Justicia y Sociedad, Dejusticia, 2010.

ROTHMAN, Sheila M.; ROTHMAN, David J. *The Willowbrook Wars*: Bringing the Mentally Disabled into the Community. New Jersey: The Transaction Publishers, 2005.

SANTOS, Karen Borges; LEMOS, Walter Augusto da Silva; LEMOS, Vinícius. O processo estrutural como instrumento adequado para a tutela de direitos fundamentais e a necessidade de ressignificação do processo civil. *Revista Jurídica*, v. 506, p. 9 e ss., 2019.

VIANA, Thaís Costa Teixeira. A implementação de reformas estruturais em "procesos de seguimiento": Notas à Luz da Sentencia T-025 de 2004 da Corte Constitucional Colombiana. In: VITORELLI, Edilson; ZANETI JR., Hermes. *Casebook de Processo Coletivo*. São Paulo: Almedina, 2020. v. II.

SIMON, William H. The Dark Secret of Progressive Lawyering: A Comment on Poverty Law Scholarship in the Post-Modern, Post-Reagan Era. *University of Miami Law Review*, v. 48, n. 5, p. 1099-1114, 1994.

STURM, Susan. A Normative Theory of Public Law Remedies. *Georgetown Law Journal*, v. 79, n. 5, p. 1394, 1991.

TALAMINI, Eduardo; MINAMI, Marcos Youji (Org.). *Medidas executivas atípicas*. 2. ed. Salvador: Juspodivm, 2020.

VIOLIN, Jordão. *Processos estruturais em perspectiva comparada*: a experiência norte-americana na resolução de litígios policêntricos. 2019. Tese (Doutorado em Direito) – Universidade Federal do Paraná, Curitiba, 2019.

VITORELLI, Edilson. *Processo Civil Estrutural*: Teoria e Prática. 2. ed. Salvador: Juspodivm, 2021.

VITORELLI, Edilson. *O Devido Processo Legal Coletivo: dos Direitos aos Litígios Coletivos*. 2. ed. São Paulo: Ed. RT, 2019.

SMART CONTRACTS, "AUTOTUTELA" E TUTELA JURISDICIONAL

Eduardo Talamini

Livre-docente, Doutor e Mestre (USP). Professor Associado (UFPR). Advogado. Sócio de Justen, Pereira, Oliveira & Talamini – Soc. de Advogados.

André Guskow Cardoso

Mestre em direito do Estado pela UFPR. Advogado. Sócio de Justen, Pereira, Oliveira & Talamini – Soc. de Advogados. Membro da Comissão de Inovação e Gestão da OAB/PR.

1. INTRODUÇÃO

A evolução tecnológica propicia novas formas de relacionamento entre as pessoas, organizações e entidades. O uso difundido de meios de comunicação instantâneos, de intercâmbio de dados e o amplo acesso à infraestrutura de internet acarreta mudanças nos paradigmas tradicionais das relações obrigacionais. Basta verificar a realidade das compras e contratações *online*. Antes relegadas à negociação de produtos e serviços mais simples, essas contratações atualmente abarcam as mais diversas categorias de produtos e serviços, independentemente de seu valor ou localização[1].

Não há dúvida de que a tecnologia propicia alteração significativa nos modos tradicionais de contratação e estabelecimento de obrigações. No atual estágio de evolução tecnológica, que se costuma denominar de *quarta revolução industrial*, o papel da tecnologia nas relações obrigacionais se amplia[2]. Além da ampliação da *virtualização* das contratações, que passam a ser feitas com recurso a plataformas tecnológicas, tem-se também a possibilidade de *automação* da execução contratual.

A automação das relações negociais e obrigacionais relaciona-se à temática dos contratos inteligentes ou *smart contracts*. Os *smart contracts* envolvem a utilização de código de programação que permite que um determinado arranjo obrigacional seja executado de forma automatizada e sem intervenção humana. A utilização da

---

1. A pandemia de COVID-19 foi um catalisador dessa tendência. As medidas de afastamento social e de restrições ao funcionamento físico e presencial da economia, propiciou a ampliação do uso das compras *online* e do trabalho remoto em geral. As relações e contatos comerciais e profissionais passam a ser feitas de modo virtual, valendo-se de recursos tecnológicos que antes eram usados apenas para outras finalidades.
2. Segundo Klaus Schwab, as novas tecnologias têm o potencial de transformar os modos atualmente utilizados para medir, calcular, organizar, agir e entregar. Constituem novos meios de criar valor para organizações e cidadãos. Segundo o autor, "These emerging technologies are not merely incremental advances on today's digital technologies. Fourth Industrial Revolution Technologies are truly disruptive – they upend existing ways of sensing, calculation, organizing, acting and delivering. They represent entirely new ways of creating value for organizations and citizens. They will, over time, transform all the systems we take for granted today – from the way we produce and transport goods and services, to the way we communicate, the way we collaborate, and the way we experience the world around us" (SCHWAB, Klaus. *Shaping the Fourth Industrial Revolution*. Geneva: World Economic Forum, 2018. p. 106)."

tecnologia *blockchain* possibilita que esses contratos "traduzidos em código computacional" agreguem, além da automatização da sua execução, as características de imutabilidade e impossibilidade de impedir a execução do comando contido no código obrigacional.

Esse novo panorama, ainda incipiente, tem o potencial de gerar vários questionamentos relativamente à estrutura jurídica das obrigações, bem como à tutela dos direitos das partes envolvidas em tais arranjos automatizados.

O presente texto busca examinar e esclarecer algumas dessas questões. Serão examinadas as principais características dos *smart contracts* e seu impacto sobre o direito das obrigações estabelecidas nesses arranjos automatizados e sobre a respectiva tutela material e jurisdicional.

2. OS *SMART CONTRACTS*

2.1 Origem

O conceito de *smart contrats* tem sua origem ainda na década de 1990. A noção de que arranjos obrigacionais poderiam ser definidos (escritos) em código computacional, com a possibilidade de execução automática do previsto nesse código, precede até mesmo o uso e desenvolvimento da tecnologia *blockchain*.

Nick Szabo é um dos precursores do estudo dos *smart contracts*. Para o autor a ideia básica por trás dos *smart contracts* é a de que vários tipos de cláusula contratual (como garantias, títulos, delimitação de direitos de propriedade etc.) podem ser embutidas no *hardware* e *software* com os quais lidamos, de modo tal que o descumprimento do contrato se torne muito custoso (às vezes de forma proibitiva) para a parte que o descumprir. Szabo dá o exemplo de uma máquina automática de vendas como uma espécie primitiva de *smart contract*[3].

2.2 Conceito e fundamentos

O conceito de *smart contract* relaciona-se à utilização de código computacional, registrado em determinada plataforma tecnológica, para a definição de hipóteses que,

---

3. "The basic idea behind smart contracts is that many kinds of contractual clauses (such as collateral, bonding, delineation of property rights etc.) can be embedded in the hardware and software we deal with, in such a way as to make breach of contract expensive (if desired, sometimes prohibitively so) for the breacher. A canonical real-life example, which we might consider to be the primitive ancestor of smart contracts, is the humble vending machine. Within a limited amount of potential loss (the amount in the till should be less than the cost of breaching the mechanism), the machine takes in coins, and via a simple mechanism, which makes a freshman computer science problem in design with finite automata, dispense change and product according to the displayed price. The vending machine is a contract with bearer: anybody with coins can participate in an exchange with the vendor. The lockbox and other security mechanisms protect the stored coins and contents from attackers, sufficiently to allow profitable deployment of vending machines in a wide variety of areas" (SZABO, Nick. Formalizing and Securing Relationships on Public Networks. *First Monday*, v. 2, n. 9, Chicago, 1997. Disponível em: https://firstmonday.org/ojs/index.php/fm/article/view/548/469. Acesso em: 29 abr. 2021).

uma vez verificadas, acarretam a execução automática de determinadas consequências previamente estabelecidas no código.

Isso permite que sejam utilizados para o estabelecimento de relações obrigacionais simples ou complexas (embora com relação a essas últimas, a utilização de *smart contracts* possa ser mais problemática, como será examinado mais adiante).

Conforme Shermin Voshmgir, *smart contract* é um ajuste autoexecutável previsto em código computacional e gerenciado por uma rede de *blockchain*. O código contém um conjunto de regras sob as quais as partes daquele *smart contract* ajustaram interagir entre si. Se e quando as regras predefinidas são atingidas, o ajuste é automaticamente executado[4].

Como reconhecido pelo Tribunal de Contas da União no Acórdão 1.613/2020, "contratos inteligentes, ou smart contracts, são código-fonte em linguagem de programação (scripts), que podem ser definidos e auto executados em uma infraestrutura de blockchain ou DLT. A definição e execução de um contrato inteligente nestes ambientes se dá sem a necessidade de intermediários"[5].

2.3 Não tão inteligentes assim

A automação e autoexecutoriedade propiciada pelos *smart contracts* não significa que se esteja diante de contratos verdadeiramente inteligentes. Pelo contrário, as condições e comandos estabelecidos em código envolvem lógica relativamente simples e direta ("se verificada essa condição, então executar este comando"). Os comandos são executados de forma automática uma vez verificadas as condições estabelecidas para tanto pelo código computacional.

Não se pretende afirmar, com isso, que a utilização de algoritmos e códigos complexos não seja possível no âmbito dos *smart contracts*. É viável, sob o ponto de vista técnico, definir *smart contracts* estruturados em códigos, algoritmos e definições complexos.

A velocidade de execução dos comandos e a automação que são possíveis pelo uso da tecnologia não se comparam com o ritmo humano de verificação das condições e execução de comandos obrigacionais[6]. Mas seu funcionamento sempre remeterá a uma lógica própria dos sistemas informatizados, baseados na verificação

---

4. "A smart contract is a self-enforcing agreement embedded in computer code managed by a blockchain. The code contains a set of rules under which the parties of that smart contract agree to interact with each other. If and when the predefined rules are met, the agreement is automatically enforced" (VOSHMGIR, Shermin. *Token Economy*. How Blockchains and smart contracts revolutionize the economy. Berlim: Amazon Media, 2019. p. 88).
5. TCU, Acórdão 1613/2020, Plenário, TC 031.044/2019-0, rel. Min. Aroldo Cedraz, j. 24.6.2020. Disponível em: https://pesquisa.apps.tcu.gov.br. Acesso em: 16 jan. 2021.
6. Por isso mesmo, a utilização dos *smart contracts* em determinados setores e atividades, como no caso de negociação de ações e valores mobiliários, no mercado financeiro, instrumento e meios de pagamento e no âmbito da chamada DeFi – Decentralized Finance é uma das mais promissoras – e já vem sendo adotada há algum tempo.

da existência de determinada condição predefinida para a execução de um comando também predefinido.

Ademais, é possível associar à tecnologia dos *smart contracts* sistemas de inteligência artificial (*machine learning* e *deep learning*, por exemplo). A associação dessas tecnologias pode fazer com que os *smart contracts* tornem-se mais "inteligentes". Amplia-se a possibilidade de automação dos próprios comandos ou mesmo da verificação de condições que podem ser estabelecidas por meio de *smart contracts*.

Mas ainda assim, pelo menos num horizonte temporal mais próximo, tais contratos associados a sistemas de inteligência artificial não serão utilizados em larga escala – até por conta das próprias limitações inerentes a essas tecnologias.

Por isso, a despeito de sua denominação, os *smart contracts* devem ser considerados *arranjos obrigacionais automatizados*. A possibilidade de automatização de determinados aspectos das definições obrigacionais é o que caracteriza os *smart contracts*, não a sua suposta "inteligência".

Isso não significa que a automatização de arranjos obrigacionais não seja relevante. Trata-se de verdadeira revolução no campo das obrigações, que faz surgir inúmeras novas questões sobre o direito das obrigações e sua tutela material e jurisdicional.

2.4 Smart contracts e tecnologia *blockchain*

Em sua origem, os *smart contracts* não se relacionam e nem dependem do uso da tecnologia *blockchain*. Aliás, quando surgiu a noção de *smart contract* (no início dos anos 1990) a tecnologia *blockchain* nem mesmo havia sido desenvolvida (surgindo por volta de 2008).

No entanto, atualmente, a noção de *smart contract* está intrinsecamente relacionada ao uso das tecnologias e plataformas *blockchain*. Pode-se afirmar que a difusão da utilidade e a ampliação do uso dos *smart contracts* se deu justamente com a evolução da tecnologia *blockchain*[7]. E isso não foi por acaso. Há vários aspectos inerentes às tecnologias *blockchain* que ampliaram as funcionalidades (e a utilidade) dos *smart contracts*.

Uma funcionalidade que foi permitida com o desenvolvimento da tecnologia *blockchain* consiste na possibilidade de se estabelecer contratos inteligentes *autoexecutáveis*. Tais contratos consistem em um código de programação que estabelece comandos que são executados, uma vez verificadas determinadas condições. Esses *smart contracts* ficam registrados nos blocos de uma rede de *blockchain*. Sua posterior execução também fica registrada nos blocos da rede.

Isso permite que os comandos previstos em determinado contrato inteligente sejam executados no futuro independentemente de nova intervenção das partes ou mesmo do concurso de um terceiro.

---

7. Shermin Voshmgir menciona que "Although the concept of smart contracts is not new, blockchain technologies seem to be the catalyst for smart contract implementation". (*Token Economy*...cit., p. 87).

Para Michèle Finck, os *smart contracts* são uma das várias aplicações descentralizadas que podem ser executadas numa infraestrutura de *blockchain*[8]. Para a autora, o que distingue os *smart contracts* de contratos digitais anteriormente existentes é a execução automatizada. Nas redes de *blockchain*, diante da impossibilidade de modificação do código e das regras previstas pelo *smart contract* registradas nos blocos de uma rede *blockchain*, essa execução não pode ser impedida, a não ser que a possibilidade de interrupção esteja especificamente prevista no próprio código do contrato inteligente.

2.5 Os atributos da tecnologia *blockchain* a serviço dos *smart contracts*

O uso da tecnologia *blockchain* para a elaboração e execução de *smart contracts* produziu uma verdadeira revolução no conceito dos *smart contracts*. Embora, como dito, a noção já existisse antes mesmo do desenvolvimento da tecnologia *blockchain*, foi apenas com a evolução desta última que a implantação e utilização dos *smart contracts* passou a ser factível e mais difundida.

Isso se deu principalmente em razão das peculiaridades e dos atributos da tecnologia *blockchain*. As características peculiares da tecnologia *blockchain* são comuns a todas as redes, em maior ou menor grau. A arquitetura peculiar da tecnologia *blockchain* apresenta algumas decorrências específicas.

2.5.1 Transparência

A primeira delas é a transparência. Em princípio, as informações registradas em determinada rede *blockchain* são visíveis a todos que dela participem (e mesmo a terceiros, no caso das redes públicas). No caso das redes privadas, esse acesso é mais restrito, mas ainda assim as operações e registros realizados na rede *blockchain* podem ser disponibilizadas de forma transparente aos seus participantes, ficando registradas nos diversos nós da rede.

2.5.2 Imutabilidade

Outra característica é a imutabilidade das informações registradas em cada bloco de uma rede *blockchain*. A utilização de mecanismos criptográficos de registro e as limitações impostas pelos protocolos de consenso impedem que se altere determinada informação de modo unilateral. Qualquer alteração de uma informação é percebida de imediato em todos os demais nós da rede *blockchain*.

2.5.3 Descentralização

A descentralização (existência de uma rede distribuída) também é uma decorrência da arquitetura peculiar das redes *blockchain*. As informações não estão

---

8. *Blockchain Regulation and Governance in Europe*. Cambridge: Cambrigde University Press, 2019. p. 24.

registradas em determinado banco de dados ou servidor centralizado, mas sim *distribuídas* em todos os nós da rede, independentes entre si e que se relacionam com todos os demais nós.

2.5.4 Resiliência

Disso deriva a resiliência da rede e das informações nela registradas. Ainda que haja algum tipo de ataque a algum dos nós da rede, as informações permanecem registradas nos demais. Não é possível suprimir as informações pela supressão de um determinado nó da rede. Tampouco é viável alterar as informações registradas em blocos acessando apenas um desses nós da rede. Qualquer alteração nesse sentido é detectada pelo sistema e pelos demais nós da rede de *blockchain*.

2.6 Principais características dos *smart contracts*

Esses atributos vêm a refletir-se nas características fundamentais dos *smart contracts*.

2.6.1 Definição em código computacional

Ao contrário dos contratos tradicionais, que são estruturados em linguagem natural, geralmente escrita, os *smart contracts* são definidos em linguagens e códigos computacionais, que são lidos por computadores e plataformas computacionais específicas.

Os *smart contracts* podem ser codificados em diversas linguagens. As mais utilizadas atualmente são *solidity*, *javascript*, *python*, *vyper* e *plutus*. Cada uma dessas linguagens apresenta comandos e sintaxe específicos, inerentes e compatíveis com as plataformas computacionais em que são utilizadas. O registro de tais arranjos obrigacionais em código computacional envolve verdadeira "tradução" do estabelecido pelas partes de uma determinada relação obrigacional para o código.

Nesse sentido, note-se que a própria linguagem natural consiste em código específico, inerente a determinada língua e influenciado pela cultura existente no local. Já o código computacional geralmente apresenta comandos e sintaxe baseados na língua inglesa e que integram a lógica de funcionamento de determinado sistema ou plataforma.

Isso não significa que não possa existir – e normalmente existirá – um instrumento contratual em linguagem natural que preestabeleça os termos, condições e demais regras que serão vertidos para a linguagem computacional. Dificilmente se terá uma avença meramente verbal em linguagem natural diretamente instrumentalizada em linguagem computacional. No mais das vezes, as partes elaborarão instrumento escrito tradicional que será traduzido para o código computacional ou, quando menos, existirão condições gerais escritas predefinidas por uma parte (e que deverão refletir fielmente o objeto e funcionamento do *smart contract*), à qual a outra aderirá. Alude-se, quanto a isso, a *code-and-contract hybrids*.[9]

Essa dicotomia é relevante sob vários aspectos processuais. Primeiro porque eventual divergência entre o instrumento em linguagem natural e o código computacional poderá ser a causa de litígios entre as partes. Caberá identificar critérios de superação dessa "antinomia". Por outro lado, colocam-se relevantes questões sobre a eficácia executiva e a força probatória desses instrumentos. Esses temas são retomados adiante.

2.6.2 Comandos lógicos e restrições derivadas

O código computacional em que são criados os *smart contracts* apresenta lógica específica e inerente aos sistemas computacionais. Trata-se de lógica tipicamente *binária*, digital, ainda que possa apresentar alta complexidade.

As definições, comandos e sintaxe presentes na linguagem computacional utilizada para a elaboração de *smart contracts* são específicos e limitados. Os comandos lógicos de que se valem tais linguagens são diretos e não comportam graus de interpretação quando de sua execução.

Disso derivam várias restrições à elaboração e utilização de *smart contracts*. A linguagem em que são construídos é uma linguagem muito direta e específica. A definição de determinadas obrigações que demandem certa nuance hermenêutica é praticamente inviável, considerando essas condições.

Primavera de Filippi e Aaron Wright ressaltam que alguns direitos e obrigações são facilmente traduzíveis em código computacional, mas outras previsões contratuais não são tão diretas. É o caso de acordos jurídicos que incluem termos abertos que definem determinadas obrigações de execução do contrato, como "boa-fé" e "melhores esforços"[10]. Segundo Caíque Tomaz Leite da Silva e Arthur Yuji Katano "é

---

9. "No atual *status quo* de desenvolvimento tecnológico, uma das soluções que tem sido avançada perante estes contratos de maior complexidade é a de verter o conteúdo do acordo negocial em dois suportes distintos: um assente em linguagem natural, no qual se incluem cláusulas dotadas de maior abertura e flexibilidade, como boa fé, "*best efforts*", "*hardship*", entre outras; e um segundo, correspondente ao *decentralized smart contract*, onde são incluídas as cláusulas de executoriedade mais rígida. A este modo de celebração dos *smart contracts* é dado o nome de *code-and-contract hybrids*." (COSTA, Mariana Fontes da. Decentralized smart contracts: entre a autotutela preventiva e a heterotutela reconstitutiva. In: LUPION, Ricardo e ARAUJO, Fernando (Org.). *Direito, tecnologia e empreendedorismo: uma visão luso-brasileira* Porto Alegre: Editora Fi, 2020. p. 488).
10. "Contracts define rights and obligations for each contracting party that are memorialized via context-sensitive legal prose. These promises cover not just individual obligations, but also time – and sequence-dependant actions, which may trigger contractual responsibilities. Some rights and obligations are easily translatable into the strict logic of code – particularly those related to the exchange of value or the transfer of title to a digitally represented asset. These promises are often binary in nature and thus naturally translatable into software. Other contractual provisions, however, are not as clear-cut. Legal agreements tend to include open-ended terms that outline performance obligations. For example, a contracting party may promise to act in 'good faith' because it might be difficult to precisely define what constitutes appropriate performance, while another party may promise to use 'best efforts' to fulfill his or her obligations, because the most

impossível a representação equivalente de determinados termos jurídicos na linguagem computacional. Alguns dos princípios contratuais são propositalmente abertos e incompatíveis com uma rigorosa lógica matemática, como a boa-fé e a função social, morfologia que, a princípio, impede a incorporação em um software"[11]. Os próprios institutos do caso fortuito e da força maior fundam-se em conceitos indeterminados – e, como tais, não têm como ser satisfatoriamente reduzidos a códigos computacionais.

2.6.3 Autoexecutoriedade

Por outro lado, a autoexecutoriedade é uma característica essencial dos *smart contracts*. Uma vez aferida a condição estabelecida, automaticamente se executa o comando previsto pelo código computacional, independentemente de intervenção humana – e sem que essa possa sequer obstar tal cumprimento.

A expressão "autoexecutoriedade" é empregada no direito público como um dos predicados da atividade administrativa. Concerne à possibilidade, dentro de certas condições, de o agente público diretamente atuar sobre a esfera jurídica dos particulares, independentemente da concordância desses ou de intervenção judicial[12]. *Não é esse* o sentido de "autoexecutoriedade" como atributo dos *smart contracts*. Trata-se aqui de um adimplemento automático, conforme o programado pelas próprias partes. Então, "autocumprimento" ou "autoadimplemento" talvez fossem expressões mais adequadas. Mas se utiliza aqui a expressão já consagrada.

A afirmação, acima feita, de que essa é uma característica *essencial* dos *smart contracts* não é gratuita. Há quem sustente que só merece essa designação os contratos preordenados para ser integralmente executados de modo automático, sem intervenção humana. Nessa linha, Kevin Werbach e Nicolas Cornell sustentam que o aspecto distintivo do *smart contract* não é tornar o cumprimento contratual mais fácil, mas sim fazê-lo inevitável. O *smart contract* seria assim um *"entire agreement"*: "The contract fully executes with no human intervention".[13] Para ilustrar essa constatação, Werbach e Cornell valem-se do exemplo da compra *online* de um *e-book* na Amazon: se o comprador utiliza seu cartão de crédito para concretizar a operação, já não se teria aí propriamente um *smart contract*, pois a execução da operação estaria a depender da futura ou paralela intervenção de um novo agente na operação, o administrador do cartão de crédito, e o comprador poderia sustar a cobrança – e assim

---

cost-effective of efficient manner of performance might not yet be foreseeable" (*Blockchain and the law*. Cambridge: Harvard University Press, 2018. p. 77).

11. Da formalização à informatização das relações negociais: os smart contracts. *Revista de Direito e as Novas Tecnologias*. v. 10, São Paulo, jan.-mar. 2021, versão digital.
12. Ver, por todos, JUSTEN FILHO, Marçal. *Curso de direito administrativo*. 13. ed. São Paulo: Ed. RT, 2018. p. 312.
13. "Because the exchange of value is entirely contained in the smart contract environment, there is no need to look anywhere else. In other words, the contract is the scripting code that tells the network what to transfer and when" (WERBACH, Kevin e CORNELL, Nicolas. Contracts: Ex Machina. In: COMPAGNUCCI, Marcelo Corrales; FENWICK, Mark and WRBKA, Stefan (Org.). *Smart Contracts Technological, Business and Legal Perspectives*. Oxford: Hart Publishing, 2021, p. 17).

por diante. Haveria um *smart contract* na hipótese apenas quando fosse usada nessa transação uma criptomoeda, que assegurasse as transferências imediatas e simultâneas do valor do preço e do *e-book*[14] (podemos acrescentar aqui também a hipótese, não cogitada pelos autores, de o comprador ter um crédito pré-pago, um *gift card*, junto à Amazon, do qual se abateria o valor do *e-book*, de modo que a operação seria autossuficiente quanto ao cumprimento automático das obrigações de parte a parte). Por essas mesmas razões, pode-se dizer que o contrato com o Uber também não é um *smart contract* nesse sentido estrito, assim como não o é de aluguel de bicicletas públicas: embora esses contratos valham-se amplamente de meios tecnológicos[15], não há neles integral automação do cumprimento das prestações.

Por isso, deve-se avaliar em que medida a autoexecutoriedade (ou autocumprimento) do *smart contract* é possível no plano da realidade. Uma coisa é estabelecer que, verificada determinada condição, um comando é executado no âmbito de um sistema computacional. Não há qualquer dificuldade em se produzir esse resultado obrigacional internamente ao sistema informatizado.

A questão está justamente em se trazer isso para a realidade, para o mundo físico. De pouco adianta definir um *smart contract* que produza um determinado resultado diante da confirmação de uma condição se esse resultado não se traduzir em prestação efetiva para o credor da relação obrigacional.

É verdade que, à medida que se amplia a utilização de tecnologias e tem-se a maior digitalização das relações sociais e comerciais, torna-se mais plausível e comum a previsão de obrigações e de prestações que são adotadas em ambiente totalmente digital.

Um exemplo permite compreender melhor a situação. Imagine-se determinado *smart contract* que defina que, verificado o transcurso de determinado tempo, será transferida a propriedade de um automóvel do sujeito A para o sujeito B. Nesse caso ainda que se verifique a condição e o contrato execute automaticamente a prestação, produzindo (no âmbito do sistema) a transferência do automóvel, essa somente se efetivará com a entrega do bem (e registro dessa transferência perante a autoridade competente). Se o sujeito A não entregar o bem, a previsão existente no *smart contract* não se perfectibiliza e o sujeito B deverá fazer valer pelos meios tradicionais a obrigação prevista no *smart contract*. Não se tem verdadeira autoexecutoriedade. Até é concebível que o sistema oficial de registro de veículos seja programado para receber comandos de transferência da propriedade do bem. Mas não há, ao menos no atual cenário tecnológico, mecanismo que automaticamente transfira a efetiva posse do bem.

---

14. WERBACH e CORNELL, op. cit., p. 17. Por isso, aliás, as criptomoedas estão tão associadas aos *smart contracts*: "For this reason, Bitcoin and other cryptocurrencies are very important for the growth of smart contracts. (...) A blockchain-based smart contract, like a cash transaction, therefore involves the complete exchange of value" (Werbach e Cornell, ob. cit., p. 17).
15. E nesse sentido são *data-oriented contracts*.

Por outro lado, se ao invés de um automóvel, o *smart contract* tiver por objeto algum ativo puramente digital, como uma determinada quantidade de criptomoeda existente na plataforma em que o *smart contract* foi criado, uma vez verificada a condição temporal, o *smart contract* automaticamente transfere de A para B a titularidade desse ativo digital. Executa automaticamente a prestação obrigacional prevista e, com isso, há uma alteração efetiva na situação jurídica dos sujeitos da obrigação.

Outra hipótese em que é possível conceber a efetiva autoexecutoriedade do *smart contract* é aquela em que *commodities* são objeto de registro digital numa rede de *blockchain*, por meio da emissão de *tokens*[16] que representam determinada quantidade daquela *commodity*. Nesse caso, pode ser objeto de uma *smart contract* a previsão de que, verificada determinada condição, como a transferência de valores, ocorrerá a transferência de titularidade da quantidade referente do produto. Nesse caso, tem-se situação em que, normalmente, as negociações em bolsas de *commodities* já são feitas considerando-se a virtualização do referido ativo ou produto. Não se transfere propriamente a posse física de determinada quantidade de produto, mas sim o registro da titularidade sobre a quantidade do produto. Nesse cenário, é perfeitamente possível se valer de *smart contracts* para estabelecer obrigações entre as partes. Participará também desse arranjo obrigacional automatizado um terceiro que mantém o registro e guarda dos produtos e *commodities* que são comercializados.

Esse também é o cenário da comercialização de energia elétrica, que não se funda na transferência física propriamente dita da energia, mas sim da negociação e transferência de registros de determinada quantidade de energia elétrica que é gerada pelos agentes de geração. Em situações como essa, é perfeitamente viável a utilização de *smart contracts*, que irão se revestir de verdadeira autoexecutoriedade.

Portanto, a autoexecutoriedade depende, pelo menos no estágio atual de evolução tecnológica, da *natureza* e do *objeto* das obrigações estabelecidas num *smart contract*. Atos meramente jurídicos e ideais (como emissão de declarações de vontade; transferência de domínio que se aperfeiçoe pelo modo registral; constituição ou desconstituição de situações jurídicas) são em tese compatíveis com o atual estado da arte dos *smart contracts*.[17] Quanto mais virtual ou digital o direito ou ativo objeto da obrigação, maior a possibilidade de estabelecimento de arranjos obrigacionais autoexecutáveis.

---

16. Para Michèle Finck, "A token or coin is, essentially, a digital good that is artificially rendered scarce and tracked through a blockchain or blockchain-based application. These cryptoassets are artificially scarce, as the prohibition of double spending prevent owner from spending a coin more than once. (...) Tokens can have different purposes and represent anything from goods or services to rights, including voting rights" (*Blockchain Regulation...* cit., p. 16). Conforme Kevin Werbach, "Once a token represents scarce value, however, it can be used as more than money. It becomes a cryptographically secured digital asset, or 'cryptoasset'. Cryptoassets can represent physical goods, as in the automobile-lending example earlier in this chapter. They can represent scarce digital entities, like the CryptoKitties collectibles described in chapter 2" (*The Blockchain and the new architecture of trust*. Cambridge: MIT Press, 2018. p. 86).

17. Obviamente, a depender em certos casos da adequação jurídica e tecnológica dos órgãos oficiais para recepção de tais determinações.

A questão tem menos a ver com a natureza personalíssima da obrigação e muito mais com o caráter prático, concreto, do seu objeto. De fato, sempre que se está diante de uma obrigação personalíssima, que envolve prestação pessoal do próprio devedor da obrigação, mesmo que verificada a condição estabelecida pelo *smart contract* e promovida a execução do comando obrigacional preestabelecido, não há meios tecnológicos de se fazer o obrigado adotar a conduta devida. Aliás, em tese, tecnologia para tanto talvez até houvesse, mas não seria legítima essa coisificação do sujeito. No entanto, existem obrigações que, embora personalíssimas, podem ser perfeitamente substituídas por uma alteração de estado jurídico que independe da conduta do obrigado. Por exemplo, as obrigações de prestar declaração de vontade. Se o sujeito não emite a "escritura definitiva" de venda do imóvel, isso é suprível com a transferência direta do bem, que se faz mediante inscrição em sua matrícula – o que, em tese, pode ser diretamente atingido por um mecanismo tecnológico de alteração automática do registro imobiliário.[18] Já a eventual retirada do vendedor da posse do imóvel e sua imissão ao comprador é incompatível com a tecnologia atual. Quanto mais físico, corpóreo, o resultado almejado, menor a chance de se engendrar, no contexto tecnológico vigente, um mecanismo autoexecutivo.

2.6.4 Impossibilidade de interrupção dos comandos

Outra característica dos *smart contracts* criados em plataformas *blockchain* e plataformas distribuídas (*DLTs – Distributed Ledger Technologies*) consiste na impossibilidade de interrupção dos comandos estabelecidos no código que os criou.

Essa é uma decorrência da utilização da tecnologia *blockchain*, que envolve registros em blocos sucessivos e cumulativos de informações, que estão distribuídos em vários pontos de uma determinada rede.

Por isso, o comando obrigacional estabelecido em determinado *smart contract* (que, por sua vez, também se encontra registrado em blocos que são replicados em todos os pontos [nós] da rede de *blockchain*) é automaticamente executado uma vez verificada a condição, ainda que se pretenda impedir o funcionamento de um ou mais desses pontos da rede. Não há como se pretender impedir a execução automática do comando existente em determinado *smart contract* registrado em *blockchain*.

Conforme Primavera de Filippi e Aaron Wright: "Because no single party controls a blockchain, there may not be a way to halt the execution of a smart contract after it has been triggered by the relevant parties. Once the wheels of a smart contract are put into motion, the terms embodied in the code will be executed, and they cannot be stopped unless the parties have incorporated logic in the smart contract to halt the program's execution".[19]

---

18. Sobre o tema, veja-se o ensaio de RODRIGUES, Nuno Cunha. Contratos inteligentes (*smart contracts*) e mercado imobiliário: a caminho de um novo *blockchain*? In: LUPION, Ricardo e ARAUJO, Fernando (Org.). *Direito, tecnologia e empreendedorismo*: uma visão luso-brasileira. Porto Alegre: Editora Fi, 2020, p. 543 e ss.
19. *Blockchain and the law*. Cambridge: Harvard University Press, 2018. p. 74-75.

Um excepcional episódio de mitigação da inexorabilidade dos comandos dos *smart contracts* – por alguns considerado negativo – deu-se com relação à organização autônoma distribuída denominada *The DAO*. O caso do *The DAO* envolve a existência de uma suposta falha na codificação do *smart contract* de uma organização autônoma distribuída estabelecida como uma espécie de fundo de investimento em *startups* (*venture capital*).

A existência desse defeito na codificação permitiu que fosse explorada uma brecha que propiciou a transferência sucessiva de fundos em junho de 2016 em montante superior a 50 milhões de dólares para um indivíduo ou organização[20]. Na época, a questão gerou grande discussão, porque justamente uma parte daqueles que participavam da referida organização autônoma e da própria comunidade de mineradores[21] e investidores entendiam que essa era uma previsão constante do *smart contract* e, por isso, a transferência de fundos realizada pelo fraudador, ainda que de forma não prevista quando concebido o projeto da *The DAO* ou fraudulenta, deveria ser respeitada porque essa era a previsão contida no código. Outra parcela da comunidade optou por realizar o desfazimento das operações.

Essa disputa gerou uma divisão no âmbito da *blockchain* do *Ethereum*[22], resultando num *hard fork* que deu origem ao *Ethereum classic* (rede original do *Ethereum*, que foi mantida por aqueles que entendiam que os desvios de fundos, por estarem contemplados pelo *smart contract* em que se baseava a *The DAO*, ainda que feitos de forma fraudulenta, deveriam ser mantidos). A parcela da rede de *blockchain Ethereum* que optou pela modificação na rede e pelo desfazimento das transferências indevidas deu origem à rede do *Ethereum* atual.

O episódio suscita vários questionamentos e ilustra de modo muito claro a questão da impossibilidade de impedimento dos comandos previstos num determinado *smart contract* e seus limites. Mais do que a questão da inexorabilidade dos efeitos do *smart contract* o caso *The DAO* põe em destaque o tema da dicotomia "avença tradicional" versus "avença tecnológica". Esse aspecto da questão será retomado no item 3.2.2.

Por outro lado, esse episódio demonstra que, se houver mobilização da comunidade que mantém determinada rede e plataforma de *blockchain*, é, em tese, possível promover alterações nos registros de blocos que contenham a execução do comando.

---

20. O episódio foi objeto de matérias nos principais veículos de comunicação, como o *New York Times*. Disponível em: https://www.nytimes.com/2016/06/18/business/dealbook/hacker-may-have-removed-more-than-50-million-from-experimental-cybercurrency-project.html. Acesso em: 26 abr. 2021.
21. Os mineradores são aqueles que integram uma rede de *blockchain* e se valem de capacidade computacional para resolver os problemas matemáticos estabelecidos pela rede para o registro de informações em blocos. Eles "mineram" os blocos e recebem como recompensa parcela de criptoativos ou criptomoedas estabelecidas pela rede de *blockchain* quando conseguem resolver os problemas matemáticos estabelecidos pelo sistema e registram um bloco. Isso se dá nas redes que utilizam como protocolo de consenso a chamada *proof of work* (prova de trabalho), como a rede de *blockchain* do *Bitcoin* e a rede de *blockchain* do *Ethereum* (pelo menos na sua origem). O protocolo de consenso é a forma pela qual determinada rede de *blockchain* estabelece que serão registradas as informações e criados os blocos.
22. Primeira plataforma desenvolvida para executar *smart contracts* – ver item 2.7, adiante.

Evidentemente, esse tipo de modificação envolve uma mobilização muito grande e é traumática[23], afetando a todos os usuários e mantenedores da rede. Geralmente, dá ensejo a divisões (*forks*) na plataforma. Não se trata de algo corriqueiro e que possa ser feito sem a mobilização dos próprios programadores, mineradores e usuários da rede. Muito dificilmente pode decorrer de um comando externo, como determinação judicial, por exemplo, por conta das implicações e condições necessárias para a sua execução. Essas dificuldades são ainda mais evidentes na medida em que as grandes plataformas de *blockchain* encontram-se distribuídas por vários países e jurisdições, não existindo um servidor ou nó central.

Por isso mesmo, a afirmação de que os comandos previstos em determinado *smart contract* não podem ter a sua execução interrompida permanece sendo correta.

2.6.5 Registro permanente das obrigações e comandos executados

Outra característica relacionada aos atributos da própria tecnologia *blockchain* consiste no registro permanente e imutável tanto dos próprios códigos computacionais que criam os *smart contracts*, como da execução de seus comandos. Esses registros são produzidos nos blocos de determinada plataforma de *blockchain*, que se encadeiam e se relacionam tanto com relação aos blocos anteriores como com os blocos posteriores.

Por isso, não é viável produzir alterações em determinado bloco que tenha registrado um *smart contract*. Qualquer alteração nesse bloco repercutiria nos blocos posteriores e seria imediatamente identificada pelo sistema da plataforma, que impede que seja produzida. Ademais, a distribuição do registro da plataforma em vários nós distribuídos em vários locais faz com que não seja possível a modificação dos registros de um bloco apenas no âmbito de determinado nó ou ponto da rede. Essa alteração seria igualmente detectada pelos demais pontos da rede e pelo sistema e rejeitada.

Em tese seria até mesmo possível a alteração de informações e códigos de *smart contracts* registrados num sistema de *blockchain*. Mas essa alteração dependeria ou da convergência da maioria dos pontos da rede, ou da utilização de grande capacidade computacional para que fossem refeitas todas as cadeias de blocos, após a alteração pretendida. Ocorre que a capacidade computacional (e o tempo) necessários para tanto são tão elevados, que se considera que a operação é, na prática e em termos técnicos, inviável ou muito difícil de ser produzida.

Disso deriva a característica de imutabilidade, do registro permanente dos *smart contracts* e das operações por eles realizadas. Desde a sua gênese, as informações relacionadas a um determinado *smart contract* são registradas na rede de *blockchain* e ali permanecem.

---

23. Como notaram Kevin Werbach e Nicolas Cornell, "this dramatic step, (...) effectively killed off The DAO and undermined confidence in the Ethereum platform" (Contracts: Ex Machina, cit., p. 18).

Isso confere grande transparência e estabilidade aos *smart contracts* e às operações por eles realizadas. A verificação de dada condição e a execução dos comandos correspondentes, programados pelo *smart contract* são registradas, juntamente com a data e momento exato em que ocorreram.

Ao mesmo tempo, a característica da imutabilidade e do registro permanente pode ser considerada como negativa, na medida em que inviabiliza alterações no *smart contract*. Na prática, eventuais alterações em determinado *smart contract* dependem do registro de novos *smart contracts* para alterar previsões anteriormente existentes. Essas alterações são registradas em novos blocos da plataforma de *blockchain* e são relacionadas ao *smart contract* anterior. De todo modo, dependem de nova codificação e registro de arranjos obrigacionais automatizados na forma de um novo *smart contract*.

2.6.6 *A necessidade de coleta de informações externas ao contrato:* oracles

Outra característica comum aos *smart contracts* é a necessidade de que tais arranjos obrigacionais em código sejam alimentados com informações externas ao próprio contrato (sejam elas existentes na própria plataforma de *blockchain* em que estão registradas, seja no mundo físico, fora da rede). A verificação das condições estabelecidas, como datas, determinada cotação internacional de um ativo ou a confirmação da ocorrência de uma circunstância podem ser "lidos" pelo código presente no *smart contract* de modo a desencadear as consequências nele estabelecidas.

Essa interface com outras plataformas ou com o mundo físico é feita por meio de pessoas, dispositivos, programas e código que são aptos a colher essas informações e permitir seu acesso ao *smart contract*. Esses meios de verificação, comuns a praticamente todos os *smart contracts* se chamam oráculos (*oracles*). Para Primavera de Filippi e Aaron Wright, "oracles can be individuals or programs that store and transmit information from the outside world, thereby providing a means for blockchain-based systems to interact with real-world persons and potentially react to external events"[24].

Os *oracles* detêm papel essencial no funcionamento e execução dos *smart contracts*. Eles são a ligação entre o sistema e informações existentes no mundo real. E eles podem incidir em erro de avaliação, de descrição de conteúdo ou mesmo de modo de transmissão dessas informações exteriores – com o que se frustrarão ou distorcerão os resultados pretendidos pelas partes. Justamente por isso, podem ser uma fonte de disputas e discussões relativamente ao cumprimento e execução das obrigações estabelecidas por meio de um *smart contract*.

---

24. *Blockchain and the law*. Cambridge: Harvard University Press, 2018. p. 75.

2.7 Principais plataformas

A primeira plataforma desenvolvida para executar *smart contracts* é a rede de *blockchain* do *Ethereum*. Além do *Ethereum*, atualmente podem ser mencionadas, dentre outras, as plataformas *Neo*, *EOS.IO*, *RSK*, *Cardano* e a plataforma mantida pela *Accord Project*.

Cada uma delas tem suas características peculiares e determinada abrangência. A mais conhecida e mais utilizada sem dúvida é a plataforma do *Ethereum*. Também podem ser mencionadas as plataformas de *blockchain* privadas (não públicas) que também admitem o registro e execução de *smart contracts*, como a *Corda*, a *Hyperledger* (mantida pela IBM) e a *Waves*.

2.8 Principais usos

Atualmente, os principais casos de utilização dos *smart contracts* encontram-se no campo da negociação de criptomoedas e operações financeiras descentralizadas (chamadas DeFi). Essas operações são todas baseadas em *smart contracts*, que definem as regras e condições para essas negociações e transferências de criptoativos. Podem se dar entre pessoas naturais negociando esse criptoativos, mas também entre pessoas naturais e o próprio sistema ou plataforma *blockchain* em que são registrados e negociados esses ativos.

Mas os *smart contracts* também encontram campo fértil de utilização no âmbito de cadeias de suprimento (*supply chains*) e nas redes de *blockchain* utilizadas para a comunicação de redes de objetos inteligentes no âmbito da internet das coisas (*IoT*). Também apresentam grande utilidade no setor de seguros, em que é possível estabelecer a automatização de procedimentos e apólices. No setor elétrico, os *smart contracts* encontram campo amplo de aplicação nos contratos de compra e venda de energia e mesmo nas redes de geração distribuídas, nas quais a conjugação dos *smart contracts* com os medidores inteligentes podem automatizar o uso de energia gerada de forma distribuída e seu acesso à rede de distribuição.

As contratações nacionais e internacionais envolvendo *commodities* também são um campo em que os *smart contracts* podem ser utilizados com grande funcionalidade. A negociação automatizada de grandes volumes de produtos minerais ou agrícolas com cotações em bolsas internacionais é um setor em que o uso e o desenvolvimento de *smart contracts* são aptos a propiciar grande utilidade e liquidez.

Pelo menos atualmente, em grande parte dos casos, a utilização de *smart contracts* não se relaciona a relações entre sujeitos específicos. Muitas vezes, tais arranjos automatizados são utilizados para mediar a troca de informações entre equipamentos e sensores ligados a uma determinada rede *blockchain*. Nesses casos, não se está diante de verdadeiros arranjos obrigacionais automatizados – já que não se pode falar propriamente de obrigações (pelo menos de forma imediata, direta), ante a ausência de sujeitos titulares de obrigações.

Não se descarta que, no futuro, a evolução tecnológica e as necessidades da sociedade passem a exigir alteração nesses conceitos jurídicos, de modo que a noção de obrigação passe a abranger também máquinas e sistemas automatizados. De certo modo, a discussão envolvendo a questão a respeito da titularidade e possibilidade de reconhecimento de direitos autorais relacionados a obras de arte criadas por sistemas de inteligência artificial demonstra esse paradoxo e eventual necessidade de evolução dos conceitos jurídicos atualmente existentes.

Mas isso não significa que tais códigos instituidores de arranjos obrigacionais automatizados não possam ser utilizados para regular as relações obrigacionais entre dois ou mais sujeitos de obrigações (pessoas físicas ou jurídicas) e mesmo o relacionamento entre participantes de uma determinada organização (é o caso das organizações descentralizadas autônomas – DAO's).

É possível, do mesmo modo, a utilização de *smart contracts* para reger as obrigações e relações entre acionistas no âmbito de determinada sociedade. As votações, condições de distribuição de dividendos e emissão de novas ações podem ser objeto de *smart contracts*, o que mostra que o campo do direito societário é igualmente propenso à utilização de tais mecanismos obrigacionais automatizados.

3. AS RELAÇÕES OBRIGACIONAIS E OS *SMART CONTRACTS*

3.1 A natureza das obrigações

A automatização propiciada pelo uso dos *smart contracts* não modifica, em princípio, a natureza das obrigações e das relações obrigacionais. Há modificações na execução das obrigações e implementação do estabelecido pelas partes contratantes que são relevantes, mas que não alteram – em linhas gerais – a substância das obrigações em si.

3.2 Impactos da tecnologia sobre as relações obrigacionais

Isso não significa que os *smart contracts* deixem de exercer impacto relevante sobre as relações obrigacionais. É evidente que automatização de uma fase relevante das relações obrigacionais é algo verdadeiramente revolucionário, na medida em que reduz ou mesmo suprime a vontade do devedor da obrigação relativamente à sua execução.

Há também outros impactos, diretos ou indiretos. Pode-se mencionar, por exemplo, a maior eficiência e velocidade de execução em determinados contratos, como aqueles utilizados no mercado financeiro e na negociação de *commodities*.

A redução do risco de inadimplemento é outro fator relevante, na medida em que a autoexecutoriedade da obrigação, uma vez verificada a condição, é apta a eliminar, em alguns casos, o risco de inadimplemento. Estabelecida a obrigação por meio do *smart contract*, ter-se-á a certeza de sua regular execução, uma vez verificada a condição prevista pelas partes.

O surgimento de uma eventual dicotomia ou divergência entre o estabelecido pelas partes em linguagem tradicional e aquilo que consta do código computadorizado do *smart contract* é um efeito que também não pode ser desconsiderado.

3.2.1 Automação da execução das obrigações

A automação do adimplemento das obrigações é o principal aspecto da adoção dos *smart contracts* para o estabelecimento desses arranjos obrigacionais automatizados.

Portanto, pode-se dizer que a relevância dos *smart contracts* relaciona-se principalmente com a fase de execução desses ajustes obrigacionais.

3.2.2 A formação da obrigação e as dificuldades derivadas da dicotomia de instrumentos (linguagem natural versus linguagem computacional)

As fases de negociação, definição e aceitação das condições não sofrem impacto tão significativo com a utilização da tecnologia dos *smart contracts*.

Mas poderá haver impacto, na medida em que as condições estabelecidas pelas partes deverão ser traduzidas em código, na linguagem utilizada na plataforma em que se pretende criar e registrar o *smart contract*.

Barbara Pasa e Larry A. DiMatteo defendem que o uso da tecnologia *blockchain* pode reduzir a necessidade de intervenção e interação humana, mesmo nas fases de negociação e formação dos *smart contracts*[25].

Até é possível conceber determinadas situações em que a própria definição do contrato pode se submeter a algum tipo de automação, como no caso de contratos de adesão, nas contratações definidas por meio de aplicações descentralizadas (*DApps*) no âmbito da criptoeconomia e nas chamadas contratações realizadas entre sistemas e dispositivos inteligentes da internet das coisas (*IoT*). Mas essas são situações específicas. Em sua grande maioria, não se elimina a necessidade de que as partes

---

25. Segundo os autores: "The formation of a contract normally requires parties to negotiate terms, to give consent, and, more importantly, to perform their contractual obligations. The high degree of human involvement in the life cycle of a contract is inevitable. Although the performance of a contract may be delegated to a third-party electronic agent, the contract is still directly formed and performed by human beings. A contract formed by blockchain technologies needs only a minimum level of direct interactions between the contracting parties. The blockchain can make and perform a contract. One party creates a blockchain and stores its terms and conditions in a node. Anybody who is willing to make the contract just follows the instructions and accomplishes the required tasks on the blockchain. The stage of negotiation and formal grant of consent are ostensibly missing". (Observations on the impact of technology on contract law. *The Cambridge Handbook of Smart Contracts, Blockchain Technology and Digital Platforms*. Cambridge: Cambridge University Press, 2020, p. 354).

estabeleçam determinados consensos a respeito do objeto e forma de execução das obrigações por elas estabelecidas.

Ressalvadas as hipóteses em que a lei impõe forma especial aos contratos como requisito de sua validade ou eficácia, nada impede que todo o consenso seja diretamente realizado apenas mediante linguagem computacional, sem prévia avença em linguagem escrita convencional ou mesmo oral. A direta avença em linguagem computacional não descaracterizará os *smart contracts* como contratos.[26]

Mas também não se pode ir ao extremo oposto e rejeitar a possibilidade de que o consenso prévio se dê mediante linguagem natural. Pode haver definição meramente oral, mas em arranjos obrigacionais mais complexos, normalmente ela se dará por escrito. Isso faz surgir uma dicotomia entre o instrumento escrito em linguagem natural estabelecido pelas partes e a definição da obrigação em código computacional.

Essa "tradução" da linguagem natural para a linguagem computacional pode gerar dúvidas de interpretação ou mesmo quanto ao modo de execução da obrigação definida pelas partes. Se houver divergência entre o instrumento escrito em linguagem natural e a forma de obrigação estabelecida no *smart contract* em linguagem computacional, qual deverá prevalecer? Evidentemente, mesmo num arranjo obrigacional automatizado, não se pode desconsiderar o que foi efetivamente estabelecido pelas partes. Erros ou defeitos na "tradução" para a linguagem computacional não podem ser mantidos apenas sob o argumento de que se trata de um *smart contract*.

O *smart contract* é um instrumento de formalização e execução automatizada de relações obrigacionais definidas pelas partes. Se ele não corresponde ao que foi definido por elas, deve haver mecanismos aptos a corrigir essa distorção, ainda que o registro em uma rede de *blockchain* propicie a autoexecutoriedade da obrigação registrada no *smart contract*.

Nesse ponto, o já referido caso *The DAO* fornece interessante exemplo sobre as dificuldades que podem advir do divórcio entre as finalidades que eram pretendidas pelos partícipes do negócio e aquelas que são viabilizadas pelos códigos computacionais estabelecidos. Nesse episódio, um hacker de identidade desconhecida aproveitou-se de um bug no código do *DAO* para apropriar-se de mais de 50 milhões de dólares. Para tanto, valeu-se de uma série de *smart contracts* em perfeita consonância com os termos do código do *DAO* definido em *blockchain*. Como já indicado, a saída

---

26. "Parties must engage. in some expression that displays a shared understanding of the agreement, and a shared intent to bind themselves by its terms. Can smart contracts, simply a chunk of code in a blockchain, constitute such shared expression? Nothing, so far as we can tell, prevents an expression of mutual assent from being formulated in code. In general, mutual assent can take many forms, so long as it clearly implies agreement. As Surden puts it, 'At a minimum, contract laws do not explicitly prohibit expressing contractual obligations in terms of data. More affirmatively, basic contracting principles actively accommodate data-oriented representation'. In the present context, such data-oriented representations could easily include a blockchain. Where one party puts on the blockchain that assets of theirs will transfer to another party if some condition is satisfied, that seems to easily satisfy the requirement of an expression of assent" (WERBACH, Kevin e CORNELL, Nicolas. Contracts: Ex Machina, cit., p. 12).

encontrada pelos líderes do projeto *Ethereum* foi convencer a maioria da comunidade a implementar um *"hard fork"*, que dividiu todo o *blockchain Ethereum* em dois caminhos inconfundíveis. Isso permitiu recuperar os fundos que haviam sido desviados de má-fé – mas com elevadíssimo custo: o projeto *DAO* arruinou-se e a confiança na plataforma *Ethereum* foi afetada.

E mesmo diante do prejuízo que sofreria com a apropriação da quantia pelo hacker, parte da comunidade discordou dessa solução, mantendo-se no *Ethereum* original (*"classic"*). Esses que defendiam que o resultado não poderia ser desfeito estavam reconhecendo a prevalência do instrumento em código computacional, que conferia aquele "direito" ao suposto fraudador (que, então, não seria fraudador, mas exercente de um direito estabelecido pelo próprio *blockchain*). Contribuiu para esse posicionamento a circunstância de que no próprio *site* de adesão ao *DAO*, os termos de serviço afirmavam explicitamente que o contrato inteligente no *blockchain Ethereum* era a autoridade legal de controle e que quaisquer documentos ou explicações em linguagem convencional, incluindo aqueles no *site*, estavam sendo "oferecidos apenas para fins didáticos e não substituem nem modificam os termos expressos do código do *DAO* definido no *blockchain*".[27] Mas o fato de que a ampla maioria da comunidade (85%) reputou a operação de desvio do valor fraudulenta, a despeito de formalmente compatível com os termos do código do *DAO* inscritos em *blockchain* – e, mais que isso, o fato de que o *hard fork* implementado por essa parcela da comunidade foi prevalentemente reputado legítimo –, evidencia que o código computacional não tem prevalência absoluta, permanecendo necessário identificar a efetiva vontade das partes, considerar os parâmetros de boa-fé e os fins da operação visada.

É verdade que solução atingida no caso *The DAO* foi de todo excepcional. Implicou verdadeira revolução na plataforma utilizada – com a própria constituição de um novo *blockchain*, seguindo parâmetros técnicos específicos e governança próprios. Na absoluta maioria dos casos essa será uma solução inviável, e será impossível impedir a execução de um *smart contract*.

Mas isso não significa afirmar a absoluta validade e prevalência do *smart contract* em linguagem computacional, em detrimento da avença em linguagem convencional e dos demais vetores referidos (boa-fé, finalidade da operação etc.). Não estão corretos Werbach e Cornell quando afirmam que "o *smart contract* tem toda a vida do contrato imutavelmente embutido em seu código – o que não deixa espaço para um acordo separado por escrito para especificar a intenção das partes". Tais autores fundam essa assertiva no argumento de que, "se um tribunal concluir que algum escrito reflete

---

27. "Users signed up to participate in The DAO on a website that stated explicitly, in its terms of service, that the smart contract on the Ethereum blockchain was the controlling legal authority. Any human-readable documents or explanations, including those on the website, were 'merely offered for educational purposes and do not supercede [sic] or modify the express terms of The DAO's code set forth on the blockchain'" (WERBACH, Kevin e CORNELL, Nicolas. Contracts: Ex Machina, cit., p. 12).

melhor o acordo das partes, ele não teria poder para invalidar o *smart contract*; teria que encontrar alguma maneira de reverter a transferência de valor *ex post*".[28]

A inviabilidade de uma tutela jurisdicional específica preventiva ou simultânea apta a impedir a concretização de resultado indevidamente previsto no *smart contract* (i.e., em seu código computacional) não pressupõe nem permite inferir a validade autônoma das previsões obrigacionais em código computacional. Isso deriva de uma limitação *prática* à incidência da tutela específica. A impossibilidade concreta da tutela específica não significa legitimidade jurídica da situação que não tem como ser evitada ou impedida por tal tutela. Significa unicamente a existência de um limite concreto (tecnológico) à tutela específica. A possibilidade de reversão jurisdicional *ex post* do resultado concreto gerado pelos códigos computacionais é a prova de que tem valor jurídico e prevalece a avença em linguagem tradicional, na hipótese cogitada por Werbach e Cornell. A parte terá direito a algum modo de restituição ou ressarcimento justamente com base na avença convencional. Em suma, a impossibilidade de interrupção dos comandos autoexecutivos do *smart contract* é um dado fático-tecnológico e não indicativo da prevalência e autonomia da programação em dados computacionais sobre a avença escrita em linguagem comum. Caberá sempre identificar a intenção da avença das partes e os objetivos negociais almejados – sendo relevante para isso considerar a avença eventualmente realizada em linguagem convencional (a qual pode inclusive conter previsão de que deve prevalecer a avença computacional, em caso de divergência entre uma e outra).

Então, caberá o uso de mecanismos de compensação ou ressarcimento da parte que eventualmente for prejudicada pelo erro ou defeito de "tradução" da avença convencional em código computacional – nos limites práticos e jurídicos em que tal tutela *a posteriori* seja possível. A questão assume grande relevância para a solução jurisdicional dos conflitos envolvendo os *smart contracts*.

3.2.3 Cumprimento e descumprimento das obrigações no contexto dos smart contracts: *os possíveis motivos de conflito*

Por envolverem a automação da execução dos arranjos obrigacionais, os *smart contracts* acarretam uma mudança significativa relativamente à apuração e verificação do cumprimento das obrigações.

Em princípio, não há como se descumprir o que foi estabelecido por meio de um *smart contract* (desde que, como já mencionado, a execução da obrigação possa se dar por meio de execução de comandos no âmbito de um sistema informatizado). Uma vez verificadas as condições estabelecidas pelas partes, a obrigação (consequência prevista para a verificação dessa condição) é automaticamente implementada

---

28. "The smart contract has the entire life of the contract immutably embedded into its code, which leaves no room for a separate written agreement to specify the parties' intent. If a court concludes that some writing better reflects the parties' meeting of the minds, it would be powerless to invalidate the smart contract; it would have to find some way to reverse the transfer of value ex post" (Contracts: Ex Machina. cit., p. 18).

pelo próprio sistema. Por isso, Michèle Finck aponta que, em um *smart contract*, a execução está integrada no código computacional[29].

Mas isso não significa que não possa haver descumprimento de *smart contracts*. Em alguns casos, o inadimplemento é possível, especialmente naquelas situações em que haja necessidade de que o complemento da prestação seja cumprido *fora* do sistema informatizado em que está o *smart contract*[30], como naquelas situações em que a parte devedora da obrigação age de modo a impedir que a condição se verifique ou seja confirmada, agindo de forma contrária à obrigação estabelecida inicialmente pelas partes.

Por outro lado, pode haver erro por parte do oráculo quanto à alimentação de informações externas relevantes para o cumprimento do *smart contract*. E isso obviamente prejudicará o resultado que era pretendido pelas partes, tornando exigíveis e se executando total ou parcialmente prestações indevidas, ou vice-versa. Aí também a autossuficiência do *smart contract* terá sido frustrada, dando azo a conflito entre as partes.

Outra possível causa de litígios, como mencionado anteriormente, pode advir da disparidade entre o ajuste estabelecido entre as partes em linguagem normal (mediante a confecção de um instrumento específico ou a adesão, por uma parte, a condições preestabelecidas pela outra) e sua tradução em código computacional.

Além disso, falhas e *bugs*, implicando ausência da (ou incongruência na) execução das prestações pactuadas, não podem ser descartados – e podem também constituir fontes de litígio.

Ainda, as limitações e especificidades dos comandos e sintaxe na linguagem computacional utilizada para a elaboração de *smart contracts* – com a consequente impossibilidade da consideração de princípios e normas gerais inerentes ao direito contratual (boa-fé, vedação à onerosidade excessiva, exoneração de responsabilidade pelo caso fortuito ou força maior, dever de cooperação etc.) – igualmente poderão ensejar disputas.

De resto, sempre poderá surgir discussão sobre vício de vontade ou mesmo nulidade do *smart contract* por violação a normas cogentes[31].

---

29. "In a smart contract, performance is hard-wired into the code. For example, the software can be used for the automatic transfer of collateral in the event of default or to disburse employee compensation if performance goals are achieved" (*Blockchain Regulation*... cit., p. 26).
30. E, como já foi dito, é discutível do ponto de vista conceitual que nessa hipótese se tenha propriamente um *smart contract* (cuja essência está na automação do cumprimento). De todo modo, o problema concretamente se põe – e por isso, independentemente da terminologia adotada, merece consideração.
31. "Afirmou-se em determinados foros tecnológicos que os *smart contracts* e a tecnologia *Blockchain* criam ou permitem a criação de ecossistema próprio, em certa medida, alheio ao legal. A afirmação não é de todo certa, pois, se um *smart contract* é um contrato, lavrado em linguagem máquina, isso não implica que se torne alheio aos requisitos que o Direito impõe ao conteúdo das prestações. Tais negócios, nessa esteira, deverão passar pelo filtro da legalidade substancial" (REY, Jorge Feliu. *Smart contract*: conceito, ecossistema e principais questões de direito privado. *Revista Eletrônica Direito e Sociedade*. v. 7, n. 3, p. 113. Canoas, set.-dez. 2019). Na mesma linha, entre outros: Riccardo de Caria. The Legal Meaning of Smart Contracts. *European Review of Private Law*, Alphen, v. 6, 2019, p. 747-748; CABRAL, Antonio do Passo. Processo e tecnologia: novas tendências. In: WOLKART, Erik e outros (Coord.). *Direito, processo e tecnologia*. São Paulo: Ed. RT, p. 105.

Em todos esses casos, serão relevantes os mecanismos para assegurar o cumprimento da obrigação devida – ou a tutela restituitória ou ressarcitória da parte lesada pelo indevido cumprimento.

3.3 A imprescindível interface com a realidade: mundo real *vs.* mundo virtual

As hipóteses indicadas exemplificativamente no tópico anterior evidenciam que a principal fonte de discussões a respeito da execução e cumprimento dos *smart contracts* reside na interface com a realidade. Será justamente na fronteira entre o mundo virtual (do sistema informatizado em que foi criado, registrado e é executado o *smart contract*) e o mundo real que surgirão os problemas. É nessa fronteira que surgirão as principais discussões envolvendo os *smart contracts*.

Como no estado atual de avanço tecnológico não é possível escapar aos pontos de interseção entre o sistema informatizado e a realidade, essa é uma situação que deve ser sempre considerada no exame dos *smart contracts* e de suas consequências.

4. *SMART CONTRACTS* E PREVENÇÃO (IMPEDIMENTO PRÉVIO) E SOLUÇÃO DE CONFLITOS

Os mecanismos de prevenção e solução de conflitos (incluindo-se a tutela jurisdicional e a autotutela) situam-se também nesta fronteira. Grande parte das discussões que surgem a respeito da autotutela e uso dos *smart contracts* e tutela jurisdicional das obrigações previstas num *smart contract* encontram-se aqui.

A possibilidade de automatização do cumprimento das obrigações propicia situações que sugerem uma aproximação da noção tradicional de autotutela. Em que medida esses casos podem ser denominados propriamente de autotutela, tendo em vista a ausência do exercício de qualquer providência ou conduta por parte do credor da obrigação? Afinal, a obrigação se executa automaticamente por meio do código do *smart contract*, verificadas as condições definidas pelas partes.

Por outro lado, na medida em que, pelo menos num futuro próximo, não é viável estabelecer todos os aspectos da vida em sociedade no âmbito de um sistema informatizado, que contemple a execução automática de todas as modalidades de obrigações nem sistemas automatizados de solução de todas as controvérsias decorrentes de *smart contracts*, muitas questões ainda precisarão ser dirimidas no ambiente dos modelos tradicionais de composição dos litígios. De resto, e como visto no item 3.2.3, é amplo o leque de motivos que podem gerar disputas entre as partes do *smart contract*. E esses conflitos serão solucionados com a interpretação adequada das leis e normas atuais que tratam das obrigações jurídicas e de sua tutela (judicial ou não).

Por óbvio, os *smart contracts* constituem novidade impactante o suficiente para suscitar diversas dúvidas e dificuldades no âmbito da tutela extrajudicial e judicial. Essas questões precisam ser enfrentadas com a consciência de que se está diante de inovações tecnológicas que abrem possibilidades até há pouco não consideradas no estudo do processo e do direito como um todo. No entanto, isso não significa reputar que os *smart contracts* estão em um limbo, que constituem outra dimensão, alheia ao direito. Cabe considerá-los em sua dimensão jurídica. Como escreveu Mark Raskin: "One way of reducing uncertainty is by situating the new in the old. While there may be many barriers to the adoption of smart contracts, legal uncertainty need not be one of them. Courts need not upend extant jurisprudence to accommodate smart contracts"[32].

5. AUTOCUMPRIMENTO E AUTOTUTELA

É frequente a afirmação de que a execução automática dos códigos computacionais com o consequente cumprimento das prestações previstas no *smart contract*, independentemente de intervenção humana, constituiria uma modalidade de autotutela. Alude-se a uma autotutela preventiva, pois incidiriam mecanismos aptos a impedir o próprio descumprimento.[33]

Coube a Mark Raskin a primeira e mais conhecida formulação nesse sentido. Raskin primeiro invoca o exemplo do recurso tecnológico pelo qual o *lessor* pode impedir o funcionamento do automóvel objeto do *leasing*, se o devedor-arrendatário não pagar pontualmente a prestação devida. Dentro de certas condições, esse é um mecanismo de autotutela admitido em alguns Estados norte-americanos.[34] Em seguida, Raskin estende o conceito de autotutela para afirmar que a execução automática de um contrato, tal como se dá com os *smart contracts*, constituiria modalidade de autotutela preventiva, na medida em que nenhum recurso a um tribunal é necessário para que se cumpra o contrato.[35]

As duas situações (interrupção de funcionamento de veículo e autocumprimento nos *smart contracts*) identificam-se? Em que medida há propriamente autotutela no autocumprimento do *smart contract*? Em que limites tais mecanismos de imposição automatizada são admissíveis? No que o exemplo dos *smart contracts* pode contribuir para o aperfeiçoamento de mecanismos de cumprimento obrigacional e de autotutela fora do mundo digital?

5.1 Extensão útil do conceito de autotutela

Para responder tais questões cabe antes identificar o conceito de autotutela em sua extensão útil, isso é, naquilo que ela tem de essencial, sem se confundir com – ou se sobrepor a – outros meios de solução dos conflitos.

---

32. The law and legality of smart contracts. *Georgetown Law Technology Review*, v. 1, n. 2, p. 340-341. Washington, 2017.
33. COSTA, Mariana Fontes da. *Decentralized smart contracts*: entre a autotutela preventiva e a heterotutela reconstitutiva. cit., p. 486; CABRAL, Antonio do Passo. Processo e tecnologia: novas tendências. cit., p. 103; SANTOS FILHO, Augusto Barbosa. *Execução Extrajudicial e Jurisdição*: o Projeto de Lei 6.204/2019 no Sistema de Justiça Brasileiro. Dissertação de mestrado. Salvador: UFBA, p. 169.
34. RASKIN, The law and legality of smart contracts. cit., p. 329-333.
35. The law and legality of smart contracts, cit., p. 333-334.

A simples circunstância de um instrumento evitar ou eliminar um conflito sem a necessidade de recorrer-se ao Poder Judiciário não faz dele uma forma de autotutela. Mecanismos autocompositivos (acordos, transações, renúncias...) e heterocompositivos privados (como a arbitragem ou o *dispute board* adjudicatório) também podem propiciar esse resultado[36]. Mais que isso, o conflito pode ser evitado, e o recurso ao judiciário dispensado, pela simples circunstância de as partes cumprirem normalmente seus deveres e obrigações na relação em que estão inseridas. Isso pode derivar da simples disposição das pessoas em cumprir seus compromissos e atribuições. Mas pode também ser incentivado pela prévia cominação legal ou a adoção convencional de mecanismos específicos destinados a dar mais segurança e eficácia à relação jurídica (cominação de multas e outras penalidades, instituição de garantias, *design* de formas e mecanismos de cumprimento conjunto ou coordenado de obrigações etc.). Também nesse caso não terá havido autotutela, mas sim o simples desfecho natural, não patológico, da relação jurídica. Portanto, é necessário um conceito mais preciso de autotutela, que não se prenda à pura e simples dispensa de intervenção judicial.

A autotutela consiste na solução de um conflito pela ação unilateral e direta de uma parte contra a outra, fundada num juízo próprio da parte que age (i.e., parcial), para o fim de fazer prevalecer um interesse seu, mediante a supressão ou limitação de bem de vida que vem sendo usufruído ou titularizado pelo adversário.

Desse conceito extraem-se os seguintes dados fundamentais:

– a autotutela é um modo de solução de um conflito de interesses. Ela pressupõe uma pretensão negada ou insatisfeita. Até é concebível uma autotutela preventiva, mas, como toda tutela preventiva, ela pressupõe uma ameaça objetiva e atual de lesão ao interesse autotutelado;

– a autotutela é uma *ação*. A simples omissão, a simples recusa em submeter-se a uma pretensão alheia, não é autotutela;

– há a ação direta de uma parte contra a outra, isso é, sem a intervenção de um órgão jurisdicional (estatal ou arbitral);

– a autotutela é uma ação essencialmente privada. Quando o Estado atua administrativamente (i.e., sem a intervenção jurisdicional) sobre a esfera alheia ou bem ele está se valendo legitimamente da autoexecutoriedade de seus atos[37] ou está incidindo

---

36. É de pouca serventia um conceito amplíssimo de autotutela como o de Emilio Betti, que incluía a própria arbitragem, os negócios jurídicos de mera declaração (*accertamento*) e a confissão extrajudicial, entre outros institutos, no âmbito da autotutela. Seriam casos de "autotutela consensual" (BETTI, Autotutela. *Enciclopedia del diritto*. v. IV. Milão: Giuffrè. 1959, p. 532-533).

37. Ver item 2.6.3, acima. Nesses casos, p. ex., nas hipóteses previstas nos enunciados 346 e 473 do STF, costuma-se aludir a "autotutela administrativa". Mas é um termo impróprio (como o é, p. ex., aludir-se a "coisa julgada administrativa"). Trata-se do exercício da função estatal e não de ação direta e imediata. Não se trata de mero capricho conceitual. Há enorme diferença sob o prisma das garantias fundamentais. A atuação administrativa (autoexecutória) é necessariamente processualizada, submetida ao contraditório e ampla defesa (CF, art. 5º, LIV e LV). Até se concebem atuações urgentes da Administração, sem o prévio devido processo, mas elas serão subsequentemente processualizadas.

em puro arbítrio. Não é possível, como fez Alcalá-Zamora, qualificar como autotutela a ação do "Esquadrão da Morte", do período da ditadura militar brasileira, ou das milícias secretas paraestatais, da Espanha franquista.[38] É até concebível que o ente estatal exerça propriamente autotutela, mas apenas quando inserido em uma relação ou situação jurídica em que excepcionalmente se sujeite ao regime de direito privado;

– a ação é necessariamente unilateral: uma parte age contra a outra impondo seu interesse. Não há autotutela consensual. Isso é contradição nos termos. A previsão do mecanismo de autotutela pode ser negocial (por exemplo, a autorização de que, em caso de inadimplemento, o credor pignoratício promova a "venda amigável" da coisa empenhada – nos termos do art. 1.433, IV, do C. Civil).[39] Mas seu *exercício* será sempre unilateral. Se ambas as partes, conjuntamente, adotarem uma providência que solucione o litígio (p. ex., a dação em pagamento, depois de vencida a dívida, prevista no art. 1.428, parágrafo único, do C. Civil), ter-se-á autocomposição. Se elas atribuírem tal solução a um terceiro, haverá heterocomposição privada;

– a parte que age em autotutela funda-se em um juízo próprio, parcial (no sentido de que não emitido por um terceiro). Põe-se como juíza de seu próprio conflito.[40] Sua atuação fica sujeita ao seu puro arbítrio (aquilo que, em regra, é vedado nas relações jurídicas – C. Civil, arts. 122, parte final, e 489, entre outros). Se o juízo sobre o cabimento da providência invasiva é atribuído, por consenso entre as partes, a um terceiro (um *dispute board*, um fiscal do contrato, um agente custodiante ou fiduciário), já não se tem autotutela, mas um mecanismo de heterotutela, ainda que atípico. A questão então será a de saber até que ponto pode ir esse terceiro, na prática de atos invasivos da esfera das partes;

– a parte que age em autotutela dá ao conflito uma solução egoística,[41] fazendo prevalecer o seu interesse sobre o do adversário;

– pela autotutela, há o atingimento de um bem de vida até então usufruído, detido ou titularizado pelo adversário. Há a supressão ou redução de um interesse do adversário, que se curva ao interesse do autotutelado. Não há necessariamente o uso da força (compreendida como violência física): eventualmente a autotutela pode operar providências constitutivas ou desconstitutivas, no plano meramente ideal (por exemplo, no exercício da cláusula resolutiva expressa do contrato de compra e venda, com o consequente retorno do bem alienado à titularidade do vendedor).

---

38. ALCALÁ-ZAMORA y CASTILLO. *Proceso, autocomposición y autodefensa*. 3. ed. Cidade do México: Univ. Autônoma do México, 1991. p. 45-47.
39. Questão outra consiste em saber se as partes podem apenas convencionar modalidades de autotutela tipificadas no ordenamento ou se poderiam conceber outras, atípicas, desde que compatíveis com as garantias fundamentais e análogas ou equiparáveis àquelas típicas. Sobre o tema, ver TORRASI, Francessco Paolo. *L'autotutela nel diritto privato*: una funzione, una categoria, un meccanismo. Tese de doutorado. Università degli Studi di Palermo, 2007-2008. p. 35-38; SALLES, Raquel Bellini. *Autotutela nas relações contratuais*. Rio de Janeiro: Ed. Processo, 2019. p. 86-93. Confira-se ainda a nota de rodapé n. 43, adiante.
40. Alcalá-Zamora, *Proceso, autocomposición y autodefensa*. cit., p. 51.
41. O que não significa que será necessariamente injusta (ALCALÁ-ZAMORA, *Proceso, autocomposición y autodefensa*. cit., p. 50.

É nesses limites conceituais, e com a consideração de tais características, que se deve ter em vista a autotutela para cotejá-la com o autocumprimento dos *smart contracts*.

Não se trata desviar do problema com um mero jogo de conceitos. Independentemente do nome que se dê às figuras aqui examinadas, as questões precisam ser enfrentadas à luz da função desses mecanismos e do modo como se embasam ou interferem tanto sobre aqueles direitos fundamentais que justificam o emprego de meios de tutela fundados na autonomia da vontade quanto sobre aqueles que limitam a incidência desses meios.

Os elementos que fazem da autotutela algo excepcional dentro do ordenamento são precisamente a intromissão unilateral na esfera alheia, eventualmente com violência, e a prevalência do puro arbítrio de uma parte (atribuição de posição meramente potestativa a uma das partes). Essas são as razões pelas quais o ordenamento vê com cuidado a autotutela. Evidentemente, as medidas de autotutela não se põem todas com o mesmo grau de intensidade quanto a esses dois aspectos – e, além disso, eventualmente, os instrumentos não são puros quanto ao seu enquadramento nas modalidades de solução dos conflitos (p. ex., como se vê adiante, o pacto marciano pode reunir mecanismos heterocompositivos e de autotutela). Por isso, cada hipótese merece averiguação específica. Quanto mais intenso algum desses dois aspectos essenciais, mais restrições haverá no ordenamento. Quanto mais atenuadas essas características, mais fácil é admitir-se seu emprego – seja pela aplicação analógica de normas de autorização expressa da autotutela, seja pela pura e simples consideração principiológica e a ponderação de valores.[42] Mas sempre há de se ter em vista esses aspectos essenciais da autotutela.

Uma questão conceitual nunca é apenas uma questão conceitual. O emprego do termo "autotutela" para designar figuras que vão muito além da extensão útil do conceito gera dois riscos em sentidos opostos. Por um lado, pode desnecessariamente dificultar a aceitação de mecanismos que, embora fundados na autonomia da vontade, não se revistam dos traços essenciais que fizeram da autotutela figura de admissibilidade excepcional. Por outro lado, a generalização do emprego de "autotutela" para designar mecanismos sem aqueles traços essenciais traz o perigo de que se naturalize a aceitação da autotutela propriamente dita, aquela que se reveste de tais atributos, sem que se atine para a diferença de um caso e outro.

Até se pode, por acomodação ou apego a uma concepção conceitualista que reconduza o máximo de institutos a uma mesma categoria geral, insistir na concepção ampla e imprópria de autotutela, de modo a abranger mecanismos heterocompositivos e autocompositivos e mesmo medidas que não constituem meio de solução do conflito, mas o normal desenvolvimento da relação jurídica. Mas então será preciso ter em mente que existem "autotutelas" e autotutelas – e que umas são bem diferentes das outras. E assim a utilidade do conceito se esvai.

---

42. Isso em alguma medida inclusive dá resposta à discussão sobre a possibilidade de previsão negocial de meios atípicos de autotutela – a que se aludiu na nota 39, acima.

5.2 Cotejo com a dinâmica dos *smart contracts*

Tomando em conta o conjunto de características destacadas no tópico anterior, evidencia-se que o autocumprimento (autoexecução) dos *smart contracts* não constitui modalidade de autotutela.

Primeiro, há uma questão de pertinência subjetiva. Há uma *autoexecução do contrato* e não uma *autotutela da parte contratante*. No *smart contract*, as partes ao celebrarem a avença computacional já estão nesse momento emitindo suas manifestações de vontade e programando o automático desdobramento dos efeitos. É a ideia do *"entire agreement"*, já referida.

O automatismo do adimplemento contratual não se confunde com autotutela no sentido próprio do termo porque ele não é uma reação ao inadimplemento, mas o próprio e direto adimplemento do contrato. A autotutela é reação à negação, resistência ou não satisfação de uma pretensão. Esse momento não se põe na dinâmica dos *smart contracts*: ele nem chega a existir. Para contornar esse aspecto, alude-se, como indicado, a uma autotutela preventiva: a autoexecução impediria a própria formação do conflito. Mas o conflito é impedido precisamente porque houve o normal cumprimento das prestações: não há como conceber o adimplemento, ainda que automatizado, como autotutela.[43]

De resto, a autoexecutoriedade não é acionada por uma ameaça real e objetiva, como seria um mecanismo de tutela preventiva. Ela é inerente ao *smart contract*. Ele só existe assim.

Como notam Werbach e Cornell, a autoexecutoriedade do *smart contract* não é um mero acessório adicionado aos elementos essenciais do contrato para mitigar o risco de violação. Os autores retomam a analogia feita por Raskin, com o dispositivo de interrupção de funcionamento de automóvel, para mostrar que, nesse caso, o interruptor de partida é um mecanismo adicional, que não integra o núcleo substancial do contrato de *leasing*. Diferentemente, o automatismo e a inexorabilidade da execução contratual são da essência dos *smart contracts*.[44]

Além disso, não há a imposição unilateral de um resultado por uma parte sobre a outra. A rede de *blockchain* não é controlada por qualquer das partes, de modo que nenhuma delas pode alterar o ajuste computacional, com seus códigos e regras, lançado nos blocos da rede. A execução que advirá refletirá o compromisso que cada uma das partes ali lançou.

---

43. Raquel Bellini Salles, citando Lina Geri, formula uma crítica em termos gerais, mas que é bem adequada à tese de que o autocumprimento do *smart contract* constituiria autotutela: "a generalidade de enunciações como as anteriormente citadas acaba por colocar no mesmo plano o que diz respeito à situação subjetiva em seu momento fisiológico, de satisfação do interesse, e o que é afeto ao momento patológico, de lesão do interesse. Nesse sentido, assevera Geri, que 'non si deve confondere ciò che attiene alla (regolare) attuazione del rapporto obbligatorio (soddisfacimento in via fisiologica del diritto di credito) con ciò che attiene al momento della tutela conseguente all'inadempimento'" (*Autotutela nas relações contratuais*. cit., p. 64).
44. WERBACH e CORNELL. Contracts: Ex Machina, cit., p. 15-16.

Se, antes de dormir, eu programar a cafeteira elétrica de minha casa para ela funcionar às 6h30 da manhã e se, pela manhã, vendo o café pronto, minha mulher perguntar-me se fui o responsável por aquilo, não mentirei se disser que sim. Se eu programo o alarme para detectar vazamento de gás na cozinha e mais tarde o alarme soa, denunciando o gás que vaza, é meu o mérito de haver sido cuidadoso. Se vou viajar por alguns dias e deixo cheio de ração e com programação para funcionar duas vezes por dia o comedouro automático do cachorro, poderei dizer que eu o deixei devidamente alimentado. Em todos os casos, os resultados atingidos derivam de escolhas minhas. Em todos eles, eu sabia que esses efeitos iriam ocorrer dentro de certos termos e condições. Sob essa perspectiva, a autoexecutoriedade do *smart contract* pode ser compreendida como a mera extensão do cumprimento voluntário de cada uma das partes.

É bem verdade que, pela avença computacional no *smart contract*, a parte no mais das vezes não expressa a vontade de pura e simplesmente aperfeiçoar uma prestação. Ela normalmente manifesta seu compromisso com dado resultado, *desde que ocorra a condição x* ou *quando advier o termo y*, ou ainda *com a previsão de que o quantitativo das prestações será ainda futuramente determinado, conforme certos parâmetros*[45] – e assim por diante. E esses termos, condições, pressupostos e elementos negociais não são definidos pela própria parte promitente. Mas tampouco o são pela parte credora – o que basta para afastar a autotutela. É a própria rede de *blockchain* que aferirá e (ou) definirá aqueles aspectos – conforme os parâmetros previamente avençados. Também não se ignora que eventualmente a identificação de termos, condições ou valores necessários para o cumprimento das prestações dependa da alimentação da rede com dados exteriores – função atribuída ao oráculo. Mas nem mesmo aí se configurará autotutela. O oráculo não é vinculado a qualquer das partes. Funciona como um terceiro, um arbitrador ou regulador. Trata-se de um mecanismo heterônomo.

Alguém poderia ainda dizer que, nos exemplos cotidianos antes dados, sempre seria possível eu mudar de ideia, resetando a programação da cafeteira, desativando o alarme, retornando à casa e esvaziando o comedouro – de modo que a imputação daqueles atos originais a mim derivaria não apenas de minha ação inicial, mas da minha vontade contínua de manter aquilo que foi programado. No *smart contract*, a impossibilidade de alteração da avença computacional eliminaria ou enfraqueceria substancialmente essa imputação do efeito autoexecutado à vontade da parte. Isso não é verdade. Se eu disparo um revólver e me arrependo no milésimo de segundo seguinte, a impossibilidade prática de eu interceptar o projétil e impedir que ele atinja o alvo não me torna menos autor do tiro.

Então, a impossibilidade de interrupção do autocumprimento do *smart contract* também não faz dele, só por isso, uma autotutela. Permanece sendo um adimple-

---

45. Exemplos: a parte obriga-se a transferir à outra "cinco por cento do que vier a produzir (ou receber) no período X"; a parte obriga-se a pagar "o valor do bem conforme sua cotação na bolsa Y, na data de aperfeiçoamento da operação" etc. – e esses elementos serão aferidos e definidos pela rede de *blockchain*.

mento, ainda que automatizado. A impossibilidade de interrupção deriva de uma inviabilidade prática, para ambos os contratantes. Não advém de um ato de força de um contratante sobre o outro.

5.3 A natureza obrigacional do *smart contract* – Estado de sujeição (direito potestativo)

O automatismo da execução do *smart contract* também já levou estudiosos a negarem a própria natureza obrigacional e contratual do instituto. Se os contratos se caracterizam pela assunção voluntária de um compromisso, a promessa de uma conduta, como neles enquadrar o *smart contract*, pelo qual as partes nada prometem e a nada se comprometem, uma vez que o cumprimento será automático e os efeitos ocorrerão independentemente da conduta futura dos contratantes? Werbach e Cornell levantam tal objeção, e eles mesmos a descartam. Os *smart contracts* são mecanismos voluntários que se destinam a alterar os direitos e deveres das partes. Os autores lembram que há contratos em que a transferência do bem opera com a simples manifestação da vontade, sendo dispensada conduta futura ("A deal may still count as a contract even though it leaves nothing open to be done or performed"). Eles lembram que um contrato de transferência de um bem (*conveyance*) pode também exaurir-se nele mesmo, implicando de per si a transferência de titularidade e dispensando prestação subsequente. Werbach e Cornell ponderam que, como na *conveyance*, o *smart contract* não deixa uma promessa para ser futuramente cumprida. Mas, diferentemente da *conveyance*, o *smart contract* não promove a imediata transferência da titularidade. Essa seria sua peculiaridade.[46-47]

Mas mesmo esse traço não é uma exclusividade do *smart contract*. Por exemplo, no contrato de alienação de um imóvel, a manifestação do vendedor na escritura pública basta como ato de disposição, de modo que nenhuma prestação subsequente do alienante será necessária para a transmissão da propriedade.[48] Mas transferência não ocorre nesse momento. Dependerá do subsequente registro (C. Civ., arts. 1.245). Portanto, nesse caso, há uma dissociação entre o momento da disposição e o momento da transferência. O adquirente tem o direito de levar a escritura a registro e aperfeiçoar a transferência, sem que a isso possa se opor o alienante. Trata-se de

---

46. Contracts: Ex Machina, cit., p. 11-12.
47. Mas o exemplo da *conveyance* não é apropriado para todas as hipóteses de transferência de bem: talvez seja especialmente adequado para a transferência de bens incorpóreos não submetidos a um registro de transferência nem corporificados em título de crédito. Em nosso sistema, em regra, a transferência dá-se com a tradição da coisa móvel ou o registro da alienação do bem imóvel (C. Civ., arts. 1.245 e 1.267). E algo similar ocorre em outros ordenamentos, inclusive no *common law* (v. KÜMPEL, Vitor Frederico. Sistemas de transmissão da propriedade imobiliária, Partes I a IV. *Migalhas*, Coluna Registralhas de 3, 17 e 31.08.2021 e 13.09.2021 – Disponível em: https://www.migalhas.com.br/coluna/registralhas). Portanto, nem sempre é a manifestação de vontade de alienação que transfere o bem.
48. Podem incidir deveres acessórios de conduta, como o recolhimento de encargos para viabilizar o registro. Além disso, poderá haver o dever de permitir a imissão do adquirente na posse do bem – mas isso é irrelevante para a aquisição da propriedade.

um direito potestativo do adquirente – e de um correspondente estado de sujeição do alienante.[49]

Aliás, podem ser invocados aqui também outros negócios jurídicos em que se pactuam direitos potestativos e respectivos estados de sujeição, ainda que sob as vestes de um dever de conduta. Tome-se como exemplo o negócio processual em que, com base no art. 190 do CPC, as partes se "obrigam" a não recorrer da sentença. Se uma das partes pretender violar tal pacto, interpondo recurso, esse simplesmente será tido por inadmissível. A parte "obrigada" (*rectius*, em estado de sujeição) não tem como impedir a eficácia do negócio processual – tanto quanto não o tem o contratante do *smart contract*. Outro exemplo: os votos que desrespeitem o acordo de acionistas são simplesmente ineficazes (Lei 6.404/1976, art. 118, § 8). Também aqui se trata da incidência de um direito potestativo, com o corresponde estado de sujeição: não há espaço para inadimplemento. E é interessante notar que não se falará em autotutela nesses casos, mas na normal operação dos efeitos do negócio jurídico.

Nesses exemplos, vemos efeitos jurídicos meramente ideais automaticamente programados. Na dinâmica dos *smart contracts*, a tecnologia permite que sejam programados, para ocorrer independentemente de conduta das partes, efeitos jurídicos que possam ser operados virtualmente (e que também tem significativa carga de idealidade – v. item 2.6.3, acima). Nesse sentido, o *smart contract*, tal como nos exemplos dados, estabelece *direitos potestativos* e *estados de sujeição*. Há uma impossibilidade fática de obstar o autocumprimento.[50] Mas, além disso, ao celebrar o *smart contract*, as partes assumiram juridicamente submeterem-se ao autocumprimento (*estado de sujeição*). É precisamente por isso que, se o autocumprimento estiver em perfeita consonância com a avença celebrada e essa não padecer de nenhum vício, não será devida nenhuma restituição ou reparação ao contratante que teve bens alienados ou limitados por tal autoexecução.

De todo modo, não fica de todo descartado que do *smart contract* advenham propriamente obrigações de prestação de conduta. Primeiro, porque podem existir obrigações decorrentes ou complementares daquelas autoimplementadas que precisem ser cumpridas fora do ambiente informatizado, no mundo não virtual: transferências de bens corpóreos, obrigações de fazer ou não fazer etc. (v. item 2.6.3, acima). Mas além disso, por uma série de razões, o autocumprimento pode falhar (erro na alimentação de dados externos pelo oráculo; descompasso entre o efetivamente avençado e o código computacional; falhas e *bugs* na programação etc. – v. item 3.2.3, acima) – e aí se poderá pôr a direta exigência de conduta da parte para a realização da prestação que não se autocumpriu. É interessante notar que, no caso dos

---

49. Sobre a distinção entre estado de sujeito e dever jurídico (de que a obrigação é espécie), ver TALAMINI, Eduardo. *Tutela relativa aos deveres de fazer e não fazer*. 2. ed. São Paulo: Ed. RT, 2003. p. 126-127.
50. "Nesses casos, o controle comportamental não é realizado com o auxílio das especificações nas categorias de permitido/não permitido ou do dever ser, que são típicas para o efeito das normas legais, mas diretamente pela restrição da capacidade (factual)" (HOFFMANN-RIEM, Wolfgang. *Teoria geral do direito digital*. Trad. Italo Fuhrmann. Rio de Janeiro: Forense, 2021. p. 166).

smart contracts, a relação sucessiva que se põe entre direito potestativo e obrigação de prestação de conduta é inversa da que ocorre nas obrigações de prestar declaração de vontade (p. ex.: compromisso de compra e venda). Nessas, há originalmente o dever de prestação de conduta (emitir a declaração de vontade definitiva). Descumprida essa prestação, surge posição passiva derivada, de cunho potestativo (estado de sujeição), consistente em submeter-se a uma nova situação jurídica, idêntica à que se estabeleceria caso houvesse sido emitida a declaração de vontade, que será implementada por sentença constitutiva.[51] Já nos *smart contracts* a derivação segue a ordem inversa: inicialmente há o estado de sujeição (submeter-se ao autocumprimento); se esse falhar, surge a obrigação da parte de ela mesma cumprir a prestação que não se autoexecutou. Esse tema será retomado adiante.

5.4 Manifestação tecnológica de arranjos antigos?

A constatação de que o *smart contract* estabelece direitos potestativos (e estados de sujeição) ainda não é suficiente. Há aspecto que o diferencia dos exemplos dados. Retomando-se uma hipótese acima usada para comparação: quando a escritura pública de compra e venda do imóvel já está emitida, e o ato de disposição aperfeiçoado, o que falta é apenas a formalidade do registro para que a transferência do bem ocorra. Já no *smart contract*, entre a manifestação de vontade e a transferência do bem, põe-se a necessidade da verificação de termos ou condições ou mesmo da integração de elementos do negócio (como a definição do preço). Ou seja, o ato de disposição ainda não é o título bastante e suficiente para a transferência. Ele é condicionado ou incompleto – e caberá a uma rede de *blockchain* primeiro aferir a ocorrência dos pressupostos (termos, condições, cumprimento de obrigações correspectivas...) ou a integração de elementos negociais faltantes, para só depois promover a execução automática. No *smart contract*, então, as partes não se sujeitam apenas à produção de efeitos já por elas mesmas inteiramente programados. Elas têm igualmente de se sujeitar à aferição de pressupostos e à eventual integração do negócio, além da execução das prestações, pela máquina.

Isso é algo absolutamente novo ou é enquadrável numa figura já familiar? A seguir, faz-se o cotejo com dois mecanismos contratuais amplamente utilizados, para verificar o quanto o *smart contract* seria nele enquadrável ou se ao menos com eles comporta paralelismo ou analogia.

5.4.1 Smart contract e *procuração em causa própria: o procurador automatizado*

Com o nome de procuração em causa própria "designa-se um negócio jurídico que de procuração tem apenas a forma, ou, quiçá, a aparência. Trata-se, a rigor, de

---

51. Ver a respeito TALAMINI, Eduardo. *Tutela relativa aos deveres de fazer e não fazer*, cit., p. 154-155.

negócio de alienação, gratuita ou onerosa".[52] O outorgante de tal procuração em verdade pratica ato de disposição de determinado bem, mas ainda sem propriamente transferi-lo. Confere ao procurador um mandato irrevogável e que não se extingue com a morte de qualquer das partes, pelo qual esse pode transferir para si mesmo ou para outrem o bem objeto do mandato, sem ter de prestar contas ao outorgante (C. Civil, art. 684 e 685).

Há assim a dissociação entre o ato (e momento) irrevogável de disposição do bem e o ato (e momento) em que se aperfeiçoa propriamente a sua transferência. Sob esse aspecto, a procuração em causa própria comporta comparação com o *smart contract*, em que também se verifica essa dissociação.

Mas há diferença fundamental.

Precisamente por constituir manifestação irretratável da vontade de transferência do bem, a procuração em causa própria deve conter todos os elementos e observar os pressupostos e forma que aos quais se sujeitaria o próprio ato de transferência.[53] Se o objeto da transferência é bem imóvel, é necessário instrumento público. Se a alienação é onerosa, deve estar ali já dada a quitação ou quando menos definido o preço e a modalidade de seu pagamento – sob pena de ofensa ao art. 489 do C. Civil. Enfim, "o negócio não admite potestatividade em favor do mandatário".[54]

No *smart contract*, o ato de disposição não implica nenhuma outorga de poderes de uma parte à outra. Ambas as partes atribuem ao computador, ao sistema informatizado, a função que poderia ser desempenhada por um mandatário. Há um procurador automatizado. Isso possibilita inclusive que o ato de disposição, no *smart contract*, seja até mais aberto, incompleto e condicionado do que a procuração em causa própria. Afinal, não haverá a constituição de uma posição puramente potestativa de uma parte sobre a outra. Nos limites tecnologicamente possíveis, o sistema em rede de *blockchain* fará a integração dos elementos a serem completados e a verificação dos pressupostos e condicionantes, afastando-se qualquer arbítrio de uma parte sobre a outra.

5.4.2 Smart contract *como contrato escrow: o agente fiduciário automatizado*

Sob essa perspectiva, o contrato *escrow* talvez seja o mecanismo em que melhor se enquadre o *smart contract*. Werbach e Cornell já fizeram essa comparação – ainda que para concluir que não é possível a total identificação de uma figura na outra.[55]

---

52. GOMES, Orlando. *Contratos*. 13. ed. Rio de Janeiro: Forense, 1994. p. 355. Já Pontes de Miranda reputa que a procuração em causa própria não configuraria em si mesma o ato de alienação, mas instrumento abstrato para o exercício dos direitos pelo cessionário (*Tratado de direito privado*. São Paulo: Ed. RT, 2012. v. XLIII [atual. Claudia Lima Marques e Bruno Miragem]. p. 227).
53. GOMES, Orlando. *Contratos*, cit., p. 356; PEREIRA, Caio Mário da Silva. *Instituições de direito civil*. 17. ed. Rio de Janeiro: Forense, 2013. v. II, p. 380-381 (com referência a julgado do STF); VENOSA, Sílvio de Salvo. *Direito civil*: contratos em espécie. 7. ed. São Paulo: Atlas, 2007. p. 270-272.
54. VENOSA. *Direito civil*, cit., p. 270.
55. Contracts: Ex Machina, cit., p. 14-15.

Pelo *escrow*, uma das partes deposita bens móveis (dinheiro, títulos, documentos etc.) com um banco ou outra entidade ou mesmo uma pessoa natural (depositário ou agente custodiante ou fiduciário) que se obriga, conforme instruções irrevogáveis acordadas, a restituir os bens ao depositante ou a entregá-los a outra pessoa, em conformidade com os fatos ocorridos e à luz das instruções estabelecidas.[56] O *escrow* consiste em contrato atípico no ordenamento brasileiro, que reúne elementos do depósito, do mandato e dos contratos de garantia. É uma espécie de negócio fiduciário.[57] O *escrow* funciona como um pacto acessório a outro contrato, celebrado entre o depositante e outros sujeitos (que não o depositário), e se presta a assegurar o adequado cumprimento desse outro contrato. Suponha-se que A está comprando de B uma unidade industrial sobre a qual incidem diversas hipotecas. As partes vinculam a exigibilidade de determinadas parcelas do preço à liberação de cada uma das hipotecas. A não pretende desde logo entregar o dinheiro dessas parcelas a B e não ver as hipotecas levantadas. B, por outro lado, teme não receber oportunamente tais parcelas, mesmo cumprindo sua obrigação de desonerar o bem. As partes então constituem um *escrow*. O valor das parcelas é depositado junto a um agente fiduciário, que recebe instruções irrevogáveis no sentido de só entregar a B o valor de cada parcela na medida em que cada hipoteca seja cancelada ou de devolver a A o valor da parcela relativa a cada hipoteca não cancelada. O agente fiduciário funciona assim não apenas como depositário, mas também como fiscal ou arbitrador do contrato entre A e B: cabe-lhe aferir a ocorrência da condição para a liberação dos valores.

Como notam Werbach e Cornell, os *smarts contracts* mimetizam a funcionalidade do *escrow*: código computacional pode manter suspensos no *blockchain bitcoins* ou outros *tokens* de criptomoeda, de modo que não possam ser apropriados e gastos pelo credor de tais valores até que as condições ou contrapartidas avençadas sejam cumpridas.[58]

Os dois autores acabam por descartar que possa haver uma identificação entre as duas figuras, por não haver no *smart contract* a efetiva presença de um terceiro como agente custodiante.[59] Mas a distinção das figuras merece algum aprofundamento. O ponto essencialmente diferente reside em que o *escrow* é um negócio *acessório*, inconfundível com o negócio principal e que envolve um sujeito que é inclusive

---

56. FONSECA, Fátima. O contrato de depósito *escrow*. *Revista de Direito das Sociedades*, v. IX, n. 4, Coimbra, out.-dez. 2017.
57. Compreendido como tal o negócio em que uma parte (o fiduciante) transfere a outra (o fiduciário) o domínio de um bem, ficando o adquirente, conquanto novo proprietário do bem, obrigado a exercer seu direito de acordo com um fim pactuado, podendo caber-lhe inclusive, conforme o caso, restituir o bem recebido (DIAZ-CABANÃTE, Joaquín Garrigues. *Negócios Fiduciarios en el Derecho Mercantil*. Madri: Civitas, 1978, passim; MARTINS-COSTA, Judith. Os Negócios Fiduciários. Considerações sobre a possibilidade do acolhimento do 'trust' no Direito brasileiro. *Revista dos Tribunais*. v. 657, p. 38-50. São Paulo, jul. 1990, p. 38-50; PONTES DE MIRANDA, Francisco Cavalcanti. *Tratado de Direito Privado*. 4. ed. São Paulo: Ed. RT, 1983, t. III. p. 115-126.
58. Contracts: Ex Machina. cit., p. 14.
59. Contracts: Ex Machina. cit., p. 15.

estranho ao contrato principal. Já o mecanismo da autoexecução integra o próprio *smart contract*, é da sua essência.

Mas a aptidão funcional de o *smart contract* emular o *escrow* não pode ser desconsiderada. Tanto é assim que, como relatam os próprios Werbach e Cornell, há *start-ups* que têm empregado os recursos tecnológicos dos *smart contracts* precisamente para viabilizar novas modalidades de *escrow*.[60] Evidentemente, ao menos na atual fase tecnológica, o *escrow* automatizado pode apenas arbitrar condições relativamente diretas e objetivas, não sendo possível que ele averigue a realização de condições estipuladas com conceitos abertos (v. item 2.6.2, acima). Mas nos limites de sua operacionalidade, ele pode reduzir custos e até mesmo assegurar uma atuação mais objetiva e, consequentemente, mais segura para as partes.

5.5 Mecanismos tecnológicos de autotutela (que não são *smart contracts*)

Em larga medida, a ideia de que a autoexecutoriedade do *smart contract* constituiria autotutela deriva da impropriedade dos exemplos muitas vezes utilizados. Trata-se de casos em que há mecanismos tecnológicos sofisticados envolvidos, mas eles não se configuram como *smart contracts*. No modelo estrito do *smart contract*, o que se tem é a simples transferência virtual de titularidades – submetida à aferição das condições por mecanismos automatizados, com a rede de *blockchain* fazendo as vezes de um "terceiro imparcial". Mas alguns dos exemplos cogitados nada têm a ver com isso. São mecanismos tecnológicos acionados unilateralmente por uma das partes diante do suposto inadimplemento da outra, privando-se essa de um bem ou lhe impondo alguma coerção.

Tome-se o exemplo invocado por Mark Raskin para formular sua tese de que haveria autotutela no *smart contract*: o mecanismo que impede o funcionamento do automóvel objeto do *leasing* se a prestação do arrendamento não for paga. Como o próprio Raskin aponta, esse dispositivo é acionado unilateralmente pelo credor, que age de modo discricionário.[61] Outros exemplos apresentados têm a mesma característica. Assim, Raskin também cogita hipoteticamente de um dispositivo instalado no mobiliário de uma residência, que dispararia uma sirene estridente se as parcelas do preço dos móveis não fossem pontualmente pagas. Mais um exemplo – esse, de Hoffmann-Riem: o bloqueio automático da porta da casa alugada em caso de falta de pagamento de aluguel.[62]

Em todos esses casos, há de fato autotutela: a imposição unilateral e forçada, pelo credor contra o devedor, de um mal como reação ao descumprimento. Mas não há *smart contract*. Em nosso ordenamento, em princípio todas essas medidas

---

60. Contracts: Ex Machina. cit., p. 14. Ver também Carlos Estévez Rincón. *Smart contracts y su aplicación al derecho mercantil*. Madri: Comillas Universidad Pontificia, 2019. p. 49.
61. "... starter interrupters are operated by the creditor and done so with the use of discretion" (*The law and legality of smart contracts*. cit., p. 333).
62. *Teoria geral do direito digital*. cit., p. 166.

seriam ilegítimas. Haveria a necessidade de autorização legal para uma parte impor unilateralmente à outra a coerção ou a privação de um bem. A prévia autorização contratual para uso da medida não alteraria os termos da questão: uma parte estaria sujeita ao puro arbítrio da outra – o que tornaria nula a disposição negocial (C. Civil, art. 122, parte final).

5.6 O *blockchain* a serviço da autotutela

Mas em que medida a dinâmica dos *smart contracts* poderia ser posta a serviço da autotutela, mediante a prévia pactuação das partes das hipóteses em que ela incidiria, com a inserção do respectivo código computacional em rede de *blockchain*, que controlaria o eventual inadimplemento acionando a sanção privada? Nesse caso, poderíamos falar em meios de autotutela automáticos.

Nessa linha, Raskin relata que a Toyota e outras companhias cogitam de passar a submeter o acionamento do interruptor de partida de veículos ao controle do *blockchain*. Isso eliminaria a discricionariedade do credor, dando mais segurança ao devedor.[63]

Essa pode ser uma grande contribuição do mecanismo do *blockchain* para a autotutela. As partes pactuariam previamente o modo e hipótese de configuração do inadimplemento e do acionamento do mecanismo de tutela extrajudicial, reduzindo-o a código computacional inserido em rede de *blockchain*. Feita a verificação objetiva e imparcial (i.e., sem a intervenção das partes) do inadimplemento, o mecanismo de tutela seria diretamente acionado.

Essa solução, quando tecnicamente viável, elimina a unilateralidade e o arbítrio (potestatividade) do credor – o que supera um dos aspectos problemáticos da autotutela e facilita a aceitação do mecanismo como legítimo. Mas a questão não se resolve aí. A premissa geral é a de que o ato não-estatal de força que não seria admitido sob a forma de uma autotutela tradicional não se legitima, por si só, por haver sido implementado por um *smart contract*. Reitere-se: o incremento de legitimidade que o *blockchain* pode atribuir à medida de autotutela reside apenas na eliminação da discricionariedade quanto à hipótese de seu emprego. O ato de força não deixa de ser um ato de força, invasivo, só porque foi automaticamente implementado por meio tecnológico.

Caberá também aferir a própria admissibilidade da medida invasiva aplicada extrajudicialmente. Por mais que sua incidência seja pautada por parâmetros previamente pactuados entre as partes e aferidos objetivamente no caso concreto, ainda assim será preciso investigar a legitimidade do ato de força, de intromissão na esfera jurídica alheia, sem a intervenção estatal. E tal aferição comporta variações de época e lugar. Ela tomará em conta as peculiaridades de cada ordenamento jurídico,

---

63. *The law and legality of smart contracts*. cit., p. 333.

os valores jurídicos nele reinantes, suas normas e princípios, que definem o modo e intensidade com que cada sistema admite os próprios mecanismos tradicionais (não digitais) de autotutela.

Pode-se prosseguir aqui com o exemplo do mecanismo automático que impede que se dê a partida no veículo. Como relata Raskin, observadas determinadas condições e limites, ele é admitido pela legislação de diversos Estados americanos.[64] Mas isso só é possível porque na generalidade dos Estados americanos é outorgado ao credor, diante do inadimplemento do devedor, o poder de retomada extrajudicial e unilateral de bens objeto de garantia – desde que isso não implique violação da paz pública e que se observem alguns outros limites e condições. Trata-se da *repossession*, autorizada pelo art. 9º do *Uniform Commerical Code* dos EUA (esp. § 9-609), que, com variações mínimas, é reproduzido na legislação de todos os cinquenta Estados americanos e do Distrito de Columbia. Isso simplifica a aceitação do interruptor automático. Em um sistema como o brasileiro, em que o desapossamento extrajudicial e unilateral não é permitido,[65] o interruptor automático da partida do veículo não parece tampouco admissível.

O mesmo pode ser dito do exemplo hipotético dado por Raskin do mobiliário que acionaria uma sirene estridente, em caso de inadimplemento de seu adquirente. O próprio Raskin acaba por admitir que esse mecanismo seria violador da paz pública.[66] No sistema brasileiro, tal medida ainda constituiria meio vexatório de cobrança, vetado pelo CDC (art. 42). Aliás, tal medida não poderia ser adotada nem mesmo pelo Poder Judiciário, como providência executiva atípica (CPC, art. 139, IV, e 536, § 1º), dada a sua desproporcionalidade e incompatibilidade com o direito fundamental à integridade física e moral.

Aliás, os fundamentos ora destacados servem não só para esse exemplo. Eles constituem parâmetros gerais para a admissão de mecanismos de autotutela automáticos e atípicos.

Então, medidas que não poderiam ser tomadas pelo próprio Poder Judiciário não poderão tampouco ser adotadas sob a forma de autotutela.[67] Tome-se ainda

---

64. *The law and legality of smart contracts*. cit., p. 329 e ss. Entre as condições e limites postos para a legitimidade da medida em tais Estados estão, p. ex.: a proibição de que o funcionamento do veículo seja interrompido quando ele está trafegando; a disponibilização de um código que permite ao condutor desligar manualmente o interruptor em situações de emergência (ex..: para retirar o veículo de um lugar que pode causar acidentes; para usar o veículo em uma situação urgente etc.); a impossibilidade da interrupção de uso do veículo, no *stay period*, da recuperação judicial, quando ele é instrumento de trabalho do devedor etc.
65. Questão distinta é se permitir que o credor pignoratício, dentro de certas condições, promova a venda extrajudicial da coisa empenhada *que já está em seu poder* desde a constituição da garantia – do que se trata a seguir. Outras modalidades de garantia em que, no direito brasileiro, permitem a venda ou leilão privados do bem não dispensam o recurso ao judiciário caso haja necessidade de busca e apreensão ou imissão na posse do bem.
66. *The law and legality of smart contracts*. cit., p. 339.
67. O próprio Raskin dá um exemplo, ao observar que, mesmo sendo admitido em diversos estados o mecanismo que impede a ligação do automóvel, a medida não pode ser usada, como não poderia ser usada uma medida judicial, para impedir o devedor de utilizar o veículo como instrumento de trabalho durante o *automatic stay* da recuperação judicial (*The law and legality of smart contracts*. cit., p. 332).

como exemplo o bloqueio automático da porta da casa alugada, de modo a impedir-se o inquilino inadimplente de nela ingressar. Ainda que o bloqueio tivesse sido contratualmente previsto e a configuração de seus pressupostos fosse aferida por mecanismos registrados em *blockchain*, a medida seria inadmissível perante o ordenamento brasileiro. Há todo um regramento restritivo das hipóteses de despejo por ordem judicial, com um sistema protetivo de aferição dos pressupostos para tanto (esp. Lei 8.245/1991, art. 59 e seguintes). O puro e simples bloqueio da porta jamais seria admitido mesmo como medida judicial.

Além disso, tais instrumentos precisarão ter sua admissibilidade sempre aferida à luz da proporcionalidade e razoabilidade da providência de autotutela adotada, considerando-se especialmente o grau de essencialidade do bem cuja privação se imporá. O interruptor de acionamento do veículo e o bloqueio da porta da casa alugada são drásticos e desproporcionais, pois privam o sujeito que sofre a medida de bens relevantes e valiosos. No entanto, telefones públicos e máquinas de fliperama sempre funcionaram com sistemática similar: a ligação é interrompida se o crédito decorrente da ficha telefônica terminar e outra não for inserida; o jogo de fliperama também para sem nova ficha; a conexão com a internet é interrompida uma vez esgotado o tempo contratado... Essas hipóteses são aceitas com normalidade, a ponto de usualmente nem serem pensadas como formas de autotutela, mas como o regular desenvolvimento desses serviços.

Em suma: (i) a modalidade de autotutela que já seria admitida em termos tradicionais igualmente será legítima quando submetida ao modelo do *smart contract*; (ii) a autotutela tida por ilegítima por se reputar haver uso indevido da força não se legitimará quando submetida ao *smart contract*. Se há invasão grave à esfera alheia, não será o controle da incidência da medida que superará o óbice de admissibilidade; (iii) a contribuição que o *blockchain* pode dar para a autotutela consiste na eliminação do caráter meramente potestativo da conduta do credor. Se era unicamente esse o entrave ao emprego da autotutela em dada hipótese, ela poderá ser viabilizada pelo uso do *smart contract* – que acrescenta à medida um certo caráter heterônomo automatizado. Mas para tanto será imprescindível que o emprego da tecnologia efetivamente elimine a posição puramente potestativa do credor.

5.7 Um teste: pacto comissório e pacto marciano submetidos ao *blockchain*

As conclusões do tópico anterior podem ser testadas no pacto comissório e no pacto marciano – figuras cuja implementação por *smart contract* já foi considerada.

O pacto comissório consiste na previsão de que, diante do inadimplemento do devedor, o credor poderia adquirir o bem dado em garantia pelo valor do saldo devido. Trata-se de mecanismo vedado pelos arts. 1.365 e 1.428 do C. Civil. Tal proibição visa a impedir que o credor, aproveitando-se de sua situação de superioridade na relação, aproprie-se do objeto da garantia pelo simples valor do saldo devedor.[68] A censura funda-se na rejeição ao puro arbítrio do credor, à usura e ao enriquecimento sem causa. A previsão do pacto comissório em *smart contract* não o tornará legítimo:[69] mantida sua essência, de apropriação do bem pelo valor do saldo, mantém-se o elemento usurário e abusivo. Não será o *smart contract* que superará esse defeito.

É nesse ponto que o pacto marciano cumpre sua função. Nele, as partes previamente estabelecem que, em caso de inadimplemento, o bem dado em garantia pode ser adquirido pelo credor pelo valor atual de mercado. Para tanto, prevê-se a intervenção de um terceiro avaliador ou a consideração do valor precificado pelo mercado, em tabelas de preços oficiais e (ou) públicas. Sendo o valor do bem maior do que o do saldo devido, a diferença precisa ser paga ao devedor para que o credor possa apropriar-se do bem. Admitido o pacto marciano – e essa parece ser a tendência da doutrina e jurisprudência no Brasil –[70] é concebível que ele seja instrumentalizado por meio de *smart contract*.

Mas o cerne da autotutela no pacto marciano não está propriamente na intervenção do terceiro que avalia o bem objeto da garantia nem na consideração de valores de tabelas oficiais ou índices de mercado. Esses são mecanismos heterônomos destinados a eliminar a abusividade e o caráter usurário da apropriação do bem pelo saldo devedor. O traço essencial de autotutela permanece presente no momento da alienação do bem com base *em um juízo do próprio credor*. O credor não precisa de uma certificação judicial de que houve inadimplemento. O prévio acordo de vontades entre credor e devedor autorizando a transferência do bem em caso de inadimplemento e o estabelecimento de critérios para a definição do preço justo do bem não eliminam esse outro fator de potestatividade: o próprio credor unilateralmente afirma o inadimplemento e leva adiante a aquisição do bem.

---

68. Ver, por todos, PONTES DE MIRANDA, Francisco Cavalcanti. *Tratado de direito privado*. São Paulo: Ed. RT, 2012. t. XX (Atual. Nery Jr. e Camargo Penteado). p. 96; CARVALHO SANTOS, J. M. de. *Código Civil brasileiro interpretado*. 10. ed. Rio de Janeiro: Freitas Bastos, 1979. v. X, p. 90-91; MONTEIRO, Washington de Barros. *Curso de direito civil: direito das coisas*. 5. ed. São Paulo: Saraiva, 1963. v. 3, p. 333-334.
69. REY, Jorge Feliu. *Smart contract*: conceito, ecossistema e principais questões de direito privado, cit., p. 116.
70. Ver, entre outros: TEPEDINO, Gustavo e GONÇALVES, Marcos Alberto Rocha. Lições da VII Jornada de Direito Civil: tendências do direito das coisas. Conjur, 08.02.2016. Disponível em: https://www.conjur.com.br/2016-fev-08/direito-civil-atual-licoes-vii-jornada-direito-civil-tendencias-direito-coisas. Acesso em: 11 set. 2021; MONTEIRO FILHO, Carlos Edison do Rêgo. *Pacto comissório e pacto marciano no sistema brasileiro de garantias*. Rio de Janeiro: Processo, 2017, passim; TERRA, Aline Valverde e GUEDES, Gisela da Cruz. A apropriação do objeto da garantia pelo credor: da vedação ao pacto comissório à licitude do pacto marciano. *Revista da Faculdade de Direito da UFMG*, v. 70, p. 51-77. Belo Horizonte, jan.-jun. 2017; CASTRO, Diana Paiva de e FREITAS, Rodrigo. Pacto comissório e pacto marciano na retrovenda com escopo de garantia: proposta de delimitação das fronteiras à luz da metodologia civil-constitucional. *Revista OAB/RJ. Edição especial*, 2018. Disponível em: https://revistaeletronica.oabrj.org.br/wp-content/uploads/2018/05/Pacto-comiss%C3%B3rio-e-pacto-marciano-na-retrovenda-vers%C3%A3o-final.pdf. Acesso em: 11 set. 2021; SALLES, Raquel Bellini. *Autotutela nas relações contratuais*, cit., p. 351-355; GRIGOLIN, Rodrigo. Uma alternativa ao leilão extrajudicial de bem imóvel na alienação fiduciária. *Revista de Direito Notarial*, v. 3, n. 1, p. 92 e ss. São Paulo, jan.-jun. 2021. No passado, J. M. de Carvalho Santos havia se oposto à admissibilidade do pacto marciano no direito brasileiro (*Código Civil brasileiro interpretado*. v. X, cit., p. 93-94).

Esse é o ponto que ainda pode suscitar resistências a tal mecanismo.

Em algumas modalidades de garantia, há a expressa previsão de que, mediante prévia autorização contratual (ou procuração), o credor, diante do inadimplemento, pode promover a venda ou leilão extrajudicial do bem. É o que se tem, por exemplo, no penhor (C. Civil, art. 1.433, IV, segunda parte), na alienação fiduciária em garantia de bens móveis e imóveis (Dec.-lei 911/1969 e Lei 9.514/1997) e nas hipotecas instrumentalizadas em cédulas hipotecárias, destinadas a garantir créditos do Sistema Financeiro de Habitação, de instituições financeiras em geral, de companhias de seguros e seus sucessores (Dec.-lei 70/1966, arts. 9º, 10 e 31 a 38) etc. Em todos esses casos, a aferição do inadimplemento e o início do procedimento da alienação extrajudicial partirão unilateralmente do credor, sem a intervenção do judiciário.

Portanto, nesses casos, se é possível a venda ou leilão extrajudicial para transferência a terceiros do bem dado em garantia, sem a prévia certificação do inadimplemento pelo juiz, igualmente deve ser admitida a realização do pacto marciano.[71] Há autorização normativa para a atuação unilateral do credor.

Mas em princípio ficariam excluídas do pacto marciano as garantias reais para as quais não se previu em lei a possibilidade de alienação extrajudicial do bem (p. ex., a hipoteca constituída em favor de credores alheios às hipóteses de cédula hipotecária). É nesse ponto que se pode cogitar de utilidade adicional dos *smart contracts*. Se o controle do inadimplemento for submetido ao código computacional registrado em *blockchain*, é razoável que mesmo nesses outros casos seja utilizado o pacto marciano: a aferição do inadimplemento seria objetivada, sairia da esfera discricionária ou potestativa do credor.

Por outro lado, em nenhum caso de leilão ou venda extrajudicial ao terceiro ou de aquisição pelo próprio credor com base em pacto marciano, há autorização de que o próprio credor ou o adquirente faça uso da força para buscar e apreender o bem ou imitir-se em sua posse, se não houver entrega ou desocupação voluntária. Sempre que isso for necessário, mesmo em todas as hipóteses acima referidas em que lei expressamente permite a venda privada, haverá necessidade de recurso ao judiciário. Esse termo da equação não se altera com o emprego do *smart contract*.

5.8 A contribuição do *smart contract* para as relações não digitais: agentes heterônomos

E no que a experiência dos *smart contracts*, com seu autocumprimento, pode servir de inspiração para o mundo "não digital", para as relações estabelecidas mediante convenções tradicionais, no que tange ao emprego da autotutela ou de outros mecanismos viabilizadores do adequado cumprimento das obrigações pactuadas?

---

71. Sobre o pacto marciano como uma alternativa ao leilão extrajudicial do alienado fiduciariamente, ver GRIGOLIN, Rodrigo. Uma alternativa ao leilão extrajudicial de bem imóvel na alienação fiduciária, cit., passim.

Talvez a melhor contribuição daí extraível seja precisamente a ideia da intermediação na aplicação das medidas de cumprimento ou autotutela, ou seja, a inclusão de outro sujeito, alheio à relação entre as partes, para averiguar o cumprimento de condições, arbitrar o complemento de elementos negociais – e assim por diante. Esse papel, no *smart contract*, é desempenhado pela rede de *blockchain* e pelos oráculos, que viabilizam essa neutralidade do mecanismo de aferição das condições e integração e cumprimento das obrigações. Na falta de tal tecnologia, outros sujeitos devem ser chamados para desempenhar esse papel heterônomo.

É preciso atentar para a imensa gama de personagens que podem contribuir de modo eficaz para o normal adimplemento da obrigação ou para a solução ou prevenção do conflito, atuando como não parte. Esse papel, no campo das soluções extrajudiciais, não se resume à figura do árbitro. O árbitro atua como juiz de fato e de direito e adjudica a solução global e definitiva do litígio já posto. Mas diversos outros sujeitos e órgãos podem atuar heteronomamente, averiguando questões específicas de fato e (ou) promovendo soluções provisórias: arbitradores, fiscais de contrato, peritos contratuais, agentes fiduciários, *dispute boards*. Esses e outros agentes, concebíveis pelas partes no exercício de sua liberdade negocial, podem funcionar como reguladores pontuais da relação – conferindo assim maior amplitude ou legitimidade a medidas de cumprimento e remédios que sob outra perspectiva não seriam aceitos como providências unilaterais e sujeitas ao exclusivo arbítrio de uma das partes.

6. A PREVALÊNCIA PRÁTICA DO *SOLVE ET REPETE*

O *solve et repete* surgiu como cláusula negocial destinada a excluir a incidência da *exceptio non adimpleti contractus*, estabelecendo o regime oposto: cada parte deve cumprir integralmente suas obrigações, sem poder se eximir de fazê-lo invocando o inadimplemento da parte contrária. Na prática, a extensão da cláusula foi sendo ampliada para prever não apenas o veto ao emprego da exceção de contrato não cumprido, mas também o de outras exceções materiais e objeções que normalmente poderiam ser invocadas (compensação, retenção, vício de vontade, já ter havido pagamento etc.). Cabe à parte primeiro cumprir e depois, se for indevida a prestação cumprida, discutir a inexistência ou inexigibilidade da obrigação que cumpriu e pleitear sua repetição.[72]

Embora concebido como uma regra material, para pautar a conduta da parte no momento de cumprir a obrigação, o *solve et repete* tem evidente dimensão processual. Ele implica a proibição a que a parte promova ação declaratória de inexistência ou inexigibilidade da obrigação (*pactum de não petendo*) ou mesmo que a parte argua em contestação aquelas defesas (pacto de não contestar), enquanto não cumprir a obrigação que lhe foi atribuída.

---

72. Para um exame completo da figura veja-se MIRAGLIA, Caterina. Solve et repete. *Enciclopedia del diritto*. Milão: Giuffré, 1990, v. XLII, p. 1255-1271.

O efeito prático do autocumprimento inexorável no *smart contract* tende a ser equiparável ao *solve et repete*: a obrigação será antes – e de qualquer modo – cumprida. Se a parte a reputava por qualquer razão indevida, terá de ir pedir depois tutela jurisdicional de restituição ou ressarcimento. Então, nas disputas jurisdicionais sobre *smart contracts* normalmente haverá essa inversão das posições processuais em relação às materiais: o devedor, reclamando do autocumprimento indevido, como autor; o credor como réu.[73]

A diferença está em que a parte não se obriga, em termos jurídicos, a não ir ao judiciário impedir o autocumprimento. A parte até pode ir desde logo ao judiciário. Mas ela simplesmente não conseguirá um resultado eficiente de tutela específica, preventiva ou simultânea, que impeça o próprio autocumprimento. Já por isso, não caberia aqui qualquer discussão ou censura à incidência do *solve et repete*: no caso, ele advém das circunstâncias fáticas do autocumprimento, e não de uma convenção das partes.

Mas mesmo que se pretendesse dizer que quem celebra o *smart contract* está necessariamente pactuando também, ainda que de modo indireto ou implícito, a cláusula *solve et repete*, ainda assim não se poderia imputar nenhuma ilegitimidade a tal suposta convenção implícita. O *solve et repete* constitui pactuação válida no plano material. No plano processual, a única objeção plausível cinge-se à proibição de não contestar –[74] a qual é impertinente para o caso em exame. A dimensão pertinente para o caso – inviabilidade prática de uma ação preventiva do devedor – não é censurável. Quando menos desde o CPC de 2015, com a previsão ampla de negócios processuais atípicos, tem-se admitido com largueza o *pactum de non petendo*.[75] Se ele pode ser direta e explicitamente celebrado, nenhuma objeção poderia ser oposta à sua constituição indireta (que, de resto, nem mesmo é o que ocorre).

7. A TUTELA JURISDICIONAL E OS *SMART CONTRACTS*

Como destacado em passagens anteriores (esp. item 3.2.3) há diversos os motivos por que, a despeito do caráter autoexecutório dos *smart contracts*, pode ser necessária a intervenção jurisdicional. O tema comporta uma série de questões que, se não são propriamente novas, ganham nova cor ou precisam considerar novos ingredientes.

---

73. COSTA, Mariana Fontes da. *Decentralized smart contracts*: entre a autotutela preventiva e a heterotutela reconstitutiva, cit., p. 492.
74. Na dimensão em que reduz as defesas possíveis, o *solve et repete* sofreu severas críticas, por impor a supressão do próprio direito defesa: a arguição subsequente das matérias em outro processo esbarraria na coisa julgada da sentença de procedência da primeira ação, em vista do eficácia preclusiva da coisa julgada; o fato de as partes terem convencionado essa postergação da discussão das matérias seria irrelevante, pois as hipóteses de condenação com reserva de exceções devem ser definidas em lei, e não convencionalmente (nesse sentido, LIEBMAN, Enrico T. Contro il pacto solve et repete nei contratti. *Problemi del processo civile*. Napoli: Morano, 1962. p. 93-95; BETTI, Emilio. *Autotutela*. cit., p. 534-535). Mas tal crítica – ela mesma passível de contra-argumentos cuja apresentação não cabe aqui – não se estende às demais dimensões do *solve et repete*.
75. Ver, por todos, CABRAL, Antonio. *Pactum de non petendo*: a promessa de não processar no direito brasileiro. *Revista do Ministério Público do Estado do Rio de Janeiro*, n. 78, p. 19-44. Rio de Janeiro, out.-dez. 2020.

A tutela jurisdicional relativa aos *smart contracts* operará fundamentalmente em duas frentes: a do desfazimento ou reparação do resultado indevidamente produzido pelo autocumprimento (por ser ele inválido ou não corresponder à avença efetivamente estabelecida entre as partes) e a do cumprimento das prestações, quando o autocumprimento houver por qualquer razão falhado ou houver a necessidade de execução de prestações complementares ou subsequentes àquelas que foram autocumpridas.[76]

7.1 Jurisdição estatal ou arbitral

A tutela jurisdicional das partes do *smart contract* pode desenvolver-se no âmbito estatal ou arbitral. É possível que o contrato contenha cláusula arbitral ou que as partes celebrem compromisso arbitral em separado.

A cláusula arbitral poderá estar prevista na avença convencional paralela ao ajuste em código computacional – e nesse caso não haverá maior dificuldades no reconhecimento de sua eficácia e validade, se o pacto em linguagem tradicional estiver reduzido a instrumento escrito ou documento digital (Lei 9.307/1996, art. 4º, § 1º). Ainda que não conste do instrumento ou de um anexo a ele, a sua simples previsão em algum outro documento ou correspondência (inclusive e-mails, mensagens por aplicativos etc.), conforme o art. II, n. 2, da Convenção de Nova York para homologação de sentenças arbitrais estrangeiras.

Mais complexa será a questão quando houver apenas uma enunciação de "termos gerais de serviço" ou de "condições gerais do contrato" disponibilizada em *site* da *internet*, da qual conste a previsão de arbitragem para os litígios decorrentes daquele *smart contract*. Nessa hipótese, sob a égide do direito brasileiro, poderá surgir discussão sobre a eficácia vinculativa de tal cláusula arbitral para o "aderente", se ela não tiver sido prevista em destacado e não tiver sido objeto de assentimento específico, nos termos do art. 4º, § 2º, da Lei 9.307. Não será possível afirmar de plano a ineficácia da cláusula. Vários fatores precisarão ser considerados. Entre eles: (i) a circunstância de que, no mais das vezes, os termos gerais não foram fixados por nenhuma das partes contratantes: ambas aderiram e nenhuma delas impôs aquelas condições à outra; (ii) possíveis atos e condutas das partes confirmatórios da disposição de usar a arbitragem; (iii) a (in)existência de vulnerabilidade das partes e de assimetria de posições; (iv) a eventual circunstância de que a arbitragem é o método costumeiramente usado naquele setor econômico ou ramo de negócio e de que as partes estão plenamente inseridas naquele setor.

---

76. Outra dimensão muito interessante da relação entre jurisdição e *smart contracts* está no uso da tecnologia dos *blockchains* para automatizar medidas executivas, eventualmente de modo integrado com os próprios *smart conctracts*. É o *smart enforcement* – o que renderia todo um outro ensaio. Sobre o tema, v. BLANC, Florentin e FAURE, Michael. Smart enforcement: Theory and Practice, *European Journal of Law Reform*, v. 4, Haia, 2018, passim.

De resto, até mesmo já existem mecanismos específicos de solução de disputas que se valem da tecnologia e de sistemas baseados em *blockchain*. Jeremy Sklaroff descreve mecanismos que possibilitam a resolução de disputas de modo simplificado. Cita o exemplo do OpenBazaar, um mercado ponto a ponto semelhante ao eBay, que conta com moderadores para julgar disputas. Os compradores podem incluir um moderador em uma transação, que poderá ser revertida se ele acolher a reclamação formulada. O próprio criador do *Ethereum*, Vitalik Buterin, chegou a sugerir a instituição, na plataforma, de um sistema judicial descentralizado para julgar disputas em troca de uma taxa.[77] Miren B. Aparicio Bijuesca aponta também a existência de várias modalidades de mecanismos alternativos de resolução de disputas internas às plataformas de *smart contracts*, incluindo soluções que vão desde as existentes nos Aragon e Ricardian Contracts (consistentes em um grupo de juízes privados ou árbitros, que agem de forma semianônima) até propostas mais anônimas de modalidades de resolução de disputas baseadas em mecanismos jurisdicionais distribuídos, com possibilidade de os usuários optarem pela submissão a esse meio de resolução, ao celebrar o contrato.[78] Outro exemplo de plataforma de solução de controvérsias baseada na tecnologia *blockchain* é a Kleros, um sistema *online* de resolução de disputas descentralizado. A plataforma *Kleros* vale-se ela própria de *smart contracts* e conta com a atuação de jurados ("árbitros") anônimos, que atuam por incentivo econômico (com recurso a *tokens* emitidos pela própria plataforma) para a solução de conflitos[79].

Tais mecanismos são colocados sob a denominação comum de *Online Dispute Resolution – ODRs*, ou mecanismos *online* de solução de controvérsias.

Muitos desses mecanismos não consistirão propriamente em arbitragem (nos termos da Lei 9.307 ou conforme os parâmetros da Convenção de Nova York e de outros tratados internacionais). Terão muitas vezes natureza mais próxima de arbitragens "não rituais", atípicas (cuja decisão final vinculará com a força obrigatória de contrato) ou de mecanismos de arbitramento de questões fáticas ou técnicas (também com valor e eficácia contratual).

Cabe dar mais atenção a esses mecanismos heterônomos atípicos de solução e prevenção de conflitos – seja para lhes conferir o adequado tratamento jurídico, seja

---

77. SKLAROFF, Jeremy. Smart contracts and the cost of inflexibility. *University of Pennsylvania Law Review*, v. 166, p. 300-301. Filadélfia, 2017. O autor, porém, não se revela otimista quanto a essas soluções serem aptas a cumprir o papel de dar segurança e previsibilidade (com consequente redução de custos) aos *smart contracts* (p. 302-302).
78. BIJUESCA, Miren B. Aparicio. The challenges associated with smart contracts: formation, modification, and enforcement. *Smart Contracts Alliance. Smart contracts: Is the Law Ready?* Washington: Chamber of Digital Commerce, 2018, p. 32, nota 85.
79. Confira-se BERGOLLA, Luis; SEIF, Karen e EKEN, Can. A Socio-Legal Case Study Of Decentralized Justice & Blockchain Arbitration (July 30, 2021). BERGOLLA, Luis; SEIF, Karen & EKEN, Can. Kleros: A Socio-Legal Case Study of Decentralized Justice & Blockchain Arbitration. 37 Ohio St. J. on Disp. Resol. 1 (forthcoming October 2021). Disponível em: https://papers.ssrn.com/sol3/Delivery.cfm/SSRN_ID3918485_code2449960.pdf?abstractid=3918485&mirid=1. Acesso em: 22 set. 2021.

para utilizá-los com mais frequência e eficiência (como destacado no item 5.8, acima). Por não se identificarem com a arbitragem típica, tendo mero valor de contrato, o resultado da atuação desses mecanismos é ainda revisável na via jurisdicional (arbitral propriamente dita ou estatal), nos limites em que é controlável jurisdicionalmente um contrato.

7.2   Tutela restituitória ou reparatória (desfazimento ou ressarcimento do cumprimento indevido)

Como já destacado, o automatismo e inexorabilidade do cumprimento do *smart contract* tende a inviabilizar qualquer providência jurisdicional preventiva. Assim, e ainda que se constate, mesmo antes de aperfeiçoado o autocumprimento, que as prestações ali programadas são indevidas (por não corresponderem à efetiva avença entre as partes; por serem nulas etc.), apenas caberá, na medida do possível, desfazer depois o indevido resultado gerado (tutela restituitória). Na impossibilidade dessa restituição, restará a tutela ressarcitória (indenização por perdas e danos) – observados os limites adiante destacados (item 7.5).

A restituição ou reparação poderá ser feita mediante os mecanismos convencionais de tutela jurisdicional – produzindo-se no mundo físico resultado que propicie o retorno ao *status quo ante* ou o ressarcimento. Nesse caso, os limites adiante indicados tendem a incidir com maior intensidade.

Bem por isso, cabe indagar se não seria possível a produção de um resultado restituitório ou ressarcitório em forma específica mediante o emprego dos mesmos meios tecnológicos do *blockchain*. Nessa linha, é interessante a sugestão de Mariana Fontes da Costa: "no limite sempre se poderá pensar num mecanismo próximo da execução específica em sede de contrato-promessa, nos termos do qual o tribunal se substitui ao contraente faltoso, ficcionando uma nova transação digital que reconstitua a situação na *blockchain* nos exatos termos em que a mesma foi reconstituída judicialmente".[80] Na medida em que tecnicamente possível, direta restituição ou reparação na via digital tende a ser mais eficiente e simples, superando alguns dos limites à tutela jurisdicional executada nos moldes tradicionais.

7.3   Há espaço para tutela específica *ex ante*?

Em princípio, não há norma jurídica proibitiva da interrupção do autocumprimento do *smart contract*. Trata-se um limite fático à atuação jurisdicional. A relevância dessa constatação está em que, surgindo tecnologia possível, pode-se cogitar da interrupção jurisdicional do autocumprimento juridicamente indevido ou na produção de um resultado equivalente a tanto.

---

80. Decentralized smart contracts: entre a autotutela preventiva e a heterotutela reconstitutiva. cit., p. 493 (ideia reiterada na p. 495).

Assim, cumpre dar um passo adiante em relação à cogitação feita no final do tópico anterior, para aqui cogitar de uma tutela específica preventiva ou simultânea, que iniba o próprio autocumprimento indevido ou o corrija. Jorge Feliu Rey parece otimista quanto a esse ponto, ao afirmar que "atualmente, existem soluções tanto para paralisar o automatismo na execução como para efetuar possíveis modificações no código que permitam corrigir erros ou limitar o automatismo. Em primeiro lugar, como não é possível, de forma geral, paralisar a execução ou modificar um código ativado, o que se faz na prática é a inclusão de um código adicional com poder de provocar a inabilitação ou desativação do contrato, chamado código autodestrutivo ou suicida."[81] E o privatista espanhol vai além, com amparo na lição de Pierluigi Cuccuru: "Além disso, soluções estruturais podem atenuar o traço definitivo dos *distributed ledgers*. Desse modo, mesclam-se modelos alternativos como os sistemas híbridos ou as plataformas de *blockchain* privadas, modelos que permitem identificar usuários ou nós qualificados que mitigarão os efeitos específicos dos sistemas próprios dos sistemas descentralizados, corrigindo erros ou permitindo a reversibilidade da operação".[82] Por fim, Feliu Rey considera até mesmo a hipótese, que até aqui nos parece remota (além de discutível), de "a autoridade judicial pudesse se converter em um Oráculo, de maneira que, durante a vigência do *smart contract* aquele tivesse que acudir ao citado Oráculo para que lhe informasse se deve ou não cumprir o negócio ou modificar seu conteúdo embora, na última hipótese, a autorização ou a possibilidade de que se possa intervir no código implicará a perda das funções que lhes são próprias.[83]

Os riscos e inconvenientes dessas providências não são poucos. A situação é dilemática, paradoxal, para os *blockcheins*, como nota Mariana Fontes da Costa: "facilitando a alteração dos registos de dados constantes da rede, de modo a permitir o ajustamento dos mesmos às novas realidades geradas pelas decisões judiciais em matéria de *smart contracts*, põe em causa uma das características que a torna verdadeiramente inovadora e apelativa aos olhos do tráfego negocial; mantendo a dificuldade (quase impossibilidade) de alteração dos seus registos, boicota as suas aspirações de vir no futuro a tornar-se um registo global e fiável de transações e titularidades de valores".[84] Depois de fazer semelhante advertência,[85] Cuccuru pondera que o sucesso

---

81. Smart contract: conceito, ecossistema e principais questões de direito privado. cit., p. 115.
82. REY, Feliu. Smart contract: conceito, ecossistema e principais questões de direito privado. cit., p. 115. Quanto ao ensaio de Cuccuru (Beyond bitcoin: an early overview on smart contracts. *International Journal of Law and Information Technology*, Oxford, v. 25, 2017), v. esp. p. 191-192. Cuccuru nota já haver uma tendência de redução da descentralização dos *blockchains*, com a adoção de modelos híbridos: "To overcome the criticisms deriving from the impermeability of blockchain relationships, software developers and market actors are indeed currently trialling prototypes of hybrid blockchains – usually called 'permissioned' or private blockchains – whereas Bitcoin's fully decentralized model is progressively losing its appeal." (p. 192).
83. Smart contract: conceito, ecossistema e principais questões de direito privado. cit., p. 116.
84. Decentralized smart contracts: entre a autotutela preventiva e a heterotutela reconstitutiva. cit., p. 492-493.
85. "In a nutshell, efficiency and decentralization should not result in a kind of 'oppression by code' hindering any legitimate review or correction of the instructions programmed in the blockchain. At the same time, however, opening the doors to external control downplays the advantages decentralized ledgers can offer" (Beyond bitcoin: an early overview on smart contracts. cit., p. 192).

e a disseminação comercial da tecnologia de *blockchain* e da difusão de serviços de *blockchain* dependeriam de um equilíbrio sustentável entre eficiência, por um lado, e regulabilidade, por outro.[86]

7.4 A tutela do credor

As partes celebram *smart contracts* visando a obter seus efeitos autoexecutórios e assim não depender do cumprimento de prestações de conduta da contraparte nem da execução judicial em caso de inadimplemento. Mas os *smart contracts* também são avenças jurídicas, aptas a gerar prestações de condutas e passíveis, se for o caso, de tutela jurisdicional para o seu cumprimento.[87]

A tutela do cumprimento pode ser necessária quando, por qualquer falha de programação, frustrar-se o autocumprimento ou porque estão envolvidas prestações decorrentes ou complementares.

7.4.1 Possível força executiva

O *smart contract* pode ter sua avença em linguagem tradicional já instrumentalizada em documento escrito físico ou digital que constitua título executivo extrajudicial (CPC, art. 784, esp. inc. II e III). Na hipótese de documento digital, o STJ inclusive já reputou bastarem as assinaturas digitais das partes, sendo dispensadas as testemunhas, na hipótese do art. 784, II – a despeito da letra expressa da lei.[88]

Havendo título executivo extrajudicial, a ação executiva será diretamente promovida perante o poder judiciário, mesmo que exista convenção arbitral.[89]

7.4.2 Provas, em processo de conhecimento comum ou monitório

Não havendo título executivo extrajudicial será preciso obter-se decisão condenatória (título executivo judicial), em processo de conhecimento, perante tribunal arbitral ou o judiciário, conforme haja ou não convenção arbitral.

Nesse caso, assumirá especial relevância o material probatório apto a demonstrar o sentido e alcance das obrigações pactuadas. Existindo avença escrita em linguagem tradicional, em via física ou digital, essa servirá de prova. Mas também terão valor probatório outros documentos que direta ou indiretamente delineiem o ajuste feito entre as partes (e-mails, cartas, anotações...), bem como será cabível o emprego de prova oral (testemunhas e depoimentos das partes). Eventualmente, os termos do

---

86. Beyond bitcoin: an early overview on smart contracts. cit., p. 192.
87. Werbach e Cornell valem-se de metáfora bem-humorada para ilustrar esse ponto. Algo como: eu não compro um automóvel com escopo de usá-los para fugir de zumbis do apocalipse; no entanto, se houvesse uma invasão zumbi e meu carro estivesse disponível, eu preferiria fugir com ele, e não a pé (Contracts: Ex Machina. cit., p. 10-11).
88. STJ, REsp 1.495.920, 3ª T., v.m, rel. Min. Paulo Sanseverino, j. 15.05.2018, *DJe* 07.06.2018.
89. STJ, REsp 944.917, 3ª T., Rel. Min. Nancy Andrighi, j. 18.09.2008, *DJe* 03.10.2008.

smart contract foram retratados em "condições gerais", "termos de serviço" ou ato semelhante, divulgado na plataforma de *blockchain* ou coisa que o valha. Nesse caso, esse ato poderá inclusive ser reduzido a termo, em uma ata notarial (CPC, art. 384), ou verificado diretamente pelo juiz, em diligência equiparável à inspeção judicial (CPC, arts. 481-484).

Pode surgir a necessidade de se comprovar o sentido e alcance da avença estabelecida em código computacional. Nesse caso, haverá a necessidade de contar com o concurso de um perito, com expertise técnica na matéria.[90] Como observa Estévez Rincón, a perícia se destinará à tradução em linguagem "humana" de toda a prova que pretende se apresentar em código. Tal tradução é relevante apenas para fins de compreensão por parte dos sujeitos do processo, pois o código computacional, em si, já tem valor documental probatório.[91]

Essa prova normalmente será utilizada em processo comum de conhecimento. Se o material probatório estiver suficientemente contido em prova pré-constituída escrita (documentos físicos ou digitais, atas notariais, perícias antecipadamente realizadas etc.) é possível pleitear-se ação monitória, na qual, se os documentos demonstrarem a forte plausibilidade dos fatos constitutivos da obrigação, o juiz deverá conceder uma ordem liminar de cumprimento (que poderá, todavia, ser neutralizada por embargos – CPC, arts. 700 a 702).

7.5 Limites jurídicos e práticos da jurisdição

A tutela jurisdicional dos *smart contracts* pode enfrentar limites práticos e jurídicos. São dificuldades ou parâmetros que podem igualmente surgir em outras tantas modalidades de litígio, mas que nessa específica hipótese tendem a exacerbar-se.

O primeiro deles diz respeito aos limites de jurisdição nacional (CPC, arts. 21 a 25). Surgindo a necessidade de atingir patrimônio situado fora do país ou de diretamente ordenar providências (com a eventual cominação de medidas coercitivas) a administradores de *nodes* de validação situados no exterior, haverá a necessidade de atos de cooperação de outras jurisdições (CPC, arts. 26 e 27). Eventualmente, algo dessa limitação é superável se e quando a jurisdição brasileira conseguir diretamente adotar providências no sentido de inserir na rede códigos adicionais que ficcionem novas transações com efeito restituitório da anterior ou aptos a neutralizar operações em curso etc. A virtualidade das relações digitais e de seus efeitos tem essa vantagem: eles estão em todo lugar – e todos os Estados, portanto, são competentes. A atuação

---

90. Em alguns ordenamentos, já há disciplina específica estabelecendo algumas presunções legais relativamente aos fatos e registros extraídos por um aplicativo válido de *blockchain*, tais como conteúdo, autoria e data. É o caso do Estado de Vermont, nos EUA (CARIA, Riccardo de. The Legal Meaning of Smart Contracts. *European Review of Private Law*. v. 6, p. 738 e 749, Alphen, 2019).
91. RINCÓN, Carlos Estévez. *Smart contracts y su aplicación al derecho mercantil*, cit., p. 41.

jurisdicional feita nesses termos não é ofensiva à soberania de outras jurisdições.[92] Outro modo de superar os limites da jurisdição internacional consiste em – em vez de se voltar diretamente contra a empresa sediada no exterior, para que ela diretamente adote a providência devida – empregar ordens e medidas coercitivas contra agentes ou representantes seus, situados em território nacional.[93]

Outra dificuldade significativa pode residir na identificação da parte adversária na ação. No caso *The DAO*, por exemplo, os *hackers* que promoveram o desvio fraudulento permaneceram anônimos. José Carlos Lopes Pereira nota que "esta exigência de identificar as partes, apresenta uma contradição. Pois, normalmente, o anonimato caracteriza as transações realizadas numa *Blockchain*, onde se incluem os *Smart Legal Contracts*. (...) Na *Blockchain*, por exemplo, o processo técnico de gestão de informação é baseado numa série de etapas, e em que a identificação e a verificação da identidade são separadas em camadas. Por isso, não temos uma administração responsável pela totalidade do sistema, mas sim um *node* de validação que verifica se o nosso identificador, numa transação, é válido ou não. Embora não exista um acesso direto à identidade daquelas e não se possa alterar ou excluir o nosso identificador digital, num *Smart Legal Contract* os *nodes* têm acesso a ele, de modo a prosseguir com a validação do contrato. (...) Tendo em conta a questão da privacidade, coloca-se a questão, na perspectiva de uma rede *Blockchain*, de como é que será possível fornecer informações pessoais das partes de um *Smart Legal Contract* a um tribunal, por exemplo, se elas se encontram encriptadas e só poderão ser reveladas através da posse da chave privada". O próprio Lopes Pereira apresenta resposta satisfatória à questão: "perante este cenário, a parte contraente que quer propor uma ação em tribunal, deveria ter a possibilidade de indicar o número digital que identifica a outra parte contraente e de requerer, ao mesmo tempo, que o responsável pela plataforma onde o contrato está armazenado fornecesse pelo menos a morada daquela, de forma a ser citada e a comparecer ao tribunal com a sua chave privada, fornecendo voluntariamente as restantes informações pessoais". Evidentemente, a necessidade de expedição de ordem dirigida ao administrador da plataforma para que identifique a outra parte pode enfrentar as limitações internacionais de jurisdição, acima indicadas.

Essas questões e dificuldades podem ter como efeito o incentivo do recurso aos métodos *online* de resolução de controvérsias, como os *ODRs – Online Dispute Resolution*, já referidos acima. No Reino Unido, chegou-se a propor regras de resolução digital de disputas, editadas pela *UK Jurisdiction Task Force*. Tais regras buscam adaptar a resolução de disputas ao contexto de conflitos digitais envolvendo *smart contracts*.

---

92. YARSHELL, Flávio Luiz e GOMES, Adriano Camargo. Internet e limites da jurisdição: uma breve análise à luz do direito processual civil. In: WOLKART, Erik e outros (Coord.). *Direito, processo e tecnologia*. São Paulo: Ed. RT. p. 44-45.
93. TALAMINI, Eduardo. Medidas coercitivas e proporcionalidade: o caso WhatsApp. In: CABRAL, A.; PACELLI, E. e Cruz, R. (Coord.). *Processo penal* Salvador: JusPodivm, 2016. p. 382; YARSHEL e GOMES. Internet e limites..., cit., p. 47; LAUX, Francisco de Mesquita. *Redes sociais e limites da jurisdição*. São Paulo: Ed. RT, 2021. p. 308-309.

Entre essas regras, evidencia-se a definição de procedimento para assegurar rapidez na solução a ser fornecida, a possibilidade de os árbitros implementares as soluções (decisões) diretamente na rede de *blockchain* (*on-chain*) usando mecanismo criptográfico de chaves privadas e a possibilidade de anonimidade das partes em disputa[94].

8. CONCLUSÃO

O modelo de autocumprimento dos *smart contracts* é em princípio legítimo, na medida em que se embasa em solução preestabelecida conjuntamente pelas partes e não atribui a uma delas o poder de agir de modo arbitrário e unilateral. A tecnologia cumpre o papel de um terceiro imparcial. Tal modelo não se reveste das características que fazem da autotutela algo apenas excepcionalmente aceito e ele pode servir de inspiração para mecanismos semelhantes em outros âmbitos.

A circunstância de ser vertido em código computacional e em princípio não ser possível interromper seus comandos não torna o *smart contract* alheio ao Direito. Caberá seu controle jurisdicional (estatal ou arbitral). A tutela jurisdicional desempenhada será essencialmente restitutória ou ressarcitória, por conta da inexorabilidade do autocumprimento: incidirá o *solve et repete*, que no contexto dos *smart contracts* não será ilegítimo.

Não se pode descartar a necessidade de tutela jurisdicional para o cumprimento de prestações previstas no *smart contract* – seja porque nem todas elas eram aptas à direta e automática implementação, seja por *bug* do código computacional ou falha na alimentação dos dados externos. Nesse caso, caberá verificar o material probatório disponível – e mostra-se relevante a documentação ou instrumentalização do contrato em linguagem tradicional (não apenas computacional), escrita ou não.

São concebíveis, desde logo ou em futuro próximo, soluções que poderiam atenuar a inexorabilidade do autocumprimento do *smart contract* e possibilitar alguma tutela jurisdicional simultânea ou preventiva. A questão está em superar o dilema sobre como ampliar a controlabilidade sem retirar o dinamismo e eficiência dos *smart contracts*. O exato papel que os *smart contracts* irão assumir passa pela definição dessa questão.

Em qualquer caso, pode-se concluir, com Werbach e Cornell, que os *smart contracts* podem evitar a ida ao tribunal, mas não têm como substituí-los.[95]

---

94. Disponível em: https://35z8e83m1ih83drye28Oo9d1-wpengine.netdna-ssl.com/wp-content/uploads/2021/04/Lawtech_DDRR_Final.pdf. Acesso em: 21 set. 2021.
95. Contracts: Ex Machina. cit., p. 20.

UM OLHAR ICONOCLASTA AOS RUMOS DA EXECUÇÃO CIVIL E NOVOS *E-DESIGNS*: COMO OS *SMART CONTRACTS* E AS *ONLINE DISPUTE ENFORCEMENTS* PODEM REVELAR INOVAÇÕES PARA A DESJUDICIALIZAÇÃO DA EXECUÇÃO[1]

Dierle Nunes

Doutor em Direito pela Pontifícia Universidade Católica de Minas Gerais/ Universitá degli Studi di Roma "*La Sapienza*". Mestre em Direito Processual pela PUC Minas. Professor permanente do PPGD da PUC Minas. Professor Adjunto na PUC Minas e na UFMG. Secretário Adjunto do Instituto Brasileiro de Direito Processual. Membro da *Internacional Association Procedural Law*, do *Instituto Iberoamericano de derecho procesal* e do *Instituto Panamericano de Derecho Procesal*. Diretor Executivo do Instituto de Direito Processual – IDPro. Membro da Comissão de juristas que assessorou no Código de Processo Civil de 2015 na Câmara dos Deputados. Membro honorário da Associação Iberoamericana de Direito e Inteligência Artificial Diretor do Instituto Direito e Inteligência Artificial – IDEA. Advogado: dierle@cron.adv.br.

Antônio Aurélio de Souza Viana

Doutorando em Direito Processual pela Puc Minas, com bolsa da Coordenação de Aperfeiçoamento de Pessoal de Nível Superior (CAPES). Mestre e especialista em Direito Processual pela PUC Minas. Presidente da Comissão de Direito, Tecnologia e Inovação da OAB/Contagem. Membro do IDEA. Advogado e professor. e-mail: aureliosviana@hotmail.com.

Camilla Paolinelli

Doutoranda e mestre em Direito Processual pela PUC Minas. Coordenadora do curso de direito da PUC Minas - Serro, professora de cursos de graduação e especialização da mesma instituição. Membra da Comissão de Processo Civil da OAB/MG. Advogada. E-mail: camillamattos@hotmail.com.

1. INTRODUÇÃO: A CRISE NA EXECUÇÃO/O FRACASSO NA EXECUÇÃO CIVIL

Não é de hoje que estudiosos apontam que o sistema brasileiro de justiça pública padece de graves problemas nos procedimentos civis de recuperação de crédito. A execução civil brasileira é sinônimo de crise: excesso de morosidade, dificuldade demasiada na localização e constrição de bens, altos custos na realização da expro-

---

1. Este texto é resultado do grupo de pesquisa "Processualismo Constitucional democrático e reformas processuais", vinculado à Pontifícia Universidade Católica de Minas Gerais e Universidade Federal de Minas Gerais e cadastrado no Diretório Nacional de Grupos de Pesquisa do CNPQ (http://dgp.cnpq.br/dgp/espelhogrupo/3844899706730420). O grupo é membro fundador da "ProcNet – Rede Internacional de Pesquisa sobre Justiça Civil e Processo contemporâneo" (http://laprocon.ufes.br/grupos-de-pesquisa--integrantes-da-rede).

priação, burocratização e demora na consumação de leilões judiciais, obstáculos no tocante à prevenção e combate das fraudes do devedor, ineficácia dos procedimentos sub-rogatórios e coercitivos são alguns de seus entraves.

Flávia Pereira Ribeiro disserta que as mazelas enfrentadas na execução civil estão também relacionadas a questões de ordem econômica ligadas à falta de juízes e servidores em muitas comarcas, bem como a ausência de investimentos adequados em aparelhamento material, instrumental e tecnológico do Poder Judiciário[2]. Araken de Assis afirma que há também uma espécie de crise de demanda relativa ao vultuoso número de conflitos, cada vez mais complexos que chegam à apreciação do Judiciário[3].

As preocupações com a litigiosidade repetitiva e multifacetada, com a permissividade no tocante a manobras proletórias no sistema de recuperação de crédito e com o excesso de execuções ficais que somam, hoje, quase 70% dos procedimentos judiciais de sub-rogação no Brasil, norteiam as discussões que indicam um cenário de "crise" de produtividade e satisfatividade das execuções civis.

Os impasses são tantos que a série histórica do "Justiça em Números" (CNJ) tem um recorte específico voltado ao exame dos gargalos da execução, tendo em vista que dos mais de 77 milhões de processos que aportaram à estrutura do judiciário em 2019, mais da metade (55,8%) se referia a processos de execução. Os dados do estudo apontam que o acervo de procedimentos executivos era 54,5% maior que de ações de conhecimento, sendo que as execuções fiscais representaram 70% do estoque, em 2019. Isso denota que os procedimentos de execução civil e fiscal são os principais responsáveis pela alta taxa de congestionamento do Judiciário, representando 30% do total de casos pendentes com congestionamento de aproximadamente 87% em 2019[4]. "O impacto da execução é significativo principalmente nos segmentos da Justiça Estadual, Federal e Trabalhista, correspondendo, respectivamente, a 56,8%, 54,3%, e 55,1% do acervo total de cada ramo (...). Em alguns tribunais, a execução chega a consumir mais de 60% do acervo.[5]"

A situação é especialmente alarmante nos processos de execução de título extrajudicial. Gráficos do "Justiça em Números" 2020 destacam que no ano de 2019, 33.317.661 de execuções civis de título extrajudicial e 7.911.479 de execuções civis de título judicial estavam suspensas ou pendentes de resolução[6]. O tempo médio de tramitação de processos de execução fiscal, grande maioria do acervo de procedimentos executivos, como já dito, em 2019, foi de 8 anos e para as demais execuções

---

2. RIBEIRO, Flávia Pereira. *Desjudicialização da Execução Civil*. 2. ed. Curitiba: Juruá, 2019 (livro eletrônico). Também nesse sentido, a autora alerta, se valendo de Bedaque, que "a divisão de "serviço" entre os juízes não é proporcional, não sendo raros os casos de juízes subaproveitados, enquanto outros se encontram assoberbados, sem condições de prestar a tempestiva tutela jurisdicional".
3. ASSIS, Araken de. O direito comparado e a eficiência do sistema judiciário. *Revista do Advogado*. São Paulo: AASP, n. 43, jun. 1994, p. 11.
4. CONSELHO NACIONAL DE JUSTIÇA. *Justiça em Números 2020*: ano-base 2019. Brasília: CNJ, 2020, p. 150.
5. Ibidem.
6. Op. cit., p. 151.

o tempo passaria de 5 anos e 11 meses para, em média, 3 anos e 3 meses, no ano de 2019[7].

Apesar do estudo demonstrar que, em 2019, houve um avanço dos indicadores de desempenho na fase / processo de execução, apontando para um quantitativo de processos baixados superior ao montante de casos novos, a taxa de congestionamento da execução supera muito a de conhecimento[8]. Isso importa não só numa redução dos índices de produtividade, como é responsável por gerar uma sensação de insatisfação por parte de quem busca a ajuda do Judiciário para recuperar o que tem direito de receber.

O altíssimo número de procedimentos executivos suspensos ou pendentes de resolução apontado pelo relatório, pode ser indicativo das dificuldades no que toca à localização de bens que façam frente à satisfação do débito. Explica-se: é que o art. 921, III do CPC/15 dispõe que, se executado não possuir bens penhoráveis, o processo de execução será suspenso, situação em que, depois de um ano, não localizados bens, haverá arquivamento dos autos com início da contagem de prazo de prescrição intercorrente.

Não se olvida que os mais de 40 milhões de procedimentos de execução civil pendentes de resolução ou, pelo menos a maioria deles, estão suspensos ou não foram resolvidos devido à dificuldade excessiva de encontrar patrimônio do devedor, capaz de solver a dívida.

A falta de um sistema unificado de pesquisa de bens,[9] com cruzamento de dados e os embaraços na identificação de possíveis condutas fraudulentas, associadas à cumulatividade de hipóteses de impenhorabilidade de bens podem também estar relacionados ao questionável desempenho dos procedimentos de recuperação de crédito no Brasil.

O CPC de 2015 já havia direcionado esforços no sentido de contornar parte dos obstáculos que acometem a execução civil brasileira: i) a inclusão da premissa corretiva do art. 4º[10], CPC/15 que atrela a garantia de duração razoável do procedimento à execução; ii) a previsão do contraditório comparticipativo (cooperação processual: art. 6º[11], CPC/15) entre os sujeitos do procedimento (incluindo-se aí o devedor); iii) a imposição de *nudges* executivos[12] decorrentes da prescrição de medi-

---

7. Ibidem, p. 161.
8. Ibidem, p. 167.
9. Cf. NUNES, Dierle; ANDRADE, Tatiane. *Recuperação de créditos: a virada tecnológica a serviço da execução por quantia certa*. Belo Horizonte: Expert, 2021.
10. Art. 4º As partes têm o direito de obter em prazo razoável a solução integral do mérito, incluída a atividade satisfativa.
11. Art. 6º Todos os sujeitos do processo devem cooperar entre si para que se obtenha, em tempo razoável, decisão de mérito justa e efetiva.
12. NUNES, Dierle; ALMEIDA, Catharina. Medidas indutivas em sentido amplo do art. 139, IV do CPC: o potencial do uso de *nudges* nos módulos processuais executivos para a satisfação de obrigações por quantia certa – Parte 1. *Repro* – Revista de Processo, 2022 (no prelo).

das executivas atípicas (art. 139, IV[13], CPC/15); iv) a criação de hipóteses de fraude à execução com presunção de má-fé, caracterizadas antes da citação do devedor (art. 792, I a III[14], CPC/15), seguida da inversão do ônus de prova da boa-fé nos casos de fraude à execução, agora atribuído ao terceiro adquirente (§2º[15] art. 792, CPC/15); v) a consolidação de um sistema eficiente de penhora eletrônica de ativos financeiros (art. 854[16], CPC/15: atual SISBAJUD); vi) o reforço da ordem preferencial de meios mais ágeis de expropriação como a adjudicação e a alienação particular com o aporte de meios eletrônicos, em detrimento dos leilões judiciais (art. 881, CPC/15[17]); vii) o incentivo para a resolução consensual de conflitos e para as autocomposições, com possibilidade de celebração de negócios processuais executivos pelas partes (art. 190[18], CPC/15); viii) até a previsão expressa de desjudicialização de uma série de procedimentos como divórcio, separação, dissolução de união estável, inventário e partilha, usucapião, divisão e demarcação de terras, todos na linha de reforço da consensualidade são exemplos destes esforços.

Todavia, com mais de cinco anos de vigência, apesar de ter havido certa redução nos índices de congestionamento das execuções civis, como se viu, as diretrizes normativas do CPC/15 infelizmente não contornaram a totalidade do problema. Os dados continuam a apontar que a execução ainda é o grande gargalo da atividade jurisdicional brasileira.

Pensando neste cenário, desde o ano de 2019, duas propostas legislativas têm ocupado o centro das atenções no cenário de crise da execução civil. Tratam-se dos projetos de Lei 6.204/19 e 4.257/19 que propõem a desjudicialização das execuções civil e fiscal, respectivamente.

---

13. Art. 139. O juiz dirigirá o processo conforme as disposições deste Código, incumbindo-lhe: (...) IV – determinar todas as medidas indutivas, coercitivas, mandamentais ou sub-rogatórias necessárias para assegurar o cumprimento de ordem judicial, inclusive nas ações que tenham por objeto prestação pecuniária;
14. Art. 792. A alienação ou a oneração de bem é considerada fraude à execução:
    I – quando sobre o bem pender ação fundada em direito real ou com pretensão reipersecutória, desde que a pendência do processo tenha sido averbada no respectivo registro público, se houver;
    II – quando tiver sido averbada, no registro do bem, a pendência do processo de execução, na forma do art. 828;
    III – quando tiver sido averbado, no registro do bem, hipoteca judiciária ou outro ato de constrição judicial originário do processo onde foi arguida a fraude; (...)
15. (...) § 2º No caso de aquisição de bem não sujeito a registro, o terceiro adquirente tem o ônus de provar que adotou as cautelas necessárias para a aquisição, mediante a exibição das certidões pertinentes, obtidas no domicílio do vendedor e no local onde se encontra o bem.
16. Art. 854. Para possibilitar a penhora de dinheiro em depósito ou em aplicação financeira, o juiz, a requerimento do exequente, sem dar ciência prévia do ato ao executado, determinará às instituições financeiras, por meio de sistema eletrônico gerido pela autoridade supervisora do sistema financeiro nacional, que torne indisponíveis ativos financeiros existentes em nome do executado, limitando-se a indisponibilidade ao valor indicado na execução. (...)
17. Art. 881. A alienação far-se-á em leilão judicial se não efetivada a adjudicação ou a alienação por iniciativa particular.
18. Art. 190. Versando o processo sobre direitos que admitam autocomposição, é lícito às partes plenamente capazes estipular mudanças no procedimento para ajustá-lo às especificidades da causa e convencionar sobre os seus ônus, poderes, faculdades e deveres processuais, antes ou durante o processo.

A ideia central de ambos os projetos é de se retirar do Poder Judiciário a competência para a condução dos procedimentos de recuperação de crédito, delegando-a aos agentes externos. No primeiro caso, o projeto propõe a delegação para serventias notarias. E, no segundo, não obstante a notificação inicial do executado para pagamento e o ato de penhora ocorram com a participação dos cartórios, seria a própria Fazenda Pública quem cuidaria do processo, tratando de lavrar o termo de penhora, promover a notificação do devedor a respeito do termo, sinalizar novo prazo para pagamento e realizar o leilão dos bens penhorados, caso o devedor não pague nem ofereça embargos perante o juízo competente. Ou seja, a proposta do PL 4.257/19 é de delegar ao próprio credor, que atuará com a colaboração dos cartórios e, excepcionalmente do Judiciário, a tarefa de expropriar bens do executado[19]. Atribui-se, portanto, uma espécie de autotutela executiva ao administrador público.

As duas propostas possuem o objetivo claro de reduzir o número de procedimentos em trâmite no sistema público de justiça, abrindo-se espaço para que o Judiciário possa concentrar sua força de trabalho na fase de conhecimento.

As propostas de delegação comportam cuidados e ressalvas, conforme se verá adiante. Especialmente porque, se não pensadas com o apoio de novas arquiteturas de gestão dos conflitos de recuperação do crédito e aliadas a recursos tecnológicos, podem apenas transferir o problema de lugar.

Assim, tendo o movimento da desjudicialização da execução como pano de fundo para a reflexão, a presente investigação pretende sugerir caminhos que possam, de fato, representar alternativas voltadas a conter os gargalos da execução civil.[20] Propõe-se que o direcionamento da atividade executiva para os novos designs tecnológicos de gestão de disputas – o que aqui se chama de novos e-designs para a execução – revele um caminho possível e útil para a recuperação do crédito. É o que se verá.

2. A DESJUDICIALIZAÇÃO COMO PROPOSTA DE SUPERAÇÃO DA CRISE NA EXECUÇÃO

Associadas à proposta de justiça multiportas que prevê a reestruturação do papel do judiciário, a fim de possibilitar a instituição de novas portas – mais simples, econômicas, céleres e informais[21] – para dar tratamento adequado aos conflitos, ondas reformistas que orientam a desjudicialização de atos da vida civil e de litígios vêm sendo conduzidas no Brasil, pelo menos desde o fim da década de 1990.

---

19. BRASIL. Projeto de Lei 4257/19, Autoria: Senador Antônio Anastasia. Disponível em: documento (senado.leg.br). Acesso em: 10 maio 2021. Para reflexões a respeito da (in)constitucionalidade da proposta, ver: ARAÚJO, José Henrique Mouta. FRANCO, Marcelo Veiga. A desjudicialização da execução fiscal: reflexões sobre o PL 4.257/19. CONJUR – Revista Consultor Jurídico. 09 abr. 2021. Disponível em: ConJur – Araújo e Franco: Reflexões sobre o Projeto de Lei 4.257. Acesso em: 17 maio 2021.
20. Para uma abordagem dentro das atuais ferramentas tecnológicas disponíveis: Cf. NUNES, Dierle; ANDRADE, Tatiane. *Recuperação de créditos: a virada tecnológica a serviço da execução por quantia certa*. cit.
21. SANDER, Frank E.A. Varieties of dispute processing. *Pound Conference*: perspectives on justice in the future. Minnesota: West Publishing Co., 1979.

Desjudicializar consiste, basicamente, em retirar do judiciário a missão para a resolução concentrada de determinados tipos de litígios e para a gestão de certos tipos de situações privadas que, até então, exigiam a intervenção obrigatória da jurisdição estatal. O movimento importa, via de regra, na delegação do poder de exercício da jurisdição a agentes externos e encontra sua principal justificativa na necessidade de combate ao excesso de morosidade, custos e formalidade que circundam a atuação do Judiciário.

Nesse sentido, Cintra, Grinover e Dinamarco comentam ser a desprocessualização ou desregulamentação dos procedimentos uma das tendências contemporâneas da "privatização do direito público" que têm como nota o objetivo de acelerar os procedimentos e "desafogar" o judiciário, a fim de que se obtenha uma "melhor prestação jurisdicional[22]".

Assim, as estratégias de desjudicialização pretendem a desformalização e desburocratização, de forma que outras portas se coloquem à disposição do cidadão para o exercício de jurisdição compartilhada com o Estado, ressignificando o monopólio antes concedido àquele, de modo a consolidar uma visão amplificada de acesso à justiça, conectada à noção de tratamento adequado para as controvérsias.

Além do fortalecimento de técnicas focadas na consensualidade estimuladas desde a década de 1990 em virtude da criação do microssistema de juizados especiais (em especial pela Lei 9.099/95), da regulamentação da arbitragem (Lei 9307/96) e, mais recentemente, do fortalecimento das mediações extrajudiciais e pré-processuais (Lei 13.140/15 e CEJUSCs – resolução 125, CNJ), uma série de legislações especiais já previam a desjudicialização da execução, antes mesmo da entrada em vigor da Constituição de 1988.

Na década de 1990, por exemplo, é possível citar a Lei 9.514/97 que dispõe sobre a alienação judiciária em garantia de bens imóveis. Referida normativa prevê a possibilidade de consolidação de propriedade com posterior realização de leilão para alienação do imóvel "recuperado" pelo fiduciário (banco), sem o intermédio do judiciário. As providências em relação à intimação do devedor fiduciante para a purga da mora serão tomadas, via de regra, pelo cartório de registro de imóveis competente.

Aliás, as disposições da mencionada legislação são semelhantes àquelas previstas no Decreto-Lei 70 de 1966 que versa sobre a possibilidade de execução extrajudicial de garantia hipotecária (arts. 29 a 41). As disposições do mencionado decreto, por serem anteriores à Constituição de 1988 foram, recentemente, objeto de declaração de constitucionalidade pelo Supremo Tribunal Federal, durante o julgamento do RE 627.106, encerrado no último dia 08 de abril de 2021[23]. Na ocasião, Dias Toffoli e mais cinco ministros do tribunal manifestaram-se no sentido de não haver violação

---

22. CINTRA, Antônio Carlos de Araújo; GRINOVER, Ada Pellegrini; DINAMARCO, Cândido Rangel. *Teoria Geral do Processo*. São Paulo: Malheiros, 2008, p. 32.
23. SUPREMO TRIBUNAL FEDERAL. RE 627.106, j. 08 abr. 2021. Disponível em: Supremo Tribunal Federal (stf.jus.br). Acesso em 10 maio 2021.

do devido processo legal durante o processo de execução hipotecária extrajudicial, já que o devedor seria intimado para acompanhá-lo, podendo, inclusive, impugnar a execução judicialmente[24].

Na ocasião, apesar da divergência levantada pelos ministros Ayres Brito, Marco Aurélio, Luiz Fux, Edson Fachin e Carmen Lúcia, no sentido de que "o Decreto-Lei 70/66 é resquício do autoritarismo da época; do esvaziamento do Judiciário como uma garantia do cidadão; do tratamento diferenciado, a beneficiar, justamente, a parte mais forte na relação jurídica, ou seja, a parte credora[25]" (...), acabou prevalecendo o entendimento de que, mesmo com procedimento administrativo sumário de execução, não há violação do devido processo.

Ainda no direito imobiliário, há outras situações exemplificativas da desjudicialização.

A Lei 4.591/64, por exemplo, permite a realização de leilão extrajudicial de imóvel em construção em caso de inadimplemento pelos adquirentes em relação a, pelo menos, três prestações do preço da construção[26]. A Lei 13.465/2017, por sua vez, que incluiu os artigos 7º-A, B e C na Lei 11.977/09 – que trata do Programa Minha Casa, Minha vida (PMCMV) e da regularização da propriedade fiduciária do fundo de arrendamento residencial (FAR) – também permite o procedimento de execução extrajudicial. A citada legislação determina que, após a intimação do mutuário devedor para a purga da mora, seja consolidada a propriedade fiduciária em nome do FAR, nos casos de inadimplência superior a noventa dias[27].

Contribuindo para a missão de acelerar os processos de recuperação de imóveis de inquilinos inadimplentes, sem intervenção do judiciário, soma-se às legislações existentes, o projeto de Lei 3.999/2020[28], em trâmite na Câmara dos Deputados. Referido projeto dispõe sobre a possibilidade de despejo e consignação extrajudicial de chaves, com o objetivo de promover alterações na lei do inquilinato. Seguindo os passos da lei de alienação judiciária em garantia, o PL 3.999/20 pretende delegar

---

24. SUPREMO TRIBUNAL FEDERAL. RE 627.106, j. 08 abr. 2021. Voto Ministro Dias Toffoli. Disponível em: re-627106-voto-relator.pdf (conjur.com.br). Acesso em: 10 maio 2021.
25. SUPREMO TRIBUNAL FEDERAL. RE 627.106, j. 08 abr. 2021. Voto Ministro Marco Aurélio Melo. Disponível em: re-627106-marco-aurelio.pdf (conjur.com.br). Acesso em: 10 maio 2021.
26. Art. 63. É lícito estipular no contrato, sem prejuízo de outras sanções, que a falta de pagamento, por parte do adquirente ou contratante, de 3 prestações do preço da construção, quer estabelecidas inicialmente, quer alteradas ou criadas posteriormente, quando fôr o caso, depois de prévia notificação com o prazo de 10 dias para purgação da mora, implique na rescisão do contrato, conforme nêle se fixar, ou que, na falta de pagamento, pelo débito respondem os direitos à respectiva fração ideal de terreno e à parte construída adicionada, na forma abaixo estabelecida, se outra forma não fixar o contrato.
§ 1º Se o débito não fôr liquidado no prazo de 10 dias, após solicitação da Comissão de Representantes, esta ficará, desde logo, de pleno direito, autorizada a efetuar, no prazo que fixar, em público leilão anunciado pela forma que o contrato previr, a venda, promessa de venda ou de cessão, ou a cessão da quota de terreno e correspondente parte construída e direitos, bem como a sub-rogação do contrato de construção.
27. BRASIL. Lei 13.465 de 11 de julho de 2017. Disponível em: L13465 (planalto.gov.br). Acesso em: 10 maio 2021.
28. Para mais, Cf.: Projeto de Lei (camara.leg.br). Acesso em: 10 maio 2021.

para os cartórios o poder de promover o despejo nos casos de rescisão motivada por falta de pagamento[29].

Não diretamente relacionados à execução, mas na linha da consensualidade, carro chefe da desjudicialização, tem-se o art. 572, CPC/15 que estabelece a possibilidade de realização de demarcação e divisão de terras particulares por procedimento administrativo, desde que maiores, capazes e concordes todos os interessados. Há, ainda, o procedimento de regularização fundiária, que permite a titulação coletiva de centenas e até milhares de imóveis de uma só vez, independentemente do ajuizamento de inúmeras ações de usucapião (Lei 13.465/17). Também se cita o art. 1071, CPC/15 que incluiu o art. 216-A na lei de registros públicos permitindo a realização de usucapião extrajudicial. E, em matéria de famílias e sucessões, desde a Lei Federal 11.441/2007, é possível se realizar inventário, partilha, separação e divórcio consensuais através de escritura pública, em cartórios de notas.

Além de todas essas iniciativas, Flávia Hill cita a existência de outras propostas de desjudicialização, não necessariamente conectadas à execução, como:

> (...) a possibilidade de alteração, diretamente no cartório de Registro Civil de Pessoas Naturais, de prenome e sexo no registro de nascimento em virtude de transexualidade (Provimento 73/2018 do CNJ), a averbação da paternidade ou maternidade socioafetiva diretamente perante o cartório de Registro Civil de Pessoas Naturais (Provimento 83/2019 do CNJ) e a retificação extrajudicial de registro público (nova redação dada ao artigo 110, da Lei Federal 6.015/1973, pela Lei Federal 13.484/2017) (....). (...) a consignação em pagamento extrajudicial (artigo 539, §§ 1º a 4º, CPC/2015), a homologação do penhor legal extrajudicial (artigo 703, § 2º, CPC/2015), (...), a dispensa de homologação, pelo Superior Tribunal de Justiça, de sentença estrangeira de separação e divórcio puros (artigo 961, § 5º, CPC/2015 e Provimento 53/2016 do CNJ). [Além disso, o CPC/15 deixa clara] (...) a importância das atividades extrajudiciais para o processo judicial, ao prever, ad exemplum tantum, a Ata Notarial como meio de prova típico (artigo 384, CPC/15), a possibilidade de averbação premonitória (artigo 828, CPC/15), o protesto de decisão judicial transitada em julgado (artigo 517, CPC/15), e a penhora de imóvel devidamente matriculado por termo nos autos (artigo 845, §1º, CPC/15)[30].

Ainda de acordo com a autora, o fenômeno da desjudicialização, no Brasil, desenvolve-se em uma "perspectiva bifronte": de um lado avança nos procedimentos de jurisdição voluntária, nos quais enfrenta menor resistência e; de outro, desafia os procedimentos de jurisdição contenciosa, tendo boa aceitação no que se refere aos incentivos à mediação extrajudicial e arbitragem (Leis 9.307/96 e 13.129/15)[31].

---

29. VIANA, Aurélio; PAOLINELLI, Camilla. Acesso à Justiça sem Justiça: os paradoxos do movimento de desjudicialização. In: OMMATI, José Emílio Medauar et al (Coord.). *Pensando o Direito*: Belo Horizonte: Conhecimento, 2021. v. 4 (no prelo).
30. HILL, Flávia Pereira. Desjudicialização e acesso à justiça além dos tribunais: pela concepção de um devido processo legal extrajudicial. *Revista Eletrônica de Direito Processual – REDP.* Rio de Janeiro. ano 15. v. 22. n. 1. P. 384-385, jan.-abr. 2021.
31. Ibidem, p. 385-386.

Mesmo que existam inegáveis benefícios decorrentes da desjudicialização em procedimentos que são considerados seu *habitat natural*, como afirmado por Hill[32], o movimento de retirada de atos executivos da tutela do judiciário tem avançado a passos largos não só em matéria de direito imobiliário, quanto, mais recentemente, caminha para a desjudicialização das execuções civil e fiscal.

3. COMO AS REFORMAS LEGAIS EM CURSO PRETENDEM DESJUDICIALIZAR A EXECUÇÃO

As tendências desjudicializadoras verificadas no sistema processual brasileiro, especialmente nas últimas décadas, parecem indicar para uma predisposição à retomada de uma noção de que a jurisdição pode ser compartilhada com agentes externos ao Judiciário, sobretudo no tocante às causas que envolvam a retomada de bens imóveis. Repassam-se aos delegatórios de serventias notariais os poderes de promover atos de retomada e de expropriação de bens, condutas que antes eram prerrogativas exclusivas do poder judiciário, especialmente em virtude do disposto no art. 5º, LIV[33] da CF/88. Tudo isso sob a justificativa de que é necessário superar um modelo de processo hiperpublicista, disponibilizando às pessoas uma espécie de privatismo mediado[34], em que são oferecidas alternativas de enxugamento da atividade do Judiciário e portas negociais de autotutela sub-rogatória da vontade dos devedores.

Quando o assunto é execução, os projetos de Lei 6.204/19 e 4257/19 que tratam da desjudicialização da execução civil e da execução fiscal, respectivamente, são um prenúncio concreto das mudanças que estão por vir. Apesar dos referidos projetos não tratarem de nenhuma proposta de implementação de novas tecnologias, tentam promover o deslocamento dos atos executivos para fora do Judiciário, no caso do primeiro projeto para o Tabelião de Protesto e, do segundo, para a própria Administração Pública. Estes se tornariam agentes de execução, encarregados de conduzir a execução extrajudicial e de praticar atos de citação do executado, efetivação de penhora e outros atos de expropriação[35]. Seria mais um passo em direção à desjudicialização e à consolidação de uma justiça multiportas que exige, no entanto, atenção redobrada, assim como ocorre nos casos de desjudicialização para a retomada de bens no sistema financeiro de habitação.

No tocante aos procedimentos de execução administrativa relacionados à recuperação de bens, representados especialmente pelas execuções hipotecárias e de alienação fiduciária em garantia já existentes, o que preocupa é que tais procedi-

---

32. Ibidem, p. 385.
33. Art. 5º (...) LIV – ninguém será privado da sua liberdade ou dos seus bens sem o devido processo legal.
34. DIDIER Jr., Fredie; GODINHO, Robson Renault. Resenha da obra: Convenções Processuais de Antônio do Passo Cabral. *Revista de processo*. São Paulo: Ed. RT, v. 254, abr. 2006. Disponível em: RPro_n.254.27.PDF (mpsp.mp.br). Acesso em: 25 fev. 2021.
35. Conforme arts. 3º e 4º do PL 6.204/19.

mentos afetam, diretamente, o direito fundamental à moradia. Estão intrinsecamente relacionados à garantia de dignidade e repercutem diretamente na interpretação que se confere à função social dos contratos (e da propriedade) e na limitação da possibilidade de revisão por onerosidade excessiva[36].

Obviamente, não se retira do judiciário a possibilidade de examinar impugnações que decorrem destas execuções administrativas, mas limita-se o acesso, privilegiando-se a parte credora, litigante habitual, com capital e poder de barganha, em detrimento da parte mais fraca da relação.

No tocante às propostas de desjudicialização da execução civil e fiscal, encampadas tanto pelo PL 6.204/19 quanto pelo PL 4.257/19, o problema é que não se preocupam em resolver o principal ponto de tensão dos procedimentos executivos, a saber: a localização, constrição e expropriação de bens do devedor.

A delegação dos atos de citação, penhora e expropriação de bens às serventias notariais ou à administração pública, como ocorre nos dois projetos, não corrige as principais dificuldades do sistema de recuperação de crédito brasileiro que consistem na identificação de patrimônio que possa fazer frente à execução e em políticas para a prevenção ou punição de fraudes praticadas pelo devedor.

Em especial o PL 6.204/19, trata de um ponto delicadíssimo para a garantia do devido processo. É que o art. 21 do mencionado projeto prevê que decisões do agente de execução que, eventualmente, tragam prejuízo às partes poderão ser impugnadas por meio de suscitação de dúvida perante o agente da execução. Ocorre que, caso não haja reconsideração, o agente de execução encaminhará a suscitação de dúvida formulada pelo interessado para o juízo competente para julgamento, sendo que a decisão a ser tomada não será passível de recurso.

Trata-se de uma preocupante limitação da ampla defesa por dois motivos. Primeiro, porque se condiciona o acesso ao judiciário ao prévio requerimento formulado junto à serventia notarial; segundo porque, ainda que a impugnação venha a parar no judiciário, a decisão que a resolve será irrecorrível, em flagrante violação do direito à interposição de agravo de instrumento, assegurado pelo parágrafo único do art. 1015, CPC/15.

A disposição é perigosa sobretudo porque questões como gratuidade de justiça, incorreção de penhora ou avaliação, reconhecimento de prescrição intercorrente, quando e se chegarem ao judiciário, serão apreciadas em instância única, sem direito à revisão. Trata-se de claro condicionamento à garantia do devido processo e ao direito constitucional ao recurso.

Outro ponto que preocupa diz respeito ao fato de o PL 4.257/19 pretender delegar à administração pública, titular dos créditos tributários, uma espécie de poder de

---

36. VIANA, Aurélio; PAOLINELLI, Camilla. O acesso à Justiça sem justiça. *Revista Consultor Jurídico – Conjur*, 05 nov. 2020. Disponível em: ConJur - Viana e Paolinelli: O acesso à Justiça sem justiça. Acesso em: 10 maio 2021.

autotutela executória. Apesar de ser um passo importante para abreviar a cobrança pela Fazenda, o fato de o procedimento ser conduzido quase que exclusivamente pelo credor, pode acarretar prejuízos ao contribuinte, uma vez que este ficará "nas mãos da parte interessada na arrecadação" e, portanto, não será tratado, necessariamente, de maneira imparcial[37]. Araújo e Franco alertam que, apesar de não haver obstáculo constitucional ou legal para a autotutela executiva por parte da administração, que é reforçada pela própria autoexecutoriedade dos atos administrativos, para se permiti-la em relação aos créditos fiscais deve-se garantir que seja "respeitado o devido processo administrativo e assegurada a possibilidade de controle judicial *a posteriori*, inclusive para aferição da proporcionalidade e adequação do emprego da medida executiva (artigo 2º, parágrafo único, VI, da Lei 9.784/1999)[38]". Os autores também alertam, na linha do que vimos sustentando, que a maior crítica que deve ser feita ao PL 4.257/19 se dá porque aparentemente a proposta se preocupa em apenas transferir o problema de lugar, sem enfrentar as causas reais que travam a recuperação de créditos e a satisfação forçada das obrigações, a saber: a localização do devedor, a investigação patrimonial e o combate às fraudes[39].

Portanto, ao que nos parece, as propostas de reforma da execução que pretendem desjudicializá-la, orientam-se no sentido de não enfrentar propriamente os gargalos reais que provocam congestionamento e morosidade excessiva nos procedimentos de recuperação de crédito.

Algumas outras iniciativas de desjudicialização em curso merecem ser citadas, apesar de não necessariamente relacionadas à execução.

Nessa linha, está em curso na Câmara dos Deputados o PL 533/2019. Referido projeto pretende alterar a redação dos arts. 17 e 491 do CPC/15 para colocar como condição para verificação de interesse processual, o exame da efetiva resistência do réu em satisfazer a pretensão do autor. Na justificativa do mencionado projeto, percebe-se que a preocupação está diretamente relacionada às demandas de consumo. Pretende-se a caracterização da chamada pretensão resistida, apenas quando ficar evidenciado que o autor procurou por vias autocompositivas de solução extrajudicial do conflito, como, aliás, já vêm sendo decidido por alguns tribunais, a exemplo do TJMG.

O NUPEMEC do mencionado tribunal, em fevereiro do corrente ano, publicou orientação[40] direcionando juízes e desembargados a exigirem que as partes, antes

---

37. MASCITTO, Andrea. SANTOS, Stella Oger. Possibilidade de execução administrativa da Dívida Ativa – alterações propostas pelo PL 4.257. *Migalhas*, 30 jun. 2020. Disponível em: Possibilidade de execução administrativa da dívida ativa – Alterações ... – Migalhas. Acesso: 15 maio 2021.
38. Op. cit.
39. Ibidem.
40. De acordo com o Núcleo: "Nas ações em que for admissível a autocomposição, a exigência de prévia comprovação da tentativa de negociação poderá ser considerada como condição para aferição do interesse processual, cabendo ao juiz suspender o feito, por prazo razoável, para que a parte comprove tal tentativa." (TRIBUNAL DE JUSTIÇA DE MINAS GERAIS. Orientação do NUPEMEC – 3ª Vice-presidência 01/2020, DJ 18 fev. 2021. Disponível em: ORIENTAÇÃO DO NUPEMEC - 3ª VICE PRESIDÊNCIA 01/2020 | Novo Portal TJMG. Acesso em: 17 maio 2021).

de recorrerem ao Judiciário, submetam-se a tentativas de acordo para a aferição do interesse de agir.

Numa proposta que nos parece mais adequada, desde outubro de 2019, vem sendo executado um projeto piloto que permite a integração das plataformas do PJE e consumidor.gov.br, inicialmente no Tribunal Regional Federal de 1ª Região e no Tribunal de Justiça do Distrito Federal e Territórios. De acordo com o CNJ, a iniciativa possibilita que o cidadão que tem processo em tramitação no PJe tenha a possibilidade de realizar uma negociação online, sem que isso atrase ou interfira no andamento da ação. Ao manifestar interesse na busca pelo entendimento, a empresa tem um prazo de até dez dias para entrar em contato, prestar esclarecimentos ou propor acordo. Após a resposta da empresa, o autor da ação informa se o problema foi resolvido ou não[41].

Todas as situações pontuadas demonstram como o direito processual civil brasileiro vem se transformando para fortalecer alternativas desjudicializadoras. Inicialmente, sem qualquer apoio de tecnologia, e, mais recentemente, pensando em alternativas tecnológicas que podem facilitar a resolução de conflitos, apesar de o emprego de tecnologia não estar presente nos projetos legislativos que discutem a desjudicialização da execução.

Porém, todo este movimento deve ser refletido com reservas, porque corre-se o risco de não estar se ofertando ao cidadão nenhuma alternativa que realmente importe numa solução adequada para o seu conflito. Pelo menos do ponto de vista institucional, as justificativas da desjudicialização têm sido muito mais de redução do acervo e despesas que, propriamente, a melhoria de satisfação do cidadão dentro de uma perspectiva de experiência do usuário e direcionadas ao fortalecimento de um sistema multiportas de cariz redistributivo.

Por isso, é necessário se pensar em novos formatos, novos designs tecnológicos que possam, de fato, viabilizar soluções concretas para os principais problemas enfrentados na execução, sem se descuidar dos interesses do cidadão e da observância do devido processo.

4. DESJUDICIALIZAÇÃO DA EXECUÇÃO ATRAVÉS DAS NOVAS TECNOLOGIAS DIGITAIS E OS NOVOS DESIGNS DA EXECUÇÃO

4.1 Compreendendo o *design*

A palavra *design* carrega importante ambiguidade e impureza semântica. Pode representar tanto um rabisco disforme de uma criança quanto remeter à ideia de criação divina (*intelligent design*)[42]. No senso comum, geralmente é associado à

---

41. CONSELHO NACIONAL DE JUSTIÇA. *Projeto piloto marca integração entre PJe e Consumidor.gov.br*, 8 out. 20219. Disponível em: Projeto piloto marca integração entre PJe e Consumidor.gov.br - Portal CNJ. Acesso em: 10 maio 2021.
42. O *intelligent design* é uma proposta pseudocientífica baseada no criacionismo e atribuída a Charles Thaxton. Em síntese, por trás dos organismos vivos, ao invés de caos e evolução, há uma força criadora. Conferir:

estética, isto é, firma-se uma falsa noção de que a missão do designer se resume à feitura de objetos bonitos. Tal compreensão é errônea, pois, como já se afirmou, não se trata do mero apego à estética, mas a busca pela funcionalidade[43]. Aliás, para que se possa desfazer tal associação, alguns artistas recorrem ironicamente à criação de objetos bonitos, porém, inúteis, tal como a "cafeteira de Carelman para masoquistas".[44]

A indicação etimológica da palavra, desde que devidamente complementada, auxilia na extração de uma noção de *design*. Pela clareza da exposição, transcreve-se Denis:

> A origem imediata da palavra está na língua inglesa, na qual o substantivo design se refere tanto à ideia de plano, desígnio, intenção, quanto à de configuração, arranjo, estrutura (e não apenas objetos de fabricação humana, pois é perfeitamente aceitável, em inglês, falar do design do universo ou de uma molécula). A origem mais remota da palavra está no latim *designare*, verbo que abrange ambos os sentidos, o de designar e o de desenhar. Percebe-se que, do ponto de vista etimológico, o termo já contém nas suas origens uma ambiguidade, uma tensão dinâmica, entre um aspecto abstrato de conceber/projetar/atribuir e outro concreto de registrar/configurar/formar. A maioria das definições concorda que o design opera a junção desses dois níveis, atribuindo forma material a conceitos intelectuais. Trata-se, portanto, de uma atividade que gera projetos, no sentido objetivo de planos, esboços ou modelos[45].

À medida que o mundo se torna mais complexo, os propósitos de *design* se ampliam[46]. Ademais, surge a ideia de *design thinking*, que expande a noção anterior, vez que aplicável às mais diversas áreas do conhecimento humano, rompendo com a mera associação entre conceitos intelectuais e objetos. O *design thinking* não se resume à uma rígida metodologia,[47] e deve, ao contrário, ser visualizado como uma abordagem centrada no ser humano e "procura solucionar problemas complexos através de processos, perspectivas e metodologias, colocadas em prática por designers".[48]

Por sua vez, o *design* é absorvido no âmbito do Direito, proporcionando a incorporação de novas tecnologias e novos modos de solução de problemas com foco na experiência do usuário[49]. Trata-se do *legal design* que, embora não possua definição

---

HENTGES, Cristiano Roberto; ARAÚJO, Aldo Mellender de. *Uma abordagem histórico-crítica do Design Inteligente e sua chegada ao Brasil*. Filosofia e História da Biologia, v. 15, n. 1, p. 01-19, 2020.

43. NUNES, Dierle José Coelho; RODRIGUES, Larissa Holanda Andrade. O contraditório e sua implementação pelo design: design thinking, legal design e visual law como abordagens de implementação efetiva da influência. In: NUNES, Dierle; LUCON, Paulo Henrique dos Santos; WOLKART, Erik Navarro (Org.). *Inteligência Artificial e Direito Processual: Os Impactos da Virada Tecnológica no Direito Processual*. 2. ed. Salvador: JusPodivm, 2021, v. 1, p. 312.
44. NORMAN, Donald A. *O design do dia-a-dia*. Rio de Janeiro: Rocco, 2006, p. 26.
45. DENIS, Rafael Cardoso. *Uma introdução à história do design*. São Paulo: Edgard Blücher, 2000, p. 16.
46. CARDOSO, Rafael. *Design para um mundo complexo*. São Paulo: Ubu Editora, 2016, (versão eletrônica sem paginação).
47. NUNES; RODRIGUES, op. cit., p. 313-314.
48. PEREIRA, Filipe; MONTEIRO, Marisa. Legal design: instrumento de inovação legal e de acesso à Justiça. In: MALDONADO, Viviane Nóbrega; FEIGELSON, Bruno (Coord.). *Advocacia 4.0*. São Paulo: Thomson Reuters Brasil, 2019, p. 115.
49. "O legal design pode ser traduzido como design jurídico, pois é a junção do Direito ao Design e suas técnicas. Os especialistas divergem acerca de seu fundamento. Se oriundo do design thinking ou se utiliza deste como

precisa, engloba o *legal design thinking, contract design, client design, service design* e *litigation design*.[50]

É importante registrar também que o *visual law* não deve ser confundido com *legal design*, embora se trate de uma das suas técnicas de destaque[51], "que conecta a linguagem escrita à visual e/ou audiovisual para transmitir uma mensagem com maior efetividade, facilitando o acesso à informação"[52].

Importa perceber que o Direito vem cada vez mais assimilando novas propostas de design, sobretudo porque já ficou evidenciada a incapacidade de a jurisdição ser exercida com celeridade se mantidos os velhos formatos, notadamente porque as relações sociais e o modo de contratação se tornam mais numerosos, dinâmicos e céleres, o que é acentuado pelas novas tecnologias, ao permitirem maior interação entre usuários de plataformas, sites, aplicativos.

Na atualidade, com o aproveitamento de novas tecnologias e técnicas de *design*, pode-se cogitar que um dos auxiliares dos designers das múltiplas portas de acesso à justiça[53] deve ser o próprio usuário, pois, mais do que poder escolher a melhor técnica de resolução do seu conflito, tem condições de participar mais ativamente da formatação da técnica de solução, algo que passa por adaptações procedimentais decorrentes das convenções processuais, calendarização e também pela adoção de novos DSD (*dispute system design*), que corresponde à utilização de arte e ciência para criar meios de prevenção, gerenciamento e resolução de disputas ou conflitos[54].

Perceba-se que o *design* se afasta da percepção coloquial de ser uma etapa final no processo de produção para obter embelezamento (*v.g.* de um produto) e se torna uma abordagem essencial desde o início na própria prototipação de soluções mediante

---

método para a sua aplicação. Todavia, se pensamos em design thinking como o estabelecimento do design em áreas que não se utilizariam dele por natureza, impende concluir que estão absolutamente conectados." NUNES; RODRIGUES, ibidem, p. 316.

50. PEREIRA et al, ibidem, p. 121.
51. Como já se afirmou: "Dentre as técnicas contidas no Legal Design, aquela que mais se destaca é o visual law (direito hipoermodal), diante da sua possibilidade de aplicação nos documentos jurídicos. Assim, é a utilização de técnicas que conectam a linguagem escrita com a linguagem visual ou audiovisual, o que é possível a partir do avanço tecnológico e, por consequência, dos novos meios que estão à disposição dos operadores do Direito. Essa aplicação "visual" não está relacionada apenas com a estética do documento. O cerne principal é a funcionalidade da imagem/áudio para uma maior efetividade do acesso à informação que se pretende transmitir. É preciso salientar, nessa medida, que o visual law não deve ser utilizado, exclusivamente, como técnica de redução de texto com desenhos mais bonitos". NUNES; RODRIGUES, op. cit., p. 319.
52. NUNES, Dierle; ALMEIDA, Catharina. *O design como auxiliar da efetividade processual no Juízo 100% Digital.* Consultor Jurídico. v. 13052021. Acesso em: 14 maio 2021.
53. Referimo-nos a Frank Sander que, em 1976, forneceu as bases para o que hoje é chamado de Multi-door Courthouse. Conferir: NUNES, Dierle; BAHIA, Alexandre; PEDRON, Flávio Quinaud. *Teoria geral do processo.* Com comentários sobre a virada tecnológica no direito processual. Salvador: Editora JusPodivm, 2020, p. 375-376.
54. AMSLER, Lisa Blomgren; SMITH, Stephanie E.; MARTINEZ, Janet. *Dispute System Design:* Preventing, Managing, and Resolving Conflict. Stanford: Stanford University Press, 2020, p. 7.

a experiência do usuário e criando interfaces adequadas para que este, no caso do sistema processual, dimensione abordagens mais adequadas para resolver conflitos ou satisfazer seus direitos com ampliação dos benefícios de emprego da nova forma. Não se impõe, se oferta melhor *usabilidade*.

Isso também fica evidenciado com a possibilidade de reformulação da execução através de novos desenhos que invocam a desjudicialização e o deslocamento de atos executivos para outros agentes. E, num sentido ainda pouco explorado, pelo uso de *smart contracts*, com características de autoexecutividade, o que decorre da contratualização da lei[55] e serviria para efetivar a desjudicialização da execução em patamares nunca vistos, muito embora não se possa ignorar os riscos inerentes a um ambiente em que há imensa disparidade informacional.

4.2 Design como procedimento e o atual design da execução

Se pensarmos em *design* como metodologia, plano ou até mesmo como desenho, fica evidente a sua correlação com os procedimentos jurídicos, inclusive os judiciais executivos, na medida em que se enxerga uma coordenação, organização de atos processuais numa estrutura lógica dividida em fases ou etapas[56]. Aliás, o plano ou desenho procedimental é facilmente visualizado pela adoção de fluxogramas, tal como faz Theodoro Júnior[57]. O assunto remete à diferenciação entre processo e procedimento,[58] mas como o mesmo já foi abundantemente debatido pela doutrina, não nos ocuparemos desse aspecto.[59]

---

55. GUIMARÃES, Luíza Resende; CASTRO, Maria Clara Versiani de. Afinal, smart contracts são contratos? Natureza jurídica a partir de uma leitura sociológica. In: CHAVES, Natália Cristina; COLOMBI, Henry (Org.). *Direito e tecnologia: novos modelos e tendências*. Porto Alegre: Editora Fi, 2021, p. 42.
56. NUNES; BAHIA; PEDRON, op. cit., p. 560.
57. THEODORO JÚNIOR, Humberto. *Curso de Direito Processual Civil:* Teoria geral do direito processual civil, processo de conhecimento e procedimento comum. 56. ed. rev. atual. e ampl. Rio de Janeiro: Forense, 2015, v. I, p. 732. É claro que se sabe que o uso de fluxogramas representa um recurso didático, utilizado por Theodoro Júnior para melhor elucidação de outros temas não circunscritos ao procedimento. Entretanto, insista-se, o seu uso para explicação dos tipos distintos de procedimentos não deixa dúvidas sobre a existência daquele plano ou desenho legal.
58. NUNES; BAHIA; PEDRON, op. cit., p. 557-571; MORATO, Antônio Carlos. *Procedimentos especiais*. 16. ed. rev., atual. e ampl. São Paulo: Atlas, 2016, p. 69-73; LEAL, Rosemiro Pereira. *Teoria geral do processo*: primeiros estudos. 14. ed. Belo Horizonte: Fórum, 2018, p. 151-152.
59. "Detenhamo-nos inicialmente sobre a estrutura procedimental. Como ressaltado, cada norma que concorre para constituir a sequência chamada "procedimento" descreve – a exemplo de qualquer norma e do seu modo de apresentar-se na experiência humana – uma certa conduta (por exemplo, a que consiste em mover uma ação na administração pública, ou a que consiste na emanação do provimento por parte da mesma) e a qualifica como "direito" ou como "obrigação" (a primeira conduta exemplificada é direito, a segunda é obrigação). [...] Esclarecido isso, a estrutura do procedimento se obtém quando se está diante de uma série de normas (até a reguladora de um ato final, frequentemente um provimento, mas pode-se tratar também de um simples ato), cada uma das quais reguladora de uma determinada conduta (qualificando-a como direito ou como obrigação), mas que enuncia como pressuposto da sua própria aplicação, o cumprimento de uma atividade regulada por uma outra norma da série". FAZZALARI, Elio. *Instituições de direito processual*. Campinas: Bookseller, 2006, p. 113-114.

Importante é que já se fala no processualista como um construtor de arranjos ou um desenhista de procedimentos, a quem Faleck chama de designer de sistemas de resolução de conflitos.[60]

Ocorre que é forçoso reconhecer que o atual desenho da execução é predominantemente focado no Judiciário, embora haja algumas tentativas, até antigas, de criação de novos desenhos, com o consequente deslocamento da atividade executiva para esferas fora do judiciário[61]. Poder-se-ia indicar um desenho da execução no Brasil, que, embora muito singelo[62], remete à atual dinâmica de funcionamento:

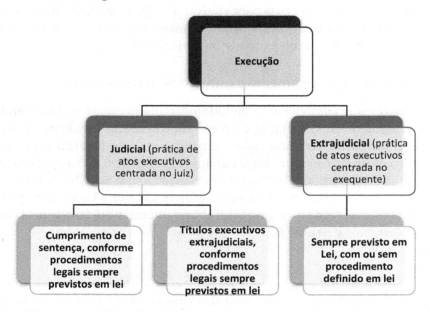

Sabe-se, realmente, que o atual design da execução é centrado na prática de atos por parte do juiz, o que acaba se justificando pelo caráter substitutivo e coercitivo da jurisdição, na medida em que, havendo patrimônio do executado e o desempenho diligente por parte do exequente, cedo ou tarde haverá a satisfação do crédito.

---

60. FALECK, Diego. *Manual de design de sistemas de disputas*: criação de estratégias e processos eficazes para tratar conflitos. Rio de Janeiro: Lumen Iuris, 2018, p. 30-31 (versão eletrônica).
61. "Isso porque, como se sabe, nos últimos 15 anos, o ordenamento jurídico brasileiro agasalhou diversas normas desjudicializadoras, [...] como a venda extrajudicial, pelo credor pignoratício, da coisa empenhada (art. 1.433, IV, do CC/02), o leilão extrajudicial de cota de terreno e correspondente parte construída na incorporação pelo regime de administração (art. 63 da Lei 4.591/64), a execução extrajudicial de cédula hipotecária (Decreto-lei 70/66) e a venda, em bolsa de valores, das ações do acionista remisso (art. 107, II, da Lei 6.404/76), entre outros.". FARIA, Márcio Carvalho. Primeiras impressões sobre o Projeto de Lei 6.204/2019: críticas e sugestões acerca da tentativa de se desjudicializar a execução civil brasileira (parte um). *Revista de Processo* | v. 313/2021 | p. 393 - 414 | Mar. / 2021 (versão eletrônica).
62. Adverte-se que se trata de apenas um recurso didático, tendo em vista que o desenho completo da execução é bastante complexo e não pode ser reproduzido aqui, pois seriam páginas e páginas para indicação das diversas modalidades de execução, tais como a execução de obrigação de pagar quantia certa, obrigação de prestar alimentos, obrigação de entregar coisa, execução contra a Fazenda Pública, dentre tantos outros.

Claro, é preciso reconhecer que o desenvolvimento de novos designs para o processo de execução passa pela dificuldade óbvia da habitual ausência de colaboração e interesse do executado, vez que este, não raras vezes, tenta inclusive ocultar os seus bens de forma a tornar infrutífera a execução. Para o executado, muitas vezes, o melhor desenho da execução é aquele que lhe preserve os bens, isto é, o desenho bom é aquele ineficiente. Portanto, o cenário de fundo é bem distinto do processo de conhecimento, em que o título executivo ainda não foi formado e que abre maior espaço à alocação de energia em elementos consensuais.

Perceba-se que a criação de novos desenhos passa por uma complexa metodologia que viabilize a sua formatação, incluindo-se uma fase de pré-desenho na qual importa formular e responder algumas perguntas, tais como: 1) qual o propósito do procedimento; 2) quais os valores o procedimento deve englobar?; 3) quem deve ser envolvido e por que as partes elegíveis devem ser tratadas de forma diferente de outras em situações semelhantes?; 4) por que as instituições procedimentais existentes são inadequadas para lidar com esses casos?[63] E os métodos de *dispute system design* – não necessariamente correlacionados com a execução – são variados, podendo-se citar a negociação direta, coaching de conflito, *partnering*, *minitrials* dentre outros[64].

Como já explorado, a fase atual da execução tem como tônica a desjudicialização. Todavia, as formas de desjudicialização da execução até então pensadas, não levam em consideração a possibilidade de estruturação de arquiteturas que possam aproveitar o uso de tecnologias inovadoras e, com isso, possam vir a reconfigurar todo o sistema.

4.3 Novos designs tecnológicos para a execução: a proposta de desjudicialização dos *smart contracts*

Os novos desenhos para a execução podem ser pensados sobretudo em função dos preocupantes números que indicam a falência do tradicional processo de execução, inclusive sem expressa previsão legal, como é o caso, na Itália, do pacto marciano, que se apresenta como uma técnica autoexecutiva, ulteriormente incorporada ao ordenamento jurídico daquele país.[65]

---

63. FALECK, op. cit., p. 99. (versão eletrônica).
64. AMSLER et al, op. cit., p. 44-51.
65. "O pacto marciano, admitido pela jurisprudência mesmo sem previsão legal, como forma de autotutela executiva, veio a ser disciplinado legalmente em 2016, em normativa setorial, com alteração do texto único das leis em matéria bancária e creditícia (TUB) pelo Decreto Legislativo 72/2016, no âmbito do crédito imobiliário; e pelo Decreto Legislativo 59/2016, convertido depois na Lei 119/2016, no âmbito do crédito para empresas, dando cobertura legal ao pacto marciano e evitando definitivamente o argumento de ilegalidade por violação ao pacto comissório. Permite-se, em ambas as hipóteses, ao banco financiador, em caso de inadimplemento do mutuário, adquirir diretamente o bem imóvel de propriedade do mutuário ou de um terceiro, para satisfazer coativamente seu crédito, assentada a necessidade de repassar ao mutuário eventual valor excedente do bem em comparação ao valor do crédito". THEODORO JÚNIOR, Humberto; ANDRADE, Érico. Novas perspectivas para atuação da tutela executiva no direito brasileiro: autotutela executiva e "desjudicialização" da execução. *Revista de Processo* | v. 315/2021 | p. 109 -158 | Maio / 2021 (versão eletrônica). No Brasil, uma técnica assemelhada é a da consolidação da propriedade fiduciária e consequente possibilidade de alienação do imóvel, conforme Lei 9.514/97.

Como já dito, importante tendência vem traduzindo o movimento de desjudicialização. Isso já ocorre claramente no modelo francês, com a figura do huissier, e, no modelo português, com o agente de execução, que serviram de clara inspiração ao PL 6.204/19.[66] Uma vez aprovada a proposta no Brasil, ter-se-á, induvidosamente, um novo formato para o procedimento de execução, com o deslocamento dos atos para o agente de execução, incluindo-se a penhora de bens e expedição de certidões diversas para averbação no registro competente[67]. A nova proposta de arquitetura para a execução civil, porém, não se aproveita devidamente do potencial ofertado pelas novas tecnologias digitais. Mais à frente examinaremos algumas sugestões construídas a partir desse aproveitamento.

Ademais, o problema da execução pode se agravar no âmbito expansivo dos meios online de resolução de conflitos (*ODR – online dispute resolution*) privados. Como pontua em síntese Koulu:[68]

> Além da falta de padrões uniformes de devido processo, outro problema não resolvido em relação ao ODR é o da execução. Sem uma forma de forçar o cumprimento de uma decisão, a decisão fica praticamente sem efeito. Embora o cumprimento voluntário seja possível, um mecanismo de reparação eficaz é necessário para forçar o cumprimento, caso a decisão final alcançada no processo de ODR não seja seguida voluntariamente. *Várias soluções para fazer cumprir as decisões de ODR foram desenvolvidas na prática*. Uma opção muito discutida seria fazer cumprir as decisões do ODR como sentenças arbitrais por meio dos tribunais públicos. Outras opções mais suaves de forçar a conformidade variam de *avaliações de usuários a estornos e serviços de garantia*. Uma solução mais intrusiva é a aplicação direta pelo site de comércio eletrônico, que requer uma interface próxima entre o mercado, o método de pagamento e o serviço ODR. [...]. Foi sugerido que as decisões tomadas em procedimentos de ODR poderiam *ser executadas como sentenças arbitrais* usando a amplamente aplicada Convenção de Nova York de 1958. A execução como sentenças arbitrais significaria que as decisões de ODR seriam executadas por meio do mecanismo oficial de execução de cada estado-nação. Antes de conceder acesso à execução, o tribunal nacional examina sumariamente a decisão e a execução pode ser recusada por certos motivos. No entanto, não está claro se ODR poderia de fato ser interpretado como arbitragem. Formas alternativas de encorajar o cumprimento foram desenvolvidas: por exemplo, muitos sites de comércio eletrônico operam por meio de sistemas de *avaliação do usuário*, onde compradores e vendedores podem deixar comentários públicos sobre suas transações após a conclusão. A lógica é que compradores e vendedores com as melhores avaliações de usuários recebam mais transações futuras. A desvantagem dos sistemas de revisão do usuário é que eles não fornecem reparação para casos individuais, mas tentam modificar o comportamento futuro. A possibilidade de críticas falsas ou má-fé também deve ser considerada. Além dos sistemas de revisão do usuário, os *estornos* são outro mecanismo para incentivar a conformidade.

---

66. "Uma das principais medidas foi permitir que o agente chamado huissier de justice, profissional liberal investido de parcela da autoridade pública – e, por isso, se reconhece que exerce duplo papel, de mandatário do credor e de agente público –, conduza a execução tanto de títulos executivos extrajudiciais como judiciais, tarefa que constitui legalmente monopólio do huissier que, no seu desempenho, pode obter informações sobre a situação patrimonial do devedor, a fim de realizar a tutela executiva na via extrajudicial, ponto, aliás, considerado pela doutrina como dos mais importantes para o sucesso da sua atuação". THEODORO JÚNIOR; ANDRADE, op. cit.

67. Ibidem.

68. KOULU, *Riikka*. Blockchains and Online Dispute Resolution: Smart Contracts as an Alternative to Enforcement. *SCRIPTed*. v. 13, Issue 1, May 2016, p. 44-46.

Nos mecanismos de estorno, a administradora do cartão de crédito reembolsa os pagamentos feitos com cartão de crédito caso a transação dê errado. A administradora do cartão de crédito decide sobre o reembolso e, portanto, o mecanismo está relacionado ao método de pagamento. O sistema é financiado sem pagamentos ao consumidor: os vendedores com repetidos estornos pagam taxas mais altas. A dificuldade com os estornos é que eles são usados com mais frequência nos EUA e no Reino Unido, e provavelmente requerem modificações antes de serem adequados para aplicação em mercados financeiros e na legislação em outras jurisdições. No entanto, o exemplo mais interessante de forçar o cumprimento das decisões de ODR é a possibilidade principalmente inexplorada de *execução privada direta, que é integrada com o mercado e o meio de pagamento*. Na execução privada, a infraestrutura tecnológica é aproveitada para alocar responsabilidades e obrigações sem intervenção humana, em procedimentos automatizados. O que define a execução privada é a não interferência das autoridades tradicionais de cumprimento, principalmente a ausência do monopólio do estado-nação sobre a violência. *A execução privada também é o ponto de conexão entre ODR e o potencial das tecnologias de blockchain: nenhuma interface com os tribunais públicos é necessária e a execução é parte integrante da própria relação contratual*. Um exemplo de aplicação privada em ODR pode ser encontrado na "Garantia de Devolução do Dinheiro" do eBay, embora o gigante do comércio eletrônico acentue isso como uma proteção do tipo seguro caso o comprador não receba o item pedido ou o item não corresponda à lista Descrição. Com base na garantia, o sistema do eBay reembolsa o comprador insatisfeito, caso o vendedor e o comprador não consigam chegar a uma solução por conta própria. Após o reembolso ao consumidor, o vendedor é responsável por reembolsar o valor ao eBay. Com base no Contrato do Usuário do eBay de 19.05.2016, o eBay pode solicitar ao operador de pagamento com interface PayPal que retenha os fundos da conta do vendedor para cumprir essa responsabilidade. Embora o mecanismo do eBay não seja denominado execução, ele opera com base em uma lógica semelhante à da execução privada. Ainda assim, é um dos primeiros exemplos de uso criativo de infraestrutura tecnológica e as possibilidades que este exemplo retrata são várias. Do ponto de vista da gestão de conflitos, tais mecanismos funcionam de forma semelhante à negociação preventiva: eles evitam que o conflito se transforme em uma disputa em grande escala que requer um procedimento de resolução e a aplicação separada da resolução.

Em face de todos estes contornos, é hora de avaliarmos uma forma de radical modificação da execução.

Trata-se dos *smart contracts* ou contratos inteligentes, que são "contratos" digitais autoexecutáveis e inadulteráveis. Tais contratos surgiram com Nick Szabo, na década de 90,[69] têm como um dos seus sustentáculos tecnológicos a *blockchain*[70] e se valem de

---

69. DONEDA, Bruno Nunes; FLÔRES, Henrique Pinhatti. Contratos inteligentes na blockchain: o futuro dos negócios jurídicos celebrados em códigos de programação. In: FEIGELSON, Bruno; BECKER, Daniel; RAVAGNANI, Giovani. (Coord.). *O advogado do amanhã*: estudos em homenagem ao professor Richard Susskind. São Paulo: Thomson Reuters Brasil, 2019, p. 194.
70. "O blockchain é uma tecnologia relativamente recente, cuja concepção é atribuída ao autor ou grupo de autores que publicou, sob o pseudônimo de Satoshi Nakamoto, o conceito original de um registro de transações descentralizado, aberto e sem interferência de intermediários. [...] além de criar uma rede descentralizada, o blockchain visa a permitir a realização de transações sem a necessidade de um intermediário (por exemplo, um banco) para atuar como garantidor da integridade dos registros. [...] O blockchain faz uso de funções hash para atestar a validade de um novo bloco de transações. O hash é, de forma resumida, o resultado de uma função matemática capaz de gerar um código único, que pode ser número de caracteres pré-determinado, a partir de um conjunto de informações. Assim, o hash funciona como uma assinatura digital, sendo único e imutável para qualquer conjunto de informações que seja fornecido". SILVA, Alexandre Couto; SILVA, Ricardo Villela Mafra Alves da. O blockchain como ferramenta de governança corporativa para redução de custos de agência em sociedades anônimas. In: PARENTONI, Leonardo (Coord.). GONTIJO, Bruno

códigos de programação para definir as regras da relação contratual[71], de tal sorte que, verificadas determinadas condições preestabelecidas, a execução é automática.[72] Daí já surge uma grande novidade na execução descentralizada de contratos programáveis (*smart contracts*), pois podem prescindir da necessidade de intermediários como sites de comércio eletrônico, empresas de cartão de crédito ou tribunais.[73]

Assim, o *smart contract* tem a capacidade de afastar a discricionariedade humana em relação ao desempenho das prestações e tornar o descumprimento contratual proibitivamente dispendioso[74]. Há quem diga que, dada a sua autonomia, representariam uma alternativa a todo sistema legal[75].

Registre-se que os *smart contracts* não constituem uma modalidade genuína e independente, não podendo ser equiparável à compra e venda, para ficar apenas com um exemplo[76]. Aliás, para alguns os *smart contracts* são apenas programas de computador, nada mais[77].

A noção corriqueira de que *smart contracts* se resumem a situações simplórias, tais como o seu uso em máquinas de refrigerante, é uma simplificação inadequada. Afinal, podem ser utilizados para feitura de testamentos, que são negócios jurídicos unilaterais,[78] bem como se revelam uma importante ferramenta de transferência de dinheiro ou de viabilização de *crowdfounding*, gestão de jogos, certificação de propriedade ou de direitos autorais[79] e aqui sondamos a possibilidade de que eles possam se acoplar às plataformas mediante uma execução online de disputas (*online dispute enforcement*).

Os *smart contracts*, alinhados às técnicas de *legal design* podem revolucionar o sistema de justiça quando se percebe que as partes, "ao invés de reclamarem sobre o descumprimento de determinadas obrigações, irão requerer a reversão de transações já finalizadas"[80].

Miranda; LIMA, Henrique Cunha Souza. (Org.). *Direito, tecnologia e inovação*. Belo Horizonte: Editora D'Plácido, 2018, v. 1, p. 698-699.
71. VIANA, Antônio Aurélio de Souza; PAOLINELLI, Camilla Mattos. Acesso à justiça sem Justiça: os paradoxos do movimento de desjudicialização. In: OMMATI, José Emílio Medauar; KAITEL, Cristiane da Silva (Coord.). *Pensando o direito*. Belo Horizonte: Editora Conhecimento, 2021. v. 3 (no prelo).
72. ANDRADE, Daniel de Pádua. Smart contracts: por um adequado enquadramento no direito contratual brasileiro. In: CHAVES, Natália Cristina; COLOMBI, Henry (Org.). *Direito e tecnologia*: novos modelos e tendências. Porto Alegre: Editora Fi, 2021, p. 19.
73. KOULU, *Riikka*. Blockchains and Online Dispute Resolution: Smart Contracts as an Alternative to Enforcement. *SCRIPTed*. v. 13, Issue 1, May 2016, P. 40.
74. ANDRADE, Daniel de Pádua. *Smart contracts* cit., p. 28.
75. WANDERLEY, Gabriela de Sá Ramires. Smart contracts: uma nova era do direito obrigacional? *Revista de Direito e as Novas Tecnologias*. v. 7/2020, abr./jun. 2020 (versão eletrônica).
76. Contratos típicos são os que têm previsibilidade legal, tais como a compra e venda, locação etc. Conferir: GAGLIANO, Pablo Stolze; PAMPLONA FILHO, Rodolfo. *Novo curso de direito civil*. 2. ed. unificada. São Paulo: Saraiva, 2019, v. 4: contratos, p. 184.
77. DONEDA; FLÔRES, op. cit., p. 193.
78. WANDERLEY, op. cit.
79. MASSIMO, Bartoletti; POMPIANU, Livio. An empirical analysis of smart contracts: platforms, applications, and design patterns. In: BRENNER M. et al. (Ed.). *Financial Cryptography and Data Security* (versão eletrônica).
80. WANDERLEY, ibidem.

Por outro ângulo, a questão da imutabilidade tem contornos mais complexos, o que é bem ilustrado pela proposta da Sagewise, que tem investido na arbitragem de *smart contracts* na medida em que acredita que a justiça deve ser descentralizada e então pretende fornecer aos usuários de *smart contracts* um kit de ferramentas para solução de problemas[81].

Talvez o grande desafio seja incluir a autoexecução típica dos *smart contracts* no tradicional campo da execução. Mas, se pensarmos que as atuais propostas de desjudicialização passam pelo deslocamento de atos executivos do Judiciário para outros agentes e que as partes podem participar ativamente na construção do desenho para solução de eventual conflito, a hipótese levantada não parece nada absurda. Em outras palavras, se for feita uma depuração dos elementos da execução – uma parte devedora e outra credora, a existência de um título executivo e de atos executivos, dentre outros – ficará claro que a distinção entre a execução presente nos *smart contracts* e a execução tradicional não passa de um apego conceitual, que visa preservar os clássicos contornos do contrato, inserindo-o no âmbito do negócio jurídico bilateral com a finalidade de alcançar determinados interesses patrimoniais[82].

Lado outro, Didier e Cabral sustentam a possibilidade de celebração de convenções processuais na execução, partindo do argumento de que a atividade executiva é permeada pela autonomia das partes e moldada na síntese dos princípios dispositivo e do debate, o que indica uma prevalência de interesses privados sobre interesses públicos que conspiraria a favor da permissibilidade à vontade das partes para conformar atos e formas de execução[83].

A afirmação dos autores é extraída do fato de que na execução existe uma vasta rede de atos negociais como: a possibilidade de desistência do exequente (da execução toda ou de apenas alguns atos da execução), a opção de negociação sobre atos relacionados à oferta de bens, à concorrência pública nos leilões, avaliação, a possi-

---

81. Disponível em: https://apnews.com/press-release/pr-businesswire/b66d9328e6b84915ac154cbafada8f35. Acesso em: 14 maio 2021. A propósito, Aline Dias chama de *criptoarbitragem* a atividade de solução de controvérsias realizada por plataformas descentralizadas de resolução de conflitos. De acordo com a autora, tais plataformas são indicadas pelas partes para a resolução de eventuais demandas decorrentes de uma contratação efetuada por *smart contract*. Na contratação inteligente, as partes já programam a possibilidade de acionamento da plataforma, caso haja alguma insatisfação ou controvérsia que justifique a intervenção de um terceiro no vínculo contratual. Referidas plataformas estariam conectadas à rede de *blockchain* e trabalhariam sempre que necessária uma intervenção humana para a inclusão de elemento externo que não se encontra na cadeia de *blockchain*. Cita como principal exemplo de *criptoarbitragem* a plataforma Kleros. A autora destaca que a atividade exercida pela Kleros, ainda que chamada de *criptoarbitragem* não pode ser definida propriamente como arbitragem tradicional, porque se trata de uma espécie de sistema híbrido uma vez que a decisão proferida pelos "árbitros" da Kleros não importará na formação de uma "sentença" com qualificativo de título executivo judicial. Trata-se apenas de um comando de "sim ou não" a ser cumprido pelo *smart contract*. (DIAS, Aline. *Já ouviu falar em criptoarbitragem?* Episódio #44. Podcast direito 4.0. Disponível em: #44: Já Ouviu Falar em Criptoarbitragem? – Aline Dias – Direito 4.0 – Podcast – Podtail. Acesso em: 10 mar. 2021.
82. GAGLIANO; PAMPLONA FILHO, op. cit., p. 50.
83. CABRAL, Antônio do Passo. DIDIER JR., Fredie. Negócios Jurídicos Processuais Atípicos e Execução, p. 140. *Revista do Ministério Público do Rio de Janeiro*, n. 67, p. 137-165, jan.-mar. 2018.

bilidade da moratória legal[84], dentre outros atos que afastariam da execução civil a acentuada marca publicista. Nesta perspectiva, também se afastaria da execução, a obrigatoriedade da presença forte do estado, apontando-se para a oportunidade de se reconhecer às partes uma margem de conformação negocial do procedimento. Nesta linha, seria possível se permitir aos litigantes moldarem seus projetos de execução de acordo com suas prioridades e interesses, valorizando a dimensão comparticipativa dos procedimentos e permitindo uma espécie de *enforcement* negociado.

Apesar de não abordarem diretamente o tema, as conclusões dos autores não apenas validam a possibilidade de instituição de convenções processuais por meio dos *smart contracts* (que, verdadeiramente, substituirão a "execução forçada" por uma autoexecução automatizada / inteligente), acima examinada; como também viabiliza a negociação entre as partes, por meio de convenções para a automatização de atos nos processos de execução que tramitam no judiciário.

5. UTILIZANDO TECNOLOGIA DIGITAL PARA APERFEIÇOAR AS PROPOSTAS ATUAIS DE DESJUDICIALIZAÇÃO DA EXECUÇÃO: PENSANDO EM NOVOS DESIGNS TECNOLÓGICOS PARA A EXECUÇÃO CIVIL PARA ALÉM DO PROPOSTO NOS PL 6.204 E PL 4.257/19

Como dissemos, por meio da contratação inteligente é possível que as partes negociem formas de autoexecução automatizada que dispensa a intervenção do Estado, fornecendo um método seguro (e praticamente intocável) de adimplemento para as prestações.

Todavia, a proposta dos *smart contracts* está longe de atender às necessidades e enfrentar os problemas visualizados atualmente no sistema brasileiro de execução civil. Especialmente porque a proposta de desjudicialização focada na autotutela, permitida pela contratação inteligente, é aplicável apenas à contratação privada de produtos e serviços. Dessa forma, serviria, no máximo, para atender prestações executivas oriundas de títulos extrajudiciais, mesmo assim, não substituiria todos.

No tocante às execuções fundadas títulos formados judicialmente que impuserem ao devedor o cumprimento de obrigações, a saída ofertada pelos *smart contracts* poderia, no máximo, evitar o ajuizamento de algumas ações. Entretanto, a partir do momento em que chegam ao Judiciário demandas que carecem do acertamento de direitos, os *smart contracts* em si não contribuem para pensar em alternativas para a condução do *enforcement*.

Dessa forma, talvez o desafio para corrigir os gargalos da execução, pensando em propostas conformadas à ideia de que é necessário se retirar do Judiciário a tarefa de conduzir os atos de sub-rogação e coerção forçada, seja o de aliá-las às possibilidades ofertadas pela tecnologia digital.

---

84. CABRAL, Antonio do Passo. Execution and Enforcement Proceedings in Brazilian Law. *Ritsumeikan Law Review*, n. 37, 2019, p. 95-108.

Afinal, seria possível a construção de novos designs tecnológicos para a execução civil que pudessem delegar o enforcement para agentes externos ao judiciário?

Nesse sentido, é importante dizer que a proposta de construção de *designs* tecnológicos customizados para a gestão e solução de conflitos vai além da ideia de DSDs, já apontada. Ela surge de uma interação entre PROCESS MINING – DSD – ODR, como se teve a oportunidade de alertar em outras ocasiões[85].

Através da mineração de dados extraídos de processos em formato eletrônico, pode-se produzir conhecimento sobre a tipologia dos principais conflitos e gatilhos de litigiosidade existentes no sistema de justiça brasileiro. Tomando por base este conhecimento, torna-se viável a customização de projetos para o gerenciamento, prevenção e solução de determinados tipos de disputas com o apoio das TICs (tecnologias da informação e comunicação).

Como já se pontuou, a ideia de se customizar projetos de solução e gerenciamento de disputas, chamada de DSD (*Dispute System Design*), surge de uma articulação entre a arte do design e a ciência da gestão proativa e comparticipativa[86]. O DSD procura pontuar métodos para a identificação e a construção de respostas adequadas para os conflitos ocorridos em organizações fechadas (ambientes empresarias) ou espaços abertos, preparados para disputas potenciais (como é o caso do Judiciário)[87]. Propomos, então, que tais projetos de gestão de conflitos, obviamente, ganhem o apoio da tecnologia digital. E aí entram as ODR.

ODRs (*Online Dispute Resolution*) consistem na solução de conflitos facilitada pelas tecnologias da informação e comunicação[88]. ODRs podem compreender desde a simples utilização de e-mail ou de videoconferência para a comunicação das partes na resolução de uma controvérsia, até a construção de plataformas específicas 100% digitais – com diagnóstico e orientação de participação informada para os litigantes, negociação assistida por tecnologia e até apoio de inteligência artificial para soluções adjudicatórias[89].

---

85. Nesse sentido, Cf.: NUNES, Dierle; PAOLINELLI, Camilla. Acesso à Justiça e Tecnologia: minerando escolhas políticas e customizando novos desenhos para a gestão e solução de disputas no sistema brasileiro de Justiça Civil. In: YARSHELL, Flávio Luiz; COSTA, Susana Henriques da; FRANCO, Marcelo Veiga (Coord.). *Estudos em homenagem ao Professor Marc Galanter.* 2021, no prelo; NUNES, Dierle; MALONE, Hugo. O uso da tecnologia na prevenção efetiva dos conflitos: possibilidade de interação entre online dispute resolution, dispute system design e sistema público de Justiça. In: NUNES, Dierle; LUCON, Paulo Henrique dos Santos; WOLKART, Erik Navarro. *Inteligência Artificial e Direito Processual*: os impactos da virada tecnológica no direito processual. 2. ed. Salvador: Editora JusPodivm, 2021. NUNES, Dierle. PAOLINELLI, Camilla. Novos Designs tecnológicos no sistema de resolução de conflitos: ODR, e-acesso à justiça e seus paradoxos no Brasil. *Revista de Processo*, v. 314, abr. 2021.
86. AMSLER et al, op. cit.
87. ROGERS, N.; BORDONE, R.; SANDER, F.; MCEWEN, C. *Designing Systems and Process for Mananging Disputes*. Second Edition. Wolters Kluwer.
88. KATSH, Ethan; RULE, Colin. What We Know and Need to Know About Online Dispute Resolution. *South Carolina Law Review*, v. 67, p. 329-344, 2016. Disponível em: https://www.americanbar.org/content/dam/aba/images/office_president/katsh_rule_whitepaper.pdf.. Acesso em: 28 nov. 2020
89. SUSSKIND, Richard. *Online courts and the future of Justice*. Oxford: Oxford University Press, 2019.

As oportunidades oferecidas por ODRs são muitas e, quando aliadas à metodologia de trabalho do DSD, precedida do conhecimento gerado por dados minerados a partir dos processos reais, abrirão caminho para a construção do que chamamos de *Novos Designs tecnológicos para a solução de conflitos* (ou, simplesmente *e-designs*).

Mas qual seria exatamente a relação entre a proposta de prototipação de novos designs tecnológicos e a execução civil? Ou melhor: como os novos designs tecnológicos poderiam viabilizar propostas alternativas à desjudicialização da execução sugerida pelos PL 6.204/19 e PL 4257/19 com resultados promissores?

Ora, tanto o PL 6.204/19 quanto o PL 4257/19 pretendem delegar os atos de *enforcement* atualmente praticados, com exclusividade, pelo Estado, a agentes de execução situados em serventias notariais ou na própria administração pública. Estes seriam, como dito, responsáveis pela condução de todo o procedimento, desde a citação inicial do devedor para pagamento, até os atos de penhora, avaliação e expropriação de bens, só restando ao judiciário a intervenção em situações de mérito pontuais decorrentes de questionamentos suscitados pelas partes: embargos à execução, impenhorabilidade, desconsideração da personalidade jurídica, fraudes etc.

Quanto a este ponto, ao invés de delegar as atividades executivas aos cartórios ou ao administrador titular dos créditos fiscais, não seria uma alternativa viável se pensar na criação de uma plataforma eletrônica exclusivamente dedicada a lidar com pretensões executivas? Uma Online dispute enforcement- ODE?

Neste sentido, a tecnologia pode desempenhar papel de destaque, pois permitiria a substituição da "mão humana" dos cartórios ou outros agentes humanos de execução, com custo bastante reduzido. A propósito, sabe-se que uma das vantagens da criação de modelos de Inteligência Artificial no Judiciário é que estes propiciam a automação procedimental e consequentemente a aceleração no desempenho de tarefas repetitivas, que demandariam incontáveis horas de trabalho se realizadas por um humano. Recorde-se que uma das metas da Inteligência Artificial é de se emular atributos cognitivos, de forma que seja capaz de praticar atividades exercidas pelos humanos[90].

Foi exatamente o que ocorreu de modo embrionário no Tribunal de Justiça do Rio de Janeiro, ao criar o sistema Victoria, responsável pela redução drástica no tempo de feitura de atos executivos, pois, em três dias, bloqueou bens de devedores em 6.619 execuções, trabalho esse que, se fosse feito por humanos,

---

90. Embora inexista uniformidade em sua conceituação, pode-se afirmar, com certa tranquilidade, que a Inteligência Artificial está relacionada ao desenvolvimento de algoritmos ou agentes inteligentes. Inteligente é o algoritmo capaz de pensar ou agir como um humano. Em outra perspectiva, mas que auxilia à compreensão, deve-se desconsiderar que a meta da IA seja a imitação do pensamento ou do comportamento humano, o que importa, para outros, é que o algoritmo faça a coisa certa. RUSSELL, Stuart J; NORVIG, Peter. *Inteligência Artificial*. Rio de Janeiro: Elsevier, 2013, p. 3-7.

levaria dois anos e meio para ser concluído. Outro exemplo é o sistema Elis, do Tribunal de Justiça de Pernambuco, que fez, em 15 dias, uma triagem de 70 mil processos, algo que exigiria aproximadamente 18 meses de trabalho dos servidores humanos[91].

Todas essas iniciativas foram pensadas dentro da lógica da execução fiscal judicializada. Mas, por que não usar estes modelos bem-sucedidos em uma plataforma de ODE extrajudicial criada para a execução civil ou fiscal desjudicializada?

Os resultados promissores apontados indicam que a corriqueira frustração nas execuções nem sempre decorre da ausência de patrimônio do devedor. Decorrem, muitas vezes da letargia do exequente e do Judiciário, pois, não raras vezes, não são praticados os atos necessários à efetivação do crédito. Sem dúvidas, a automação procedimental e decisória, para questões padronizáveis (como a realização de emprego de ferramentas de recuperação de créditos), e a consequente padronização de atos dessa natureza, ocorridas fora da estrutura do Judiciário, podem fazer com que as execuções frustradas sejam reduzidas.

A criação de uma plataforma eletrônica para a condução das execuções desjudicializadas estaria associada ao uso destas e de outras ferramentas para a automatização de etapas, triagem ou mesmo para facilitar a busca de patrimônio do devedor.

Com Tatiane Andrade garimpamos diversas possibilidades de uso de novas tecnologias para investigação patrimonial, o que ampara as pretensões do exequente e potencializa a eficácia do processo executivo atual, dentre elas: 1) requerer a consulta do Juízo ao CCS, na modalidade "detalhamento"; 2) requerer a consulta ao Sisbajud, pedindo expressamente ao juiz que: a) realize o bloqueio a partir de determinada data, mantendo a ordem de bloqueio por pelo menos 30 dias (opção teimosinha); b) não realize o imediato desbloqueio quando a resposta à consulta reportar valores ínfimos nas contas; além de requerer, se desejável, extratos simplificados, cópia de contratos de abertura de conta corrente ou conta investimento, faturas de cartões de créditos, contratos de câmbio, cópias de cheques e extratos de PIS e FGTS; 3) requerer a consulta ao Renajud, pedindo expressamente que: a) caso sejam encontrados veículos em nome do devedor, seja lançada no sistema restrição de transferência e o registro de penhora, com a lavratura do termo; b) seja o devedor intimado a recolher o bem imediatamente em depósito, sob pena de multa diária e busca e apreensão; c) seja providenciado o imediato leilão do veículo ou deferida a alienação particular; 4) requerer a expedição de ofício à ANAC, solicitando consulta ao SACI acerca da existência de aeronaves em nome do devedor; 5) requerer a consulta ao Infoseg, para checar sobre a posse de arma

---

91. MORAIS DA ROSA, Alexandre; GUASQUE, Bárbara. O avanço da disrupção nos tribunais brasileiros. In: NUNES, Dierle; LUCON, Paulo Henrique dos Santos; WOLKART, Erik Navarro. (Coord.). *Inteligência Artificial e Direito Processual:* Os impactos da Virada Tecnológica no Direito Processual. 2. ed. Salvador: JusPodivm, 2021, p. 99-103.

de fogo registrada em nome do devedor; 6) requerer a consulta do Juízo ao Infojud; 7) sendo o executado pessoa jurídica, requerer ao juízo que oficie a Receita Federal para apresentar a ECT da empresa obtida pelo sistema SPED; 8) requerer ao juízo da execução que oficie a Receita Federal para que apresente o Dossiê Integrado da pessoa física ou jurídica executada; 9) requerer ao juízo a consulta ao CENSEC para verificar existência de escrituras públicas e procurações em nome do devedor; 10) requerer ao juízo o lançamento de indisponibilidade de bens do executado na CNIB; 11) requerer o lançamento da negativação do nome do executado nos cadastros de restrição ao crédito via SerasaJud; 12) em caso de frustração das medidas anteriores e, havendo fortes indícios de ocultação patrimonial, solicitar ao juízo que expeça pedido de informações ao COAF e, se for o caso, consulta sobre operações financeiras por meio do SIMBA[92].

Em outro texto, sugerimos a criação de três plataformas eletrônicas para imprimir maior agilidade ao procedimento executivo, quais sejam: 1) programa para oferta de memória de cálculo padrão[93]; 2) algoritmo para criação de um Sistema Nacional Integrado de Bens (SNIB) e; 3) a plataforma unificada de leilões judiciais[94-95].

A princípio, as iniciativas foram pensadas para atuar no modelo de execução judicializado. Mas, por que não as aproveitar em um novo design tecnológico para as execuções, estruturado a partir de uma plataforma especialmente customizada para conduzir o *enforcement*?

Desde a formulação do requerimento inicial para início da execução desjudicializada junto à plataforma de ODE, passando pela análise dos documentos da inicial, citação para pagamento, pesquisa de bens, penhora, avaliação, expropriação, todos os atos essenciais para a atividade executiva poderiam ocorrer eletronicamente e fora do Judiciário: um novo *design* tecnológico para a execução desjudicializada.

O esquema procedimental para a execução inteligente desjudicializada poderia ser resumido da seguinte forma:

---

92. NUNES, Dierle; ANDRADE, Tatiane Costa de. Tecnologia a serviço da efetividade na execução: uma alternativa aos dilemas do art. 139, IV, CPC. Iniciando a discussão. *Revista de Processo* | v. 303/2020 | p. 423-448 | Maio / 2020, (versão eletrônica); NUNES, Dierle; ANDRADE, Tatiane Costa de. Tecnologia a serviço da efetividade na execução: uma alternativa aos dilemas do art. 139, IV, CPC: Mais um passo na discussão - PT 2. *Revista de Processo* | v. 304/2020 | p. 339-361 | Jun/2020, (versão eletrônica). NUNES, Dierle; ANDRADE, Tatiane. *Recuperação de* créditos: a virada tecnológica a serviço da execução por quantia certa cit.
93. Como são comuns as divergências entre as partes sobre os valores devidos, o algoritmo seria responsável por ofertar a memória de cálculo ao credor.
94. Tal sistema impulsionaria a alienação judicial eletrônica dos bens do devedor.
95. Os detalhes das propostas podem ser consultados diretamente no texto dos autores: NUNES, Dierle José Coelho; ANDRADE, Tatiane Costa. Execução e tecnologia: novas perspectivas. In: NUNES, Dierle; LUCON, Paulo Henrique dos Santos; WOLKART, Erik Navarro. (Coord.). *Inteligência Artificial e Direito Processual:* Os impactos da Virada Tecnológica no Direito Processual. 2. ed. Salvador: Editora JusPodivm, 2021, p. 906-912. NUNES, Dierle; ANDRADE, Tatiane. *Recuperação de créditos*: a virada tecnológica a serviço da execução por quantia certa cit.

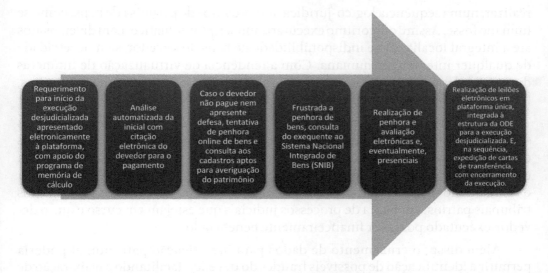

Perceba-se que as questões que envolvem discussões de mérito, eventualmente suscitadas pelas partes e, ainda, no caso da apresentação de defesa pelo executado exigirão a remessa para a análise do Judiciário. Afinal, não sugerimos aqui uma alteração fundamental na estrutura pensada pelos projetos PL 6.204/19 e PL 4257/19. Até porque, acreditamos que a intervenção do Judiciário ainda continua sendo essencial quando existirem questões controvertidas.

No tocante à comunicação de atos processuais ocorridos na plataforma de ODE, é possível se cogitar, por exemplo, que citações e intimações sejam feitas eletronicamente para entes públicos, pessoas jurídicas e físicas já cadastradas ou por meio de aplicativo de mensagens. Também é possível se pensar na dispensa de mandados ou cartas precatórias para penhora e avaliação de bens situados em comarcas distintas ou na sede do juízo. Isso mediante emprego de modelos algorítmicos que, por meio de pesquisa de dados sobre o imóvel, agregados aos índices/valores de mercado, atribuam valor aos bens constritos, sem necessidade de intervenção humana. Seria assim possível automatizar atos de movimentação procedimental, atos constritivos, expedição de mandados padronizados com emprego de *nudges* etc.

A princípio não vemos qualquer obstáculo para a integração desses mecanismos tecnológicos de comunicação, investigação patrimonial, facilitação de penhora, avaliação e expropriação com o apoio de modelos algorítmicos inteligentes uma plataforma de ODE criada para a condução de atividades executivas de modo desjudicializado e descentralizado.

Afinal, a ideia de que a Inteligência Artificial tem por escopo a imitação do comportamento inteligente humano é bastante pertinente para situações como essa. Sem esquecer da eventual necessidade de alteração da legislação em vigor, como apontamos: é perfeitamente possível se imaginar a criação de um algoritmo para realizar, numa sequência lógico-jurídica, todos os atos de pesquisa de bens, como se humano fosse. Assim, o algoritmo executaria um *script* automático, com diversos atos até a integral localização e indisponibilidade de bens do devedor, sem necessidade de qualquer intervenção humana. Com a tendência de virtualização de inúmeras dimensões das vidas das pessoas, o modelo algorítmico poderia, em poucos minutos, fazer uma varredura completa e altamente eficiente.

Os modelos algorítmicos integrados à plataforma de ODE também poderiam ser utilizados para cruzamento de informações disponibilizadas publicamente pelos devedores, tais como aquelas contidas em redes sociais e que possam indicar uma capacidade de cumprimento de obrigações pecuniárias. Outra possibilidade seria o treinamento do algoritmo para que faça uma varredura em todos os sistemas dos tribunais pátrios, em busca de processos judiciais que estejam em curso e que o devedor-executado possa ser financeiramente beneficiado.

Além disso, o cruzamento de dados para investigação patrimonial poderia permitir a identificação de possíveis fraudes do devedor, facilitando a elaboração de pedidos judiciais para declaração de fraude à execução ou fraude contra credores, corrigindo um outro gargalo típico das execuções judicializadas.

Todos estes exemplos ilustrativos elucidam que a implementação de modelos algorítmicos nos procedimentos executivos pode conduzir a resultados pretensamente mais eficientes, céleres e com potencial para promover a satisfação do credor. Pensando nisso, porque não integrar essas propostas a uma plataforma eletrônica criada exclusivamente para conduzir execuções civis ou fiscais desjudicializadas?

A sugestão de customização de uma plataforma de ODE para a condução de execuções desjudicializadas cumpriria a proposta inicial dos PL 6.204/19 e PL 4257/19 qual seja, a de delegar a tarefa do *enforcement* para agentes externos ao judiciário, diminuindo a carga de trabalho no sistema público de justiça. Contudo, a proposta inova na medida em que se vale das potencialidades ofertadas pela tecnologia digital para sugerir estratégias que possam corrigir os reais problemas enfrentados pela execução judicializada, a saber: a pesquisa de bens e a fase expropriatória que, conforme já apontamos, talvez sejam os maiores pontos de congestionamento da execução.

O *design* da plataforma eletrônica para a desjudicialização deve obviamente ser pensado a partir dos dados coletados no sistema público de justiça (por meio de mineração) que apontarão os principais problemas verificados no sistema judicial. Tendo por base os dados coletados, utilizando a metodologia do DSD, o sistema de ODEnforcement, que pode ser criado e gerenciado por cartórios em parceria com o judiciário ou conduzido por desenvolvedores externos desinteressados, deve ser programado para trabalhar com etapas automatizadas para cálculo inicial, análise de requisitos da inicial, citação, penhora eletrônica de ativos financeiros, pesquisa integrada de bens, identificação de fraudes, penhora e avaliação de bens imóveis, além da realização de leilões por meio da integração em outra plataforma, especializada e unificada exclusivamente para a realização de leilões.

A plataforma de ODE contaria com a atuação de agentes humanos gerenciadores, na realização de tarefas nas quais a ação ou cognição humanas forem essenciais, como penhoras e avaliações que dependam de deslocamento físico, análise de pedidos de gratuidade, cancelamento de penhora em virtude de impenhorabilidade ou erros de avaliação, além da remessa de questões de mérito que tenham sido suscitadas pelas partes que necessitem ser decididas pelo Judiciário, dentre outros.

A plataforma de ODE desjudicializada, portanto, não eliminará, por completo, a atuação do judiciário. Pelo contrário, continuará seguindo a trilha do disposto nos PL 6.204/19 e PL 4257/19, atuando em cooperação com o sistema público de justiça, sempre se preocupando em assegurar o adequado acesso do cidadão ao Poder Judiciário, quando houver necessidade de discussão de questões de mérito ou relacionadas à violação de algum direito fundamental.

Obviamente, a adaptação procedimental por tecnologia através da construção de um novo design tecnológico para a execução desjudicializada deve respeitar, além do caminho metodológico compartipativo traçado pelas técnicas de DSD, o devido processo constitucional, primando pela observância do contraditório, resguardando-se a ampla defesa, a isonomia, o direito à assistência e participação obrigatória de advogado e a inafastabilidade da jurisdição pública.

Assim, ainda que desjudicializados, os atos de *enforcement* conduzidos eletronicamente deverão contar com participação obrigatória de advogado, priorizando a adoção de uma arquitetura de escolhas[96] que possa facilitar a compreensão dos caminhos de tramitação do procedimento pelo cidadão leigo, orientando a participação informada do exequente e, especialmente, do executado, sem retirar a possibilidade de acesso ao Judiciário, quando necessário.

---

96. Na economia comportamental, a arquitetura de escolhas é definida como a organização de um contexto no qual as pessoas tomam decisões. Tratam-se das características do ambiente ou do contexto em que uma escolha é tomada, de forma que determinadas opções são adotadas no sentido de influenciar a escolha a ser realizada (*nudging*) de maneira previsível, sem proibir nenhuma opção ou alterar de forma significativa "seus incentivos econômicos", mantendo, assim, a liberdade de escolha. Todos os elementos do *design* têm o potencial de influenciar a escolha e, portanto, devem ser utilizados para permitir que as pessoas façam escolhas informadas e que as beneficiem. Thaler e Sunstein propõem "empurrar" (encorajar com um empurrãozinho) as pessoas – por meio de melhores arranjos em termos de arquitetura de escolha – na direção certa. Para entender mais a respeito de como as arquiteturas de escolhas utilizadas podem induzir a determinados comportamentos dos cidadãos, ver: THALER, Richard H.; SUNSTEIN, Cass R. *Nudge*: melhorando as decisões sobre saúde, riqueza e felicidade. Rio de Janeiro: Objetiva; 2019; SELA, Ayelet. e-Nudging Justice: The Role of Digital Choice Architecture in Online Courts. *Journal of Dispute Resolution*, 2019. Disponível em: https://scholarship.law.missouri.edu/jdr/vol2019/iss2/9. Acesso em: 03 fev. 2021. Para uma abordagem do uso de arquiteturas de escolhas voltadas a induzir comportamentos focados nos interesses dos cidadãos em ODR para Tribunais on-line, com foco no cenário brasileiro, Cf.: NUNES, Dierle. PAOLINELLI, Camilla. Novos Designs tecnológicos no sistema de resolução de conflitos: ODR, e-acesso à justiça e seus paradoxos no Brasil. *Revista de Processo*, v. 314, abr. 2021.

6. CONSIDERAÇÕES FINAIS

A presente investigação procurou sugerir caminhos não convencionais para a desjudicialização da execução, ao examinar algumas das potencialidades ofertadas pela tecnologia digital dentro do marco da virada tecnológica do direito processual.

Partindo da análise dos principais gargalos e problemas enfrentados nos procedimentos executivos que tramitam perante o sistema de justiça nacional, apontou-se que muitas das soluções atualmente existentes em termos de execução, focam-se na transferência das atividades de *enforcement* para agentes externos ao judiciário. Isso é proposto sem que, de fato, sejam sugeridas modificações capazes de corrigir pontos de congestionamento e morosidade cruciais da execução: como a constrição e expropriação de bens do devedor ou a prática de fraudes.

Considerando este cenário, duas propostas alternativas às iniciativas de reforma da execução foram analisadas pelo artigo: i) a execução automatizada por *smart contracts*; ii) a customização de uma plataforma eletrônica para a condução de execuções desjudicializadas.

Quanto aos *smart contracts*, como dissemos, estes fornecem uma promessa de autoexecutoriedade que dispensa a necessidade de procedimentos de execução forçada, seja no judiciário ou fora dele. Por meio de uma espécie de convenção processual, partes que celebram um *smart contract* simplesmente optam por não abrir espaço ao inadimplemento. E, por isso, com o apoio da tecnologia *blockchain* dispensam a tutela executiva. Em raras as hipóteses, existem gatilhos para o acionamento de métodos de sub-rogação ou coerção. E quando há algum tipo de insatisfação por parte de qualquer dos contratantes, a demanda pode vir resolvida sem que haja necessidade de interferência de agentes externos (Judiciário ou cartórios).

Isso ocorre em situações muito pontuais, nas quais surge algum evento fora do código de programação do *smart contract*. Por exemplo, quando um contratante de um serviço ou de um produto adquirido por meio de um contrato inteligente, não fica satisfeito com o resultado do serviço prestado ou com o produto entregue, e o contratado se recusa a devolver o dinheiro. Nestas hipóteses, é possível que o próprio *smart contract* encontre a solução, incluindo, em sua programação inicial, a opção de *criptoarbitragem* para a solução da controvérsia.

Dessa forma, o que ocorre nos *smart contracts* é uma espécie de autotutela executória das prestações convencionadas pela via da tecnologia que permite, com auxílio da internet das coisas e de outros modelos algorítmicos, a substituição da figura do estado-juiz na atividade sub-rogatória ou coercitiva adotada nos procedimentos executivos convencionais. A tecnologia atuaria como quarta parte[97] para impor o cumprimento automático das prestações contratadas.

---

97. KATSH, Ethan; RULE, Colin. What We Know and Need to Know About Online Dispute Resolution. *South Carolina Law Review*, v. 67, p. 329-344, 2016. Disponível em: https://www.americanbar.org/content/dam/aba/images/office_president/katsh_rule_whitepaper.pdf. Acesso em: 28 nov. 2020.

Trata-se de uma espécie de autotutela negocial, fora do ambiente jurisdicional, que se adapta à realidade do caso e às vontades dos envolvidos: um típico *e-design* de resolução de conflito ou de um novo design tecnológico para a resolução de disputas que, nitidamente, dispensará a atividade de *enforcement* do Estado ou de qualquer outro terceiro.

Outra sugestão realizada por esta investigação foi a customização de uma plataforma eletrônica para a condução de execuções desjudicializadas que trabalharia com modelos algorítmicos dotados de IA para a automatização de etapas como a realização de cálculos, triagem da documentação acostada à inicial, citação, penhora, avaliações, pesquisa de bens e realização de leilões.

A plataforma poderia ser prototipada a partir da tríade mineração de dados – DSD – ODE que fornece uma metodologia virtuosa no gerenciamento de demandas complexas com problemas não triviais, como o é o caso da execução civil.

Obviamente, a construção e gestão da plataforma – realizadas por cartórios ou desenvolvedores externos não interessados com fiscalização do judiciário – deveria cuidar para que ocorra a observância do devido processo constitucional, sem alterações significativas na dinâmica da obrigatoriedade de advogado, exercício de ampla defesa, contraditório e inafastabilidade da intervenção do judiciário para questões de mérito controvertidas. Não obstante também seja essencial a adoção de uma arquitetura de escolhas em ambiente virtual que facilite a compreensão do percurso pelos envolvidos e os oriente à participação informada no procedimento.

Pretendeu-se, com isso, destacar que movimento de desjudicialização – por meio de novos designs de execuções inteligentes – pode sim caminhar ao encontro da consolidação de um "sistema multiportas", dedicado a encontrar diferentes formas de tratamento adequado dos conflitos.

E, por isso, talvez o nosso maior desafio seja o de encontrar caminhos que possam: promover a conformação da autotutela executória decorrente dos contratos inteligentes e da criação de plataformas de *Online dispute enforcement* (execução online de disputas), com novos e-designs executivos, ao processualismo constitucional democrático.

Sem pretensão de esgotamento das inúmeras possibilidades colocadas pelo tema, nossa intenção foi sugerir um uso virtuoso da tecnologia na execução que, de fato, encontre as melhores vias para alcance de eficiência real e reduza o tempo de tramitação dos procedimentos, pensando-se também em resultados justos que não afrontem a Constituição Federal.

Assim, é importante entender os riscos do uso da tecnologia, compreender seus benefícios e trabalhar para a estruturação de novos e-designs executivos (desjudicializados ou não) que possam ter foco no cidadão e em escolhas informadas.

7. REFERÊNCIAS

AMSLER, Lisa Blomgren; MARTINEZ, Janet K.; SMITH, Stephanie E. *Dispute system design:* preventing, managing and resolving conflict. Stanford: Stanford University press, 2020.

ANDRADE, Daniel de Pádua. Smart contracts: por um adequado enquadramento no direito contratual brasileiro. In: CHAVES, Natália Cristina; COLOMBI, Henry (Org.). *Direito e tecnologia: novos modelos e tendências*. Porto Alegre: Editora Fi, 2021, p. 19.

ARAÚJO, José Henrique Mouta. FRANCO, Marcelo Veiga. A desjudicialização da execução fiscal: reflexões sobre o PL 4.257/19. *CONJUR – Revista Consultor Jurídico*, 09 abr. 2021. Disponível em: ConJur – Araújo e Franco: Reflexões sobre o Projeto de Lei 4.257. Acesso em: 17 maio 2021.

ASSIS, Araken de. O direito comparado e a eficiência do sistema judiciário. *Revista do Advogado*. São Paulo: AASP, n. 43, p. 11, jun. 1994.

AST, Federico. *Kleros, a Protocol for a Decentralized Justice System:* Building a Judicial System for the Internet Age. Disponível em: Kleros, a Protocol for a Decentralized Justice System | by Federico Ast | Kleros | Medium. Acesso em: 10 mar. 2021.

AZEVEDO, João Fábio. *Reflexos do emprego de sistemas de inteligência artificial nos contratos*. Dissertação de mestrado apresentada à Faculdade de Direito da Universidade de São Paulo – USP, São Paulo, 2014.

BRASIL. Lei 13.465 de 11 de julho de 2017. Disponível em: L13465 (planalto.gov.br). Acesso em: 10 maio 2021.

BRASIL. Projeto de Lei 4257/19, Autoria: Senador Antônio Anastasia. Disponível em: documento (senado.leg.br). Acesso em: 10 maio 2021.

CABRAL, Antônio do Passo. Proceso y Tecnología: nuevas tendências. *Civil Procedure Review*, v. 10, n. 1, P. 127, jan-abr. 2019.

CABRAL, Antônio do Passo. DIDIER JR., Fredie. Negócios Jurídicos Processuais Atípicos e Execução. *Revista do Ministério Público do Rio de Janeiro*. n. 67, p. 140. jan./mar. 20185.

CARDOSO, Rafael. *Design para um mundo complexo*. São Paulo: Ubu Editora, 2016, (versão eletrônica sem paginação).

CINTRA, Antônio Carlos de Araújo; GRINOVER, Ada Pellegrini; DINAMARCO, Cândido Rangel. *Teoria Geral do Processo*. São Paulo: Malheiros, 2008.

DENIS, Rafael Cardoso. *Uma introdução à história do design*. São Paulo: Edgard Blücher.

EFING, Antônio Carlos; SANTOS, Adrielly Pinho dos. Análise dos Smart Contracts à luz do princípio da função social dos contratos no direito brasileiro. *Direito & Desenvolvimento*, v. 9, n. 2, p. 49-64, ago.-dez. 2018.

CONSELHO NACIONAL DE JUSTIÇA. *Justiça em Números 2020*: ano-base 2019. Brasília: CNJ, 2020, p. 150.

CONSELHO NACIONAL DE JUSTIÇA. *Projeto piloto marca integração entre PJe e Consumidor.gov.br*. 08 out. 20219. Disponível em: Projeto piloto marca integração entre PJe e Consumidor.gov.br - Portal CNJ. Acesso em: 10 maio 2021.

DIAS, Aline. Já ouviu falar em criptoarbitragem? Episódio #44. Podcast direito 4.0. Disponível em: #44: Já Ouviu Falar em Criptoarbitragem? – Aline Dias – Direito 4.0 – Podcast – Podtail. Acesso em: 10 mar. 2021.

DIAS, Aline. Resolução de disputas por criptoarbitragem: caso Kleros, um protocolo para justiça descentralizada. In: FEIGELSON, Bruno; BECKER, Daniel; RODRIGUES, Marco Antônio (Coord.). *Litigation 4.0* [livro eletrônico]: o futuro da justiça e do processo civil vis-à-vis as novas tecnologias. São Paulo: Thomson Reuters Brasil, 2021.

DIDIER Jr., Fredie; GODINHO, Robson Renault. Resenha da obra: Convenções Processuais de Antônio do Passo Cabral. *Revista de processo*. São Paulo: Ed. RT, v. 254, abr. 2006. Disponível em: RPro_n.254.27. PDF (mpsp.mp.br). Acesso em: 25 fev. 2021.

DONEDA, Bruno Nunes; FLÔRES, Henrique Pinhatti. Contratos inteligentes na blockchain: o futuro dos negócios jurídicos celebrados em códigos de programação. In: FEIGELSON, Bruno; BECKER, Daniel; RAVAGNANI, Giovani. (Coord.). *O advogado do amanhã*: estudos em homenagem ao professor Richard Susskind. São Paulo: Thomson Reuters Brasil, 2019.

FALECK, Diego. *Manual de design de sistemas de disputas*: criação de estratégias e processos eficazes para tratar conflitos. Rio de Janeiro: Lumen Iuris, 2018.

FARIA, Márcio Carvalho. Primeiras impressões sobre o Projeto de Lei 6.204/2019: críticas e sugestões acerca da tentativa de se desjudicializar a execução civil brasileira (parte um). *Revista de Processo* | v. 313/2021 | p. 393-414 | Mar / 2021 (versão eletrônica).

FAZZALARI, Elio. *Instituições de direito processual*. Campinas: Bookseller, 2006.

GAGLIANO, Pablo Stolze; PAMPLONA FILHO, Rodolfo. *Novo curso de direito civil*. 2. ed. unificada. São Paulo: Saraiva, 2019. v. 4: contratos.

GUIMARÃES, Luíza Resende; CASTRO, Maria Clara Versiani de. Afinal, smart contracts são contratos? Natureza jurídica a partir de uma leitura sociológica. In: CHAVES, Natália Cristina; COLOMBI, Henry (Org.). *Direito e tecnologia: novos modelos e tendências*. Porto Alegre: Editora Fi.

HENTGES, Cristiano Roberto; ARAÚJO, Aldo Mellender de. *Uma abordagem histórico-crítica do Design Inteligente e sua chegada ao Brasil*. Filosofia e História da Biologia, v. 15, n. 1, p. 1-19, 2020.

HILL, Flávia Pereira. Desjudicialização e acesso à justiça além dos tribunais: pela concepção de um devido processo legal extrajudicial. *Revista Eletrônica de Direito Processual – REDP*. Rio de Janeiro. ano 15. v. 22. n. 1. p. 384-385. jan./abr. 2021.

KATSH, Ethan; RULE, Colin. What We Know and Need to Know About Online Dispute Resolution. *South Carolina Law Review*, v. 67, p. 329-344, 2016. Disponível em: https://www.americanbar.org/content/dam/aba/images/office_president/katsh_rule_whitepaper.pdf.. Acesso em: 28 nov. 2020.

LEAL, Rosemiro Pereira. *Teoria geral do processo: primeiros estudos*. 14. ed. Belo Horizonte: Fórum, 2018.

LESAEGE, Clément; AST, Federico; GEORGE, William. *Kleros*. Short Paper v. 0.7, september 2019. Disponível em: whitepaper.pdf (kleros.io). Acesso em: 08 mar. 2021.

MASCITTO, Andrea. SANTOS, Stella Oger. Possibilidade de execução administrativa da Dívida Ativa – alterações propostas pelo PL 4.257. *Migalhas*, 30 jun. 2020. Disponível em: Possibilidade de execução administrativa da dívida ativa – Alterações ...- Migalhas. Acesso: 15 maio 2021.

MASSIMO, Bartoletti; POMPIANU, Livio. An empirical analysis of smart contracts: platforms, applications, and design patterns. In: BRENNER M. et al. (Ed.). *Financial Cryptography and Data Security* (versão eletrônica).

MORAIS DA ROSA, Alexandre; GUASQUE, Bárbara. O avanço da disrupção nos tribunais brasileiros. In: NUNES, Dierle; LUCON, Paulo Henrique dos Santos; WOLKART, Erik Navarro. (Coord.). *Inteligência Artificial e Direito Processual*: Os impactos da Virada Tecnológica no Direito Processual. 2. ed. Salvador: JusPodivm, 2021.

MORATO, Antônio Carlos. *Procedimentos especiais*. 16. ed. rev., atual. e ampl. São Paulo: Atlas, 2016.

NORMAN, Donald A. *O design do dia-a-dia*. Rio de Janeiro: Rocco, 2006.

NUNES, Dierle; ALMEIDA, Catharina. Medidas indutivas em sentido amplo do art. 139, IV do CPC: o potencial do uso de *nudges* nos módulos processuais executivos para a satisfação de obrigações por quantia certa – Parte 1. *Repro – Revista de Processo*, 2021 (no prelo).

NUNES, Dierle; ALMEIDA, Catharina. *O design como auxiliar da efetividade processual no Juízo 100% Digital*. Consultor Jurídico. v. 13052021. Acesso em: 14 maio 2021.

NUNES, Dierle; ANDRADE, Tatiane Costa de. Tecnologia a serviço da efetividade na execução: uma alternativa aos dilemas do art. 139, IV, CPC. Iniciando a discussão. *Revista de Processo* | v. 303/2020 | p. 423-448 | Maio / 2020, (versão eletrônica).

NUNES, Dierle; ANDRADE, Tatiane Costa de. Tecnologia a serviço da efetividade na execução: uma alternativa aos dilemas do art. 139, IV, CPC: Mais um passo na discussão - PT 2. *Revista de Processo* | v. 304/2020 | p. 339-361 | Jun / 2020, (versão eletrônica).

NUNES, Dierle José Coelho; ANDRADE, Tatiane Costa. Execução e tecnologia: novas perspectivas. In: NUNES, Dierle; LUCON, Paulo Henrique dos Santos; WOLKART, Erik Navarro. (Coord.). *Inteligência Artificial e Direito Processual:* Os impactos da Virada Tecnológica no Direito Processual. 2. ed. Salvador: JusPodivm, 2021.

NUNES, Dierle; BAHIA, Alexandre; PEDRON, Flávio Quinaud. *Teoria geral do processo*. Com comentários sobre a virada tecnológica no direito processual. Salvador: JusPodivm, 2020

NUNES, Dierle; MALONE, Hugo. O uso da tecnologia na prevenção efetiva dos conflitos: possibilidade de interação entre online dispute resolution, dispute system design e sistema público de Justiça. In: NUNES, Dierle; LUCON, Paulo Henrique dos Santos; WOLKART, Erik Navarro. *Inteligência Artificial e Direito Processual:* os impactos da virada tecnológica no direito processual. 2. ed. Salvador: JusPodivm, 2021.

NUNES, Dierle; PAOLINELLI, Camilla. Acesso à Justiça e Tecnologia: minerando escolhas políticas e customizando novos desenhos para a gestão e solução de disputas no sistema brasileiro de Justiça Civil. In: YARSHELL, Flávio Luiz; COSTA, Susana Henriques da; FRANCO, Marcelo Veiga (Coord.). *Estudos em homenagem ao Professor Marc Galanter*. 2021, no prelo.

NUNES, Dierle. PAOLINELLI, Camilla. Novos Designs tecnológicos no sistema de resolução de conflitos: ODR, e-acesso à justiça e seus paradoxos no Brasil. *Revista de Processo*, v. 314, abr. 2021.

NUNES, Dierle José Coelho; RODRIGUES, Larissa Holanda Andrade. O contraditório e sua implementação pelo design: design thinking, legal design e visual law como abordagens de implementação efetiva da influência. In: Dierle Nunes, Paulo Henrique dos Santos Lucon, Erik Navarro Wolkart. (Org.). *Inteligência Artificial e Direito Processual:* Os Impactos da Virada Tecnológica no Direito Processual. 2. ed. Salvador: JusPodivm, 2021

PEREIRA, Filipe; MONTEIRO, Marisa. Legal design: instrumento de inovação legal e de acesso à Justiça. In: MALDONADO, Viviane Nóbrega; FEIGELSON, Bruno (Coord.). *Advocacia 4.0*. São Paulo: Thomson Reuters Brasil, 2019.

RIBEIRO, Flávia Pereira. *Desjudicialização da Execução Civil*. 2. ed. Curitiba: Juruá, 2019 (livro eletrônico).

ROGERS, N.; BORDONE, R.; SANDER, F.; MCEWEN, C. *Designing Systems and Process for Mananging Disputes*. Second Edition. Wolters Kluwer.

RUSSELL, Stuart J; NORVIG, Peter. *Inteligência Artificial*. Rio de Janeiro: Elsevier, 2013

SANDER, Frank E.A. Varieties of dispute processing. *Pound Conference:* perspectives on justice in the future. Minnesota: West Publishing Co., 1979.

SELA, Ayelet. e-Nudging Justice: The Role of Digital Choice Architecture in Online Courts. *Journal of Dispute Resolution*, v. 2019. Disponível em: https://scholarship.law.missouri.edu/jdr/vol2019/iss2/9. Acesso em 03 fev. 2021.

SILVA, Alexandre Couto; SILVA, Ricardo Villela Mafra Alves da. O blockchain como ferramenta de governança corporativa para redução de custos de agência em sociedades anônimas. In: PARENTONI, Leonardo (Coord.). GONTIJO, Bruno Miranda; LIMA, Henrique Cunha Souza. (Org.). *Direito, tecnologia e inovação*. Belo Horizonte: Editora D'Plácido, 2018. v. 1.

SUSSKIND, Richard. *Online courts and the future of Justice*. Oxford: Oxford University Press, 2019.

THALER, Richard H.; SUNSTEIN, Cass R. *Nudge*: melhorando as decisões sobre saúde, riqueza e felicidade. Rio de Janeiro: Objetiva; 2019.

THEODORO JÚNIOR, Humberto. *Curso de Direito Processual Civil:* Teoria geral do direito processual civil, processo de conhecimento e procedimento comum. 56. ed. rev. atual. e ampl. Rio de Janeiro, Forense, 2015. v. I.

THEODORO JÚNIOR, Humberto; ANDRADE, Érico. Novas perspectivas para atuação da tutela executiva no direito brasileiro: autotutela executiva e "desjudicialização" da execução. *Revista de Processo* | v. 315/2021 | p. 109-158 | Maio / 2021 (versão eletrônica).

VAN DEN HERIK, H. Jaap; DIMOV, Daniel. Towards Crowdsourced Online Dispute Resolution. *Journal of International Commercial Law and Technology*, sept. 2011. Disponível em: (PDF) Towards Crowdsourced Online Dispute Resolution (researchgate.net). Acesso em: 10 mar. 2021.

VIANA, Aurélio; PAOLINELLI, Camilla. O acesso à Justiça sem justiça. *Revista Consultor Jurídico – ConJur,* 05 nov. 2020. Disponível em: ConJur – Viana e Paolinelli: O acesso à Justiça sem justiça. Acesso em: 10 maio 2021.

VIANA, Aurélio; PAOLINELLI, Camilla. Acesso à Justiça sem Justiça: os paradoxos do movimento de desjudicialização. In OMMATI, José Emílio Medauar et al (Coord.). *Pensando o Direito*. Belo Horizonte: Conhecimento, 2021. v. 4 (no prelo).

WANDERLEY, Gabriela de Sá Ramires. Smart contracts: uma nova era do direito obrigacional? *Revista de Direito e as Novas Tecnologias*. v. 7, abr./jun. 2020 (versão eletrônica).

MC 14.561/BA E O PRINCÍPIO DA INTERVENÇÃO MÍNIMA NA ATIVIDADE EMPRESARIAL: A INTERVENÇÃO JUDICIAL NA EMPRESA COMO MEDIDA EXECUTIVA ATÍPICA, MAS EXCEPCIONAL E SUBSIDIÁRIA, PARA EFETIVAÇÃO DE DECISÕES ESTRUTURAIS[1]

Fredie Didier Jr.

Pós-doutorado pela Universidade de Lisboa. Livre-docente pela USP. Doutor em Direito pela PUC/SP. Mestre em Direito pela UFBA. Professor-associado da Universidade Federal da Bahia, nos cursos de graduação, mestrado e doutorado. Membro da Associação Internacional de Direito Processual, do Instituto Iberoamericano de Direito Processual, do Instituto Brasileiro de Direito Processual e da Associação Norte e Nordeste de Professores de Processo. Advogado e consultor jurídico.

Rafael Alexandria de Oliveira

Mestre em Direito Público (UFBA). Especialista em Direito Processual Civil (Fac. Jorge Amado/JusPodivm). Membro da Associação Norte e Nordeste de Professores de Processo (ANNEP). Procurador do Município do Salvador/BA. Advogado.

1. O JULGAMENTO DA MC 14.561/BA: A INTERVENÇÃO JUDICIAL NA GESTÃO DA SOCIEDADE EMPRESÁRIA É MEDIDA EXCEPCIONAL

Há importante – e antigo – precedente do Superior Tribunal de Justiça (STJ) que está assim ementado:

> Medida cautelar. Pedido de atribuição de efeito suspensivo a recurso em mandado de segurança. Afastamento de sócio majoritário da administração da sociedade.
>
> – Enquanto pende de decisão, na Corte Especial do STJ, a pacificação quanto ao cabimento de mandado de segurança para impugnar a decisão que indefere o pedido de efeito suspensivo formulado em agravo de instrumento (decisão essa reputada irrecorrível pela nova redação do art. 527 do CPC), convém, nos pedidos de medida liminar, manter o posicionamento anterior da Terceira Turma, no sentido do cabimento da medida.
>
> – As discussões judiciais acerca administração de sociedades limitadas deve caminhar, via de regra, não para a intervenção judicial na empresa, que só ocorrerá em hipóteses excepcionais, mas para a responsabilização do administrador improbo, para a anulação de negócios específicos que prejudiquem a sociedade ou, em última análise, para a retirada do sócio dissidente ou dissolução parcial da empresa.

---

1. Este artigo é resultado do grupo de pesquisa "Transformações nas teorias sobre o processo e o direito processual", vinculado à Universidade Federal da Bahia e cadastrado no Diretório Nacional de Grupos de Pesquisa do CNPq (dgp.cnpq.br/dgp/espelhogrupo/7958378616800053). Esse grupo é membro fundador da "ProcNet – Rede Internacional de Pesquisa sobre Justiça Civil e Processo contemporâneo" (http://laprocon.ufes.br/rede-de-pesquisa).

– A atuação do Poder Judiciário em causas que versem sobre a administração das sociedades deve pautar-se sempre por um critério de intervenção mínima. A Lei permite o afastamento de sócio majoritário da administração da sociedade, mas isso não implica que ele perca os poderes inerentes à sua condição de sócio, entre os quais está o poder de nomear administrador. Todavia, na hipótese em que o sócio separou-se de sua ex-esposa, sem elementos que deem conta da realização de partilha, todo o patrimônio do casal permanece em condomínio pró-indiviso, de modo que é razoável a interpretação de que a ex-esposa é detentora de direitos sobre metade das quotas detidas pelo marido. Isso, em princípio, retira do sócio afastado a maioria que lhe permitiria a nomeação de novo administrador.

– Com isso, a melhor solução para a hipótese dos autos é a manutenção da decisão recorrida.

Medida liminar indeferida, com as ressalvas acima.

(STJ, Terceira Turma, MC 14.561/BA, rel. Ministra Nancy Andrighi, j. 16.09.2008, DJe 08.10.2008)

O caso subjacente versava sobre a administração de sociedade por quotas limitadas. Havia uma disputa entre o sócio majoritário, detentor de 70% das quotas sociais, e a sócia minoritária, detentora de 30% das quotas sociais. A pedido desta última, o juízo de primeira instância afastou, provisoriamente, o sócio majoritário da administração da sociedade, mantendo apenas a sócia minoritária no exercício dessa função.

O sócio majoritário interpôs agravo de instrumento, mas lhe foi negado o efeito suspensivo. Contra essa decisão, tomada ainda na vigência do Código de Processo Civil de 1973, quando não havia previsão de recurso contra o indeferimento de efeito suspensivo em agravo de instrumento (CPC-1973, art. 527, III e parágrafo único), impetrou mandado de segurança.

O mandado de segurança foi liminarmente indeferido pelo tribunal local, o que levou o sócio majoritário a interpor agravo interno. Mantida, pelo colegiado, a decisão de indeferimento da petição inicial, o sócio majoritário interpôs recurso ordinário ao STJ e, objetivando dar ao recurso efeito suspensivo, deflagrou medida cautelar, distribuída para a Terceira Turma do STJ.

O STJ, em decisão colegiada, negou o efeito suspensivo pretendido, mas registrou importante premissa para o julgamento de casos semelhantes: "o princípio que deve nortear o julgador em todas as ações [que] versem sobre administração de sociedades é o da intervenção mínima".

Na sequência, assim dispôs:

Quanto à sociedade, decidem seus sócios. O destino do empreendimento a eles pertence. São eles que decidem o montante do capital social, os investimentos a serem feitos na consecução dos fins sociais, o objeto da sociedade e a forma de sua administração. Essa regra vale para quaisquer tipos societários, desde as sociedades não personificadas, até as sociedades por ações.

Nos termos do acórdão em análise, a interferência judicial na vida societária, especialmente em seus atos de gestão, embora possível, deve ser algo restrito a situações extremas – algo excepcional, pois.

O efeito suspensivo buscado foi negado por uma questão circunstancial, apenas. Nos termos da decisão, "não há elementos que permitam concluir de maneira peremptória que a alegada participação do requerente, de 70% sobre o capital social do Hospital, seja efetiva e imodificável". Considerando que o sócio majoritário, requerente do efeito suspensivo, estava em processo de separação matrimonial, e considerando o regime de bens do casamento, o STJ entendeu que "esses teóricos 70%, na verdade, são 35% da parte dele mais 35% da parte da cônjuge que, somados aos 30% da cunhada, representam que é minoritário".

Como ficou esclarecido em julgamento de posteriores embargos de declaração, "não é indubitável a afirmação de que o ora embargante seja titular de 70% do capital social do hospital, dada a ausência de partilha de seu patrimônio após a separação entre o embargante e sua ex-esposa". Por essa circunstância, o STJ optou por manter a decisão do tribunal local.

Mesmo que tenha sido, ao final, desfavorável ao requerente, a decisão ora examinada serve de marco quanto ao entendimento, estabelecido no âmbito da Terceira Turma do STJ, acerca da excepcionalidade da intervenção judicial na gestão de uma sociedade empresária, qualquer que seja a sua espécie. É possível, pois, extrair da *ratio decidendi* do acórdão a diretriz da *intervenção mínima* do Judiciário na gestão da sociedade empresária.

A compreensão desse entendimento do STJ é importante para a análise que será feita a seguir.

2. A ATIPICIDADE DOS MEIOS EXECUTIVOS NA EFETIVAÇÃO DE OBRIGAÇÕES EM GERAL: OS ARTS. 139, IV, 297 E 536, § 1º, DO CPC

Durante muito tempo vingou a ideia de que o órgão julgador somente poderia proceder à execução valendo-se de meios executivos tipicamente previstos na legislação. Essa era uma forma de controlar a sua atividade, evitando-se que agisse arbitrariamente e garantindo-se a liberdade ou a segurança psicológica do cidadão[2] – ideias intimamente ligadas aos valores liberais. "Em outras palavras, a lei, ao definir os limites da atuação executiva do juiz, seria uma garantia de justiça das partes no processo"[3].

Sucede que, como pondera Marcelo Lima Guerra, "é tarefa impossível para o legislador, a de prever todas as particularidades dos direitos merecedores de tutela executiva (o que significa dizer, aqueles direitos consagrados em títulos executivos) e preordenar meios executivos diferenciados, levando-se em consideração essas particularidades".[4]

---

2. MARINONI, Luiz Guilherme. *Técnica processual e tutela dos direitos*. São Paulo: Ed. RT, 2004, p. 43.
3. MARINONI, Luiz Guilherme. "Controle do poder executivo do juiz". *Execução civil*: estudos em homenagem ao Professor Paulo Furtado. Rio de Janeiro: Lumen Juris, 2006, p. 225.
4. GUERRA, Marcelo Lima. *Direitos fundamentais e a proteção do credor na execução civil*. São Paulo: Ed. RT, 2003, p. 66.

Diante dessa inevitável realidade, o chamado *princípio da tipicidade dos meios executivos* foi cedendo espaço ao chamado *princípio da concentração dos poderes de execução do juiz*[5] ou *princípio da atipicidade*.

Há, atualmente, uma tendência de ampliação dos poderes executivos do magistrado, criando-se uma espécie de *poder geral de efetivação*, que permite ao julgador valer-se dos meios executivos que considerar mais adequados ao caso concreto, sejam eles de *coerção direta*, sejam de *coerção indireta*. Parte-se da premissa de que as "modalidades executivas devem ser idôneas às necessidades de tutela das diferentes situações de direito substancial"[6].

Michelle Taruffo[7] já apontava que o direito americano, diante da inefetividade dos meios executivos *at law*, começou a autorizar o magistrado a tomar medidas executivas adequadas ao caso concreto. Trata-se, afirma o jurista italiano, de aplicação do princípio da adequação, segundo o qual as regras processuais devem ser adaptadas às necessidades do direito material.

Mais recentemente, Marcos Minami partiu da noção da proibição de *non liquet* para justificar as medidas executivas atípicas. Segundo ele, se o julgador não pode eximir-se de decidir, uma vez que o título executivo surgisse, deveria haver uma proibição de o processo jurisdicional terminar em uma situação de inefetividade, o que chamou de vedação ao *non factibile*[8]. Da ideia apresentada decorreria, dentre outros efeitos, a proibição de se deixar de entregar a tutela ao requerente, ou por não existir procedimento para isso, ou porque os meios executivos disponíveis se mostraram insuficientes.

O Código de Processo Civil (CPC) estruturou um sistema concertado de medidas executivas típicas e atípicas, variando conforme a natureza da prestação executada. O art. 139, IV, o art. 297 e o art. 536, § 1º, todos do CPC, são os enunciados normativos dos quais decorre o chamado *princípio da atipicidade dos meios executivos* para a efetivação das obrigações em geral[9].

---

5. MARINONI, Luiz Guilherme. "Controle do poder executivo do juiz". *Execução civil*: estudos em homenagem ao Professor Paulo Furtado, cit., p. 229.
6. MARINONI, Luiz Guilherme, ARENHART, Sérgio Cruz. *Execução*. São Paulo: Ed. RT, 2007, p. 61.
7. TARUFFO, Michelle. "A atuação executiva dos direitos: perfis comparatísticos". *Revista de Processo*. São Paulo: Ed. RT, 1990, n. 59, p. 78.
8. MINAMI, M.Y. *Da vedação ao non factibile, uma introdução às medidas executivas atípicas*. Salvador: Juspodivm, 2019, p. 125-139.
9. Sobre o assunto, ver o capítulo 3 do volume 5 do *Curso de Direito Processual Civil*, 11. ed., 2021, que escrevemos em coautoria com Leonardo Carneiro da Cunha e Paula Sarno Braga (DIDIER JR., Fredie; CUNHA, Leonardo Carneiro da; BRAGA, Paula Sarno; OLIVEIRA, Rafael Alexandria de. *Curso de direito processual civil*. 11. ed. Salvador: Juspodivm, 2021, v. 5). Ainda sobre o tema, DIDIER Jr., Fredie; CUNHA, Leonardo Carneiro da; BRAGA, Paula Sarno; OLIVEIRA, Rafael Alexandria de. "Diretrizes para a concretização das cláusulas gerais executivas dos arts. 139, IV, 297 e 536, § 1º, CPC". *Revista de Processo*. São Paulo: Ed. RT, 2017, n. 267, p. 227-272. Também publicado em TALAMINI, Eduardo; MINAMI, Marcos Y. (Coord.) *Grandes temas do novo CPC – Medidas executivas atípicas*. 2. ed. Salvador: Juspodivm, 2019; ARENHART, Sérgio; MITIDIERO, Daniel (Coord.). *O Processo civil entre a técnica processual e a tutela dos direitos* – estudos em homenagem a Luiz Guilherme Marinoni. São Paulo: Ed. RT, 2018, p. 545-576. Nesses textos, apresentamos diretrizes (*standards*) para a compreensão do modo pelo qual a *atipicidade* dos meios executivos pode ser utilizada.

3. A RELEVÂNCIA DAS MEDIDAS EXECUTIVAS ATÍPICAS PARA A EFETIVAÇÃO DE DECISÕES ESTRUTURAIS

A possibilidade de o magistrado valer-se de medidas executivas atípicas é especialmente relevante no contexto das decisões estruturais. A definição de decisão estrutural se vincula aos conceitos de problema estrutural e de processo estrutural[10].

Problema estrutural se define pela existência de um estado de desconformidade estruturada – uma situação de ilicitude contínua e permanente ou uma situação de desconformidade, ainda que não propriamente ilícita, no sentido de ser uma situação que não corresponde ao estado de coisas considerado ideal. Como quer que seja, o problema estrutural se configura a partir de um estado de coisas que necessita de reorganização (ou de reestruturação). Há um problema estrutural quando, por exemplo, o direito de locomoção das pessoas com deficiência é afetado pela falta de adequação e de acessibilidade das vias, dos logradouros, dos prédios e dos equipamentos públicos numa determinada localidade, ou quando há uma crise sistêmica no acesso ao serviço de saúde de determinado ente federado.

Processo estrutural é aquele em que se veicula um litígio estrutural, pautado num problema estrutural, e em que se pretende alterar esse estado de desconformidade, substituindo-o por um estado de coisas ideal.

Decisão estrutural, por sua vez, é aquela que, partindo da constatação de um estado de desconformidade, estabelece o estado ideal de coisas que se pretende seja implementado (fim) e o modo pelo qual esse resultado deve ser alcançado (meios). Em essência, a decisão estrutural não estrutura, mas sim *reestrutura* o que estava desorganizado.

Essa decisão tem conteúdo complexo.

Primeiro, ela prescreve uma norma jurídica de conteúdo aberto; o seu preceito indica um resultado a ser alcançado – uma meta, um objetivo –, assumindo, por isso, e *nessa parte*, a estrutura deôntica de uma *norma-princípio*.

Segundo, ela *estrutura* o modo como se deve alcançar esse resultado, determinando condutas que precisam ser observadas ou evitadas para que o preceito seja atendido e o resultado, alcançado – assumindo, por isso, e *nessa parte*, a estrutura deôntica de uma *norma-regra*.

Enquanto a efetivação das decisões proferidas em processos não estruturais se dá, normalmente, de forma impositiva, é comum que a efetivação da decisão estrutural

---

10. Desenvolvemos todos esses conceitos no artigo "Elementos para uma teoria do processo estrutural aplicada ao processo civil brasileiro", escrito em coautoria com Hermes Zaneti Jr.: DIDIER JR., Fredie; ZANETI JR., Hermes; OLIVEIRA, Rafael Alexandria de. "Elementos para uma teoria do processo estrutural aplicada ao processo civil brasileiro". *Revista de Processo*. São Paulo: Thomson Reuters, 2020, v. 303, p. 45-81.

se dê de forma dialética, "a partir de um debate amplo cuja única premissa consiste em tomar a lide como fruto de uma estrutura social a ser reformada"[11].

Dadas as suas características, a execução das decisões estruturais é *necessariamente atípica*, porque não há medidas especificamente previstas para a efetivação desse tipo de decisão, *e tendencialmente cooperativa*, porque comumente se pauta na consensualidade.

No direito processual brasileiro, a base normativa para execução das decisões estruturais decorre da combinação do art. 139, IV[12], com o art. 536, §1º, ambos do CPC.

4. A INTERVENÇÃO JUDICIAL NA GESTÃO DE EMPRESAS COMO MEDIDA TÍPICA NA LEI N. 12.529/2011 E ATÍPICA NO CPC

A Lei n. 12.529/2011 (lei de defesa da concorrência) autoriza, no art. 96, que o juiz adote certas medidas atípicas para dar cumprimento judicial à decisão do Conselho Administrativo de Defesa Econômica (CADE)[13]. Prevê, ainda, no art. 102, como medida típica, a possibilidade de nomeação de interventor para administrar a empresa, nos casos em que houver recusa de cumprimento de decisão proferida pelo CADE[14].

O projeto de lei que deu origem ao CPC de 2015 contemplava a intervenção judicial na empresa como uma das medidas coercitivas típicas. Na votação final, contudo, essa medida foi excluída. Isso não significa, no entanto, que ela não possa ser utilizada como medida atípica: uma medida típica em um procedimento especial, como é o da lei de defesa da concorrência, pode ser adotada, como medida atípica, no procedimento comum.

Embora prevista tipicamente apenas para os casos de defesa da concorrência, essa é uma providência que pode ser utilizada, como medida atípica, em outras situ-

---

11. VIOLIN, Jordão. *Protagonismo judiciário e processo coletivo estrutural: o controle jurisdicional de decisões políticas*. Salvador: Juspodivm, 2013, p. 151. Eduardo José da Fonseca Costa utiliza as expressões "execução negociada" e "execução complexa cooperativa" para descrever a participação dos sujeitos na efetivação de decisões que visam efetivar políticas públicas (COSTA, Eduardo José da Fonseca. A "execução negociada" de políticas públicas em juízo. *Revista de Processo*. São Paulo: Ed. RT, 2012, v. 212, p. 41-42). Para ele, "o dia a dia forense tem mostrado, assim, que a execução forçada não é a forma mais eficiente de implantar-se em juízo determinada política pública" (cit., p. 35).
12. MINAMI, M.Y. "Breves apontamentos sobre a generalização das medidas de efetivação no CPC/2015 – do processo para além da decisão". In: Lucas Buril de Macêdo, Ravi Peixoto, Alexandre Freire (Org.). *Novo CPC – Doutrina selecionada: Execução*. Salvador: Juspodivm, 2015, v. 5, p. 227; JOBIM, Marco Felix. "A previsão das medidas estruturantes no artigo 139, IV, do novo Código de Processo Civil brasileiro". In: ZANETI JR., Hermes (Coord.). *Repercussões do novo CPC* – processo coletivo. Salvador: JusPodivm, 2016, p. 230-232; STRECK, Lênio; NUNES, Dierle. "Como interpretar o art. 139, IV, do CPC? Carta branca para o arbítrio?" *Revista Consultor Jurídico*. Disponível em: http://www.conjur.com.br/2016-ago-25/senso-incomum-interpretar-art-139-iv-cpc-carta-branca-arbitrio.
13. Art. 96, Lei n. 12.529/2011: "A execução será feita por todos os meios, inclusive mediante intervenção na empresa, quando necessária".
14. Art. 102, Lei n. 12.529/2011: "O Juiz decretará a intervenção na empresa quando necessária para permitir a execução específica, nomeando o interventor. Parágrafo único. A decisão que determinar a intervenção deverá ser fundamentada e indicará, clara e precisamente, as providências a serem tomadas pelo interventor nomeado".

ações, por força dos arts. 139, IV, 297 e 536, §1º, todos do Código de Processo Civil (CPC) – que constituem, como visto, a base normativa do princípio da atipicidade.

Assim, o regramento previsto nos arts. 102-111 da Lei n. 12.529/2011 pode servir como modelo para *todo o processo civil brasileiro*, individual ou coletivo.

Para que isso seja possível, e considerando que o art. 139, IV, do CPC constitui cláusula geral executiva, a atividade judicial precisa ser posta à prova de determinados parâmetros de controle. Não basta o interesse do autor na sua utilização ou a tipicidade, em outro procedimento, da medida requerida para que possa ser ela livremente aplicada com base no art. 139, IV, do CPC.

Pelo princípio da tipicidade dos meios executivos, a escolha da medida executiva é definida pela lei: o juiz só pode aplicar uma daquelas medidas previstas em lei. Quando se fala, porém, em princípio da atipicidade dos meios executivos, é preciso investigar qual o parâmetro de controle da escolha realizada pelo juiz.

A escolha da medida atípica a ser utilizada em cada caso concreto não é tarefa fácil. Um conjunto de normas rege a atuação do órgão julgador, estabelecendo balizas para a eleição da medida executiva correta.

O magistrado deve pautar-se nos postulados da proporcionalidade, da razoabilidade e da proibição de excesso, bem como nos princípios da eficiência e da menor onerosidade da execução. No caso específico da intervenção judicial em empresas, é preciso considerar que se trata de medida, como se vem dizendo, excepcional e subsidiária, como decidido pelo STJ na MC 14.561/BA.

5. NECESSIDADE DE OBSERVÂNCIA DOS POSTULADOS DA PROPORCIONALIDADE, DA RAZOABILIDADE, DA PROIBIÇÃO DE EXCESSO E DOS PRINCÍPIOS DA EFICIÊNCIA E DA MENOR ONEROSIDADE DA EXECUÇÃO NA ESCOLHA DA MEDIDA EXECUTIVA A SER APLICADA AO CASO

Os postulados[15] da proporcionalidade, da razoabilidade e da proibição de excesso, o princípio da eficiência (CPC, art. 8º) e o princípio da menor onerosidade da execução para o sujeito passivo (CPC, art. 805) servem como parâmetros de controle de medida executiva determinada em razão do poder geral de efetivação outorgado ao juiz (CPC, art. 139, IV, art. 536, § 1º, e art. 297).

Segundo Humberto Ávila, o *postulado da proporcionalidade* se manifesta nas "situações em que há uma relação de causalidade entre dois elementos empiricamente discerníveis, um meio e um fim, de tal sorte que se possa proceder aos três exames fundamentais: *(a)* o da adequação (o meio promove o fim?), *(b)* o da necessidade (dentre os meios disponíveis e igualmente adequados para promover o fim, não há outro meio menos restritivo do(s) direito(s) fundamental(is) afetado(s)?) e *(c)* o da

---

15. O postulado é uma norma que atua sobre a aplicação de outras normas. A proporcionalidade e a razoabilidade seriam *postulados normativos*, e não princípios, segundo essa concepção. Sobre o tema, amplamente, ÁVILA, Humberto. *Teoria dos princípios*. 5. ed. São Paulo: Malheiros Ed., 2006, p. 121 e ss.

proporcionalidade em sentido estrito (as vantagens trazidas pela promoção do fim correspondem às desvantagens provocadas pela adoção do meio?)"[16].

Uma vez que o exame de proporcionalidade se aplica "sempre que houver uma *medida concreta* destinada a realizar uma *finalidade*"[17], a escolha, pelo juiz, da providência substitutiva que possa assegurar o resultado prático equivalente ou da medida executiva atípica a ser aplicada em determinado caso concreto são campos propícios à aplicação do referido postulado.

O *postulado da razoabilidade* também deve presidir a escolha da medida executiva a ser utilizada. Trata-se de postulado que se revela de três formas[18]: *a)* como *dever de equidade*, a exigir a harmonização da norma geral com o caso individual, impondo a consideração daquilo que normalmente acontece em detrimento do que é extraordinário e também impondo a consideração das especificidades do caso concreto ante a generalidade da norma; *b)* como *dever de congruência*, a exigir a harmonização das normas com suas condições externas de aplicação (isto é, com a realidade com base em que foram editadas); *c)* como *dever de equivalência*, a exigir uma relação de equivalência entre a medida adotada e o critério que a dimensiona.

De acordo com o *postulado da proibição de excesso*, "a realização de uma regra ou princípio constitucional não pode conduzir à restrição a um direito fundamental que lhe retire um mínimo de eficácia"[19].

Esse postulado não se confunde com o da proporcionalidade, porque ele dispensa os exames da adequação (relação meio/fim), da necessidade (exigibilidade) ou da proporcionalidade em sentido estrito (ponderação entre vantagens e desvantagens). O postulado da *proibição de excesso* incide sempre que o núcleo essencial de um direito fundamental houver sido atingido, a ponto de esse direito fundamental sofrer restrição excessiva. Pouco importa a relação meio/fim, ou a exigibilidade da medida ou ainda a ponderação com outro direito fundamental eventualmente em jogo: aqui se analisa apenas a eficácia de um determinado direito fundamental[20].

O *princípio da eficiência* está previsto no art. 37 da Constituição Federal e no art. 8° do CPC. Aplicado ao processo jurisdicional, impõe a condução eficiente de um determinado processo pelo órgão jurisdicional. Pode-se sintetizar a "eficiência", meta a ser alcançada por esse princípio, como o resultado de uma atuação que observa dois deveres: *a)* o de obter o máximo de um fim com o mínimo de recursos (*efficiency*); *b)* o de, com um meio, atingir o fim ao máximo (*effectiveness*)[21].

---

16. ÁVILA, Humberto. *Teoria dos princípios*: da definição à aplicação dos princípios jurídicos. 16 ed. São Paulo: Malheiros, 2015, p. 205.
17. ÁVILA, Humberto. *Teoria dos princípios*: da definição à aplicação dos princípios jurídicos, p. 194-201.
18. ÁVILA, Humberto. *Teoria dos princípios*: da definição à aplicação dos princípios jurídicos, p. 206.
19. ÁVILA, Humberto. *Teoria dos princípios*: da definição à aplicação dos princípios jurídicos, p. 188.
20. ÁVILA, Humberto. *Teoria dos princípios*: da definição à aplicação dos princípios jurídicos, p. 191.
21. ÁVILA, Humberto. "Moralidade, razoabilidade e eficiência na atividade administrativa". *Revista Eletrônica de Direito do Estado*. Salvador, Instituto de Direito Público da Bahia, n. 4, 2005, p. 19. Disponível em: www.direitodoestado.com.br. Acesso em: 22 dez. 2012, às 06h29.

Eficiente é a atuação que promove, satisfatoriamente, os meios necessários para que se alcancem os fins do processo. Na escolha dos meios a serem empregados para a obtenção dos fins, o órgão jurisdicional: *a)* deve escolher aqueles que tenham condições de promover algum resultado significativo (deve evitar meios que promovam resultados insignificantes); *b)* deve escolher meios que permitam alcançar, com certo grau de probabilidade, o resultado almejado (não se pode escolher um meio de resultado duvidoso); *c)* não pode escolher um meio que produza muitos efeitos negativos paralelamente ao resultado buscado[22].

Além disso, o órgão julgador terá de observar, sempre e necessariamente, na fixação de medida executiva que vise assegurar o cumprimento de uma decisão, o *princípio da menor onerosidade da execução*, previsto no art. 805 do CPC: havendo duas opções igualmente eficazes para permitir alcançar o resultado pretendido[23], deverá o órgão julgador valer-se daquela que menos onere a situação do executado[24].

Esse princípio protege a ética processual, a lealdade, impedindo o comportamento abusivo do exequente que, sem qualquer vantagem, possa beneficiar-se de meio executivo mais danoso ao executado – e não deixa de ser uma concretização do *segundo passo* da proporcionalidade.

O conjunto desses postulados e princípios impõe ao juiz a observância dos seguintes critérios de escolha da medida executiva a ser usada no caso concreto, inclusive quando se tratar de intervenção judicial na administração de empresa.

a) A medida deve ser adequada. O critério da adequação impõe que o juiz considere abstratamente uma relação de meio/fim entre a medida executiva e o resultado a ser obtido, determinando a providência que se mostre mais propícia a gerar aquele resultado. A perspectiva judicial, nesse primeiro momento, deve ser a do *sujeito ativo*: que medida tem aptidão para gerar o resultado mais efetivo?

Trata-se, como se vê, de critério fortemente inspirado pelo *postulado da proporcionalidade* e pelo *princípio da eficiência*, na parte em que esse princípio determina a escolha de meios que tenham condições de promover algum resultado significativo e que permitam alcançar, com certo grau de probabilidade, o resultado almejado.

---

22. ÁVILA, Humberto. "Moralidade, razoabilidade e eficiência na atividade administrativa". *Revista Eletrônica de Direito do Estado*. Salvador, Instituto de Direito Público da Bahia, n. 4, 2005, p. 19. Disponível em: www.direitodoestado.com.br. Acesso em: 22 dez. 2012, às 06h29.
23. MOREIRA, José Carlos Barbosa. "Tendências na execução de sentenças e ordens judiciais". *Temas de direito processual* – quarta série. São Paulo: Saraiva, 1989, p. 221. Neste sentido, MARINONI, Luiz Guilherme; MITIDIERO, Daniel. *Código de Processo Civil, comentado artigo por artigo*. São Paulo: Ed. RT, 2008, p. 624.
24. Nesse sentido, MEDINA, José Miguel Garcia. *Direito processual civil moderno*. 2. ed. São Paulo: Ed. RT, 2016, p. 994-998; CUNHA, Leonardo Carneiro da. "Comentários ao art. 805". *Comentários ao Código de Processo Civil*. Lenio Luiz Streck; Dierle Nunes; Leonardo Carneiro da Cunha (Org.); Alexandre Freire (Coord.). São Paulo: Saraiva, 2016, p. 1.061-1.061; ZANETI Jr., Hermes. *Comentários ao Código de Processo Civil*. São Paulo: Ed. RT, 2017, v. XIV, p. 118.

b) A medida deve ser necessária. Esse critério impõe um *limite* à atuação judicial, funcionando como uma espécie de contrapeso ao critério da adequação. Aqui, deve-se levar em conta a posição do sujeito passivo.

O juiz não pode preocupar-se apenas em determinar uma medida que permita alcançar o resultado almejado; é preciso que essa medida gere o menor sacrifício possível para o executado. O critério da necessidade estabelece um limite: não se pode ir além do necessário para alcançar o propósito almejado. Deve, pois, o órgão julgador determinar o meio executivo na medida do *estritamente necessário* para proporcionar a satisfação do direito – nem menos, nem mais.

Trata-se de critério fortemente inspirado pelos *postulados da proibição do excesso e da razoabilidade*, bem como, no caso da intervenção como medida executiva, pelo *princípio da menor onerosidade para o executado*.

c) A medida deve conciliar os interesses contrapostos. O magistrado deve ponderar os interesses em disputa, aplicando a proporcionalidade em sentido estrito, de modo que as vantagens da utilização da medida atípica escolhida superem as desvantagens do seu uso. A perspectiva aqui não é nem a do sujeito ativo, nem a do sujeito passivo, mas a do *equilíbrio*: deve-se privilegiar a solução que mais bem atenda aos bens em conflito[25].

Trata-se de critério inspirado nos *postulados da proporcionalidade e da razoabilidade*, bem como no *princípio da eficiência*, na parte em que impõe ao juiz evitar a escolha do meio executivo que produza muitos efeitos negativos paralelamente ao resultado buscado.

6. A INTERVENÇÃO JUDICIAL NA EMPRESA COMO MEDIDA EXECUTIVA POSSÍVEL, MAS NECESSARIAMENTE EXCEPCIONAL E SUBSIDIÁRIA, PARA A EFETIVAÇÃO DE DECISÕES ESTRUTURAIS. PRINCÍPIO DE INTERVENÇÃO MÍNIMA DO ESTADO SOBRE O EXERCÍCIO DE ATIVIDADES ECONÔMICAS

Desirê Bauermann explica que, nos Estados Unidos, uma das formas de dar efetividade às decisões judiciais, especialmente aquelas que impõem medidas estruturais (*structural injunctions*), é a nomeação de um interventor judicial. A depender do grau de intervenção – isto é, das atribuições do interventor –, é possível, segundo ela, destacar cinco cenários: a nomeação de um *master*, de um *monitor*, de um *mediator*, de um *administrator* ou de um *receiver*.[26]

---

25. GUERRA, Marcelo Lima. *Direitos fundamentais e a proteção do credor na execução civil*, cit., p. 127. Leonardo Greco sustenta, como exigência de proporcionalidade, a necessidade de observância, em concreto, do "*periculum in mora* inverso", i.e., devem ser rejeitadas medidas abusivas que gerem para o sujeito passivo um prejuízo consideravelmente superior ao que sofreria com o cumprimento da ordem judicial (GRECO, Leonardo. Coerções indiretas nas execuções pecuniárias. Disponível em: https://www.academia.edu. Acesso em: 27 jan. 2021, p. 15).

26. BAUERMANN, Desirê. *Cumprimento das obrigações de fazer ou não fazer: estudo comparado: Brasil e Estados Unidos*. Porto Alegre: Sérgio Antonio Fabris Editor, 2012, p. 81-83. Sobre as modalidades de intervenção judicial, ver também: GAIO Jr., Antônio Pereira. A Tutela Específica no Novo CPC. In: MACÊDO, Lucas Buril

Marco Félix Jobim explica cada uma dessas figuras:

"Os primeiros [*master*] são interventores que interferem em menor grau na rotina do réu, obtendo informações, concedendo recomendações e sendo, algumas vezes, responsável em por em prática a obrigação determinada pela decisão judicial. Já os segundos [*monitor*] são nomeados para analisar se os réus estão dando efetivo cumprimento às obrigações e se estas estão sendo alcançadas. Os *mediators* têm a tarefa de desvelar o conteúdo da decisão, seus padrões para o atendimento e, até mesmo, o ritmo que será imposto. O *administrator* é alguém que possui um papel mais executivo, atuando em nome próprio. Por fim, tem-se o *receiver*, cuja tarefa é de intervenção mesmo na rotina da instituição a ser reestruturada. Só é nomeado em último caso, quanto todos os outros se mostrarem inaptos a dar efetividade à decisão".[27]

A intervenção judicial na gestão da empresa pode constituir séria restrição à livre iniciativa e ao livre exercício da atividade econômica, direitos assegurados constitucionalmente (CR/1988, art. 1º, IV, e art. 170, parágrafo único[28]). O risco que esse tipo de providência faz surgir é avassalador e pode ter múltiplas consequências.

Apenas para que se tenha uma ideia, no segundo semestre de 2020 foi divulgada notícia de que o Ministério Público Federal (MPF) havia ingressado com ação civil pública em que pedia a intervenção judicial na gestão da Vale S/A, com o objetivo de que o interventor adotasse medidas de prevenção a desastres nas barragens da companhia. Tão logo foi noticiado o protocolo do pedido formulado pelo MPF, as ações da Vale negociadas em Bolsa sofreram queda de 3,26%, puxando para baixo o índice Ibovespa em 1,17%[29]. Esse movimento de queda se manteve mesmo após a divulgação da notícia de que o juízo havia postergado a análise do pedido de tutela provisória para momento posterior à apresentação das defesas: em 10 de setembro de 2020, os papéis da Vale registraram queda de 2,45%[30].

Tratando especificamente sobre a intervenção judicial prevista na Lei do CADE – embora sua referência fosse à Lei n. 8.884/1994, que regulamentava o assunto e previa esse meio executivo típico até ter sido revogada pela atualmente vigente Lei n. 12.529/2011 –, Eduardo Talamini afirma que "a intervenção jurisdicional, em maior ou menor medida, implicará, conforme o caso, restrição à liberdade de empresa (CF,

---

de; PEIXOTO, Ravi e FREIRE, Alexandre (Coord.). *Coleção Novo CPC* – Doutrina Selecionada: Execução. Salvador: Editora Juspodivm, 2015, v. 5, p. 95-97.

27. JOBIM, Marco Félix. *Medidas estruturantes*: da Suprema Corte Estadunidense ao Supremo Tribunal Federal [livro eletrônico]. Porto Alegre: Livraria do Advogado Editora, 2013, p. 6126.
28. Art. 1º A República Federativa do Brasil, formada pela união indissolúvel dos Estados e Municípios e do Distrito Federal, constitui-se em Estado Democrático de Direito e tem como fundamentos: [...] IV – os valores sociais do trabalho e da livre iniciativa;
    Art. 170. A ordem econômica, fundada na valorização do trabalho humano e na livre iniciativa, tem por fim assegurar a todos existência digna, conforme os ditames da justiça social, observados os seguintes princípios: [...] Parágrafo único. É assegurado a todos o livre exercício de qualquer atividade econômica, independentemente de autorização de órgãos públicos, salvo nos casos previstos em lei.
29. Informação disponível em: https://www.moneytimes.com.br/acoes-da-vale-operam-em-queda-apos-ministerio-publico-pedir-suspensao-de-dividendos/. Acesso em: 27 jan. 2021.
30. Informação disponível em: https://www.infomoney.com.br/mercados/acoes-do-pao-de-acucar-saltam--19-com-estudo-para-cisao-do-assai-biosev-segue-ganhos-e-petrobras-cai-1/. Acesso em: 27 jan. 2021.

art. 170) ou de funcionamento das associações (CF, art. 5º, XVIII) ou, tratando-se de ente público, ao princípio da separação dos poderes (CF, art. 2º)".[31]

Por isso, Talamini considera que a nomeação de interventor judicial é, por si só, "providência drástica e excepcional"[32]. Essa conclusão é ainda mais evidente quando se trata de nomeação de um *receiver*, que intervém na rotina da instituição ou da empresa a ser reestruturada, agindo como um "ente estranho" à equipe de trabalho[33].

Atento a esses reflexos negativos da intervenção estatal na atividade empresarial, o próprio sistema normativo, partindo do texto constitucional, caminha sempre no sentido de determinar que toda medida estatal – em cujo âmbito se inclui a medida adotada pelo Poder Judiciário – tendente a restringir a livre iniciativa e o livre exercício da atividade econômica deve ser necessariamente vista como subsidiária, nunca como *primeira* ou *única* medida.

Basta ver que todas as medidas executivas que, de algum modo, afetam o livre exercício da atividade econômica – como, por exemplo, a falência (Lei n. 11.101/2005, art. 75), a penhora sobre faturamento (CPC, art. 866) ou a penhora de empresa (CPC, arts. 862-865) – são sempre subsidiárias e excepcionais.

A falência, como se sabe, é o ato pelo qual o devedor é afastado de sua atividade empresarial e substituído por um administrador judicial, que tem a tarefa de "preservar e otimizar a utilização produtiva dos bens, ativos e recursos produtivos, inclusive os intangíveis, da empresa" (Lei n. 11.101/2005, art. 75). É típica medida de intervenção estatal na atividade econômica privada, mas longe está de ser a *única* ou a *primeira* medida a ser adotada, nos casos em que se revela a insolvência empresarial. Em decorrência do princípio da preservação da empresa, amplamente reconhecido no STJ, a decretação da falência é medida excepcional, a ser tomada em último caso.

A chamada penhora de empresa é aquela que recai sobre "estabelecimento comercial, industrial ou agrícola, bem como em semoventes, plantações ou edifícios em construção" (CPC, art. 862) e se implementa pela nomeação de um administrador-depositário. Nos termos do art. 865 do CPC, esse tipo de medida não pode ser a *única* ou a *primeira* a ser adotada; ela "somente será determinada se não houver outro meio eficaz para a efetivação do crédito". Trata-se, pois, de medida subsidiária de intervenção estatal na atividade empresarial.

---

31. TALAMINI, Eduardo. *Tutela relativa aos deveres de fazer e de não fazer e sua extensão aos deveres de entrega de coisa* (CPC, Arts. 461 e 461-A; CDC, Art. 84). 2. ed. São Paulo: Ed. RT, 2003, p. 282.
32. TALAMINI, Eduardo. *Tutela relativa aos deveres de fazer e de não fazer e sua extensão aos deveres de entrega de coisa* (CPC, Arts. 461 e 461-A; CDC, Art. 84). 2. ed. São Paulo: Ed. RT, 2003, p. 282.
33. Como ensinam Carlos Klein Zanini e Rodrigo Salton Rotunno Saydelles, "nomear um administrador a título de 'interventor' significa, na prática, inserir um ente estranho ao corpo societário – contrariando o pressuposto de que os sócios e os administradores seriam os mais qualificados para deliberar acerca dos melhores rumos a serem trilhados pela sociedade" (ZANINI, Carlos Klein; SAYDELLES, Rodrigo Salton Rotunno. "Notas Sobre a Intervenção Judicial na Administração de Sociedades". In: LUPION, Ricardo (Org.). *Sociedades Limitadas*: estudos em comemoração aos 100 anos [livro eletrônico]. Porto Alegre, RS: Editora Fi, 2019, p. 214).

A penhora de faturamento da empresa constitui, igualmente, modalidade de intervenção estatal na atividade econômica privada, mediante a nomeação de administrador-depositário (CPC, art. 866, § 2º). Segundo o *caput* do art. 866 do CPC, a medida somente é admissível "se o executado não tiver outros bens penhoráveis ou se, tendo-os, esses forem de difícil alienação ou insuficientes para saldar o crédito executado". Não é, também aqui, a *única* ou a *primeira* medida a ser adotada[34].

Com a intervenção judicial prevista no art. 102 da Lei n. 12.529/2011 não é, nem poderia ser, diferente.

Eduardo Talamini bem resume os critérios que precisam ser considerados para que se admita, ou não, no caso concreto, o uso desse tipo de providência excepcional:

"Diante da tensão entre valores constitucionais igualmente relevantes em abstrato – garantia da tutela jurisdicional, por um lado, liberdade de empresa (ou liberdade de funcionamento associativo, ou separação de poderes), por outro –, aplicar-se-á o princípio da proporcionalidade e seus desdobramentos. Assim: i) verificar-se-á qual o valor mais relevante na situação concreta; ii) a intervenção não deverá ser adotada quando medida menos drástica for apta para atingir, sem custos excessivos, os mesmos resultados; iii) a intervenção restringir-se-á ao estritamente necessário para a efetivação do provimento (ex.: se a intervenção pontual é suficiente, não se ordenará a intervenção total – v. Lei 8.884/94, arts. 73, *caput*, primeira parte, e 74, *caput* e parágrafos; se basta a mera atuação do terceiro como fiscal, não se procederá à intervenção propriamente dita na administração da entidade)".[35]

Ainda que, *em tese*, o art. 139, IV, CPC, admite a sua utilização como medida executiva atípica, a intervenção, além de atender aos parâmetros de controle aplicáveis a qualquer medida executiva atípica, deve ser vista necessariamente como algo *subsidiário* e *excepcional*.

A Lei n. 13.874/2019 reforçou esse aspecto, ao instituir a declaração dos direitos de liberdade econômica (lei de liberdade econômica). Esse diploma prescreve que as "normas de proteção à livre iniciativa e ao livre exercício de atividade econômica" (art. 1º) se assentam em princípios como os de intervenção subsidiária e excepcional do Estado sobre o exercício de atividades econômicas (art. 2º, III).

---

34. Sobre a excepcionalidade da medida: "A jurisprudência desta Corte Superior é assente quanto à possibilidade de a penhora recair, em caráter excepcional, sobre o faturamento da empresa, desde que observadas, cumulativamente, as condições previstas na legislação processual e que o percentual fixado não torne inviável o exercício da atividade empresarial" (STJ, AgInt no REsp 1811869/SC, Rel. Ministro Og Fernandes, Segunda Turma, julgado em 19.11.2019, DJe 26.11.2019); "A penhora de faturamento da empresa só pode ocorrer em casos excepcionais, que devem ser avaliados pelo magistrado à luz das circunstâncias fáticas apresentadas no curso da Execução, obedecendo o que preceitua o art. 866 do CPC e desde que não existam outros bens penhoráveis e a constrição não afete o funcionamento da empresa" (STJ, REsp 1696970/PR, Rel. Ministro Herman Benjamin, Segunda Turma, julgado em 16.11.2017, DJe 19.12.2017). Em outros tribunais: TJ-SP, AI 2134357-87.2017.8.26.0000, 32ª Câmara de Direito Privado, Relator Luis Fernando Nishi, DJe 03/10/2017; TRF-2, AI 0007109-14.2016.4.02.0000, Sétima Turma Especializada, Relator Sérgio Schwaitzer, DJe 24.03.2017; TRF-2, AI 0000071-14.2017.4.02.0000, Sétima Turma Especializada, Relator Sérgio Schwaitzer, DJe 17.04.2017.
35. TALAMINI, Eduardo. *Tutela relativa aos deveres de fazer e de não fazer e sua extensão aos deveres de entrega de coisa* (CPC, Arts. 461 e 461-A; CDC, Art. 84). 2. ed. São Paulo: Ed. RT, 2003, p. 282.

Tratando especificamente do inciso III do art. 2º, Caio de Souza Loureiro defende que:

"[...] o intuito do princípio é o de restringir não a participação do Estado na economia, como prestador direto ou mesmo agente econômico, mas, sim, o de constranger a atuação desmedida do aparato estatal nas atividades econômicas desempenhadas pelos particulares. É, pois, um dispositivo voltado à interação do Estado com os particulares na seara econômica, e não algo que se volta ao papel ativo do Estado na ordem econômica. Não se poderia, por exemplo, invocar esse inciso para interpretar indevida a existência de uma empresa estatal (participação do Estado na economia), mas é perfeitamente cabível que dele se valha para evitar a exigência de uma autorização imotivada para que um particular possa desempenhar sua atividade econômica (intervenção do Estado sobre o exercício de atividades econômicas). Nos dois casos, é flagrante o caráter subsidiário da intervenção estatal: no primeiro, pela limitação do espaço ocupado por empresas estatais; no segundo, pelo constrangimento à intervenção realizada de modo inadequado nas atividades econômicas desempenhas por particulares".[36]

Fala-se, na doutrina, num princípio de intervenção mínima:

"Por se tratar de medida invasiva e traumática, verdadeira intromissão externa em assuntos que, em princípio, deveriam ser reservados aos sócios e à sociedade, a intervenção judicial na administração de sociedade é medida excepcional.

A excepcionalidade da medida se dá em razão do princípio da intervenção mínima na administração de sociedades, como já assinalaram a doutrina e a jurisprudência. Por essa razão, deve, então, ser aplicada restritivamente.

Isso porque se trata de medida que derroga, temporariamente, a vontade social. Além disso, importante ter presente que a intervenção afeta direitos e liberdades constitucionais (como o direito de os particulares regularem seus próprios interesses, o direito de propriedade e o direito de livre associação), assim como o sigilo dos negócios".[37]

O STJ, no julgamento da MC 14.561/BA, conforme visto, adotou a premissa da intervenção judicial mínima na administração de sociedades empresárias. Diversas outras decisões aplicam esse princípio[38].

Nessa linha, o enunciado n. 3 do II Fórum Nacional da Concorrência e da Regulação da AJUFE, Campinas, 2018, tem a seguinte redação:

---

36. LOUREIRO, Caio de Souza. "Princípios na Lei de Liberdade Econômica". In: MARQUES NETO, Floriano Peixoto; RODRIGUES JR., Otavio Luiz; LEONARDO, Rodrigo Xavier (Coord.). *Comentários à Lei de Liberdade Econômica*: Lei 13.874/2019 [livro eletrônico]. São Paulo: Ed. RT, 2020, p. 2130-2144.
37. SPINELLI, Luis Felipe; SCALZILLI, João Pedro; TELLECHEA, Rodrigo. *Intervenção Judicial na Administração de Sociedades* [livro eletrônico]. São Paulo: Almedina, 2019, capítulo 5, item 5.1.
38. TJ-MT, AI 1011265-72.2018.8.11.0000, Quarta Câmara de Direito Privado, Relator Rubens de Oliveira Santos Filho, DJe 24.09.2019; TJ-MG, AC 10701130086286002, Décima Sétima Câmara Cível, Relator Amauri Pinto Ferreira, DJe 12.09.2017; TJ-SP, AI 2059277-15.2020.8.26.0000, 1ª Câmara Reservada de Direito Empresarial, Relator Cesar Ciampolini, julgamento em 08.07.2020; TJ-SP, AI 2068832-90.2019.8.26.0000, 2ª Câmara Reservada de Direito Empresarial, Relator Ricardo Negrão, julgamento em 25.08.2020; TJ-SP, AI 2205593-65.2018.8.26.0000, 1ª Câmara Reservada de Direito Empresarial, Relator Cesar Ciampolini, julgamento em 23.11.2018; TJ-SP, AI 2163202-66.2016.8.26.0000, 2ª Câmara Reservada de Direito Empresarial, Relator Carlos Alberto Garbi, julgamento em 23.09.2016.

"3. O Poder Judiciário deve deferir tutelas que restabeleçam a juridicidade violada com o menor grau de impacto interventivo possível, também atentando para as consequências políticas, econômicas e concorrenciais de suas decisões."

Justamente por isso, conforme lição de Marco Félix Jobim, o *receiver* só deve ser "nomeado em último caso, quando todos os outros se mostrarem inaptos a dar efetividade à decisão"[39], referindo-se às outras modalidades de intervenção – *master*, *monitor*, *mediator* e *administrator*.

No mesmo sentido é a opinião de Humberto Dalla Bernardina de Pinho e Victor Augusto Passos Villani Côrtes, para quem a nomeação do *receiver* "é a medida mais drástica, é a mais forte de todas as intervenções, seu uso somente se revela necessária quando os demais falharem e deve ser justificado pelo magistrado de acordo com as peculiaridades do caso concreto"[40].

Embora se possa adotar essa medida para a reestruturação que se pretende implementar (numa companhia, por exemplo), a sua escolha deve ser feita segundo determinados parâmetros de controle, como os postulados e princípios mencionados acima, e a medida deve ser vista necessariamente como *subsidiária* e *excepcional*.

7. CONCLUSÃO

Como conclusão, podemos dizer que o STJ já reconheceu, em julgado de 2008, a existência de um princípio de intervenção mínima do Estado – e, portanto, do Poder Judiciário – na gestão de sociedades empresárias. Esse princípio encontra base normativa nos arts. 1º, IV, e 170, parágrafo único, da CR/1988, e, mais recentemente, na Lei n. 13.874/2019.

A intervenção judicial na empresa é expressamente prevista no art. 102 da Lei n. 12.529/2011 (lei de defesa da concorrência), como medida executiva que pode ser utilizada pelo juiz para a efetivação de decisões do CADE. Os arts. 139, IV, 536, § 1º, e 297, todos do CPC, autorizam seja ela utilizada como medida executiva atípica para a efetivação de decisões judiciais. O princípio da atipicidade das medidas executivas tem especial significado quando se trata de obter a efetivação de decisões estruturais, em razão das características do litígio estrutural.

Assim, a intervenção judicial na administração de empresas pode ser utilizada como medida executiva atípica para a efetivação de decisões estruturais, desde que se tenha em mente que se trata de providência *excepcional* e *subsidiária*, o que significa dizer que não se pode lançar mão desse tipo de medida como *primeira ou única opção*.

---

39. JOBIM, Marco Félix. *Medidas estruturantes*: da Suprema Corte Estadunidense ao Supremo Tribunal Federal [livro eletrônico]. Porto Alegre: Livraria do Advogado Editora, 2013, p. 6126.
40. PINHO, Humberto Dalla Bernardina de; CÔRTES, Victor Augusto Passos Villani. "As medidas estruturantes e a efetividade das decisões judiciais no ordenamento jurídico brasileiro". *Revista Eletrônica de Direito Processual – REDP*. Rio de Janeiro: UERJ, v. XIII, p. 243. Disponível em: https://www.e-publicacoes.uerj.br/index.php/redp/article/viewFile/11920/9333. Acesso em: 06 out 2020.

8. REFERÊNCIAS

ÁVILA, Humberto. "Moralidade, razoabilidade e eficiência na atividade administrativa". *Revista Eletrônica de Direito do Estado*. Salvador, Instituto de Direito Público da Bahia, n. 4, 2005, p. 19.

ÁVILA, Humberto. *Teoria dos princípios*. 5. ed. São Paulo: Malheiros Ed., 2006.

ÁVILA, Humberto. *Teoria dos princípios*: da definição à aplicação dos princípios jurídicos. 16. ed. São Paulo: Malheiros, 2015.

BAUERMANN, Desirê. *Cumprimento das obrigações de fazer ou não fazer*: estudo comparado: Brasil e Estados Unidos. Porto Alegre: Sérgio Antonio Fabris Editor, 2012.

COSTA, Eduardo José da Fonseca. A "execução negociada" de políticas públicas em juízo. *Revista de Processo*. São Paulo: Ed. RT, 2012, v. 212.

CUNHA, Leonardo Carneiro da. "Comentários ao art. 805". In: STRECK, Lenio Luiz; NUNES, Dierle; CUNHA, Leonardo Carneiro da (Org.); FREIRE, Alexandre (Coord.). *Comentários ao Código de Processo Civil*. São Paulo: Saraiva, 2016.

DIDIER JR., Fredie; CUNHA, Leonardo Carneiro da; BRAGA, Paula Sarno; OLIVEIRA, Rafael Alexandria de. *Curso de direito processual civil*. 11. ed. Salvador: Juspodivm, 2021. v. 5.

DIDIER JR., Fredie; ZANETI JR., Hermes; OLIVEIRA, Rafael Alexandria de. "Elementos para uma teoria do processo estrutural aplicada ao processo civil brasileiro". *Revista de Processo*. São Paulo: Thomson Reuters, maio/2020, v. 303, p. 45-81.

JOBIM, Marco Felix. "A previsão das medidas estruturantes no artigo 139, IV, do novo Código de Processo Civil brasileiro". In: ZANETI JR., Hermes (Coord.). *Repercussões do novo CPC* – processo coletivo. Salvador: JusPodivm, 2016.

JOBIM, Marco Félix. *Medidas estruturantes*: da Suprema Corte Estadunidense ao Supremo Tribunal Federal [livro eletrônico]. Porto Alegre: Livraria do Advogado Editora, 2013.

GAIO Jr., Antônio Pereira. A Tutela Específica no Novo CPC. In: MACÊDO, Lucas Buril de; PEIXOTO, Ravi e FREIRE, Alexandre (Coord.). *Coleção Novo CPC – Doutrina Selecionada: Execução*. Salvador: Juspodivm, 2015. v. 5.

GRECO, Leonardo. *Coerções indiretas nas execuções pecuniárias*. Disponível em: https://www.academia.edu.

GUERRA, Marcelo Lima. *Direitos fundamentais e a proteção do credor na execução civil*. São Paulo: Ed. RT, 2003.

LOUREIRO, Caio de Souza. "Princípios na Lei de Liberdade Econômica". In: MARQUES NETO, Floriano Peixoto; RODRIGUES JR., Otavio Luiz; LEONARDO, Rodrigo Xavier (Coord.). *Comentários à Lei de Liberdade Econômica*: Lei 13.874/2019 [livro eletrônico]. São Paulo: Ed. RT, 2020.

MARINONI, Luiz Guilherme. "Controle do poder executivo do juiz". *Execução civil*: estudos em homenagem ao Professor Paulo Furtado. Rio de Janeiro: Lumen Juris, 2006.

MARINONI, Luiz Guilherme. *Técnica processual e tutela dos direitos*. São Paulo: Ed. RT, 2004.

MARINONI, Luiz Guilherme, ARENHART, Sérgio Cruz. *Execução*. São Paulo: Ed. RT, 2007.

MARINONI, Luiz Guilherme; MITIDIERO, Daniel. *Código de Processo Civil, comentado artigo por artigo*. São Paulo: Ed. RT, 2008.

MEDINA, José Miguel Garcia. *Direito processual civil moderno*. 2. ed. São Paulo: Ed. RT, 2016.

MINAMI, M.Y. "Breves apontamentos sobre a generalização das medidas de efetivação no CPC/2015 – do processo para além da decisão". In: MACÊDO, Lucas Buril de; PEIXOTO, Ravi; FREIRE, Alexandre (Org.). *Novo CPC – Doutrina selecionada: Execução*. Salvador: Juspodivm, 2015. v. 5.

MINAMI, M.Y. *Da vedação ao non factibile, uma introdução às medidas executivas atípicas*. Salvador: Juspodivm, 2019.

MOREIRA, José Carlos Barbosa. "Tendências na execução de sentenças e ordens judiciais". *Temas de direito processual* – quarta série. São Paulo: Saraiva, 1989.

PINHO, Humberto Dalla Bernardina de; CÔRTES, Victor Augusto Passos Villani. "As medidas estruturantes e a efetividade das decisões judiciais no ordenamento jurídico brasileiro". *Revista Eletrônica de Direito Processual – REDP*. Rio de Janeiro: UERJ, volume XIII, p. 243.

SPINELLI, Luis Felipe; SCALZILLI, João Pedro; TELLECHEA, Rodrigo. *Intervenção Judicial na Administração de Sociedades* [livro eletrônico]. São Paulo: Almedina, 2019.

STRECK, Lênio; NUNES, Dierle. "Como interpretar o art. 139, IV, do CPC? Carta branca para o arbítrio?" *Revista Consultor Jurídico*. Disponível em: http://www.conjur.com.br/2016-ago-25/senso-incomum--interpretar-art-139-iv-cpc-carta-branca-arbitrio.

TALAMINI, Eduardo. *Tutela relativa aos deveres de fazer e de não fazer e sua extensão aos deveres de entrega de coisa (CPC, Arts. 461 e 461-A; CDC, Art. 84)*. 2. ed. São Paulo: Ed. RT, 2003.

TARUFFO, Michelle. "A atuação executiva dos direitos: perfis comparatísticos". *Revista de Processo*. São Paulo: Ed. RT, 1990, n. 59.

VIOLIN, Jordão. *Protagonismo judiciário e processo coletivo estrutural: o controle jurisdicional de decisões políticas*. Salvador: JusPodivm, 2013.

ZANETI Jr., Hermes. *Comentários ao Código de Processo Civil*. São Paulo: Ed. RT, 2017. v. XIV.

ZANINI, Carlos Klein; SAYDELLES, Rodrigo Salton Rotunno. "Notas Sobre a Intervenção Judicial na Administração de Sociedades". In: LUPION, Ricardo (Org.). *Sociedades Limitadas*: estudos em comemoração aos 100 anos [livro eletrônico]. Porto Alegre, RS: Editora Fi, 2019.

MULTA COERCITIVA (*ASTREINTES*) E INDUÇÃO DE COMPORTAMENTO PROCESSUAL

Rodrigo Fux

Doutorando e Mestre em Direito Processual pela Universidade do Estado do Rio de Janeiro – UERJ. Advogado. academia@fux.com.br.

1. INTRODUÇÃO

Não poderia iniciar este ensaio sem antes agradecer efusivamente ao Ministro Marco Aurélio Bellizze, bem como aos Professores Aluisio Gonçalves de Castro Mendes, Teresa Arruda Alvim e Trícia Navarro Xavier Cabral, que gentilmente convidaram-me para tecer reflexões a respeito da Execução e do Cumprimento de Sentença à luz do Código de Processo Civil de 2015. Os insignes juristas têm sido responsáveis por promover as mais frutíferas discussões contemporâneas a respeito do Ordenamento Jurídico-Processual Brasileiro, de modo que qualquer solicitação deles é, simultaneamente, motivo de grande felicidade e responsabilidade para este autor.

Este breve texto analisará a multa coercitiva, também chamada de *astreinte*, tal qual prevista no artigo 537[1] do Código de Processo Civil de 2015, especialmente sob a ótica de sua função no Ordenamento Jurídico-Processual Brasileiro, ou seja, como mecanismo indutor de comportamentos, que possui grande espaço de aplicação quando se está diante de obrigações de fazer, não fazer e/ou dar.

Para isso, será necessário perquirir a função cumprida pelo instituto no Processo Civil à luz do Código de Processo Civil de 2015, que trouxe visão singular e inovadora da matéria, com especial abertura para a incorporação de deveres de cooperação, para "que se obtenha, em tempo razoável, decisão de mérito justa e efetiva"[2].

Como veremos adiante, a multa coercitiva pode ser empregada, inclusive, como eficiente mecanismo de consecução de ferramentas oriundas da denominada Análise

---

1. "Art. 537. A multa independe de requerimento da parte e poderá ser aplicada na fase de conhecimento, em tutela provisória ou na sentença, ou na fase de execução, desde que seja suficiente e compatível com a obrigação e que se determine prazo razoável para cumprimento do preceito. § 1º O juiz poderá, de ofício ou a requerimento, modificar o valor ou a periodicidade da multa vincenda ou excluí-la, caso verifique que: I – se tornou insuficiente ou excessiva; II – o obrigado demonstrou cumprimento parcial superveniente da obrigação ou justa causa para o descumprimento. § 2º O valor da multa será devido ao exequente. § 3º A decisão que fixa a multa é passível de cumprimento provisório, devendo ser depositada em juízo, permitido o levantamento do valor após o trânsito em julgado da sentença favorável à parte ou na pendência do agravo fundado nos incisos II ou III do art. 1.042. § 3º A decisão que fixa a multa é passível de cumprimento provisório, devendo ser depositada em juízo, permitido o levantamento do valor após o trânsito em julgado da sentença favorável à parte. § 4º A multa será devida desde o dia em que se configurar o descumprimento da decisão e incidirá enquanto não for cumprida a decisão que a tiver cominado. § 5º O disposto neste artigo aplica-se, no que couber, ao cumprimento de sentença que reconheça deveres de fazer e de não fazer de natureza não obrigacional."
2. Artigo 6º do Código de Processo Civil de 2015.

Econômica do Direito no Processo Civil contemporâneo, a indicar um verdadeiro estímulo a que as partes de fato cumpram as decisões judiciais a tempo e a contento.

Não se poderia deixar de apontar, respeitosamente, a divergência que será proposta neste texto em relação à jurisprudência do Superior Tribunal de Justiça – STJ, especialmente para que se tenha em conta que a redução da multa coercitiva acumulada pode estimular o descumprimento de decisões judiciais – e, portanto, o descrédito do poder jurisdicional de que investido o julgador.

2. DIREITO COMPARADO E BREVE HISTÓRICO DA MULTA COERCITIVA

As *astreintes* têm origem jurisprudencial, surgindo inicialmente na França, entre os séculos XVII e XVIII, e atuando como espécie singular de perdas e danos e de forma de forçar o cumprimento de decisões judiciais. Eduardo Arruda Alvim, Daniel Granada e Eduardo Ferreira chegam a apontar que, inicialmente, houve resistência naquele ordenamento jurídico quanto à implementação da multa coercitiva, eis que se trataria de medida *contra legem*.[3]

Flávia Hill faz breve comparação entre a multa coercitiva prevista na legislação processual brasileira e as *astreintes* francesas, a *Zwangsgeld* alemã e o *contempt of court* do direito estado-unidense. A autora conclui, no entanto, que "a multa coercitiva brasileira não se identifica precisamente com nenhum deles"[4-5].

A multa cominatória, no Brasil, possui natureza híbrida, uma vez que se presta a estimular o cumprimento de obrigações de fazer ou não fazer, revertendo-se em benefício da parte contrária. Não se trata, propriamente, de "reprimenda" em razão do descumprimento de comando judicial ou de obrigação que, em alguma medida, possui natureza indenizatória.[6]

O mecanismo tem sido aplicado no Direito Brasileiro desde o Código de Processo Civil de 1939, com fundamento no então vigente artigo 999, no qual se previa que

---

3. ALVIM, Eduardo Arruda; GRANADO, Daniel Willian; FERREIRA, Eduardo Aranha. *Curso de Direito Processual Civil*. 6. ed. São Paulo: Saraiva Educação, 2019, p. 1.806.
4. "A *Zwangsgeld* alemã consiste em punição ao desrespeito à ordem estatal, cabível somente em casos específicos, taxativamente enumerados na legislação daquele país e tem como destinatário o próprio Estado.
   A *astreinte* francesa, por sua vez, possui caráter genérico, não dependendo de expressa previsão legal, e se destina, em regra, à parte contrária, assim como ocorre no Brasil. De se consignar que, em algumas situações, o valor da multa se reverte em benefício de instituições de caridade. Para Sérgio Cruz Arenhart, na França, a *astreinte* seria uma 'deformação do conceito de perdas e danos, dando-lhe natureza indenizatória (...), ainda que com função cominatória'.
   O *contempt of court* do direito algo-saxão emerge como uma reprimenda ao desrespeito ao órgão judiciário ou à pessoa do juiz, prestando-se a tutelar o exercício da atividade jurisdicional, desde o século XII". HILL, Flávia Pereira. Comentários à Execução das Obrigações de Fazer e Não Fazer no Novo Código de Processo Civil. *Revista Eletrônica de Direito Processual – REDP*, Rio de Janeiro, v. 15, n. 15, 2015, p. 175.
5. De qualquer modo, pede-se licença para empregar, neste texto, o termo *astreinte* como sinônimo de multa coercitiva, sobretudo tendo em vista sua popularização na doutrina e na jurisprudência nacionais.
6. HILL, Flávia Pereira. Comentários à Execução das Obrigações de Fazer e Não Fazer no Novo Código de Processo Civil. *Revista Eletrônica de Direito Processual – REDP*, Rio de Janeiro, v. 15, n. 15, 2015, p. 175.

"se o executado não prestar o serviço, não praticar o ato ou dele não se abstiver no prazo marcado, o exequente poderá requerer o pagamento da multa ou das perdas e danos, prosseguindo a execução nos termos estabelecidos para a de pagamento de quantia em dinheiro liquida, ou ilíquida, conforme o caso".

Na vigência do Código de Processo Civil de 1973, a multa coercitiva passou a ter previsão expressa com a inclusão, pela Lei 8.952/1994, do § 4º ao artigo 461. Passou-se a prever que "o juiz poderá, na hipótese do parágrafo anterior ou na sentença, impor multa diária ao réu, independentemente de pedido do autor, se for suficiente ou compatível com a obrigação, fixando-lhe prazo razoável para o cumprimento do preceito"[7].

Em que pese remontar ao Código de Processo Civil de 1939, a multa coercitiva sofreu significativa evolução ao longo da vigência do Código de Processo Civil de 1973, especialmente em razão (a) de sua expressa previsão[8]; e, (b) simultaneamente, de sua ampliação e restrição em razão das alterações da Lei 10.444/2002[9], que alterou a redação do § 5º do artigo 461 do CPC/1973 e inseriu o § 6º[10].

3. MULTA COERCITIVA NO CÓDIGO DE PROCESSO CIVIL DE 2015

No Código de Processo Civil de 2015, o instituto foi refinado, ainda que persistam os debates a respeito de critérios de implementação e limites. Topograficamente, a multa coercitiva encontra-se na Primeira Seção do Capítulo VI, Título II, e, mais especificamente, no artigo 537[11].

---

7. Referida alteração do Código de Processo Civil de 1973 teve origem em proposta do Ministro Maurício Corrêa, após estudos do Instituto Brasileiro de Direito Processual – IBDP e da Escola Nacional da Magistratura. A redação final foi coordenada pelos Ministros Sálvio de Figueiredo Teixeira e Athos Gusmão Carneiro, secretariada pela Ministra Nancy Andrighi (à época Desembargadora), e contou com a participação dos Professores Ada Pellegrini Grinover, Celso Agrícola Barbi, Humberto Theodoro Júnior, José Carlos Barbosa Moreira, José Eduardo Carreira Alvim, Kazuo Watanabe e Sérgio Shaione Fadel.
8. Inclusão do artigo 461, § 4º, pela Lei 8.952/1994.
9. Referida Lei alterou a redação do artigo 461, § 5º, do CPC/1973. Veja-se: "§ 5º Para a efetivação da tutela específica ou a obtenção do resultado prático equivalente, poderá o juiz, de ofício ou a requerimento, determinar as medidas necessárias, tais como a *imposição de multa por tempo de atraso*, busca e apreensão, remoção de pessoas e coisas, desfazimento de obras e impedimento de atividade nociva, se necessário com requisição de força policial" (alteração em destaque).
10. "§ 6º O juiz poderá, de ofício, modificar o valor ou a periodicidade da multa, caso verifique que se tornou insuficiente ou excessiva."
11. "Art. 537. A multa independe de requerimento da parte e poderá ser aplicada na fase de conhecimento, em tutela provisória ou na sentença, ou na fase de execução, desde que seja suficiente e compatível com a obrigação e que se determine prazo razoável para cumprimento do preceito. § 1º O juiz poderá, de ofício ou a requerimento, modificar o valor ou a periodicidade da multa vincenda ou excluí-la, caso verifique que: I – se tornou insuficiente ou excessiva; II – o obrigado demonstrou cumprimento parcial superveniente da obrigação ou justa causa para o descumprimento. § 2º O valor da multa será devido ao exequente. § 3º A decisão que fixa a multa é passível de cumprimento provisório, devendo ser depositada em juízo, permitido o levantamento do valor após o trânsito em julgado da sentença favorável à parte. § 4º A multa será devida desde o dia em que se configurar o descumprimento da decisão e incidirá enquanto não for cumprida a decisão que a tiver cominado. § 5º O disposto neste artigo aplica-se, no que couber, ao cumprimento de sentença que reconheça deveres de fazer e de não fazer de natureza não obrigacional".

Não se pretende, neste brevíssimo ensaio, analisar-se todos os aspectos da multa coercitiva, tal qual atualmente disposta. No entanto, não se poderia deixar de observar que o Código de Processo Civil de 2015 trouxe interessantíssima generalização do instituto, deixando claro que as *astreintes* podem ser fixadas a requerimento da parte ou não, e são passíveis de aplicação "na fase de conhecimento, em tutela provisória ou na sentença, ou na fase de execução"[12], apenas se exigindo que sejam "suficiente[s] e compatível[is] com a obrigação e que se determine prazo razoável para cumprimento do preceito".

O § 1º do artigo 537 do CPC/2015 trouxe previsão de grande relevância para o objeto da análise aqui empreendida. É que, diferentemente de seu predecessor (*i.e.*, o artigo 461, § 6º, do CPC/1973), a novel disciplina estabelece que o juiz pode, de ofício ou a requerimento, modificar o "valor ou a periodicidade da multa vincenda ou excluí-la", desde que tenha se tornado excessiva ou tenha havido cumprimento parcial e/ou justa causa para o descumprimento.

Além disso, o Código de Processo Civil de 2015 não deixou dúvidas de que (a) a multa reverte em benefício do exequente (artigo 537, § 2º); (b) é passível de cumprimento provisório (artigo 537, § 3º); (c) é devida desde o dia em que configurado o descumprimento da decisão, incidindo enquanto o *decisum* não for cumprido (artigo 537, § 4º); e (d) se aplica "ao cumprimento de sentença que reconheça deveres de fazer e de não fazer de natureza não obrigacional" (artigo 537, § 5º).

Vale, ainda, uma última nota a respeito do artigo 537, § 4º, do Código de Processo Civil de 2015. É que, durante a vigência do Código de Processo Civil de 1973, o Superior Tribunal de Justiça editou o Enunciado 410 de sua Súmula, segundo o qual "a prévia intimação pessoal do devedor constitui condição necessária para a cobrança de multa pelo descumprimento de obrigação de fazer ou não fazer"[13].

Flávia Hill, então, aduz que "a redação legal [do § 4º] mostra-se bastante genérica e não dirime o centro da discussão que fora travada na vigência da codificação de 1973"[14], o que poderia gerar dúvidas a respeito da manutenção do Enunciado 410 da Súmula do STJ. Ainda assim, a autora conclui pela sua aplicabilidade, e o próprio Tribunal Superior possui precedente recente nesse mesmo sentido[15].

---

12. Comparando o instituto com a previsão do Código de Processo Civil de 1973, vejam-se as lições do Professor Humberto Theodoro Júnior: "a multa diária cabe na decisão interlocutória de tutela provisória e na sentença definitiva (art. 537). Faltando sua previsão nesses atos judiciais, não ficará o juiz impedido de a ela recorrer na fase de cumprimento do julgado, como deixa claro o aludido art. 537". THEODORO JÚNIOR, Humberto. *Curso de Direito Processual Civil*. 51. ed. Rio de Janeiro: Forense, 2018, v. III, versão eletrônica, item 113.
13. No mesmo sentido, leia-se a seguinte ementa de julgamento: "Processo Civil. Astreintes. Necessidade de intimação pessoal. A intimação da parte obrigada por sentença judicial a fazer ou a não fazer deve ser pessoal, só sendo exigíveis as astreintes após o descumprimento da ordem. Recurso especial não conhecido" (STJ, REsp 629.346/DF, Relator Ministro Ari Pargendler, 3ª Turma, julgado em 28.11.2006).
14. HILL, Flávia Pereira. Comentários à Execução das Obrigações de Fazer e Não Fazer no Novo Código de Processo Civil. *Revista Eletrônica de Direito Processual – REDP*, Rio de Janeiro, v. 15, n. 15, 2015, p. 175.
15. "É necessária a prévia intimação pessoal do devedor para a cobrança de multa pelo descumprimento de obrigação de fazer ou não fazer antes e após a edição das Leis n. 11.232/2005 e 11.382/2006, nos termos

4. MULTA COERCITIVA COMO MECANISMO INDUTOR DA COOPERAÇÃO PROCESSUAL E COMO PROMOTOR DA EFETIVIDADE

Valendo-se das preciosas – e ainda atuais – lições do Professor Carlos Alberto Alvaro de Oliveira, as *astreintes* "nada mais são do que técnicas de indução ao cumprimento do decidido, podendo ser fixadas de ofício (artigos 461, § 4º; 461-A, § 3º; 621, parágrafo único, e 645 do CPC)"[16].

Segundo Rafael Caselli Pereira, em recente e relevante estudo sobre o tema, a multa cominatória esta é conceituada como "medida coercitiva protagonista do CPC/2015, de caráter acessório e com finalidade de assegurar a efetividade da tutela específica, na medida em que municia o magistrado com um meio executivo idôneo a atuar sobre a vontade psicológica do devedor, em detrimento do direito do credor e da autoridade do próprio Poder Judiciário. Sua incidência pode-se dar por qualquer medida de tempo (ano, mês, quinzena, semana, dia, hora, minuto, segundo) ou por quantidade de eventos em que a medida restou descumprida, dependendo da finalidade e do objeto a ser tutelado, sendo devida desde o dia em que se configurar o descumprimento e incidirá enquanto a decisão não for cumprida"[17].

A multa coercitiva consiste em obrigação de *caráter instrumental*, e, como forma de tutela diferenciada, almeja incentivar o cumprimento de obrigações de fazer, não fazer ou dar, em especial nas situações em que o devedor inclina-se a descumprir e o credor mantém seu interesse na execução específica.[18]

No sistema do Código de Processo Civil de 2015, o caráter instrumental da multa coercitiva surge em reforço a duas relevantíssimas previsões contidas nas "Normas Fundamentais do Processo Civil", quais sejam: a *cooperação* e a *efetividade*.

O artigo 6º do CPC/2015 possui clara e contundente previsão no sentido de que "todos os sujeitos do processo devem cooperar entre si para que se obtenha, em tempo razoável, decisão de mérito justa e efetiva".

Em interessante artigo sobre a cooperação e o Código de Processo Civil de 2015, Humberto Dalla e Tatiana Machado Alves fixam algumas premissas, como: (a) sua aplicação entre as partes; (b) "[q]uando aplicada aos magistrados a cooperação

---

da Súmula 410 do STJ, cujo teor permanece hígido também após a entrada em vigor do novo Código de Processo Civil" (STJ, EREsp 1.360.577/MG, Relator Ministro Humberto Martins, Relator para Acórdão Ministro Luis Felipe Salomão, Corte Especial, julgado em 19.12.2018).

16. OLIVEIRA, Carlos Alberto Alvaro de. *Teoria e Prática da Tutela Jurisdicional*. Rio de Janeiro: Forense, 2008, p. 114-115.
17. PEREIRA, Rafael Caselli. *A multa judicial (astreinte) e o CPC/2015*: visão teórica, prática e jurisprudencial, 3. ed. Porto Alegre: Livraria do Advogado, 2021, p. 41.
18. "As astreintes ainda guardam o seu caráter instrumental técnico, como uma tutela diferenciada. Esta referida medida aponta-se no ordenamento como uma técnica diferenciada de tutela em obrigações de fazer, não fazer e pagar quantia, um instrumento apto ao deferimento daquele tipo de prestação jurisdicional, que, por sua natureza, não guarda força suficiente para o cumprimento voluntário pelo devedor, sem que incida uma medida indireta, de natureza coercitiva, sobre o processo principal". GRINOVER, Ada Pellegrini. Tutela Jurisdicional nas Obrigações de Fazer e Não Fazer. *Revista de Processo*, v. 79, 1995, p. 68.

gera uma série de deveres"; (c) busca-se "atuação ética e correta dos indivíduos na exposição dos fatos, na defesa dos seus direitos e na identificação das questões que realmente reclamam a intervenção judicial"; (d) é "base para deveres típicos e atípicos" e também norte para "a interpretação e aplicação de normas".[19]

Em comento à cooperação quando analisadas as múltiplas e complexas relações entre o Poder Judiciário e Tribunais Arbitrais, Humberto Dalla e Marcelo Mazzola demonstram que "a cooperação pressupõe divisão de tarefas, redistribuição de responsabilidades e um pacto de trabalho, em que todos aqueles que participam do processo, incluindo o julgador, as partes e seus advogados, entre outros, devem estar em busca da justa composição do litígio, 'com brevidade e eficácia'"[20].

Em reforço aos deveres decorrentes da cooperação, afigura-se importante destacar a atuação da multa coercitiva, tal qual prevista no artigo 537 do Código de Processo Civil de 2015. Sua finalidade é exatamente induzir o comportamento de uma das partes, tornando mais atrativo (ou melhor, menos prejudicial) o cumprimento de suas obrigações, possibilitando que se alcance solução de mérito em tempo razoável.

As *astreintes* podem ser enxergadas como "dever típico" que pode ser imposto pelo julgador para que a parte seja compelida ao cumprimento de obrigações de fazer e/ou não fazer.

Nas palavras de Daniel Mitidiero, "a propósito da obtenção de tutela jurisdicional, a cooperação também desempenha papel de relevo, na medida em que obriga a parte a colaborar com a pronta realização da decisão da causa, ainda que, para tanto, tenha de ser estimulada por multas coercitivas e, muitas vezes, ameaçada de sanções para, voluntariamente, observar a conduta esperada"[21].

---

19. PINHO, Humberto Dalla Bernardina de; ALVES, Tatiana Machado. A Cooperação no Novo Código de Processo Civil: Desafios Concretos para sua Implementação. *Revista Eletrônica de Direito Processual – REDP*, v. 15, 2015, p. 240-267.
20. Os autores ainda continuam: "Nesse percurso, o árbitro deve observar os deveres de a) esclarecimento (agir de modo transparente e pragmático, proferindo comandos claros e objetivos), b) consulta (incentivar o diálogo), c) prevenção (alertar riscos e diligenciar para que os atos processuais não sejam praticados de forma viciada ou para que possam ser corrigidos rapidamente) e d) auxílio (remover eventuais obstáculos impeditivos).

    Ainda defendemos o dever de comprometimento do julgador, que compreende a ideia de operosidade e de máxima dedicação à causa. A operosidade traduz a noção de que todos aqueles que participam, direta ou indiretamente, da solução dos conflitos, em âmbito judicial ou extrajudicial, devem atuar da forma mais produtiva e laboriosa possível, com a finalidade de assegurar o efetivo acesso à justiça.

    Para que isso se concretize, afigura-se indispensável a atuação ética e a utilização dos instrumentos e dos institutos processuais de forma a obter a melhor produtividade possível. A ideia é dar todo o rendimento possível a cada processo em si mesmo considerado e garantir o comprometimento do julgador na prestação de uma ordem jurídica justa.

    Em outras palavras, é agir com eficiência e extrair o máximo de rendimento da atividade jurisdicional, com menor dispêndio de tempo e de recursos". PINHO, Humberto Dalla Bernardina de; MAZZOLA, Marcelo. A Cooperação como Elemento Estruturante da Interface entre o Poder Judiciário e o Juízo Arbitral. *Revista Eletrônica de Direito Processual – REDP*, v. 18, p. 201-202, 2017.
21. MITIDIERO, Daniel. *Colaboração no Processo Civil*: Pressupostos Sociais, Lógicos e Éticos. São Paulo: Ed. RT, 2015, p. 156.

Também com esteio no artigo 6º do Código de Processo Civil de 2015, deve-se destacar o objetivo do dever de cooperação, que é a obtenção de decisão de mérito "justa e efetiva". Ora, evidente que a multa coercitiva, quando for o caso, almeja garantir que a decisão do Juízo seja dotada de efetividade[22], ou seja, se concretize.

José Carlos Barbosa Moreira, com a genialidade e didática que lhe eram peculiares, sintetizou cinco itens que poderiam ser considerados uma espécie de programa essencial do Princípio da Efetividade. Veja-se:

(a) "O processo deve dispor de instrumentos de tutela adequados, na medida do possível, a todos os direitos (e outras posições jurídicas de vantagem) contemplados no ordenamento, quer resultem de expressa previsão normativa, quer se possam inferir do sistema"[23];

(b) "Esses instrumentos devem ser praticamente utilizáveis, ao menos em princípio, sejam quais forem os supostos titulares dos direitos (e das outras posições jurídicas de vantagem) de cuja preservação ou reintegração se cogita, inclusive quando indeterminado ou indeterminável o círculo dos eventuais sujeitos"[24];

(c) "Impende assegurar condições propícias à exata e completa reconstituição dos fatos relevantes, a fim de que o convencimento do julgador corresponda, tanto quanto puder, à realidade"[25];

(d) "Em toda a extensão da possibilidade prática, o resultado do processo há de ser tal que assegure à parte vitoriosa o gozo pleno da específica utilidade a que faz jus segundo o ordenamento"[26]; e

---

22. Em texto seminal sobre o abuso do processo e a resistência às ordens judiciárias, a Professora Ada Pellegrini Grinover assim expôs sua perspectiva sobre a efetividade: "Por outro lado, o processo há de ser um instrumento efetivo de atuação do direito material violado ou ameaçado. Todos os direitos consagrados no sistema jurídico devem ser adequadamente tutelados pelo processo. O clássico princípio chiovendiano segundo o qual 'o processo deve dar, quanto for possível praticamente, a quem tenha um direito, tudo aquilo e somente aquilo que ele tenha direito de conseguir' assinala a linha da instrumentalidade substancial do processo, que não pode tolerar resistências injustificadas às ordens judiciárias. E o princípio constitucional da inafastabilidade do controle jurisdicional – hoje inserido, com fórmulas próprias, em todos os ordenamentos – não somente possibilita o acesso à justiça, mas também assegura a garantia efetiva contra qualquer forma de denegação de tutela". GRINOVER, Ada Pellegrini. Ética, Abuso do Processo e Resistência às Ordens Judiciárias: O Contempt of Court. *Revista de Processo*, v. 102, 2001, versão eletrônica, item 2. A Professora, no mesmo texto, sugere a adoção das *astreintes* pelos países que ainda não tenham incorporado a multa coercitiva em seus ordenamentos.
23. MOREIRA, José Carlos Barbosa. Efetividade do Processo e Técnica Processual. *Revista da Academia Brasileira de Letras Jurídicas*, v. 9, n. 7, p. 197, 1995.
24. MOREIRA, José Carlos Barbosa. Efetividade do Processo e Técnica Processual. *Revista da Academia Brasileira de Letras Jurídicas*, v. 9, n. 7, p. 197, 1995.
25. MOREIRA, José Carlos Barbosa. Efetividade do Processo e Técnica Processual. *Revista da Academia Brasileira de Letras Jurídicas*, v. 9, n. 7, 1995, p. 198.
26. MOREIRA, José Carlos Barbosa. Efetividade do Processo e Técnica Processual. *Revista da Academia Brasileira de Letras Jurídicas*, v. 9, n. 7, 1995, p. 198.

(e) "Cumpre que se possa atingir semelhante resultado com o mínimo dispêndio de tempo e energias"[27].

Vê-se, pois, que a multa coercitiva é "instrumento de tutela adequada" de direitos, que busca, especificamente, satisfazer obrigação de fazer e/ou não fazer cujo cumprimento é almejado por determinada pessoa em face de outra. Trata-se de mecanismo para que o devedor se sinta psicologicamente inclinado a cumprir as decisões, evitando que sobre si recaia ônus financeiro que pode vir a ser extremamente grave.

Para que tenha aptidão a proporcionar a efetividade da tutela jurisdicional, é necessário que a multa coercitiva seja fixada em valor e periodicidade aptas a compelirem o devedor a cumprir a obrigação, ou seja, que influenciem a observância de decisões judiciais[28]. Do contrário, o inadimplemento perdurará.

De toda forma, vale o alerta do Professor Humberto Theodoro Júnior, para quem as *astreintes* não terão aplicação em todas as causas que envolvam obrigações de fazer, não fazer e/ou dar, ou seja, sua incidência deve ser analisada caso a caso, até porque é possível que o cumprimento *in natura* não seja mais possível.[29]

5. MULTA COERCITIVA À LUZ DA ANÁLISE ECONÔMICA DO DIREITO

Em razão da concreta aproximação entre as famílias da *Civil Law* e da *Commom Law* no sistema pátrio[30], paulatinamente foi crescendo no Brasil o estudo da Análise Econômica do Direito – AED, de origem anglo-saxônica, cujo berço foi a Escola de Chicago.

---

27. MOREIRA, José Carlos Barbosa. Efetividade do Processo e Técnica Processual. *Revista da Academia Brasileira de Letras Jurídicas*, v. 9, n. 7, 1995, p. 198.
28. "O valor da multa deve ser suficiente e adequado para gerar o temor no sujeito passivo, de forma que ele, posto entre a opção de adimplir com essa sanção ou cumprir a determinação judicial, escolha essa última. O artigo 537 do CPC/2015 afirma que a multa deve ser suficiente (para compelir o executado a cumprir) e compatível com a obrigação". HILL, Flávia Pereira. Comentários à Execução das Obrigações de Fazer e Não Fazer no Novo Código de Processo Civil. *Revista Eletrônica de Direito Processual – REDP*, Rio de Janeiro, v. 15, n. 15, p. 181, 2015.
29. "Pode-se concluir que a sistemática da multa coercitiva, tal como prevê o Código de Processo Civil, não segue uma orientação que torne obrigatória e inflexível sua aplicação em todas as causas relativas ao cumprimento das obrigações de fazer ou não fazer e de entrega de coisa. Há de se apurar, em cada caso, a possibilidade, ou não, de a sanção pecuniária ter a força de compelir o devedor a cumprir, de fato, a prestação in natura. Se esta não for mais praticável, por razões de fato ou de direito, não cabe a aplicação de astreinte. Daí falar a jurisprudência vigente no regime do Código anterior mais em faculdade do magistrado do que propriamente numa imposição ao juiz, quando se analisava teleologicamente o art. 461 do CPC/1973". THEODORO JÚNIOR, Humberto. *Curso de Direito Processual Civil*. 51. ed. Rio de Janeiro: Forense, 2018, v. III, versão eletrônica, item 113.
30. "Antes mesmo da entrada em vigor da Lei 13.105/2015, muito se discutia sobre a manifesta influência do direito anglo-saxão na elaboração do NCPC, que importou técnicas e institutos há muito utilizados nos países de sistema de common law. No afã de conferir maior celeridade processual, a fim de garantir a duração razoável do processo, com respeito às garantias fundamentais do processo, o legislador brasileiro recorreu legitimamente ao Direito Comparado. A partir de uma análise cuidadosa do texto do novo código, verifica-se que sua *mens legis* não é a conversão cega e absoluta ao sistema do common law ou a adoção irrestrita de instrumentos daquele sistema legal, mas sim assegurar uma tutela jurisdicional efetiva e compatível com a realidade contemporânea" (FUX, Luiz; FUX, Rodrigo. O novo Código de Processo Civil à luz das lições de José Carlos Barbosa Moreira, um gênio para todos os tempos. *Revista da EMERJ*, v. 20, p. 27, 2018).

A Análise Econômica do Direito é uma escola de pensamento que busca, mediante a aplicação de ferramentas da microeconomia, auxiliar e propor desenhos normativos mais adequados e eficientes para que valores e direitos socialmente desejados sejam efetivamente implementados. Segundo Ivo Gico Jr.[31]:

> A Análise Econômica do Direito nada mais é que a aplicação do instrumental analítico e empírico da economia, em especial da microeconomia e da economia do bem-estar social, para se tentar compreender, explicar e prever as implicações fáticas do ordenamento jurídico, bem como da lógica (racionalidade) do próprio ordenamento jurídico. Em outras palavras, a AED é a utilização da abordagem econômica para tentar compreender o direito no mundo e o mundo no direito.

Pode-se dizer, em consonância com Ivo Gico Jr., que a Análise Econômica do Direito tem o foco na floresta, e não na árvore, na medida propõe uma análise sistêmica dos institutos jurídicos e de seus efeitos na vida prática. Trata-se de mais uma ferramenta à disposição dos operadores do Direito na construção do seu raciocínio e na condução dos feitos (administrativos, judiciais e arbitrais)[32-33].

O estudo da Economia, como ciência que examina como as pessoas decidem em um ambiente de escassez, é fundamental para que se possa compreender em que medida as escolhas podem ser tidas como racionais, voltadas aos interesses do indivíduo ou da coletividade.[34] A análise em questão possibilita que, diante de determinado ordenamento jurídico, possam ser escolhidos aqueles institutos que melhor cumprem as finalidades almejadas (na hipótese vertente, o ganho de efetividade dos processos e o cumprimento de obrigações de fazer, não fazer ou dar).

Nessa perspectiva, a multa coercitiva assume valor importantíssimo na doutrina da Análise Econômica do Direito, seja pelo vetor eficiência do sistema jurídico por completo (notadamente visando à valorização das decisões judiciais e seus reflexos pedagógicos nos jurisdicionados), seja pelo impacto que representa no mundo real (como, por exemplo, no denominado *Risco-Brasil*).

---

31. GICO JUNIOR, Ivo. Metodologia e Epistemologia da Análise Econômica do Direito. *Economic Analysis of Law Review*, v. 1, p. 11, 2010.
32. Em nossa visão, a Análise Econômica do Direito pode ser utilizada como um elemento da "*caixa de ferramentas*" que é o Direito, que pode irrigar as discussões jurídicas com "*argumentos para resolver casos práticos, ao modo do que as ferramentas fazem*". RIBEIRO, Leonardo Coelho. *O direito administrativo como "caixa de ferramentas"* – uma nova abordagem da ação pública. São Paulo: Malheiros, 2016, p. 69-70.
33. Na mesma direção que Luciano Benetti Timm e Bruno Meyerhof Salama, acreditamos que a Análise Econômico do Direito "serve, antes de tudo, para iluminar problemas jurídicos e para apontar implicações das diversas possíveis escolhas normativas". SALAMA, Bruno Meyerhof. O que é direito e economia. TIMM, Luciano Benetti (Org.). *Direito & Economia*. Porto Alegre: Livraria do Advogado, 2008, p. 50.
34. "À vista de uma sequência lógica, a limitação dos recursos gera a necessidade de tomada de decisão, justamente para que se possa enfrentar – em dimensões não apenas econômicas, mas éticas e políticas – a escassez das coisas. Daí exsurge, como corolário, a necessidade de as escolhas serem adotadas de forma racional e de acordo com os próprios interesses dos indivíduos e da coletividade.
    A questão da racionalidade, portanto, assumiu e ainda é dotada de extrema importância – para além das imprecisões que ainda permeiam o assunto – no desenvolvimento das teorias econômicas e comportamentais, na medida em que o estabelecimento de suas premissas determina a forma como a decisão será tomada pelos indivíduos". GOULART, Bianca Bez. *Análise Econômica do Litígio*. Salvador: Editora JusPodivm, 2019, p. 35.

Vale dizer que a imposição de *astreintes* pode impactar nas escolhas das partes sobre a continuidade ou não de determinado litígio, criando inclinação ao cumprimento voluntário ou à própria celebração de acordos.

Enfim, vê-se que a sintonia fina entre os pontos nodais da Análise Econômica do Direito (*e.g.*, preocupação com incentivos, análise de custo-benefício e consequências agregadas da aplicação direta das leis e das decisões) e a novel lógica de alocação eficiente de recursos e de resultados, recomenda a imposição de multa coercitiva em patamares razoáveis com o objetivo de estimular o cumprimento de decisões judiciais e/ou o cumprimento de obrigações.

6. VALOR E INCIDÊNCIA DA MULTA COERCITIVA

Já se expôs que as *astreintes* devem ser "suficientes e compatíveis com a obrigação", ou seja, devem ser fixadas em patamar tal que sejam capazes de influenciar psicologicamente o devedor a cumprir a obrigação.

Araken de Assis, a esse respeito, ensina que "a *astreinte* consiste na condenação do obrigado ao pagamento de uma quantia, de regra por cada dia de atraso, mas que pode ser por outro interregno (semana, quinzena ou mês), como se infere do uso da palavra periodicidade no art. 537, § 1º, no cumprimento da obrigação, livremente fixada pelo juiz e sem relação objetiva alguma com a importância econômica da obrigação ou da ordem judicial"[35].

O Superior Tribunal de Justiça também possui importantes precedentes no sentido da desvinculação do valor da multa coercitiva em relação ao valor da obrigação principal, bem como a respeito da necessidade de que sua proporcionalidade seja aferida no momento da fixação, buscando-se compelir o devedor a adimplir. O Tribunal esclarece que:

(a) "Para a apuração da razoabilidade e da proporcionalidade das *astreintes*, não é recomendável se utilizar apenas do critério comparativo entre o valor da obrigação principal e a soma total obtida com o descumprimento da medida coercitiva"[36];

(b) "Admitir que a multa fixada em decorrência do descumprimento de uma ordem de transferência de numerário seja, em toda e qualquer hipótese, limitada ao valor da obrigação é conferir à instituição financeira livre arbítrio para decidir o que melhor atende aos seus interesses"[37]; e

(c) "O destinatário da ordem judicial deve ter em mente a certeza de que eventual desobediência lhe trará consequências mais gravosas que o próprio cumprimento da ordem"[38];

---

35. ASSIS, Araken de. *Manual de Execução*. 18. ed. São Paulo: Ed. RT, 2016, p. 821-822.
36. STJ, REsp 1.840.693/SC, Relator Ministro Ricardo Villas Bôas Cueva, 3ª Turma, julgado em 26.05.2020.
37. STJ, REsp 1.840.693/SC, Relator Ministro Ricardo Villas Bôas Cueva, 3ª Turma, julgado em 26.05.2020.
38. STJ, REsp 1.840.693/SC, Relator Ministro Ricardo Villas Bôas Cueva, 3ª Turma, julgado em 26.05.2020.

Partindo-se de análise funcional da multa coercitiva, especialmente tendo em vista o objetivo de estimular o devedor a cumprir a obrigação, tem-se que "a apuração da razoabilidade e da proporcionalidade do valor da multa diária deve ser verificada no momento de sua fixação"[39]. O que deve ficar claro é que o descumprimento da obrigação deve ter consequência pior do que seu adimplemento, resultado que, muitas vezes, apenas é obtido quando as *astreintes* têm, ao menos, o potencial de ultrapassar o valor do principal.

Conquanto seja mais comum que a multa coercitiva seja diária, nada impede que seja fixada outra *periodicidade* de incidência, ou até mesmo que seja *fixa*, isto é, imposta a partir da verificação do descumprimento pontual[40]. Isso pode ser recomendável quando o descumprimento for suficiente para caracterizar o inadimplemento absoluto da obrigação e a perda do interesse útil do credor na prestação[41].

Luiz Guilherme Marinoni, Sérgio Cruz Arenhart e Daniel Mitidiero expõem que "a multa periódica e a multa progressiva só têm sentido quando se pretende obrigar a parte a fazer, a desfazer ou a deixar de fazer. A multa fixa, de outro lado, deve ser aplicada quando se pretende impedir a prática de um ato ou a sua repetição. Neste último caso, transgredida a ordem de abstenção, a multa perde completamente a razão de ser, na medida em que o fim para o qual foi aplicada se frustrou com o descumprimento"[42].

7. A REDUÇÃO OU REVISÃO DA MULTA COERCITIVA

Viu-se que a multa coercitiva tem importante papel na efetividade da tutela jurisdicional, representando, inclusive, mecanismo que, à luz da Análise Econômica do Direito, tem o potencial de incentivar o cumprimento de obrigações de fazer, não fazer ou dar impostas por decisões judiciais. Para que isso ocorra, a toda evidência, seu valor e sua periodicidade devem ser adequadamente ajustados, a partir de análise aprofundada do caso concreto.

---

39. STJ, AgInt nos EDcl no AREsp 1.492.548/SP, Relator Ministro Moura Ribeiro, 3ª Turma, julgado em 23.03.2020.
40. "Nessa hipótese, o que se prestará a influenciar a conduta do réu não será a perspectiva de aumento progressivo da coerção patrimonial em virtude de incidência diária, mas a ameaça da incidência única. Portanto, a cominação haverá de ser estabelecida em valor significativo". TALAMINI, Eduardo. *Tutela relativa aos deveres de fazer e não fazer*: CPC, art. 461, CDC, art. 84. São Paulo: Ed. RT, 2001, p. 237.
    Parece-me que, em tal hipótese, o valor da multa deve aproximar-se do equivalente pecuniário da obrigação de fazer, não fazer ou dar, eis que essa será a única forma de realmente compelir o devedor a cumprir seu dever. Não se quer, com isso, propor prefixação das perdas e danos e/ou conversão em moeda, mas simplesmente perquirir qual valor de fato tem o condão de influenciar o comportamento da parte.
41. Pode-se exemplificar com a contratação de grupo musical para apresentação em festa que acontecerá em um dia específico. Não interessa ao credor que haja multa "por dias de atraso", pois o descumprimento pontual já gera a perda do interesse útil.
42. MARINONI, Luiz Guilherme; ARENHART, Sérgio Cruz; MITIDIERO, Daniel. *Código de Processo Civil Comentado*. 4. ed. São Paulo: Thomson Reuters Brasil, 2018, versão eletrônica, artigo 537.

O artigo 537, § 1º, do Código de Processo Civil de 2015, possui redação bastante restritiva no que tange à "modificação" do valor ou periodicidade da multa. Como muito bem anotado pelo Professor Humberto Theodoro Júnior, "pela literalidade do dispositivo legal em exame, somente a multa vincenda poderia ser alterada ou excluída pelo juiz da execução"[43], ou seja, o valor das multas vencidas não poderia ser revisto.

Entretanto, na doutrina, tem prevalecido o entendimento de que o juiz poderia, a qualquer momento, rever o valor da *astreinte* ou sua periodicidade, independentemente de ser *vencida* ou *vincenda*.[44-45] Ainda que diante de descumprimento prolongado da obrigação pelo devedor, seria lícito analisar o montante da multa acumulada, com o objetivo de evitar-se "enriquecimento sem causa" da parte a quem aproveita.

Em que pese a ideia ser a princípio sedutora, não se pode deixar de apontar que a redução frequente do valor acumulado da multa coercitiva representa significativo empecilho para o estímulo ao cumprimento das obrigações cominadas judicialmente.[46]

A questão tem chegado ao Superior Tribunal de Justiça com certa frequência, e até recentemente recebia soluções diversas, principalmente a depender da Turma Julgadora e do caso concreto. Basta notar que, até recentemente, a Quarta Turma do Superior Tribunal de Justiça reputava ser "inviável nova análise acerca do montante das *astreintes*"[47].

---

43. THEODORO JÚNIOR, Humberto. *Curso de Direito Processual Civil*, 51. ed. Rio de Janeiro: Forense, 2018, v. III, versão eletrônica, item 113.
44. "O art. 537, § 1.º, CPC, é expresso em outorgar poder ao juiz para modificar, de ofício ou a requerimento da parte, o valor ou a periodicidade da multa que se tornou insuficiente ou excessiva ou ainda em caso de parcial cumprimento da obrigação ou de existência de justa causa para o descumprimento. Nesse sentido, pode o juiz reforçar o valor da multa ou alterar a sua periodicidade, sempre que verificar a sua inaptidão para atuar sobre a vontade do demandado. Pode, igualmente, reduzir a multa cujo valor se tornou excessivo. A jurisprudência é pacífica em admitir essa redução, apontando a necessidade de observância da proporcionalidade entre o valor fixado a título de astreintes e o bem jurídico tutelado pela decisão (STJ, 1.ª Turma, REsp 914.389/RJ, rel. Min. José Delgado, j. 10.04.2007, DJ 10.05.2007, p. 361)". MARINONI, Luiz Guilherme; ARENHART, Sérgio Cruz; MITIDIERO, Daniel. *Código de Processo Civil Comentado*, 4ª edição. São Paulo: Thomson Reuters Brasil, 2018, versão eletrônica, artigo 537. Os autores, no entanto, parecem também endossar a ideia de que "a redução, porém, não pode ter efeitos retroativos, atingindo valores que já incidindo; só se reduz as multas vincendas", de modo que não fica exatamente claro se seu posicionamento abrange os valores acumulados, para combater suposta "exorbitância", ou apenas as vincendas.
45. Eduardo José da Fonseca Costa defende a redução da multa quando "a quantia fixada é excessiva, circunstância que autoriza o juiz a reduzi-la. Destaque-se que a multa não deve ser reduzida quando o único obstáculo ao cumprimento de determinação judicial é o desprezo do executado pela ordem judicial". COSTA, Eduardo José da Fonseca. Artigo 537. CABRAL, Antonio do Passo; CRAMER, Ronaldo (Coord.). *Comentários ao novo Código de Processo Civil*. Rio de Janeiro: Forense, 2015.
46. PEREIRA, Rafael Caselli. *A multa judicial (astreinte) e o CPC/2015*: visão teórica, prática e jurisprudencial. 3. ed. Porto Alegre: Livraria do Advogado, 2021, p. 264.
47. STJ, AgInt no AgInt no AREsp 650.536/RJ, Relator Ministro Marco Buzzi, 4ª Turma, julgado em 19.10.2017.

Por outro lado, havia movimento da Segunda e da Terceira Turmas, bem como da Segunda Seção, no sentido de possibilitar a revisão do valor acumulado da multa coercitiva cominada.[48]

Em 07 de abril de 2021, a Corte Especial do Superior Tribunal de Justiça julgou e deu provimento aos Embargos de Divergência no Agravo em Recurso Especial 650.536/RJ, de modo que, ao que tudo indica, sedimentou-se o entendimento de que seria possível a revisão do valor acumulado da multa coercitiva inicialmente fixada. Com isso, seria possível a "adequação" de seu valor, como o Superior Tribunal de Justiça já fez em algumas oportunidades.[49]

Com as vênias de praxe, respeitosamente divergimos de tal posicionamento, notadamente por duas razões: (a) a redação do artigo 537, § 1º, do Código de Processo Civil de 2015; e (b) a repercussão negativa que a revisão do valor das *astreintes* tem gerado no sistema jurídico-processual brasileiro.

Em primeiro lugar, parece-me que é mais acertado, a partir da redação do artigo 537, § 1º, do Código de Processo Civil de 2015, apenas possibilitar a modificação – ou redução, se for o caso – da multa vincenda[50], especialmente porque não há preclusão que proteja sua fixação[51]. A multa vencida, ou seja, os valores já devidos, não poderiam ser modificados, ainda que ultrapassem o valor da obrigação principal, especialmente porque "para a apuração da razoabilidade e da proporcionalidade das *astreintes*, não é recomendável se utilizar apenas do critério comparativo entre o valor da obrigação principal e a soma total obtida com o descumprimento da medida coercitiva"[52].

A alteração implementada pelo Código de Processo Civil de 2015 foi intencional, e buscava evidentemente impedir modificações de valores já devidos em razão do reiterado descumprimento de ordens judiciais unicamente imputáveis ao devedor.

Não fosse a literalidade do artigo 537, § 1º, do Código de Processo Civil de 2015 suficiente, deve-se apontar ainda que permitir a redução indiscriminada e comparativamente em relação ao valor da obrigação principal acabará por incentivar o descumprimento das decisões judiciais (seja por desídia do devedor ou mesmo um cálculo empresarial).

---

48. Ver STJ, AgInt no AREsp 1.035.909/RJ, Relator Ministro Mauro Campbell Marques, 2ª Turma, julgado em 15.08.2017; STJ, REsp 1.187.180/SP, Relatora Ministra Nancy Andrighi, 3ª Turma, julgado em 16.05.2013; STJ, RCL 7.861/SP, Relator Ministro Luis Felipe Salomão, 2ª Seção, julgado em 11.09.2013; STJ, AgRg nos EDcl no REsp 1.459.296/SP, Relator Ministro Sidnei Beneti, 3ª Turma, julgado em 19.08.2014; STJ, REsp 1.333.988/SP, Relator Ministro Paulo de Tarso Sanseverino, 2ª Seção, julgado em 09.04.2014.
49. O acórdão de referido julgamento ainda não foi publicado, de modo que não se sabe ao certo qual será a amplitude do precedente lá fixado, e se conterá alguma exceção relevante que deverá ser levada em conta por juízes e tribunais quando se depararem com a possibilidade de revisão de multa coercitiva.
50. MONTENEGRO FILHO, Misael. *Novo CPC. Modificações substanciais*. São Paulo: Atlas, 2015, p. 153.
51. THEODORO JÚNIOR, Humberto. *Curso de Direito Processual Civil*, 51. ed. Rio de Janeiro: Forense, 2018, v. III, versão eletrônica, item 113.
52. STJ, REsp 1.840.693/SC, Relator Ministro Ricardo Villas Bôas Cueva, 3ª Turma, julgado em 26.05.2020.

Sempre com o devido e merecido respeito, mas nos parece que a recente decisão do Superior Tribunal de Justiça, se aplicada de maneira ampla – o que dependerá do conteúdo do acórdão a ser publicado – acabará por transmitir a mensagem aos litigantes de que é possível descumprir decisões judiciais e posteriormente obter a reversão de penalidades impostas.

Devemos, nesse ponto, ter cautela, sempre ponderando o sistema jurídico com o qual, enquanto operadores do direito, queremos trabalhar: um que assegure o estrito cumprimento/execução específica de obrigações de fazer, não fazer ou dar; ou sistema que acabe por incentivar o descumprimento de tais obrigações, notadamente diante da possibilidade de reversão de penalidades impostas?[53]

Rafael Caselli Pereira sintetiza a questão de maneira clara, argumentando que "o *quantum* alcançado pela multa é consequência da atitude recalcitrante e omissa do obrigado, que deixa de cumprir o preceito fixado, o que, da mesma forma, afasta a ausência de causa para redução do valor, sob pena de perda da eficácia do instituto coercitivo"[54].

Ainda que, segundo minha compreensão, não seja possível, *a priori*, a redução da multa vencida, há situações que recomendam o exercício do juízo de proporcionalidade pelos juízes e Tribunais. A mais corriqueira provavelmente é aquela em que o credor das *astreintes* aguarda silenciosamente o transcurso do tempo, apenas para que o valor ganhe vulto e permita seu "enriquecimento". São situações nas quais há nítido comportamento contrário à boa-fé processual[55], violando, em especial, o chamado *duty to mitigate the loss*.[56-57]

---

53. "Por outro lado e de acordo com a corrente doutrinária e jurisprudencial que aqui defendemos, tem-se que as corriqueiras (e, muitas vezes, injustificadas) reduções da multa cominatória pelo Poder Judiciário impedem a efetivação do propósito intimidatório e coercitivo das *astreintes*, não criando ao obrigado nenhum *medo* quanto a substanciais consequências patrimoniais, decorrentes do descumprimento da decisão fixada, comprometendo a efetividade do processo e a propria razão do instituto, adaptado do sistema francês". PEREIRA, Rafael Caselli. *A multa judicial (astreinte) e o CPC/2015*: visão teórica, prática e jurisprudencial. 3. ed. Porto Alegre: Livraria do Advogado, 2021, p. 264.
54. PEREIRA, Rafael Caselli. *A multa judicial (astreinte) e o CPC/2015*: visão teórica, prática e jurisprudencial. 3. ed. Porto Alegre: Livraria do Advogado, 2021, p. 261.
55. Contrária ao preceito do artigo 5º do Código de Processo Civil de 2015.
56. PEREIRA, Rafael Caselli. *A multa judicial (astreinte) e o CPC/2015*: visão teórica, prática e jurisprudencial. 3. ed. Porto Alegre: Livraria do Advogado, 2021, p. 233-240.
57. "A percepção desse dever verificou-se, primeiramente, no Direito anglo-saxão (*doctrine of mitigation* ou *duty to mitigate the loss*). Posteriormente, a teoria foi recepcionada pelo Direito internacional e no Direito interno dos sistemas jurídicos continentais denotando 'uma evidente convergência de todos os direitos das 'nações civilizadas', como dá conta o cuidadoso exame da jurisprudência arbitral feito por Yves Derains e por Pierre Mayer, sendo expressamente versado na Convenção de Viena sobre Compra e Venda Internacional de Mercadorias. No Ordenamento brasileiro (e salvo o que nele é integrado hoje pela CISG), a figura do dever de mitigar o próprio prejuízo não está prevista expressamente, por exemplo, no Código Civil, embora seja aceito, ao menos majoritariamente, o seu acolhimento por via integrativa.

A primeira referência doutrinária a um 'dever de mitigar o próprio prejuízo' está contida em proposição formulada no ano de 2004 pela Professora Vera Fradera, jurista estudiosa da CISG, que apresentou proposta de interpretação ao art. 422 do Código Civil, tendo como inspiração o art. 77 da referida Convenção ainda que, à época, não tivesse o Brasil aderido à Convenção. A proposição, aprovada sob o n. 169, tem o seguinte

O que acreditamos ser pouco razoável, respeitando as vozes dissidentes, é que sejam suscitados fundamentos genéricos, como a ideia abstrata de "enriquecimento sem causa", comparando o valor das *astreintes* ao da obrigação principal (*i.e.*, ao seu equivalente em pecúnia). Como explana Edson Prata, "o empobrecimento aparecerá se o obrigado persistir no seu propósito de desafiar o poder público, desafiando, com isto, a própria sociedade. Ora, que se recusa a conviver com os sentimentos da sociedade, não seguindo suas normas, também não pode merecer a proteção dela. E, ainda mais: não seria nada aceitável o desprezo ao direito do vencedor, desamparando-o voluntariamente, sob pena de estreita aliança com a injustiça"[58].

8. CONCLUSÃO

Como vimos, a multa coercitiva possui assento em dois importantes princípios constantes das "Normas Fundamentais do Processo Civil", quais sejam: a *cooperação* e a *efetividade do processo*.

Como meio de incentivar o devedor a cumprir obrigações de fazer, não fazer ou dar, as *astreintes* possibilitam a tutela específica do crédito, desde que, evidentemente, seja mantido o interesse útil do credor na prestação. Trata-se de forma de estimular a cooperação processual, de modo que sejam respeitadas as decisões judiciais que determinem o cumprimento de referidas obrigações.

Também se teve a oportunidade de analisar as *astreintes* enquanto importante mecanismo a serviço do processo como um indutor de comportamento para promover a eficiência do sistema – o que é estimulado até mesmo pela denominada Análise Econômica do Direito, campo de estudo que tem ganhado corpo e relevância nos últimos anos, e contribuído para reflexões aprofundadas sobre tutelas jurisdicionais mais céleres e justas.

Especificamente no que diz respeito ao valor e à incidência da multa coercitiva, defendeu-se que deve ser fixada em montante suficiente para encorajar o devedor a cumprir a obrigação, podendo ser diária, semanal, mensal, fixa, ou em qualquer outra periodicidade que se mostre adequada.

Conquanto tenham surgido numerosas decisões a respeito da possibilidade de "redução das *astreintes* que se tornaram exorbitantes", não se poderia deixar de apon-

---

texto: 'Art. 422: O princípio da boa-fé objetiva deve levar o credor a evitar o agravamento do próprio prejuízo'. Alude-se, expressamente, à inspiração provinda da CISG.

Para Ingeborg Schwenzer e Peter Schlechtriem, reconhecidos comentaristas da Convenção, o dever de mitigar encontra limites na razoabilidade dos esforços a serem tomados pela vítima para mitigar o dano sofrido. Um comprador que recebesse mercadorias não conformes, poderia – em atenção ao dever de mitigar os próprios danos – conceder uma redução de preço aos seus clientes a fim de evitar um aumento da perda; porém, seria irrazoável esperar que, para tanto, violasse os seus próprios contratos. Do mesmo modo, não haveria dever de tomar medidas para evitar a ocorrência de uma violação ao contrato se não houvesse contundentes e fortes indícios de que tal violação aconteceria". MARTINS-COSTA, Judith. *A boa-fé no direito privado*: critérios para a sua aplicação. 2. ed. São Paulo: Saraiva, 2018, versão eletrônica, § 65.

58. PRATA, Edson. *Direito Processual Civil*. Uberaba: Vitória, 1980, p. 32.

tar que referida modificação (a) esbarra nos limites do artigo 537, § 1º, do Código de Processo Civil de 2015, que apenas permite a alteração da "multa vincenda"; e (b) gera repercussão negativa no sistema jurídico-processual brasileiro, pois estimula o descumprimento de decisões judiciais, de obrigações de fazer, não fazer ou dar.

Não se poderia encerrar este ensaio sem mencionar o alerta feito pelo mestre José Carlos Barbosa Moreira, para quem "quando porventura nos pareça que a solução técnica de um problema elimina ou reduz a efetividade do processo desconfiemos, primeiramente, de nós mesmos"[59]. É alvissareira toda e qualquer providência para satisfação de algo judicialmente reconhecido, dentro das balizas legais naturalmente. Afinal, o processo, na célebre lição de Giusseppe Chiovenda, *per quanto possibile deve dare praticamente a chi ha un diritto tutto quello e proprio quello che ha diritto di conseguire.*

9. REFERÊNCIAS

ALVIM, Eduardo Arruda; GRANADO, Daniel Willian; FERREIRA, Eduardo Aranha. *Curso de Direito Processual Civil*. 6. ed. São Paulo: Saraiva Educação, 2019.

ASSIS, Araken de. *Manual de Execução*, 18. ed. São Paulo: Ed. RT, 2016.

CABRAL, Antonio do Passo; CRAMER, Ronaldo (Coord.). *Comentários ao novo Código de Processo Civil*. Rio de Janeiro: Forense, 2015.

FUX, Luiz; FUX, Rodrigo. O novo Código de Processo Civil à luz das lições de José Carlos Barbosa Moreira, um gênio para todos os tempos. *Revista da EMERJ*, v. 20, 2018.

GICO JUNIOR, Ivo. Metodologia e Epistemologia da Análise Econômica do Direito. *Economic Analysis of Law Review*, v. 1, 2010.

GOULART, Bianca Bez. *Análise Econômica do Litígio*. Salvador: JusPodivm, 2019.

GRINOVER, Ada Pellegrini. Ética, Abuso do Processo e Resistência às Ordens Judiciárias: O Contempt of Court. *Revista de Processo*, v. 102, 2001, versão eletrônica.

GRINOVER, Ada Pellegrini. Tutela Jurisdicional nas Obrigações de Fazer e Não Fazer. *Revista de Processo*, v. 79, 1995.

HILL, Flávia Pereira. Comentários à Execução das Obrigações de Fazer e Não Fazer no Novo Código de Processo Civil. *Revista Eletrônica de Direito Processual – REDP*, Rio de Janeiro, v. 15, n. 15, 2015.

MARINONI, Luiz Guilherme; ARENHART, Sérgio Cruz; MITIDIERO, Daniel. *Código de Processo Civil Comentado*, 4. ed. São Paulo: Thomson Reuters Brasil, 2018, versão eletrônica.

MARTINS-COSTA, Judith. *A boa-fé no direito privado*: critérios para a sua aplicação. 2. ed. São Paulo: Saraiva, 2018, versão eletrônica.

MITIDIERO, Daniel. *Colaboração no Processo Civil*: Pressupostos Sociais, Lógicos e Éticos. São Paulo: Ed. RT, 2015.

MONTENEGRO FILHO, Misael. *Novo CPC. Modificações substanciais*. São Paulo: Atlas, 2015.

MOREIRA, José Carlos Barbosa. Efetividade do Processo e Técnica Processual. *Revista da Academia Brasileira de Letras Jurídicas*, v. 9, n. 7, 1995.

---

59. MOREIRA, José Carlos Barbosa. Efetividade do Processo e Técnica Processual. *Revista da Academia Brasileira de Letras Jurídicas*, v. 9, n. 7, p. 206, v. III.

OLIVEIRA, Carlos Alberto Alvaro de. *Teoria e Prática da Tutela Jurisdicional*. Rio de Janeiro: Forense, 2008.

PEREIRA, Rafael Caselli. *A multa judicial (astreinte) e o CPC/2015*: visão teórica, prática e jurisprudencial. 3. ed. Porto Alegre: Livraria do Advogado, 2021.

PINHO, Humberto Dalla Bernardina de; ALVES, Tatiana Machado. A Cooperação no Novo Código de Processo Civil: Desafios Concretos para sua Implementação. *Revista Eletrônica de Direito Processual – REDP*, v. 15, 2015.

PINHO, Humberto Dalla Bernardina de; MAZZOLA, Marcelo. A Cooperação como Elemento Estruturante da Interface entre o Poder Judiciário e o Juízo Arbitral. *Revista Eletrônica de Direito Processual – REDP*, v. 18, 2017.

PRATA, Edson. *Direito Processual Civil*. Uberaba: Vitória, 1980.

RIBEIRO, Leonardo Coelho. *O direito administrativo como "caixa de ferramentas"* – uma nova abordagem da ação pública. São Paulo: Malheiros, 2016.

SALAMA, Bruno Meyerhof. O que é direito e economia. TIMM, Luciano Benetti (Org.). *Direito & Economia*. Porto Alegre: Livraria do Advogado, 2008.

TALAMINI, Eduardo. *Tutela relativa aos deveres de fazer e não fazer*: CPC, art. 461, CDC, art. 84. São Paulo: Ed. RT, 2001.

THEODORO JÚNIOR, Humberto. *Curso de Direito Processual Civil*. 51. ed. Rio de Janeiro: Forense, 2018. v. III, versão eletrônica.

É NECESSÁRIA A ASSINATURA DE TESTEMUNHAS INSTRUMENTÁRIAS PARA FORMAÇÃO DO TÍTULO EXECUTIVO? O PAPEL DA JURISPRUDÊNCIA NA ATRIBUIÇÃO DE MAIOR EFETIVIDADE AO PROCESSO DE EXECUÇÃO

Maria Lúcia Lins Conceição

Doutora e Mestre em Direito pela PUC-SP. Especialista em Didática de Ensino Superior pela PUC-PR. Membro do IBDP, da AASP e do Conselho de Apoio e Pesquisa da Revista de Processo, Editora Thomson Reuters Brasil/Revista dos Tribunais. Advogada.

marialucia@aalvim.com.br

David Pereira Cardoso

Mestre pela UFPR. Advogado.

david@aalvim.com.br

1. INTRODUÇÃO

O processo de execução sofreu diversas alterações ao longo das últimas décadas, com vistas a torná-lo mais efetivo. Apesar das sucessivas reformas legislativas, a execução contra devedor solvente ainda é um procedimento moroso e que, nem sempre, atinge os resultados esperados[1]. Uma das soluções propostas é a desjudicialização da execução civil, prevista no Projeto de Lei 6.204/2019, de autoria da Senadora Soraya Thronicke, tema abordado por outros autores desta obra.

As propostas para tornar a prática dos atos de execução mais eficiente são, certamente, bem-vindas. Todavia, para que a cobrança contra devedor solvente seja mais ágil e eficaz, é preciso, também, um olhar atualizado a respeito do rol de títulos executivos extrajudiciais previsto no art. 784 do Código de Processo Civil.

A necessidade da assinatura de duas testemunhas para conferir eficácia executiva ao documento particular, por exemplo, é uma exigência que já poderia ter sido suprimida do ordenamento. Se, no passado, sua função era a de demonstrar, com maior rigor, a existência e a legitimidade do crédito, atualmente a sua função é meramente figurativa.

---

1. De acordo com o relatório Justiça em Números 2020 do CNJ, o tempo médio de duração do processo de conhecimento é de 1 ano e 10 meses, enquanto o tempo médio de duração do processo de execução é de 6 anos e 6 meses (disponível em: https://www.cnj.jus.br/).

A persistência desse requisito é, ainda, incompatível com os avanços da tecnologia e com as práticas da sociedade contemporânea. Felizmente, a jurisprudência do Superior Tribunal de Justiça vem, aos poucos, eliminando essa exigência.

2. EXECUÇÃO DE TÍTULO EXECUTIVO EXTRAJUDICIAL

Porque a execução compreende atos de coerção ao patrimônio do devedor, a sua propositura pressupõe o atendimento de condições previamente estabelecidas na lei. Segundo o art. 783 do CPC/2015, a execução deverá estar fundada em título de obrigação certa, líquida e exigível. O título é o documento que atesta a existência da obrigação com essas qualidades.

A certeza é a aptidão do documento em definir, intrinsecamente, a existência da obrigação e dos seus elementos objetivos e subjetivos (o que se deve, quanto se deve, quem deve e a quem se deve). O título atende ao requisito da certeza quando for apto a demonstrar, por si só, a obrigação de X prestar determinada conduta a Y. Não se exige, porém, que todos os elementos da obrigação estejam fixados em um único documento (são diversos, por exemplo, os documentos necessários para comprovar o débito referente às taxas e despesas de condomínio, art. 784, VIII, do CPC)[2].

A liquidez diz respeito à determinação do objeto da prestação. A dívida representada no título é líquida quando for prontamente aferível, dispensando qualquer elemento extrínseco para identificá-la. Não retira a liquidez eventuais alterações do valor consignado originalmente no título, seja para mais (pela incidência de juros, por exemplo) ou para menos (quando há amortização parcial). Por isso, dispõe o art. 786, parágrafo único, do CPC, que o título é líquido, mesmo quando a definição do valor da obrigação depender de cálculos aritméticos. A liquidez significa, tão somente, a determinabilidade da prestação.

A exigibilidade da obrigação é possibilidade de exigir do devedor o seu cumprimento imediato. A prestação, para ser exigível, deve ser atual, não sujeita a termo ou condição futura. O vencimento do termo, via de regra, pode ser verificado no próprio título. Já a condição, porque incerta, exigirá a apresentação de prova documental adicional pelo credor (art. 798, I, c, do CPC).

Vige, no processo civil brasileiro, a regra de que não há execução sem título executivo (*nulla executio sine titulo*). O título executivo é a base da execução, que lhe dá fundamento, direciona a atividade judicial e limita a responsabilidade do executado. A falta de apresentação do título, revestido dos atributos do art. 783, gera a nulidade do procedimento (art. 803, I, do CPC).

---

2. Como assinala Teori Zavascki, "os elementos substanciais do título podem vir exteriorizados num único documento (por exemplo, numa nota promissória) ou em mais de um documento (exemplos: duplicata sem aceite + comprovante de entrega da mercadoria + certidão de protesto; contrato de mútuo + contrato de cessão de crédito)". ZAVASCKI, Teori. *Comentários ao Código de Processo Civil*. São Paulo: Thomson Reuters Brasil, 2016. v. XII, p 122.

O critério para identificar os títulos executivos é o da tipicidade legal (*nullus titulus sine lege*). São títulos executivos apenas os documentos previstos, taxativamente, na lei. Não há espaço para a autonomia da vontade na criação de títulos executivos, uma vez que se trata de matéria de ordem pública.

Os títulos executivos podem ser judiciais ou extrajudiciais. Os títulos executivos judiciais são aqueles produzidos em juízo (previstos no art. 515 do CPC), com as garantias de ampla defesa e de contraditório inerentes ao devido processo legal. Os títulos executivos extrajudiciais são aqueles produzidos por meio de negócios jurídicos e derivam da autonomia privada (estão previstos, especialmente, no art. 784 do CPC).

Com efeito, a lei atribui certeza relativa a determinados documentos típicos que demonstram, de forma robusta, a existência do crédito. Embora não exista "prova absoluta", os títulos executivos são os documentos que a lei considera que demonstram, com razoável grau de certeza, a existência de uma obrigação precisamente determinada (elemento objetivo) e os seus sujeitos ativo e passivo (elemento subjetivo), atribuindo-lhes, de antemão, eficácia executiva.

Probabilidade não equivale a certeza. Evidentemente, há algum risco de a obrigação representada no título não existir ou não representar a realidade. Para isso, o sistema processual oferece meios de defesa mais amplos na execução do título executivo extrajudicial (917, IV, do CPC), capazes de instaurar o processo de conhecimento incidental ou de impedir os atos de constrição ao patrimônio do devedor.

A execução fundada em título extrajudicial, embora prescinda de pronunciamento judicial anterior, não retira os meios de defesa do réu. A impugnação ao crédito, contudo, depende de oposição formal, por meio dos embargos. Pode-se dizer que, na execução dos títulos executivos extrajudiciais, a fase de conhecimento fica, apenas, postergada.

3. O DOCUMENTO PARTICULAR ASSINADO PELO DEVEDOR E POR DUAS TESTEMUNHAS

O Código de Processo Civil dispõe que o documento particular assinado pelo devedor e por duas testemunhas constitui título executivo extrajudicial (art. 784, III). O campo de abrangência do dispositivo é amplo: qualquer documento particular assinado pelo devedor e por duas testemunhas.

Trata-se de disposição idêntica àquela prevista no art. 585, II, do CPC/73[3], e no art. 298 do CPC/39[4]. A exigência de duas testemunhas guarda, ainda, relação com o

---

3. Art. 585. São títulos executivos extrajudiciais: (...) II – a escritura pública ou outro documento público assinado pelo devedor; o documento particular assinado pelo devedor e por duas testemunhas; o instrumento de transação referendado pelo Ministério Público, pela Defensoria Pública ou pelos advogados dos transatores.
4. Art. 298. Além das previstas em lei, serão processadas pela forma executiva as ações: (...) XII – dos credores por dívida líquida e certa, provada por instrumento público, ou por escrito particular, assinado pelo devedor e subscrito por duas testemunhas.

art. 135 do Código Civil de 1916, que exigia a assinatura de duas testemunhas para conferir força probatória ao documento particular: "*o instrumento particular, feito e assinado, ou somente assinado por quem esteja na disposição e administração livre de seus bens, sendo subscrito por duas testemunhas, prova as obrigações convencionais de qualquer valor*".

Enquanto o documento produzido por autoridade pública, ou na sua presença, necessita apenas da assinatura do devedor para obter eficácia executiva, o documento particular depende da assinatura do devedor e, também, da assinatura de duas testemunhas[5]. O texto da lei é revelador de uma desconfiança histórica em relação aos atos praticados pelos sujeitos privados, exigindo elemento probatório adicional, de modo a suprir a fé decorrente da chancela de um agente público.

A ideia era a de que a testemunha reforçaria a certeza do título, na medida em que, se chamada em juízo, poderia atestar que presenciou o ato e que o devedor, realmente, assumiu a obrigação transcrita no documento, sem qualquer vício de vontade. Não demorou, porém, para se perceber que essa exigência tinha pouca utilidade prática e as assinaturas das testemunhas passaram a ter função meramente figurativa.

Após a entrada em vigor do Código Civil de 2002, alguns doutrinadores[6] passaram a sustentar que a exigência de assinatura das testemunhas teria sido suprimida pelo art. 221, que dispõe que "*o instrumento particular, feito e assinado, ou somente assinado por quem esteja na livre disposição e administração de seus bens, prova as obrigações convencionais de qualquer valor*".

A jurisprudência, não obstante, orientou-se no sentido de que o conflito com o Código Civil seria apenas aparente, prevalecendo a regra específica do Código de Processo Civil, que contém os requisitos próprios para que o negócio jurídico constitua título executivo[7].

---

5. De acordo com a jurisprudência do STJ, o documento público, previsto no art. 784, II, do CPC é aquele "produzido por autoridade, ou em sua presença, com a respectiva chancela, desde que tenha competência para tanto". (REsp 1521531/SE, Rel. Ministro Mauro Campbell Marques, Segunda Turma, julgado em 25.08.2015, DJe 03.09.2015).
6. Para Antonio Jeová Santos "o art. 221 do CC/2002 revogou, de forma tácita, o art. 585, II, do CPC, na parte que exige duas testemunhas para que o documento seja considerado título executivo, porque '*lex porterior derrogat priorem*' ou no vernáculo: 'lei posterior revoga a anterior'. Aos contratos celebrados na vigência do atual Código, não mais será necessária a presença de testemunhas para a existência do título executivo. Ao deixar de ter este requisito para a validade de contrato, não pode a regra processual subsistir, mantendo a exigência para que o contrato seja tido como título executivo extrajudicial. Contratos firmados depois da vigência do Código Civil de 2002 que não tenham testemunhas, quando descumpridos e se tiverem os demais requisitos para a execução, como a liquidez, certeza e exigibilidade, servirão como título executivo, abstraída a parte do art. 585, II, do CPC que mantinha a obrigatoriedade de que no documento constasse a assinatura de duas testemunhas, para que a parte pudesse lançar mão do processo de execução" (*Direito intertemporal e o novo Código Civil*: aplicações da lei 10.406/2002. São Paulo: Ed. RT, 2003, p. 122).
7. "Execução de título extrajudicial. Contrato de compra e venda de fundo de comércio. Ausência de assinatura de duas testemunhas. Extinção do feito sem julgamento do mérito. Sentença mantida. Recurso não provido. 1. Ação executiva fundada em contrato particular de compra e venda de fundo de comércio, sem assinatura de duas testemunhas. Impossibilidade. 2. Documento que não constitui título executivo extrajudicial. Art. 585, II, CPC. 3. Antinomia com o art. 221, do Código Civil em vigor. Inocorrência. Norma civilista genérica

Ainda que mantida a exigência da assinatura das duas testemunhas para atribuir a qualidade de título executivo ao instrumento particular, a jurisprudência, especialmente do STJ, mitigou, gradualmente, essa formalidade ao ponto de torná-la desnecessária.

Já se entendeu, por exemplo, que:

i) as testemunhas não precisam ter presenciado a formação do negócio jurídico:

"Título extrajudicial. Testemunhas (art. 585, II, do CPC). Exigindo a lei processual, tanto quanto a lei substantiva (art. 135, CC), apenas que o documento seja 'subscrito' pelas testemunhas, não são reclamadas suas presenças ao ato. Especial provido. (REsp 1.127/SP, Rel. Ministro Claudio Santos, Terceira Turma, julgado em 07.11.1989).

ii) a falta de identificação das testemunhas que assinaram o instrumento particular não descaracteriza o título executivo:

"A exigência de identificação das testemunhas que assinaram o contrato de abertura de crédito, cuja falta o descaracterizaria como título executivo, somente pode ser acolhida quando houver dúvida razoável a justificar tal esclarecimento" (REsp 165.531/SP, Rel. Ministro Carlos Alberto Menezes Direito, Terceira Turma, julgado em 22.06.1999).

"A falta de identificação das testemunhas que subscrevem o título executivo não o torna nulo, somente sendo relevante essa circunstância se o executado aponta falsidade do documento ou da declaração nele contida". (REsp 137.824/SP, Rel. Ministro Sálvio De Figueiredo Teixeira, Quarta Turma, julgado em 31.08.1999).

iii) as assinaturas das testemunhas podem ser feitas em momento posterior ao ato de formação do documento:

"O fato das testemunhas do documento particular não estarem presentes ao ato de sua formação não retira a sua executoriedade, uma vez que as assinaturas podem ser feitas em momento posterior ao ato de criação do título executivo extrajudicial, sendo as testemunhas meramente instrumentárias. (REsp 541.267/RJ, Rel. Ministro Jorge Scartezzini, Quarta Turma, julgado em 20.09.2005).

iv) a assinatura de pessoa impedida de ser testemunha não afasta a executividade do título, especialmente se não houver alegação de vício de consentimento ou falsidade no documento capaz de anular o ato:

---

e que diz respeito à prova do negócio jurídico. 4. Prevalência da regra específica do Código de Processo Civil, a qual contém os requisitos para que o negócio jurídico válido e eficaz constitua título executivo. Precedentes. 5. Sentença de extinção do feito, sem julgamento de mérito, mantida. 6. Apelação da autora não provida". (TJSP; Apelação Cível 0034458-20.2011.8.26.0564; Relator: Alexandre Lazzarini; Órgão Julgador: 6ª Câmara de Direito Privado; Data do Julgamento: 06.09.2012; Data de Registro: 06.09.2012).

"Contrato – Instrumento particular de confissão de dívida – Assinatura por duas testemunhas – Imprescindibilidade para conferir executividade ao documento – Hipótese em que testemunhas, advogados, vieram a propor ação de execução do contrato que subscreveram, representando a credora – Impedimento legal (art. 405, § 2º, III, do CPC) – Presunção absoluta de interesse – Título destituído de eficácia executiva – Extinção da execução sem resolução do mérito – Embargos do devedor procedentes – Apelação provida para esse fim". (TJSP; Apelação Cível 9108619-27.2007.8.26.0000; Relator: Ricardo Negrão; Órgão Julgador: 19ª Câmara de Direito Privado; Julgamento: 27.07.2010).

"Em princípio, como os advogados não possuem o desinteresse próprio da autêntica testemunha, sua assinatura não pode ser tida como apta a conferir a executividade do título extrajudicial. No entanto, a referida assinatura só irá macular a executividade do título, caso o executado aponte a falsidade do documento ou da declaração nele contida. Na hipótese, não se aventou nenhum vício de consentimento ou falsidade documental apta a abalar o título, tendo-se, tão somente, arguido a circunstância de uma das testemunhas instrumentárias ser, também, o advogado do credor" (REsp 1453949/SP, Rel. Ministro Luis Felipe Salomão, Quarta Turma, julgado em 13.06.2017).

Há decisões do STJ até mesmo dispensando a assinatura das testemunhas, quando a sua falta puder ser suprida por outros meios idôneos para a aferir a existência e a validade do contrato:

"Excepcionalmente, a certeza quanto à existência do ajuste celebrado pode ser obtida por outro meio idôneo, ou no próprio contexto dos autos, caso em que a exigência da assinatura de duas testemunhas no documento particular – *in casu*, contrato de confissão de dívida – pode ser mitigada" (AgRg nos EDcl no REsp 1183496/DF, Rel. Ministro Sidnei Beneti, Terceira Turma, julgado em 13.08.2013).

"A assinatura das testemunhas é um requisito extrínseco à substância do ato, cujo escopo é o de aferir a existência e a validade do negócio jurídico; sendo certo que, em caráter absolutamente excepcional, os pressupostos de existência e os de validade do contrato podem ser revelados por outros meios idôneos e pelo próprio contexto dos autos, hipótese em que tal condição de eficácia executiva poderá ser suprida. Precedentes" (REsp 1438399/PR, Rel. Ministro Luis Felipe Salomão, Quarta Turma, julgado em 10.03.2015).

Essas decisões partem do fundamento de que a declaração de nulidade exige a comprovação de prejuízo concreto à parte que suscita o vício (*pas de nullité sans grief*), de modo que o devedor não poderia alegar a deficiência formal do título executivo, sem demonstrar, ao mesmo tempo, a existência de algum vício de vontade ou inexatidão da obrigação refletida no documento.

Também nelas se afirma que a assinatura das testemunhas cumpre finalidade meramente formal, uma vez que a lei não exige que tenham presenciado o momento da constituição do instrumento particular. A assinatura das testemunhas nem mesmo seria elemento intrínseco da formação do título executivo, mas elemento extrínseco, meramente auxiliar, cujo escopo seria o de corroborar a existência e a validade do negócio jurídico. Por isso, se os pressupostos de existência e os de validade do contrato podem ser revelados por outros meios idôneos, a assinatura das testemunhas é dispensada.

Diante dessa evolução jurisprudencial, as assinaturas das testemunhas passaram a ter função meramente decorativa no instrumento particular, sem qualquer significado jurídico ou finalidade prática[8]. Como Leonardo Ferres da Silva Ribeiro já teve a oportunidade de afirmar, em obra em coautoria com uma das autoras deste artigo, além de Teresa Arruda Alvim e Rogerio Licastro Torres de Mello:

---

8. DIDIER JUNIOR, Fredie; CUNHA, Leonardo Carneiro da; BRAGA, Paula Sarno; OLIVEIRA, Rafael Alexandria de. *Curso de direito processual civil. Execução.* 10 ed. Salvador, JusPODIVM, 2020, v. 5, 307.

"Nesse contexto, é impossível não se fazerem as seguintes indagações por que se manter esse requisito – as duas testemunhas – para conferir eficácia executiva a um documento particular? A assinatura do devedor, isoladamente, não seria suficiente? Por que atribuir, nos dias atuais, função meramente decorativa às testemunhas, notadamente se a jurisprudência reconhece a possibilidade de tais testemunhas assinarem o instrumento num momento ulterior à sua criação, apenas para embasar uma ação executiva? Esta exigência, a nosso ver, é um formalismo exacerbado e injustificável. Perdeu-se a oportunidade de revê-la"[9].

Há, com efeito, projeto de lei, atualmente em tramitação na Câmara dos Deputados (PL 10984/18), que altera o Código de Processo Civil, tornando desnecessária a assinatura de testemunhas para que o documento particular seja considerado título executivo extrajudicial. A proposta foi apresentada pela Comissão Mista de Desburocratização e já foi aprovada no Senado.

4. AS ASSINATURAS DAS TESTEMUNHAS E OS CONTRATOS ELETRÔNICOS

Se nos instrumentos contratuais tradicionais, de papel e tinta, a exigência das assinaturas das testemunhas representa excesso de formalismo, nos instrumentos eletrônicos é obstáculo instransponível, pois incompatível com essa tecnologia.

O Código de Processo Civil exige apenas a forma escrita para atribuir a qualidade de título executivo aos instrumentos previstos no art. 784, sem fazer qualquer distinção entre o suporte físico ou eletrônico. Como observa Araken de Assis, para a caracterização do título executivo não é relevante "*o suporte do documento, físico ou eletrônico, mas a exequibilidade conferida no art. 784, máxime no processo integralmente eletrônico*"[10]. Não é outra a jurisprudência do STJ, que entende que o título executivo pode ser constituído em suporte eletrônico[11].

O contrato eletrônico é, usualmente, celebrado à distância, por meio de algum dispositivo tecnológico (por exemplo, computador, telefone, caixa eletrônico etc.), que dispensa a presença física dos contratantes. Não terá, portanto, a participação de testemunhas, o que, todavia, não afasta a segurança jurídica dessa forma de contratação.

A segurança de tais contratos é garantida por meio de sistemas de codificação, chamados de encriptação, que permitem a identificação dos subscritores. Com o uso

---

9. ARRUDA ALVIM, Teresa; CONCEIÇÃO, Maria Lúcia Lins; RIBEIRO, Leonardo Ferres da Silva; DE MELLO, Rogerio Licastro Torres. *Primeiros comentários ao novo Código de Processo Civil*: artigo por artigo. 3. ed. São Paulo: Thomson Reuters Brasil, 2020, p. 1231.
10. ASSIS, Araken de. *Manual da Execução*. 20. ed. São Paulo: Thomson Reuters Brasil, 2018, p. 199.
11. Nesse sentido: "A jurisprudência desta Corte é assente no sentido de ser possível o ajuizamento de execução de duplicata virtual, desde que devidamente acompanhada dos instrumentos de protesto por indicação e dos comprovantes de entrega da mercadoria e da prestação do serviço". (AgRg no REsp 1559824/MG, Rel. Ministro Ricardo Villas Bôas Cueva, Terceira Turma, julgado em 03.12.2015); "Os boletos de cobrança bancária vinculados ao título virtual, devidamente acompanhados dos instrumentos de protesto por indicação e dos comprovantes de entrega da mercadoria ou da prestação dos serviços, suprem a ausência física do título cambiário eletrônico e constituem, em princípio, títulos executivos extrajudiciais". (REsp 1024691/PR, Rel. Ministra Nancy Andrighi, Terceira Turma, julgado em 22.03.2011)

desses recursos tecnológicos, as partes "assinam" o contrato por meio de códigos, o que confere segurança ao ato. A assinatura eletrônica, realizada por meio de sistema de encriptação, via de regra, constitui prova da manifestação da vontade das partes mais fidedigna que as assinaturas das testemunhas instrumentárias apostas em suporte físico (cuja função, atualmente, é apenas formal).

Alguns autores, como Raphael Panichi, fazem distinção entre a *assinatura eletrônica* e a *assinatura digital*[12]. A assinatura eletrônica seria o gênero, abrangendo qualquer método de codificação eletrônica (criptografia simétrica ou assimétrica) capaz de identificar os autores do documento. A assinatura digital seria uma espécie de assinatura eletrônica, mais complexa, realizada por meio do sistema de chaves públicas (criptografia assimétrica), que acrescenta ao documento uma espécie de timbre, permitindo identificar o seu emissor e proteger a integridade dos dados. Essa nomenclatura foi acolhida na Lei Federal 11.419/2006 (Lei do Processo Eletrônico), que exige, apenas, o uso da assinatura eletrônica para a prática dos atos processuais em geral[13].

Enquanto a assinatura pelo método de criptografia simétrica ocorre em uma única etapa, com o uso de uma chave ou código privado (por exemplo, senha pessoal, pin, token etc.), a assinatura por criptografia assimétrica ocorre em duas etapas: i) o emissor aplica sua firma ao documento com o uso de uma chave privada (secreta); ii) que é identificada, pelo receptor, com o uso de uma chave pública (amplamente divulgada), emitido por uma autoridade certificadora.

A emissão das chaves públicas, no Brasil, foi atribuída ao ICP-Brasil, Infraestrutura de Chaves Públicas Brasileira, nos termos da Medida Provisória 2.200/2001. De acordo com o art. 10, §1º, "as declarações constantes dos documentos em forma eletrônica produzidos com a utilização de processo de certificação disponibilizado pela ICP-Brasil presumem-se verdadeiros em relação aos signatários".

Embora confira *status* probatório diferenciado aos documentos assinados com a utilização de certificado emitido pelo ICP-Brasil, a Medida Provisória não impede a utilização de outros métodos de assinatura eletrônica, conforme dispõe o art. 10, § 2º: "O disposto nesta Medida Provisória não obsta a utilização de outro meio de comprovação da autoria e integridade de documentos em forma eletrônica, inclusive os que utilizem certificados não emitidos pela ICP-Brasil, desde que admitido pelas partes como válido ou aceito pela pessoa a quem for oposto o documento".

---

12. MENKE, Fabiano. A criptografia e a Infraestrutura de Chaves Públicas brasileira (ICP-Brasil). *Revista dos Tribunais*, v. 998, Caderno Especial. São Paulo: Ed. RT, dez. 2018, p. 83-97.
13. Art. 1º O uso de meio eletrônico na tramitação de processos judiciais, comunicação de atos e transmissão de peças processuais será admitido nos termos desta Lei. (...) § 2º Para o disposto nesta Lei, considera-se: (...) III – assinatura eletrônica as seguintes formas de identificação inequívoca do signatário: a) assinatura digital baseada em certificado digital emitido por Autoridade Certificadora credenciada, na forma de lei específica; b) mediante cadastro de usuário no Poder Judiciário, conforme disciplinado pelos órgãos respectivos.
Art. 2º O envio de petições, de recursos e a prática de atos processuais em geral por meio eletrônico serão admitidos mediante uso de assinatura eletrônica, na forma do art. 1º desta Lei, sendo obrigatório o credenciamento prévio no Poder Judiciário, conforme disciplinado pelos órgãos respectivos.

A evolução tecnológica não passou despercebida pela jurisprudência. O STJ já reconheceu que os instrumentos particulares assinados digitalmente podem ser títulos executivos extrajudiciais independentemente das assinaturas das testemunhas, diante da segurança dessa forma de contratação:

> "Nem o Código Civil, nem o Código de Processo Civil, inclusive o de 2015, mostraram-se permeáveis à realidade negocial vigente e, especialmente, à revolução tecnológica que tem sido vivida no que toca aos modernos meios de celebração de negócios, que deixaram de se servir unicamente do papel, passando a se consubstanciar em meio eletrônico. A assinatura digital de contrato eletrônico tem a vocação de certificar, através de terceiro desinteressado (autoridade certificadora), que determinado usuário de certa assinatura a utilizara e, assim, está efetivamente a firmar o documento eletrônico e a garantir serem os mesmos os dados do documento assinado que estão a ser sigilosamente enviados. Em face destes novos instrumentos de verificação de autenticidade e presencialidade do contratante, possível o reconhecimento da executividade dos contratos eletrônicos. Caso concreto em que o executado sequer fora citado para responder a execução, oportunidade em que poderá suscitar a defesa que entenda pertinente, inclusive acerca da regularidade formal do documento eletrônico, seja em exceção de pré-executividade, seja em sede de embargos à execução. (REsp 1495920/DF, Rel. Ministro Paulo de Tarso Sanseverino, Terceira Turma, DJe 07.06.2018)."

Como observou o Min. Paulo e Tarso Sanseverino, relator do REsp 1495920/DF, a assinatura das duas testemunhas (voltadas a corroborar a existência e higidez da contratação) é incompatível e desnecessária na contratação eletrônica:

> "Deste todo interpretativo, tem-se a concluir que, em regra, exige-se as testemunhas em documento físico privado para que seja considerado executivo, mas excepcionalmente, poderá ele dar azo a um processo de execução, sem que se tenha cumprido o requisito formal estabelecido no art. 585, II, do CPC/73, qual seja, a presença de duas testemunhas, entendimento este que estou em aplicar aos contratos eletrônicos, desde que observadas as garantias mínimas acerca de sua autenticidade e segurança. O contrato eletrônico, em face de suas particularidades, por regra, tendo em conta a sua celebração à distância e eletronicamente, não trará a indicação de testemunhas, o que, entendo, não afasta a sua executividade. Não há dúvidas de que o contrato eletrônico, na atualidade, deve ser, e o é, colocado em evidência pela sua importância econômica e social, pois a circulação de renda tem-no, no mais das vezes, como sua principal causa. (...) As instituições financeiras, ainda, em sua grande maioria, senão todas, disponibilizam a contratação de empréstimos via internet, instantaneamente, seja por navegadores eletrônicos, seja por, até mesmo, aplicativos de celular, sem qualquer intervenção de funcionários, bastando que o crédito seja pré-aprovado, e, certamente, sem a eleição específica de testemunhas para os referidos contratos (...) assim, em face destes novos instrumentos de verificação de autenticidade e presencialidade do contratante e adequação do conteúdo do contrato, penso ser o momento de reconhecer-se a executividade dos contratos eletrônicos".

Também o TJSP já admitiu, mais de uma vez, o ajuizamento de execução lastreada em contrato eletrônico:

> "Agravo de instrumento. Execução de título extrajudicial. Contrato de mútuo. Pactuação admitida pela agravante. Possibilidade de ajuizamento da execução com base em contrato eletrônico. Decisão que indeferiu a exceção de pré-executividade mantida. Recurso desprovido (TJSP; Agravo de Instrumento 2061222-03.2021.8.26.0000; Relator: Pedro Kodama; Órgão Julgador: 37ª Câmara de Direito Privado; Foro de Osasco – 2ª. Vara Cível; Data do Julgamento: 24.05.2021).

"Embargos à execução. Extinção por ausência de título de executivo. Falta de documento subscrito por duas testemunhas (art. 784, III, do CPC). Descabimento. Contrato de mútuo assinado eletronicamente que corrobora a existência e higidez da obrigação. Reconhecimento da executividade do contrato eletrônico. Precedentes do C. STJ. Embargante que sequer questiona a existência/validade do negócio jurídico. Embargos que não merecem prosperar. Discussão quanto à adequação dos descontos em 30% dos vencimentos líquidos. Impossibilidade. Dívida que já se encontra antecipadamente vencida. Sentença reformada. Recurso provido" (TJSP; Apelação n. 1065937-38.2017.8.26.0100, 14ª Câmara de Direito Privado, Relatora Lígia Araújo Bisogni, julgado em 22.08.18).

A expansão do comércio eletrônico, as novas tecnologias de comunicação e a massificação das contratações mudaram a realidade das contratações. Tanto as relações entre empresas (*B2B – business to business*) como as relações com os consumidores (*B2C – business to consumer*) são realizadas, cada vez mais, à distância, por meio de aplicativos, *e-mails* ou no âmbito de plataformas virtuais. Transformações que foram aceleradas durante a pandemia da COVID/19.

A velocidade com que se tem alterado os padrões de comportamento social não foi antecipada pelo Código Civil de 2002 nem pelo Código de Processo Civil 2015. E nem poderia. O tempo do legislador não segue o mesmo passo da sociedade.

Coube à jurisprudência, acertadamente, dispensar a exigência das assinaturas das testemunhas instrumentárias em contratos eletrônicos, quando for possível, a partir de outros meios, certificar-se da existência e da validade da obrigação.

Não se trata de interpretação contrária ao texto da lei, nem de mitigação da regra de que não há execução sem título executivo (*nulla executio sine titulo*). Trata-se de interpretação mais arejada do art. 784, III, do CPC, que prestigia a regra legal, adaptando-a às novas práticas sociais (inexistentes no tempo da sua formação), de modo a lhe conferir sentido na atualidade. A interpretação da norma não pode ser estática, presa a uma realidade que não existe mais.

5. CONCLUSÃO

Conforme ensina Teresa Arruda Alvim, "uma das facetas da segurança jurídica é decorrente de uma correspondência razoável entre as normas jurídicas e a vida real. Portanto, alterar a jurisprudência dominante, para adaptar o direito à realidade, ao contrário do que poderia parecer, contribui para a concretização da segurança jurídica"[14].

É o que vem fazendo o STJ nas decisões acima mencionadas, primeiro ao flexibilizar a necessidade de 2 (duas) testemunhas para a configuração do documento particular assinado pelo devedor, como título executivo extrajudicial. E, agora,

---

14. ALVIM, Teresa Arruda. *Modulação na alteração da jurisprudência firma ou na de precedentes vinculantes*. São Paulo: Thomson Reuters Brasil, 2019, 169.

mais recentemente, ao compreender como título executivo extrajudicial o contrato assinado eletronicamente.

É importante frisar que não se trata de *criar* um novo título executivo, ao arrepio do princípio da tipicidade legal (*nullus titulus sine lege*), mas de assegurar ao inciso III, do art. 784 do CPC interpretação mais aderente à realidade atual. É papel da jurisprudência adaptar o direito à sociedade, atribuir-lhe congruência social.

A evolução tecnológica, sem sombra de dúvida, introduziu mudanças relevantes e irreversíveis na vida das pessoas. A modernização dos mecanismos por meio dos quais são realizadas transações econômicas em geral é, sem sombra de dúvida, um avanço positivo, que facilita e democratiza o acesso a novos mercados, além de atender a requisitos garantidores de autenticidade e segurança.

Paralelamente, a satisfação do direito da parte é vetor interpretativo que orienta o CPC atual que em seu art. 4º dispõe que *"as partes têm o direito de obter em prazo razoável a solução integral do mérito, incluída a atividade satisfativa"*. Tudo isso, pensamos, leva a que se possa reconhecer a força executiva do contrato eletrônico, dispensando as assinaturas das testemunhas instrumentárias.

6. REFERÊNCIAS

ALVIM, Teresa Arruda. *Modulação na alteração da jurisprudência firma ou na de precedentes vinculantes*. São Paulo: Thomson Reuters Brasil, 2019.

ARRUDA ALVIM, Teresa; CONCEIÇÃO, Maria Lúcia Lins; RIBEIRO, Leonardo Ferres da Silva; DE MELLO, Rogerio Licastro Torres. *Primeiros comentários ao novo Código de Processo Civil: artigo por artigo*. 3. ed. São Paulo: Thomson Reuters Brasil, 2020.

ASSIS, Araken de. *Manual da Execução*. 20. ed. São Paulo: Thomson Reuters Brasil, 2018.

DIDIER JUNIOR, Fredie; CUNHA, Leonardo Carneiro da; BRAGA, Paula Sarno; OLIVEIRA, Rafael Alexandria de. *Curso de direito processual civil. Execução*. 10 ed. Salvador, JusPODIVM, 2020. v. 5.

DINAMARCO, Cândido Rangel. *Instituições de Direito Processual Civil*. 4. ed. São Paulo: Malheiros, 2019. v. 4.

MARINONI, Luiz Guilherme; e MITIDIERO, Daniel. *Comentário ao Código de Processo Civil*. 2. ed. São Paulo: Thomson Reuters Brasil, 2018. v. XV.

MENKE, Fabiano. A criptografia e a Infraestrutura de Chaves Públicas brasileira (ICP-Brasil). *Revista dos Tribunais*, v. 998, Caderno Especial. São Paulo: Editora RT, dez. 2018, p. 83-97.

ZAVASCKI, Teori. *Comentários ao Código de Processo Civil*. São Paulo: Thomson Reuters Brasil, 2016. v. XII.

A POLÊMICA (IM)PENHORABILIDADE DAS VERBAS SALARIAIS (*LATO SENSU*): ANÁLISE DA JURISPRUDÊNCIA RELATIVIZADORA E INDICAÇÃO DE ALTERAÇÃO LEGISLATIVA[1]

José Augusto Garcia de Sousa

Mestre em direito da cidade e doutor em direito processual pela UERJ. Professor adjunto de direito processual civil da Universidade do Estado do Rio de Janeiro – UERJ. Integrante do Grupo de Trabalho instituído pelo CNJ visando à modernização e efetividade dos processos de execução e cumprimento de sentença (Portaria 272/2020). Defensor público no Estado do Rio de Janeiro. joseaugustogarcia@predialnet.com.br

1. INTRODUÇÃO

O "novo" Código de Processo Civil caminha para o sexto ano de vigência e não é mais tão novo assim. Mesmo quando acabara de sair de fábrica, porém, um setor do estatuto já se mostrava algo envelhecido, ou ao menos pouco viçoso. Falo, sem qualquer surpresa, da sistemática do Código referente à atividade executiva em geral, envolvendo cumprimentos de sentença e execuções autônomas. De fato, o legislador de 2015 absteve-se de passos mais arrojados no campo executivo, apesar da importância decisiva dessa função para a efetividade da tutela jurisdicional. Exceção a tal timidez foi a disposição do art. 139, IV, do CPC[2], alocada no capítulo relativo aos poderes do juiz, na parte geral. Em termos práticos, todavia, o rendimento dessa novidade tem sido quase nulo, em virtude principalmente das incertezas que desperta, inclusive quanto à própria constitucionalidade[3]. No final das contas, portanto, o CPC de 2015 contribuiu pouco para o avanço da execução no país.

E como seria necessário avançar nessa área! Os números da execução, entre nós, continuam desoladores. Segundo o relatório *Justiça em Números* de 2020 (atinente ao ano-base 2019), a taxa de congestionamento da fase de execução supera a da fase de conhecimento em todos os segmentos do Judiciário brasileiro, com uma diferença que chega a 24 pontos percentuais[4]. Não fosse a carga da execução, sobretudo a fiscal,

---

1. Esclareça-se que o presente trabalho retoma, sob outra perspectiva, ideias desenvolvidas no artigo "O tempo como fator precioso e fundamental do processo civil brasileiro: aplicação no campo das impenhorabilidades", publicado na *Revista de Processo*, São Paulo, n. 295, p. 117-162, set. 2019.
2. Art. 139. O juiz dirigirá o processo conforme as disposições deste Código, incumbindo-lhe: (...) IV – determinar todas as medidas indutivas, coercitivas, mandamentais ou sub-rogatórias necessárias para assegurar o cumprimento de ordem judicial, inclusive nas ações que tenham por objeto prestação pecuniária; (...).
3. Pende sobre o art. 139, IV, do CPC a ADIn 5.941, intentada pelo Partido dos Trabalhadores (PT). O relator é o Min. Luiz Fux e o julgamento está marcado para 04.11.2021. Informações disponíveis em http://portal.stf.jus.br/processos/detalhe.asp?incidente=5458217. Acesso em: 20 jul. 2021.
4. CONSELHO NACIONAL DE JUSTIÇA. *Justiça em Números 2020*: ano-base 2019. Brasília: CNJ, 2020, p. 169. Disponível em: https://www.cnj.jus.br/wp-content/uploads/2020/08/WEB-V3-Justi%C3%A7a-em-N%C3%BAmeros-2020-atualizado-em-25-08-2020.pdf. Acesso em: 20 jul. 2021.

os índices da nossa Justiça, apresentados anualmente pelo Conselho Nacional de Justiça, seriam bem melhores.

Vale a ressalva de que as naturais limitações do labor legislativo se revelam especialmente agudas no plano executivo. Fatores sociais, culturais e institucionais pesam incomparavelmente mais, nesse plano, do que as falhas legais. Estamos, afinal, no terreno em que é preciso realizar direitos, não apenas declará-los – tarefa que guarda alguma complexidade em qualquer lugar do mundo. Se o devedor não tem bens, por exemplo, nada se pode consumar. Boa parte da população brasileira não tem.

Sem embargo da ressalva que acabei de fazer, é evidente que, na busca por uma execução mais satisfatória, a ordem legal não pode ser desprezada. No célebre ensaio sobre os "mitos" da justiça, entre eles o da "onipotência da norma", José Carlos Barbosa Moreira, desejando "equilibrar os pratos da balança", pontua que a norma não é onipotente, mas também não precisa ser impotente[5]. Notadamente, acrescento, se puder contribuir, de alguma forma, para a construção ou a sedimentação de uma nova cultura acerca da matéria legislada.

Chegando então ao objeto deste artigo, a sistemática das impenhorabilidades no processo brasileiro deixa muito a desejar. As deficiências já estavam presentes no Código de 1973 e foram mantidas, quase sem alteração, no atual Código. Foi nesse contexto que o Superior Tribunal de Justiça, antes mesmo da entrada em vigor do estatuto de 2015, passou a relativizar a impenhorabilidade das verbas salariais previstas no inciso IV do art. 833[6], garantida aos devedores tanto em 1973 quanto em 2015 (até 50 salários mínimos mensais). Principialismo salutar ou ativismo indesejável? Eis a grande questão que se põe aqui.

Não é, assinale-se, uma questão inédita no tocante ao CPC de 2015. O próprio STJ, gerando muita polêmica, construiu a tese da taxatividade mitigada do rol do art. 1.015 do CPC (hipóteses de agravo de instrumento). No que diz respeito à execução, o mesmo debate não pode faltar, apresentando contornos ainda mais densos sob o prisma valorativo, à vista da magnitude dos interesses em jogo – para o exequente, principalmente no caso de cumprimento de sentença, tem-se o risco de uma grande frustração, o melancólico ganhar e não levar, ficando sem a prestação que lhe é devida; para o executado, há a ameaça de perder bens que lhe são muito estimados, inclusive a própria liberdade (no caso da execução de alimentos).

Além disso, trata-se de discussão que transcende a execução civil, tocando ao mesmo tempo na questão da força normativa dos princípios, bem como na correlata questão da legalidade preciosa. Na seara processual, prezamos sobremodo os princí-

---

5. MOREIRA, José Carlos Barbosa. O futuro da justiça: alguns mitos. *Revista de Processo*, São Paulo, n. 99, jul./set. 2000, p. 148.
6. Art. 833. São impenhoráveis: (...) IV – os vencimentos, os subsídios, os soldos, os salários, as remunerações, os proventos de aposentadoria, as pensões, os pecúlios e os montepios, bem como as quantias recebidas por liberalidade de terceiro e destinadas ao sustento do devedor e de sua família, os ganhos de trabalhador autônomo e os honorários de profissional liberal, ressalvado o § 2º (...).

pios, tanto assim que vários deles foram incluídos no importante capítulo inicial do CPC. Mas até onde pode ir a força normativa desses princípios? Ao ponto de derribar regras legais de sentido semântico inequívoco e positivadas não faz muito tempo, em procedimento plenamente democrático?

E mais. Logicamente, o direito processual não é uma ilha, indiferente aos territórios circundantes, à vida circundante. Rumores de um golpe ditatorial têm aparecido com frequência na crônica nacional dos últimos anos. Espera-se que as ameaças não se concretizem, mas os rumores não são disparatados. Muito ao contrário, vêm sendo alimentados por inúmeras declarações heterodoxas de membros da cúpula do atual governo federal, a começar pelo próprio presidente da República. Em um ambiente politicamente tão conturbado e inseguro, o respeito à legalidade assume relevância ainda maior.

Enfim, proteger a todo custo a legalidade preciosa ou investir na força normativa dos princípios para arredar situações concretas de injustiça? As opções são excludentes? Ou alguma composição entre elas é possível?

Buscando enfrentar a contento esse delicado conflito valorativo, o trabalho terá três partes. Na primeira, falarei da imperfeita sistemática legal das impenhorabilidades no processo civil brasileiro, bem como da jurisprudência do Superior Tribunal de Justiça relativizadora da incolumidade das verbas salariais. Na segunda, enfatizarei algo a que, surpreendentemente, não se dá maior atenção: a incidência do direito fundamental à tempestividade sobre a atividade executiva. Na terceira e última parte, cuidarei da importante questão dos critérios mais indicados para balizar as flexibilizações pretorianas e ainda formularei, com base nos critérios enunciados, uma proposta de alteração legal da matéria.

2. AS IMPENHORABILIDADES NO PROCESSO CIVIL BRASILEIRO DA ATUALIDADE: SISTEMÁTICA LEGAL MANIFESTAMENTE IMPERFEITA

Antes de mais nada, é preciso vistoriar o tratamento que o processo civil brasileiro vem dando, na atualidade, ao tema das impenhorabilidades.

Em obra que merece consulta, Adriano Ferriani, centrado nas impenhorabilidades atinentes às pessoas naturais (como credoras ou devedoras), listou inúmeras deficiências do ordenamento brasileiro na matéria[7], chegando à seguinte conclusão: "Tanto as hipóteses de impenhorabilidade quanto as exceções a ela, embora tracem delineamentos importantes, são absolutamente insuficientes e revelam imperfeições inaceitáveis"[8]. É um diagnóstico do qual não há como discordar.

Nesse sentido, considero que três são os problemas maiores da nossa lei processual (aí incluída a Lei 8.009/1990) em relação às impenhorabilidades, quais sejam:

---

7. FERRIANI, Adriano. *Responsabilidade patrimonial e mínimo existencial:* elementos de ponderação. São Paulo: Instituto dos Advogados de São Paulo – IASP, 2017, p. 138-160.
8. FERRIANI, Adriano. *Responsabilidade patrimonial e mínimo existencial:* elementos de ponderação, cit., p. 159.

a) o viés pró-devedor; **b)** a não consideração de fatores distintivos relevantes; e **c)** a falta de visão de conjunto.

Em primeiro lugar, continua a predominar, embora com atenuações, um desproporcional viés pró-devedor, desprotegendo-se frequentemente direitos fundamentais dos credores e também a própria figura do crédito, cuja importância social, econômica e ética não há necessidade de sublinhar[9]. Boa indicação disso está na previsão de que verbas salariais *lato sensu* só podem ser penhoradas a partir do elevadíssimo piso de 50 (cinquenta) salários mínimos mensais (art. 833, § 2º). Cuida-se de patamar completamente dissociado da realidade brasileira e que pouca aplicação terá na prática. É certo que no CPC de 1973 nem isso tínhamos. Por outro lado, era bem mais razoável a disposição da Lei 11.382/2006 – objeto de veto presidencial – que fixava o piso de 20 (vinte) salários mínimos mensais[10].

É de ser frisado também que o já extenso rol de impenhorabilidades do art. 649 do CPC de 1973 se viu alargado no art. 833 do CPC de 2015, ganhando mais uma hipótese, relativa aos "créditos oriundos de alienação de unidades imobiliárias, sob regime de incorporação imobiliária, vinculados à execução da obra" (inciso XII). Não bastasse, a impenhorabilidade específica do inciso V (bens móveis necessários ou úteis ao exercício da profissão) foi ampliada pelo § 3º do art. 833[11]. Por que um rol tão pródigo?

Sabe-se que as impenhorabilidades são escaladas pelo legislador para a proteção do mínimo existencial, a bem da dignidade da pessoa do devedor. Essa é uma razão

---

9. A propósito desse viés pró-devedor, consulte-se REDONDO, Bruno Garcia; MAIDAME, Márcio Manoel. Penhora da remuneração do executado e do imóvel residencial de elevado valor: uma ode ao seu cabimento independentemente da natureza do crédito. In ALVIM, Arruda; ALVIM, Eduardo Arruda; BRUSCHI, Gilberto Gomes; CHECHI, Mara Larsen; COUTO, Mônica Bonetti (Coord.). *Execução civil e temas afins – do CPC/1973 ao novo CPC: estudos em homenagem ao Professor Araken de Assis*. São Paulo: Ed. RT, 2014, esp. p. 107-110. Trata-se de pesquisa comparada, com referências aos ordenamentos de Itália, Portugal, Alemanha, Áustria, França, Espanha, Bélgica, Luxemburgo, México, EUA e Argentina, não conseguindo os autores encontrar nenhum outro sistema que, a exemplo do brasileiro, fosse tão favorável ao devedor. A pesquisa, registre-se, foi anterior à edição do CPC de 2015. Ainda que tivesse sido posterior, o resultado certamente não mudaria.
10. Vetos apostos à Lei 11.382/2006 pelo então Presidente Luiz Inácio Lula da Silva impediram a penhora de rendimentos superiores a 20 salários mínimos mensais (com a ressalva de que apenas se consideraria penhorável o montante de até 40% do total recebido acima de 20 salários) e de imóveis residenciais de valor superior a 1.000 salários mínimos (sendo que só reverteria para a execução o que superasse tal valor depois da transformação em pecúnia). A justificativa dos vetos admitiu a razoabilidade das propostas, mas defendeu a necessidade de a questão ser rediscutida. Críticas sérias a esses vetos foram feitas pela doutrina brasileira. Vale conferir: DIDIER JR., Fredie. Subsídios para uma teoria das impenhorabilidades. *Revista de Processo*, São Paulo, n. 174, ago. 2009, p. 48-50; ARENHART, Sérgio Cruz. A penhorabilidade de imóvel de família de elevado valor e de altos salários. *Revista do Instituto dos Advogados do Paraná*, Curitiba, n. 36, set. 2008; e MARINONI, Luiz Guilherme; ARENHART, Sérgio Cruz. *Curso de processo civil*. 2. ed. São Paulo: Ed. RT, 2008, v. 3, p. 259-260. Consigne-se que Arenhart e Marinoni chegaram a sustentar a inconstitucionalidade do veto presidencial, entre outros motivos porque a chancela da intangibilidade do patrimônio do devedor rico "viola frontalmente a cláusula da proibição de proteção insuficiente".
11. Art. 833, § 3º, do CPC: "Incluem-se na impenhorabilidade prevista no inciso V do *caput* os equipamentos, os implementos e as máquinas agrícolas pertencentes a pessoa física ou a empresa individual produtora rural, exceto quando tais bens tenham sido objeto de financiamento e estejam vinculados em garantia a negócio jurídico ou quando respondam por dívida de natureza alimentar, trabalhista ou previdenciária".

constitucional irretocável. O problema é que se percebe, nas disposições da Lei 8.009/1990 e do Código de Processo Civil, uma indisfarçável banalização do comando supremo da dignidade da pessoa humana. Presume-se, nas muitas hipóteses de impenhorabilidade, que esteja em risco a dignidade do devedor, mas tais raciocínios nem sempre são construídos com precisão ou passam pelo crivo da razoabilidade. Em um cenário assim, o perigo de inversões de valores não é desprezível[12]. Entre outros exemplos, pense-se na impenhorabilidade do seguro de vida, em favor do respectivo beneficiário (CPC, art. 833, VI)[13]. Digamos que uma pessoa abastada, mas ainda assim com dívidas, receba substanciosa quantia a título de seguro de vida. Nesse caso, qual a relação da impenhorabilidade imposta por lei com a dignidade da pessoa humana ou com o mínimo existencial? Absolutamente nenhuma.

Além do viés pró-devedor conservado pelo CPC de 2015, a não consideração de fatores distintivos de grande relevância é outro problema da disciplina legal das impenhorabilidades que pede registro. Tome-se o exemplo de um empréstimo oferecido ao devedor por colega de trabalho solidário e desprovido de maiores posses. É possível comparar tal dívida com aquela contraída pelo mesmo devedor junto a uma opulenta instituição de crédito? Para a nossa lei processual, não há diferença. O regime da impenhorabilidade incidirá nos dois casos de maneira idêntica. Não parece razoável.

Um terceiro e último aspecto problemático é especialmente sério: falta à sistemática das impenhorabilidades visão de conjunto. Em que consiste? As hipóteses legais de impenhorabilidade são estanques e não se comunicam; não há cruzamento de dados. Isso tem um grande potencial de provocar situações iníquas. Imagine-se um devedor contumaz que tenha salário equivalente a 49 salários mínimos (o mesmo salário recebido pela sua esposa) e seja proprietário de um imóvel luxuosíssimo no ponto mais nobre da cidade. Graças à falta de visão de conjunto, esse devedor contumaz poderá, em prejuízo de uma pessoa idosa de parcos rendimentos, escapar da responsabilidade patrimonial programada abstratamente pela ordem jurídica. Vitória da dignidade da pessoa humana? Certamente que não.

---

12. A propósito, alerta Daniel Sarmento: "a dignidade humana periga, paradoxalmente, converter-se no seu inverso: um veículo adicional para reprodução e reforço do *status quo* de hierarquias e assimetrias, que consagra privilégios para uns à custa do tratamento indigno dispensado a outros" (SARMENTO, Daniel. *Dignidade da pessoa humana*: conteúdo, trajetórias e metodologia. Belo Horizonte: Fórum, 2016, p. 66).

13. Fugindo da literalidade da lei processual de 1973 (que no ponto não sofreu alteração em 2015), o STJ declarou, em maio de 2018, que a impenhorabilidade do seguro de vida objetiva realmente proteger o respectivo beneficiário, mas "limita-se ao montante de 40 (quarenta) salários mínimos, por aplicação analógica do art. 649, X, do CPC/1973, cabendo a constrição judicial da quantia que a exceder" (REsp 1.361.354, rel. Min. Ricardo Villas Bôas Cueva, Terceira Turma, julgamento unânime em 22.05.2018). Criticando a decisão do STJ, vale consultar BECKER, Rodrigo; PEIXOTO, Marco Aurélio. A relativização do STJ acerca da impenhorabilidade do seguro de vida: o que se pretendeu foi alterar a vontade do legislador, num expresso movimento ativista. Revista eletrônica *Jota*, 27.09.2018. Disponível em: www.jota.info/opiniao-e-analise/colunas/coluna-cpc-nos-tribunais/a-relativizacao-do-stj-acerca-da-impenhorabilidade-do-seguro-de-vida-27092018. Acesso em: 20 jul. 2021.

No tocante ao segundo e ao terceiro problemas suscitados, vale a ressalva de que não se afigura fácil, ao legislador, arquitetar uma sistemática capaz de atentar para fatores distintivos relevantes, cruzar dados e ainda por cima alcançar visões de conjunto. A constatação, entretanto, não diminui o tamanho dos dois problemas, que por sinal estão conectados. Abrir as portas para a criatividade judicial seria então a solução? Veja-se, a seguir, o que tem decidido o Superior Tribunal de Justiça.

3. A JURISPRUDÊNCIA RELATIVIZADORA DO SUPERIOR TRIBUNAL DE JUSTIÇA

Durante muito tempo, a jurisprudência do STJ mostrou-se criativa em favor dos interesses do devedor, sobretudo no tema das impenhorabilidades. Prova disso são as súmulas editadas pela corte alargando os horizontes da Lei 8.009/1990[14], bem como o entendimento do tribunal, abertamente infenso ao princípio da boa-fé, de que a indicação de um bem de família à penhora pelo próprio devedor não significa renúncia à impenhorabilidade do bem, não impedindo assim que mais tarde esse próprio devedor venha a invocar a impenhorabilidade[15].

Na década passada – a segunda do século –, uma guinada aconteceu. As impenhorabilidades previstas na Lei 8.009 continuaram, de uma forma geral, a ser observadas, mas o mesmo não se pode dizer daquelas contempladas em nosso código processual. Apareceram então julgados do STJ admitindo a penhora de verbas salariais fora das balizas legais. A criatividade da corte, antes simpática quase inteiramente aos interesses dos devedores, passou a olhar também para os credores.

Consolidando essa inclinação, a Corte Especial do STJ, em outubro de 2018, por ampla maioria, declarou: "A regra geral da impenhorabilidade de salários, vencimentos, proventos etc. (art. 649, IV, do CPC/73; art. 833, IV, do CPC/2015), pode ser excepcionada quando for preservado percentual de tais verbas capaz de dar guarida à dignidade do devedor e de sua família"[16].

Tratando-se de julgamento paradigmático, seguido por dezenas de outros[17], cabe tecer alguns breves comentários sobre ele.

---

14. Citem-se, a esse respeito, os enunciados 205 ("A Lei 8.009/1990 aplica-se à penhora realizada antes da sua vigência"), 364 ("O conceito de impenhorabilidade de bem de família abrange também o imóvel pertencente a pessoas solteiras, separadas e viúvas") e 486 ("É impenhorável o único imóvel residencial do devedor que esteja locado a terceiros, desde que a renda obtida com a locação seja revertida para a subsistência ou a moradia da sua família").
15. A título de ilustração, consulte-se o AgRg nos EREsp 888.654, rel. Min. João Otávio de Noronha, Segunda Seção, julgamento unânime em 14.03.2011: "A proteção legal conferida ao bem de família pela Lei n. 8.009/1990 não pode ser afastada por renúncia do devedor ao privilégio, pois é princípio de ordem pública, prevalente sobre a vontade manifestada".
16. EREsp 1.582.475, rel. Min. Benedito Gonçalves, Corte Especial, julgamento por maioria em 03.10.2018.
17. Muito recentemente à data de conclusão do presente artigo (30.07.2021): "(...) 5. Registrou-se, naquela ocasião, todavia, que, na interpretação da própria regra geral (art. 649, IV, do CPC/73, correspondente ao art. 833, IV, do CPC/15), a jurisprudência desta Corte se firmou no sentido de que a impenhorabilidade de salários pode ser excepcionada quando for preservado percentual capaz de dar guarida à dignidade do

Em primeiro lugar, forneça-se um dado importante do caso: o executado (concunhado do exequente, que lhe fez empréstimo não pago) auferia renda mensal alta – R$ 33.153,04 –, sobre a qual foi deferida penhora de 30%.

Quanto aos fundamentos da relativização, assinalou-se no julgado que a regra de impenhorabilidade dos vencimentos do devedor deve necessariamente ser interpretada à luz da Constituição, visando a regra garantir a dignidade do devedor, com a manutenção do mínimo existencial e de um padrão de vida digno para ele e seus dependentes. Por outro lado, o credor tem direito a "tutela jurisdicional capaz de dar efetividade, na medida do possível e do proporcional, a seus direitos materiais."

A fim de acomodar da melhor forma possível os direitos colidentes, "só se revela necessária, adequada, proporcional e justificada a impenhorabilidade daquela parte do patrimônio do devedor que seja efetivamente necessária à manutenção de sua dignidade e da de seus dependentes."

Invocou o julgado, também, o princípio da boa-fé: "Embora o executado tenha o direito de não sofrer atos executivos que importem violação à sua dignidade e à de sua família, não lhe é dado abusar dessa diretriz com o fim de impedir injustificadamente a efetivação do direito material do exequente."

Declinados sumariamente os fundamentos do julgamento paradigmático, diga-se que a postura do STJ atraiu críticas, como era de se esperar. Cite-se, ilustrativamente, artigo coletivo escrito por Gajardoni, Dellore, Roque, Machado e Duarte. Para os autores, a interpretação uniformizadora do STJ mostrou-se "bastante heterodoxa da legislação (para não dizer *contra legem*)". Afinal, prosseguem, "mitigou-se a impenhorabilidade salarial, contra expressa previsão legal, em nome de princípios abertos com baixa densidade normativa, como os da efetividade e da razoabilidade."[18]

Em alguns casos, as críticas soam irrefutáveis. Tome-se como exemplo o julgamento proferido no REsp 1.658.069[19], em 14.11.2017, no qual foi admitido desconto de 30% sobre o salário líquido de R$ 3.600,00 de um servidor público goiano, a fim de saldar dívida contraída junto a associação educacional[20]. Sem que fosse indicada concretamente qualquer razão apta a enfrentar a vedação legal existente (aplicando-se ao caso o CPC de 1973), a penhora salarial foi permitida, no considerável percentual de 30%.

---

    devedor e de sua família (EREsp 1582475/MG, Corte Especial, julgado em 03/10/2018, REPDJe 19/03/2019, DJe de 16.10.2018). (...)" (AgInt no REsp 1.900.494, rel. Min. Nancy Andrighi, Terceira Turma, julgamento unânime em 22.06.2021).

18. GAJARDONI, Fernando da Fonseca; DELLORE, Luiz; ROQUE, André Vasconcelos; MACHADO, Marcelo Pacheco; DUARTE, Zulmar. O Direito Processual Civil no ano de 2018. Revista eletrônica *Jota*, 17.12.2018. Disponível em: www.jota.info/opiniao-e-analise/colunas/novo-cpc/o-direito-processual-civil-no-ano-de-2018-17122018. Acesso em: 20 jul. 2021).

19. REsp 1.658.069, rel. Min. Nancy Andrighi, Terceira Turma, julgamento unânime em 14.11.2017.

20. Criticando o julgado, pode ser consultado, ilustrativamente, STRECK, Lenio Luiz. STJ errra ao permitir penhora de salário contra expressa vedação legal! Revista eletrônica *Consultor Jurídico*, 04.01.2018. Disponível em: https://www.conjur.com.br/2018-jan-04/senso-incomum-stj-erra-permitir-penhora-salario-expressa-vedacao-legal. Acesso em: 20 jul. 2021.

Em síntese, a sistemática legal bastante imperfeita das impenhorabilidades provocou o surgimento de jurisprudência imbuída de propósitos corretivos. Uma tarefa talvez inevitável, mas desafeiçoada ao princípio da legalidade e fomentadora de insegurança jurídica.

Antes de seguir, registre-se que, no tocante à impenhorabilidade de residência familiar, prevista na Lei 8.009/1990, o STJ não tem admitido relativizações, ainda que se cuide de imóvel luxuoso. No REsp 1.351.571, em que a questão foi bastante discutida, prevaleceu o apego à letra da lei: "(...) além da lei 8009/90 não ter previsto ressalva ou regime jurídico distinto em razão do valor econômico do bem, questões afetas ao que é considerado luxo, grandiosidade, alto valor estão no campo nebuloso da subjetividade e da ausência de parâmetro legal ou margem de valoração."[21-22]

4. ATIVIDADE EXECUTIVA E TEMPESTIVIDADE CONSTITUCIONAL

Logo acima, declinei os fundamentos utilizados pelo STJ para autorizar a relativização da impenhorabilidade de verbas salariais. Sente-se a falta, contudo, de um fundamento constitucional expresso, que poderia ser extraído, sem muita dificuldade, da cláusula inscrita no inciso LXXVIII do art. 5º da Constituição da República (introduzido pela Emenda 45, de 2004): "a todos, no âmbito judicial e administrativo, são assegurados a razoável duração do processo e os meios que garantam a celeridade de sua tramitação".

Vale, a propósito, dissertar concisamente sobre a incidência da tempestividade constitucional sobre a atividade executiva, incidência que é pouco explorada pelo STJ e também não tem merecido o destaque devido na doutrina brasileira.

4.1 O módulo constitucional da tempestividade do processo

Peço licença para reportar-me à obra que escrevi sobre o tema da tempestividade[23]. Penso que a Emenda Constitucional 45 plasmou o que se pode chamar de "módulo constitucional da tempestividade do processo", composto por três princípios, quais sejam, os princípios da duração razoável do processo, da celeridade e da tempestividade (sob o prisma) estrutural[24]. Cada um dos três exibe conteúdos

---

21. REsp 1.351.571, rel. Min. Luis Felipe Salomão, rel. para acórdão Min. Marco Buzzi, Quarta Turma, julgamento por maioria em 27.09.2016.
22. Sobre o assunto, vale consultar: GAMA, Guilherme Calmon Nogueira da; MARÇAL, Thaís Boia. Penhorabilidade do bem de família "luxuoso" na perspectiva civil-constitucional. *Revista Quaestio Iuris*, Rio de Janeiro, v. 06, n. 2, 2013.
23. SOUSA, José Augusto Garcia de. *A tempestividade da justiça no processo civil brasileiro*: repercussão no sistema, desenho constitucional e dimensão conflituosa. Salvador: JusPodivm, 2020.
24. Vale o registro de que não é algo pétreo para a minha elaboração a existência de três autênticos princípios. Pode-se entender também, sem qualquer prejuízo para a coerência e a consistência das ideias sustentadas, que o princípio é apenas um – o princípio da tempestividade do processo –, tendo ele três dimensões ou três núcleos distintos. Em termos práticos, e mesmo teóricos, a diferença entre uma e outra perspectiva é pouca ou nenhuma. O que se tem é exatamente isso, uma mera diferença de perspectiva. O fundamental, realmente, é a percepção de que a tempestividade constitucional envolve, reitere-se, três elementos específicos, com funções e sentidos próprios.

próprios e funções distintas. A duração razoável consiste em princípio de caráter eminentemente harmonizador, significando o resultado final que se espera do processo sob o aspecto temporal. Já o princípio da celeridade corresponde a um inevitável vetor de aceleração da atividade processual. E o princípio da tempestividade (sob o prisma) estrutural, por fim, chama a atenção para a imperiosidade de suporte instrumental – medidas de ordem extraprocessual e coletiva – em relação tanto à celeridade quanto à duração razoável, servindo ao mesmo tempo para desacreditar uma visão demasiado "processualista" do assunto, segundo a qual os males referentes à duração dos processos decorreriam principalmente da lei e da técnica processuais.

Para o presente artigo, importam principalmente os princípios da celeridade e da duração razoável do processo, que não devem ser confundidos, embora possam seguir a mesma direção em várias situações[25]. Para retratar a relação entre um e outro, duas imagens vêm a calhar: um sistema vetorial e um pote. De acordo com a primeira imagem, a duração razoável do processo consiste no "vetor resultante", a que se chega a partir da combinação de vários vetores (parcelas), um dos quais é, exatamente, a celeridade. Conforme a segunda imagem, a duração razoável exibe a forma de um pote, cujos ingredientes – dentre eles a celeridade – devem ser combinados cuidadosamente, para que o produto final da mistura seja apetitoso. Dependendo do contexto e da ocasião, a mistura ideal – a razoável duração do processo – pode precisar de uma porção expressiva de celeridade, uma porção média ou ainda uma porção pequena. O grande desafio que se apresenta é exatamente saber dosar em cada ocasião, dentro do 'pote' da duração razoável, as quantidades de celeridade e dos outros ingredientes (normativos) a ser incluídos.

4.2 Celeridade, duração razoável do processo e atividade executiva

Notadamente quando se trata de títulos executivos judiciais, a morosidade do cumprimento de sentença significa uma autêntica aberração do ponto de vista processual, conquanto comum na prática. Depois de uma trajetória muitas vezes longa e penosa na fase de conhecimento, percebe o exequente, perplexo, que o reconhecimento do seu direito vale menos do que seria lícito esperar. Ou então que não vale nada. Sim, porque um sem-número de execuções fracassa por completo. Em tais casos, veem-se irremediavelmente desperdiçados todos os esforços e recursos, públicos e privados, despendidos durante anos até esse desolador desfecho. Talvez seja essa a mais irrazoável das dilações, lançando ao descrédito o pesado aparato es-

---

25. Não confundindo duração razoável e celeridade, vale conferir: JOBIM, Marco Félix. *O direito à duração razoável do processo*: responsabilidade civil do Estado em decorrência da intempestividade processual. 2. ed. Porto Alegre: Livraria do Advogado, 2012, p. 90-94; e BEM, Camila de Castro Barbosa Bissoli do; CAMPISTA, Fábio Farias; HILL, Flávia Pereira. A duração razoável do processo e os parâmetros jurisprudenciais dos tribunais internacionais de direitos humanos. *Revista Brasileira de Direito Processual – RBDPro*, Belo Horizonte, n. 99, jul./set. 2017, p. 115: "(...) também é de suma importância que se cuide de diferenciar a 'celeridade' da 'duração razoável do processo'. Enquanto esta busca otimizar o tempo no processo, aquela tem por finalidade acelerá-lo o quanto possível, levando evidentemente à perda de inúmeras garantias".

tatal – integrado por um grande conjunto de normas e instituições – que se destina a resolver os conflitos em sociedade.

Por tudo isso, o módulo constitucional da tempestividade do processo tem muito a dizer no que toca às execuções (*lato sensu*), sobretudo um dos seus três componentes, o princípio da celeridade – que mira, repita-se, a aceleração da atividade processual, nada tendo a ver com procedimentos instantâneos ou coisa que o valha.

Com efeito, é no âmbito da execução que o princípio constitucional da celeridade encontra palco extremamente propício para se manifestar. Se no processo (fase) de conhecimento o vetor da celeridade não raro se vê superado por princípios que tutelam a defesa e a justiça das decisões, nas execuções o quadro é outro. Cuida-se de atividade eminentemente prática, destinada a realizar direitos já reconhecidos. É certo que as garantias defensivas continuam acesas, mas acabam por sofrer inevitável redimensionamento, em função do objeto da execução.

Em abono a esse realce da celeridade no plano executivo, é de se ver que a própria concepção de efetividade do processo experimenta deslocamento. No plano cognitivo, a efetividade refere-se difusamente às várias exigências do processo justo; no plano da execução, ela é mais unívoca, voltando-se sobretudo para o cumprimento célere do título executivo.

Em outras palavras, o "pote" da duração razoável do processo, no âmbito da execução, pede, frequentemente, fartas doses de celeridade[26].

Segue-se que uma execução equilibrada deve ponderar adequadamente os interesses do exequente e do executado, sem, no entanto, deixar de ter como meta primordial a satisfação célere da obrigação exequenda, notadamente quando se trata de cumprimentos de sentença. E não há novidade alguma no que acabou de ser dito. Entre os princípios da execução, alguns autores referem-se ao chamado princípio do desfecho único, segundo o qual "a função executiva termina de forma típica ou normal quando se prolata uma sentença que reconhece a satisfação do direito exequendo"[27], sendo anômalo qualquer outro resultado[28]. Até porque o direito processual existe basicamente para realizar o direito material[29]. Não bastasse, inexiste, como

---

26. Pensamento bem divergente pode ser encontrado na obra de DURO, Cristiano. *Execução e democracia*: a tutela executiva no processo constitucional. Salvador: JusPodivm, 2018, p. 29-30: "Para um salto epistemológico no procedimento executivo, exige-se inicialmente a desconstrução dos pilares de sustentação da teoria socializadora de busca por celeridade e efetividade, institutos com interpretações divergentes às exigidas pelos princípios processuais constitucionalizados".
27. ABELHA, Marcelo. *Manual de execução civil*. 7. ed. Rio de Janeiro: Forense, 2019, p. 71.
28. Alexandre Câmara também menciona o desfecho único da execução, sem, porém, entender que se trata de autêntico princípio (CÂMARA, Alexandre Freitas. *O novo processo civil brasileiro*. São Paulo: Atlas, 2015, p. 316).
29. Sobre essa óbvia vocação do direito processual, fala bem o seguinte julgado do Superior Tribunal de Justiça (REsp 159.930, rel. Min. Ari Pargendler, Terceira Turma, julgamento por maioria em 06.03.2003): "O credor hipotecário, embora não tenha ajuizado execução, pode manifestar a sua preferência nos autos de execução proposta por terceiro. Não é possível sobrepor uma preferência processual a uma preferência de direito material. O processo existe para que o direito material se concretize".

bem ressalta Michele Taruffo, um princípio fundamental que assegure ao devedor a faculdade de não adimplir[30].

O Código de Processo Civil de 2015 veio reforçar o primado da celeridade na execução. Em primeiro lugar, deixou claro, no capítulo das normas fundamentais do processo civil, que a atividade satisfativa se insere no conteúdo do direito ao prazo razoável (art. 4º). Outra sinalização eloquente foi dada no parágrafo único do art. 805. De acordo com essa disposição, "[a]o executado que alegar ser a medida executiva mais gravosa incumbe indicar outros meios mais eficazes e menos onerosos, sob pena de manutenção dos atos executivos já determinados". Enfraqueceu-se assim, inegavelmente, o comando da menor gravosidade, que nos regimes do CPC de 1939[31] e do CPC de 1973[32] não esbarrava em qualquer condicionamento. Via de consequência, restaram logicamente tonificados os princípios da celeridade e da efetividade da execução.

Vale aduzir que o princípio constitucional da celeridade referenda o direito fundamental à tutela executiva, objeto de magistral construção por Marcelo Lima Guerra nos primeiros anos deste século. Conforme a doutrina de Guerra, não só o devedor tem direitos fundamentais. Também o direito à tutela executiva constitui autêntico direito fundamental, componente obrigatório que é do direito fundamental ao processo devido[33]. Assim, o direito à tutela executiva submete-se ao regime próprio dos direitos fundamentais, sendo munido de força positiva e aplicabilidade imediata. Mais ainda, a eficácia do direito fundamental à tutela executiva confere ao juiz "o poder-dever de adotar os meios executivos que se revelem necessários à prestação integral de tutela executiva, *mesmo que não previstos em lei, e ainda que expressamente vedados em lei,* desde que observados os limites impostos por eventuais direitos fundamentais colidentes àquele relativo aos meios executivos"[34].

---

30. No original: "Sembra infatti evidente che l'autonomia del debitore non riceve alcuna diretta protezione costituzionale (...); tanto meno appare possibile ritenere che un principio fondamentale assicuri la facoltà dell'obbligato di non adimpiere, o di convertire a proprio arbítrio l'obbligazione originaria in obbligo al risarcimento" (TARUFFO, Michele. Note sul diritto alla condanna e all'esecuzione. *Revista de Processo*, São Paulo, n. 144, p. 76, fev. 2007 – nota de rodapé 71).
31. Art. 903 do CPC de 1939: "Quando por vários meios se puder executar a sentença, o juiz mandará que a execução se faça pelo modo menos oneroso para o executado". Disponível em: http://www.planalto.gov.br/ccivil_03/decreto-lei/1937-1946/Del1608.htm. Acesso em: 20 jul. 2021.
32. Art. 620 do CPC de 1973: "Quando por vários meios o credor puder promover a execução, o juiz mandará que se faça pelo modo menos gravoso para o devedor". Disponível em: http://www.planalto.gov.br/ccivil_03/Leis/L5869.htm. Acesso em: 20 jul. 2021.
33. "No presente trabalho, o que se denomina *direito fundamental à tutela executiva* corresponde, precisamente, à peculiar manifestação do postulado da máxima coincidência possível no âmbito da tutela executiva. No que diz com a prestação de tutela executiva, a máxima coincidência traduz-se na exigência de que existam meios executivos capazes de proporcionar a satisfação integral de qualquer direito consagrado em título executivo. É a essa exigência, portanto, que se pretende 'individualizar', no âmbito daqueles valores constitucionais englobados no '*due process*', denominando-a *direito fundamental à tutela executiva* e que consiste, repita-se, na exigência de um sistema completo de tutela executiva, no qual existam meios executivos capazes de proporcionar pronta e integral satisfação a qualquer direito merecedor de tutela executiva" (GUERRA, Marcelo Lima. *Direitos fundamentais e a proteção do credor na execução civil*. São Paulo: Ed. RT, 2003, p. 102).
34. GUERRA, Marcelo Lima. *Direitos fundamentais e a proteção do credor na execução civil*, cit., p. 104.

Em que pesem a consistência e a oportunidade da teoria de Guerra, elaborada em um tempo do nosso direito no qual os credores levavam goleadas acachapantes dos devedores, ponderava-se criticamente que o direito fundamental à tutela executiva não tinha base constitucional expressa, o que acabava por prejudicar a sua aclamação. Fundado ou não o argumento, ele deixou de existir. A exigência de celeridade, ingrediente medular do direito fundamental à tutela executiva, está gravada expressamente na Constituição.

Em suma, o módulo constitucional da tempestividade do processo incide agudamente no âmbito das execuções, sobretudo por meio do princípio da celeridade, que vem consolidar o chamado direito fundamental à tutela executiva, na formulação pioneira de Marcelo Lima Guerra. Isso não significa, é certo, atropelar as garantias e a dignidade do devedor, mas sim olhar de modo mais abrangente e ponderativo para a relação executiva, fugindo do garantismo seletivo que sacraliza os interesses do devedor[35].

5. A INEVITABILIDADE DA RELATIVIZAÇÃO DA IMPENHORABILIDADE DE VERBAS SALARIAIS

Depois da exposição concernente à incidência da tempestividade constitucional sobre a execução, alcança-se a parte final deste artigo. É o momento de enfrentar as problematizações levantadas nas seções precedentes.

Inicialmente, saliente-se que, não obstante a imensa importância do princípio constitucional da legalidade (cuja essencialidade é sublinhada da maneira mais berrante possível pelo atual momento da nação brasileira), cumpre admitir a dificuldade – para não dizer impossibilidade – de abordar o tema das impenhorabilidades, muito mais do que outros temas, sem proceder a flexibilizações da lei posta. Vejamos os motivos.

Colhe-se o primeiro motivo da situação invertida. É inevitável o reconhecimento de impenhorabilidades não contempladas em lei, sob pena de afronta ao princípio da dignidade da pessoa humana. Conforme Fredie Didier Jr., a ampliação das impenhorabilidades é um *locus* privilegiado para a concretização desse princípio fundamental no processo civil, tornando impenhoráveis, mesmo sem previsão legal, próteses, jazigos ocupados e o cão-guia de um cego, entre outros exemplos[36]. Ou seja, estando presente um risco real à dignidade humana – o que aliás pode ocorrer

---

35. Um exemplo concreto. No Habeas Corpus 271.256, rel. Min. Raul Araújo, julgado pela Quarta Turma do Superior Tribunal de Justiça em 11/02/14, a maioria entendeu que se aplica à prisão civil de advogado devedor de alimentos a disposição do art. 7º, V, do Estatuto da OAB (Lei 8.906/1994), que exige sala de Estado Maior ou, na sua falta, recolhimento domiciliar. Concretamente nesse caso, em que se constatou a ausência de sala de Estado Maior, determinou-se a prisão domiciliar do devedor, em relação à qual não há, evidentemente, qualquer controle por parte do Judiciário (fato reconhecido no julgamento). Ou seja, esvaziou-se a execução de alimentos de qualquer efetividade. O que deveria ser um procedimento célere poderá, no caso, eternizar-se. Ótimo para uma concepção hipertrofiada da dignidade do devedor. Péssimo para a dignidade do credor de alimentos, a dignidade que no caso deveria falar mais alto, sobretudo à vista do princípio constitucional da celeridade.
36. DIDIER JR., Fredie. *Curso de direito processual civil*. 20. ed. Salvador: JusPodivm, 2018, v. 1. p. 103.

em várias situações envolvendo pessoas com deficiência[37] –, impõe-se a ampliação casuística do rol de impenhorabilidades.

Ora, se é possível para uma banda, deve ser possível igualmente para a outra banda, com o afastamento concreto de impenhorabilidades legais. Não só o devedor deve ter a sua dignidade preservada, mas também o credor[38].

Emblemático dessa permeabilidade a relativizações, para um lado ou para o outro, é o julgamento do REsp 1.230.060, no qual se entendeu que a "sobra" de verbas remuneratórias inicialmente intocáveis perde a natureza alimentar e se torna penhorável. Nesse caso, o STJ realizou nada menos do que quatro interpretações afastadas da legalidade estrita, duas para cada lado, alargando ou restringindo o regime das impenhorabilidades[39].

Outro forte motivo em prol da relativização deriva da sistemática brasileira de impenhorabilidades. Como já foi visto, tal sistemática apresenta vários defeitos sérios, especialmente o viés pró-devedor, a não consideração de fatores distintivos relevantes e a falta de visão de conjunto. Atuando de maneira simultânea, esses três defeitos pinaculares têm a capacidade de produzir situações extremamente injustas e violadoras de direitos fundamentais. Um exemplo, entre outros tantos que podem ser declinados, vem da pena de Adriano Ferriani: "Não faz sentido proteger com a impenhorabilidade o salário do executado que aufere, por exemplo, trinta mil reais, mas não quita o aluguel de apenas cinco mil reais, em que figura como credor pessoa idosa que depende de tal receita para sobreviver"[40].

Mais um exemplo apenas. À luz de uma interpretação literal da Lei 8.009/1990, o fiador arca com a dívida do locatário, eventualmente perdendo o seu bem de família, mas não pode penhorar o mesmo tipo de bem, se houver, do locatário afiançado[41]. É difícil imaginar situação mais afrontosa a uma noção elementar de justiça.

---

37. Outros exemplos são fornecidos por FERRIANI, Adriano. *Responsabilidade patrimonial e mínimo existencial*: elementos de ponderação, cit., p. 285: o automóvel adaptado para a pessoa com deficiência e a cadeira de rodas motorizada. Abordando a questão do veículo adaptado, com a citação de decisões pró e contra a impenhorabilidade, consulte-se COSTA FILHO, Venceslau Tavares; GUIMARÃES, Anne Gabriele Alves; FERREIRA, Juliana de Barros. Impactos do novo Código de Processo Civil sobre o regime jurídico das impenhorabilidades. *Revista Brasileira de Direito Processual – RBDPro*, Belo Horizonte, n. 98, abr./jun. 2017.
38. Nesse sentido, confira-se PEGORARO JÚNIOR, Paulo Roberto; MOTTER, Monique. Penhora de salário e a dignidade do credor. *Revista da AGU*, Brasília, v. 17, n. 04, out./dez. 2018.
39. REsp 1.230.060, rel. Min. Maria Isabel Gallotti, Segunda Seção, julgamento por maioria em 13/08/14. As quatro interpretações que fugiram da legalidade estrita: a) a extensão da regra da impenhorabilidade salarial para nela incluir indenização trabalhista; b) a restrição da mesma regra para dela excluir os casos de sobra salarial; c) outra restrição da impenhorabilidade para sujeitá-la a um teto; e d) a extensão da impenhorabilidade dos depósitos em caderneta de poupança até 40 salários mínimos para inserir nesse regime outros tipos de investimento.
40. FERRIANI, Adriano. *Responsabilidade patrimonial e mínimo existencial*: elementos de ponderação, cit., p. 293. Na mesma obra, à p. 267, diz Ferriani sobre as deficiências da lei: "As regras vigentes sobre impenhorabilidade são falhas, contraditórias e têm potencial para ferir direitos fundamentais mais relevantes do que aqueles por elas supostamente abrigados quando aplicadas ao caso singular".
41. Consultem-se a propósito: REsp 255.663, rel. Min. Edson Vidigal, Quinta Turma, julgamento unânime em 29/06/00; e REsp 263.114, rel. Min. Vicente Leal, Sexta Turma, julgamento unânime em 10.04.2001.

Nesses e em muitos casos, a execução pode atrasar-se consideravelmente ou mesmo restar inviabilizada com requintes de iniquidade, sem nada que possa escusar tamanhas derrotas. Chega-se assim ao ponto em que o princípio constitucional da celeridade se vê fortemente ameaçado, dele se esperando uma reação à altura da força normativa de que é investido. Com efeito, seria muito débil o princípio se não pudesse intervir diante de agressões tão frontais e que implicam, ademais, inconstitucionalidades concretas[42]. Torna-se possível então, extraordinariamente, uma releitura dos preceitos legais orientada pelo módulo constitucional da tempestividade do processo.

Percebe-se então que, por mais que se queira resguardar o princípio da legalidade, relativizações na seara das impenhorabilidades mostram-se inexoráveis. O próprio legislador de 2015, aliás, pareceu ter isso em mente. Enquanto o *caput* do art. 649 do CPC de 1973 anunciava a lista dos bens "absolutamente" impenhoráveis, o termo não mais figura no dispositivo correspondente do novo CPC, o *caput* do art. 833.

Ou seja, na área específica das impenhorabilidades, o princípio da legalidade é obrigado a ceder, recuar. À realidade deplorável da execução no Brasil, soma-se uma regulação legal bastante deficiente, que não pode deixar de ser minimamente corrigida, sob pena de lesões igualmente graves.

De toda sorte, qualquer recuo do princípio da legalidade deve estar cercado de redobrada cautela. Especificamente no que toca à impenhorabilidade de verbas salariais (*lato sensu*), mostra-se imperiosa a fixação de critérios adequados e seguros para eventuais flexibilizações, de molde a evitarem-se, o mais possível, casuísmos e excessos. É o que examinarei na próxima seção.

6. INDICAÇÃO DE CRITÉRIOS ADICIONAIS PARA A RELATIVIZAÇÃO DA IMPENHORABILIDADE DE VERBAS SALARIAIS

Mais acima, foram enunciados os principais fundamentos e critérios utilizados pelo STJ, em julgamento paradigmático (EREsp 1.582.475), para relativizar a impenhorabilidade legal de verbas salariais. Basicamente, são dois fundamentos positivos – o direito do credor à efetividade da tutela executiva e o princípio da boa-fé – e um parâmetro negativo – a penhora pode ser deferida se não colocar em risco a dignidade do devedor. Como se verá agora, pelo menos três outros fatores podem ser invocados, em reforço à construção pretoriana. Dois desses fatores adicionais, observe-se, já foram considerados, implicitamente que seja, em outros julgados do STJ.

---

42. Confiram-se a propósito as palavras de Luís Roberto Barroso e Ana Paula de Barcellos: "(...) Essa situação – aquela em que uma regra não é em si inconstitucional, mas em uma determinada incidência produz resultados inconstitucionais – começa a despertar interesse da doutrina. O fato de uma norma ser constitucional em tese não exclui a possibilidade de ser inconstitucional *in concreto*, à vista da situação submetida a exame. Portanto, uma das consequências legítimas da aplicação de um princípio constitucional poderá ser a não aplicação da regra que o contravenha" (BARROSO, Luís Roberto; BARCELLOS, Ana Paula de. O começo da história. A nova interpretação constitucional e o papel dos princípios no direito brasileiro. In BARROSO, Luís Roberto Barroso (Org.) *A nova interpretação constitucional*: ponderação, direitos fundamentais e relações privadas. Rio de Janeiro: Renovar, 2003, p. 375).

6.1 A fluência do tempo

A incidência do módulo constitucional da tempestividade sobre as execuções foi enfatizada ao longo do trabalho, e não pode deixar de ser levada em conta na relativização da impenhorabilidade de verbas salariais.

Pois bem. Tendo-se em vista que atentam frontalmente contra a tempestividade constitucional execuções que se arrastam por anos a fio mesmo quando os devedores possuem rendimentos e bens, revela-se aí critério dos mais qualificados sob o ponto de vista constitucional para relativizar impenhorabilidades legais – o critério ligado à fluência do tempo. Eis a proposta básica: quanto mais demorar um cumprimento de sentença ou uma execução, mais se mostrará possível o afastamento das impenhorabilidades legais, especialmente a impenhorabilidade de verbas salariais. Trata-se assim de autêntico "gatilho" temporal, posto a serviço da efetividade do módulo constitucional da tempestividade do processo e do direito fundamental à tutela executiva.

Enunciada a proposta, é preciso dizer que o STJ a tem observado, sem o dizer expressamente, em vários casos. Vamos a dois exemplos.

Em execução movida por espólio, concernente a dívida locatícia, reputou-se possível – e módico – desconto de 10% dos rendimentos líquidos do executado. Segundo o Tribunal de Justiça de São Paulo, que apreciou o caso em segundo grau, o desconto era a única forma de adimplência da dívida, cuidando-se de demanda que já se "arrastava" por dez anos. No julgamento do REsp 1.547.561[43], ocorrido em 09/05/17, o STJ manteve o desconto, consignando o voto da relatora, Min. Nancy Andrighi, que se contrapunham ali duas vertentes do princípio da dignidade da pessoa humana – "de um lado, o direito ao mínimo existencial; de outro, o direito à satisfação executiva".

Também no AgInt no AgRg no REsp 1.496.670[44], julgado em 13.09.2016, o fator temporal mostrou-se relevante. No caso, o valor exequendo originara-se do descumprimento de acordo firmado em separação consensual. O executado (servidor público federal) e a exequente eram cotistas de uma sociedade e, no acordo, estabeleceu-se que as cotas ficariam com o primeiro, que em contrapartida ressarciria a segunda. No mesmo ato, deu-se a dispensa do pagamento de pensão alimentícia entre os cônjuges. O ressarcimento não veio e a exequente ficou sem o dinheiro correspondente e sem as cotas da sociedade. A execução seguiu um roteiro conhecido: executado inerte, sem apresentar qualquer proposta de acordo, e inúmeras diligências malsucedidas. Nesse contexto, entendeu-se que

> o afastamento da regra da impenhorabilidade de vencimentos e salários é medida excepcional que se impõe como o único meio de assegurar a efetividade do provimento judicial. (...) Do contrário, estar-se-á permitindo que o agravante, em nome de uma proteção legal, aproprie-se indefinidamente do patrimônio da ex-esposa, desvirtuando o espírito da lei em questão.

---

43. REsp 1.547.561, rel. Min. Nancy Andrighi, Terceira Turma, julgamento unânime em 09.05.2017.
44. AgInt no AgRg no REsp 1.496.670, rel. Min. Raul Araújo, Quarta Turma, julgamento unânime em 13.09.2016.

Eis aí, pois, o primeiro critério adicional para a flexibilização em foco, o qual vem confirmar a relevância, para a matéria, do módulo constitucional da tempestividade do processo.

6.2 Condições pessoais do credor, notadamente idade e saúde

Além do tempo do processo, tem o STJ considerado em alguns julgados a idade do credor, em outra interessante manifestação da influência jurídica do tempo. Temos aí mais um motivo de índole temporal que pode ser invocado para justificar releituras das regras de impenhorabilidade. Em se tratando de idoso, presume-se que não tenha mais tantos anos para aguardar a satisfação do seu crédito e usufruir dos benefícios correspondentes, o mesmo se podendo afirmar de uma pessoa acometida de grave enfermidade. Veja-se, a propósito, que devem ter prioridade de tramitação, conforme o art. 1.048, I, do CPC, os procedimentos judiciais em que figure como parte ou interessado pessoa com idade igual ou superior a 60 anos ou portadora de doença grave. Especialmente para tais pessoas, uma execução infindável pode representar inegável ofensa à dignidade humana.

Ilustração disso pode ser vista no REsp 1.326.394[45], julgado em 12/03/13, em que se discutiu a penhorabilidade ou não de honorários advocatícios. Dois advogados foram condenados por terem se apropriado do valor devido a um cliente idoso (octogenário). Em execução, este penhorou valores que os dois primeiros tinham a receber em outra causa, sobrevindo então a alegação de imunidade absoluta dos honorários advocatícios, em virtude do seu caráter alimentar. A Terceira Turma do STJ, à unanimidade, negou provimento ao recurso dos advogados, considerando que, no caso, a impenhorabilidade constituiria "imunidade desarrazoada" e "inaceitável premiação à recalcitrância dos devedores/advogados inadimplentes", que haviam retido, de modo altamente reprovável, importância devida ao cliente/exequente. Além disso, os honorários somavam R$ 211.999,00, e o crédito do exequente era de apenas 20% desse total, permitindo constrição que nem de longe abalaria o mínimo existencial dos executados. Notável, nesse caso, foi a consideração do contexto temporal do credor:

> O outro aspecto a se considerar, na hipótese, é a necessidade de se ponderar a idade avançada do credor, pois o tempo do processo tem um custo muito maior para o idoso. Essa, inclusive, é a razão social que justifica a norma que garante tramitação prioritária aos processos em que o idoso seja parte. Nessa dimensão, a idade avançada do exequente deve ser sopesada na escolha da medida executiva adequada ao caso concreto, para que o tempo do processo não impeça o idoso de receber o bem da vida do qual foi indevidamente privado[46].

---

45. REsp 1.326.394, rel. Min. Nancy Andrighi, Terceira Turma, julgamento unânime em 12.03.2013.
46. Naturalmente, o julgamento não foi pautado por uma visão unilateral da dignidade humana. Lê-se no voto da relatora: "Atender o princípio da dignidade do devedor não poderá gerar efeito perverso ao direito do credor, que também é destinatário do mesmo princípio. (...) conclui-se que a visão finalística do artigo 649, IV, do CPC – cumprir a efetividade do processo e resguardar o princípio da dignidade da pessoa humana – permite que, em hipóteses excepcionais, se afaste parte da referida impenhorabilidade, resguardando apenas

Também no REsp 1.285.970[47], julgado em 27/05/14, foi levada em consideração a idade avançada do exequente. No caso, a dívida exequenda nasceu do descumprimento de um acordo, imputando-se ao executado práticas procrastinatórias e desleais. Tendo-se em vista "a recalcitrância patente do devedor", um médico, foi-lhe imposto o desconto de 10% sobre os vencimentos, considerado parcimonioso e incapaz de afetar a sua dignidade.

Assinale-se que também pesou, nos exemplos dados, a afronta ao princípio da boa-fé, fundamento expressamente consignado no julgamento paradigmático do STJ acerca da relativização da impenhorabilidade de verbas salariais. E não há como não encarecer tal fundamento. Se em qualquer tipo de processo não se deve tolerar a fraude e o abuso de direito, com mais razão ainda isso vale para a execução, destinada a um "desfecho único".

6.3 A vulnerabilidade do credor perante o devedor

Advirta-se que, em certos casos, não devem ser permitidas flexibilizações, mesmo que a execução se mostre morosa ou mesmo inviável. Uma hipótese muito frequente dessa impossibilidade ocorre quando há inequívoca vulnerabilidade do devedor perante o credor. A razão é clara. No âmago das impenhorabilidades está a preocupação com o mais fraco. Se essa inspiração finalística encontrar plena correspondência empírica, não há por que ladear a lei, em detrimento não só do princípio da legalidade mas também da inclinação social da ordem constitucional inaugurada em 1988. Um grande problema do sistema legal de impenhorabilidade é a sua aplicação desvirtuada. Se isso não acontece, é o princípio da celeridade que se vê obrigado a recuar.

Por outro lado, se é o credor que se mostra vulnerável, do ponto de vista substancial, em relação ao devedor, tudo se inverte. As regras referentes às impenhorabilidades veem-se esvaziadas da sua razão de ser, e tornam-se passíveis de superação no caso concreto, a bem do próprio solidarismo constitucional.

Tem-se aí, então, mais um fator relevante que não pode deixar de ser levado em conta.

7. PROPOSTA DE ALTERAÇÃO LEGISLATIVA

Desde o início do artigo, frisei a importância do princípio da legalidade. Na questão específica da impenhorabilidade de verbas salariais (*lato sensu*), acabei concluindo pela inevitabilidade das relativizações, em virtude principalmente das deficiências da legislação existente e do quadro desolador das execuções no Brasil. Nesse contexto ruim, a relativização operada pelo STJ aparece como um mal

---

os valores necessários à manutenção digna do devedor e de sua família, para cumprir também o princípio de dignidade humana em favor do credor que é um octogenário".
47. REsp 1.285.970, rel. Min. Sidnei Beneti, Terceira Turma, julgamento unânime em 27.05.2014.

menor. Porém, o ideal é que não houvesse, por óbvio, necessidade de quaisquer relativizações.

Ou seja, podemos aceitar a relativização promovida pelo STJ, mas ela não pode parecer natural e nem devemos nos conformar com a situação.

Nesse sentido, não poderia, ao final do trabalho, deixar de apresentar uma proposta de alteração legislativa, rendendo homenagem, assim, ao fundamental princípio da legalidade. Sabe-se perfeitamente o quanto é árduo obter qualquer modificação legal, ainda mais porque a aprovação do CPC de 2015 se deu em ocasião relativamente recente. Mas este ensaio não ficaria completo sem a sugestão.

É uma proposta singela, compilando os parâmetros utilizados pelo STJ no EREsp 1.582.475 e também os critérios adicionais aqui indicados.

Além disso, aproveita-se o ensejo para sugerir, também, a redução do piso estipulado pelo § 2º do art. 833 para a penhorabilidade de verbas salariais (50 salários mínimos), o qual se mostra manifestamente excessivo e alheio à realidade nacional. Bem mais razoável se afigura o piso de 20 salários mínimos, o mesmo fixado pelo projeto que redundou na Lei 11.382/2006, objeto porém de veto presidencial, que na época considerou a proposta razoável, mas entendeu necessário que a questão fosse novamente debatida pela comunidade jurídica e pela sociedade em geral[48].

Eis, enfim, a minha proposta, que compreende a modificação do § 2º do art. 833 do CPC e a inclusão do § 2º-A:

a) o § 2º do art. 833 do CPC passa a vigorar com a seguinte redação:

O disposto nos incisos IV e X do caput não se aplica à hipótese de penhora para pagamento de prestação alimentícia, independentemente de sua origem, bem como às importâncias excedentes a 20 (vinte) salários-mínimos mensais, devendo a constrição observar o disposto no art. 528, § 8º e no art. 529, § 3º.

b) inclui-se no art. 833 do CPC o § 2º-A, com o seguinte teor:

Sem prejuízo do disposto no § 2º, as impenhorabilidades previstas nos incisos IV e X do caput também poderão ser desconsideradas levando-se em conta, mediante decisão fundamentada e preservado o mínimo existencial do executado, qualquer um dos seguintes fatores, observados igualmente o art. 528, § 8º e o art. 529, § 3º:

I – a vulnerabilidade do exequente perante o executado;

II – a idade e a condição de saúde do exequente;

III – a conduta não cooperativa do executado no tocante à satisfação do título executivo;

IV – o risco de demora excessiva ou frustração da execução.

---

48. Mensagem n. 1.047 da Presidência da República, de 06 de dezembro de 2006, dirigida ao Presidente do Senado Federal. Disponível em: http://www.planalto.gov.br/ccivil_03/_Ato2004-2006/2006/Msg/Vep/VEP-1047-06.htm. Acesso em: 20.07.2021.

8. REFERÊNCIAS

ABELHA, Marcelo. *Manual de execução civil*. 7. ed. Rio de Janeiro: Forense, 2019.

ARENHART, Sérgio Cruz. A penhorabilidade de imóvel de família de elevado valor e de altos salários. *Revista do Instituto dos Advogados do Paraná*, Curitiba, n. 36, set. 2008.

BARROSO, Luís Roberto; BARCELLOS, Ana Paula de. O começo da história. A nova interpretação constitucional e o papel dos princípios no direito brasileiro. In BARROSO, Luís Roberto (Org.) *A nova interpretação constitucional:* ponderação, direitos fundamentais e relações privadas. Rio de Janeiro: Renovar, 2003.

BECKER, Rodrigo; PEIXOTO, Marco Aurélio. A relativização do STJ acerca da impenhorabilidade do seguro de vida: o que se pretendeu foi alterar a vontade do legislador, num expresso movimento ativista. Revista eletrônica *Jota*, 27.09.2018. Disponível em: www.jota.info/opiniao-e-analise/colunas/coluna-cpc-nos-tribunais/a-relativizacao-do-stj-acerca-da-impenhorabilidade-do-seguro-de-vida-27092018. Acesso em: 20 jul. 2021.

BEM, Camila de Castro Barbosa Bissoli do; CAMPISTA, Fábio Farias; HILL, Flávia Pereira. A duração razoável do processo e os parâmetros jurisprudenciais dos tribunais internacionais de direitos humanos. *Revista Brasileira de Direito Processual – RBDPro*, Belo Horizonte, n. 99, jul./set. 2017.

CÂMARA, Alexandre Freitas. *O novo processo civil brasileiro*. São Paulo: Atlas, 2015.

CONSELHO NACIONAL DE JUSTIÇA. *Justiça em Números 2020:* ano base 2019. Brasília: CNJ, 2018. Disponível em: https://www.cnj.jus.br/wp-content/uploads/2020/08/WEB-V3-Justi%C3%A7a-em--N%C3%BAmeros-2020-atualizado-em-25-08-2020.pdf. Acesso em: 20 jul. 2021.

COSTA FILHO, Venceslau Tavares; GUIMARÃES, Anne Gabriele Alves; FERREIRA, Juliana de Barros. Impactos do novo Código de Processo Civil sobre o regime jurídico das impenhorabilidades. *Revista Brasileira de Direito Processual – RBDPro*, Belo Horizonte, n. 98, abr./jun. 2017.

DIDIER JR., Fredie. Subsídios para uma teoria das impenhorabilidades. *Revista de Processo*, São Paulo, n. 174, ago. 2009.

DIDIER JR., Fredie. *Curso de direito processual civil*. 20. ed. Salvador: Juspodivm, 2018. v. 1.

DURO, Cristiano. *Execução e democracia:* a tutela executiva no processo constitucional. Salvador: Juspodivm, 2018.

FERRIANI, Adriano. *Responsabilidade patrimonial e mínimo existencial:* elementos de ponderação. São Paulo: Instituto dos Advogados de São Paulo – IASP, 2017.

GAJARDONI, Fernando da Fonseca; DELLORE, Luiz; ROQUE, André Vasconcelos; MACHADO, Marcelo Pacheco; DUARTE, Zulmar. O Direito Processual Civil no ano de 2018. Revista eletrônica *Jota*, 17.12.2018. Disponível em: www.jota.info/opiniao-e-analise/colunas/novo-cpc/o-direito-processual-civil-no-ano-de-2018-17122018. Acesso em: 20 jul. 2021.

GAMA, Guilherme Calmon Nogueira da; MARÇAL, Thaís Boia. Penhorabilidade do bem de família "luxuoso" na perspectiva civil-constitucional. *Revista Quaestio Iuris*, Rio de Janeiro, v. 06, n. 2, 2013.

GUERRA, Marcelo Lima. *Direitos fundamentais e a proteção do credor na execução civil*. São Paulo: Ed. RT, 2003.

JOBIM, Marco Félix. *O direito à duração razoável do processo:* responsabilidade civil do Estado em decorrência da intempestividade processual. 2. ed. Porto Alegre: Livraria do Advogado, 2012.

MARINONI, Luiz Guilherme; ARENHART, Sérgio Cruz. *Curso de processo civil*. 2. ed. São Paulo: Ed. RT, 2008. v. 3.

MOREIRA, José Carlos Barbosa. O futuro da justiça: alguns mitos. *Revista de Processo*, São Paulo, n. 99, jul./set. 2000.

PEGORARO JÚNIOR, Paulo Roberto; MOTTER, Monique. Penhora de salário e a dignidade do credor. *Revista da AGU*, Brasília, v. 17, n. 04, out./dez. 2018.

REDONDO, Bruno Garcia; MAIDAME, Márcio Manoel. Penhora da remuneração do executado e do imóvel residencial de elevado valor: uma ode ao seu cabimento independentemente da natureza do crédito. In: ALVIM, Arruda; ALVIM, Eduardo Arruda; BRUSCHI, Gilberto Gomes; CHECHI, Mara Larsen; COUTO, Mônica Bonetti (Coord.). *Execução civil e temas afins* – do CPC/1973 ao novo CPC: estudos em homenagem ao Professor Araken de Assis. São Paulo: Ed. RT, 2014.

SARMENTO, Daniel. *Dignidade da pessoa humana*: conteúdo, trajetórias e metodologia. Belo Horizonte: Fórum, 2016.

SOUSA, José Augusto Garcia de. O tempo como fator precioso e fundamental do processo civil brasileiro: aplicação no campo das impenhorabilidades. *Revista de Processo*, São Paulo, n. 295, set. 2019.

SOUSA, José Augusto Garcia de. *A tempestividade da justiça no processo civil brasileiro*: repercussão no sistema, desenho constitucional e dimensão conflituosa. Salvador: JusPodivm, 2020.

STRECK, Lenio Luiz. STJ erra ao permitir penhora de salário contra expressa vedação legal! Revista eletrônica *Consultor Jurídico*, 04.01.018. Disponível em: www.conjur.com.br/2018-jan-04/senso-incomum-stj-erra-permitir-penhora-salario-expressa-vedacao-legal. Acesso em: 20 jul. 2021.

TARUFFO, Michele. Note sul diritto alla condanna e all'esecuzione. *Revista de Processo*, São Paulo, n. 144, fev. 2007.

A PRODUÇÃO ANTECIPADA DA PROVA PARA A BUSCA DE BENS NO PATRIMÔNIO DO DEVEDOR: RUMO A UMA EXECUÇÃO MAIS EFETIVA E RACIONAL[1]

Flávia Pereira Hill

Doutora e mestre em Direito Processual pela UERJ. Professora Adjunta de Direito Processual Civil da UERJ. Pesquisadora visitante da Università degli Studi di Torino, Itália. Tabeliã. E-mail: flaviapereirahill@gmail.com.

1. O DRAMA DA INEFICIÊNCIA DA EXECUÇÃO NO BRASIL: DA DIGRESSÃO À AÇÃO

O Conselho Nacional de Justiça nos revela, ano a ano, uma radiografia desoladora da execução em nosso país. A execução, seja fundada em título executivo judicial (fase de cumprimento de sentença) ou extrajudicial (ação autônoma), se afigura substancialmente mais morosa do que a fase de conhecimento e ostenta taxas significativamente mais elevadas de congestionamento.

Com efeito, a duração da execução alcança a média de 7 anos e 8 meses na Justiça Federal e 6 anos e 9 meses na Justiça Estadual[2]. O índice de produtividade na Justiça Estadual corresponde a 1.445 na fase de conhecimento e a apenas 774 na fase de execução, sendo que, na Justiça Federal, a disparidade se aprofunda, visto que corresponde a 1.902 na fase de conhecimento e a apenas 556 na fase de execução[3].

A taxa de congestionamento da execução, na Justiça Estadual, monta a 82%, e, na Justiça Federal, a 88%[4].

Os números, portanto, não deixam dúvidas de que, não obstante tenha havido mudanças na execução ainda no CPC/1973, com as reformas nos anos de 2005 e 2006, além daquelas oriundas da edição do CPC de 2015, infelizmente ainda estamos longe de alcançar o elevado objetivo de oferecer ao jurisdicionado brasileiro, mais especificamente ao exequente, uma execução efetiva – sem descurar, por óbvio, das garantias fundamentais do processo[5].

---

1. Versão revista e atualizada do artigo originalmente publicado na *Revista Eletrônica de Direito Processual*. ano 15. v. 22. n. 2. p. 302-322. maio-ago. 2021.
2. CONSELHO NACIONAL DE JUSTIÇA. *Relatório Justiça em Números 2020*. p. 178.
3. Idem, ibidem. p. 164.
4. Idem, ibidem. p. 170.
5. No tocante à importância da compatibilização entre as garantias fundamentais do processo e o fenômeno da desjudicialização, vide. HILL, Flávia Pereira. "Desjudicialização e acesso à justiça além dos tribunais: pela concepção de um devido processo legal extrajudicial". *Revista Eletrônica de Direito Processual*. ano 15. v. 22. n. 1. p. 379-408. jan.-abr. 2021.

Em boa hora, ganha espaço o salutar e democrático debate em torno de uma possível desjudicialização da execução civil em nosso país, a partir do exame do Projeto de Lei 6.204/2019, que propõe a criação, entre nós, da figura do agente de execução – delegatários de serventias extrajudiciais com atribuição de protesto de títulos, segundo o projeto –, a quem caberia levar a efeito os principais atos executivos atualmente confiados integral e exclusivamente ao Poder Judiciário[6].

No entanto, problemas complexos exigem soluções plurais, em várias frentes. E a execução civil pode, sem dúvidas, ser catalogada como um problema complexo, com raízes jurídicas e metajurídicas[7], além de antigo. Trata-se de um verdadeiro "nó aselha", fácil de atar – o contingente crescente de execuções diuturnamente instauradas assim nos revela –, mas que, tensionado há anos, mostra-se de dificílimo desate.

Portanto, um olhar atento sobre a execução, em suas diferentes facetas, revela ser recomendável a adoção de diversas medidas paralelamente, cada qual voltada a contornar uma especificidade do problema.

Se, de um lado, a desjudicialização da execução acena com perspectivas reais de maior dinamicidade na execução sem comprometer o devido processo legal, por outro lado, consideramos haver uma importante dobra desse nó que merece urgente desenlace: a busca de bens[8].

Frederico Marques[9], com suporte em Liebman, reconhece que a execução depende não apenas de pressuposto *legal* (título executivo), mas também de pressuposto *prático* (inadimplemento). A *dicotomia legal-prático* é, antes de mais nada, ilustrativa da complexidade da execução, que não se esgota ou ultima nos estreitos confins do ambiente jurídico, mas, dada a sua vocação ínsita à alteração da realidade sensível, deve atuar concretamente, *na prática*, com vistas a satisfazer a obrigação reconhecida no título executivo. Daí por que entendemos que, ao lado do inadimplemento do devedor, um *pressuposto prático* não da admissibilidade da execução, mas propriamente de sua *viabilidade* consiste na *existência de bens* no patrimônio do devedor.

Araken de Assis[10] reconhece, com propriedade, que a exigência do preenchimento de legitimidade das partes e interesse de agir[11] se aplica às execuções. Dessa

---

6. A respeito do Projeto de Lei 6.204/2019, vide. HILL, Flávia Pereira. *Lições do isolamento*: reflexões sobre Direito Processual em tempos de pandemia. Rio de Janeiro: edição do autor. 2020. Capítulo 5. p. 75-109.
7. Flavio Luiz Yarshell e Viviane Siqueira Rodrigues reconhecem que os problemas que afligem a execução transcendem as questões estritamente jurídico-processuais. YARSHELL, Flávio Luiz. RODRIGUES, Viviane Siqueira. "Desjudicialização da execução civil: uma solução útil e factível entre nós?". MEDEIROS NETO, Elias Marques de. RIBEIRO, Flávia Pereira (Coord). *Reflexões sobre a Desjudicialização da execução civil*. Juruá. 2020. p. 361-372.
8. Leonardo Greco reconhece a busca de bens como um severo problema da execução a ser contornado. GRECO, Leonardo. "Execução civil: entraves e propostas". *Revista Eletrônica de Direito Processual*. v. 12. p. 399-445. 2013.
9. MARQUES, José Frederico. *Instituições de Direito Processual Civil*. Campinas: Millenium. 2000. v. V. p. 14.
10. ASSIS, Araken de. *Manual da Execução*. 18. ed. São Paulo: Ed. RT. p. 763.
11. Entendemos subsistir a categoria condições da ação no CPC/2015, a despeito de o legislador não ter feito alusão expressa a esse *nomen juris*. No entanto, não nos deteremos nessa questão, pois transbordaria o objetivo do presente trabalho.

forma, a prévia busca de bens no patrimônio do devedor consiste em providência fulcral para verificar o *interesse-utilidade* na instauração da execução forçada. Afinal, ainda que o exequente detenha um título executivo e esteja diante do inadimplemento do devedor, o fato de não localizar bens sobre os quais os atos executivos possam incidir esvazia, no todo ou em boa parte, a utilidade da execução, seja ela judicial ou extrajudicial.

Tanto assim que Araken de Assis reconhece que a inexistência de bens penhoráveis avulta como principal motivo para que se recaia em uma "execução infrutífera", marcada pela "inutilidade da tutela". Essa contingência pode ensejar a extinção anômala da execução forçada[12], que deve ser evitada, inclusive em decorrência do princípio do desfecho único ou do resultado, que deve nortear a execução.

Merece registro, nesse contexto, a recente tendência de o próprio Poder Judiciário sinalizar com a exigência da efetiva configuração de interesse de agir por parte do autor, especialmente nas ações que versem sobre direito consumerista[13], mediante a indicação de que a parte autora tenha contactado o réu previamente com vistas a buscar solucionar o litígio administrativamente (seja de que forma for). Não nos caberia esgotar o tema nesta sede, mas entendemos que esse ponto ilustra um recente movimento mais amplo, voltado a promover a utilização racional e responsável da máquina judiciária, sem que isso malfira a garantia de acesso à justiça.

Se a movimentação racional e responsável da máquina judiciária é desejável na fase de conhecimento, com mais razão devemos recomendá-la no que tange à fase de cumprimento e à execução autônoma, que padecem de taxas de produtividade dramaticamente menores.

Diversos estudiosos da execução fazem coro ao proclamar que um de seus problemas sensíveis consiste precisamente na busca de bens do devedor.

Elias Marques de Medeiros Neto chama a atenção para o tema com propriedade:

> "Garantir ao credor mecanismos para que ele possa, antes do início da fase de execução, obter informações quanto ao patrimônio do devedor, é, sem dúvida, uma inestimável contribuição para um processo mais efetivo, seja pelo ângulo de facilitar a atividade das partes e do magistrado quanto às futuras constrições do patrimônio do devedor, seja para se evitar processos completamente não efetivos em virtude da ausência de bens para assegurar o pagamento devido ao credor".[14]

No mesmo sentido, alertam Flavio Yarshell e Viviane Rodrigues:

---

12. ASSIS, Araken de. *Manual da Execução*. Op. cit. p. 767.
13. GAJARDONI, Fernando da Fonseca. "Levando o dever de estimular a autocomposição a sério: uma proposta de releitura do princípio do acesso à justiça à luz do CPC/15". *Revista Eletrônica de Direito Processual*. ano 14. v. 21. n. 2. p. 99-114. maio-ago. 2020.
14. MEDEIROS NETO, Elias Marques de. "Reflexões sobre a necessária busca antecipada de bens do devedor". MEDEIROS NETO, Elias Marques. RIBEIRO, Flávia Pereira (Coord.). *Reflexões sobre a Desjudicialização da execução civil*. Curitiba: Juruá. 2020. p. 182.

"(...) antes da desjudicialização do processo, a possibilidade de o credor conhecer previamente as condições patrimoniais do devedor pode ser uma solução para evitar processos tendentes ao fracasso, o que se faria em nome da eficiência e da busca pela efetividade da execução".[15]

A fim de atingir tal escopo, embora entendamos que a questão mereça uma solução de *lege ferenda*, com a inserção, no Código de Processo Civil, de um procedimento pré-executivo extrajudicial talhado especificamente para a busca de bens[16] – tarefa sobre a qual estamos nos debruçando –, devemos reconhecer que o nosso ordenamento jurídico-processual nos brinda com uma adequada e útil solução *de lege lata*, um instrumento apto a viabilizar, desde já, a busca de bens no patrimônio do devedor: a ação de produção antecipada da prova.

Leonardo Greco pontua, com precisão, que a solução dos severos problemas que acometem a execução depende de uma atitude proativa e criativa do operador do Direito, nos seguintes termos:

"O desafio que a execução apresenta ao jurista é o de forçá-lo a abandonar uma atitude meramente contemplativa e conformista de sistematização exegética do ordenamento existente, em busca de novos paradigmas que sirvam de fundamentos para construção de um novo sistema normativo"[17].

Firme nesse propósito, o presente trabalho objetiva examinar o cabimento da ação de produção antecipada da prova, em sua nova feição trazida pelo CPC/2015, com vistas a permitir que o credor possa legitimamente verificar a existência de bens no patrimônio do devedor *antes* da instauração da execução forçada, justamente com o propósito de lastrear a sua ponderada decisão acerca da utilidade de propô-la naquele momento ou, ainda, para embasar proposta de acordo a ser endereçada ao devedor, em consonância com a norma fundamental insculpida no artigo 3°, §§ 2° e 3°, do CPC/2015.

2. A NOVA FEIÇÃO DA PRODUÇÃO ANTECIPADA DA PROVA NO CPC/2015 E A SUA CONSEQUENTE APTIDÃO PARA PROMOVER A BUSCA DE BENS EM PREPARAÇÃO À (EVENTUAL) EXECUÇÃO FORÇADA. A TRÍPLICE FINALIDADE DA PRODUÇÃO ANTECIPADA DA PROVA EM SUA FEIÇÃO MODERNA: ACLARADORA, AUTOCOMPOSITIVA E PREVENTIVA

O CPC/2015 promoveu alterações substanciais nas feições da produção antecipada da prova. No que tange diretamente à temática do presente artigo, importa salientar que o legislador, no artigo 381 do referido diploma, ampliou o cabimento

---

15. YARSHELL, Flávio Luiz. RODRIGUES, Viviane Siqueira. "Desjudicialização da execução civil: uma solução útil e factível entre nós?". Op. cit., p. 367.
16. A respeito do procedimento extrajudicial pré-executivo português e a viabilidade de sua adoção no Brasil, vide. HILL, Flávia Pereira. "O procedimento extrajudicial pré-executivo (Pepex): reflexões sobre o modelo português, em busca da efetividade da execução no Brasil". In: MEDEIROS NETO, Elias Marques de. RIBEIRO, Flávia Pereira (Coord.). *Reflexões sobre a Desjudicialização da Execução Civil*. Curitiba: Juruá. 2020. p. 305-322.
17. GRECO, Leonardo. "Execução civil: entraves e propostas". Op. cit., p. 403.

da produção antecipada da prova para que passe a abarcar não apenas as tradicionais situações de urgência, nas quais o momento de produção precise ser adiantado com vistas a evitar que se torne impossível ou muito difícil a verificação de certos fatos no momento tido como regulamentar, como também em novas relevantes hipóteses, que almejam atender, além da natural *finalidade aclaradora*, a duas outras elevadas finalidades, a saber:

(a) *finalidade autocompositiva*: para que a prova produzida possa permitir a autocomposição ou outro método adequado de resolução do conflito; e

(b) *finalidade preventiva*: para que o conhecimento dos fatos possa justificar ou evitar o ajuizamento da ação.

A produção de provas previamente ao (eventual) ajuizamento da ação principal atende, primariamente, à *finalidade aclaradora*, ou seja, ao escopo de esclarecer quanto a questões fáticas juridicamente relevantes, que, inclusive, influirão na construção da estratégia das partes para lidar com o conflito em análise. Essa premissa se coaduna com a noção do direito à prova como direito autônomo e fundamental[18]-[19], que transcende, portanto, o direito de provar em juízo, ideia atrelada à tradicional noção de que o juiz seria o único ou principal destinatário da prova, visto que a sua produção se justificaria com o escopo único ou primordial de influir no convencimento judicial[20]-[21].

Ao lado da finalidade aclaradora, o CPC/2015 reconhece, em boa hora, outras finalidades igualmente relevantes. A *finalidade autocompositiva* se harmoniza à perfeição com a norma fundamental prevista no artigo 3º, §§ 2º e 3º do CPC/2015, de privilégio dos métodos de solução consensual dos conflitos em detrimento dos métodos heterocompositivos, nesta última categoria incluindo-se a adjudicação estatal. Elevar a norma fundamental o prestígio da justiça coexistencial sem municiar os operadores do Direito de instrumentos que viabilizem a sua concretização seria jogar palavras ao vento, razão pela qual a opção do legislador de ampliar o âmbito de cabimento da produção antecipada da prova com o calculado e claro escopo de prestigiar e estimular a autocomposição se mostra, a nosso sentir, coerente e acertado.

Exigir que a parte autora instaure, desde já, uma ação judicial (principal), instando o réu a se defender, quando, na verdade, o propósito maior do autor seria

---

18. SICA, Heitor Vitor Mendonça. *O uso estratégico da Produção Antecipada de Prova no CPC de 2015*. p. 02. Disponível em: https://emporiododireito.com.br/leitura/abdpro-109-o-uso-estrategico-da-producao-antecipada-de-prova-no-cpc-de-2015. Acesso em: 02 fev. 2021.
19. REICHELT, Luis Alberto. "O direito fundamental à prova e os desafios relativos à sua concretização no novo Código de Processo Civil Brasileiro". *Revista de Processo*. v. 267. p. 197-210. maio 2017.
20. "Por todas as razões postas, o juiz é o destinatário principal da prova, sobretudo, no curso do processo. Mas ele não é absolutamente o único a quem a prova interessa. A prova também tem fundamental relevância paras as partes. Em primeiro lugar, existe inequivocamente uma garantia constitucional da prova – até mesmo como expressão do acesso à justiça, ampla defesa e contraditório." WAMBIER, Luiz Rodrigues. TALAMINI, Eduardo. *Curso Avançado de Processo Civil*. 16. ed. São Paulo: Ed. RT, 2016. v. 2, p. 231.
21. RANGEL, Marco Aurélio Scampini Siqueira. MENEZES, Pedro Henrique da Silva. "Da produção antecipada de provas no projeto do novo CPC". *Revista Eletrônica de Direito Processual*. v. 12. ano 7. p. 569. jul.-dez. 2013.

aguardar a fase instrutória para que, ciente de seus resultados, possa iniciar tratativas abalizadas de acordo, seria impor às partes um ônus desproporcional e contraproducente, retirando com uma mão o que o legislador havia dado, no artigo 3º, com a outra. Ademais, tal postura destoaria do ideal de eficiência, igualmente erigido pelo legislador ao *status* de norma fundamental, no artigo 8º do diploma processual.

Jonathan Nasser Regioli ressalta, com razão, que seria ingênuo esperar que as partes transigissem "tão somente por razões altruístas e por possível espírito cívico", com o único escopo de auxiliar a reduzir a "carga imposta ao Judiciário", sem disporem de elementos minimamente consistentes para norteá-las na celebração do acordo. Para tanto, aponta o autor, com precisão, que se faz necessário disponibilizar concretamente instrumentos que possam fomentar e conduzir as partes à autocomposição, dentre as quais sobressai a produção antecipada da prova[22].

Acerta novamente o legislador ao chancelar a *finalidade preventiva*, reconhecendo o cabimento da produção antecipada da prova para que as partes, conhecedoras dos fatos relevantes, possam fazer a livre, consciente e responsável opção entre ajuizar ou não a ação principal. Essa hipótese de cabimento da produção antecipada da prova se coaduna perfeitamente com a visão responsável e comprometida com o bom funcionamento da máquina judiciária. Trata-se de disponibilizar ao jurisdicionado meios de adotar *postura colaborativa pré-processual*, ou seja, antes e especificamente *quanto ao ajuizamento ou não* da ação (principal), visto que sustentamos que a cooperação deva nortear a conduta dos sujeitos do processo não apenas durante, como também antes da instauração do processo[23].

Jonathan Nasser Regioli elogia essa nova finalidade da produção antecipada da prova, sinalizando, com razão, que possibilita "um benefício prático excepcional e vai ao encontro do princípio da lealdade, veracidade, economia processual e redução da litigiosidade"[24].

Luiz Rodrigues Wambier e Eduardo Talamini pontuam, com precisão, que "a consideração do resultado probatório é muito importante para as partes dimensionarem suas efetivas razões, suas chances concretas na disputa", destacando que a

---

22. REGIOLI, Jonathan Nasser. "Produção antecipada da prova: aspectos controvertidos". FUGA, Bruno Augusto Sampaio. RODRIGUES, Daniel Colnago. ANTUNES, Thiago Caversan (Org.). *Produção antecipada da prova: questões relevantes e aspectos polêmicos*. 3. ed. Londrina: Thoth. 2021. p. 299-315.
23. A doutrina aponta decisão proferida em 2016 pelo TJSP que denota resistência à aplicação dos novos contornos da produção antecipada de prova consoante ora propugnamos, o que esperamos seja paulatinamente suplantado. MEDEIROS NETO, Elias Marques de Medeiros. SOUZA, André Pagani de. CASTRO, André Penteado de. MOLLICA, Rogério. "Produção antecipada de prova: primeiras manifestações dos tribunais". *Migalhas*. Disponível em: https://www.migalhas.com.br/coluna/cpc-na-pratica/262632/producao-antecipada-da-prova--primeiras-manifestacoes-dos-tribunais. Acesso em: 02 jul. 2021.
24. Prossegue o autor, com correção: "Muitas ações temerárias ocorreram antes desse preceito legal tendo em vista que o autor 'apostava na sorte' de que as provas a serem produzidas poderiam lhe beneficiar. Após o fundamento legal do art. 381 CPC/2015, é possível, mediante o conteúdo probatório e tendo acesso de maneira preliminar ao conhecimento amplo dos fatos, verificar se compensa ou não o ingresso de ação judicial em quase todas as demandas". REGIOLI, Jonathan Nasser. "Produção antecipada da prova: aspectos controvertidos". Op. cit., p. 307.

importância da prova exsurge antes mesmo do início do processo, de modo a, inclusive, evitar a sua instauração[25].

Marco Aurélio Rangel e Pedro Henrique Menezes igualmente reconhecem, com propriedade, que, no CPC/2015, "a prova se presta também à formação do convencimento das partes quanto às suas chances em uma eventual demanda – note, *eventual* demanda"[26]. E prosseguem os autores no mesmo sentido ora propugnado, pontuando ser necessário "que lhes sejam disponibilizados meios para conhecerem suas verdadeiras chances e avaliar a validade dos fundamentos que pretendem expor"[27].

Assim como a leitura do CPC/2015 e da legislação processual deve ser feita de forma sistemática, a "leitura" do funcionamento do sistema de justiça deve ser feita em seu todo, pelas lentes de uma postura leal, responsável e colaborativa, especialmente em um momento histórico de colapsante sobrecarga do Poder Judiciário.

Bem vistas as coisas, acena o legislador, inclusive nos incisos II e III do artigo 381, em prol da urgência sim, mas no sentido de prestigiar a celeridade e a racionalização da atividade judiciária – e, como corolário, a eficiência –, disponibilizando, desde já, às partes instrumentos processuais consentâneos e proporcionais às suas reais pretensões naquele dado momento. Impor às partes o fardo de se envolver nos complexos meandros da ação principal quando, na verdade, elas se satisfariam com o esclarecimento dos fatos, nos remonta a idas eras. A própria noção de tutela diferenciada[28], cujo conceito vem sendo corretamente decantado e dilargado paulatinamente com a evolução da ciência processual, agregado ao princípio da adequação[29], consentâneo com a noção mais ampla de desjudicialização e de Justiça Multiportas, referenda a opção legislativa revelada no artigo 381.

E toda essa construção, que se consolidou nos últimos anos a respeito das novas feições da produção antecipada da prova, trazidas pelo CPC/2015, harmoniza-se perfeitamente, a nosso sentir, com o propósito de disponibilizar ao credor um instrumento processual voltado especificamente a permitir a busca de bens no patrimônio do devedor, de modo a, à vista da constatação acerca da saúde financeira do obrigado, consciente e responsavelmente possa o credor avaliar ser mais vantajoso elaborar uma proposta de acordo que condiga com as reais condições financeiras do devedor e lhe permita, assim, sem se submeter às agruras de uma execução, obter, ainda que parcial ou parceladamente, o crédito a que faz jus (princípio da disponibilidade[30]).

---

25. WAMBIER, Luiz Rodrigues. TALAMINI, Eduardo. *Curso Avançado de Processo Civil*. Op. cit., v. 2, p. 231.
26. RANGEL, Marco Aurélio Scampini Siqueira. MENEZES, Pedro Henrique da Silva. "Da produção antecipada de provas no projeto do novo CPC". Op. cit., p. 569.
27. Idem, ibidem.
28. PISANI, Andrea Proto. "Tutela giurisdizionale differenziata e nuovo processo del lavoro". *Il Foro Italiano*. v. 96. n. 9. p. 205-250. set. 1973.
29. ALMEIDA, Diogo Rezende de. "Novamente o princípio da adequação e os métodos de solução de conflitos". ZANETI JUNIOR, Hermes. CABRAL, Trícia Navarro Xavier (Coord.). *Justiça Multiportas*. 2. ed. Salvador: Jus Podivm. 2018. p. 925-952.
30. "Fundando-se o processo executivo na ideia de satisfação plena do credor, parece lógico acudir-lhe, a seu exclusivo critério, plena disposição da pretensão a executar. Diversamente do que sucede no processo de

Para bem aplicar o disposto no artigo 381 do CPC/2015 faz-se necessário, por certo, interpretá-lo à luz das especificidades da hipótese ora em estudo, até mesmo porque há consenso em torno da constatação de que se afigura inviável ao legislador antever todas as possíveis circunstâncias concretas que a norma possa vir a incidir.

Sendo assim, se a ação principal consiste em uma execução de obrigação de pagar quantia certa, então, emerge, inexoravelmente, como fato juridicamente relevante[31] a existência de bens no patrimônio do devedor. Como mencionado ao início do presente trabalho, sobressai a importância do *aspecto prático* da execução, o que corrobora o cabimento da produção antecipada da prova com a finalidade de perquirir a existência de bens no patrimônio do devedor, sendo certo que o resultado dessa apuração, se positivo ou negativo, será decisivo para que o credor defina *se e como* considera mais adequado efetivar o seu crédito.

Jordi Ferrer-Beltrán destaca a importância de se propiciar a formação do conjunto de provas "o mais rico possível", sendo que, "para isso, dever-se-á desenhar o processo judicial de modo que esse facilite a incorporação ao processo do número máximo de provas relevantes"[32]. Essa concepção facilitadora da produção de provas no ordenamento jurídico-processual chancela a construção que ora propugnamos, voltada ao cabimento da produção antecipada da prova como forma de propiciar a aferição da existência de bens no patrimônio do devedor, com as *funções aclaradora, autocompositiva e preventiva* de (eventual) futura execução forçada.

Sobressai, assim, a função preventiva da produção antecipada de prova, visto que o resultado obtido balizará a decisão do credor entre propor um acordo compatível com as forças financeiras do devedor, deixar de levar a efeito a execução forçada neste momento, em razão da inexistência de bens, ou, inversamente, instaurá-la, agora ciente de que não se trata de uma aventura, de que não será mais uma execução para, de um lado, impor custos para si e para o próprio devedor, e, de outro, engrossar esterilmente as desoladoras estatísticas da execução, havendo, ao revés, fundamentos que justificam a instauração da execução forçada e sinalizam um desfecho potencialmente exitoso e promissor[33]. Trata-se, pois, de nítida postura cooperativa do

---

conhecimento, em que o réu possui interesse análogo na composição da lide e na extirpação da incerteza, excluindo ou não a razoabilidade da posição assumida no processo, a execução almeja o benefício exclusivo do credor. (...) Em nome dos 'princípios que informam a execução,' outorgou a lei 'amplo poder de disposição' ao credor sobre o processo". ASSIS, Araken de. *Manual da Execução*. Op. cit., p. 147.

31. "[fato relevante] é todo fato que sirva, direta ou indiretamente, para embasar as alegações das partes (o pedido do autor, a defesa do réu)". WAMBIER, Luiz Rodrigues. TALAMINI, Eduardo. *Curso Avançado de Processo Civil*. Op. cit., v. 2, p. 241.
32. FERRER-BELTRÁN, Jordi. *Valoração racional da prova*. Salvador: JusPodivm. 2021. p. 101.
33. Merece destaque o alerta feito por Leonardo Greco acerca da importância da prévia localização de bens no patrimônio do devedor para fins de configuração do interesse de agir na execução forçada, o que, a nosso sentir, reforça o cabimento da produção antecipada de prova com o escopo de busca de bens: "Afinal, qual é a finalidade da execução, o que o juiz faz na execução? Pratica atos coativos para satisfação do credor. Ele pode praticar atos coativos se nem o credor, nem o devedor, nem ele próprio juiz localizam os seus bens? Não pode. Vai praticar atos coativos sobre que? (...) Por que não se estabelece, como elemento componente do interesse de agir na execução pecuniária, a necessidade de indicação de bens e se dá ao credor a

autor da ação de produção antecipada da prova, que a maneja precisamente com o propósito de aferir previamente se se afigura minimamente frutífera a instauração da execução forçada, revelando o seu compromisso com a movimentação responsável da máquina judiciária[34].

Não nos parece despiciendo recordar que o parágrafo único do artigo 771 do CPC/2015 prevê expressamente que as disposições do Livro I da Parte Especial (precisamente onde está localizado o artigo 381) se aplicam subsidiariamente ao processo de execução fundado em título extrajudicial, o que ratifica o cabimento da produção antecipada da prova em preparação para a (eventual) execução forçada fundada tanto em título executivo judicial quanto extrajudicial.

3. ESPECIFICIDADES DA PRODUÇÃO ANTECIPADA DA PROVA PARA BUSCA DE BENS NO PATRIMÔNIO DO DEVEDOR

O ajuizamento da ação de produção antecipada da prova com vistas a apurar a existência de bens no patrimônio do devedor ostenta claro caráter contencioso, cumprindo ao credor requerer a citação do devedor e, sendo o caso, de seu cônjuge.

A produção antecipada da prova permitirá que sejam desenvolvidas as fases de proposição, admissão e produção[35,36,37], não havendo que se falar em antecipação de sua avaliação (artigo 382, § 2º, CPC/2015)[38], menos ainda de eventuais atos propriamente executivos, como os atos de constrição, passíveis de ser determinados em sede própria, notadamente no cumprimento de sentença ou na ação autônoma de execução, conforme o caso. Esse dado deve ser levado em consideração pelo credor

---

possibilidade pré-processual e o apoio estatal para ajudá-lo a localizar esses bens, mas não venha o credor a sobrecarregar inutilmente a justiça enquanto não encontrar os bens do devedor". GRECO, Leonardo. *Execução civil: entraves e propostas.* Op. cit., p. 414.

34. No mesmo sentido, sustentando o correto manejo da produção antecipada da prova como demonstração de conduta cooperativa pelo autor: "A antecipação da prova é um meio de cooperação entre as partes; como o novo CPC de 2015 busca a celeridade processual e a boa-fé entre as partes, a antecipação de prova se configura como um fantástico dispositivo de colaboração não só entre as partes, mas também com o juízo competente". BARROS, Igor Labre de Oliveira. MARQUES, Vinicius Pinheiro. "A antecipação de prova frente ao princípio da cooperação no CPC de 2015". FUGA, Bruno Augusto Sampaio. RODRIGUES, Daniel Colnago. ANTUNES, Thiago Caversan (Org.). *Produção antecipada da prova: questões relevantes e aspectos polêmicos.* 3. ed. Londrina: Thoth. 2021. p. 241-255.
35. WAMBIER, Luiz Rodrigues. TALAMINI, Eduardo. *Curso Avançado de Processo Civil.* Op. cit., p. 254.
36. Em uma perspectiva mais ampla, Jordi Ferrer-Beltrán desdobra a atividade probatória em três momentos, a saber: a) a formação do conjunto de elementos de juízo sobre cuja base tomar-se-á a decisão; b) a valoração desses elementos; e c) propriamente, a tomada da decisão. A partir de tais lições, tem-se que a produção antecipada de prova para fins de busca de bens no patrimônio do devedor volta-se para o momento "a" antes delineado. FERRER-BELTRÁN, Jordi. *Valoração racional da prova.* Op. cit., p. 61-62.
37. MARINONI, Luiz Guilherme. ARENHART, Sérgio Cruz. *Prova e convicção.* 5. ed. São Paulo: Ed. RT, 2019. p. 124-125.
38. "É vedado ao magistrado pronunciar-se sobre o fato cuja antecipação da prova recai (art. 382, § 2º), é dizer. A ele é vedado avaliar a prova, limitando-se a deferir o pedido relativo à sua proposição e a determinar sua respectiva produção". BUENO, Cassio Scarpinella. *Manual de Direito Processual Civil.* 2. ed. São Paulo: Saraiva. 2016. p. 354. Volume Único.

ao optar entre ajuizar a ação de produção antecipada da prova ou deflagrar, desde logo, a execução forçada propriamente.

Nesse contexto, caberá ao autor instruir a petição inicial da produção antecipada da prova com o título executivo – extrajudicial ou judicial, nesta última hipótese, caso instaure esta nova ação em foro diverso do que prolatou a sentença condenatória, o que é perfeitamente cabível, diante da dicção do artigo 381, § 2º, do CPC/2015 – , demonstrar a existência de obrigação de pagar quantia líquida, certa e exigível[39] contra devedor – ao menos até o momento – solvente e apresentar demonstrativo discriminado e atualizado do crédito.

Cremos que o manejo da produção antecipada da prova antes do advento do termo ou condição e, de igual modo, antes de o credor providenciar a liquidação de sentença – que poderia, inclusive, ter sido provisória, na forma do artigo 512, do CPC/2015 – se mostra prematuro, desvanecendo o interesse de agir. Isso porque o patrimônio do devedor é uma universalidade, cuja composição naturalmente se modifica ao longo do tempo (dinamicidade), em razão dos próprios compromissos e atividades diários do devedor, sem que isso represente ou denote, *ipso facto*, conduta desleal ou fraudulenta de sua parte. Portanto, antecipar demasiadamente a busca de bens, para momento anterior ao perfazimento da condição ou termo ou da liquidação da sentença, consiste, a nosso sentir, em expediente prematuro e injustificável, via de regra.

Não nos convence eventual argumento no sentido de que a busca de bens seria útil até mesmo para que o credor avalie se irá promover a liquidação da sentença, ao pretexto de que não haveria razão para liquidar uma condenação caso não haja bens no patrimônio do devedor. No entanto, tendo em vista que, conforme ressaltamos linhas antes, o patrimônio do devedor é dinâmico, nada obsta que haja um incremento (ou decréscimo, claro) patrimonial dentro de um lapso temporal que tende a ser significativo, de, ao menos, em um prognóstico otimista, alguns bons meses.

Merece registro, ainda, que a produção antecipada da prova, especialmente como no caso em análise, de evidente caráter contencioso, impõe ao devedor o ônus de constituir advogado para manifestar-se nos autos, em homenagem ao contraditório (corretamente prestigiado no artigo 382, § 1º, primeira parte, do CPC/2015). Portanto, não há que se considerar de todo inócuo ou "inofensivo" o ajuizamento

---

39. Em ratificação ao entendimento que ora esposado, no sentido de caber ao autor da ação de produção antecipada da prova a demonstração da existência de crédito líquido, certo e exigível, Daniel Colnago Rodrigues e Francisco de Mesquita Laux trazem pertinente ponderação, *in verbis*: "Reconhecer a existência de um direito autônomo à prova não significa, portanto, afirmar que a tutela do direito à prova não deva guardar qualquer relação com a necessidade de demonstração de pertinência entre a prova que se pretende obter e a situação de direito material eventual e potencialmente objeto de demanda voltada à declaração do direito. Requerer a antecipação da prova por interesse na autocomposição necessita da demonstração, na causa de pedir, da exata ligação entre a prova que se pretende obter e o eventual conflito que se busca compor de maneira consensual". RODRIGUES, Daniel Colnago. LAUX, Francisco de Mesquita. "Produção antecipada da prova sem o requisito da urgência: a experiência estrangeira e o CPC/2015". FUGA, Bruno Augusto Sampaio. RODRIGUES, Daniel Colnago. ANTUNES, Thiago Caversan (Org.). *Produção antecipada da prova: questões relevantes e aspectos polêmicos*. 3. ed. Londrina: Thoth. 2021. p. 139-150.

da produção antecipada da prova, eis que produz impacto com a movimentação da máquina judiciária em si, além de ensejar a articulação da defesa pelo réu, o que, no atual estágio da ciência processual, não pode ser ignorado.

Entendemos que poderá o réu, nos autos da produção antecipada da prova em comento, refutar o preenchimento dos pressupostos processuais e das condições da ação (ou, nomeadamente, legitimidade e interesse de agir), arguir a incompetência (artigo 381, § 2º) ou a parcialidade do juízo e, no mérito, questionar se a busca de bens pleiteada pelo autor preenche o binômio *relevância-pertinência* autorizador da produção da prova[40]-[41]-[42], bem como se se adequa às hipóteses contempladas nos incisos do artigo 381 do CPC/2015. Do mesmo modo, a demonstração de que não se trata de obrigação líquida, certa e exigível igualmente obsta o deferimento da busca de bens. *Ad exemplum tantum*, tem-se o ajuizamento de ação de produção antecipada da prova contra quem não é devedor ou por quem não é credor ou, ainda, a comprovação nos autos, pelo devedor, de que a sua insolvência civil (ou falência, conforme o caso) já foi judicialmente reconhecida, o que redimensiona a questão e faz atrair o juízo universal.

Dúvidas não há de que a investigação do patrimônio do devedor ostenta, em certa medida, caráter invasivo, o que reforça a necessidade de que seja verificado o preenchimento de todos os requisitos legais antes de ser deferida a sua produção pelo magistrado, evitando-se, com isso, "fishing expedition"[43], ou seja, eventual devassa injustificada do patrimônio de terceiros.

Por outro lado, impende destacar que a produção antecipada da prova, uma vez deferida, acarretará tão somente a busca, pelo juízo, de bens no patrimônio do deve-

---

40. NEVES, Daniel Amorim Assumpção. *Manual de Direito Processual Civil*. 8. ed. Salvador: JusPodivm. 2016. p. 651-652. Volume Único.
41. Luiz Guilherme Marinoni e Sérgio Cruz Arenhart, de forma semelhante, aludem a oportunidade e cabimento da prova. MARINONI, Luiz Guilherme. ARENHART, Sérgio Cruz. *Prova e convicção*. Op. cit., p. 125.
42. Entendemos que o artigo 382, § 4º, CPC/2015 deva ser interpretado e aplicado à luz do contraditório participativo, razão pela qual concordamos com as seguintes colocações tecidas por Eduardo Arruda Alvim e Ígor Martins da Cunha: "Isto posto, à exceção de matérias relativas ao próprio mérito da ação principal e à valoração da prova – que devem se dar em eventual ação principal – parece-nos que há possibilidade de o demandado apresentar defesa e exercer o contraditório, alegando matérias como incompetência, falta de interesse, legitimidade e impertinência da prova diante dos fatos alegados pelo autor do procedimento". ALVIM, Eduardo Arruda. CUNHA, Ígor Martins da. "Produção antecipada de provas no Código de Processo Civil de 2015". FUGA, Bruno Augusto Sampaio. RODRIGUES, Daniel Colnago. ANTUNES, Thiago Caversan (Org.). *Produção antecipada da prova: questões relevantes e aspectos polêmicos*. 3. Ed. Londrina: Thoth. 2021. p. 165-183. No mesmo sentido, pontua, com propriedade, Jonathan Nasser Regioli, *in verbis*: "De fato, o artigo 382, § 4º, do CPC/2015 apresenta um paradoxo ao dizer que não haverá defesa nem recurso, além de revelar uma falta de coerência com o próprio art. 382, § 1º, elencando, portanto, a necessidade de 'citação de interessados na produção da prova'. (...) Determinar a citação para ser mero espectador do procedimento é inconcebível e fere de morte as garantias constitucionais ao princípio do devido processo legal, contraditório e ampla defesa. Para que a citação seja válida deve ser oportunizada para que a parte participe do processo, dando-se por meio do contraditório". REGIOLI, Jonathan Nasser. "Produção antecipada da prova: aspectos controvertidos". Op. cit., p. 311.
43. RODRIGUES, Daniel Colnago. LAUX, Francisco de Mesquita. "Produção antecipada da prova sem o requisito da urgência: a experiência estrangeira e o CPC/2015". Op. cit., p. 146.

dor-réu, mediante consulta aos cadastros de praxe, tais como SISBAJUD, registros de imóveis, cadastros de veículos automotores e valores mobiliários etc.

Transbordam o objeto da ação de produção antecipada da prova discussões em torno dos resultados da busca, tais como apuração acerca da penhorabilidade ou impenhorabilidade dos bens identificados, muito menos bloqueio ou constrição de bens e valores nesta sede. Tais questões poderão ser objeto de (eventual) execução forçada, que consiste na sede própria para tanto.

Do mesmo modo, pretender instaurar incidente de desconsideração da personalidade jurídica no bojo de produção antecipada da prova, a fim de que as buscas alcancem também o patrimônio do sócio (ou da sociedade, no caso da desconsideração inversa), a nosso sentir, se mostra inadequado, pois amplia sobremaneira o restrito objeto da referida ação, a demonstrar que caberia ao autor deflagrar propriamente a execução forçada.

Embora seja de todo recomendável, aqui como alhures, a prévia cientificação do réu, logo ao início da ação de produção antecipada de prova, em homenagem ao princípio cardeal do contraditório[44], excepcionalmente, consideramos admissível que o autor alegue e comprove circunstância extraordinária que demonstre que, *in casu*, a ciência do devedor poderá comprometer o resultado das buscas.

Nesse caso, ainda que o juiz, a pedido do autor, defira a busca de bens antes da cientificação do devedor, o ato de comunicação será apenas postergado para logo após a conclusão das buscas, jamais suprimido, diante do caráter contencioso da ação nessa hipótese[45]. Portanto, concluídas as buscas pelo magistrado, será o autor intimado acerca do resultado e o réu citado para manifestar-se nos autos.

A produção antecipada da prova também poderá ser útil e valiosa para que, uma vez apurado o patrimônio do devedor nessa sede, caso ele, logo após a cientificação, passe a, deliberadamente, reduzir o seu patrimônio, o autor disporá de elementos caracterizadores da conduta desleal de seu *ex adverso*, robustecendo subsequente alegação de fraude contra credores ou fraude à execução, conforme o caso.

Nem se diga que o diferimento da citação do réu comprometeria de todo o seu direito à ampla defesa. Com efeito, uma vez citado, poderá o réu tecer todas as ale-

---

44. A importância do contraditório inclusive na execução forçada é destacada, com propriedade, na obra. SANTOS, Guilherme Luis Quaresma Batista. *Contraditório e Execução. Estudo sobre a garantia processual do contraditório no cumprimento de sentença condenatória ao pagamento de quantia certa*. Rio de Janeiro: Lumen Juris. 2013.
45. Nesse sentido, em prestígio ao contraditório na produção antecipada de prova, posiciona-se Cassio Scarpinella Bueno: "O contraditório deve ser observado, a não ser que a medida não ostente caráter contencioso (art. 382, § 1º). A previsão merece ser compreendida com ressalvas mais amplas porque não há como a lei excepcionar o contraditório quando for possível identificar o interessado, a não ser que haja urgência, o que até pode ocorrer (art. 381, I) mas não é o que cogite o dispositivo em exame. A existência ou não de litígio ('caráter contencioso') é, ademais, questão relativa, que pode ser alterada a depender do resultado da colheita das provas. Inclusive pela ausência de prévio contraditório na sua realização... Esta orientação, que decorre do 'modelo constitucional do direito processual civil', deve ser observada ainda por quem queira ver, no § 1º do art. 382, manifestação de 'jurisdição voluntária'. Não há como a lei querer se desviar do 'modelo constitucional', mesmo nesses casos, já que se regula a atuação do Estado-juiz". BUENO, Cassio Scarpinella. *Manual de Direito Processual Civil*. Op. cit., p. 354.

gações que vimos de indicar linhas antes, sendo examinadas e decididas pelo juízo, a ponto de, até mesmo, redundar na eventual extinção do processo e inviabilizar a utilização do resultado das buscas nos autos da futura execução forçada. Cumpre consignar que a prova antecipadamente produzida nesta sede deverá ser tratada como prova emprestada em relação à futura execução, devendo, por isso, preencher os requisitos legais para o seu regular aproveitamento, especialmente o contraditório[46] (artigo 372, parte final, CPC/2015).

De outra parte, suprimir de todo a citação do devedor nos autos da produção antecipada da prova, ao argumento de que a sua ciência poderia ensejar a dilapidação do patrimônio ou a prática de outros atos fraudulentos apenas revela que caberia ao credor deflagrar, desde já, a própria execução forçada, e não a produção antecipada da prova, que se restringe – reitere-se – à busca de bens.

O contraditório deve ser, portanto, prestigiado ao máximo na produção antecipada da prova tanto quanto em todo o sistema jurídico-processual, sendo excepcional o diferimento. Nesse sentido, Jordi Ferrer-Beltrán aponta quatro relevantes tipos de controles decorrentes do contraditório no direito probatório, a saber: 1) controle sobre a correta aplicação das regras epistemológicas e jurídicas sobre a admissão da prova, 2) permitir a produção da prova em contraditório; 3) permitir a produção de provas contrárias pelo *ex adverso*; 4) permitir a produção de provas de segunda ordem (provas sobre provas)[47].

Uma vez concluídas as consultas aos bancos de dados pelo juiz, instadas as partes a se manifestar e dirimidas eventuais questões suscitadas nos estreitos limites do objeto da ação, tais como, *ad exemplum tantum*, casos de homonímia na titularidade dos bens apontados ou questões parelhas, o juiz prolatará sentença, mantendo os autos, caso (ainda) físicos, em cartório por um mês, para extração de cópias e certidões pelos interessados, após o que serão entregues ao autor.

O resultado das buscas será valioso ao credor para atender a diferentes finalidades, como mencionamos anteriormente:

a) lastrear a proposta de acordo a ser apresentada ao devedor, tendo em vista a maior ou menor higidez de seu patrimônio;

b) recomendar a deflagração ou não de execução forçada;

---

46. "As partes do segundo processo têm de haver participado em contraditório do processo em que se produziu a prova que se visa a aproveitar. Mais precisamente, é imprescindível que a parte contra a qual vai ser usada essa prova tenha sido parte no primeiro processo. (...) Não procede a assertiva de que seria desnecessária a participação do prejudicado no processo anterior, bastando que se lhe desse oportunidade de manifestação sobre a prova depois de seu traslado. É que o contraditório não consiste na simples garantia de defesa em face da prova já produzida. Mais do que isso, por meio dele assegura-se a possibilidade de participação efetiva em toda atividade judicial destinada à formação do convencimento do magistrado". TALAMINI, Eduardo. "Prova emprestada no processo civil e penal". *Revista de Informação Legislativa*. Brasília a. 35 n. 140 out./dez. 1998. p. 145-162.
47. FERRER-BELTRÁN, Jordi. *Valoração racional da prova*. Op. cit., p. 128.

c) no caso de instauração da execução forçada, considerar o resultado das buscas para fins de indicação de bens à penhora, sendo certo que tais relatórios serão tidos como prova emprestada.

Diante do disposto no artigo 3º, §§ 2º e 3º, c/c artigos 139, inciso V e artigo 515, § 2º, todos do CPC/2015, entendemos que cabe ao magistrado, nos próprios autos da ação de produção antecipada de prova, caso vislumbre possibilidade de acordo, instar as partes a encetar tratativas voltadas a celebrar avença que se volte à satisfação da obrigação, evitando novos desdobramentos, seja em juízo ou fora dele. Isso porque o CPC/2015, a par de prever que incumbe ao magistrado promover, a qualquer tempo, a autocomposição (artigo 139, inciso V), preceitua textualmente o cabimento da homologação de acordo até mesmo que envolva relação jurídica que não tenha sido deduzida em juízo (artigo 515, § 2º). Sendo assim, é não apenas admissível, mas recomendável a celebração de acordo entre as partes, em sede de produção antecipada da prova, que convencione sobre a forma de satisfação da obrigação que ensejou a busca de bens, a ser homologada judicialmente. Com isso, atende-se, a um só tempo, aos primados da economia processual, da eficiência e da valorização da autocomposição.

Por fim, cumpre salientar a importância de haver a criação de um banco de dados informatizado, que facilite a localização pelo magistrado – ou, no caso da criação do PEPEX e/ou da desjudicialização da execução, pelo agente de execução – dos bens no patrimônio do devedor[48]. Essa consiste, no nosso entender, em medida de suma relevância para agregar eficiência ao processo de efetivação das obrigações em nosso país.

4. CONCLUSÃO

Contra fatos não há argumentos e os números descortinados anualmente pelo Conselho Nacional de Justiça no Relatório Justiça em Números revelam, de forma irretorquível, a ineficiência da execução judicial em nosso país.

Trata-se de um problema complexo e antigo, que se assemelha a um "nó aselha", fácil de ser atado, mas de difícil desate. E as dobras desse nó não se cingem aos confins da ciência jurídica, embora todas elas tenham impacto sobre o nosso mister, que é justamente viabilizar, tanto quanto possível, o cumprimento (ainda que forçado) das obrigações legitimamente reconhecidas em títulos executivos. Tanto assim que Frederico Marques reconhece que a execução depende não apenas de seu espectro jurídico, mas igualmente de um relevante espectro prático.

De fato, ao lado do espectro jurídico atinente à existência de um título executivo que revele, com grau de segurança considerado suficiente pela lei, a existência de obrigação de pagar quantia certa a ser satisfeita pelo devedor, posiciona-se um relevante espectro prático. A execução forçada somente será justificável caso o devedor

---

48. No mesmo sentido, defendendo a criação de um cadastro nacional em prol do incremento da efetividade da execução. GRECO, Leonardo. *Execução civil: entraves e propostas*. Op. cit., p. 407.

esteja inadimplente e, acrescente-se, somente terá mínimas chances de êxito, caso esteja presente um relevantíssimo aspecto prático: caso haja bens no patrimônio do devedor.

Descurar desse aspecto prático, atentando apenas para as questões estritamente jurídicas nos conduziu a uma verdadeira avalanche de execuções instauradas com o primordial escopo de, antes de mais nada, permitir que o credor apure se o devedor possui bens em seu patrimônio. Trata-se, com efeito, de pretensão essencialmente preparatória, com finalidade aclaradora, voltada à apuração de fatos juridicamente relevantes para a (futura e eventual) instauração da execução forçada.

Esse dado relevante nos conduz inexoravelmente ao encontro de uma medida que é nossa velha conhecida, mas que, em boa hora, ganhou novos contornos no CPC/2015: a produção antecipada da prova.

O árduo e sempre inacabado mister dos processualistas consiste em justamente detectar os "nós cegos" do nosso sistema de justiça e envidar um duplo esforço. De um lado, imediatamente, deitar o olhar sobre os instrumentos de que dispomos para, interpretando-os e deles extraindo todo o seu potencial, buscar desatar os nós com a maior presteza e tecnicidade possível. De outro lado, a médio prazo, sempre que necessário, e o presente caso assim nos parece, cunhar novos instrumentos que se mostrem mais adequados para lidar com os problemas identificados.

Desse modo, entendemos que a produção antecipada da prova, nos moldes cunhados nos incisos II e III do artigo 381 do CPC/2015 consiste em importante, adequado e útil instrumento voltado a permitir a busca de bens no patrimônio do devedor em preparação para a celebração de acordo ou para a definição sobre a instauração ou não de subsequente execução forçada, agora sim com o seu correto propósito de excussão.

A adoção da produção antecipada da prova com vistas a identificar a existência de bens no patrimônio do devedor, além de tecnicamente se adequar à perfeição ao espectro de cabimento talhado pelo legislador no diploma processual, favorece a autocomposição, privilegiada no artigo 3º, §§ 2º e 3º, do CPC/2015, visto que municia o credor de elementos concretos acerca das forças financeiras do devedor, promove a eficiência, prestigiada no artigo 8º, do CPC/2015, pois evita a deturpada e desnecessária instauração de inúmeras execuções forçadas com o propósito primordial de busca de bens, além de, como consequência, chancelar o princípio da menor onerosidade possível para o devedor.

Entendemos que seria de todo salutar cunhar, em nosso ordenamento jurídico, um procedimento extrajudicial pré-executivo (PEPEX), inspirado na exitosa experiência lusitana, que fosse elaborado com o específico propósito de atender às diversas especificidades da busca de bens no patrimônio do devedor em nosso sistema de justiça. No entanto, a premência do tema exige de nós esforços em várias frentes e sem postergações.

Sendo assim, consideramos extremamente recomendável, tecnicamente adequado e benfazejo o emprego da produção antecipada da prova, quando o principal propósito do credor for, antes de mais nada, verificar se o devedor possui saúde financeira mínima a justificar a tomada de providências mais drásticas e, portanto, mais onerosas.

Os números nos mostram que vimos reiteradamente perdendo a guerra contra a ineficiência da execução forçada em nosso país. Se o legislador nos municiou de um instrumento que, com novos contornos, nos auxiliará a vencer, ao menos, uma importante batalha, apropriemo-nos dele, a bem da nossa missão última: a efetividade de um democrático sistema de justiça. Boas doses de criatividade, tecnicidade e bravura poderão nos levar mais longe do que poderíamos originalmente supor.

5. REFERÊNCIAS

ALMEIDA, Diogo Rezende de. "Novamente o princípio da adequação e os métodos de solução de conflitos". ZANETI JUNIOR, Hermes. CABRAL, Trícia Navarro Xavier (Coord.). *Justiça Multiportas*. 2. ed. Salvador: Jus Podivm. 2018.

ALVIM, Eduardo Arruda. CUNHA, Ígor Martins da. "Produção antecipada de provas no Código de Processo Civil de 2015". FUGA, Bruno Augusto Sampaio. RODRIGUES, Daniel Colnago. ANTUNES, Thiago Caversan (Org.). *Produção antecipada da prova*: questões relevantes e aspectos polêmicos. 3. ed. Londrina: Thoth. 2021.

ASSIS, Araken de. *Manual da Execução*. 18. ed. São Paulo: Ed. RT, 2016.

BARROS, Igor Labre de Oliveira. MARQUES, Vinicius Pinheiro. "A antecipação de prova frente ao princípio da cooperação no CPC de 2015". FUGA, Bruno Augusto Sampaio. RODRIGUES, Daniel Colnago. ANTUNES, Thiago Caversan (Org.). *Produção antecipada da prova*: questões relevantes e aspectos polêmicos. 3. ed. Londrina: Thoth. 2021.

BUENO, Cassio Scarpinella. *Manual de Direito Processual Civil*. 2. ed. São Paulo: Saraiva. 2016. Volume único.

CONSELHO NACIONAL DE JUSTIÇA. *Relatório Justiça em Números 2020*. Disponível em: https://www.cnj.jus.br/wp-content/uploads/2020/08/WEB-V3-Justi%C3%A7a-em-N%C3%BAmeros-2020-atualizado-em-25-08-2020.pdf. Acesso em: 02 fev. 2021.

FERRER-BELTRÁN, Jordi. *Valoração racional da prova*. Salvador: JusPodivm. 2021.

GAJARDONI, Fernando da Fonseca. "Levando o dever de estimular a autocomposição a sério: uma proposta de releitura do princípio do acesso à justiça à luz do CPC/15". *Revista Eletrônica de Direito Processual*. ano 14. v. 21. n. 2. p. 99-114. maio-ago. 2020.

GRECO, Leonardo. "Execução civil: entraves e propostas". *Revista Eletrônica de Direito Processual*. v. 12. p. 399-445. 2013.

HILL, Flávia Pereira. "Desjudicialização e acesso à justiça além dos tribunais: pela concepção de um devido processo legal extrajudicial". *Revista Eletrônica de Direito Processual*. ano 15. v. 22. n. 1. p. 379-408. jan.-abr. 2021.

HILL, Flávia Pereira. *Lições do isolamento: reflexões sobre Direito Processual em tempos de pandemia*. Versão digital. Rio de Janeiro: edição do autor. 2020. Disponível em: https://www.academia.edu/44334920/LIVRO_LI%C3%87%C3%95ES_DO_ISOLAMENTO_FL%C3%81VIA_HILL. Acesso em: 02 fev. 2021.

HILL, Flávia Pereira. "O procedimento extrajudicial pré-executivo (Pepex): reflexões sobre o modelo português, em busca da efetividade da execução no Brasil". In: MEDEIROS NETO, Elias Marques de. RIBEIRO, Flávia Pereira (Coord.). *Reflexões sobre a Desjudicialização da Execução Civil*. Curitiba: Juruá. 2020.

MARINONI, Luiz Guilherme. ARENHART, Sérgio Cruz. *Prova e convicção*. 5. ed. São Paulo: Ed. RT, 2019.

MARQUES, José Frederico. *Instituições de Direito Processual Civil*. Campinas: Millenium. 2000. v. V.

MEDEIROS NETO, Elias Marques de. "Reflexões sobre a necessária busca antecipada de bens do devedor". MEDEIROS NETO, Elias Marques de. RIBEIRO, Flávia Pereira (Coord.). *Reflexões sobre a Desjudicialização da execução civil*. Curitiba: Juruá. 2020.

MEDEIROS NETO, Elias Marques de. SOUZA, André Pagani de. CASTRO, André Penteado de. MOLLICA, Rogério. "Produção antecipada de prova: primeiras manifestações dos tribunais". *Migalhas*. Disponível em: https://www.migalhas.com.br/coluna/cpc-na-pratica/262632/producao-antecipada-da-prova--primeiras-manifestacoes-dos-tribunais Acesso em: 02 fev. 2021.

NEVES, Daniel Amorim Assumpção. *Manual de Direito Processual Civil*. 8. ed. Salvador: JusPodivm. 2016. Volume Único.

PISANI, Andrea Proto. "Tutela giurisdizionale differenziata e nuovo processo del lavoro". *Il Foro Italiano*. v. 96. n. 9. p. 205-250. set. 1973.

RANGEL, Marco Aurélio Scampini Siqueira. MENEZES, Pedro Henrique da Silva. "Da produção antecipada de provas no projeto do novo CPC". *Revista Eletrônica de Direito Processual*. v. 12. ano 7. p. 562-580. jul.-dez. 2013

REGIOLI, Jonathan Nasser. "Produção antecipada da prova: aspectos controvertidos". FUGA, Bruno Augusto Sampaio. RODRIGUES, Daniel Colnago. ANTUNES, Thiago Caversan (Org.). *Produção antecipada da prova*: questões relevantes e aspectos polêmicos. 3. ed. Londrina: Thoth. 2021.

REICHELT, Luis Alberto. "O direito fundamental à prova e os desafios relativos à sua concretização no novo Código de Processo Civil Brasileiro". *Revista de Processo*. v. 267. p. 197-210. maio 2017.

RODRIGUES, Daniel Colnago. LAUX, Francisco de Mesquita. "Produção antecipada da prova sem o requisito da urgência: a experiência estrangeira e o CPC/2015". FUGA, Bruno Augusto Sampaio. RODRIGUES, Daniel Colnago. ANTUNES, Thiago Caversan (Org.). *Produção antecipada da prova*: questões relevantes e aspectos polêmicos. 3. ed. Londrina: Thoth. 2021.

SANTOS, Guilherme Luis Quaresma Batista. *Contraditório e Execução*. Estudo sobre a garantia processual do contraditório no cumprimento de sentença condenatória ao pagamento de quantia certa. Rio de Janeiro: Lumen Juris. 2013.

SICA, Heitor Vitor Mendonça. *O uso estratégico da Produção Antecipada de Prova no CPC de 2015*. Disponível em: https://emporiododireito.com.br/leitura/abdpro-109-o-uso-estrategico-da-producao-antecipada-de-prova-no-cpc-de-2015. Acesso em: 02 fev. 2021.

TALAMINI, Eduardo. "Prova emprestada no processo civil e penal". *Revista de Informação Legislativa*. Brasília a. 35 n. 140. p. 145-162. out./dez. 1998.

WAMBIER, Luiz Rodrigues. TALAMINI, Eduardo. *Curso Avançado de Processo Civil*. 16. Ed. São Paulo: Ed. RT, 2016. v. 2.

YARSHELL, Flávio Luiz. RODRIGUES, Viviane Siqueira. "Desjudicialização da execução civil: uma solução útil e factível entre nós?". MEDEIROS NETO, Elias Marques de. RIBEIRO, Flávia Pereira (Coord.). *Reflexões sobre a Desjudicialização da execução civil*. Juruá. 2020

A CONEXÃO ENTRE A EXECUÇÃO DE TÍTULO EXTRAJUDICIAL E A AÇÃO DE CONHECIMENTO RELATIVA AO MESMO ATO JURÍDICO (ART. 55, § 2°, I DO CPC/2015)

Antonio Adonias Aguiar Bastos

Doutor e Mestre (Universidade Federal da Bahia – UFBA). Professor de Teoria Geral do Processo e de Direito Processual Civil na Graduação e na Pós-Graduação *lato sensu*. Membro do Instituto Brasileiro de Direito Processual (IBDP), do Instituto Iberoamericano de Derecho Procesal (IIDP) e da Associação Brasiliense de Direito Processual (ABPC). Membro Fundador da Associação Norte e Nordeste de Professores de Direito Processual (ANNEP). Conselheiro Federal da Ordem dos Advogados do Brasil (CFOAB). Presidente do Centro de Estudos de Sociedades de Advogados (CESA) – Seccional Bahia. Advogado. Email: adonias@adonias.adv.br.

1. INTRODUÇÃO

O art. 55, § 2°, I do CPC/2015 afirma existir conexão entre a execução fundada em título extrajudicial e a "ação de conhecimento relativa ao mesmo ato jurídico".

O dispositivo visou a resolver antiga questão que pairava na doutrina sobre a existência, ou não, de vínculo entre a ação satisfativa e a que versa sobre a inexistência da relação jurídica, a invalidação da cártula, a sua inexigibilidade ou a da obrigação nela contida[1]. A opção legislativa seguiu o posicionamento da jurisprudência que já prevalecia durante a vigência do CPC/1973[2], positivando essa espécie de conexão.

---

1. Defendiam a existência de conexão: OLIVEIRA NETO, Olavo (1994, p. 89-90); MARTINS, Sandro Gilbert (2002, p. 128-129). José Miguel Garcia Medina (2008, p. 73-74) entendia que devia ser realizada uma interpretação teleológica do instituto da conexão, não se restringindo à literalidade do art. 103 do CPC/1973 e acrescentava que, se os juízos tivessem a mesma competência territorial, prevento seria o que havia despachado em primeiro lugar, em respeito ao art. 106 do Código então vigente. Caso contrário, seria o que tivesse realizado a citação válida primeiramente, observando o que dizia o *caput* do art. 219 do mesmo Diploma Legal.

2. Confira-se o entendimento do STJ no sentido de haver conexão:
Processo civil – Conexão de ações – Reunião dos processos para julgamento simultâneo – Ação de execução fiscal e ação anulatória de débito fiscal – Prejudicial de pagamento.
1. A Primeira Seção pacificou a jurisprudência no sentido de entender conexas as ações de execução fiscal, com ou sem embargos e a ação anulatória de débito fiscal, recomendando o julgamento simultâneo de ambas.
2. Existindo em uma das demandas, anulatória ou embargos, questão prejudicial, como na hipótese dos autos, em que se alegou pagamento, cabe examinar, em primeiro lugar, a questão prejudicial, porque é ela que dá sentido ao que vem depois.
3. Recurso especial improvido (REsp 603.311/SE, Rel. Ministra Eliana Calmon, Segunda Turma, julgado em 14.06.2005, DJ 15.08.2005, p. 249).
Processo civil. Execução fiscal e ação anulatória do débito. Conexão.
1. Se é certo que a propositura de qualquer ação relativa ao débito constante do título não inibe o direito do credor de promover-lhe a execução (CPC, art. 585, § 1°), o inverso também é verdadeiro: o ajuizamento da ação executiva não impede que o devedor exerça o direito constitucional de ação para ver declarada a nulidade do título ou a inexistência da obrigação, seja por meio de embargos (CPC, art. 736), seja por

O presente texto analisará os requisitos de incidência do texto normativo, para melhor compreendê-lo e para identificar o seu alcance.

Para tanto, estudaremos o conceito e a natureza jurídica do instituto da conexão.

Em seguida, passaremos à análise do próprio texto legal do art. 55, § 2º, I do CPC/2015.

Considerando que o § 2º faz remissão ao *caput* do art. 55 do CPC/2015, focaremos na relação entre as ações quando "lhes for comum o pedido ou a causa de pedir". Examinaremos tanto os requisitos para a aplicação do dispositivo, como os efeitos dela decorrentes, procurando identificar o(s) valor(es) jurídico(s) que motivaram a sua instituição.

Ainda nesta linha, trataremos da definição da expressão "mesmo ato jurídico", utilizada pelo inc. I do § 2º do art. 55, buscando identificar as consequências daí advindas.

2. CONEXÃO. CONCEITO E NATUREZA JURÍDICA

A conexão consiste numa relação de semelhança entre demandas, que provoca diferentes consequências de acordo com a previsão legal. Cuida-se de fato jurídico processual[3] que exige a pendência de duas ou mais demandas distintas que possuam algum vínculo entre si e não sejam idênticas (não havendo tríplice identidade quanto aos seus elementos[4]). A matéria está situada no campo do direito positivo, cabendo ao legislador estabelecer como se dá a vinculação entre as diferentes demandas e quais os efeitos daí decorrentes.

Cuida-se de assunto relacionado à política legislativa, não sendo afeito à dogmática jurídica.

A observação é importante para esclarecer que a conexão pode ser considerada em diferentes conjunturas, de acordo com cada hipótese prevista nos dispositivos legais[5]. O próprio direito brasileiro traz diversas definições do instituto, não o restringindo

---

outra ação declaratória ou desconstitutiva. Nada impede, outrossim, que o devedor se antecipe à execução e promova, em caráter preventivo, pedido de nulidade do título ou a declaração de inexistência da relação obrigacional.
(...)
3. Assim como os embargos, a ação anulatória ou desconstitutiva do título executivo representa forma de oposição do devedor aos atos de execução, razão pela qual quebraria a lógica do sistema dar-lhes curso perante juízos diferentes, comprometendo a unidade natural que existe entre pedido e defesa.
4. É certo, portanto, que entre ação de execução e outra ação que se oponha ou possa comprometer os atos executivos, há evidente laço de conexão (CPC, art. 103), a determinar, em nome da segurança jurídica e da economia processual, a reunião dos processos, prorrogando-se a competência do juiz que despachou em primeiro lugar (CPC, art. 106). (...). (CC 38.045/MA, Rel. Ministra Eliana Calmon, Rel. p/ Acórdão Ministro Teori Albino Zavascki, Primeira Seção, julgado em 12.11.2003, DJ 09.12.2003, p. 202).

3. DIDIER JUNIOR, Fredie, 2009, p. 137.
4. Caso houvesse a identidade dos três elementos da ação, ela resultaria na litispendência ou na coisa julgada (art. 337, §§ 1º a 4º), provocando a extinção de um dos processos sem resolução do mérito, a teor do art. 485, V do CPC/2015.
5. BASTOS, Antonio Adonias, 2012, p. 152.

ao que estabelece o *caput* do art. 55 do CPC/2015[6]. De acordo com a redação desse dispositivo legal, reputam-se conexas duas ou mais ações quando lhes for comum o pedido ou a causa de pedir. O § 1º aponta a consequência da sua ocorrência: a reunião dos processos para decisão conjunta, o que provoca a modificação da competência relativa. Pode-se mencionar como exemplo de outra espécie de conexão a que é pressuposto para a reconvenção, sobre a qual versa o art. 343 do CPC/2015. Ela é mais ampla do que a que está prevista no *caput* do art. 55, na medida em que abrange não só a ação principal, mas também o fundamento da defesa. Já na hipótese que enseja a oposição (art. 682 do CPC/2015), a ligação entre as demandas consiste apenas na identidade, total ou parcial, do objeto litigioso. A relação das ações pela fundamentação não integra o instituto.

Cada uma das espécies de conexão pode ter finalidades distintas da que está prevista no § 1º do art. 55. Na hipótese do art. 682 do CPC/2015, a vinculação entre as causas torna adequado o procedimento especial de oposição, para que seja primeiramente resolvida a questão prejudicial referente à demanda proposta pelo opoente, cuja decisão influenciará na sorte do litígio existente entre os opostos. Já na situação prevista pelo art. 113, II do CPC/2015, a conexão autoriza a formação do litisconsórcio facultativo. Na do art. 343, torna admissível a reconvenção. A do art. 286, I autoriza a distribuição por dependência[7].

Nem sempre a consequência da sua ocorrência será a reunião das causas, podendo provocar efeitos diversos, de acordo com o regime legal. Pode-se ilustrar com o processamento das demandas repetitivas. A conexão se configura pela afinidade objetiva, ou seja, pela similitude no binômio "causa de pedir + pedido". Não se exige identidade de causa de pedir, nem de pedido, afinal os fatos materiais e as relações jurídicas materiais debatidos em cada processo não são os mesmos. O pedido não tem o mesmo objeto (como sucede com a do art. 682, aplicável à oposição), mas objetos que se assemelham. Esta modalidade de conexão busca propiciar um julgamento com isonomia, segurança jurídica e razoável duração do processo[8]. O legislador prevê diferentes consequências para esta espécie de vínculo entre as demandas. Ilustra-se com o art. 332 do CPC/2015 que dispensa a citação do réu e autoriza o magistrado a proferir sentença de imediato, se o pedido contrariar súmula do STF ou do STJ (inc. I); acórdão proferido pelo STF ou STJ em julgamento de recursos repetitivos (inc. II); entendimento firmado em incidente de resolução de demandas repetitivas ou de assunção de competência (inc. III); ou enunciado de súmula de tribunal de justiça sobre direito local (inc. IV). Nos moldes de tal dispositivo legal, o principal efeito da

---

6. Ao tempo da vigência do CPC/1973, BARBOSA MOREIRA, José Carlos, 1979, p. 125-126 e BARBI, Celso Agrícola, 1995, p. 465) afirmavam que o conceito positivado pelo seu art. 103 (correspondente ao art. 55 do CPC/2015) era insuficiente para explicar o instituto. Atualmente, ABELHA, Marcelo, 2016, p. 184 e 190-192 e DIDIER JUNIOR, Fredie, 2017, p. 260-261 fazem a mesma pontuação.
7. Defendendo tratar-se de conceito jurídico-positivo, DIDIER JUNIOR, Fredie, 2017, p. 258, explica que diversos institutos processuais pressupõem a conexão, nas suas mais variadas formas, indicando, exemplificativamente, a cumulação de pedidos, o litisconsórcio, a reconvenção e a modificação da competência.
8. BASTOS, Antonio Adonias, 2012, p. 153.

ligação entre as causas é a possibilidade de julgar improcedente o pedido em caráter liminar[9]. Outro exemplo pode ser extraído dos arts. 1.036 a 1.041 do CPC/2015, que tratam do julgamento dos recursos extraordinário e especial repetitivos. Suas principais consequências são a escolha de alguns recursos-paradigma (representativos da controvérsia, a teor do § 1º do art. 1.036), a suspensão dos demais processos (art. 1.037, II) e a fixação da tese (art. 1.038, § 3º). Todos os dispositivos mencionados também evidenciam que o liame entre as causas provoca a adaptação do procedimento. O art. 332 o abrevia. Os arts. 1.036 a 1.041 o dilatam.

Voltemos ao exemplo da conexidade relacionada à oposição. Caso seja proposta após o início da audiência de instrução do processo originário, ela poderá acarretar a suspensão desse feito, nos termos do parágrafo único do art. 685 c/c o art. 313, V, alínea "a" do CPC/2015.

Assim, podermos sintetizar (1) que a conexão consiste numa relação de semelhança entre duas demandas; (2) que comporta diversas espécies, de acordo com a sua tipificação; e (3) cada espécie produz diferentes efeitos, também de acordo com a previsão legal.

Cuidando-se de conceito jurídico-positivo, a política legislativa visou a salvaguardar determinado(s) valor(es) jurídico(s) ao estabelecer o liame entre a execução fundada em título extrajudicial e a ação de conhecimento relativa ao mesmo ato jurídico.

Dada a natureza do instituto, analisaremos o assunto no contexto do próprio dispositivo legal.

3. CONEXÃO COMO VINCULAÇÃO ENTRE AS DEMANDAS POR LHES SER COMUM O PEDIDO OU A CAUSA DE PEDIR

Passemos, então, à conjuntura do art. 55, § 2º, I no direito positivo.

Como já mencionado anteriormente, ele prevê a existência de vínculo entre a demanda satisfativa e a de conhecimento "relativa ao mesmo ato jurídico". Ao instituir que existe tal espécie de relação entre elas, o dispositivo reconduz ao *caput*, que, por sua vez, afirma que a conexão decorre de lhes ser comum o pedido ou a causa de pedir. Aqui estão situados os requisitos para a sua configuração.

Em primeiro lugar, o texto legal utiliza a conjunção disjuntiva "ou", exprimindo a ideia de que basta que um dos elementos objetivos (e não necessariamente os dois) seja comum às duas demandas para que se configure o vínculo que estamos estudando.

Portanto, precisamos examinar se e em que medida pelo menos um deles estaria simultaneamente presente tanto na ação satisfativa como na de conhecimento.

O litígio executivo pressupõe uma obrigação já certificada e o processo visa à sua satisfação. Parte-se da premissa de que o autor seja titular do direito a uma

---

9. BASTOS, Antonio Adonias, 2012, p. 153.

prestação e de que o réu seja devedor ou responsável pelo adimplemento de uma obrigação já estatuída numa norma concreta traduzida num documento ao qual o ordenamento atribui eficácia satisfativa – o título. A relação jurídica já passou pelo prévio acertamento, de maneira que a existência da obrigação não está em questão, pelo menos não *a priori*. A pretensão do demandante não se dirige ao reconhecimento da sua qualidade de credor. Ela versa sobre o cumprimento, sobre a efetivação forçada da sanção. A causa de pedir na execução consiste na existência de uma obrigação certa, líquida, exigível, estampada num título, e que foi alegadamente inadimplida. O pedido se dirige à satisfação do direito, com a prática de atos de invasão na esfera jurídica do executado ou do responsável. Em síntese, o autor postula a prática de atos constritivos e expropriatórios a serem praticados pelo Estado-juiz e voltados à efetivação de um direito já certificado (pedido), embasando-se num título que evidencie a existência de obrigação certa, líquida e exigível, e que supostamente não foi cumprida (causa de pedir).

Enquanto na lide executiva existe pretensão insatisfeita[10], na de conhecimento há pretensão discutida. Nesta, o autor postula a prática de atos de cognição que visam ao delineamento da relação jurídica. Se, de um lado, essa é a finalidade da ação de conhecimento; de outro, ela é a premissa da atividade satisfativa. Assim, do ponto de vista objetivo, as duas demandas envolvem litígios diferentes.

Considerando a seara jurídica das prestações, elas visam a finalidades diversas – algumas vezes opostas –, não havendo coincidência quanto ao pedido.

A ação de conhecimento que visa à certificação da inexistência da relação jurídica, da invalidação ou da inexigibilidade dos títulos executivos ou, ainda, à da relação obrigacional nele estampada, pode ser manejada como meio atípico de defesa do executado. Cuida-se da defesa heterotópica[11].

---

10. CARNELUTTI, Francesco, 2000, p. 126-127, explica: "Dado que o processo contencioso visa à composição da lide (...), é necessário acrescentar agora que suas duas espécies, cognitiva ou executiva, se diferenciam pela qualidade da lide: de pretensão discutida ou de pretensão insatisfeita (...). Enquanto o processo de cognição atua para a composição, tanto da primeira como da segunda (em particular não faz falta uma lide do primeiro tipo, mas pode bastar a insatisfação da pretensão para fazer com que se mova em particular o processo de condenação), o processo executivo faz-se unicamente para compor a lide de pretensão insatisfeita. Colocada a resistência na lide do segundo tipo como lesão da pretensão, que deve ser eliminada contra ou pelo menos sem a vontade do resistente, o conceito de execução forçada resulta claríssimo". Antônio Carlos Costa e Silva (1976, p. 23) também faz a diferenciação, explicando que "... ambas as prestações [cognitiva e executiva] constituem-se formas da atividade organizativa do Estado no julgar as pretensões alheias, sendo que na cognição a posição do obrigado é de *resistência* ao implemento da obrigação e na de execução é de *insatisfação* àquela mesma pretensão. Ambas, porém, são necessárias entre si, pois se a primeira é pressuposto da segunda, aquela, sem esta, restaria inócua. Com sobradas razões já vaticinavam os praxistas que sentença sem execução seria sino sem badalo ou trovão sem chuva – *sententia sine executione veluti campana sine pistillo aut tonitrus sine pluvia*" (grifos do original). Em relação a esta última lição, observamos, no entanto, que a pretensão não nos parece ser a mesma nas duas atividades, como explanamos no corpo do nosso texto.

11. O réu da execução pode se opor à atividade satisfativa por meios típicos ou atípicos de defesa. Aqueles estão expressamente previstos na legislação para tal fim e se subdividem na impugnação ao cumprimento de sentença (regulada pelo art. 525 do CPC/2015) e nos embargos à execução (previstos pelos arts. 914 a 920 do CPC/2015), que se voltam contra os processos fundados em títulos extrajudiciais. Ambos

Sob esta perspectiva, as pretensões veiculadas na execução e na ação de conhecimento são antagônicas. Enquanto a primeira se sustenta sobre o título e busca a efetivação da prestação ali disposta, a última versará sobre a falta de um dos requisitos de existência, de validade ou de eficácia da cártula ou do liame obrigacional nela disposto (causa de pedir), objetivando a certificação da inexistência da relação jurídica, da invalidação do título, da sua inexigibilidade ou a da obrigação ali constante (pedido). Nesse quadrante, o resultado da ação de conhecimento interferirá na prática dos atos executivos, impedindo a sua prática ou invalidando os já realizados e fazendo com que a situação jurídica entre as partes retorne ao seu estado anterior, tanto quanto possível.

No entanto, as duas repousam sobre um mesmo fundamento parcial: o título.

Possuindo tal aspecto em comum, a execução possui conexão pela causa de pedir com a ação de conhecimento que visa a declarar a inexistência ou a inexigibilidade da relação jurídica, à anulação da cártula ou à sua ineficácia.

---

foram moldados para que o executado possa veicular sua resistência à pretensão de efetivação, com regras próprias de procedimento, competência, de legitimidade etc., em atenção à conformação da atividade judicial executiva. Aqui, prevalece a especificidade.

De outro lado, os meios atípicos são assim considerados por não encontrarem qualquer previsão legal ou por consistirem em medidas judiciais positivadas para fins diversos que não propriamente a defesa do executado, muito embora ele as possa utilizar para, indiretamente, reagir à execução que foi instaurada contra si.

No primeiro caso, tem-se a objeção de não executividade, também chamada de exceção de pré-executividade por parte da doutrina, nomenclatura que é amplamente aceita na jurisprudência e na praxe forense. Sobre o cabimento da medida – na doutrina: ASSIS, Araken de. *Manual da Execução*. 20. ed. São Paulo: Ed. RT, 2018. p. 1.584; THEODORO JUNIOR, Humberto. *Curso de Direito Processual Civil*. 50. ed. Rio de Janeiro: Forense, 2017. v. III, p. 679-680. Na jurisprudência: Enunciado 393 da Súmula do STJ – REsp: 1712903 SP 2017/0161276-5, Relator: Ministro Herman Benjamin, Data de Julgamento: 27.02.2018, T2 – Segunda Turma, Data de Publicação: DJe 02.08.2018; STJ – AgInt nos EDcl no AREsp: 978154 SP 2016/0234109-0, Relator: Ministro Mauro Campbell Marques, Data de Julgamento: 12.06.2018, T2 – Segunda Turma, Data de Publicação: DJe 20.06.2018. Sobre a nomenclatura: MOREIRA, José Carlos Barbosa. Exceção de pré-executividade: uma denominação infeliz. *Revista Forense*. v. 96, n. 351. p. 585-586. Rio de Janeiro: Forense, jul.-set. 2000; NEVES, Daniel Amorim Assumpção. *Manual de Direito Processual Civil*. 9. ed. Salvador: JusPodivm, 2017, p. 1374.

No segundo caso, cuida-se da defesa heterotópica. Tome-se como exemplos a ação anulatória de cheque, a ação rescisória (arts. 966 a 975 do CPC/2015) e a revisão criminal (art. 621 a 631 do CPP), entre outros tantos. Na doutrina: DIDIER JUNIOR, Fredie; CUNHA, Leonardo Carneiro da; BRAGA, Paula Sarno; OLIVEIRA, Rafael Alexandria de. *Curso de Direito Processual Civil: Execução*. 7. ed. Salvador: JusPodivm, 2017, v. 5, p. 794; MIZRAHI, Gustavo José. O Cabimento das Chamadas Defesas Heterotópicas do Executado. *Revista Eletrônica de Direito Processual* – REDP. v. XII, n. 12. p. 218-219. Periódico da Pós-Graduação *Stricto Sensu* em Direito Processual da UERJ. Universidade do Estado do Rio de Janeiro: Rio de Janeiro, 2013.

A sistematização da defesa heterotópica apresenta dificuldades, afinal o assunto versa sobre ações muito diversas. Cada uma delas visa a um fim diferente, contando com regras também muito díspares entre si. Ainda assim, todas podem ser utilizadas pelo executado para se insurgir, por via oblíqua, contra a atividade satisfativa. Nos três exemplos citados, o devedor busca a desconstituição do título – extrajudicial no primeiro caso; judicial nas duas outras hipóteses. Se a sua pretensão for exitosa, o cheque, a decisão civil ou a penal condenatória será considerado inválido, inexigível ou inexistente e, portanto, desaparecerá o sustentáculo da execução.

3.1 Efeito da conexão por ser a causa de pedir comum às demandas

Mas qual é a finalidade dessa conexão?

O *caput* do art. 55 enuncia os requisitos deste tipo de vínculo, mas não o seu efeito[12]. A resposta não está ali, mas no § 1º. Esse dispositivo – que não trata especificamente da vinculação entre a execução e a ação de conhecimento – determina a sua consequência: os processos de ações conexas deverão ser "reunidos para decisão conjunta, salvo se um deles já houver sido sentenciado".

A tipificação dessa espécie de vínculo pressupõe que a causa de pedir seja comum às duas demandas, não exigindo que haja risco de decisões conflitantes. O seu mote é a racionalização da atividade jurisdicional, e não o de impedir o risco de desfechos contraditórios. Em algumas situações, tal reunião pode até evitar que sejam prolatadas decisões conflitantes, mas tal aspecto consistirá numa acidentalidade, e não no seu objetivo principal.

Ilustre-se com a propositura de ações fundadas numa mesma colisão de veículos que vitime diversas pessoas. O agrupamento dos processos, por estarem eles fundados numa causa de pedir que lhes é comum, permite uma instrução conjunta para elucidar a ocorrência do fato. Pode-se realizar uma só inspeção judicial no local do acontecimento, aproveitando-a para todos os processos, ao invés de produzir tal espécie de prova para cada um deles. Sob este ponto de vista, a reunião propicia a economia processual, contribuindo também para a razoável duração do processo.

Vejamos um exemplo que permita evidenciar como a reunião da ação satisfativa com a cognitiva pode propiciar a racionalização da atividade jurisdicional: é possível que o devedor proponha demanda de conhecimento buscando, ao final, a invalidação de um título de crédito que também funda uma execução. Nesse cenário, o autor pode formular requerimento de concessão de tutela provisória visando à suspensão temporária da exigibilidade da cártula e à sustação de protesto, evitando que ele venha a ser efetuado. A jurisprudência firmou o entendimento de que a concessão desta tutela de urgência exige a prévia garantia do juízo, por representar restrição a direito do credor[13]. Caso já exista depósito, penhora ou outro tipo de garantia suficiente no feito executivo, esse requisito estará atendido para a concessão da tutela provisória na demanda de conhecimento. Assim, ao se deparar com o requerimento relativo à tutela de urgência, o magistrado deverá levar em consideração os atos já praticados na execução, mensurando a sua influência na prolação da referida decisão.

---

12. Além de cada espécie de conexão produzir diferentes consequências, não podemos tentar conceituar o instituto a partir dos seus efeitos. São aspectos que não se confundem, como ensina Bruno Silveira de Oliveira (2007, p. 157-158).

13. Ao julgar o REsp 1.340.236/SP (Rel. Min. Luis Felipe Salomão, j. 14.10.2015), que tramitou no regime dos recursos repetitivos, a 2ª Seção do STJ concluiu que "A legislação de regência estabelece que o documento hábil a protesto extrajudicial é aquele que caracteriza prova escrita de obrigação pecuniária líquida, certa e exigível. Portanto, a sustação de protesto de título, por representar restrição a direito do credor, exige prévio oferecimento de contracautela, a ser fixada conforme o prudente arbítrio do magistrado".

Também é possível que ocorra o inverso, de maneira que os atos praticados na ação de conhecimento sejam proveitosos para a satisfativa. Sob essa perspectiva, a garantia prestada anteriormente para a concessão da tutela provisória naquela primeira demanda poderá servir para a penhora nesta última, não havendo que se repetir o ato, nem praticar outros que visem à localização do patrimônio do executado.

Em ambos os exemplos, a mesma garantia poderá ser utilizada nas duas causas, tornando a atividade judicial mais eficiente.

4. CONEXÃO PELO "MESMO ATO JURÍDICO". ALCANCE DA EXPRESSÃO UTILIZADA PELO ART. 55, § 2º, I DO CPC/2015

Até aqui consideramos que a conexão ora estudada decorre da circunstância de as duas causas estarem fundadas na mesma cártula. Esse seria o elemento comum que provocaria a sua reunião.

Ocorre que o art. 55, § 2º, I afirma que as duas demandas se vinculam quando ambas estiverem baseadas no "mesmo ato jurídico".

Na medida em que o comando não se refere ao "mesmo título" – como faz o inc. II do § 2º, ao considerar conexas "as execuções fundadas no mesmo título executivo" –, precisamos investigar se uma expressão foi utilizada por outra; se, no contexto legal do inc. I, "ato jurídico" corresponde estritamente a "título".

Para tanto, precisamos perquirir se, todas as vezes em que as duas demandas estiverem fundadas na mesma cártula, haverá utilidade na sua reunião, ou se há alguma situação em que o agrupamento de tais ações não se revele proveitoso.

Ilustremos com a execução movida pelo credor apenas contra o emitente de uma nota promissória, visando à satisfação do crédito ali estampado. A eventual propositura de ação de conhecimento pelo avalista do mesmo título de crédito, que não figura no polo passivo do feito satisfativo, questionando exclusivamente a validade da garantia, não chega a interferir na atividade satisfativa. Em que pese ambas as ações estejam fundadas no mesmo documento, não há motivo para reunir os dois processos, pois não haverá o recíproco aproveitamento dos atos processuais.

O exemplo evidencia que "o mesmo título" não consiste em requisito suficiente para atender à finalidade propugnada pelo dispositivo legal.

Distinguir uma expressão da outra ("mesmo título" e "mesmo ato jurídico") é relevante, até porque, no estudo da natureza do título executivo, há corrente que o conceba como ato jurídico[14].

---

14. Para Enrico Tullio Liebman, o título consiste num ato que exprime uma sanção, expressando a vontade concreta do Estado para que se realize uma determinada execução. Assim, ele não tem caráter predominantemente probatório, no sentido de evidenciar a existência de uma obrigação certa, líquida e exigível. Antes, tem eficácia constitutiva, fazendo surgir o direito do credor à ação executiva. Para o professor italiano, destaca-se "o ato que o documento representa (...), ato este que tem eficácia constitutiva de uma nova situação jurídica processual" (1976, p. 58).

Sem embargo da noção de que ele (também) possui tal caráter, estamos tratando aqui de outro aspecto.

Sob uma perspectiva diferente, a cártula consiste num instrumento que traz em si um texto normativo, sempre escrito, traduzindo uma ou algumas relações jurídicas individualizadas[15]. O título consiste num documento, ao qual a lei atribui eficácia satisfativa e que contém um texto – um conjunto de palavras "ditas" por, pelo menos, uma das partes – que expressa um liame obrigacional concreto.

Se, de um lado, há textos normativos que enunciam somente uma declaração sobre o acontecimento de um certo fato; também há os que exprimem uma relação jurídica, entabulando regras de conduta.

Por esse prisma, o título consiste num meio físico cujo texto escrito demonstra a existência de uma relação normativa individualizada, com a definição de todos os seus elementos subjetivos e objetivos. Como tal, ele pode conter a representação não apenas de um, mas de diversos liames obrigacionais, de diversos atos jurídicos, a exemplo do vínculo obrigacional principal e o de garantia (aval ou fiança, por exemplo), de maneira semelhante ao que acontece com um instrumento contratual, que pode encerrar uma pluralidade de negócios jurídicos[16].

É essa relação obrigacional comum que complementa o sentido que o art. 55, § 2º, I dá à expressão "mesmo ato jurídico".

Nessa linha, podemos concluir que haverá conexão entre a execução e a ação de conhecimento desde que as duas estejam fundadas no mesmo título e o seu objeto verse sobre relação obrigacional que também lhes seja comum.

Portanto, para os efeitos previstos pelo art. 55, § 2º, I do CPC/2015, a causa de pedir comum não consiste apenas na circunstância de as duas ações estarem fundadas numa só cártula. Por "mesmo ato jurídico" deve-se entender o binômio formado pelo título e pela relação obrigacional que é objeto da lide.

4.1 Relação de subordinação entre a execução e a ação de conhecimento relativa ao mesmo ato jurídico

Pelo que vimos até agora, a conexão entre a execução e a ação de conhecimento "relativa ao mesmo ato jurídico" visa à reunião dos processos, o que se dá em prol da racionalização da atividade jurisdicional, quando as duas demandas se assentarem sobre o mesmo título e sobre uma relação obrigacional comum.

Ocorre que, ao inserir o liame obrigacional como aspecto a ser levado em consideração, a relação entre as duas demandas ganha um novo contorno: o da subordinação.

---

15. Ele não possui natureza de norma jurídica concreta, como outrora já defendemos: BASTOS, Antonio Adonias, 2010, p. 103.
16. Neste sentido, Humberto Theodoro Junior (2016, p. 236-237) exemplifica: "É possível que se pretenda com base no mesmo título discutir uma prestação que não interfere naquela que é objeto da execução, ainda que um só contrato se apresente como suporte dos dois processos".

Na articulação entre a execução e a defesa heterotópica, surge um ponto de interação que é fundamental para a solução dos dois conflitos. Haverá que se resolver se o título será considerado válido e exigível, contendo obrigação certa, líquida e também exigível, o que conduzirá para a prática dos atos satisfativos, ou se, de outro lado, a cártula padece de vício que comprometa essas qualidades ou, ainda, que haja alguma circunstância que resulte na inexistência ou na inexigibilidade da relação substancial nele estampada, culminando na respectiva certificação judicial. São resultantes exatamente opostas.

Cuidam-se de litígios relacionados entre si por envolverem a solução de questões comuns, na linha do que propugnava Francesco Carnelutti[17]. Para o jurista italiano, o requisito conformador da conexão é mais amplo, não decorrendo exclusivamente do cotejo de um dos elementos objetivos da ação (causa de pedir ou pedido). Por versarem sobre as mesmas questões, há uma relação de subordinação entre as demandas, existindo uma pretensão voltada para uma situação jurídica subordinante, e outra, direcionada a uma situação subordinada[18].

Tal espécie de liame pode se revelar tanto na forma de prejudicialidade como na de preliminaridade.

Diz-se que uma questão é prejudicial a outra quando o julgamento da primeira delas consiste num antecedente lógico em relação à resolução do mérito da que lhe sucede. Aquela é prejudicial em relação a esta[19]. Ilustre-se com a investigação da paternidade e os alimentos. O magistrado não poderá julgar os alimentos sem, antes, enfrentar o conflito em torno da paternidade. Além disso, a decisão do pedido subordinante irá influenciar na apreciação do que lhe é subsequente[20]. No exemplo aqui exposto, o pedido de alimentos será julgado improcedente se não houver relação jurídica *pai-filho*.

Retornando ao objeto do presente estudo, constata-se que a questão veiculada num dos processos é prévia se comparada com a que é objeto do outro. O julgamento da ação de conhecimento influenciará na atividade executiva, já que, uma vez considerada inexistente ou inválida a relação jurídica ou que tenha sucedido a prescrição, o processo satisfativo será julgado improcedente, nos termos do art. 924, III c/c o art. 487 do CPC/2015.

---

17. CARNELUTTI, Francesco, 1986, p. 26.
18. BASTOS, Antonio Adonias, 2019, p. 27.
19. OLIVEIRA, Bruno Silveira de, 2007, p. 119-120.
20. DINAMARCO, Cândido Rangel, 2004, p. 155, explica que "há relação de prejudicialidade entre duas causas quando o julgamento de uma delas é apto a influir no da outra. A primeira diz-se *prejudicial* à segunda e esta, *prejudicada*. A prejudicialidade é, em um primeiro momento, uma *relação lógica* entre duas ou mais demandas: em si mesma, constitui expressão da necessária coerência entre dois julgamentos. Ela se torna relevante para o direito quando a isso se acresce a igual natureza do juízo relativo a essas duas demandas, passando a caracterizar-se como *prejudicialidade jurídica*. Esta é, portanto, o resultado da soma de dois elementos, a saber, (a) relação de dependência lógica entre duas ou mais demandas; e (b) o juízo de igual natureza" (itálicos existentes no original).

Assim, pode-se concluir que existe uma relação de prejudicialidade entre as demandas.

Ainda nesse contexto, é preciso diferenciar a prejudicial externa da interna. Diz-se que uma questão consiste numa prejudicial externa em relação à outra quando cada uma delas é objeto de pedido formulado em processo distinto. A interna decorre da apresentação dos dois pedidos no mesmo processo[21]. Considerando que o pedido satisfativo e o de conhecimento reclamam atividade jurisdicional de natureza distinta, sendo processadas em ritos que não se compatibilizam, não há como conjugá-los num único e mesmo processo, esbarrando no art. 327, § 1º, III do CPC/2015. O art. 327 do CPC/2015 regula a cumulação de pedidos. O seu § 1º estabelece os requisitos de admissibilidade da cumulação e o seu inc. III afirma que o tipo de procedimento adotado deva ser adequado para todos os pedidos a serem cumulados. Ademais, no caso da articulação entre a execução e a defesa heterotópica, os pedidos formulados em cada qual são incompatíveis entre si – afinal, o acolhimento de um leva a um resultado exatamente oposto ao do outro –, exigindo que sejam formulados em dois feitos distintos, em face da vedação contida no art. 327, § 1º, I do CPC/2015. Este dispositivo estabelece que os pedidos sejam compatíveis entre si para que eles possam ser cumulados.

Assim, estamos diante de uma situação de prejudicialidade externa[22].

Ocorre que, se o título for considerado inválido ou inexigível, ou se a obrigação nele contida for considerada inexigível por pender termo ou a implementação de condição, o processo satisfativo haverá de ser extinto por desaparecer um dos seus fundamentos indispensáveis, não chegando a ter seu mérito analisado.

Cogita-se aqui na subordinação por preliminaridade.

Embora preliminar e prejudicial sejam antecedentes lógicos em relação a uma dada questão, cuidam-se de institutos jurídicos distintos. Ao considerar que uma pretensão é preliminar em relação a outra, afirma-se que o acolhimento, ou não, da primeira permite ou impede o conhecimento da que lhe é posterior. Enquanto o exame do mérito da prejudicial influencia no julgamento da pretensão subsequente, o acolhimento ou a rejeição da preliminar interferirá na admissibilidade da que dela depende[23]. Ao se articularem nesta espécie de vínculo, a resolução da ação de co-

---

21. GRECO FILHO, Vicente, 2003, p. 63, explica a distinção: "A prejudicial pode ser interna ou externa. Dizemos que a prejudicial é interna quando surge como antecedente dentro do mesmo processo em que vai ser proferida sentença; dizemos que a prejudicial é externa quando a relação jurídica antecedente depende de decisão em outro processo".
22. MIZRAHI, Gustavo José, 2013, p. 218, explica: "Essa ação de conhecimento autônoma de impugnação é uma forma de defesa baseada na relação de prejudicialidade jurídica externa existente entre ela e o processo de execução. Em outras palavras, o fundamento do instituto é a matéria a ser decida na demanda autônoma ter o poder de prejudicar o curso da execução no caso de procedência total ou parcial".
23. GRECO FILHO, Vicente, 2003, p. 155, faz a distinção "entre questão prejudicial e questão preliminar ou simplesmente preliminar. Esta, que pode ser processual ou de mérito, é um fato que *impede* o conhecimento do mérito principal. A questão prejudicial é uma relação jurídica cuja existência ou inexistência condiciona a decisão da questão principal. São preliminares processuais a peremção, a litispendência, a coisa julgada

nhecimento que versa sobre a validade do título, sua exigibilidade ou a da obrigação nele contida, condiciona a admissibilidade da execução.

Por envolverem as mesmas questões e por se organizarem num liame de subordinação, as ações conexas, embora distintas, se articulam do ponto de vista lógico.

Neste viés, Francesco Carnelutti[24] concebia a conexidade como um gênero, do qual derivariam duas espécies: a identidade e a oposição, que é o seu contrário[25].

Delimitando tal raciocínio ao campo da relação entre a execução e a ação autônoma de impugnação ao título ou à obrigação nele estampada, pode-se concluir que elas se vinculariam por oposição.

4.2 Risco de decisões contraditórias

Em face da relação de subordinação entre a execução e a ação de conhecimento que versa sobre o mesmo ato jurídico, depreende-se um novo traço que marca a conexão em análise: o risco de decisões contraditórias.

Deve-se notar que esse requisito não está positivado pelo *caput*, nem pelo § 1º do art. 55, mas pelo seu § 3º. Sem se referir especificamente à vinculação entre a execução e a "ação de conhecimento relativa ao mesmo ato jurídico", este último dispositivo determina que sejam reunidos "para julgamento conjunto os processos que possam gerar risco de prolação de decisões conflitantes ou contraditórias caso decididos separadamente, mesmo sem conexão entre eles".

Cuida-se de espécie de conexão diferente da do *caput*. O comando legal estabelece o risco de decisões contraditórias como elemento específico para a configuração do liame entre as ações[26]. O texto normativo é ambíguo, pois dá a entender que os processos que possam gerar decisões antagônicas sobre uma mesma questão devem ser reunidos ainda que não guardem qualquer vinculação entre si. Na realidade, o perigo de julgamentos em sentidos opostos é exatamente o traço que os relaciona. O que a parte final do comando legal quer dizer, na realidade, é que essa espécie de conexão prescinde que haja pedido ou causa de pedir que seja comum às duas demandas. Ele estabelece um outro tipo de conexão, a par e sem negar o que está previsto no *caput* c/c o § 1º.

O § 3º mostra-se salutar por determinar a reunião de processos em face da existência da relação de subordinação entre duas ou mais causas cujas soluções guardem a possibilidade de desfechos opostos. O seu mote é a busca por decisões uniformes.

---

etc. São preliminares de mérito a prescrição e a decadência; é, por exemplo, questão prejudicial a relação jurídica paternidade-filiação numa ação de alimentos do filho natural contra o alegado pai, ponto que pode tornar-se controvertido dependendo dos termos da contestação, que poderia negar a paternidade" (grifos do original).

24. CARNELUTTI, Francesco, 1986, p. 26.
25. OLIVEIRA, Bruno Silveira de. In: ARRUDA ALVIM WAMBIER; DIDIER JUNIOR; TALAMINI; DANTAS, 2016, p. 250-252, e 2012, p. 209-238.
26. Ainda durante a vigência do CPC/1973, Olavo de Oliveira Neto (1994, p. 65) defendia que o vínculo entre as duas demandas decorria este risco.

Considerado o vínculo de subordinação entre a execução e a ação de conhecimento que versa sobre o mesmo ato jurídico (cuja definição foi dada anteriormente), tal risco estará presente, ensejando a reunião das duas demandas para viabilizar julgamentos harmônicos.

Diante de todos esses elementos, nota-se que, muito embora o § 2º do art. 55 faça referência apenas ao *caput*, a conexão tipificada pelo seu inc. I também visa a evitar decisões conflitantes, que consiste num valor jurídico tutelado pelo § 3º. Assim, o vínculo disciplinado pelo § 2º, I se amolda tanto à hipótese prevista pelo *caput* c/c o § 1º, como à do § 3º.

5. TIPO PRÓPRIO DE CONEXÃO

Analisando a topologia do art. 55, constata-se que ele está inserido na parte do CPC/2015 que trata da modificação da competência (Seção II do Capítulo I do Título III do Livro II).

O comando legal que o antecede (art. 54) deixa claro que "a competência relativa poderá modificar-se pela conexão ou pela continência".

Neste contexto, ao tratar da conexão, o art. 55 positiva situações em que duas ou mais ações deverão ser reunidas, provocando a modificação da competência, com vistas a preservar valores jurídicos diversos (que não são necessariamente os mesmos em todas as situações legais). Como vimos anteriormente, o *caput* c/c o § 1º estabelece uma regra que visa à racionalização da atividade jurisdicional; já o § 3º tem em mira a prolação de decisões uniformes. Por sua vez, o inc. I do § 2º busca alcançar tanto um aspecto como o outro.

Além disso e considerado o teor do seu texto, ele só incide na relação entre a execução de título extrajudicial e a ação de conhecimento que versa sobre o mesmo ato jurídico, não se aplicando a outras espécies de demanda.

Dadas essas particularidades, entendemos tratar-se de um terceiro tipo de conexão, que não coincide exatamente com as demais, situando-se ao lado delas.

Parece-nos, assim, que, em realidade, o art. 55 previu quatro hipóteses de conexão, todas com o fim de reunir os processos, provocando a modificação da competência: *(i)* quando duas ou mais ações possuírem pedido ou causa de pedir que lhes for comum (*caput* c/c o § 1º); *(ii)* quando houver risco de prolação de decisões conflitantes ou contraditórias, mesmo que as demandas não possuam nem pedido, nem causa de pedir comuns entre si (§ 3º); *(iii)* quando houver execução de título extrajudicial e ação de conhecimento relativa ao mesmo ato jurídico (leia-se: fundada no mesmo título e envolvendo a mesma relação obrigacional) (§ 2º, I); e *(iv)* quando houver duas ou mais execuções fundadas no mesmo título executivo (§ 2º, II).

Considerando que a definição de cada espécie de conexão se dá pelo direito positivo, de acordo com a política legislativa, visando a preservar valores jurídicos que não são necessariamente os mesmos, o § 2º não precisava ter feito nenhuma referência ao *caput* do art. 55, o que acabara dificultando a tarefa da doutrina em definir os contornos do vínculo positivado no inc. I e os motivos pelos quais as duas ações hão de ser reunidas. Tanto melhor e mais simples seria se o art. 55 dispusesse algo como:

> Art. 55. Existe conexão, provocando a reunião de processos, quando:
>
> a) a causa de pedir ou o pedido forem comuns a duas ou mais ações, salvo se um deles já tiver sido sentenciado;
>
> b) pender execução de título extrajudicial e ação de conhecimento relativa ao mesmo ato jurídico;
>
> c) penderem duas ou mais execuções fundadas no mesmo título executivo;
>
> d) houver processos cujo julgamento em separado provocar risco de prolação de decisões conflitantes ou contraditórias.

Parece-nos, portanto, que a conexão entre as demandas em contraste existe em decorrência da positivação feita pelo legislador e visa tanto à racionalização da atividade jurisdicional como a evitar o risco de decisões cujos conteúdos se oponham um ao outro, não necessitando de qualquer remissão ao *caput*, nem aos demais parágrafos do art. 55.

5.1 Finalidade da reunião dos processos. "Julgamento conjunto". Definição

A condução do intérprete ao *caput* e aos demais parágrafos do art. 55 ainda provoca uma outra dificuldade, desta vez relacionada ao efeito da reunião dos processos.

Ao tratarem da finalidade de tal agrupamento, o §§ 1º e 3º afirmam, respectivamente, que ela deve ocorrer "para decisão conjunta" e "para julgamento conjunto".

Nessa mesma linha, o art. 58 determina que a reunião deverá ser realizada perante o juízo prevento, "onde serão decididas simultaneamente".

A interpretação literal desses textos normativos dá a impressão de que, uma vez reunidas as demandas executiva e de conhecimento, deva ocorrer um "julgamento simultâneo" das duas lides.

Contudo, não é o que necessariamente acontece, já que a resolução do mérito da execução[27] nem sempre se dá de maneira concentrada numa só decisão.

---

27. Considerando que a regularidade do título consiste numa questão de admissibilidade, que a execução não é voltada para a verificação do direito material constante na cártula e que ela se desenvolve fundamentalmente com atos concretos de invasão, há corrente doutrinária que afirma inexistir mérito na atividade executiva. Ali, nada se resolveria, apenas se cumpriria.

    É importante anotar que o debate acerca da existência, ou não, de mérito no processo satisfativo é um dos temas polêmicos em derredor da execução, até porque a expressão "mérito" não é unívoca na doutrina. Cândido Rangel Dinamarco (1986, p. 182-219) noticia existirem três posicionamentos distintos sobre o assunto: aqueles que o conceituam no plano das questões ou complexo de questões referentes à demanda; os que o identificam com a demanda e com as situações externas do processo, trazidas a ele através da demanda; e os que o consideram como lide *tout court*. Na linha de entendimento de Carnelutti, as questões são dúvidas quanto a uma razão. Assim, as questões de mérito seriam pontos controvertidos referentes ao mérito, mas não o mérito propriamente dito. Elas estariam no âmbito da fundamentação da sentença, ao passo que o mérito se situaria no dispositivo. Sobre as questões não incide a eficácia de imutabilidade da coisa julgada. Elas consistiriam apenas nos fundamentos em relação aos quais é possível que se chegue a

Se, de um lado, o objeto litigioso da ação de conhecimento versa sobre o acertamento de uma relação jurídica e os atos processuais (de postulação, de saneamento e de instrução) se dirigem a uma decisão que vise a resolver a lide, o conflito executivo gira em torno da efetivação de uma obrigação certa, líquida e exigível, contida num título. Ele pode ser resolvido ao longo do processamento da causa, na medida em que se praticam os atos invasivos, com a definição dos limites de ingresso forçado na esfera jurídica do executado ou do terceiro responsável. Determina-se o *como cumprir*, diferentemente da atividade jurisdicional de conhecimento, que visa a definir se há e quais são os contornos da relação jurídica (no campo prestacional: se há conduta a ser cumprida por uma das partes).

Deve-se relembrar que a atividade satisfativa parte da premissa da existência de um título que contenha uma obrigação certa, líquida e exigível. Pressupõe-se que a relação já esteja acertada, que exista o direito alegado pelo exequente no momento em que se ajuíza a ação, e que ele seja exigível. Portanto, o delineamento da relação jurídica não é o seu fim, mas o seu ponto de partida. Para que a ação executiva seja admitida, devem ser preenchidos dois requisitos: título e exigibilidade da obrigação. De um lado, não há motivo para a prática de atos invasivos se eles não se mostrarem

---

outra conclusão posteriormente (em outro processo). O mérito seria a pretensão que deve ser decidida. Caso não fosse assim, a coisa julgada abrangeria os fundamentos da sentença. Considerando mérito como a demanda inicial proposta em juízo, Chiovenda associa a ideia de que é de mérito a sentença que sobre ele se manifesta, confundindo o conceito do mérito com os de pedido e ação. Ocorre que admitir que a demanda seja o mérito equivaleria a dar maior importância ao continente do que ao conteúdo, na medida em que a demanda seria apenas o veículo da pretensão do autor, na qualidade de algo externo ao processo e anterior a ele. Enquanto a pretensão seria o elemento substancial, de relevância social, o pedido seria apenas o elemento formal. Na concepção de mérito como lide *tout court*, ele se restringe à relação jurídica controvertida, tal como deduzida em juízo.

Não podemos admitir como questão de mérito exclusivamente a disputa sobre o acertamento do direito material. Na realidade, o mérito diz respeito ao conflito acerca da aplicação do direito objetivo, seja ele de cunho substantivo ou processual. Neste sentido: Eliézer Rosa (1970, p. 31) e Marcelo Navarro Ribeiro Dantas (1987, p. 33). Ainda à época da vigência do CPC/1973, José Domingues Filho (2000, p. 191) afirma que o mérito se consubstancia "na lide submetida à apreciação do órgão jurisdicional, com os limites impostos pelo autor ao deduzir sua pretensão em juízo. (...) destarte, é a própria lide; o conflito de interesses qualificado por uma pretensão resistida ou insatisfeita" e aduz que "em face da existência de lide no processo de execução forçada civil, conclui-se que na espécie existe mérito. O que não existe dentro dele, à luz dos arts. 736, 794 e 795 do Código de Processo Civil, é discussão de mérito ou debate sobre a lide" (2000, p. 195).

Podemos mencionar alguns exemplos de questões de mérito que versam sobre o direito processual: é o que acontece com a ação anulatória de um leilão realizado numa execução, se o mencionado ato não tiver sido praticado em conformidade com o regramento que lhe é próprio; também assim com os embargos que visam à desconstituição da constrição que recaiu sobre bem considerado impenhorável pelo legislador. Em ambas as situações, o litígio versa sobre uma questão processual.

Se existe conflito a ser resolvido na execução e se existe pedido de solução, não podemos chegar a outra conclusão, senão a de que os atos concretos voltados à satisfação do direito do exequente versam sobre o mérito *in executivis*. Neste sentido: Marcelo Navarro Ribeiro Dantas (1987, p. 34) e Cassio Scarpinella Bueno (2008, p. 67-70). Aliás, não há sentido em se cogitar num processo sem mérito. Ele consistiria num processo desprovido de finalidade, por não haver lide a ser resolvida. É o que explica Donaldo Armelin (1981, p. 237), empregando o termo "fundamentação" ao invés de mérito: "em todo tipo de processo, inclusive no de execução, onde se não existe um mérito tal como é concebido para o processo de conhecimento, há um objeto e uma finalidade a serem atingidas, ocorrem duas categorias básicas: a admissibilidade e a fundamentação, que correspondem à *summa divisio* da matéria processual".

necessários, o que será aferido com a demonstração da prestação exigível e alegadamente não cumprida. Eis o interesse de agir-necessidade para a ação executiva. De outro lado, a presença e a higidez do título executivo, com todos os seus requisitos intrínsecos, também são indispensáveis para que se admita a via executiva como o meio adequado para a solução do conflito, que se concretizará com a prática dos atos de invasão patrimonial. A verificação de tais requisitos acontecerá de ofício e no início do feito executivo, podendo voltar a ser realizado ao longo de todo o trâmite processual, exatamente por se tratar de exame de admissibilidade. Sendo e mantendo-se positivo, a atividade judicial avançará rumo à efetivação do direito alegado pelo autor, que se presume existente.

A sucessão de atos executivos está estruturada para isso, e não para o debate sobre a existência do direito material constante no título. O réu é citado para adimplir, não para contestar. Se ele não cumprir voluntariamente a obrigação certificada, seus bens serão alvo de constrição e de expropriação com vistas à satisfação do direito do exequente.

Em outras palavras, não há espaço, no procedimento executivo em si, para a cognição sobre o direito constante no título. O ambiente para este tipo de litígio não nasce ordinariamente no *iter* da execução, organizada que está para o cumprimento da norma jurídica individual contida no título. Pelo contrário, ele há de ser aberto pelo executado ao defender-se, seja pelos meios típicos (impugnação ou embargos), seja pelos atípicos (objeção de não executividade ou defesa heterotópica). Cumpre-lhe provocar o Judiciário para desenvolver a atividade processual cognitiva destinada a tal debate. Na atividade satisfativa, é o executado, manejando a sua defesa, quem pode perseguir este tipo de julgamento de mérito, tentando obstaculizar, total ou parcialmente, a prática dos atos satisfativos[28]. Caso não o faça, o procedimento executivo continuará em sua trajetória para a efetivação do direito do exequente.

Portanto, no âmbito da execução, a existência do título, contendo obrigação certa, líquida e exigível, não consiste numa questão de mérito. Este não é o seu objetivo, mas a sua premissa. Caso não haja título, caso ele seja considerado inválido ou inexigível, a execução deverá ser extinta sem satisfação, por sentença terminativa (art. 485, IV e VI c/c o art. 924, I do CPC/2015). O feito satisfativo chegará a termo por lhe faltar um dos seus requisitos de admissibilidade e/ou por ausência de interesse processual. A ação de execução não será adequada, já que o seu objeto é a satisfação do direito estampado no título e não a verificação da sua existência.

Neste quadrante, o título é requisito de admissibilidade para que a atividade jurisdicional seja deflagrada e se desenvolva de maneira válida. A averiguação deste requisito deve ser feita pelo magistrado ao despachar a petição inicial do processo de execução, podendo ser realizada novamente ao longo do seu trâmite.

---

28. Neste sentido: BUENO, Cassio Scarpinella, 2008, p. 69.

Na medida em que já existe um direito certificado e exigível, constante num título executivo, a atividade satisfativa volta-se para a solução de um outro tipo de conflito jurídico: o da efetivação da obrigação. A sua utilidade reside na definição da maneira de forçar o adimplemento que não foi realizado espontaneamente pelo devedor. A lide executiva possui características próprias: ela versa sobre uma pretensão insatisfeita[29].

Aí está o mérito na execução, cuja solução não se concentra necessariamente numa só decisão. Diferentemente do que acontece com a atividade jurisdicional cognitiva, cuja finalidade é alcançar a solução com a prolação de uma decisão que acerte a relação jurídica entre as partes, a resolução do conflito executivo pode se dar durante o processamento da atividade jurisdicional satisfativa.

Assim, na atividade satisfativa, o litígio vai sendo resolvido ao longo do processo, na medida em que o juiz analisa as questões que surgem durante o tramitar da causa. É o que acontece, por exemplo, quando ele se depara com a pretensão do exequente no sentido de penhorar determinado bem, com a objeção de não executividade oposta pelo executado ou com a petição em que o réu alega estar incorreta a penhora ou a avaliação, nos moldes do § 1º do art. 917 do CPC/2015. O magistrado precisará enfrentar tais questões durante o desenvolvimento do processo, resolvendo como deve ser cumprida a obrigação constante no título, quais são os limites da invasão etc. Embora a execução não vise ao acertamento da relação jurídica, há julgamento sobre os limites e a forma da atuação concreta que visa à satisfação da obrigação indicada no título.

Nesse contexto, as expressões "decisão conjunta" e "julgamento conjunto", utilizadas pelos §§ 1º e 3º do art. 55, devem ser interpretadas como o processamento e o exame das duas causas (a de execução e a de conhecimento) pelo mesmo magistrado, que, ao proferir as decisões num processo e no outro, deverá levar em consideração as circunstâncias e os elementos evidenciados nos dois feitos, e a influência de um no outro, a fim de evitar atos colidentes entre si. Não há como entendê-las exclusivamente como "decisão simultânea".

Ilustremos: como vimos anteriormente, a jurisprudência firmou o entendimento de que a prévia garantia do juízo consiste num dos requisitos para a concessão de tutela provisória na ação que visa à invalidação de um título de crédito que, por sua vez, também funda uma execução. Assim, ao se deparar com tal requerimento na ação de conhecimento, o magistrado deverá analisar se existe depósito, penhora ou outro

---

29. De acordo com a lição de José Frederico Marques (1997, p. 27): "Existe uma prestação imediatamente exigível, consubstanciada e formalizada no título executivo. O sujeito ativo dessa prestação pretende vê-la cumprida e satisfeita; todavia, inadimplente o devedor, surge a lide, porque com esse inadimplemento há conflito de interesses, qualificado por uma pretensão insatisfeita. Para compor essa lide é que o juiz atua e se instaura o processo executivo. Não importa que os atos praticados tenham caráter coativo, pois nem por isso perdem a sua natureza de atos processuais ou de atos que se destinam a solucionar relação intersubjetiva, que se tornou litigiosa. O meio de compor a lide é diverso do empregado no processo de conhecimento, mas se reveste dos mesmos caracteres de jurisdicionalidade que na cognição".

tipo de garantia suficiente no feito executivo. Neste exemplo, ele não proferirá duas decisões concomitantemente – uma em cada processo –, mas levará em consideração os atos já praticados na execução e a sua influência na prolação da decisão que versa sobre a tutela provisória na ação de conhecimento.

Em outro sentido, se já tiver sido concedida tutela provisória no processo de conhecimento, determinando a suspensão da eficácia do título, o juiz deverá levá-la em consideração no feito executivo, caso se depare com o requerimento do autor no sentido de proceder à alienação do bem penhorado. Aqui também não haverá decisões simultâneas, mas a análise da repercussão dos atos praticados num processo em relação ao outro, evitando que colidam entre si.

Essa interpretação das expressões utilizadas pelos §§ 1º e 3º do art. 55 do CPC/2015 não exclui a possibilidade de haver decisões simultâneas nos dois processos, como pode acontecer quando o exequente renuncia ao crédito disposto no título. Esse ato poderá conduzir à extinção, sem resolução do mérito, do processo de conhecimento que verse sobre a invalidação da cártula, por perda do objeto, nos termos do art. 485, VI do CPC/2015, já que não remanescerá interesse processual (utilidade) na verificação da validade do documento. Já do ponto de vista da execução, a renúncia levará à prolação de uma sentença declaratória[30], com fulcro no art. 924, IV. Portanto, o mesmo ato ensejará o julgamento simultâneo das duas demandas.

O que se propugna aqui é uma interpretação extensiva das expressões em comento, que não exclui a possibilidade de julgamento simultâneo, mas também não restringe à sua ocorrência.

---

30. José Frederico Marques (1997, p. 109) defendia que a sentença do processo executivo pode ser de mérito: "Isto significa que ao final da execução há uma sentença que, declarando satisfeita a obrigação exigida pelo credor, põe fim ao processo. Ou então sentença homologatória de transação, remissão, ou renúncia. A sentença que reconhece satisfeito o crédito e paga a dívida, embora proferida em processo executivo, não deixa de ser sentença de mérito; há, na referida sentença, pronunciamento ou *iudicium* do magistrado, declarando solucionada a lide contida no processo de execução forçada". Em sentido contrário, Sérgio Shimura (1997, p. 62-63) explica: "Quando falamos em *mérito*, estamos a distinguir daquele existente no processo de conhecimento. A finalidade e a extensão são outras. Enquanto no feito cognitivo a sentença que analisa o mérito é essencialmente *declaratória*, na execução a atividade é marcadamente *satisfativa*, dizendo respeito ao *pedido* formulado na inicial. Conquanto possamos admitir que não haja propriamente uma *sentença de mérito* na execução, como sucede no processo de cognição, somos forçados a reconhecer que existe um *pedido* no pleito executivo. Na ação de conhecimento, o pedido é atendido mediante uma *sentença*. Na execução, o pedido é satisfeito através de atos concretos, *atos executivos* de ingresso no patrimônio do devedor; o *mérito* na execução não é uma questão a ser decidida, mas sim atos a serem praticados. Na execução, a atividade jurisdicional é notadamente prática e material; na cognição, marcadamente intelectiva" (itálicos oriundos do original). Nas palavras de Marcelo Navarro Ribeiro Dantas (1987, p. 35): "(...) no processo de execução, igualmente em princípio, o mérito, isto é, o pedido do autor (exequente), é a satisfação concreta do direito que ele ostenta através do seu título. Então, o pedido (mérito) não será atendido mediante uma sentença, mas sim com a prática de *atos*, os quais efetivamente realizem a pretensão. Em suma, o fato de não haver sentença de mérito na execução (visto que a sentença que a encerra é meramente terminativa, declarando que o processo chegou ao fim), não implica que no processo executivo não exista mérito" (itálico já existente na versão original). Em sentido contrário, afirmando não se tratar de sentença de mérito, nem mesmo declaratória: Araken de Assis (2018, p. 759-762).

6. REFERÊNCIAS

ABELHA, Marcelo. *Manual de Direito Processual Civil*. 6. ed. Rio de Janeiro: Forense, 2016.

ARMELIN, Donaldo. *Embargos de terceiro*. Tese de Doutoramento apresentada à Pontifícia Universidade Católica de São Paulo. São Paulo: PUC/SP, 1981.

ARRUDA ALVIM WAMBIER, Teresa; DIDIER JUNIOR, Fredie; TALAMINI, Eduardo; DANTAS, Bruno (Coord.). *Breves Comentários ao Novo Código de Processo Civil*. 3. ed. São Paulo: Ed. RT, 2016.

ASSIS, Araken de. *Manual da Execução*. 20. ed. São Paulo: Ed. RT, 2018.

BARBI, Celso Agrícola. *Comentários ao Código de Processo Civil*. 9. ed. Rio de Janeiro: Forense, 1995. v. 1.

BASTOS, Antonio Adonias. A cumulação própria de pedidos no CPC/2015. *Revista de Processo*, ano 44, v. 290. São Paulo: Ed. RT, abr. 2019.

BASTOS, Antonio Adonias. Cabimento da ação monitória fundada em título executivo extrajudicial no CPC/2015. *Revista de Processo*, v. 277. São Paulo: Ed. RT, mar. 2018.

BASTOS, Antonio Adonias. *O devido processo legal nas demandas repetitivas*. Tese apresentada ao Programa de Pós-Graduação em Direito da Universidade Federal da Bahia (UFBA). Salvador: UFBA, 2012.

BASTOS, Antonio Adonias. *Teoria Geral da Execução*. Salvador: JusPodivm, 2010.

BASTOS, Antonio Adonias. *A defesa do executado de acordo com os novos regimes da execução estabelecidos pelas Leis 11.232/2005 e 11.382/2006*. 2. ed. Salvador: JusPodivm, 2009.

BUENO, Cassio Scarpinella. *Novo Código de Processo Civil Anotado*. São Paulo: Saraiva, 2015.

BUENO, Cassio Scarpinella. *Manual de Direito Processual Civil*. São Paulo: Saraiva, 2015ª.

BUENO, Cassio Scarpinella. *Curso sistematizado de direito processual civil – tutela jurisdicional executiva*. São Paulo: Saraiva, 2008. v. 3.

CABRAL, Antonio do Passo; CRAMER, Ronaldo (Coord.). *Comentários ao Novo Código de Processo Civil*. 2. ed. Rio de Janeiro: Forense, 2016.

CARNELUTTI, Francesco. *Instituições do processo civil*. Trad. Adrián Sotero de Witt Batista. São Paulo: Classic Book, 2000. v. I.

CARNELUTTI, Francesco. *Lezioni di diritto processuale civile*. Padova: Cedam, 1986. v. 4.

DANTAS, Marcelo Navarro Ribeiro. Admissibilidade e mérito na execução. *Revista de Processo*, ano 12, n. 47. São Paulo: Ed. RT, jul.-set. 1987.

DIDIER JUNIOR, Fredie. *Curso de direito processual civil – teoria geral do processo e processo de conhecimento*. 19. ed. Salvador: JusPodivm, 2017. v. 1.

DIDIER JUNIOR, Fredie. *Curso de direito processual civil – teoria geral do processo e processo de conhecimento*. 11. ed. Salvador: JusPodivm, 2009. v. 1.

DIDIER JUNIOR, Fredie; CUNHA, Leonardo Carneiro da; BRAGA, Paula Sarno; OLIVEIRA, Rafael Alexandria de. *Curso de Direito Processual Civil*: execução. 7. ed. Salvador: JusPodivm, 2017. v. 5.

DINAMARCO, Cândido Rangel. *Instituições de Direito Processual Civil*. 4. ed. São Paulo: Malheiros, 2004. v. 2.

DINAMARCO, Cândido Rangel. *Fundamentos do processo civil moderno*. São Paulo: Ed. RT, 1986.

DOMINGUES FILHO, José. O mérito no processo de execução civil. *Revista Jurídica UNIGRAN*, v. 2, n. 4. Dourados: UNIGRAN, jul.-dez. 2000.

GRECO, Leonardo. *Instituições de Processo Civil*. Introdução ao Direito Processual Civil. 5. ed. Rio de Janeiro: Forense, 2015. v. I.

GRECO FILHO, Vicente. *Direito Processual Civil Brasileiro*. 16. ed. Saraiva: São Paulo, 2003. v. 2.

GUERRA, Marcelo Lima. *Direitos fundamentais e a proteção do credor na execução civil.* São Paulo: Ed. RT, 2003.

KLIPPEL, Rodrigo; BASTOS, Antonio Adonias. *Manual de Direito Processual Civil.* 4 ed. Salvador: JusPodivm, 2014.

LIEBMAN, Enrico Tullio. *Estudos sobre o processo civil brasileiro.* São Paulo: José Bushatsky, 1976.

MARQUES, José Frederico. *Manual de Direito Processual Civil.* Campinas: Bookseller, 1997. v. IV.

MARTINS, Sandro Gilbert. *A defesa do executado por meio de ações autônomas.* São Paulo: Ed. RT, 2002.

MEDINA, José Miguel Garcia. *Processo civil moderno* – execução. São Paulo: Ed. RT, 2008. v. 3.

MENDONÇA, J. X. Carvalho de. *Tratado de direito comercial brasileiro.* Rio de Janeiro: Freitas Bastos, 1960. v. V. 2ª parte.

MIRANDA, Francisco Cavalcanti Pontes de. *Comentários ao Código de Processo Civil.* 2. ed. Rio de Janeiro: Forense, 2001. t. IX.

MIZRAHI, Gustavo José. O Cabimento das Chamadas Defesas Heterotópicas do Executado. *Revista Eletrônica de Direito Processual* – REDP. v. XII, n. 12. Periódico da Pós-Graduação *Stricto Sensu* em Direito Processual da UERJ. Universidade do Estado do Rio de Janeiro: Rio de Janeiro, 2013.

MOREIRA, José Carlos Barbosa. Exceção de pré-executividade: uma denominação infeliz. *Revista Forense.* v. 96, n. 351. Rio de Janeiro: Forense, jul.-set. 2000.

MOREIRA, José Carlos Barbosa. *A conexão de causas como pressuposto da reconvenção.* São Paulo: Saraiva, 1979.

NEVES, Daniel Amorim Assumpção. *Manual de Direito Processual Civil.* 9. ed. Salvador: JusPodivm, 2017.

OLIVEIRA, Bruno Silveira de. De volta à conexidade entre demandas (com especulações sobre o tema no futuro Código de Processo Civil. *Revista de Processo.* v. 211. São Paulo: Ed. RT, set. 2012.

OLIVEIRA, Bruno Silveira de. *Conexidade e Efetividade Processual.* São Paulo: Ed. RT, 2007.

OLIVEIRA NETO, Olavo. *Conexão por prejudicialidade.* São Paulo: Ed. RT, 1994.

ROSA, Eliézer. *Leituras de processo civil.* Rio de Janeiro: Guanabara, 1970.

SHIMURA, Sérgio. *Título executivo.* São Paulo: Saraiva, 1997.

SILVA, Antônio Carlos Costa e. *Tratado do processo de execução.* São Paulo: Sugestões Literárias, 1976. v. 1.

THEODORO JÚNIOR, Humberto. *Curso de Direito Processual Civil.* 50. ed. Rio de Janeiro: Forense, 2017. v. III.

THEODORO JÚNIOR, Humberto. *Curso de Direito Processual Civil.* 57. ed. Rio de Janeiro: Forense, 2016. v. I.

THEODORO JÚNIOR, Humberto. *Processo de execução e cumprimento da sentença.* 25. ed. São Paulo: LEUD, 2008.

TUCCI, José Rogério Cruz e; FERREIRA FILHO, Manoel Caetano; APRIGLIANO, Ricardo de Carvalho; DOTTI, Rogéria Fagundes; MARTINS, Sandro Gilbert (Coord.). *Código de Processo Civil Anotado.* Rio de Janeiro: GZ Editora, 2016.

WHITAKER, José Maria. *Letra de câmbio.* 7. ed. São Paulo: Ed. RT, 1963.

Parte III
EXECUÇÃO E DIREITO COMPARADO

A DELEGAÇÃO PARA ALIENAÇÃO DE BENS POR PARTICULARES NO DIREITO ITALIANO: REFLEXÕES COM VISTAS AO DEBATE DA DESJUDICIALIZAÇÃO DA EXECUÇÃO CIVIL NO BRASIL

Camilo Zufelato
Livre docente e doutor pela USP. Professor-Associado de Direito Processual Civil da Faculdade de Direito de Ribeirão Preto da USP. Advogado.

Lucas Vieira Carvalho
Mestrando e graduado pela Faculdade de Direito de Ribeirão Preto da USP; Advogado.

1. INTRODUÇÃO

A desconcentração dos procedimentos executivos por parte do Poder Judiciário é uma proposta que vem ganhando espaço no ordenamento jurídico brasileiro, especialmente em face do Projeto de Lei 6.204/19, que prevê a possibilidade de encargo de sujeitos particulares – e fora da estrutura judiciária – para coordenar atos executivos.

Essa discussão também encontra paralelos em ordenamentos jurídicos estrangeiros, com destaque para o italiano. Desde os anos 1990, a doutrina italiana vem propondo formas possíveis de desjudicializar atos executivos a fim de torná-los mais eficientes, competitivos e incisivos. Essas discussões levaram à alteração do Código de Processo Civil italiano em 1998, com o acréscimo do art. 591-*bis* que possibilita a delegação das operações de venda de bens expropriados judicialmente a particulares.

Por meio desse instituto, que após algumas reformas essenciais assumiu um caráter praticamente obrigatório e não mais facultativo, o Código de Processo Civil italiano determina que as providências para as vendas dos bens imóveis e dos bens móveis registráveis sejam desenvolvidas necessariamente por pessoas que não estejam na estrutura do Judiciário, cabendo ao juiz da execução[1] o poder de controle

---

1. No processo civil italiano, diversamente do brasileiro, no qual um mesmo juiz é encarregado da fase de conhecimento e execução, há a divisão entre as figuras do *"giudice ordinario"* e do *"giudice dell'esecuzione"*, que, de acordo com o artigo 484 do Código de Processo Civil Italiano é responsável por dirigir a fase de expropriação. Segundo a doutrina especializada, a figura de um juiz específico para execução se volta para o desempenho de atividades materiais voltadas a tornar o resultado da expropriação forçada mais rápido e eficaz. SOLDI, Anna Maria. *Manuale dell'esecuzione forzata*. 2 ed. Milano: CEDAM, 2009, p. 13. A Corte de Cassação italiana, equivalente em linhas gerais ao Superior Tribunal de Justiça brasileiro, definiu, por ocasião do julgamento da sentença 5.697 de 22 de dezembro de 1977, que o poder conferido ao juiz da execução pelo ordenamento jurídico italiano é de direção do processo executivo, concretizado por meio do cumprimento de atos executivos e da emanação de ordens para a execução destes, que se somam ao posterior controle

e fiscalização quanto às atividades que esses indivíduos desenvolverão no decorrer da delegação.

Embora as atividades passíveis de delegação pelo ordenamento jurídico italiano não abarquem a totalidade da fase executiva, o confronto do instituto, dos sujeitos delegáveis e das próprias atividades que lhes são incumbidas, podem contribuir para as atuais discussões de desjudicialização dos atos executivos no processo civil brasileiro.

Por fim, ainda em um contexto de desjudicialização da execução no direito comparado, a despeito do presente artigo ter como finalidade a análise da delegação das operações de venda a particulares no direito italiano, não se desconhecem as iniciativas de outros ordenamentos jurídicos estrangeiros também no presente sentido, a exemplo do direito português e o francês, as quais, contudo, não serão abordadas neste escrito. Enquanto o direito francês investe o *huissier de justice* do encargo das tarefas envolvendo a fase de execução, o direito português implementou a figura do agente de execução. Em ambos os casos, assim como no direito italiano, trata-se de um agente externo ao Poder Judiciário, encarregado do acompanhamento da fase de execução, variando o nível de responsabilidade e a extensão das tarefas passíveis de realização por cada um deles[2].

2. A DELEGAÇÃO ENQUANTO MEDIDA DE DESJUDICIALIZAÇÃO DA EXECUÇÃO NO DIREITO ITALIANO

A ideia de desjudicialização da execução, no direito brasileiro, traz diversas interpretações e complicações, mas pode ser essencialmente encarada como a desconcentração dos atos da execução do Poder Judiciário, alocando-os a terceiros externos.[3] Nessa classificação, o foco é direcionado à figura do Poder Judiciário e não

---

de legitimidade e adequação de tudo aquilo que for praticado durante a fase de execução. *Texto original*: "Il potere conferito dal vigente ordinamento processuale al giudice dell'esecuzione, al fine di pervenire al soddisfacimento dei creditori procedenti o intervenuti, è un potere di direzione del processo esecutivo, che si concreta nel compimento della serie successiva e coordinata degli atti che lo costituiscono, e cioè nel compimento diretto di atti esecutivi e nell'ordine, ad altri impartito, di compimento di atti esecutivi, nonché nel successivo controllo della legittimità ed opportunità degli atti compiuti, con il conseguente esercizio del potere soppressivo e sostitutivo, contenuto nell'ambito e nei limiti segnati dalle norme di rito che disciplinano il processo esecutivo [...]". CASSAZIONE, Sentenza n. 5697 del 22 dicembre 1977. Disponível em: https://www.avvocato.it/massimario-32648/. Acesso em 15 jul. 2021.

2. Neste sentido, alguns estudos da doutrina pátria: THEODORO JÚNIOR, Humberto; ANDRADE, Érico. Novas perspectivas para atuação da tutela executiva no direito brasileiro: autotutela executiva e "desjudicialização" da execução. *Revista de Processo*. v. 315, p. 109/158. maio. 2021; GAIO JUNIOR, Antônio Pereira. Execução e desjudicialização: modelos, procedimento extrajudicial pré-executivo e o PL 6.204/2019. *Revista de Processo*. v. 306. p. 151-175. ago. 2020; THEODORO JÚNIOR, Humberto. As novas codificações francesa e portuguesa e a desjudicialização da execução forçada. In: MEDEIROS NETO, Elias Marques; RIBEIRO, Flávia Pereira (Coord.). *Reflexões sobre a desjudicialização da execução civil*. Curitiba: Juruá, 2020; RODRIGUES, Marco Antonio; RANGEL, Rafael Calmon. O procedimento extrajudicial pré-executivo lusitano (PEPEX): algumas lições para o sistema brasileiro. *Revista de Processo*. v. 282. p. 445/471. ago. 2018.
3. CILURZO, Luiz Fernando. *A desjudicialização na execução por quantia*. São Paulo, 2016, Dissertação (Mestrado) – Faculdade de Direito da Universidade de São Paulo, p. 29.

especificamente à figura do juiz, o que descaracteriza como desjudicialização, por exemplo, a delegação de atos do juiz aos seus próprios escreventes ou cartorários.

Humberto Theodoro Júnior entende que a desjudicialização da execução não se volta a negar o caráter jurisdicional da fase executiva. Para o autor, a ideia da desjudicialização da execução se voltaria ao afastamento do Poder Judiciário para a "atividade rotineira dos atos executivos", sem necessariamente afastar a eventual atuação do juiz para solucionar problemas que venham a surgir no decorrer do procedimento e que mereçam a sua atenção.[4]

Inobstante as diversas acepções que podem ser atribuídas à terminologia, o objetivo precípuo da desjudicialização é a redução dos atos da execução que são de responsabilidade do Poder Judiciário, os quais são tradicionalmente morosos em razão do grande volume de trabalho existente perante os tribunais[5].

Esse cenário de ineficiência ou morosidade do Poder Judiciário quanto aos atos executivos, além de contribuir para uma insatisfação do jurisdicionado quanto à efetividade da instituição do Judiciário, gera consequências negativas à economia e ao bem-estar social, impactando, inclusive, no nível de confiança de eventuais investimentos a serem alocados no país.[6]

Neste sentido, o último Relatório "Justiça em Números"[7] do Conselho Nacional de Justiça, divulgado em 2020, aponta relevantes estimativas concernentes à efetividade da execução no processo civil brasileiro, instigando importantes questionamentos. Segundo o Relatório, num recorte específico dos processos baixados somente na Justiça Estadual, a média de duração da fase de execução judicial foi de 4 anos e 2 meses, que somados aos 3 anos e 7 meses da duração da fase de conhecimento em 1º grau, e a 1 ano de duração no 2º grau, justificaria o longo percurso processual até que a execução tenha um fim (o que não significará, necessariamente, a satisfação do exequente).

O Relatório aponta, ainda, que dos 77 milhões de processos pendentes de baixa na Justiça brasileira, ao final de 2019, aproximadamente 55,8% se encontravam na fase de execução.

Em um contexto de acesso à justiça como garantia fundamental, tal como ocorre no ordenamento jurídico brasileiro, é necessário refletir sobre os mecanismos da execução e o seu impacto em proporcionar segurança jurídica e efetividade à tutela pleiteada pelos jurisdicionados. Direcionado a esse problema e propondo a

---

4. THEODORO JÚNIOR, Humberto. A desjudicialização da execução civil: projetos legislativos em andamento. *Revista de Processo*. v. 313. p. 153-163. mar. 2021.
5. CILURZO, Luiz Fernando. Op. cit., p. 31.
6. GAIO JUNIOR, Antônio Pereira. Execução e desjudicialização: modelos, procedimento extrajudicial pré-executivo e o PL 6.204/2019. *Revista de Processo*. v. 306. ago. 2020, p. 151-175.
7. BRASIL. Conselho Nacional de Justiça. *Justiça em Números*. Disponível em: www.cnj.jus.br/wp-content/uploads/2020/08/WEB-V3-Justi%C3%A7a-em-N%C3%BAmeros-2020-atualizado-em-25-08-2020.pdf. Acesso em: 20 jun. 2021.

desjudicialização de algumas medidas executivas no processo civil brasileiro, está em trâmite, no Senado Federal, o Projeto de Lei 6.204/19 de autoria da senadora Soraya Thronicke.

O Projeto de Lei, de assumida inspiração na legislação portuguesa[8], prevê a atribuição aos tabeliães de protesto de atividades relativas à admissão e condução da execução, tais como a consulta da base de dados para localização do devedor e seu patrimônio, a citação do executado para pagamento, a penhora e a avaliação dos bens do devedor, dentre outras.[9]

A efetividade da fase executiva e a possibilidade de desconcentrar as atividades predominantemente administrativas da execução do Poder Judiciário são elementos de preocupação não somente do processo civil brasileiro, mas também de outros ordenamentos, como o italiano que será destaque dessa exposição.

No direito italiano, as discussões envolvendo a efetividade da fase de execução civil remontam ao menos desde a década de 1990. Na primeira metade dos anos 1990, o legislador se valeu de algumas reformas legislativas destinadas a tornar o processo civil mais eficaz, concentradas, especialmente na fase de conhecimento, sem abranger, de forma específica, porém, a fase de execução.

Todavia, sob a influência de um estudo paradigmático de Andrea Proto Pisani[10], o Parlamento Italiano aprovou a Lei 302, de 3 de agosto de 1998, por meio da qual o legislador conferiu ao juiz da execução a possibilidade de delegar a operação de venda de bens imóveis e de bens móveis sujeitos a registro[11] que estivessem penhorados a particulares, de início, o *"notaio"*, ou seja, profissional equivalente ao tabelião no Brasil.

A posição defendida por Proto Pisani foi assimilada pela Lei 302 de 1998, e consiste, em síntese, no pressuposto de que, no contexto da fase executiva, o processo de alienação de bens é cercado de aspectos burocráticos, de natureza tipicamente administrativa, os quais não carecem da atuação do Poder Judiciário. Ou seja, as operações de venda de bens previstas pelo Código de Processo Civil italiano não

---

8. "Diante do sucesso da experiência portuguesa, propõe-se uma desjudicialização da execução adaptada à realidade brasileira, com o máximo aproveitamento das estruturas extrajudiciais existentes e que há muito já demonstram excelência no cumprimento de suas atividades". BRASIL. Senado Federal. *Projeto de Lei n.º 6.204/19*. Dispõe sobre a desjudicialização da execução civil de título executivo judicial e extrajudicial; altera as Leis 9.430, de 27 de dezembro de 1996, 9.492, de 10 de setembro de 1997, 10.169, de 29 de dezembro de 2000, e 13.105 de 16 de março de 2015 – Código de Processo Civil. Disponível em: https://legis.senado.leg.br/sdleg-getter/documento?dm=8049470&ts=1624912882891&disposition=inline. Acesso em: 15. jun. 2021.
9. THEODORO JÚNIOR, Humberto; ANDRADE, Érico. Novas perspectivas para atuação da tutela executiva no direito brasileiro: autotutela executiva e "desjudicialização" da execução. *Revista de Processo*. v. 315. p. 109-158. maio 2021.
10. PROTO PISANI, Andrea. Delegabilità ai notai delle operazioni di incanto nella espropriazione forzata immobiliare. *Il Foro Italiano*. v. 115. 1992, p. 444-451.
11. De acordo com o art. 815 do Código Civil Italiano, os bens móveis inscritos nos registros públicos se sujeitam às disposições específicas que lhes digam respeito, e na falta delas, às disposições relativas aos bens móveis. Tradução livre de: "I beni mobili iscritti in pubblici registri sono soggetti alle disposizioni che li riguardano e, in mancanza, alle disposizioni relative ai beni mobili".

seriam atividades jurisdicionais propriamente ditas, sendo, portanto, dispensável a incumbência do Poder Judiciário com tal atribuição.

Em acréscimo, a desjudicialização da execução contribuiria para incrementar a satisfatividade das partes envolvidas, as quais estariam diante de um cenário potencialmente mais célere, lucrativo e conduzido por pessoas com efetivo conhecimento prático na matéria de venda de bens.

Um ponto de destaque, porém, é que, a despeito da atribuição da responsabilidade a esse particular, o Código de Processo Civil italiano – seja com as alterações propostas pela Lei 302/1998, seja pelas posteriores reformas implementadas no instituto da delegação das operações de venda – mantém explicitamente o poder de controle do juiz da execução quanto aos atos do particular que recebeu a delegação para a venda do bem.

Dessa forma, nos próximos capítulos, expor-se-ão as principais características do instituto da delegação de operações de venda de bens a particulares no direito italiano.

3. A DELEGAÇÃO DAS OPERAÇÕES DE VENDA NO DIREITO ITALIANO E A SUA EVOLUÇÃO HISTÓRICA

A delegação das operações de venda a particulares, no processo civil italiano, foi implementada por meio da Lei 302/1998 que alterou o Código de Processo Civil Italiano, por influência dos estudos de Proto Pisani. Desde 1998, todavia, o instituto da delegação já foi alvo de diversas reformas legislativas, direcionadas a torná-lo cada vez mais eficiente.

3.1 O cenário antes da delegação por autorização legislativa e os estudos do professor Proto Pisani

Na primeira década dos anos 1990, o processo civil italiano passou por consideráveis reformas. Alguns destaques são a Lei 353/1990, intitulada de "Medidas urgentes para o processo civil", a Lei 374/1991, com a instituição do juiz de paz e a Lei 432/1995, que se encarregou de contrarreformar elementos da reforma da Lei 353/1990. Esse movimento reformista, embora tenha instituído relevantes alterações no processo civil, concentrou suas mudanças especialmente na fase de cognição, tangenciando a fase executiva.[12]

A fase de execução, apesar de não ter sido objeto das supramencionadas reformas, se encontrava em um cenário conturbado e carecia de alguma intervenção, especialmente quanto às implicações dos procedimentos para a alienação de bens expropriados.

---

12. CERRATO, Alfonso. *La delega ai professionisti delle operazioni di vendita nell'espropriazione forzata immobiliare ed il controllo del loro operato*. Roma, 2013, Tese (Doutorado) – Facoltà di Giurisprudenza dell'Università degli Studi di Roma Sapienza, p. 7.

A problemática se materializava em duas principais frentes: a duração do procedimento de venda e o proveito obtido pela venda do bem. Ao final da década de 1980, a duração do procedimento para venda de bens móveis era de aproximadamente 335 dias, enquanto o proveito obtido girava em torno de 6,21%. Por sua vez, para os bens imóveis, a duração quadruplicava, chegando a 1508 dias para o encerramento da alienação, com proveito em torno de 37,03%.[13]

Esse contexto foi justamente o objeto de exposição do professor Andrea Proto Pisani ao sustentar que a situação de crise em que se encontrava o processo civil na década de 1990 não podia ser encarado somente como uma disfunção do processo ordinário, mas também da paralisia que acometia a fase da execução forçada. E justamente em razão desse cenário, defendia que qualquer alteração significativa na fase de cognição judicial, se não acompanhada de uma reforma incisiva na execução, seria inócua.[14]

Diante disso, desenvolve sua tese para defender a utilização dos tabeliães para as operações de vendas imobiliárias, enquanto uma corajosa medida passível de ser adotada para revolucionar esse cenário.

Da teoria de Proto Pisani, destacam-se três argumentos consistentes para a defesa da delegação.

O primeiro deles, de natureza exegética, baseia-se na suposta autorização legislativa pré-existente para que tabeliães pudessem receber o encargo de alienar os bens penhorados judicialmente, pautada tanto em dispositivos do Código de Processo Civil italiano quanto da Lei 89/1913 (também tratada por Lei Notarial). Enquanto o artigo 68, § 2º do CPC italiano, possibilitaria ao juiz encarregar um tabelião do cumprimento de atos quando houvesse previsão legal,[15] o artigo 1º, n. 4, "c" da Lei Notarial concederia aos tabeliães a faculdade de proceder com leilões e divisões judiciais, bem como com todas as operações necessárias para a sua concretização, mediante delegação judiciária.[16] Assim, cotejando os artigos, não haveria óbice para a atribuição de determinada responsabilidade aos tabeliães.[17]

O segundo argumento, de ordem sistemática, considera que a alienação dos bens não seria propriamente uma atividade de *ius dicere*, o que, por consequência, não deveria necessariamente demandar a atuação de um magistrado. Dessa forma,

---

13. CHIARLONI, Sergio. La giustizia civile e i suoi paradossi. *Revista Eletrônica de Direito Processual – REDP*. ano 8, v. 14, , p. 603-690, p. 619-620. Rio de Janeiro, jul.-dez 2018.
14. PROTO PISANI. Op. cit., p. 445.
15. Articolo 68, §2º: Il giudice puó commettere a un notaio il compimento di determinati atti nei casi previsti dalla lege.
16. Articolo 1. I notari sono ufficiali pubblici istituiti per ricevere gli atti tra vivi e di ultima volontà, attribuire loro pubblica fede, conservarne il deposito, rilasciarne le copie, i certificati e gli estratti. Ai notai è concessa anche la facoltà di: [...] 4) Procedere, in seguito a delegazione dell'autorità giudiziaria: [...] c) Agl'incanti e alle divisioni giudiziali ed a tutte le operazioni all'uopo necessarie.
17. PROTO PISANI. Op. cit., p. 446.

o processo de alienação de bens seria uma fase meramente administrativa, o que induziria a possibilidade de sua incumbência aos tabeliães.[18]

Por fim, outro argumento apresentado pelo autor se pauta num viés da delegação enquanto materialização da efetividade da tutela jurisdicional, em decorrência da paralisia que a expropriação imobiliária estaria sofrendo no contexto do processo civil italiano. Sendo assim, diante da possibilidade de delegação de tais serviços aos tabeliães, e da própria especialidade desses em operações imobiliárias, não haveria razão para que não se concretizasse a delegação[19].

3.2 A recepção da delegação no ordenamento jurídico italiano – a Lei 302/1998 e a delegação das operações de vendas aos notários

Alguns anos após as propostas de Proto Pisani, em 3 de agosto de 1998, é aprovada a Lei 302, incorporando alguns dos ensinamentos difundidos pelo estudioso. A Lei intitulada de "Normas em tema de expropriação forçada e de atos confiáveis a tabeliães", possibilitava aos juízes da execução a delegação do cumprimento das operações de vendas de bens móveis sujeitos a registro (a partir da inclusão do artigo 534-*bis* do Código de Processo Civil italiano) e de bens imóveis (com previsão no artigo 591-*bis* do Código de Processo Civil italiano).

Dentre as disposições de destaque do diploma legal, encontravam-se, ainda, as expressas previsões do tabelião se dirigir ao juiz da execução nos casos em que surgissem quaisquer "dificuldades" no procedimento de alienação ou mesmo das partes apresentarem recursos em face dos atos praticados pelo profissional delegado (conforme abordar-se-á no item 6). Essas são as previsões dos artigos 534-*ter* e 591-*ter* do Código de Processo Civil italiano, inseridos pela referida reforma, os quais estipulavam, ainda, a ausência de efeito suspensivo a tais reclamações, exceto nos casos em que o juiz da execução identificasse "graves motivos".

Somado a isso, a Lei 302/1998 inseriu nas Disposições de Atuação do Código de Processo Civil italiano, os artigos 169-*bis* e 179-*bis* quanto à forma de fixação de honorários para remuneração dos tabeliães, e os artigos 169-*ter* e 179-*ter*, sobre a constituição das listas de tabeliães a serem disponibilizadas aos presidentes dos tribunais.

Por fim, um destaque relevante quanto à Lei 302/1998 foi a previsão expressa das atividades que podem ser cumpridas pelo tabelião. Apesar do tema ser tratado com maior profundidade no item 5.2, adianta-se que o artigo 591-*bis* possibilitou o encargo do tabelião de atividades como a determinação do valor de um imóvel com o auxílio de um perito nomeado pelo juiz da execução (item 1), a autorização para a assunção de dívidas pelo adjudicatário (item 2), a execução das formalidades atinentes ao registro e transcrição do decreto de transferência do bem, e também a comunicação à Administração Pública (item 5), dentre outras previsões.

---

18. Idem
19. PROTO PISANI. Op. cit., p. 447.

Defende-se que a Lei 302/1998, em verdade, não fez qualquer inovação em termos de atribuir funções diversas ao tabelião, mas teria tão somente reconhecido a possibilidade desse profissional praticar os atos que o ordenamento jurídico não lhe impedia de realizar, exatamente em consonância com o que era defendido por Andrea Proto Pisani.[20]

Entretanto, apesar da nova disposição legal, como se detalhará melhor no item 5.1, a delegação não suprimiu do juiz o comando da expropriação forçada, uma vez que esse continua exercendo um poder de controle sobre a alienação, mas não de forma direta e pessoal.[21]

Pode-se dizer que a Lei 302/1998, na medida do possível, cumpriu com as expectativas, durante a sua vigência, contribuindo para o aprimoramento do processo executivo italiano nas duas vertentes que mais demandavam atenção: a duração do processo de execução e maior satisfação do crédito, do ponto de vista do valor da alienação do bem.[22]

3.3 A Reforma de 2005 e a extensão subjetiva e objetiva da delegação

Na vigência da Lei 302/1998 e das alterações concretizadas por ela no Código de Processo Civil italiano, as atividades relativas à alienação dos bens expropriados passaram a ser delegáveis aos tabeliães, por influência direta da proposta de Proto Pisani.

Em uma série de reformas envolvendo o processo executivo italiano, em 2005, o legislador revisitou o instituto da delegação nos casos de bens expropriados judicialmente. O objetivo dessa alteração, além de conferir celeridade e satisfatividade do valor da alienação, era aumentar a qualidade geral do sistema de execução civil, reduzindo as significativas diferenças existentes entre a venda coercitiva e aquela não coercitiva, e, por via de consequência, tornando a primeira modalidade não tão desvantajosa em detrimento da segunda.[23] Assim, além de tornar o sistema de alienação dos bens expropriados judicialmente mais eficiente, a reforma visou torná-lo competitivo.

Por meio das Leis 80 de 14 de maio de 2005, e 263 de 28 de dezembro de 2005, o legislador alterou o artigo 591-*bis* do Código de Processo Civil italiano, a fim de aumentar o leque de atividades passíveis de delegação, bem como estender o rol de sujeitos delegáveis também a advogados e comercialistas.[24]

---

20. CHIODI, Giovanni. *Il giudice dell'esecuzione e la delega delle operazioni di vendita nell'espropriazione forzata imobiliare*. Roma, 2019 – Dipartimento di Giurisprudenza della Libera Università Internazionale degli Studi Sociali Guido Carli (LUISS), p. 17.
21. Nesse sentido, o artigo 484 do Código de Processo Civil italiano: A expropriação é dirigida por um juiz. Tradução livre de: "L'espropriazione è diretta da un giudice".
22. CERRATO, Alfonso. Op. cit., p. 48-49.
23. Ibidem, p. 63.
24. A figura do comercialista não tem propriamente um correspondente no cenário brasileiro, reunindo funções concernentes a um contador, economista ou mesmo um advogado especializado em direito tributário ou direito empresarial. Segundo a Enciclopédia Treccani, o comercialista seria o um profissional, graduado em economia e comércio (cujo título é exatamente doutor comercialista), ao qual a lei reconhece a competência

Essa medida, pautada na otimização do procedimento de alienação dos bens expropriados judicialmente, foi advogada, ainda, enquanto interesse geral da coletividade e do bom andamento da justiça civil, em favorecimento não somente do credor – que teria sua obrigação satisfeita de forma mais célere, preservando a utilidade prática da medida – mas também do devedor – que remanesceria num "limbo sem fim" enquanto não se encerrasse o procedimento de liquidação e tivesse ciência do eventual proveito econômico que seria obtido mediante a alienação.[25]

Nesse contexto, teriam especial contribuição dois princípios constitucionais insertos no artigo 111 da Carta Magna italiana pela Lei Constitucional 2 de 1999[26]: o desenvolvimento de um processo que se desenrolasse de forma justa e regulada pela lei (§ 1º) e o asseguramento de uma duração razoável do processo (§ 2º).[27]

Assim, mediante tais premissas, o legislador italiano, por intermédio das Leis 80 e 263 de 2005, estendeu aos juízes da execução a possibilidade de delegar as operações de venda de bens não somente aos tabeliães, mas também aos advogados e aos comercialistas. Essa alteração foi objeto de atenção por parte da doutrina italiana, uma vez que as bases principiológicas nas quais se fundavam o pensamento de Proto Pisani – e que inspiraram o legislador de 1998 – se alinhavam à delegação das operações de venda especificamente aos tabeliães, pois a eles já seria conferida competência legislativa para tanto,[28] conforme se detalhará melhor ao item 4.1.

Em acréscimo às alterações quanto aos sujeitos delegáveis para o instituto da delegação das operações de venda, houve um incremento quanto ao aspecto objetivo da lei, ou seja, das atividades passíveis de delegação.

O artigo 591-*bis*, além de manter as atividades que haviam sido incorporadas pela Lei 302/1998, adicionou novos encargos que poderiam ser repassados aos delegatários, tais como a autoridade para determinar a restituição de caução nos casos de oferta que não restassem adjudicadas (item 13).

Quanto ao aspecto objetivo ainda, é relevante apontar que até a reforma de 2005, ao juiz da execução só era possível delegar as operações de venda que se concretizassem por leilões abertos (*"vendita con incanto"*).

---

em matérias comerciais, econômicas, financeiras, tributárias e de contabilidade, sob a prévia obtenção da habilitação profissional e inscrição em registro, obtido no Conselho de Ordem. Igualmente, pode ser considerado um jurista ou advogado especializado em direito comercial. Tradução livre de: "Professionista, fornito della laurea in economia e commercio (il cui titolo è perciò, più esattamente, dottore commercialista), al quale è per legge riconosciuta competenza tecnica nelle materie commerciali, economiche, finanziarie, tributarie e di ragioneria, previo conseguimento della relativa abilitazione professionale e l'iscrizione nell'apposito albo, tenuto dal Consiglio dell'ordine. 2. Giurista o avvocato specializzato in diritto commerciale". Disponível em: https://www.treccani.it/vocabolario/commercialista/. Acesso em: 02 jul. 2021.

25. CERRATO, Alfonso. Op. cit., p. 65-66.
26. A respeito dos princípios, PROTO PISANI, Andrea. Il Nuovo Art. 111 Cost. e Il Giusto Processo Civile. *Il Foro Italiano*, v. 123, n. 10, p. 241-250. 2000.
27. CERRATO, Alfonso. Op. cit., p. 66.
28. Vide item 3.1, no qual a justificativa exegética da teoria de Proto Pisani era a leitura conjunta dos artigos 68, §2º do CPC italiano e 1º, item 4c da Lei Notarial.

Embora não seja objeto desse estudo, por meio da reforma, o legislador, além de possibilitar a delegação também das operações de venda por meio dos leilões fechados (*"vendita senza incanto"*), tornou essa modalidade prioritária para a alienação de bens penhorados, possibilitando os leilões abertos somente de forma subsidiária e mediante determinados cumprimentos legais.[29]

3.4 O Decreto-Lei 83/2015 e a delegação enquanto regra

O Decreto-Lei 83 de 27 de junho de 2015, convertido na Lei 132/2015, em sua extensa proposta de alterações em matérias falimentares, civis e processuais civis, destinou em seu artigo 13, uma alteração quanto ao instituto da delegação de operações de venda de bens penhorados.

Antes da alteração legislativa, o artigo 591-*bis* do Código de Processo Civil italiano previa que o juiz da execução *poderia* delegar a um tabelião (e, a partir de 2005, a um advogado ou comercialista) o cumprimento das operações de venda.[30] Com a mudança efetuada pelo Decreto-Lei 83/2015, elimina-se a discricionariedade atribuída ao juiz da execução de delegar ou não as operações de venda aos agentes privados listados pela lei. O legislador altera a expressão *"poderia delegar"* por *"delega"*.[31]

A exceção prevista para o caráter obrigatório da delegação passa a ser regido pelo parágrafo segundo do art. 591-*bis*, também inserto pelo Decreto-Lei 83/2015. Segundo esse dispositivo, a delegação não ocorreria caso, após a oitiva dos credores, o juiz da execução reconhecesse que a tutela do interesse das partes estaria mais assegurada mediante a condução direta das operações de venda.[32]

Algumas hipóteses possíveis para essa tomada de decisão por parte do juiz da execução podem envolver o valor do bem em questão, fatores ambientais e os prováveis custos envolvidos na delegação que poderiam inviabilizá-la.[33]

A despeito do diploma legal referir-se expressamente ao interesse das partes como parâmetro para avaliação da delegação das operações, a necessidade de oitiva unicamente da parte credora pode levar à conclusão que unicamente seu interesse possa ser levado em consideração em um cenário de escolha do juiz em conduzir diretamente a alienação dos bens.

---

29. CERRATO, Alfonso. Op. cit., p. 100.
30. Redação original do artigo 591-*bis* após a Lei 263/2005: O juiz da execução, por meio da decisão que dispõe sobre o requerimento de venda, nos termos do artigo 569, Parágrafo Terceiro, *pode*, ouvidos os interessados, delegar [...]. Tradução livre de: "Il giudice dell'esecuzione, con l'ordinanza con la quale provvede sull'istanza di vendita ai sensi dell'articolo 569, terzo comma, può, sentiti gli interessati, delegare [...]".
31. Redação atual do artigo 591-*bis*: O juiz da execução, à exceção da previsão do Parágrafo Segundo, por meio da decisão que dispõe sobre o requerimento de venda, nos termos do artigo 569, Parágrafo Terceiro, *delega* [...] Tradução livre de: "Il giudice dell'esecuzione, salvo quanto previsto al secondo comma, con l'ordinanza con la quale provvede sull'istanza di vendita ai sensi dell'articolo 569, terzo comma, delega [...]".
32. Tradução livre de: "Il giudice non dispone la delega ove, sentiti i creditori, ravvisi l'esigenza di procedere direttamente alle operazioni di vendita a tutela degli interessi delle parti".
33. GRECO, Emanuele; PASQUALE, Cecilia; VITALE, Roberta. *Delega delle operazioni di vendita nelle esecuzioni immobiliari e mobiliari*. Dottrina Eutekne, 2020, p. 10.

Somado a isso, alterado o cenário e transformada a delegação em regra pelo Código de Processo Civil italiano, nos casos em que o juiz da execução identifique que a "tutela dos interesses das partes" será melhor assegurada pela sua condução direta da alienação dos bens, a doutrina entende que essa decisão tem de ser necessariamente motivada.[34]

3.5 O Decreto-Lei 59/2016: a venda eletrônica e a lista de profissionais delegatários

Um último destaque em termos legislativos quanto à disciplina envolvendo a delegação de operações de venda a particulares no direito italiano é o Decreto-Lei 59 de 3 de maio de 2016, convertido na Lei 119/2016.

Dentre as diversas previsões do diploma legal, há a alteração do parágrafo quarto do artigo 569 do Código de Processo Civil italiano, tornando regra geral a venda eletrônica de bens imóveis penhorados. O juiz da execução poderia estabelecer que o delegatário seguisse pelo procedimento de venda presencial nos casos em que a venda eletrônica se mostrasse prejudicial aos interesses dos credores ou ao célere desenvolvimento da execução.[35]

Além disso, o Decreto-Lei 59 alterou o processo de listagem e seleção dos tabeliães, advogados ou comercialistas autorizados a receberem delegação. Na vigência das alterações trazidas pela Lei 302/1998, o artigo 179-*ter* das Disposições de Atuação do Código de Processo Civil italiano estipulava que o presidente do tribunal receberia um comunicado anual por parte do Conselho Notarial dos tabeliães que estariam disponíveis, por cada circunscrição.

A reforma de 2005 fez algumas adaptações, a fim de comportar a expansão dos sujeitos delegáveis, prevendo a comunicação pelos Conselhos Notariais, da Ordem dos Advogados e da Ordem dos Comercialistas em período trienal. Outro acréscimo imposto pela Reforma de 2005 foi a necessidade de a inscrição perante o respectivo Conselho conter uma espécie de currículo do interessado com os principais atos relativos à expropriação forçada praticados pelos potenciais delegatários.

A partir do Decreto-Lei 59/2016, o artigo 179-*ter* das Disposições de Atuação do Código de Processo Civil italiano determina que a inscrição dos possíveis delegatários se dará diretamente perante cada tribunal, sem a intermediação dos respectivos Conselhos profissionais. Os tribunais deveriam criar uma comissão responsável por avaliar as inscrições dos interessados, bem como acompanhar o andamento dos trabalhos dos delegatários.

---

34. CHIODI, Giovanni. Op. cit., p. 25.
35. Art. 569, § 4º: Con la stessa ordinanza, il giudice stabilisce, salvo che sia pregiudizievole per gli interessi dei creditori o per il sollecito svolgimento della procedura, che il versamento della cauzione, la presentazione delle offerte, lo svolgimento della gara tra gli offerenti e, nei casi previsti, l'incanto, nonché il pagamento del prezzo, siano effettuati con modalità telematiche, nel rispetto della normativa regolamentare di cui all'articolo 161-ter delle disposizioni per l'attuazione del presente codice.

Outra inovação trazida quanto à escolha do profissional para delegação do serviço é a possibilidade de o juiz da execução encarregar uma pessoa que não esteja inscrita em nenhum elenco, quando houver "razões especiais", desde que essas sejam analiticamente expostas na decisão de delegação.[36]

4. ASPECTOS SUBJETIVOS DA DELEGAÇÃO

Conforme exposto nos tópicos anteriores, atualmente, o Código de Processo Civil italiano possibilita ao juiz da execução a delegação dos atos relativos às operações de venda de bens penhorados a três figuras diversas: os tabeliães, os advogados e os comercialistas.

A inclusão dos advogados e dos comercialistas no rol dos profissionais sujeitos à delegação, por meio das reformas legislativas de 2005, foi acompanhada de críticas por parte da doutrina, inclusive da parte de Proto Pisani, precursor das ideias relativas à delegação das operações de venda de bens, conforme exposto no item 3.1. Para o processualista, os tabeliães seriam considerados substitutos naturais do juiz, pelo seu papel de agentes públicos e pela observância necessária da *terzietà*[37] em sua atuação. Por outro lado, os advogados e comercialistas não teriam o mesmo compromisso em sua atividade laborativa, uma vez que a própria essência da sua atuação se conecta a se associar a uma parte.[38]

No que diz respeito à nomeação dos delegatários, o *caput* do artigo 591-*bis* do Código de Processo Civil italiano prevê que o juiz da execução, na mesma decisão em que determinar a venda dos bens penhorados judicialmente, delegará a um dos três profissionais previstos pela lei os encargos relativos às operações dessa venda.

Por sua vez, a previsão de revogação da delegação veio instituída por meio da Lei 132/2015, que acresceu o § 11 ao artigo 591-*bis* do Código de Processo Civil italiano. Atualmente, segundo o que prevê a lei, o juiz da execução poderá determinar a revogação da delegação, sempre após a oitiva do interessado, nos casos em que sejam descumpridos os prazos e as diretrizes para a concretização das operações de venda,

---

36. CHIODI, Giovanni. Op. cit., p. 65.
37. O princípio da *terzietà* é uma figura característica do direito italiano, prevista no artigo 111 da Constituição Italiana, que disciplina o asseguramento de um juiz "terceiro" e imparcial para o desenvolvimento do processo. *Tradução livre: Art. 111. Ogni processo si svolge nel contraddittorio tra le parti, in condizioni di parità, davanti a giudice terzo e imparziale. La legge ne assicura la ragionevole durata.* A doutrina reconhece a aproximação envolvendo os princípios da *terzietà* e da imparcialidade, uma vez que ambos se coadunam às ideias de abstenção e recusa do julgador. Todavia, a *terzietà* seria melhor definida enquanto a assunção do juiz como um terceiro equidistante em relação aos sujeitos do processo, ou seja, assume um caráter de natureza mais subjetiva. Por sua vez, a imparcialidade teria um foco mais direcionado ao objeto do litígio, de forma que o julgador se mantenha distante da própria lide e das posições jurídicas escolhidas pelas partes. CONSOLO, Claudio. Terzietà ed imparzialità nella dinamica dei processi non penali. *Il Foro Italiano*, v. 135, n. 1, p. 22-29, p. 23. 2012.
38. PROTO PISANI, Andrea. Premessa. In: PROTO PISANI, Andrea, et al. Le Modifiche Al Codice Di Procedura Civile Previste Dalla L. n. 80 Del 2005. *Il Foro Italiano*, v. 128, n. 6, p. 89-152, p. 93. 2005.

exceto nos casos em que o delegatário demonstre que não tenha sido diretamente responsável pelo atraso ou desvio no plano previsto.[39]

4.1 Tabeliães

O primeiro indivíduo ao qual o ordenamento jurídico italiano possibilitou a delegação das operações de venda foi o tabelião, em consonância com o defendido por Proto Pisani (item 3.1).

O recém-inserido artigo 591-*bis*, à época, fazia menção a somente um requisito de observância dos tabeliães: a sua competência territorial, na medida em que o juiz da execução só poderia praticar a delegação com tabeliães da mesma comarca ou circunscrição em que o processo tramitasse.

Esse requisito foi revisitado durante a reforma de 2005. Embora o Código de Processo Civil prossiga com a adoção de um critério territorial para a eventual delegação de um notário, o legislador acrescentou ao artigo 591-*bis* o advérbio *"preferencialmente"*[40], denotando que não se exige mais do juiz da execução a nomeação de um tabelião necessariamente da comarca ou circunscrição judiciária na qual o processo tramita.

Essa alteração, de acordo com a doutrina, cumpre uma dúplice função: de um lado, demonstra uma exigência do legislador quanto à proximidade entre a sede da execução e o lugar de atuação do tabelião que recebeu a delegação, por uma razão de conveniência às partes de estarem situadas geograficamente próximas ao lugar onde se desenvolverão as operações de venda.

Por um outro ângulo, o acréscimo do termo "preferencialmente" corrige uma problemática envolvendo a delegação prevista pela Lei 302/1998, que impossibilitava o juiz da execução de nomear um tabelião que atendesse mais satisfatoriamente os interesses das partes, e praticasse as atividades executivas da forma mais adequada possível, mesmo que este estivesse situado fora da comarca ou circunscrição na qual a execução estivesse em curso.[41]

Assim, a alteração se coaduna perfeitamente com o espírito da reforma de 2005, que foi tornar o processo de alienação mais competitivo e eficiente, alterando, portanto, a atividade desenvolvida pelo delegatário.

Esse aspecto concernente à competência territorial, conforme se verá no próximo item, não se estendeu aos advogados e comercialistas, autorizados pela reforma legislativa de 2005, mas tão somente aos tabeliães.

---

39. Art. 591-bis. §11. Il giudice dell'esecuzione, sentito l'interessato, dispone la revoca della delega delle operazioni di vendita se non vengono rispettati i termini e le direttive per lo svolgimento delle operazioni, salvo che il professionista delegato dimostri che il mancato rispetto dei termini o delle direttive sia dipeso da causa a lui non imputabile.
40. Art. 591-bis: "Il giudice dell'esecuzione, salvo quanto previsto al secondo comma, con l'ordinanza con la quale provvede sull'istanza di vendita ai sensi dell'articolo 569, terzo comma, delega ad un notaio avente preferibilmente sede nel circondario [...]".
41. CERRATO, Alfonso. Op. cit., p. 72-73.

4.2 Advogados e comercialistas

Os advogados e comercialistas foram incluídos no rol de profissionais delegáveis a partir de 2005. Diversamente do que prevê o artigo 591-bis do Código de Processo Civil italiano quanto à limitação territorial, o juiz da execução não está adstrito à comarca ou circunscrição judiciária de atuação para a delegação dos advogados e comercialistas.

A escolha do legislador em limitar somente a atuação territorial do tabelião e não dos outros profissionais se conecta à ideia de que o tabelião não pode atuar legitimamente fora da circunscrição na qual tem autoridade, enquanto os advogados e comercialistas, a despeito de estarem inscritos em um Conselho Profissional com delimitação territorial, podem praticar sua profissão em todo o território nacional.[42]

Entretanto, esse destaque do legislador não significa necessariamente que o próprio juiz da execução não possa – ou deva – levar em consideração a atuação territorial do advogado ou do comercialista quando decidir nomeá-los. Segundo exposto no item anterior, a inserção da ideia "preferencial" quanto à localização territorial, a despeito de conectada à nomeação de tabeliães, se coaduna com um desenvolvimento mais eficiente das operações de venda, e, portanto, deve ser observado também nos casos de nomeação de advogados ou comercialistas.

O fenômeno da ausência de *terzietà* na atuação dos novos profissionais é uma das principais preocupações da doutrina quanto à extensão legal praticada em 2005, especialmente quanto ao papel dos advogados.

Um ponto de atenção quanto à atuação dos advogados enquanto delegatários de operações de venda é a ausência de uma expressa proibição da impossibilidade de delegação destes nas mesmas circunscrições territoriais em que atuam, o que difere por exemplo da figura do juiz honorário agregado, previsto pela Lei 276/1997, cujo artigo 5º, § 2º[43] possibilita a nomeação de um advogado para a função, exceto na circunscrição territorial do Conselho de Ordem ao qual seja vinculado.[44]

Outra ausência notável na reforma processualista de 2005 e criticada pela doutrina foi a falta de previsão expressa de incompatibilidade do advogado que já tenha patrocinado uma das partes, figurar como delegatário das operações de venda. A despeito do lapso cometido pelo legislador, a doutrina[45] defende essa vedação por duas razões principais.

---

42. Ibidem, p. 77.
43. Art. 5º, §2º: il giudice onorario aggregato, nominato tra gli avvocati iscritti al relativo albo o non più iscritti da meno di cinque anni, non può svolgere le sue funzioni presso il tribunale ove ha sede il Consiglio dell'ordine cui era iscritto al momento della nomina o nei cinque anni precedenti, salvo che il circondario del tribunale non comprenda una popolazione superiore a 500.000 abitanti.
44. FABIANI, Ernesto. La delega delle operazioni di vendita. *In*: PROTO PISANI, Andrea, et al. Le Modifiche Al Codice Di Procedura Civile Previste Dalla L. n. 80 Del 2005. *Il Foro Italiano*, v. 128, n. 6, p. 89-152, p. 130. 2005.
45. CERRATO, Alfonso. Op. cit., p. 84.

A primeira delas alude ao princípio da *terzietà* que deve ser assegurado pelo julgador. Assumindo o sujeito delegatário um papel de substituto do juiz da execução, espera-se dele igualmente a manutenção dessa posição de terceiro sem qualquer vínculo com as partes. Logicamente, se em algum momento, o advogado representou alguma das partes envolvidas no litígio, essa equidistância ficará comprometida, restando inconciliável a delegação para a venda de bens a um procurador das partes.

O segundo motivo tem uma raiz de natureza legal. Figurando o advogado no papel de delegatário, e novamente enquanto substituto do juiz no que concerne ao trato das operações de venda de bens penhorados, a ele necessariamente são aplicados os deveres de abstenção do juiz, previstos pelo artigo 51 do Código de Processo Civil italiano (que encontram paralelo no direito brasileiro com as causas de impedimento e suspeição do juiz, *ex vi* artigos 144 e 148 do Código de Processo Civil brasileiro). Uma dessas obrigações de abstenção do juiz – ou de seus auxiliares ou substitutos – deve se dar no caso em que ele tenha dado conselho ou prestado patrocínio na causa.[46]

5. ASPECTOS OBJETIVOS DA DELEGAÇÃO

Os indivíduos que recebem o encargo do juiz da execução serão responsáveis pelas operações de venda dos bens expropriados, conforme será definido pela decisão de delegação. O rol das atividades que compõem essas operações foi modificado no curso das alterações legislativas ao instituto da delegação, mas sempre mantiveram em comum a autoridade do juiz da delegação no decorrer de todo o processo da alienação.

5.1 Controle do juiz da execução durante todo o processo de delegação

Antes de adentrar propriamente em algumas das atribuições que o Código de Processo Civil italiano determina que o juiz da execução, salvo as exceções previstas, delegue aos tabeliães, advogados ou comercialistas, é importante rememorar que o instituto da delegação não suprime o poder de comando do juiz da execução durante toda a fase executiva, nos termos do artigo 484 do Código de Processo Civil italiano, inclusive das operações de venda realizadas pelos delegatários.

A propósito, o *caput* do art. 591-*bis* do Código de Processo Civil italiano explicita a autoridade emanada pelo juiz da execução quanto às operações de venda delegadas, ao determinar que a mesma decisão que nomear o delegatário, estabelecerá igualmente as diretrizes para a concretização da atividade do sujeito delegado: o prazo para realização das operações, a modalidade de publicidade a ser adotada, o local onde as propostas deverão ser apresentadas, e o local onde as propostas deverão ser analisadas, bem como o eventual leilão, se necessário.[47]

---

46. Art. 51: Il giudice há l'obbligo di astenersi: 4) se ha dato consiglio o prestato patrocinio nella causa [...].
47. Art. 591-bis: [...] Con la medesima ordinanza il giudice stabilisce il termine per lo svolgimento delle operazioni delegate, le modalità della pubblicità, il luogo di presentazione delle offerte ai sensi dell'articolo 571 e il luogo ove si procede all'esame delle offerte, alla gara tra gli offerenti e alle operazioni dell'eventuale incanto. [...]

Essa descrição das diretrizes que devem estar contidas na mesma decisão de delegação se deu a partir da reforma de 2005, no instituto da delegação. A alteração foi recebida com crítica por parte da doutrina italiana que entende que o legislador pretendia restringir a margem discricionária da atuação do delegatário, aduzindo que a fixação das tais diretrizes seria uma possível reação à extensão subjetiva dos sujeitos delegáveis, que passou a abarcar os advogados e comercialistas.[48]

Destaque-se que o juiz da execução tem controle sobre as atividades dos delegatários tanto por meio da competência para análise dos recursos eventualmente interpostos com base no artigo 591-*ter* do Código de Processo Civil Italiano (conforme se exporá no item 6), mas também por parte de um controle de ofício, ou seja, independentemente da interposição de recursos.

Esse aspecto de controle é relevante para o instituto da delegação, sobretudo para parte da doutrina[49] que entende que a atribuição a particulares das operações de venda, poderia, de alguma forma, ensejar questionamentos sobre a constitucionalidade da delegação diante da conciliação com alguns princípios constitucionais relativos ao processo civil, como a preservação de um juiz natural[50], o exercício da função jurisdicional por juízes instituídos por lei[51] e a *terzietà*.[52]

Entretanto, a despeito do intenso poder de controle exercido pelo juiz da execução quanto às atividades desempenhadas pelos delegatários, a doutrina sustenta que o papel assumido pelos últimos transcende a ideia de um "mero executor" das diretrizes impostas pelo juiz da execução, ganhando vieses significativos de um verdadeiro substituto do julgador[53].

5.2 Principais atividade delegáveis

O § 3º do artigo 591-*bis* do Código de Processo Civil italiano dispõe analiticamente quais são as tarefas que podem ser desenvolvidas pelo profissional delegado no exercício da delegação. A doutrina italiana defende que o rol de atividades teria natureza exaustiva, configurando, assim, a extensão máxima dos poderes que o

---

48. FABIANI, Ernesto. Op. cit., p. 131.
49. FABIANI, Ernesto. *Dalla delega delle operazioni di vendita in sede di espropriazione forzata alla delega di giurisdizione in genere*. Disponível em: https://elibrary.fondazionenotariato.it/articolo.asp?art=49/4901&mn=3. Acesso em: 24 jun. 2021.
50. Artigo 25 da Constituição Italiana: Ninguém pode ser afastado do juiz natural pré-constituído por lei. Tradução livre de: "Nessuno può esses distolto dal giudice naturale precostituito per legge".
51. Artigo 102 da Constituição Italiana: A função jurisdicional é exercida de juízes ordinários instituídos e regulados pelas normas do sistema judiciário. Tradução livre de: "La funzione giurisdizionale è esercitata da magistrati ordinari instituiti e regolati dalle norme sull'ordinamento giudiziario".
52. Art. 111, cf. Nota de Rodapé 39.
53. CERRATO, Alfonso. Op. cit., p. 111. Nesse sentido, Alfonso Cerrato ainda discorre sobre o entendimento majoritário da doutrina italiana que reconhece o sujeito delegatário enquanto verdadeiro substituto do juiz, por duas principais razões: a inclusão do art. 591-*bis* no Código de Processo Civil italiano que possibilita a delegação (primeiramente aos notários e, posteriormente, aos advogados e comercialistas) combinada à determinação de que as atividades desenvolvidas pelo delegatário eram aquelas próprias do juiz da execução, e não meras atividades de assistência ou colaboração subordinada. Ibidem, p. 33-35.

juiz da execução pode conferir ao delegatário a fim de que ele cumpra as atividades relativas à venda dos bens penhorados.[54]

A despeito desse caráter exaustivo e da consequente proibição de atribuição de atividades diversas daquelas previstas pelo art. 591-*bis* do CPC italiano, não estaria impossibilitada a extensão interpretativa das próprias atividades que vêm descritas no texto legal, permitindo-se que os delegatários pratiquem atividades, que apesar de não serem expressamente mencionadas nos itens do § 3º do art. 591-*bis* sejam, de alguma forma, funcionais para atingir o cumprimento dos itens constantes para as operações de venda.[55]

Destacam-se algumas das principais atividades passíveis de delegação.

5.2.1 Determinação de valor do imóvel, considerando a relação do expert contábil

O primeiro item do art. 591-*bis* do Código de Processo Civil italiano estabelece que o sujeito delegado possa determinar o valor do imóvel, considerando o parecer do *expert* nomeado pelo juiz, bem como as eventuais restrições e ônus existentes quanto ao imóvel.[56]

Embora a lei descreva a consideração do parecer produzido pelo *expert* também como variável para a determinação do valor do imóvel, a doutrina entende que o delegatário pode perfeitamente se afastar dos resultados constantes no parecer do *expert*, contanto que motive de forma detalhada e adequada a razão de discordar do valor apontado.[57]

5.2.2 Os controles preliminares à alienação: a redação e publicação do aviso de venda

No segundo item disposto pelo § 3º do art. 591-*bis* do Código de Processo Civil italiano, tem-se o cumprimento das previsões dos artigos 570, e se necessário, do art. 576, § 2º do CPC italiano. O primeiro artigo mencionado trata da confecção do aviso da venda, enquanto o segundo se volta à necessidade de publicação deste.

Dessa forma, o Código de Processo Civil italiano pressupõe que o profissional, uma vez delegado pelo juiz da execução, faça uma revisão atenta das movimentações processuais até a decisão de alienação dos bens, a fim de assegurar que os requisitos processuais e materiais para a venda do bem penhorado tenham sido devidamente

---

54. Ibidem, p. 134-135.
55. Ibidem, p. 136.
56. Art. 591-bis (...) §3º Il professionista delegato provvede: 1) alla determinazione del valore dell'immobile a norma dell'articolo 568, primo comma, tenendo anche conto della relazione redatta dall'esperto nominato dal giudice ai sensi dell'articolo 569, primo comma, e delle eventuali note depositate dalle parti ai sensi dell'articolo 173-bis, quarto comma, delle disposizioni di attuazione del presente codice.
57. CERRATO, Alfonso. Op. cit., p. 146.

cumpridos. Assim, é essencial que o delegatário verifique qualquer anomalia ou ilegalidade, comunicando ao juiz da execução antes que se proceda com a redação do aviso de venda.[58]

O aviso de venda deve conter informações básicas relativas à alienação do bem, contidas nos artigos 570 do Código de Processo Civil italiano e 173-*quater* das Disposições de Atuação do Código de Processo Civil italiano, dentre as quais, a descrição do bem a fim de individualizá-lo, o preço base de venda, e o valor e a forma de prestação de caução.

Por sua vez, os requisitos envolvendo a publicidade dos avisos de venda se encontram dispostos no artigo 490 do Código de Processo Civil italiano. Conforme tratado no item 3.5, com a reforma ocorrida em 2016, a venda de bens penhorados passou a ser realizado em regra de forma eletrônica, exigindo, portanto, a inserção do aviso de venda no Portal do Ministério da Justiça, em espaço destinado à publicação das vendas públicas.[59]

Quanto ao aspecto da publicidade do ato aviso de venda, o Código de Processo Civil italiano não prevê expressamente a necessidade de comunicação às partes do processo (credor, devedor e eventuais terceiros interessados). Todavia, há posição doutrinária significativa que entende pela indispensabilidade de tal comunicação a fim de cientificar as partes de como o procedimento de alienação está se desenvolvimento.[60]

5.2.3 A alienação dos bens

Uma vez publicado o aviso de venda, as atividades desenvolvidas pelo delegatário se assemelharão exatamente àquilo que ocorreria se os atos fossem dirigidos pelo juiz da execução.

Conforme se extraem dos itens 3 a 6 do § 3º do art. 591-*bis*, ao delegatário competirá a deliberação sobre as ofertas recebidas.

O terceiro item prevê a tarefa do delegatário de deliberar sobre as ofertas nos termos dos artigos 572, 573 e 574 do Código de Processo Civil italiano. O primeiro deles prevê, por exemplo, que nos casos em que for recebida oferta igual ou superior ao valor estabelecido para o imóvel, esta será imediatamente aceita.

O quarto item possibilita que o juiz da execução delegue aos particulares as eventuais operações de leilão aberto que tenham de ser realizadas em caso de insucesso do leilão fechado, conforme prevê o art. 581 do CPC italiano.

---

58. CHIODI, Giovanni. Op. cit., p. 99-100.
59. Art. 490. Quando la legge dispone che di un atto esecutivo sia data pubblica notizia, un avviso contenente tutti i dati, che possono interessare il pubblico, deve essere inserito sul portale del Ministero della giustizia in un'area pubblica denominata "portale delle vendite pubbliche".
60. CHIODI, Giovanni. Op. cit., p. 105-106.

Por sua vez, o quinto tópico permite ao profissional delegado a autoridade para adjudicar a oferta feita por um terceiro em nome de outro, nos termos do art. 583 do CPC italiano.

Por fim, quanto ao sexto item, incumbe ao delegatário (se assim houver sido delegado pelo juiz da execução) o gerenciamento das ofertas que se dão após o leilão aberto, nos termos dos artigos 584 e 585 do CPC italiano.

Outra atividade de destaque que o Código de Processo Civil italiano possibilita que seja delegada a um particular é a determinação aos bancos para a restituição de cauções àqueles ofertantes que não obtiverem sucesso na adjudicação (item 13).

5.2.4   Redação da ata das operações de venda

A ata das operações de venda, redigida pelos delegatários, é um documento indispensável a fim de se aferir se as atividades de venda foram desenvolvidas de forma regular, bem como a adjudicação.

O § 5º do art. 591-*bis* do Código de Processo Civil italiano prevê os elementos essenciais para a confecção da ata (de nomenclatura original, *verbale*): a descrição do lugar e do tempo em que as operações se desenvolveram, a descrição genérica das pessoas que estavam presentes, a descrição das atividades desenvolvidas e a declaração da adjudicação provisória identificando o adjudicatário.[61] Em sequência, o § 6º determina que a única assinatura constante na ata deve ser do profissional delegado.[62]

Durante a vigência da Lei 302/1998, a corrente doutrinária majoritária defendia que a ata de operações de venda tinha natureza equivalente a um ato notarial, conforme disciplina da Lei Notarial (Lei 89/1913). Por sua vez, havia quem defendia que a natureza da ata não seria propriamente de ato notarial em sentido estrito, mas sim um ato inerente ao procedimento executivo.[63]

Por óbvio que, com a reforma de 2005, perde força a tese de que a ata das operações de venda seria ato notarial, diante da extensão subjetiva da delegação, uma vez que não se pode sustentar que advogados e comercialistas possam praticar atos que seriam de exclusiva titularidade de tabeliães. Somado a isso, não haveria como se defender que a ata desenvolvida por um específico profissional delegado tivesse natureza jurídica diversa daquela produzida por outro profissional,[64] sob pena de se criar uma diferenciação entre os sujeitos delegáveis que não tem lastro legal.

---

61. Art. 591-bis. §5º. Il professionista delegato provvede altresì alla redazione del verbale delle operazioni di vendita, che deve contenere le circostanze di luogo e di tempo nelle quali le stesse si svolgono, le generalità delle persone presenti, la descrizione delle attività svolte, la dichiarazione dell'aggiudicazione provvisoria con l'identificazione dell'aggiudicatario.
62. §6º. Il verbale è sottoscritto esclusivamente dal professionista delegato ed allo stesso non deve essere allegata la procura speciale di cui all'articolo 579, secondo comma.
63. CHIODI, Giovanni. Op. cit., p. 114.
64. Ibidem, p. 115.

5.2.5 O Decreto de transferência

Encerrados os trâmites relativos ao pagamento do valor envolvido, o § 8º do art. 591-bis do CPC italiano dispõe que o profissional delegado elabore uma versão do decreto de transferência, encaminhando imediatamente os autos ao juiz da execução. Da mesma forma, caso as operações de venda não restem frutíferas, o delegatário deve retornar os autos ao juiz da execução.

Previamente à redação do decreto de transferência, é função do profissional delegado se assegurar que a alienação tenha se desenvolvido corretamente, tanto no aspecto processual quanto material.

Todavia, a despeito da lei atribuir ao delegatário a função de fazer um rascunho do decreto de transferência, é responsabilidade do juiz da execução a prolação de tal Decreto, uma vez que conterá ordens destinadas ao devedor ou ao ocupante para liberar o imóvel vendido. Assim, o Código de Processo Civil italiano não prevê a possibilidade de delegação dessa fase específica da execução a particulares.[65]

5.2.6 O projeto de distribuição

O projeto de distribuição ou repartição concerne à divisão do proveito que foi obtido com a alienação dos bens penhorados judicialmente, entre todos quanto forem credores.

Sob a égide da Lei 302/1998, uma das tarefas delegáveis ao tabelião (que consta no item 12 do § 3º do art. 591-bis do Código de Processo Civil italiano) era a possibilidade de desenvolver um rascunho desse Projeto de Distribuição que seria transmitido ao juiz da execução, que após eventuais alterações, seguiria conforme a previsão do artigo 596 do CPC italiano.[66]

Ocorre que a reforma de 2005 alterou esse cenário, gerando um uma certa insegurança jurídica quanto à relação entre os profissionais delegáveis e o projeto de distribuição. A alteração não atingiu a tarefa passível de delegação, que manteve redação. Porém, o artigo 596 do CPC italiano, ao qual o item 12 faz expressa menção, foi modificado, a fim de acrescer, após o termo "juiz da execução", a expressão "ou o professional delegado nos termos do artigo 591-bis". Em outras palavras, passou a prever expressamente que não somente o juiz da execução, mas também o profissional delegado, nos termos do artigo 591-bis, poderia formar um Projeto de Distribuição e tomar as providências cabíveis para tanto.[67]

---

65. Ibidem, p. 117.
66. Art. 591-bis. §3º Il professionista delegato provvede: 12) alla formazione del progetto di distribuzione ed alla sua trasmissione al giudice dell'esecuzione che, dopo avervi apportato le eventuali variazioni, provvede ai sensi dell'articolo 596
67. Art. 596. Se non si può provvedere a norma dell'articolo 510 primo comma, il giudice dell'esecuzione o il professionista delegato a norma dell'articolo 591-bis, non più tardi di trenta giorni dal versamento del prezzo, provvede a formare un progetto di distribuzione, anche parziale, contenente la graduazione dei creditori che vi partecipano, e lo deposita in cancelleria affinché possa essere consultato dai creditori e dal

Dessa forma, ao mesmo tempo em que o art. 591-*bis*, § 3º, item 12 do CPC italiano prevê a necessidade de encaminhamento do Projeto de Distribuição do delegatário ao juiz da execução, o artigo 596 possibilita que não somente o juiz da execução, mas também o próprio profissional delegado possa formar o projeto de distribuição. A doutrina, à época da reforma de 2005, vislumbrou de imediato esse defeito de coordenação entre os dispositivos, destacando que seria necessário um esforço interpretativo que solucionasse o problema de forma racional.[68]

Uma alternativa que se propõe a solucionar esse conflito seria a submissão do projeto de execução desenvolvido pelo profissional delegado para a avaliação do juiz da execução, nos moldes previstos pelo art. 591-*bis*, § 3º, item 12 do CPC italiano. Caso o juiz da execução proceda com qualquer alteração ao projeto apresentado, ele que deverá entregar o projeto ao cartório e providenciar a audiência de oitiva dos credores interessados, conforme preleciona o art. 596 do CPC Italiano. Por outro lado, caso o juiz da execução não tenha qualquer alteração a fazer, o depósito do projeto no cartório e os trâmites da audiência de oitiva dos credores ficariam a cargo do próprio delegatário.[69]

6. RECURSO AO JUIZ DA EXECUÇÃO ENQUANTO FORMA DE CONTROLE DO DELEGATÁRIO

O sistema de controle e recurso à atividade do profissional delegado vem disposta no art. 591-*ter* do Código de Processo Civil italiano.

Conforme exposto no item 5.1, a delegação das operações de venda não tolhe ou afasta, de qualquer forma, o juiz da execução da titularidade e do controle do desenvolvimento da execução. A previsão recursal do art. 591-*ter* do Código de Processo Civil Italiano reforça esse cenário, disciplinando as hipóteses nas quais o juiz da execução pode ser chamado a intervir (sem desconsiderar a própria intervenção de ofício, que ainda lhe é própria).

A primeira parte do art. 591-*ter* dispõe sobre o "recurso" empregado pelo próprio profissional delegado perante o juiz da execução, nos casos em que insurgirem "dificuldades".[70] Confere-se uma faculdade ao delegatário: estando diante de alguma dificuldade, pode decidir resolvê-la por si próprio ou pode se voltar ao juiz da execução que lhe delegou poderes e expor a situação, requerendo seu auxílio, tanto formal quanto informalmente. Assim, da mesma forma que se assegura a autonomia do profissional delegado no desenvolvimento das atividades às quais foi designado,

---

debitore, fissando l'udienza per la loro audizione. Il progetto di distribuzione parziale non può superare il novanta per cento delle somme da ripartire.
68. FABIANI, Ernesto. Op. cit., p. 133.
69. CERRATO, Alfonso. Op. cit., p. 200-201.
70. Art. 591-ter. Quando, nel corso delle operazioni di vendita, insorgono difficoltà, il professionista delegato può rivolgersi al giudice dell'esecuzione, il quale provvede con decreto. [...]

cria-se um canal de auxílio entre juiz da execução e delegatário, reforçando-se o controle do primeiro.[71]

Em sequência, a segunda parte do art. 591-*ter* aborda os recursos que podem ser interpostos perante o juiz da execução tanto pelas partes quanto por eventuais interessados dos atos praticados pelo profissional delegado. O diploma legal estipula dois importantes parâmetros desse recurso: seu julgamento se dará por meio de decisão, e a ausência de efeito suspensivo à alienação, à exceção dos casos em que sejam identificados "graves motivos".[72]

De início, a previsão específica de recursos contra os "atos" praticados pelo profissional delegado retiraria o interesse recursal de atos que são minutados ou propostos pelo delegatário, mas que são, ao final, prolatados pelo juiz da execução, tal como o decreto de transferência descrito no item 5.2.5.[73]

Importante observar que o Código de Processo Civil italiano não descreve qualquer requisito de conteúdo que deva ser seguido pelo recurso apresentado pelos interessados.

Um ponto de destaque relevante ao desenvolvimento desses recursos é a compreensão do que seriam os "graves motivos" previstos pelo art. 591-*ter* como necessários para suspender a alienação do bem. A doutrina entende que a construção desse conceito precisa avaliar necessariamente duas variáveis: o *fumus boni iuris* (enquanto elemento verificador da validade das alegações apresentadas) e o *periculum in mora* (para sopesar o prejuízo que a suspensão causaria na atividade)[74] – requisitos que se assemelham à necessidade de constatação da probabilidade do direito e perigo de dano enquanto requisitos para concessão da tutela de urgência no direito brasileiro, prevista pelo art. 300 do Código de Processo Civil.

7. BREVE PARALELO COM AS ATIVIDADES DE VENDA DE BENS NA EXECUÇÃO DO PROCESSO CIVIL BRASILEIRO: A ALIENAÇÃO POR INICIATIVA PARTICULAR

No direito brasileiro, a alienação de bens sujeitos à execução civil está concentrada na esfera do Poder Judiciário, com a tradicional figura do leilão judicial, mas com a possibilidade, autorizada por lei, de que certos atos de alienação sejam realizados por particulares. Muito embora seja pouco mencionado pela doutrina nacional, é possível vislumbrar, nessas hipóteses de alienação de bens por particulares, verdadeira iniciativa de desjudicialização de atos da execução civil.[75]

---

71. CERRATO, Alfonso. Op. cit., p. 259-260.
72. Art. 591-ter. [...] Le parti e gli interessati possono proporre reclamo avverso il predetto decreto nonché avverso gli atti del professionista delegato con ricorso allo stesso giudice, il quale provvede con ordinanza; il ricorso non sospende le operazioni di vendita salvo che il giudice, concorrendo gravi motivi, disponga la sospensione. Contro il provvedimento del giudice è ammesso il reclamo ai sensi dell'articolo 669-terdecies.
73. CERRATO, Alfonso. Op. cit., p. 274.
74. CHIODI, Giovanni. Op. cit., p. 169.
75. Dentre as possibilidades de alienação por iniciativa particular, a que mais nos interessa é exatamente aquela realizada ou intermediada por um especialista como o leiloeiro público ou o corretor, pois a possibilidade

E mesmo considerando a alienação por iniciativa particular como atividade de caráter público, uma vez que depende da autorização e realização de atos pelo Judiciário, a doutrina brasileira não analisa o fenômeno sob a perspectiva da delegação de atividades,[76] como o faz o direito italiano.

A autorização legal para a alienação de bens na execução por iniciativa particular está prevista nos artigos 879, I e 880 do Código de Processo Civil brasileiro de 2015, mas em realidade trata-se de uma inovação trazida pela reforma de 2006 do antigo Código (Lei 11.382, que inseriu o art. 685-C no CPC/1973) como alternativa à hasta pública. Em realidade, é interessante observar que o CPC de 1939 já permitia a alienação de bem penhorado por iniciativa de particular quando o juiz assim entendesse *oportuno*,[77] como aponta a doutrina.[78]

A reforma do Código anterior, e a autorização expressa, com algumas modificações, do atual Código, para que particulares se encarreguem da alienação de bens penhorados em um processo judicial, é expressão da busca por otimização dos atos executivos, visando à celeridade e à eficácia na venda dos bens penhorados. Como aponta a doutrina, a ineficácia e complexidade do leilão público impulsiona o legislador a permitir a venda por particulares.[79]

Nesse sentido, a doutrina brasileira tem sustentado que a alienação por iniciativa particular precede a alienação pela via do leilão judicial, exatamente por apresentar vantagens em relação a essa, tais como

"(i) a busca ativa por interessados em adquirir o bem, em vez de mera publicação de edital de leilão, com a expectativa de que isso seja suficiente para atrair possíveis arrematantes; (ii) maior flexibilidade na divulgação, que pode se realizar por meios mais eficientes e menos dispendiosos que o leilão judicial; e (iii) maior flexibilidade das condições de pagamento, sobretudo por bens de

---

de venda do bem pelo seu próprio titular, venda essa realizado no bojo do processo, para quitar o débito objeto da execução – que também é considerada uma hipótese de alienação por iniciativa particular – não tem nenhum interesse do ponto de vista da desjudicialização dos atos executivos ou mesmo relação com análise comparada como direito italiano.

76. "A alienação por iniciativa particular tem caráter negocial e público. Eventual convergência das partes, quanto ao conteúdo da proposta, nas condições estipuladas pelo órgão judiciário (art. 880, § 1º), absolutamente confere caráter privado ao negócio. O procedimento se transformou, realmente, no 'sucedâneo' da alienação em leilão. A assinatura do termo (art. 880, § 2º) forma negócio entre o Estado, de um lado, sub-rogando o poder de disposição do executado, e o adquirente, de outro, idôneo a propiciar a aquisição do domínio pelo registro ou pela tradição. Incumbe ao órgão judiciário examinar os elementos de existência, os requisitos de validade e os fatores de eficácia do negócio, avaliando a admissibilidade da oferta e o preenchimento dos demais pressupostos do remate (e.g. a proibição de preço vil, a teor do art. 891), de acordo com as condições traçadas no ato previsto no art. 880, § 1º Existe, portanto, alienação forçada própria e autêntica". ASSIS, Araken de. *Manual da execução*. 18 ed. São Paulo: Ed. RT, 2016, p. 1.104.
77. CPC/1939, "Art. 973. A requerimento de qualquer interessado e ouvido o devedor o juiz poderá marcar prazo para que a venda se realize por iniciativa particular, se não lhe parecer oportuno que se efetue em hasta pública".
78. NERY JUNIOR, Nelson. NERY, Rosa Maria de Andrade. *Comentários ao código de processo civil*. São Paulo: Ed. RT, 2015, p. 1763; ASSIS, Araken de. Op. cit., p. 1.103.
79. NEVES, Daniel Amorim Assumpção. *Código de processo civil comentado*. 4. ed. Salvador: Juspodivm, 2019, p. 1501; SCARPARO, Eduardo Kochenborger. Primeiras palavras sobre a alienação por iniciativa particular. *Revista de Processo*. v. 163. p. 196-220. set. 2008.

valor expressivo, sendo possível permitir o pagamento parcelado fora dos parâmetros rigidamente estabelecidos pelo art. 895 para o leilão judicial".[80]

O artigo 880 do Código de Processo Civil de 2015 estabelece as condições e requisitos para que a alienação por iniciativa particular ocorra, e também o respectivo regramento procedimental; sobre esse aspecto procedimental, é fundamental frisar que o legislador atribui autonomia para cada tribunal regular internamente, por meio da edição de disposições complementares, o procedimento legal estabelecido pelo próprio art. 880, inclusive em relação a concurso de meios eletrônicos, credenciamento de corretores e leiloeiros públicos, com a exigência mínima de três anos de experiência profissional, *ex vi* § 3°.

Quanto ao termo *corretor* utilizado pelo legislador, Araken de Assis defende que engloba o corretor de imóveis, com registro no órgão de classe, mas também qualquer pessoa que atue como intermediário na venda de bens.[81] Vale lembrar, por exemplo, a figura do *merchant*, para o mercado de obras de artes, e o joalheiro, para as joias, como particulares que não seriam corretores no sentido estrito do termo, mas que preenchem perfeitamente os atributos para a venda de tais bens nos respectivos mercados.

Estabelece o dispositivo legal, em síntese, que se o bem penhorado não tiver sido adjudicado pelo exequente, a alienação por particular poderá ser realizada pelo próprio exequente ou por intermédio de corretor ou leiloeiro público credenciados perante o poder judiciário (*caput* do art. 880 do CPC). Já quanto à alienação por essa modalidade ser exclusivamente por requerimento do exequente, há doutrina que critica a literalidade do dispositivo, revelando que também o executado poderia requerer a venda por iniciativa privada, na medida em que ele também poderá se beneficiar dessa venda por particulares.[82]

Um aspecto relevante, na perspectiva comparatista, diz respeito à possibilidade do juiz, de ofício, autorizar que privados realizem os atos de alienação do bem penhorado. Essa possibilidade não está prevista no *caput* do art. 880 do CPC, e é tida como inaceitável pela doutrina nacional.[83] Este é um aspecto de suma relevância, pois como visto no item 3.4, no direito italiano, a delegação para a venda de bens imóveis ou móveis sujeitos a registro, por privados, é regra geral, e portanto o juiz não está vinculado ao requerimento das partes.

---

80. ROQUE, André Vasconcelos. Comentários ao artigo 880 do Código de Processo Civil. In: GAJARDONI, Fernando da Fonseca et al. *Execução e recursos: comentários ao CPC de 2015*. São Paulo: Gen, 2. ed., 2018, p. 376. Também apontando vantagens: ASSIS, Araken de. Op. cit., p. 1.104.
81. ASSIS, Araken de. Op. cit., p. 1106.
82. NEVES, Daniel Amorim Assumpção. Op. cit., p. 1.502; ROQUE, André Vasconcelos. Op. cit., p. 377. Em sentido contrário, entendendo que somente o exequente pode requerer: BONDIOLI, Luiz Guilherme Aidar. Comentários ao artigo 880 do CPC. In: CABRAL, Antonio do Passo; CRAMER, Ronaldo (Coord.). *Comentários ao novo Código de processo civil*. Rio de Janeiro: Forense, 2015, p. 1.251.
83. Cfr. ASSIS, Araken di. Op. cit., p. 1105; BONDIOLI, Luiz Guilherme Aidar. Op. cit., p. 1251.

Ainda quanto ao procedimento, uma vez requerida e autorizada a alienação por iniciativa de particular, o § 2º, incisos I e II, e do § 3º, do art. 880 do CPC estabelecem as seguintes condições para que a alienação se perfaça:

> "o juiz fixará o prazo em que a alienação deva ser efetivada, a forma de publicidade, o preço mínimo, as condições de pagamento, as garantias e, se for o caso, a comissão de corretagem; formalização, por termo, nos autos, com a assinatura do juiz, do exequente, do adquirente e, se estiver presente, do executado, com a expedição de carta de alienação e o mandado de imissão na posse, quando se tratar de bem imóvel, ou ordem de entrega ao adquirente, quando se tratar de bem móvel".

Há uma regra que tem correlação com as discussões feitas no direito italiano, que diz respeito à livre escolha do leiloeiro público ou corretor, pelo exequente, quando na localidade não houver, nos termos do § 4º do mesmo artigo.

Como se observa, é insuficiente a regulamentação legal dessa permissão para alienação por iniciativa privada, talvez fruto da pouca utilização prática e da alta dependência da hasta pública como forma de venda de bens na execução, sobretudo quando comparado com o sistema italiano. O próprio fato de o legislador transferir a competência para os tribunais regularem o credenciamento dos corretos e leiloeiros é um forte indício da omissão legislativa em torno desse tema. Esta crítica é partilhada na doutrina, que apresenta sugestões de um melhor aproveitamento da possibilidade – já existente entre nós – de alienação por particular.[84]

Assim, cotejando ambos os ordenamentos jurídicos, vê-se que tanto o direito italiano quanto o direito brasileiro já possuem instrumentos voltados, em maior ou menor grau, à desjudicialização da fase da execução. A despeito de haver diferença entre os sujeitos envolvidos nesse processo – enquanto o ordenamento italiano menciona os tabeliães, advogados e comercialistas, o direito brasileiro se reporta aos corretores e leiloeiros públicos – deve-se ter em mente os aspectos jurídicos, culturais, sobretudo comerciais envolvidos na escolha do legislador. A análise de um viés comparatista quanto às iniciativas de desjudicialização não se volta à adoção de uma uniformização a todos os ordenamentos jurídicos, mas sim que em cada contexto, busque-se a maior efetividade da alienação do bem penhorado – que é, afinal, o maior interesse do processo executivo.

Quanto à iniciativa de desjudicialização da execução civil no direito brasileiro, por meio do PL 6.204/19, destaca-se proposta de atribuição exclusiva ao tabelião de protesto do exercício das funções de *agente de execução* (art. 3º do PL), dentre as quais

---

84. "A ausência de requisitos prévios permitiria, por exemplo, que o Poder Judiciário se aproveitasse dos leilões extrajudiciais – em especial de imóveis e de automóveis – organizados pelas instituições financeiras, nos quais há uma grande exposição na mídia e sempre aparecem inúmeros interessados na aquisição dos bens. O mesmo poderia ocorrer com os feirões de automóveis, as exposições de arte em galeria etc., hipóteses em que a publicidade estaria garantida e certamente inúmeros sujeitos ficariam interessados em adquirir os bens. A imaginação de cada Tribunal determinará a amplitude da utilização dessa forma de alienação, mas tudo leva a crer que o leilão público esteja com os dias contados, reservando-se somente para situações excepcionais". NEVES, Daniel Assumpção Amorim. Op. cit., p. 1.503.

se encontram a avaliação de bens e os atos expropriatórios (art. 4º, incisos IV e V do mesmo PL). O que se vê é uma certa semelhança com o modelo italiano, no sentido de reconhecer ao tabelião – equivalente ao *notaio* – a função de avaliar e vender os bens penhorados. Uma notável distinção, todavia, é que, no Projeto de Lei brasileiro, o tabelião seria o único e exclusivo responsável para tanto, sobretudo porque o PL estabelece que a execução, em sua integralidade, poderá ser extrajudicial, situação muito distante do direito italiano, que só permite a delegação a particulares dos atos de venda dos bens.

Demanda profunda reflexão o fato de estar o tabelião de protesto brasileiro efetivamente habilitado para avaliar bens e realizar atos expropriatórios, conforme prevê o PL. Tudo indica que, caso haja a aprovação do PL, com a geração dessas novas atribuições ao tabelião, será necessária uma verdadeira reestruturação dos tabelionatos para se adequar à nova realidade. Ademais, o Projeto de Lei não oferece qualquer regulamentação acerca do modo de realização dos leilões e atos expropriatórios, o que certamente gerará percalços a serem superados, uma vez que se tratam de atividades de grande controvérsia no contexto executivo, e o acionamento ao Poder Judiciário poderá trazer ineficiência ao modelo de desjudicialização da execução civil, na contramão do que almeja a comunidade jurídica.

Há que se refletir se não seria mais eficaz reforçar e ampliar o uso dos dispositivos legais já em vigor nos artigos 879 e 880 do CPC no tocante à alienação de bens por iniciativa de particulares, considerando a premissa de que a venda de bens requer conhecimento já dominado por certos profissionais como os corretores e leiloeiros, do que atribuir tais funções ao tabelião de protesto que, embora possa se aperfeiçoar para desenvolver bem tais atividades, atualmente não é dotado de tais conhecimentos.

8. CONSIDERAÇÕES FINAIS

A desjudicialização da execução é um tema cada vez mais constante no processo civil brasileiro, encontrando influências de diversos outros ordenamentos jurídicos estrangeiros. Advoga-se, com cada vez mais frequência, a desnecessidade do envolvimento do Poder Judiciário na fase de execução ou ao menos, em toda a fase de execução, uma vez que a sua longa duração causa alguns problemas, como a credibilidade do Poder Judiciário e o incentivo a investimentos no país.

O Brasil caminha para essa discussão por meio do Projeto de Lei 6.204/19, que possibilita a desjudicialização de atos da fase da execução e o seu desenvolvimento por parte de tabeliães de protesto, que ficariam responsáveis por providências que são atualmente exercidas em sua completude pelo Poder Judiciário, como a citação do devedor e a pesquisa de bens passíveis de penhora.

Inobstante o efeito da proposta legislativa em sistematizar uma efetiva desjudicialização da fase de execução no direito brasileiro, o Código de Processo Civil brasileiro já conta com iniciativas, que, mesmo de forma tímida, representam o cumprimento de parcela de tarefas da fase da execução por indivíduos externos ao Poder Judiciário. A alienação por iniciativa privada, prevista pelo artigo 880 do Código de Processo

Civil, apesar de não ser tratada como uma hipótese de delegação a particulares, tem capacidade de permitir o envolvimento de corretores ou leiloeiros públicos em atos que são cruciais para a busca por maior efetividade da execução civil brasileira, nos casos de expresso requerimento do exequente.

Como ponto de influência à desjudicialização da execução, o presente artigo se propôs a analisar a figura da delegação das operações de venda dos bens expropriados judicialmente no direito italiano. Inserida no Código de Processo Civil italiano há mais de vinte anos, a delegação das operações de venda a particulares foi uma medida instituída a fim de auxiliar o cenário caótico e moroso no qual se encontrava a expropriação de bens no direito italiano, que via problemas tanto no tempo de duração da fase executiva quanto no reduzido proveito econômico que era obtido nos casos de alienação dos bens expropriados.

Por meio dessa alteração, o legislador italiano possibilitou aos juízes da execução a delegação aos tabeliães de algumas atividades relativas à alienação dos bens penhorados, mantendo, todavia, a competência do Poder Judiciário para controlar e fiscalizar as ações do delegatário durante todo o procedimento, seja por meio do esclarecimento de dúvidas que o profissional delegado tivesse, seja por meio da decisão de eventuais recursos interpostos pelas partes ou por interessados quanto às atividades desenvolvidas por esses profissionais.

A medida encontrou aderência na prática judiciária, sendo posteriormente reformada em dois momentos específicos: nas legislaturas de 2005 e de 2015/2016. Nessas ocasiões, o legislador, pautado numa lógica de conferir ainda mais eficiência e competitividade ao instituto da delegação da venda de bens a particulares, dentre outras alterações, estendeu o perfil subjetivo da delegação, possibilitando que pudesse ser direcionada também a advogados e comercialistas. Além disso, alterou o caráter facultativo da delegação, tornando-a obrigatória e não mais facultativa, à exceção das previsões legais. Essa alteração, inclusive, traz um ponto de reflexão interessante quanto às discussões de desjudicialização da execução no direito brasileiro, uma vez que a alienação por iniciativa particular – atividade que guarda elementos em comum com a delegação de operações de venda do direito italiano – ocorre somente mediante requerimento do exequente.

Assim, pautado numa análise dos aspectos subjetivos e objetivos da delegação, bem como das formas de controle que o legislador previu para a supervisão da atividade do profissional delegado, o artigo se propôs a analisar o instituto italiano pela ótica de desjudicialização da execução.

Portanto, estando a desjudicialização da execução na pauta constante do direito processual civil brasileiro, respeitadas as devidas peculiaridades culturais e jurídicas envolvendo a delegação de atividades em ambos os ordenamentos jurídicos, são válidas as contribuições do instituto da delegação das operações de venda no direito italiano, tendo em vista a sua premissa de aprimoramento da efetividade e competitividade da fase de execução.

9. REFERÊNCIAS

ASSIS, Araken de. *Manual da execução*. 18. ed. São Paulo: Ed. RT, 2016.

BRASIL. Conselho Nacional de Justiça. *Justiça em Números*. Disponível em: www.cnj.jus.br/wp-content/uploads/2020/08/WEB-V3-Justi%C3%A7a-em-N%C3%BAmeros-2020-atualizado-em-25-08-2020.pdf. Acesso em: 20 jun. 2021.

BRASIL. Senado Federal. *Projeto de Lei 6.204/19*. Dispõe sobre a desjudicialização da execução civil de título executivo judicial e extrajudicial; altera as Leis 9.430, de 27 de dezembro de 1996, a 9.492, de 10 de setembro de 1997, 10.169, de 29 de dezembro de 2000, e 13.105 de 16 de março de 2015 – Código de Processo Civil. Disponível em: https://legis.senado.leg.br/sdleg-getter/documento?dm=8049470&ts=1624912882891&disposition=inline.

CABRAL, Antonio do Passo; CRAMER, Ronaldo (Coord.) *Comentários ao novo Código de processo civil*. Rio de Janeiro: Forense, 2015.

CERRATO, Alfonso. *La delega ai professionisti delle operazioni di vendita nell'espropriazione forzata immobiliare ed il controllo del loro operato*. Roma, 2013, Tese (Doutorado) – Facoltà di Giurisprudenza dell'Università degli Studi di Roma Sapienza.

CHIARLONI, Sergio. La giustizia civile e i suoi paradossi. *Revista Eletrônica de Direito Processual – REDP*. ano 8. v. 14. p. 603-690. Rio de Janeiro, jul.-dez 2018.

CHIODI, Giovanni. *Il giudice dell'esecuzione e la delega delle operazioni di vendita nell'espropriazione forzata imobiliare*. Roma, 2019 – Dipartimento di Giurisprudenza della Libera Università Internazionale degli Studi Sociali Guido Carli (LUISS).

CILURZO, Luiz Fernando. *A desjudicialização na execução por quantia*. São Paulo, 2016, Dissertação (Mestrado) – Faculdade de Direito da Universidade de São Paulo.

CONSOLO, Claudio. Terzietà ed imparzialità nella dinamica dei processi non penali. *Il Foro Italiano*, v. 135, n. 1, p. 22-29. 2012.

FABIANI, Ernesto. *Dalla delega delle operazioni di vendita in sede di espropriazione forzata alla delega di giurisdizione in genere*. Disponível em: https://elibrary.fondazionenotariato.it/articolo.asp?art=49/4901&mn=3. Acesso em 24 jun. 2021.

GAIO JUNIOR, Antônio Pereira. Execução e desjudicialização: modelos, procedimento extrajudicial pré-executivo e o PL 6.204/2019. *Revista de Processo*. v. 306. p. 151-175. ago. 2020.

GAJARDONI, Fernando da Fonseca et al. *Execução e recursos: comentários ao CPC de 2015*. São Paulo: Gen, 2. ed., 2018.

GRECO, Emanuele; PASQUALE, Cecilia; VITALE, Roberta. *Delega delle operazioni di vendita nelle esecuzioni immobiliari e mobiliari*. Dottrina Eutekne, 2020.

NERY JUNIOR, Nelson. NERY, Rosa Maria de Andrade. *Comentários ao código de processo civil*. São Paulo: Ed. RT, 2015.

NEVES, Daniel Amorim Assumpção. *Código de processo civil comentado*. 4. ed. Salvador: Juspodivm, 2019.

PROTO PISANI, Andrea. Delegabilità ai notai delle operazioni di incanto nella espropriazione forzata immobiliare. *Il Foro Italiano*. v. 115. p. 444-451. 1992.

PROTO PISANI, Andrea. Il Nuovo Art. 111 Cost. e Il Giusto Processo Civile. *Il Foro Italiano*, v. 123, n. 10, p. 241-250. 2000.

PROTO PISANI, Andrea, et al. Le Modifiche Al Codice Di Procedura Civile Previste Dalla L. n. 80 Del 2005. *Il Foro Italiano*, v. 128, n. 6, p. 89-152. 2005.

SCARPARO, Eduardo Kochenborger. Primeiras palavras sobre a alienação por iniciativa particular. *Revista de Processo*. v. 163. p. 196-220. set. 2008.

SOLDI, Anna Maria. *Manuale dell'esecuzione forzata*. 2 ed. Milano: CEDAM, 2009.

THEODORO JÚNIOR, Humberto. A desjudicialização da execução civil: projetos legislativos em andamento. *Revista de Processo*. p. 153-163. v. 313. mar. 2021.

THEODORO JÚNIOR, Humberto; ANDRADE, Érico. Novas perspectivas para atuação da tutela executiva no direito brasileiro: autotutela executiva e "desjudicialização" da execução. *Revista de Processo*. v. 315. , p. 109-158. maio 2021.

A DESJUDICIALIZAÇÃO DA EXECUÇÃO CÍVEL EM PORTUGAL

Paula Costa e Silva

Professora Catedrática da Faculdade de Direito da Universidade de Lisboa, tendo leccionado as disciplinas de Direito das Obrigações, Teoria Geral do Direito Civil e Direito Processual Civil. Consultora, árbitro e advogada.

Paula Meira Lourenço

Doutora em Direito (Ciências Jurídicas) pela Faculdade de Direito da Universidade de Lisboa, Professora Auxiliar desta Faculdade, Membro do Instituto Português de Processo Civil (IPPC) e do Centro de Investigação de Direito Privado da Faculdade de Direito da Universidade de Lisboa (CIDP), Membro do Conselho Científico da Associação Internacional de Agentes de Execução (Union Internationale des Huissiers de Justice), Vogal do Conselho de Administração da ANACOM.

I. A HISTÓRIA DE UMA REFORMA

1. Os trabalhos preparatórios de 2000/2001: a identificação das causas de morosidade na ação executiva e a recolha de contributos tendo em vista a sua resolução

1. Na década de 90 do século XX, a morosidade processual era o grande gargalo da justiça cível portuguesa, tendo originado um elevado número de condenações do Estado português pelo Tribunal Europeu dos Direitos Humanos (TEDH) por violação do direito a um processo em prazo razoável, garantia do processo equitativo consagrada no artigo 6.º da Convenção Europeia dos Direitos Humanos (CEDH)[1]-[2].

A morosidade processual inseria-se num fenómeno global complexo de aumento exponencial da procura dos serviços de justiça cível e da pendência processual, ao qual se assistia desde os anos 70 do século passado. Com efeito, entre 1970 e 1999 a procura da justiça cível e as execuções cresceram cerca de dez vezes, ou seja, 1000%

---

1. A redação da norma legal prevista no artigo 6.º da CEDH é muito similar à de outros preceitos de textos internacionais que vinculam o Estado português, como seja, o artigo 10.º da Declaração Universal dos Direitos Humanos, o artigo 14.º do Pacto Internacional sobre Direitos Civis e Políticos, e o artigo 47.º da Carta dos Direitos Fundamentais da União Europeia. O elevado número de condenações do Estado português por morosidade processual e violação do direito a um prazo razoável enquanto garantia do processo equitativo, prevista no artigo 6.º da CEDH, contribuiu para a opção legislativa de consagração formal, no n. 4 do artigo 20.º da Constituição da República Portuguesa, do direito a um processo equitativo em prazo razoável.
2. LOURENÇO, Paula Meira. A Reforma da Ação Executiva. In: ALBUQUERQUE, Paulo Pinto (Coord.). *Direito em Revista*, n. 3, 2001, 32-33; Processo civil executivo português à luz da Convenção, *Comentário da Convenção Europeia dos Direitos Humanos e dos Protocolos Adicionais*, Universidade Católica Editora, novembro, 2019, v. II, 994-1003; *As garantias do processo equitativo na execução patrimonial*", Imprensa FDUL (*no prelo*); FERNANDEZ, Elizabeth. *Um novo Código de Processo Civil? Em busca das diferenças*, Vida Económica, Editorial S.A., 2014, 10.

(de 23.778 em 1970 para 180.281 em 1999). Consequentemente, o sistema judicial não conseguiu, sequer, manter o número anual de processo pendentes, o qual cresceu cerca de vinte vezes, ou seja, 2000% (de 14.241 ações em 1970 e 365.761 em 1999)[3]. E não havia alocação de recursos que conseguisse ser suficiente para fazer descer a pendência processual, gerando-se um outro problema – o inevitável agravamento dos custos do Estado com a justiça.

Nas execuções cíveis, em concreto, em 1999 assistiu-se à diminuição da percentagem de execuções com duração inferior a um ano, com duração superior a cinco anos, ao aumento do número de execuções com duração entre os dois e os três anos, e entre os três e cinco anos[4].

E pese embora a maioria das execuções ser baseada em sentenças condenatórias e em letras de câmbio, a sua duração processual não era uniforme: a maioria das primeiras terminavam no espaço de um ano, enquanto as segundas demoravam entre dois e a cinco anos (56,5% do seu total)[5].

2. Uma das frentes de maior morosidade era – assim e segundo os dados empíricos disponíveis – a das execuções. Atento o elevado número de processos pendentes, a situação era considerada dramática, chegando a afirmar-se que estávamos perante uma "justiça cível submersa e colonizada por ações de cobrança de dívidas"[6]. Perante um Estado obrigado a comprimir os custos com o seu próprio funcionamento, a aceitar a comparação das suas estatísticas da Justiça com demais Estados pertencentes à mesma comunidade, houve que perguntar, no que às execuções respeitava: o modelo conhecido, que implicava permanentes intervenções do juiz, muitas vezes

---

3. *A Reforma da Ação Executiva* – Trabalhos Preparatórios – v. 2 – Relatório do Observatório Permanente da Justiça Portuguesa, Observatório Permanente da Justiça Portuguesa, Centro de Estudos Sociais, Edição do Ministério da Justiça, GPLP, março, 2001, "Capítulo I – A gestão da procura e oferta da justiça cível: o caso da ação executiva", 19-39.
4. *A Reforma da Ação Executiva* – Trabalhos Preparatórios – v. 2 – Relatório do Observatório Permanente da Justiça Portuguesa, Observatório Permanente da Justiça Portuguesa, Centro de Estudos Sociais, Edição do Ministério da Justiça, GPLP, março, 2001, "Capítulo III – A duração e morosidade da ação executiva", 86. A diminuição na percentagem de ações com duração inferior a um ano foi a seguinte: 53,3% em 1989, 66,45% em 1993 e 42,8% em 1999. Já a diminuição dos processos com duração superior a cinco anos foi menos acentuada (de 5% em 1989 para 3,35% em 1999). Em 1999 duravam menos de um ano 64,6% das ações executivas por falta de pagamento de custas, 59,6% das ações executivas fundadas em autos de conciliação, 45% das ações executivas fundadas em sentença condenatória, 39,1% das execuções baseadas em escritos particulares, 17,8% das execuções baseadas em letras de câmbio e 16,9% das execuções baseadas em livranças (ibidem, 87-88). Em 1991 e 1993, 28% das execuções duravam de um a dois anos, mas em 1999 apenas tinham esta duração 23,4% das ações executivas, por falta de pagamento de custas. Em 1999, as execuções baseadas em letras de câmbio duraram de dois a três anos (27,3%) e de três a cinco anos (23,9%). Entre 1989 e 1999, as execuções de duração igual ou superior a cinco anos diminuíram de 6,7% para 1,2%. Porém, em 1999, 27,3% das execuções baseadas em letras de câmbio demoravam mais de cinco anos (ibidem, 88-91).
5. Ibidem, 91.
6. A expressão foi utilizada por SOUSA, Santos; LEITÃO, Marques; PEDROSO, João; FERREIRA, Lopes. *Os Tribunais nas Sociedades Contemporâneas*: o Caso Português, Afrontamento, Porto, 1996; JOÃO PEDROSO, A Justiça civil em crise: a oportunidade/necessidade de reformar o processo civil. I*Novos Rumos da Justiça Cível* – Conferência Internacional – Centro de Estudos Judiciários, 9 de abril de 2008 (obra coletiva organizada pela Direcção-Geral da Política de Justiça), CEJUR, Coimbra Editora, 2009, 59.

simplesmente ordenadas a requerer ao exequente que informasse o que devia ser promovido, outras tantas destinadas à prática de atos materiais – e não ao exercício do poder jurisdicional –, não seria possível tudo repensar? Criar um sistema de cumprimento coercivo que reservasse ao juiz aquilo que lhe pertence – o exercício da jurisdição sempre que, no contexto desse cumprimento coercivo, eclodisse um litígio entre exequente e executado –, atribuindo-se a prática dos demais atos de execução a alguém que, sendo habilitado pelo Estado a exercer império, não tivesse de congregar as qualificações e habilitações características de um juiz?

3. Foi sobre este pano de fundo que, em 2000, no âmbito do programa de investigação acordado com o Gabinete de Política Legislativa e Planeamento (GPLP) do Ministério da Justiça e o Observatório Permanente da Justiça Portuguesa (OPJ), foi elaborado o estudo "A Ação executiva: caracterização, bloqueios e propostas de reforma"[7]. O *Relatório Preliminar* deste estudo, datado de janeiro de 2001[8], constituiu o ponto de partida da discussão pública dos modelos de execução, iniciada, com uma Conferência Internacional, subordinada ao tema "A Reforma da Ação Executiva", que teve lugar na Faculdade de Direito da Universidade de Lisboa, nos dias 2 e 3 de fevereiro de 2001[9].

No seu relatório, o OPJ avalia a *gestão da procura e oferta da justiça cível nas execuções cíveis* (sobretudo nas execuções para pagamento de quantia certa) entre os anos de 1977 e de 1990[10], e conclui que as ações executivas entradas nos tribunais neste período de tempo cresceram de forma menos rápida do que as ações declarativas entradas (23.778 ações executivas entradas em 1970 e 180.281 em 1999), podendo identificar-se três períodos: *(i)* até 1981, a procura situava-se abaixo dos 50.000 processos; *(ii)* entre 1982 e 1991, verificou-se um aumento progressivo do número

---

7. Acerca dos trabalhos preparatórios da reforma da ação executiva entre 2001 e 2003, veja-se LOURENÇO, Paula Meira. A Reforma da Ação Executiva, *Direito em Revista*, n. 3, 2001, 32-33; L'Exécution forçée des obligations pécuniaires au Portugal: situation actuelle et project de réformes, in *Nouveaux droits dans un nouvel espace européen de justice* – Le droit processuel et le droit de l'exécution, Éditions Juridiques et Techniques, Paris, 2002, 267-274; Metodologia e Execução da Reforma da Ação Executiva, *Themis*, ano IV, n. 7, 2003, 261-284; A ação executiva em Portugal – 2000-2012 – a urgente necessidade de executar as Recomendações da CPEE, *Julgar*, n. 18, setembro-dezembro, 2012, 77-80; Processo Executivo, in *40 Anos de Políticas de Justiça em Portugal*, Almedina, 2017, 269-298; SILVEIRA, João Tiago da. A Reforma da Acção Executiva: traços gerais, metodologia e execução, *Vida Judiciária*, n. 69, 2003, 19-25.
8. *A Ação Executiva: caracterização, bloqueios e propostas de reforma* – Relatório Preliminar, Observatório Permanente da Justiça Portuguesa Centro de Estudos Sociais, Faculdade de Economia, Universidade de Coimbra, Edição do Ministério da Justiça, GPLP, janeiro, 2001.
9. Esta Conferência Internacional foi organizada pelo GPLP, em colaboração com o Centro de Estudos Sociais da Universidade de Coimbra, e as intervenções dos seus participantes podem ser consultadas na obra *A Reforma da Ação Executiva* – Trabalhos Preparatórios – v. 1 – Conferência de 2 e 3 de fevereiro de 2001, Edição do Ministério da Justiça, GPLP, 2001.
10. *A Reforma da Ação Executiva* – Trabalhos Preparatórios – v. 2 – Relatório do Observatório Permanente da Justiça Portuguesa, Observatório Permanente da Justiça Portuguesa, Centro de Estudos Sociais, Edição do Ministério da Justiça, GPLP, março, 2001, "Capítulo I – A gestão da procura e oferta da justiça cível: o caso da ação executiva", 7-31.

de ações; *(iii)* a partir de 1992 assistiu-se a uma explosão de processos executivos (de 119.866 em 1992 para 180.281 em 1999)[11].

Quanto às ações executivas findas, também se registara um aumento, mas sem que isso tivesse sido suficiente para responder à procura, pois as ações executivas pendentes aumentaram até 1990 (14.241 ações em 1970 e 96.690 em 1990), desceram entre 1991 e 1992 (88.283 ações em 1991 e 80.948 em 1992), e a partir de 1993 assistiu-se a um aumento exponencial dos processos pendentes[12].

Ao alargar o âmbito temporal da sua análise ao período entre 1970 e 1999, o OPJ concluiu que a procura da justiça cível e as ações executivas cresceram cerca de dez vezes, ou seja, 1000% (de 23.778 em 1970 para 180.281 em 1999), não tendo o sistema judicial sido capaz de dar uma resposta eficaz, nem de manter o número anual de processo pendentes, o qual cresceu cerca de vinte vezes, ou seja, 2000% (de 14.241 ações em 1970 e 365.761 em 1999)[13].

Assim, comparando o ano de 1992 com o ano de 2001, verificamos que em 1992 o número de processos executivos entrados nos tribunais era de 97.452, e em 2001 de 226.201; e o número de processos pendentes em 1992 era 80.948, e no início de 2001, de 432.118[14].

4. Em termos de taxa de resolução processual[15] (ou de sobrevivência) das ações executivas, o OPJ verificou que ocorrera uma diminuição na percentagem de execuções com duração inferior a um ano, a par de um aumento da percentagem de execuções resolvidas entre o primeiro e o segundo ano, um aumento em 1999 do número de execuções com duração entre os dois e três anos, e entre os três e cinco anos, e ainda uma diminuição dos processos com duração superior a cinco anos[16], estando a sua duração relacionada com a complexidade das causas.

---

11. Ibidem, 17-18.
12. O OPJ atribui a descida da pendência ao recrutamento e formação de magistrados efetuado pelo Centro de Estudos Judiciários na década de 80 do século XX, bem como ao aumento do número de funcionários judiciais (*A Reforma da Ação Executiva* – Trabalhos Preparatórios – v. 2 – Relatório do Observatório Permanente da Justiça Portuguesa, Observatório Permanente da Justiça Portuguesa, Centro de Estudos Sociais, Edição do Ministério da Justiça, GPLP, março, 2001, "Capítulo I – A gestão da procura e oferta da justiça cível: o caso da ação executiva", 17-18).
13. *A Reforma da Ação Executiva* – Trabalhos Preparatórios – v. 2 – Relatório do Observatório Permanente da Justiça Portuguesa, Observatório Permanente da Justiça Portuguesa, Centro de Estudos Sociais, Edição do Ministério da Justiça, GPLP, março, 2001, "Capítulo I – A gestão da procura e oferta da justiça cível: o caso da ação executiva", 19-39.
14. SILVEIRA, Joãp Tiago. A Reforma da Ação Executiva, *Vida Judiciária*, n. 69, maio, 2003, 19.
15. A taxa de resolução processual é "a taxa de resolução processual rácio do volume total de processos findos sobre o volume total de processos entrados. Sendo igual a 100%, o volume de processos entrados foi igual ao dos findos, logo, a variação da pendência é nula. Sendo superior a 100%, ocorreu uma recuperação da pendência. Quanto mais elevado for este indicador, maior será a recuperação da pendência efetuada nesse ano. Se inferior a 100%, o volume de entrados foi superior ao dos findos, logo, gerou-se pendência." (cf. "Estatísticas da Justiça – Movimento processual nos tribunais judiciais de 1ª instância, 1996-2015", Boletim de Informação Estatística, n. 40, abril, 2016 (http://www.siej.dgpj.mj.pt).
16. *A Reforma da Ação Executiva* – Trabalhos Preparatórios – v. 2 – Relatório do Observatório Permanente da Justiça Portuguesa, Observatório Permanente da Justiça Portuguesa, Centro de Estudos Sociais, Edição do Ministério da Justiça, GPLP, março, 2001, "Capítulo III – A duração e morosidade da ação executiva", 86.

A diminuição na percentagem de ações com duração inferior a um ano foi a seguinte: 53,3% em 1989, 66,45% em 1993 e 42,8% em 1999. Já o aumento da percentagem de ações resolvidas entre o primeiro e o segundo ano foi menos acentuada (21,1% em 1989, 30,8% em 1995 e 28,1% em 1999), o mesmo ocorrendo na diminuição dos processos com duração superior a cinco anos (de 5% em 1989 para 3,35% em 1999)[17].

Por último, quanto ao termo e ao resultado da execução, o OPJ enunciou que as execuções terminavam com o pagamento voluntário pelo executado durante o processo, antes da penhora (53,58% em 1989 e 39,36% em 1999), sendo assinalável a percentagem de execuções que então já terminavam sem se efetuar o pagamento ao exequente (34,84% em 1989 e 48,39% em 1999), ficando os restantes casos para o pagamento total ou parcial de forma coerciva[18].

5. Tendo em vista compreender as causas de morosidade das execuções baseadas em letras de câmbio, o OPJ efetuou a simulação processual de uma execução para pagamento de quantia certa, baseada numa letra de câmbio, a ser *intentada no dia 4 de janeiro de 2001*, sob a forma de processo ordinário, sem a ocorrência de nenhum incidente processual, e simulando-se que todos os atos processuais seriam praticados no último dia do prazo legal. Desta simulação resultou que a execução *só terminaria no dia 9 de janeiro de 2003*, ou seja, iria demorar, pelo menos, dois anos (esta duração correspondia apenas ao cumprimento dos procedimentos e prazos legais, ou seja, decorria da própria lei – foi a esta morosidade que o OPJ apelidou de "morosidade legal")[19].

Assim, o OPJ analisou as causas de morosidade legal[20], enunciando-se em primeiro lugar, as que decorrem do excesso de formalismo da própria lei (o excesso de intervenção do juiz – proliferando despachos de mero expediente e enxertos declarativos –, a extrema dependência do impulso do exequente ou a ineficácia da penhora e da venda judicial)[21]; em segundo lugar, as causas organizacionais ou endógenas, não intencionais, específicas da ação executiva (a morosidade no cumprimento pelos funcionários judiciais dos despachos e das cartas precatórias, os atrasos nos registos das penhoras junto das conservatórias e a ausência de efetiva remoção dos bens mó-

---

17. Ibidem.
18. *A Reforma da Ação Executiva* – Trabalhos Preparatórios – v. 2 – Relatório do Observatório Permanente da Justiça Portuguesa, Observatório Permanente da Justiça Portuguesa, Centro de Estudos Sociais, Edição do Ministério da Justiça, GPLP, março, 2001, "Capítulo II – A caracterização da ação executiva", 51-52.
19. *A Reforma da Ação Executiva* – Trabalhos Preparatórios – v. 2 – Relatório do Observatório Permanente da Justiça Portuguesa, Observatório Permanente da Justiça Portuguesa, Centro de Estudos Sociais, Edição do Ministério da Justiça, GPLP, março, 2001, "Capítulo III – A duração e morosidade da ação executiva", 97 e ss.
20. A morosidade legal é a *"duração irrazoável ou excessiva do processo, desnecessária à proteção das partes intervenientes"* (PEDROSO, João, "Apresentação do Relatório do OPJ – A Ação Executiva: caracterização, bloqueios e propostas de reforma", *A Reforma da Ação Executiva* – Trabalhos Preparatórios – v. 1, cit., p. 13.
21. *A Reforma da Ação Executiva* – Trabalhos Preparatórios – v. 2 – Relatório do Observatório Permanente da Justiça Portuguesa, cit., 103-109.

veis apreendidos)[22]; e em último lugar, as causas de morosidade organizacionais ou endógenas, intencionais, provocadas pelos interessados (partes ou profissionais), em regra, o executado[23].

Nas conclusões do seu estudo, o OPJ destacou a necessidade de escolha de um novo paradigma de processo executivo, que combinasse a simplificação da lei processual civil com a desjudicialização, atribuindo a competência para a realização de atos não jurisdicionais a uma *autoridade pública de execução* (à semelhança do sistema sueco, no qual o Serviço Público de Cobrança Forçada, de cariz administrativo, assegura as ações executivas)[24], ou a um *agente de execução* (como o *Huissier de Justice* francês)[25]-[26].

Assim, entre as diversas iniciativas legislativas propostas pelo OPJ[27], encontra-se a de criação dos *Agentes de Execução*, que seriam profissionais liberais (à semelhança

---

22. *A Reforma da Ação Executiva* – Trabalhos Preparatórios – v. 2 – Relatório, cit., 115-117. Neste relatório enunciam-se ainda as causas endógenas gerais, que não afetam exclusivamente as ações executivas, como sejam as condições de trabalho, a irracionalidade na distribuição de funcionários judiciais e de magistrados, a impreparação e negligência dos funcionários judiciais e magistrados judiciais e do Ministério Público (por exemplo, não cumprimentos dos prazos legais sem justificação) e o enorme volume de trabalho, fruto da explosão da litigiosidade que gerou uma litigância de massa (cfr. *A Reforma da Ação Executiva* – Trabalhos Preparatórios – v. 2 – Relatório, cit., p. 109-110).
23. V. PEDROSO, JOÃO, ibidem, e *A Reforma da Ação Executiva* – Trabalhos Preparatórios – v. 2 – Relatório, cit., 107 e 117-118; LOURENÇO, Paula Meira. Metodologia e Execução da Reforma da Ação Executiva, *Themis*, ano IV, n. 7, 2003, 266-267.
24. MALLQVIST, Mikael. *A Reforma da Ação Executiva* – Trabalhos Preparatórios – v. 1, cit., 99-103, e *A Reforma da Ação Executiva* – Trabalhos Preparatórios – v. 2 – Relatório, cit., 163-165.
25. MENUT, Bernard. *A Reforma da Ação Executiva* – Trabalhos Preparatórios – v. 1, cit., 91-97.
26. *A Reforma da Ação Executiva* – Trabalhos Preparatórios – v. 1, cit., p. 15 e v. 2, cit., 225-227. Acerca dos "Paradigmas da ação executiva", vide FREITAS, Lebre de. *A Reforma da Ação Executiva* – Trabalhos Preparatórios – v. 1, cit., 79-90.
27. As trinta propostas de alteração legislativa formuladas pelo OPJ encontram-se publicadas em *A Reforma da Ação Executiva* – Trabalhos Preparatórios – v. 2 – Relatório, cit., 219-225. Destacamos as seguintes propostas: a) extensão do título executivo aos juros de mora; b) adoção de uma forma única para as execuções para cobrança de dívidas; c) menor dependência do impulso do exequente; d) concentração do depositário e do encarregado de venda numa única entidade; e) nomeação de bens à penhora a efetuar pelo exequente no requerimento inicial; f) maior cooperação do executado na identificação dos seus bens a penhorar (criminalização das falsas declarações; g) realização oficiosa pelo tribunal, de diligências junto de entidades administrativas e privadas para encontrar bens do executado suscetíveis de penhora; g) reforço da possibilidade de penhora de bens em poder de terceiro; h) a penhora de imóveis deveria ser efetuada para qualquer comarca do país (eliminação da carta precatória); i) ultrapassagem dos problemas de efetivação da penhora de depósito bancário; j) o registo de penhoras deveria ser oficioso, por mera comunicação do tribunal à conservatória do registo predial, e ser efetuado com carácter prioritário; k) a penhora de bens móveis deveria ser efetuada por desapossamento e sua remoção para armazéns distritais de depósito e de venda judicial; e os depositários nunca deveriam ser indicados pelo executado; l) a penhora de automóveis deveria ser realizada por imobilização imediata, através de selos ou dispositivo mecânico; m) diminuição dos atos processuais, designadamente das notificações. Defesa da concentração num único momento, em regra, após a penhora, da citação e das notificações, e da cumulação de oposições à penhora e à execução; n) a solução de litígios declarativos deveria ocorrer no âmbito da própria execução ou, em alternativa, com a remessa para uma ação autónoma; o) quanto à venda: fixação de limites mínimos ao valor da venda (percentagem da avaliação efetuada por peritos); depósito prévio, pelos candidatos a licitantes em leilão, de uma caução de 20% do valor dos bens; diminuição do tempo entre a penhora e a venda dos bens penhorados e antecipação do momento da realização da venda; previsão da possibilidade de vendas semanais nos armazéns distritais de depósito de bens móveis, de vendas judiciais através de entidades ou instituições

dos *Huissiers de Justice*), os quais deviam aceder ao cargo através de concurso público, sendo remunerados com base numa tabela a fixar pelo Governo. Dos atos praticados pelos agentes de execução existiria sempre recurso para o juiz, designadamente quanto a atos de agressão patrimonial.

2. A Lei 2/2002, de 2 de janeiro: linhas de orientação

6. Das propostas do OPJ nasceram as linhas de orientação da Reforma da Ação Executiva de 2000/2001, a saber:

   a) Desjudicialização da execução mediante a criação da figura do Agente de Execução, ao qual passou a competir a prática de atos executivos não jurisdicionais, retirando-os da esfera de atuação do juiz, que assegura o controlo judicial do processo executivo;

   b) Simplificação, agilização e maior eficácia da lei processual civil, *maxime*, a transparência dos procedimentos em sede de apreensão do património do executado. Destacamos três medidas legais: *(i)* a atribuição ao agente de execução de amplos poderes de investigação tendo em vista a identificação do executado e a localização do seu património através da consulta direta (sem necessidade de autorização judicial) e eletrónica das bases de dados da administração tributária, da segurança social, das conservatórias do registo (civil, predial, comercial e automóvel e outros registos e arquivos semelhantes); *(ii)* a previsão de uma ordem de realização da penhora (*gradus executionis*)[28] a começar pelos depósitos bancários; *(iii)* a realização da penhora eletrónica[29];

   c) Reforço das garantias do exequente[30];

   d) Responsabilização acrescida do exequente[31];

   e) Criação de dois registos informáticos: um relativo aos executados que já tivessem sido parte em execuções pendentes, sem que se tivesse conseguido o pagamento integral aos exequentes (o Registo Informático de Execuções), e o outro consistindo numa lista de devedores sem património conhecido.

---

especializadas; admissão da venda judicial de bens através da sua entrega imediata ao exequente pelo valor de mercado; p) simplificação de toda a fase da convocação de credores, verificação e graduação de créditos; criação de um ficheiro nacional de execuções, gerido pelo Ministério da Justiça ou pelo Banco de Portugal, que colocaria mais facilmente em pé de igualdade os diversos credores; ampliação das situações de dispensa de citação de credores, designadamente quando a penhora incide sobre os direitos de crédito e não existem razões para suspeitar que incidem sobre eles direitos reais de garantia.; q) abolição do pagamento por precatório-cheque, optando-se pelo pagamento através de transferência bancária.

28. SOUSA, Miguel Teixeira. *A Reforma da Ação Executiva* – Trabalhos Preparatórios, v. I, cit., 111-113.
29. LOURENÇO, Paula Meira. Metodologia e Execução da Reforma da Ação Executiva, *Themis*, ano IV, n. 7, 2003, 271-273.
30. SILVA, Paula Costa e. *A Reforma da Ação Executiva*. 3. ed. Coimbra: Coimbra Editora, 2003, 13-15; SOUSA, Miguel Teixeira de. *A Reforma da Ação Executiva*. Lisboa: Lex, 2004, 26-29.
31. SILVA, Paula Costa e. *A Litigância de Má Fé*. Coimbra: Coimbra Editora, 2008, VII e XI (*maxime* 692-693).

Atendendo a que estas linhas de orientação da reforma se mantiveram, quase na totalidade, quando a mesma foi concretizada em 2003, veremos adiante, de forma detida, as soluções legais que as densificaram.

7. Após a apresentação do 1.º Anteprojeto de alteração legislativa (01.06.2001), abriu-se uma fase dedicada à recolha de pareceres e sugestões acerca das soluções consagradas, de forma a obter-se um consenso alargado relativamente às medidas a tomar pelo decisor político, tendo o GPLP promovido uma segunda Conferência, que teve lugar no dia 29 de Junho de 2001, no Auditório da Universidade de Coimbra, subordinada ao tema "A Reforma da Ação Executiva – A discussão pública da Proposta de Lei", na qual se procedeu à distribuição ao público do 1.º Anteprojeto dessa Proposta,[32] e só depois de ponderados todos os pareceres e propostas de alteração, é que o Ministério da Justiça apresentou o 2.º Anteprojeto legislativo, o qual foi aprovado em Conselho de Ministros em 13 de Setembro de 2001.

O pedido de autorização legislativa apresentado à Assembleia da República deu origem à Proposta de Lei 100/VIII,[33] a qual foi aprovada no dia 30 de Novembro de 2001, promulgada pelo Presidente da República a 17 de Dezembro de 2001, e publicada como Lei 2/2002, de 2 de Janeiro.

Por força da demissão do XIV Governo Constitucional, coube ao executivo seguinte concretizar a reforma legislativa já desenhada. Esta não veio, porém, a tomar em consideração o 3.º Projeto, que resultara da discussão da *supra* referida Proposta na Assembleia da República (a última versão é datada de Abril de 2002).

II. A TÃO ESPERADA REFORMA DA EXECUÇÃO

3. A Lei 23/2002, de 21 de Agosto, e o Decreto-Lei 38/2003, de 8 de Março

8. No dia 15 de setembro de 2003 entrou em vigor no direito português o Decreto-Lei 38/2003, de 8 de Março, que, aprovado ao abrigo da Lei 23/2002, de 21 de Agosto, concretizou a tão esperada reforma da execução.

Na reforma mantiveram-se as linhas de orientação da reforma acima referidas, gizadas entre 2000 e 2001 no âmbito da sua discussão pública, as quais são agora alvo da nossa análise[34]: (*i*) desjudicialização da execução, através da criação da figura

---

32. Tratava-se do volume dos trabalhos preparatórios *Reforma da Ação Executiva* – Anteprojeto da Lei de alteração do Código de Processo Civil – 01.06.2001, cit..
33. A Proposta de Lei 100/VIII foi publicada no Diário da Assembleia da República, II Série A, n. 1, de 20 de Setembro de 2001, e foi editada pelo Ministério da Justiça, em conjunto com o Anteprojeto de Decreto-Lei autorizado: *Reforma da Ação Executiva* – Proposta de Lei 100/VIII, cit..
34. Acerca das linhas de orientação da reforma legislativa da execução cível que entrou em vigor em 2003 em Portugal vide GERALDES, José Abrantes. Títulos Executivos, *Themis*, ano IV, n. 7, 2003, 35-66; SILVA, Paula Costa e. *A Reforma da Ação Executiva*, 3., Coimbra, Coimbra Editora, 2003; GOMES, Januário Costa. Penhora de direitos de crédito. Breves notas, *Themis*, ano IV, n. 7, 2003, 105-132; FREITAS, José Lebre de. *A Ação Executiva depois da Reforma*, 4. ed, Coimbra, Coimbra Editora, 2004, 7-29; FREITAS, José Lebre de. *A Ação Executiva* – À luz do Código de Processo Civil de 2013, 7. ed, Coimbra, Coimbra Editora, 2017;

do Agente de Execução e a repartição de competências entre o agente de execução e o juiz de execução. O objetivo foi libertar o juiz da necessidade de proferir despachos de citação do executado e ordinatórios da penhora ou da venda, cuja natureza jurisdicional era contestada[35]; *(ii)* simplificação, agilização e maior eficácia da lei processual civil, *maxime*, a transparência dos procedimentos em sede de apreensão do património do executado. Importa salientar a atribuição ao agente de execução de amplos poderes de investigação visando a identificação do executado e a localização dos seus bens penhoráveis, através da consulta direta (sem prévia autorização judicial) e eletrónica das bases de dados da administração tributária, da segurança social, das conservatórias do registo civil, predial, comercial e automóvel, do Registo Nacional de Pessoas Coletivas (RNPC) e outros registos e arquivos semelhantes; e a penhora eletrónica[36]; *(iii)* reforço das garantias do exequente[37]; *(iv)* responsabilização acrescida do exequente[38]; *(v)* a criação do Registo Informático de Execuções, no qual se inscreve os nomes dos executados que já tivessem sido parte em execuções pendentes, sem que se tivesse conseguido o pagamento integral aos exequentes.

Vejamos.

a) *Desjudicialização: o Agente de Execução, o Juiz de Execução e o respeito pela reserva constitucional da função jurisdicional (artigo 202.º da Constituição da República Portuguesa)*

9. A desjudicialização ocorreu através da criação da figura do Agente de Execução, ao qual passou a competir a prática de atos executivos não jurisdicionais, retirando-os da esfera de atuação do juiz, que passou a assegurar o controlo judicial da execução, passando a ser apelidado de Juiz de Execução. O objetivo foi libertar

---

FREITAS, José Lebre de e MENDES, Armindo Ribeiro. *Código de Processo Civil Anotado*, Coimbra, Coimbra Editora, 2003, v. 3; CAPELO, Maria José. Pressupostos processuais gerais na ação executiva: a legitimidade e as regras de penhorabilidade, *Themis*, ano IV, n. 7, 2003, 79-104; MENDES, Armindo Ribeiro. Reclamação de Créditos no Processo Executivo, *Themis*, ano IV, n. 7, 2003, 215-240; LOURENÇO, Paula Meira. Metodologia e Execução da Reforma da Ação Executiva, *Themis*, Ano IV, n. 7, 2003, 269-273; A Comissão para a Eficácia das Execuções, *Scientia Iuridica*, t. LVIII, n. 317, jan.-mar, 2009, 131; A ação executiva em Portugal entre 2000 e 2012 – a urgente necessidade de executar as Recomendações da CPEE, *Julgar*, n. 18, set.-dez. 2012, 79; Pinto, Rui. Penhora e alienação de outros direitos – execução especializada sobre créditos e execução sobre direitos não creditícios na reforma da ação executiva, *Themis*, ano IV, n. 7, 2003, 133-164; *Penhora, Venda e Pagamento*, Lex, Lisboa, 2003; A ação executiva depois da reforma, Lisboa, Lex, 2004, 15-23; A ação executiva, AAFDL, Lisboa, 2018, 327 e ss.; SOUSA, Miguel Teixeira de. Aspetos Gerais da Reforma da Ação Executiva, *Cadernos de Direito Privado*, n. 4, outubro/dezembro, 2003, 3-25; *A Reforma da Ação Executiva*, Lex, Lisboa, 2004, 13-36; FERREIRA, Fernando Amâncio. *Curso de Processo de Execução*, 13. ed, Coimbra, Almedina, 2010.

35. SILVA, Paula Costa e. *O Dogma da Irrelevância da Vontade na Interpretação e nos Vícios do Acto Postulativo*, Coimbra, Coimbra Editora, 2003, 146-147, nota 332; *A Reforma da Ação Executiva*, 3. ed., Coimbra, Coimbra Editora, 2003, 13-15; LOURENÇO, PAULA MEIRA. A ação executiva em Portugal entre 2000 e 2012 – a urgente necessidade de executar as Recomendações da CPEE, *Julgar*, n. 18, set.-dez. 2012, 79.
36. LOURENÇO, Paula Meira. Metodologia e Execução da Reforma da Ação Executiva, *Themis*, ano IV, n. 7, 2003, 271-273.
37. SILVA, Paula Costa e. *A Reforma da Ação Executiva*, 3. ed., Coimbra, Coimbra Editora, 2003, 13-15; SOUSA, Miguel Teixeira de. *A Reforma da Ação Executiva*, Lisboa, Lex, 2004, 26-29.
38. SILVA, PAULA COSTA e. *A Litigância de Má Fé*, Coimbra, Coimbra Editora, 2008, VII e XI (*maxime* 692-693).

o juiz da necessidade de proferir despachos de citação do executado e ordinatórios da penhora ou da venda, cuja natureza jurisdicional era contestada[39], reservando-lhe a competência decidir os litígios que emergissem na execução, de acordo com a reserva constitucional da função jurisdicional do juiz prevista no artigo 202.º da Constituição da República Portuguesa (CRP)[40].

Assim, assistiu-se à repartição de competências entre o agente de execução e o juiz de execução. O Agente de Execução passou a realizar as tarefas de natureza não jurisdicional (v. g. citações, notificações e publicações, a averiguação acerca da existência e localização dos bens penhoráveis, a apreensão dos bens, a efetivação da penhora, as funções de depositário, a determinação da modalidade de alienação, efetivação da alienação e pagamento). Por seu turno, o Juiz de Execução passou a intervir mais na fase inicial do processo, pois, por um lado, existia sempre despacho liminar nos casos previstos no Código de Processo Civil (CPC), sem prejuízo da possibilidade de despacho liminar de indeferimento, de despacho liminar de aperfeiçoamento e de despacho liminar de citação do executado (o despacho liminar do juiz só seria dispensado nos casos expressamente previstos no CPC), e manteve a competência para decidir a oposição à execução (ou embargos de executado), a oposição à penhora, a impugnação e a graduação de créditos (no prazo de 3 meses) e bem assim todas as questões suscitadas pelo agente de execução, pelas partes (no prazo de 5 dias)[41].

10. A repartição de competências acentuou que a finalidade da execução é assegurar a satisfação coativa daquilo que se presume dever ser, através da realização de um conjunto de diligências e atos executivos (a realizar pelo agente de execução). Se na execução não se visa a declaração de um direito, que se presume já estar

---

39. SILVA, Paula Costa e. *A Reforma da Ação Executiva*, 3. ed., Coimbra, Coimbra Editora, 2003, 13-15; LOURENÇO, Paula Meira. A ação executiva em Portugal entre 2000 e 2012 – a urgente necessidade de executar as Recomendações da CPEE, *Julgar*, n. 18, set.-dez. 2012, 79.
40. De acordo com a reserva da função jurisdicional prevista no artigo 202.º da CRP, "Na administração da justiça incumbe aos tribunais assegurar a defesa dos direitos e interesses legalmente protegidos dos cidadãos, reprimir a violação da legalidade democrática e dirimir os conflitos de interesses públicos e privados".
41. Acerca da repartição de competências entre o agente de execução e o juiz de execução, vide FREITAS, José Lebre de. A revisão do Código de Processo Civil e o Processo Executivo, *Dir*, ano 131, I-II, jan.-jun. 1999, 21; Agente de Execução e Poder Jurisdicional, *Themis*, ano IV, n. 7, 2003, 19-34; Apreciação do Projeto de Diploma da Reforma da Ação Executiva, *ROA*, I, n. 68, janeiro, 2008, 21 e ss.; SOUSA, Miguel Teixeira de. *A Reforma da Ação Executiva*, Lisboa, Lex, 2004, 13-19 e 47-58; Novas Tendências de desjudicialização na ação executiva: o agente de execução como órgão, *CDP*, Número Especial 01, Dezembro, 2010, 3-5; GERALDES, José Abrantes. O juiz e a execução, *Themis*, ano V, n. 9, 2004, 25-42; REGO, Carlos Lopes do. As funções e o estatuto processual do agente de execução, *Themis*, ano V, n. 9, 2004, 43-54; BRITO, José Alves de. Inovações introduzidas ao estatuto do agente de execução pelo DL 226/2008, de 20/11 (simplificação da ação executiva), SI, t. LVIII, n. 317 (janeiro/março), 2009, 166-174; LOURENÇO, Paula Meira. A Comissão para a Eficácia das Execuções, *Scientia Iuridica*, t. LVIII, n. 317, jan.-mar. 2009, 132-134; FERREIRA, Fernando Amâncio. *Curso de Processo de Execução*, 13. ed., Almedina, 2010, 140; MINEIRO, Pedro Edgar. Competências do juiz e do agente de execução na ação executiva para pagamento de quantia certa, Coimbra, Almedina, 2016.

declarado,[42] deve-se atuar e executar, sendo, pois, concebível uma execução sem a intervenção do Juiz de Execução.[43]

As funções de Agente de Execução seriam, em regra, desempenhadas por um Solicitador de Execução, designado pelo exequente ou pela secretaria, e só seriam assumidas por um Oficial de Justiça nos casos em que não houvesse Solicitador de Execução inscrito no círculo ou ocorrendo outra causa de impossibilidade, ou nas execuções por custas.

O Solicitador de Execução designado só poderia ser destituído pelo Juiz de Execução por atuação processual dolosa ou negligente ou violação grave de dever do seu estatuto profissional, o que seria comunicado à Câmara dos Solicitadores (que é atualmente a Ordem dos Solicitadores e Agentes de Execução – OSAE).

b) Simplificação, agilização e maior eficácia da lei processual civil – maxime, a transparência dos procedimentos em sede de apreensão do património do executado

11. Visando a simplificação e a agilização da lei processual civil, previu-se, entre outras, as seguintes medidas legais[44]: *(i)* uma forma única de processo comum de execução para pagamento de quantia certa; *(ii)* a eliminação de várias intervenções do juiz (eliminou-se o despacho do juiz a ordenar o ato de citação do executado e o ato de penhora) e atos burocráticos e desnecessários realizados pelos oficiais de justiça; *(iii)* nas execuções que se iniciassem pela penhora, o executado seria citado para, num único momento processual, se opor à execução e à penhora; *(iv)* nas execuções que se iniciassem pela citação do executado, o recebimento da oposição à execução (ou embargos de executado) só suspendia a execução quando o opoente prestasse caução ou quando, tendo o opoente alegado a não genuinidade da assinatura do documento particular e apresentado documento que constituísse princípio de prova, o juiz, ouvido o exequente, entendesse que se justificava a suspensão; já nas execuções que se iniciassem pela penhora, o recebimento da oposição suspendia sempre a execução, sem prejuízo do reforço ou da substituição da penhora; *(v)* a penhora de coisas móveis não sujeitas a registo era efetuada através da efetiva apreensão dos bens e a sua imediata remoção para depósitos públicos, assumindo o agente de execução que efetuou a diligência a qualidade de fiel depositário dos mesmos; *(vi)* a venda dos bens móveis em depósitos públicos.

---

42. BRUNS/PETERS. *Zwangsvollstreckungsrecht*, 3. ed., Verlag Franz Vahlen, München, 1997, 18; FREITAS, José Lebre de. *A Ação Executiva* – À luz do Código de Processo Civil de 2013, 7. ed, Coimbra, Coimbra Editora, 2017, n. 1, 12.
43. Por isso, na doutrina alemã encontramos autores que defendem que a execução não é um processo contraditório, nem um processo uniforme, nem tão pouco um processo coordenado ou vinculado a uma determinada ordem (ROSENBERG/GAUL/SCHILKEN/Becker-Eberhard/LAKKIS, *Zwangsvollstreckungsrecht*, 12. ed., Beck, München, 2010, § 5, II, 1, Rn. 15-21; e § 5, VI, 1, Rn. 59.
44. SILVA, Paula Costa e. *A Reforma da Ação Executiva*, 3. ed., Cimbra, Coimbra Editora, 2003, 13-16; SOUSA, Miguel Teixeira de. *A Reforma da Ação Executiva*, Lisboa, Lex, 2004, 19-25.

12. Há duas soluções legais que merecem destaque, pela sua relevância, atento o escopo da execução.

Por um lado, a previsão legal do acesso eletrónico e direto do agente de execução às bases de dados informáticas contendo a identificação do executado e do seu património (como seja, as bases de dados da administração fiscal, das conservatórias do registo (civil, predial, comercial e automóvel), da segurança social, Registo Nacional de Pessoas Coletivas, e de outros registos ou arquivos que dispusessem do mesmo tipo de informações, estando estas entidades obrigadas a fornecer-lhes estas informações pelo meio mais célere, e dentro do prazo máximo de 10 dias.

Por outro lado, a consagração da realização da penhora de coisas imóveis, e móveis sujeitas a registo, pelo agente de execução através de comunicação eletrónica à conservatória do registo competente, sem necessidade de despacho judicial a ordenar a penhora.

13. Assinala-se que o Decreto-Lei 38/2003, de 8 de Março, não consagrou três importantes soluções legislativas que haviam sido defendidas durante a discussão pública de 2000/2001: (i) a ordem de realização da penhora, tendo optado por uma cláusula geral ("A penhora começa pelos bens cujo valor pecuniário seja de mais fácil realização e se mostre adequado ao montante do crédito do exequente"); (ii) a entidade interbancária na penhora de depósitos bancários (o projeto legislativo de 2001 previa que quando o exequente não soubesse identificar as contas bancárias do executado, a secretaria do tribunal notificava as instituições de crédito ou a entidade interbancária por elas designada, com a menção expressa de que o saldo existente ou a quota-parte do executado nesse saldo, ficava à ordem da secretaria do tribunal até ao limite da dívida exequenda, desde a data da notificação da penhora) e previu, tão somente, que a penhora fosse feita *"preferentemente, por comunicação eletrónica e mediante despacho judicial"*. O desconhecimento pelo exequente das contas bancárias do executado e a previsão de que só "preferentemente" se faria esta penhora por comunicação eletrónica (quando em 2003 todas as entidades bancárias já comunicavam através de meios eletrónicos e todos os tribunais estavam informatizados), explica a ineficácia da penhora de depósitos bancários tal como concebida em 2003[45]. Esta solução foi consagrada mais tarde: a penhora através de comunicação eletrónica foi prevista no Decreto-Lei n226/2008, de 20 de Novembro, e a entidade interbancária (o Banco de Portugal) na Lei 41/2013,

---

45. Acerca da penhora de depósitos bancários vide MARQUES, João Paulo Remédio. *A Penhora e a Reforma do Processo Civil, Em Especial a Penhora de Depósitos Bancários e do Estabelecimento Comercial*, Lisboa, 2000; A penhora de créditos na reforma processual de 2003; referência à penhora de depósitos bancários, *Themis*, ano V, n. 9, 2004, 137-205; GOMES, Januário Costa; Penhora de direitos de crédito. Breves notas, *Themis*, ano IV, n. 7, 2003, 105-132; SILVEIRA, João Tiago da. Saisie bancaire en droit portugais: Le régime actuel et la réforme des voies d'exécution, *L'aménagement du droit de l'exécution dans l'espace communautaire* – bientôt les premiers instruments, Éditions Juridiques et Techniques, Paris, 2003, 211-222; LOURENÇO, Paula Meira. Penhora e outros procedimentos de apreensão de valores mobiliários: implicações do novo regime da ação executiva, *Direito dos Valores Mobiliários* – Instituto dos Valores Mobiliários, v. VI, 2006, Coimbra, Coimbra Editora, 256-257.

de 26 de junho); *(iii)* a lista de devedores sem património conhecido, a qual veio a ser criada pelo Decreto-Lei 226/2008, de 20 de Novembro, apelidando-se de "Lista Pública de Execuções" (LPE)[46].

c) Reforço das garantias do exequente

14. Nas linhas gerais de orientação da reforma e nas soluções legais aprovadas vislumbram-se diversas manifestações do reforço das garantias do exequente, sobretudo as que decorrem de um processo equitativo, que asseguram uma execução justa – a efetividade da execução em prazo razoável –, sendo de salientar[47]: *(i)* a opção pela desjudicialização da execução, sendo o agente de execução o órgão de execução ao qual incumbe a condução da execução (reservando-se ao juiz de execução a função jurisdicional nas ações declarativas e nos incidentes da execução), função pública prestada por um profissional liberal, a saber, um solicitador; *(ii)* a manutenção dos poderes de investigação do agente de execução relativamente à identificação do executado e ao seu património, através do acesso direto e eletrónico às bases de dados da administração tributária, da segurança social, do registo civil, do RNPC, do registo predial, do registo comercial e do registo de veículos, do acesso do Registo Informático de Execuções; *(iii)* possibilidade de o juiz de execução determinar o início da execução pela penhora, a requerimento do exequente, sempre que haja receio da perda da garantia patrimonial ou ocorra especial dificuldade de realização da citação do executado e haja justificação para recear aquela mesma perda; *(iv)* previsão de restrições à admissibilidade de reclamação de créditos com base em privilégios creditórios gerias sobre os bens penhorados; *(v)* reforço da posição do exequente perante os credores reclamantes titulares de privilégios creditórios gerais – se o produto da venda dos bens penhorados não satisfizer o crédito exequendo e os créditos reclamados, os credores reclamantes, ainda que graduados antes do exequente, apenas vêem satisfeita uma parte do seu crédito, de modo a possibilitar o pagamento de uma quantia ao exequente.

15. Uma medida legislativa verdadeiramente reveladora do reforço das garantias do exequente prende-se com a escolha pelo legislador do momento de inserção do ato de penhora no início da execução (sem necessidade de despacho liminar do juiz de execução), ou seja, a penhora era o primeiro ato a realizar pelo agente de execução, e ocorria antes da citação do executado, originando uma situação de contraditório diferido.

Com efeito, não é neutra a escolha pelo legislador do momento em que coloca o ato de penhora na sequência processual, do ponto de vista da ponderação dos interesses do exequente e do executado, mas antes implica a decisão, a cada momento, do

---

46. A LPE foi introduzida pela reforma legislativa de 2008, através do Decreto-Lei 226/2008, de 20 de novembro, que aditou os artigos 16.º-A a 16.º-C ao Decreto-Lei 201/2003, de 10 de setembro, diploma que também regula o Registo Informático de Execuções.
47. SILVS, Paula Costa e. *A Reforma da Ação Executiva*, 3. ed., Coimbra, Coimbra Editora, 2003, 13-15; SOUSA, Miguel Teixeira de. *A Reforma da Ação Executiva*, Lisboa, Lex, 2004, 19-25.

conflito entre *favor creditoris* e *favor debitoris*, sendo certo que ao credor interessará sempre que a penhora seja o primeiro ato executivo a realizar, para constituir, logo ao início do processo, a garantia patrimonial do seu crédito, bloqueando a possibilidade de perda desta garantia (*favor creditoris*), atenta a dissipação do património pelo executado a que se pode assistir quando a execução se inicia pelo ato de citação do executado[48].

Assim, a partir de 2003, a execução iniciava-se pelo ato de penhora não apenas nas execuções baseadas em títulos executivos judiciais[49], mas também nas execuções baseadas nos seguintes títulos executivos extrajudiciais: qualquer título de obrigação pecuniária vencida de montante não superior à alçada do Tribunal da Relação, desde que a penhora não recaísse sobre bem imóvel, estabelecimento comercial, direito real menor que sobre eles incidisse ou quinhão em património que os incluísse (situação que absorvia e aperfeiçoava o regime anteriormente previsto no artigo 1.º do Decreto-Lei 274/97, de 8 de outubro);[50] documento exarado ou autenticado por notário, ou documento particular com reconhecimento presencial da assinatura do devedor, desde que o montante da dívida não excedesse a alçada do Tribunal da Relação e fosse apresentado documento comprovativo da interpelação do devedor, quando tal fosse necessário ao vencimento da obrigação; excedendo o montante da dívida a alçada do Tribunal da Relação, o exequente mostrasse ter exigido o cumprimento por notificação judicial avulsa.

16. Relativamente à possibilidade a execução se iniciar pelo ato de penhora (e só depois citado o executado, ou seja, em que o contraditório era diferido), importa salientar que se entendeu que o juízo de não inconstitucionalidade emitido pelo Tribunal Constitucional acerca do artigo 1.º do Decreto-Lei 274/97, de 8 de outubro, era extensível à idêntica solução legal acolhida na reforma de 2003, relativamente aos títulos executivos *supra* referidos (qualquer título de obrigação pecuniária vencida de montante não superior à alçada do Tribunal da Relação, desde que a penhora não recaísse sobre bem imóvel, estabelecimento comercial, direito real menor que sobre eles incidisse ou quinhão em património que os incluísse).

Em relação às dúvidas acerca da constitucionalidade do artigo 1.º do Decreto-Lei 274/97, o Tribunal Constitucional português considerou que o diferimento do contraditório se justificava por razões de celeridade e de eficácia na efetivação prática e em tempo útil do direito do credor, sem que essa opção legislativa afetasse, de forma intolerável e desproporcionada, o princípio do contraditório ou o direito

---

48. SILVA, Paula Costa e. *A Reforma da Ação Executiva*, 3. ed., Coimbra, Coimbra Editora, 2003, 63-74; *A Litigância de Má Fé*, Coimbra, Coimbra Editora, 2008, VII, 469-470.
49. Mesmo antes de 2003, a tramitação da execução baseada em títulos executivos judiciais já se iniciava pela penhora, ao abrigo do disposto no processo sumário, previsto nos artigos 924.º e seguintes do CPC de 1961.
50. O artigo 1.º do Decreto-Lei 274/97, de 8 de outubro, mandava aplicar o regime do processo sumário de execução (previsto nos artigos 924.º e seguintes do CPC de 1961 para as execução de sentenças), às ações executivas para pagamento de quantia certa baseadas em título diverso de decisão judicial, desde que o seu valor não excedesse o valor a alçada do tribunal de primeira instância e que a penhora recaísse sobre bens móveis ou direitos que não tivessem sido dados de penhor (com exceção do estabelecimento comercial).

de propriedade do executado, pois o executado poderia opor-se à execução e opor-se à penhora depois da sua citação (contraditório diferido), e a penhora (que não implicava a privação do direito de propriedade sobre o bem penhorado) mantinha-se provisória até ao julgamento da oposição à execução[51].

No Acórdão 259/00, o Tribunal Constitucional português considera ainda que o diferimento do contraditório é justificado devido ao razoável grau de certeza da existência da quantia exequenda[52], uma vez que as execuções se fundam em títulos que certificam, com um razoável grau de certeza, a existência da quantia exequenda, valendo apenas para as dívidas de pequeno valor (não superior à alçada dos tribunais de 1.ª instância), que estejam documentadas por um título executivo que, com um grau de grande probabilidade, levam a acreditar na existência do crédito[53].

17. Porém, num Estado de Direito é inelutável assegurar a tutela da posição jurídica do executado, impedindo a imposição de ónus e sujeições que se revelem desadequados à finalidade da execução, atento o princípio da proporcionalidade (artigo 18.º da CRP), o qual apresenta vários corolários na execução cível[54], que se manifestam na função do processo equitativo enquanto critério ordenador das posições jurídicas do exequente e do executado, v. g. ao assegurar-se ao executado um contraditório diferido, tendo em vista acautelar-se a eficácia e a celeridade da execução, valores subjacentes à escolha da realização do ato de penhora no início do *iter* do procedimento.

d) *Responsabilização acrescida do exequente*

18. Como contrapartida do reforço da posição processual do exequente nas execuções para pagamento de quantia certa iniciadas pela penhora dos bens do executado (ou seja, execuções em que o contraditório é diferido), se o executado deduzir oposição à execução e esta for considerada procedente, o exequente responde pelos danos culposamente causados ao executado, se não tiver agido com a prudência normal, e incorre em multa correspondente a 10% do valor da execução (ou da parte dela que tenha sido objeto de oposição, mas não inferior a 10 Unidades de Conta[55] nem superior ao dobro do máximo da taxa de justiça), sem prejuízo da responsabilidade criminal em que também possa incorrer.

---

51. Acórdãos do Tribunal Constitucional português 162/00, 227/00 e 259/00.
52. Neste sentido, *vide* os Acórdãos do Tribunal Constitucional português n 739/98, 337/99, 598/99, 162/00, 227/00, 259/00, 522/00, 163/01, 131/02, 373/02 e 303/03.
53. Neste sentido, *vide* os Acórdãos do Tribunal Constitucional português 739/98, 337/99, 598/99, 162/00, 227/00, 259/00, 522/00, 163/01, 131/02, 373/02 e 303/03.
54. Acerca das garantias do executado, *vide* PAULA COSTA E SILVA, Garantias do Executado, *Th*, Ano IV, n. 7, 2003, 199-214; As linhas gerais da reforma do processo civil, *Estudos em Honra do Professor Doutor Ruy de Albuquerque*, v. II, Edição da Faculdade de Direito da Universidade de Lisboa, Coimbra, Coimbra Editora, outubro, 2006; Garantias do Executado, *Civil Procedure Review*, v.1, n.1: 3-19, mar.-jun., 2010, 3-19.
55. No ano de 2021 a Unidade de Conta foi fixada em € 102,00 (cento e dois euros), ao abrigo do disposto no artigo 232.º da Lei 75-B/2020, de 31 de dezembro.

A atuação do exequente é considerada ilícita se se tratar de uma atuação culposa, ou seja, uma atuação justificada com uma falta de diligência do lesante, à semelhança do tipo de ilícito descrito no artigo 483.º do Código Civil, na qual o elemento subjetivo do tipo abrange o *dolo* e a *negligência, grave ou simples,* afastando-se assim do tipo do artigo 542.º do CPC, no qual o agente só responderá se tiver atuado com dolo ou negligência grave[56].

A elevação do patamar de responsabilidade do exequente justifica-se, por um lado, devido à estrutura abstrata da execução (e à escolha do legislador do início do *iter* procedimental, entre a penhora e a citação do executado) e ao perigo específico que lhe é inerente, pois num procedimento em que o exequente sabe que o executado só se poderá defender após a realização da penhora, impende sobre o exequente *o dever de agir com maior prudência*[57]. Com efeito, a penhora corresponde a uma agressão ao património do executado[58], e impõe-lhe uma restrição que não podemos menosprezar, pois origina uma privação de uso e a perda de oportunidades, implicando uma desvalorização do património do executado, porquanto os atos de disposição ou de oneração dos bens penhorados são inoponíveis à execução[59].

Por outro lado, impende sobre o exequente um *dever especial de cuidado* que o impede de exercer o seu direito de ação de forma inconsequente, pois o exequente sabe que isso implicará a imediata penhora do património do executado[60], a qual é feita sem qualquer intervenção judicial prévia sobre a pretensão, sobre o título ou sobre a admissibilidade da execução[61]-[62].

e) *Criação do Registo Informático de Execuções, no qual se inscreve os nomes dos executados que já tivessem sido parte em execuções pendentes, sem que se tivesse conseguido o pagamento integral aos exequentes*

19. O Registo Informático de Execuções (RIE) criado pela reforma legislativa de 2003[63], encontra-se previsto nos artigos 717.º e 718.º do CPC, nos artigos 56.º a 58.º da Portaria 282/2013, de 29 de agosto, e o acesso a estes dados é regulado pelo Decreto-Lei 201/2003, de 10 de setembro, na sua redação atual.

---

56. SILVA, PAULA COSTA e. *A Litigância de Má Fé*, Coimbra, Coimbra Editora, 2008, VII, *maxime* 457; XI, *maxime* 692-693.
57. SILVA, Paula Costa e. *A Litigância de Má Fé*, Coimbra, Coimbra Editora, 2008, 462.
58. CORDEIRO, Catarina Pires. A responsabilidade do exequente na nova ação executiva: sentido, fundamento e limites, *CDP*, n. 10, 2005, 20.
59. SILVA, Paula Costa e. *A Litigância de Má Fé*, Coimbra, Coimbra Editora, 2008, VII, 459-464.
60. SILVA, Paula Costa e. *A Litigância de Má Fé*, Coimbra, Coimbra Editora, 2008, VII, 461-462.
61. PINTO, Rui. *A Ação Executiva Depois da Reforma*, Lisboa, Lex, 2004, 63.
62. SILVA, Paula Costa e. *A Reforma da Ação Executiva*, Coimbra, Coimbra Editora, 2003, n.. 11.3; *A Litigância de Má Fé*, Coimbra, Coimbra Editora, 2008, VII, 461; PINTO, RUI. *A Ação Executiva Depois da Reforma*, Lisboa, Lex, 2004, 68; SOUSA, Teixeira de. *A Reforma da Ação Executiva*, Lisboa, Lex, 2004, 116-119.
63. O RIE já constava já do artigo 806.º do primeiro anteprojeto de reforma da ação executiva, de 01.06.2001.

No RIE inscreve-se o rol das execuções findas ou suspensas e das execuções pendentes e, relativamente a cada uma delas, a seguinte informação: *(i)* identificação do processo de execução; *(ii)* identificação do agente de execução; *(iii)* identificação das partes; *(iv)* pedido; *(v)* bens indicados para penhora; *(vi)* bens penhorados; *(vii)* identificação dos créditos reclamados[64].

O objetivo do RIE era criar um forte elemento dissuasor do incumprimento de contratos porque identifica executados em relação aos quais não se conseguiu encontrar bens penhoráveis suficientes para pagar as dívidas, evitar execuções espúrias, e permitir recuperar facilmente o Imposto sobre Valor Acrescentado pago relativamente a contratos até €8.000,00 (oito mil euros) com pessoas que se encontrem no RIE.

O acesso ao RIE pode ser feito *(i)* por magistrado judicial ou do Ministério Público; *(ii)* por qualquer pessoa capaz de exercer o mandato judicial ou agente de execução; *(iii)* pelo titular dos dados; *(iv)* por quem tenha relação contratual ou pré-contratual com o titular dos dados ou revele outro interesse atendível na consulta[65], mediante consentimento do titular ou autorização dada por entidade judicial[66]. O registo da execução finda é eliminado imediata e oficiosamente pelo agente de execução após o pagamento integral[67].

20. O início de vigência da reforma legislativa no dia 15 de setembro de 2003 ficou marcado pela falta de planeamento da mesma, sendo evidente a absoluta falta de recursos humanos e materiais, a saber: *(i)* incapacidade do sistema informático dos tribunais para receber e gerir a entrada dos requerimentos executivos que eram enviados por email; *(ii)* inexistência de interoperabilidade entre o sistema informático dos juízes e oficiais de justiça (tribunais), o sistema informático dos agentes de execução, os sistemas informáticos de cada mandatário judicial (as comunicações entre estes operadores judiciários faziam-se por email), e os sistema informáticos dos registos onde se encontravam os dados relativos à identificação do executado e à identificação dos bens do seu património (falta de comunicação em rede); *(iii)* falta de desmaterialização das bases de dados de identificação do executado e à identificação dos bens do seu património; *(iv)* falta de inserção dos dados no RIE (uma responsabilidade do agente de execução) e burocratização do seu acesso; *(v)* insuficiência de juízos de execução; *(vi)* inexistência de depósitos públicos de bens móveis penhorados.

21. A par desta falta de investimento em sede de recursos materiais, verificou-se ainda a impreparação das estruturas humanas que seriam a chave óbvia de uma reforma que constituía uma ruptura com um paradigma pretérito, não apenas em relação ao número de juízes de execução, mas também ao número de agentes de execução (o

---

64. Cf. art. 717.º/1 e 2 do CPC.
65. Cf. artigo 718.º/4 do CPC.
66. Cf. artigo 6.º/1/alínea e) do Decreto-Lei 201/2003, de 10 de setembro, na redação atual.
67. Cf. artigo 718.º/3 do CPC.

número destes novos profissionais só viria a ser duplicado entre 2009 e 2012, através da abertura de vagas de admissão para estas funções públicas), a que acresce o facto de a maioria dos diplomas legais e regulamentares indispensáveis à execução da reforma na prática terem sido aprovados e publicados no Diário da República poucos dias antes da entrada em vigor da reforma e sem qualquer base fáctica de suporte. A reforma existia apenas na lei, mas não "no terreno".

Por último, a reforma entrou em vigor permitindo a possível confusão patrimonial por ausência de regime que impusesse a segregação entre as contas bancárias afectas às execuções, e as contas bancárias particulares dos agentes de execução, situação muito grave que originou a necessidade de criar uma entidade independente que monitorizasse a eficácia das execuções e a efetiva e rigorosa fiscalização e disciplina dos agentes de execução – a Comissão para a Eficácia das Execuções, de que falaremos adiante.

III. A 3ª INTERVENÇÃO LEGISLATIVA – 2008 (ENTRADA EM VIGOR EM 31.03.2009)

4. A identificação dos bloqueios práticos e a urgente tomada de medidas destinadas a dar efectividade à ação executiva (2005)

22. No início de 2005 a reforma da ação executiva encontrava-se estagnada perante quase dois anos de inércia por parte do poder político, inexistindo as mínimas condições de funcionamento, do ponto de vista material ou humano para o cumprimento dos exigentes objetivos daquela reforma legislativa[68].

A iminente catástrofe desta reforma legislativa foi evitada com a intervenção do Ministério da Justiça do XVII Governo Constitucional, o qual identificou os problemas e em junho de 2005 tomou um conjunto de medidas para desbloquear a Reforma, de que daremos aqui nota.

Assim, em relação às dezenas de milhares de requerimentos executivos que se encontravam por abrir nos computadores dos tribunais (o que bloqueava o processo ainda no seu início), procedeu-se à contratação de pessoal para autuar os 125.000 processos pendentes nas Secretarias de Execução de Lisboa (85.00) e Porto (40.000), tendo em vista pôr tais execuções em andamento. Ainda na fase inicial do processo executivo, procedeu-se ao aperfeiçoamento do requerimento executivo, tendo em vista possibilitar a sua entrega através da aplicação informática H@bilus, poupando-se o tempo da abertura de correio eletrónico pelos oficiais de justiça (medida em vigor desde o dia 30.07.2005), e colocou-se em funcionamento uma rotina informática que impede a designação do solicitador de execução, no

---

[68]. Esta falta de meios humanos e recursos materiais já tinha sido por nós assinalado em LOURENÇO, Paula Meira. Metodologia e Execução da Reforma da Ação Executiva, *Themis*, ano IV, n. 7, 2003, 283-285.

requerimento executivo, quando este tem a atividade suspensa ou interrompida (em vigor desde o dia 30.06.2005).

Tendo em vista colocar as novas tecnologias ao serviço da rapidez e da eficácia da penhora, previu-se o acesso eletrónico, pelos Solicitadores de Execução, aos registos da Segurança Social, aos registos de identificação civil, aos registos de automóveis (a título definitivo) e ao Registo Nacional de Pessoas Coletivas.

Relativamente à falta de Solicitadores de Execução em certas zonas do país, esta foi colmatada através da previsão de que todos os Solicitadores de Execução poderiam praticar atos de execução em qualquer ponto do território nacional.

A insuficiência de Juízos de Execução e a inexistência de depósitos públicos de bens móveis penhorados foi superada através das seguintes medidas operacionais:

a) A entrada em funcionamento do primeiro depósito público de bens móveis penhoráveis em Vila Franca de Xira, assegurando-se a eficácia da penhora (a partir do dia 15 de setembro de 2005);

b) A criação e a instalação do 3.º Juízo de Execução da Comarca de Lisboa e do 2.º Juízo de Execução da Comarca do Porto (a partir do dia 15 de setembro de 2005);

c) A instalação dos Juízos de Execução de Oeiras, Guimarães e da Maia (desde finais de 2005).

23. Devido a estas iniciativas práticas e descongestionadoras, o comportamento processual das execuções cíveis começou a alterar-se em 2006.

Com efeito, na justiça cível, em 2006 a diminuição da pendência foi de 1,5% (as ações declarativas pendentes diminuíram 22%, ou seja, menos 34.324 processos pendentes, e em 2007 essa redução foi de 2% (menos 25.148 processos pendentes). E em 2007, verificou-se uma redução do número de processos entrados nos tribunais na ordem dos 2,6% (menos 20.818 processos), tendo o número de processos findos aumentado na ordem dos 14,1% (tal como em 2006)[69]-[70].

No que respeita às ações executivas, em 2006 tinham findado mais 48.938 ações executivas (22,1%) do que em 2005 (findaram 269.668). E em 2007 praticamente deixou de haver crescimento da pendência processual, pois a eficácia da ação executiva manteve-se ao ritmo de 2006[71]-[72].

---

69. Cf. dados das Estatísticas da Justiça, de Maio e Junho de 2008 disponíveis em http://www.siej.dgpj.mj.pt.
70. LOURENÇO, Paula Meira. Justiça Cível: Eficiência e Novas Formas de Gestão Processual, *Novos Rumos da Justiça Cível* – Conferência Internacional – Centro de Estudos Judiciários, 9 de abril de 2008 (obra coletiva organizada pela Direcção-Geral da Política de Justiça), CEJUR, Coimbra Editora, 2009, 97.
71. Cf. dados das Estatísticas da Justiça, de Maio e Junho de 2008 disponíveis em http://www.siej.dgpj.mj.pt.
72. LOURENÇO, Paula Meira. Justiça Cível: Eficiência e Novas Formas de Gestão Processual, *Novos Rumos da Justiça Cível* – Conferência Internacional – Centro de Estudos Judiciários, 9 de Abril de 2008 (obra coletiva organizada pela Direcção-Geral da Política de Justiça), CEJUR, Coimbra Editora, 2009, 98; Les nouveautés législatives du Décret-loi 226/2008, du 20 Novembre: le renforcement du rôle de l'agent d'exécution

Estes resultados podem ser sintetizados no seguinte quadro:

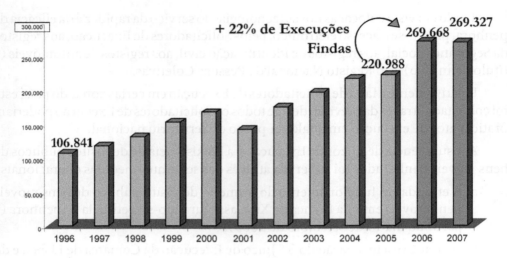

Fig. 1 – Evolução das ações executivas entre 1996 e 2007

(Fonte: Ministério da Justiça – 2008)

24. Como sublinhou a Comissão Europeia para a Eficiência da Justiça na sua avaliação aos dados do sistema judicial português relativos ao ano de 2006, em sede de desmaterialização dos processos judiciais e de inovação tecnológica, Portugal foi considerado como um país com *"muito elevado nível de informatização"* nos tribunais, a par de países como a Áustria, Dinamarca, Estónia e Finlândia (e à frente de outros como a Alemanha, Bélgica, Holanda e Itália), num total de 46 países analisados, sendo que quanto à taxa de resolução processual dos processos de natureza civil e comercial, Portugal ficou posicionado entre os 5 países melhor cotados, num total de 32 países analisados, e à frente de Estados como a Espanha, França, Itália ou Noruega[73]-[74].

Ou seja, os bons resultados estatísticos tinham por base a informatização da Justiça e das medidas de descongestionamento dos tribunais, em especial, da justiça cível, e das execuções em particular, ainda que a integral informatização dos processos judiciais apenas fosse possível a partir de 2009, com o projeto CITIUS.

---

portugais et la création de la Commission Pour l`Efficacité des Exécutions, *Liber Amicorum Jacques Isnard*, Éditions Juridiques et Techniques, Paris, 2009, 287.

73. *Sistemas de Justiça Europeus* – Eficiência e Qualidade da Justiça, Comissão Europeia para a Eficiência da Justiça, edição de 2008 (dados de 2006), 87, tabela 33. Importa ainda destacar os bons resultados obtidos na implementação de "equipamentos informáticos para utilização por juízes e oficiais de justiça" e de "equipamentos para comunicação entre tribunais e o seu ambiente" (ibidem, 88, figura 26; e 89, figura 17). No mesmo sentido, veja-se LOURENÇO, Paula Meira. Justiça Cível: Eficiência e Novas Formas de Gestão Processual, i*Novos Rumos da Justiça Cível* – Conferência Internacional – Centro de Estudos Judiciários, 9 de abril de 2008 (obra coletiva organizada pela DGPJ), CEJUR, Coimbra Editora, 2009, 98.

74. SILVEIRA, João Tiago. Mitos e realidades do sistema de justiça, Políticas Públicas em Portugal, *INCM e ISCTE-IUL*, 2012.

25. Porém, em 2005, 2006 e 2007, as execuções representavam 41,4%, 36,1% e 36,9% de todos os processos cíveis pendentes em tribunal, como se pode ler no preâmbulo do Decreto-Lei 226/2008, de 20 de novembro, que concretizou a terceira intervenção legislativa do século XXI na ação executiva, tendo justamente em vista simplificar a lei, promover a eficácia da execução e evitar ações desnecessárias[75].

Em conjugação com a disponibilização dos meios necessários e a obtenção de bons resultados, o OPJ lançou o Relatório *"Ação Executiva em Avaliação: Uma Proposta de Reforma"*[76], em Abril de 2007, no qual os problemas que a execução enfrentava após quatro anos de vigência da reforma da ação executiva foram analisados com rigor, e o qual constituiu a base da iniciativa legislativa que se viria a concretizar em 2008.

5. A Lei 18/2008, de 21 de abril e o Decreto-Lei 226/2008, de 20 de novembro: linhas de orientação

26. No uso da autorização legislativa concedida pela Lei 18/2008, de 21 de Abril, foi aprovado e publicado o Decreto-Lei 226/2008, de 20 de Novembro (de ora em diante designado simplesmente por Decreto-Lei 226/2008)[77], o qual alterou o CPC no que respeita ao processo executivo, o Estatuto da Câmara dos Solicitadores (ECS), o Estatuto da Ordem dos Advogados e o Registo Informático de Execuções.

Podemos afirmar que em 2008, o legislador manteve as linhas gerais da reforma de 2000/2001 e de 2003[78] e visou colocar a funcionar, na prática, as soluções legais, alcançando três grandes objetivos:

a) Simplificar e desburocratizar;

b) Promover a eficácia das execuções;

c) Evitar ações judiciais desnecessárias.

Tendo em vista simplificar e desburocratizar a ação executiva, o legislador previu a eliminação de intervenções atualmente cometidas ao juiz de execução ou à

---

75. LOURENÇO, Paula Meira. Les nouveautés législatives du Décret-loi 226/2008, du 20 Novembre: le renforcement du rôle de l`agent d'exécution portugais et la création de la Commission Pour l`Efficacité des Exécutions, *Liber Amicorum Jacques Isnard*, Éditions Juridiques et Techniques, Paris, 2009, 287.
76. Este Relatório constitui o Volume 1, foi elaborado por Boaventura de Sousa Santos, Conceição Gomes, Paula Fernando, Fátima de Sousa, Catarina Trincão, Diana Fernandes e Jorge Almeida, e encontra-se disponível no sítio do OPJ na Internet em: http://opj.ces.uc.pt/portugues/relatorios/relatorio_a_accao_executiva_em_avaliacao.html.
77. O Decreto-Lei 226/2008, de 20 de novembro, foi retificado através da Declaração de Retificação 2/2009, de 19 de janeiro.
78. Com efeito, uma análise rigorosa às alterações ao CPC introduzidas pelo Decreto-Lei 226/2008, de 20 de Novembro, revela que em 2008 o legislador consagra algumas soluções legislativas que tinham sido sugeridas durante a audição e discussão públicas encetadas pelo XIV Governo Constitucional entre 2001 e 2002, algumas plasmadas no 1.º Anteprojeto de reforma da ação executiva, apresentado ao público no dia 01.06.2001, mas que forma abandonadas pelo XV Governo Constitucional em 2003 (*Reforma da Ação Executiva* – Anteprojeto da Lei de alteração do Código de Processo Civil – 01.06.2001, GPLP, Ministério da Justiça, 2001).

secretaria que envolvessem uma constante troca de informação burocrática entre o mandatário, o tribunal e o agente de execução.

Com a eliminação desta inútil triangulação, o juiz deixou de receber e analisar os relatórios dos agentes de execução sobre as diligências efetuadas e os motivos da frustração da penhora, assim como as comunicações que as partes e os mandatários enviavam, muitas vezes em duplicado, para o tribunal e para o agente de execução, com o intuito de obter informações sobre o estado da execução.

27. O legislador concentrou no agente de execução a maioria das diligências e dos atos processuais a praticar nas execuções, simplificando o modelo de execução, retirando poderes e tarefas da esfera do juiz de execução, reservando-lhe a nobre função de dirimir efetivos conflitos entre as partes surgidos no âmbito de uma execução (ou seja, proferir despacho liminar; apreciar a oposição à execução ou à penhora; verificar e graduar os créditos; julgar as reclamações dos atos o agente de execução), permitindo uma maior agilização do processo e cometendo a realização de tarefas burocráticas e objetivamente determinadas a profissionais com formação adequada e sob a fiscalização de um órgão disciplinar independente.

Desta forma, o agente de execução viu aumentada a sua responsabilidade, o que resulta claro da consagração das seguintes soluções legais:

a) Dever de informação do agente de execução perante o exequente, por via eletrónica, de todas as diligências efetuadas e do motivo da frustração do ato de penhora. Este dever altera a triangulação que existia entre o exequente, o juiz e o agente de execução, permitindo a ligação direta entre o exequente e o agente de execução;

b) Livre substituição do agente de execução pelo exequente. Uma vez mais, o exequente passa agora a poder atuar diretamente em relação ao agente de execução, substituindo-o sempre que entender necessário;

c) Possibilidade de destituição do agente de execução pela Comissão para a Eficácia das Execuções, em caso de atuação processual dolosa ou negligente, ou violação grave de dever que lhe seja imposto pelo respetivo estatuto;

d) Rigorosa formação dos agentes de execução, através da submissão a um exame de admissão e a uma avaliação final realizada por uma entidade externa e independente da Câmara dos Solicitadores (atualmente, a OSAE) e da Ordem dos Advogados (entidade que é escolhida e designada pela Comissão para a Eficácia das Execuções), a par do estágio de 10 meses a cargo da Câmara dos Solicitadores (atualmente, a OSAE);

e) Sujeição do agente de execução à fiscalização, à inspeção e ao poder disciplinar da Comissão para a Eficácia das Execuções;

f) Previsão de um rigoroso regime de incompatibilidades e impedimentos do agente de execução, supervisionado pela Comissão para a Eficácia das Execuções.

28. Entendemos que é no âmbito da salvaguarda das garantias do exequente, em especial do princípio do *favor creditoris*, e do aumento dos poderes do agente de execução e da sua maior responsabilização, que surge a Comissão para a Eficácia das Execuções (CPEE), enquanto órgão independente dentro da Câmara dos Solicitadores (atualmente, a OSAE), "responsável em matéria de acesso e admissão a estágio, de avaliação dos agentes de execução estagiários e de disciplina dos agentes de execução" (cf. artigo 69.º-B do ECS, na redação dada pelo Decreto-Lei 226/2008, de 20 de novembro).

29. Foi ao prever a tramitação eletrónica da execução, nos termos do artigo 138.º-A do CPC (cfr. o n. 2 do artigo 801.º do CPC), que o legislador começou a simplificar, ou melhor, a *"revolucionar"* discretamente o sistema processual civil português, o que era há muito desejado por todos aqueles que defendiam a transparência e a celeridade das execuções cíveis, enquanto característica fundamental de um sistema judicial eficaz.

Com efeito, permite-se que o requerimento executivo seja enviado e recebido por via eletrónica através do sistema eletrónico de suporte à atividade nos tribunais – CITIUS, assegurando-se a sua distribuição automática ao agente de execução, sem necessidade de envio de quaisquer documentos em suporte papel.

Assim, as execuções instauradas após o dia 31/03/2009 passaram a ser integralmente eletrónicas, assegurando-se uma maior celeridade e a transparência da atividade dos diversos intervenientes processuais, dado que a atividade dos Juízes, dos Advogados e da CPEE fica registada no sistema eletrónico CITIUS, e a atividade dos Agentes de Execução fica registada no Sistema Informático de Suporte da Atividade dos Agentes de Execução (SISAAE). Por este facto, passou a ser possível ao Exequente, o principal interessado no andamento da ação, visualizar sempre que quisesse, no sistema eletrónico CITIUS, os atos praticados pelo Agente de Execução.

É que, como bem sabemos, a sujeição do exequente a um processo executivo moroso constitui a violação de uma das suas garantias fundamentais (chamemos-lhes *garantias de primeiro grau*), correspondente ao direito a uma tutela jurisdicional efetiva, ou seja, de satisfação do crédito exequendo num prazo razoável (cf. o n. 1 do artigo 6.º da Convenção Europeia dos Direitos do Homem, § 1.º do artigo 47.º da Carta dos Direitos Fundamentais da União Europeia e o n. 4 do artigo 20.º da Constituição da República Portuguesa), o que coloca em causa os alicerces do próprio Estado de Direito[79].

30. Os sistemas eletrónicos CITIUS e SISAAE vieram colocar os sistemas informáticos ao serviço da simplificação dos processos judiciais, da melhor gestão e organização do trabalho nos tribunais, criando consequentemente as condições para

---

79. Acerca das garantias do processo equitativo na execução, vide LOURENÇO, Paula Meira. Processo civil executivo português à luz da Convenção. In: ALBUQUERQUE, Paulo Pinto (Coord.). *Comentário da Convenção Europeia dos Direitos Humanos e dos Protocolos Adicionais*. Universidade Católica Editora, novembro, 2019, v. II, 994-1003; *As garantias do processo equitativo na execução patrimonial*", Imprensa FDUL (*no prelo*).

uma tramitação processual mais célere. Não há dúvida de que a tramitação eletrónica da execução é a trave mestra da eficácia das execuções no sistema português, tendo potencialidade para servir de modelo a adotar pelos demais sistemas processuais civis europeus, aumentando-se a escala da eficácia e de eficiência processuais, o que se afigura da maior importância nas execuções transfronteiriças, realidade cada vez mais frequente[80].

31. Visando promover a eficácia das execuções, o legislador:

a) Aumentou os poderes de investigação do agente de execução, permitindo-lhe realizar, sempre que necessário, e sem necessidade de autorização judicial, as diligências necessárias à identificação do executado, e à identificação e localização dos bens penhoráveis, através da consulta direta nas bases de dados da administração tributária, da segurança social, das conservatórias do registo civil, predial, comercial, de veículos e outros registos e arquivos semelhantes. Como sabemos, até agora isto era impossível, tendo-se tornado uma causa de morosidade processual, ou mesmo uma causa de bloqueio processual no início da tramitação, sendo, em ambos os casos, uma causa de ineficácia das execuções;

b) Alargou aos advogados da possibilidade de desempenho das funções de agente de execução;

c) Possibilitou que o exequente destituísse livremente o agente de execução, sem necessidade de decisão judicial;

d) Previu uma ordem preferencial de realização da penhora (*gradus executionis*) a começar pelos depósitos bancários, sempre que seja possível obter informações sobre a sua existência, o que se nos afigura muito relevante, não só enquanto critério orientador de uma atuação do agente de execução mais eficiente, mas também porque assegura uma igualdade de tratamento de situações idênticas;

---

80. Acerca da relevância dos sistemas eletrónicos nas execuções e na atividade do agente de execução em Portugal, vide LOURENÇO, Paula Meira. Cyberjustice, in *23rd International Congress of the International Association of Enforcement Agents (UIHJ)*, Bangkok. 1st-4th may 2018, UIHJ Publishing, Paris, 2018, 427-435; Processo Executivo, *40 Anos de Políticas de Justiça em Portugal*, Almedina, 2017, 269-298; E-Justice, E-Agent d'exécution et la création de la Commission pour l'Efficacité des Exécutions: la reforme juridique de 2008 au Portugal, *20ᵉ Congrès Union International des Huissiers de Justice. Marseille. 7-12 septembre 2009*, UIHJ Publishing, Paris, 2015, 261-270; The Portuguese system of control over the profession of enforcement agent, in compliance with criteria defined by the European Commission for the Efficiency of Justice, *Efficiency of enforcement proceedings of court judgments and acts of other official authorities*, Publications of the International Scientific Conference, June 08.11.2011, Kazan, Federal University, 2011, 291-306; Les nouveautés législatives du Décret-loi n226/2008, du 20 Novembre: le renforcement du rôle de l'agent d'exécution portugais et la création de la Commission Pour l'Efficacité des Exécutions, *Liber Amicorum*, Éditions Juridiques et Techniques, Paris, 2009, 285-293; L'Exécution forcée des obligations pécuniaires au Portugal: situation actuelle et projet de réformes, *Nouveaux droits dans un nouvel espace européen de justice – Le droit processuel et le droit de l'exécution*, Éditions Juridiques et Techniques, Paris, 2002, 267-274.

e) Criou a Comissão para a Eficácia das Execuções, que seria responsável em matéria de acesso e admissão a estágio, de avaliação dos agentes de execução estagiários e de disciplina dos agentes de execução, e cujos resultados atingidos nos primeiros 3 anos de atividade, constituem uma verdadeira revolução na forma de analisar e monitorizar as execuções cíveis, e de disciplinar e fiscalizar a atividade dos agentes de execução;

f) Promoveu a abertura para a arbitragem institucionalizada no âmbito da ação executiva, prevendo-se a criação de centros de arbitragem voluntária com competência para a resolução de litígios resultantes do processo de execução e para a realização das diligências de execução previstas na lei, assegurando ainda uma ligação efetiva a sistemas de apoio a situações de sobre-endividamento, nos termos a definir em regulamentação a aprovar.

32. Por último, pretendendo-se evitar ações judiciais espúrias, foi criada a *Lista Pública de Execuções*[81], na qual se regista o nome dos devedores que já não têm bens para pagar as suas dívidas e, caso o contrato já tivesse sido celebrado, recuperar o Imposto sobre Valor Acrescentado pago relativo a contratos até 8.000,00 euros, poupando tempo e dinheiro na instauração de uma ação judicial sem viabilidade.

6. O controlo do sistema: a comissão para a eficácia das execuções (cpee)

6.1 A criação da CPEE enquanto concretização das Recomendações da CEPEJ e o lançamento dos seus alicerces entre 2009/2010

33. A implementação de um regime jurídico que levasse a retirar da esfera do juiz um conjunto de competência não poderia sobreviver sem um órgão de controlo. É, neste contexto que, através do Decreto-Lei 226/2008, de 20 de Novembro, é criada a CPEE[82],

---

81. A LPE foi introduzida pela reforma legislativa de 2008, através do Decreto-Lei 226/2008, de 20 de novembro, que aditou os arts. 16.º-A a 16.º-C ao Decreto-Lei 201/2003, de 10 de setembro, diploma que também regula o Registo Informático de Execuções.
82. Acerca da composição, competências legais, objetivos e resultados alcançados pela Comissão para a Eficácia das Execuções no triénio março de 2009/março de 2012, v. por todos, LOURENÇO, Paula Meira. A Comissão para a Eficácia das Execuções, *Scientia Iuridica*, t. LVIII, n. 317, jan.-mar. 2009, 129-157; Les nouveautés législatives du Décret-loi 226/2008, du 20 Novembre: le renforcement du rôle de l'agent d'exécution portugais et la création de la Commission Pour l'Efficacité des Exécutions, Éditions Juridiques et Techniques, Paris, 2009, 285-293; As Tecnologias de Informação e a Comissão para a Eficácia das Execuções: em busca de maior celeridade, eficiência, rigor, qualidade e transparência, *Interface – Administração Pública*, n. 57, Janeiro, 2011, 25-32; Du droit à l'exécution au droit de l'exécution, *Actes du Colloque International de Sibiu (Roumaine) – 13-14-25 Mai 2009 – l'Europe judiciaire: 10 ans après le conseil de Tampere; le droit de l'exécution – perspectives transnationales*, Éditions Juridiques et Techniques, Paris, p. 167-172; A relevância do papel da Comissão para a Eficácia das Execuções no sistema português, *I Jornadas de Direito Processual Civil – Olhares Transmontanos*, Valpaços, Novembro, 2011, 233-246; O Papel da Comissão para a Eficácia das Execuções, *Boletim da Ordem dos Advogados*, n. 85, Dezembro, 2011, 64-65; A Relevância da Participação dos Cidadãos e das Empresas na Comissão para a Eficácia das Execuções, Revista *Indústria – Revista de Empresários e Negócios*, da CIP – Confederação Empresarial de Portugal, n. 90, 52-53; The Portuguese system of control over the profession of enforcement agent, in compliance with criteria defined by the European Commission for the Efficiency of

à qual foram cometidas as seguintes competências legais: a) emissão de recomendações sobre a eficácia das execuções e a formação dos agentes de execução; b) definição do número de candidatos a admitir em cada estágio de agente de execução; c) escolha e designação da entidade externa responsável pela elaboração, definição dos critérios de avaliação e avaliação do exame de admissão a estágio de agente de execução. À entidade externa escolhida e designada pela CPEE compete *i)* elaborar o exame anónimo de admissão a estágio de agente de execução (sobre o processo executivo), até ao número de candidatos a definir pela CPEE; *ii)* definir os critérios de avaliação dos agentes de execução estagiários; *iii)* avaliar o trabalho desenvolvido pelo estagiário durante os 10 meses de estágio e decidir pela aprovação e acesso à profissão; d) análise e decisão acerca dos impedimentos, escusas e suspeições dos Agentes de Execução; e) destituição dos Agentes de Execução; f) disciplina dos Agentes de Execução – receção das queixas acerca da atividade dos Agentes de Execução, seu tratamento e análise, podendo resultar no arquivamento das participações ou na instauração, instrução de processos disciplinares e aplicação das respetivas penas disciplinares (à semelhança da Agência de Supervisão Financeira dos Agentes de Execução da Holanda); g) fiscalização e inspeção dos Agentes de Execução (uma vez mais, à semelhança da sua congénere holandesa).

34. Atendendo a que se tratava do primeiro *órgão público independente* em Portugal que iria estar totalmente dedicado à implementação na prática da reforma da ação executiva, por um lado, e à formação inicial, deontologia e ética, disciplina e fiscalização do exercício de funções públicas pelos Agentes de Execução, por outro, a CPEE, entre 2009 e 2010 ergueu de raiz os alicerces da sua atuação no sentido de assegurar a independência, a isenção, a imparcialidade, a qualidade, a eficiência, a responsabilidade e a transparência na prossecução da sua atividade, sendo de destacar os seguintes provas desse alinhamento:

a) Criação de um logótipo próprio e seu registo junto do Instituto Nacional da Propriedade Intelectual – junho de 2009;

b) Desenvolvimento e abertura ao público de um sítio oficial na Internet – http://www.cpee.pt – Junho de 2009;

c) Aprovação de um *Cartaz* e de um *Folheto Eletrónico* informativo, e sua divulgação ao público através de distribuição junto dos tribunais, repartições de finanças e serviços de segurança social – junho/julho de 2009;

d) Aprovação do *Regulamento Interno de Funcionamento da CPEE* – julho de 2009;

e) Aprovação do *Programa de Ação e Linhas de Orientação da CPEE para o triénio 2009/2012*, no qual se pode identificar os seus 3 objetivos estratégicos (setembro de 2009):

(i) Objetivo I – Promover a eficácia das execuções: Celeridade e eficiência, através do processo eletrónico;

(ii) Objetivo II – Aumento do nível de formação técnica e deontológica dos Agentes de Execução, reforçando a sua disciplina e promovendo a dinamização do E-Agente de Execução;

(iii) Objetivo III – Assegurar a divulgação da CPEE;

f) Participação na elaboração do *Manual de Perguntas e Respostas sobre a Ação Executiva e Compilação da Legislação*, em coautoria com a Direcção-Geral da Política de Justiça do Ministério da Justiça, disponibilizado ao público em setembro de 2009 nos respetivos sítios na Internet, tendo uma edição impressa sido feita pelo Ministério da Justiça e distribuída gratuitamente a diversos operadores judiciários a partir de dezembro de 2009;

g) Aprovação do *Manual de Procedimentos de Apreciação Liminar e de Processo Disciplinar do Agente de Execução 2009/2012* – dezembro de 2009;

h) Aprovação do *Manual de Procedimentos de Fiscalização da Atividade do Agente de Execução 2009/2010* (novembro de 2009) e do *Manual de Procedimentos de Fiscalização da Atividade do Agente de Execução 2011/2012* (janeiro de 2011).

6.2 Os resultados alcançados pela CPEE no 1.º triénio de atividade (março.2009 – março.2012)

35. Os resultados obtidos pela CPEE podem sumariar-se nos seguintes dados essenciais:

a) Possibilidade de admissão de mais 850 Agentes de Execução no mercado, permitindo o acesso aos advogados (até 2009 as funções de Agente de Execução só eram exercidas por solicitadores), concorrência que assegura um aumento da qualidade de prestação do serviço público;

b) Maior rigor, exigência e qualidade na seleção dos candidatos ao estágio de agente de execução;

c) Flexibilidade na decisão acerca dos pedidos de Agentes de Execução para não receberem novos processos: 222 deliberações favoráveis, relativamente a 148 Agentes de Execução[83];

d) Emissão de 26 pareceres acerca da reinscrição como agente de execução;

e) Decisão de 109 pedidos de apreciação de impedimentos, suspeições e escusas, relativamente a 74 Agentes de Execução;

f) Destituição de 6 Agentes de Execução com fundamento em atuação processual dolosa ou negligente ou em violação grave de dever que lhes seja imposto;

---

83. Os fundamentos das decisões de deferimento são vários: "gozo de férias", "problemas de saúde", "a cessação de atividade como agente de execução", dar "andamento dos processos antigos" e "a necessidade de reorganizar o escritório".

g) Receção de 2.584 Queixas relativas à atividade dos Agente de Execução, tendo sido apreciadas 396 Participações (71 deliberações de arquivamento e 297 deliberações de instauração de processo disciplinar), encontrando-se 2.188 Queixas pendentes.

O aumento exponencial do número de Queixas entradas na CPEE alcançou o seu auge entre 2011 e o início de 2012, como se pode verificar no seguinte quadro:

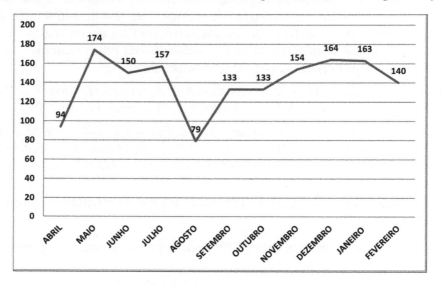

Fig. 2 – Evolução do número de queixas entradas por mês entre abril de 2011 e fevereiro de 2012 (Fonte: CPEE)

h) Aplicação de 27 medidas cautelares: suspensão preventiva de 22 Agentes de Execução, com bloqueio de acesso às contas-clientes; suspensão de 5 Agentes de Execução de receber novos processos;

i) Instauração de 297 Processos Disciplinares a 117 Agentes de Execução e aplicação das respetivas penas disciplinares;

j) Aplicação das penas disciplinares de expulsão a 3 Agentes de Execução, e de suspensão de funções a 1 Agente de Execução;

k) Fiscalizações e inspeção de 731 Agentes de Execução (número total de Agentes de Execução em junho de 2011) – 105 Agentes de Execução presencialmente, e 626 Agentes de Execução de forma eletrónica.

36. Através da Lei 77/2013, de 21 de novembro, a Comissão para a Eficácia das Execuções (CPEE) deu lugar à Comissão para o Acompanhamento dos Auxiliares da Justiça (CAAJ), a qual deixou de ter a competência legal para monitorizar as execuções cíveis e emitir recomendações para a eficácia das execuções e para a formação dos agentes de execução e para selecionar os solicitadores e os advogados que, após a realização de um exame nacional e da frequência de um rigoroso estágio, fossem aprovados num exame final para assumir as funções de agente de execução.

A CAAJ manteve as competências legais da CPPE relativas à disciplina, à fiscalização e à destituição dos agentes de execução, e recebeu novas competências legais em sede de disciplina e de fiscalização dos administradores judiciais, tendo os agentes de execução e os administradores judiciais passado a ser designados por "auxiliares da justiça".

IV. A 4ª INTERVENÇÃO LEGISLATIVA – EM ESPECIAL, A LEI 41/2013, DE 26 DE JUNHO

37. Antes de se conseguirem concretizar todas as medidas legislativas previstas no Decreto-Lei 226/2008, de 20 de novembro, surgiram outras três iniciativas legislativas: (i) o Decreto-Lei 4/2013, de 11 de janeiro, que aprovou um conjunto de medidas urgentes de combate às pendências em atraso; (ii) a Lei 32/2014, de 30 de maio, aprovou o Procedimento Extrajudicial Pré-Executivo (PEPEX); (iii) e a Lei 41/2013, de 26 de junho, que aprovou o CPC de 2013, que reservamos para último lugar.

38. Em primeiro lugar, o Decreto-Lei 4/2013, de 11 de janeiro[84], aprovou um conjunto de medidas urgentes de combate às pendências em atraso, através do qual se previa que os agentes de execução deveriam dar como findos os processos de execução que se encontrassem parados e terminados. Como sabemos, muitos processos executivos não se encontravam formalmente "findos" porque apesar de não serem encontrados bens penhoráveis dos executados, os credores insistiam na manutenção desses processos, ou ainda porque o seu encerramento formal implicava custos que teriam de ser assumidos pelos credores[85].

Por isso, este diploma legal visava adequar "a realidade estatística" à "realidade material" das execuções, pois não fazia sentido algum manter um processo pendente, apenas porque o credor estava à espera da descoberta de bens penhoráveis.

Mas, justamente tendo em vista prevenir esta situação, o artigo 833.º-B/6 do CPC, na redação dada pelo Decreto-Lei 226/2008, de 20 de novembro, já previa que se não fossem encontrados bens penhoráveis do executado, e após notificação do exequente e do executado, a execução extinguia-se, sem prejuízo de se renovar caso viessem a ser encontrados bens (cf. artigos 833.º-B/7 e 920.º/5 do CPC, na redação dada pelo Decreto-Lei 226/2008, de 20 de novembro)[86]. Só que este preceito legal não era cumprido.

Sem embargo, estimamos que o elevado número de processos executivos pendentes por falta de bens penhoráveis diminuiu devido à extinção destes processos entre os anos de 2013 e de 2014 (ainda que não consigamos distinguir se tal se ficou

---

84. Este diploma foi revogado pela Lei 41/2013, de 26 de junho.
85. SILVEIRA, João Tiago. Que justiça queremos? In: RODRIGUES, Maria de Lurdes; SILVA, Pedro Adão (Org.). *Governar com a Troika*. Políticas públicas em tempo de austeridade. Coimbra, Almedina, 2015, 264-264.
86. Esta solução legal mantém-se vigente nos artigos 750.º/1 e 2 do CPC.

a dever à aplicação dos artigos 833.º-B/7 e 920.º/5 do CPC, na redação dada pelo Decreto-Lei 226/2008, de 20 de novembro, ou à aplicação do Decreto-Lei 4/2013, de 11 de janeiro).

39. Em segundo lugar, a Lei 32/2014, de 30 de maio, que aprovou o Procedimento Extrajudicial Pré-Executivo (PEPEX), através do qual o credor (munido de um título executivo) pode verificar se o devedor tem bens penhoráveis (e desse modo avaliar a possibilidade de recuperação do seu crédito) e pode certificar a sua incobrabilidade, sem necessidade de instaurar uma execução em tribunal.

Este procedimento entrou em vigor no dia 1 de setembro de 2014 e até ao dia 29 de dezembro de 2015 já tinham sido distribuídos 82.892 procedimentos[87]. Bem se compreende que seja alvo de procura, pois se o devedor não tem bens penhoráveis, de nada vale ao credor instaurar uma execução, que terminaria frustrada, e seria mais cara do que requerer o PEPEX.

40. Por último, a Lei 41/2013, de 26 de junho, que aprovou o CPC de 2013, que deixou a execução praticamente inalterada, salvo nos seguintes três aspetos.

Em primeiro lugar, procedeu-se à eliminação dos documentos particulares assinados pelo devedor do elenco dos títulos executivos, com enorme impacto na pendência processual, que passou para o lado das ações declarativas e dos procedimentos de injunção.

A questão que de imediato se levantou foi a de saber se os documentos particulares existentes à data de entrada em vigor do CPC de 2013, e que até então gozavam de força executiva, (i) mantinham a sua força executiva (por se salvaguardar as situações jurídicas já constituídas à data de entrada em vigor da nova lei); ou se, pelo contrário, (ii) perdiam a sua executoriedade (por força da aplicação da nova lei a todas as situações jurídicas, passadas e futuras). Esta dúvida originou uma divisão, quer na doutrina, quer na jurisprudência portuguesas, pois se alguns consideraram esta solução legislativa inconstitucional, por violação do princípio da proteção da confiança[88]-[89], outros entenderam que se tratava de uma medida não inconstitucional,

---

87. Cf. dados estatísticos disponíveis em: http://www.pepex.pt/.
88. No sentido da inconstitucionalidade da solução, veja-se TELES, Maria João Galvão. A reforma do Código de Processo Civil: a supressão dos documentos particulares do elenco dos títulos executivos, *Revista Julgar online*, 2013, setembro, 1-9 (http://julgar.pt/wp-content/uploads/2014/07/MJ-Galvão-Teles-títulos-executivos-NCPC.pdf); PINTO, Rui. *Notas ao Código de Processo Civil*, 2. ed., Coimbra, Coimbra Editora, 2015, v. II (artigos 546.º a 1085.º), anotação ao artigo 703.º CPC do 2013, *maxime* 212-214 (= *Notas ao Código de Processo Civil*, 1., Coimbra Editora, Coimbra, 2014, anotação ao artigo 703.º CPC do 2013); LOURENÇO, Paula Meira. *As garantias do processo equitativo na execução patrimonial*", Imprensa FDUL (*no prelo*).
89. Acórdãos da Relação de Évora de 27.02.2014 (Paula do Paço), da Relação de Lisboa de 26.03.2014 (PAULA SANTOS) e da Relação de Coimbra de 02.06.2015 (Falcão de Magalhães). Nos dois primeiros Acórdãos considerou-se que a norma que elimina os documentos particulares, constitutivos de obrigações, assinados pelo devedor do elenco de títulos executivos (artigo 703.º CPC de 2013), quando conjugada com o artigo 6.º/3 da Lei 41/2013, e interpretada no sentido de se aplicar a documentos particulares dotados anteriormente da característica da exequibilidade, conferida pelo artigo 46.º/1/alínea c) do CPC de 1961, é manifestamente inconstitucional por violação dos princípios da segurança e da proteção da confiança integradores do princípio do Estado de Direito Democrático. No Acórdão da Relação de Évora de 27.02.2014 (Paula do Paço)

pois apenas se aplicava a lei nova às situações preexistentes, ao abrigo do princípio geral da aplicação imediata da lei processual nova[90]-[91].

Tendo sido chamado a pronunciar-se acerca das normas constantes dos artigos 703.º do CPC de 2013 e 6.º/3 da Lei 41/2013, de 26 de junho, o Tribunal Constitucional português julgou-as inconstitucionais nos seus Acórdãos 847/2014 e 161/2015, e no seu Acórdão 408/2015, declarou "com força obrigatória geral, a inconstitucionalidade da norma que aplica o artigo 703.º do Código de Processo Civil, aprovado em anexo à Lei 41/2013, de 26 de junho, a documentos particulares emitidos em data anterior à sua entrada em vigor, então exequíveis por força do artigo 46.º, n. 1, alínea c), do Código de Processo Civil de 1961, constante dos artigos 703.º do Código de Processo Civil, e 6.º, n. 3, da Lei 41/2013, de 26 de junho, por violação do princípio da proteção da confiança (artigo 2.º da Constituição)".

Esta declaração da inconstitucionalidade fundou-se, por um lado, na confirmação da consistência e da legitimidade das expectativas dos particulares afetados pela eliminação da força executiva dos documentos particulares assinados pelo devedor, integradoras do conteúdo normativo do princípio da proteção da confiança e, por outro lado, ponderou "os interesses contrapostos, levado a cabo de acordo com o princípio da proporcionalidade em sentido estrito: de uma parte, a confiança (legítima) dos particulares na continuidade do quadro normativo vigente e, de outra, as razões de interesse público que motivaram a alteração", tendo concluído pela inexistência de um interesse público superior às legítimas expectativas dos particulares.

41. Em segundo lugar, assistiu-se ao reforço da eficácia da penhora dos depósitos bancários, através da eliminação do prévio despacho judicial autorizativo[92]-[93] e da

---

explicitou-se ainda que não se poderia aplicar o artigo 703.º do CPC de 2013 aos credores munidos do título executivo consagrado no artigo 46.º/1/alínea c) do CPC de 1961, pois tal constituiria "uma consequência jurídica demasiado violenta e inadmissível no Estado de Direito Democrático, geradora de uma insegurança jurídica inaceitável, desrespeitando em absoluto as expectativas legítimas e juridicamente criadas". O Acórdão da Relação de Coimbra de 02.06.2015 (Falcão de Magalhães) é de 04.03.2015, pelo que beneficiou dos argumentos invocados pelo Tribunal Constitucional nos seus Acórdãos 847/2014 e 161/2015.

90. Pugnando pela não inconstitucionalidade da opção legislativa, vide SOUSA, Miguel Teixeira de. Títulos executivos perpétuos. Anotação ao Ac. do Tribunal Constitucional 847/2014, de 03.12.2014, *CDP*, n. 48, Out-Dez, 2014, 12-16; Aplicação no tempo do nCPC: títulos executivos forever?, disponibilizado no Blog do IPPC (https://sites.google.com/site/ippcivil/recursos-bibliograficos); e RAMOS, José Bonifácio. Os Títulos Executivos e o "novo" Código de Processo Civil, *Estudos em Homenagem a Jorge Leite*, Coimbra, Coimbra Editora, 2014, v. II, 633-650.

91. Nos Acórdãos da Relação de Lisboa de 19.06.2014 (Tomé Ramião), da RC de 07.10.2014 (Maria João Areias) entendeu-se que o novo regime não violava os princípios da segurança e proteção da confiança.

92. O n. 1 do artigo 749.º do CPC de 2013 deixou de prever o despacho judicial de autorização da penhora dos depósitos bancários, eliminação que era defendida por LOURENÇO, Paula Meira. Metodologia e Execução da Reforma da Ação Executiva, *Themis*, ano IV, n. 7, 2003, 281-282; Penhora e outros procedimentos de apreensão de valores mobiliários: implicações do novo regime da ação executiva, *Direito dos Valores Mobiliários* – Instituto dos Valores Mobiliários, Coimbra, Coimbra Editora, 2006, v. 6, 266; e PINTO, Rui. Penhora e alienação de outros direitos – execução especializada sobre créditos e execução sobre direitos não creditícios na reforma da ação executiva, *Themis*, ano IV, n. 7, 2003, 139; *A Ação Executiva depois da reforma*, JVS, Lisboa, 2004, 160.

93. A eliminação do despacho judicial de autorização da penhora dos depósitos bancários já correspondia à prática seguida em alguns tribunais e constituiu a Recomendação n. 20 da CPEE feita em 2010 (Recomen-

disponibilização pelo Banco de Portugal, via eletrónica e diretamente ao agente de execução, de informação acerca das instituições legalmente autorizadas a receber depósitos em que o executado detém contas ou depósitos bancários[94], solução há muito esperada e que é de aplaudir.

42. Por último, o legislador optou pelo regresso à distinção entre processo ordinário e sumário, sendo que no primeiro caso a tramitação se inicia pelo ato de citação do executado, enquanto no processo sumário se começa pelo ato de penhora. A escolha pelo legislador do momento em que ocorre penhora na sequência processual não é neutra, do ponto de vista da ponderação dos interesses do exequente e do executado, implicando a resolução, a cada momento, do conflito entre *favor creditoris* e *favor debitoris*[95].

Com efeito, ao credor interessará sempre que a penhora seja o primeiro ato executivo a realizar no *iter* processual de uma execução, tendo em vista constituir, logo ao início do processo, a garantia patrimonial do seu crédito, eliminando o receio de perda desta garantia (*favor creditoris*), atenta a dissipação do património pelo executado a que se pode assistir nos processos cuja tramitação começa pelo ato de citação do executado[96].

Já ao devedor interessará que seja sempre efetuada uma apreciação judicial liminar, não apenas da existência e da exigibilidade do crédito exequendo, mas também da regularidade da instância, antes da realização da penhora do seu património[97].

Se o processo executivo tiver início pela penhora, o legislador terá dado prevalência ao interesse do credor (*favor creditoris*). Inversamente, se o primeiro ato da tramitação processual for (i) a apreciação judicial e, na sequência desta, o despacho de citação do executado, ou (ii) a citação do executado sem despacho judicial[98], o legislador optou por dar prevalência ao interesse do executado (*favor debitoris*).

Aliás, nas execuções para pagamento de quantia certa, a escolha pelo legislador do primeiro ato executivo tem servido para proceder à distinção entre as formas de processo executivo – isso mesmo aconteceu no CPC até à reforma da ação executiva de 2003 (a qual introduziu uma única forma de processo, que vigorou durante dez anos, apesar de se prever o início da tramitação pelo despacho de citação do executado pelo ato de penhora, em função da opção de política legislativa) e foi retomado com o CPC de 2013 (que distinguiu o processo ordinário do processo sumário pelo facto

---

dações da Comissão para a Eficácia das Execuções 2009/2010 sobre a Eficácia das Execuções e a Formação dos Agentes de Execução (Deliberação do Plenário da CPEE, de 13 de julho de 2010), 48; foi reiterada pela CPEE em 2011 (tratou-se então da Recomendação n. 18 das Recomendações da Comissão para a Eficácia das Execuções 2011/2012 sobre a Eficácia das Execuções e a Formação dos Agentes de Execução (Deliberação do Plenário da CPEE n. 35/2011, de 22 de novembro), 77.

94. Cf. n. 6 do artigo 749.º do CPC.
95. SILVA, Paula Costa e. *A Reforma da Ação Executiva*. 3. ed., Coimbra, Coimbra Editora, 2003, 63-74; *A Litigância de Má Fé*, Coimbra, Coimbra Editora, 2008, VII, 469.
96. SILVA, Paula Costa e. *A Litigância de Má Fé*, Coimbra, Coimbra Editora, 2008, VII, 470-473.
97. Ibidem.
98. Como aconteceu nas execuções cíveis do sistema português entre 15.09.2003 e 31.08.2013 (ou seja, entre a entrada em vigor do Decreto-Lei 38/2003, de 8 de março e a entrada em vigor da Lei 41/2013, de 26 de junho).

de na primeira forma de processo a tramitação se iniciar pela citação do executado e na segunda forma pelo ato de penhora).

43. Talvez tenha sido devido aos resultados práticos do conjunto destas três iniciativas legislativas acima elencadas (às quais aditamos a livre consulta da LPE, criada pela reforma efetuada pelo Decreto-Lei 226/2008, de 20 de novembro, na qual se inscrevem os nomes dos devedores que não têm património penhorável), que apesar de a maioria dos processos instaurados nos tribunais de 1.ª instância serem processos cíveis (em 2014, representavam cerca de 67% dos processos entrados e cerca de 72% dos processos findos, e em 2015, cerca de 67% dos processos entrados e 69% dos processos findos), o ano de 2015 foi o terceiro ano em que se verificou uma taxa de resolução processual favorável (superior a 100%), ou seja, o volume total de processos findos é superior ao volume de processos entrados, o que significa que ocorreu uma recuperação da pendência[99].

Com efeito, os anos de 2014 e 2015 foram os segundo e terceiro anos consecutivos com taxas de resolução processual favoráveis, de 104,0% e de 121,4%, respetivamente, o que significa que o número de processos findos aumentou em relação ao número de processo entrados: em 2014, findaram mais 81.812 processos e em 2015 terminaram mais 129.880, justificando reduções da pendência em 5,4% e 9,0% face aos anos anteriores, respetivamente. Ou seja, o tipo de processo que mais contribuiu para a diminuição da pendência foi a ação executiva cível[100].

44. Se a taxa de resolução processual favorável nas ações executivas assentar na falta de bens penhoráveis do executado, isso significa que a execução termina sem atingir a sua finalidade, o que origina duas importantes consequências. Por um lado, o credor não vê satisfeito o seu direito de crédito, ocorrendo uma denegação do seu direito à tutela jurisdicional efetiva no âmbito da execução (ou à efetividade da execução). Por outro lado, o devedor sem bens penhoráveis estará confinado ao limite da sua dignidade económico-social.

Trata-se de uma hipótese não confirmada que poderá explicar os atuais dados estatísticos. A sua confirmação passa pelo conhecimento dos motivos de extinção das execuções, os quais não são possíveis de consultar no sítio oficial da DGPJ na Internet.

V. CONCLUSÕES

7. Os bloqueios, os riscos e a sua mitigação

45. A reforma da execução civil portuguesa, cuja discussão pública se iniciou em 2000 e que entrou em vigor em 2003, adotou o modelo desjudicializado e, sendo

---

99. A informação relativa aos dados de 2014 e 2015 foi recolhida no dia 14.06.2016, e encontra-se disponível em "Estatísticas da Justiça – Movimento processual nos tribunais judiciais de 1ª instância, 1996-2015", *Boletim de Informação Estatística*, n. 40, abril, 2016 (http://www.siej.dgpj.mj.pt).
100. Cf. dados das Estatísticas da Justiça, disponíveis em: http://www.siej.dgpj.mj.pt.

virtuosa no seu arquétipo, não teve tempo útil de teste, tendo entrado em vigor em clima de enorme adversidade económica, sem os recursos materiais, nem os meios humanos necessários à sua implementação. Vejamos alguns exemplos.

Com efeito, apesar de a reforma ter entrado em vigor em setembro de 2003, em 2005 verificou-se que existiam dezenas de milhares de requerimentos executivos que se encontravam por abrir nos computadores dos tribunais[101]. Isso aconteceu porque o sistema informático dos tribunais não estava preparado para receber o afluxo de emails que acabou por ocorrer, situação que foi agravada pelo facto de os advogados, não tendo recebido uma mensagem do tribunal a dar conta da receção (ou não) dos seus emails, por dever de patrocínio, terem começado a enviar várias vezes o mesmo requerimento executivo por email – o que ainda congestionava mais o sistema informático dos tribunais, e originava diversos casos de litispendência.

Assim, só em 2005 é que se aperfeiçoou o modelo eletrónico do requerimento executivo, tendo em vista possibilitar a sua entrega através da aplicação informática H@bilus, poupando-se o tempo da abertura de correio eletrónico pelos oficiais de justiça.

46. Por outro lado, em 2003 o agente de execução também não conseguia aceder eletronicamente a nenhuma base de dados para investigação do património do executado, só tendo começado a ser possível a partir de 2005 (inicialmente aos registos da segurança social, aos registos de identificação civil, aos registos de automóveis e ao Registo Nacional de Pessoas Coletivas e, posteriormente às bases de dados do registo predial, do registo comercial e da administração tributária[102]. E só depois da disponibilização destes acessos eletrónicos é que os agentes de execução passaram a poder realizar penhoras eletrónicas.

Assim sendo, só em 2006, três anos depois de ter entrado em vigor, o sistema começou a funcionar e a dar sinais positivos, tendo-se conseguido recuperar a pendência processual, o que se mantém até hoje, também graças a sucessivas intervenções tendo em vista colocar a reforma legislativa efetivamente a funcionar.

Em 2006, tinham findado mais 48.938 execuções cíveis (22,1%) do que em 2005 (findaram 269.668). E em 2007 praticamente deixou de haver crescimento da pendência processual, pois a eficácia das as execuções manteve-se ao ritmo de 2006[103-104].

47. Outro bloqueio que existia em 2003 era a impossibilidade de aceder ao Registo Informático de Execuções e, depois da sua disponibilização, a sua consulta

---

101. Como acima referimos, nas Secretarias de Execução de Lisboa e do Porto estavam pendentes 125.000 processos.
102. Cf. artigos 748.º e 749.º CPC.
103. Cf. dados das Estatísticas da Justiça, de maio e junho de 2008 disponíveis em http://www.siej.dgpj.mj.pt.
104. LOURENÇO, Paula Meira. Justiça Cível: Eficiência e Novas Formas de Gestão Processual, *Novos Rumos da Justiça Cível* – Conferência Internacional – Centro de Estudos Judiciários, 9 de Abril de 2008 (obra coletiva organizada pela Direcção-Geral da Política de Justiça), CEJUR, Coimbra Editora, 2009, 98; Les nouveautés législatives du Décret-loi 226/2008, du 20 Novembre: le renforcement du rôle de l`agent d'exécution portugais et la création de la Commission Pour l`Efficacité des Exécutions, *Liber Amicorum Jacques Isnard*, Éditions Juridiques et Techniques, Paris, 2009, 287.

ter passado a ter pouca, ou quase nenhuma utilidade, porquanto a atualização deste registo era cometida ao agente de execução, e este via esta tarefa como mais uma atividade burocrática a realizar, quando o seu foco deveria estar no andamento das execuções, conduzindo à desatualização do Registo Informático de Execuções, cuja sua consulta se revelava espúria. Este problema só foi ultrapassado em 2008, por um lado, com a interoperabilidade entre os sistemas eletrónicos CITIUS e SISAAE, que assegura a disponibilização da grande maioria dos dados do Registo Informático de Execuções e, por outro lado, com a criação da Lista Pública de Execuções, que disponibilizou ao público em geral os nomes dos devedores das execuções cíveis que terminaram sem pagamento integral.

48. Um outro fator de grande ineficiência foi a reforma ter entrado em vigor em 2003 sem existir o número adequado de agentes de execução para o estimado conjunto de execuções, num sistema que se pretendia mais eficaz. Esse estudo só foi feito em 2009 pela CPEE, que previu ser necessário abrir a possibilidade de admissão de mais 850 agentes de execução (mais do dobro do número existente à data), tendo sido possível fazer ingressar na profissão de agente de execução mais 660 profissionais entre 2009 e 2012.

49. Por último, um dos fatores de maior risco – e que poderia ter sido decisivo para o insucesso da reforma –, foi o facto de o agente de execução, profissional liberal incumbido pelo Estado de funções públicas nas execuções cíveis, ter começado a sua atividade sem se ter acautelado e prevenido o cumprimento das seguintes regras: *(i)* segregação patrimonial entre as contas bancárias (particulares ou profissionais) do agente de execução e a conta bancária afeta às execuções (também chamada de "conta-cliente"), *(ii)* conciliação entre as quantias creditadas na conta bancária das execuções e as execuções e *(iii)* impossibilidade de movimentação a débito da conta bancária afeta às execuções, salvo no âmbito das execuções.

Entre 2009 e 2012, o incumprimento das regras acima referidas constituiu uma parte fundamental subjacente à atuação da CPEE em sede de fiscalização (através da fiscalização das contas bancárias das execuções da responsabilidade dos agentes de execução), de instauração dos competentes processos disciplinares e suspensão preventiva de funções de vários agentes de execução sempre que se recolhia prova da violação daquelas regras (seguida da pena disciplinar de expulsão de funções) e, denúncia junto do Ministério Público para averiguação de eventual responsabilidade criminal, em especial, pela prática do crime de peculato (tendo a CPEE celebrado protocolos de cooperação com os Departamentos de Investigação e Ação Penal de Lisboa, Coimbra e Porto).

Entretanto, foram efetuadas as alterações eletrónicas necessárias a assegurar, *ex ante*, o cumprimento pelos agentes de execução das regras acima referidas, essenciais à rigorosa gestão patrimonial e à confiança dos utentes no sistema de justiça.

8. Os pilares de uma execução eficaz e de uma reforma com potencial de sucesso

50. Atualmente, o agente de execução é a pedra angular da execução cível portuguesa[105], sendo de sublinhar que a sua atividade é exercida com respeito pela reserva constitucional da função jurisdicional do juiz, porquanto, como sabemos, a execução, na sua pureza, nem sequer necessita da intervenção do juiz, porquanto o direito já foi dito), e ao agente de execução é cometida a competência legal para a realização de atos não jurisdicionais, tais como, a citação do executado, a investigação dos bens penhoráveis, a apreensão dos bens, a penhora de bens, a citação dos credores, a determinação do modo de alienação, o modo de se proceder à alienação e os modos de se proceder ao pagamento.

A atividade do agente de execução é suportada num processo eletrónico e na interoperabilidade de todos os sistemas eletrónicos afetos às execuções, desde logo, a comunicação entre o sistema eletrónico dos agentes de execução (SISAAE) e todos os outros sistemas eletrónicos de todas as entidades públicas que intervém nas execuções: *(i)* o sistema eletrónico dos tribunais (CITIUS), ao qual acedem e trabalham juízes, oficiais de justiça, advogados e a CPEE); *(ii)* as bases de dados eletrónicas do Ministério da Justiça (conservatórias do registo civil, predial, comercial e de veículos), da administração fiscal e da segurança social, tendo em vista a investigação do património do executado; *(iii)* o sistema eletrónico do Banco de Portugal, entidade reguladora das instituições de crédito e instituições financeiras que informa os agentes de execução a informação sobre a existência, ou não, de contas bancárias em nome dos executados (essencial à penhora dos depósitos bancários, a mais eficaz, célere e menos onerosa de todas as penhoras eletrónicas).

Refira-se ainda que, desde 2009, o requerimento executivo é enviado e recebido por via eletrónica, assegurando-se a sua distribuição automática aos agentes de execução, sem necessidade de envio de cópias em papel.

51. O sucesso do sistema de execuções cíveis português também se deve à atividade da Comissão para a Eficácia das Execuções, criada pelo Decreto-Lei 226/2008, de 20 de novembro, uma entidade independente, na qual tinha assento todos os atores judiciários (responsáveis governamentais, agentes de execução, juízes, advogados, utentes da justiça) com competência legal para monitorizar a execução da reforma, emitindo recomendações, com base em exigentes avaliações do sistema, para aumentar a sua eficácia e elevar os padrões de formação dos agentes de execução (inicial e contínua; técnica, ética, deontológica e contabilística), assegurando ainda

---

105. O legislador português tentou densificar a função de agente de execução ao explicitar que se trata do "auxiliar da justiça que, na prossecução do interesse público, exerce poderes de autoridade pública no cumprimento das diligências que realiza nos processos de execução, nas notificações, nas citações, nas apreensões, nas vendas e nas publicações no âmbito de processos judiciais, ou em atos de natureza similar que, ainda que não tenham natureza judicial, a estes podem ser equiparados ou ser dos mesmos instrutórios" (cf. o n. 1 do artigo 162.º da Lei 154/2015, de 14 de setembro, que aprovou os Estatutos da Ordem dos Solicitadores e dos Agentes de Execução).

o controlo do cumprimento do regime legal dos impedimentos e incompatibilidades da sua atividade, uma efetiva fiscalização e uma rigorosa disciplina – similar à CEPEJ (a nível Europa) e à sua congénere holandesa.

A eficácia das execuções cíveis também se deve à possibilidade de identificação das execuções inviáveis e a sinalização do crédito como incobrável para todos os efeitos jurídicos, através do PEPEX, e bem assim à possibilidade de identificação dos nomes dos devedores que já tenham sido parte em execuções que terminaram sem integral pagamento ao credor, através da consulta da Lista Pública de Execuções, disponível ao público.

52. Por quanto se disse até aqui, talvez se justificado porque foram o sistema português e a execução cível indicados pela CEPEJ como um exemplo a seguir na Europa. Sendo a CEPEJ o organismo do Conselho da Europa responsável pela elaboração dos Relatórios sobre a Avaliação dos Sistemas Judiciais de 47 países, destacamos os seguintes critérios da avaliação, com relevância em matéria de execuções: *a)* critério financeiro, relacionado com o controlo dos custos com a justiça; *b)* critério do apoio judiciário, referente à garantia de igual acesso à justiça por todos os cidadãos; *c)* critério material, visando avaliar a proteção dos direitos do utente da justiça; *d)* critério organizacional, que versa sobre a organização judiciária; *e)* critério funcional, referente ao funcionamento dos recursos da Justiça; *f)* critério temporal, que analisa o cumprimento do princípio da administração da Justiça em prazo razoável; *g)* critérios relativos aos agentes de execução[106]; *h)* satisfação dos utentes da Justiça, através da análise dos fundamentos das suas queixas no que concerne às execuções[107].

Atendendo a que um dos objetivos da CEPEJ é justamente facilitar a aplicação dos instrumentos jurídicos internacionais do Conselho da Europa relativos à eficiência e à equidade da justiça, em 2008, a CEPEJ deu prioridade à eficácia das execuções das decisões judiciais na Europa, encomendou um estudo aprofundado acerca das questões relativas às execuções nos diferentes Estados-Membros[108], e criou o Grupo de Trabalho dedicado às execuções das decisões judiciais (CEPEJ-GT-EXE).

O CEPEJ-GT-EXE analisou as propostas apresentadas no estudo acima referido e propôs diversas linhas de orientação tendo em vista assegurar a efetiva aplicação das recomendações do Conselho da Europa em matéria de execução, e em dezembro de 2009 a CEPEJ aprovou as *Linhas de Orientação para uma melhor aplicação das Reco-*

---

106. Como seja, o número de agentes de execução, o processo de entrada na profissão (garantia de rigorosa seleção e formação, o número de agentes de execução por comarca, o número de processos por agente de execução e a distribuição dos agentes de execução por área geográfica.
107. Como por exemplo, a não execução da decisão, a não execução de decisão contra entidades públicas, a falta de informação, a demora excessiva na prática dos atos, as práticas ilegais, a insuficiente fiscalização relativamente aos agentes de execução, e os custos excessivos.
108. Este estudo foi elaborado por vários Professores da Universidade de Nancy (França) e pelo Instituto Suíço de Direito Comparado (Lausanne), e inclui um conjunto de orientações destinadas a facilitar a aplicação dos princípios contidos nas recomendações do Conselho da Europa, a saber, a Recomendação Rec (2003) 16 e a Recomendação Rec (2003) 17 (J. LHUILLIER, D. LHUILLIER-SOLENIK, G. NUCERA, J. PASSALACQUA, *Enforcement of Court decisions in Europe*, CEPEJ Studies n. 8, Council of Europe, 2008, 140).

mendações do Conselho da Europa sobre execuções (também designado simplesmente por *Linhas de Orientação da CEPEJ sobre execuções (2009)*[109], que ainda hoje são uma referência para as execuções na Europa.

No que respeita à execução portuguesa, como já salientámos, de acordo com os dados da CEPEJ de 2006, em sede de desmaterialização dos processos judiciais e de inovação tecnológica, Portugal foi considerado como um dos países com "muito elevado nível de informatização" nos tribunais, a par de países como a Áustria, Dinamarca, Estónia e Finlândia e à frente de outros como a Alemanha, Bélgica, Holanda e Itália.

E quanto à taxa de resolução processual dos processos de natureza civil e comercial, Portugal ficou posicionado entre os 5 países melhor cotados, com uma taxa acima dos 100% (o que significa que o número de processos resolvido é superior ao número de processos entrados), num universo de 32 países analisados, e à frente de Estados como a Espanha, França, Itália ou Noruega.

53. Nos recentes dados de 2018 da CEPEJ sobre as novas tecnologias de informação e comunicação, Portugal continua entre o pequeno grupo de países com mais informatização e mais normas regulatórias, e continua com uma excelente taxa de resolução processual.

Por último, importa sublinhar que no "Guia de Boas Práticas em matéria de Execução de Decisões de Justiça" da CEPEJ de 2015[110], dá como exemplo a seguir, os seguintes aspetos do sistema processual civil português: *(i)* a informatização da justiça (*e-justice*); *(ii)* os poderes de investigação do agente de execução relativamente à identificação do executado e ao seu património, através do acesso direto e eletrónico às bases de dados da administração tributária, da segurança social, do registo civil, do Registo Nacional de Pessoas Coletivas, do registo predial, do registo comercial e do registo de veículos[111], e *(iii)* o acesso ao Registo Informático de Execuções[112].

54. Duas observações finais e uma breve conclusão.

Uma primeira, para uma personagem que tem estado ausente deste texto: o executado. As reformas da execução vieram conferir eficácia à execução, meio de cumprimento coercivo das obrigações alegadamente existentes e alegadamente incumpridas. A interpolação dos advérbios de modo chama a atenção para um ponto central: a execução nunca será justa, ainda que possa ser eficaz, se não se tutelar o princípio do devido processo legal ou do processo equitativo do executado. A celeridade dos meios tem de ser compensada com uma celeridade da decisão que recaia

---

109. Guidelines for a better implementation of the existing Council of Europe's Recommendation on enforcement/Lignes diretrices pour une meilleure mise en oeuvre de la Recommandation existante du Conseil de l'Europe sur l'exécution, da CEPEJ, aprovadas na 14.ª reunião do plenário da CEPEJ, nos dias 9 e 10 de dezembro de 2009 [CEPEJ (2009) 11 VER, de 17 de dezembro].
110. *Good practice guide on enforcement of judicial decisions*, foi elaborado por GUILLAUME PAYAN (na qualidade de consultor da UIHJ), e aprovado na 26ª reunião do plenário da CEPEJ, nos dias 10 e 11 de dezembro de 2015 [CEPEJ (2015) 10].
111. Cf. artigos 748.º e 749.º CPC.
112. Cf. artigos 717.º e 718.º CPC.

sobre os incidentes declarativos que o executado deduz na execução. A execução é a estrutura processual em que a satisfação do interesse do credor não pode deixar de interferir com direitos fundamentais do executado. Se o credor tem direito ao cumprimento e à integridade do seu património – no qual se integram os direitos de crédito –, o executado tem direito à integridade do seu património e à sua proteção contra agressões ilícitas. A insurgência do executado contra qualquer ato de agressão patrimonial tem de ser rapidamente avaliado por um juiz.

Uma segunda, para os limites da presente análise. Por diversas vezes temos sublinhado este ponto: não se pode avaliar a eficácia de um sistema de execução se este não for, em cada período de aferição escolhido como relevante, analisado conjuntamente com os dados empíricos relativos às execuções universais. Em situações de agravamento das crises financeiras e sociais, a litigância tende a transferir-se da execução singular para a falência. Flutuações os dados empíricos podem ter causas que em nada se relacionam com a eficácia de cada uma das estruturas de execução, mas antes com os ciclos económicos que cada sistema enfrenta. Vivemos tempos de grande instabilidade no momento em que escrevemos. Se tivermos de retomar a identificação de linhas de força e de fragilidade do sistema desjudicializado de execução vigente em Portugal à luz dos dados empíricos que se colherão nos próximos anos, um dado da realidade tem de ser necessariamente ponderado: um organismo, que apenas se capta através de um microscópio, alterou profundamente – ainda que, provavelmente, de modo transitório já que, a longo prazo, a memória se esvai – o modo como, até ao seu surgimento, nos conhecíamos, organizávamos, relacionávamos. Que acontecerá num futuro próximo quando, em Portugal, cessar o período de não agressão àqueles que, desde março de 2020, vêm sendo protegidos dos principais efeitos adversos provocados pela pandemia na economia? Que dados empíricos colheremos quando cessarem as moratórias das obrigações de pagamento de rendas habitacionais e comerciais, empréstimos bancários, subsídios e auxílios a fundo perdido? Sejam eles quais forem, e para o objecto específico que aqui importa considerar, não poderemos dar resposta acerca da eficácia dos modelos de execução singular e universal sem considerarmos o enquadramento em que a análise é feita.

55. A breve conclusão. Aquando da reforma da execução em Portugal, o legislador escolheu um modelo virtuoso. Mas as estruturas que haviam de lhe dar vida não estavam criadas ou preparadas. Felizmente, foi possível inflectir; o modelo e as estruturas de resposta foram sendo aperfeiçoados ao longo de quase dez anos. Em 2003, talvez pudesse o legislador ter-se lembrado do célebre oximoro, festina lente.

Lisboa, julho de 2021

Parte IV
NOVAS TENDÊNCIAS DAS EXECUÇÕES FISCAIS

Parte IV

SISTEMA MULTIPORTAS E EXECUÇÃO FISCAL

Mônica Lima

Especialista em Direito Público pela Escola da Advocacia-Geral da União. Procuradora da Fazenda Nacional

Rita Dias Nolasco

Doutora em Direito pela PUC/SP. Adjunta da Direção da Escola da AGU. Professora de Direito Processual Civil na Pós-Graduação da Cogeae PUC SP e da Escola da AGU. Diretora Regional do Instituto Brasileiro de Direito Processual (IBDP). Cofundadora do Projeto Mulheres no Processo do IBDP. Procuradora da Fazenda Nacional.

Tarsila Ribeiro Marques Fernandes

Doutora em Direito pela Radboud University em Nijmegen, na Holanda. Mestre em Direito Tributário pela Universidade Católica de Brasília. Professora da pós-graduação do Instituto Brasiliense de Direito Público (IDP). Procuradora Federal. Assessora de Ministro do Supremo Tribunal Federal.

1. INTRODUÇÃO

A morosidade da justiça no Brasil gera uma insatisfação generalizada em relação à prestação jurisdicional e, uma das principais causas, é a demanda excessiva de ações ajuizadas e recursos processuais interpostos. Em sua 16ª edição, o Relatório Justiça em Números 2020 aponta que o ano de 2019 terminou com 77,1 milhões de processos em tramitação no país e a produtividade média dos magistrados foi a maior dos últimos onze anos. Os executivos fiscais têm sido apontados como o principal fator de morosidade no Poder Judiciário. De acordo com o referido relatório "Os processos de execução fiscal representam 39% do total de casos pendentes e 70% das execuções pendentes no Poder Judiciário, com taxa de congestionamento de 87%. Ou seja, de cada cem processos de execução fiscal que tramitaram no ano de 2019, apenas 13 foram baixados".[1]

Desjudicialização se tornou a palavra de ordem diante da necessidade de buscarmos a redução da litigiosidade e a adoção de soluções extrajudiciais, que venham complementar a jurisdição estatal, fornecendo mais opções de meios de resolução adequada de conflitos. O argumento da inafastabilidade do Poder Judiciário não pode mais ser aceito para justificar o ajuizamento de ações absolutamente desnecessárias, ainda mais quando a própria Constituição Federal estabelece a premissa da "solução pacífica dos conflitos".

A concepção de acesso à justiça ultrapassou sua visão *stricto sensu* de acesso ao Poder Judiciário para ser compreendida como acesso ao tratamento adequado dos

---

1. Disponível em: https://www.cnj.jus.br/wp-content/uploads/2021/08/rel-justica-em-numeros2020.pdf.

conflitos de interesse. É a denominada "justiça multiportas" – que abrange todos os meios adequados de resolução de litígios, especialmente os métodos autocompositivos. O sistema 'multiportas", ao oferecer a utilização de outros mecanismos de soluções, alternativos ao Poder Judiciário, possibilita às partes escolherem o método mais adequado para a solução, a partir da análise das circunstâncias do caso concreto.

Um grande marco é a Resolução do Conselho Nacional de Justiça (CNJ) n. 125/2010, que fomenta a utilização dos mecanismos extrajudiciais de resolução de conflitos ao instituir a Política Judiciária Nacional de Tratamento Adequado dos Conflitos de Interesse no Judiciário, imputando aos tribunais o desenvolvimento destes mecanismos de diversas formas, tanto na fase processual, quanto na fase pré-processual. Os avanços na mudança da cultura do litígio se estenderam com a edição da lei 13.140/2015, denominada lei da mediação, e com a Lei 13.105/2015 (Código de Processo Civil), que trouxe inovações ao integrar a autocomposição e o dever de cooperação das partes no rol das normas fundamentais do processo.

Como bem assevera Barbosa Moreira, "tomar consciência da multiplicidade de perspectivas possíveis no estudo do processo é despertar para a necessidade de conjugação de conhecimentos que até hoje, lamentavelmente, em regra, têm conservado a cerimoniosa distância uns dos outros".[2]

Um dos pilares do Código de Ética da Advocacia também é a busca pela justiça conciliativa, conforme dispõe seu artigo 2º, que o advogado deve "estimular, a qualquer tempo, a conciliação e a mediação entre os litigantes, prevenindo sempre que possível, a instauração de litígios" (parágrafo único, inciso VI).

No âmbito da cobrança judicial da dívida ativa da União, por meio da execução fiscal, com um procedimento engessado e desatualizado (Lei 6.830/80), a prática evidenciou a sua insuficiência. A maioria dos processos de execução fiscal fica paralisada em razão da não localização do executado, ou da não identificação de bens a serem penhorados. Essa realidade impulsionou a reestruturação do modelo, com mudanças procedimentais realizadas por meio de portarias e alterações legislativas, que atualmente integram o microssistema de cobrança da Dívida Ativa da União.

O professor Leonard Susskind nos alerta que "precisamos de uma geração de advogados capazes de desenhar, desenvolver, entregar e manter os sistemas que substituirão as velhas formas de trabalhar. Precisamos de uma geração de engenheiros legais."[3]

O presente artigo tem como objetivo prestigiar a postura institucional da Procuradoria-Geral da Fazenda Nacional no papel da desjudicialização da cobrança da dívida que se encontra sob a sua responsabilidade, seja ela tributária ou não, como

---

2. BARBOSA MOREIRA, José Carlos. Sobre a multiplicidade de perspectiva no estudo do processo. *Revista de Processo*, ano 13, n. 49, p. 13, São Paulo, jan.-mar. 1988.
3. SUSSKIND, Daniel. *The End of Lawyers?* Rethinking the Nature of Legal Services. Oxford University Press, 2010.

forma de contribuir na mudança do *mindset* jurídico. Abordaremos os instrumentos até então adotados, a efetividade constatada, a adesão dos contribuintes àqueles mecanismos que contam com a sua participação e o que ainda pode ser implementado a favor da desjudicialização.

2. REALIDADE DA COBRANÇA DA DÍVIDA DA UNIÃO

A Procuradoria-Geral da Fazenda Nacional é responsável pela administração e cobrança da dívida ativa da União no valor total de aproximadamente R$ 2,5 trilhões. A dívida ativa da União é resultado dos tributos não pagos pelos contribuintes, pessoas físicas ou empresas, além de outros débitos que não possuem origem fiscal, redirecionados aos cuidados da Instituição por determinação legal.

Por décadas, a ação de execução fiscal, prevista na Lei n. 6.830/80, foi o único instrumento jurídico de cobrança utilizado pelo Fisco com o intuito de ver satisfeitos os créditos públicos. Para muitos operadores do direito, o simples fato de a Fazenda Pública possuir um instrumento próprio de cobrança de seus créditos representaria uma vantagem tamanha que chega a ser impensável permitir que outros meios possam ser adotados[4]. Ocorre que é fato o quão ineficaz a execução fiscal se torna em muitos casos, exigindo do Poder Público, diante dos exemplos diários, a adoção de uma postura mais dinâmica e moderna na cobrança da dívida ativa.

Diante desse cenário, a Procuradoria-Geral da Fazenda Nacional desenvolveu novas estratégias para tornar a cobrança da dívida ativa mais eficaz, com emprego crescente de inteligência fiscal para a classificação dos créditos e dos devedores, análise da recuperabilidade do crédito, rastreamento de bens, fortalecimento dos mecanismos de cobrança extrajudicial, ajuizamento seletivo, os negócios jurídicos processuais e a transação tributária. Tais estratégias reduzem significativamente o ajuizamento de execuções fiscais.

A Constituição Federal prevê, em seu artigo 37, o princípio da eficiência aplicado à administração pública direta e indireta, o que, por óbvio, se aplica à cobrança do crédito público. Definitivamente, ajuizar execuções fiscais para cobrança de crédito público cuja recuperabilidade é duvidosa não é sinônimo de eficiência, conclusão que veio a ser incorporada na atuação da Procuradoria-Geral da Fazenda Nacional. E quando nos deparamos com a informação de que quase metade do estoque da dívida ativa da União é classificada como irrecuperável[5], passamos a ter noção do impacto

---

4. LIMA, Mônica.; NOLASCO, Rita. Corrigindo a rota da cobrança do crédito tributário de devedor em recuperação judicial ou falência. *Direito Tributário nos Tribunais Superiores*. Estudos em homenagem à Ministra Regina Helena Costa, São Paulo: Almedina, 2021.
5. Informações obtidas mediante consulta ao painel dinâmico disponibilizado no sítio eletrônico da Procuradoria-Geral da Fazenda Nacional em 22.08.2021: https://dw.pgfn.fazenda.gov.br/dwsigpgfn/servlet/mstrWeb?evt=3140&usrSmgr=0.0000000119c3f410eb682fd8c1613d173b0197d927176f-08fe4ac29976b4f08b3048d1141c029e2d50eb262f3ff7ba59907f9b6f633b9fa9aa31578230913a6fe-ca0ea337bd5bfcc63391c341aff62b2a66f16c570169a2e76afd474bedd8ea443a52389577c5a4c20d-112264697f5e661b875f631725ca1f81882fd7fe711d15fe7533a930dee19586a0ced3f8d39f33a1ff4d8253e-

que essa nova visão institucional provoca a partir do momento em que as execuções fiscais não são ajuizadas.

Entretanto, é preciso deixar claro que os critérios de recuperabilidade adotados pela Procuradoria-Geral da Fazenda Nacional na gestão da dívida ativa não significa desistência quanto a esses valores. A Instituição manteve o interesse na sua recuperação, mas para isso adotou estratégias de cobrança extrajudiciais que serão abordadas nos próximos tópicos do presente artigo. Além disso, até mesmo para os créditos bem classificados de acordo com o *rating* de recuperabilidade, foi preciso um novo olhar na cobrança da dívida, o que permitiu a adoção de mecanismos extrajudiciais de negociação entre Fisco e contribuinte, aproximando os sujeitos de direito e alcançado pontos de equilíbrio de interesses.

3. DISPENSAS PARA CONTESTAR E RECORRER: POSTURA DA PROCURADORIA-GERAL DA FAZENDA NACIONAL DE DESJUDICIALIZAÇÃO

Para além do próprio gerenciamento do estoque da dívida pela Procuradoria-Geral da Fazenda Nacional, dentre a gama de novas estratégias (ou de fortalecimento daquelas que já existiam) de desjudicialização e diminuição da litigiosidade na cobrança da DAU, destacamos as hipóteses expressamente previstas na Lei n. 13.874, publicada em 20.09.2019, (resultado da conversão da MP da liberdade econômica – Medida Provisória n. 881/2019): as dispensas de contestar, oferecer contrarrazões, interpor recursos ou desistir daqueles já interpostos. Evidente que as estratégias citadas superam o contexto dos executivos fiscais ao alcançar ações outras, como aquelas de rito ordinário, o que é extremamente positivo para a redução da desjudicialização das discussões tributárias.

É importante ressaltar que as dispensas de contestar e recorrer são adotadas desde 2002 pela Procuradoria-Geral da Fazenda Nacional e tem evoluído ao longo dos anos com o intuito de promover significativa redução de litígio perante o Poder Judiciário, além de garantir efetiva segurança jurídica à atuação de procuradoras e procuradores da Fazenda Nacional, que fazem parte do maior escritório de advocacia tributária do Brasil, no qual a litigiosidade desnecessária é desincentivada.

Atualmente, com o advento da Lei n. 13.874/2019, as dispensas poderão ser adotadas em relação a temas que sejam objeto de (i) parecer aprovado pela Procuradoria-Geral da Fazenda Nacional; (ii) parecer ou súmula da Advocacia-Geral da União ("AGU"); (iii) súmula da administração tributária federal; (iv) temas com fundamento em dispositivo legal declarado inconstitucional pelo STF em sede de

---

13a4011dfeefe8558a3e8b373d5b66993e0118b3ab18579a76ca.p.1046.0.1.America/Sao*_Paulo.pidn2*_1. 00000001004c7fc47f72cfa192cc168434da58a5dbcefa7c0f744cf7ea49015436b42ac0926d956b3ebbff05f-d1251daf5ac3a68cf43b6a3c4e26c7e.0.8.1.SIGPGFN%20Historiado.E9B606D011E0C17B00100080622E-A7A0.0-1046.1.1_-0.1.0_-1046.1.1_10.10.0.*0.0.189*.6*.32*.114.0.0&documentID=BE57718B11E-71F8BDE1C0080EF756D09.

controle difuso; (v) temas decididos pelo STF, em matéria constitucional, ou pelo STJ, TST, TSE ou pela Turma Nacional de Uniformização de Jurisprudência, no âmbito de suas competências, quando a decisão foi proferida em sede de repercussão geral ou recurso repetitivo ou quando não houver viabilidade de reversão, conforme critérios definidos em ato da Procuradoria-Geral da Fazenda Nacional; a dispensa poderá ser estendida a tema diferente do julgado, quando a ele forem aplicáveis os fundamentos determinantes extraídos do julgamento paradigma ou da jurisprudência consolidada.

A título de exemplo de dispensa por extensão, citamos o julgamento do Tema 674 pelo Supremo Tribunal Federal, por meio do qual foi garantida a imunidade tributária de PIS e COFINS incidente sobre as receitas auferidas na exportação via *trading companies* pela agroindústria. A Procuradoria-Geral da Fazenda Nacional editou o Parecer SEI n. 15.759/2020/ME que, não só dispensou os procuradores de apresentarem contestação e recursos sobre a matéria, mas também estendeu a dispensa às demais pessoas jurídicas exportadoras que fazem uso de empresas intermediárias. Dessa forma, ao maximizar os efeitos da dispensa, a Procuradoria-Geral da Fazenda Nacional garantiu que milhares de processos sobre ambos os temas fossem finalizados.

Na linha da atuação estratégica, desde 2019 a Procuradoria-Geral da Fazenda Nacional conta com o LABJUD, criado para que a jurimetria, inovação e tecnologia fossem fortalecidas na sua atuação perante o Poder Judiciário. Ao LABJUD compete o levantamento de dados e diagnósticos de cenários de temas jurídicos nos tribunais, bem como a elaboração de relatórios que direcionem a postura institucional no contencioso tributário. Tal providência surte considerável impacto na desjudicialização na medida em que a própria Procuradoria-Geral da Fazenda Nacional, por meio da análise de dados, detecta ações nas quais seria possível manifestar desistência. Segundo o relatório "PGFN em números" referente aos dados de 2019, o LABJUD identificou mais de mil recursos especiais junto ao Superior Tribunal de Justiça e mais de uma centena de recursos extraordinários junto ao Supremo Tribunal Federal relacionados a temas sobre os quais já existiam autorizações de não interposição de recurso[6]. Ao desistir dos recursos, a Procuradoria-Geral da Fazenda Nacional colabora com o Poder Judiciário para que o foco seja direcionado às ações que merecem real atenção.

4. UTILIZAÇÃO DE MEIOS EXTRAJUDICIAIS PARA A COBRANÇA DA DAU

Conforme adiantamos no tópico anterior, a Procuradoria-Geral da Fazenda Nacional tem avançado na utilização da tecnologia da informação, que permite o cruzamento de forma gerencial das mais diversas bases de dados públicas e privadas, a fim de localizar o patrimônio dos devedores e classificá-los conforme a capacidade de pagamento (*rating* da dívida ativa da União). Os créditos inscritos em dívida ativa

---

6. Disponível em: https://www.gov.br/pgfn/pt-br/acesso-a-informacao/institucional/pgfn-em-numeros-2014/pgfn-em-numeros-2020.

foram classificados pelo grau de recuperabilidade em: A: créditos com alta perspectiva de recuperação; B: créditos com média perspectiva de recuperação; C: créditos com baixa perspectiva de recuperação; D: créditos considerados irrecuperáveis.

A classificação dos créditos e devedores administrados pela Procuradoria-Geral da Fazenda Nacional foi fundamental para possibilitar a concentração de esforços nos créditos com maior perspectiva de recuperação. O novo modelo de cobrança da dívida ativa da União abrange o Regime Diferenciado de Cobrança de Créditos e o novo fluxo de inscrição e cobrança da dívida ativa da União, conforme as alterações promovidas na Lei n. 10.522/02, que passa a vigorar acrescida dos artigos 20-A, 20-B, 20-C e 20-E, pela Lei n. 13.606/2018 e pela Portaria PGFN n. 33, de 2018.

O "Regime Diferenciado de Cobrança de Créditos – RDCC" é formado pelo conjunto de quatro procedimentos, quais sejam: o Procedimento Especial de Diligenciamento Patrimonial, com a automatização e coleta de informação sobre os bens dos devedores; a utilização de meios extrajudiciais de cobrança; o Procedimento Especial de Acompanhamento de Parcelamento (PEAP); e o Procedimento de Acompanhamento de Execuções Garantidas ou Suspensas por decisão judicial. A Portaria PGFN n. 396/2016 determinou o arquivamento de ações executivas fiscais ajuizadas pela Procuradoria-Geral da Fazenda Nacional, nas quais não havia notícia de bens úteis à satisfação do crédito ou discussão acerca da exigibilidade da cobrança, com valor até R$ 1.000.000,00, para que as buscas por bens passíveis de penhora e devedores ativos fosse feita administrativamente. Essas buscas são operacionalizadas a partir do monitoramento de bens dos devedores que tiveram seu processo arquivado, e é realizada por sistemas automatizados de análise de dados patrimoniais dos contribuintes.

A quantidade de processos arquivados já ultrapassa 1,6 milhão. Além de contribuir para desafogar o Poder Judiciário, como resultado desta estratégia o valor recuperado com a execução forçada passou de R$ 6 bilhões, em 2018, para R$ 7,1 bilhões no ano de 2019.[7]

A Portaria PGFN n. 33/2018, por sua vez, disciplina as atividades de cobrança da Procuradoria-Geral da Fazenda Nacional desde o momento do recebimento dos débitos para inscrição em DAU, aprimorando o processo de cobrança administrativa, que estimula, ainda que de forma indireta, o contribuinte a pagar seus débitos e, regulamenta o ajuizamento seletivo das execuções fiscais. A referida portaria implementou: a) o exame de legalidade prévio; b) a previsão de discussão administrativa das dívidas antes da prática de atos mais gravosos de cobrança, por meio do pedido de revisão de dívida inscrita (PRDI); c) a possibilidade de oferta antecipada de garantia na esfera administrativa; e d) procedimentalização da averbação pré-executória. O devedor é notificado da inscrição do débito em dívida ativa da União para, em até 5

---

7. Disponível em: https://www.gov.br/pgfn/pt-br/acesso-a-informacao/institucional/pgfn-em-numeros-2014/pgfn-em-numeros-2020.

(cinco) dias, realizar o pagamento integral do débito atualizado ou o parcelamento do valor. A partir dessa notificação, surge também o prazo de 30 (trinta) dias para o contribuinte ofertar antecipadamente a garantia em execução fiscal ou apresentar o Pedido de Revisão em Dívida Inscrita (PRDI), fortalecendo o contraditório e a ampla defesa. O PRDI possibilita a reanálise dos requisitos de liquidez, certeza e exigibilidade dos débitos inscritos em dívida ativa da União, de natureza tributária ou não tributária, desde que haja a comprovação de plano das alegações.

Se houver a oferta de bens em garantia ainda no âmbito administrativo, desde que seja aceita pela Fazenda Pública, é possível a suspensão das medidas de cobrança e a emissão de certidão de regularidade fiscal. Conforme afirmou o ministro Luiz Fux, no julgamento do REsp 1.123.669/RS (Tema 237), que: "o contribuinte pode, após o vencimento da sua obrigação e antes da execução, garantir o juízo de forma antecipada, para o fim de obter certidão positiva com efeito de negativa"[8].

Se o contribuinte permanecer inerte, a última *ratio* do modelo proposto é a averbação pré-executória[9] de restrição administrativa para a garantia do crédito tributário e proteção de terceiros nos órgãos de registro, impedindo a alienação de bens que se tornaria ineficaz diante do reconhecimento da fraude à execução fiscal. Tal estratégia foi levada à discussão perante o Poder Judiciário pelos contribuintes, sendo que o Supremo Tribunal Federal admitiu a constitucionalidade da realização da averbação pré-executória pela Fazenda Nacional, vedando, todavia, a indisponibilidade administrativa dos bens e direitos[10].

A averbação da certidão de dívida ativa nos órgãos de registro de bens e direitos sujeitos a arresto ou penhora não configura propriamente uma indisponibilidade. A real finalidade do instituto é garantir o crédito tributário e evitar atos fraudulentos até o ajuizamento da execução fiscal. A alienação ou oneração de bens ou renda pelo sujeito passivo após a inscrição em dívida ativa, sem a reserva de meios para quitação da dívida, gera presunção de fraude à execução fiscal (Art. 185 do CTN, redação dada pela Lei Complementar n. 118/2005).[11]

---

8. Ocorre que, no geral, os contribuintes optam pelo ajuizamento da ação cautelar previamente à ação ordinária ou à execução fiscal, movimentando de forma desnecessária as engrenagens da Justiça, em especial quando o documento precisa ser retificado inúmeras vezes e submetido às diversas análises pela Procuradoria-Geral da Fazenda Nacional. Significa dizer que a opção pelo ajuizamento da ação, além de desnecessária, ainda provoca uma demora na satisfação do interesse do contribuinte, que é a obtenção da certidão de regularidade fiscal.
9. Nos termos do inciso II do parágrafo terceiro do artigo 20-B da lei 13.606/18, a averbação do título executivo nos registros de bens e direitos sujeitos ao arresto ou à penhora, será realizada, inclusive por meio eletrônico.
10. As ações foram ajuizadas pelo Partido Socialista Brasileiro (ADI 5881), pela Associação Brasileira de Atacadistas e Distribuidores de Produtos Industrializados (ADI 5886), pela Confederação da Agricultura e Pecuária do Brasil (ADI 5890), pelo Conselho Federal da Ordem dos Advogados do Brasil (ADI 5925), pela Confederação Nacional da Indústria (ADI 5931) e pela Confederação Nacional do Transporte (ADI 5932). O julgamento ocorreu no dia 09.12.2020.
11. Antes da LC 118/2005, a venda deveria ser posterior à citação no executivo fiscal (de acordo com a jurisprudência dominante); após a LC 118, ulterior à inscrição do crédito tributário em dívida ativa.

Nesse contexto, é importante mencionarmos que a 1ª Seção do Superior Tribunal de Justiça decidiu pela inaplicabilidade da Súmula 375/STJ[12] à fraude à execução fiscal, diante do regramento específico do art. 185 do CTN[13] (REsp 1.141.990/PR, Tema Repetitivo 290, julgado conforme o rito do art. 543-C do CPC, Rel. Min. Luiz Fux, Primeira Seção, DJe 19.11.2010). Referido posicionamento foi reafirmado pela 2ª Turma do STJ no Recurso Especial 1.833.644/PB, nos seguintes termos:

> Execução fiscal. Eficácia vinculativa do acórdão proferido o Resp 1.141.990/pr. Alienação do bem após a inscrição em dívida ativa. Fraude à execução configurada. Inaplicabilidade da súmula 375/STJ. Presunção absoluta fraude à execução. 1. Não se configura a alegada ofensa ao art. 1.022 do Código de Processo Civil de 2015, uma vez que o Tribunal de origem julgou integralmente a lide e solucionou, de maneira amplamente fundamentada, a controvérsia. 2. A Primeira Seção do STJ, no julgamento do REsp 1.141.990/PR, submetido ao rito dos feitos repetitivos, firmou: a) a natureza jurídica tributária do crédito conduz a que a simples alienação ou oneração de bens ou rendas, ou seu começo, pelo sujeito passivo por quantia inscrita em dívida ativa, sem a reserva de meios para quitação do débito, gera presunção absoluta (jure et de jure) de fraude à execução (lei especial que se sobrepõe ao regime do direito processual civil); b) a alienação engendrada até 08.06.2005 exige que tenha havido prévia citação no processo judicial para caracterizar a fraude de execução; se o ato translativo foi praticado a partir de 09.06.2005, data de início da vigência da Lei Complementar 118/2005, basta a efetivação da inscrição em dívida ativa para a configuração da figura da fraude; c) a não aplicação do artigo 185 do CTN, dispositivo que não condiciona a ocorrência de fraude a qualquer registro público, importa violação da Cláusula Reserva de Plenário e afronta à Súmula Vinculante 10/STF. 3. Considera-se fraudulenta a alienação, mesmo quando há transferências sucessivas do bem, feita após a inscrição do débito em dívida ativa, sendo desnecessário comprovar a má-fé do terceiro adquirente. Precedentes: AgInt no AREsp 1.171.606/SP, Rel. Min. Assusete Magalhães, Segunda Turma, DJe 19.06.2018; AgInt nos EDcl no REsp 1.609.488/SP, Rel. Min. Francisco Falcão, Segunda Turma, DJe 23.04.2018; AgInt no REsp 1.708.660/SC, Rel. Min. Regina Helena Costa, Primeira Turma, DJe 14.03.2018; AgInt no REsp 1.634.920/SC, Rel. Min. Og Fernandes, Segunda Turma, DJe 08.05.2017. 4. A lei especial, o Código Tributário Nacional, se sobrepõe ao regime do Direito Processual Civil, não se aplicando às Execuções Fiscais o tratamento dispensado à fraude civil, diante da supremacia do interesse público, já que o recolhimento dos tributos serve à satisfação das necessidades coletivas. Inaplicável às Execuções Fiscais a interpretação consolidada na Súmula 375/STJ: "O reconhecimento da fraude à execução depende do registro da penhora do bem alienado ou da prova de má-fé do terceiro adquirente". 5. No presente caso, acórdão recorrido consignou que a primeira alienação do bem pelo executado ocorreu em antes da entrada em vigor da Lei Complementar 118/2005 e que a data da citação ocorreu em 20.08.2002, tendo havido sucessivas alienações até a transmissão à ora recorrida. É patente, portanto, a configuração da fraude à execução. 6. Recurso Especial parcialmente provido para reconhecer a fraude à execução.
> (STJ, REsp 1.833.644/PB, Rel. Min. Herman Benjamin, 2ª Turma, DJ 18.10.2019).

---

12. Súmula 375/STJ: O reconhecimento da fraude à execução depende do registro da penhora do bem alienado ou da prova de má-fé do terceiro adquirente.
13. Art. 185. Presume-se fraudulenta a alienação ou oneração de bens ou rendas, ou seu começo, por sujeito passivo em débito para com a Fazenda Pública, por crédito tributário regularmente inscrito como dívida ativa (Redação dada pela Lcp 118, de 2005).
    Parágrafo único. O disposto neste artigo não se aplica na hipótese de terem sido reservados, pelo devedor, bens ou rendas suficientes ao total pagamento da dívida inscrita. (Redação dada pela Lcp 118, de 2005).

A efetiva propositura da execução fiscal, entretanto, está sujeita à seletividade relacionada à verificação de indícios de bens, direitos ou atividade econômica. Isto é, o ajuizamento da execução fiscal fica condicionado à demonstração de potencialidade mínima de satisfação do crédito fazendário. Sendo infrutífera a busca por indícios de bens, direitos ou atividade econômica dos devedores ou corresponsáveis, a cobrança administrativa é privilegiada.

A postura da Procuradoria-Geral da Fazenda Nacional não é endógena. Se não bastasse a premente necessidade de uma diminuição do passivo judicial, as iniciativas relacionadas à cobrança administrativa estão alinhadas às práticas internacionais atinentes à recuperação do crédito tributário, reconhecidas pela Organização para a Cooperação e Desenvolvimento Econômico (OCDE), que recomendam uma maior resolutividade das questões envolvendo a cobrança no âmbito administrativo, de forma que o Poder Judiciário atue apenas residualmente.

Dentre as principais medidas extrajudiciais de recuperação da dívida ativa da União implementadas pela Procuradoria-Geral da Fazenda Nacional, destacamos:

(i) *Protesto da Certidão de Dívida Ativa da União (CDA)* – ato praticado pelo Cartório de Protesto de Títulos, por falta de pagamento da obrigação constante da CDA, conforme autorização da Lei n. 9.492, de 10 de setembro de 1997 e regulamentado pela Portaria n. 429 de 4 de junho de 2014. O cartório de protesto é o responsável pelo encaminhamento das informações aos órgãos de proteção ao crédito, como o Serasa e o Serviço de Proteção ao Crédito (SPC). O contribuinte é intimado pelo cartório no endereço fornecido pela Procuradoria-Geral da Fazenda Nacional, na forma dos arts. 14 e 15 da referida lei, para pagamento do débito acrescido dos emolumentos cartoriais. O tema também foi objeto de questionamento pelo viés constitucional e o Supremo Tribunal Federal admitiu o protesto da CDA:

> "3. Tampouco há inconstitucionalidade material na inclusão das CDAs no rol dos títulos sujeitos a protesto. Somente pode ser considerada "sanção política" vedada pelo STF (cf. Súmulas 70, 323 e 547) a medida coercitiva do recolhimento do crédito tributário que restrinja direitos fundamentais dos contribuintes devedores de forma desproporcional e irrazoável, o que não ocorre no caso do protesto de CDAs.
>
> (...) A medida é adequada, pois confere maior publicidade ao descumprimento das obrigações tributárias e serve como importante mecanismo extrajudicial de cobrança, que estimula a adimplência, incrementa a arrecadação e promove a justiça fiscal. A medida é necessária, pois permite alcançar os fins pretendidos de modo menos gravoso para o contribuinte (já que não envolve penhora, custas, honorários etc.) e mais eficiente para a arrecadação tributária em relação ao executivo fiscal (que apresenta alto custo, reduzido índice de recuperação dos créditos públicos e contribui para o congestionamento do Poder Judiciário). A medida é proporcional em sentido estrito, uma vez que os eventuais custos do protesto de CDA (limitações creditícias) são compensados largamente pelos seus benefícios, a saber: (i) a maior eficiência e economicidade na recuperação dos créditos tributários, (ii) a garantia da livre concorrência, evitando-se que agentes possam extrair vantagens competitivas indevidas da sonegação de tributos, e (iii) o alívio da sobrecarga de processos do Judiciário, em prol da razoável duração do processo. (...)

5. (...) Fixação da seguinte tese: 'O protesto das Certidões de Dívida Ativa constitui mecanismo constitucional e legítimo, por não restringir de forma desproporcional quaisquer direitos fundamentais garantidos aos contribuintes e, assim, não constituir sanção política'."
(ADI 5135, Relator Min. Roberto Barroso, Tribunal Pleno, julgado em 09.11.2016).

(ii) *Inclusão administrativa de corresponsável e terceiros* – O procedimento previsto no art. 20-D da Lei n. 10.522/02 (incluído pela Lei n. 13.606/2018) e regulamentado pela Portaria PGFN n. 948/2017, que instituiu o PARR, procedimento administrativo para apuração de responsabilidade de terceiros pela prática da infração à lei consistente na dissolução irregular de pessoa jurídica devedora de créditos inscritos em dívida ativa administrados pela PGFN. A Procuradoria da Fazenda deverá indicar especificamente os indícios da ocorrência da dissolução irregular da pessoa jurídica devedora (juntando aos autos administrativos os elementos de prova, como por exemplo, ausência de faturamento, ausência de movimentação financeira, comprovação de que o patrimônio da sociedade foi esvaziado sem quitar débitos, i. e. ausência de pagamento de tributos), com a abertura de prazo para impugnação pelo terceiro ao qual se imputa a responsabilidade. O terceiro pode alegar: i) a inocorrência da dissolução irregular; ou ii) a ausência de responsabilidade pela dívida imputada. O objetivo é que a apuração dessa responsabilidade seja realizada na fase pré processual para aprimorar a discussão acerca da dissolução irregular das empresas e alcançar maior agilidade e efetividade na cobrança do crédito inscrito em dívida ativa, observados o contraditório e a ampla defesa.

(iii) *Negócio Jurídico Processual* (NJP) – A cláusula geral de negociação processual, que possibilita as partes estipularem mudanças no procedimento por meio do NJP, foi um dos grandes destaques quando do advento do Código de Processo Civil de 2015, previsto especificamente em seus arts. 190 e 191. O negócio jurídico processual consagra a flexibilidade procedimental, permitindo a adaptabilidade do procedimento às necessidades do caso concreto. Privilegia a autonomia das partes, possibilitando que o processo, como instrumento que é, possa se adequar às características, necessidades e peculiaridades do conflito.

A Lei n. 13.874, 20/09/2019 (fruto da conversão da Medida Provisória n. 881/19), nos §s 12 e 13 do art. 19, prevê a possibilidade das unidades da Procuradoria-Geral da Fazenda Nacional celebrarem negócios jurídicos processuais em seu âmbito de atuação, realizando adequação procedimental, com fundamento no disposto no art. 190 do CPC.

No âmbito da Procuradoria-Geral da Fazenda Nacional, a matéria foi objeto do Parecer n. 05/2017, que admitiu a possibilidade de convenções processuais no âmbito da execução fiscal e expressou seus limites, vedando a celebração de NJP que reduza o montante dos créditos inscritos ou implique renuncia às garantias e privilégios do crédito tributário. Em seguida, houve a regulamentação por meio da Portaria PGFN n. 33 de 08.03.2018[14], da Portaria PGFN n. 360 de 13.06.2018 (alterada pela Portaria

---

14. "Artigo 38. O Procurador da Fazenda poderá celebrar Negócio Jurídico Processual visando a recuperação dos débitos em tempo razoável ou obtenção de garantias em dinheiro, isoladamente ou em conjunto com

PGFN n. 515/2018) e da Portaria PGFN n. 742, de 21.12.2018, que identificam as hipóteses de negócio jurídico processual, as condições e os critérios para aferição da existência de interesse na sua celebração por parte da Fazenda Nacional, a saber, a capacidade econômico-financeira do devedor, o perfil e as peculiaridades do caso em concreto.

A disponibilização dessa importante ferramenta de autocomposição permitiu a regularização de débitos com a União e com o FGTS na ordem de R$ 2,7 bilhões em 2019.[15]

5. TRANSAÇÃO TRIBUTÁRIA – MEIO ADEQUADO PARA RESOLUÇÃO DE LITÍGIOS TRIBUTÁRIOS

Dada a relevância que a transação tributária vem assumindo no cenário jurídico – tributário como medida extrajudicial de recuperação da dívida ativa, optamos por dedicar um tópico exclusivo ao tema.

A transação tributária, prevista no art. 171 do Código Tributário Nacional[16], foi regulamentada, após mais de cinquenta anos, pela Lei n. 13.988/2020. Havia resistência quanto à instituição de um modelo de transação tributária em razão dos princípios da indisponibilidade do interesse público e da estrita legalidade tributária. Em sendo assim, considerável parte da doutrina[17] entendia pela impossibilidade de realizar transação entre fisco e contribuinte. Para além da questão da impossibilidade jurídica, havia ainda autores que defendiam a sua inconveniência, uma vez que tal instituto poderia representar um instrumento facilitador de corrupção.[18]

Essas vozes contrárias, contudo, restaram superadas diante da realidade da ineficácia da execução fiscal como principal meio de cobrança dos tributos e da consequente necessidade de criação de mecanismos mais adequados à resolução de litígios tributários. Prevaleceu, assim, a posição doutrinária que sempre defendeu que a instituição de um modelo geral de transação tributária iria ao encontro do princípio da eficiência administrativa, estando em consonância com o interesse público.[19]

---

bens idôneos a serem substituídos em prazo determinado, inclusive mediante penhora de faturamento, observado o procedimento disposto no regulamento expedido pela Procuradoria-Geral da Fazenda Nacional".
15. Disponível em: https://www.gov.br/pgfn/pt-br/acesso-a-informacao/institucional/pgfn-em-numeros-2014/pgfn-em-numeros-2020.
16. "Art. 171. A lei pode facultar, nas condições que estabeleça, aos sujeitos ativo e passivo da obrigação tributária celebrar transação que, mediante concessões mútuas, importe em determinação de litígio e consequente extinção de crédito tributário.
Parágrafo único. A lei indicará a autoridade competente para autorizar a transação em cada caso."
17. Filiados a esse entendimento, é possível citar os seguintes autores: JARDIM, Eduardo Marcial Ferreira. In: MARTINS, Ives Gandra da Silva (Coord.). *Comentários ao código tributário nacional*. 5. ed. São Paulo: Saraiva, 2008. v. 2 (arts. 96 a 218), p. 449-452. ÁLVARES, Manoel. Comentários aos artigos 165 a 174. In: FREITAS, Vladimir Passos de (Coord.). *Código Tributário Nacional* – comentado. São Paulo: Ed. RT, 1999. p. 654.
18. MACHADO SEGUNDO, Hugo de Brito. *Transação em matéria tributária*: Limites e Inconstitucionalidades. Tributação em Revista, v. 16, n. 56, jan./jun. 2010. p. 14-16.
19. Filiados a esse entendimento, confira-se: MORAES, Bernardo Ribeiro. *Compêndio de direito tributário*. Rio de Janeiro: Forense, 1994. v. 2, p. 457. BATISTA JÚNIOR, Onofre Alves. *Transações administrativas*. São

A experiência com o direito comparado também demonstra o sucesso da transação tributária. A esse respeito, inclusive, registre-se que a lei de transação brasileira, conforme se observa da exposição de motivos da Medida Provisória n. 899/2019, inspirou-se no modelo de transação norte-americano, especificamente nas chamas ofertas de compromisso, as quais se encontram previstas no § 7.122 do Internal Revenue Code.[20]

Ademais, não se pode ignorar que não há indisponibilidade absoluta do crédito público. Ao revés, apenas se exige que a disponibilidade dos direitos patrimoniais da Fazenda Pública seja instituída necessariamente por lei.[21]

Conforme o art. 3º do CTN, indisponível é a competência tributária (a atividade de cobrança) e não o crédito tributário em si. A Fazenda Pública, via de regra, não pode abrir mão de créditos tributários, nem multas, salvo se houver o enquadramento em alguma hipótese, expressamente prevista em lei, de anistia, remissão, isenção ou outra espécie de dispensa do tributo. Em sendo assim, o crédito tributário é disponível nos termos da lei.

Nesse diapasão, são elucidativas as lições de Onofre Batista Júnior[22]:

> [...] cada vez mais, a Administração Pública do Estado Democrático de Direito (eficiente, pluralista e participativo) deve aparelhar-se para possibilitar a permeabilidade da máquina burocrática à participação dos administrados, bem como estabelecer mecanismos para que os vários interesses conflitantes possam encontrar harmonização no seio da própria Administração, evitando-se, assim, controvérsias jurídicas infindáveis, favorecendo, por outro giro, a aceitabilidade das decisões pelos atingidos e, sobretudo, pela própria coletividade. Nesse caminho é que se pode observar o crescente desprestígio das decisões administrativas unilaterais, bem como a abertura das portas da Administração para a busca de soluções consensuais, consolidando-se, assim, uma "administração pública consensual.

Paulo: Quartier Latin, 2007. p. 418-434. GUIMARÃES, Vasco Branco. *Transação e arbitragem no âmbito tributário*. Belo Horizonte: Fórum, 2008. p. 36-38. TORRES, Ricardo Lobo. Transação, conciliação e processo tributário administrativo equitativo. In: SARAIVA FILHO, Oswaldo Othon de Pontes; GUIMARÃES, Vasco Branco. *Transação e arbitragem no âmbito tributário*, p. 89-110. CASSONE, Vittorio. Transação, conciliação e arbitragem no âmbito tributário: confronto entre os princípios constitucionais aplicáveis. In: SARAIVA FILHO, Oswaldo Othon de Pontes; GUIMARÃES, Vasco Branco. Op. cit., p. 220. GODOY, Arnaldo Sampaio de Moraes. *Transação Tributária: introdução à justiça fiscal consensual*. Belo Horizonte: Fórum, 2010. p. 41-76.

20. Para entender melhor o modelo de transação tributária no direito norte-americano, confira-se: FERNANDES, Tarsila Ribeiro Marques. *Transação tributária*: o direito brasileiro e a eficácia da recuperação do crédito público à luz do modelo norte-americano. Curitiba: Juruá, 2014.
21. Nesse sentido, Heitor Vitor Mendonça Sica afirma que: "Parece razoável o entendimento de que os direitos patrimoniais da Fazenda Pública são disponíveis nos limites traçados pelo ordenamento jurídico, baseado na mais simples ideia de princípio da legalidade. Ou seja, é necessária norma jurídica expressa para definir de quais direitos da Fazenda os agentes públicos que a representam podem dispor, e os limites e condições para que assim o façam, sem que com isso se considere ferida a indisponibilidade do interesse público. Não é por outra razão que as alienações de bens públicos são possíveis, mas desde que autorizadas por lei. Da mesma forma, os créditos tributários podem ser excluídos por anistia, exigindo-se apenas que ela seja instituída necessariamente por lei. Finalmente, diversas normas permitem que advogados públicos celebrem transação em juízo". (Arbitragem e Fazenda Pública. Disponível em: http://genjuridico.com.br/2016/03/24/arbitragem-e-fazenda-publica/. Acesso em: 10 ago. 2021.
22. BATISTA JÚNIOR, Onofre Alves. *Transações administrativas*. São Paulo: Quartier Latin, 2007. p. 44-45.

Atualmente, busca-se prioritariamente a solução negociada dos conflitos entre a administração pública e os administrados, na medida em que houver a concordância das partes envolvidas. O Código de Processo Civil de 2015 dispõe imperativamente, em seu art. 3º, § 2º, que "O Estado promoverá, sempre que possível, a solução consensual dos conflitos". O § 3o do mesmo artigo prescreve que "A conciliação, a mediação e outros métodos de solução consensual de conflitos deverão ser estimulados por juízes, advogados, defensores públicos e membros do Ministério Público, inclusive no curso do processo judicial".

É nesse contexto que foi editada a Lei n. 13.988/2020, a qual finalmente disciplinou o instituto da transação tributária no âmbito federal. Tal instituto tem enorme potencial de desjudicialização da execução fiscal, pois cria um ambiente favorável ao diálogo entre fisco e contribuinte, na busca da melhor solução para ambos.

Não se deve ignorar que a necessidade de se estabelecer formas de estímulo para o contribuinte adimplir voluntariamente suas obrigações tributárias se intensificou diante da crise econômica causada pela pandemia do coronavírus. Dessa forma, apesar da demora de mais de cinquenta anos na regulamentação da transação tributária federal, a Lei n. 13.988/2020 foi editada em momento extremamente oportuno, e já vem trazendo resultados positivos tanto para o contribuinte quanto para a administração tributária.

Afinal, o contribuinte pode obter descontos e prazos mais alongados para o pagamento da dívida, contribuindo para retirar do contencioso administrativo e judicial inúmeros processos que obstruem a justiça e agravam a morosidade da cobrança. Permite aos contribuintes, pessoas físicas e jurídicas, pagar voluntariamente suas dívidas com o governo federal de acordo com sua capacidade econômico-financeira individual e com o seu padrão de comportamento.

Nesse sentido, de acordo com a Nota Conjunta SEI 2/2021/PGDAU-CGR/PGDAU/PGFN-ME,[23] que analisa os resultados alcançados pelas modalidades de transação da dívida ativa da União e da transação do contencioso de pequeno valor, a transação superou a marca de R$100 bilhões de reais em créditos inscritos em dívida ativa da União regularizados, até o início de junho de 2021. Esse total está dividido em cerca de 343.575 acordos, os quais envolvem 999.668 inscrições em dívida ativa da União. Tais resultados levaram a Procuradoria-Geral da Fazenda Nacional a concluir que transação tributária é a "única política pública capaz de, com efetivo respeito aos princípios da Igualdade, da Justiça e da Livre Concorrência, permitir a regularização dos créditos com descontos de maneira equânime e coerente com a efetiva situação econômica do contribuinte (ao revés do que faziam os programas de regularização tributária até então instituídos)".[24]

---

23. Disponível em: https://www.gov.br/pgfn/pt-br/assuntos/divida-ativa-da-uniao/estudos-sobre-a-dau/sei_me--17016922-nota-conjunta.pdf. Acesso em: 25 ago. 2021.
24. Ibidem.

5.1 Espécies de transação tributária no âmbito da União

No intuito de ter uma visão panorâmica sobre a transação tributária federal, serão apresentadas as espécies de transações tributárias que se encontram em vigor no âmbito da União. Atualmente há cinco espécies de transação tributária, quais sejam: a) Transação na cobrança de créditos inscritos na dívida ativa da União e do FGTS; b) Transação no contencioso tributário de relevante e disseminada controvérsia jurídica; c) Transação no contencioso tributário de pequeno valor; d) Transação extraordinária; e) Transação excepcional; f) Programa Emergencial de Retomada do Setor de Eventos (Perse).

As três primeiras modalidades foram previstas originalmente na Lei n. 13.988/2020, enquanto as três últimas foram disciplinadas por meio de portarias da Procuradoria-Geral da Fazenda Nacional, a fim de lidar com a excepcionalidade do momento econômico que a pandemia em razão do coronavírus tem gerado. A rigor, as três últimas modalidades de transação são subespécies da transação na cobrança de créditos inscritos em dívida ativa da União. Entretanto, diante de suas especificidades e em razão da Procuradoria-Geral da Fazenda Nacional tratar essas transações de forma diferenciada, o presente artigo também lidará com tais espécies de maneira apartada.

A transação na cobrança de créditos inscritos na dívida ativa da União e do FGTS possui um caráter mais arrecadatório, uma vez que o foco se encontra na concessão de descontos em créditos já definitivamente constituídos, líquidos e certos. Essa modalidade de transação pode ocorrer de forma individual, tanto por iniciativa do devedor quando da Administração; ou ainda por adesão. A transação individual se aplica aos créditos com valores superiores a quinze milhões de reais. Por sua vez, a transação por adesão é aquela que ocorre de acordo com condições prefixadas em edital publicado pela Administração.

A concessão de descontos, contudo, é permitida apenas em relação aos créditos classificados como irrecuperáveis ou de difícil recuperação. Assim, aquele devedor que, teoricamente, possui condições de arcar com o pagamento do tributo não terá direito à redução dos valores devidos. O objetivo, nesse ponto, é evitar o que acontecia na prática anterior de edição de parcelamentos extraordinários com consideráveis descontos concedidos de forma indiscriminada. Ademais, a classificação dos créditos como irrecuperáveis ou de difícil recuperação cabe à autoridade fazendária, de acordo com os critérios estabelecidos no inciso V do caput do art. 14 da Lei n. 13.988/2020.

A Lei n. 13.988/2020, em seu art. 11, prevê dois limites principais no que se refere à concessão de descontos. O primeiro é o de não conceder abatimento no valor originário do crédito. Dessa forma, a redução ocorrerá apenas em relação aos juros de mora, às multas e aos encargos legais. O segundo limite é no sentido de que os descontos não podem ser superiores a cinquenta por cento do valor total dos créditos. Existe ainda vedação à concessão de prazo superior a oitenta e quatro meses para pagamento da dívida transacionada. Tais limitações são excepcionadas quando a transação envolve pessoa natural, microempresa, empresa de pequeno porte, Santas Casas de Misericórdia, sociedades cooperativas e demais organizações da sociedade civil. Nessas situações, permite-se a redução de até setenta por cento do valor total dos créditos e um prazo para quitação de até cento e quarenta e cinco meses, nos termos dos §§ 3º e 4º do art. 11 da Lei n. 13.988/2020.

Além da concessão dos descontos nas multas, juros de mora, encargos legais, e do oferecimento de prazos e formas especiais de pagamento, a transação na cobrança de créditos inscritos na dívida ativa da União e do FGTS permite ainda a substituição ou a alienação de garantias e de constrições. A legislação, assim, ampliou o horizonte de possibilidades para transacionar, além dos tradicionais benefícios do desconto e do parcelamento.

De seu turno, a transação no contencioso tributário de relevante e disseminada controvérsia jurídica trata dos conflitos que são característicos da complexidade do sistema tributário brasileiro. Nesse sentido, além das normas tributárias brasileiras não serem de fácil aplicação, ainda há uma cultura de litígio muito forte, tanto nos contribuintes quanto na administração tributária. Em sendo assim, as demandas tributárias tendem a se prolongarem no tempo, eis que a discussão normalmente se inicia no contencioso administrativo e não raras vezes só termina no Supremo Tribunal Federal. Dessa forma, a existência de uma espécie de transação com foco nesse contencioso é de grande valia para redução dos litígios tributários.

Essa forma de transação é realizada apenas por meio de adesão, isto é, ela só ocorre a partir da publicação de um edital, seja da Secretaria Especial da Receita Federal do Brasil, no âmbito do contencioso administrativo não judicializado, ou da Procuradoria-Geral da Fazenda Nacional, nas demais hipóteses. Esse edital será responsável por definir quais temas podem ser objeto de transação, além de estipular as condições para que o contribuinte adira à proposta.

A primeira tese escolhida pela Fazenda Nacional para esse tipo de transação foi referente ao pagamento de Participação nos Lucros e Resultados a empregados e diretores sem a incidência das contribuições previdenciárias, por descumprimento da Lei n. 10.101/2000, tendo sido publicado o Edital n. 11/2021 do Ministério da Economia, regulamentando essa espécie de transação.

Quanto às concessões que a Fazenda Pública pode fazer na transação do contencioso tributário de relevante e disseminada controvérsia jurídica, ressalte-se que pode haver desconto no valor principal do crédito, desde que limitado a cinquenta por cento, e parcelamento com prazo máximo de pagamento de oitenta e quatro meses.

A terceira modalidade de transação é a do contencioso tributário de pequeno valor, a qual possui a mesma lógica aplicada aos Juizados Especiais Federais, isto é, grande volume de processos e baixos valores discutidos. Tal como a transação do contencioso tributário de relevante e disseminada controvérsia jurídica, a transação do contencioso tributário de pequeno valor tem grande potencial de redução de litígios de massa. O artigo 24 da Lei n. 13.988/2020 considera contencioso tributário de pequeno valor aquele que não supere sessenta salários mínimos e que tenha como sujeito passivo pessoa natural, microempresa ou empresa de pequeno porte.

Da mesma maneira como na transação do contencioso de relevante e disseminada controvérsia jurídica, é permitido desconto no valor principal dos créditos, desde que limitado a cinquenta por cento do valor total, sendo o prazo máximo para pagamento de sessenta meses.

As três modalidades de transação tributárias até aqui apresentadas podem ser consideradas como as transações regulares, que serão aplicadas de forma perene e em situações de normalidade econômica. Entretanto, em razão da pandemia do coronavírus, a Fazenda Nacional se viu compelida a editar novas modalidades de transação tributária, que fossem capazes de conferir uma resposta rápida e excepcional ao momento econômico de dificuldade que os contribuintes têm enfrentado. Surgiram, assim, a transação extraordinária, a excepcional e o Programa Emergencial de Retomada do Setor de Eventos (Perse).

A transação tributária extraordinária foi criada pela Portaria PGFN n. 9.924, de 14 de abril de 2020, a qual foi editada logo no início dos efeitos da pandemia no Brasil e tem sido objeto de sucessivas prorrogações de prazo para adesão. O objetivo foi de beneficiar a todos os contribuintes indistintamente, razão pela qual não há previsão de desconto, mas apenas de pagamento facilitado. Em sendo assim, o contribuinte pode incluir qualquer débito na transação extraordinária, ainda que parcialmente, desde que inscrito em dívida ativa.

O pagamento facilitado da dívida ocorre por meio de uma entrada de um por cento do valor total dos débitos a serem transacionados, que pode ser dividida em até três parcelas iguais e sucessivas. O restante da dívida pode ser pago de forma parcelada em até oitenta e um meses (caso se trate de contribuinte pessoa natural, empresários individuais, microempresas, empresas de pequeno porte, instituições de ensino, Santas Casas de Misericórdia, sociedades cooperativas e demais organizações da sociedade civil de que trata a Lei n. 13.019, de 31 de julho de 2014, o parcelamento pode ocorrer em até cento e quarenta e dois meses).

Das concessões estabelecidas para a transação extraordinária, percebe-se que se trata de uma tentativa da Fazenda Pública em responder de forma rápida as demandas surgidas em razão da pandemia, ainda que de maneira bastante limitada.

Por sua vez, a transação excepcional, também conhecida como transação da retomada, foi regulamentada pela Portaria PGFN n. 14.402, de 16 de junho 2020[25]. O objetivo dessa espécie de transação é conferir um tratamento adequado ao contribuinte que sofreu um abalo econômico em razão da pandemia, tendo em vista a

---

25. Há ainda a transação excepcional de débitos originários de operações de crédito rural e de dívidas contraídas no âmbito do Fundo de Terras e da Reforma Agrária e do Acordo de Empréstimo 4.147-BR, inscritos em dívida ativa da União, regulamentada pela Portaria n. 21.561, de 30 de setembro de 2020, a qual, diante de sua especificidade, foge ao escopo do presente artigo.

diminuição da capacidade de gerar emprego e renda. A ideia, aqui, é conferir um tratamento personalizado ao contribuinte, razão pela qual se busca analisar quanto que a pandemia efetivamente afetou aquele setor econômico ou produtivo. Dessa forma, os descontos serão proporcionais à redução da capacidade de pagamento, sendo restritos aos créditos considerados irrecuperáveis ou de difícil recuperação.

A transação excepcional pode ocorrer para dívidas de até cento e cinquenta milhões de reais e prevê duas etapas de concretização, quais sejam, o período de estabilização e o período de retomada. No período de estabilização, há o pagamento de quatro por cento do valor da dívida, em doze meses, a título de entrada. Já no período de retomada, há o restante do pagamento da dívida de forma parcelada, sendo as parcelas calculadas de acordo com o faturamento da empresa e com a sua capacidade de pagamento. Ademais, pode-se conceder desconto de até cem por cento do valor da multa, juros e encargos, de acordo com os limites previstos na Lei n. 13.988/2020.

Por fim, o Programa Emergencial de Retomada do Setor de Eventos (Perse), regulamentado pela Portaria PGFN n. 7.917, de 02 de julho de 2021, é uma modalidade específica de transação tributária, destinada aos contribuintes que trabalham no setor de eventos, hotelaria e turístico em geral, o qual foi bastante afetado pela pandemia. O objetivo também é conferir um tratamento personalizado, de acordo com a capacidade de pagamento do contribuinte e levando em consideração o quanto a pandemia o afetou.

A negociação do âmbito do Perse permite a concessão de desconto de até cem por cento do valor dos juros, das multas e dos encargos legais, desde que observado o limite de até setenta por cento sobre o valor total de cada débito objeto da transação, além de parcelamento da dívida em até cento e quarenta e cinco parcelas.

6. CONCLUSÃO

Atualmente, busca-se prioritariamente a solução negociada dos conflitos entre a Administração Pública e os administrados, na medida em que houver concordância das partes envolvidas. O Código de Processo Civil de 2015 dispõe imperativamente, em seu art. 3º, § 2º, que "O Estado promoverá, sempre que possível, a solução consensual dos conflitos". O § 3º do mesmo artigo prescreve que "A conciliação, a mediação e outros métodos de solução consensual de conflitos deverão ser estimulados por juízes, advogados, defensores públicos e membros do Ministério Público, inclusive no curso do processo judicial".

A propósito, a necessidade de se estabelecer formas de estímulo para soluções consensuais se intensificou diante da crise econômica causada pela pandemia do coronavírus.

Os meios extrajudiciais para a cobrança da DAU, especialmente os negócios jurídicos processuais e a transação tributária, têm enorme potencial de desjudicialização da execução fiscal e redução da litigiosidade, pois criam um ambiente favorável ao diálogo entre fisco e contribuinte, na busca da melhor solução para ambos, contribuindo para retirar do contencioso administrativo e judicial inúmeros processos que obstruem a justiça e agravam a morosidade da cobrança.

Nesse sentido, os resultados obtidos com a transação tributárias falam por si sós. Afinal, até o início de junho de 2021, a transação superou a marca de R$100 bilhões de reais em créditos inscritos em dívida ativa da União regularizados. Isso porque a transação tributária em âmbito federal foi efetivamente implementada apenas em 2020 e diante de um cenário de crise econômica, em virtude da pandemia causada pelo coronavírus. Demonstra-se, assim, o acerto da Procuradoria-Geral da Fazenda Nacional em privilegiar os meios negociais de solução de conflitos, em especial, e as alternativas extrajudiciais à execução fiscal, de maneira mais geral.

OS NOVOS PARADIGMAS DA EXECUÇÃO FISCAL, NA ERA DA INTELIGÊNCIA ARTIFICIAL

Luís Manoel Borges do Vale

Doutorando pela UNB. Mestre pela Universidade Federal de Alagoas – UFAL. Professor de Processo Civil da Pós-graduação da Escola Superior da Magistratura do Estado de Alagoas – ESMAL, da Escola da Advocacia Geral da União – EAGU, da UERJ e da Pós-graduação do Centro Universitário Tiradentes. Membro da International Association of Privacy Professionals – IAPP, do IBDP e da ANNEP. Procurador do Estado de Alagoas. Advogado. Consultor Jurídico.

Marcelo Mazzola

Doutor e Mestre em Direito Processual pela UERJ. Coordenador de Processo Civil da ESA/RJ. Professor de Processo Civil da Escola de Magistratura do Estado do Rio de Janeiro (EMERJ). Membro do Instituto Brasileiro de Direito Processual (IBDO), da Academia Brasileira de Direito Processual (ABDPro) e do Instituto Carioca de Processo Civil (ICPC). Advogado.

1. INTRODUÇÃO

Há algum tempo, a execução fiscal revela uma verdadeira crise de efetividade, sendo invariavelmente tormentosa a recuperação do crédito público.

Como fatores determinantes da deficiência estrutural do executivo fiscal, costuma-se apontar a dificuldade de localização de bens dos devedores e a própria morosidade do próprio processo executivo[1].

Diante desse cenário, a União, os Estados, o Distrito Federal e os Municípios já se valem de outras vias de cobrança, tal como o protesto. Paralelamente, há uma expansão no uso de meios adequados de resolução de conflitos[2], com o objetivo maximizar a arrecadação, na linha da iniciativa implementada pela União, por meio da Lei 13.988, de 14 de abril de 2020, cujos termos estabelecem amplos incentivos à transação.

---

1. "Historicamente as execuções fiscais têm sido apontadas como o principal fator de morosidade do Poder Judiciário. O executivo fiscal chega a juízo depois que as tentativas de recuperação do crédito tributário se frustraram na via administrativa, provocando sua inscrição na dívida ativa. Dessa forma, o processo judicial acaba por repetir etapas e providências de localização do devedor ou patrimônio capaz de satisfazer o crédito tributário já adotadas, sem sucesso, pela administração fazendária ou pelo conselho de fiscalização profissional. Desse modo, acabam chegando ao Judiciário títulos de dívidas antigas e, por consequência, com menor probabilidade de recuperação". Justiça em Números 2020/Conselho Nacional de Justiça – Brasília: CNJ, 2020.
2. Sobre o tema, Humberto Dalla e Marcelo Mazzola destacam que: "Nesse contexto, sobretudo à luz do conceito moderno de acesso à justiça, o princípio da inafastabilidade da jurisdição deve ser ressignificado, não ficando limitado ao acesso ao Judiciário, mas se estendendo, também, às possibilidades de solucionar conflitos no âmbito privado. PINHO, Humberto Dalla Bernardina; MAZZOLA, Marcelo. *Manual de mediação e arbitragem*. São Paulo: Saraiva, 2019, p. 63.

Por sua vez, a inteligência artificial tem se sobressaído não apenas como um fator de promoção de maior eficiência à prestação jurisdicional, mas também como um meio de esquadrinhamento de um novo *design* de resolução de disputas.

Assim, em um contexto disruptivo e com o auxílio da tecnologia, é possível transformar a execução fiscal em um meio mais efetivo para a recuperação do crédito público[3].

O presente artigo busca analisar os impactos das novas tecnologias no Poder Judiciário e sua influência no âmbito das execuções fiscais.

2. TECNOLOGIAS DISRUPTIVAS E O DIREITO

Vive-se uma era disruptiva, a qual tem sido denominada, por alguns autores, de quarta revolução industrial[4], em que há uma profusão de tecnologias paradigmáticas (internet das coisas, *blockchain*, inteligência artificial, dentre outras) capazes de alterar a forma como se lida com os mundos físico, digital e biológico.

Os traços fundamentais desse novo cenário, sem dúvida, são a velocidade de transformação[5] e a possibilidade de execução de tarefas humanas cognitivas por sistemas computacionais, por via do que se denominou chamar de inteligência artificial.

Nenhuma área ficou imune aos influxos desse contexto. Nesse compasso, o Direito foi sobremaneira afetado e, atualmente, é preciso repensar uma série de institutos jurídicos tradicionais à luz das novas tecnologias.

Alguns exemplos ajudam a ilustrar essa transformação:

a) com a expansão do uso de veículos autônomos, deve-se prospectar o redesenho da responsabilidade civil[6]. Afinal de contas, em caso de colisão, quem será responsabilizado? O fabricante do automóvel, o dono do automóvel ou o desenvolvedor do *software*?;

b) as relações consumeristas precisam ser reanalisadas, pois, hodiernamente, é comum o uso de dados pessoais para, por meio de ferramentas de inteligência artificial, direcionar a publicidade ou promover filtros para a concessão de créditos por bancos[7];

---

3. BARBOSA, Caroline Vargas; Debora Bonat. A tecnologia em prol da efetividade e do acesso à justiça: um diagnóstico da execução fiscal no Brasil e da utilização da tecnologia nas execuções fiscais. In: PEIXOTO, Fabiano Hartmann. *Inteligência artificial*: estudos de inteligência artificial. Curitiba: Alteridade, 2021, v. 4, p. 239.
4. SCHWAB, Klaus. *Aplicando a quarta revolução industrial*. São Paulo: Edipro, 2018.
5. A efetiva consolidação da Lei de Moore, a qual prevê que a capacidade computacional dobra, a cada período de 18 meses a dois anos, contribui para o delineamento de um contexto de extrema velocidade transformacional.
6. NAVARRO, Susana Navas *et al*. *Inteligencia artificial: tecnologia/derecho*. Valencia: Tirant Lo Blacnch, 2017.
7. Nesse sentido, vale a transcrição do art. 20 da Lei Geral de Proteção de Dados (Lei 13.709/2018): Art. 20. O titular dos dados tem direito a solicitar a revisão de decisões tomadas unicamente com base em tratamento automatizado de dados pessoais que afetem seus interesses, incluídas as decisões destinadas a definir o seu perfil pessoal, profissional, de consumo e de crédito ou os aspectos de sua personalidade.

c) o Direito Notarial sofre os influxos do uso do *blockchain* como ferramenta segura de registro informacional;

d) o Direito do Trabalho precisa se readaptar às novas formas de interação entre empregado e empregador, a fim de esquadrinhar os limites do poder diretivo;

e) é imperioso debater os contornos dos direitos autorais, quando se trata de criação desenvolvida por um sistema computacional[8];

f) o direito administrativo deve reavaliar a forma de prestação dos serviços públicos, por meio do uso de sistemas informatizados[9];

g) o direito processual, mormente em razão da pandemia, deve pavimentar o terreno para modelos de cortes on-line;

h) o direito penal é instado a tipificar novas condutas delituosas decorrentes do uso das tecnologias disruptivas; e

i) o direito tributário precisa se valer de novas ferramentas de tributação, em face, por exemplo, da utilização de criptomoedas.

No presente artigo, o foco será a interação entre inteligência artificial e atos processuais. A ideia é demonstrar como essa simbiose pode contribuir para a otimização da prestação jurisdicional, especificamente no campo da execução fiscal.

Antes de avançar, vale lembrar que o conceito de inteligência artificial foi cunhado por John McCarthy[10], quando da realização, em 1955, de uma conferência para averiguar a possibilidade de máquinas realizarem atividades tipicamente atribuídas a humanos[11]. A despeito de algumas controvérsias, pode-se entender a inteligência artificial como a capacidade de sistemas computacionais realizarem ações que exigem esforço cognitivo, por meio do processamento de dados.

Sobre o tema, assinala Jordi Nieva Fenoll[12]:

> No existe un total consenso sobre lo que significa la expresión "inteligencia artificial", pero sí que podría decirse que describe la posibilidad de que las máquinas, en alguna medida, "piensen", o más bien imiten el pensamiento humano a base de aprender y utilizar las generalizaciones que las personas usamos para tomar nuestras decisiones habituales.

A doutrina costuma diferenciar inteligência artificial forte ou geral da inteligência artificial fraca ou específica. A primeira envolveria uma ferramenta capaz de compreender amplamente todos os assuntos, tal qual um ser humano. É o que Nick

---

8. Disponível em: https://cacm.acm.org/news/254492-ai-can-now-be-recognized-as-an-inventor/fulltext. Acesso em: 03 ago. 2021.
9. RAMIÓ, Carles. *Inteligencia artificial y administración pública*: robots y humanos compartiendo el servicio público. Madrid: Catarata, 2019.
10. MACCARTHY, John; *et al*. *A proposal for the Darmouth summer research Project on artificial inteligence*. August 31, 1955, p. 2. (http://jmc.stanford.edu/articles/dartmouth/dartmouth.pdf). Acesso em: 08 ago. 2021.
11. CAYÓN, José Ignacio Solar. *La inteligencia artificial jurídica*: el impacto de la innovación tecnológica em la práctica del Derecho y el mercado de servicios jurídicos. España: Thomson Reuters, 2019, p. 21.
12. FENOLL, Jordi Nieva. *Inteligencia artificial y proceso judicial*. Madrid: Marcial Pons, 2018, p. 20.

Bostrom[13], por exemplo, denomina de superinteligência e que, a princípio, teria o potencial não apenas de se igualar aos indivíduos, mas de superá-los. Ocorre que esse tipo de tecnologia, se for possível de ser alcançada, ainda demorará um largo espaço de tempo para se concretizar e, sem dúvida, estará no centro dos mais variados debates, principalmente em torno das questões de natureza ética.

Por sua vez, a inteligência artificial fraca ou específica vem ganhando fôlego e sua expansão não encontra precedentes na história. São inúmeros os demonstrativos de ferramentas direcionadas a determinados setores que desenvolvem, com grau de superioridade inquestionável, atividades antes exclusivas dos humanos. Basta pensar que hoje já existem sistemas computacionais que conseguem realizar diagnósticos médicos com precisão superior a dos profissionais da área de saúde, a exemplo do IBM Watson.

No Direito, não é diferente. Aplicações de inteligência artificial são desenvolvidas, diuturnamente, para viabilizar a tomada de decisões por máquinas, a análise documental e a promoção de análises preditivas de pronunciamentos judiciais.

Tudo isso só é possível porque a capacidade computacional foi elevada a patamares nunca presenciados e o volume de dados disponíveis permite, por meio de ferramentas automatizadas, promover a leitura profícua de qualquer cenário.

Tem-se hoje o que se convencionou chamar de *big data*, ou seja, um conjunto de dados de dimensão estratosférica envolto em uma série de complexidades, que somente pode ser adequadamente analisado por via de sistema com elevada capacidade computacional[14]. De acordo com José Ignacio Solar Cayón[15]: "hoy se estima que en los dos últimos años se ha creado más información que em toda la historia de la humanidad: según IBM cada día se generan 4,7 quintillones bytes de dados".

Nesse sentido, especialmente por meio da mineração de dados (*data mining*), tem se permitido uma análise automatizada desse enorme volume informacional, a fim de transformar dados não estruturados (em estado bruto) em dados estruturados, os quais fornecem padrões relevantes, por exemplo, para a tomada de decisões.

Em âmbito judicial, a ampliação do uso do processo eletrônico tem possibilitado um verdadeiro acúmulo de dados, os quais, quando adequadamente tratados, servem como recursos para uma série de aplicações envolvendo inteligência artificial[16].

---

13. BOSTROM, Nick. *Superinteligência*: caminhos, perigos e estratégias para um novo mundo. Rio de Janeiro: Darkside Books, 2018.
14. TAURION, Cezar. *Big data*. Rio de Janeiro: Brasport, 2015, p. 35.
15. CAYÓN, José Ignacio Solar. *La inteligencia artificial jurídica*: el impacto de la innovación tecnológica em la práctica del Derecho y el mercado de servicios jurídicos. España: Thomson Reuters, 2019, p. 29-30.
16. VALE, Luís Manoel Borges do. A tomada de decisão por máquinas: a proibição, no direito, de utilização de algoritmos não supervisionados. In: NUNES, Dierle; LUCON, Paulo Henrique dos Santos; WOLKART, Erik Navarro. *Inteligência Artificial e direito processual*: os impactos da virada tecnológica no direito processual. Salvador: Juspodivm, 2020, p .630.

Concorda-se, nesse particular, com a assertiva de Yuval Noah Harari[17]:

> Contudo, no século XXI, os dados vão suplantar tanto a terra quanto a maquinaria como o ativo mais importante, e a política será o esforço por controlar o fluxo de dados. Se os dados se concentrarem em poucas mãos – o gênero humano se dividirá em espécies diferentes.

Feito esse rápido apanhado sobre o conceito de inteligência artificial, é fundamental delinear como funcionam, em termos claros, as aplicações de IA. Para isso, é indispensável conhecer o conceito-chave de algoritmo.

O algoritmo nada mais é do que o conjunto de instruções que são vertidas a um sistema computacional para que se chegue a determinado resultado. Desse modo, são fornecidas as informações iniciais (*input*) que serão processadas de acordo com os critérios estabelecidos pelo programador, para que se tenha o produto desejado (*output*).

Na visão de Fenoll[18]: "la palabra clave en inteligencia artificial es "algoritmo", que sería el esquema ejecutivo de la máquina almacenando todas las opciones de decisión en función de los datos que se vayan conociendo".

A evolução tecnológica atual permite não apenas a utilização de modelos simplórios de automação, mas também o uso do *machine learning* (aprendizado de máquina – área da inteligência artificial), de tal sorte que o sistema computacional tem condições de se aperfeiçoar, a partir da experiência amealhada com a execução contínua da tarefa.

Existem, ademais, técnicas avançadas de *machine learning*, habitualmente conhecidas por *deep learning* (usam-se, nesse caso, redes neurais computacionais), nas quais os algoritmos não necessariamente dependem de dados selecionados, em caráter prévio, pelo programador. Ou seja, os sistemas reconhecem padrões e aprendem com informações difusas advindas, por exemplo, da internet[19].

O uso de técnicas de *machine learning*, no Direito, tem sido possível em razão do desenvolvimento de uma outra área da inteligência artificial denominada de processamento de linguagem natural, cujos termos possibilitam a captação e compreensão pelas máquinas dos textos elaborados pelos humanos. Dessa forma, com base na análise de um acervo documental, é possível, por exemplo, classificar automaticamente peças processuais produzidas.

A propósito, vale registrar que, para o desenvolvimento do sistema Victor do Supremo Tribunal Federal, os pesquisadores da Universidade de Brasília – UNB

---

17. HARARI, Yuval Noah. *21 lições para o século 21*. Trad. Paulo Geiger. São Paulo: Companhia das Letras, 2018, p. 107.
18. FENOLL, Jordi Nieva. *Inteligencia artificial y proceso judicial*. Madrid: Marcial Pons, 2018, p. 21.
19. WOLKART, Erik. *Análise econômica do processo civil*: como a economia, o direito e a psicologia podem vencer a tragédia da justiça. São Paulo: Ed. RT, 2019, p. 706.

utilizaram linguagem natural, com o escopo de promover a leitura dos recursos extraordinários interpostos e vinculá-los a teses de repercussão geral[20]-[21].

Nesse contexto de franca expansão do uso da inteligência artificial, o Poder Judiciário tem se destacado como um grande polo de desenvolvimento de novas aplicações de IA.

Em 19 de fevereiro de 2019, o Conselho Nacional de Justiça – CNJ editou a Portaria 25, com o objetivo de criar o Centro de Inteligência Artificial aplicada ao PJE.

Ademais, ainda em 2019, o CNJ publicou um documento intitulado Inteligência Artificial no Poder Judiciário brasileiro[22], no qual destaca a necessidade de aproximação entre o direito e a tecnologia, em um processo que defluirá na estruturação de Cortes online (*online courts*[23]):

> As áreas do direito e da tecnologia evoluem simbioticamente a cada dia. Para fazer frente à realidade da Era Digital e de uma "sociedade em rede", o Judiciário precisa ser dinâmico, flexível e interativo. Um mundo digital exige uma Justiça digital: célere, dinâmica e também digitalmente conectada. Chegou a hora de a Justiça enfrentar a ideia de aplicar a tecnologia a fim de auxiliar magistrados e servidores.

Nada obstante, o Conselho Nacional de Justiça editou uma série de resoluções: 1) Resolução 332/2020 (Dispõe sobre a ética, a transparência e a governança na produção e no uso de Inteligência Artificial no Poder Judiciário e dá outras providências); 2) Resolução 335/2020 (Institui política pública para a governança e a gestão de processo judicial eletrônico. Integra os tribunais do país com a criação da Plataforma Digital do Poder Judiciário Brasileiro – PDPJ-Br. Mantém o sistema PJe como sistema de Processo Eletrônico prioritário do Conselho Nacional de Justiça); 3) Resolução 345/2020 (Dispõe sobre o "Juízo 100% Digital" e dá outras providências); 4) Resolução 349/2020 (Dispõe sobre a criação do Centro de Inteligência do Poder Judiciário e dá outras providências); 5) Resolução 354/2020 (Dispõe sobre o cumprimento digital de ato processual e de ordem judicial e dá outras providências); 6) Resolução 372/2021 (Regulamenta a criação de plataforma de videoconferência denominada "Balcão Virtual"); e 7) Resolução 385/2021 (Dispõe sobre a criação dos "Núcleos de Justiça 4.0" e dá outras providências).

Sem dúvida, o cenário de pandemia ocasionado pelo coronavírus acelerou as discussões sobre a necessidade de se aparelhar tecnologicamente os órgãos jurisdicionais,

---

20. VALE, Luís Manoel Borges do; SILVA JÚNIOR, Denarcy Souza e. *Recurso extraordinário e inteligência artificial: novas perspectivas*. Disponível em: https://www.jota.info/opiniao-e-analise/artigos/recurso-extraordinario--e-inteligencia-artificial-novas-perspectivas-07022019. Acesso em: 08 ago. 2021.
21. LAGE, Fernanda de Carvalho. *Manual de inteligência artificial no direito brasileiro*. Salvador: Juspodivm, 2021, p. 265.
22. Inteligência artificial na Justiça / Conselho Nacional de Justiça. In: TOFFOLI, José Antônio Dias; GUSMÃO, Bráulio Gabriel (Coord.). Brasília: CNJ, 2019. Disponível em: https://www.cnj.jus.br/wp-content/uploads/2020/03/Inteligencia_artificial_no_poder_judiciario_brasileiro_2019-11-22.pdf. Acesso em: 08.08.2021.
23. SUSSKIND, Richard. Online courts and the future of justice. Oxford, 2019.

a fim de operacionalizar Cortes que possam, em sua integralidade, trabalhar de forma online, em consonância com o que já prevê o art. 193 do CPC: "*Os atos processuais podem ser total ou parcialmente digitais*, de forma a permitir que sejam produzidos, comunicados, armazenados e validados por meio eletrônico, na forma da lei."

Nessa toada, o Supremo Tribunal Federal, por meio da Emenda Regimental 53, ampliou as hipóteses de julgamento por meio eletrônico e a Lei 13.994/2020 alterou a Lei 9.099/1995, prevendo a possibilidade de realização da audiência de conciliação/mediação não presencial.

Emoldurado o cenário de evolução tecnológica, será analisado agora o panorama no âmbito da execução fiscal.

3. EXECUÇÃO FISCAL EM CRISE

No âmbito do sistema de justiça brasileiro, a crise numérica de processos é ponto de partida de qualquer discussão ligada aos potenciais caminhos de busca pela efetividade da tutela jurisdicional. Com efeito, os mais de setenta e sete milhões de feitos em tramitação impedem que se dê concretude à garantia constitucional da duração razoável do processo.

Como se sabe, as execuções fiscais representam 39% do total de processos do Judiciário brasileiro, ou seja, são mais de trinta milhões de executivos fiscais que consomem recursos humanos e financeiros diariamente. Não bastasse o considerável volume, as execuções fiscais são responsáveis pela segunda maior taxa de congestionamento (87%), de tal sorte que de cada 100 processos que tramitam em um ano apenas 13 são baixados[24].

Ademais, o tempo médio de tramitação de uma execução fiscal é de oito anos, sendo certo que parcela substancial das execuções é extinta pela não localização de bens do devedor ou pelo reconhecimento da prescrição. Outros gargalos também se sobressaem, destacando-se a dificuldade de se realizar a citação (apenas 3/5 das execuções fiscais ultrapassam a etapa de citação[25]).

Sob outro prisma, pesquisa desenvolvida pelo Instituto de Pesquisa Econômica Aplicada – IPEA, em parceria com o Conselho Nacional de Justiça – CNJ, revela que o custo médio total de um processo de execução fiscal é de R$ 4.685,39[26] (quatro mil, seiscentos e oitenta e cinco reais e trinta e nove centavos).

---

24. Justiça em Números 2020/Conselho Nacional de Justiça – Brasília: CNJ, 2020.
25. BRASIL. Instituto de Pesquisa Econômica Aplicada. Custo Unitário do Processo de Execução Fiscal na Justiça Federal. Brasília, 2011. p. 33. Disponível em: http://repositorio.ipea.gov.br/bitstream/11058/7862/1/RP_Custo_2012.pdf. Acesso em: 08 ago. 2021.
26. BRASIL. Instituto de Pesquisa Econômica Aplicada. Custo Unitário do Processo de Execução Fiscal na Justiça Federal. Brasília, 2011. p. 25. Disponível em: http://repositorio.ipea.gov.br/bitstream/11058/7862/1/RP_Custo_2012.pdf. Acesso em: 08 ago. 2021.

A constatação evidencia que, em alguns casos, o valor executado é inferior ao montante despendido para viabilizar a continuidade do executivo fiscal, o que viola a própria lógica econômica da litigância.

Não é difícil perceber, portanto, que o modelo em operação está ultrapassado, o que justifica a busca por novas alterativas capazes de tornar a execução fiscal um instrumento mais eficaz de recuperação do crédito público.

Um primeiro passo para a superação dessa crise envolve a mudança de perspectiva do papel da Advocacia Pública quando da seleção das execuções a serem propostas. Nesse sentido, é indispensável que sejam utilizadas ferramentas tecnológicas de inteligência fiscal capazes de auxiliar na análise preditiva quanto ao grau de recuperabilidade do valor devido.

A Procuradoria Geral da Fazenda Nacional – PGFN, por exemplo, implantou o sistema de Rating da Dívida Ativa e Ajuizamento Seletivo de Execuções Fiscais[27], por meio do qual consegue classificar – através de técnicas de mineração, análise de dados e regressão linear múltipla –, os devedores em quatro grupos (A a D), de acordo com o maior índice de recuperação do crédito fazendário. Isso evita o ajuizamento de execuções fiscais infrutíferas, que apenas contribuiriam para o aumento do número de processos e para a maior morosidade do Poder Judiciário.

O exemplo da PGFN deve ser seguido pelos demais órgãos da Advocacia Pública, na medida em que tal paradigma tecnológico possibilita uma ampliação do fluxo arrecadatório, além de uma diminuição de recursos alocados para o aparelhamento da máquina administrativa.

Trata-se, na espécie, de verdadeira análise econômica[28] a ser operacionalizada pela Administração Pública.

De um modo geral, a análise econômica do Direito pode ser concebida como o estudo dirigido das instituições jurídicas, sob o prisma das bases econômicas, com o escopo de ampliar a eficiência do sistema normativo. Utiliza-se essa metodologia para buscar compreender o processo de escolha dos indivíduos ou da coletividade, dentro de perspectivas racionais e que tendem, em regra, a seguir um padrão comum.

Richard Posner propugna que o pressuposto fundamental da economia, o qual orienta a análise econômica do Direito, é o de que todas as pessoas são maximizadoras racionais de suas satisfações, de tal sorte que as escolhas são direcionadas àquilo que melhor se conforma às necessidades erigidas, em um ponto considerado ótimo[29].

---

27. Disponível em: https://www.serpro.gov.br/menu/noticias/noticias-2020/solucao-serpro-aprimora-justica?utm_source=facebook&utm_medium=social&utm_campaign=pgfn&utm_content=20201207--materia-solucao-rating. Acesso em: 08 ago. 2021.
28. FUX, Luiz; BODART, Bruno. *Processo civil e análise econômica*. Rio de Janeiro: Forense, 2019.
29. POSNER, Richard. *Problemas de filosofia do direito*. Trad. Jefferson Luiz Camargo. São Paulo: Martins Fontes, 2007, p. 473.

Nas implementações resolutivas, é importante que sejam avaliados os custos inerentes ao processo de escolha, pois, quando alguém opta por algo, deixa de lado outras possibilidades, caracterizando o que se convencionou chamar de custo de oportunidade. Desse modo, como o indivíduo busca otimizar os seus resultados, a escolha há que refletir a melhor via de implementação de seu bem-estar. Essas e outras premissas auxiliam na compreensão do comportamento humano, assegurando a adequada fixação dos padrões e das escolhas diuturnas do Administração Pública[30].

Por outro lado, a notória crise da execução fiscal brasileira também tem estimulado um movimento de desjudicialização[31], nos moldes do que já ocorre em outros países como Portugal.

Nesse particular, já existem três projetos de lei em tramitação no Congresso Nacional (Projeto de Lei 2.412/2007, Projeto de Lei 5.080/2009 e o Projeto de Lei 4.257/2019), cujos termos buscam implementar uma verdadeira execução fiscal administrativa[32].

O projeto de Lei 4.257/2019, por exemplo, objetiva atribuir à Fazenda Pública a cobrança do crédito público (em relação à contribuição de melhoria, ao imposto territorial rural, ao imposto sobre propriedade de veículos automotores e ao imposto sobre propriedade predial e territorial urbana), sem necessidade de intervenção judicial.

Vale pontuar que, em conformidade com os prospectos de enunciados normativos, a execução fiscal administrativa constitui uma faculdade atribuída ao Poder Público, sem que lhe seja vedado o acesso às vias judiciais, quando pertinente[33]. A medida é salutar, pois afasta os entraves burocráticos decorrentes da execução fiscal, permitindo que o próprio ente público possa proceder à penhora dos bens suficientes ao pagamento integral do débito.

A proposta, no entanto, é por demais tímida, na medida em que restringe o uso da execução fiscal administrativa aos tributos reais, não abarcando, por exemplo, o ICMS, que constitui a principal fonte de receita dos Estados.

---

30. Em linha de convergência, vale transcrever o teor do art. 20 da Lei de Introdução às Normas do Direito Brasileiro: Art. 20. Nas esferas administrativa, controladora e judicial, não se decidirá com base em valores jurídicos abstratos sem que sejam consideradas as consequências práticas da decisão.
31. FARIA, Marcio Carvalho. Primeiras impressões sobre o projeto de lei 6.204/2019: críticas e sugestões acerca da tentativa de se desjudicializar a execução civil brasileira (parte um). *Revista de Processo*. São Paulo: Revista dos Tribunais, n. 313, Mar/2021, p. 393-414.
32. HILL, Flávia Pereira. *Lições do isolamento*: reflexões sobre direito processual em tempos de pandemia. Niterói-RJ: 2020, p. 107.
33. O PL 4.257/2019 prevê a inclusão do art. 41-A, na Lei de Execuções Fiscais (Lei 6.830/80), nos seguintes termos: Art. 41-A. Para proceder à cobrança da dívida ativa de tributos instituídos com fundamento nos arts. 145, III, 153, VI, 155, III, e 156, I, da Constituição Federal, além taxas devidas em função da propriedade, do usufruto ou da posse de bem imóvel passível de alienação ou em razão da propriedade de veículo, a Fazenda Pública pode optar pela execução extrajudicial, na forma dos arts. 31 a 38 do Decreto-Lei 70, de 21 de novembro de 1966, observadas as regras específicas definidas nesta Lei".

O referido projeto de lei prevê, ainda, a possibilidade de o Poder Público utilizar a arbitragem nas discussões de ordem tributária, para fins de análise dos embargos à execução fiscal apresentados, quando o executado garante o juízo.

Por fim, é preciso pontuar que a PGFN, por meio da Portaria 33/2018, já promoveu, de certa forma, a desjudicialização da cobrança dos seus créditos, pois instituiu um procedimento de averbação pré-executória, nos seguintes termos:

> Art. 21. A averbação pré-executória é o ato pelo qual se anota nos órgãos de registros de bens e direitos sujeitos a arresto ou penhora, para o conhecimento de terceiros, a existência de débito inscrito em dívida ativa da União, visando prevenir a fraude à execução de que tratam os artigos 185 da Lei 5.172, de 25 de outubro de 1996 (Código Tributário Nacional) e 792 da Lei 13.105, de 16 de março de 2015.

Busca-se, dessa forma, independentemente das controvérsias já suscitadas[34], um instrumento para viabilizar a satisfação do crédito na seara extrajudicial, evitando-se a propositura de múltiplas execuções fiscais.

4. REDESENHO DA EXECUÇÃO FISCAL, COM BASE NOS SISTEMAS DE INTELIGÊNCIA ARTIFICIAL

O âmbito executivo é fértil para a aplicação de ferramentas de inteligência artificial, uma vez que há um conjunto de atos repetitivos que muitas vezes seguem um padrão. Sobre o tema, assinala Jordi Nieva Fenoll[35]:

> Otro campo en el que la inteligencia artificial debería entrar decididamente es en la fase de ejecución de las condenas pecuniarias sobre todo. Se trata de un periodo bastante previsible cuyo cometido, como es sabido, es la localización y realización del patrimonio del ejecutado. Es decir, una actividad eminentemente administrativa o de gestión, sin descartar los puntuales pronunciamientos jurisdiccionales que debe contener en ocasiones.

Nesse particular, algumas ferramentas já foram desenvolvidas, no âmbito do Poder Judiciário, cujos resultados promoveram verdadeira racionalização no fluxo procedimental do executivo fiscal.

---

34. Em sentido contrário às iniciativas de desjudicialização da execução fiscal, pronuncia-se Leonardo Greco: "Creio que uma mais intensa desjudicialização não foi cogitada, como gostariam alguns pregoeiros da execução administrativa, não só pela resistência oposta ao longo de décadas pela jurisprudência do Supremo Tribunal Federal à legitimação, pelo princípio da autoexecutoriedade dos atos administrativos, da prática pela Administração de atos coativos de invasão da liberdade pessoal ou patrimonial do devedor, mas também pela ausência de confiança de que a Administração Pública no Brasil seja capaz de implantar um sistema de fiscalização e apuração de débitos fiscais dotado da necessária impessoalidade e capaz de assegurar aos contribuintes e responsáveis, perante ela própria, o contraditório e a ampla defesa previstos constitucionalmente (artigo 5 , inciso LV), e, mais do que isso, um julgamento justo. Enquanto a administração tributária brasileira continuar a inspirar-se mais no princípio da mais rigorosa obediência hierárquica do que no da legalidade, a única esperança de preservação das liberdades e dos direitos fundamentais dos cidadãos continuará a ser o Poder Judiciário, devendo ser repudiadas todas as tentativas de imposição aos contribuintes de atos coativos pela Administração Pública." GRECO, Leonardo. As garantias fundamentais do processo na execução fiscal. In: LOPES, João Batista. CUNHA, Leonardo José Carneiro da (Coord.). *Execução Civil* (aspectos polêmicos). São Paulo: Dialética, 2005, p. 251.
35. FENOLL, Jordi Nieva. *Inteligencia artificial y proceso judicial*. Madrid: Marcial Pons, 2018, p. 39.

O Tribunal de Justiça do Estado de Pernambuco, por exemplo, desenvolveu a ferramenta Elis, a qual promove uma triagem das execuções fiscais. Na prática, é possível identificar casos de prescrição, situações de erros nas Certidões de Dívida Ativa e questões de incompetência. Assim, o filtro tecnológico da inteligência artificial presta valoroso suporte à atividade jurisdicional, reduzindo substancialmente horas de trabalho dos servidores vinculados às varas de execução fiscal.

De acordo com a equipe de desenvolvedores, "enquanto a triagem manual de 70 mil processos leva em média um ano e meio, a Elis analisa pouco mais de 80 mil em 15 dias."[36]. Para além da triagem, a ELIS viabiliza a sugestão de eventuais pronunciamentos, que podem ser validados pelo órgão jurisdicional. Tem-se, portanto, um ganho exponencial na tramitação das execuções fiscais, possibilitando a redução do seu tempo médio de duração.

Diante do sucesso do sistema ELIS, a ferramenta foi disponibilizada, por meio da plataforma SINAPSES do CNJ, para uso pelos demais Tribunais do país.

Outro caso emblemático relacionado à aplicação de inteligência artificial na execução fiscal é o da ferramenta LEIA (Legal Intelligent Advisor), desenvolvida pela sociedade empresária SOFTPLAN para o Tribunal de Justiça do Estado do Amazonas. O sistema possibilita a automação da consulta, do bloqueio e do desbloqueio de bens nas plataformas eletrônicas SISBAJUD, RENAJUD e INFOJUD. Evita-se, assim, a realização de inúmeros atos despiciendos que retardam a execução fiscal e impedem a constrição patrimonial efetiva.

Por vezes, soluções alheias ao uso de inteligência artificial também têm produzido importantes resultados para o redesenho procedimental da execução fiscal. Basta lembrar o exemplo do sistema POTI, do Tribunal de Justiça do Estado do Rio Grande do Norte, que, assim como a LEIA, realiza automaticamente a busca e o bloqueio de valores em contas bancárias em ações de execução fiscal e transfere a quantia bloqueada para as contas oficiais indicadas no processo[37].

Iniciativas dessa natureza iniciativas não têm partido apenas do Poder Judiciário, mas também dos próprios órgãos da Advocacia Pública, que têm envidado esforços para racionalizar e impulsionar os executivos fiscais e, consequentemente, aumentar a arrecadação.

Por exemplo, a Procuradoria Geral do Distrito Federal, por meio da Fundação de Amparo à Pesquisa do Distrito Federal, está construindo um projeto estratégico de inteligência artificial voltado à otimização das execuções fiscais, no qual se busca arquitetar ferramentas para automatizar atividades repetitivas[38]:

---

36. Disponível em: https://www.tjpe.jus.br/-/tjpe-disponibiliza-ferramenta-de-inteligencia-artificial-para-execucao-fiscal-em-programa-de-formacao-do-cnj. Acesso em: 08 ago. 2021.
37. Disponível em: https://www.cnj.jus.br/ferramenta-estimula-colaboracao-no-judiciario/. Acesso em: 03 ago. 2021.
38. Disponível em: http://www.pg.df.gov.br/inteligenciaartificial/. Acesso em: 08 ago. 2021.

De modo geral, 70% (setenta por cento) das intimações diárias para o DF estão relacionadas a atividades mecânicas e repetitiva, a exemplo da apresentação de novo endereço para citação, justificativa de modalidade de citação, apresentação de bens à penhora, pedido de suspensão da execução em virtude de parcelamento, extinção da ação pelo pagamento, ciência de decisão que suspende o processo pelo parcelamento e ciência de sentença pelo pagamento dos débitos[39].

Como se vê, as novas tecnologias, aliadas à mudança de comportamento do Fisco, podem contribuir para desidratar os principais entraves da execução fiscal (a localização do devedor e a busca de bens passíveis de penhora).

Poder-se-ia pensar, ainda, no desenvolvimento de uma plataforma que controlasse, automaticamente, todos os passos até o reconhecimento de eventual prescrição intercorrente[40]. Com efeito, as teses 566 e 567 firmadas pelo STJ e relacionadas à execução fiscal demandam uma solução tecnológica, para fins de controle do trâmite procedimental:

> Tese 566: O prazo de 1 (um) ano de suspensão do processo e do respectivo prazo prescricional previsto no art. 40, §§ 1º e 2º da Lei n. 6.830/80 – LEF tem início automaticamente na data da ciência da Fazenda Pública a respeito da não localização do devedor ou da inexistência de bens penhoráveis no endereço fornecido, havendo, sem prejuízo dessa contagem automática, o dever de o magistrado declarar ter ocorrido a suspensão da execução.

> Tese 567: Havendo ou não petição da Fazenda Pública e havendo ou não pronunciamento judicial nesse sentido, findo o prazo de 1 (um) ano de suspensão inicia-se automaticamente o prazo prescricional aplicável.

Considerando que o prazo de 1 (um) ano de suspensão do processo flui automaticamente, a partir da ciência da não localização do devedor ou da inexistência de bens penhoráveis, uma ferramenta de inteligência artificial (fundada no uso de linguagem natural) poderia promover a leitura da comunicação processual e, ato contínuo, já deflagrar a contagem do período suspensivo, com a inclusão de um temporizador. Tal medida também poderia ser implementada para o cômputo do prazo da prescrição intercorrente.

Em suma, não há dúvidas de que ferramentas de inteligência artificial podem ressignificar o panorama das execuções fiscais, promovendo, de um lado, a redução dos custos operacionais e o tempo de tramitação das demandas, e, de outro, o maior incremento arrecadatório.

5. CONCLUSÃO

O momento é de transformação. As novas tecnologias ampliaram o leque de possibilidades, romperam as barreiras geográficas e criaram novos paradigmas.

---

39. Disponível http://www.pg.df.gov.br/wp-conteudo/uploads/2020/06/IAExecucaoFiscal_Cenarios.pdf. Acesso em: 08 ago. 2021.
40. RODRIGUES, Marco Antonio. *Curso de processo administrativo e judicial tributário*. Salvador: Juspodivm, 2021, p. 223.

Inúmeras iniciativas tecnológicas mencionadas neste artigo, além de outras como o Juízo 100% Digital, o Balcão Virtual, a Plataforma Digital do Poder Judiciário, o sistema Codex, demonstram esse cenário disruptivo em franca expansão.

Especificamente no campo da execução fiscal, o uso da inteligência artificial pode contribuir para reduzir o tempo de tramitação das demandas e os custos operacionais, bem como controlar prazos prescricionais e aprimorar o desempenho arrecadatório.

Sob outro prisma, é possível pensar na própria desjudicialização da execução fiscal, com o auxílio de sistemas computacionais capazes de garantir maior eficiência aos atos repetitivos, sem descurar das garantias fundamentais. Essa nova rota, obviamente, deve ser pavimentada com o tempo.

6. REFERÊNCIAS

BARBOSA, Caroline Vargas; Debora Bonat. A tecnologia em prol da efetividade e do acesso à justiça: um diagnóstico da execução fiscal no Brasil e da utilização da tecnologia nas execuções fiscais. In: PEIXOTO, Fabiano Hartmann. *Inteligência artificial*: estudos de inteligência artificial. Curitiba: Alteridade, 2021. v. 4.

BOSTROM, Nick. *Superinteligência: caminhos, perigos e estratégias para um novo mundo*. Rio de Janeiro: Darkside Books, 2018.

BRASIL. Instituto de Pesquisa Econômica Aplicada. Custo Unitário do Processo de Execução Fiscal na Justiça Federal. Brasília, 2011. p. 25. Disponível em: http://repositorio.ipea.gov.br/bitstream/11058/7862/1/RP_Custo_2012.pdf. Acesso em: 08 ago. 2021.

BRASIL. Instituto de Pesquisa Econômica Aplicada. Custo Unitário do Processo de Execução Fiscal na Justiça Federal. Brasília, 2011. p. 33. Disponível em: http://repositorio.ipea.gov.br/bitstream/11058/7862/1/RP_Custo_2012.pdf. Acesso em: 08 ago. 2021.

CAYÓN, José Ignacio Solar. *La inteligencia artificial jurídica*: el impacto de la innovación tecnológica en la práctica del Derecho y el mercado de servicios jurídicos. España: Thomson Reuters, 2019.

FARIA, Marcio Carvalho. Primeiras impressões sobre o projeto de lei 6.204/2019: críticas e sugestões acerca da tentativa de se desjudicializar a execução civil brasileira (parte um). *Revista de Processo*. n. 313. São Paulo: Ed. RT, mar. 2021.

FENOLL, Jordi Nieva. *Inteligencia artificial y proceso judicial*. Madrid: Marcial Pons, 2018.

FUX, Luiz; BODART, Bruno. *Processo civil e análise econômica*. Rio de Janeiro: Forense, 2019.

GRECO, Leonardo. As garantias fundamentais do processo na execução fiscal. In: LOPES, João Batista. CUNHA, Leonardo José Carneiro da (Coord.). *Execução Civil* (aspectos polêmicos). São Paulo: Dialética, 2005.

HARARI, Yuval Noah. *21 lições para o século 21*. Trad. Paulo Geiger. São Paulo: Companhia das Letras, 2018.

HILL, Flávia Pereira. *Lições do isolamento*: reflexões sobre direito processual em tempos de pandemia. Niterói-RJ: 2020.

LAGE, Fernanda de Carvalho. *Manual de inteligência artificial no direito brasileiro*. Salvador: Juspodivm, 2021.

MACCARTHY, John; et al. *A proposal for the Darmouth summer research Project on artificial inteligence*. August 31, 1955, p. 2. Disponível em: http://jmc.stanford.edu/articles/dartmouth/dartmouth.pdf. Acesso em: 08 ago. 2021.

NAVARRO, Susana Navas et al. *Inteligencia artificial*: tecnologia/derecho. Valencia: Tirant Lo Blacnch, 2017.

PINHO, Humberto Dalla Bernardina; MAZZOLA, Marcelo. *Manual de mediação e arbitragem*. São Paulo: Saraiva, 2019.

POSNER, Richard. *A economia da justiça*. Traduzido por Evandro Ferreira e Silva. São Paulo: Martins Fontes, 2007.

POSNER, Richard. *Problemas de filosofia do direito*. Traduzido por Jefferson Luiz Camargo. São Paulo: Martins Fontes, 2007.

RAMIÓ, Carles. *Inteligencia artificial y administración pública: robots y humanos compartiendo el servicio público*. Madrid: Catarata, 2019.

RODRIGUES, Marco Antonio. *Curso de processo administrativo e judicial tributário*. Salvador: Juspodivm, 2021.

SCHWAB, Klaus. *Aplicando a quarta revolução industrial*. São Paulo: Edipro, 2018.

SUSSKIND, Richard. *Online courts and the future of justice*. Oxford, 2019.

TAURION, Cezar. *Big data*. Rio de Janeiro: Brasport, 2015.

VALE, Luís Manoel Borges do. A tomada de decisão por máquinas: a proibição, no direito, de utilização de algoritmos não supervisionados. In: NUNES, Dierle; LUCON, Paulo Henrique dos Santos; WOLKART, Erik Navarro. *Inteligência Artificial e direito processual*: os impactos da virada tecnológica no direito processual. Salvador: Juspodivm, 2020.

VALE, Luís Manoel Borges do; SILVA JÚNIOR, Denarcy Souza e. **Recurso extraordinário e inteligência artificial: novas perspectivas**. Disponível em: https://www.jota.info/opiniao-e-analise/artigos/recurso-extraordinario-e-inteligencia-artificial-novas-perspectivas-07022019. Acesso em: 08.08.2021.

WOLKART, Erik. *Análise econômica do processo civil*: como a economia, o direito e a psicologia podem vencer a tragédia da justiça. São Paulo: Ed. RT, 2019.

A EXECUÇÃO FISCAL JUDICIAL EM CRISE: A DESJUDICIALIZAÇÃO EM BUSCA DA EFICIÊNCIA DA COBRANÇA DOS CRÉDITOS FISCAIS

Marco Antonio Rodrigues

Pós-doutor pela Universidade de Coimbra. Mestre em Direito Público e Doutor em Direito Processual pela UERJ. Professor-Associado de Direito Processual Civil da Faculdade de Direito da Universidade do Estado do Rio de Janeiro (UERJ). Professor de cursos de pós-graduação em Direito pelo Brasil. *Master of Laws* pela King's College London. Membro da *International Association of Procedural Law*, do Instituto Iberoamericano de Direito Processual, do Instituto Brasileiro de Direito Processual e do Instituto Português de Processo Civil. Procurador do Estado do Rio de Janeiro. Advogado. Autor de livros e artigos jurídicos. Membro do Conselho Editorial de revistas jurídicas.

Rodrigo Vieira Farias

Mestrando em Direito Processual pela UERJ. Graduado em Direito Processual pela UERJ. Professor conteudista de Direito Processual Civil na Universidade Estácio de Sá e na Fundação Getúlio Vargas (FGV). Assessor no Tribunal de Contas do Estado do Rio de Janeiro. Advogado.

1. INTRODUÇÃO

Segundo dados do "Relatório Justiça em Números 2020", elaborado pelo Conselho Nacional de Justiça, o Brasil finalizou o ano de 2019 com 77,1 milhões de processo em curso. Desse total, as execuções fiscais representam 39% do total de casos pendentes e 70% das execuções pendentes no Poder Judiciário, com taxa de congestionamento de 87%. Ou seja, de cada cem processos de execução fiscal que tramitaram no ano de 2019, apenas 13 foram baixados[1].

Além da enorme carga de trabalho que as execuções fiscais produzem sobre o Poder Judiciário, o que se verifica é o reduzido custo-benefício que possuem: somente na Justiça Federal, segundo dados do ano de 2012, o custo médio total provável de tramitação de um processo de execução fiscal é de cerca de R$ 4.685,39, sendo certo que somente 2,6% das ações de execução fiscal resultam em algum leilão judicial, com ou sem êxito. Do total de processos, em apenas 0,2% dos casos o pregão gera recursos suficientes para satisfazer o débito, enquanto a adjudicação dos bens do executado extingue a dívida em 0,3% dos casos[2].

---

1. CONSELHO NACIONAL DE JUSTIÇA. Relatório Justiça em Números 2020. Disponível em: https://www.cnj.jus.br/wp-content/uploads/2020/08/WEB-V3-Justi%C3%A7a-em-N%C3%BAmeros-2020-atualizado--em-25-08-2020.pdf. Acesso em: 14 abr. 2021.
2. INSTITUTO NACIONAL DE PESQUISAS APLICADAS – IPEA. Custo Unitário do Processo de Execução Fiscal na Justiça Federal. Brasília: 2011, p. 19. Disponível em: http://repositorio.ipea.gov.br/bitstream/11058/7862/1/RP_Custo_2012.pdf. Acesso em: 14 abr. 2021.

O cenário é desastroso: o Estado-Administração é, hoje, o maior cliente do Estado-Juiz. A execução fiscal pela via judicial vem se revelando inefetiva e custosa, com baixíssima probabilidade de êxito, mormente em relação aos créditos de menor valor, bem como enseja a alocação de recursos do Poder Judiciário – financeiros, humanos, materiais etc. – que poderiam ser mais bem empregados para reduzir o estoque de litigiosidade em outras áreas de atuação da justiça.

A despeito de algumas tentativas pontuais levadas a cabo nos últimos anos com vistas a diminuir a pressão que o executivo fiscal produz sobre o Poder Judiciário e aumentar sua efetividade, tais como a previsão expressa a possibilitar o protesto de certidões de dívida ativa[3], o eventual condicionamento do ajuizamento de execuções fiscais à verificação de indícios de bens, direitos ou atividade econômica dos devedores ou corresponsáveis[4], dentre outros, o quadro fático ainda se apresenta bastante negativo em desfavor do Fisco.

Uma das propostas que assumiu maior destaque neste contexto é a de instituição da *execução fiscal administrativa*, constante do Projeto de Lei 4.257 de 2019. Em linhas gerais, a proposta busca retirar da via judicial o impulsionamento das execuções fiscais, colocando-a a cargo do Fisco, a ser realizada pela via extrajudicial. O objetivo deste estudo, com efeito, é debater de que forma a execução fiscal administrativa pode ocorrer e tentar ampliar a eficiência da recuperação de créditos, tomando como ponto de partida, exatamente, o Projeto de Lei 4.257 de 2019.

O artigo é dividido em duas partes. Na primeira, o objetivo é explorar o conceito de desjudicialização e de que forma o processo civil vem a admitindo ao longo dos últimos anos. Na segunda, o foco está no Projeto de Lei 4.257 de 2019, em especial, para tratar de que forma se pretende que a instituição da execução fiscal desjudicializada seja instituída.

2. A DESJUDICIALIZAÇÃO NO PROCESSO CIVIL BRASILEIRO: NOÇÕES GERAIS

No modelo clássico de tripartição de poderes, o exercício da atividade jurisdicional foi conferido ao Poder Judiciário, o qual seria responsável por aplicar o Direito criado pelo Poder Legislativo. Ao Poder Executivo caberia a tarefa de administrar, limitado pelas leis criadas pelo parlamento, somente podendo agir conforme o que a lei autoriza, como preconizado pelo *princípio da legalidade*[5].

Sob este prisma, que tem origem no reconhecimento da força normativa da Constituição, a lei em sentido formal passa a integrar um bloco normativo, que tem

---
3. Prevista no artigo 1º, Parágrafo Único, da Lei 9.492 de 1997. O protesto de CDA será visto mais detalhadamente na sequência.
4. Constante do artigo 20-C da Lei 10.522 de 2002. O tema será aprofundado mais adiante.
5. Sobre a mutação da legalidade em juridicidade, confira-se: RODRIGUES, Marco Antonio dos Santos. *Constituição e administração pública:* definindo novos contornos à legalidade administrativa e ao poder regulamentar. Rio de Janeiro: GZ Editora, 2010, p. 96.

a Constituição como principal e mais forte integrante no processo de constitucionalização do direito[6].

Ao longo dos dois últimos séculos, não obstante tenha sido reconhecida a possibilidade de que funções estatais de natureza administrativa sejam exercidas por agentes privados[7], a prestação da atividade jurisdicional ainda é fortemente concentrada nas mãos do Poder Judiciário, somente se aperfeiçoando, como regra, mediante a atuação de juízes e tribunais ou de particulares que atuam em colaboração, sob supervisão direta daqueles e no bojo de um processo judicial (*e.g.*, tradutor, intérprete, leiloeiro, instituições financeiras no âmbito da penhora de aplicações financeiras etc.). O acesso à justiça, pois, é altamente *judicializado*.

Nada obstante o monopólio da jurisdição figure como um dos corolários do Estado moderno, e sua função substitutiva seja pilar das democracias contemporâneas, é ilusório crer que o Poder Judiciário consiga, de forma tempestiva e efetiva, atender a todas as demandas que lhe são submetidas diariamente, mormente, diante da escassez de recursos públicos para tanto e do fenômeno da *hiperjudicialização*[8].

Nesse cenário, algumas propostas e medidas concretas surgiram e cotidianamente surgem com vistas a reduzir a pressão exercida sobre o Poder Judiciário com o elevado volume de processos, bem como para diminuir o estoque de litigiosidade, de modo a prestigiar, ainda, o direito de acesso à justiça enquanto direito a uma prestação jurisdicional justa, tempestiva e efetiva[9].

A título de exemplo, pode-se mencionar o estímulo ao uso dos meios consensuais de solução de controvérsias, trazido pela Resolução 125/2010 do CNJ e pelo artigo 3º do Código de Processo Civil, reconhecendo que a conciliação, a mediação e a arbitragem, ao lado da solução adjudicatória estatal, possuem igual dignidade enquanto mecanismos para resolver conflitos de interesse. Assim, o direito de acesso

---

6. Como aponta Gustavo Binenbojm: "A lei deixou de ser a principal e mais importante forma de manifestação da vontade geral do povo. O constitucionalismo é o grande vitorioso diante do colapso do legalismo. Diante do fracasso da lei, notadamente no segundo pós-guerra, as esperanças de garantia da liberdade e da justiça passam a ser depositadas no constitucionalismo. Cm efeito, a Constituição, enquanto sistema de princípios (expressão deontológica de valores), ganha destaque como norma jurídica, irradiando seus efeitos por todo o ordenamento jurídico, que apenas poderá ser compreendido a partir da própria normativa constitucional, passando-se a falar numa constitucionalização do direito" (BINENBOJM, Gustavo. *Uma teoria do direito administrativo: direitos fundamentais, democracia e constitucionalização*. Rio de Janeiro: Renovar, 2006, p. 131-132).
7. Basta pensar, por exemplo, nas concessões e permissões, a admitir a prestação de serviços públicos por delegatários contratados pelo Poder Público.
8. Fenômeno este que pode ser conceituado "como a contingência atual em nos deparamos com um volume assustador (e ainda crescente) de ações judiciais em tramitação perante o Poder Judiciário, fruto da preferência, quase que automática, da sociedade contemporânea pela adjudicação estatal para a solução dos litígios, não raro antes mesmo de ensaiar o mais comezinho contato direto com o outro litigante para a tentativa de obtenção da solução consensual" (HILL, Flavia Pereira. Desjudicialização da execução civil: reflexões sobre o Projeto de Lei 6.204/2019. *Revista Eletrônica de Direito Processual – REDP*, Rio de Janeiro, ano 14, v. 21, n. 3, p. 164-205, set.-dez. 2020).
9. RODRIGUES, Marco Antonio dos Santos. *A modificação do pedido e a causa de pedir no processo civil*. Rio de Janeiro: GZ, 2014, p. 128.

à justiça passa a ser visto como um direito de obtenção de uma solução justa para o conflito de interesses, e que não necessariamente advém do Judiciário[10].

Outra via utilizada com vistas a desafogar o Poder Judiciário foi a *desjudicialização*, que pode ser conceituada como a permissão legal para que alguns procedimentos, antes restritos às vias judiciais, pudessem ser utilizados pelos interessados por meios extrajudiciais, tornando subsidiária a intervenção jurisdicional. É o caso da consignação em pagamento[11] e dos procedimentos de divórcio[12] e inventário[13], os quais podem ser realizados pela via extrajudicial, mediante escritura pública, nas hipóteses autorizadas pelo Código de Processo Civil.

Não obstante costume se fazer referência à desjudicialização enquanto fenômeno recente em nosso Direito Processual, mormente, a partir da previsão do inventário, partilha, separação e divórcio consensuais por via administrativa, trazida pela Lei 11.441 de 2007[14], ao alterar as disposições pertinentes do Código de Processo Civil de 1973, fato é que, em tempos mais remotos, já eram encontradas previsões esparsas em nosso ordenamento a respeito[15].

Nesse sentido, desde 1966, há a previsão de procedimento extrajudicial de execução de dívidas hipotecárias nos artigos 29 e 30 do Decreto-Lei 70/1966, referente às hipotecas contraídas pelo regime do Sistema Financeiro da Habitação (SFH), cuja recepção pela Constituição Federal foi declarada pelo STF em sede de repercussão geral, ao dar provimento a dois recursos extraordinários interpostos em face de decisões do Tribunal de Justiça do Estado de São Paulo que seguiram o entendimento contrário[16].

O Decreto-Lei 911/1969, por sua vez, disciplinando a alienação fiduciária em garantia de bens móveis, prevê a possibilidade de sua venda, estando a propriedade consolidada perante o credor fiduciário (artigo 2º), admitindo, ainda, desde que comprovada a mora ou o inadimplemento, a concessão liminar de medida de busca e apreensão do bem alienado fiduciariamente (artigo 3º). O STF já declarou a recepção de tais previsões pela Constituição Federal, inclusive, em sede de repercussão geral[17].

---

10. Como defendido em RODRIGUES, Marco Antonio. *A Fazenda Pública no Processo Civil*. Op. cit., p. 335.
11. Desde o CPC de 1973 (artigo 890, § 1º, na redação da Lei 8.951/1994, reproduzido pelo artigo 539, § 1º, do CPC atual) a consignação de obrigação em dinheiro pode ser feita em estabelecimento bancário, oficial onde houver, situado no lugar do pagamento, cientificando-se o credor por carta com aviso de recepção, assinado o prazo de 10 (dez) dias para a manifestação de recusa.
12. Art. 733 do CPC.
13. Art. 610 do CPC.
14. Cuja aplicação foi regulamentada pela Resolução 35/2007 do CNJ.
15. Trata-se, ainda, de tônica da evolução por qual vem passando o direito processual civil europeu, como aponta Humberto Theodoro Júnior (THEODORO JÚNIOR, Humberto. A desjudicialização da execução civil: projetos legislativos em andamento. *Revista de Processo*, v. 313, p. 153-163, mar. 2021).
16. RE 556520, de relatoria do Min. Marco Aurelio (redator do acórdão Min. Dias Toffoli), julgado em 08.04.2021, com acórdão pendente de publicação; RE 627106, Rel. Min. Dias Toffoli, julgado em 08.04.2021, com acórdão pendente de publicação. Anote-se que o entendimento do TJSP foi fortemente influenciado pela Súmula 39 do antigo Tribunal de Alçada do Estado de São Paulo, *verbis*: "são inconstitucionais os arts. 30, parte final, e 31 a 38 do Dec.-lei 70, de 21.11.1966".
17. Direito constitucional e direito civil. Alienação fiduciária. Busca e apreensão dos bens. Art. 3º do Decreto-lei 911/69. Constitucionalidade. Recurso Extraordinário a que se dá provimento para afastar a extinção de

Além disso, a Lei 9.514/1997, ao disciplinar a alienação fiduciária de coisa imóvel, igualmente admite o leilão extrajudicial do bem imóvel dado em garantia, uma vez consolidada a propriedade em favor do credor fiduciário, se vencida e não paga, no todo ou em parte, a dívida e constituído em mora o fiduciante, como dispõe o artigo 26. Relembre-se que a constituição em mora depende de notificação prévia e pessoal do devedor fiduciante para sua purga, na forma do artigo 26, § 1º, da Lei e consoante entendimento pacífico do Superior Tribunal de Justiça na matéria[18].

Nesses casos, o que se vê é a atribuição, ao próprio credor fiduciário, do dever[19] de adotar medida executiva destinada a obter recursos financeiros a serem utilizados na satisfação de seu próprio crédito, podendo, ainda, ajuizar execução por título extrajudicial ou, se preferir mediante processo de conhecimento (artigo 785 do CPC), buscar eventual saldo que reste insatisfeito após a alienação do bem dado em garantia.

Como regra, o leilão, enquanto medida executiva típica, somente pode ser promovido pela via judicial, na forma dos artigos 881 e seguintes do Código de Processo Civil, o que, naturalmente, encarece o procedimento executivo e o torna menos célere e efetivo, diante das despesas processuais a serem adiantadas e/ou pagas pelo credor e a natural demora do processo judicial, que pode impactar as chances do beneficiário do crédito de obter tempestivamente os recursos a serem utilizados no cumprimento da obrigação.

Reconhecendo tais dificuldades e buscando, ainda, incrementar a segurança jurídica e a atratividade de investimentos nestes importantes setores da economia – quais sejam, mercado imobiliário e de crédito – previu-se o leilão extrajudicial

---

ofício do processo e determinar o retorno dos autos ao Tribunal de origem para o prosseguimento do julgamento do agravo de instrumento. Fixada a seguinte tese de julgamento: "O art. 3º do Decreto-Lei 911/69 foi recepcionado pela Constituição Federal, sendo igualmente válidas as sucessivas alterações efetuadas no dispositivo". (RE 382928, Relator(a): Marco Aurélio, Relator(a) p/ Acórdão: Alexandre de Moraes, Tribunal Pleno, julgado em 22/09/2020, processo eletrônico DJe-247 Divulg 09.10.2020 Public 13.10.2020).

18. A título de exemplo: agravo interno no agravo em recurso especial. Execução extrajudicial. Lei 9.514/1997. Alienação fiduciária de coisa imóvel. Leilão extrajudicial. Devedor fiduciante. Notificação pessoal. Ausência. Ciência inequívoca. Revisão. Súmula 7/STJ. 1. Recurso especial interposto contra acórdão publicado na vigência do Código de Processo Civil de 2015 (Enunciados Administrativos 2 e 3/STJ). 2. A jurisprudência do Superior Tribunal de Justiça se encontra consolidada no sentido da necessidade de intimação pessoal do devedor acerca da data da realização do leilão extrajudicial, entendimento que se aplica aos contratos regidos pela Lei 9.514/1997. 3. No caso concreto, rever a conclusão do tribunal de origem, que atestou a ciência inequívoca da parte devedora da data do leilão extrajudicial com a cautelar proposta com a finalidade de obstar sua realização, esbarra no óbice da Súmula 7/STJ. 4. Agravo interno não provido (AgInt no AREsp 1678642/SP, Rel. Ministro Ricardo Villas Bôas Cueva, Terceira Turma, julgado em 01.03.2021, DJe 09.03.2021).

19. Ao credor fiduciário não é lícito permanecer com a propriedade do bem, cabendo-lhe promover o leilão extrajudicial ou, ainda, a execução por título extrajudicial, se assim o preferir. Isso porque o Direito brasileiro adota, como regra, a vedação ao pacto comissório (cláusula contratual que autoriza o credor fiduciário a consolidar a propriedade do bem ou que lhe confira o domínio na hipótese de inadimplemento contratual do devedor fiduciante, como se vê nos artigos 1365 e 1428 do Código Civil). O pacto comissório não se confunde com o pacto marciano, cláusula contratual que permite ao credor se tornar proprietário do bem dado em garantia, mediante justa avaliação do preço do bem. Sobre o tema, veja-se MONTEIRO FILHO, Carlos Edison do Rêgo. *Pacto comissório e pacto marciano no sistema brasileiro de garantias*. Rio de Janeiro: Processo, 2017.

para a execução destes títulos executivos, buscando facilitar a satisfação do credor fiduciário, bem como fazer com que esta se dê de forma menos custosa e mais ágil[20].

Embora representem significativo avanço, tais previsões possuem natureza esparsa e somente se aplicam a créditos específicos. Como regra, a execução civil e a execução fiscal devem ser promovidas pela via *judicial*, mediante processo de execução de título extrajudicial ou judicial ou fase de cumprimento de sentença, com custos financeiros, humanos e cronológicos significativamente maiores em comparação com uma execução *desjudicializada*.

Um dos efeitos deletérios dos custos da execução pela via judicial é o prejuízo à sua celeridade e efetividade. Com efeito, o exequente – que, relembre-se, bateu às portas do Poder Judiciário em busca do adimplemento de sua obrigação – deve adiantar as despesas dos atos processuais que realizar ou requerer, na forma do artigo 82 do Código de Processo Civil, as quais, a depender do valor do título exequendo e da tabela de custas adotada pelo Tribunal, podem chegar a somas elevadas.

Nesse contexto, no mais das vezes, o exequente – especialmente em se tratando de pessoas físicas não beneficiárias de gratuidade de justiça – não possui recursos financeiros que sobejam, de sorte que os atos executivos cuja realização deseja constituem objeto de minuciosa análise antes de sua prática ser requerida, o que, naturalmente, demanda tempo e pode levar o procedimento executivo a permanecer paralisado por longo período de tempo.

A título de exemplo, a realização de busca de bens junto a ofícios distribuidores, bastante comum com vistas a se saber se o executado é proprietário de bens imóveis, possui custas e emolumentos a serem recolhidos em favor das serventias, além da natural demora caso seja feita em sede judicial, dependente de decisão do órgão julgador e da maior lentidão do Poder Judiciário em comparação com meios extrajudiciais.

Assim, buscando contornar algumas das dificuldades resultantes da execução *judicializada*, no ano de 2019, foram apresentados dois projetos de lei perante o Se-

---

20. Comentando as previsões da Lei 9.514/1997, Manoel Justino Bezerra Filho aponta que "no caso, como se sabe, o direito que se quis preservar foi a garantia de recebimento do valor devido, em favor de construtoras, de bancos e agora das neológicas "companhias de securitização", quintessência do capital meramente especulativo, que tantos males tem feito a este nosso sofrido País. Concorda-se com o argumento de que é necessário dirigir volumes significativos de poupança para o crédito imobiliário e com isto tentar, se não resolver, pelo menos tornar menos grave o problema da habitação no País; no entanto (...) há de se manter respeito ao princípio da proporcionalidade, sob pena de se começar a duvidar até da pureza das intenções daqueles que patrocinaram a promulgação da lei. E, também sintomaticamente, as fronteiras legais são todas arrostadas sem qualquer cerimônia quando se trata do argumento de que se está defendendo o sacrossanto "mercado", esquecidos todos, sempre é bom lembrar, que contra a mão invisível do mercado sobrepõe-se a mão visível e correcional do direito. Ou, em outras palavras, maior que o mercado e sobre ele está o direito, que visa à proteção do bem comum, bem infinitamente maior do que aqueles propiciados – se é que o são –, pelas idas e vindas dos capitais por este mundo globalizado. E, lembrando Aristóteles, no primeiro livro da retórica, ocorre aqui o que sempre ocorrerá com leis que não sejam "leis bem dispostas", que "devem deixar aos que julgam o menos possível", pois ao Judiciário é que competirá adaptar a lei "não bem disposta" à realidade que se impõe" (BEZERRA FILHO, Manoel Justino. A execução extrajudicial do contrato de alienação fiduciária de bem imóvel – exame crítico da Lei 9.514, de 20.11.1997. *Doutrinas Essenciais de Direito Empresarial*, v. 4, p. 343-358, dez. 2010).

nado Federal: o Projeto de Lei 6.204 de 2019, que dispõe sobre a desjudicialização da execução civil de título executivo judicial e extrajudicial, e o Projeto de Lei 4.257 de 2019, que institui a execução fiscal administrativa e a arbitragem tributária. Na sequência, iremos nos debruçar sobre o Projeto de Lei 4.257 de 2019, buscando tratar dos principais pontos de destaque da proposta legislativa e suas potencialidades para o crescimento da eficiência da satisfação dos créditos exigidos por meio da execução fiscal.

3. O PROJETO DE LEI 4.257 DE 2019 – A EXECUÇÃO FISCAL ADMINISTRATIVA

3.1 Medidas extrajudiciais e extrajudiciais para a efetividade da execução fiscal

Como anteriormente mencionado, o Brasil finalizou o ano de 2019 com 77,1 milhões de processo em curso. Desse total, as execuções fiscais representam 39% do total de casos pendentes e 70% das execuções pendentes no Poder Judiciário, com taxa de congestionamento de 87%. Ou seja, de cada cem processos de execução fiscal que tramitaram no ano de 2019, apenas 13 foram baixados. Relembre-se, ainda, o baixíssimo índice de êxito que as execuções fiscais possuem, de cerca de 2,6%.

O cenário é de completo desastre. Além de os créditos públicos terem baixa chance de recuperação em sede de execução fiscal, os processos tramitam por longo período de tempo[21] e com elevada taxa de congestionamento, consumindo neste período os (escassos) recursos financeiros e humanos do Poder Judiciário e do Estado-Administração, os quais poderiam ser alocados para atender a outros interesses públicos da justiça, sem que obtenham resultados úteis.

Previamente à apresentação do Projeto de Lei 4.257 de 2019, já se localiza, seja na legislação, seja na administração da justiça, providências destinadas a incrementar a efetividade da execução fiscal, tornando-a mais célere e barata. A medida de maior destaque foi a inclusão da certidão de dívida ativa no rol de títulos sujeitos a protesto, por meio da previsão de um parágrafo único no artigo 1º da Lei 9.492/1997 (Lei do Protesto) pela Lei 12.767/2012.

Após forte controvérsia a respeito, o Supremo Tribunal Federal declarou a constitucionalidade do protesto de certidões de dívida ativa, ao julgar improcedente o pedido da ADI 5135[22]. O protesto possui o importante efeito de restringir o crédito

---

21. Segundo dados do Conselho Nacional de Justiça obtidos no ano de 2020, tempo médio total de tramitação do processo de execução fiscal é calculado em 8 anos (CONSELHO NACIONAL DE JUSTIÇA. *Relatório Justiça em Números 2020*. Disponível em https://www.cnj.jus.br/wp-content/uploads/2020/08/WEB-V3-Justi%C3%A7a-em-N%C3%BAmeros-2020-atualizado-em-25-08-2020.pdf. Acesso em: 20 abr. 2021).
22. Direito tributário. Ação direta de inconstitucionalidade. Lei 9.492/1997, art. 1º, parágrafo único. Inclusão das certidões de dívida ativa no rol de títulos sujeitos a protesto. Constitucionalidade. 1. O parágrafo único do art. 1º da Lei 9.492/1997, inserido pela Lei 12.767/2012, que inclui as Certidões de Dívida Ativa – CDA no rol dos títulos sujeitos a protesto, é compatível com a Constituição Federal, tanto do ponto de vista formal

do executado no mercado, retirando a confiança deste em que o devedor cumprirá com eventual mútuo ou outro contrato. Assim, o executado sofre uma espécie de coerção ao pagamento do valor atualizado da certidão, de modo a liberar sua busca de crédito perante outras pessoas no mercado, ou de pelo menos efetuar um parcelamento, para suspender a exigibilidade da dívida.

Com efeito, o Supremo Tribunal Federal reconheceu que a possibilidade de protesto de certidão de dívida ativa não constitui sanção política – entendida como inconstitucional por nossa Corte Suprema nas súmulas 70 e 323 – eis que o protesto

---

quanto material. 2. Em que pese o dispositivo impugnado ter sido inserido por emenda em medida provisória com a qual não guarda pertinência temática, não há inconstitucionalidade formal. É que, muito embora o STF tenha decidido, na ADI 5.127 (Rel. Min. Rosa Weber, Rel. p/ acórdão Min. Edson Fachin, j. 15.10.2015), que a prática, consolidada no Congresso Nacional, de introduzir emendas sobre matérias estranhas às medidas provisórias constitui costume contrário à Constituição, a Corte atribuiu eficácia ex nunc à decisão. Ficaram, assim, preservadas, até a data daquele julgamento, as leis oriundas de projetos de conversão de medidas provisórias com semelhante vício, já aprovadas ou em tramitação no Congresso Nacional, incluindo o dispositivo questionado nesta ADI. 3. Tampouco há inconstitucionalidade material na inclusão das CDAs no rol dos títulos sujeitos a protesto. Somente pode ser considerada "sanção política" vedada pelo STF (cf. Súmulas 70, 323 e 547) a medida coercitiva do recolhimento do crédito tributário que restrinja direitos fundamentais dos contribuintes devedores de forma desproporcional e irrazoável, o que não ocorre no caso do protesto de CDAs. 3.1. Em primeiro lugar, não há efetiva restrição a direitos fundamentais dos contribuintes. De um lado, inexiste afronta ao devido processo legal, uma vez que (i) o fato de a execução fiscal ser o instrumento típico para a cobrança judicial da Dívida Ativa não exclui mecanismos extrajudiciais, como o protesto de CDA, e (ii) o protesto não impede o devedor de acessar o Poder Judiciário para discutir a validade do crédito. De outro lado, a publicidade que é conferida ao débito tributário pelo protesto não representa embaraço à livre iniciativa e à liberdade profissional, pois não compromete diretamente a organização e a condução das atividades societárias (diferentemente das hipóteses de interdição de estabelecimento, apreensão de mercadorias etc.). Eventual restrição à linha de crédito comercial da empresa seria, quando muito, uma decorrência indireta do instrumento, que, porém, não pode ser imputada ao Fisco, mas aos próprios atores do mercado creditício. 3.2. Em segundo lugar, o dispositivo legal impugnado não viola o princípio da proporcionalidade. A medida é adequada, pois confere maior publicidade ao descumprimento das obrigações tributárias e serve como importante mecanismo extrajudicial de cobrança, que estimula a adimplência, incrementa a arrecadação e promove a justiça fiscal. A medida é necessária, pois permite alcançar os fins pretendidos de modo menos gravoso para o contribuinte (já que não envolve penhora, custas, honorários etc.) e mais eficiente para a arrecadação tributária em relação ao executivo fiscal (que apresenta alto custo, reduzido índice de recuperação dos créditos públicos e contribui para o congestionamento do Poder Judiciário). A medida é proporcional em sentido estrito, uma vez que os eventuais custos do protesto de CDA (limitações creditícias) são compensados largamente pelos seus benefícios, a saber: (i) a maior eficiência e economicidade na recuperação dos créditos tributários, (ii) a garantia da livre concorrência, evitando-se que agentes possam extrair vantagens competitivas indevidas da sonegação de tributos, e (iii) o alívio da sobrecarga de processos do Judiciário, em prol da razoável duração do processo. 4. Nada obstante considere o protesto das certidões de dívida constitucional em abstrato, a Administração Tributária deverá se cercar de algumas cautelas para evitar desvios e abusos no manejo do instrumento. Primeiro, para garantir o respeito aos princípios da impessoalidade e da isonomia, é recomendável a edição de ato infralegal que estabeleça parâmetros claros, objetivos e compatíveis com a Constituição para identificar os créditos que serão protestados. Segundo, deverá promover a revisão de eventuais atos de protesto que, à luz do caso concreto, gerem situações de inconstitucionalidade (e.g., protesto de créditos cuja invalidade tenha sido assentada em julgados de Cortes Superiores por meio das sistemáticas da repercussão geral e de recursos repetitivos) ou de ilegalidade (e.g., créditos prescritos, decaídos, em excesso, cobrados em duplicidade). 5. Ação direta de inconstitucionalidade julgada improcedente. Fixação da seguinte tese: "O protesto das Certidões de Dívida Ativa constitui mecanismo constitucional e legítimo, por não restringir de forma desproporcional quaisquer direitos fundamentais garantidos aos contribuintes e, assim, não constituir sanção política."
(ADI 5135, Relator(a): Roberto Barroso, Tribunal Pleno, julgado em 09.11.2016, Processo Eletrônico Dje-022 Divulg 06.0.2018 Public 07.02.2018).

não se mostra desproporcional, especialmente em razão de poder ser levada a cabo por credores particulares[23]. Posteriormente, o Superior Tribunal de Justiça, em sede de recursos especiais repetitivos, fixou tese em sentido idêntico[24].

Além disso, a Lei 13.606/2018, alterando a Lei 10.522/2002, previu a possibilidade de adoção, pela Fazenda Nacional, de importantes medidas coercitivas na busca da satisfação da dívida tributária.

O art. 20-B da referida Lei n. 10.522 estabelece que, uma vez inscrito o crédito em dívida ativa da União, o devedor será notificado para, em até cinco dias, efetuar o pagamento do valor atualizado monetariamente, acrescido de juros, multa e demais encargos nela indicados. A providência legalmente prevista visa evitar a necessidade de ajuizamento de uma execução fiscal, pela possibilidade de que haja o cumprimento voluntário da obrigação tributária.

A notificação em questão será expedida por via eletrônica ou postal para o endereço informado pelo contribuinte ou devedor e será considerada entregue depois de decorridos 15 dias da respectiva expedição, conforme dispõe o § 1º do art. 20-B. Ademais, presume-se válida a notificação expedida para o endereço informado pelo contribuinte ou responsável à Fazenda Pública.

Da previsão do art. 20-B, constata-se que o legislador exige do contribuinte um dever de boa-fé, no sentido de que deve manter atualizados seus cadastros junto ao Fisco, pois pode vir a ser notificado pela via postal ou eletrônica. Registre-se, ainda, um dever de o contribuinte regularmente checar sua caixa de entrada eletrônica, de modo a verificar a chegada de alguma mensagem da Fazenda Pública, o que é razoável, em tempos em que o uso dos meios de comunicação eletrônica é uma realidade crescente.

Não pago o crédito no prazo, a Fazenda Pública poderá comunicar a inscrição em dívida ativa aos órgãos que operam bancos de dados e cadastros relativos a consumidores e aos serviços de proteção ao crédito e congêneres (artigo 20-B, § 1º, inciso I), bem como averbar, inclusive por meio eletrônico, a certidão de dívida ativa nos órgãos de registro de bens e direitos sujeitos a arresto ou penhora, tornando-os indisponíveis (artigo 20-B, § 1º, inciso II). Com a averbação da certidão de dívida ativa nos órgãos de registro de bens e direitos, presume-se em fraude à execução a alienação ou oneração de bens ocorrida após a averbação, por aplicação extensiva da regra do artigo 828, § 4º, do Código de Processo Civil[25].

---

23. RODRIGUES, Marco Antonio. *Curso de processo administrativo e judicial tributário*. Salvador: JusPODIVM, 2020, p. 193-195. Anote-se, ainda, que o Superior Tribunal de Justiça, em sede de recurso especial repetitivo, firmou a tese de ser possível a inclusão do nome do executado em cadastros de inadimplentes na hipótese de não-pagamento do crédito previsto em certidão de dívida ativa, aplicando-se o artigo 782, § 3º, do Código de Processo Civil às execuções fiscais (REsp 1807180/PR, Rel. Min. Og Fernandes, Primeira Seção, julgado em 24.02.2021, DJe 11.03.2021).
24. REsp 1.686.659/SP, Rel. Min. Herman Benjamin, Primeira Seção, julgado em 28.11.2018, DJe 11.03.2019.
25. RODRIGUES, Marco Antonio. *Curso de processo administrativo e judicial tributário*. Op. cit., p. 195.

Aponte-se, ainda, o uso da inteligência artificial nos processos de execução fiscal pelo Tribunal de Justiça do Estado do Rio de Janeiro e, em especial, pela 12ª Vara de Fazenda Pública da Comarca da Capital, competente para o processo e julgamento da dívida ativa do Município do Rio de Janeiro. Obteve-se, em três dias, a mesma produtividade que a serventia levaria dois anos e cinco meses para fazer o mesmo com um servidor exclusivamente dedicado às atividades que couberam ao sistema de inteligência artificial[26].

Embora importantes as providências acima elencadas para evitar o ajuizamento de novos processos, bem como para impulsionar aqueles já existentes e que se encontravam paralisados por longo período de tempo, fato é que a execução fiscal não perdeu sua natureza jurídica de processo judicial em todo e qualquer caso, com as vantagens e desvantagens daí decorrentes, em especial, arcando com os pesados fatores desfavoráveis.

Daí porque surge o Projeto de Lei 4.257 de 2019, que busca instituir a execução fiscal administrativa, e que será objeto de análise no item a seguir.

3.2 O Projeto de Lei 4.257 de 2019 – A execução fiscal administrativa

O Projeto de Lei 4.257 de 2019 busca introduzir duas novidades no contencioso tributário brasileiro: a possibilidade expressa de instituição de juízo arbitral para dirimir conflitos desta natureza – a qual já poderia ser extraída da legislação que disciplina a submissão de litígios à arbitragem envolvendo a Fazenda Pública[27] –, bem como a previsão de execução extrajudicial da dívida ativa. Interessa-nos, neste momento, esta última.

A proposta legislativa pretende inserir na Lei 6.830/1980 os artigos 41-A a 41-R com vistas a disciplinar a execução fiscal administrativa, bem como o artigo 41-S, estabelecendo regime de transição para as execuções fiscais em curso, permitindo a desistência destas e a passagem para a execução extrajudicial no prazo de cinco anos, contados da instituição da execução fiscal extrajudicial.

---

26. "A 'máquina' foi 1.400% (um mil e quatrocentos por cento) mais veloz que o homem. Além disso, e isso é espantoso, a acurácia alcançou o patamar de 99,95% (noventa e nove inteiros e noventa e cinco centésimos por cento). Dito de outra forma, a máquina "errou" apenas em 0,05% (cinco centésimos por cento) dos casos (somente em 3 processos), enquanto o percentual de erro do humano é de 15% (quinze por cento). O sistema mostrou que é muito, mas, muito mais rápido do que o humano e infinitamente mais eficaz, errando bem menos" (PORTO, Fábio Ribeiro. O impacto da utilização da Inteligência Artificial no Executivo Fiscal. Estudo de caso do Tribunal de Justiça do Rio de Janeiro. *Direito em Movimento*, v. 17, n. 1, p. 142-199, p. 186-187. Rio de Janeiro, 2013).

27. Isto porque a submissão de litígios tributários ao juízo arbitral já pode ser extraída da Lei da Arbitragem (Lei 9.307 de 1996) e do artigo 156, inciso X, do Código Tributário Nacional, ao prever que a decisão judicial transitada em julgado é causa de extinção do crédito tributário. Embora nesse dispositivo legal não haja menção à decisão arbitral, importante recordar que o artigo 31 da Lei 9.307 de 1996 prevê expressamente que a sentença arbitral equivale à judicial para todos os fins (neste sentido, RODRIGUES, Marco Antonio. *Curso de processo administrativo e judicial tributário*. Op. cit., p. 395).

3.2.1 Tributos sujeitos à execução administrativa

De início, pela redação que se pretende conferir ao artigo 41-A, prevê-se que a execução fiscal administrativa poderá ser utilizada para a cobrança dos tributos instituídos com fundamento nos artigos 145, inciso III (contribuições de melhoria), 153, inciso VI (ITR), 155, inciso III (IPVA), e 156, inciso I (IPTU), da Constituição Federal, além de taxas devidas em função da propriedade, do usufruto ou da posse de bem imóvel passível de alienação ou em razão da propriedade de veículo.

O legislador, no ponto, previu a execução fiscal administrativa tão somente para os tributos de natureza real, ou seja, que incidem sobre uma pessoa em razão da posse ou propriedade de um bem (impostos) ou da prestação efetiva ou potencial de um serviço público ou do exercício do poder de polícia sobre aquele bem (taxas)[28].

Há alguns fundamentos para tanto. O primeiro deles é a maior facilidade, em tese, de satisfação do crédito pela Fazenda Pública, na medida em que a atividade executiva poderá recair sobre o próprio bem, assim como em razão de a notificação a ser enviada ao devedor dever ser realizada no endereço constante do cadastro deste bem junto ao ente tributante, como prevê o artigo 41-B, § 3°, do Projeto (a título de exemplo, o endereço do proprietário de veículo automotor deve ser informado quando do respectivo licenciamento, na forma do artigo 120 do Código de Trânsito Brasileiro, e a respectiva notificação para pagamento de IPVA deverá ser enviada a este endereço).

3.2.2 Procedimento da execução administrativa

A execução fiscal administrativa, por força da segunda parte do artigo 41-A, seguirá o rito dos artigos 31 a 38 do Decreto-Lei 70/1966, com as especificidades do procedimento executivo fiscal.

O primeiro passo a ser adotado, segundo o artigo 41-B, é a formalização da execução da dívida mediante notificação do executado, instruindo-a com a Certidão da Dívida Ativa, que dela faz parte integrante, como se estivesse transcrita, e deve indicar o total da dívida com o principal, os juros, a multa de mora e os encargos, se aplicáveis. Relembre-se que a CDA deve conter os mesmos elementos do termo de inscrição em dívida ativa, por força do artigo 2°, §§ 5° e 6°, da Lei 6.830/1980[29], sob pena de nulidade.

---

28. CARNEIRO, Claudio. *Curso de Direito Tributário e Financeiro*. 9. ed. São Paulo: Saraiva, 2020, p. 510.
29. Art. 2° Constitui Dívida Ativa da Fazenda Pública aquela definida como tributária ou não tributária na Lei 4.320, de 17 de março de 1964, com as alterações posteriores, que estatui normas gerais de direito financeiro para elaboração e controle dos orçamentos e balanços da União, dos Estados, dos Municípios e do Distrito Federal.
    (...)
    § 5° O Termo de Inscrição de Dívida Ativa deverá conter:
    I – o nome do devedor, dos corresponsáveis e, sempre que conhecido, o domicílio ou residência de um e de outros;

A notificação do devedor deve ser feita na forma do artigo 246 do Código de Processo Civil – ou seja, nos mesmos moldes pelos quais se realiza a citação em processo judicial - ou por intermédio de Cartório de Títulos e Documentos (artigo 41-B, § 2º)[30]. É recomendável que a Fazenda Pública eleja critérios para a escolha de uma ou outra forma de notificação do devedor (a título de exemplo, créditos de valor mais reduzido poderão ser notificados através de envio de telegrama com aviso de recebimento, na forma do artigo 246, inciso I, do CPC).

Recebida a notificação, o devedor dispõe de trinta dias para pagar o valor total indicado na notificação administrativa, além, se for o caso, da despesa de cartório, por força do artigo 41-C. O prazo, com efeito, é bastante mais alargado em comparação com aquele previsto na execução fiscal judicial, de apenas cinco dias, por força do artigo 8º da Lei 6.830/1980.

Pelo artigo 41-D, não ocorrendo o pagamento, a Fazenda Pública deve lavrar termo de penhora, com o número da Certidão da Dívida Ativa e o valor integral do débito devidamente atualizado, e requerer ao Cartório de Registro de Imóveis ou ao Departamento de Trânsito a averbação da penhora na matrícula do imóvel ou no registro do veículo, respectivamente. Assim, o artigo 185-A do CTN[31], em princípio, que disciplina a indisponibilidade de bens do executado caso não efetue o pagamento ou não nomeie bens à penhora, é inaplicável na execução fiscal administrativa, considerando que esta via pressupõe a existência de bem a ser penhorado.

A penhora é o ato de constrição patrimonial pelo qual esse bem será afetado à satisfação do crédito exequendo. A penhora possui três efeitos. O primeiro deles é a alteração do regime de posse sobre os bens penhorados: por ser um ato de constrição patrimonial, a penhora faz com que o executado, ainda que permaneça fisicamente com o bem, não exercerá posse sobre este, mas, sim, será seu depositário.

O segundo efeito da penhora é a indisponibilidade do bem constrito, que não poderá mais ser alienado livremente, sob pena de fraude à execução, na forma do artigo 792, inciso III, do Código de Processo Civil, e, em consequência, conduz à

II – o valor originário da dívida, bem como o termo inicial e a forma de calcular os juros de mora e demais encargos previstos em lei ou contrato;

III – a origem, a natureza e o fundamento legal ou contratual da dívida;

IV – a indicação, se for o caso, de estar a dívida sujeita à atualização monetária, bem como o respectivo fundamento legal e o termo inicial para o cálculo;

V – a data e o número da inscrição, no Registro de Dívida Ativa; e

VI – o número do processo administrativo ou do auto de infração, se neles estiver apurado o valor da dívida.

§ 6º A Certidão de Dívida Ativa conterá os mesmos elementos do Termo de Inscrição e será autenticada pela autoridade competente.

30. A atribuição de tal papel caminha no sentido da preferência atribuída às serventias extrajudiciais na desjudicialização, como aponta Renata Cortez Vieira Peixoto (PEIXOTO, Renata Cortez Vieira. O Projeto de Lei 6.204/2019 e a desjudicialização da execução civil: adequação da atribuição de agentes de execução aos tabeliães de protestos. *Revista ANNEP de Direito Processual*, v. 1, n. 2, art. 38, 2020).

31. Tal medida de indisponibilidade configura verdadeira providência cautelar (THEODORO JUNIOR, Humberto. *Lei de Execução Fiscal*. 12. ed. São Paulo: Saraiva, 2011, p. 113).

ineficácia da alienação face à Fazenda Pública, como dispõe o artigo 792, § 1º. A presunção de fraude na alienação ou oneração do bem penhorado é absoluta, sendo irrelevante a boa-fé do adquirente, sendo aplicável, aqui, o entendimento firmado pelo Superior Tribunal de Justiça em sede de recursos repetitivos[32].

O terceiro efeito da penhora é gerar a preferência legal quanto ao produto da venda do bem com relação a credores de mesma categoria. Aquele que primeiro penhorou o bem terá preferência para que aquele bem satisfaça a sua execução, caso recaiam diferentes penhoras sobre o mesmo bem. A anterioridade da penhora, sobre credores da mesma categoria, determinará a preferência para quem receber primeiro: no caso em tela, será aplicável o artigo 29, Parágrafo Único, da Lei 6.830/1980, que disciplina o concurso de preferência entre pessoas jurídicas de direito público na execução fiscal.

Efetivada a penhora, segundo o artigo 41-E, a Fazenda Pública deve promover a notificação do devedor do termo de penhora, indicando a avaliação do bem penhorado e conceder novo prazo de trinta dias para quitação da dívida, contado da data do recebimento da notificação. A avaliação, por sua vez, é disciplinada pelos §§ 1º e 2º do mesmo artigo, que excepcionam a disciplina da avaliação do bem penhorado trazida pelos artigos 870 a 875 do Código de Processo Civil.

3.2.3 Defesas do executado e o acesso ao Judiciário

No prazo de trinta dias da notificação do termo de penhora, segundo o artigo 41-F, o devedor poderá ajuizar embargos à penhora, impugnando a validade da dívida ou aduzindo que a avaliação do bem não corresponde ao valor de mercado, devendo alegar toda matéria útil à defesa, requerer provas e juntar aos autos os documentos e rol de até três testemunhas. O imóvel ou o veículo penhorado serve de garantia para os embargos (artigo 41-F, § 1º).

Nas hipóteses em que o valor do crédito exequendo for superior ao valor da avaliação do bem penhorado, para que os embargos à penhora sejam admitidos, poderá ser exigido reforço na garantia, de modo a que este corresponda à integralidade do débito? Considerando que a garantia do juízo deve corresponder ao total da dívida, na forma do artigo 919, § 1º, do Código de Processo Civil, o embargante deverá reforçar a garantia para que seus embargos possam ser admitidos, ressalvado o caso de hipossuficiência, na linha do entendimento do STJ a respeito dos embargos à execução fiscal[33].

---

32. REsp 1141990/PR, Rel. Ministro Luiz Fux, Primeira Seção, julgado em 10.11.2010, DJe 19.11.2010. A rigor, desde a inscrição em dívida ativa regularmente notificada ao sujeito passivo, por força do artigo 185 do CTN, a alienação de bens, penhorados ou não, sem reserva suficiente para garantir a satisfação do crédito tributário constitui fraude à execução fiscal.
33. Processual civil. Execução fiscal. Embargos do devedor. Executado. Benefício da justiça gratuita. Patrimônio. Inexistência. Hipossuficiência. Exame. Garantia do juízo. Afastamento. Possibilidade.
  1. "Aos recursos interpostos com fundamento no CPC/1973 (relativos a decisões publicadas até 17 de março de 2016) devem ser exigidos os requisitos de admissibilidade na forma nele prevista, com as interpreta-

Os embargos à penhora não se confundem com os embargos à execução fiscal, disciplinados pelo artigo 16 da Lei 6.830/1980. De início, os embargos à penhora serão submetidos à livre distribuição, diferentemente dos embargos à execução fiscal, os quais são distribuídos por dependência ao juízo da execução fiscal (artigo 914, § 1º, do Código de Processo Civil, aplicável subsidiariamente ao processo executivo fiscal).

Além disso, outra peculiaridade é a de que os embargos à penhora possuem cognição mais restrita em comparação com os embargos à execução fiscal. Nos embargos à penhora, a defesa do executado deve dizer respeito à validade (*rectius*, a liquidez e certeza do crédito tributário constante do título exequendo) ou ao valor atribuído ao bem pela avaliação realizada pela Fazenda Pública.

Caso o executado deseje se insurgir em face da execução com lastro em causa de pedir diversa (*e.g.*, inexistência do fato gerador em razão de ser beneficiário de imunidade), deverá fazer uso de meio de impugnação próprio que não os embargos à penhora. A título de exemplo, poderá se valer ação anulatória de ato de lançamento tributário ou do auto de infração, buscando questionar tais atos administrativos; ação declaratória de inexistência da relação tributária; ou mesmo mandado de segurança tributário.

ções dadas, até então, pela jurisprudência do Superior Tribunal de Justiça" (Enunciado Administrativo n. 2 – STJ). 2. Os embargos são o meio de defesa do executado contra a cobrança da dívida tributária ou não tributária da Fazenda Pública, mas que "não serão admissíveis ... antes de garantida a execução" (art. 16, § 1º, da Lei n. 6.830/80). 3. No julgamento do recurso especial 1.272.827/PE, Rel. Min. Mauro Campbell Marques, submetido ao rito dos recursos repetitivos, a Primeira Seção sedimentou orientação segunda a qual, "em atenção ao princípio da especialidade da LEF, mantido com a reforma do CPC/73, a nova redação do art. 736 do CPC dada pela Lei n. 11.382/2006 – artigo que dispensa a garantia como condicionante dos embargos – não se aplica às execuções fiscais diante da presença de dispositivo específico, qual seja o art. 16, § 1º, da Lei n. 6.830/80, que exige expressamente a garantia para a apresentação dos embargos à execução fiscal." 4. A Constituição Federal de 1988, por sua vez, resguarda a todos os cidadãos o direito de acesso ao Poder Judiciário, ao contraditório e à ampla defesa (art. 5º, CF/88), tendo esta Corte Superior, com base em tais princípios constitucionais, mitigado a obrigatoriedade de garantia integral do crédito executado para o recebimento dos embargos à execução fiscal, restando o tema, mutatis mutandis, também definido na Primeira Seção, no julgamento do REsp 1.127.815/SP, na sistemática dos recursos repetitivos.
5. Nessa linha de interpretação, deve ser afastada a exigência da garantia do juízo para a oposição de embargos à execução fiscal, caso comprovado inequivocamente que o devedor não possui patrimônio para garantia do crédito exequendo. 6. Nada impede que, no curso do processo de embargos à execução, a Fazenda Nacional diligencie à procura de bens de propriedade do embargante aptos à penhora, garantindo-se posteriormente a execução. 7. Na hipótese dos autos, o executado é beneficiário da assistência judiciária gratuita e os embargos por ele opostos não foram recebidos, culminando com a extinção do processo sem julgamento de mérito, ao fundamento de inexistência de segurança do juízo. 8. Num raciocínio sistemático da legislação federal aplicada, pelo simples fato do executado ser amparado pela gratuidade judicial, não há previsão expressa autorizando a oposição dos embargos sem a garantia do juízo. 9. *In casu*, a controvérsia deve ser resolvida não sob esse ângulo (do executado ser beneficiário, ou não, da justiça gratuita), mas sim, pelo lado da sua hipossuficiência, pois, adotando-se tese contrária, "tal implicaria em garantir o direito de defesa ao "rico", que dispõe de patrimônio suficiente para segurar o Juízo, e negar o direito de defesa ao "pobre". 10. Não tendo a hipossuficiência do executado sido enfrentada pelas instâncias ordinárias, premissa fática indispensável para a solução do litígio, é de rigor a devolução dos autos à origem para que defina tal circunstância, mostrando-se necessária a investigação da existência de bens ou direitos penhoráveis, ainda que sejam insuficientes à garantia do débito e, por óbvio, com observância das limitações legais. 11. Recurso especial provido, em parte, para cassar o acórdão recorrido. (REsp 1487772/SE, Rel. Ministro Gurgel De Faria, Primeira Turma, julgado em 28.05.2019, DJe 12.06.2019).

Nesse sentido, importante deixar claro que não há qualquer prejuízo ao direito fundamental de acesso à justiça – em sua vertente de acesso ao Judiciário – do contribuinte em virtude de haver a limitação cognitiva dos embargos à penhora. Isso porque permanece assegurado seu direito de levar ao Judiciário qualquer questão relativa ao débito ou ao ato que lhe deu origem por meio de ação judicial com tal finalidade.

3.2.4 Alienação dos bens penhorados

Dispõe o artigo 41-G que, não efetuando o devedor o pagamento ou o parcelamento do valor integral da dívida, nem ajuizados os embargos à penhora, a Fazenda Pública está autorizada a efetuar imediatamente o primeiro leilão do imóvel ou do veículo penhorado. Em complemento, seu § 1º estabelece que o leilão do imóvel será feito por agente fiduciário que seja instituição financeira, inclusive sociedade de crédito imobiliário, qualificada nos termos do art. 30, II, do Decreto-Lei 70, de 21 de novembro de 1966, selecionada por meio de concurso simplificado regido por critérios objetivos e previamente definidos (inciso I); ou por órgão ou entidade da Administração Pública com competência para a execução de atividades imobiliárias (inciso II).

O legislador, com efeito, não pretende exigir prévio procedimento licitatório para a contratação de agente fiduciário, contentando-se, pois, com a realização de procedimento simplificado. A opção nos parece bastante razoável, na medida em que a licitação possui custos significativamente maiores, que poderiam levar à diminuição do valor a ser destinado à satisfação do crédito da Fazenda Pública.

Por sua vez, o leilão de veículo deve ser feito por agente fiduciário ou por órgão executivo de trânsito da Administração Pública à qual faz parte a Fazenda Pública credora, na forma do artigo 41-G, § 3º. A título de exemplo, no Estado do Rio de Janeiro, o DETRAN – autarquia estadual responsável pelo exercício do poder de polícia de trânsito, na forma do artigo 3º do Decreto-Lei 46/1975 – poderá realizar tal leilão, seja diretamente, seja por meio de leiloeiro público.

O artigo 41-H estabelece que, se no primeiro leilão público, o maior lance obtido for inferior ao valor atualizado da dívida e das despesas indicadas no artigo 41-B (total da dívida com o principal, os juros, a multa de mora e os encargos, se aplicáveis), acrescido da despesa prevista no § 6º do art. 41-G (comissão de corretagem do leiloeiro, que tem direito a receber o maior percentual fixado pelo Conselho Regional de Corretores de Imóveis local para operações de comercialização de imóveis, desde que não ultrapasse 5% do valor do bem, ou, no caso de alienação de veículo, 5% do valor do bem), deve ser realizado o segundo leilão público, no qual deve ser aceito o maior lance apurado, ainda que inferior à soma das aludidas quantias.

O dispositivo deve ser interpretado com cautelas, sob pena de se permitir a alienação do bem penhorado mediante preço vil. Deve ser aplicado, na hipótese, o artigo 891 do Código de Processo Civil, considerando como vil o preço inferior ao mínimo estipulado pelo juiz e constante do edital, e, não tendo sido fixado preço mínimo, considerando-se como vil o preço inferior a cinquenta por cento do valor da avaliação do bem.

O artigo 41-I institui que, se o maior lance do segundo leilão público for inferior ao valor referido no artigo 41-H, deve ser paga inicialmente a remuneração do agente fiduciário e a diferença deve ser entregue à Fazenda Pública, que pode cobrar do devedor, por via executiva, o valor remanescente de seu crédito, sem direito de retenção ou indenização sobre o imóvel alienado.

Nessa hipótese, indaga-se: a cobrança do valor residual pode se dar pela via da execução fiscal administrativa? Em princípio, diante da ausência de vedação legal, parece-nos que a Fazenda Pública, se verificar a existência de outros bens passíveis de penhora administrativa, adotará o procedimento executivo administrativo. Caso não os encontre, empregará a via judicial para a execução coativa, sem prejuízo da utilização de outros meios extrajudiciais de cobrança do crédito tributário, tais como o protesto da certidão de dívida ativa. É preciso recordar o papel mais eficiente da execução administrativa, evitando a via judicial quando há bens que permitam a utilização daquela outra via.

Por sua vez, se o lance de alienação do imóvel, em qualquer dos dois leilões públicos, for superior ao total das importâncias referidas no art. 41-H deste artigo, a diferença final apurada deve entregue ao devedor (artigo 41-J). A regra é semelhante àquela prevista no artigo 907 do Código de Processo Civil, que dispõe que, pago ao exequente o principal, os juros, as custas e os honorários, a importância que sobrar será restituída ao executado.

O artigo 41-L traz importante regra, dispondo que, antes de expirado o prazo do art. 41-E (prazo de trinta dias para pagamento da dívida, após a notificação do devedor a respeito da penhora), o devedor pode alienar o imóvel ou o veículo cuja penhora tenha sido averbada, ficando o registro da alienação condicionado à comprovação de quitação dos tributos e despesas que incidem sobre o bem.

A previsão busca permitir a alienação do bem penhorado sem que o ato de disposição venha a ser caracterizado como fraude à execução. Como antes mencionado, um dos efeitos da penhora é gerar a indisponibilidade do bem constrito. Assim sendo, não obstante o bem esteja penhorado, será possível sua alienação lícita de forma condicionada, exigindo-se a prova de quitação dos tributos e despesas que incidem sobre o bem.

Trata-se de regra que busca afastar a responsabilidade dos sucessores, na medida em que, havendo prova da quitação dos impostos cujo fato gerador seja a propriedade, o domínio útil ou a posse de bens imóveis, e bem assim os relativos a taxas pela prestação de serviços referentes a tais bens, ou a contribuições de melhoria, não haverá sub-rogação legal na pessoa do adquirente, conforme previsto no artigo 130 do Código Tributário Nacional.

O artigo 41-M disciplina a remição da dívida, considerando ser lícito ao devedor, a qualquer momento, entre a data de efetivação da penhora até a assinatura da carta de arrematação, pagar o valor atualizado da dívida, acrescido da despesa estipulada no § 6º do art. 41-G (comissão do leiloeiro)[34]. A disciplina, no ponto, é idêntica àquela prevista no artigo 826 do Código de Processo Civil à remição de dívida na execução por título extrajudicial.

Os artigos 41-N e 41-O disciplinam, respectivamente, a purgação da mora e a expedição de carta de arrematação para a transcrição no Cartório de Registro de Imóveis ou no Departamento de Trânsito. É relevante destacar a previsão do artigo 41-O, § 2º, segundo o qual, averbada a carta de arrematação no Cartório de Registro de Imóveis ou no órgão do Departamento de Trânsito, o adquirente pode requerer ao Juízo competente a imissão na posse do imóvel ou do veículo, que lhe deve ser concedida liminarmente, sem prejuízo de se prosseguir no feito, em rito ordinário, para o debate das alegações que o devedor porventura aduzir em contestação.

O § 3º, por sua vez, dispõe que a concessão da medida liminar prevista no § 2º só deve ser negada se o devedor, citado, comprovar, no prazo de 48 (quarenta e oito) horas, que resgatou ou consignou judicialmente o valor de sua dívida, nos moldes previstos no art. 41-M. Trata-se, com efeito, de modalidade de tutela provisória da evidência, que vem se somar àquelas previstas no artigo 311 do Código de Processo Civil, e possui bastante proximidade com a previsão do artigo 37, § 3º, do Decreto-Lei 70/1966.

De lege ferenda, recomenda-se que o legislador modifique a redação do § 2º do artigo 41-O, na medida em que a menção à concessão liminar – ou seja, de seu deferimento independentemente de oitiva do réu – aparentemente, é conflitante com a possibilidade de indeferimento do pedido de liminar após eventual manifestação do devedor em 48 horas, previstas no § 3º.

3.2.5 Emenda da certidão de dívida ativa

O artigo 41-P dispõe que, se após iniciado o procedimento de execução fiscal administrativa, for constatado que a propriedade, a posse ou o usufruto do imóvel ou do veículo foi transferido sem comunicação ao Cartório de Registro de Imóveis ou ao Departamento de Trânsito, ou que o devedor faleceu antes de ser notificado, a Fazenda Pública pode, com fundamento nos artigos 130 e 131 do Código Tributário Nacional, emendar a Certidão de Dívida Ativa e incluir o adquirente, o novo possuidor, o novo usufrutuário, o espólio ou os sucessores como corresponsáveis da

---

34. Relembre-se que a remição é direito do devedor, autorizado pela legislação processual (CÂMARA, Alexandre Freitas. *O novo processo civil brasileiro*. 3. ed. Rio de Janeiro: GEN, 2017, p. 341). Cumpridos os requisitos legais, dentre eles, o depósito integral do preço e o atendimento à satisfação da execução, não cabe ao exequente se opor à remição (nesta linha, REsp 705.153/RS, Rel. Ministro Francisco Peçanha Martins, Segunda Turma, julgado em 20.10.2005, DJ 21.11.2005, p. 196).

dívida, retomando a cobrança integral da dívida a partir da fase prevista no art. 41-B, notificando o novo proprietário, possuidor, usufrutuário, o espólio ou os sucessores.

Trata-se, pois, de hipótese específica de permissão à emenda à certidão de dívida ativa na esfera executiva administrativa, sendo que na esfera judicial o artigo 2º, § 8º, da Lei de Execução Fiscal, dispõe que somente poderá ser emendada ou substituída até a decisão de primeira instância, assegurada ao executado a devolução do prazo para embargos. A providência é necessária em razão de não ser possível o redirecionamento da execução fiscal administrativa, na medida em que o redirecionamento pressupõe a instauração de contraditório em face do devedor que se pretende incluir no polo passivo, o que somente é possível em sede de processo judicial[35].

Além disso, o dispositivo pretende superar em parte o entendimento cristalizado na súmula 392 do STJ, segundo o qual a Fazenda Pública pode substituir a certidão de dívida ativa (CDA) até a prolação da sentença de embargos, quando se tratar de correção de erro material ou formal, vedada a modificação do sujeito passivo da execução. Aqui, o que se busca é, exatamente, permitir a modificação do sujeito passivo por meio da emenda da CDA, evitando uma futura extinção da execução fiscal sem resolução do mérito e a necessária elaboração de nova certidão de dívida ativa[36].

O artigo 41-Q dispõe que a morte, falência, recuperação judicial ou dissolução do devedor não impedem a aplicação do procedimento de execução fiscal administrativa. Naturalmente, deve-se ter a cautela de, ocorrendo qualquer destes fatos jurídicos, endereçar as notificações referentes ao processo àquele que tenha poderes para presentar o espólio, a massa falida, o empresário em recuperação judicial e a sociedade, seguindo-se o artigo 75 do Código de Processo Civil na hipótese.

O artigo 41-R prevê a aplicação do prazo prescricional quinquenal, disciplinado pelo artigo 174 do Código Tributário Nacional, às execuções fiscais administrativas. Por fim, o artigo 41-S prevê regra de transição, estabelecendo que A União, os Es-

---

35. "Em virtude dos direitos fundamentais ao contraditório e à ampla defesa, no caso do redirecionamento da execução, é preciso que o responsável também tenha a possibilidade de amplamente se defender na execução, impondo-se sua citação em execução, com a realização de todo o procedimento em face dele. Por isso, será necessária a sua citação, com a possibilidade de oferta de embargos, após garantida a execução" (RODRIGUES, Marco Antonio. *Curso de processo administrativo e judicial tributário*. Op. cit., p. 140).

36. Processual civil e tributário. Agravo regimental no agravo em recurso especial. Executado falecido antes do ajuizamento da execução fiscal. Substituição da CDA. Impossibilidade. Súmula 392/STJ.

1. O redirecionamento contra o espólio só é admitido quando o falecimento do contribuinte ocorrer depois de ele ter sido devidamente citado nos autos da execução fiscal, o que não é o caso dos autos, já que o devedor apontado pela Fazenda Municipal faleceu antes mesmo da constituição do crédito tributário. Precedentes: REsp 1.222.561/RS, Rel. Min. Mauro Campbell Marques, Segunda Turma, DJe 25/05/2011; AgRg no REsp 1.218.068/RS, Rel. Min. Benedito Gonçalves, Primeira Turma, DJe 08.04.2011; REsp 1.073.494/RJ, Rel. Min. Luiz Fux, Primeira Turma, DJe 29.09.2010.

2. Não se pode fazer mera emenda do título executivo, a teor da Súmula 392/STJ, que dita: "A Fazenda Pública pode substituir a certidão de dívida ativa (CDA) até a prolação da sentença de embargos, quando se tratar de correção de erro material ou formal, vedada a modificação do sujeito passivo da execução". Matéria já analisada inclusive sob a sistemática do art. 543-C do CPC (REsp 1.045.472/BA, Rel. Min. Luiz Fux, Primeira Seção, DJe de 18.12.2009). 3. Agravo regimental não provido (AgRg no AREsp 524.349/MG, Rel. Ministro Benedito Gonçalves, Primeira Turma, julgado em 02.10.2014, DJe 14.10.2014).

tados, o Distrito Federal e os Municípios podem desistir de processos de execução fiscal em tramitação e que visem à cobrança da dívida ativa dos tributos referidos no art. 41-A e executar os créditos cobrados nestas ações por meio do procedimento de execução fiscal administrativa, no prazo de cinco anos contados da publicação da Lei que inseriu esse dispositivo na Lei 6.830/1980.

4. CONCLUSÃO

A execução fiscal pela via judicial, como a realidade nos mostra, vem fracassando no cumprimento da finalidade de satisfação em tempo razoável do direito do credor. Altíssimas taxas de congestionamento, baixíssima efetividade, sobrecarga enorme de trabalho para o Poder Judiciário, lentidão, dentre outros problemas, são constatações que demonstram essa triste verdade.

Embora não seja a solução de todas as mazelas, a execução fiscal administrativa se apresenta como importante medida destinada a modificar esses fatos, sem prejuízo de assegurar ao executado a utilização da via judicial, havendo lesão ou ameaça de lesão a direito de sua titularidade. O Projeto de Lei 6.254 de 2019, nesse sentido, prevê a possibilidade de oposição de embargos à penhora, nos trinta dias seguintes à notificação da penhora, por força do artigo 41-F que pretende incluir na Lei 6.830/1980.

Há, assim, o equilíbrio adequado entre garantismo e eficiência, afastando-se eventual pecha de inconstitucionalidade quanto à possibilidade de uso da execução fiscal desjudicializada. Até porque de longa data já se identificam previsões, ainda que esparsas, a respeito de medidas executivas desjudicializadas em nossa legislação processual.

Se, de fato, a execução fiscal ganhará efetividade com a eventual aprovação do Projeto de Lei 6.254 de 2019, modificando-se a Lei 6.830/1980, somente o tempo dirá. Contudo, fato é que a iniciativa se apresenta interessante e com aptidão para tanto, trazendo forte desjudicialização na prática dos atos executivos, os quais, se for o caso, passarão a ser conduzidos, em sua maior parte, pela própria Fazenda Pública interessada.

5. REFERÊNCIAS

BEZERRA FILHO, Manoel Justino. A execução extrajudicial do contrato de alienação fiduciária de bem imóvel - exame crítico da Lei 9.514, de 20.11.1997. *Doutrinas Essenciais de Direito Empresarial*, v. 4, p. 343-358, dez. 2010.

BINENBOJM, Gustavo. *Uma teoria do direito administrativo*: direitos fundamentais, democracia e constitucionalização. Rio de Janeiro: Renovar, 2006.

CÂMARA, Alexandre Freitas. *O novo processo civil brasileiro*. 3. ed. Rio de Janeiro: GEN, 2017.

CARNEIRO, Claudio. *Curso de Direito Tributário e Financeiro*. 9. ed. São Paulo: Saraiva, 2020.

CONSELHO NACIONAL DE JUSTIÇA. Relatório Justiça em Números 2020. Disponível em https://www.cnj.jus.br/wp-content/uploads/2020/08/WEB-V3-Justi%C3%A7a-em-N%C3%BAmeros-2020-atualizado-em-25-08-2020.pdf. Acesso em: 14 abr. 2021.

HILL, Flavia Pereira. Desjudicialização da execução civil: reflexões sobre o Projeto de Lei 6.204/2019. *Revista Eletrônica de Direito Processual – REDP,* ano 14, v. 21, n. 3, p. 164-205, Rio de Janeiro, set.--dez. 2020.

INSTITUTO NACIONAL DE PESQUISAS APLICADAS – IPEA. Custo Unitário do Processo de Execução Fiscal na Justiça Federal. Brasília: 2011, p. 19. Disponível em: http://repositorio.ipea.gov.br/bitstream/11058/7862/1/RP_Custo_2012.pdf. Acesso em 14/04/2021.

MONTEIRO FILHO, Carlos Edison do Rêgo. *Pacto comissório e pacto marciano no sistema brasileiro de garantias.* Rio de Janeiro: Processo, 2017.

PEIXOTO, Renata Cortez Vieira. O Projeto de Lei 6.204/2019 e a desjudicialização da execução civil: adequação da atribuição de agentes de execução aos tabeliães de protestos. *Revista ANNEP de Direito Processual,* v. 1, n. 2, art. 38, 2020.

PORTO, Fábio Ribeiro. O impacto da utilização da Inteligência Artificial no Executivo Fiscal. Estudo de caso do Tribunal de Justiça do Rio de Janeiro. *Direito em Movimento,* v. 17, n. 1, p. 142-199, p. 186-187. Rio de Janeiro, 2013.

RODRIGUES, Marco Antonio dos Santos. *A modificação do pedido e a causa de pedir no processo civil.* Rio de Janeiro: GZ, 2014.

RODRIGUES, Marco Antonio dos Santos. *Constituição e administração pública:* definindo novos contornos à legalidade administrativa e ao poder regulamentar. Rio de Janeiro: GZ Editora, 2010.

RODRIGUES, Marco Antonio. *Curso de processo administrativo e judicial tributário.* Salvador: JusPODIVM, 2020.

THEODORO JÚNIOR, Humberto. A desjudicialização da execução civil: projetos legislativos em andamento. *Revista de Processo,* v. 313, p. 153-163, mar. 2021.

THEODORO JUNIOR, Humberto. *Lei de Execução Fiscal.* 12. ed. São Paulo: Saraiva, 2011.

INCIDENTE DE DESCONSIDERAÇÃO DA PERSONALIDADE JURÍDICA EM SEDE DE EXECUÇÃO FISCAL

Theophilo Antonio Miguel Filho

Doutor em Direito pela Pontifícia Universidade Católica do Rio de Janeiro, Mestre em Direito da Administração Pública pela Universidade Gama Filho, Especialista em Direito Processual Civil e Direito Sanitário pela Universidade de Brasília, Bacharelando em Teologia e Professor Adjunto da Pontifícia Universidade Católica do Rio de Janeiro (Direito Processual Civil, Direito Internacional Privado e Improbidade Administrativa), Coordenador Científico da Comissão de Direito Internacional da Escola de Magistratura Regional Federal (Emarf) do Tribunal Regional Federal – 2ª. Região, possui Curso de Extensão em Propriedade Intelectual pela PUC/RJ e é Desembargador Federal do Tribunal Regional Federal da Segunda Região.

1. INTRODUÇÃO

O presente artigo tem por objeto a análise da divergência jurisprudencial acerca da aplicabilidade do Incidente de Desconsideração da Personalidade Jurídica (IDPJ), previsto nos artigos 133 a 137 do Código de Processo Civil de 2015 (Lei 13.105/2015), ao rito da cobrança dos créditos tributários disciplinados pela Lei de Execução Fiscal (LEF – Lei 6.830/80).

A autonomia patrimonial das pessoas jurídicas sempre foi um mecanismo relevante para fomentar o crescimento da economia e da atividade empresarial. A referida autonomia estimulou que as pessoas físicas praticassem atividades mercantis, pois ao criarem entes jurídicos, dotados de personalidade própria, os indivíduos sabiam que tão somente o patrimônio da sociedade empresária arcaria pelos débitos em caso de revés. Contudo, alguns sujeitos passaram a cometer abusos em relação à autonomia patrimonial da pessoa jurídica, utilizando-a como um instrumento para a prática de fraudes. A pessoa jurídica, depois de contrair várias dívidas, realocava o lucro e os bens da sociedade para o nome dos sócios e, consequentemente, não tinha como adimplir os compromissos assumidos, não restando patrimônio da sociedade que pudesse ser perquirido e eventualmente executado pelos credores, inclusive os Fazendários. Ao constatar essa atitude por parte dos sócios e administradores, a jurisprudência começou a admitir a desconsideração da personalidade jurídica nessas circunstâncias. Posteriormente, foram editadas leis prevendo expressamente a possibilidade de superação da personalidade jurídica das sociedades.

O Incidente de Desconsideração da Personalidade Jurídica (IDPJ) foi uma inovação trazida pela nova lei adjetiva civil a fim de instrumentalizar a aplicação da teoria da superação da personalidade jurídica (também conhecida como *disregard of legal entity*).

O debate acerca da possibilidade de adotar o IDPJ em sede de execução fiscal é relevante, pois contrapõe as demandas da Fazenda Pública em face dos anseios dos contribuintes. O Fisco tem por objetivo a adoção de um procedimento mais célere na busca pela efetivação do direito posto em juízo, com a obtenção de meios que lhe permitam ver o crédito público quitado. Nesse cenário, especialmente diante da corrida contra o prazo prescricional, a instauração do IDPJ vai de encontro aos interesses Fazendários. Em contrapartida, os contribuintes desejam ver o seu direito ao contraditório e à ampla defesa contemplados a fim de que possam influenciar o convencimento judicial a respeito do tema e, eventualmente, evitar que a desconsideração da personalidade jurídica da sociedade seja decretada e os bens do administrador sejam atingidos a fim de garantir a satisfação do crédito público.

A controvérsia, até o presente momento, não se encontra pacificada no Superior Tribunal de Justiça, havendo divergência de entendimentos entre a 1ª e 2ª Turmas da Corte da Cidadania, conforme será demonstrado ao longo do presente artigo.

2. DESCONSIDERAÇÃO DA PERSONALIDADE JURÍDICA

A desconsideração da personalidade jurídica, no âmbito das relações civis gerais, encontra-se disciplinada no artigo 50 do CC:

> "Art. 50. Em caso de abuso da personalidade jurídica, caracterizado pelo desvio de finalidade, ou pela confusão patrimonial, pode o juiz decidir, a requerimento da parte, ou do Ministério Público quando lhe couber intervir no processo, que os efeitos de certas e determinadas relações de obrigações sejam estendidos aos bens particulares dos administradores ou sócios da pessoa jurídica".

A desconsideração da personalidade da pessoa jurídica, também chamada de *disregard of legal entity* ou teoria da superação da personalidade jurídica, é uma exceção à regra de que o patrimônio da pessoa jurídica responde pelos atos praticados em seu nome. Desconsiderar a personalidade jurídica significa, portanto, descortinar o ente jurídico, retirando sua autonomia, para alcançar determinados atos praticados com abusos ou desvios.

O ordenamento jurídico prevê, portanto, hipóteses em que a autonomia patrimonial das pessoas jurídicas deve ser afastada. Assim, quando se aplica a desconsideração da personalidade jurídica, em regra, os bens particulares dos administradores ou sócios são utilizados para pagar dívidas assumidas em nome da pessoa jurídica.

Importante destacar que a desconsideração e despersonalização são institutos jurídicos diversos. A despersonalização versa sobre a anulação ou extinção da pessoa jurídica, ao passo que a desconsideração não gera extinção, mas apenas suspensão episódica da eficácia do ato constitutivo da pessoa jurídica e exige o contraditório/processo justo (artigo 5º, incisos LIV e LV, CF/1988).

A doutrina reconhece a existência de duas teorias da desconsideração, quais sejam: a teoria maior (adotada pelo Código Civil, artigo 50), segundo a qual deve existir comprovação da insolvência e do abuso por parte dos sócios, e a teoria menor (adotada pelo Direito do Consumidor, artigo 28, §5º, do CDC e pelo Direito Ambiental, artigo 4º da Lei 9.605/98), que considera o simples prejuízo do credor motivo suficiente para que ocorra a desconsideração da personalidade jurídica do fornecedor.

Nas relações jurídicas regidas pelo Código Civil, a desconsideração da personalidade jurídica somente poderá ser decretada caso fique demonstrada a ocorrência de abuso da personalidade jurídica, que pode ocorrer em duas situações: desvio de finalidade, que é o ato intencional dos sócios em fraudar terceiros utilizando a autonomia da pessoa jurídica como um escudo; e confusão patrimonial, que ocorre quando, na situação fática, não há separação entre o que seja patrimônio da pessoa jurídica e dos sócios.

A desconsideração inversa da personalidade jurídica, por sua vez, se caracteriza pelo afastamento da autonomia patrimonial da sociedade, para alvejar o ente coletivo e seu patrimônio social, por obrigações contraídas por seus sócios e administradores.

O Enunciado 283 da IV Jornada de Direito Civil, CJF/STJ, esclarece o seguinte:

"É cabível a desconsideração da personalidade jurídica denominada "'inversa" para alcançar bens de sócio que se valeu da pessoa jurídica para ocultar ou desviar bens pessoais, com prejuízo a terceiros".

A possibilidade de desconsideração inversa da personalidade jurídica foi acolhida textualmente pelo novo Código de Processo Civil, em seu artigo 133, § 2º:

"Art. 133. O incidente de desconsideração da personalidade jurídica será instaurado a pedido da parte ou do Ministério Público, quando lhe couber intervir no processo.
(...)
§ 2º Aplica-se o disposto neste Capítulo à hipótese de desconsideração inversa da personalidade jurídica".

O referido código de ritos também inovou ao contemplar o incidente de desconsideração de personalidade jurídica (IDPJ), o qual será instaurado mediante requerimento da parte ou do Ministério Público, quando for hipótese de intervenção ministerial, sendo que desse requerimento a parte deverá demonstrar os pressupostos fáticos e legais para a adoção da medida. Importante salientar que o incidente não poderá ser instaurado de ofício pelo magistrado por ausência de legitimidade.

O incidente de desconsideração da personalidade jurídica está regulamentado nos artigos 133 a 137 do Código de Processo Civil (CPC/2015). Essa forma de intervenção é uma inovação no CPC/2015, uma vez que o instituto não estava positivado no CPC/1973, apesar de já estar previsto no direito material (Código Civil, artigo 50, e Código de Defesa do Consumidor, artigo 28) e de estar amplamente presente na jurisprudência do Superior Tribunal de Justiça (STJ).

Como dito alhures, a teoria da superação da personalidade jurídica visa coibir o abuso de direito, relativamente à autonomia da pessoa jurídica frente às suas obrigações, sendo certo que os pressupostos materiais para a sua concessão devem ser observados pela legislação específica. A lei adjetiva regula, tão somente, o procedimento para que se concretize dentro da realidade processual.

Em um momento anterior à entrada em vigor do Código de Processo Civil de 2015, a desconsideração da personalidade jurídica já era adotada, contudo não havia um procedimento claro e preciso a ser observado em razão da ausência de regramento. Assim, qualquer forma poderia ser adotada desde que observados os princípios constitucionais.

Os juízes, via de regra, desconsideravam a personalidade jurídica de maneira provisória e determinavam a citação do sócio para que comparecesse ao processo. Neste momento, o patrimônio do sócio já estava exposto para alguma constrição judicial e o sócio teria direito ao contraditório postergado. Uma vez demonstrado que ele não havia cometido qualquer ato fraudulento, o nome do sócio era excluído e o processo continuaria em face da pessoa jurídica.

O artigo 134 do CPC/2015[1], ratificando mais uma vez o posicionamento consolidado no Superior Tribunal de Justiça quando ainda não existia qualquer previsão legal sobre o tema, estabeleceu que é possível que o incidente de desconsideração da personalidade jurídica (IDPJ) seja instaurado a qualquer momento no processo, seja na fase de conhecimento ou na fase de cumprimento de sentença.

Consoante se extrai da dicção do mencionado dispositivo legal, também é possível pleitear a instauração do incidente de desconsideração da personalidade jurídica (IDPJ) em sede de execução fundada em título executivo extrajudicial.

A desconsideração da personalidade jurídica pode ser postulada em caráter principal, quando o pedido é realizado no bojo da petição inicial, uma vez constatados os pressupostos materiais para a desconsideração da personalidade jurídica já no instante da propositura da ação. Assim, requerida a desconsideração na exordial, não há que se falar na instauração de um incidente processual, em conformidade com o previsto no artigo 134, §2º[2], do CPC/15.

A desconsideração em caráter incidental, por sua vez, é considerada intervenção de terceiros, e, por consequência, demanda a instauração de incidente caso seja requerida durante o curso da relação processual.

Após a instauração do incidente, o terceiro (via de regra, o sócio ou administrador) será citado para apresentar contestação ao pedido, no prazo de 15 dias, em atenção ao previsto no artigo 135 do CPC/2015[3]. Na peça de bloqueio, o requerido

---

1. Art. 134. O incidente de desconsideração é cabível em todas as fases do processo de conhecimento, no cumprimento de sentença e na execução fundada em título executivo extrajudicial.
2. Art. 134, § 2º Dispensa-se a instauração do incidente se a desconsideração da personalidade jurídica for requerida na petição inicial, hipótese em que será citado o sócio ou a pessoa jurídica.
3. Art. 135. Instaurado o incidente, o sócio ou a pessoa jurídica será citado para manifestar-se e requerer as provas cabíveis no prazo de 15 (quinze) dias.

deverá solicitar a produção de provas que reputar necessárias ao esclarecimento dos fatos, além dos demais pontos da causa[4].

Quando a desconsideração da personalidade jurídica é requerida no curso do processo, ou seja, quando for incidental, ocorre a suspensão do feito para a citação dos demandados e instrução do incidente. Importante frisar que essa suspensão processual possui natureza imprópria, pois só se dá quanto às questões que, para serem solucionadas, dependam do julgamento do incidente.

Uma vez concluída a instrução, o magistrado julgará o incidente por meio de decisão interlocutória (artigo 136 do CPC/2015[5]). A decisão que resolve o incidente é desafiada mediante agravo de instrumento, nos termos do art. 1.015, IV, do CPC/15.

O CPC/2015, em relação à eficácia processual da desconsideração, trouxe um dispositivo legal relevante em relação aos desconsiderados. O art. 137 do CPC dispõe que "acolhido o pedido de desconsideração, a alienação ou a oneração de bens, havida em fraude de execução, será ineficaz em relação ao requerente".

A interpretação literal do art. 137 do CPC/15 leva a crer que apenas após o julgamento do incidente de desconsideração da personalidade jurídica (IDPJ) os atos deverão ser considerados fraudulentos em face do credor. Se essa via interpretativa fosse adotada, entre a citação do devedor e o julgamento do incidente, os bens poderiam ser alienados, prejudicando sobremaneira os interesses do credor.

Na mesma esteira, Humberto Theodoro Júnior[6] leciona que o termo "acolhido" deve ser entendido como "instaurado". Portanto, após a instauração do incidente de desconsideração da personalidade jurídica (IDPJ), todas as onerações e alienações de bens, feitas pelos sócios, serão consideradas como fraude à execução.

No que tange à legitimidade para a intervenção, o artigo 138 do CPC[7] determina que poderá intervir como *amicus curiae* pessoa física ou pessoa jurídica (empresas, associações, entes públicos, bem como organizações sem personalidade jurídica). No

---

4. Enunciado 248-FPPC: Quando a desconsideração da personalidade jurídica for requerida na petição inicial, incumbe ao sócio ou à pessoa jurídica, na contestação, impugnar não somente a própria desconsideração, mas também os demais pontos da causa.
5. Art. 136. Concluída a instrução, se necessária, o incidente será resolvido por decisão interlocutória.
Parágrafo único. Se a decisão for proferida pelo relator, cabe agravo interno.
6. THEODORO JÚNIOR, 2016.
7. Art. 138. O juiz ou o relator, considerando a relevância da matéria, a especificidade do tema objeto da demanda ou a repercussão social da controvérsia, poderá, por decisão irrecorrível, de ofício ou a requerimento das partes ou de quem pretenda manifestar-se, solicitar ou admitir a participação de pessoa natural ou jurídica, órgão ou entidade especializada, com representatividade adequada, no prazo de 15 (quinze) dias de sua intimação.
§ 1º A intervenção de que trata o caput não implica alteração de competência nem autoriza a interposição de recursos, ressalvadas a oposição de embargos de declaração e a hipótese do § 3º.
§ 2º Caberá ao juiz ou ao relator, na decisão que solicitar ou admitir a intervenção, definir os poderes do *amicus curiae*.
§ 3º O *amicus curiae* pode recorrer da decisão que julgar o incidente de resolução de demandas repetitivas.
F

caso concreto, como o ordenamento pátrio adotou o controle judicial para intervenção a título de *amicus curiae,* compete ao juiz analisar se determinado sujeito possui a adequada representação acerca dos interesses que foram postos em juízo.

3. A DESCONSIDERAÇÃO DA PERSONALIDADE JURÍDICA NA SEARA TRIBUTÁRIA

O Código Tributário Nacional (Lei 5.172/66), após da Consolidação das Leis do Trabalho (Decreto-lei n. 5.452/43, artigo 2°, § 2°), foi o segundo diploma a versar sobre um mecanismo de desconsideração da personalidade jurídica no direito brasileiro. Na seara tributária, a temática foi tratada por intermédio da instituição da responsabilidade de terceiros, com relação a pessoas jurídicas, nos seus artigos 134 e 135.

Inicialmente, imperioso definir o que seja "grupo econômico" e em que medida se relaciona a sua existência com o redirecionamento da execução fiscal, para que, posteriormente, proceda-se à verificação de sua ocorrência e do correto processamento do redirecionamento.

Nesse sentido, alguns têm adotado a alteração do parágrafo 2° do artigo 2°, da CLT, pela Lei n° 13.467/2017, como definição de grupo econômico. Ocorre que a redação de tal dispositivo não se revela como mais apropriada, tendo-se em vista que, em verdade, fixa os limites da *responsabilidade trabalhista*, e utiliza a própria expressão *grupo econômico* como uma de suas hipóteses, sem propriamente defini-lo. Observe:

> "Art. 2° Considera-se empregador a empresa, individual ou coletiva, que, assumindo os riscos da atividade econômica, admite, assalaria e dirige a prestação pessoal de serviço.
>
> [...]
>
> § 2° *Sempre que uma ou mais empresas, tendo, embora, cada uma delas, personalidade jurídica própria, estiverem sob a direção, controle ou administração de outra, ou ainda quando, mesmo guardando cada uma sua autonomia, integrem grupo econômico, serão responsáveis solidariamente pelas obrigações decorrentes da relação de emprego".*

Diante de tal consideração, a definição de "grupo econômico" encontra-se ainda na Lei das Sociedades por Ações (Lei 6.404/76), em seu artigo 265, parágrafos e artigo 266. Veja-se:

> "Art. 265. A sociedade controladora e suas controladas podem constituir, nos termos deste Capítulo, grupo de sociedades, mediante convenção pela qual se obriguem a combinar recursos ou esforços para a realização dos respectivos objetos, ou a participar de atividades ou empreendimentos comuns.
>
> § 1° A sociedade controladora, ou de comando do grupo, deve ser brasileira, e exercer, direta ou indiretamente, e de modo permanente, o controle das sociedades filiadas, como titular de direitos de sócio ou acionista, ou mediante acordo com outros sócios ou acionistas.
>
> § 2° A participação recíproca das sociedades do grupo obedecerá ao disposto no artigo 244.

Art. 266. As relações entre as sociedades, a estrutura administrativa do grupo e a coordenação ou subordinação dos administradores das sociedades filiadas serão estabelecidas na convenção do grupo, mas cada sociedade conservará personalidade e patrimônios distintos".

Percebe-se que a configuração de grupo econômico exige dois fatores essenciais, quais sejam, (i) *a combinação de recursos ou esforços para a realização dos respectivos objetos e* (ii) *o elemento organizacional de controle, que é a influência dominante.* Dessa feita, não é suficiente que haja similitude no quadro societário ou, ainda, que haja identidade no objeto social. Em questão afeta à identidade de sócios, a própria previsão da CLT já assevera não se perfazer em fator suficiente à constatação de grupo econômico. Veja-se o parágrafo terceiro do artigo 2º da Consolidação em comento:

"§ 3º Não caracteriza grupo econômico a mera identidade de sócios, sendo necessárias, para a configuração do grupo, a demonstração do interesse integrado, a efetiva comunhão de interesses e a atuação conjunta das empresas dele integrantes".

Visto que já definido o que seja grupo econômico, passa-se ao contexto que o insere no redirecionamento da execução fiscal, com a inclusão das pessoas jurídicas que o conformam no polo passivo do feito executivo.

Em que pese o redirecionamento da execução ter como fundamento a responsabilidade tributária, especificamente, aquela decorrente de ato ilícito, tal embasamento se demonstra inadequado aos casos de grupo econômico. Observe a prescrição do artigo 135, CTN:

"Art. 135. São pessoalmente responsáveis pelos créditos correspondentes a obrigações tributárias resultantes de atos praticados com excesso de poderes ou infração de lei, contrato social ou estatutos:
I – as pessoas referidas no artigo anterior;
II – os mandatários, prepostos e empregados;
III – os diretores, gerentes ou representantes de pessoas jurídicas de direito privado".

Ora, percebe-se que o referido dispositivo versa a respeito de responsabilidade tributária decorrente de ato ilícito. Primordialmente, há de se estabelecer que, de acordo com a inteligência de tal dispositivo, a obrigação tributária deverá ser consequência da prática ilícita de uma das pessoas elencadas nos incisos do artigo. Dessa forma, a mera prática de ato ilícito não é suficiente à concretização do fato jurídico da responsabilidade, vez que necessária a relação de causalidade entre o ato ilícito e o fato jurídico tributário.

Em continuidade, o ato ilícito a que faz referência o caput do artigo 135, CTN, é aquele imputado às pessoas constantes do rol, e não à pessoa jurídica (empresária, sociedade). Tal constatação é fulcral porquanto, ainda que não se utilize da interpretação antecedente, é suficiente a afastar a incidência da responsabilidade tributária por ato ilícito nos casos de mero inadimplemento, vez que a pessoa inadimplente é a pessoa jurídica – a sociedade –, e o artigo 135, CTN, não se aplica aos ilícitos da sociedade, mas a de pessoas físicas que com ela tenham uma relação especial e necessariamente estejam previstas em seus incisos.

Por fim, é salutar que se frise a responsabilidade de somente pessoas físicas pelo artigo 135, CTN, não sendo possível que configure fundamento à responsabilidade de ato ilícito de pessoas jurídicas.

Aproveitando o ensejo de digressão a respeito do tema "responsabilidade tributária", algumas palavras fazem-se essenciais a respeito do que seja a responsabilidade solidária. A solidariedade diz respeito não precisamente ao objeto da prestação, mas à relação jurídica obrigacional. Assim, são solidários os sujeitos que participem da mesma relação jurídica, em um mesmo polo (ativo ou passivo).

No caso da relação jurídico-tributária tem-se como sujeito passivo o contribuinte e, como sujeito ativo, aquele que detém a capacidade ativa tributária, não necessariamente coincidindo com o ente político detentor da competência tributária. Todavia, é sabido existir outra modalidade de "sujeito passivo", qual seja, o responsável tributário. Rememore-se o artigo 121, parágrafo único, CTN:

> "Art. 121. Sujeito passivo da obrigação principal é a pessoa obrigada ao pagamento de tributo ou penalidade pecuniária.
>
> Parágrafo único. O sujeito passivo da obrigação principal diz-se:
>
> I – contribuinte, quando tenha relação pessoal e direta com a situação que constitua o respectivo fato gerador;
>
> II – responsável, quando, sem revestir a condição de contribuinte, sua obrigação decorra de disposição expressa de lei".

Evidentemente que chamado de "sujeito passivo" porque ocupante da posição sintática de demandado em uma relação jurídica. Entretanto, não é o responsável tributário aquele que pratica o fato jurídico tributário, ou seja, não é aquele a que se imputa o antecedente da norma individual e concreta de lançamento tributário (constituição do crédito), nem aquele previsto na norma geral e abstrata de incidência tributária (Regra Matriz de Incidência Tributária).

Diferentemente do contribuinte, o responsável tributário é sujeito constante da norma secundária sancionatória da inobservância de algum dever geral ou, no caso dos artigos 135 e seguintes do CTN, de prática atos ilícitos e infrações tributárias.

Nesse sentido, destaca-se a lição do artigo 3°, CTN, a respeito da definição de tributo e de seu distanciamento quanto à sanção:

> "Art. 3° Tributo é toda prestação pecuniária compulsória, em moeda ou cujo valor nela se possa exprimir, que não constitua sanção de ato ilícito, instituída em lei e cobrada mediante atividade administrativa plenamente vinculada".

Assim que, se não é a norma de responsabilidade a mesma da RMIT (norma de incidência) – visto que norma secundária sancionatória –, tampouco será o fato jurídico da responsabilidade de mesma natureza do fato jurídico tributário, o que por sua vez implica afirmar que a obrigação tributária (decorrente da prática do fato jurídico tributário) é diversa da relação jurídica imposta ao responsável tributário (relação sancionatória).

Ora, se responsável tributário e contribuinte são sujeitos demandados de relações jurídicas diferentes, não se pode afirmar existir solidariedade entre eles. Tais esclarecimentos são extremamente fundamentais à leitura do artigo 124, CTN, em especial ao inciso I. Vejamos:

> "Art. 124. São solidariamente obrigadas:
> I – as pessoas que tenham interesse comum na situação que constitua o fato gerador da obrigação principal;
> II – as pessoas expressamente designadas por lei.
> Parágrafo único. A solidariedade referida neste artigo não comporta benefício de ordem".

Como já esposado não haver possibilidade lógica de solidariedade entre responsável tributário e contribuinte e sendo a norma jurídica uma estrutura lógica, de certo que o artigo 124, I, CTN, ao dispor sobre a solidariedade entre *pessoas que tenham interesse comum na situação que constitua o fato gerador da obrigação principal* não está a falar sobre contribuinte e responsável, mas sobre contribuintes.

Posto isso, a responsabilidade prevista no artigo 135, CTN, não é solidária, mas pessoal e integral. Observe que a dicção do dispositivo é literal ao salientar que são "*pessoalmente responsáveis*" as pessoas encartadas em seus incisos.

O equívoco ao se associar o instituto da responsabilidade tributária ao da desconsideração da personalidade jurídica prevista no artigo 50 do CC se dá, justamente, por adotar o Código Civil a "teoria maior" da desconsideração de personalidade, a qual exige a prática de um ato ilícito como fundamento de sua aplicação, ao passo que prevê o artigo 135, CTN, também a prática de um ato ilícito.

Diante de todo o exposto, sabido não ser cabível a paridade entre os institutos. Ademais, perceba-se que o artigo 50, CC, prevê como atos ilícitos que ensejam a desconsideração da personalidade aqueles referentes ao abuso da personalidade jurídica, quais sejam, o desvio de finalidade e a confusão patrimonial.

4. DIVERGÊNCIA JURISPRUDENCIAL A RESPEITO DA ADOÇÃO DO INCIDENTE DE DESCONSIDERAÇÃO DA PERSONALIDADE JURÍDICA (IDPJ) EM SEDE DE EXECUÇÃO FISCAL

A jurisprudência do Superior Tribunal de Justiça encontra-se dividida em relação ao cabimento do procedimento de desconsideração da personalidade jurídica no âmbito das execuções fiscais.

A tese esposada pela 1ª Turma do Tribunal da Cidadania defende ser necessária a instauração do incidente de desconsideração da personalidade da pessoa jurídica devedora para o redirecionamento de execução fiscal a pessoa jurídica que integra o mesmo grupo econômico, mas que não foi identificada no ato de lançamento (Certidão de Dívida Ativa) ou que não se enquadra nas hipóteses dos arts. 134 e 135 do CTN. STJ. 1ª Turma. REsp 1.775.269-PR, Rel. Min. Gurgel de Faria, julgado em 21.02.2019 (Info 643).

Segundo a 1ª Turma, não se mostra imperiosa a instauração do incidente de desconsideração da personalidade jurídica no processo de execução fiscal no caso em que a Fazenda Pública exequente pretende alcançar pessoa distinta daquela contra a qual, originalmente, foi ajuizada a execução, mas cujo nome consta na Certidão de Dívida Ativa, após regular procedimento administrativo, ou, mesmo o nome não estando no título executivo, o Fisco demonstre a responsabilidade, na qualidade de terceiro, em consonância com os artigos. 134 e 135 do CTN. Em contrapartida, a referida turma reputa necessária a instauração do incidente de desconsideração da personalidade da pessoa jurídica devedora para o redirecionamento de execução fiscal a pessoa jurídica que integra o mesmo grupo econômico, mas que não foi identificada no ato de lançamento (Certidão de Dívida Ativa) ou que não se enquadra nas hipóteses dos artigos 134 e 135 do CTN. Nesse sentido:

> Tributário. Processual civil. Incidente de desconsideração da personalidade jurídica – IDPJ. arts. 133 A 137 do CPC/2015. Execução fiscal. Cabimento. Necessidade de observância das normas do código tributário nacional.
>
> I – Consoante o decidido pelo Plenário desta Corte na sessão realizada em 09.03.2016, o regime recursal será determinado pela data da publicação do provimento jurisdicional impugnado. Aplica-se, in casu, o Código de Processo Civil de 2015.
>
> II – A instauração do incidente de desconsideração da personalidade jurídica – IDPJ, em sede de execução fiscal, para a cobrança de crédito tributário, revela-se excepcionalmente cabível diante da:(i) relação de complementariedade entre a LEF e o CPC/2015, e não de especialidade excludente; e (ii) previsão expressa do art. 134 do CPC quanto ao cabimento do incidente nas execuções fundadas em títulos executivos extrajudiciais.
>
> III – O IDPJ mostra-se viável quando uma das partes na ação executiva pretende que o crédito seja cobrado de quem não figure na CDA e não exista demonstração efetiva da responsabilidade tributária em sentido estrito, assim entendida aquela fundada nos arts. 134 e 135 do CTN. Precedentes.
>
> IV – Equivocado o entendimento fixado no acórdão recorrido, que reconheceu a incompatibilidade total do IDPJ com a execução fiscal. V – Recurso Especial conhecido e parcialmente provido para determinar o retorno dos autos ao tribunal a quo para o reexame do agravo de instrumento com base na fundamentação ora adotada.
>
> (REsp 1804913 / RJ, Relatora: Regina Helena Costa, Primeira Turma, Dje 02.10.2020)

Já a 2ª Turma do Superior Tribunal de Justiça entende ser prescindível o incidente de desconsideração da personalidade jurídica para o redirecionamento da execução fiscal na sucessão de empresas com a configuração de grupo econômico de fato e em confusão patrimonial.

Para a referida Turma, o procedimento de desconsideração (IDPJ) se mostra incompatível com o rito da execução fiscal previsto na Lei 6.830/80, conforme se extrai do seguinte excerto do voto proferido quando do julgamento do REsp 1.786.311-PR (2ª Turma, Rel. Min. Francisco Falcão, julgado em 09/05/2019 – Informativo 648).

> "A previsão constante no art. 134, caput, do CPC/2015, sobre o cabimento do incidente de desconsideração da personalidade jurídica, na execução fundada em título executivo extrajudicial, não implica a incidência do incidente na execução fiscal regida pela Lei 6.830/1980, verificando-se verdadeira incompatibilidade entre o regime geral do Código de Processo Civil e a Lei de Execuções, que diversamente da Lei geral, não comporta a apresentação de defesa sem prévia garantia do juízo, nem a automática suspensão do processo, conforme a previsão do art. 134, § 3º, do CPC/2015. Na execução fiscal a aplicação do CPC é subsidiária, ou seja, fica reservada para as situações em que as referidas leis são silentes e no que com elas compatível (...)" "Evidenciadas as situações previstas nos arts. 124, 133 e 135, todos do CTN, não se apresenta impositiva a instauração do incidente de desconsideração da personalidade jurídica, podendo o julgador determinar diretamente o redirecionamento da execução fiscal para responsabilizar a sociedade na sucessão empresarial."

5. CONCLUSÃO

O Código de Processo Civil de 2015 trouxe inúmeras alterações e inovações normativas, sendo indubitável que o incidente de desconsideração da personalidade jurídica é uma das matérias que mais gera controvérsia no âmbito jurídico.

A problemática envolvendo a necessidade de instauração do incidente de desconsideração da personalidade jurídica em sede de execução fiscal, em razão do princípio do contraditório e da ampla defesa, não nos traz qualquer espanto, pois quanto maior for a eficácia irradiante dos direitos fundamentais, maior será a tendência de colisões com outras normas jurídicas.

Nos termos do art. 1º da Lei 6.830/1980, a Lei adjetiva em vigor é subsidiariamente aplicável às execuções fiscais apenas quando não houver conflito com a lei especial. Contudo, no caso de aplicação do incidente de desconsideração previsto no novo CPC ao rito da execução fiscal é possível constatar a dita incompatibilidade das normas.

A dissonância se mostra presente pelo fato da Lei de Execuções Fiscais exigir prévia garantia do juízo, seja pelo depósito integral em dinheiro, realização de penhora, ou oferecimento de seguro garantia ou fiança bancária (art. 9º e art. 16, § 1º; e no art. 16, § 3º). A defesa do executado fica adstrita aos embargos à execução, mandado de segurança, ação de repetição de indébito, ação anulatória (art. 38 da LEF), assim como pela via excepcional da exceção de pré-executividade, por construção jurisprudencial e doutrinária.

É possível concluir que o incidente de desconsideração cria mais uma hipótese de suspensão do executivo fiscal, além da prevista no art. 40 da LEF, figurando como um obstáculo à recuperação do crédito exequendo.

O crédito público de natureza tributária goza de proteção especial, de forma que a aplicação do incidente de desconsideração da personalidade jurídica, previsto nos arts. 133 a 137 do CPC/2015, aparenta não ser compatível com o rito das execuções fiscais, ao possibilitar de forma inédita a suspensão do processo e dilação probatória sem prévia e integral garantia do juízo.

6. REFERÊNCIAS

CUNHA, Leonardo Carneiro da. *A Fazenda Pública em juízo*. 13. ed., Rio de Janeiro: Forense, 2016.

Dinamarco, Cândido Rangel; LOPES, Bruno Vasconcelos Carrilho. *Teoria geral do novo processo civil*. São Paulo: Malheiros, 2016.

NEVES, Daniel Amorim Assumpção. *Novo código de processo civil comentado artigo por artigo*. 2. ed. rev. e atual. Salvador: JusPodivm, 2017.

Sabbag, Eduardo. *Manual de direito tributário*. 8. ed. São Paulo, Saraiva, 2016.

Theodoro Júnior, Humberto. *Curso de Direito Processual Civil* – Teoria geral do direito processual civil, processo de conhecimento e procedimento comum. 56. ed. rev., atual. e ampl. Rio de Janeiro: Forense, 2016. v. I.

Parte V
Desjudicialização
da Execução Civil no Brasil

PARTE V
DESJUDICIALIZAÇÃO
DA EXECUÇÃO CIVIL NO BRASIL

NOTAS SOBRE ALGUNS ASPECTOS RELEVANTES À DESJUDICIALIZAÇÃO DA EXECUÇÃO

Arruda Alvim

Doutor e Livre Docente. Professor Titular da Pós-graduação stricto sensu (Mestrado e Doutorado) da Pontifícia Universidade Católica de São Paulo. Advogado.

1. INTRODUÇÃO

Considerando a existência de um Projeto de Lei (PL 6.204/2019) em tramitação sobre a desjudicialização da execução de título judicial e extrajudicial, bem como uma tendência mais ampla de descentralização do acesso à justiça do poder judiciário,[1] este artigo pretende delinear alguns dos aspectos a serem considerados na discussão do projeto, bem como na evolução legislativa sobre o tema.

Espera-se, a partir das considerações que serão empreendidas, enriquecer os debates já existentes, bem como suscitar novas reflexões a respeito do tema.

Nesse artigo, utilizaremos o termo *desjudicialização* de forma ampla, sem ignorar as teorias existentes, com o intuito de indicar a descentralização relativamente ao judiciário, da tarefa de atuação prática do direito.[2]

Para tanto, trataremos, em linhas gerais, da grande modificação pretendida pelo projeto, comparativamente a outras modalidades de desjudicialização[3] de questões antes solucionadas exclusivamente perante o poder judiciário.

---

1. Além dos exemplos enumerados na nota subsequente, menciona-se, de antemão, a existência de algumas modalidades de autotutela contratual que, há algum tempo, autorizavam a satisfação do direito do credor, independentemente de manifestação judicial. Destacam-se, nesse contexto, a previsão do Decreto-lei 70/1966, cujos arts. 31 a 38 atribuem ao agente fiduciário competência para processar a cobrança da dívida, além da disciplina do Sistema Financeiro Imobiliário/Alienação Fiduciária de bem imóvel (Lei 9.514/1997). Cf. a propósito dessas leis específicas, ARRUDA ALVIM. Alienação Fiduciária de bem imóvel – o contexto da inserção do instituto em nosso direito e em nossa conjuntura econômica. Características. *Revista de Direito Privado*. v. 2/147-176, abr.-jun. 2000; CUSTÓDIO FILHO, Ubirajara. A execução extrajudicial do Decreto-lei 70/66 em face do princípio do devido processo legal. *Revista de Direito Constitucional e internacional*, v. 37, p. 147-174, São Paulo, Ed. RT, 2001.
2. Com a ressalva, apenas, que ao utilizar o termo *desjudicializar* a execução não designamos a completa *desjurisdicionalização* das questões afetas às atividades executivas, pelas razões que serão declinadas ao longo do trabalho.
3. Em estudo sobre o tema da desjudicialização da execução, Márcio Carvalho Faria menciona uma série de exemplos: "Como se sabe, nos últimos 15 anos, o ordenamento jurídico brasileiro agasalhou diversas normas desjudicializadoras, como as que autorizam, extrajudicialmente, (i) a retificação de registro imobiliário (Lei 10.931/04), (ii) a realização de inventário, separação e divórcio consensuais (Lei 11.441/07), (iii) o reconhecimento de usucapião (art. 216-A da Lei 6.015/73, com redação dada pelo art. 1.071 do CPC), regulamentado pelo Provimento 65/17, CNJ; e (iv) a retificação de registro civil (Lei 13.484/17)". E, em nota de rodapé, cita, ainda: "(i) protesto extrajudicial de certidão de dívida ativa (art. 1º, parágrafo único, da Lei 9.492/92, com redação pela Lei 12.767/12); (ii) mediação e conciliação nos serviços notariais (Provimento 67/2018 do CNJ); (iii) alteração de nome e estado civil de pessoa transgênero (Provimento 73/2018 do CNJ); (iv) regularização fundiária (arts. 9º e ss. da Lei 13.465/17 c/c Decreto 9.310/2018); (v) reconhecimento voluntário e averbação de paternidade/maternidade socioafetiva (Provimento 63/2017 do CNJ)." (Primeiras

Na sequência, trataremos das questões que envolvem a discussão sobre a constitucionalidade do instituto, sobretudo sob a perspectiva da ideia de monopólio da jurisdição pelo Estado que, a nosso ver, deve ser considerada um dogma já ultrapassado.

Tangencialmente, abordaremos alguns pontos que julgamos relevantes, com destaque para o papel do advogado e a realização da justiça no contexto da desjudicialização.

2. A GRANDE MODIFICAÇÃO PRETENDIDA PELO PROJETO: AVANÇOS, SEMELHANÇAS E DISTINÇÕES EM RELAÇÃO A OUTRAS MODALIDADES DE DESJUDICIALIZAÇÃO

Como se sabe, o Projeto transfere funções executivas para os Tabelionatos de Títulos, permitindo-lhes atuar desde a formulação da pretensão do exequente até os atos expropriatórios propriamente ditos, até a extinção da execução, com a satisfação do credor. Remanesce, todavia, a competência judicial para apreciar questões que possam vir a causar prejuízo às partes, bem como a necessidade de que o agente da execução requeira ao juiz a determinação de uso autoridade policial para as medidas que dependerem do uso de força e coerção.

Nesse contexto, cabe analisar, de início, o avanço compreendido na iniciativa.

Primeiro, busca-se desjudicializar a *execução* e, não, a função cognitiva, como ocorre, por exemplo, com a desjudicialização de temas específicos (*v.g.*, usucapião, inventário, divórcio etc.) e, mesmo, com a ampliação da atividade jurisdicional cognitiva para soluções alternativas ao judiciário, de que constitui exemplo destacado a arbitragem.

Trata-se de um dado importante a ser considerado, pois, embora a ampliação do espectro da arbitragem e sua equiparação à atividade jurisdicional sirvam como argumento à ruptura com o dogma do monopólio estatal da jurisdição,[4] deve-se atentar para o fato de que o árbitro não está autorizado a exercer o *jus imperium* rela-

---

impressões sobre o projeto de Lei 6.204/2019: críticas e sugestões acerca da tentativa de se desjudicializar a execução brasileira (parte um). *Revista de processo*. v. 313, p. 393-414, mar. 2021).

4. Argumento com o qual concordamos, e de que já nos valemos artigo noutras oportunidades. Nesse sentido, v. o capítulo 3 de nosso *Manual de direito processual civil*. 20 ed. São Paulo: Thomson Reuters Brasil, 2021. E, mais especificamente, o que escrevemos ao lado do Prof. Joel Dias Figueira Jr.: ARRUDA ALVIM; FIGUEIRA JR., Joel Dias. O fenômeno global da desjudicialização, o PL 6.204/19 e a agenda 2030/ONU-ODS. *Migalhas*, 11 de novembro de 2002, disponível em: https://www.migalhas.com.br/depeso/336193/o-fenomeno-global-da-desjudicializacao--o-pl-6-204-19-e-a-agenda-2030-onu-ods, acesso em: 30 jul. 2021, onde já nos manifestamos quanto à desjudicialização da execução e ao Projeto: "Há muito encontra-se superado o que no passado denominou-se de 'reserva de jurisdição'; flexibilizou-se os subprincípios do 'juiz natural' e da 'inafastabilidade da jurisdição estatal'. No brasil, por exemplo, o supremo tribunal federal há quase 20 anos atrás (em 2001) colocou pá de cal acerca do tema alusivo à (in)constitucionalidade da lei da arbitragem (9.307/96), no julgamento do processo de homologação de sentença estrangeira 5206-8/246, oriunda do reino da Espanha, em recurso de agravo regimental, e, nessa linha, acertadamente o Código de 2015 deu o tom de modulação à regra insculpida no art. 5º, inc. XXXV da lei maior ao dispor no art. 3º, *caput*, que "não se excluirá da apreciação jurisdicional [pública ou privada] ameaça ou lesão a direito", reafirmando o permissivo legal da arbitragem, em seu § 1º."

tivo a atos executivos sub-rogatórios, ou seja, a praticar atos concretos tendentes à satisfação do direito. Essa modalidade de sub-rogação, no sentido de se substituir à parte e praticar – ou fazê-la praticar – diretamente os atos de satisfação do direito, é ainda transferida ao Judiciário. Logo, a *atuação do direito* não é alvo da atividade do terceiro imparcial que julga o pedido formulado no juízo arbitral.

Ainda, a arbitragem constitui uma *opção fundada na autonomia da vontade e não um afastamento instituído por lei da apreciação do poder judiciário*. Logo, como decidido pelo Supremo Tribunal Federal na SE 5203, não há ofensa ao disposto no art. 5º, XXXV, da CF/1988 na permissão legal dada ao juiz para que substitua a vontade da parte recalcitrante em firmar o compromisso, diante a existência prévia de manifestação de vontade das partes na cláusula compromissória.[5]

Em segundo lugar, e por outro lado, embora não se ignore que *nem toda atividade executiva é exercida pelo Judiciário*, de modo geral, as providências extrajudiciais geralmente associadas a modalidades execução extrajudicial estão previstas em leis específicas e para hipóteses pontuais[6] e, no geral, referem-se a situações de resolução extrajudicial de contratos, com a execução da própria garantia contratual. Nesses casos, a lei autoriza o credor a empreender a satisfação do direito, independentemente de pronunciamento do Poder Judiciário. Em geral, isso ocorre no âmbito dos direitos obrigacional e contratual – sobretudo no tocante aos contratos reais –, de que é exemplo claro o Sistema Financeiro Habitacional. Todavia, também nesta sede, é preciso ponderar que a maior parte das providências que são atribuídas à parte estão dissociadas do uso da força. Trata-se de medidas tendentes à constituição e desconstituição de determinadas situações jurídicas, em decorrência da configuração de outras – ex.: a perda do bem hipotecado em decorrência do não pagamento. As medidas concretas que extrapolam a resolução extrajudicial do contrato, de modo geral, são relegadas ao Poder Judiciário, a quem incumbe, por exemplo, a imissão na posse do imóvel pelo arrematante, em caso de execução hipotecária (v. art. 37, § 2º do Decreto-Lei 70/1966,[7] por exemplo).

Sobre o tema específico, embora haja controvérsias doutrinárias, é importante mencionar que o STF considera constitucionais muitas das hipóteses de *autotutela nas relações contratuais*[8] *e obrigacionais*, e, sobretudo, que elas vêm sendo amplamente

---

5. STF, Tribunal Pleno, SE 5206 AgR, Rel. Min. Sepúlveda Pertence, j. 12.12.2001, DJ 30.04.2004.
6. Como notou Márcio Carvalho de Faria, a iniciativa trazida pelo PL não é propriamente inédita, mas "inegável reconhecer que, ao menos até o presente momento, afigura-se o passo mais largo já dado pelo legislador brasileiro rumo à desjudicialização executiva". (FARIA, Márcio Carvalho de. Primeiras impressões sobre o projeto de Lei 6.204/2019: críticas e sugestões acerca da tentativa de se desjudicializar a execução brasileira (parte um). *Revista de processo*. v. 313, p. 393-414, mar. 2021).
7. "§ 2º. Uma vez transcrita no Registro Geral de Imóveis a carta de arrematação, poderá o adquirente requerer ao Juízo competente imissão de posse no imóvel, que lhe será concedida liminarmente, após decorridas as 48 horas mencionadas no parágrafo terceiro deste artigo, sem prejuízo de se prosseguir no feito, em rito ordinário, para o debate das alegações que o devedor porventura aduzir em contestação".
8. Nesse sentido, quanto à legitimidade da execução extrajudicial prevista no Decreto-lei 70/1966, o STF decidiu, ainda em 1998: "Execução extrajudicial. Decreto-Lei nº 70/66. Constitucionalidade. Compatibilidade do aludido diploma legal com a Carta da República, posto que, além de prever uma

utilizadas. Logo, não se pode negar uma tendência à viabilização, por outros meios, da satisfação do direito.[9]

O Projeto de Lei e a discussão por ele desencadeada extrapola as hipóteses sobreditas, pois a *execução* que se pretende *desjudicializar*[10] de modo amplo é, justamente, a execução por *quantia certa* de título judicial e extrajudicial. Esse é um dado relevantíssimo, pois, como dito, no Brasil: as hipóteses de desjudicialização da execução substituem, como já foi dito, medidas constitutivas ou desconstitutivas, como ocorre nos contratos de hipoteca e alienação fiduciária em garantia. Nesses casos, ainda que se possa falar em expropriação, não há, precisamente, expropriação forçada do patrimônio do devedor. O que ocorre é a implementação da garantia e, não, ampla persecução e expropriação de bens do devedor, tendentes a satisfazerem a obrigação do credor.

Em suma nesses casos, teria bastado que o juiz declarasse que o bem constituído em garantia deverá retornar ou ser transferido ao patrimônio do credor, sem a necessidade, num primeiro momento, da prática de atos concretos tendentes à implementação desse direito. Haveria, isto sim, a prática de atos de formalização,

---

fase de controle judicial, conquanto *a posteriori*, da venda do imóvel objeto da garantia pelo agente fiduciário, não impede que eventual ilegalidade perpetrada no curso do procedimento seja reprimida, de logo, pelos meios processuais adequados". (RE 223075, rel. Min. Ilmar Galvão, 1ª Turma, j. 23.06.1998, DJ 06.11.1998). No mesmo sentido seguiram-se muitos julgados do STF. Em especial, os seguintes: RE 240361-8, rel. Min. Ilmar Galvão, j. 23/06/1998, DJ 06.11.1998; RE 148872-7, rel. Min. Moreira Alves, DJ 12/05/2000; RE 287453-1, Rel. Min. Moreira Alves, j. 18.09.2001, DJ 26.10.2001; RE 253474, rel. Min. Celso de Mello. J. 15.05.2002, DJ 25.06.2002; RE 275684, rel. Min. Sydney Sanches, j. 29.10.2001, DJ 06.03.2002; AI 446728, rel. Min. Nelson Jobim, j. 22/03/2005, *DJ* 14/04/2005; RE 299538, rel. Min. Carlos Velloso, j. 12.06.2003, DJ 01.07.2003; RE 401379, rel. Min. Sepúlveda Pertence, j. 26.11.2003; *DJ* 11/12/2003 ; AgReg no AI 600876, rel. Min. Gilmar Mendes, j. 23.10.2007, *DJe* 14.12.2007; AgReg no AI 514565, rel. Min. Ellen Gracie, j. 10.09.2008, DJe 1º.10.2008; AgReg no AI 688010-8, rel. Min. Ricardo Lewandowski, j. 20.05.2008; *DJe* 13.06.2008; AgReg no RE 513546-2, rel. Min. Eros Grau, DJ 15.08.2008; RE 607518, rel. Min. Eros Grau, j. 09.02.2010; *DJe* 01.03.2010. Em sede de repercussão, geral, finalmente, ficou sedimentada a questão, fixada a tese de que "É constitucional, pois foi devidamente recepcionado pela Constituição Federal de 1988, o procedimento de execução extrajudicial, previsto no Decreto-lei 70/66) (STF, RE 627106, Rel. Min. Dias Toffoli, Tribunal Pleno, j. 08.04.2021, DJe-113, divulg 11.06.2021, pub. 14.06.2021).

Também o Superior Tribunal de Justiça havia firmado orientação, em sede de julgamento de recursos especiais repetitivos, no sentido de que: "Para os efeitos do art. 543-C, do CPC: Em se tratando de contratos celebrados no âmbito do Sistema Financeiro da Habitação, a execução extrajudicial de que trata o Decreto-lei no 70/66, enquanto perdurar a demanda, poderá ser suspensa, uma vez preenchidos os requisitos para concessão da tutela cautelar, independentemente de caução ou do depósito de valores incontroversos, desde que: a) exista discussão judicial contestando a existência integral ou parcial do débito; b) essa discussão esteja fundamentada em jurisprudência do Superior Tribunal de Justiça ou do Supremo Tribunal Federal (*fumus boni juris*)" (STJ, REsp 1067237/SP, rel. Min. Luis Felipe Salomão, 2ª Seção, j. 24.06.2009, DJe 23.09.2009).

9. Sobre o tema da autotutela nas relações contratuais, associada à descentralização judicial, com uma vasta gama de exemplos pontuais, que revelam a tendência a se deslocar do Estado a ideia de monopólio da tutela da solução das questões contratuais (inclusive no âmbito da realização dos direitos), cf., com proveito: SALLES, Raquel Bellini. *Autotutela das relações contratuais*. Rio de Janeiro: Editora Processo, 2019, especialmente capítulos 1 e 3, com destaque para os n. 1.6, 3.2 e 3.3.
10. Utilizando maior rigor terminológico, o ideal seria afirmar que o que se pretende desjudicializar – e assim deve ser – são os atos executivos (definir?) –, pois deve estar sempre ressalvada a possibilidade de interferência do Judiciário, sob pena de violação ao art. 5º, XXXV, da Constituição Federal.

relativos à nova situação jurídica, o que se perpetuariam pela averbação no respectivo registro.

Em terceiro lugar, e finalmente, vislumbra-se um avanço significativo nessa nova modalidade de desjudicialização, pelo fato de a execução por quantia certa ter sido a última modalidade executiva atingida pelo sincretismo entre tutela cognitiva e executiva.

Se, mesmo no plano do processo *judicial*, esta modalidade executiva sempre foi alvo de atenção especial do legislador, que estabelecia exigências específicas à concretização da obrigação de pagar quantia, não se pode negar que será um passo ainda maior desjudicializá-la, na forma e na amplitude como prevê o Projeto.

A fim de contextualizar este dado, recordamos que, muito antes da vigência do CPC/1973, já existiam ações executivas *lato sensu* e ações mandamentais específicas, destinadas a simplificar o cumprimento de sentenças que contivessem determinadas obrigações (diversas da obrigação de pagar quantia certa). Como exemplos das ações executivas *lato sensu*, podem-se citar as ações de despejo e de reintegração de posse, cujas sentenças já traziam a determinação para, em caso de descumprimento, despejar o réu ou imitir na posse o autor. Exemplo típico de ação mandamental era a ação de mandado de segurança, prevista já CF/1934 e regulamentada, pela primeira vez, no plano infraconstitucional, pela Lei 1.533/1951 (revogada pela Lei 12.016/2009, atualmente vigente).

O CPC/1973, atualmente revogado, e as reformas nele empreendidas, desenvolveram a simbiose entre tutela cognitiva e tutela executiva – no tocante às obrigações de fazer, não fazer e entrega de coisa: primeiro, a partir da introdução da tutela antecipada no art. 273 e §§ e, depois, com a introdução de dispositivos alfanuméricos que introduziram a tutela específica das obrigações (art. 473-A e B).

A dicotomia processo de conhecimento e processo de execução foi, afinal, rompida com a introdução da fase de cumprimento de sentença cujo conteúdo fosse uma condenação ao pagamento de quantia certa (alterações implementadas no CPC/1973 pela Lei 11.323/2005). Só então, pode-se dizer que foi integralmente cumprido o objetivo de estabelecer um sincretismo entre execução. É dizer, a execução por quantia certa foi o último passo para a simplificação da fase de cumprimento de sentença, no âmbito judicial.

O tratamento específico destinado às medidas que envolvem a busca de e expropriação de bens do patrimônio do devedor demonstra maior preocupação do legislador brasileiro com os atos expropriatórios propriamente ditos. Por isso, a evolução empreendida pelo Projeto é extremamente significativa, na medida em que retira do judiciário a execução dos atos práticos tendentes à expropriação do credor de quantia certa.

Trata-se, induvidosamente, de um grande avanço.

3. A CONSTITUCIONALIDADE DO PROJETO E A AUSÊNCIA DE DELEGAÇÃO DE FUNÇÃO JURISDICIONAL

Durante muito tempo, defendeu-se a ideia de que a atividade jurisdicional seria tarefa exclusiva do Estado, o que se justificava por diversas razões. A primeira delas, que vem sendo gradativamente superada, é de ordem histórica: a ideia de jurisdição, ligada ao Estado, foi concebida como forma de imposição do poder,[11] em contraposição a solução dos conflitos implementada de forma privada. A pacificação social e a administração da justiça, nessa perspectiva, possuem uma conotação menos focada nos direitos dos jurisdicionados, e mais preocupada com a centralização do poder estatal. Daí que, em grande medida, em diversos períodos históricos, o fortalecimento do poder estatal é associado ao exercício do poder jurisdicional. A segunda razão para o monopólio estatal da jurisdição consiste na ideia de que o Estado deveria ser capaz de prover os direitos sociais dos cidadãos e das coletividades, sendo a jurisdição um instrumento para a implementação desses direitos e a manutenção da paz social.

Contudo, é preciso convir que esta segunda razão não justifica, por si, o monopólio da jurisdição, senão que estabelece *o dever do Estado* de prover o acesso à justiça.[12] A jurisdição, no sentido de *dever estatal* de promover o acesso à justiça, é indelegável. Não é, contudo, insuscetível de coexistir com outras formas de solução de conflitos, livremente escolhidas pelas partes interessadas.[13] Da mesma forma, a efetivação dos direitos fundamentais não é tarefa exclusiva da jurisdição, embora não possa o Estado se furtar de analisar questões atinentes a lesão ou ameaça a direito (art. 5º XXXV, da CF/1988).

Logo, tal como atualmente compreendido, o acesso à justiça pode se dar por diversos mecanismos, preferencialmente os mais adequados à consecução dos direitos fundamentais dos cidadãos e coletividades. E, especificamente para a atuação prática dos direitos, nem sempre será imprescindível e mais adequada a utilização do poder estatal para esta finalidade. Ao contrário, afigura-se-nos, quanto aos atos executivos propriamente ditos, que o dogma da indispensabilidade do judiciário

---

11. Um primeiro sinal dessa associação, que atinge seu ápice com os estados absolutistas, pode ser vislumbrado mesmo antes de se conceber a jurisdição com os contornos modernos, nos períodos do direito romano em que o fortalecimento do poder político central conduziu à valorização do direito pretoriano. Cf. PUGLIESE, Giovani. *Istituzioni di diritto romano*. 2. ed. Torino: G. Giappichelli editore, 1990, p. 180).
12. Em sentido análogo, alguns dos textos que inspiraram a elaboração do projeto: FIGUEIRA JR., Joel Dias. Execução simplificada e a desjudicialização do processo civil: mito ou realidade. In: ARRUDA ALVIM, Eduardo; BRUSCHI, Gilberto Gomes; CHECHI, Mara Larsen; COUTO, Mônica Bonetti. *Execução civil e temas afins – do CPC/1973 ao Novo CPC: estudos em homenagem ao professor Araken de Assis*. São Paulo: Ed. RT, 2014, p. 576-604; RIBEIRO, Flávia Pereira. *Desjudicialização da execução civil*. São Paulo: Saraiva, 2013.
13. Como dissemos em nosso *Manual de direito processual civil* (20. ed. São Paulo: Thomson Reuters Brasil, 2021, cap. IV): "[...] A jurisdição não pode ser delegada ou transferida, sendo a prestação da tutela jurisdicional obrigação indeclinável do órgão e pela pessoa que foi dela constitucionalmente investida (art. 2º c/c art. 5º, XXXV, da CF/1988, pois o acesso à justiça exige resposta do Judiciário). Por isso, entendemos que, se as partes convencionam a solução pela via arbitral, não há, na verdade, delegação de jurisdição, senão que o legislador institui o sistema de arbitragem e o faz dentro de âmbito em que se exercita a autonomia privada, ainda que submetidas as partes à decisão arbitral. Criou-se, na verdade, originariamente essa modalidade de jurisdição privada.

se tornou um óbice à própria atividade jurisdicional, considerando as proporções atingidas pela crise na atividade executiva. Para isso já alertava, há algum tempo, com dados e estatísticas, o prof. Joel Dias Figueira Jr., em artigo intitulado *Execução simplificada e a desjudicialização do processo civil: mito ou realidade.*[14]

Parece-nos que a ideia de que o processo judicial sirva de instrumento à declaração do direito[15] aplicável ao caso e, também, de satisfação desse direito, só é útil enquanto este instrumento é compreendido, não como simples ferramenta de imposição do poder estatal, mas como instituição destinada à prestação de um serviço destinado à realização dos direitos fundamentais dos cidadãos e das coletividades. E, nesse ponto, a execução desjudicializada parece funcionar melhor *para os jurisdicionados* do que a execução judicial, desde que ressalvado o dever do judiciário para solucionar controvérsias e questionamentos subjacentes à própria existência da dívida, à legalidade dos atos expropriatórios e a outras possíveis lesões ou ameaças a direito.

Por isso, frisamos, em conclusão, da desjudicialização da execução não decorre a liberação do Estado do dever de atender os jurisdicionados. O Projeto deve ser visto com este olhar: a outorga de poderes executivos não compromete o exercício da jurisdição, nos termos do art. 5º, XXXV, pois estão resguardados os deveres do juiz de exercer a atividade cognitiva referente a fatos que possam ameaçar ou lesar direitos no curso da execução.

4. CONSIDERAÇÕES FINAIS

Como síntese do que foi dito nos tópicos anteriores, podemos afirmar que o Projeto de Lei 6.204/2019 é possui índole genuinamente inovadora e, ainda, que suas disposições não violam o acesso à justiça e o dever do Estado de efetivação dos direitos fundamentais.

Quanto ao caráter inovador do Projeto, pode-se dizer que a principal novidade reside na desvinculação da *atividade executiva* – e não necessariamente jurisdicional

---

14. In: ARRUDA ALVIM; ARRUDA ALVIM, Eduardo; BRUSCHI, Gilberto Gomes; CHECHI, Mara Larsen; COUTO, Mônica Bonetti. *Execução civil e temas afins* – do CPC/1973 ao novo CPC. São Paulo: Ed. RT, 2014, p. 576/604.
15. Sabe-se que, contemporaneamente, a tarefa dos juízes não mais é vista, exclusivamente, como só a de aplicar a lei dedutivamente [entenda-se isto como pura e simples "subsunção *do fato à norma*/dedução *do comando normativo*"]. A recomendação doutrinária enfatizada aos juízes, acompanhada dos valores que presidem nos dias correntes a aplicação do direito, é de que procedam à perquirição do valor de Justiça subjacente às normas (ainda que em relação às normas minuciosas ou com muitos elementos definitórios isto compreensivelmente se faça em menor escala) e, em aplicando-as, haverão de realizar esse valor [às vezes "quase que apesar da norma"]. Esta é uma *tendência* do direito contemporâneo, com particular reflexo na atividade jurisdicional. V. ALLEN, Carleton Kemp. *Law in the making [A feitura da lei (inglesa)]*, 5. ed. Oxford: Clarendon Press, 1951, p. 227, onde diz que os juízes hão de atentar para os princípios da razão, da moralidade e da utilidade social, os quais são a fonte básica, não só no direito inglês, como também, em todas as leis – no original: "To those principles of reason, morality and social utility which are the fountain – head not only of English law but of all law".

– de títulos judiciais e extrajudiciais em relação ao *Poder Judiciário*. Essa desvinculação se dá independentemente da vontade das partes, afastando, peremptoriamente, a competência judicial para os atos executivos.

Esse projeto trata da execução de maneira de maneira abrangente e ampla, não se limitando a hipóteses pontuais e específicas. Nesse ponto, avulta-se a relevância da inovação por se tratar de títulos cuja execução viabiliza a expropriação de todo o patrimônio *responsável* do devedor. Trata-se de um passo consideravelmente largo, se considerarmos a lentidão com que evoluiu a tutela executiva para as dívidas em pecúnia no âmbito das reformas do CPC/1973: apenas no início desse século XXI deu-se a incorporação da execução por quantia certa ao sincretismo entre tutela cognitiva e executiva.

A ideia ínsita ao projeto consiste no combate à centralização, nas mãos do Estado, de todas as atividades jurisdicionais, sem excluir a análise pelo Judiciário de eventuais conflitos. Isso é importante porque, diferentemente da arbitragem, que é facultativa e voluntária, a desjudicialização da execução é proposta por norma cogente, que visa, justamente, a melhorar o acesso à justiça. Mas, na medida em que tal atividade vier a demonstrar potencialidade concreta de lesão a direitos, será necessária a análise judicial, o que está previsto expressamente no Projeto.

Como dissemos em trabalho anterior, destinado ao estudo da usucapião extrajudicial, a essência dos "a essência dos textos do art. 5º, LIV e V, da CF/88, expressões do devido processo legal e do contraditório, não devem significar que o 'o juiz haja de fazer tudo'."[16] O que não pode escapar à fiscalização do Poder Judiciário é a ocorrência de lesão e a impossibilidade de sua correção, ou que se evitem lesões (ameaça de lesão). E, no caso da execução extrajudicial, a via judicial permanece aberta.

5. REFERÊNCIAS

ALLEN, Carleton Kemp. *Law in the making [A feitura da lei (inglesa)]*. 5. ed. Oxford: Clarendon Press, 1951.

ARRUDA ALVIM. A usucapião extrajudicial e o Código de Processo Civil. *Opiniões doutrinárias*. São Paulo: Thomson Reuters, 2021.

ARRUDA ALVIM. *Manual de direito processual civil*. 20. ed. São Paulo: Thomson Reuters Brasil, 2021.

ARRUDA ALVIM. Alienação Fiduciária de bem imóvel – o contexto da inserção do instituto em nosso direito e em nossa conjuntura econômica. Características. *Revista de Direito Privado*. v. 2/147-176, abr.-jun. 2000.

CUSTÓDIO FILHO, Ubirajara. A execução extrajudicial do Decreto-lei 70/66 em face do princípio do devido processo legal. *Revista de Direito Constitucional e internacional*, v. 37, p. 147-174, São Paulo: Ed. RT, 2001.

FARIA, Márcio Carvalho de. Primeiras impressões sobre o projeto de Lei 6.204/2019: críticas e sugestões acerca da tentativa de se desjudicializar a execução brasileira (parte um). *Revista de processo*. v. 313, p. 393-414, mar- 2021.

---

16. ARRUDA ALVIM, A usucapião extrajudicial e o Código de Processo Civil. *Opiniões doutrinárias*. São Paulo: Thomson Reuters, 2021, v. II. p. 707-708.

FIGUEIRA JR., Joel Dias. Execução simplificada e a desjudicialização do processo civil: mito ou realidade. In: ARRUDA ALVIM, Eduardo; BRUSCHI, Gilberto Gomes; CHECHI, Mara Larsen; COUTO, Mônica Bonetti. *Execução civil e temas afins* – do CPC/1973 ao Novo CPC: estudos em homenagem ao professor Araken de Assis. São Paulo: Ed. RT, 2014.

PUGLIESE, Giovanni. *Istituzioni di diritto romano*. 2. ed. Torino: G. Giappichelli editore, 1990.

RIBEIRO, Flávia Pereira. *Desjudicialização da execução civil*. São Paulo: Saraiva, 2013.

SALLES, Raquel Bellini. *Autotutela das relações contratuais*. Rio de Janeiro: Editora Processo, 2019.

DESJUDICIALIZAÇÃO DA EXECUÇÃO CIVIL: UMA ANÁLISE DO PL 6.204/2019 À LUZ DO PRINCÍPIO DA EFICIÊNCIA

Cassio Scarpinella Bueno

Livre-Docente, Doutor e Mestre em Direito Processual Civil pela Faculdade de Direito da PUC/SP. Professor Doutor de Direito Processual Civil dos cursos de Graduação, Especialização, Mestrado e Doutorado da Faculdade de Direito da PUC-SP. Vice-Presidente do Instituto Brasileiro de Direito Processual (IBDP) e membro do Instituto Ibero-Americano de Direito Processual e da Associação Internacional de Direito Processual. Advogado e Parecerista. cassio@scarpinellabueno.com.br

Arthur Ferrari Arsuffi

Doutorando, Mestre e Especialista em Direito Processual Civil pela Faculdade de Direito da PUC/SP. Professor do curso de Pós-Graduação *lato sensu* em Direito Processual Civil da COGEAE/PUC-SP. Membro do Instituto Brasileiro de Direito Processual (IBDP), do Centro de Estudos Avançados de Processo (CEAPRO), do Comitê Brasileiro de Arbitragem (CBAR) e da Comissão de Direito Processual Civil da OAB/SP. Advogado. arthur@reisesouza.com.br

1. INTRODUÇÃO

A ineficiência da execução civil é um tema de discussão recorrente na doutrina. Há décadas o tema é debatido e foram inúmeras as alterações legislativas que modificaram o chamado Processo de Execução até a sua formatação atual[1].

Ninguém nega que houve sensíveis avanços em razão dessas alterações legislativas, consolidadas e aperfeiçoadas pelo Código de Processo Civil de 2015. Ninguém nega, também, que ainda existe muito a se avançar[2].

Sobre tema Heitor Sica assim se manifesta:

> O sistema judiciário brasileiro pode ser comparado aos sistemas viários das grandes cidades. A "taxa de congestionamento" de seus órgãos é periodicamente medida pelo Conselho Nacional

---

1. Reformas realizadas em 1994, 2002, 2005 e 2006.
2. "Mesmo à mingua de estudos empíricos que permitissem identificar os gargalos do processo de execução, a simples sensação de baixa efetividade do processo de execução respaldava em tais oportunidades a convicção sobre a ineficiência da atividade executiva. Podia-se dizer ser previsível o ganho de tempo que se conquistaria com a dispensa da realização de nova citação do devedor para o pagamento após o encerramento da cognição, no caso de títulos executivos judiciais com condenação em obrigação de pagar quantia; ou com a modernização dos atos de apreensão de patrimônio do executado, tal como ocorreu com a penhora de ativos financeiros por meio eletrônico. Portanto, muitos daqueles avanços legislativos realmente pareciam dispensar estudo empírico para identificar os motivos de demora relacionada àqueles atos. Era preciso evoluir para formatos mais expeditos e modernos de alguns atos de execução. Ao mesmo tempo, as modificações legislativas já passadas geraram a sensação inversa de que se alcançou alguma melhora no tempo de duração do processo de execução, ainda que não houvesse números a medir e comprovar o ganho de tempo." (YARSHEL, Flávio Luiz; RODRIGUES, Viviane Siqueira. Desjudicialização da execução civil: uma solução factível e útil entre nós? In: MEDEIROS NETOS, Elias Marques de e RIBEIRO, Flávia Pereira (Coord.). *Reflexões sobre a Desjudicialização da Execução Civil*. Juruá, 2020, p. 362-363.).

de Justiça, com frequência revelando a insuficiência de sua capacidade em face da demanda da sociedade pelos serviços judiciários. Apesar dos mais diversos esforços, o congestionamento judicial segue tendência de aumento trazendo consigo diversos malefícios manifestos para o país: volumes expressivos de riquezas deixam de circular na economia enquanto objeto de disputas judiciais; o sistema bancário restringe o crédito, e cobra muito caro por ele, sabedor de que sua eventual recuperação tende a ser demorada, custosa e de eficácia incerta; o Estado se vê compelido a dedicar cada vez mais recursos para o Poder Judiciário, sem que se possam constatar resultados visíveis e duradouros em termos de redução do congestionamento judicial[3].

É público e notório que a execução civil é ineficiente e dificulta o recebimento do crédito pelo credor. O PL 6.204/2019 propõe "a chamada desjudicialização da execução civil de título judicial e extrajudicial, a introduzir modificações, dentre outras normas, ao Código de Processo Civil"[4]. A exposição de motivos do PL[5] não deixa dúvidas sobre o tema:

> "A crise em que se encontra mergulhada a jurisdição estatal aprofunda-se anualmente com o aumento da litigiosidade multifacetada, tratando-se de realidade inconteste comprovada pelo Conselho Nacional de Justiça a cada publicação do seu "Justiça em Números". Os últimos dados constantes de levantamentos estatísticos baseados no exercício de 2018 apontam para um total de 79 milhões de demandas em tramitação, das quais nada menos do que 42,81 milhões são de natureza executiva fiscal, civil e cumprimento de sentenças, equivalente a 54,2% de todo o acervo do Poder Judiciário. Indo diretamente ao ponto que interessa ao tema em voga, infere-se que aproximadamente 13 milhões de processos são execuções civis fundadas em títulos extrajudiciais e judiciais, o que corresponde à aproximadamente 17% de todo o acervo de demandas em tramitação no Poder Judiciário. Como se não bastasse a descrição de um quadro patológico crônico que se agrava a cada ano, as estatísticas do CNJ vão além e apontam para um período de tempo de tramitação das execuções extremamente longo, qual seja, 4 anos e 9 meses, considerando-se a data da distribuição até a efetiva satisfação, se e quando houver, enquanto os processos de conhecimento tramitam por tempo muito inferior (1 ano e 6 meses). Os dados do CNJ ainda indicam que apenas 14,9% desses processos de execução atingem a satisfação do crédito perseguido, enquanto a taxa de congestionamento é de 85,1%, ou seja, de cada 100 processos de execução que tramitavam em 2018, somente 14,9 obtiveram baixa definitiva nos mapas estatísticos. Diante deste cenário caótico, não é difícil concluir que os impactos negativos econômicos para o desenvolvimento do País são incalculáveis, na exata medida em que bilhões em créditos anuais deixam de ser satisfeitos, impactando diretamente o crescimento nacional, somando-se ao elevadíssimo custo da movimentação da máquina judiciária"

Os números não mentem: há um sério problema na execução civil brasileira. A partir dessa constatação surge uma pergunta cuja resposta é imprescindível para quem pretende se debruçar sobre o tema: quais são os motivos (ou, ao menos, o principal deles) que tornam a execução civil tão ineficiente?

---

3. SICA, Heitor Vitor Mendonça. Congestionamento viário e congestionamento judiciário: reflexões sobre a garantia de acesso individual ao Poder Judiciário. *Revista de Processo*, v. 236/2014, p. 13-26, out. 2014.
4. CASTRO, Daniel Penteado de. Atividades Extrajudiciais Antes Delegadas ao Poder Judiciário: Breves Comentários em Confronte com as Iniciativas de Desjudicialização da Execução Civil. *Reflexões sobre os Cinco Anos de Vigência do Código de Processo Civil de 2015*: Estudos dos membros do Centro de Estudos Avançados de Processo – Ceapro. 2021.
5. Disponível em: https://legis.senado.leg.br/sdleg-getter/documento?dm=8041988&ts=1624912882976&-disposition=inline.

Atualmente, boa parte da comunidade jurídica vem defendendo, com base em experiências jurídicas estrangeiras[6] (especialmente a experiência portuguesa – que confessadamente inspira o PL 6.204/2019[7]), que retirar a execução civil do Poder Judiciário (ou, ao menos, facultar ao credor a possibilidade de que a execução seja conduzida de forma extrajudicial) é o melhor caminho para solucionar o problema.

O posicionamento refletiu-se no PL 6.204/2019 ante os seguintes termos:

> O inovador Projeto de lei 6.204/19 de autoria da Senadora Soraya Thronicke que dispõe sobre a desjudicialização da execução civil de título executivo judicial e extrajudicial traz em seu bojo regramento atinente ao processamento destes feitos perante os tabelionatos de protestos, cujo acesso se dá de forma absoluta aos agentes de execução, responsáveis pela administração dos procedimentos extrajudiciais desta espécie, a exemplo dos exitosos modelos normativos adotados em Portugal e França. Esses "sistemas" apresentam-se de forma híbrida ou mista, na exata medida em que o Estado juiz permanece do início ao fim à disposição das partes para manter a observância do devido processo legal, enquanto a prática dos atos executivos propriamente ditos realizam-se por meio da atuação de um terceiro imparcial – "agente de execução" ou "huissier de justice". Em outras palavras, tem-se um processo executivo desjudicializado sem perder a sua natureza jurisdicional.[8]

Há de se questionar, contudo, se os problemas vivenciados pelos sistemas jurídicos europeus são os mesmos problemas que tornam a execução civil brasileira tão ineficiente. A pergunta é relevante, pois, se as causas são diversas, a solução também deve ser.

De fato, o que precisa ser avaliado no âmbito de um projeto de lei que tem como objetivo desjudicializar a execução civil é se o Poder Judiciário é um entrave para a eficiência da execução ou se o(s) problema(s) é (são) outro(s).

---

6. Na França, o papel de agente de execução é exercido pelo *huissier de justice;* na Alemanha, pelo *GVZ*, funcionário público concursado. Na Itália, as competências do *ufficiale giudiziario* foram ampliadas, permitindo-o conduzir a execução. Nos Estados Unidos e Inglaterra, a atividade é exercida pelo *sheriff*.

7. Consta da exposição de motivos do PL 6.204/2019 que: "Objetivando simplificar e desburocratizar a execução de títulos executivos civis, e, por conseguinte alavancar a economia do Brasil, propõe-se um sistema normativo novo, mas já suficientemente experimentado com êxito no direito estrangeiro. Nessa linha, na maioria dos países europeus a execução de títulos executivos é realizada sem a interferência do Judiciário, sendo atribuição do "agente de execução", quem recebe o pedido do credor e lhe dá o devido processamento – desde que presentes os requisitos formais do título executivo –, incluindo citações, notificações, penhoras e alienação de bens. O juízo competente só participará desse procedimento em situações excepcionais quando chamado a decidir alguma questão passível de discussão por meio de embargos do devedor, suscitação de dúvidas, determinação de medidas de força ou coercitivas. Merecem destaque as reformas portuguesas de desjudicialização da execução realizadas nos anos de 2003 e 2008, que surgiram como resposta à crise da justiça lusitana, que envolvia o excesso de execuções pendentes e a morosidade na tramitação dos processos – fenômeno idêntico ao verificado no Brasil. Dentro de um contexto de harmonização de sistemas jurídicos europeus, verificou-se o movimento português visando o incremento da economia e redução do custo do Estado e, em médio prazo, as metas perseguidas com o implemento da desjudicialização foram alcançadas. Vale ainda ressaltar que a iniciativa portuguesa partiu do Poder Executivo na busca de uma solução para o problema citado, nomeando para desincumbir-se de elevada missão o renomado Prof. Dr. José Lebre de Freitas que, em conjunto com outros estudiosos, elaborou o texto legislativo que veio a revolucionar o sistema executivo daquele País, alcançado o seu ápice com os ajustes legislativos ocorridos em 2008. Diante do sucesso da experiência portuguesa, propõe-se uma desjudicialização da execução adaptada à realidade brasileira, com o máximo aproveitamento das estruturas extrajudiciais existentes e que há muito já demonstram excelência no cumprimento de suas atividades."

8. ARRUDA ALVIM, Manoel de. JÚNIOR FIGUEIRA, Joel Dias. *Do procedimento extrajudicial e o acesso ao agente de execução no PL 6.204/19*: Anverso e Reverso. Disponível em: https://www.migalhas.com.br/depeso/346680/do-procedimento-extrajudicial-e-o-acesso-ao-agente-de-execucao.

Este artigo, que não tem (e nem quer ter) a pretensão de esgotar o assunto. Seu objetivo, muito mais modesto, é o de analisar se a proposta de desjudicialização da execução civil, na forma proposta pelo PL 6.204/2019, é, ao menos no momento atual, o melhor caminho para trazer maior eficiência à execução civil brasileira.

2. EFICIÊNCIA E PROCESSO

Quando se fala de eficiência no processo, historicamente, o primeiro princípio em que se pensa é o da celeridade.

Há, em todos aqueles que circundam o processo jurisdicional, um nítido desejo por um processo célere e efetivo. Não sem razão o legislador previu, no artigo 4º do Código de Processo Civil, que "As partes têm o direito de obter em prazo razoável a solução integral do mérito, incluída a atividade satisfativa".

A tônica, no entanto, não pode ser a da celeridade pura e simples. É preciso que a solução seja equilibrada, ou seja, eficiente.

É o que afirmou José Carlos Barbosa Moreira[9] em célebre passagem: "o que todos devemos querer é que a prestação jurisdicional venha a ser melhor do que é. Se para torná-la melhor é preciso acelerá-la, muito bem: não, contudo, a qualquer preço".

Dentro dessa linha de pensamento deixa-se de ter como parâmetro a "celeridade" e se passa a considerar o "direito à razoável duração do processo", o qual compõe expressamente nosso ordenamento jurídico desde 1992, a partir do pacto de São José da Costa Rica (art. 8º, 1)[10], tendo-se consolidado com a Emenda Constitucional n. 45/2004[11].

De nada adianta um processo célere, mas que viole os direitos e as garantias fundamentais; de nada adianta um processo célere que venha a dar ensejo a inúmeros outros recursos e processos autônomos em razão de sua falta de qualidade [como, por exemplo, o que poderia ocorrer com uma "decisão" proferida pelo chamado "agente de execução"[12] e não revista pelo magistrado responsável pelo procedimento de dúvida[13] previsto no PL 6.204/2019].

---

9. O futuro da justiça: alguns mitos. *Revista de Processo*, v. 102, p. 232, abr.-jun. 2001.
10. "Toda pessoa tem direito a ser ouvida, com as devidas garantias e dentro de um prazo razoável, por um juiz ou tribunal competente, independente e imparcial, estabelecido anteriormente por lei, na apuração de qualquer acusação penal formulada contra ela, ou para que se determinem seus direitos e obrigações de natureza civil, trabalhista, fiscal ou de qualquer outra natureza."
11. Que inseriu o inciso LXXVIII no art. 5º da Constituição Federal, na seguinte redação: "a todos, no âmbito judicial e administrativo, são assegurados a razoável duração do processo e os meios que garantam a celeridade de sua tramitação".
12. Art. 4º. Incumbe ao agente de execução: I – examinar o requerimento e os requisitos do título executivo, bem como eventual ocorrência de prescrição e decadência; II – consultar a base de dados mínima obrigatória, nos termos do art. 29, para localização do devedor e de seu patrimônio; III – efetuar a citação do executado para pagamento do título, com os acréscimos legais; IV – efetuar a penhora e a avaliação dos bens; V – realizar atos de expropriação; VI – realizar o pagamento ao exequente; VII – extinguir a execução; VIII – suspender a execução diante da ausência de bens suficientes para a satisfação do crédito; IX – consultar o juízo competente para sanar dúvida relevante; X – encaminhar ao juízo competente as dúvidas suscitadas pelas partes ou terceiros em casos de decisões não reconsideradas.
13. Art. 21. As decisões do agente de execução que forem suscetíveis de causar prejuízo às partes poderão ser impugnadas por suscitação de dúvida perante o próprio agente, no prazo de cinco (5) dias que, por sua

De nada adianta, da perspectiva da eficiência, por exemplo, delegar a decisão sobre a (im)penhorabilidade de um bem ao agente de execução e excluir a possibilidade de recurso após o procedimento de dúvida perante o Poder Judiciário (cf. art. 21, § 2°, do PL 6.204/2019[14]) se a parte prejudicada poderá impetrar Mandado de Segurança em face de tal decisão.

Ou seja, é preciso avaliar o sistema jurídico como um todo[15], para que se possa aferir se o PL 6.204/2019 trará, de fato, maior eficiência à execução civil.

Há que se encontrar um equilíbrio entre qualidade e celeridade. É daí que surge a necessidade de empregar o princípio da eficiência no processo civil[16]. O processo será eficiente se conseguir obter os melhores resultados com o menor dispêndio de tempo e recursos possível.

Como sempre sustentou um dos subscritores desse artigo, o processo civil é um ramo do direito público, pois seu objeto é o estudo da atuação do Poder Judiciário, o que exige que sua análise se dê invariavelmente a partir da perspectiva da Constituição Federal[17-18].

---

vez, poderá reconsiderá-las no mesmo prazo. § 1° Caso não reconsidere a decisão, o agente de execução encaminhará a suscitação de dúvida formulada pelo interessado para o juízo competente e dará ciência à parte contrária para, no prazo de 5 (cinco) dias, apresentar manifestação diretamente ao juízo. § 2°. A decisão que julgar a suscitação a que se refere este artigo será irrecorrível.

14. § 2°A decisão que julgar a suscitação a que se refere este artigo será irrecorrível.
15. Como disse Eros Grau em célebre voto proferido na ADI n° 6.685-8/DF: "não se interpreta a Constituição em tiras, aos pedaços. Tenho insistido em que a interpretação do direito é interpretação do direito, não de textos isolados, desprendidos do direito. Não se interpreta textos de direito, isoladamente, mas sim o direito – a Constituição – no seu todo."
16. "A expressão eficiência não é exatamente sinônima do termo *eficácia*, guardando em relação a este apenas um sentido restrito qualificativo de especialidade. Eficiência, do latim *efficientia*, portanto, deve ser entendida restritivamente como a ação, força ou virtude de produzir um determinado efeito (eficácia), ao menor custo *lato sensu* possível. Por consequência, o parâmetro da eficiência só pode ser medido pelo correto cálculo do custo necessário para a produção do efeito desejado e jamais pela simples produção do resultado final (eficácia)" (FRIEDE, Roy Reis. Eficiência: um imperativo para o poder judiciário. *Revista de Processo*, v. 68, p. 59, out.-dez. 1992). No mesmo sentido: CAMPOS, Eduardo Luiz Cavalcanti. *O princípio da Eficiência no Processo Civil Brasileiro*. Rio de Janeiro: Forense, 2018, p. 3.
17. SCARPINELLA BUENO, Cassio (Coord.). *Comentários ao Código de Processo Civil*. São Paulo: Saraiva, 2017, v. 1 (arts. 1° a 317), p. 21. Para a formulação atual do pensamento do autor, consultar seu *Curso sistematizado de direito processual civil*, v. 1, esp. p. 121-127.
18. Sobre o tema Fabiano Carvalho, valendo-se das lições do italiano Riccardo Guastini, escreve que "a constitucionalização do ordenamento jurídico é caracterizada como um processo em expansão a partir do pós-guerra. Porém, no Brasil, o fenômeno é mais recente, porque, apenas depois da promulgação da Constituição Federal de 1988, a 'constitucionalização do direito' tornou-se expressão de uso comum na linguagem de nossos juristas. Embora seu conceito não tenha um significado unívoco e permanente, pode-se dizer que a constitucionalização do direito é um processo de transformação, mediante o qual o ordenamento jurídico é totalmente impregnado por normas constitucionais. (...). Essa tendência invasiva das normas constitucionais esteve presente na elaboração do novo Código de Processo Civil (Lei 13.105, de 16.03.2015), que situou – definitivamente – o sistema processual em confluência com a constituição" (CARVALHO, Fabiano. *O princípio da eficiência no processo coletivo*: Constituição, microssistema do processo coletivo e novo Código de Processo Civil. In: MILARÉ, Édis (Coord.). *Ação Civil Pública após 30 anos*. São Paulo: Ed. RT, 2015, p. 271).

Sendo o Poder Judiciário um dos ramos da Administração Pública e a resolução de conflitos por meio do processo um serviço público[19]-[20], não há como negar a incidência, no processo civil, do art. 37 da Constituição Federal, o qual prevê que os entes da Administração Pública devem atuar sempre de forma eficiente[21].

No âmbito do Poder Judiciário, o Conselho Nacional de Justiça vem estabelecendo diversas metas com vistas a tornar o processo jurisdicional mais eficiente. Entretanto, os dados e métricas utilizados revelam que a grande preocupação dessas metas é diminuir o tempo de duração do processo e não a de melhorar a qualidade da prestação da tutela jurisdicional[22]-[23].

Essa realidade é evidenciada por Alexandre Câmara que, ao analisar os dados apresentados pelo Conselho Nacional de Justiça no ano de 2011, chegou a conclusões alarmantes:

> O STJ, em 2011, proferiu 229.518 decisões que tiveram por efeito a extinção de processos. Isto significou 6.955 decisões por magistrado com assento naquele tribunal. É preciso, porém, saber ler esses resultados. Imagine-se que cada magistrado que atua no STJ tenha trabalhado 300 dias por ano (o que é um número exagerado, caso se considere que se forem excluídos os finais de semana – e sem considerar qualquer feriado, férias ou dias de recesso – o ano teria 251 dias úteis). Nessa hipótese cada magistrado teria proferido 27,7 decisões por dia. Admitindo-se, apenas por hipótese, que cada Ministro tenha trabalhado 9 horas ininterruptas por dia, sem parar sequer um minuto, e se limitando a examinar processos e proferir decisões (o que é evidentemente falso, bastando lembrar que durante uma sessão de julgamento, enquanto um magistrado profere seu voto os outros se limitam a ouvir), cada um deles teria examinado os autos e redigido a decisão em aproximadamente três processos por hora. Em outras palavras, aproximadamente 20 minutos para cada processo. É evidente que esses números indicam que há algo de estranho na estatística. Ou não representam exatamente a realidade (havendo, por exemplo, processos examinados e

---

19. Cf. REDONDO, Bruno Garcia. *Adequação do Procedimento pelo Juiz*. Salvador: JusPodivm, 2017, p. 111.
20. Nesse sentido, na França: Loïc Cadiet e Emmanuel Jeuland afirmam que: "En tout cas, personne ne contestera que rendre la justice est un des attributs de la souveraine étatique, l'une des fonctions étatiques, ce qui conduit à donner à la justice la forme d'un service public. De cette nature singulière, découle un ordonnance judiciaire – c'est-à-dire un ensable d'organes juridictionnels – qui respecte les principes de fonctionnement du service public" (CADIET, Loïc; JEULAND, Emmanuel. *Droit Judiciaire Privé*. 9. édition. Paris: LexisNexis, 2016, p. 41).
21. "No direito brasileiro, a exigência de eficiência da atividade estatal está prevista no art. 37 da CF/1988 (LGL\1988\3). Não obstante faça o texto constitucional expressa referência à função administrativa, este princípio constitucional se aplica também aos órgãos que administram justiça. E isso porque toda e qualquer atividade estatal – administrativa ou não – deve ser exercida de modo eficiente" (CÂMARA, Alexandre Freitas. O Direito à Duração Razoável do Processo: Entre Eficiência e Garantias. *Revista de Processo*, v. 223, p. 39-53, set. 2013.
22. Das oito metas apresentadas pelo Conselho Nacional de Justiça em 2016, apenas uma demonstra preocupação com a eficiência do processo, qual seja, a meta 3, que prevê aumentar o número de casos resolvidos por meio de conciliação. Metas do Conselho Nacional de Justiça disponíveis em: http://www.cnj.jus.br/files/publicacoes/arquivo/55c4fb5d3c220c5aa8f1e799f1844bed_a859ac7309f9ae62dc7d229721a69ac1.pdf. Acesso em: 06 mar. 2018.
23. Vale destacar que "a existência de erros compromete a eficiência do processo, uma vez que haverá retrabalho (ou reprocesso) das atividades executadas incorretamente, fazendo com que sejam gastos mais recursos do que se a atividade fosse, simplesmente, executada corretamente da primeira vez" (MIYAKE, Dario Ikuo; RAMOS, Alberto W. *Desenvolvendo Indicadores de Produtividade e Qualidade em Hospitais*: Uma Proposta de Método. Produto & Produção, v. 11, n. 2, p- 67-84, jun. 2010).

decisões proferidas não pessoalmente pelo magistrado, mas por sua assessoria), ou as decisões são proferidas sem qualquer compromisso com a qualidade, tornando-se a quantidade de pronunciamentos judiciais o único valor relevante[24].

A verdade é que, no que diz respeito ao Poder Judiciário, o princípio da eficiência sempre foi atrelado a sua organização e função administrativa[25], sendo sua aplicação no processo judicial pouco estudada.

Buscando modificar essa situação, o CPC/2015 previu, em seu art. 8º, que o princípio da eficiência incida diretamente sobre o processo, o que representou verdadeira mudança de paradigma[26-27-28].

Não resta dúvida, portanto, de que "o Poder Judiciário deve racionalizar, otimizar, e tornar mais eficiente a atividade jurisdicional. A eficiência processual parece, na verdade, um meio para se atingir a finalidade do prazo razoável do processo. O juiz deve buscar sempre otimizar as técnicas processuais (meio) com o objetivo de solucionar o mérito em prazo razoável (fim)"[29].

A questão que se coloca é saber qual objetivo se pretende alcançar com maior eficiência. Em nosso sistema, ao que indicam as metas no CNJ acima discutidas e, também, o *texto* do PL 6.204/2019, a preocupação preponderante é a celeridade[30], e não propiciar boas decisões.

Entendemos que esse não seja o melhor caminho. Primeiro porque essa preocupação exclusiva (ou preponderante) com a celeridade poderá trazer inúmeras distorções sistêmicas e ocasionará, no final do dia, uma demora ainda maior (pen-

---

24. *In* O direito à duração razoável do processo: entre eficiência e garantias. *Revista de Processo*, v. 223, p. 40, set. 2013.
25. Cf. CARVALHO, Fabiano. O princípio da eficiência no processo coletivo: Constituição, microssistema do processo coletivo e novo Código de Processo Civil. In: MILARÉ, Édis (Coord.). *Ação Civil Pública após 30 anos*. São Paulo: Ed. RT, 2015, p. 272.
26. Vale destacar que, desde 1994, o princípio da eficiência já era expressamente previsto no art. 2º da Lei do Processo Administrativo, Lei Federal n. 9.784/1999.
27. "Não há qualquer previsão da aplicação desse princípio no âmbito do processo judicial, muito embora haja dispositivo que estabeleça sua observância no processo administrativo federal. O projeto do novo CPC traz, então, uma novidade, transportando para o processo judicial um princípio que está previsto para a atuação da Administração Pública" (CARNEIRO DA CUNHA, Leonardo. A previsão do princípio da eficiência no projeto do Novo Código de Processo Civil Brasileiro. *Revista de Processo*, v. 233, p. 65-84, jul. 2014).
28. Cf. CARVALHO, Fabiano. O princípio da eficiência no processo coletivo: Constituição, microssistema do processo coletivo e novo Código de Processo Civil. In: MILARÉ, Édis (Coord.). *Ação Civil Pública após 30 anos*. São Paulo: Ed. RT, 2015, p. 272.
29. FONSÊCA, Victor. In: BUENO, Cássio Scarpinella (Coord.). *Comentários ao Código de Processo Civil*. São Paulo: Saraiva, 2017. v. 1. (arts. 1º a 317), p. 95.
30. Análises do PL colocam que "A iniciativa de desjudicialização da execução vem em bom momento não por se tentar espelhar na experiência do direito alienígena (que, a despeito de servir como fonte de inspiração, as demandas ali experimentadas devem ser compreendidas frente as peculiaridades de tais sistemas como um todo, o que não necessariamente compõe os fatores que assolam a realidade brasileira), mas sim no escopo de reformas processuais, de alguma maneira tentar imprimir melhor expressão do tão caro valor de efetividade e celeridade" (CASTRO, Daniel Penteado de. Atividades Extrajudiciais Antes Delegadas ao Poder Judiciário: Breves Comentários em Confronte com as Iniciativas de Desjudicialização da Execução Civil. *Reflexões sobre os Cinco Anos de Vigência do Código de Processo Civil de 2015*: Estudos dos membros do Centro de Estudos Avançados de Processo – Ceapro. 2021.).

semos, por exemplo, na já mencionada propagação de Mandados de Segurança em razão do procedimento previsto no PL 6.204/2019); segundo porque somente com uma preocupação conjunta entre tempo (celeridade) e qualidade é que será possível alcançar os verdadeiros objetivos da jurisdição.

Dentro dessa linha de pensamento, Michele Taruffo afirma que "un sistema procesal es eficiente cuando es razonablemente rápido y económico, pero también cuando está estructuralmente orientado a alcanzar decisiones completamente informadas, correctas y fiables, en todos los aspectos de la controversia"[31-32].

Fabiano Carvalho, por sua vez, aponta que "os elementos da eficiência processual são: tempo, custo e qualidade da decisão final"[33].

Entendemos, assim, que qualquer legislação que verse sobre direito processual – como é o caso do PL 6.204/19 – deve equilibrar mecanismos que permitam que a solução se dê de forma célere (no caso da execução, a satisfação do crédito ou da obrigação do Autor) e com qualidade, vetores que devem ser pensados e contemplados conjuntamente e não como ideias e modelos contrapostos de um processo[34].

Poder-se-ia argumentar que essa a preocupação em se equilibrar o tempo com a qualidade das decisões estaria circunscrita ao procedimento comum, não incidindo no processo de execução e consequentemente no PL 6.204/19.

A despeito de a preocupação com a qualidade das decisões possa, em tese, ser maior no processo de conhecimento, não há como negar que diversas questões cognitivas são ordinariamente decididas no âmbito do processo de execução.

Trata-se de questões da mais alta relevância. No âmbito da execução se decide, por exemplo, questões como avaliação de bens (o que pode ser bastante complexo, basta se pensar na necessidade de se avaliar quotas/ações de sociedade empresária penhoradas), (im)penhorabilidade (o que também pode demandar ampla dilação probatória, como, por exemplo, em questões envolvendo bem de família), menor onerosidade (CPC, art. 805), dentre inúmeros outros temas.

---

31. TARUFFO, Michele. Oralidad y escritura como factores de eficiência en el processo civil. *Páginas sobre justicia civil*. Marcial Pons, 2009, p. 248.
32. "Um sistema processual é eficiente quando é razoavelmente rápido e econômico, mas também quando é estruturalmente orientado para produzir decisões plenamente fundamentas, corretas e confiáveis, em todos os aspectos da controvérsia" (tradução livre do autor).
33. CARVALHO, Fabiano. O princípio da eficiência no processo coletivo: Constituição, microsistema do processo coletivo e novo Código de Processo Civil. In: MILARÉ, Édis (Coord.). *Ação Civil Pública após 30 anos*. São Paulo: Ed. RT, 2015, p. 274.
34. Michele Trufo aponta que quando se busca a eficiência nesses dois vetores "las cosas son mucho más complejas: por una parte, incluso en este caso el tiempo y el dinero necesarios para llegar a la resolución de la controversia son importantes, dado que el desperdicio de tiempo y dinero es ineficiente em cualquier proceso judicial. Por otra parte, los factores relativos a la calidad del contenido de la decisión final también deberían tenerse en cuenta. Para ser justa, una decisión tiene que estar basada en una adecuada, completa y justa presentación de los aspectos jurídicos del caso por cada una de las partes, y uma decisión correcta, completa y, en lo posible, verdadera acerca de los hechos discutidos, basándose em una evaluación imparcial de la prueba" (TARUFFO, Michele. Oralidad y escritura como factores de eficiencia en el proceso civil. *Páginas sobre justicia civil*. Marcial Pons, 2009, p. 248).

O fato é que a análise de tais temas é corriqueira no processo de execução, de modo que o legislador deve se preocupar com a qualidade com que tais temas serão decididos e não apenas com a celeridade.

Nos itens abaixo, analisaremos o PL 6.204/19 à luz do princípio da eficiência e dos problemas vivenciados na execução brasileira, tudo com vistas a contribuir, com propostas e provocações, para a construção de um sistema melhor e mais eficiente.

3. OS PROBLEMAS QUE AFETAM A EFICIÊNCIA DA EXECUÇÃO NO BRASIL

Na pesquisa intitulada "Justiça em números 2019", ano base 2018, realizada pelo Conselho Nacional de Justiça, apontou que existem 78 milhões de processos pendentes de julgamento, dos quais 13 milhões eram execuções de pagar quantia. Dessas 13 milhões de execuções, apenas 15% atingiam a satisfação do crédito e a taxa de congestionamento era de 85%[35].

Essa pesquisa mostrou que o tempo médio de tramitação de um processo de execução é sensivelmente superior ao dos processos de conhecimento. De acordo com ela, as execuções demoram em média quatro anos e nove meses para serem finalizadas e os processos de conhecimento tramitam em média por um ano e seis meses.

Não se pode ignorar que, como regra, as questões submetidas à apreciação judicial na fase de conhecimento são, no geral, mais complexas do que aquelas discutidas no processo de execução.

De fato, inicialmente, sequer se entendia que a atividade executiva tinha caráter jurisdicional. Para quem se filiava a essa corrente, a atividade jurisdicional se limitava à atividade declaratória[36], de dizer o direito no caso concreto, não englobando qualquer ato de execução.

Esse entendimento foi superado, dentre outras razões, porque "de nada adiantaria a simples manifestação do Estado dizendo o direito. É imprescindível que sua atividade se complete por meio da efetivação do direito declarado. Por isso mesmo, o art. 4º do CPC/2015 diz ser garantido a todos 'o direito de obter em prazo razoável a solução integral do mérito, incluída a atividade satisfativa'"[37]. Isso porque, como já sustentou um dos autores deste artigo, a jurisdição "pode ser entendida como a função do Estado destinada à solução imperativa, substitutiva e com vocação de

---

35. Conselho Nacional de Justiça. Justiça em números 2019. Disponível em: https://www.cnj.jus.br/wp-content/uploads/conteudo/arquivo/2019/08/justica_em_numeros20190919.pdf Acesso em: 14 abr. 2021.
36. Tal conceito de jurisdição remonta ao direito romano. Segundo Francesco de Martino, "la nozione strettamente tecnica di iurisdictio, nel senso di un singolo e specifico atto del processo, si è perduta nella terminologia usuale, così nelle fonti giuridiche dell'impero, il vocabolo non indica più una parte della funzione del magistrato nel processo formulare, ma tutta la funzione, cioè un ius dicere nel senso ampio. Ma anche così, la parte sostanziale della concezione originaria è conservata. Ius dicere o iurisdictio comprende tutti gli atti diretti alla costituzione del processo, designandoli con il loro carattere più eminente, la dichiarazione del diritto. Infatti, il valore fondamentale ed originario di iurisdictio come dichiarazione del diritto si è mantenuto in più testi". *La giurisdizione nel diritto romano*, 1937, p. 149.
37. ARRUDA ALVIM. *Manual de Direito Processual Civil*. 17. ed. São Paulo: Ed. RT, 2017, p. 99.

definitividade de conflitos intersubjetivos. O exercício dessa atuação do Estado, contudo, não se limita à declaração de direitos, mas também à sua realização prática, isto é, à sua concretização"[38].

Assim, a jurisdição deixou de ser classificada como a função estatal de *dizer o direito* para ser entendida como a função estatal que tem como função *resolver/solucionar* o conflito. Dessa nova perspectiva, o conceito de jurisdição se tornou mais amplo, passando a abarcar, também, os atos executivos praticados pelo magistrado no curso do processo. É dar o destaque devido, aqui também, ao precitado art. 4º do CPC.

Atualmente não há como negar que a atividade executiva é jurisdicional e possui cognição, ainda que sumária[39]. Trata-se, contudo, de matérias comumente mais simples do que aquelas objeto do processo de conhecimento.

Essa constatação dá indícios de que o tempo maior de tramitação dos processos de execução (se comparado com o tempo de tramitação dos processos de conhecimento) não está diretamente relacionado à demora na prática de atos pelo Poder Judiciário.

Muito se falou na exposição de motivos do PL 6.204/76 sobre a preocupante demora dos processos executivos, mas pouco se falou sobre as causas dessa demora[40]. O Poder Judiciário foi visto como o "culpado" pelo problema e as exitosas experiências das execuções extrajudiciais já vigentes e cuja constitucionalidade já foi reconhecida

---

38. SCARPINELLA BUENO, Cassio. Curso sistematizado de direito processual civil. 10. ed., rev., ampl. e atual. São Paulo: Saraiva 2021, v. I, p. 260.
39. Sobre o tema, ver, com proveito: SICA, Heitor Vitor Mendonça. *Cognição do Juiz na Execução Civil*. São Paulo: Ed. RT, 2017.
40. "No caso aqui sob estudo, a sensação de pouca efetividade da execução ainda está presente e maior prova disso é a reflexão que se coloca nesta obra sobre a possível desjudicialização. Esta é pensada para delegar aos tabeliões de protesto a realização da maioria dos atos do processo de execução, com o objetivo de 'simplificar e desburocratizar a execução de títulos executivos civis', como enfatiza o projeto de Lei 6.204/2019, reservando ao Poder Judiciário a apreciação de embargos (art. 18). Mas, ao menos nos estudos que amparam a justificativa a esse projeto, não se identifica uma relação direta entre gargalos da execução com a circunstância de determinados atos processuais serem praticados no âmbito judicial. (...) aparentemente não se dedicou atenção às causas desse baixo índice de efetividade da execução no território nacional. Desconhece-se a existência de estudos apontando que aquele diagnóstico deve ser tributado essencialmente ao modelo de funcionamento (ou à excessiva 'burocratização') da máquina judiciária. Por isso, respeitada opinião diversa, embora não se discorde da inferência feita na justificativa do projeto (de que os 'impactos negativos econômicos para o desenvolvimento do País são incalculáveis' e de que 'bilhões em créditos anuais [que] deixam de ser satisfeitos'), ela não está necessariamente relacionada ao modelo judicial da execução civil no Brasil. Um dado apresentado na justificativa do projeto também chama a atenção: 'extrai-se do Anuário publicado pelo Instituto de Protestos ('Cartórios em Números'), edição 2019, que no exercício de 2018, 32.1% dos títulos privados protestados não foram pagos, o que representa R$ 9,6 bilhões; a esses números somam-se milhares de títulos que, sabidamente, não são levados à protesto, mas que, para serem satisfeitos, necessitam ser executados perante o Estado-juiz". Ora, esse índice de inadimplência é resultado da execução civil no formato atual ou de uma crise de inadimplência que assola o país? Não se vislumbra aqui, mais uma vez, uma relação de causa e efeito associada ao modelo judicial de execução civil. Assim, preservada convicção diversa, não convence o argumento de que o problema estaria no Judiciário" (YARSHEL, Flávio Luiz; RODRIGUES, Viviane Siqueira. Desjudicialização da execução civil: uma solução factível e útil entre nós? In: MEDEIROS NETO, Elias Marques de e RIBEIRO, Flávia Pereira (Coord.). *Reflexões sobre a Desjudicialização da Execução Civil*. Curitiba: Juruá, 2020, p. 365.)

pelo Supremo Tribunal Federal[41] (Lei 9.514/97 [Lei da Alienação Fiduciária] e Decreto-Lei 70/66 [execução hipotecária extrajudicial]) utilizadas como justificativa para a desjudicialização de toda a execução civil.

Ora, se o culpado pela demora fosse a lentidão do Poder Judiciário em proferir decisões ou dar andamento a atos burocráticos, a lógica seria a de que o processo de conhecimento (mais complexo do ponto de vista cognitivo, probatório etc.) demorasse mais do que o processo de execução. Ademais, será mesmo que as experiências da Lei 9.514/97 (Lei da Alienação Fiduciária) e do Decreto-Lei 70/66 (execução hipotecária extrajudicial) são comparáveis à execução civil em geral? Entendemos que não.

No que diz respeito ao Brasil, a experiência mostra que a grande vilã da execução civil é a dificuldade em se encontrar bens do devedor[42] (e não a demora da prática de atos pelos magistrados responsáveis por conduzir a execução). Esse problema está diretamente relacionado a três causas: (i) a ausência de patrimônio do devedor; (ii) sistemas de buscas de bens não integrados, pouco abrangentes e precisos; (iii) legislação protetiva, talvez de forma irrazoada, com estruturas de proteção patrimonial com enorme dificuldade do desfazimento de sistemas de "blindagem patrimonial".

Trata-se de questões que extrapolam o processo e se relacionam com a própria cultura e funcionamento da economia e com estruturas do próprio direito material.

O primeiro ponto que se deve observar é a grande desigualdade social brasileira, bem como a crise econômica que de tempos em tempos assola o País. O segundo ponto que se mostra relevante para essa análise é a facilidade com que se concede crédito no Brasil e a falta de conhecimento e planejamento financeiro da maior parte da população.

Também se mostra relevante a prática de atos abusivos por parte de instituições financeiras (invariavelmente grandes litigantes) na concessão de crédito, que com juros altíssimos vêm nesse mercado uma excelente forma de lucrar.

O problema não estaria na análise realizada pelas instituições financeiras antes da concessão do crédito? Ou, ainda, na prática reiterada de oferecer crédito sem expor com clareza os encargos e consequências da operação?

---

41. Tema 249, originado no RE 627.106/PR: É constitucional, pois foi devidamente recepcionado pela Constituição Federal de 1988, o procedimento de execução extrajudicial previsto no Decreto-lei 70/66". (RE 627.106. Órgão julgador: Tribunal Pleno; Relator(a): Min. Dias Toffoli; Julgamento: 08.04.2021; Publicação: 14.06.2021).
42. Antônio Pereira Gaio Júnior coloca que "Em verdade, mais particularmente em sede das vias satisfativas (Cumprimento da Sentença e Processo de Execução), os lapsos temporais elásticos ora observados alhures não correspondem tão simplesmente a questões de ordem formal (procedimental), mas muito mais que isso. Trata-se da dificuldade na inquirição ou busca de patrimônio do devedor, este que sabidamente e não com menos frequência, por vezes, pratica atitudes contumazes e violadoras da própria cláusula geral da boa-fé processual (art. 5º do CPC (LGL\2015\1656)), permitindo o não cumprimento efetivo da obrigação inadimplida, seja por ocultar patrimônio, dilapidá-lo, movê-lo para fora do alcance de qualquer interessado ou, ainda, por não possuir qualquer liquidez passível de expropriação, o que, deveras, dá-se também com frequência comum." (JÚNIOR, Antônio Pereira Gaio. Execução e desjudicialização: modelos, procedimento extrajudicial pré-executivo e o PL 6204/2019. *Revista de Processo*, v. 206, p. 151-175, ago. 2020.

Nesse sentido, é de se levar em conta a recente edição da chamada Lei do Superendividamento (Lei Federal 14.181/2021), a qual "altera a Lei 8.078, de 11 de setembro de 1990 (Código de Defesa do Consumidor), e a Lei 10.741, de 1º de outubro de 2003 (Estatuto do Idoso), para aperfeiçoar a disciplina do crédito ao consumidor e dispor sobre a prevenção e o tratamento do superendividamento.".

De acordo com a explicação da ementa[43] do projeto que originou a aludida Lei, a intenção foi:

> "aperfeiçoar a disciplina do crédito ao consumidor e dispor sobre a instituição de mecanismos de prevenção e tratamento extrajudicial e judicial do superendividamento e de proteção do consumidor pessoa física, visando garantir o mínimo existencial e a dignidade humana; estabelece como direito básico do consumidor a garantia de práticas de crédito responsável, de educação financeira, de prevenção e tratamento das situações de superendividamento, preservando o mínimo existencial, por meio da revisão e repactuação da dívida, entre outras medidas; dispõe sobre a prescrição das pretensões dos consumidores; estabelece regras para a prevenção do superendividamento; descreve condutas que são vedadas ao fornecedor de produtos e serviços que envolvem crédito, tais como: realizar ou proceder à cobrança ou ao débito em conta de qualquer quantia que houver sido contestada pelo consumidor em compras realizadas com cartão de crédito ou meio similar, enquanto não for adequadamente solucionada a controvérsia, impedir ou dificultar, em caso de utilização fraudulenta do cartão de crédito ou meio similar, que o consumidor peça e obtenha a anulação ou o imediato bloqueio do pagamento ou ainda a restituição dos valores indevidamente recebidos, condicionar o atendimento de pretensões do consumidor ou o início de tratativas à renúncia ou à desistência relativas a demandas judiciais; dispõe sobre a conciliação no superendividamento; define superendividamento; acrescenta o § 3º ao art. 96 da Lei 10.741/2003 (Estatuto do Idoso) para estabelecer que não constitui crime a negativa de crédito motivada por superendividamento do idoso; dispõe que a validade dos negócios e demais atos jurídicos de crédito em curso, constituídos antes da entrada em vigor da lei, obedece ao disposto no regime anterior, mas os seus efeitos produzidos após a sua vigência aos preceitos dela se subordinam."

A aludida Lei foi aprovada após a ampla participação da sociedade civil e mostra haver grande preocupação em coibir práticas abusivas na concessão de crédito, bem como garantir um mínimo existencial aos cidadãos. Em outras palavras, o próprio Poder Legislativo reconhece que a população necessita de proteção estatal para não se ver privada de um conjunto mínimo de bens.

Diante dessa realidade, é preciso levar em conta que um dos motivos para que as execuções civis demorem tanto e sejam tão comumente infrutíferas é a própria ausência de bens do executado.

Destaque-se que as bem-sucedidas experiências de desjudicialização previstas na Lei 9.514/97 (Lei da Alienação Fiduciária) e no Decreto-Lei 70/66 (execução hipotecária extrajudicial) não se prestam a afastar essa conclusão.

Nessas hipóteses de execução extrajudicial não há que se falar no problema relacionado à ausência de bens, pois já há um bem em garantia e apto, via de regra, a fazer frente ao crédito do credor.

---

43. Disponível em: https://www25.senado.leg.br/web/atividade/materias/-/materia/106773.

Ou seja, não há como se comparar o sucesso atingido com a desjudicialização prevista na Lei 9.514/97 (Lei da Alienação Fiduciária) e no Decreto-Lei 70/66 (execução hipotecária extrajudicial), pois os cenários são substancialmente distintos. Enquanto nesses casos já existe um bem pronto a satisfazer o débito (previamente ofertado como garantia da obrigação), na execução civil, em geral, o grande problema é encontrar os bens do devedor. Até porque, em rigor, para se falar de sucesso daquelas empreitadas há de se perquirir se a satisfação de crédito se dá, tão somente, com a recuperação do bem que, desde o plano material, quer assegurar o pagamento da dívida. Caso contrário, é mister medir quanto tempo demora para a cobrança do eventual "saldo residual" [se aplicável] que, por definição, pressupõe a localização e a expropriação (quando não se tratar de dinheiro, evidentemente) de bens passíveis de penhora do devedor.

Nenhuma disposição do PL 6.204/2019 visa a resolver esse problema.

No que diz respeito à necessidade de se aperfeiçoar mecanismos de pesquisa e constrição de bens, o que se tem observado nos últimos anos é que a pesquisa efetiva de bens depende de informações sensíveis e, na maior parte das vezes, confidenciais, que só serão obtidas mediante efetiva cooperação entre os órgãos públicos e, em caso de sigilo, precedida da necessária ordem judicial (tais como expedições de ofícios ao Sistema de Investigação de Movimentações Bancárias – SIMBA e ao Conselho de Controle de Atividades Financeiras – COAF).

Não há qualquer disposição *efetiva* no PL 6.204/2019 que trate dessa questão e facilite a busca de bens do devedor.

No que diz respeito à necessidade de se atingir o patrimônio de terceiros, o problema é ainda maior. A extensão de responsabilidade patrimonial depende, como regra, do reconhecimento de um ato ilícito (assim, por exemplo, mas nem de longe de modo exclusivo, o art. 50 do Código Civil), o que só pode ser reconhecido por meio de processo judicial.

Não haveria, sem ferir a Constituição, como o agente de execução estender a responsabilidade patrimonial a uma pessoa física ou jurídica que não conste como devedor no título executivo.

A utilização de mecanismos de desconsideração de personalidade jurídica/ reconhecimento de grupo econômico, tão relevantes para a satisfação do crédito do credor, depende de processo judicial, que tem que dialogar com o procedimento extrajudicial de execução, o que, muito provavelmente, gerará maior ineficiência[44].

Em resumo, a despeito de entendermos que a ideia da desjudicialização seja louvável e necessária, é preciso que o PL 6.204/2019 – confessadamente inspirado

---

44. . A propósito, um dos subscritores do presente artigo, vem propondo que o *procedimento* dos arts. 133 a 137 do CPC possa ser utilizada a devida aferição (sempre respeitado o indispensável contraditório) de *outras* causas de responsabilidade que não se confundam e não se esgotem na desconsideração da personalidade jurídica. Para tanto, v. seu *Curso sistematizado de direito processual civil*, v. 1, p. 580.

no modelo português – seja aperfeiçoado com vistas a tratar as *causas* da ineficiência da execução civil brasileira, com suas peculiaridades e desafios próprios, não suas consequências.

4. PROCEDIMENTO PREVISTO NO PL 6.204/2019

Além dos pontos mencionados no item 3 acima, algumas questões referentes ao procedimento previsto no PL 6.204/2019 devem ser objeto de atenção e aperfeiçoamento. Frise-se, contudo, que não se propõe nesse artigo a esgotar o tema, mas apenas fazer algumas contribuições pontuais para o aperfeiçoamento do PL à luz do princípio da eficiência.

De acordo com o PL 6.204/2019, caberá aos tabeliães de protesto, com exclusividade, a atuação como Agentes de Execução. Caberá a esse Agente de Execução decidir sobre os temas típicos do processo de execução (p. ex. penhora e avaliação de bens) tal como dispõe o art. 4º do PL[45].

Ao Poder Judiciário caberá o julgamento dos Embargos à Execução (art. 18 do PL[46]) e o julgamento de dúvidas suscitadas pelas Partes em decorrência de decisões proferidas pelo Agente de Execução que não forem reconsideradas (art. 21 do PL[47]).

Uma questão que se coloca é se esse modelo efetivamente trará mais eficiência ao sistema se comparado com o modelo atualmente previsto no Código de Processo Civil.

No modelo atual, cabe ao magistrado decidir os temas objeto da execução, sendo cabível agravo de instrumento em face de toda e qualquer decisão proferida nesse

---

[45]. . Questão que não pode ser deixada de lado é porque a escolha do PL pelos cartórios de protesto para desempenhar o papel de agente de execução se eles não têm a expertise que se espera daqueles agentes tal qual desenhada pelo Projeto. Entendemos que até se poderia estabelecer um regime transitório para que o Projeto, uma vez aprovado, pudesse ser aplicado na prática, mas que seria essencial que os agentes da execução fossem pensados em termos de estruturas novas, voltadas para uma nova função que não se confunde e, muito menos, se exaure nos protestos de títulos. Medidas coercitivas, como o protesto, não são assimiláveis, nem de longe, a medidas *patrimoniais* que são, em última análise – e não havendo vontade de contribuição do executado, a despeito de todos os incentivos para tanto –, a única forma (civilizada) de satisfazer o crédito.

[46]. Art. 18. O executado, independentemente de penhora, depósito ou caução, poderá opor-se à execução por meio de embargos a serem apresentados ao juízo competente. § 1º O juízo competente para conhecer e julgar os embargos à execução será sempre o do local onde se situar o tabelionato de protesto em que estiver sendo processada a execução extrajudicial. § 2º Quando for necessária a realização de citação ou de atos executivos por agente diverso daquele em que estiver sendo processada a execução, os embargos poderão ser oferecidos em quaisquer dos juízos, mas a competência para julgá-los será do juízo do foro do local do tabelionato responsável pelo processamento da execução. § 3º O juízo que primeiro receber os embargos ou qualquer dos incidentes da execução estará prevento para o julgamento de todos os demais incidentes. § 4º Quando a citação for realizada por agente de foro diverso daquele no qual se processar a execução, o prazo para embargos será contado a partir da juntada aos autos da certidão de realização do ato.

[47]. Art. 21. As decisões do agente de execução que forem suscetíveis de causar prejuízo às partes poderão ser impugnadas por suscitação de dúvida perante o próprio agente, no prazo de cinco (5) dias que, por sua vez, poderá reconsiderá-las no mesmo prazo. § 1º Caso não reconsidere a decisão, o agente de execução encaminhará a suscitação de dúvida formulada pelo interessado para o juízo competente e dará ciência à parte contrária para, no prazo de 5 (cinco) dias, apresentar manifestação diretamente ao juízo. § 2º A decisão que julgar a suscitação a que se refere este artigo será irrecorrível.

contexto (CPC, art. 1.015, p. u.). No modelo previsto no PL 6.204/2019 caberá ao Agente de Execução decidir sobre tais temas, sendo possível que o tema seja levado ao Poder Judiciário mediante a suscitação de dúvida ou o ajuizamento de Embargos à Execução.

Em se tratando de medidas objeto de suscitação de dúvida, a decisão do juiz será irrecorrível, na forma que atualmente consta do PL 6.204/76.

Entendemos, contudo, que esse modelo poderá trazer mais malefícios do que benefícios sob a perspectiva da eficiência.

Isso porque, em primeiro lugar, o procedimento de suscitação de dúvida (previsto na Lei de Registros Públicos) costuma ser moroso e procedimentalmente burocrático. Assim, é provável que o procedimento previsto no PL demande uma decisão do agente de execução, uma suscitação de dúvida com possibilidade de reconsideração e, não sendo esse o caso, a remessa da dúvida ao Poder Judiciário para que o tema seja resolvido por decisão irrecorrível.

Quem milita no foro sabe que mesmo situações de desjudicialização bem aceitas e desenvolvidas como, por exemplo, separações, divórcios, arrolamentos e inventários, encontram enorme dificuldade e resistência toda a vez que surge – e é o que ocorre na prática real — qualquer questionamento sobre o alcance de uma disposição ou de uma manifestação de vontade, mormente, mas não só, quando envolvem terceiros. Basta para ilustrar suficientemente a situação imaginar que, em inventário extrajudicial, se faça necessário (e se faz) uma decisão acerca da manifestação urgente de movimento de conta-corrente. A expedição de um simples *alvará*, pressupõe em tais casos que se movimente a máquina judiciária e para tanto não há como negar ser necessário e indispensável que se contextualize adequadamente o magistrado para seu deferimento ou não. Será que cada "suscitação de dúvida" no ambiente da execução extrajudicial não exigirá o mesmo, com repetidas (porque necessárias) intervenções ao Judiciário para resolução de questões que, no seu habitat natural, seriam muito mais facilmente (e rapidamente) resolvidas?

O fato de a decisão da suscitação de dúvida ser irrecorrível não torna, ao nosso ver, o procedimento extrajudicial mais eficiente, pois diante da importância dos temas que serão decididos nesses procedimentos a parte prejudicada poderá impetrar Mandado de Segurança em face de aludida decisão. Como assevera William Santos Ferreira, "os sistemas processuais convivem, ou melhor, precisam conviver com soluções alternativas extraordinárias quando há risco de lesão irreparável ou de difícil reparação (...) a adoção do mandado de segurança no segmento recursal é absolutamente residual e desintegrada da sistemática de impugnação do Código de Processo Civil, que ao mandado de segurança não faz referência"[48].

---

48. FERREIRA, William Santos. Cabimento do agravo de instrumento e a ótica prospectiva da utilidade – O direito ao interesse na recorribilidade de decisões interlocutórias. *Revista de Processo*. v. 263, ano 42. p. 193-203. São Paulo. Ed. RT, jan. 2017.

Ao final, portanto, estaríamos substituindo um modelo, em que é possível a interposição de Agravo em face das decisões proferidas pelo magistrado (art. 1.015, parágrafo único, do CPC), por outro em que haverá suscitação de dúvida e, diante da irrecorribilidade, muito provavelmente a impetração de Mandado de Segurança sempre que as decisões proferidas no procedimento extrajudicial não forem reformadas na suscitação de dúvida.

Destaque-se que, também nesse ponto, não há como fazer um paralelo com as bem-sucedidas experiências de desjudicialização previstas na Lei 9.514/97 (Lei da Alienação Fiduciária) e no Decreto-Lei 70/66 (execução hipotecária extrajudicial), pois naqueles procedimentos não há matérias que devam ser decididas cognitivamente pelo agente público extrajudicial, uma vez que as matérias já são previstas contratualmente (imóvel que será utilizado para pagar o bem, valor de avaliação do imóvel e procedimento de excussão).

No caso do PL 6.204/2019, a situação é bastante diversa pois todos os temas deverão ser objeto de decisão pelo agente de execução, o que torna o procedimento mais complexo e desafiador, envolvendo a necessidade de decidir matérias com necessidade de cognição, como a avaliação de um bem ou a discussão sobre a sua penhorabilidade.

Tudo isso sem falar na necessidade frequente do Poder Judiciário para a utilização de medidas coercitivas e de força, na forma do artigo 20 do PL[49].

Há de se questionar, portanto, se o procedimento previsto no PL 6.204/2019 é realmente mais eficiente do que o atual procedimento judicial previsto no Código de Processo Civil ou só transfere de local importantes (e desafiadores) problemas que hoje existem no âmbito jurisdicional.

Na nossa opinião, há sérias dúvidas de que o procedimento extrajudicial seja mais eficiente na forma proposta no PL 6.204/2019, sendo necessário, na nossa visão, uma maior reflexão sobre o tema, bem como a realização de pesquisas empíricas sobre o procedimento executivo, a fim de que o PL se mostre mais assertivo na solução das mazelas que atingem a execução civil brasileira.

Entendemos, ainda, que deve caber ao exequente a decisão sobre qual procedimento adotar, se o procedimento extrajudicial ou se o procedimento judicial, aplicando-se a regra de que a execução de dá no interesse do credor. Previsão expressa sobre essa questão no PL 6.204/2019, quando a ser meramente facultativa a adoção do procedimento extrajudicial, seria bastante salutar para evitar maiores discussões sobre o assunto e que têm o condão de empecer o desenvolvimento de qualquer iniciativa em direção à cobrança da dívida desde seu limiar.

---

49. Art. 20. O agente de execução poderá consultar o juízo competente sobre questões relacionadas ao título exequendo e ao procedimento executivo; havendo necessidade de aplicação de medidas de força ou coerção, deverá requerer ao juízo competente para, se for caso, determinar a autoridade policial competente para realizar a providência adequada.

Sobre a necessidade de ser evidenciada esta *faculdade* do credor, importa que o PL indique mais precisamente como se dará o sistema de custeio dos agentes de execução como um todo. Esta é uma questão sensível inclusive com relação à desjudicialização de procedimentos de alguns jurisdição voluntária e que acabou merecendo do CPC atenção em seu art. 98, § 1º, IX e § 8º, mas que não é suficientemente amplo para atender as novas e abrangentes situações projetadas. Se cobrar uma dívida em juízo, da forma *tradicional*, for mais *barato* para o credor, pode ser que todo o discurso sobre a *eficiência* do sistema proposto seja em vão.

5. CONCLUSÃO

Com o presente trabalho, não pretendemos, de forma alguma, fazer uma crítica a ideia da desjudicialização. Esse caminho pode e deve ser estudo e analisado como um dos possíveis, quiçá promissores, caminhos para tornar a execução civil brasileira mais eficiente.

É preciso, contudo, que o modelo de execução desjudicializada seja pensado à luz dos problemas que afligem a execução civil brasileira, muitos das quais estão diretamente relacionados à situação socioeconômica do Brasil, a qual, como se sabe, é bastante diferente daquela vivenciada nos países que inspiraram o PL 6.204/2019.

Não se nega que o tema é objeto de estudos sérios há muito tempo, mas a implementação de um sistema novo e bastante desafiador para a realidade brasileira exige, ao nosso ver, uma maturação um pouco maior, com a participação ativa da sociedade civil por intermédio de suas entidades representativas. O diálogo e o aperfeiçoamento do texto nos parecem importantes e salutares para que eventual mudança, se vier a ocorrer, traga benefícios aos jurisdicionados.

Pontuamos, por fim, o fato de que não nos parece que o procedimento previsto no PL 6.204/2019 se mostre mais eficiente do que aquele previsto no Código de Processo Civil, impondo-se uma evolução e aperfeiçoamento no modelo proposto, de modo a se garantir, minimamente, que o exequente possa se utilizar do modelo judicial ou do modelo extrajudicial, a seu exclusivo critério.

6. REFERÊNCIAS

ALVIM, Arruda. *Manual de Direito Processual Civil*. 18. ed. rev. atual. e ampl. São Paulo: Ed. RT, 2019.

ALVIM, Arruda. *Manual de Direito Processual Civil*. 17. ed. São Paulo: Ed. RT, 2017.

ARRUDA ALVIM, Manoel de. JÚNIOR FIGUEIRA, Joel Dias. *Do procedimento extrajudicial e o acesso ao agente de execução no PL 6.204/19*: Anverso e Reverso. Disponível em: https://www.migalhas.com.br/depeso/346680/do-procedimento-extrajudicial-e-o-acesso-ao-agente-de-execucao.

ARRUDA ALVIM, Manoel de. JUNIOR FIGUEIRA, Joel Dias. *O fenômeno da desjudicialização, o PL 6.204/2019 e a agenda 2030/ONU-ODS*. Disponível em: https://www.migalhas.com.br/depeso/336193/o-fenomeno-global-da-desjudicializacao--o-pl-6-204-19-e-a-agenda-2030-onu-ods Acesso em: 22 abr. 2021.

CADIET, Loïc; JEULAND, Emmanuel. *Droit Judiciaire Privé*. 9. éd. Paris: LexisNexis, 2016.

CÂMARA, Alexandre Freitas. O Direito à Duração Razoável do Processo: Entre Eficiência e Garantias. *Revista de Processo*, v. 223, p. 39-53, set. 2013.

CAMPOS, Eduardo Luiz Cavalcanti. *O princípio da Eficiência no Processo Civil Brasileiro*. Rio de Janeiro: Editora Forense, 2018.

CARNEIRO DA CUNHA, Leonardo. A previsão do princípio da eficiência no projeto do Novo Código de Processo Civil Brasileiro. *Revista de Processo*, v. 233, p. 65-84, jul. 2014.

CARVALHO, Fabiano. O princípio da eficiência no processo coletivo: Constituição, microssistema do processo coletivo e novo Código de Processo Civil. In: MILARÉ, Édis (Coord.). *Ação Civil Pública após 30 anos*. São Paulo: Ed. RT, 2015.

CASTRO, Daniel Penteado de. Atividades extrajudiciais antes delegadas ao Poder Judiciário: breves comentários em confronto com as iniciativas de desjudicialização da execução civil. *Reflexões sobre os Cinco Anos de Vigência do Código de Processo Civil de 2015*: Estudos dos membros do Centro de Estudos Avançados de Processo – Ceapro. 2021.

CHALHUB, Melhim Namem. *Alienação fiduciária, negócio fiduciário*. 6. ed. Rio de Janeiro: Forense, 2019.

CONSELHO NACIONAL DE JUSTIÇA. Justiça em números 2019. Disponível em: https://www.cnj.jus.br/wp-content/uploads/conteudo/arquivo/2019/08/justica_em_numeros20190919.pdf. Acesso em: 01 abr. 2021.

FIGUEIRA JR., Joel Dias. Execução simplificada e a desjudicialização do processo civil: mito ou realidade. In: ALVIM, Arruda et al. (Coord.). *Execução civil e temas afins – do CPC/1973 ao Novo CPC: estudos em homenagem ao professor Araken de Assis*. São Paulo: Ed. RT, 2014.

FERREIRA, William Santos. Cabimento do agravo de instrumento e a ótica prospectiva da utilidade – O direito ao interesse na recorribilidade de decisões interlocutórias. *Revista de Processo*. v. 263, ano 42. p. 193-203. São Paulo. Ed. RT, jan. 2017.

FONSÊCA, Victor. In: BUENO, Cássio Scarpinella (Coord.). *Comentários ao Código de Processo Civil*. São Paulo: Saraiva, 2017. v. 1 (arts. 1º a 317).

FRIEDE, Roy Reis. Eficiência: um imperativo para o poder judiciário. *Revista de Processo*, v. 68, p. 59, out.-dez. 1992.

MARTINO, Francesco de. *La giurisdizione nel diritto romano*, 1937.

MEDEIROS NETO, Elias Marques de; RIBEIRO, Flávia Pereira (Org.). *Reflexões sobre a desjudicialização da execução civil*. Curitiba: Juruá, 2020.

MIYAKE, Dario Ikuo; RAMOS, Alberto W. *Desenvolvendo Indicadores de Produtividade e Qualidade em Hospitais: Uma Proposta de Método*. Produto & Produção, v. 11, n. 2, p- 67-84, jun./2010.

MOREIRA, José Carlos Barbosa. *O problema da duração dos processos: premissas para uma discussão séria*. In: MOREIRA, José Carlos Barbosa. Temas de direito processual: nona série. São Paulo: Saraiva, 2007.

MOREIRA, José Carlos Barbosa. *O Futuro da Justiça*: alguns mitos. *Revista de Processo*, v. 102, p. 232, abr.-jun. 2001.

NEVES, Fernando Crespo Queiroz. *Execução extrajudicial*. Tese de doutorado apresentada perante a Pontifícia Universidade Católica de São Paulo. 2016.

REDONDO, Bruno Garcia. *Adequação do Procedimento pelo Juiz*. Salvador: JusPodivm, 2017.

RIBEIRO, Flávia Pereira. *A desjudicialização da execução civil*. Tese de doutorado apresentada perante a Pontifícia Universidade Católica de São Paulo. 2012.

RIBEIRO, Flávia Pereira. *Desjudicialização da execução civil*. São Paulo: Saraiva, 2013.

SCARPINELLA BUENO, Cassio (Coord.). *Comentários ao Código de Processo Civil* (arts. 1º a 317). São Paulo: Saraiva, 2017. v. 1.

SCARPINELLA BUENO, Cassio. *Curso sistematizado de direito processual civil*: teoria geral do direito processual civil: parte geral do código de processo civil. v. 1, 11ª ed. rev. e atual. São Paulo: Saraiva Educação, 2021.

SCARPINELLA BUENO, Cassio. *Curso sistematizado de direito processual civil*: tutela jurisdicional executiva. 10. ed. rev. e atual. São Paulo: Saraiva Educação, 2021. v. 3.

SICA, Heitor Vitor Mendonça. Congestionamento viário e congestionamento judiciário. *Revista de Processo,* v. 236201,4 p. 13-26, out. 2014.

SICA, Heitor Vitor Mendonça. *Efetividade da execução civil – Relatório Nacional (Brasil)*. Disponível em: www.civilprocedurereview.com/busca/baixa_arquivo.php?id=74&embedded=true Acesso em: 02.02.2020.

SICA, Heitor Vitor Mendonça. *Cognição do juiz na execução civil*. São Paulo: Ed. RT, 2017.

TARUFFO, Michele. *Oralidad y escritura como factores de eficiência en el processo civil. Páginas sobre justicia civil*. Marcial Pons, 2009.

WATANABE, Kazuo. *Acesso à Justiça e sociedade moderna. Participação e processo*. São Paulo: Ed. RT, 1988.

YARSHEL, Flávio Luiz; RODRIGUES, Viviane Siqueira. *Desjudicialização da execução civil: uma solução factível e útil entre nós?* In: Elias MEDEIROS NETO, Marques de e Flávia Pereira RibeirReflexões sobre a Desjudicialização da Execução Civil. o [coord.], Juruá, 2020.

A TUTELA EXECUTIVA NA CONTEMPORANEIDADE: REFLEXÕES SOBRE A DESJUDICIALIZAÇÃO

Bruno Dantas

Pós-Doutor em Direito pela UERJ, Doutor e Mestre em Direito pela PUC-SP. Pesquisador visitante na Benjamin N. Cardozo School of Law (Nova York, EUA), no Max Planck Institute for Regulatory Procedural Law (Luxemburgo) e no Institute de Recherche Juridique da Universidade Paris 1 Panthéon-Sorbonne. Ministro do Tribunal de Contas da União (TCU).

Daniel Vianna Vargas

Doutorando e Mestre em Direito pela UERJ. Juiz Instrutor da Corte Especial do Superior Tribunal de Justiça e Juiz Auxiliar do Tribunal Superior Eleitoral.

1. CONSIDERAÇÕES INICIAIS

No final de 2019, existia um acervo de processos pendentes de baixa no Poder Judiciário nacional de 77 milhões de processos, sendo que mais da metade desses processos (54,5%) se referia à fase de execução[1]. Extrai-se do mesmo relatório que as execuções que ingressam no Judiciário não somente representam metade dos processos de conhecimento, mas se mantêm no acervo por muito mais tempo, o que significa que não chegam ao seu resultado esperado, qual seja: a satisfação do crédito e o reconhecimento da extinção da obrigação pelo pagamento. Cuida-se de denominada taxa de congestionamento do Poder Judiciário, representando grande parte dos processos pendentes, revelando-se do relatório que em todos os segmentos de justiça, a taxa de congestionamento da fase de execução supera a da fase de conhecimento, em mais de 20 pontos percentuais no total.

A Assembleia Geral das Nações Unidas, em 2018, nos termos da Resolução A/RES/72/279, aprovou a Agenda 2030, voltada ao estabelecimento de uma agenda de Direitos Humanos, adotada por 193 países, dentre eles o Brasil, que incorporou os Objetivos de Desenvolvimento Sustentável ali traçados.

O Poder Judiciário brasileiro institucionalizou a Agenda 2030 em seu Planejamento Estratégico, através das Metas Nacionais estabelecidas pelo CNJ – medidas e providências para maior eficiência e qualidade na prestação jurisdicional. Especificamente a Meta 9 tem por objetivo integrar a Agenda 2030 ao Poder Judiciário e, para esse desiderato, o Judiciário deve realizar ações de prevenção ou desjudicialização de litígios voltadas aos ODS da Agenda 2030.

---

1. Conselho Nacional de Justiça, Relatório CNJ em números, disponível em: https://www.cnj.jus.br/wp-content/uploads/2020/08/WEB-V3-Justi%C3%A7a-em-N%C3%BAmeros-2020-atualizado-em-25-08-2020.pdf. Acesso em: 08 jun. 2021.

A necessidade da adoção de práticas voltadas para a melhoria da prestação jurisdicional no que diz respeito ao trato da execução pode ser constatada pela análise dos números disponibilizados anualmente pelo Conselho Nacional de Justiça, através do Relatório Justiça em Números.

O impacto da execução nos segmentos da Justiça Estadual, Federal e Trabalhista é extremamente relevante, correspondendo, respectivamente, a 56,8%, 54,3%, e 55,1% do acervo total de cada ramo. Importante ressaltar as maiores faixas de duração estão concentradas no tempo do processo pendente, em específico na fase de execução da Justiça Federal (7 anos e 8 meses) e da Justiça Estadual (6 anos e 9 meses).

Os estudos acerca dos problemas envolvendo a execução civil remontam algumas décadas[2], remanescendo em desenvolvimento, tanto na doutrina nacional, quanto estrangeira, sendo um tema de difícil equacionamento, diante da sua natureza multifatorial e metajurídica.

Acrescente-se ao dilema a constante preocupação científica com a efetividade da tutela jurisdicional – reconhecida como uma faceta do acesso à justiça[3] – com a entrega tempestiva da prestação jurisdicional, inserida nesse contexto a tutela executiva[4].

O presente trabalho se propõe a descrever e colocar em debate algumas práticas atualmente em discussão quanto à desjudicialização da execução civil[5], contextuali-

---

2. Se si tiene presente che l'attuale particolare oggetto della mia ricerca concerne proprio la possibilità di concepire l'azione come mossa da un unico e tipico scopo, l'aver rilevato che ogni possibilità di concepire unitariamente lo scopo dell'azione dipende dalla possibilità di concepire l'attività tutelatrice come volta ad una sanzione predeterminata, e l'aver precisato che la determinazione in senso unitario della sanzione dipende dall'unicità dell'esigenza di tutela, tutto ciò porta alla conclusione che proprio da questo concetto sostanziale di unicità della sanzione nel suo momento attuale ocorre prender le mosse. Ho già detto poc'anzi che l'attualità della sanzione è determinata dal sopravvenire di un elemento perturbatore (lesione o violazione, Rechtsverletzung) della situazione di diritto sostanziale anteriore. Se la tutela è difesa (Schutz), e se la difesa è reazione ad un'offensa, è chiaro che quest'ultima è il postulato logico della tutela. (MANDRIOLI, Crisanto. L'azione esecutiva. Contributo alla teoria unitaria dell'azione e del processo. Milano: Doot. A. Giuffrè Editore, 1955, p. 172).
3. A realidade do processo fez com que, desde muito, já se percebesse a inaptidão do modelo à consecução dos fins desses processos. No plano da garantia constitucional do acesso à justiça, não basta que se garanta, ao indivíduo, o mero acesso ao Poder Judiciário. A regra do devido processo legal exige, para sua fiel observância, uma preocupação voltada não apenas ao ingresso em juízo, mas também à efetiva e útil entrega da prestação jurisdicional ao titular do direito material. (PINTO, Junior Alexandre Moreira. *Conteúdos e Efeitos das Decisões Judiciais*. São Paulo: Atlas, 2008. p. 148).
4. "Desse modo, realização de um direito pode ser entendida, pragmaticamente, como o momento em que o conteúdo do direito (fundado numa determinada situação social e a ela servindo), até então abstração, se concretiza, modificando-se, com isso, a realidade social para qual ele se presta. Numa relação jurídica de crédito pecuniário, por exemplo, quando o devedor efetua o pagamento da soma em dinheiro, realiza o conteúdo do crédito, de modo que, além da modificação jurídica imediata (ultimação da relação jurídica, com sua automática extinção), repercute para fora do mundo jurídico, na própria realidade socioeconômica, base de tal relação jurídica. (GOUVEIA FILHO, Roberto P. Campos. Subsídios para uma Teoria da Execução Forçada: breve crítica analítica à expressão execução indireta. In: MACEDO, Lucas Buril, PEIXOTO, Ravi, FREIRE, Alexandre (Org.). *Execução*. Salvador: Jus Podivm, 2015).
5. Parte-se do conceito delineado por Leonardo Greco, sendo a execução civil a "modalidade de tutela jurisdicional que consiste na prática pelo juiz (ou por outrem sob sua supervisão) de uma série de atos coativos concretos sobre o devedor e sobre o seu patrimônio, a fim de, à custa dele e independentemente do concurso da sua vontade, tornar efetivo o cumprimento da prestação por ele inadimplida, desde que tais atos coativos estejam previamente constituídos na forma da lei" (GRECO, Leonardo. *O processo de execução*. Rio de Janeiro: Renovar, 1999).

zando o tema no papel contemporâneo da Jurisdição[6], bem como a potencialidade dessas práticas em termos de equacionamento dos problemas concernentes à execução.

2. APROXIMAÇÃO CONCEITUAL. DESBUROCRATIZAÇÃO E DESJUDICIALIZAÇÃO

É possível conceituar a desburocratização como a redução ou eliminação de atos procedimentais em determinado serviço, função, atribuição ou competência. A prática do ato deixa de ser necessária por opção do legislador. Já na desjudicialização, o ato ainda deverá ser praticado. Contudo, seu exercício não mais será realizado pelo Poder Judiciário.

Como exemplo do primeiro, poder-se-ia apontar a retificação de registro, averbação ou de anotação independente de autorização judicial, conforme redação do art. 110 da Lei 6.015/74 dada pela Lei 13.484/2017. No que tange à desjudicialização, o fenômeno possui um importante marco normativo: a Lei 11.441/07[7] que autorizou a realização de inventário, separação consensual e divórcio consensual pela via administrativa, sendo mesmo uma tendência internacional, conforme aponta a doutrina[8].

---

6. "A história tem mantido um movimento pendular entre o predomínio da legislação e da jurisdição. Sente-se, no mundo contemporâneo ocidental, uma tendência que aponta para o incremento dos poderes do juiz, tanto no que diz respeito à sua conduta no processo quanto no que tange à interpretação da lei. Sobre este último aspecto, pode-se dizer que o aumento da relevância da atividade do juiz resulta da complexidade e da mobilidade das sociedades atuais e também, fundamentalmente, da pretensão de que o direito cubra ou discipline a vida social, sob todos os seus aspectos (ALVIM, Teresa Arruda; DANTAS, Bruno. *Recurso Especial, Recurso Extraordinário e a Nova Função dos Tribunais Superiores*. 6. ed. rev., atual. e ampl. São Paulo: Thomsom Reuters, 2019, p. 35-36).
7. "Não há nenhum exagero ao afirmar que a Lei 11.441/07 é de extrema importância, introduziu um avanço notável, representa verdadeiro marco no Direito brasileiro, porque faculta aos interessados adotar um procedimento abreviado, simplificado, fora do Poder Judiciário, sem burocracia, sem intermináveis idas e vindas. O cidadão passou a ter razoável certeza do momento em que começa e da hora em que acaba o procedimento, a solução de seu problema. E isso é fundamental, sobretudo quando se trata de superar a crise dolorosa e aduda na relação familiar" (VELOSO, Zeno. Lei 11.441, de 04.01.2007 – Aspectos práticos da separação, divórcio, inventário e partilha consensuais. In: PEREIRA, Rodrigo da Cunha (Coord.). *Família e responsabilidade*. Porto Alegre: Magister/IBDFAM, 2010, p. 103).
8. O Código Civil francês, artigo 819, prevê: "Si tous les héritiers sont présents et capables, le partage peut être fait dans la forme et par tel acte que les parties jugent convenables" ("Se todos os herdeiros estão presentes e são capazes, a partilha pode ser feita na forma e pelo ato que as partes julguem conveniente"). O Código Civil português, artigo 2.102,1, afirma que a partilha pode fazer-se extrajudicialmente, quando houver acordo de todos os interessados, ou por inventário judicial, nos termos previstos na lei do processo; a partilha extrajudicial deve ser feita por escritura pública se na herança existirem bens imóveis, como exige o Código do Notariado. O Código Civil espanhol, artigo 1.058, permite que a partilha da herança seja feita extrajudicialmente, se os herdeiros forem maiores, tiverem a livre administração de seus bens e houver acordo unânime (nemim discrepante) de todos eles. O artigo 3.462 do Código Civil argentino, reformado pela Lei 17.711/68, admite a partilha extrajudicial ou privada, que pode ser feita pelos herdeiros presentes e capazes, desde que haja acordo entre eles. Na Suíça, o artigo 607, 2, do Código Civil, estabelece o princípio da liberdade da convenção em matéria de partilha. No mesmo sentido: artigo 2.530 do Código Civil paraguaio; artigo 853 do Código Civil peruano; artigo 907,1, do Código Civil japonês; artigo 838, al. 1, do Código Civil de Québec. O artigo 2.048 do Código Civil alemão (BGB) e o artigo 733, II, do Código Civil italiano afirmam que o testador pode determinar que a partilha seja feita segundo o critério (que deve ser equitativo, justo) de um terceiro (VELOSO, Zeno. Lei 11.441, de 04.01.2007 – Aspectos práticos da

Segundo o Banco Mundial[9], o Brasil em 2019 ocupava a 124ª posição no ranking *doing business*, relatório anual da entidade que analisa o ambiente de negócios em 190 países. Mostra-se de fácil percepção a necessidade de avanços na desburocratização.

O CPC/2015 trouxe uma série de providências nesse sentido, com destaque, no âmbito da execução, para a simplificação de atos processuais em relação à avaliação de bens, bem como a desnecessidade de expedição de cartas precatórias para atos executivos, que podem ser realizados por meio do instituto desburocratizante da cooperação nacional. Esse, aliás, é um importante instrumento ainda subutilizado pelos juízes.

Com a desburocratização, os atos ainda são necessários, mas reduz-se ou elimina-se alguma etapa procedimental, permitindo celeridade e ganho de performance do processo executivo.

Ambos os institutos – desburocratização e desjudicialização – possuem sua serventia específica, não se excluem, devendo sua utilização ser contextualizada diante do problema a ser enfrentado. Para determinados entraves, a desburocratização pode bastar e ser mais eficiente, mantendo-se a sequência de atos tendentes a determinada finalidade executiva no âmbito do Judiciário. Noutro sentido, com o enfoque na eficiência, a desjudicialização pode se mostrar uma opção. Nesse caso, deve-se perscrutar qual será a forma de desjudicialização mais adequada, em termos instrumentais, para o entrave que se pretende equacionar.

Necessário que igualmente se faça a distinção entre a desjudicialização da própria execução ou somente de alguns atos executivos, conforme previsão normativa atualmente em vigor. Com efeito, a estatização integral da execução acaba por revelar, em certa medida, exercício anômalo da função jurisdicional, com a prolação de medidas de índole eminentemente administrativa. Em tempos de imperiosa preocupação com a alocação racional de recursos públicos escassos[10] e da busca por eficiência na atividade judicial, esse é um fator de relevo, cujos estudos da Análise Econômica do Direito[11] muito contribuem.

Noutro aspecto, partindo da classificação tradicional quanto às formas de processo[12], pode-se distinguir as modalidades de desjudicialização, quais sejam: *i)*

---

separação, divórcio, inventário e partilha consensuais. In: PEREIRA, Rodrigo da Cunha (Coord.). *Família e responsabilidade*. Porto Alegre: Magister/IBDFAM, 2010, p. 115).

9. Disponível em: https://www.worldbank.org/en/research.
10. Nessa linha de raciocínio, o conceito de desenvolvimento deve incluir "as alterações da composição do produto e a alocação de recursos pelos diferentes setores da economia, de forma a melhorar os indicadores de bem-estar econômico e social (pobreza, desemprego, desigualdade, condições de saúde, alimentação, educação e moradia)" (VASCONCELOS, Marco Antonio; GARCIA, Manuel Enriquez. *Fundamentos de economia*. São Paulo: Saraiva, 1998, p. 205).
11. "A análise econômica do Direito é uma linha que propõe transportar o método científico para o estudo das mais diversas expressões do comportamento humano que sejam relevantes para questões jurídicas (FUX, Luiz; BODART, Bruno. *Processo Civil e Análise Econômica*. Rio de Janeiro: Forense, 2019).
12. CASTILLO, Niceto Alcalá-Zamora y. La teoría general del proceso y la enseñanza del derecho procesal. *Estudios de teoría general e historia del proceso (1945-1972)*. Cidade do México: Universidad Nacional Autónoma de México, 1974. t. 1.

desjudicialização heterocompositiva ou adjudicatória[13]; *ii)* desjudicialização autocompositiva; e *iii)* desjudicialização através do exercício da autotutela.

A desjudicialização heterocompositiva da cognição é realidade no ordenamento nacional por meio da arbitragem. A desjudicialização autocompositiva revela o estágio mais desenvolvido em sede de direito positivo, principalmente no que toca à desjudicialização da chamada jurisdição voluntária. A desjudicialização por meio da autotutela[14] igualmente é uma realidade através de legislações especiais.

Partindo dessa distinção, pode-se descrever uma dicotomia revelada pela desjudicialização do *jus império* e da *jurisdictio*[15]. Importante notar que a resolução dos conflitos já é realizada por terceiros – imparciais – no ordenamento nacional através da arbitragem. Todavia, os próprios árbitros não detêm poder de império, sendo que a execução das suas decisões ocorre pela via jurisdicional.

---

13. "Todos sabemos de las tendências generales y de casos em los que se buscan formas privadas para la resolución de los problemas como la mediación y el arbitraje, ya sea a nível nacional o internacional, como si la verdadeira justicia o la garantia de los derechos la hicieran los árbitros y las partes que escogen y además pagan para resolver su conflito de forma privada dejando de lado la intervención del Estado evitando, además, el pago de impuestos, o simplemente sin demonstrar publicamente transaciones que evidentemente no prodrían mostrasse porque en muchos casos pertenecen a criminales o están violando las leyes. Este movimento tan interessante que estamos viendo y que los legisladores de alguna forma alientan para que los derechohabientes no utilicen la jurisdicción y, em su caso, vayan y busquen uma forma alternativa de justicia privada, em realidad llega a tener um efecto que aleja al ciudadano de la verdadera jurticia. El mensaje que el Estado envía a su sociedad es más bien este: querido ciudadano, tú tienes derechos, pero yo Estado no soy, no tengo la capacidad o no quiero, garantizar una protección eficiente de éstos, así que, digámoslo de esta manera, renuncias a que sean respetados y aceptar que se violen, o pudes buscar alguna compensación comúnmente económica poniéndote de acuerdo con tu adversário si tu quieres, o nombrando a un árbitro que obviamente tenga su confianza y que te resuelva la controversia" (TARUFFO, Michele. *Proceso y decisión. Lecciones mexicanas de Derecho Procesal*. Madrid: Marcial Pons, 2012. p. 27-28).
14. FOLLIERI, Luigi. *Esecuzione forzata e autonomia privata*. Torino: G. Giappiuchelli Editore, 2016. p. 4: "Ocorre, dunque, chiedersi se, nella zona *grigia* che si colloca tra l'inadempimento e l'esecuzione forzata (individuale o concorsuale), vi sia spazio per l'esercizio di poteri negoziali; e se, segnatamente, debitore e creditore possano accordarsi per limitare od escludere l'operatività delle norme di esecuzione coattiva, regolando con modalità alternative la fase di soddisfazione dell'interesse creditorio. Il tema – che per lungo tempo è rimasto negletto nella letteratura giuridica privatistica – merita oggi nuova attenzione e propone nuovi profili di interesse, anche alla luce delle recentissime linee evolutive del sistema normativo." No mesmo sentido, cf. LEPORE, Andrea. *Autotutela e autonomia negoziale*. Napoli: Edizione Scientifique Italiane, 2019. p. 21 e 187, ao apontar a necessidade de não se acolher acriticamente dogmas consolidados, como o da excepcionalidade da autotutela, e explicita a atual reviravolta quanto à expansão da autotutela, especialmente a autotutela excutiva convencional: "Gli esempi proposti dimonstrano dunque come la tendenza sia invertita rispetto alle forme di autodifese convenzionale ed esecutiva, in generale, e nei confronti del rapporto patto marciano/patto commissorio, nello specifico. La prospettiva deve cambiare. Ce lo impongono la prassi, (alcuni) studi di letteratura, la giurisprudenza, ed ora anche il legislatore, che con il tempo si sta adeguando al differente quadro economico-sociale. Sono evidenti, infatti, i passi compiuti in questa direzione dal sistema normativo, il quale ha introdotto molteplici fattispecie di autotutela satisfattiva". E conclui o mesmo LEPORE, op. cit., p. 144, que "l'apertura a forme di autotutela convenzionale executiva, in Italia e in Europa, è evidente".
15. "Infatti come giá durante l'età di Cicerone la nozione strettamente tecnica di iurisdictio, nel senso di um singelo e specifico atto del processo, si è perduta nella terminologia usuale, così nelle fonti giuridiche dell'impero, il vocabolo non indica più una parte della funzione dela magistrato nel processo formulare, ma tutta la funzione, cioè un ius dicere nel senso ampio. Ma anche così, la parte sotanziale della concezione originaria se è conservata. Ius dicere o iurisdictio compreende tutti gli atti diretti all costituzione del processo, designandoli con il loro carattere più eminente, la dichiarazione del diritto. Infatti, il valore fondamentale ed originario di iurisdictio come dichiarazione del diritto si à mantenute in più testi" (DE MARTINO, Francesco. *La giurisdizione nel diritto romano*, Milano. 1937, p. 139).

3. BREVES NOTAS SOBRE A DESJUDICIALIZAÇÃO NO DIREITO ESTRANGEIRO

Geralmente, a distinção feita pela doutrina estrangeira entre as formas de desjudicialização dizem respeito ao grau de participação e controle do Estado na execução, podendo-se apontar três grandes grupos: um modelo judicial puro; um modelo administrativo; e um modelo misto.

No primeiro, o controle é total do juiz, com os atos executivos externados por um oficial de justiça. No segundo, a execução transcorre inteiramente na seara administrativa. No último, o controle é judicial, mas os atos administrativos são desenvolvidos por profissionais liberais.

Em sede de direito estrangeiro, temos sistemas que impõem a execução pública judicial na Bolívia, Colômbia, México, Paraguai, Peru, Uruguai, Argentina, Costa Rica, Chile, Áustria, Dinamarca, Suíça, Grécia, Inglaterra, Espanha, Itália e Alemanha[16].

Já a chamada execução pública desjudicializada pode ser percebida na Suécia, na Finlândia, na Rússia e em alguns estados americanos[17].

Na Suécia, o Serviço de execução de dívidas (*kronofogdemyndigheten*) conta com o oficial de execução (*kronofogde*), que tem à sua disposição bases de dados para a busca de patrimônio expropriável e conta com dever geral de informação de terceiros, sob pena de sanção pecuniária compulsória. Também denominado Serviço Público de Cobrança Forçada, cuida-se de organismo administrativo, fora do Judiciário[18].

Apenas exemplificativamente, pode-se apontar em alguns estados americanos um sistema híbrido no qual, após expedição do *writ of execution* pelo tribunal, é designado um agente público administrativo (pode ser um *sheriff* ou um *marshall*) – inseridos na estrutura do poder executivo. Esse oficial é remunerado por honorários a cargo do executado, adiantados pelo exequente e ficam encarregados da constrição e alienação de bens do devedor até a recuperação do crédito.

No Direito Inglês, existe interessante fase preliminar na qual o devedor deve comparecer – por determinação judicial – a um serviço delegado, para esclarecer sua situação patrimonial, inclusive com comprovação documental, sob pena de, em caso de atitude anticolaborativa, incorrer em *contempt of court*[19].

---

16. RIBEIRO, Flávia Pereira. *Desjudicialização da execução civil*. Curitiba: Juruá, 2019.
17. FREITAS, José Lebre de. *A ação executiva à luz do CPC de 2013*. Coimbra: Gestlegal, 2017.
18. Idem.
19. "Contemp of court consists of interfering with the administration of the law (..). It can take many forms, but the most common are: (a) Disobedience by the contemner of an order requiring him o her to take or refrain from taking specified action. (b) Assisting another to breach such an order. (c) Taking action which impedes or interferes with the course of justice. Proceedings for contempt are essentially in character, although they also have the purpose of securing compliance with the court's orders." SIME, Stuart. *A Practical Approach to Civil Procedure*. London: Bkackstone Press Limited, 1994, p. 406.

Por fim, são exemplos das chamadas execuções privadas desjudicializadas os sistemas adotados na França e em Portugal[20].

Na França, os *les huissiers de justice* – profissionais liberais privados, remunerados por honorários legalmente fixados e por comissões recebidas pela recuperação de crédito, são nomeados pelo *garde des sceaux* (ministro da justiça) e exercem função pública. Detêm o monopólio da execução forçada de decisões judiciais e outros títulos, inclusive medidas de conservação

O juiz da execução (*Juge de l'exécution*) – exerce controle formal sobre o processo executivo, analisa eventuais defeitos do título executório, medidas desnecessárias, abusos e responsabilidades pelos excessos.

Quando a penhora recai sobre bens imóveis, os *hussiers* atuam conjuntamente com o *juge de l'execution*, sendo este o responsável pela penhora e venda dos bens e aqueles pelo cumprimento das ordens do magistrado.

No âmbito da execução e da participação do juiz, é importante notar que em sede de direito europeu, geralmente, o juiz somente intervém em caso de litígio, sendo dignos de realce os sistemas sueco, francês, português, alemão e austríacos, dentre outros.

Na sequência dessas breves notícias do direito estrangeiro, percuciente anotar acerca de instrumentos reconhecidos pelo direito italiano, referentes a desjudicialização através da autotutela executiva: o penhor "não possessório" e o pacto marciano.

O penhor "não possessório" (Decreto-lei 59, depois convertido na Lei 119/2016[21]) é uma forma de garantia distinta do penhor tradicional, especificamente quanto ao fato de que a posse do bem dado em garantia pignoratícia continua com o próprio devedor[22]. Dessa forma, a oponibilidade em relação a terceiros ocorre com a inscrição do penhor em registro próprio (*Agenzia delle entrate*)[23]. É possível sua utilização na modalidade de penhor rotativo genérico sobre bens e créditos até mesmo futuros[24], admitindo-se sua utilização em conjunto com o pacto marciano[25].

Há previsão de diversas modalidades de autotutela executiva: *i)* a venda do bem; *ii)* excussão ou cessão dos créditos; *iii)* locação do bem; *iv)* pacto marciano. O credor, no caso de inadimplemento, possui garantia contra terceiros, através da excussão direta do bem dado em penhor, extrajudicialmente. O controle judicial é eventual e posterior[26].

---

20. GONÇALVES, Marco Carvalho. *Lições de Processo Civil Executivo*. Coimbra: Edições Almedina, 2019.
21. GABRIELLI, Enrico. Pegno "non possessorio" e teoria delle garanzie mobiliari. *Rivista del Diritto Commerciale e del diritto generale delle obbligazioni*. anno CXV, parte seconda, p. 250. Padova: Piccin, 2017.
22. Idem, p. 241-242.
23. Idem, p. 241-253.
24. ELGUETA, Giacomo Rojas. Il pegno mobiliare non possessorio nel sistema delle cause di prelazione. In: GRISI, Giuseppe (a cura di). *Processo e teniche di attuazione dei diritti*. Napoli: Jovene, 2019. p. 609.
25. CAMPOBASSO, Mario. Il peg'no non possessorio. "Pegno", ma non troppo. *Le nuove leggi civili commmentate*. anno XLI, n. 3, p. 704. Milano, 2018.
26. ZOPPINI, Andrea. L'effettività *in-vece* del processo. *Rivista di Diritto Processuale*. anno LXXIV, n. 3, p. 682. Padova, 2019.

O pacto marciano, construção jurisprudencial[27], teve sua normatização em 2016 (Decreto Legislativo 72/2016, no âmbito do crédito imobiliário; e pelo Decreto Legislativo 59/2016, convertido depois na Lei 119/2016, no âmbito do crédito para empresas[28]). O instituto confere ao banco financiador, em caso de inadimplemento do mutuário, adquirir diretamente o bem imóvel de propriedade do mutuário ou de um terceiro[29], para satisfazer coativamente seu crédito[30]. A doutrina ressalva um importante contraponto, no sentido de que a autotutela executiva convencionada entre as partes não signifique expor o devedor ao risco de enriquecimento sem causa do credor[31].

Em Portugal, pode-se apontar uma série de modificações legislativas na ação executiva[32], iniciando-se por um estudo no qual foram identificadas as principais causas da morosidade e do assoberbamento do Poder Judiciário, destacando-se o excesso de formalismo, o excesso de intervenção do juiz e a quase plena dependência de impulso pelo próprio interessado para a marcha dos atos executivos.

Também foram identificadas causas endógenas patogênicas não intencionais relevadas pela burocracia no cumprimento dos atos executivos pelos agentes estatais e pela demora nos registros das penhoras, dificuldades de remoção e guarda dos bens apreendidos.

Por fim, as causas organizacionais intencionalmente geradas pela atuação dos devedores, sem que houvesse um sancionamento adequado para o comportamento anticolaborativo das partes.

---

27. D'AMICO, Giovanni; PAGLIANTINI, Stefano; PIRAINO, Fabrizio; RUMI, Tiziana. *I nuovi marciani*. Torino: G. Giappichelli Editore, 2017. p. 1-2.
28. ZOPPINI, Andrea. L'effettività *in-vece* del processo. *Rivista di Diritto Processuale*. anno LXXIV, n. 3, p. 680. Padova, 2019. LUMINOSO, Angelo. Patto commissorio, patto marciano e nuovi strumenti di autotutela esecutiva. *Rivista di Diritto Civile*, Padova, anno LXIII, n. 1, p. 28, 2017, por sua vez, anota que tal modelo legislativo detalhado pode constituir não só base para novas intervenções legislativas no tema, mas ainda servir de parâmetro para que os privados venham a instituir a convenção marciana fora das hipóteses previstas na lei: "Specie con quest'ultimo provvedimento [l. n. 119/2016] è stata dettata una regolamentazione dettagliata che potrebbe costituire um modello per nuovi interventi del legislatore ed anche per i privati che vogliano stipulare una convenzione marciana al di fuori delle ipotesi previste dalla legge".
29. ZOPPINI, Andrea. L'effettività *in-vece* del processo. *Rivista di Diritto Processuale*. anno LXXIV, n. 3, p. 680. Padova, 2019. Cf. também D'AMICO, Giovanni; PAGLIANTINI, Stefano; PIRAINO, Fabrizio; RUMI, Tiziana. *I nuovi marciani*. Torino: G. Giappichelli, 2017. p. 8-9.
30. LUMINOSO, Angelo. Patto commissorio, patto marciano e nuovi strumenti di autotutela esecutiva. *Rivista di Diritto Civile*. anno LXIII, n. 1, p. 10-32. Padova, 2017, que destaca, inclusive, a origem histórica do pacto marciano como corretivo da *Lex commissoria*, cit., p. 10: "La *Lex commissoria* – con la quale il debitore conveniva con il creditore che in caso di inadempimento un suo bene sarebbe passato in proprietà di quest'ultimo – risale al periodo romano classico dove tale stipulazione era considerata lecita nell'ambito del sistema di realizzazione del credito, all'interno del quale si poneva quale valida alternativa all'istituto dello *ius vendendi* del creditore. Con una costituzione dell'imperatore Costantino – emanata intorno al 324 d.c. – la stipulazzione della convenzione venne vietata, e il diritto giustinianeo mantenne il divieto. Nel frattempo, il giurista Elio Marciano, vissuto intorno al II-III secolo d.c., aveva elaborato un correttivo della *Lex commissoria* che prevedeva il diritto del debitore a ricevere dal creditore l'eventuale eccedenza tra l'entità del credito e il maggior valore del bene trasferito in garanzia."
31. LUMINOSO, Angelo. Patto commissorio, patto marciano e nuovi strumenti di autotutela esecutiva. *Rivista di Diritto Civile*, anno LXIII, n. 1, p. 28. Padova, 2017.
32. FREITAS, José Lebre, op. cit.

Para o enfrentamento das causas identificadas, optou-se por caminhar no sentido de modificação paradigmática da execução, através da simplificação da legislação e da desjudicialização. A evolução legislativa pode ser descrita pelos seguintes diplomas: Decreto-lei 38/2003, sendo um primeiro passo, no qual operou-se a desjudicialização parcial; Decreto-lei 226/2008 – através do qual houve ampliação da desjudicialização. Por fim, a Lei 41/2013, o "novo" Código de Processo Civil Português que, à toda vista, manteve a estrutura do Decreto-lei 226/2008.

Conforme justificativa apresentada[33], a modificação legislativa teve como mote "libertar o juiz das tarefas processuais que não envolvem uma função jurisdicional e os funcionários judiciais de tarefas a praticar fora do tribunal". Essas atribuições ficaram a cargo do agente de execução, dentre elas as citações, publicações, os de atos de venda e pagamento.

O juiz da execução somente atua em situações excepcionais, previstas de forma expressa pelo legislador, sendo que após as últimas modificações da legislação, o juiz praticamente atua no exercício do poder geral de controle do processo ou na reserva de jurisdição, podendo se apontar, exemplificativamente, a decisão sobre a venda antecipada de bens, o julgamento da oposição à execução e à penhora e outros atos de natureza eminentemente jurisdicional.

Para além dessa transferência de atos dos juízes para os agentes de execução, houve modificações também de ordem administrativa, com a previsão da criação de uma lista a ser publicizada na rede mundial de computadores com o rol das execuções infrutíferas em razão da ausência de bens passíveis de penhora e expropriação.

Essa lista disponibilizada na internet tem o condão de municiar o credor de dados necessários para evitar o ajuizamento de ações executiva frívolas, constando, igualmente, a possibilidade da exclusão da lista, a pedido, quanto aos registros de mais de cinco anos e remoção em função de eventuais equívocos.

Ainda em Portugal, importante ressaltar o procedimento extrajudicial pré-executivo (PEPEX), introduzido no ordenamento através da Lei 32/2014 que, segundo dispõe o art. 2º, cuida-se de "um procedimento de natureza facultativa que se destina, entre outras finalidades expressamente previstas na presente lei, à identificação de bens penhoráveis através da disponibilização de informação e consulta às bases de dados de acesso direto eletrônico previstas no Código de Processo Civil".

Segundo doutrina lusitana[34], o procedimento tem por finalidade a identificação de bens penhoráveis, viabilizando a propositura do procedimento executivo, além da obtenção de certidão que ateste a impossibilidade de cobrança da dívida.

---

33. Preâmbulo disponível em: www.pgdlisboa.pt/leis/lei_mostra_articulado.php?nid=65&tabela=leis. Acesso em: 12 jun. 2021.
34. CARVALHO. José Henrique Delgado de. *Ação executiva para pagamento de quantia certa*. 2. ed. Lisboa: Quid Juris, 2016, p. 603-604.

Não há exigência de capacidade postulatória para a propositura do requerimento que será veiculado, preferencialmente, por meio digital, e, após o recolhimento das despesas iniciais, encaminhado a um agente de execução. O colaborador efetuará as pesquisas pertinentes no registro informático de execuções.

Colhidas as informações, o agente de execução prepara um documento no qual relatará a situação patrimonial do requerido, com identificação dos bens penhoráveis ou sua inexistência, além de eventual insolvência civil ou ocorrência de outras execuções.

Constatada a existência de bens, o credor poderá requerer a convolação do procedimento em processo de execução. Se não forem encontrados bens, o credor poderá requerer a notificação do requerido para pagar a dívida, formular proposta de acordo, indicar bens penhoráveis ou apresentar oposição ao procedimento.

Mantendo-se inerte o requerido, o agente de execução incluirá seus dados na lista pública de devedores, expedindo-se certidão respectiva, a requerimento do credor.

Conforme Rodrigues e Rangel[35], em trabalho específico sobre o procedimento, "sua aptidão para evitar a propositura de ações judiciais e a possibilidade de ele ser conduzido, em essência, por órgãos não necessariamente pertencentes aos quadros do Judiciário, parecem recomendar, ao menos, que alguns de seus elementos sirvam de inspiração para o legislador brasileiro". Reitera-se a advertência quanto à importação adequada de estruturas e institutos estrangeiras, valendo investigar as razões que levaram a um quadro de pouca utilização do procedimento naquele país.

4. A DESJUDICIALIZAÇÃO NO ORDENAMENTO BRASILEIRO. CÓDIGO DE PROCESSO CIVIL DE 2015, LEGISLAÇÃO EXTRAVAGANTE E LEGISLAÇÃO PROJETADA

No ordenamento brasileiro, principalmente no CPC/2015, estabelece-se um sistema no qual impera o contato direto com o estado-juiz; a maioria dos atos executivos são praticados por agentes judiciários, havendo algumas desjudicializações incidentais, tais como: depósito em banco público ou estabelecimentos de crédito (supressão do depositário particular); administrador-depositário (penhora de renda, estabelecimento, quotas ou ações, percentual de faturamento, frutos e rendimentos); avaliação por perito-avaliador; alienação por iniciativa particular através de corretor.

Na legislação extravagante nacional, podem ser citados o Dec.-lei 70/66 – execução extrajudicial movida pelo credor hipotecário vinculado ao sistema financeiro de habitação; a lei 9514/97 – alienação particular do bem imóvel pelo credor fiduciário; o art. 1.433 do CC – venda do bem empenhado pelo credor pignoratício; o Dec.-lei

---

35. RODRIGUES, Marco Antônio dos Santos; RANGEL, Rafael Calmon, O Procedimento Extrajudicial Pré-Executivo Lusitano (PEPEX): algumas lições para o sistema brasileiro. *Revista de Processo*. v. 282. p. 455-471. ago. 2018.

911/69 – alienação de bem móvel pelo proprietário fiduciário; o Decreto 1.102/1903 – leilão extrajudicial de mercadorias depositadas em armazéns gerais e bens oferecidos em *warrants*; a Lei 4.591/64 – alienação na quota do condômino inadimplente nos contratos de incorporação imobiliária.

Atualmente em discussão no Poder Legislativo, o PL 6.204/2019 apresenta uma proposta procedimental extrajudicial para a execução civil, com sua condução por agente de execução, pendente de definição específica. Com importantes influências dos modelos em vigor no direito francês e português, o agente de execução passa a ser protagonista dos atos de império realizados na execução civil, resguardando-se as controvérsias de direito para solução judicial.

Já o PL 4.257/2019, também em andamento, regulamente a autotutela executiva pela Fazenda Pública.

Nos termos do PL 6.204/2019, a cobrança de títulos judiciais e extrajudiciais será realizada de forma extrajudicial (art. 1º), atribuindo a função de agente de execução aos tabeliães de protesto (art. 3º), aos quais caberá, salvo exceções legais, a condução da execução extrajudicial (art. 1º, parágrafo único).

Competirá ao tabelião, nos termos do art. 4º do PL, o exame do requerimento de execução e do título executivo; a consulta à base de dados para localização do devedor e de seu patrimônio (art. 10, § 3º); a elaboração da citação do executado, para pagamento do débito, acrescidos dos encargos e honorários de advogado de 10% (art. 10); a realização de arresto (art. 11, § 1º), a penhora e avaliação de bens do devedor (art. 10, § 1º), e a emissão das certidões para averbação em registro competente (art. 12); deliberação de eventual impugnação do devedor relativa à incorreção da penhora ou avaliação (art. 19); implementação de atos de expropriação[36]; extinção e suspensão da execução (arts. 15 e 17).

Dúvida surgidas na condução do procedimento e na restrição de direitos, bem como o processamento dos embargos à execução, ocorrerá na via judicial, respeitando-se a reserva de jurisdição neste particular. Segundo a doutrina, questões referentes aos mecanismos de desconsideração de personalidade jurídica também restariam exclusivos à análise jurisdicional[37].

5. DESJUDICIALIZAÇÃO NEGOCIADA

Estabelecidas as premissas da desjudicialização, importa delinear a hipótese em que os próprios participantes da relação obrigacional convencionam a busca da

---
36. RIBEIRO, Flávia Pereira. Proposta de desjudicialização da execução civil para o Brasil com base na experiência portuguesa – PL 6.204/2019. In: MEDEIROS NETO, Elias Marques; RIBEIRO, Flávia Pereira (Coord.). *Reflexões sobre a desjudicialização da execução civil*. Curitiba: Juruá, 2020. p. 355.
37. RIBEIRO, Flávia Pereira. Proposta de desjudicialização da execução civil para o Brasil com base na experiência portuguesa – PL 6.204/2019. In: MEDEIROS NETO, Elias Marques; RIBEIRO, Flávia Pereira (Coord.). *Reflexões sobre a desjudicialização da execução civil*. Curitiba: Juruá, 2020. p. 356.

solução do eventual conflito por métodos extrajudiciais, através de negócio nesse sentido[38]. A convenção pode ser pré-processual ou no curso de processo.

O estabelecimento de cláusula em negócio jurídico que preveja a opção pela solução da controvérsia fora do âmbito estatal não é novidade, sendo que a arbitragem é o método mais difundido.

As partes quando optam pela arbitragem como o método adequado para a solução de eventual conflito de interesses, através de uma convenção de arbitragem, afastam a jurisdição estatal, circunstância que se coaduna com o princípio da iniciativa das partes para deflagrar a jurisdição.

Sabe-se que direito de ação é o direito composto por um conjunto de situações jurídicas que garantem ao seu titular o poder de acessar os tribunais e exigir deles uma tutela jurisdicional adequada, tempestiva e efetiva e, em visão contemporânea do fenômeno, poderia ser denominado "direito fundamental à jurisdição"[39]-[40].

Ainda que se divirja quanto à natureza jurídica da arbitragem, o fato é que atualmente não mais se discute que a opção por essa via não significa qualquer afronta ao livre acesso ao Judiciário (art. 5º, XXXV, da CR, de 88), mas sim um caminho que têm os interessados de verem suas questões sendo dirimidas com maior presteza.[41]

Ressalte-se a posição de Leonardo Greco[42], para quem a jurisdição é um conceito em evolução, sendo mesmo um fenômeno universal a constatação de que o judiciário estatal não é capaz de dar respostas satisfatórias em razão da expansão das aspirações de justiça da sociedade contemporânea. Assevera que ainda que não se possa desligar totalmente o conceito de jurisdição de uma função típica e preponderantemente estatal, tal circunstância não significa que ela deva ser exercida necessariamente por juízes.

Entendem alguns autores, inclusive, que a tendência de estruturação de um sistema multiportas – agregando à jurisdição tradicional os meios adequados – é corolário do livre acesso à Justiça, sendo que essa união de técnicas de dimensionamento de litígios se faz necessária pela atávica característica do cidadão brasileiro de promover uma delegação da resolução dos conflitos exclusivamente ao Judiciário.[43]

---

38. BONGIORNO, Girolamo. Profili sistematici e prospettiva dell'esecuzione forzata in autotutela. *Rivista Trimestrale di Diritto e Procedura Civile*, Milano, anno XLII, n. 2, p. 451, 1988: "Nel classificare i vari tipi di difesa privata configurabili nel nostro ordinamento ho fatto riferimento ad una forma di autotutela con funzione esecutivo-satisfattiva che, stando al criterio sistematico seguito dalla dottrina tradizionale, suole essere rimcompresa nella più ampia categoria dell'autotutela consensuale."
39. NOGUEIRA, Pedro Henrique Pedrosa. *Teoria da Ação de Direito Material*. Salvador: Jus Podivm, 2008, p. 45 e ss.
40. DINAMARCO, Cândido Rangel. *A instrumentalidade do processo*. 14. ed. São Paulo: Malheiros, 2009, p. 373.
41. BARROSO, Luís Roberto. *Constituição da República Federativa do Brasil Anotada*. 5. ed. São Paulo: Saraiva, 2006. p. 104.
42. GRECO, Leonardo. Instituições de Processo Civil. 5. ed. Rio de Janeiro: Forense, 2015. v. I, p. 69.
43. THEODORO Jr, Humberto. NUNES, Dierle. BAHIA, Alexandre Melo Franco. PEDRON, Flavio Quinaud. *Novo CPC – Fundamentos e sistematização*. 2. ed. Rio de Janeiro: Forense, 2015, p. 241.

Humberto Dalla enxerga na redação do art. 3º do CPC/2015 uma ressignificação do conceito de jurisdição, afirmando o princípio insculpido no art. 5º, XXXV da CR de 1988, entendido como a primeira via de solução de conflito, não condiz com a noção contemporânea do Estado Democrático de Direito e que o fenômeno da desjudicialização deve ser compreendido como ferramenta de racionalização da prestação jurisdicional, colocando a arbitragem dentre os meios adequados de solução de conflitos e um dos mecanismos de desjudicialização.[44]

Nessa linha de entendimento, reputa-se uma consequência a opção pelas partes de que a fase executiva se dê de forma desjudicializada. Seja através da inserção de uma cláusula no contrato que represente o negócio jurídico entabulado, seja através de negócio jurídico processual no bojo de ação de conhecimento que tem por objetivo a condenação.

Credor e devedor convencionam que os atos executivos dar-se-ão de forma desjudicializada. O direito fundamental à Jurisdição e à execução é uma faculdade inerente ao cidadão, não um dever e, atendidos os ditames da ordem jurídica, questiona-se o seu exercício integralmente de forma alijada do judiciário estatal. O tema embora discutido doutrinariamente, ainda encontra resistência de sede jurisprudencial[45].

O negócio processual pode ser celebrado a qualquer momento, antes ou durante o processo. "Admite-se que, num negócio ou contrato celebrado antes mesmo de existir o processo, as partes já estabeleçam determinadas regras processuais a serem observadas, caso sobrevenha algum litígio e seja proposta demanda judicial a esse respeito"[46].

---

44. PINHO, Humberto Dalla Bernadina de. STANCATI, Maria Martins Silva. A ressignificação do princípio do acesso à justiça à luz do art. 3º do Código de Processo Civil de 2015. RePro, v. 41, n. 254, p. 17-44. São Paulo: abr. 2016.
45. Recurso especial. Processo civil. Liberdade negocial condicionada aos fundamentos constitucionais. CPC/2015. Negócio jurídico processual. Flexibilização do rito procedimental. Requisitos e limites. Impossibilidade de disposição sobre as funções desempenhadas pelo juiz. 1. A liberdade negocial deriva do princípio constitucional da liberdade individual e da livre iniciativa, fundamento da República, e, como toda garantia constitucional, estará sempre condicionada ao respeito à dignidade humana e sujeita às limitações impostas pelo Estado Democrático de Direito, estruturado para assegurar o exercício dos direitos sociais e individuais e a Justiça. 2. O CPC/2015 formalizou a adoção da teoria dos negócios jurídicos processuais, conferindo flexibilização procedimental ao processo, com vistas à promoção efetiva do direito material discutido. Apesar de essencialmente constituído pelo autorregramento das vontades particulares, o negócio jurídico processual atua no exercício do múnus público da jurisdição. 3. São requisitos do negócio jurídico processual: a) versar a causa sobre direitos que admitam autocomposição; b) serem partes plenamente capazes; c) limitar-se aos ônus, poderes, faculdades e deveres processuais das partes; d) tratar de situação jurídica individualizada e concreta. 4. O negócio jurídico processual não se sujeita a um juízo de conveniência pelo juiz, que fará apenas a verificação de sua legalidade, pronunciando-se nos casos de nulidade ou de inserção abusiva em contrato de adesão ou ainda quando alguma parte se encontrar em manifesta situação de vulnerabilidade. 5. A modificação do procedimento convencionada entre as partes por meio do negócio jurídico sujeita-se a limites, dentre os quais ressai o requisito negativo de não dispor sobre a situação jurídica do magistrado. As funções desempenhadas pelo juiz no processo são inerentes ao exercício da jurisdição e à garantia do devido processo legal, sendo vedado às partes sobre elas dispor. 6. Recurso especial não provido (REsp 1810444/SP, Rel. Ministro Luis Felipe Salomão, Quarta Turma, julgado em 23.02.2021, DJe 28.04.2021).
46. CUNHA, Leonardo Carneiro da. In: CABRAL, Antonio do Passo (Coord.). *Comentários ao Novo Código de Processo Civil*. Rio de Janeiro: GEN Forense. 2015. Comentário ao art. 190, p. 325.

Cuida-se do fenômeno da consensualidade que, segundo alguns autores[47], alcança – ainda que de forma reflexa – a jurisdição e o direito público na busca por maior eficiência, economicidade e gerenciamento dos recursos estatais.

A convenção de arbitragem é negócio jurídico típico produto da autonomia privada ou da autorregulação de interesses[48], conferindo às partes liberdade de celebração e de estipulação.

Dessa forma, desde que atendidos os requisitos de validade – capacidade, objeto lícito e forma não vedada em lei – não é possível negar eficácia a um negócio processual, não sendo permitido ao julgador entendê-lo inadequado, admitindo-se igualmente, convenções processuais sobre direitos materiais indisponíveis[49].

Humberto Theodoro Jr aponta que a doutrina italiana chegou à conclusão da constitucionalidade das situações negociais – ainda que tratando de matéria de ordem pública – desde que não haja explicitamente vedação legal.[50]

A renúncia à fase de cumprimento de sentença, por negócio processual validamente estabelecido entre as partes, deve ser entendida como lícito, diante da ausência de vedação legal. Cuida-se da desjudicialização negociada.

Infere-se vantagem para o sistema de Justiça civil, com diminuição da litigiosidade repetitiva, assim como para os próprios envolvidos, que ganham em celeridade e possibilidade de solução definitiva do litígio – agora insatisfeito – por meio de negociação.

6. CONSIDERAÇÕES FINAIS

As breves considerações deste trabalho tiveram por objetivo situar a execução no contexto da jurisdição contemporânea, além de demonstrar múltiplas práticas, aqui e alhures, que podem ser inseridas no conceito lato do fenômeno da desjudicialização.

Para a escorreita importação dos institutos estrangeiros, principalmente aqueles que inspiraram o PL 6.204/2019, mostra-se percuciente uma análise quanto ao perfil dos litígios creditícios, especificamente quanto à figura do devedor. Uma análise mais acurada pode revelar que as causas principais da litigância que repercutem nos chamados gargalos da execução são de ordem metajurídica. Concessão desenfreada

---

47. ANDRADE, Érico. A "contratualização" do processo no novo Código de Processo Civil. In: FREIRE, Alexandre et al. (Org.). *Novas tendências de processo civil*. Salvador: Juspodivm, 2015, v. 4, onde se lê: "Atualmente, o Estado e o direito público têm sido invadidos pela ideia da consensualidade: revê-se a atuação imperativa do poder público, a fim de buscar maior consenso com os cidadãos, inclusive como técnica para alcançar enquadramento mais democrático da atuação estatal".
48. CUNHA, Leonardo Carneiro da. Negócios jurídico-processuais no processo civil brasileiro. *Relatório do I Congresso Peru-Brasil de Direito Processual*. Peru, nov. 2014. Disponível em: https://www.academia.edu/10270224/Negócios_jur%C3%ADdicos_processuais_no_processo_civil_brasileiro.
49. Enunciado 135 do FPPC. "A indisponibilidade do direito material não impede, por si só, a celebração de negócio jurídico processual".
50. THEODORO Jr, Humberto. NUNES, Dierle. BAHIA, Alexandre Melo Franco. PEDRON, Flavio Quinaud. *Novo CPC – Fundamentos e sistematização*. 2. ed. Rio de Janeiro: Forense, 2015, p. 269.

de crédito, sem qualquer exigência de garantia, total ausência de educação financeira, grau de comprometimento econômico, insuficiência patrimonial, são meros exemplos e todos fatores que não possuem relação com o processo de execução.

Dessa forma, a mera redução de acervos processuais, com a transferência dos litígios de crédito para seara extrajudicial, pode ter pouca repercussão em termos de efetividade dos mecanismos de solução de conflitos.

Nada obstante, a partir da compreensão contemporânea do conceito de jurisdição e da busca por eficiência no Poder Judiciário, o tema merece estudo adequado e sem entraves ideológicos ou culturais, devendo a atuação jurisdicional ser revelada atualmente por critérios de racionalidade e adequação.

7. REFERÊNCIAS

ANDRADE, Érico. A "contratualização" do processo no novo Código de Processo Civil. In: FREIRE, Alexandre et al. (Org.). *Novas tendências de processo civil*. Salvador: Juspodivm, 2015. v. 4.

ALVIM, Teresa Arruda; DANTAS, Bruno. *Recurso Especial, Recurso Extraordinário e a Nova Função dos Tribunais Superiores*. 6. ed. rev., atual. e ampl. São Paulo: Thomsom Reuters, 2019.

BARROSO, Luís Roberto. *Constituição da República Federativa do Brasil Anotada*. 5. ed. São Paulo: Saraiva, 2006.

BONGIORNO, Girolamo. Profili sistematici e prospettiva dell'esecuzione forzata in autotutela. *Rivista Trimestrale di Diritto e Procedura Civile*. anno XLII. n. 2. p. 451. Milano, 1988.

CAMPOBASSO, Mario. Il peg'no non possessorio. "Pegno", ma non troppo. *Le nuove leggi civili commmentate*. anno XLI. n. 3. p. 704. Milano, 2018.

CARVALHO. José Henrique Delgado de. *Ação executiva para pagamento de quantia certa*. 2. ed. Lisboa: Quid Juris, 2016.

CASTILLO, Niceto Alcalá-Zamora y. La teoría general del proceso y la enseñanza del derecho procesal. *Estudios de teoría general e historia del proceso (1945-1972)*. Cidade do México: Universidad Nacional Autónoma de México, 1974. t. 1.

CUNHA, Leonardo Carneiro da. In: CABRAL, Antonio do Passo (Coord.). *Comentários ao Novo Código de Processo Civil*. Rio de Janeiro: GEN Forense. 2015.

CUNHA, Leonardo Carneiro da. Negócios jurídico-processuais no processo civil brasileiro. *Relatório do I Congresso Peru-Brasil de Direito Processual*. Peru, nov. 2014. Disponível em: https://www.academia.edu/10270224/Negócios_jur%C3%ADdicos_processuais_no_processo_civil_brasileiro.

D'AMICO, Giovanni; PAGLIANTINI, Stefano; PIRAINO, Fabrizio; RUMI, Tiziana. *I nuovi marciani*. Torino: G. Giappichelli Editore, 2017.

DINAMARCO, Cândido Rangel. *Fundamentos do processo civil moderno*. 4. ed. São Paulo: Malheiros, 2001. p. 807.

DE MARTINO, Francesco. *La giurisdizione nel diritto romano*, Milano. 1937.

ELGUETA, Giacomo Rojas. Il pegno mobiliare non possessorio nel sistema delle cause di prelazione. In: GRISI, Giuseppe (a cura di). *Processo e teniche di attuazione dei diritti*. Napoli: Jovene, 2019.

FOLLIERI, Luigi. *Esecuzione forzata e autonomia privata*. Torino: G. Giappiuchelli Editore, 2016.

FREITAS, José Lebre de. *A ação executiva à luz do CPC de 2013*. Coimbra: Gestlegal, 2017.

FUX, Luiz; BODART, Bruno. *Processo Civil e Análise Econômica*. Rio de Janeiro: Ed Forense, 2019.

GABRIELLI, Enrico. Pegno "non possessorio" e teoria delle garanzie mobiliari. *Rivista del Diritto Commerciale e del diritto generale delle obbligazioni.* anno CXV, parte seconda, p. 250. Padova: Piccin, 2017.

GONÇALVES, Marco Carvalho. *Lições de Processo Civil Executivo.* Coimbra: Edições Almedina, 2019.

GOUVEIA FILHO, Roberto P. Campos. Subsídios para uma Teoria da Execução Forçada: breve crítica analítica à expressão execução indireta. In: MACEDO, Lucas Buril, PEIXOTO, Ravi, FREIRE, Alexandre (Org.). *Execução.* Salvador: Jus Podivm, 2015.

GRECO, Leonardo. *O processo de execução.* Rio de Janeiro: Renovar, 1999.

GRECO, Leonardo. *Instituições de Processo Civil.* 5. Ed. Rio de Janeiro: Forense, 2015. v. I.

MANDRIOLI, Crisanto. *L'azione esecutiva. Contributo alla teoria unitaria dell'azione e del processo.* Milano: Doot. A. Giuffrè Editore, 1955.

LEPORE, Andrea. *Autotutela e autonomia negoziale.* Napoli: Edizione Scientifique Italiane, 2019.

LUMINOSO, Angelo. Patto commissorio, patto marciano e nuovi strumenti di autotutela esecutiva. *Rivista di Diritto Civile.* anno LXIII. n. 1. p. 28. Padova, 2017.

NOGUEIRA, Pedro Henrique Pedrosa. *Teoria da Ação de Direito Material.* Salvador: Jus Podivm, 2008.

PINHO, Humberto Dalla Bernadina de. STANCATI, Maria Martins Silva. A ressignificação do princípio do acesso à justiça à luz do art. 3º do Código de Processo Civil de 2015. *RePro.* v. 41. n. 254. p. 17-44. São Paulo, abr. 2016.

PINTO, Junior Alexandre Moreira. *Conteúdos e Efeitos das Decisões Judiciais.* São Paulo: Atlas, 2008.

RIBEIRO, Flávia Pereira. Proposta de desjudicialização da execução civil para o Brasil com base na experiência portuguesa – PL 6.204/2019. In: MEDEIROS NETO, Elias Marques; RIBEIRO, Flávia Pereira (Coord.). *Reflexões sobre a desjudicialização da execução civil.* Curitiba: Juruá, 2020.

RIBEIRO, Flávia Pereira. *Desjudicialização da execução civil.* Curitiba: Juruá Editora, 2019.

RODRIGUES, Marco Antônio dos Santos; RANGEL, Rafael Calmon. O Procedimento Extrajudicial Pré-Executivo Lusitano (PEPEX): algumas lições para o sistema brasileiro. *Revista de Processo.* v. 282. p. 455-471. ago. 2018.

SIME, Stuart. *A Practical Approach to Civil Procedure.* London: Bkackstone Press Limited, 1994.

TRUFO, Michele. *Proceso y decisión. Lecciones mexicanas de Derecho Procesal.* Madrid: Marcial Pons, 2012.

THEODORO Jr, Humberto. NUNES, Dierle. BAHIA, Alexandre Melo Franco. PEDRON, Flavio Quinaud. *Novo CPC – Fundamentos e sistematização.* 2. ed. Rio de Janeiro: Forense, 2015.

VASCONCELOS, Marco Antonio; GARCIA, Manuel Enriquez. *Fundamentos de economia.* São Paulo: Saraiva, 1998.

VELOSO, Zeno. Lei 11.441, de 04.01.2007 – Aspectos práticos da separação, divórcio, inventário e partilha consensuais. In: PEREIRA, Rodrigo da Cunha (Coord.). *Família e responsabilidade.* Porto Alegre: Magister/IBDFAM, 2010.

ZOPPINI, Andrea. L'effettività *in-vece* del processo. *Rivista di Diritto Processuale.* anno LXXIV. n. 3. p. 682. Padova, 2019.

ALGUMAS REFLEXÕES SOBRE A DESJUDICIALIZAÇÃO DA EXECUÇÃO

Leonardo Ferres da Silva Ribeiro

Doutor e Mestre em Direito pela PUC-SP. Professor do curso de pós-graduação *lato sensu* em Direito Processual Civil do COGEAE – PUC/SP. Professor convidado no curso de pós-graduação *lato sensu* em Processo Civil da PUC-RJ, da ESA/OAB-SP, da Universidade Católica Dom Bosco – UCDB/MS, da CESUSC/SC, da Escola Superior da Magistratura e da Escola Superior do Ministério Público em São Paulo. Advogado.

Teresa Arruda Alvim

Livre-docente, doutora e mestre em Direito pela PUC-SP. Professora nos cursos de graduação, especialização, mestrado e doutorado da mesma instituição. Professora Visitante na Universidade de Cambridge – Inglaterra. Professora Visitante na Universidade de Lisboa. Diretora de Relações Internacionais do IBDP. Honorary Executive Secretary General da International Association of Procedural Law. Membro Honorário da Associazione italiana fra gli studiosi del processo civile e do Instituto Paranaense de Direito Processual. Membro do Instituto Ibero-Americano de Direito Processual, do Instituto Panamericano de Derecho Procesal, do Instituto Português de Processo Civil, da Academia Paranaense de Letras Jurídicas, do IAPPR, do IASP, da AASP, do IBDFAM e da ABDConst. Membro do Conselho Consultivo da Câmara de Arbitragem e Mediação da Federação das Indústrias do Estado do Paraná (CAMFIEP). Membro do Conselho Consultivo RT (Editora Thomson Reuters Revista dos Tribunais). Coordenadora da Revista de Processo – RePro, publicação mensal da Editora Thomson Reuters Revista dos Tribunais. Relatora da Comissão de Juristas, designada pelo Senado Federal em 2009, que redigiu o Anteprojeto de Código de Processo Civil. Relatora do Anteprojeto de Lei de Ações de Tutela de Direitos Coletivos e Difusos, elaborado por Comissão nomeada pelo Conselho Nacional de Justiça em 2019 (PL 4778/20). Advogada.

1. INTRODUÇÃO

O cenário da judicialização no Brasil chega a ser alarmante. Segundo o relatório Justiça em Números de 2020 do Conselho Nacional de Justiça[1], o Poder Judiciário finalizou o ano de 2019 com 77,1 milhões de processos em tramitação e uma taxa de congestionamento de 68,5%.

Do acervo de 77 milhões de ações em andamento, mais da metade (55,8%) se referia à fase de execução. Além disso, a taxa de congestionamento na execução é significativamente maior do que na fase de conhecimento.

Segundo o CNJ, o "impacto da execução é significativo principalmente nos segmentos da Justiça Estadual, Federal e Trabalhista, correspondendo, respectivamente, a 56,8%, 54,3%, e 55,1% do acervo total de cada ramo... Em alguns tribunais, a execução chega a consumir mais de 60% do acervo. É o caso do: TJDFT, TJPE, TJRJ, TJSP na Justiça Estadual; TRF3 na Justiça Federal; e TRT10, TRT13, TRT14, TRT18, TRT19, TRT2, TRT21, TRT22, TRT23, TRT7, TRT8, TRT9 na Justiça do Trabalho."

---

1. Disponível em: https://www.cnj.jus.br/wp-content/uploads/2021/08/rel-justica-em-numeros2020.pdf. Acesso em 14 ago. 2021.

Nesse contexto, podem-se entender as razões pelas quais a discussão envolvendo a possibilidade de desjudicialização da execução tem ganhado fôlego no Brasil.

Com efeito, segundo nos ensina Flavia Pereira Hill, "a desjudicialização consiste no fenômeno segundo o qual litígios ou atos da vida civil que tradicionalmente dependeriam necessariamente da intervenção judicial para a sua solução, passam a poder ser realizados perante agentes externos ao Poder Judiciário, que não fazem parte de seu quadro de servidores. Trata-se, em suma, da consecução do acesso à justiça fora do Poder Judiciário, ou seja, do acesso à justiça extra muros"[2].

É justamente isso que se pretende fazer com a atividade executiva, notadamente aquela consistente na pesquisa, constrição e excussão de bens do executado: colocá-la nas mãos de um agente externo, reservando-se ao Poder Judiciário apenas o controle e a supervisão de tais atos, quando suscitado.

Outros países já adotaram soluções similares. A esse respeito, Flávia Pereira Ribeiro destaca os seguintes modelos europeus de execução extrajudicial: (i) modelos alemão e italiano: o agente de execução é um funcionário público, mas autônomo e independente (Gerichtsvollzieher e ufficiale giudiziario); (ii) modelo francês: trata-se de agente privado (Huissier); (iii) modelo espanhol: o agente de execução, em que pese ainda estar inserido dentro do Judiciário, tem autonomia para todos os atos da execução, sendo que o juiz apenas recebe a petição inicial; (iv) modelos americano e inglês: o *sheriff* é o responsável pela execução; (v) modelo português: o agente de execução, de natureza privada, é quem exerce os atos executivos[3,4].

Conquanto vários países já tenham adotado esse modelo, não se pode achar que a desjudicialização da execução é uma solução "mágica" para todos os males da Justiça brasileira. Há questões de suma importância, à luz da nossa cultura, que devem ser analisadas com bastante cuidado.

2. A DISCUSSÃO ACERCA DA DESJUDICIALIZAÇÃO DA EXECUÇÃO NO PANORAMA BRASILEIRO

Tramitam perante o Congresso Nacional algumas iniciativas para a desjudicialização da execução. Merecem atenção dois projetos de lei: o Projeto de Lei 4.257/19, que busca instituir a execução *fiscal* administrativa e a arbitragem tributária e o Projeto de Lei nº 6204/2019, que dispõe sobre a desjudicialização da execução *civil* de título executivo judicial e extrajudicial.

---

2. HILL, Flavia Pereira. Desjudicialização da Execução Civil: reflexões sobre o Projeto de Lei 6.204/2019. *Revista Eletrônica de Direito Processual – REDP*. ano 14. v. 21. n. 3. p. 164-205. Rio de Janeiro, set.-dez. 2020.
3. RIBEIRO, Flavia Pereira. *Desjudicialização da execução civil*: mito ou realidade. https://www.migalhas.com.br/depeso/313285/desjudicializacao-da-execucao-civil--mito-ou-realidade. Acesso em: 14 ago. 2021.
4. Acerca dos demais modelos de desjudicialização da execução no direito estrangeiro, confira-se: GAIO JÚNIOR, Antônio Pereira. *Execução e desjudicialização. Modelos, Procedimento Extrajudicial Pré-Executivo e o PL n. 6204/2019*. Disponível em: https://www.gaiojr.adv.br/astherlab/uploads/arquivos/artigos/Execucao-e-Desjudicializacao.pdf. Acesso em: 14 ago. 2021.

De se notar, portanto, que a desjudicialização da execução fiscal e da execução civil não fiscal estão sendo tratadas separadamente. A nosso ver, tal estratégia pode trazer mais malefícios do que benefícios. Isso porque, aprovando-se eventualmente leis distintas, invariavelmente surgirão dúvidas a respeito da possibilidade, ou não, de aplicação das disposições de uma das leis às situações disciplinadas pela outra. Acrescente-se ainda mais um tempero: o Código de Processo Civil que continuará tratando, ao menos subsidiariamente, da mesma matéria.

A existência de um emaranhado legislativo, como sói ocorrer em diversas situações levadas à justiça brasileira, parece-nos consideravelmente menos eficiente para a adequada tutela dos direitos, na medida em que acaba por causar diversos conflitos entre normas, criando uma série de dúvidas na interpretação quanto a aplicação das disposições normativas e, com isso, gerando inúmeras discussões.

Por isso, a nosso ver, seria aconselhável se houvesse um único Projeto de Lei para tratar da desjudicialização tanto da execução civil quanto da execução civil, o que facilitaria sobremaneira o entendimento e a aplicação das disposições porventura aprovadas.

Conquanto o Projeto de Lei 6204/2019 – que trata da execução comum, ou seja, não fiscal – seja consideravelmente mais alentado do que o Projeto de Lei 4.257/19 – específico para as execuções fiscais – não se pode deixar de considerar que o maior gargalo está justamente nas execuções fiscais. Nesse sentido, aponta o CNJ que "os processos de execução fiscal representam 39% do total de casos pendentes e 70% das execuções pendentes no Poder Judiciário, com taxa de congestionamento de 87%.".[5]

O ideal, portanto, segundo pensamos, é que se discuta a desjudicialização da execução como um todo e não em capítulos.

Nesse mesmo sentido, talvez o mais correto em termos estratégia legislativa, seja aproveitar o momento de discussão para mudar o próprio Código de Processo Civil, de forma a trazer a ideia da desjudicialização (das execuções fiscais e civis), se aprovada, para dentro do Código, revogando-se a lei especial de execução fiscal (LEF) – Lei 6.830/1980 e, com isso, sepultarmos, de uma vez por todas, as discussões interpretativas quanto à aplicabilidade das normas do CPC e seu caráter de subsidiariedade em relação às execuções fiscais. Nada impede que tragamos para o bojo do CPC também muitas oportunas sugestões com vistas a tornar a própria execução judicial mais eficiente.

Feitas tais observações a respeito da discussão do tema no ambiente do Congresso Nacional, vamos passar a analisar algumas questões do PL 6204/2019 – que trata da execução civil (e, portanto, *não fiscal*) – que nos parecem relevantes.

---

5. Justiça em números 2020 do CNJ. Disponível em: https://www.cnj.jus.br/wp-content/uploads/2021/08/rel-justica-em-numeros2020.pdf. Acesso em: 14 ago. 2021.

3. COMO FICAM AS GARANTIAS CONSTITUCIONAIS?

Ao analisar o Projeto de Lei 6.204/2019, uma questão tem atormentado parte da doutrina e permeado as discussões a respeito do tema: a constitucionalidade, ou não, da solução da desjudicialização.

Os professores Arruda Alvim e Joel Figueira Jr., em artigo publicado no Conjur, destacaram a constitucionalidade da solução trazida com o Projeto de Lei[6]. Com eles concordamos. Em nosso sentir, a desjudicialização das execuções constitui uma opção legislativa que não viola qualquer garantia constitucional.

Vejamos tal questão, mesmo que rapidamente, sob a ótica de três pontos de vista distintos, a seguir explicados.

3.1 O princípio da inafastabilidade do controle jurisdicional e a questão do monopólio da execução da execução

Há críticas ao Projeto fundadas na ideia de que a desjudicialização não deveria ser uma imposição, mas sim uma faculdade do credor, sob pena de se violar o princípio da inafastabilidade do controle jurisdicional insculpido no art. 5º, inciso XXXV da Constituição Federal.

A nosso ver, entretanto, basta que se reserve ao Poder Judiciário o controle dos atos praticados extrajudicialmente para que não haja qualquer inconstitucionalidade[7], o que desenvolveremos com mais vagar em tópico próprio, mais adiante.

Ainda a esse respeito, mesmo estando de acordo com a ideia de não haver facultatividade na escolha da via desjudicializada para a execução, opção escolhida pelo PL 6.204/19, que a coloca como impositiva, Arruda Alvim e Joel Dias Figueira Júnior, propõem uma regra de transição entre a facultatividade e a obrigatoriedade de acesso ao agente de execução na implementação do novo sistema.[8]

---

6. ALVIM, Arruda; FIGUEIRA Jr, Joel. O procedimento extrajudicial e o acesso ao agente de execução no PL 6.204/19. Disponível em https://www.conjur.com.br/2021-ago-12/opiniao-procedimento-extrajudicial-acesso-agente-execucao?imprimir=1. Acesso em: 14 ago. 2021.
7. Em sentido contrário: "Para que este tipo de procedimento desjudicializado seja obrigatório e inevitável, ou seja, para que um procedimento executivo desjudicializado seja a única alternativa para execução, é necessária alteração constitucional que legitime esta via em excepcionalidade ao controle do Poder Judiciário do inciso XXXV do artigo 5º da Constituição Federal, sendo até mesmo questionável a constitucionalidade de tal alteração ante a restrição insculpida no inciso IV, §4o do artigo 60 da Constituição Federal, que veda a edição de emendas constitucionais tendentes a abolir direitos e garantias fundamentais" (CILURZO, Luiz Fernando. *A desjudicialização na execução por quantia*. Dissertação de mestrad – USP, 2016, p. 169).
8. "Nada obstante estarmos seguros de que a melhor opção encontra-se bem traçada no texto do PL 6.204/19, talvez seja de bom alvitre escaparmos do dualismo em busca de uma "via de meio" que possa, num primeiro momento de entrada em vigor da nova lei, adequar-se às diferentes realidades sempre encontradas em nosso país de dimensões continentais, além de harmonizar os entendimentos dos estudiosos preocupados com esse tema, todos desejosos por encontrar o melhor caminho legislativo para os jurisdicionados... Digamos: "nem tanto ao mar, nem tanto à terra".
A ideia que trazemos a lume não é nova, mas precisa ser amadurecida. Trata-se da possibilidade de se criar uma regra de transição entre a facultatividade e a obrigatoriedade de acesso ao agente de execução, como

Diga-se, ademais, em reforço à constitucionalidade da possibilidade de desjudicialização, que mesmo hoje, sob o manto do quase monopólio da execução judicial, os atos executivos tendentes à perseguição e excussão do patrimônio do executado, não são propriamente praticados pelo Juiz, mas sim por outros agentes, ainda que pertencentes ao Poder Judiciário. Nesse sentido: a penhora é praticada pelo Oficial de Justiça, a avaliação pelo Oficial de Justiça e/ou pelo avaliador judicial e o leilão judicial pelo leiloeiro público, tudo sob o controle do juiz.

Ora, a delegação de poderes a agentes pertencentes ao próprio Estado não representa ofensa ao monopólio da jurisdição. O Projeto de Lei, nesse contexto, previu as funções de agente de execução aos Tabeliães de Protesto[9] (art. 3º do PL), que exercem seus atos em caráter privado, porém por delegação do Poder Público.

E, pela redação do art. 4º, ao agente de execução incumbe: (i) examinar o requerimento e os requisitos do título executivo, bem como eventual ocorrência de prescrição e decadência; (ii) consultar a base de dados mínima obrigatória, nos termos do art. 29, para localização do devedor e de seu patrimônio; (iii) efetuar a citação do executado para pagamento do título, com os acréscimos legais; (iv) efetuar a penhora e a avaliação dos bens; (v) realizar atos de expropriação; (vi) realizar o pagamento ao exequente; (vii) extinguir a execução; (viii) suspender a execução diante da ausência de bens suficientes para a satisfação do crédito; (ix) consultar o juízo competente para sanar dúvida relevante; (x) encaminhar ao juízo competente as dúvidas suscitadas pelas partes ou terceiros em casos de decisões não reconsideradas.

O rol é extenso e, é bem verdade, contempla tanto atos sem cunho decisório – que certamente podem ser delegados (CF, art. 93, inciso XIV[10]) – quanto outros atos

---

forma intermediária de implementação do novo sistema, quiçá com menor risco e percalços que possam, eventualmente, surgir de início e, assim, obter-se resultados práticos mais profícuos com a desjudicialização da execução civil, ou seja, instituí-la de forma gradativa" (ALVIM, Arruda; FIGUEIRA Jr., Joel. O procedimento extrajudicial e o acesso ao agente de execução no PL 6.204/19. Disponível em https://www.conjur.com.br/2021-ago-12/opiniao-procedimento-extrajudicial-acesso-agente-execucao?imprimir=1. Acesso em: 14.08.2021).

9. "O PL, ao se referir no art. 3º aos "tabeliães de protesto", está a exigir interpretação extensiva, qual seja, para contemplar todos os serventuários detentores de competência específica (99 cartórios) e as demais serventias extrajudiciais, que cumulam atribuições alusivas às notas, protestos e registros, o que perfaz um total de 3.779 serventias extrajudiciais capilarizadas por todos os rincões do País, ao que se somam 3.779 serventuários substitutos (subtotal de 7.558 servidores). A este resultado expressivo acrescenta-se ainda que, em média, cada cartório é dotado de 5 funcionários, totalizando em 18.895 prepostos que, somados aos titulares e substitutos, representam um efetivo de nada mais nada menos do que aproximadamente 26.453 servidores aptos a colocar em prática o procedimento de execução extrajudicial de títulos executivos conforme definido no PL 6.204/19" (ARRUDA ALVIM, José Manoel e FIGUEIRA JUNIOR, Joel Dias. *Razões para atribuir as funções de agente de execução aos tabeliães de protesto*. Disponível em: https://www.migalhas.com.br/depeso/339710/as-funcoes-de-agente-de-execucao-aos-tabeliaes-de-protesto. Acesso em: 14 ago. 2021.

10. CF, art. 93: Lei complementar, de iniciativa do Supremo Tribunal Federal, disporá sobre o Estatuto da Magistratura, observados os seguintes princípios:
(...)
XIV – os servidores receberão delegação para a prática de atos de administração e atos de mero expediente sem caráter decisório.

de cunho eminentemente decisórios e impositivos, os quais, para alguns, seriam de atribuição exclusiva do juiz.

Nesse passo, importante lembrar-se de que o Supremo Tribunal Federal já discutiu a questão da invasão patrimonial realizada fora dos limites do Poder Judiciário. Veja-se o RE 627.106 (tema 249) que discute a constitucionalidade da execução extrajudicial de dívidas hipotecárias contraídas no regime do Sistema Financeiro de Habitação. Decidiu-se, recentemente e por maioria, fixar a seguinte tese: "É constitucional, pois foi devidamente recepcionado pela Constituição Federal de 1988, o procedimento de execução extrajudicial, previsto no Decreto-lei 70/66".[11]

Tem-se ainda o RE 860.631 (tema 982), ainda pendente de decisão, que traz a discussão relativa à constitucionalidade do procedimento de execução extrajudicial nos contratos de mútuo com alienação fiduciária de imóvel, pelo Sistema Financeiro Imobiliário – SFI, conforme previsto na Lei n. 9.514/1997.

A questão, como se vê, ainda não está inteiramente pacificada entre nós.

Indo além da questão da execução, vários são os exemplos de desjudicialização já existentes em nosso ordenamento. Veja-se, por exemplo, o divórcio e o inventário extrajudicial (Lei 11.441/2007), o registro de nascimento após transcorrido o prazo legal (Lei 11.790/2008), a usucapião especial (Lei 11.977/2009), a usucapião extrajudicial (art. 1.071 do CPC), a demarcação e divisão de terras particulares (art. 571 do CPC) e a homologação do penhor legal (art. 703, § 2º do CPC).

A nosso ver, desde que respeitadas as garantias constitucionais, sob o primado do devido processo legal, parece-nos perfeitamente possível a desjudicialização da execução. Como vimos, para nós, não há problema na delegação de poderes ao agente de execução. É preciso, no entanto, avançar para uma questão seguinte, ainda em termos de garantias constitucionais: a imparcialidade dos agentes encarregados da execução.

3.2 A imparcialidade do agente de execução

A imparcialidade é imprescindível para a correta tutela jurisdicional.

Mesmo na execução, procedimento voltado à realização do direito, aquele que decide e aplica os atos executivos, conquanto vise a invadir o patrimônio do executado e pagar o exequente, deve ser, o quanto possível, "neutro" na interpretação da lei, buscando uma execução proporcional, tentando conciliar o princípio da efetividade da execução (em prol do exequente), com o princípio da menor onerosidade (em favor do executado).

É preciso, portanto, que o agente de execução, tal como o juiz o faz, atue imparcialmente, daí a importância da escolha do agente de execução e, bem assim, dos mecanismos de controle de sua atuação.

---

11. Plenário, Sessão Virtual de 26.03.2021 a 07.04.2021.

Quanto à escolha do agente de execução, o PL 6.204/2019 andou bem, a nosso ver, ao prever como agente de execução o Tabelião de Protesto. Trata-se de função prevista na Constituição Federal (art. 236), regulamentada pela Lei 8.935/94. O tabelião é um profissional concursado, remunerado de acordo com os emolumentos fixados por lei (e não por livre iniciativa das partes), com atuação fiscalizada pelo CNJ e pelas corregedorias estaduais e com garantia de independência no exercício de suas atribuições, somente podendo perder a delegação nas hipóteses previstas em lei.

Tais garantias protegem, ao menos em certa medida, o tabelião do interesse das partes, ajudando-o a manter sua imparcialidade. Mas não basta! É preciso que o tabelião tenha garantias legais para exercer os atos executivos.

Em Portugal, por exemplo, há autorização legal para a livre destituição do agente de execução por parte do exequente, em decorrência de motivo relevante, a despeito do desempenho da função pública envolvida[12]. Tal fórmula, em nosso sentir, não deve ser replicada por aqui, devendo a destituição do agente de execução ser matéria a ser decidida pelo juiz, mediante justo motivo e sob provocação do exequente e/ou do executado.

Além disso, o Projeto de Lei, acertadamente, prevê uma regra para distribuição e processamento das execuções (art. 7º *caput* e parágrafo único), de forma a evitar a escolha livre, pelo exequente, do agente de execução, o que poderia trazer algum problema quanto à sua imparcialidade.

Em nosso sentir, o ideal seria que houvesse, como há em Portugal[13] e na França[14], por exemplo, um órgão para fiscalizar a atuação dos agentes executivos, o que contribuiria sobremaneira para a garantia da imparcialidade.

Preservada, portanto, a imparcialidade do agente de execução, não vemos problema na delegação dos poderes necessários para que este possa, sempre sob o crivo e controle do Poder Judiciário, realizar os atos executivos.

3.3 O contraditório, a ampla defesa e a questão do controle e supervisão pelo Poder Judiciário

Na execução, naturalmente, também deve ser garantido o exercício do contraditório e da ampla defesa. A resposta do executado se dá de duas formas: por meios

---

12. CALDAS, Roberto Correia da Silva Gomes; MEIRA, Alexandre Augusto Fernandes. O Modelo de desjudicialização colaborativa da execução civil portuguesa: uma abordagem a partir dos seus procedimentos e sua aplicabilidade ao Brasil. *Revista de Direito Brasileira*, v. 25, n. 10, p. 352-353. Florianópolis, jan.-abr. 2020.
13. Em Portugal, há a CAAJ – Comissão para o Acompanhamento dos Auxiliares de Justiça e a OSAE – Ordem dos Solicitadores e dos Agentes de Execução, entidades estabelecidas para o controle direto das atividades dos agentes de execução (Idem, ibidem, p. 351).
14. "Na França, de modo similar, a atuação dos *huissier de justice* é supervisionada e controlada pelo órgão de classe destes profissionais e pelo Ministério Público, além de os atos e responsabilidades serem objeto de controle pelo *juge de l'exécution*" (CILURZO, Luiz Fernando. *A desjudicialização na execução por quantia*. Dissertação de mestrado – USP, 2016, p. 179).

típicos de defesa (embargos e impugnação, conforme a natureza do título objeto da execução: extrajudicial ou judicial) e por meio de discussões incidentais no próprio rito executivo, sobre questões que não demandam maior dilação probatória, como, e.g., aquelas relativas aos vícios de avaliação, penhora e demais atos expropriatórios.

Além da ampla possibilidade de o executado exercer o contraditório, por meio de mecanismos típicos e atípicos, a execução, conquanto vise à satisfação do crédito do exequente, não se descuida completamente dos direitos do executado, independentemente de este exercer, ou não, seu direito de "defesa", garantindo-lhe o princípio da menor onerosidade, o respeito à ordem legal da penhora, o respeito às regras atinentes aos atos expropriatórios etc.

É de se registrar, ainda, que todas – absolutamente todas – as decisões judiciais lançadas na execução (seja no cumprimento de sentença, seja na execução de título extrajudicial) – desafiam recurso.

A nosso ver, qualquer proposta de desjudicialização da execução não pode suprimir as garantias do executado e, para tanto, deve ser possibilitado necessariamente ao executado discutir as questões relativas à execução tanto na via administrativa, junto ao agente de execução, quanto na via judicial.

Nesse ponto, o PL 6.204/2019 possibilita ao executado valer-se da ação de embargos à execução a serem opostos perante o Juízo competente (art. 18) e, com relação especificamente à incorreção da penhora ou da avaliação, possibilita-se seja a questão levada ao próprio agente de execução (art. 19), ficando suspenso o prazo para embargos até intimação da sua decisão.

No art. 20, o projeto legislativo traz a possibilidade de o agente de execução *sponte propria* consultar o juízo competente sobre questões relativas ao título e ao procedimento executivo. Além disso, deve valer-se de autorização judicial, quando houver necessidade de aplicação de medidas de força ou coerção para que este determine à autoridade policial para efetivar a providência. Nesse caso, em obediência ao contraditório, deve o juiz, antes de decidir, intimar as partes para manifestarem-se (art. 20, § 1º).

Prevê, ainda, o projeto de lei, no seu art. 21, que as decisões do agente de execução "que forem suscetíveis de causar prejuízo às partes" serão impugnáveis por meio de suscitação de dúvida perante o próprio agente de execução e, caso não haja reconsideração, o próprio agente encaminhará a suscitação de dúvida ao juízo competente, oportunizando-se às partes sua manifestação diretamente ao juízo competente (art. 21, § 1º).

Com tais previsões, preserva-se, em princípio, a ampla defesa e o contraditório. O problema, contudo, está na previsão de irrecorribilidade da decisão do juiz sobre a consulta prevista no art. 20 e, bem assim, sobre a suscitação de dúvida prevista no art. 21, vedando-se a análise pelo 2º grau, com o que não concordamos.

Indo além da discussão acerca da constitucionalidade, ou não, da supressão da possibilidade de recurso, tais previsões trazem, em si, uma insuperável contradição.

Ora, as questões eventualmente suscitadas por meio dos arts. 20 e 21 podem ser veiculadas por meio de embargos à execução (arts. 18 e 19 *in fine*) e, nessa hipótese, a decisão que julga os embargos está sujeita ao 2º grau de jurisdição. Não faz sentido, portanto, vedar o recurso nas hipóteses trazidas nos arts. 20 e 21 do Projeto de Lei, o que, a nosso ver, poderia ser repensado no Projeto de Lei.

Resta claro, portanto, que o Poder Judiciário é quem exercerá o controle das decisões do agente de execução e, sendo assim, preservar-se-á, em nosso sentir, a constitucionalidade da desjudicialização.

Há, ainda, outra questão que em nosso entendimento deve ser abordada e que não tem, ao menos até o momento, chamado a atenção da doutrina especializada sobre o assunto. Trata-se da necessidade de se penalizar tanto o executado quanto o exequente que se valham, sem razão, do controle jurisdicional.

A razão da necessidade de que se aborde este tema decorre da inutilidade de se criar todo um procedimento com o objetivo de retirar a execução do poder judiciário e, simultaneamente, deixar a porta aberta para que ela seja novamente reabsorvida. Isto significa que, na verdade, o que nos parece, é que as questões que devem poder necessariamente ser reexaminadas pelo judiciário, para que não se questione sobre a constitucionalidade da desjudicialização, devem ser excepcionais e o uso da possibilidade de recurso ao judiciário deve ser feito com integral boa-fé.

Ora, podemos dizer que há duas ideias principais por trás da desjudicialização da execução: (i) a esperança de se desafogar o Poder Judiciário, tirando da atividade judicial o os procedimentos executivos que representam, hoje, um grande gargalo da justiça estatal; e (ii) alcançar uma maior efetividade na execução.

Vamos nos ater, por primeiro, à questão da desjudicialização como forma de desafogar o Poder Judiciário.

Com efeito, há uma questão cultural, tipicamente brasileira, que não pode ser ignorada: infelizmente, no Brasil, há muita resistência ao cumprimento das ordens judiciais e isso se reflete com muito mais ênfase na execução. Nesse sentido, segundo pensamos, deve haver penalidades para aquele que demandar o Poder Judiciário para discutir os atos executivos praticados pelo agente de execução e, atendidas determinadas condições, não obtiver êxito. A respeito dessas condições pode-se pensar por exemplo na necessidade de que a decisão do primeiro grau seja confirmada integralmente pelo segundo.

Se hoje, com o Estado-Juiz promovendo a execução forçada, frutificam impugnações embargos e incidentes, manejados pelos executados, é se imaginar que numa futura execução "desjudicializada", o Poder Judiciário será insistentemente acionado. Se isso ocorrer, o ideal de desafogar o Judiciário talvez não seja alcançado.

É por isso que, a nosso ver, conquanto não se possa fechar as portas do Judiciário, pode e deve haver uma penalidade para aquele que demandar integralmente sem razão e de má fé. Fala-se aqui, evidentemente, de má fé objetiva: ou seja, da má fé constatável por uma conduta determinada como por exemplo a formulação de um pedido manifestamente infundado.

Uma multa representativa pode e dever ser pensada para tanto, de forma a desestimular as provocações judiciais sem fundamento, no afã de atrasar e/ou dificultar a execução.

4. A QUESTÃO DA EFETIVIDADE DA EXECUÇÃO

Resta-nos tratar da questão relativa à efetividade da execução.

Busca-se com a desjudicialização da execução mais efetividade, aproveitando a estrutura dos tabeliães de protesto, que gozam de mais liberdade e agilidade na utilização de seus recursos humanos e financeiros, se comparado ao Poder Judiciário.

Se, de um lado, é verdade que o tabelião, mercê de sua natureza jurídica de direito privado, goza de mais liberdade ao exercer sua atividade, mesmo que delegada; de outro, não se pode olvidar que não pode ele substituir totalmente a atividade judicante que será necessariamente instada quando as providências executivas abicarem em "medidas de força e coerção", *ex vi* do art. 20 *in fine* do Projeto de Lei 6.204/2019.

Ora, o grande problema da execução por quantia decorre da ausência de patrimônio do executado. Por vezes, o executado, de fato, não tem patrimônio penhorável e, nessa situação, não há modelo de execução que possa resolver o impasse; noutras situações, contudo, o executado tem recursos para responder pela execução, mas consegue ocultar seu patrimônio, deixando-o a salvo dos meios executivos.

Na tentativa de minimizar esse segundo problema – a ocultação de patrimônio –, o CPC/2015 previu o art. 139, inciso IV[15], possibilitando a aplicação das medidas executivas atípicas para a execução das obrigações pecuniárias, o que tem sido aplicado, sob determinadas condições e limites, consoante posicionamento do Superior Tribunal de Justiça[16].

Se é assim, indaga-se: poderá o agente de execução valer-se de medidas atípicas ou necessariamente somente o juiz poderá fazê-lo? A nosso ver, as medidas atípicas, por serem excepcionais e em caráter subsidiário, necessariamente devem ser ordenadas pelo Juiz e não pelo agente de execução.

Nesse contexto, infelizmente, para se alcançar mais efetividade na execução, ao que parece, continuaremos a depender de medidas mais eficazes, indo além dos meios expropriatórios típicos, o que somente poderá avaliado à luz do caso concreto pelo Juiz e não pelo agente de execução.

---

15. "Art. 139. O juiz dirigirá o processo conforme as disposições deste Código, incumbindo-lhe:
(...)
IV – determinar todas as medidas indutivas, coercitivas, mandamentais ou sub-rogatórias necessárias para assegurar o cumprimento de ordem judicial, inclusive nas ações que tenham por objeto prestação pecuniária".
16. RESP 1.782.418 - RJ e RESP 1.788.950-MT, 3ª T., Rel. Min. Nancy Andrighi, j. 23.04.2019.

5. NOTAS CONCLUSIVAS

Passamos, a seguir, a expor sucintamente as principais conclusões desenvolvidas ao longo deste artigo.

Endossamos a ideia de desjudicialização da execução. Contudo, a estratégia deve abranger as execuções civis e fiscais, preferencialmente numa mesma investida legislativa, quiçá modificando o próprio Código de Processo Civil.

A desjudicialização, em nosso sentir, não precisa ser uma faculdade; pode, sim, ser impositiva, sem que com isso haja qualquer se possa atribuir à desjudicialização pecha de inconstitucionalidade, desde que seja respeitado o devido processo legal, a imparcialidade do agente de execução e fique reservada a possibilidade de se socorrer do Poder Judiciário sempre que necessário.

O Projeto de lei nada traz acerca da possibilidade de se destituir o agente de execução. A nosso ver, deve ser previsto um mecanismo de substituição do agente de execução, por provocação das partes (exequente e/ou do executado), desde que haja justo motivo, devendo tal decisão ficar a cargo do Poder Judiciário.

Acertada, segundo pensamos, a escolha do tabelião de protesto como agente de execução, mas sugerimos a criação de um órgão para fiscalizar a atuação de tais agentes, como há, por exemplo, em Portugal e na França.

Não concordamos com a irrecorribilidade prevista para as decisões do juiz sobre a consulta prevista no art. 20 e sobre a suscitação de dúvida prevista no art. 21 do PL 6.204/2019. Ambas devem ser recorríveis, levando-se, se for o caso, a questão para apreciação em 2º grau de jurisdição.

Devem restar garantidas – tanto ao executado quanto ao exequente – formas de se socorrer ao judiciário contra os atos e omissões do agente de execução. Contudo, em nosso sentir, aquele que demandar em juízo na discussão dos atos do agente de execução *sem ter razão* deve ser apenado, mediante uma considerável multa pecuniária, como forma de desestimular a proliferação de ações, incidentes e recursos judiciais, o que poderia sepultar a intenção de desafogar o Judiciário.

Diante da ausência de patrimônio, se o caso sugerir a adoção de medidas executivas atípicas (CPC, art. 139, inciso IV), somente o Juiz poderá fazê-lo e não o agente de execução.

São essas, em suma, nossas conclusões.

6. REFERÊNCIAS

ALVIM, Arruda; FIGUEIRA Jr, Joel. *O procedimento extrajudicial e o acesso ao agente de execução no PL 6.204/19*. Disponível em: https://www.conjur.com.br/2021-ago-12/opiniao-procedimento-extrajudicial-acesso-agente-execucao?imprimir=1. Acesso em: 14 ago. 2021.

ALVIM, Arruda. *Razões para atribuir as funções de agente de execução aos tabeliães de protesto*. Disponível em: https://www.migalhas.com.br/depeso/339710/as-funcoes-de-agente-de-execucao-aos-tabelia-es-de-protesto. Acesso em: 14 ago. 2021.

CALDAS, Roberto Correia da Silva Gomes; MEIRA, Alexandre Augusto Fernandes. O Modelo de desjudicialização colaborativa da execução civil portuguesa: uma abordagem a partir dos seus procedimentos e sua aplicabilidade ao Brasil. *Revista de Direito Brasileira*, v. 25, n. 10, p. 352-353. Florianópolis, SC, jan.-abr. 2020.

CILURZO, Luiz Fernando. *A desjudicialização na execução por quantia. Dissertação de mestrado.* USP, 2016.

CNJ. Justiça em números 2020. Disponível em: https://www.cnj.jus.br/wp-content/uploads/2021/08/rel-justica-em-numeros2020.pdf. Acesso em: 14 ago. 2021.

GAIO JÚNIOR, Antônio Pereira. Execução e desjudicialização. Modelos, Procedimento Extrajudicial Pré-Executivo e o PL n. 6204/2019. Disponível em: https://www.gaiojr.adv.br/astherlab/uploads/arquivos/artigos/Execucao-e-Desjudicializacao.pdf. Acesso em: 14 ago. 2021.

HILL, Flavia Pereira. Desjudicialização da Execução Civil: reflexões sobre o Projeto de Lei 6.204/2019. *Revista Eletrônica de Direito Processual* – REDP. ano 14. v. 21. n. 3. p. 164-205. Rio de Janeiro, set.-dez. 2020.

RIBEIRO, Flavia Pereira. *Desjudicialização da execução civil: mito ou realidade.* Disponível em: https://www.migalhas.com.br/depeso/313285/desjudicializacao-da-execucao-civil--mito-ou-realidade. Acesso em: 14 ago. 2021.

DURAÇÃO RAZOÁVEL DO PROCESSO E DESJUDICIALIZAÇÃO DA EXECUÇÃO CIVIL

Candice Lavocat Galvão Jobim

Mestre em Direito pela University of Texas at Austin—EUA. Graduada em Direito pelo UniCeub. Juíza Federal do Tribunal Regional Federal da Primeira Região. Atualmente no cargo de Conselheira do Conselho Nacional de Justiça. Email:candice.jobim@cnj.jus.br.

Ludmila Lavocat Galvão

Doutora e mestre em Direito Processual pela Universidade de São Paulo — USP. Graduada pela Universidade de Brasília — UnB. Subprocuradora do Distrito Federal. Atualmente no cargo de Procuradora-Geral do Distrito Federal. Email: ludmila.galvao@pg.df.gov.br.

1. PROBLEMATIZAÇÃO DO TEMA

O Conselho Nacional de Justiça, no desempenho de sua função constitucional de órgão de controle da atuação administrativa e financeira do Poder Judiciário, deve elaborar semestralmente relatório estatístico sobre processos e sentenças proferidas, por unidade da Federação, nos diferentes órgãos do Poder Judiciário (art. 103-B, § 4º, VI, CF).

O Relatório Justiça em Números, elaborado semestralmente pelo Conselho Nacional de Justiça, apresenta informações circunstanciadas sobre o fluxo processual no sistema de justiça brasileiro, incluindo-se o tempo de tramitação dos processos, os indicadores de desempenho e de produtividade, as estatísticas por matéria do direito, além de números sobre despesas, arrecadações, estrutura e recursos humanos.

Da leitura dos relatórios dos últimos anos depreende-se que mais da metade das demandas em tramitação no Poder Judiciário correspondem a execuções fiscais e execuções civis fundadas em títulos extrajudiciais ou judiciais. Além disso, importante ressaltar que a atividade satisfativa é desenvolvida de maneira bastante lenta e demorada, e nem sempre o êxito é alcançado por meio da satisfação do crédito perseguido.[1]

Nesse contexto, busca-se a implementação de medidas para o incremento da atividade satisfativa, seja no âmbito do próprio Poder Judiciário, seja fora dele, para

---

1. Ao tratar do tema, José Augusto Garcia de Sousa afirma: "Não pode haver dúvida de que o relatório *Justiça em números de 2018*, mais do que os relatórios anteriores, trouxe boas novas, entre elas o avanço da virtualização do processo, a redução da taxa de congestionamento geral e a diminuição dos casos pendentes em fase de conhecimento. Por outro lado, dados muito ruins continuaram marcando presença mesmo que eventualmente experimentando alguma melhora. A execução segue calamitosa. O acervo total, embora subindo muito pouco, permanece ingovernável. E o tempo médio dos processos não conseguiu chegar a um patamar minimamente aceitável". SOUSA, José Augusto Garcia de. *A Tempestividade da justiça no processo civil brasileiro*. Salvador: JusPodivm, 2020. p. 180.

que a prestação da tutela constitucional seja entregue em prazo razoável, de forma célere, efetiva, eficiente e com segurança jurídica.

2. A ENTREGA DA PRESTAÇÃO DA TUTELA JURISDICIONAL PELO PODER JUDICIÁRIO

Para o desempenho de suas funções, o Estado distribui as suas funções entre os Poderes Legislativo, Executivo e Judiciário. Os Poderes são independentes e harmônicos entre si, e cada um deles exerce com prioridade, mas não com exclusividade, as suas funções.

Segundo José Afonso da Silva, o princípio da separação dos Poderes não se configura mais com a rigidez de suas origens. Leciona o autor:

> A ampliação das atividades do Estado contemporâneo impôs nova visão da separação de poderes e novas formas de relacionamento entre os órgãos legislativo e executivo e destes com o judiciário, tanto que atualmente se prefere falar em *colaboração de poderes*, que é característica do parlamentarismo, em que o governo depende da condição do Parlamento (Câmara dos Deputados), enquanto, no presidencialismo, desenvolveram-se técnicas da *independência orgânica e harmonia dos poderes*.[2]

O Poder Legislativo tem como funções típicas legislar e fiscalizar, podendo exercer funções de administrar e de julgar de modo não típico. O Poder Executivo, por sua vez, possui como função típica a execução da lei, com a prática de atos de Chefia de Estado, de Chefia de Governo e de administração e disciplina das atividades administrativas. Atipicamente, exerce as funções de legislar e julgar. Por fim, a função primordial típica do Poder Judiciário é a entrega da prestação jurisdicional. Pode, todavia, o Poder Judiciário exercer funções atípicas como a legislativa e a administrativa.

Jorge Miranda pondera que "esta tripartição não esgota, nos nossos dias, as atividades do Estado ou não as reflete com suficiente clareza e homogeneidade. É mister ter em conta zonas de fronteira entre aquelas três funções *fundamentais* e até funções *complementares, acessórias* ou *atípicas*".[3]

No que se refere à solução das lides, o Estado exerce a jurisdição por intermédio do processo. Não há dúvidas de que é necessário tempo para o desenvolvimento e o aperfeiçoamento do processo, composto por uma série de atos coordenados que devem ser praticados em determinado prazo estabelecido pela legislação de regência.

Cândido Rangel Dinamarco leciona:

> Como *método de trabalho*, processo é o resultado da soma de todas as disposições constitucionais e legais que delimitam e descrevem os atos que cada um dos sujeitos processuais realiza no

---

2. SILVA, José Afonso da. *Curso de direito constitucional positivo*. 37. ed. rev. e atual. São Paulo: Malheiros Editores, 2014. p. 111.
3. MIRANDA, Jorge. *Teoria do Estado e da Constituição*. Rio de Janeiro: Forense, 2011. p. 360.

exercício de seus poderes fundamentais, ou seja: a jurisdição pelo juiz, a ação pelo demandante e a defesa pelo réu. O conceito de processo abrange o de *procedimento* e o de *relação processual*.[4]

O processo deve ser um instrumento estatal de solução de controvérsias, eliminando os litígios com a aplicação do direito em busca da pacificação social. A entrega da prestação da tutela jurisdicional não é imediata. Haverá sempre um lapso temporal entre a violação do direito e a sua realização pelo processo.[5]

3. O PRINCÍPIO DA DURAÇÃO RAZOÁVEL DO PROCESSO

O Poder Judiciário tem como função primordial a entrega da prestação jurisdicional. Acrescente-se que a jurisdição deve ser prestada em prazo razoável. O tempo de duração do processo tem, portanto, relevância no desempenho da atividade jurisdicional.

Carnelutti ensina que "é imenso e em grande parte desconhecido o valor que o tempo tem no processo. Não seria imprudente compará-lo a um inimigo, contra o qual o juiz luta sem tréguas".[6]

O direito à duração razoável do processo não é restrito ao Brasil, mas, sim, universal, abrangendo diversos países, tanto do *civil law* como do *commom law*. Carlos Henrique Ramos assinala:

> A questão da duração excessiva dos processos judiciais está longe de ser uma peculiaridade da experiência jurídica brasileira. Trata-se de uma celeuma global, que aflige os diversos ordenamentos jurídicos, inclusive aqueles tidos como mais desenvolvidos, tanto que não há discussão alguma sobre as reformas processuais que não mencione ou tenha como fundamento primordial a questão da morosidade da justiça. A consagração da garantia do processo sem dilações indevidas faz parte dos modernos movimentos de incremento do acesso à justiça, em seu aspecto substancial.[7]

Mencionado direito está presente em convenções internacionais, como, por exemplo, a Convenção Europeia para Proteção dos Direitos do Homem e das Liberdades Fundamentais e a Convenção Americana de Direito do Homem.

A propósito, a Convenção Americana de Direitos Humanos, denominada de Pacto de São José da Costa Rica, consagra o direito à duração razoável do processo

---

4. DINAMARCO, Cândido Rangel. *Instituições de direito processual civil*. São Paulo: Malheiros Editores Ltda., 2001. p. 295.
5. Nesse diapasão, Carlos Marden assinala: "Em toda e qualquer situação na qual a forma de atingir determinado objetivo for condicionada à existência de um processo, daí decorre que um lapso temporal mínimo estará necessariamente envolvido, sob pena de que não se tenha tempo hábil para praticar os atos que compõem a cadeia (procedimento). No contexto do modelo constitucional de processo, então, tal situação fica ainda mais evidente, na medida em que não se pode organizar e configurar o processo de qualquer maneira, mas sim somente de alguma das várias formas compatíveis com os princípios constitucionais". MARDEN, Carlos. *A razoável duração do processo: o fenômeno temporal e o modelo constitucional processual*. Curitiba: Juruá, 2015. p. 164.
6. CARNELUTTI, Francesco. *Trattato del processo civile*: diritto e processo. Napoli: Morano, 1958. p. 354.
7. RAMOS, Carlos Henrique. *Processo civil e o princípio da duração razoável do processo*. Curitiba: Juruá, 2008. p. 50.

nos seus artigos 7º, n. 5[8], e 8º, n. 1[9], preceituando o direito a um julgamento dentro de um prazo razoável para todos os processos, sejam eles penais, civis, trabalhistas, fiscais ou de qualquer outra natureza.

Registre-se que o Pacto de São José da Costa Rica foi ratificado e incorporado no Brasil em 25 de setembro de 1992, tendo entrado em vigor por meio do Decreto 678, de 6 de novembro de 1992. A jurisdição da Corte Interamericana de Direitos Humanos foi reconhecida no nosso país por meio do Decreto 4.463, de 8 de novembro de 2002.

Oportuno ponderar, ainda, que a Emenda Constitucional 45/2004 trouxe à baila o princípio da duração razoável do processo, ao preceituar no art. 5º, inciso LXXVIII, da Constituição da República Federativa do Brasil de 1988 que "a todos, no âmbito judicial e administrativo, são assegurados a razoável duração do processo e os meios que garantam a celeridade de sua tramitação".

Por sua vez, o legislador ordinário incluiu o princípio da duração razoável do processo no rol das normas fundamentais do Código de Processo Civil de 2015, em seu artigo 4º, ao preceituar que "as partes têm direito de obter em prazo razoável a solução integral de mérito, incluída a atividade satisfativa".

Importante ressaltar que, antes mesmo da incorporação do Pacto de São José da Costa Rica na legislação brasileira, o direito à duração razoável do processo já era realidade no Brasil, com seu conteúdo extraído dos preceitos da Constituição Federal relativos ao devido processo legal, à dignidade da pessoa humana e ao Estado de Direito.

Nesse diapasão, José Rogério Cruz e Tucci assinala que, no princípio do devido processo legal, afigura-se "uma realidade durante as múltiplas etapas do processo judicial, de sorte que ninguém será privado de seus direitos, a não ser que no procedimento em que este se materializa se constatem todas as formalidades e exigências em lei previstas", a exemplo da prestação da tutela jurisdicional dentro de um lapso temporal razoável.[10]

A doutrina brasileira aplaudiu a iniciativa da inserção do princípio da duração razoável do processo na Constituição Federal de 1988. Samuel Miranda Arruda pondera que "a inclusão do inciso LXXVIII neste art. 5º marca a consolidação de

---

8. Artigo 7. Direito à liberdade pessoal

    5. Toda pessoa detida ou retida dever ser conduzida, sem demora, à presença de um juiz ou autoridade autorizada pela lei a exercer funções judiciais e tem direito a ser julgada dentro de um prazo razoável ou a ser posta em liberdade, sem prejuízo de que prossiga o processo. Sua liberdade pode ser condicionada a garantias que assegurem o seu comparecimento em juízo.

9. Artigo 8º Garantias judiciais

    1. Toda pessoa tem direito a ser ouvida, com as devidas garantias e dentro de um prazo razoável, por um juiz ou tribunal competente, independente e imparcial, estabelecido anteriormente por lei, na apuração de qualquer acusação penal formulada contra ela, ou para que se determinem seus direitos ou obrigações de natureza civil, trabalhista, fiscal ou de qualquer outra natureza.

10. TUCCI, José Rogério Cruz e. *Tempo e processo*: uma análise empírica das repercussões do tempo na fenomenologia processual (civil e penal). São Paulo: Ed. RT, 1997. p. 88.

uma nova etapa: uma fase em que o constituinte, já havendo assegurado o acesso à justiça, preocupa-se em garantir a qualidade do cumprimento dessa missão estatal".[11]

André Nicolitt afirma que "não resta dúvida sobre o relevo e realce que ganhou, significando um verdadeiro convite ou exigência constitucional à comunidade jurídica, a fim de dar efetividade ao princípio".[12]

Registre-se que a execução, seja do título judicial, seja do título extrajudicial, está incluída no cômputo da razoabilidade da duração do processo, tendo o legislador ordinário feito questão de pontuar o tema, ao consignar que a atividade satisfativa deve ser concluída dentro de um prazo considerado razoável.

A delimitação dos contornos delineadores do princípio da duração razoável do processo é uma tarefa delicada e difícil, considerando-se que nem os legisladores das convenções estrangeiras nem os legisladores constitucionais e ordinários do Brasil traçaram os parâmetros necessários para sua aferição. O próprio vocábulo "razoável" não tem definição pré-estabelecida, sendo um conceito aberto, vago, indefinido.

O Tribunal Europeu dos Direitos do Homem foi o precursor na elaboração de parâmetros para a aferição da duração razoável do processo, tendo consagrado sete critérios de avaliação quando do julgamento do Caso *Wemhoff* vs. *Alemanha* em 1968.

Com o passar do tempo, a doutrina e a jurisprudência dos tribunais internacionais adotaram a doutrina dos três critérios para aferir a razoabilidade da duração do processo. São eles: a complexidade da causa, o comportamento das partes e a conduta da autoridade julgadora.

No tocante à conduta da autoridade julgadora, importante enfatizar que ao juiz são estabelecidas as garantias da vitaliciedade, da inamovibilidade e da irredutibilidade de subsídio (art. 95, CF). No desempenho de suas atividades jurisdicionais, o juiz realiza as funções de julgar em conjunto com as funções administrativas. Com efeito, há atividades eminentemente administrativas e estratégicas que são exercidas pela autoridade julgadora, considerando-se que ela é gestora dos recursos materiais e humanos colocados à sua disposição.

Nesse contexto, resta insofismável que tão relevante como a função decisória do juiz é a sua atuação nas esferas administrativa e estratégica do Poder Judiciário. Somente com uma atuação firme e ativa nas áreas eminentemente administrativa e estratégica, a autoridade julgadora é capaz de entregar a tutela jurisdicional tempestivamente.

---

11. ARRUDA, Samuel Miranda. Comentário ao art. 5º, inciso LXXVIII. In: CANOTILHO, J. J. Gomes; MENDES, Gilmar F.; SARLET, Ingo W.; STRECK, Lenio L. (Coord.). *Comentários à Constituição do Brasil*. São Paulo: Saraiva/Almedina, 2013. p. 508.
12. NICOLITT, André. *A duração razoável do processo*. 2. ed. rev. e atual. São Paulo: Ed. RT, 2014. p. 36.

4. A DESJUDICIALIZAÇÃO DA EXECUÇÃO

Há, hodiernamente, uma situação de desequilíbrio, considerando-se que a quantidade de demandas aumentou significativamente e não houve o proporcional incremento do aparato organizacional.

José Roberto dos Santos Bedaque salienta que "é notória a insuficiência estrutural do Poder Judiciário brasileiro", ponderando:

> Aliás, o grande movimento destinado à ampliação do acesso ao Poder Judiciário, representado pelas denominadas "ondas renovatórias" do processo civil, pode ser analisado por dois ângulos. Facilitou-se o ingresso, e, em consequência, o número de processos aumentou de forma espantosa. Não foram adotadas, todavia, medidas visando adequar o Poder Judiciário e a técnica processual a essa nova realidade. Além da estrutura permanecer praticamente inalterada, são empregados métodos de trabalho ultrapassados.[13]

Gilmar Ferreira Mendes, por sua vez, afirma:

> A atuação independente e eficaz do Poder Judiciário, no entanto, tem sido obstada por limitações inerentes à sua estrutura administrativa. De fato, o crescente número de demandas e o aumento do tempo médio de tramitação dos processos indicam um quadro de deficiências que comprometem a efetividade da prestação jurisdicional.[14]

O Poder Judiciário tem sido provocado a se manifestar acerca de diversas matérias, que envolvem desde simples conflitos de interesse até tomadas de decisão sobre as políticas públicas do Brasil. A judicialização tornou-se, portanto, uma constante.

Leciona Luís Roberto Barroso que "judicialização significa que algumas questões de larga repercussão política ou social estão sendo decididas por órgãos do Poder Judiciário, e não pelas instâncias políticas tradicionais: o Congresso Nacional e o Poder Executivo"[15]. Ele cita três causas da judicialização: a redemocratização do país, a constitucionalização abrangente e o sistema de controle de constitucionalidade.

A demora na entrega da prestação jurisdicional acarreta descontentamento e angústia nos litigantes. Paulo Hoffman assinala:

> Um Estado democrático não pode abandonar seus cidadãos a um processo lento e viciado, pois não é raro que as vidas e o destino das pessoas estejam diretamente vinculados à solução de um determinado processo, motivo pelo qual é extremamente leviano fazê-los aguardar tempo excessivo pela decisão judicial, somente porque falta interesse e vontade política para estruturar e aparelhar adequadamente o Poder Judiciário.[16]

---

13. BEDAQUE, José Roberto dos Santos. *Efetividade do processo e técnica processual*. São Paulo: Malheiros Editores Ltda., 2010. p. 20-21.
14. MENDES, Gilmar Ferreira. BRANCO, Paulo Gustavo Gonet. *Curso de direito constitucional*. 13. ed. rev. e atual. São Paulo: Saraiva Educação, 2018. p. 1045.
15. BARROSO, Luís Roberto. *O controle de constitucionalidade no direito brasileiro*: exposição sistemática da doutrina e análise crítica da jurisprudência. 4. ed. rev. e atual. São Paulo: Saraiva, 2009. p. 332.
16. HOFFMAN, Paulo. *Razoável duração do processo*. São Paulo: Quartier Latin, 2006. p. 212.

Na busca pela prestação jurisdicional em tempo razoável, a desjudicialização da execução civil surge como uma proposta, já que retira a função do agente de execução do Poder Judiciário. Nesse cenário, o Poder Judiciário seria desonerado, parcial ou totalmente, da atividade satisfativa.

A execução é considerada uma das fases mais lentas e demoradas do processo. Nessa fase processual, o juiz realiza atividades jurisdicionais e administrativas na busca da satisfação do direito.

A tendência atual nos diversos países do mundo é a exclusão da atividade satisfativa, considerada meramente administrativa, do Poder Judiciário. Nesse diapasão, Marcelo Abelha Rodrigues e Trícia Navarro Xavier Cabral assinalam que os processos executivos/cumprimentos de sentença tramitam sem solução: "trata-se de uma atividade mecânica e administrativa que retira do julgador importante tempo e expertise que poderiam ser despendidos na solução dos conflitos judicializados".[17]

Dois projetos de lei foram apresentados no Congresso Nacional com vistas à desjudicialização da execução.

O Projeto de Lei 4.257/2019, de autoria do Senador Antônio Anastasia, prevê a instituição da execução fiscal administrativa e da arbitragem tributária. O objetivo do projeto de lei é a desjudicialização da execução fiscal no tocante aos tributos de IPTU, ITR e IPVA, bem como à cobrança de contribuições de melhoria e de taxas devidas pela propriedade, posse ou usufruto do imóvel.

A desjudicialização da execução fiscal proposta é resultado do trabalho realizado pela Procuradoria-Geral do Distrito Federal, pela Consultoria do Senado Federal e pela assessoria legislativa do Senador Antônio Anastasia.

O Projeto de Lei 6.204/2019, de autoria da Senadora Soraya Thronicke, por sua vez, dispõe sobre a desjudicialização da execução civil de título executivo judicial e extrajudicial. Para tanto, é disciplinada a execução extrajudicial para a cobrança de títulos judiciais e extrajudiciais, prevendo-se como agente de execução o tabelião de protesto.

A proposta de desjudicialização da execução cível foi fruto do trabalho realizado por uma comissão independente de professores, composta pelos Doutores Joel Dias Figueira Júnior, Flávia Pereira Ribeiro e pelo Tabelião de Notas de Protesto de Títulos e Oficial de Registro de Títulos e Documentos e Civil de Pessoa Jurídica André Gomes Netto.

Os dois projetos de lei estão, portanto, no rumo da desjudicialização da execução.

---

17. RODRIGUES, Marcelo Abelha. CABRAL, Trícia Navarro Xavier. Primeiras impressões sobre a "defesa" do executado na execução extrajudicial do projeto de lei 6.204/2019. In: MEDEIROS NETO, Elias Marques de. RIBEIRO, Flávia Pereira (Coord.). *Reflexões sobre a desjudicialização da execução civil*. Curitiba: Juruá, 2020. p. 608-609.

O Conselho Nacional de Justiça também vem se debruçando sobre o tema por meio do Grupo de Trabalho instituído para contribuir com a modernização e efetividade da atuação do Poder Judiciário nos processos de execução e cumprimento de sentença, excluídas as execuções fiscais. O grupo é coordenado pelo ministro Marco Aurélio Belizze.

5. SUGESTÕES

Resta insofismável a imperiosa necessidade de se construírem novos arranjos organizacionais para a entrega da prestação jurisdicional em tempo razoável, especialmente no tocante às execuções. Na busca pela tutela jurisdicional de forma mais célere, a desjudicialização da execução civil surge como uma proposta, ao retirar a função do agente de execução do Poder Judiciário.

Relevante registrar que a tendência atual é alcançar soluções consensuais para o conflito de interesses apresentado ao Poder Judiciário, com a utilização de meios de resolução de conflitos que sejam diferentes da jurisdição. Como exemplos podem ser citadas a arbitragem, a conciliação e a mediação.

O art. 3º, § 3º, do Código de Processo Civil preceitua que "a conciliação, a mediação e outros métodos de solução consensual de conflitos deverão ser estimulados por juízes, advogados, defensores públicos e membros do Ministério Público, inclusive no curso do processo judicial".

A pacificação social deve ser almejada, ainda que fora do âmbito do Poder Judiciário. Os conflitos de interesse devem ser solucionados da maneira mais viável e possível em cada caso concreto. A entrega da prestação jurisdicional em duração de tempo que extrapola o razoável não se justifica, podendo ocasionar inclusive a perda da própria finalidade do processo, que não atingirá os seus escopos social, jurídico e político.

No tocante à execução civil, Hermes Zaneti Jr.[18] afirma que são dois os problemas encontrados atualmente, quais sejam: 1) os meios de tutela, típicos e atípicos, capazes de proporcionar a adequada e efetiva concretização da tutela do crédito; 2) a divisão de trabalho entre juiz, órgãos da administração pública e órgãos privados, mediante modelos de execução de pagamento de quantia.

No que tange aos modelos de execução, o autor acentua que podem ser judicial, administrativo ou misto. No modelo judicial, o Poder Judiciário tem competência para a execução. É uma centralização das atividades executivas no próprio juiz. Já no modelo administrativo, a atividade da execução das sentenças e dos títulos executivos extrajudiciais são da responsabilidade de uma agência ou de um órgão estatal. Os agentes de execução são servidores públicos que se destinam à atividade

---

18. ZANETI JÚNIOR, Hermes. *Comentários ao Código de Processo Civil*: artigos 824 a 925. São Paulo: Ed. RT, 2016. Coleção comentários ao Código de Processo Civil: v. 14. Coord. Luiz Guilherme Marinoni, Sérgio Cruz Arenhart, Daniel Mitidiero. p. 79-80.

de execução. Por fim, no modelo misto, há uma participação de uma agência ou órgão estatal, com participação pequena ou grande do Poder Judiciário. O juiz atua como agente de controle.

Diversos países vêm optando pela adoção do modelo misto, objetivando a desburocratização, a redução do custo da execução e a rapidez na finalização da execução. Afasta-se, dessa forma, a centralidade da execução no Poder Judiciário.

Cumpre observar que o Projeto de Lei 6.209/2019 estabelece que a execução civil de títulos judiciais e extrajudiciais seja promovida fora do Poder Judiciário, quando inexistente o cumprimento voluntário da obrigação presente no título. Nesse caso, o agente de execução deixa de ser o juiz e passa a ser o tabelionato de protestos.

Não há motivos para a exclusividade da atividade de execução no âmbito do Poder Judiciário. A função do agente de execução pode ser exercida por pessoa diversa da autoridade julgadora.

De fato, em determinados momentos da fase de execução, o juiz não desempenha sua atividade eminentemente jurisdicional, mas atua como gestor administrativo e estratégico dos processos. Seja no âmbito do Poder Judiciário, seja fora dele, o que se deve buscar é a entrega da prestação jurisdicional de forma célere, efetiva e eficiente.

Importante notar, entretanto, que a simples alteração do agente de execução na fase satisfativa não significa a resolução dos problemas, nem o sucesso da execução. Por exemplo, da mesma forma que o juiz tem dificuldade em localizar bem de um devedor insolvente, o tabelião de protesto também encontrará as mesmas dificuldades para a satisfação do direito do credor desse devedor.

Nesse sentido, Flávio Luiz Yarshell e Viviane Siqueira Rodrigues afirmam:

> Como já aventado em outras ocasiões, boa parte das dificuldades enfrentadas nas execuções gira em torno do tema da responsabilidade patrimonial e dos limites a sua extensão, ou mesmo dos cada vez mais sofisticados instrumentos de fraude que os devedores podem levar a cabo e que passam à margem dos mecanismos processuais de apreensão patrimonial. De outro lado, é também preciso aceitar que outra boa dose de dificuldade está simplesmente na insolvência do devedor pela ausência de patrimônio, o que não se ultrapassa com um processo judicial ou extrajudicial porque, em qualquer das hipóteses, o dispêndio de tempo, dinheiro e energia é simplesmente inócuo em razão dos *"limites econômicos da execução"*.[19]

Se é correto afirmar que há demora demasiada na tramitação da execução civil, não menos certo é que, em diversas situações, inexiste a possibilidade de interferência do Poder Judiciário. O atraso é decorrência da situação fática vivenciada, que não pode ser alterada pelo Poder Judiciário nem por qualquer outro Poder.

Nesse sentido, Marcos Félix Jobim salienta:

---

19. YARSHELL, Flávio Luiz. RODRIGUES, Viviane Siqueira. Desjudicialização da execução civil: uma solução útil e factível entre nós? In: MEDEIROS NETO, Elias Marques de. RIBEIRO, Flávia Pereira. *Reflexões sobre a desjudicialização da execução civil*. Curitiba: Juruá, 2020. p. 367.

Contudo, o Estado não pode garantir, por exemplo, que o réu, condenado em demanda indenizatória, tenha patrimônio suficiente para o pagamento da execução. Neste caso, quando a execução é frustrada pela falta de patrimônio do devedor, não há como o princípio da duração razoável do processo irradiar efeitos. O que restará ao Poder Judiciário é continuar garantindo a tempestividade dos requerimentos realizados pelo credor para se tentar penhorar bens do devedor ou ainda garantir um processo tempestivo na insolvência civil ou na falência posterior do executado.[20]

Na verdade, a concretização do princípio da duração razoável na atividade satisfativa deve ser alcançada com o apoio e o auxílio de todas as pessoas que, de alguma forma, participam do processo: magistrados, advogados, membros do Ministério Público, auxiliares da justiça, operadores do direito, jurisdicionados, legisladores, entre outros.

Todas as instituições devem ser unir em torno desse objetivo maior. Os interesses são convergentes no sentido de diminuir o tempo de duração do processo, com observância dos preceitos constitucionais da ampla defesa e do contraditório. E somente com a colaboração e o diálogo aberto entre as instituições pode-se alcançar uma execução com duração razoável. O Poder Judiciário deve se unir ao Ministério Público, às Defensorias Públicas, às Procuradorias dos Estados e do Distrito Federal, aos advogados, aos jurisdicionados. O trabalho de cobrança judicial deve ser articulado entre as instituições estatais.

A execução civil pode até continuar sendo realizada no âmbito do Poder Judiciário, mas é imperiosa a implementação de medidas para o incremento da atividade satisfativa, entre as quais podem ser citadas a utilização da tecnologia, a elaboração de pesquisa para o conhecimento do custo e do tempo dispendidos com uma execução civil e a especialização de varas.

Em primeiro lugar, como agente de execução, a atividade do juiz como gestor administrativo e estratégico dos processos deve ser intensa e contínua com a colaboração de outras instituições. O gerenciamento das execuções deve ser reavaliado e reelaborado com a utilização da tecnologia na busca de soluções.

A definição de metas, o estabelecimento de prioridades, o planejamento dos procedimentos, tudo deve ser realizado no intuito de obter os resultados almejados. Os atos de satisfação dos créditos, como a citação, a penhora, a alienação, o sequestro, o leilão, a penhora *online*, o pagamento, a quitação, entre outros, devem ser organizados de tal forma que os "tempos mortos do processo" sejam diminuídos ou até mesmo excluídos.

A tecnologia, presente em todas as áreas do conhecimento, é uma grande aliada no âmbito do Poder Judiciário. O gestor deve ter uma visão macro do que ocorre na tramitação da execução cível, identificando no procedimento quais são os entraves.

---

20. JOBIM, Marco Félix. *Direito à duração razoável do processo*: responsabilidade civil do Estado em decorrência da intempestividade processual. São Paulo: Conceito Editorial, 2011. p. 200.

Encontrados e conhecidos os empecilhos que atrasam a satisfação executiva, pode ser buscada sua otimização e automação.

A utilização da inteligência artificial nas execuções cíveis, com o desenvolvimento de soluções a serem realizadas pelos computadores e com a aplicação de métodos de aprendizado de máquina, pode ser um fator de celeridade na prática dos atos processuais.

Nesse ponto, é oportuno registrar que a utilização da inteligência não significa que o computador irá tomar o lugar do juiz. O computador somente auxiliará na condução e na resolução dos processos de execução que o próprio homem definir. Somente o juiz poderá propor soluções, que serão adotadas pela máquina.

O investimento realizado em tecnologia pelo Poder Público alcança posteriormente economia de tempo e de custo: a produção aumenta com a utilização de menos recursos.

Em segundo lugar, urge seja realizada uma análise econômica do processo de execução. As partes devem ter conhecimento dos custos a serem despendidos na atividade satisfativa. Não se pode dar cumprimento a uma execução se o seu custo econômico for maior do que o valor a ser perseguido. É indispensável que se tenha conhecimento prévio do que será despendido na fase satisfativa.

Com efeito, quando da propositura de uma ação judicial, a parte autora avaliará os custos do seu ajuizamento. Rafael Bicca Machado e Jean Carlos Dias salientam:

> Desse modo, a atribuição de custos é fator decisivo na concepção do incentivo para o ajuizamento (ou não) da demanda, levando em consideração os custos iniciais do processo. Em resumo, quanto maiores forem os custos do processo, menor será a taxa de apresentação de demandas em um sistema judicial de atribuição; em sentido inverso, quanto menores as despesas, maior será a taxa de apresentação.[21]

Nesse sentido, a realização de uma pesquisa para dimensionar o tempo e o custo do processo eletrônico de execução cível é de fundamental relevância para o estudo e o aprimoramento da fase executiva.

No âmbito do Distrito Federal, a Procuradoria-Geral do Distrito Federal, em conjunto com o Tribunal de Justiça do Distrito Federal e dos Territórios e a Secretaria de Economia do Distrito Federal, realizou vários projetos na tentativa de diminuir a enorme quantidade de execuções fiscais.

Um dos projetos consistiu na contratação de um consultor jurídico para a realização de pesquisa para dimensionar o tempo e o custo do processo eletrônico de execução fiscal na justiça do Distrito Federal para o ano de 2019, com a aplicação da metodologia desenvolvida pelo Instituto de Pesquisa Econômica Aplicada (IPEA)[22].

---

21. MACHADO, Rafael Bicca. DIAS, Jean Carlos. Análise econômica do processo. In: TIMM, Luciano Benetti (Org.). *Direito e economia no Brasil*: estudos sobre a análise econômica do direito. 3. ed. São Paulo: Editora Foco, 2019. p. 407.
22. O TJDFT e a PGDF assinaram o Termo de Cooperação n. 02, de 28 de outubro de 2020, com o objetivo de instituir o comitê gestor interinstitucional do estudo do custo e tempo da execução fiscal eletrônica

A primeira (e também única) pesquisa nesse sentido havia sido realizada pela União Federal para o conhecimento do custo unitário do processo de execução fiscal na Justiça Federal em 19/04/2011.

Não se tem notícia, todavia, de estudos em torno da execução cível. Imperiosa se faz, portanto, a realização da pesquisa do custo da execução eletrônica cível para que se possam definir suas estratégias.

Por fim, a especialização de varas na execução civil de títulos judiciais e extrajudiciais pode resultar na realização da atividade satisfativa de forma mais célere, efetiva e eficiente.

Com efeito, se todas as execuções cíveis estiverem distribuídas para uma única vara, haverá a sua especialização. Estando as execuções cíveis espalhadas por todas as varas, torna-se mais difícil a reorganização das estruturas existentes.

Se apenas um juiz for o responsável pelo processamento das execuções, podem ser estabelecidos ritos administrativos a serem percorridos na busca da satisfação do bem pleiteado, bem como podem ser desenvolvidos mecanismos de aperfeiçoamento dos atos a serem praticados. Enfim, podem ser estabelecidas rotinas para todas as execuções cíveis.

Na verdade, o juiz poderá otimizar suas ações, com o auxílio da utilização da tecnologia. Poderá, por exemplo, proferir um despacho em bloco, o que significa que vários processos são despachados no mesmo sentido de uma única vez.

Acrescente-se a isso que o juiz poderá levantar as informações das execuções cíveis, buscando soluções para aquelas que restam paradas sem qualquer andamento por muitos anos. Hipóteses em que o devedor, beneficiário da justiça gratuita, não possui bens ou em que há o parcelamento da dívida em 120 parcelas devem ser objeto de estudo. A partir do conhecimento do fluxo procedimental das execuções cíveis, a vara especializada pode ser reorganizada para tratamento em conjunto, excluindo-se diversos processos do cômputo da duração razoável.

6. NOTAS CONCLUSIVAS

A entrega da prestação jurisdicional de forma célere, efetiva, eficiente e com segurança jurídica exige grande empenho e determinação de todos os envolvidos no processo. As instituições devem trabalhar em cooperação na busca da entrega da prestação jurisdicional em duração considerada razoável.

---

na justiça do Distrito Federal. Mencionada instância colegiada tem como missão a gestão dos trabalhos de pesquisa e de compilação de dados que visa a elaborar relatório que definirá o custo unitário e o tempo médio do processo eletrônico de execução fiscal na justiça do Distrito Federal para o ano de 2019, com a aplicação da metodologia desenvolvida pelo Instituto de Pesquisa Econômica Aplicada (IPEA).

O Poder Judiciário pode reorganizar o fluxo procedimental das execuções cíveis de títulos judiciais ou extrajudiciais, com o incremento da função atípica do juiz de gestor administrativo e estratégico dos processos.

7. REFERÊNCIAS

ARRUDA, Samuel Miranda. Comentário ao art. 5º, inciso LXXVIII. In: CANOTILHO, J. J. Gomes; MENDES, Gilmar F.; SARLET, Ingo W.; STRECK, Lenio L. (Coord.). *Comentários à Constituição do Brasil*. São Paulo: Saraiva/Almedina, 2013.

BARROSO, Luís Roberto. *O controle de constitucionalidade no direito brasileiro*: exposição sistemática da doutrina e análise crítica da jurisprudência. 4. ed. rev. e atual. São Paulo: Saraiva, 2009.

BEDAQUE, José Roberto dos Santos. *Efetividade do processo e técnica processual*. São Paulo: Malheiros Editores Ltda., 2010.

CARNELUTTI, Francesco. *Trattato del processo civile: diritto e processo*. Napoli: Morano, 1958.

DINAMARCO, Cândido Rangel. *Instituições de direito processual civil*. São Paulo: Malheiros Editores Ltda., 2001.

HOFFMAN, Paulo. *Razoável duração do processo*. São Paulo: Quartier Latin, 2006.

JOBIM, Marco Félix. *Direito à duração razoável do processo*: responsabilidade civil do Estado em decorrência da intempestividade processual. São Paulo: Conceito Editorial, 2011.

MACHADO, Rafael Bicca. DIAS, Jean Carlos. Análise econômica do processo. In: TIMM, Luciano Benetti (Org.). *Direito e economia no Brasil*: estudos sobre a análise econômica do direito. 3. ed. São Paulo: Editora Foco, 2019.

MARDEN, Carlos. *A razoável duração do processo*: o fenômeno temporal e o modelo constitucional processual. Curitiba: Juruá, 2015.

MENDES, Gilmar Ferreira. BRANCO, Paulo Gustavo Gonet. *Curso de direito constitucional*. 13. ed. rev. e atual. São Paulo: Saraiva Educação, 2018.

MIRANDA, Jorge. *Teoria do Estado e da Constituição*. Rio de Janeiro: Forense, 2011.

NICOLITT, André. *A duração razoável do processo*. 2. ed. rev. e atual. São Paulo: Ed. RT, 2014.

RAMOS, Carlos Henrique. *Processo civil e o princípio da duração razoável do processo*. Curitiba: Juruá, 2008.

RODRIGUES, Marcelo Abelha. CABRAL, Trícia Navarro Xavier. Primeiras impressões sobre a "defesa" do executado na execução extrajudicial do projeto de lei 6.204/2019. In: MEDEIROS NETO, Elias Marques de. RIBEIRO, Flávia Pereira (Coord.). *Reflexões sobre a desjudicialização da execução civil*. Curitiba: Juruá, 2020.

SILVA, José Afonso da. *Curso de direito constitucional positivo*. 37. ed. rev. e atual. São Paulo: Malheiros Editores, 2014.

SOUSA, José Augusto Garcia de. *A tempestividade da justiça no processo civil brasileiro*. Salvador: JusPodivm, 2020.

TUCCI, José Rogério Cruz e. *Tempo e processo*: uma análise empírica das repercussões do tempo na fenomenologia processual (civil e penal). São Paulo: Ed. RT, 1997.

YARSHELL, Flávio Luiz. RODRIGUES, Viviane Siqueira. Desjudicialização da execução civil: uma solução útil e factível entre nós? In: MEDEIROS NETO, Elias Marques de. RIBEIRO, Flávia Pereira (Coord.). *Reflexões sobre a desjudicialização da execução civil*. Curitiba: Juruá, 2020.

ZANETI JÚNIOR, Hermes. *Comentários ao Código de Processo Civil*: artigos 824 a 925. São Paulo: Ed. RT, 2016. Coleção comentários ao Código de Processo Civil: v. 14. MARINONI, Luiz Guilherme. ARENHART, Sérgio Cruz. MITIDIERO, Daniel (Coord.).

A POSSIBILIDADE/NECESSIDADE DA EXECUÇÃO EXTRAJUDICIAL

Eduardo Arruda Alvim

Doutor e Mestre em Direito pela PUC/SP. Professor da PUC/SP e da FADISP. Membro da Academia Paulista de Direito. Advogado em SP e RJ.

Fernando Crespo Queiroz Neves

Doutor e Mestre em Direito pela PUC/SP. Membro da Academia Paulista de Direito. Advogado em SP e RJ.

1. CONSIDERAÇÕES DE CUNHO GERAL

As últimas significativas e importantes alterações no processo de execução de natureza civil no direito brasileiro foram realizadas pelas Leis 11.232/2005 e 11.382/2006, que alteraram diversos dispositivos do antigo Código de Processo Civil (Lei 5.869/1973).

A Lei 11.232/2005 acresceu os dispositivos relativos ao "Cumprimento de sentença" (artigos 475-I a 475-R) e a Lei 11.382/2006, deu nova redação a diversos dispositivos relativos ao processo de execução, bem como acrescentou novos importantes dispositivos para o seu aprimoramento.

Na *exposição de motivos* de encaminhamento da referida legislação para o Exmo. Sr. Presidente da República, subscrita pelo então Ministro de Estado da Justiça, constou que o seu objetivo era o de *"melhoria dos procedimentos executivos"*.

E, ainda, naquele momento, dizia-se que a *"execução permanece o 'calcanhar de Aquiles' do processo."*. A tônica da alteração legislativa, portanto, era procurar dar efetividade ao *processo de execução*[1-2].

---

1. Humberto Theodoro Júnior, a respeito, anotou que "todas as sucessivas reformar que nos últimos anos vem ocorrendo no texto do CPC, mormente no terreno da execução forçada, têm a propalada intenção de simplificar e agilizar a satisfação dos créditos merecedores da tutela jurisdicional. Busca-se, numa palavra, a *efetividade* de tal tutela, cuja protelação além do razoável equivale à denegação de justiça, e à violação de um direito fundamental (CF, art. 5º, inc. LXXVIII)" (*A reforma da execução do título extrajudicial*. Rio de Janeiro: Forense, 2007, p. 13-14).
2. Nesse sentido: "Direito processual civil. Cumprimento de sentença. Art. 745-A do CPC. Títulos executivos judiciais. Crédito de alimentos. ... 2. A efetividade do processo, como instrumento de tutela de direitos, é o principal desiderato das reformas processuais produzidas pelas Leis n. 11.232/2005 e 11.382/2006. ..." (REsp 1194020/SP, Rel. Ministro João Otávio De Noronha, Terceira Turma, julgado em 07.08.2014, DJe 25.08.2014).
"Processo civil. Recurso especial. Cumprimento de sentença. Parcelamento do valor exequendo. Aplicação do art. 745-A do CPC. Possibilidade. Princípio da efetividade processual. Art. 475-R do CPC. Aplicação subsidiária. Hipótese de pagamento espontâneo do débito. Não incidência da multa prevista no art. 475-J, § 4º, do CPC. Honorários advocatícios. Descabimento ante o cumprimento espontâneo da obrigação veiculada na sentença. Princípio da *non reformatio in pejus*. Violação dos arts. 165, 458 e 535 do CPC não configurada. ...

O vigente Código de Processo Civil (Lei 13.105/2015) foi econômico em propor qualquer significativa alteração no processo de execução, tendo se limitado a consolidar o entendimento daquilo que foi construído pela jurisprudência à luz das alterações do Código de Processo Civil anterior pelas citadas leis dos anos de 2005 e 2006.

Esperava-se que o novo Código de Processo Civil abraçasse de forma mais contundente, na disciplina do processo de execução, muitas das ideias que ele mesmo prestigia no sentido da celeridade e efetividade processuais. Com efeito, o artigo 6º, do novo diploma legislativo, proclama que "Todos os sujeitos do processo devem cooperar entre si para que se obtenha, em tempo razoável, decisão de mérito justa e efetiva". E, o seu artigo 77, reza que é dever de todos os que participam do processo, dentre outros, o de não criar embaraços para a efetivação das decisões jurisdicionais (inc. IV).

Nesse sentido, de ser referido o artigo 139, do novo Código de Processo Civil, que acresce aos poderes do juiz a possibilidade de o mesmo "determinar todas as medidas indutivas, coercitivas, mandamentais ou sub-rogatórias necessárias para assegurar o cumprimento de ordem judicial, inclusive nas ações que tenham por objeto prestação pecuniária" (inciso IV); podendo exercer tais medidas, até mesmo de ofício (art. 536, cabeça).

Há, na verdade, uma nítida e saudável tendência, na vigente legislação, no sentido da *cooperação* como sendo um princípio que, ao lado daqueles tradicionais, do devido processo legal, da boa-fé processual e do contraditório, deve nortear a aplicação do processo civil. Nas letras de Rennan Faria Krüger Thamay e José Maria Rosa Tesheiner "*O princípio da cooperação é apresentado como um terceiro modelo de processo, somando-se aos modelos adversarial (isonômico) e o inquisitorial (assimétrico).*"[3]-[4].

---

2. A efetividade do processo como instrumento de tutela de direitos é o principal desiderato das reformas processuais engendradas pelas Leis 11.232/2005 e 11.382/2006. ..." (REsp 1264272/RJ, Rel. Ministro Luis Felipe Salomão, Quarta Turma, julgado em 15.05.2012, DJe 22.06.2012).

3. TESHEINER, José Maria Rosa; THAMAY, Rennan Faria Krüger. *Pressupostos processuais e nulidades no novo processo civil*, Rio de Janeiro: Forense, 2015, p. 57.

4. Fredie Didier Jr. publicou na *Revista de Processo*, v. 198/2011, um artigo com o título "Os três modelos de direito processual: inquisitivo, dispositivo e cooperativo", onde expõe que "A "dispositividade" e a "inquisitividade" podem manifestar-se em relação a vários temas: (a) instauração do processo; (b) produção de provas; (c) delimitação do objeto litigioso (questão discutida no processo); (d) análise de questões de fato e de direito; (e) recursos etc. (...) Difícil, portanto, estabelecer um critério identificador da dispositividade ou da inquisitoriedade que não comporte exceção. Não há sistema totalmente dispositivo ou inquisitivo: os procedimentos são construídos a partir de várias combinações de elementos adversariais e inquisitoriais. Não é possível afirmar que o modelo processual brasileiro é totalmente dispositivo ou inquisitivo. O mais recomendável é falar em predominância em relação a cada um dos temas: em matéria de produção de provas, no efeito devolutivo dos recursos, na delimitação do objeto litigioso etc."; *e, mais adiante, complementa que* "Os princípios do devido processo legal, da boa-fé processual e do contraditório, juntos, servem de base para o surgimento de outro princípio do processo: o princípio da cooperação. O princípio da cooperação define o modo como o processo civil deve estruturar-se no direito brasileiro. (...)O princípio da cooperação atua diretamente, imputando aos sujeitos do processo deveres, de modo a tornar ilícitas as condutas contrárias à obtenção do "estado de coisas" (comunidade processual de trabalho) que o princípio da cooperação busca promover. Essa eficácia normativa independe da existência de regras jurídicas expressas. Se não há regras expressas que, por exemplo, imputem ao órgão jurisdicional o dever de manter-se coerente com os seus próprios comportamentos, protegendo as partes contra eventual comportamento contraditório (*venire contra factum proprium*) do órgão julgador, o princípio da cooperação garantirá a imputação desta situação jurídica passiva (dever) ao magistrado. Repita-

Para Luiz Guilherme Marinoni, Sérgio Cruz Arenhart e Daniel Mitidiero "A adequada construção do modelo cooperativo de processo e do princípio da colaboração que é a ele inerente servem como linhas centrais para organização de um processo civil que reflita de forma efetiva os pressupostos culturais do Estado Constitucional. A colocação da colaboração nesses dois patamares visa a destacar, portanto, a necessidade de entendê-la como o eixo sistemático a partir do qual se pode estruturar um processo justo do ponto de vista da divisão do trabalho entre o juiz e as partes no processo civil. São basicamente dois os enfoques com que a colaboração pode ser observada no direito processual civil: como modelo e como princípio. A ligação entre o modelo cooperativo e o princípio da cooperação é inequívoca. Os deveres inerentes à colaboração no processo respondem aos pressupostos que sustentam o modelo cooperativo. Os deveres de esclarecimento e de consulta respondem principalmente aos pressupostos lógicos e éticos do modelo cooperativo de processo, na medida em que decorrem do caráter problemático-argumentativo do Direito e da necessidade de proteção contra a surpresa. Os deveres de prevenção e de auxílio descendem diretamente do pressuposto social do modelo, haja vista evidenciarem o fato de o sistema processual civil ser um sistema orientado para tutela dos direitos, tendo o juiz o dever de realizá-los a partir da relativização do binômio direito e processo e do compartilhamento da responsabilidade pela atividade processual. Vale dizer: deve o juiz ver o processo não como um sofisticado conjunto de fórmulas mágicas e sagradas, ao estilo das *legis actiones*, mas como um instrumento para efetiva realização do direito material."[5].

Desse modo, o princípio da *cooperação* constitui importante instrumento no sentido da busca pela celeridade do processo e sua efetividade. Do texto da *exposição de motivos* do novo Código de Processo Civil consta que "Trata-se de uma forma de tornar o processo mais eficiente e efetivo, o que significa, indubitavelmente, aproximá-lo da Constituição Federal, em cujas entrelinhas se lê que o processo deve assegurar o cumprimento da lei material.".

No espírito do referido *princípio da cooperação,* os artigos 772 e 773, do vige Código de Processo Civil, assim dispõem, respectivamente: "Art. 772. O juiz pode, em qualquer momento do processo: I – ordenar o comparecimento das partes; II – advertir o executado de que seu procedimento constitui ato atentatório à dignidade da justiça; III – determinar que sujeitos indicados pelo exequente forneçam informações em geral relacionadas ao objeto da execução, tais como documentos e dados que tenham em seu poder, assinando-lhes prazo razoável" e, "Art. 773. O juiz poderá, de ofício ou a requerimento, determinar as medidas necessárias ao cumprimento da ordem de entrega de documentos e dados. Parágrafo único. Quando, em decorrência do disposto neste artigo, o juízo receber dados sigilosos para os fins da execução, o juiz adotará as medidas necessárias para assegurar a confidencialidade".

---

se: o princípio da cooperação torna devidos os comportamentos necessários à obtenção de um processo leal e cooperativo" (*Revista de Processo*, v. 198/2011, p. 213-226, ago. 2011).

5. *Novo Código de Processo Civil comentado*. São Paulo: Ed. RT, 2015. p. 100.

E, no caso do processo de execução, a estrutura dos negócios processuais (art. 190 do Código de Processo Civil), ganha campo fértil para se desenvolver, inclusive no que tange a questões como a possibilidade de execução dos bens impenhoráveis (art. 833) e, ainda, da realização de atos de execução fora do processo judicial, como averbação da penhora, alienação do bem para satisfação do crédito, dentre outras formas de efetiva implementação da decisão judicial.

Para a "eficiência dos serviços judiciais", com adoção de "melhores práticas e celeridade", o Conselho Nacional de Justiça procura "realizar, fomentar e disseminar melhores práticas que visem à modernização e à celeridade dos serviços dos órgãos do Judiciário. Com base no relatório estatístico sobre movimentação processual e outros indicadores pertinentes à atividade jurisdicional em todo o País, formular e executar políticas judiciárias, programas e projetos que visam à eficiência da justiça brasileira."[6]-[7], esses dados são divulgados anualmente no programa conhecido como "Justiça em números"[8].

Todavia, com mais de 5 (cinco) anos de vigência do novo Código de Processo Civil, muitos dos problemas que existiam continuam sem uma solução efetiva, sendo que os processos de execução contribuem para a alta da taxa de congestionamento do Poder Judiciário, tanto na esfera Estadual, na especializada do Trabalho, como, também, na Federal.

Nas palavras de Leonardo Greco "é desanimador verificar que justamente na tutela jurisdicional satisfativa o processo civil brasileiro apresenta o mais alto índice de ineficácia."[9]. E, para Alexandre Freitas Câmara "não sendo eficientes as medidas executivas, o processo não será capaz de promover as transformações de realidade a que se destina, não tendo, pois, nenhuma eficácia".[10]

---

6. Texto retirado da fonte: https://www.cnj.jus.br/sobre-o-cnj/quem-somos/. Acesso em: 20 maio 2021.
7. O artigo 103-B, § 4º, VI, da Constituição da República prevê que "§ 4º Compete ao Conselho o controle da atuação administrativa e financeira do Poder Judiciário e do cumprimento dos deveres funcionais dos juízes, cabendo-lhe, além de outras atribuições que lhe forem conferidas pelo Estatuto da Magistratura. .... VI elaborar semestralmente relatório estatístico sobre processos e sentenças prolatadas, por unidade da Federação, nos diferentes órgãos do Poder Judiciário".
8. Através da Resolução CNJ n. 4, de 16 de agosto de 2005, foi criado o "Sistema de Estatística do Poder Judiciário", o qual "concentrará e analisará dados a serem obrigatoriamente encaminhados por todos os órgãos judiciários do país, conforme planilhas a serem elaboradas com o apoio da Secretaria do Supremo Tribunal Federal, sob a supervisão da Comissão de Estatística do Conselho Nacional de Justiça".
Na sequência, a Resolução CNJ n. 15, de 20 de abril de 2006, estabeleceu os critérios, os conceitos e os prazos para o funcionamento do Sistema de Estatística do Poder Judiciário, matéria hoje, regulamentada pela Resolução CNJ n. 76, de 12 de maio de 2009.
O Sistema de Estatística do Poder Judiciário – SIESPJ é integrado pelo "Superior Tribunal de Justiça; tribunal Superior do Trabalho; Tribunais Regionais Federais e Juízes Federais; Tribunais e Juízes do Trabalho; Tribunais e Juízes Eleitorais; Tribunais e Juízes Militares; e, Tribunais e Juízes dos Estados e do Distrito Federal e Territórios.".
9. A execução e a efetividade do processo, *Revista de Processo*, v. 94/1999, p. 34-66, abr.-jun. 1999.
10. A eficácia da execução e a eficiência dos meios executivos: em defesa dos meios executivos atípicos e da penhora de bens impenhoráveis. In.: ARRUDA ALVIM et al (Coord.). *Execução civil e temas afins* – do CPC/1973 ao Novo CPC: estudos em homenagem ao professor Araken de Assis. São Paulo: Ed. RT, 2014, p. 13.

2. A POSSIBILIDADE DE EXTRAJUDICIALIZAÇÃO DOS ATOS EXECUTIVOS

Como bem pontuado por Rodolfo de Camargo Mancuso "por opção jurídico-política de remota tradição, dentre nós a distribuição da justiça: (i) é monopolizada pelo Poder Judiciário, e nesse sentido se diz que nossa justiça é unitária, não dividindo espaço com o contencioso administrativo, como ocorre alhures; (ii) é exercida exclusivamente pelos órgãos arrolados em *numerus clausus* no art. 92 da Constituição Federal, implicando, a *contrario sensu*, que os demais órgãos decisórios (Tribunais Arbitrais, de Impostos e Taxas, de Contas, Desportivos, Juntas, Comissões e Conselhos diversos), se é verdade que decidem os processos de sua competência, todavia não o fazem de modo a agregar a tais decisões a auctoritas rei iudicatae, sendo esta nota (a imutabilidade-indiscutibilidade endo e pan-processual) o que singulariza a função judicante, propriamente dita. A atribuição genérica ao Poder Judiciário para dirimir com definitividade os conflitos tornados incompossíveis entre os contraditores, abrange vasta gama: desde aqueles antes julgados pelas instâncias parajurisdicionais em que o vencido não se deu por convencido, até os processos em jurisdição voluntária (interesses convergentes cuja relevância, todavia, exige uma passagem judiciária), passando pelas ações ditas necessárias, onde o resultado prático só pode ser alcançado via judicial. Todo esse vasto *contexto tem dado margem a uma leitura da garantia de acesso à Justiça (ou princípio da ubiquidade da Justiça, ou da indeclinabilidade da Jurisdição), que se diria exagerada e mesmo sem aderência à realidade judiciária nacional*".[11]

Na mesma toada, da *justificação* constante do Projeto de Lei do Senado 318, de 2014, que visava alterar o § 2º do artigo 982, do Código de Processo Civil de 1973, subscrita pelo Senador Francisco Dornelles, constou o seguinte texto que aqui destacamos: "O Poder Judiciário está sobrecarregado de processos que veiculam temas que, com segurança jurídica e celeridade, poderiam ser tratados no âmbito de um dos seus importantes braços auxiliares: os serviços notariais e de registro, conhecidos popularmente como cartórios. *A extrajudicialização – nome que, entre outras coisas, abrange a migração de questões até então reservadas à atividade jurisdicional para outras instâncias administrativas – é um dos caminhos obrigatórios para combater o inchaço do Poder Judiciário e a sua consequente morosidade.* Tem-se notícia de processos judiciais em que a juntada de uma simples petição demorou mais de dois meses. A população brasileira não pode ver seus direitos serem prejudicados por conta da adoção de procedimentos morosos e desnecessários pela legislação. Nesse contexto, *o Parlamento vem oferecendo à Nação diversas alternativas de extrajudicialização de institutos civis relevantes, servindo-se dos serviços notariais e de registro.* (...) *Tendo em vista o sucesso dessa experiência e considerando que os serviços notariais e de registro, como órgãos auxiliares do Poder Judiciário, são prestados por profissionais do Direito sujeitos a uma rigorosa e periódica fiscalização desse Poder e do Conselho Nacional de Justiça (CNJ), é tempo de prestigiar*

---

11. Rodolfo de Camargo Mancuso, *A conciliação em segundo grau no e. Tribunal de Justiça de São Paulo e sua possível aplicação aos feitos de interesse da Fazenda Pública*, publicado na Revista Autônoma de Processo. Curitiba: Juruá, n. 1, out./dez. 2006, p. 137-138.

a efetividade dos direitos fundamentais dos indivíduos, ampliando a via célere do inventário extrajudicial para os casos em que houver testamento."[12]

E, realmente, modernamente, não apenas no Brasil, registra-se uma tendência crescente ao uso dos meios alternativos de resolução dos conflitos. A respeito, Cândido Rangel Dinamarco[13] destaca que evoluiu a passos largos *"no processo civil moderno a busca de soluções alternativas para os conflitos inter ou supraindividuais, reputadas como legítimos caminhos para a pacificação social sem todo o custo social e os desgastes econômicos e psicológicos que são inerentes ao processo. Integra a onda renovatória em curso, na qual se propugnam soluções negociadas e coexistenciais, o prestígio à autocomposição mediante a conciliação que evite o processo ou ponha fim a ele."*.

A previsão contida no artigo 92, da Constituição da República, ao indicar os órgãos que compõem o *Poder Judiciário* e a existência da garantia à *judiciabilidade plena* (CF, art. 5º, XXXV), não significa que aos *jurisdicionados* seja vedado resolver suas pendências através de *formas alternativas de resolução de conflitos*, previstas pelo próprio ordenamento, como os Conselhos de Contribuintes e Tribunais de Impostos e Taxas; Tribunais do Comércio, Desportivos, de Contas e de Arbitragem; ou, ainda, através da *mediação*[14]-[15] ou mesmo a composição amigável (*autocomposição*)[16].

Nas precisas letras de Rodolfo de Camargo Mancuso "Há que se entender que a só prolação da resposta judiciária, dirimindo a lide e encerrando o processo não basta para se ter o Estado como desonerado e quite com sua função judicante, se para se chegar a esse ponto dispenderam-se tempo e dinheiro excessivos, desequilibrando a relação custo-benefício, restado ainda ao *vencedor* dar início à fase (e às agruras) da execução. Ou seja, hoje a ação não pode mais ser vista, *sic et simpliciter* como direito a uma decisão de mérito, mas sim a uma *resposta judiciária de qualidade: justa, jurídica, econômica, tempestiva, e razoavelmente previsível.*"[17].

Hodiernamente, o direito e garantia fundamental de que nenhuma lei "excluirá da apreciação do Poder Judiciário lesão ou ameaça a direito" (CF, 5º. XXXV), tem sido analisado em conjunto com o feixe normativo que estabelece formas alternativas de solução de conflitos, nos quais, por vezes, o Poder Judiciário sequer é acionado, seja

---

12. Fonte:
    https://legis.senado.leg.br/sdleg-getter/documento?dm=589862&ts=1594019707517&disposition=inline, acesso em: 20 maio 2021.
13. *Fundamentos do processo civil moderno*. 3. ed. São Paulo: Malheiros, 2000. v. II, p. 965-966.
14. O artigo 1º, da Lei n. 13.140/2015, prevê "a mediação como meio de solução de controvérsias entre particulares e sobre a autocomposição de conflitos no âmbito da administração pública.". Merece destaque, por sua inovação, a previsão contida na *cabeça* do artigo 3º, da referida legislação, ao prescrever que "Pode ser objeto de mediação o conflito que verse sobre direitos disponíveis ou sobre direitos indisponíveis que admitam transação"; assim como o capítulo II, dedicado à "autocomposição de conflitos em que for parte pessoa jurídica de direito público" (artigos 32 a 40).
15. No novo Código de Processo Civil (Lei 13.105/2015), os artigos 165 a 175 tratam "Dos Conciliadores e Mediadores Judiciais".
16. Aqui a previsão do novo Código de Processo Civil (Lei 13.105/2015), no artigo 515, incisos II e III, são considerados como *títulos executivos judiciais* "II – a decisão homologatória de autocomposição judicial" e "III – a decisão homologatória de autocomposição extrajudicial de qualquer natureza".
17. *A conciliação em segundo grau no e. Tribunal de Justiça de São Paulo e sua possível aplicação aos feitos de interesse da Fazenda Pública*, publicado na Revista Autônoma de Processo. Curitiba: Juruá, n. 1, out./dez. 2006, p. 137-138.

A POSSIBILIDADE/NECESSIDADE DA EXECUÇÃO EXTRAJUDICIAL   573

porque, por exemplo, a decisão do árbitro tem caráter genuinamente jurisdicional, seja porque as partes de compuseram, de modo a evitar a judicialização do conflito.

Destacamos, aqui, a Lei da Arbitragem (Lei 9.307/1996) [18,19,20,21,22], que recebeu importantes acréscimos pela Lei n. 13.129/2015, expressa no sentido de que

18. O Supremo Tribunal Federal decidiu pela constitucionalidade da resolução de conflitos através da arbitragem: "Ementa: 1. Sentença estrangeira: laudo arbitral que dirimiu conflito entre duas sociedades comerciais sobre direitos inquestionavelmente disponíveis - a existência e o montante de créditos a título de comissão por representação comercial de empresa brasileira no exterior: compromisso firmado pela requerida que, neste processo, presta anuência ao pedido de homologação: ausência de chancela, na origem, de autoridade judiciária ou órgão público equivalente: homologação negada pelo Presidente do STF, nos termos da jurisprudência da Corte, então dominante: agravo regimental a que se dá provimento, por unanimidade, tendo em vista a edição posterior da L. 9.307, de 23.9.96, que dispõe sobre a arbitragem, para que, homologado o laudo, valha no Brasil como título executivo judicial. 2. Laudo arbitral: homologação: Lei da Arbitragem: controle incidental de constitucionalidade e o papel do STF. A constitucionalidade da primeira das inovações da Lei da Arbitragem – a possibilidade de execução específica de compromisso arbitral – não constitui, na espécie, questão prejudicial da homologação do laudo estrangeiro; a essa interessa apenas, como premissa, a extinção, no direito interno, da homologação judicial do laudo (arts. 18 e 31), e sua consequente dispensa, na origem, como requisito de reconhecimento, no Brasil, de sentença arbitral estrangeira (art. 35). A completa assimilação, no direito interno, da decisão arbitral à decisão judicial, pela nova Lei de Arbitragem, já bastaria, a rigor, para autorizar a homologação, no Brasil, do laudo arbitral estrangeiro, independentemente de sua prévia homologação pela Justiça do país de origem. Ainda que não seja essencial à solução do caso concreto, não pode o Tribunal – dado o seu papel de "guarda da Constituição" – se furtar a enfrentar o problema de constitucionalidade suscitado incidentemente (v.g. MS 20.505, Néri). 3. *Lei de Arbitragem (L. 9.307/96): constitucionalidade, em tese, do juízo arbitral; discussão incidental da constitucionalidade de vários dos tópicos da nova lei, especialmente acerca da compatibilidade, ou não, entre a execução judicial específica para a solução de futuros conflitos da cláusula compromissória e a garantia constitucional da universalidade da jurisdição do Poder Judiciário (CF, art. 5º, XXXV). Constitucionalidade declarada pelo plenário, considerando o Tribunal, por maioria de votos, que a manifestação de vontade da parte na cláusula compromissória, quando da celebração do contrato, e a permissão legal dada ao juiz para que substitua a vontade da parte recalcitrante em firmar o compromisso não ofendem o artigo 5º, XXXV, da CF.* Votos vencidos, em parte – incluído o do relator – que entendiam inconstitucionais a cláusula compromissória – dada a indeterminação de seu objeto – e a possibilidade de a outra parte, havendo resistência quanto à instituição da arbitragem, recorrer ao Poder Judiciário para compelir a parte recalcitrante a firmar o compromisso, e, consequentemente, declaravam a inconstitucionalidade de dispositivos da Lei 9.307/96 (art. 6º, parágrafo único; 7º e seus parágrafos e, no art. 41, das novas redações atribuídas ao art. 267, VII e art. 301, inciso IX do C. Pr. Civil; e art. 42), por violação da garantia da universalidade da jurisdição do Poder Judiciário. Constitucionalidade – aí por decisão unânime, dos dispositivos da Lei de Arbitragem que prescrevem a irrecorribilidade (art. 18) e os efeitos de decisão judiciária da sentença arbitral (art. 31)." (SE 5206 AgR, Relator(a): Min. Sepúlveda Pertence, Tribunal Pleno, julgado em 12.12.2001, DJ 30.04.2004 PP-00029 Ement VOL-02149-06 PP-00958).
19. A Lei 10.303/2001, incluiu o § 3º ao artigo 109 da Lei das Sociedades por Ações (Lei 6.404/1976), para dispor que "O estatuto da sociedade pode estabelecer que as divergências entre os acionistas e a companhia, ou entre os acionistas controladores e os acionistas minoritários, *poderão ser solucionadas mediante arbitragem*, nos termos em que especificar".
20. A Lei 11.196/2005, que instituiu o "Regime Especial de Tributação para a Plataforma de Exportação de Serviços de Tecnologia da Informação – Repes", acresceu à lei de concessões de serviços públicos e de obras públicas e de permissões de serviços públicos (Lei n. 8.987/1995), o artigo 23-A com o texto seguinte "O contrato de concessão poderá prever o emprego de mecanismos privados para resolução de disputas decorrentes ou relacionadas ao contrato, inclusive a arbitragem, a ser realizada no Brasil e em língua portuguesa, nos termos da Lei no 9.307, de 23 de setembro de 1996.".
21. A Lei 11.079/2006, que trata das "normas gerais para licitação e contratação de parceria público-privada no âmbito dos Poderes da União, dos Estados, do Distrito Federal e dos Municípios", em seu artigo 11 dispõe que o instrumento convocatório poderá prever "o emprego dos mecanismos privados de resolução de disputas, inclusive a arbitragem, a ser realizada no Brasil e em língua portuguesa, nos termos da Lei no 9.307, de 23 de setembro de 1996, para dirimir conflitos decorrentes ou relacionados ao contrato".
22. A Lei 12.815/2013, que "regula a exploração pela União, direta ou indiretamente, dos portos e instalações portuárias e as atividades desempenhadas pelos operadores portuários" já previa a utilização da arbitragem para solucionar ou dirimir litígios tanto quanto a questões atinentes ao "trabalho portuário" (arts. 32 a

a "administração pública direta e indireta" pode "utilizar-se da arbitragem para dirimir conflitos relativos a direitos patrimoniais disponíveis".[23] De outro lado, a Lei n. 13.140/2015 dispõe "sobre a mediação como meio de solução de controvérsias entre particulares e sobre a autocomposição de conflitos no âmbito da administração pública". Esses dispositivos têm especial relevância, principalmente diante da circunstância de que o Poder Público é, em nosso País, um dos grandes litigantes.

E, como bem colocado por Ruy Rosado de Aguiar Júnior "a participação do juiz no processo arbitral, ainda antes da sua instauração até a homologação da sentença estrangeira, tem por fim, de um lado, assegurar a livre manifestação das partes que, no âmbito de sua autonomia privada, decidiram pela arbitragem, e, de outro, o respeito aos princípios fundamentais do nosso ordenamento jurídico",[24] deixando claro que mesmo em casos de solução *extrajudicial* de conflitos, o Poder Judiciário estará sempre atento para coibir excessos.

Nesse contexto, identificamos claramente um ambiente propício, dos pontos de vista legislativo e histórico, para a adoção de mecanismos de desjudicialização da execução sem ferir a regra constitucional de pleno acesso ao Poder Judiciário. O que poderá ocorrer, nesse caso, é uma inversão de *quem aciona* o Poder Judiciário, pois ao invés deste ser provocado pelo do suposto credor (exequente), poderá vir a sê-lo pelo alegado devedor (executado) que, identificando qualquer falha no procedimento executivo, terá como fazer valer o seu direito com efetividade.

Quando a Constituição Federal prevê que ninguém será *privado de seus bens* sem o devido processo legal, quer significar que no Estado Democrático de Direito o acesso ao Judiciário está plenamente garantido. A respeito, destacamos do voto proferido pelo Ministro Dias Toffoli no julgamento do RE 627106/PR, que decidiu

---

37), como com débitos decorrentes do "recolhimento de tarifas portuárias e outras obrigações financeiras perante a administração do porto e a Antaq" (art. 62).
23. Decidiu o Superior Tribunal de Justiça: "Direito processual civil e consumidor. Contrato de adesão. Convenção de arbitragem. Limites e exceções. Arbitragem em contratos de financiamento imobiliário. Cabimento. Limites. 1. Com a promulgação da Lei de Arbitragem, passaram a conviver, em harmonia, três regramentos de diferentes graus de especificidade: (i) a regra geral, que obriga a observância da arbitragem quando pactuada pelas partes, com derrogação da jurisdição estatal; (ii) a regra específica, contida no art. 4º, § 2º, da Lei 9.307/96 e aplicável a contratos de adesão genéricos, que restringe a eficácia da cláusula compromissória; e (iii) a regra ainda mais específica, contida no art. 51, VII, do CDC, incidente sobre contratos derivados de relação de consumo, sejam eles de adesão ou não, impondo a nulidade de cláusula que determine a utilização compulsória da arbitragem, ainda que satisfeitos os requisitos do art. 4º, § 2º, da Lei 9.307/96. 2. O art. 51, VII, do CDC se limita a vedar a adoção prévia e compulsória da arbitragem, no momento da celebração do contrato, mas não impede que, posteriormente, diante de eventual litígio, havendo consenso entre as partes (em especial a aquiescência do consumidor), seja instaurado o procedimento arbitral. 3. As regras dos arts. 51, VIII, do CDC e 34 da Lei 9.514/97 não são incompatíveis. Primeiro porque o art. 34 não se refere exclusivamente a financiamentos imobiliários sujeitos ao CDC e segundo porque, havendo relação de consumo, o dispositivo legal não fixa o momento em que deverá ser definida a efetiva utilização da arbitragem. 4. Recurso especial a que se nega provimento" (REsp 1169841/RJ, Rel. Ministra Nancy Andrighi, Terceira Turma, julgado em 06.11.2012, DJe 14.11.2012).
24. A arbitragem e a atuação do juiz. In.: ARRUDA ALVIM et al (Coord.). *Execução civil e temas afins – do CPC/1973 ao Novo CPC: estudos em homenagem ao professor Araken de Assis*. São Paulo: Ed. RT, 2014, p. 938.

pela constitucionalidade das disposições constantes do Decreto-Lei 70/66 que cuidam de execução extrajudicial "esse procedimento não é realizado de forma aleatória e se submete a efetivo controle judicial em ao menos uma de suas fases, sendo certo que o devedor é intimado a acompanhá-lo, podendo impugnar, inclusive no âmbito judicial, o desenrolar do procedimento se irregularidades vierem a ocorrer durante seu trâmite".

É o que hoje já identificamos com a adoção de medidas pelo alegado devedor, tais como a *objeção* ou *exceção de pré-executividade* [25]-[26]-[27]-[28] e o manejo de *ações com pedido de tutelas provisórias*[29].

---

25. Há muito a jurisprudência do Superior Tribunal de Justiça tem se mostrado dominante no sentido de que "*A defesa que nega a executividade do título apresentado pode ser formulada nos próprios autos do processo da execução e independe do prazo fixado para os embargos de devedor*" (REsp 220.100/RJ, Rel. Ministro Ruy Rosado de Aguiar, Quarta Turma, julgado em 02/09/1999, DJ 25/10/1999, p. 93); "Admite-se a exceção, de maneira que é lícito arguir de nula a execução, por simples petição. A saber, pode a parte alegar a nulidade, independentemente de embargos, por exemplo, "Admissível, como condição de pré-executividade, o exame da liquidez, certeza e exigibilidade do Título a viabilizar o processo de execução" (REsp-124.364, DJ de 26.10.98)" (REsp 187.195/RJ, Rel. Ministro Nilson Naves, Terceira Turma, julgado em 09.03.1999, DJ 17.05.1999, p. 202); e, "Não ofende a nenhuma regra do Código de Processo Civil o oferecimento da exceção de pré-executividade para postular a nulidade da execução (art. 618 do Código de Processo Civil), independentemente dos embargos de devedor" (REsp 160.107/ES, Rel. Ministro Carlos Alberto Menezes Direito, Terceira Turma, julgado em 16.03.1999, DJ 03.05.1999, p. 145)
26. Está consolidado na jurisprudência do Superior Tribunal de Justiça que: "A exceção de pré-executividade é admissível na execução fiscal relativamente às matérias conhecíveis de ofício que não demandem dilação probatória" (Súmula 393/STJ).
27. No julgamento do REsp 1.110.925/SP, o relator, Ministro Teori Albino Zavascki decidiu: "a exceção de pré-executividade é cabível quando atendidos simultaneamente dois requisitos, um de ordem material e outro de ordem formal, ou seja: (a) é indispensável que a matéria invocada seja suscetível de conhecimento de ofício pelo juiz; e (b) é indispensável que a decisão possa ser tomada sem necessidade de dilação probatória. A legitimidade das partes é matéria conhecível de ofício, a qualquer tempo ou grau de jurisdição (CPC, art. 267, VI e § 3º), estando atendido, sob esse aspecto, o requisito de ordem material" (Primeira Seção do Superior Tribunal de Justiça, julgado em 22.04.2009, DJe 04.05.2009)
28. Teresa Arruda Alvim Wambier e Luiz Rodrigues Wambier, ensinam que: "Vê-se, portanto, que o primeiro critério a autorizar que a matéria seja deduzida por meio de exceção ou objeção de pré-executividade é o de que se trate de matéria ligada à admissibilidade da execução, e seja, portanto, conhecível de ofício e a qualquer tempo. O segundo dos critérios é o relativo à perceptibilidade do vício apontado. A necessidade de uma instrução trabalhosa e demorada, como regra, inviabiliza a discussão do defeito apontado no bojo do processo de execução, sob pena de que esse se desnature. Na verdade, ambos os critérios devem estar presentes, para que se possa admitir a apresentação de exceção ou objeção de pré-executividade" (WAMBIER, Teresa Arruda Alvim e Luiz Rodrigues. Sobre a Objeção de pré-executividade. In: WAMBIER, Teresa Arruda Alvim (Coord.). *Processo de Execução e assuntos afins*. São Paulo: Ed. RT, 1998, p. 410).
29. O Superior Tribunal de Justiça já decidiu, em recurso especial repetitivo, que "*1. O contribuinte pode, após o vencimento da sua obrigação e antes da execução, garantir o juízo de forma antecipada, para o fim de obter certidão positiva com efeito de negativa*. (Precedentes: EDcl no AgRg no REsp 1057365/RS, Rel. Ministro Luiz Fux, Primeira Turma, julgado em 04/08/2009, DJe 02/09/2009; EDcl nos EREsp 710.153/RS, Rel. Ministro Herman Benjamin, Primeira Seção, julgado em 23/09/2009, DJe 01/10/2009; REsp 1075360/RS, Rel. Ministro Mauro Campbell Marques, Segunda Turma, julgado em 04/06/2009, DJe 23.06.2009; AgRg no REsp 898.412/RS, Rel. Ministro Humberto Martins, Segunda Turma, julgado em 18.12.2008, DJe 13.02.2009; REsp 870.566/RS, Rel. Ministra Denise Arruda, Primeira Turma, julgado em 18.12.2008, DJe 11.02.2009; REsp 746.789/BA, Rel. Ministro Teori Albino Zavascki, Primeira Turma, julgado em 18/11/2008, DJe 24.11.2008; EREsp 574107/PR, Relator Ministro João Otávio de Noronha DJ 07.05.2007). 2. Dispõe o artigo 206 do CTN que: "tem os mesmos efeitos previstos no artigo anterior a certidão de que conste a existência de créditos não vencidos, em curso de cobrança executiva em que tenha sido efetivada a penhora, ou cuja exigibilidade

Na esfera de direitos privados, há tempos, normas específicas foram editadas para buscar a solução *extrajudicial* de conflitos, sem excluir o direito de acesso ao Judiciário. Destacamos, aqui, a chamada *execução extrajudicial* da garantia hipotecária, prevista no Decreto-Lei n. 70/1966, com as alterações pós-Constituição Federal de 1988, promovidas pela Lei n. 8.004/1990, que permite, nos financiamentos de bens imóveis vinculados ao Sistema Financeiro da Habitação, ao credor promover a execução da dívida hipotecária[30]. E, mais recentemente, a Lei n. 9.514/1997, que *"institui a alienação fiduciária de coisa imóvel"*, e outorga ao credor fiduciário o direito de promover a execução extrajudicial do seu crédito com a consolidação da propriedade do imóvel em nome do fiduciário.

O Código Civil (Lei 10.406/2002), ao disciplinar a propriedade fiduciária nos arts. 1.361 a 1.368, igualmente prevê a *execução extrajudicial*.[31]. A consignação em pagamento extrajudicial[32] se revelou medida sensata e que atende a esse espírito de autocomposição de interesses.

E, o atual Código de Processo Civil (Lei 13.105/15), em seu artigo 1.071, acresce à Lei de Registros Públicos (Lei 6.015/1973) o artigo 216-A para tratar da possibilidade

---

esteja suspensa." *A caução oferecida pelo contribuinte, antes da propositura da execução fiscal é equiparável à penhora antecipada e viabiliza a certidão pretendida, desde que prestada em valor suficiente à garantia do juízo. 3. É viável a antecipação dos efeitos que seriam obtidos com a penhora no executivo fiscal, através de caução de eficácia semelhante. A percorrer-se entendimento diverso, o contribuinte que contra si tenha ajuizada ação de execução fiscal ostenta condição mais favorável do que aquele contra o qual o Fisco não se voltou judicialmente ainda. 4. Deveras, não pode ser imputado ao contribuinte solvente, isto é, aquele em condições de oferecer bens suficientes à garantia da dívida, prejuízo pela demora do Fisco em ajuizar a execução fiscal para a cobrança do débito tributário. Raciocínio inverso implicaria em que o contribuinte que contra si tenha ajuizada ação de execução fiscal ostenta mais favorável do que aquele contra o qual o Fisco ainda não se voltou judicialmente. 5. Mutatis mutandis o mecanismo assemelha-se ao previsto no revogado art. 570 do CPC, por força do qual era lícito ao devedor iniciar a execução. Isso porque as obrigações, como vínculos pessoais, nasceram para serem extintas pelo cumprimento, diferentemente dos direitos reais que visam à perpetuação da situação jurídica nele edificadas. 6. Outrossim, instigada a Fazenda pela caução oferecida, pode ela iniciar a execução, convertendo-se a garantia prestada por iniciativa do contribuinte na famigerada penhora que autoriza a expedição da certidão. ... 10. Recurso Especial parcialmente conhecido e, nesta parte, desprovido. Acórdão submetido ao regime do art. 543-C do CPC e da Resolução STJ 08/2008"* (REsp 1123669/RS, Rel. Min. Luiz Fux, Primeira Seção, DJe 1.2.2010).

30. O Supremo Tribunal Federal, em abril de 2021, decidiu o tema 249 da repercussão geral, fixando a seguinte tese: "*É constitucional, pois foi devidamente recepcionado pela Constituição Federal de 1988, o procedimento de execução extrajudicial, previsto no Decreto-lei 70/66*" (RE 627106/PR – relator o Ministro Dias Toffoli).
31. "Art. 1.364. Vencida a dívida, e não paga, fica o credor obrigado a vender, *judicial ou extrajudicialmente*, a coisa a terceiros, a aplicar o preço no pagamento de seu crédito e das despesas de cobrança, e a entregar o saldo, se houver, ao devedor.".
32. No atual Código de Processo Civil (Lei 13.105/2015): "Art. 539. Nos casos previstos em lei, poderá o devedor ou terceiro requerer, com efeito de pagamento, a consignação da quantia ou da coisa devida. § 1º Tratando-se de obrigação em dinheiro, poderá o valor ser depositado em estabelecimento bancário, oficial onde houver, situado no lugar do pagamento, cientificando-se o credor por carta com aviso de recebimento, assinado o prazo de 10 (dez) dias para a manifestação de recusa. § 2º Decorrido o prazo do § 1º, contado do retorno do aviso de recebimento, sem a manifestação de recusa, considerar-se-á o devedor liberado da obrigação, ficando à disposição do credor a quantia depositada. § 3º Ocorrendo a recusa, manifestada por escrito ao estabelecimento bancário, poderá ser proposta, dentro de 1 (um) mês, a ação de consignação, instruindo-se a inicial com a prova do depósito e da recusa. § 4º Não proposta a ação no prazo do § 3º, ficará sem efeito o depósito, podendo levantá-lo o depositante".

de um procedimento administrativo extrajudicial para a usucapião de bens imóveis, ampliando a aplicação do instituto para além dos casos previstos no artigo 60 da Lei 11.977, de 7 de julho de 2009 – "Lei do Programa Minha Casa, Minha Vida.".

A citada Lei 11.382/2006, que trouxe profundas alterações para os atos executivos previstos no antigo Código de Processo Civil, estabeleceu a possibilidade de "*alienação por iniciativa do particular*" dos bens penhorados (CPC/73, art. 685-C). Regra essa mantida na Lei 13.105/2015, que é o novo Código de Processo Civil, em seu artigo 879, I.

Merece, ainda, destaque a previsão da Lei 11.101/2005, que contempla a possibilidade de "recuperação extrajudicial" do empresário e da sociedade empresária (cf. artigos 161 e seguintes).

3. A NECESSIDADE DE ALTERAÇÃO DO CÓDIGO DE PROCESSO CIVIL PARA PREVISÃO DE REALIZAÇÃO EXTRAJUDICIAL DOS ATOS EXECUTIVOS

O vigente Código de Processo Civil, como se registrou, não avançou nesse campo.

Há relevantes projetos de lei hoje em tramitação no Congresso Nacional com propostas para modificações na disciplina da execução. Da Câmara dos Deputados destacamos o Projeto de Lei Ordinária 5080/2009, que "altera as Leis 5.010, de 1966; 6.830, de 1980 e 8.212, de 1991", o qual está apensado ao Projeto de Lei Ordinária 2.412/2007, que, de seu turno, "define critérios para o processamento administrativo das execuções fiscais – altera a Lei 8.397, de 1992 e revoga a Lei 6.830, de 1980".[33]

---

33. Na *justificativa* do PL 2412/2007 lê-se: "*Entre as medidas de racionalização dos processos que sempre têm sido cogitadas, entre os que se dedicam ao estudo do tema, encontra-se o processamento administrativo das execuções fiscais. A atividade de execução, com efeito, tem natureza muito mais administrativa do que jurisdicional*. Com exceção de alguns poucos aspectos em que há realmente uma decisão judicial, solucionando controvérsia efetiva entre as partes litigantes – e que se processam por meio de embargos – pode-se afirmar que a principal atividade do juiz, ao conduzir a atividade de execução, é de cunho nitidamente administrativo. A autoridade judicial atua sobretudo fazendo aplicar a legislação, fazendo atuar a vontade da lei. Nada mais natural, nessa ordem de ideias, do que transferir esses atos para a esfera administrativa propriamente dita, onde estarão mais adequadamente localizados. Além de maior celeridade – em benefício de todos, especialmente daqueles que pagam regularmente seus tributos e dívidas – essa mudança trazendo também, aos juízes, maior disponibilidade para desempenharem as funções em que efetivamente se faz mister a capacidade de julgar, a habilidade de interpretar a norma e solucionar conflitos. Nem seria preciso reafirmar, nesse ponto, o compromisso com as garantias do livre e amplo acesso ao Poder Judiciário. Trata-se de princípio constitucional inseparável da estrutura de um Estado que se pretenda Democrático e de Direito. E a translação do processamento das execuções fiscais para a esfera administrativa em nenhuma medida ferirá esse princípio, desde que se assegure aos cidadãos e contribuintes o respeito ao que reza o inciso XXXV do art. 5º da Constituição Federal. A proposta que ora se eleva ao debate, nesta Casa, tem o propósito de estruturar essa mudança de paradigmas, para a execução dos créditos fiscais. Trata-se, como já mencionado, de um novo passo na caminhada rumo à racionalização da prestação jurisdicional do Estado, ao tempo em que pretende simplificar e dar mais agilidade a procedimentos que, afinal, não passam da conclusão, da materialização, da concretização da vontade da norma jurídico-tributária, quando essa concretização não se realiza pela submissão voluntária do contribuinte, mas vem a exigir a constrição de seus bens, para garantir o cumprimento do interesse público" (o documento, datado de 12 de novembro de 2007, foi subscrito pelo Deputado Régis Oliveira – os destaques não constam do texto).

Do Senado Federal, temos o Projeto de Lei 4.257/2019 visa modificar "a Lei 6.830, de 22 de setembro de 1980, para instituir a execução fiscal administrativa e a arbitragem tributária, nas hipóteses que especifica". Da justificativa do referido projeto, de iniciativa do Senador Antônio Anastasia, destacamos que: "... *é extremamente relevante que o Congresso Nacional passe a discutir soluções que levem à desjudicialização de demandas, ou seja, soluções que retirem alguns assuntos que hoje, em virtude da legislação vigente, estão desnecessariamente sendo processados pelo Poder Judiciário*. A necessidade ou não de participação do Poder Judiciário deve ser refletida levando em conta se há necessidade de intervenção do juiz para proteger direitos fundamentais do cidadão. Ou seja, a legislação só deve prever o processamento de uma ação, se a intervenção do juiz for considerada imprescindível para garantir a proteção a um direito fundamental do cidadão."[34].

O referido Projeto de Lei, como consta do texto apresentado na Comissão de Constituição, Justiça e Cidadania tem raízes nos arts. 31 a 38 do Decreto-Lei 70, de 21 de novembro de 1966 (na vigente redação), com algumas especificidades.

Destaca-se, igualmente, do Senado Federal o Projeto de Lei 6.204/2019, de autoria da Senadora Soraya Thronicke, que dispõe sobre a desjudicialização da execução civil de título executivo judicial e extrajudicial. Da *justificativa* do referido Projeto de Lei destacamos o seguinte: "... *Objetivando simplificar e desburocratizar a execução de títulos executivos civis, e, por conseguinte alavancar a economia do Brasil, propõe-se um sistema normativo novo, mas já suficientemente experimentado com êxito no direito estrangeiro*. Nessa linha, na maioria dos países europeus a execução de títulos executivos é realizada sem a interferência do Judiciário, sendo atribuição do "agente de execução"[35], quem recebe o pedido do credor e lhe dá o devido processamento – desde que presentes os requisitos formais do título executivo –, incluindo citações, notificações, penhoras e alienação de bens. O juízo competente só participará desse procedimento em situações excepcionais quando chamado a decidir alguma questão passível de discussão por meio de embargos do devedor, suscitação de dúvidas, determinação de medidas de força ou coercitivas."[36]

Todos os citados projetos legislativos estão em harmonia com a Agenda 2030 da Organização das Nações Unidas que estabeleceu 17 Objetivos de Desenvolvimento Sustentável ("ODS") e 169 metas "no espírito de uma parceria global que orienta as escolhas necessárias para melhorar a vida das pessoas, agora e no futuro"[37]. Essa Agenda vem sendo implementada no Poder Judiciário[38].

---

34. Disponível em: https://legis.senado.leg.br/sdleg-getter/documento?dm=7984784&ts=1576503704535&disposition =inline. Acesso em: 07 mar. 2020, os destaques não constam do texto.
35. Nota de rodapé 1 do texto: "A atividade executiva é realizada (i) na França, pelo *hussier*; (ii) na Alemanha, pelo *gerichtsvollzieher*; (iii) em Portugal, pelo *solicitador de execução*; (iv) na Itália, pelo *agenti di esecuzione*; (v) na Suécia, pelo *kronofogde*; e (v) na Espanha, pelo *secretário judicial*".
36. Disponível em: https://legis.senado.leg.br/sdleg-getter/documento?dm=8041988&ts=1624912882976&-disposition=inline. Acesso em: 1º jun. 2021, os destaques não constam do texto.
37. Disponível em: http://www.agenda2030.com.br/sobre/. Acesso em: 1º jun. 2021.
38. Disponível em: http://portal.stf.jus.br/hotsites/agenda-2030/. Acesso em: 1º jun. 2021. Destaca-se, no âmbito do STF, a edição da Resolução 710, de 20 de novembro de 2020, por meio da qual foi criado um "grupo de

Nesse sentido, durante a 13ª edição do Encontro Nacional do Poder Judiciário, realizado em novembro de 2019, os presidentes dos tribunais brasileiros, sob a coordenação do Conselho Nacional de Justiça (CNJ), aprovaram as metas nacionais e específicas do Judiciário para 2020 e os Macrodesafios do Poder Judiciário 2021-2026. Dentre as metas nacionais, foi aprovada a "Meta 9" com o objetivo de *"Realizar ações de prevenção ou desjudicialização de litígios* voltadas aos objetivos de desenvolvimento sustentável (ODS), da Agenda 2030".

Trata-se de uma verdadeira cruzada no sentido de estudos sérios e globais para buscar o atingimento do "objetivo 16" no sentido de "Promover sociedades pacíficas e inclusivas para o desenvolvimento sustentável, proporcionar o acesso à justiça para todos e construir instituições eficazes, responsáveis e inclusivas em todos os níveis".

Nesse sentido, e tendo presente que a execução extrajudicial já é tendência no direito comparado[39], nada justifica que, no Brasil, não se proceda com a realização extrajudicial dos atos executivos, seja quanto ao título judicial, como para o título extrajudicial.

E, como já exposto, temos uma bem-sucedida e eficaz história nesse caminho com as previsões contidas no Decreto-Lei 70/1966 e na Lei 9.514/1997, nas quais os princípios da *efetividade*, da *cooperação* e do *acesso pleno à justiça* são preservados e homenageados[40].

No campo tributário, as maiores *inovações* se deram através das Leis 12.767/2012 e 13.988/2020. A primeira ao incluir "*as* certidões de dívida ativa da União, dos Es-

---

trabalho para a implementação das ações e iniciativas inaugurais para implementação dos ODS no STF" (art. 2º).

No CNJ, foi divulgado o Provimento 85, de 19 de agosto de 2019, para tratar "sobre a adoção dos Objetivos de Desenvolvimento Sustentável, da Agenda 2030, pelas Corregedorias do Poder Judiciário e pelo Serviço Extrajudicial".

39. Como destaca Flávia Pereira Ribeiro: "Fui buscar da experiência estrangeira o que havia de diferente ou de novo e conclui que a grande maioria dos países realiza a execução extrajudicialmente, ainda que em diferentes escalas e métodos. No modelo alemão e italiano, o agente de execução é um funcionário público, mas autônomo e independente (*Gvz* e *ufficiale giudiziario*); no modelo francês, é um agente privado (*Huissier*); no modelo espanhol, apesar de ainda inserido dentro do Poder Judiciário, o secretário tem autonomia para todos os passos da execução - o juiz apenas recebe a petição inicial. Os embargos do devedor são mantidos em todos os casos. Há o modelo administrativo sueco, no qual o próprio Estado cobra as obrigações. Já nos EUA e Inglaterra, é o *sheriff* quem assume a tarefa. Mais recentemente, mas há 15 anos, Portugal desjudicializou a execução para o agente de execução, quem exerce a atividade de modo privado" (*Desjudicialização da execução civil*: mito ou realidade. Disponível em: https://www.migalhas.com.br/depeso/313285/desjudicializacao-da-execucao-civil-mito-ou-realidade.. Acesso em: 1º jun. 2021.

40. No julgamento do RE 627106/PR, pelo Supremo Tribunal Federal, decidiu o Ministro Alexandre de Moraes que *"não há que se falar em ofensa aos princípios constitucionais da inafastabilidade da jurisdição, do devido processo legal, da ampla defesa e do contraditório pelo procedimento de execução extrajudicial previsto nos artigos 29, parte final, e 31 a 38 do Decreto-Lei 70/66*, ora impugnados, uma vez que, como já dito anteriormente, a qualquer tempo a parte que se sentir lesada pode recorrer ao poder judiciário na defesa de seus direitos, como ocorreu na presente hipótese, em que o juízo de origem inicialmente concedeu, em parte, a antecipação da tutela pleiteada pela ora recorrente e, apenas após exaustiva análise das alegações e provas constantes dos autos, inclusive prova pericial, proferiu julgamento de mérito afastando as irregularidades apontadas pela parte autora e reconhecendo a regularidade do procedimento impugnado" (destaques não constam do original).

tados, do Distrito Federal, dos Municípios e das respectivas autarquias e fundações públicas" dentre os títulos sujeitos a protesto[41]-[42]. E, a segunda, ao prever "os requisitos e as condições para que a União, as suas autarquias e fundações, e os devedores ou as partes adversas realizem transação resolutiva de litígio relativo à cobrança de créditos da Fazenda Pública, de natureza tributária ou não tributária".

Assim sendo, duas leis estabeleceram formas alternativas, eficazes, para a cobrança e o recebimento do crédito tributário e não tributário, sem que isso viole o princípio do devido processo legal[43].

---

41. No Supremo Tribunal Federal, foi decidida a ação direta de inconstitucionalidade ajuizada pela Confederação Nacional da Indústria – CNI (ADI 5135 – Relator Ministro Luís Roberto Barroso), em novembro de 2016. Na ocasião, o Tribunal, por maioria e nos termos do voto do Relator, julgou improcedente o pedido formulado, vencidos os Ministros Edson Fachin, Marco Aurélio e Ricardo Lewandowski. Fixada tese nos seguintes termos: "O protesto das Certidões de Dívida Ativa constitui mecanismo constitucional e legítimo, por não restringir de forma desproporcional quaisquer direitos fundamentais garantidos aos contribuintes e, assim, não constituir sanção política". O Ministro Marco Aurélio, vencido no mérito, não participou da fixação da tese.

42. No Superior Tribunal de Justiça, a segunda Turma decidiu pela legalidade do protesto da CDA: "Processual civil e administrativo. Protesto de CDA. Lei 9.492/1997. Interpretação contextual com a dinâmica moderna DAS relações sociais e o "II PACTO republicano de estado por um sistema de justiça mais acessível, ágil e efetivo". Superação da jurisprudência do STJ. ... 2. Merece destaque a publicação da Lei 12.767/2012, que promoveu a inclusão do parágrafo único no art. 1º da Lei 9.492/1997, para expressamente consignar que estão incluídas "entre os títulos sujeitos a protesto as certidões de dívida ativa da União, dos Estados, do Distrito Federal, dos Municípios e das respectivas autarquias e fundações públicas". ... 4. No regime instituído pelo art. 1º da Lei 9.492/1997, o protesto, instituto bifronte que representa, de um lado, instrumento para constituir o devedor em mora e provar a inadimplência, e, de outro, modalidade alternativa para cobrança de dívida, foi ampliado, desvinculando-se dos títulos estritamente cambiariformes para abranger todos e quaisquer "títulos ou documentos de dívida". Ao contrário do afirmado pelo Tribunal de origem, portanto, o atual regime jurídico do protesto não é vinculado exclusivamente aos títulos cambiais. 5. Nesse sentido, tanto o STJ (RESP 750805/RS) como a Justiça do Trabalho possuem precedentes que autorizam o protesto, por exemplo, de decisões judiciais condenatórias, líquidas e certas, transitadas em julgado. 6. Dada a natureza bifronte do protesto, não é dado ao Poder Judiciário substituir-se à Administração para eleger, sob o enfoque da necessidade (utilidade ou conveniência), as políticas públicas para recuperação, no âmbito extrajudicial, da dívida ativa da Fazenda Pública. ... 14. A Lei 9.492/1997 deve ser interpretada em conjunto com o contexto histórico e social. De acordo com o "II Pacto Republicano de Estado por um sistema de Justiça mais acessível, ágil e efetivo", definiu-se como meta específica para dar agilidade e efetividade à prestação jurisdicional a "revisão da legislação referente à cobrança da dívida ativa da Fazenda Pública, com vistas à racionalização dos procedimentos em âmbito judicial e administrativo". 15. Nesse sentido, o CNJ considerou que estão conformes com o princípio da legalidade normas expedidas pelas Corregedorias de Justiça dos Estados do Rio de Janeiro e de Goiás que, respectivamente, orientam seus órgãos a providenciar e admitir o protesto de CDA e de sentenças condenatórias transitadas em julgado, relacionadas às obrigações alimentares. 16. A interpretação contextualizada da Lei 9.492/1997 representa medida que corrobora a tendência moderna de intersecção dos regimes jurídicos próprios do Direito Público e Privado. A todo instante vem crescendo a publicização do Direito Privado (iniciada, exemplificativamente, com a limitação do direito de propriedade, outrora valor absoluto, ao cumprimento de sua função social) e, por outro lado, a privatização do Direito Público (por exemplo, com a incorporação – naturalmente adaptada às peculiaridades existentes – de conceitos e institutos jurídicos e extrajurídicos aplicados outrora apenas aos sujeitos de Direito Privado, como, e.g., a utilização de sistemas de gerenciamento e controle de eficiência na prestação de serviços). 17. Recurso Especial provido, com superação da jurisprudência do STJ." (REsp 1126515/PR, relator Ministro Herman Benjamin, Segunda Turma, julgado em 03.12.2013, DJe 16.12.2013).

43. Como decidido pelo STF no julgamento da ADI 5135/DF: "De um lado, inexiste afronta ao devido processo legal, uma vez que (i) o fato de a execução fiscal ser o instrumento típico para a cobrança judicial da Dívida Ativa não exclui mecanismos *extrajudiciais*, como o protesto de CDA, e (ii) o protesto não impede o devedor de acessar o Poder Judiciário para discutir a validade do crédito" (conforme texto da ementa do acórdão lavrado na ocasião).

Nessa linha de pensamento, e utilizando da ampla jurisprudência já firmada diante dos inúmeros casos de atos desjudicializados, não vemos razão pela qual não se pode alterar o Código de Processo Civil para estabelecer, em seu próprio texto, a previsão de realização extrajudicial dos atos executivos.

Nesse contexto, ganha importância a figura do "agente de execução", o qual, tal como ocorre com o "agente fiduciário" (nas regras do Decreto-Lei 70/1966), irá executar funções de índole administrativa, e não jurisdicionais.

Assim, com o mesmo espírito e propósito que motivaram a edição das Leis 11.232/2005 e 11.382/2006, e, mais recentemente, as Leis 12.767/2012 e 13.988/2020, devem ser pensadas e implementadas modificações no Código de Processo Civil vigente que permita a realização extrajudicial dos atos executivos, tanto na hipótese de título judicial, como na de título extrajudicial.

4. CONCLUSÃO

Um dos maiores, se não o maior, problema da *efetividade* do processo de execução reside na dificuldade de localização de bens do devedor para fazer frente ao débito executado. Por anos, muitos processos de execução são paralisados, e por vezes julgados prescritos, justamente pela não apresentação de "bens penhoráveis" e que possam satisfazer a dívida objeto da execução, seja ela de título judicial ou extrajudicial, seja ela de natureza, cível, trabalhista ou fiscal.

O sucesso das execuções extrajudiciais relacionadas com o Decreto-Lei 70/1966 (hipoteca), como com a Lei 9.514/1997 (alienação fiduciária de coisa móvel) e, mais recentemente nas transações previstas pela Lei 13.988/2020 indicam claramente um cenário auspicioso para mudanças no sentido de uma ampla desjudicialização da execução.

Nesse sentido, entendemos importante que se busque, no Brasil, implementar um sistema similar ao Procedimento Extrajudicial Pré-Executivo (Pepex), criado em Portugal (Lei 32/2014)[44].

Do mesmo modo, vislumbramos nos projetos legislativos em tramitação perante o Congresso Nacional importantes ferramentas instrumentais para que sejam implementadas, no ordenamento jurídico nacional, com segurança e efetividade, medidas para a previsão de realização extrajudicial dos atos executivos.

---

44. De acordo com o artigo 2º da referida legislação: "O procedimento extrajudicial pré-executivo é um procedimento de natureza facultativa que se destina, entre outras finalidades expressamente previstas na presente lei, à identificação de bens penhoráveis através da disponibilização de informação e consulta às bases de dados de acesso direto eletrónico previstas no Código de Processo Civil, aprovado pela Lei 41/2013, de 26 de junho, para os processos de execução cuja disponibilização ou consulta não dependa de prévio despacho judicial".

Afigura-se-nos conveniente que, tal como se deu em Portugal[45], tais previsões venham contempladas no Código de Processo Civil, tal como se fez, no passado, com as Leis 11.232/2005 e 11.382/2006, para estabelecer, em seu próprio texto, a previsão da execução extrajudicial.

Questão que merece destaque e atenção é a da criação da figura do "agente de execução", a quem deverá ser atribuída funções de índole administrativa, de modo a retirar do magistrado tais tarefas, em ordem a buscar mais rapidez na satisfação dos créditos e o alívio do excesso de trabalho crônico que assola nosso Poder Judiciário.

Como procuramos demonstrar, nessas breves linhas, os procedimentos extrajudiciais existentes (e assim também os projetados) são informados pelo princípio do contraditório, na medida em que o devedor é constantemente cientificado das etapas do procedimento, tendo, por certo, sempre aberto o acesso ao Poder Judiciário para discutir a validade do crédito ou qualquer ato do procedimento. São, pois, em última análise, perfeitamente compatíveis com o princípio maior do devido processo legal.

Finalizamos com as precisas letras de Humberto Theodoro Júnior para quem "a desjudicialização não implica negar o caráter jurisdicional do processo de execução. O procedimento executivo contém, de fato, atividade jurisdicional, inclusive cognitiva, sobre questões procedimentais ou de mérito, que pode resultar até na formação de coisa julgada. Mas, quando se cogita de desjudicializar a execução, o que, em regra, procura-se é apenas afastar do juiz a atividade rotineira dos atos executivos, resguardando, porém, sua competência para decidir as questões que eventualmente possam surgir durante o procedimento".[46]

5. REFERÊNCIAS

AGUIAR JÚNIOR, Ruy Rosado de. A arbitragem e a atuação do juiz. In.: ARRUDA ALVIM et al (Coord.). *Execução civil e temas afins – do CPC/1973 ao Novo CPC: estudos em homenagem ao professor Araken de Assis*. São Paulo: Ed. RT, 2014.

CÂMARA, Alexandre Freitas. A eficácia da execução e a eficiência dos meios executivos: em defesa dos meios executivos atípicos e da penhora de bens impenhoráveis. In: ARRUDA ALVIM et al (Coord.). *Execução civil e temas afins – do CPC/1973 ao Novo CPC: estudos em homenagem ao professor Araken de Assis*. São Paulo: Ed. RT, 2014.

DIDIER JR., Fredie. Os três modelos de direito processual: inquisitivo, dispositivo e cooperativo. *Revista de Processo*, v. 198, p. 213-226, ago. 2011.

DINAMARCO, Cândido Rangel. *Fundamentos do processo civil moderno*. 3. ed. São Paulo: Malheiros, 2000. v. II.

GRECO, Leonardo. A execução e a efetividade do processo. *Revista de Processo*, v. 94, p. 34-66, abr.-jun. 1999.

---

45. Em Portugal o Código de Processo Civil, aprovado pela Lei 41, de 26 de junho de 2013, consolidou diversas normas que haviam alterado o texto anterior principalmente as da reforma da ação executiva de 2003 e da revisão legislativa de 2008.
46. A desjudicialização da execução civil: projetos legislativos em andamento. *Revista de Processo*, v. 313, p. 153-163, mar. 2021.

MANCUSO. Rodolfo de Camargo. A conciliação em segundo grau no e. Tribunal de Justiça de São Paulo e sua possível aplicação aos feitos de interesse da Fazenda Pública. *Revista Autônoma de Processo*. n. 1. Curitiba: Juruá, out.-dez. 2006.

MARINONI, Luiz Guilherme; ARENHART, Sérgio Cruz; MITIDIERO, Daniel. *Novo Código de Processo Civil comentado*. São Paulo: Ed. RT, 2015.

RIBEIRO, Flávia Pereira. *Desjudicialização da execução civil*: mito ou realidade. Disponível em: https://www.migalhas.com.br/depeso/313285/desjudicializacao-da-execucao-civil-mito-ou-realidade.

THAMAY, Rennan Faria Krüger e outro. *Pressupostos processuais e nulidades no novo processo civil*. Rio de Janeiro: Forense, 2015.

THEODORO JÚNIOR, Humberto. *A reforma da execução do título extrajudicial*. Rio de Janeiro: Forense, 2007.

THEODORO JÚNIOR, Humberto. A desjudicialização da execução civil: projetos legislativos em andamento. *Revista de Processo*, v. 313, 2021.

WAMBIER, Teresa Arruda Alvim e Luiz Rodrigues. Sobre a Objeção de pré-executividade. In: WAMBIER, Teresa Arruda Alvim (Coord.). *Processo de Execução e assuntos afins*. São Paulo: Ed. RT, 1998.

DESJUDICIALIZAÇÃO DA EXECUÇÃO CIVIL E O REGIME DE IMPUGNAÇÃO DOS ATOS DO AGENTE DE EXECUÇÃO: O NECESSÁRIO EQUILÍBRIO ENTRE EFICIÊNCIA E GARANTISMO

Humberto Dalla Bernardina de Pinho

Professor Titular de Direito Processual Civil da UERJ. Procurador de Justiça no Estado do Rio de Janeiro.

Flávia Pereira Hill

Professora Adjunta de Direito Processual Civil. Tabeliã no Estado do Rio de Janeiro.

1. INTRODUÇÃO: A INEFICIÊNCIA DA EXECUÇÃO JUDICIAL NO BRASIL E A PROPOSTA DE DESJUDICIALIZAÇÃO DA EXECUÇÃO CIVIL

Os números não deixam mentir. A execução, no Brasil, consiste em um dos grandes gargalos da prestação jurisdicional estatal na contemporaneidade.

De acordo com o relatório Justiça em Números 2020, elaborado pelo Conselho Nacional de Justiça, o Poder Judiciário contava, ao final do ano de 2019, com 77 milhões de processos pendentes de baixa, sendo que as execuções correspondiam a 55,8% desse acervo[1]. E o prognóstico não é nada animador.

Enquanto a taxa de congestionamento do Poder Judiciário na fase de conhecimento monta a 58%, na execução (fase de cumprimento de sentença ou ação autônoma de execução) alcança 82%.

O mesmo relatório assinala expressamente não haver tendência de queda de estoque entre as execuções judiciais. Ao contrário, reconhece que o estoque atual condiz com os "mesmos patamares de sete anos atrás".

O índice de produtividade dos magistrados brasileiros, na fase de conhecimento, corresponde a 1.387, enquanto na execução se restringe a 662.

Quanto à duração do processo, mais uma vez resta claro que a execução representa o ponto sensível a ser trabalhado. O relatório aduz que "o processo leva, desde a data de ingresso, quase o triplo de tempo na fase de execução (4 anos e 3 meses) comparada à fase de conhecimento (1 ano e 7 meses)".

---

1. Os dados constantes desse parágrafo e dos seguintes foram obtidos em: CONSELHO NACIONAL DE JUSTIÇA. *Relatório Justiça em Números 2020*, p. 150 e seguintes. Disponível em: https://www.cnj.jus.br/wp-content/uploads/2020/08/WEB-V3-Justi%C3%A7a-em-N%C3%BAmeros-2020-atualizado-em-25-08-2020.pdf. Acesso em: 05 set. 2021.

A despeito das várias reformas empreendidas pelo legislador no Código de Processo Civil de 1973 precisamente na regulamentação da execução[2], bem como da edição de um novo Código de Processo Civil, em 2015, verifica-se que ainda nos deparamos com um cenário desolador na execução brasileira.

Debruçar-se sobre a execução não é, portanto, uma opção, mas um imperativo a todos os operadores do Direito, especialmente para os processualistas.

Desafogar o Poder Judiciário e alcançar números mais convidativos não se mostra, contudo, um fim em si mesmo. O desafio é, portanto, mais complexo e multifacetado. A difícil equação consiste em oferecer uma execução mais efetiva, preservando integralmente as garantias fundamentais do processo.

Especialmente nos últimos quinze anos, o legislador tem paulatinamente trazido para o ordenamento jurídico brasileiro um fenômeno em franco crescimento em outros países, tanto de *civil law* quanto de *common law*: a desjudicialização. Esse fenômeno é caracterizado, em síntese, pela autorização para a prática de atos da vida civil e a solução de litígios perante agentes que não integram os quadros do Poder Judiciário e traz impactos no próprio conceito de jurisdição na contemporaneidade[3,4,5].

E, se, no Brasil, existem dezenas de normas em vigor que já desjudicializaram procedimentos em diferentes searas – e nem sempre versando sobre questões singelas –, desde o processo de habilitação de casamento, passando pela usucapião extrajudicial[6,7] até chegarmos na dispensa de homologação, pelo Superior Tribunal de Justiça, da sentença estrangeira de decretação do divórcio ou da separação consensual para

---

2. "No Brasil, no início dos anos 2000, seguiram-se reformas ao Código de Processo Civil de 1973 na parte de execução que, a nosso sentir, foram benéficas, tais como a instituição do processo sincrético, tornando a execução fundada em título executivo judicial uma fase do processo já em curso (art. 475-I), a instituição de multa após o decurso do prazo legal para pagamento pelo devedor (art. 475-J), a previsão da liquidação provisória de sentença (art. 475-A, § 2º), a dispensa do auto de penhora de bem imóvel cuja certidão de ônus reais tenha sido apresentada nos autos (art. 659, §5º), a preferência, dentre as formas de expropriação, à adjudicação e à alienação por iniciativa particular, nessa ordem, em detrimento da alienação pública (arts. 685-A e 685-C), dentre outras medidas". HILL, Flávia Pereira. *Lições do Isolamento: reflexões sobre Direito Processual em tempos de pandemia*. Rio de Janeiro: Edição do autor. 2020. pp. 78-112. Disponível em: https://www.academia.edu/44334920/LIVRO_LI%C3%87%C3%95ES_DO_ISOLAMENTO_FL%C3%81VIA_HILL.
3. PINHO, Humberto Dalla Bernardina de. A releitura do princípio do acesso à justiça e o necessário redimensionamento da intervenção judicial na resolução dos conflitos na contemporaneidade. *Revista Jurídica Luso-brasileira*. ano 5. n. 3. 209. p. 791- 830.
4. MANCUSO, Rodolfo de Camargo. *A resolução dos conflitos e a função judicial no contemporâneo Estado de Direito*. 2. ed. São Paulo: Ed. RT, 2014. p. 171.
5. FARIA, Marcio Carvalho. "Primeiras impressões sobre o projeto de lei 6.204/2019: críticas e sugestões acerca da tentativa de se desjudicializar a execução civil brasileira (parte um)". *Revista de Processo*. v. 313, p. 393-414, mar. 2021.
6. PINHO, Humberto Dalla Bernardina de. PORTO, José Roberto Mello. A desjudicialização enquanto ferramenta de acesso à justiça no CPC/2015: a nova figura da usucapião por escritura pública. *Revista Eletrônica de Direito Processual*. v. 17, n. 2. p. 320-353. jul.-dez. 2016.
7. MONTEMOR, Luis Gustavo. A Usucapião Extrajudicial e o Provimento 65/2017 do Conselho Nacional de Justiça. *Revista de Direito Imobiliário*. v. 84/2018. p. 201-240. jan.-jun. 2018.

fins de averbação junto à serventia extrajudicial respectiva, é chegada a hora de se discutir a desjudicialização da execução civil.

Encontra-se em tramitação o Projeto de Lei 6.204/2019, apresentado pela Senadora Soraya Thronicke, que almeja precisamente desjudicializar a execução civil no Brasil, tendo como principal modelo o regime português.

Foi elaborado, ainda, outro Projeto de Lei por um grupo de pesquisadores, professores em diferentes Universidades brasileiras, publicado na presente coletânea, que se encontra, no momento, em análise junto à Comissão para o Aprimoramento da Execução do Conselho Nacional de Justiça.

O objetivo do presente trabalho consiste em examinar o regime de impugnação oferecido aos interessados, tanto no PL 6.204/2019 quanto no Projeto em estudo junto ao CNJ, de modo a verificar como compatibilizar a noção de desjudicialização da execução civil em nosso país com a inegociável observância das garantias fundamentais do processo , que devem nortear todos os mecanismos de resolução de conflitos que compõem a Justiça Multiportas em um Estado Democrático de Direito, mais especificamente a garantia do contraditório[8-9].

Com efeito, nenhuma das portas da Justiça Multiportas pode receber o necessário selo da constitucionalidade se não condisser com a noção de devido processo legal extrajudicial, resguardando o núcleo mínimo da garantia do contraditório, que abarca, na desjudicialização, não apenas a cientificação de todos os interessados, mas também o oferecimento de instrumentos aptos a que possam se insurgir contra atos praticados que, em alguma medida, violem a sua esfera jurídica.

Iniciar-se-á a abordagem com a análise do regime de impugnação escalonado previsto no PL 6.204/2019, para, a seguir, debruçar-se sobre o Projeto em análise pelo CNJ e, ao final, apurar se a noção de desjudicialização da execução civil prevista em tais iniciativas logra convergir a observância do contraditório com uma perspectiva concreta de incremento da efetividade da execução em nosso país.

2. O REGIME DE IMPUGNAÇÃO ESCALONADO PREVISTO NO PROJETO DE LEI 6.204/2019

O Projeto de Lei 6.204/2019 almeja instituir, em nosso ordenamento jurídico, a nova figura do agente de execução, que seria responsável pela prática dos principais atos processuais atinentes à execução de obrigação de pagar quantia certa contra devedor solvente – seja fundada em título executivo judicial ou extrajudicial –, dentre

---

8. A respeito do devido processo legal extrajudicial como forma de assegurar a observância das garantias fundamentais do processo na desjudicialização, vide. HILL, Flávia Pereira. Desjudicialização e acesso à justiça além dos tribunais: pela concepção de um devido processo legal extrajudicial. *Revista Eletrônica de Direito Processual*. ano 15. v. 22. n. 1. p. 379-408. Rio de Janeiro, jan.-abr. 2021.
9. Leonardo Greco pontua, com propriedade, que "hoje, o contraditório ganhou juma projeção humanitária muito grande, sendo, provavelmente, o princípio mais importante do processo". GRECO, Leonardo. *Instituições de Processo Civil*. Rio de Janeiro: GEN Forense. 2015. v. 1, p. 513-514.

os quais o recebimento do requerimento de instauração da execução fundada em título executivo extrajudicial pelo exequente, atos de cientificação, busca de bens, penhora, avaliação, suspensão e extinção da execução.

Segundo Armindo Mendes[10], num panorama comparativo, existem três modelos executivos: um puramente administrativo, um misto e um concentrado no tribunal judicial.

Como observa Miguel Teixeira de Sousa[11], até a reforma de 2003[12], Portugal adotava o modelo de concentração da execução no tribunal, que, inclusive, é comum nos ordenamentos latino-americanos. Ademais, cumpre registrar a inspiração no modelo francês intitulado "Hussier de Justice", com o objetivo de desonerar o magistrado de funções não jurisdicionais[13].

Retornando ao direito pátrio, segundo o Projeto em tramitação, o papel de agente de execução seria exercido exclusivamente pelos delegatários de serventias extrajudiciais que tivessem atribuição de protesto de títulos.

Embora não seja este o cerne do presente trabalho, cumpre consignar que concordamos com parcela da doutrina que entende que seria mais consentâneo com o incremento da acessibilidade e da efetividade – um dos ideais da desjudicialização em geral – que o papel de agente de execução seja exercido por todos os delegatários de serventias extrajudiciais indistintamente, tendo em vista, em apertada síntese, que se submetem todos ao mesmo regime jurídico e a igual controle externo pelo Poder Judiciário, tanto pela Corregedoria do tribunal local quanto pelo Conselho Nacional de Justiça, tendo recebido a delegação para a prestação de serviço público em caráter privado após a provação em concurso público de provas e títulos, na forma do artigo 236, da CRFB/1988[14].

Com isso, expandir-se-ia substancialmente o número de agentes de execução de 3.782 (número de serventias extrajudiciais com atribuição de protesto de títulos

---

10. MENDES, Armindo Ribeiro. Forças e Fraquezas do Modelo Português de Acção Executiva no Limiar do Século XXI – Que Modelo Para o Futuro? p. 1-22. Disponível em: https://www.stj.pt/wp-content/uploads/2010/05/coloquiprocessocivil_ribeiromendes.pdf. Acesso em: 28 maio 2020. p. 7.
11. "Segundo este modelo, a acção executiva pertence ao âmbito da jurisdição e, por isso, não é equiparável a um procedimento administrativo, mas os actos executivos de caráter não jurisdicional-como por exemplo, os actos de apreensão e de venda de bens- deixam de ser praticados pelo juiz de execução e passam a ser entregues a uma entidade não jurisdicional." TEIXEIRA DE SOUSA, Miguel. A Reforma da Acção Executiva. Lex, Lisboa, 2004, p. 14.
12. O Decreto-Lei 38, entrou em vigor em 15.09.2003, na forma do artigo 4º do DL 199/2003. (disponível em: https://dre.pt/web/guest/pesquisa/-/search/511825/details/maximized. Acesso em: 03 set. 2021).
13. Paula Meira registra que a função desse profissional é a de "retirar determinadas tarefas da esfera de actuação dos tribunais (desjudicialização) e libertar o juiz da realização de tarefas não jurisdicionais (desjurisdicionaização)". MEIRA LOURENÇO, Paula. Penhora e outros procedimentos de apreensão de valores mobiliários: implicações do novo regime da acção executiva. Direito dos Valores Mobiliários – Instituto dos Valores Mobiliários. 2006, Coimbra Editora. Coimbra. v. 6, p. 2442.
14. A respeito do preenchimento de requisitos uniformes para a outorga da delegação, características uniformes a todas as atribuições exercidas pelos delegatários de serviços extrajudiciais e controle externo comum pelo Poder Judiciário, vide. LOUREIRO, Luiz Guilherme. Registros Públicos: teoria e prática. 11. ed. Salvador: Jus Podivm. 2021. Especialmente Capítulo 2, item 3; Capítulo 4, item 8, e Capítulo 7.

atualmente no Brasil) para 13.326[15], passando-se a dispor de, ao menos, um agente de execução em cada qual dos 5.570 municípios brasileiros, na forma do artigo 44, § 2º da Lei Federal 8.935, sem comprometer a necessária segurança jurídica no exercício desse elevado múnus[16-17].

No que concerne especificamente à temática central do presente trabalho, o PL 6.204/2019 prevê, em seus artigos 19 e 20, o que denominamos regime de impugnação escalonado. Isso porque qualquer ato praticado pelo agente de execução é passível de insurgência por qualquer das partes. No entanto, tal insurgência se desdobra em etapas ou escalas, tendo em vista que, primeiramente, será dirigida ao próprio agente de execução (delegatário do cartório extrajudicial), a fim de que ele possa, eventualmente, retratar-se. Mantendo-se a decisão impugnada e, de igual modo, a irresignação da parte, a impugnação será submetida ao "juízo competente"[18].

O Projeto de Lei não deixa claro se o "juízo competente" seria o da execução ou o dos registros públicos. A nosso ver, a primeira hipótese é a mais adequada, visto que os atos impugnados possuem pertinência direta com a execução em si.

Ademais a proposta legislativa estabelece instrumentos e procedimentos diversos conforme o ato impugnado. Com efeito, o artigo 19 dispõe que, caso a parte pretenda se insurgir especificamente contra os atos de *penhora ou avaliação* praticados pelo agente de execução, lhe caberá "impugnar por requerimento ao agente de execução", no prazo de 15 dias, a contar da ciência do ato.

Por outro lado, caso a parte almeje impugnar *qualquer outro ato* praticado pelo agente de execução, deverá fazê-lo através de "suscitação de dúvida perante o próprio agente", no prazo de cinco dias, conforme previsto no artigo 21. Neste caso, há previsão expressa da possibilidade de o agente de execução se retratar no prazo de cinco dias e, não o fazendo, remeter a dúvida ao "juízo competente", dando ciência à parte contrária para que possa respondê-la diretamente em juízo, no prazo de cinco dias.

Primeiramente, entendemos que seria mais adequado uniformizar o modo de impugnação, prevendo um único instrumento a ser manejado pelas partes sempre que pretendam se insurgir contra qualquer ato praticado pelo agente de execução,

---

15. CONSELHO NACIONAL DE JUSTIÇA. *Relatório de Serventias Extrajudiciais Cadastradas e Ativas*. Disponível em https://www.cnj.jus.br/corregedoria/justica_aberta/? Acesso em: 02 set. 2021.
16. HILL, Flávia Pereira. *Lições do Isolamento*: reflexões sobre Direito Processual em tempos de pandemia. Op. cit., p. 78-112.
17. FARIA, Marcio Carvalho. Primeiras impressões sobre o projeto de lei 6.204/2019: críticas e sugestões acerca da tentativa de se desjudicializar a execução civil brasileira (parte dois). *Revista de Processo*, v. 314, p. 371-391, abr. 2021.
18. Márcio Carvalho Faria entende que a parte poderia abrir mão do juízo de retratação a ser exercido pelo agente de execução e suscitar dúvida diretamente ao juízo competente, na forma do artigo 20, do PL 6.204/2019, não lhe sendo, portanto, imposto o regime de impugnação escalonado, *in verbis*: "Portanto, é possível afirmar que não há obrigação legal, por parte do executado, de formular prévio requerimento administrativo ou mesmo de esgotamento das instâncias extrajudiciais para ver controlada, em juízo, a pretensão do exequente." FARIA, Márcio Carvalho. Primeiras impressões sobre o Projeto de Lei 6.204/2019: críticas e sugestões acerca da tentativa de se desjudicializar a execução civil brasileira (parte quatro). *Revista de Processo*. v. 316. ano 46. p. 389-414. São Paulo: Ed. RT, jun. 2021.

aplicando-se um único procedimento. A bifurcação em instrumentos diversos, com procedimentos e prazos díspares, por si só, se mostra burocrática e um complicador desnecessário e injustificável para o procedimento desjudicializado.

De se acrescentar que a ausência de previsão expressa de contraditório pela parte contrária na impugnação contra penhora e avaliação, na forma do artigo 19, consiste em ponto sensível, que merece maior amadurecimento, sob pena de cerceamento do acesso à justiça.

Outro ponto a ser examinado consiste no inadequado emprego, no artigo 21 do Projeto, do tradicional instituto da "dúvida registral ou registrária". Segundo a melhor técnica, a dúvida consiste em requerimento de *natureza administrativa*[19] – conforme entendimento chancelado pelo E. Superior Tribunal de Justiça[20] – suscitado *pelo delegatário da serventia extrajudicial* e voltado a zelar pela correta prática do ato extrajudicial que lhe compete, considerando-se o compromisso do delegatário com o exercício do serviço público que lhe foi delegado em estrita consonância com o ordenamento jurídico[21-22]. A rigor, quando o Projeto de Lei em comento aventa a possibilidade de que o usuário suscite dúvida, estaria aludindo ao que coloquialmente se intitulou "dúvida inversa", que, a rigor, não condiz com a melhor técnica registral e não possui lastro na Lei de Registros Públicos[23].

De se acrescentar que a insurgência da parte contra ato executivo praticado pelo delegatário de serventia extrajudicial na qualidade de agente de execução não consiste em mecanismo meramente administrativo, mas propriamente em impugnação com natureza jurisdicional contenciosa, que, portanto, suplanta os lindes da dúvida registral.

---

19. SARMENTO FILHO, Eduardo Sócrates Castanheira. *Cadernos IRIB. Dúvida Registrária.* São Paulo: IRIB. 2012. v. 3, p. 7.
20. Processual civil. Agravo interno nos embargos de divergência em recurso especial. Recurso manejado sob a égide do NCPC. Procedimento de dúvida registral. Natureza administrativa. Impugnação por terceiro interessado. Irrelevância. Causa. Ausência. Não cabimento de recurso especial. Dissídio. Paradigmas da terceira e quarta turmas. Insurgência contra acórdão da própria segunda seção. Dissenso não demonstrado. Recurso manifestamente incabível. Incidência da súmula 168 deste STJ. Agravo interno não provido. (AgInt nos EREsp 1570655/GO, Rel. Ministro Moura Ribeiro, Segunda Seção, julgado em 13.06.2018, DJe 18.06.2018).
21. "A dúvida é pedido de natureza administrativa, formulado pelo oficial, a requerimento do apresentante de título imobiliário, para que o juiz competente decida sobre legitimidade de exigência feita, como condição de registro pretendido. (...) Dúvida é do oficial. A jurisprudência hesitou, no passado, ora admitindo, ora recusando, a chamada dúvida inversa, declarada pela parte ao juiz, com afirmativa de exigência descabida do serventuário. Não se viabiliza, porém, na Lei n. 6.015, a dúvida inversa". CENEVIVA, Walter. *Lei dos Registros Públicos Comentada.* 15. Ed. São Paulo: Saraiva. 2002. p. 400. A respeito de normas de tribunais locais que eventualmente prevejam a dúvida inversa, o autor assevera firmemente que se trata de "imposição sem nenhum apoio legal". Idem, p. 400.
22. No mesmo sentido, asseverando que cumpre ao delegatário suscitar a dúvida ao juízo competente, SARMENTO FILHO, Eduardo Sócrates Castanheira. Op. cit., p. 08-09.
23. "A legislação não prevê a figura criada na praxe forense denominada de dúvida inversa, que seria uma subversão do procedimento, na medida em que o interessado apresentaria sua irresignação diretamente ao juiz de registros públicos, ouvindo-se o oficial no curso do procedimento". SARMENTO FILHO, Eduardo Sócrates Castanheira. Op. cit., p. 09.

Tais considerações corroboram a noção de que mais adequado seria prever um único instrumento processual cabível para que a parte se insurja contra todo e qualquer ato praticado pelo agente de execução, com prazo e procedimento uniformes, deixando-se de lado a atécnica alusão à dúvida registral para o tema em comento.

O artigo 21 do Projeto de Lei 6.204/2019 prevê, em seu § 2º, que, caso o agente de execução não se retrate, remeterá a "dúvida" suscitada pela parte ao juízo competente, dando ciência à parte contrária para que possa se manifestar diretamente em juízo, no prazo de cinco dias. A seguir, competirá ao juiz decidir a questão, sem previsão de recurso cabível. Diante de experiências pregressas, é possível antever que a peremptória vedação à recorribilidade ensejará um volume expressivo de mandados de segurança impetrados contra essas decisões, o que resultará em medida mais drástica e contraproducente[24].

Não se pode deixar de aduzir que, em regra, as decisões judiciais que dirimem dúvidas registrais suscitadas pelos delegatários de serventias extrajudiciais, no caso do Estado do Rio de Janeiro, desafiam recurso administrativo da competência do Conselho da Magistratura, na forma do artigo 89, § 2º da Lei de Organização Judiciária do Estado do Rio de Janeiro. Tal norma, inclusive, prevê o cabimento de duplo grau obrigatório de jurisdição, o que é objeto de críticas[25].

De todo modo, ainda que, no nosso entender, pudesse ser objeto de aprimoramento, o PL 6.204/2019, ao adotar o regime de impugnação escalonado, admite expressamente a ampla insurgência, por qualquer interessado, contra todos os atos praticados pelo agente de execução, a ser primeiramente dirigida ao próprio agente de execução e, caso mantido o ato impugnado, desdobrando-se em juízo, com o devido contraditório.

Sendo assim, o PL 6.204/2019, no que tange ao regime de impugnação, tema objeto do presente estudo, delineia a desjudicialização da execução civil em consonância com o contraditório e a inafastabilidade do controle jurisdicional[26], razão pela qual não há que se questionar a sua constitucionalidade nessa perspectiva.

3. REGIME DE IMPUGNAÇÃO DIRETA PREVISTO NO PROJETO DE LEI SUBMETIDO AO CONSELHO NACIONAL DE JUSTIÇA

No intuito de contribuir com as reflexões a respeito da desjudicialização da execução civil em nosso país, um grupo de pesquisa formado por Professores de diferentes Universidades do país elaborou Projeto, que se encontra publicado na presente coletânea, tendo por escopo prever a desjudicialização da execução civil no

---

24. FARIA, Marcio Carvalho. Primeiras impressões sobre o projeto de lei 6.204/2019: críticas e sugestões acerca da tentativa de se desjudicializar a execução civil brasileira (parte cinco). *Revista de Processo*, v. 317, p. 437-471, jul. 2021.
25. SARMENTO FILHO, Eduardo Sócrates Castanheira. Op. cit., p. 14.
26. FARIA, Marcio Carvalho. "Primeiras impressões sobre o projeto de lei 6.204/2019: críticas e sugestões acerca da tentativa de se desjudicializar a execução civil brasileira (parte um)". Op. cit.

bojo do Código de Processo Civil de 2015, de modo a promover todas as mudanças e adaptações que se façam necessárias para que o novo modelo de execução se incorpore, de forma orgânica e sistemática, no diploma processual em vigor, evitando, assim, possíveis controvérsias e inseguranças em sua aplicação.

O aludido Projeto foi submetido à Comissão para o Aprimoramento da Execução Civil instituída pelo Conselho Nacional de Justiça, estando em análise entre seus membros.

Em linhas gerais, o Projeto traz duas importantes linhas mestras que se distanciam do PL 6.204/2019 e que repercutem diretamente no tema central do presente trabalho.

Primeiramente, a proposta agasalha a figura do agente de execução, mas admite o seu exercício por todos os delegatários de serventias extrajudiciais, independentemente de cumularem ou não atribuição específica de protesto de títulos, pelas razões expostas no item precedente do presente trabalho.

De se consignar, ainda, que a proposta ora em exame considera *facultativo* o prévio protesto do título executivo, cabendo ao exequente aquilatar, em cada caso concreto, a maior ou menor aptidão de esse mecanismo pressionar o devedor a efetuar o pagamento voluntário da dívida. O PL 6.204/2019, ao contrário, prevê, em seu artigo 6º, a obrigatoriedade do prévio protesto do título executivo como condição *sine qua non* para a deflagração da execução perante o agente de execução[27]-[28].

Em segundo lugar, a proposta apresentada à Comissão do CNJ delineia de forma clara a separação entre a atividade cognitiva a ser desempenhada pelo juízo da execução e a atividade estritamente executiva a ser desempenhada pelo agente de execução. Essa definição clara entre os papeis de cada qual dos terceiros imparciais que atuarão no novo modelo de execução facilita a "divisão de tarefas" e, consequentemente, a coordenação e a cooperação entre eles[29] e tem impacto direto no regime de impugnação, que é objeto do presente estudo.

Isso porque, de acordo com a proposta apresentada ao CNJ, a execução seria sempre deflagrada em juízo, quer se trate da instauração da fase de cumprimento de sentença, quer se trate do ajuizamento de ação autônoma de execução.

---

27. INSTITUTO DOS ADVOGADOS DO BRASIL. *Parecer sobre o PL 6204/2019*. Disponível em: https://iabnacional.org.br/pareceres/pareceres-para-votacao/parecer-na-indicacao-078-2019-execucao-civil-extrajudicial-e-judicial-desjudicializacao-tabelioes-de-protesto-descongestionamento-da-maquina-estatal. Acesso em: 06 set. 2021.
28. FARIA, Márcio Carvalho. Primeiras impressões sobre o Projeto de Lei 6.204/2019: críticas e sugestões acerca da tentativa de se desjudicializar a execução civil brasileira (parte três). *Revista de Processo*. v. 315. ano 46. p. 395-417. São Paulo: Ed. RT, maio 2021.
29. HILL, Flávia Pereira. "A desjudicialização e o necessário incremento da cooperação entre as esferas judicial e extrajudicial". ALVES, Lucelia de Sena. SOARES, Carlos Henrique. FARIA, Gustavo de Castro. BORGES, Fernanda Gomes e Souza (Coord.). *Coletânea 4 anos de vigência do Código de Processo Civil de 2015*. Belo Horizonte: D'Plácido. 2020. p. 173-204.

Com isso, o requerimento do exequente (ou a petição inicial, no caso de ação autônoma) seria recebida pelo órgão judicial, a quem incumbiria examinar o preenchimento dos requisitos legais autorizadores do prosseguimento da execução, dentre os quais a existência de título executivo que contemple obrigação de pagar quantia líquida, certa e exigível, legitimidade das partes e interesse processual. Nesse modelo, seria mantido, portanto, o "despacho liminar" a cargo do magistrado.

Somente após recebida a petição inicial, iniciar-se-ia a participação do agente de execução – mediante livre distribuição, caso haja mais de um naquela localidade –, a quem incumbiria praticar os atos de comunicação e atos materialmente executivos, tais como busca de bens, penhora e avaliação.

De se consignar que o PL 6.204/2019 chega a sinalizar com solução semelhante, mas acaba por adotar regime dual, em que apenas o requerimento de instauração da fase de cumprimento de sentença seria dirigido ao juízo da execução (artigo 14, do PL 6.204/2019), sendo, por outro lado, instaurada a execução fundada em título executivo extrajudicial diretamente perante o agente de execução (artigo 8º do PL 6.204/2019), a quem incumbiria, neste último caso, verificar se o requerimento preenche os requisitos legais ou apresenta defeitos (artigo 9º, do PL 6.204/2019).

No projeto apresentado ao CNJ, examinado no presente item do trabalho, todos os incidentes cognitivos, tais como arguição de fraude à execução, incidente de desconsideração da personalidade jurídica, impugnação ao cumprimento de sentença, bem como os embargos à execução, seriam diretamente submetidos ao juízo da execução para julgamento. Do mesmo modo, a extinção da execução seria decretada pelo magistrado. A atividade cognitiva seria, pois, mantida sob a competência do juiz de Direito.

Todos os atos materialmente executivos praticados pelo agente de seriam passíveis de impugnação diretamente ao juízo da execução no prazo de 15 dias úteis, garantindo-se à parte contrária igual prazo para manifestação, após o que seria julgada pelo magistrado.

Sendo assim, a proposta apresentada ao CNJ estabelece um instrumento único a ser manejado por qualquer das partes contra todo e qualquer ato praticado pelo agente de execução que, em tese, viole a sua esfera jurídica e lhe cause prejuízos, a ser encaminhado diretamente ao juízo da execução, estabelecendo, portanto, um regime direto de impugnação dos atos praticados pelo agente de execução, sem a dualidade de instrumentos nem o escalonamento na apreciação, previstos no PL 6.204/2015.

Dessa forma, a proposta procura, de um lado, simplificar o procedimento de impugnação e, ao menos neste momento histórico, manter sob a competência do juiz toda a atividade cognitiva.

De se salientar, ainda, que a iniciativa não reputa irrecorrível a decisão do magistrado que julga a impugnação. Ao revés, prevê expressamente o cabimento de agravo de instrumento para desafiar a decisão interlocutória proferida pelo juízo da execução que julga a impugnação contra ato praticado pelo agente de execução, inserindo-se, portanto, no espectro de incidência do parágrafo único do artigo 1015, do CPC/2015. Entendemos que, com tal medida, a execução extrajudicial se amoldará, com maior adequação e tecnicidade, ao regime recursal previsto na codificação em vigor.

4. UNIFICAÇÃO DE BANCO DE DADOS PARA BUSCA DE BENS E UNIFICAÇÃO DO SISTEMA ELETRÔNICO MANEJADO PELO JUIZ E PELO AGENTE DE EXECUÇÃO: PRESSUPOSTOS PARA GANHOS REAIS DE EFICIÊNCIA NO NOVO MODELO DE EXECUÇÃO

Para que a execução desjudicializada possa oferecer ganhos reais em termos de efetividade e redução do tempo de duração da execução afigura-se de todo relevante que sejam envidados esforços para que se promova a unificação do banco de dados contendo os bens no patrimônio do devedor, tanto imóveis quanto móveis, inclusive ações e debêntures.

A criação de um banco de dados único e eletrônico, a ser acessado pelo agente de execução mediante *login* e senha pessoais e com mecanismos seguros de rastreio e registro, com vistas à sua auditabilidade futura, é de capital importância para que a execução extrajudicial, em uma República Federativa com dimensões continentais, possa se desenvolver com maior dinamicidade, aumentando as chances reais de localização do patrimônio do devedor[30], que é o pressuposto inafastável para que a execução seja exitosa.

Cumpre acrescentar que o fenômeno da desjudicialização que se desenvolveu no Brasil, especialmente a partir da edição da Lei 11.441/2007, que previu inventário, partilha, separação e divórcio extrajudiciais, e que, a partir de então, ensejou a edição de inúmeros atos normativos no mesmo sentido, via de regra autorizando que os delegatários de serventias extrajudiciais passem a assumir funções até então da competência exclusiva do Poder Judiciário, fez surgir em nosso ordenamento jurídico um novo modelo de processo sincrético.

Se até então, falava-se em processo sincrético, em nosso ordenamento jurídico, para designar aqueles processos que se desdobram em fases com cargas de atuação diversas, podendo ser presididas por órgãos jurisdicionais diversos – como é o caso, *ad exemplum tantum*, da fase de conhecimento e da fase de cumprimento de sentença

---

30. A respeito da importância de serem disponibilizados mecanismos eficientes para localização de bens no patrimônio do devedor, dentre os quais, de lege lata, a produção antecipada da prova, vide, nesta coletânea, o seguinte artigo. Hill, Flávia Pereira. "A produção antecipada da prova para a busca de bens no patrimônio do devedor: rumo a uma execução mais efetiva e racional". E, ainda, a respeito da importância de se instituir, de lege ferenda, no Brasil, a possibilidade de busca de bens no patrimônio do devedor pelo agente de execução, à semelhança do modelo português. HILL, Flávia Pereira. "O procedimento extrajudicial pré-executivo (Pepex): reflexões sobre o modelo português, em busca da efetividade da execução no Brasil". In MEDEIROS NETO, Elias Marques de. RIBEIRO, Flávia Pereira. *Reflexões sobre a Desjudicialização da Execução Civil*. Curitiba: Juruá. 2020. p. 305-322.

(artigo 516, *caput* e parágrafo único, e artigo 781, CPC/2015) – a desjudicialização já trouxe para nós um processo sincrético com nova envergadura.

Com a desjudicialização, passamos a ter um processo que se desdobra em fases judiciais e extrajudiciais, ou seja, com a prática de atos ora a cargo do órgão jurisdicional, ora a cargo do delegatário de serventia extrajudicial. É o caso, por exemplo, do processo de habilitação de casamento, sempre deflagrado perante o delegatário de serventia extrajudicial e por ele conduzido, sendo remetido ao órgão judicial somente caso haja impugnação do Ministério Público ou de terceiros, na forma do artigo 1.526, parágrafo único, do CC/2002. Caso contrário, não havendo impugnação e estando preenchidos todos os requisitos legais, o delegatário extrairá o certificado de habilitação, autorizando os noivos a se casarem, sem que tenha havido intervenção judicial (artigo 1531, CC/02).

De igual sorte, o artigo 746 do Código de Normas – Parte Extrajudicial da Corregedoria-Geral de Justiça do Estado do Rio de Janeiro, em complementação à Lei Federal 8.560/1992, prevê o processo extrajudicial de investigação oficiosa de paternidade, a ser deflagrado quando o registro de nascimento for lavrado constando apenas o nome da mãe na filiação. Nesse caso, caberá ao delegatário da serventia extrajudicial redigir o Termo de Alegação de Paternidade, a partir das informações prestadas pela mãe a respeito do suposto pai e formar um processo extrajudicial, instruído com outros documentos previstos na norma, após o que deverá notificar o suposto pai para que compareça à serventia extrajudicial, no prazo de trinta dias a contar da data de recebimento da cientificação. Caso a notificação seja negativa, não chegando, pois, ao conhecimento do destinatário ou, sendo positiva, o suposto pai deixe escoar *in albis* o prazo ou compareça à serventia extrajudicial com vistas a negar a paternidade, os autos serão remetidos ao juízo competente para que sejam desenvolvidas as fases (judiciais) subsequentes.

Estes são apenas dois exemplos emblemáticos de processos sincréticos em pleno vigor, compostos por fases extrajudiciais e judiciais que se alternam e se complementam reciprocamente, sem solução de continuidade nem tampouco qualquer prejuízo ao jurisdicionado.

Muito ao contrário. Há o aproveitamento recíproco dos atos praticados em ambas as searas, em um ilustrativo sinal de que as esferas judicial e extrajudicial podem – e devem, cada vez mais – agir colaborativamente, cientes de que exercem papeis complementares, compondo, cada qual no seu âmbito de atuação, o sistema de justiça, e podendo, pois, cooperar para que ele seja a cada dia mais efetivo, em uma salutar e produtiva "divisão de tarefas"[31].

Para tanto, claro está que a criação de um sistema eletrônico dos tribunais que seja acessível aos delegatários de serventias extrajudiciais, especialmente ao exercerem

---

31. HILL, Flávia Pereira. "A desjudicialização e o necessário incremento da cooperação entre as esferas judicial e extrajudicial". Op. cit.

as funções de agentes de execução, será de fundamental importância para que esse processo sincrético se desenvolva de forma dinâmica, desburocratizada e orgânica, bastando ao advogado das partes acessar um único sistema para peticionar nos autos eletrônicos (unificados) e instar a autoridade competente, seja o juízo da execução, seja o agente de execução, a praticar o ato de sua competência.

Tudo isso no mesmo ambiente informatizado, de forma cada vez mais sinérgica e natural, propiciando que todos os atores desse processo sincrético tenham conhecimento de todos os atos praticados e possam, assim, cooperar eficazmente para que logremos alcançar resultados potencialmente mais exitosos na execução do que dispomos na atualidade[32].

Sendo assim, há exemplos concretos de que o compartilhamento e a coordenação de funções entre as esferas judicial e extrajudicial não é uma novidade em nosso ordenamento jurídico, que estaria sendo trazida com a proposta de desjudicialização da execução. Ao revés, trata-se de uma realidade atual, que a integração em um mesmo sistema eletrônico tornará ainda mais dinâmica e eficiente.

5. CONCLUSÃO

Os indicadores da execução civil em nosso país são desoladores; espelham o correlato descontentamento do jurisdicionado especialmente com essa faceta da prestação jurisdicional e clamam, portanto, por mudanças que nos propiciem brindar a sociedade com números mais promissores.

No entanto, os fins não justificam os meios. É preciso que estejamos atentos a *como* pretendemos reverter os indicadores negativos, pois esta não consiste em questão marginal.

Dessa feita, qualquer proposta de redução da taxa de congestionamento da execução deve ostentar, ao menos, duas potencialidades, para que seja digna de análise: (i) propor mecanismos que agasalhem as garantias fundamentais do processo, dentre as quais o contraditório; e (ii) oferecer indicativos de que possuem o potencial de concretamente incrementar a efetividade da execução, não cingindo a quimeras.

Entendemos que a desjudicialização da execução atende a esses dois requisitos.

Primeiramente, porque, conforme analisamos ao longo do presente trabalho, seja no regime de impugnação escalonado proposto pelo PL 6.204/2019, seja no regime de impugnação direta, incorporado ao CPC/2015, conforme proposto pelo Projeto de Lei apresentado ao CNJ, todos os interessados serão devidamente cientificados da instauração da execução, o agente de execução será um terceiro imparcial

---

32. Fredie Didier Junior destaca que o dever geral de cooperação "serve como fundamento normativo para a construção de técnicas adequadas à concretização de um processo efetivo, com duração razoável e que produza resultados justos. (...) É também, e sobretudo, concretização do princípio da eficiência (art. 8º, CPC)". DIDIER JUNIOR, Fredie. *Cooperação judiciária nacional*: esboço de uma teoria para o Direito brasileiro (arts. 67-69, CPC). Salvador: Jus Podivm. 2020. p. 62-63.

e independente, todos os atos por ele praticados serão passíveis de ser impugnados pelo interessado e serão, escalonada ou diretamente, remetidos ao órgão judicial para apreciação. Dessa feita, não há que se falar em vulneração do contraditório ou da inafastabilidade do controle jurisdicional.

Em segundo lugar, a experiência pregressa com outras dezenas de procedimentos desjudicializados para os delegatários de serventias extrajudiciais revela que o processo sincrético, no Brasil, já alcançou uma nova e relevante dimensão. Não se cinge a alternar fases presididas por órgãos judiciais diversos, como outrora, mas alterna fases nas esferas judicial e extrajudicial, de forma exitosa. Tanto assim que o movimento de desjudicialização tem se desenvolvido nos últimos quinze anos de forma gradual, porém consistente.

Se aliarmos a isso a unificação do banco de dados eletrônico para localização do patrimônio do devedor pelo agente de execução e o desenvolvimento do processo executivo sincrético através de um mesmo sistema eletrônico acessível a todos os atores – advogados, juiz e agente de execução – temos, sim, indicativos reais de que a divisão de tarefas será profícua e eficiente, cabendo a cada agente exercer, com empenho, o papel que lhe compete nesse novo modelo executivo.

Cooperação e informatização são, portanto, palavras de ordem para que a desjudicialização da execução civil, em nosso país, atenda aos nossos elevados ideais de eficiência e garantismo.

6. REFERÊNCIAS

CONSELHO NACIONAL DE JUSTIÇA. *Relatório Justiça em Números 2020*. Disponível em: https://www.cnj.jus.br/wp-content/uploads/2020/08/WEB-V3-Justi%C3%A7a-em-N%C3%BAmeros-2020-atualizado-em-25-08-2020.pdf. Acesso em: 21 jul. 2021.

CENEVIVA, Walter. *Lei dos Registros Públicos comentada*. 15. ed. São Paulo: Saraiva. 2002.

CONSELHO NACIONAL DE JUSTIÇA. *Relatório de Serventias Extrajudiciais Cadastradas e Ativas*. Disponível em: https://www.cnj.jus.br/corregedoria/justica_aberta/? Acesso em: 02 set. 2021.

DIDIER JUNIOR, Fredie. *Cooperação judiciária nacional*: esboço de uma teoria para o Direito brasileiro (arts. 67-69, CPC). Salvador: Jus Podivm. 2020.

FARIA, Marcio Carvalho. Primeiras impressões sobre o projeto de lei 6.204/2019: críticas e sugestões acerca da tentativa de se desjudicializar a execução civil brasileira (parte um). *Revista de Processo*. v. 313. p. 393-414. mar. 2021.

FARIA, Marcio Carvalho. Primeiras impressões sobre o projeto de lei 6.204/2019: críticas e sugestões acerca da tentativa de se desjudicializar a execução civil brasileira (parte dois). *Revista de Processo*. v. 314. p. 371-391. abr. 2021.

FARIA, Márcio Carvalho. Primeiras impressões sobre o Projeto de Lei 6.204/2019: críticas e sugestões acerca da tentativa de se desjudicializar a execução civil brasileira (parte três). *Revista de Processo*. v. 315. ano 46. p. 395-417. São Paulo: Ed. RT, maio 2021.

FARIA, Márcio Carvalho. Primeiras impressões sobre o Projeto de Lei 6.204/2019: críticas e sugestões acerca da tentativa de se desjudicializar a execução civil brasileira (parte quatro)". *Revista de Processo*. v. 316. ano 46. p. 389-414. São Paulo: Ed. RT, jun. 2021.

FARIA, Marcio Carvalho. Primeiras impressões sobre o projeto de lei 6.204/2019: críticas e sugestões acerca da tentativa de se desjudicializar a execução civil brasileira (parte cinco). *Revista de Processo.* v. 317. p. 437-471. jul. 2021.

GRECO, Leonardo. *Instituições de Processo Civil.* Rio de Janeiro: GEN Forense. 2015. v. 1.

GRECO, Leonardo. As garantias fundamentais do processo na execução fiscal. In: LOPES, João Batista. CUNHA, Leonardo José Carneiro da (Coord.). *Execução Civil (aspectos polêmicos).* São Paulo: Dialética. 2005.

HILL, Flávia Pereira. *Lições do Isolamento: reflexões sobre Direito Processual em tempos de pandemia.* Rio de Janeiro: Edição do autor. 2020. Disponível em: https://www.academia.edu/44334920/LIVRO_LI%-C3%87%C3%95ES_DO_ISOLAMENTO_FL%C3%81VIA_HILL.

HILL, Flávia Pereira. A desjudicialização e o necessário incremento da cooperação entre as esferas judicial e extrajudicial. In: ALVES, Lucelia de Sena. SOARES, Carlos Henrique. FARIA, Gustavo de Castro. BORGES, Fernanda Gomes e Souza (Coord.). *Coletânea 4 anos de vigência do Código de Processo Civil de 2015.* Belo Horizonte: D'Plácido. 2020.

HILL, Flávia Pereira. Desjudicialização e acesso à justiça além dos tribunais: pela concepção de um devido processo legal extrajudicial. *Revista Eletrônica de Direito Processual.* Rio de Janeiro. ano 15. v. 22. n. 1. p. 379-408. jan.-abr. 2021.

HILL, Flávia Pereira. O procedimento extrajudicial pré-executivo (Pepex): reflexões sobre o modelo português, em busca da efetividade da execução no Brasil. In: MEDEIROS NETO, Elias Marques de. RIBEIRO, Flávia Pereira. *Reflexões sobre a Desjudicialização da Execução Civil.* Curitiba: Juruá. 2020.

INSTITUTO DOS ADVOGADOS DO BRASIL. *Parecer sobre o PL 6204/2019.* Disponível em: https://iabnacional.org.br/pareceres/pareceres-para-votacao/parecer-na-indicacao-078-2019-execucao--civil-extrajudicial-e-judicial-desjudicializacao-tabelioes-de-protesto-descongestionamento-da--maquina-estatal.

LOUREIRO, Luiz Guilherme. *Registros Públicos:* teoria e prática. 11. ed. Salvador: Jus Podivm. 2021.

MANCUSO, Rodolfo de Camargo. *A resolução dos conflitos e a função judicial no contemporâneo Estado de Direito.* 2. ed. São Paulo: Ed. RT, 2014.

MEIRA LOURENÇO, Paula. Penhora e outros procedimentos de apreensão de valores mobiliários: implicações do novo regime da acção executiva. *Direito dos Valores Mobiliários* – Instituto dos Valores Mobiliários. Coimbra Editora. Coimbra, 2006. v. VI.

MENDES, Armindo Ribeiro. Forças e Fraquezas do Modelo Português de Acção Executiva no Limiar do Século XXI – Que Modelo Para o Futuro? p. 01-22. Disponível em: https://www.stj.pt/wp-content/uploads/2010/05/coloquiprocessocivil_ribeiromendes.pdf. Acesso em: 28 ago. 2020.

MONTEMOR, Luis Gustavo. A Usucapião Extrajudicial e o Provimento 65/2017 do Conselho Nacional de Justiça. *Revista de Direito Imobiliário.* v. 84. p. 201-240. jan.-jun. 2018.

PINHO, Humberto Dalla Bernardina de. A releitura do princípio do acesso à justiça e o necessário redimensionamento da intervenção judicial na resolução dos conflitos na contemporaneidade. *Revista Jurídica Luso-brasileira.* ano 5. n. 3. 209. p. 791-830.

PINHO, Humberto Dalla Bernardina de. PORTO, José Roberto Mello. A desjudicialização enquanto ferramenta de acesso à justiça no CPC/2015: a nova figura da usucapião por escritura pública. *Revista Eletrônica de Direito Processual.* v. 17, n. 2. p. 320-353. jul.-dez. 2016.

PINHO, Humberto Dalla Bernardina de. *Manual de Direito Processual Civil Contemporâneo.* 3. ed. São Paulo: Saraivajur, 2021.

SARMENTO FILHO, Eduardo Sócrates Castanheira. *Cadernos IRIB.* Dúvida Registrária. São Paulo: IRIB. 2012. v. 3.

SUPERIOR TRIBUNAL DE JUSTIÇA. AgInt nos EREsp 1570655/GO, Rel. Ministro MOURA RIBEIRO, SEGUNDA SEÇÃO, julgado em 13.06.2018, DJe 18.06.2018.

TEIXEIRA DE SOUSA, Miguel. *A Reforma da Acção Executiva*. Lisboa: Lex, 2004.

TRIBUNAL DE JUSTIÇA DO ESTADO DO RIO DE JANEIRO. *Código de Normas – Parte Extrajudicial*. Disponível em: http://cgj.tjrj.jus.br/documents/1017893/0/codigo-extrajudicial-atualizado--em-29-12-2020-003.pdf/471adae2-1b04-4906-15b2-5a554ad9a36c?t=1610041514124. Acesso em: 10 ago. 2021.

ESBOÇOS PARA UMA DESJUDICIALIZAÇÃO EXECUTIVA IMEDIATA NO BRASIL

Marcos Youji Minami

Pós-doutorando (USP). Doutor e Mestre em Direito Público (UFBA). Bacharel em Direito (UFC). Professor da Universidade Regional do Cariri (URCA). Email: marcos.minami@urca.br.

1. INTRODUÇÃO

A proposta mais difundida atualmente para a desjudicialização da execução parte da premissa de que todo o procedimento executivo deve ser operacionalizado fora do judiciário, seguindo exemplos de outros países. Este escrito pretende analisar uma alternativa a essa ideia apresentando uma forma de aplicá-la em curto espaço de tempo e sem a necessidade de alteração legislativa.

São duas as premissas básicas para as conclusões pretendidas.

A primeira foi lançada em encontros do grupo de pesquisa "Observatório da execução judicial e desjudicializada", vinculado ao Departamento de Direito Processual da Faculdade de Direito da Universidade de São Paulo. Em um desses encontros, o idealizador e coordenador do grupo, professor Heitor Sica, sugeriu uma alternativa à completa desjudicialização da execução: a desjudicialização de atos executivos. Dessa forma, o processo executivo manteria a litispendência como ocorre atualmente, mas um terceiro, não integrante da estrutura estatal jurisdicional, assumiria os atos executivos fazendo as vezes do oficial de justiça e, eventualmente, do magistrado. Trata-se do agente de execução.

A segunda premissa é o uso de atos de cooperação judiciária nacional, a partir do Código de Processo Civil e da Resolução 350/2020, do Conselho Nacional de Justiça (CNJ), para a implantação de experiências controladas de desjudicialização, nos moldes acima. Propõe-se, a partir dos trabalhos de Fredie Didier e Maria Gabriela Campos sobre o tema, repetir iniciativas do passado que se valeram de projeto piloto para melhoras no sistema de justiça, a partir de um repertório normativo atual, para realizar o que aqui se chamou de cooperação prognóstica.

Como metodologia, buscou-se fundamentar as conclusões em legislação vigente e doutrina com pesquisa responsável, não se desprezando a necessidade de respostas factíveis aos problemas elencados e a partir de experiências passadas em casos reais.

As ideias aqui apresentadas também foram discutidas entre algumas pessoas com atuação prática, dentre as quais destaca-se conversa com o professor Nilsiton Aragão, estudioso da execução e da cooperação judiciária. Ele indicou acontecimento que poderia corroborar com o que se queria propor: a experiência de um projeto piloto que mais tarde resultaria na Res. 125/2010, do CNJ, realizada nas comarcas de Patrocínio Paulista e Serra Negra, em São Paulo. A contribuição, por telefone, do professor Fernando Gajardoni, um dos realizadores desse projeto, na condição de magistrado em Patrocínio Paulista, também foi essencial.

Este artigo não irá analisar a constitucionalidade da execução realizada por agentes não pertencentes ao Judiciário ou outros aspectos polêmicos relacionados ao tema. O ponto de partida é o seguinte: caso se pretenda implantar a desjudicialização da execução no Brasil, qual caminho preliminar poderia ser adotado para que isso acontecesse a partir de experiências reais? O convite ao debate começa a seguir.

2. A DESJUDICIALIZAÇÃO E A REALIDADE BRASILEIRA

A desjudicialização[1], a execução extrajudicial[2] e mesmo a autotutela[3] não são fenômenos desconhecidos no Brasil. O que ganha relevo, atualmente, é o debate sobre uma implantação de um modelo de execução desjudicializada próximo àquele implantado em Portugal[4]. Em resumo, o que muitos pretendem é a realização do procedimento executivo, fundado em título executivo judicial ou extrajudicial, fora do judiciário, em maior ou menor medida.

O modelo mais famoso ora em discussão talvez seja aquele veiculado no Projeto de Lei 6.204/2019[5]. Por ele, pretende-se retirar toda a execução do judiciário para entregá-la às serventias extrajudiciais, notadamente aos tabelionatos de protesto. Outra possibilidade já ventilada é aquela consistente na manutenção da execução no judiciário com a entrega apenas dos atos executivos ao agente de execução.

O agente de execução é uma figura central no debate da desjudicialização. Trata-se de alguém não integrante dos quadros jurisdicionais estatais que assumiria a realização dos atos executivos. A depender do modelo que se defenda, esse agente poderia experimentar um protagonismo maior ou menor no procedimento executivo[6]. Eis um exemplo de maior protagonismo: responsabilidade pelo recebimento e análise inicial do título executivo e presidência, com alguma autonomia, de todo

---

1. Para o leitor que queira um bom panorama sobre o tema: CILURZO, Luiz Fernando. *A desjudicialização na execução por quantia*. Dissertação de Mestrado. Universidade de São Paulo: São Paulo, 2016; RIBEIRO, Flávia Pereira. *Desjudicialização da execução civil*. 2. ed. Curitiba, Juruá, 2019; a série de três artigos do professor Márcio Faria publicada sequencialmente na Revista de Processo a partir do número 313, de março de 2021; HILL, Flávia Pereira. Desjudicialização e acesso à justiça além dos tribunais: pela concepção de um devido processo legal extrajudicial. *Revista Eletrônica de Direito Processual*. v. 22. Rio de Janeiro, jan.-abr. 2021.
2. Com um contraponto do tema, concluindo pela inconstitucionalidade da execução extrajudicial no Brasil, ficou conhecida a monografia de Eduardo Yoshikawa: YOSHIKAWA, Eduardo Henrique de Oliveira. *Execução extrajudicial e devido processo legal*. São Paulo: Atlas, 2010.
3. Com vários exemplos de autotutela no Brasil e tratamento rigoroso sobre o tema: SALLES, Raquel Bellini de Oliveira. *Autotutela nas relações contratuais*. Rio de Janeiro: Processo, 2019.
4. Sobre o modelo português: FREITAS, José Lebre de. *A ação executiva depois da reforma da reforma*. Coimbra: Coimbra Editora, 2009.
5. BRASIL. Senado. Projeto de Lei 6.204/2019. Iniciativa: Senadora Soraya Thronicke (PSL/MS). Disponível em: https://www25.senado.leg.br/web/atividade/materias/-/materia/139971. Acesso em: 26 maio 2021.
6. Lebre de Freitas apresenta vários exemplos no Direito Comparado sobre o papel de maior ou menor protagonismo do agente de execução, mas sempre com possibilidade de controle de suas atividades. FREITAS, José Lebre de. *A ação executiva depois da reforma da reforma*. Coimbra: Coimbra Editora, 2009, p. 24.

o procedimento executivo. Em caso de impasses em situações que interferissem em direitos da personalidade dos envolvidos, um magistrado deveria ser consultado para dirimir essas dúvidas.

Um problema percebido em monografias específicas sobre o tema da desjudicialização no Brasil, é a ausência de propostas destinadas à realização de um diagnóstico sobre as estruturas físicas e de recursos humanos que assumiriam a execução extrajudicial. Há menções de ordem prática, inclusive com indicações de dados, mas sem considerar a dimensão continental do Brasil e suas diversas realidades.

Flávia Ribeiro, por exemplo, explicita estudo de campo que realizou para justificar a assunção da função de agente de execução pelos tabelionatos de protesto. A pesquisa foi realizada junto ao 1º Tabelionato de Protestos de São Paulo. Segundo a pesquisadora e a partir de informações fornecidas pelo Instituto de Estudos de Protestos de Títulos do Brasil, a média de efetividade dos 10 Tabelionatos de Protesto de São Paulo é de 66%. Além disso, a serventia visitada apresentava "modernos sistemas de informática" e uma equipe de atendimento das ordens judiciais de sustação de protesto, em um cartório com departamento de recursos humanos, faturamento, entre outros. Conclui Flávia Ribeiro que a "efetividade na recuperação de créditos dos Tabelionatos de Protesto em São Paulo parece estar relacionada a dois fatores: ampla informatização e rigor procedimental"[7]. Todos esses dados teriam dado mais certeza à Flávia Ribeiro pela adoção de um modelo no Brasil de execução realizada a partir da ampliação dos poderes dos tabelionatos de protesto[8].

Os Professores Arruda Alvim e Joel Dias também defenderam que os tabelionatos de protesto assumam a função de agente de execução, com bons argumentos se considerados em termos absolutos e para situações ideais. Dentre os vários fundamentos apresentados, apenas um será aqui destacado. Segundo eles, a partir de dados obtidos através da Associação dos Notários e Registradores do Brasil - ANOREG/BR, cada cartório é dotado, em média, "[...] de 5 funcionários, totalizando em 18.895 prepostos que, somados aos titulares e substitutos, representam um efetivo de nada mais nada menos do que aproximadamente 26.453 servidores aptos a colocar em prática o procedimento de execução extrajudicial de títulos executivos conforme definido no PL 6.204/19"[9].

Os dados acima são alvissareiros, mas precisam ser colocados à prova no contexto nacional[10]. Vários cartórios de cidades do interior pelo Brasil não possuem

---

7. RIBEIRO, Flávia Pereira. *Desjudicialização da execução civil*. 2. ed. Curitiba, Juruá, 2019, p. 174.
8. Assume a mesma opção, mas sem aprofundamento teórico neste ponto ou referências a levantamento de campo: PONTES, Jussara da Silva. *Desjudicialização da execução civil*: uma análise do direito processual comparado Brasil e Portugal. Belo Horizonte: Editora Dialética, 2021, p. 152.
9. ALVIM NETTO. José Manuel de; FIGUEIRA JÚNIOR, Joel Dias. Razões para atribuir as funções de agente de execução aos tabeliães de protesto. Migalhas. 1 fev. de 2021. Disponível em: https://www.migalhas.com.br/depeso/339710/as-funcoes-de-agente-de-execucao-aos-tabeliaes-de-protesto. Acesso em: 22 abr. 2021.
10. Alerta semelhante, justamente no contexto da desjudicialização no Brasil, foi feito por uma portuguesa, Inês Caeiros. CAEIROS, Inês. A quem atribuir a função de agente de execução - uma opinião portuguesa. Migalhas. 1 out. de 2020. Disponível em: https://www.migalhas.com.br/depeso/334211/a-quem-atribuir-

a estrutura tecnológica, estrutural e humana acima anunciada[11]. O Brasil possui uma desigualdade de arrecadação e de estrutura entre cartórios imensa. Basta consultar a plataforma oficial do CNJ com dados das serventias extrajudiciais[12]. Segundo notícia elaborada pela Associação dos Registradores de Pessoas Naturais do Estado de Pernambuco – ARPEN-PE – a partir de informações levantadas pelo próprio CNJ sobre os cartórios no Brasil, "[...] cerca da metade deles tem renda mensal até R$ 5 mil, enquanto outros 1.330 têm rendimentos acima de R$ 50 mil por mês. Os 100 maiores cartórios têm faturamento mensal entre R$ 500 mil e R$ 2 milhões"[13].

Esses números não são evidenciados para simplesmente colocar em xeque os estudos apontados, mas para situá-los em um contexto de necessidade de coleta ampla de dados, considerando as peculiaridades regionais do Brasil, antes de se implementar uma proposta definitiva sobre quem deva ou não assumir a função de agente de execução. A experiência portuguesa, normalmente referenciada para justificar a desjudicialização no Brasil[14], pode nos ajudar nesse aspecto do diagnóstico prévio às alterações legislativas.

Em Portugal, para realizar diagnósticos e auxiliar em políticas públicas, criou-se o Observatório Permanente da Justiça (OPJ) do Centro de Estudos Sociais da Universidade de Coimbra. Seus objetivos específicos são amplos e é possível citar alguns deles. A realização de investigações interdisciplinares sobre os diversos aspectos relacionados ao acesso e gestão da justiça, pensando em temas como a "administração e gestão da justiça, profissões jurídicas, recrutamento e formação dos atores judiciais, meios alternativos de resolução de litígios e cooperação judiciária"[15]. O Observatório também verifica o desempenho de tribunais e outras instituições ligadas à Justiça. O Ministério da Justiça português valeu-se de relatório encomendado ao OPJ para a elaboração de um anteprojeto que mais tarde significaria a desjudicialização do procedimento executivo português, realizado em duas etapas de reforma[16].

---

a-funcao-de-agente-de-execucao---uma-opiniao-portuguesa. Acesso em: 22 abr. 2021. Barbosa Moreira também alertava para o mito de se supervalorizar modelos estrangeiros e que para aplicá-los seria necessário um prévio estudo sério sobre a sua viabilidade no Brasil. MOREIRA, José Carlos Barbosa. O futuro da justiça: alguns mitos. *Temas de direito processual: oitava série*. São Paulo: Saraiva, 2004, p. 7-10.

11. O articulista já visitou alguns pelo interior do Ceará com uma estrutura bem distinta da que foi apresentada pelos trabalhos referidos.
12. BRASIL. CJN. Justiça Aberta. Disponível em: https://www.cnj.jus.br/corregedoria/justica_aberta/? Acesso em: 26 maio 2021.
13. ARPEN-PE. Site. Associação dos Registradores de Pessoas Naturais do Estado de Pernambuco. Disponível em: http://arpenpe.org/?tag=cartorios&paged=17. Acesso em: 26 maio 2021.
14. FARIAS, Rachel Nunes de Carvalho. *Desjudicialização do processo de execução*: o modelo português como uma alternativa estratégica para a execução civil brasileira. Curitiba: Juruá, 2015; RIBEIRO, Flávia Pereira. *Desjudicialização da execução civil*. 2. ed. Curitiba, Juruá, 2019; PONTES, Jussara da Silva. *Desjudicialização da execução civil*: uma análise do direito processual comparado Brasil e Portugal. Belo Horizonte: Editora Dialética, 2021.
15. PORTUGAL. Observatório da Justiça. Disponível em: https://opj.ces.uc.pt/sobre-o-opj/. Acesso em: 26 maio 2021.
16. RIBEIRO, Flávia Pereira. *Desjudicialização da execução civil*. 2. ed. Curitiba, Juruá, 2019, p. 116-117.

No Brasil, temos órgãos que realizam levantamentos de dados da Justiça, como os relatórios e estudos constantes realizados pelo Conselho Nacional de Justiça e seus diversos grupos de trabalho. O *Justiça em Números* é importante documento nesse sentido[17]. Mas não existe, até então, uma pesquisa de campo realizada (pelo menos que tenha alcançado relevante repercussão) com um levantamento sobre quais seriam os impactos de uma possível desjudicialização no Brasil para amenizar o congestionamento de processos de execução atualmente litispendentes. O relatório *Justiça em Números* do ano de 2020, por exemplo, possui tópico específico sobre os "gargalos da execução", mas não especifica, pela própria natureza desse documento, o que efetivamente impede o sucesso desse tipo de procedimento nem apresenta sugestões baseadas em estudos específicos para alterar esse panorama.

Ao apresentar os gargalos da execução, duas informações são relevantes nesse relatório: a quantidade de execuções fiscais, que representam 70% do acervo das execuções do Brasil, e a informação de que em muitos desses processos os meios executivos previstos em lei foram utilizados e, mesmo assim, não houve localização de patrimônio do devedor[18]. Nesse contexto, qualquer iniciativa de execução desjudicializada que pretenda auxiliar na resolução do problema de congestionamento dos processos no Brasil deve considerar essas duas questões.

Este escrito, porém, não irá se ater a esses problemas específicos. O objetivo aqui é outro. O que se pretende é apresentar uma possibilidade factível, em curto prazo, para o início de um levantamento de dados em situações reais pelo Brasil acerca do que ocorreria se a desjudicialização, ainda que parcial, fosse implementada. Esses dados seriam importantes para subsidiar a tomada de decisões no contexto executivo brasileiro para posteriormente se verificar em que medida problemas como os dois apontados no parágrafo anterior poderiam ser resolvidos pela desjudicialização.

Os dados colhidos poderiam ser de importante ajuda para a tomada de decisões do Conselho Nacional de Justiça, seus integrantes e grupos de trabalho. Além disso, poderiam subsidiar as iniciativas de Tribunais de Justiça pelo país no tratamento de congestionamento processual. Eventuais projetos de lei sobre o tema também poderiam se valer dessas informações.

Para apresentar uma proposta de aplicação futura, convém recuar um pouco no tempo e resgatar o início de formação dos Centros Judiciários de Solução de Conflitos e Cidadania (CEJUSCs), investigando experiências que resultaram na Resolução 125/2010 do CNJ.

3. A EXPERIÊNCIA QUE RESULTOU NA RESOLUÇÃO 125/2010 DO CNJ

A Resolução 125/2010, do Conselho Nacional de Justiça, que dispôs sobre a Política Judiciária Nacional de tratamento adequado dos conflitos de interesses no

---

17. BRASIL. CNJ. Justiça em Números. Disponível em: https://www.cnj.jus.br/pesquisas-judiciarias/justica-em-numeros/. Acesso em: 26 maio 2021.
18. CNJ. Justiça em números 2020: ano-base 2019/ Conselho Nacional de Justiça – Brasília: CNJ, 2020, p. 148.

âmbito do Poder Judiciário estabeleceu balizas para a instalação e funcionamento dos Centros Judiciários de Solução de Conflitos e Cidadania (CEJUSCs).

Essa resolução é resultado de experiências práticas realizadas em São Paulo, conforme lembrou o professor Kazuo Watanabe, em evento virtual veiculado no canal do Youtube da Associação Paulista de Magistrado, APAMAGIS[19].

Em 2003, após o retorno do professor Kazuo Watanabe dos Estados Unidos, em visita para observar como funcionava o sistema de mediação no Estado da Califórnia e a forma de gerenciamento de processos por lá adotada (*case management*), formou-se um grupo para tentar uma adaptação do método observado no exterior à realidade brasileira. De início, a tentativa de adaptação ocorreu em projetos pilotos em comarcas de pouco, médio e grande movimento. O Centro Brasileiro de Estudos e Pesquisas Judiciais (CEBEPEJ) elaborou um Projeto de Gerenciamento de Processos e o apresentou ao Tribunal de Justiça de São Paulo, que autorizou sua implementação nas comarcas de Serra Negra e Patrocínio Paulista[20], conduzidos, respectivamente, pela magistrada Valéria Lagrasta e pelo magistrado Fernando Gajardoni.

Pelo projeto, os juízes deveriam ter um papel mais ativo no gerenciamento do cartório e no andamento dos processos, incorporando os meios alternativos de solução de conflitos, desde uma etapa pré-processual, até a fase processual. As ideias implantadas em São Paulo serviriam de base para o que mais tarde se tornou a Res. 125/2010, do CNJ. Segundo Valéria Lagrasta, apesar das iniciativas de gerenciamento ali adotadas não terem se desenvolvido à época, o projeto permitiu trabalhar com a mediação, inclusive na fase pré-processual[21].

Em 2009, Maria Tereza Sadek e Kazuo Watanabe participavam do conselho consultivo do departamento de pesquisa do CNJ, na gestão do ministro Gilmar Mendes, e, na oportunidade, partindo da experiência mencionada, apresentaram ao colegiado do conselho um projeto de tratamento mais adequado de conflitos, estabelecendo linhas gerais de uma política pública para tratamento de conflitos. Essas ideias resultariam, mais tarde, na Res. 125/2010[22], do CNJ.

Não é objetivo deste trabalho analisar o conteúdo da experiência que resultou no atual formato dos CEJUSCs. O que se quer salientar é a forma como isso foi feito: partiu-se de experiências reais, em casos de controle, para depois pretender-se a

---

19. WATANABE, Kazuo; LAGRASTA, Valéria. Live 11/6/2020. Os 10 anos da Resolução 125 do CNJ com o prof. Kazuo Watanabe. Youtube, 11 jun. 2020. Disponível em: https://www.youtube.com/watch?v=dykkaomX2pk&t=1189s. Acesso em: 26 maio 2021.
20. O projeto está explicado com mais detalhes no tópico 3.3 do seguinte trabalho: DEMARCHI, Juliana. *Mediação* – proposta de implementação no processo civil brasileiro. Tese. Faculdade de Direito da USP: São Paulo, 2007.
21. WATANABE, Kazuo; LAGRASTA, Valéria. Live 11/6/2020. Os 10 anos da Resolução 125 do CNJ com o prof. Kazuo Watanabe. Youtube, 11 jun. 2020. Disponível em: https://www.youtube.com/watch?v=dykkaomX2pk&t=1189s. Acesso em: 26 maio 2021.
22. WATANABE, Kazuo; LAGRASTA, Valéria. Live 11/6/2020. Os 10 anos da Resolução 125 do CNJ com o prof. Kazuo Watanabe. Youtube, 11 jun. 2020. Disponível em: https://www.youtube.com/watch?v=dykkaomX2pk&t=1189s. Acesso em: 26 maio 2021.

extensão dos resultados alcançados a proporções maiores. Não é possível afirmar, sem um levantamento mais apurado, que experiências como a que ocorreu em São Paulo são raras pelo Brasil[23]. Mas, no contexto da desjudicialização executiva, ainda não se sabe de iniciativa semelhante.

A partir do ordenamento processual atual, propõe-se realizar, em algumas comarcas, iniciativa semelhante à relatada acima, mas destinada à desjudicialização de atos executivos, mediante fiscalização do tribunal de justiça que aderir à ideia a seguir proposta, com uma possível participação do Conselho Nacional de Justiça, talvez até coordenando o projeto.

O objetivo é a realização de experiências piloto de desjudicialização de atos executivos para o levantamento de dados sobre a efetividade desse formato executivo no Brasil a partir de várias realidades. Esses dados seriam relevantes para direcionar ações destinadas ao aprimoramento do processamento das execuções no Brasil, inclusive com possíveis alterações legislativas que se mostrem necessárias, mas que somente ocorreriam com uma constatação prévia de sua eficácia[24].

Evidentemente o leitor deve estar se perguntando como experiências de desjudicialização podem ser feitas sem alteração legislativa: ou pela aprovação de uma lei que trate do tema, como o PL 6.204/2019; ou por alteração no próprio Código de Processo Civil. É o que se apresentará a seguir.

4. AÇÕES PILOTO PARA O LEVANTAMENTO DE DADOS: A COOPERAÇÃO PROGNÓSTICA

A cooperação judiciária nacional:

> [...] é o complexo de instrumentos e atos jurídicos pelos quais os órgãos judiciários brasileiros podem interagir entre si, com tribunais arbitrais ou órgãos administrativos, com o propósito de colaboração para o processamento e/ou julgamento de casos e, de modo mais genérico, para a própria administração da Justiça, por meio de compartilhamento ou delegação de competências, prática de atos processuais, centralização de processos, produção de prova comum, gestão de processos e de outras técnicas destinadas ao aprimoramento da prestação jurisdicional no Brasil[25].

O tema foi consagrado no atual Código de Processo Civil, nos artigos 67 a 69, reproduzindo parcialmente a Recomendação 38/2011 do CNJ (vigente à época de lan-

---

23. Já em 2009, algumas experiências de consultorias especializadas a tribunais eram relatadas nesse artigo do Conjur: CONJUR. Projetos de gestão mudam funcionamento da Justiça. Notícia de 11 jul. 2009. Disponível em: https://www.conjur.com.br/2009-jul-11/projetos-gestao-seduzem-tribunais-mudam-funcionamento-justica. Acesso em: 26 maio 2021.
24. Ainda nas palavras de Barbosa Moreira, sobre questões que parecem óbvias, mas não observadas no Brasil a contento: "antes de reformar a lei processual (*rectius*: qualquer lei), mandam a lógica e o bom senso que se proceda ao diagnóstico, tão exato quanto possível, dos males que se quer combater e das causas que os gera, ou alimentam" (MOREIRA, José Carlos Barbosa. O futuro da justiça: alguns mitos. Temas de direito processual: oitava série. São Paulo: Saraiva, 2004, p. 10).
25. DIDIER JR., Fredie. *Cooperação judiciária nacional* – esboço de uma teoria para o direito brasileiro. Salvador: Juspodivm, 2020, p. 61-62.

çamento do CPC). Atualmente, o assunto também é disciplinado pela Res. 350/2020, do CNJ, que revogou a Recomendação 38 mencionada e detalhou a cooperação judiciária no Brasil. Em resumo, é possível que órgãos da estrutura da Justiça (ou outros que possam contribuir com seus objetivos) cooperem para uma série de objetivos, ligados à entrega de uma prestação jurisdicional mais assente, principalmente, aos princípios da eficiência, duração razoável e efetividade[26].

Um dos objetivos possíveis da cooperação judiciária nacional não delimitado diretamente por quem escreveu sobre o tema, e que se pretende aqui demonstrar como viável, é o de se realizar ações piloto em comarcas previamente escolhidas para o levantamento de informações, a partir de situações e problemas reais. As informações catalogadas podem ser relevantes para subsidiar tomadas de decisão acerca da necessidade ou não de futuras alterações legislativas ou adaptações de condutas a partir da legislação vigente[27].

Trata-se da cooperação prognóstica[28].

Antes de se executar, de forma definitiva, uma determina política pública ou alteração legislativa, antecipa-se a realidade pretendida em ambientes controlados e em espaço de tempo determinado previamente. Apenas se o resultado no ambiente prévio de controle for satisfatório, as ações definitivas devem ser executadas.

É importante salientar que o modelo brasileiro de cooperação é regido pela atipicidade[29], não há uma prévia delimitação de quais órgãos podem cooperar entre si, nem quais seriam os instrumentos de cooperação possíveis ou a sua específica finalidade. A seguir, serão esboçados a forma e o conteúdo para uma cooperação judiciária com a finalidade de se realizar atos executivos desjudicializados.

5. CUIDADOS DA FORMA DO ATO DE COOPERAÇÃO ENTRE TRIBUNAIS E AGENTES DE EXECUÇÃO

Segundo o professor Fredie Didier Jr., a cooperação judiciária possui como elementos: o *tipo*, os *instrumentos* e os *atos* de cooperação.

O tipo de cooperação está relacionado à forma como os órgãos cooperantes interagem entre si. Didier Jr. apresenta três: por *solicitação*, *delegação* e por *atos concertados*[30].

---

26. Conforme os "considerandos" da Res. 350/2020 do CNJ e conforme as normas fundamentais do atual CPC.
27. É um alargamento ou, pelo menos, uma consequência dos objetivos da cooperação apresentados por autores como Fredie Didier Jr. (DIDIER JR., Fredie. *Cooperação judiciária nacional* – esboço de uma teoria para o direito brasileiro. Salvador: Editora Juspodivm, 2020) e Maria Gabriela Campos (CAMPOS, Maria Gabriela. *O compartilhamento de competências no processo civil*: um estudo do sistema de competências sob o paradigma da cooperação nacional. Salvador: Editora JusPodivm, 2020).
28. A partir de um dos significados do verbete *prognóstico*: "previsão de fatos, baseada em dados reais". MICHAELIS. Dicionário da Língua Portuguesa, aplicativo, 2019.
29. DIDIER JR., Fredie. *Cooperação judiciária nacional* – esboço de uma teoria para o direito brasileiro. Salvador: Editora Juspodivm, 2020, p. 73; CAMPOS, Maria Gabriela. *O compartilhamento de competências no processo civil*: um estudo do sistema de competências sob o paradigma da cooperação nacional. Salvador: Editora JusPodivm, 2020, p. 128.
30. DIDIER JR., Fredie. *Cooperação judiciária nacional* – esboço de uma teoria para o direito brasileiro. Salvador: Editora Juspodivm, 2020, p. 72.

Na cooperação por *solicitação*, um órgão objetiva a realização de determinado ato por outro, como ocorre com as cartas precatórias. Se há uma vinculação hierárquica entre os cooperantes, há uma cooperação do tipo *delegação*, como no caso das cartas de ordem. Por fim, na cooperação por *ato de concertação,* objetiva-se "a disciplina de uma série de atos indeterminados, regulando uma relação permanente entre os juízos cooperantes; nesse sentido, funciona como um regramento geral, consensual e anterior à prática dos atos de cooperação"[31].

Para a proposta a ser apresentada aqui, é importante ressaltar que a Res. 350/2020, do CNJ, estabelece que os atos de cooperação podem ocorrer de forma interinstitucional, ou seja, "entre os órgãos do Poder Judiciário e outras instituições e entidades, integrantes ou não do sistema de justiça, que possam, direta ou indiretamente, contribuir para a administração da justiça" (art. 1º, II). Há, inclusive, capítulo próprio na citada resolução (capítulo IV) para tratar desse tipo de cooperação.

O instrumento é a forma de concretização do objetivo da cooperação (documento tipo carta, para o caso de uma cooperação por solicitação, por exemplo) e o ato de cooperação é o objetivo a ser alcançado (a produção de uma prova ou a comunicação de ato processual, por exemplo). Como já salientado, não há uma prévia delimitação legal acerca dos objetivos ou instrumentos de cooperação.

No contexto da desjudicialização da execução, propõe-se a elaboração de instrumentos de cooperação entre Tribunais de Justiça e entes cujos membros possam desempenhar o papel de agente de execução, como, por exemplo, as serventias extrajudiciais. A escolha do ente cooperante com o judiciário irá depender da opção pretendida pelos órgãos de Justiça sobre quem pode ocupar a função de agente de execução. Caso se entenda, por exemplo, que advogados podem desempenhar a atividade mencionada[32], a Ordem dos Advogados do Brasil poderá ser um signatário da cooperação.

Eis, portanto, o primeiro objetivo da cooperação: a realização de atos por agentes de execução não integrantes dos quadros do judiciário. Os referidos agentes não devem presidir a execução, sendo responsáveis apenas pela realização de atos executivos em limites estabelecidos previamente.

Há um ponto fundamental a ressaltar.

A cooperação pretendida aqui é prognóstica, para uma análise prévia do que se pretenda implantar definitivamente. Ela não deve ser, portanto, de longa duração. O objetivo é aplicar a desjudicialização de atos executivos em ambientes controlados e em comarcas de diversos tamanhos e com acervos distintos, com o acompanhamen-

---

31. DIDIER JR., Fredie. *Cooperação judiciária nacional* – esboço de uma teoria para o direito brasileiro. Salvador: Juspodivm, 2020, p. 77.
32. Márcio Faria defende, entre outras possibilidades, o advogado como uma opção para desempenhar o papel de agente de execução. FARIA. Márcio Carvalho. "Primeiras impressões sobre o projeto de lei 6.204/2019: críticas e sugestões acerca da tentativa de se desjudicializar a execução civil brasileira (parte dois)". *Revista de Processo*. v. 314. abr. 2021. São Paulo: Ed. RT, 2021. Versão eletrônica.

to da evolução dos processos atingidos. As informações colhidas demonstrarão, na prática, se as novidades implantadas auxiliam ou não na redução do acervo e o que eventualmente precisa de ajuste. A cooperação pode servir, inclusive, para fornecer dados sobre quais sujeitos devem ou não atuar como agentes de execução e quais devem ser seus limites de atuação.

A desjudicializaão de atos executivos proposta deve ocorrer pela *concertação de atos* entre os signatários da cooperação. O Judiciário permaneceria com total controle dos processos, que tramitariam em seus sistemas eletrônicos processuais, como o Processo Judicial Eletrônico (PJe). O agente de execução receberia autorização para acessar o processo e nele realizar atos executivos em substituição ao magistrado, oficial de justiça ou servidor, a depender da prévia opção adotada pelos órgãos jurisdicionais, de maior ou menor liberdade de atuação do agente de execução.

O tipo de cooperação apresentado acima otimizaria os recursos dos sujeitos envolvidos. O agente de execução não precisaria de uma estrutura específica, física e de informática, para lidar com o acervo dos processos executivos. O judiciário permaneceria com o controle do processo (inclusive para fins estatísticos) e eventuais incidentes processuais que necessitassem de soluções pelos magistrados seriam facilmente tratados. Bataria ao agente de execução a remessa do processo para conclusão, mediante comando no sistema processual. Pela maior praticidade na atuação em processos virtuais, talvez ainda não fosse interessante a inclusão de comarcas com acervo físico como partícipes nesse projeto piloto.

Em relação aos atos executivos propriamente ditos, a princípio, não se vislumbram óbices na criação de agentes de execução por atos de cooperação, desde que fique claro, para todos os envolvidos, que é uma experiência controlada e autorizada pelos órgãos competentes. Não haverá, por exemplo, delegação de atos decisórios e talvez não seja o caso de obrigar a adesão ao projeto pelas partes.

Nesse momento é importante lembrar a experiência do projeto piloto desenvolvido pelo CEBEPEJ e que resultou, mais tarde, na Res. 125/2010, do CNJ e na criação dos CEJUSCs pelo Brasil no atual formato. Naquela oportunidade, tendo como um dos seus objetivos o desenvolvimento e implantação de uma cultura de soluções adequadas de conflitos, pessoas não integrantes dos quadros do judiciário foram capacitadas e atuaram como mediadores em situações controladas[33]. Eram, portanto, particulares atuando na fase de certificação do direito e isso não comprometeu o sucesso do projeto.

Na proposta de cooperação apresentada, as condições são bem mais favoráveis. Ela deve indicar para atuar como agentes de execução pessoas que já possuem uma

---

33. DEMARCHI, Juliana. *Mediação* – proposta de implementação no processo civil brasileiro. Tese. Faculdade de Direito da USP: São Paulo, 2007, p. 93. A experiência também foi relatada ao articulista por telefone pelo prof. Fernando Gajardoni. Na oportunidade, ele ressaltou que não houve animosidade em relação à seleção e treinamento de pessoas alheias à estrutura do Poder do Judiciário para atuarem como mediadores e conciliadores.

reconhecida qualificação (tabeliães, por exemplo) que, mediante negócio processual formalizado, irão agir, após devida qualificação técnica específica, para efetivar um direito que já está certificado. Não se compromete direitos dar partes.

A Res. 350/2020, do CNJ, ao exemplificar, no art. 6º, quais atos podem ser objeto de cooperação, aponta vários de teor executivo: efetivação de tutela provisória ou execução de decisão jurisdicional; investigação patrimonial, busca por bens e realização prática de penhora, arrecadação, indisponibilidade ou qualquer outro tipo de constrição judicial; regulação de procedimento expropriatório de bem penhorado ou dado em garantia em diversos processos; transferência de bens e de valores.

As comarcas que atuarão de forma pioneira com execuções regidas pela desjudicialização de atos executivos devem dar ampla publicidade ao seu jurisdicionado e advogados respectivos que aquela determinada vara está passando por uma experiência temporária com o objetivo de levantar dados para "contribuir para a execução da estratégia nacional do Poder Judiciário, promover o aprimoramento da administração da justiça, a celeridade e a efetividade da prestação jurisdicional" (art. 16, Res. CNJ 350/2010). Como já salientado, é possível até que se coloque como facultativa, em cada processo, a participação do jurisdicionado no projeto.

6. CUIDADOS NO CONTEÚDO DO ATO DE COOPERAÇÃO ENTRE TRIBUNAIS E AGENTES DE EXECUÇÃO

Caso se adote a cooperação proposta aqui, além dos aspectos formais apontados e relacionados à cooperação em si, alguns outros pontos vinculados ao conteúdo da desjudicialização devem ficar bem ajustados. Alguns deles, talvez os mais relevantes, serão mencionados aqui.

O primeiro detalhe já foi exposto acima. Não se propõe a desjudicialização completa, até porque ela seria de controle mais dificultoso pelo tribunal respectivo. Pela desjudicialização apenas dos atos executivos, pelo menos em um primeiro momento, o judiciário ainda teria um certo controle dos processos porque eles estariam hospedados nos repositórios eletrônicos processuais oficiais. A experiência colhida na desjudicialização parcial auxiliaria na tomada de decisões sobre a viabilidade ou necessidade de uma desjudicialização total do processo executivo.

Outro ponto crucial é a definição sobre quem pode desempenhar o papel de agente de execução. Essa definição deverá, inclusive, determinar os entes que deverão participar da concertação de atos cooperados. Se, por exemplo, entende-se que apenas as serventias extrajudiciais podem atuar nessa atividade, o respectivo tribunal pode, mediante reuniões de planejamento com os futuros possíveis envolvidos, discutir quais comarcas e serventias devem tentar a nova modalidade procedimental executiva. A princípio, o convite ao projeto poderia ocorrer por adesão, explicitando-se a sua abrangência e a sua importância aos interessados. É muito difícil imaginar um estado no Brasil sem juízes e candidatos a agentes de execução (que serão remunerados, evidentemente) dispostos a participar de projeto piloto dessa natureza. A depender dos resultados obtidos, a iniciativa poderia ser, inclusive, inscrita em algum concurso de boas práticas.

Decidido quem pode ser o agente de execução e quais comarcas realizariam a iniciativa, é preciso elaborar um documento normativo, com os deveres dos agentes de execução e os limites da atividade desjudicializada. Esse documento pode tomar como base os artigos do próprio Código de Processo Civil que tratam dos auxiliares de justiça. O agente de execução nada mais é do que um auxiliar da justiça com atuação maior ou menor a depender da opção escolhida. Não é demais lembrar que o sucesso do projeto pode significar que esse documento normativo servirá de norte para propostas de alterações legislativas perenes sobre o tema.

O documento de cooperação deve focar, principalmente, nos seguintes pontos: definição de quem pode ser agente de execução; como será o controle de seus atos e sua responsabilização; como ocorrerá a remuneração desse profissional, inclusive no caso de execuções injustas e regidas pela gratuidade da justiça; quais os limites de atuação do agente, com destaque em três pontos que precisam ficar bem elucidados: a) qual a sua atuação na penhora de dinheiro por sistema eletrônico, b) como será o seu acesso a banco de dados com informações sensíveis e c) quais o limites dos atos executivos possíveis (é preciso delimitar, por exemplo, se atos executivos atípicos serão possíveis nessa modalidade); treinamento do agente de execução e disciplinamento sobre seu impedimento ou suspeição.

O tema da possibilidade de medidas atípicas pelo agente de execução merece debate e, talvez, artigo próprio. O relatório Justiça em Números apontado acima demonstrou que um dos pontos que mais atrasa a execução por quantia é a não localização de bens de devedores. Muitos desses casos são de devedores que possuem patrimônio, mas conseguem escondê-lo[34]. É preciso debater como o agente de execução irá lidar com isso.

Flávia Hill aponta os seguintes aspectos norteadores da execução extrajudicial[35]: (a) imparcialidade e independência dos agentes competentes; (b) controle externo; (c) publicidade; (d) previsibilidade do procedimento e (e) contraditório. Essas balizas (ou outras que se considerem pertinentes) talvez devessem constar nos primeiros artigos que disciplinassem a execução desjudicializada, como acontece na parte do CPC que trata da mediação e da conciliação. O único ajuste proposto é deixar consignado, ao invés da expressão "previsibilidade do procedimento", o excerto "respeito

---

34. Isso foi constatado em vários trabalhos: BORGES, Marcus Vinícius Motter. *Medidas coercitivas atípicas nas execuções pecuniárias*: parâmetros para a aplicação do art. 139, IV, do CPC/2015. São Paulo: Thomson Reuters Brasil, 2019; MINAMI, Marcos. *Da vedação ao non factibile, uma introdução às medidas executivas atípicas*. 2 ed. Salvador: JusPodivm, 2020 e em vários textos da coletânea: TALAMINI, Eduardo; MINAMI, Marcos Youji (Org.). *Coleção Grandes Temas do Novo CPC 11*: Medidas Executivas Atípicas. Salvador: Juspodivm, 2018.

35. HILL, Flávia Pereira. Desjudicialização e acesso à justiça além dos tribunais: pela concepção de um devido processo legal extrajudicial. *Revista eletrônica de direito processual*. ano 15. v. 22. n. 1. Disponível em: https://www.e-publicacoes.uerj.br/index.php/redp/article/view/56701. Acesso em 23 abr. 2021.

ao procedimento do Código de Processo Civil", para deixar claro a possibilidade de utilização de todo o arsenal normativo do CPC, incluindo-se as medidas executivas atípicas, para aqueles juízes que as adotem, medidas essas que sempre devem ser determinadas pelo judiciário, para que não se levantem questionamentos.

Eis um esboço de minuta do regramento, feito a partir do capítulo do CPC relacionado aos auxiliares da justiça e de algumas observações elencadas acima. Em itálico estão evidenciados os temas que requerem um debate mais rigoroso.

> Art. A execução extrajudicial é regida pela imparcialidade e independência dos agentes competentes; controle das atividades executivas; publicidade; respeito ao procedimento do Código de Processo Civil e contraditório[36].
>
> Art. Nas execuções por quantia certa fundadas em título executivo judicial e extrajudicial o exequente poderá optar pela realização dos atos executivos pela via extrajudicial, por agente de execução (*a partir das propostas atuais mais difundidas de desjudicialização, ela somente deve ocorrer nas execuções por quantia*).
>
> §. *Aqui, é preciso disciplinar aspectos sobre o agente de execução como, por exemplo, quem ocupará essa função e, caso exista mais de um agente possível para o mesmo processo, como deve ser a distribuição entre eles. Além disso, é preciso delimitar o regramento disciplinar desse agente.*
>
> §. Os atos de expropriação por iniciativa particular são admitidos na execução extrajudicial.
>
> Art. Incumbe ao agente de execução:
>
> I – realizar todos os atos de comunicação e executivos a cargo do oficial ou serventuário da justiça;
>
> Ou
>
> I – realizar todos os atos que o oficial ou serventuário de justiça realizam nas execuções;
>
> II – realizar todos os atos executivos não decisórios a cargo do juiz, inclusive aqueles mediante a utilização de sistema eletrônico gerido pela autoridade supervisora do sistema financeiro nacional (*como salientado, é importante deixar claro se o agente de execução realizará ou não penhora pela modalidade eletrônica*);
>
> III – consultar todos os sistemas e base de dados à disposição do Poder Judiciário para a localização do executado, do responsável secundário e de seus respectivos bens (*esse acesso também deve ser objeto de prévia deliberação e delimitação*);
>
> IV – submeter ao juiz, para decisão, os incidentes que surgirem durante a execução;
>
> V – informar ao juiz as hipóteses de suspensão e extinção da execução;
>
> §. O agente de execução poderá substabelecer a prática de atos executivos a substitutos e escreventes devidamente credenciados e treinados, que somente poderão atuar se estiverem munidos de documentos que comprovem a sua condição de agentes de execução.
>
> §. Caberá ao tribunal ao qual o juiz está vinculado dispor sobre a fiscalização e responsabilização das atividades do agente de execução e seus prepostos, sem prejuízo da apuração e punição de ilícitos previstos em legislação especial.
>
> §. O agente de execução terá a sua disposição todos os meios assegurados ao oficial de justiça para o cumprimento de suas atividades.

---

36. Com adaptações, a partir dos escritos de: HILL, Flávia Pereira. Desjudicialização e acesso à justiça além dos tribunais: pela concepção de um devido processo legal extrajudicial. *Revista eletrônica de direito processual*. ano 15. v. 22. n. 1. Disponível em: https://www.e-publicacoes.uerj.br/index.php/redp/article/view/56701. Acesso em: 23 abr. 2021.

Art. A realização de atos executivos não previstos em lei depende de prévia autorização pelo juiz.

Art. *Aqui, propõe-se a elaboração de um rigoroso regramento sobre remuneração e gratuidade.*

Art. *Aqui, propõe-se a elaboração de um regramento sobre a capacitação dos agentes de execução.*

Art. O agente de execução indicado pelo juiz é obrigado a desempenhar seu ofício.

7. CONCLUSÕES

Este escrito não é para defender a execução realizada fora do judiciário como o caminho apto a resolver os atrasos na execução no Brasil.

Ocorre que o tema está sendo frequentemente debatido em congressos[37], livros[38], trabalhos acadêmicos[39], grupos de pesquisa[40], grupos de trabalho[41] e até mesmo em projeto de lei (PL 6.204/2019). Todos esses acontecimentos, somados à recente experiência portuguesa da desjudicialização, deixam evidente a intenção de muitos em aplicar o sistema no Brasil, em maior ou menor medida.

Caso se opte por desjudicializar a execução no Brasil, talvez a melhor maneira de se realizar isso é aos poucos e a partir de experiências controladas. Apresentou-se uma proposta para que isso seja possível, a partir de uma cooperação judiciária diagnóstica. O levantamento de dados a partir de situações reais já ocorreu de forma exitosa, conforme visto, contribuindo para a elaboração da Res. 125/2010, do CNJ, e com o atual formato dos CEJUSCs pelo Brasil.

Alguns podem dizer que atividades executivas estatais não podem ser delegadas por cooperação judiciária e que seria necessária uma mudança do CPC ou a criação de lei específica para isso. Com grande divulgação, ciência de todos os envolvidos, manutenção de garantias para o credor e devedor, a experiência controlada prévia parece ser muito mais coerente do que propor uma alteração legislativa sem informações anteriores que permitam concluir sobre a sua real necessidade. Se a experiência piloto não der certo, outras podem ser tentadas. Essa versatilidade não é observada caso de adote a opção direta da desjudicialização por alteração legislativa.

E não se pode dizer que a cooperação ocorre sem balizas jurídicas. O Código de Processo Civil a prevê e seus limites e potencialidades foram delimitados pelo

---

37. Apenas para dar um exemplo, recentemente o Instituto Brasileiro de Direito Processual (IBDP) realizou congresso intitulado: Desjudicialização da Execução, contando até com palestrantes estrangeiros.
38. Este artigo cita vários deles.
39. Para citar apenas um, e escrito mesmo antes do atual momento de debate mais intenso sobre o tema: CILURZO, Luiz Fernando. *A desjudicialização na execução por quantia*. Dissertação de Mestrado. Universidade de São Paulo: São Paulo, 2016.
40. Como exemplo, é possível citar os grupos "Observatório da execução judicial e desjudicializada", do Departamento de Processo da Universidade de São Paulo (USP) e o grupo "Processo Efetividade, Extrajudicialização e Efetividade", da Universidade Regional do Cariri (URCA-CE).
41. O assunto é debatido, por exemplo, em grupo de trabalho criado pelo CNJ para "contribuir com a modernização e efetividade da atuação do Poder Judiciário nos processos de execução e cumprimento de sentença, excluídas as execuções fiscais". Portaria 272 de 04/12/2020, do CNJ.

Conselho Nacional de Justiça, mediante a Res. 350/2020, e essa mesma resolução explicita a possibilidade de atos executivos como objeto de cooperação.

Implantar uma mudança tão grande nas execuções brasileiras, de forma definitiva e sem uma prévia avaliação de sua eficácia não é o melhor caminho. O Brasil possui uma série de mecanismos processuais de grande utilidade e pouca utilização. A cooperação judiciária prognóstica é uma delas. Bem pensadas as coisas, ela já é utilizada por aqui há algum tempo em situações pontuais. Apenas o fenômeno não era batizado como tal. Para além do caso de São Paulo, é possível citar a Justiça Eleitoral como uma instituição que se vale constantemente de cooperação entre seus integrantes. Quando, por exemplo, o Tribunal Superior Eleitoral quer aplicar alguma alteração com grande impacto nacional, faz isso mediante situações piloto, em apenas alguns Tribunais Regionais Eleitorais ou Zonas Eleitorais. Foi assim com a implantação da urna eletrônica e quando se decidiu pelo reconhecimento biométrico do eleitor.

O debate está inaugurado.

8. REFERÊNCIAS

ALVIM NETTO, José Manuel de; FIGUEIRA JÚNIOR, Joel Dias. Razões para atribuir as funções de agente de execução aos tabeliães de protesto. Migalhas. 1º fev. 2021. Disponível em: https://www.migalhas.com.br/depeso/339710/as-funcoes-de-agente-de-execucao-aos-tabeliaes-de-protesto. Acesso em: 22 abr. 2021.

ARPEN-PE. Site. Associação dos Registradores de Pessoas Naturais do Estado de Pernambuco. Disponível em: http://arpenpe.org/?tag=cartorios&paged=17. Acesso em: 26 maio 2021.

BRASIL. CNJ. Justiça em Números. Disponível em: https://www.cnj.jus.br/pesquisas-judiciarias/justica-em-numeros/. Acesso em: 26 maio 2021.

BRASIL. Senado. Projeto de Lei 6.204/2019. Iniciativa: Senadora Soraya Thronicke (PSL/MS). Disponível em: https://www25.senado.leg.br/web/atividade/materias/-/materia/139971. Acesso em: 26 maio 2021.

CAEIROS, Inês. A quem atribuir a função de agente de execução – uma opinião portuguesa. Migalhas. 1º out. 2020. Disponível em: https://www.migalhas.com.br/depeso/334211/a-quem-atribuir-a-funcao-de-agente-de-execucao---uma-opiniao-portuguesa. Acesso em: 22 abr. 2021.

CAMPOS, Maria Gabriela. *O compartilhamento de competências no processo civil*: um estudo do sistema de competências sob o paradigma da cooperação nacional. Salvador: JusPodivm, 2020.

CILURZO, Luiz Fernando. *A desjudicialização na execução por quantia*. Dissertação de Mestrado. Universidade de São Paulo: São Paulo, 2016.

CONJUR. Projetos de gestão mudam funcionamento da Justiça. Notícia de 11 jul. 2009. Disponível em: https://www.conjur.com.br/2009-jul-11/projetos-gestao-seduzem-tribunais-mudam-funcionamento-justica. Acesso em: 26 maio 2021.

DEMARCHI, Juliana. *Mediação* – proposta de implementação no processo civil brasileiro. Tese. Faculdade de Direito da USP: São Paulo, 2007.

DIDIER JR., Fredie. *Cooperação judiciária nacional* – esboço de uma teoria para o direito brasileiro. Salvador: Juspodivm, 2020.

FARIA, Márcio Carvalho. Primeiras impressões sobre o projeto de lei 6.204/2019: críticas e sugestões acerca da tentativa de se desjudicializar a execução civil brasileira (parte dois). *Revista de Processo*. v. 314. São Paulo: Ed. RT, abr. 2021. Versão eletrônica.

FARIAS, Rachel Nunes de Carvalho. *Desjudicialização do processo de execução*: o modelo português como uma alternativa estratégica para a execução civil brasileira. Curitiba: Juruá, 2015.

FREITAS, José Lebre de. *A ação executiva depois da reforma da reforma*. Coimbra: Coimbra Editora, 2009.

HILL, Flávia Pereira. Desjudicialização e acesso à justiça além dos tribunais: pela concepção de um devido processo legal extrajudicial. *Revista eletrônica de direito processual*. ano 15. v. 22. n. 1. Disponível em: https://www.e-publicacoes.uerj.br/index.php/redp/article/view/56701. Acesso em: 23 abr. 2021.

MINAMI, Marcos. *Da vedação ao non factibile, uma introdução às medidas executivas atípicas*. 2. ed. Salvador: JusPodivm, 2020.

MOREIRA, José Carlos Barbosa. O futuro da justiça: alguns mitos. *Temas de direito processual*: oitava série. São Paulo: Saraiva, 2004.

PONTES, Jussara da Silva. *Desjudicialização da execução civil*: uma análise do direito processual comparado Brasil e Portugal. Belo Horizonte: Editora Dialética, 2021.

PORTUGAL. Observatório da Justiça. Disponível em: https://opj.ces.uc.pt/sobre-o-opj/. Acesso em: 26 maio 2021.

RIBEIRO, Flávia Pereira. *Desjudicialização da execução civil*. 2. ed. Curitiba, Juruá, 2019.

SALLES, Raquel Bellini de Oliveira. *Autotutela nas relações contratuais*. Rio de Janeiro: Processo, 2019.

TALAMINI, Eduardo; MINAMI, Marcos Youji (Org.). *Coleção Grandes Temas do Novo CPC 11*: Medidas Executivas Atípicas. Salvador: Juspodivm, 2018.

WATANABE, Kazuo; LAGRASTA, Valéria. Live 11/6/2020. Os 10 anos da Resolução 125 do CNJ com o prof. Kazuo Watanabe. Youtube, 11 jun. 2020. Disponível em: https://www.youtube.com/watch?v=dykkaomX2pk&t=1189s. Acesso em: 26 maio 2021.

YOSHIKAWA, Eduardo Henrique de Oliveira. *Execução extrajudicial e devido processo legal*. São Paulo: Atlas, 2010.

NOVOS AGENTES DE EXECUÇÃO CIVIL EXTRAJUDICIAL

Cristiana Carlos do Amaral Cantídio

Mestra em Direito pela Universidade de Marília. Pós-Graduada em Direito Notarial e de Registro e Pós-Graduada em Direito Civil, Direito Negocial e Imobiliário, ambas pela Universidade Anhanguera Uniderp. Tabeliã e Oficiala de Registros Públicos.

1. INTRODUÇÃO

A falta de efetividade da justiça, agravada pela ineficácia do procedimento de execução ocasiona um descontentamento em toda a sociedade há muitos anos. A justiça brasileira é lenta e ineficiente. O Estado-juiz reconhece o direito da parte, mas não é capaz de concretizá-lo. É pelo procedimento da execução que o Estado atua para compelir o devedor a satisfazer a obrigação, e a morosidade desse procedimento vem se mostrando cada vez maior. A insatisfação pulsa cada vez mais forte.

Tal fato é comprovado pelo Conselho Nacional de Justiça (CNJ), que, em seu relatório anual "Justiça em Números", aponta a execução – compreendidos títulos judiciais (cumprimento de sentença) e extrajudiciais (ação de execução) – como o gargalo do Poder Judiciário. A média nacional da taxa de congestionamento das execuções é de 82%, o que é confirmado pelo índice de produtividade dos magistrados nas execuções, cerca de metade da produtividade alcançada nos processos de conhecimento[1]. Não há dúvida de que há uma verdadeira crise de eficácia da execução no ordenamento jurídico brasileiro.

A baixa efetividade de satisfação dos direitos gera, por um lado, grande perda de confiança da sociedade no Poder Judiciário, por não ser capaz de dar solução completa para as lides; por outro, uma perda de confiança do mercado econômico, que não enxerga o Poder Judiciário como capaz de promover a segurança jurídica, o que afeta os investimentos, em razão dos elevados riscos de inadimplemento e, consequentemente, dos custos de transação. Esses riscos são incorporados nos preços dos negócios.

Esse problema, no entanto, não está restrito ao Brasil: quase todo o mundo ocidental sofre com a incapacidade do Estado em entregar uma prestação jurisdicional célere e eficiente. Os meios alternativos de resolução de controvérsias são apresentados pelos especialistas como possível solução, promovendo a desjudicialização de atividades até então atribuídas ao Poder Judiciário. A desjudicialização é uma realidade mundial, apontada, quiçá, como desfecho para o problema, mas seguramente como forma de auxiliar o Poder Judiciário a dar mais efetividade à pacificação dos conflitos.

---

1. BRASIL. CNJ. Conselho Nacional de Justiça. Justiça em números 2020: ano-base 2019. Brasília: CNJ, 2020. Disponível em: https://www.cnj.jus.br/wp-content/uploads/2020/08/WEB-V3-Justi%C3%A7a-em-N%C3%BAmeros-2020-atualizado-em-25-08-2020.pdf. p. 150-164. Acesso em: 10 abr. 2021.

Atento aos anseios do meio jurídico e, por que não dizer, de toda a sociedade, o Congresso Nacional debate o Projeto de Lei 6.204, de 2019[2], de autoria da Senadora Soraya Thronicke, com a pretensão de instituir, no Brasil, um procedimento de execução civil por quantia certa extrajudicializada, transferindo atribuições que hoje são delegadas ao juiz para os tabeliães de protesto, os agentes de execução, como são denominados nessa proposta legislativa. Espera-se, com isso, desafogar o Poder Judiciário da enxurrada de novas execuções, que congestionam sua atuação de forma efetiva.

Em que pese o tabelião de protesto possuir características essenciais à sua atuação como agente de execução, expertise com títulos executivos e intimidade com a recuperação do crédito, eles não devem figurar sozinhos, em razão das execuções com garantias reais serem processadas de forma mais adequada por outros agentes: os oficiais de registro de imóveis e os oficiais de registro de títulos e documentos.

Neste artigo, portanto, tratar-se-á dos agentes de execução com uma proposta de ampliação do rol previsto no referido projeto de lei, para incluir aqueles que possuem atribuição extrajudicial delegada pelo Poder Público para registrar as garantias reais. Com essa especificidade, estão eles qualificados para coordenar o procedimento executivo extrajudicial dessas garantias, juntamente com os tabeliães de protesto de títulos para as demais execuções.

2. EXECUÇÃO CIVIL EXTRAJUDICIALIZADA: PROJETO DE LEI 6.204/2019

A lentidão e o congestionamento dos processos judiciais brasileiros têm ocasionado reflexões dos juristas e legisladores para tornar o procedimento mais célere, seguro e em consonância com os anseios da sociedade. O padrão almejado encontra-se distante de ser alcançado. Percorre-se um caminho de profundas reformulações e adequações normativas, ao longo dos anos, em busca da solução dos conflitos que acompanhe a rápida evolução das necessidades da sociedade, possibilitando às partes alternativas para concretizar objetivos e para satisfazer anseios da vida cotidiana.

A impossibilidade de que a tutela jurisdicional seja prestada de modo satisfatório abre espaço para a atuação de outros mecanismos, postos à disposição do cidadão e por meio dos quais ele poderá exercer sua liberdade de escolha. As condições de procedibilidade, a entrega jurisdicional adequada, rápida e eficaz, ao lado de outras tantas condicionantes, acabam por conduzir a escolha da parte para os meios alternativos de solução das controvérsias, menos dispendiosos do que o Judiciário, como uma das multiportas colocadas à sua disposição, e não exatamente a judicialização dos conflitos

A ampliação das multiportas de opções para solução de controvérsias se consolidou para alcançar "[...] a consciência de que, se o que importa é pacificar, se torna

---

2. BRASIL. Projeto de Lei 6204, de 2019. Disponível em: https://www25.senado.leg.br/web/atividade/materias/-/materia/139971. Acesso em: 10 abr. 2021.

irrelevante que a pacificação se faça por obra do Estado ou por outros meios, desde que eficientes e justos", conforme densificado por Grinover[3]. Joel Figueira Júnior[4] arremata a questão asseverando:

> [...] havemos de extirpar a cultura equivocada da crença mitológica no sentido de que a jurisdição e os meios de resolução de conflitos haverão de passar, inexoravelmente, pelas portas do Poder Judiciário. Nessa linha, escreveu o processualista italiano Giovanni Verde, com incomum propriedade, há quase quarenta anos – e suas palavras ecoam como se tivessem sido escritas hoje –, *in verbis*: "A experiência tumultuosa desses últimos quarenta anos [hoje, mais de setenta anos] nos demonstra que a imagem do Estado onipotente e centralizador é um mito, que não pode (e, talvez não mereça) ser cultivado. Deste mito faz parte a ideia de que a justiça deva ser administrada exclusivamente pelos seus juízes".

A desjudicialização aparece como uma das formas de satisfazer anseios e concretizar objetivos sem a participação do Poder Judiciário. Ela é o ponto determinante para que outros direitos sejam efetivados e a economia, os negócios jurídicos e as relações sociais tenham melhor trânsito, de um modo geral.

São muitos os canais postos à disposição dos interessados que permitem o acesso à justiça, mas não exatamente por meio do Judiciário, uma vez que o intuito das disponibilizações dessas múltiplas portas de acesso está pautado pela resolução da demanda, e não, especificamente, pelo ajuizamento dela. Buscando afastar-se da morosidade do Judiciário, as partes passam a alcançar meios fora dele para resolver seus impasses, ante a possibilidade de economia de tempo e dinheiro.

Nesse cenário desjudicializante, surge com veemência o termo *extrajudicialização*, proposto pelo Oficial de Registro de Imóveis, entre outros, André Villaverde de Araújo, em sua tese de doutoramento. Segundo o citado autor, a extrajudicialização seria o "acesso a uma ordem jurídica justa com a utilização das serventias extrajudiciais, ou seja, dos cartórios extrajudiciais"[5]. Percebe-se que o conceito abrange os processos judiciais de um modo lato, e poderia abarcar desde aqueles na fase inicial, de cognição, até os que estão na fase executória. A "transferência de parcela desses processos para outros agentes do Estado, apresenta-se como forma de auxiliar o Poder Judiciário na prestação do serviço de justiça", conforme apontado por Araújo[6].

A transferência de parte dos procedimentos judiciais para as serventias extrajudiciais já é uma realidade no ordenamento jurídico brasileiro. Uma enorme diversidade de situações vem sendo resolvida no âmbito extrajudicial, positivamente, com tendência de crescimento do número de casos e variedade de temas. Podem ser

---

3. GRINOVER, Ada Pellegrini. A inafastabilidade do controle jurisdicional e uma nova modalidade de autotutela (parágrafos únicos dos artigos 249 e 251 do Código civil). *Revista brasileira de Direito Constitucional*. v. 10, n. 02, p. 13-19. São Paulo, 2007. Disponível em: http://esdc.com.br/seer/index.php/rbdc/article/view/200/194. Acesso em: 15 maio 2021. p. 14.
4. FIGUEIRA JÚNIOR, Joel Dias. *Arbitragem*. 3. ed. Rio de Janeiro: Forense, 2019. p. 89-90.
5. ARAÚJO, André Villaverde. *Cartórios extrajudiciais brasileiros como instrumentos de acesso a uma ordem jurídica justa pela extrajudicialização*. Tese de doutoramento. Fortaleza: UNIFOR, 2019. p. 94.
6. Ibidem, p. 94.

citados como exemplos: inventários, partilhas e divórcios extrajudiciais, lavrados por meio de escrituras públicas; a usucapião extrajudicial, o procedimento de retificação administrativa, a consolidação da propriedade fiduciária de imóveis dados em garantia por meio de alienação fiduciária, a homologação do penhor legal extrajudicial e divisão e demarcação de terras particulares, todos realizados pelo registrador de imóveis; processo de habilitação de casamento, mudança de prenome e sexo em virtude de transexualidade, as retificações diversas no registro civil, seja alteração do patronímico em decorrência de separação, divórcio ou por reconhecimento de paternidade. Reconhece-se, portanto, a importância ímpar da extrajudicialização para pôr em prática a desjudicialização de forma eficaz, atendendo positivamente os interesses dos indivíduos em uma sociedade plural.

Tratando-se especificamente do procedimento de execução civil, o relatório "Justiça em Números", do Conselho Nacional de Justiça, o reconhece como o verdadeiro gargalo de processos do Poder Judiciário, com elevada taxa de congestionamento processual. Diante dessa realidade, crescem as discussões a respeito da desjudicialização da execução, para dar maior concretude ao processo executivo civil, promovendo a circulação das riquezas que ficam imobilizadas durante os longos anos de tramitação dos processos judiciais. É uma demanda urgente oferecer aos credores formas alternativas de cobrança que atinjam o objetivo.

É importante ressaltar que o processo de execução foi idealizado, desde sua origem, e regulamentado para atingir sua finalidade precípua, que consiste na satisfação do direito do exequente, como aponta a doutrina, nos dizeres de Fux "executar e cumprir é satisfazer"[7]. Em consonância com a *ratio essendi* da execução, a grande inovação é pensar a extrajudicialização como meio de contornar a latente crise da execução civil atual, tornando concreta a satisfação do direito reclamado. O que se propõe é a retirada de atribuições das mãos do Estado-juiz, transferindo para os notários e registradores o papel de atuarem como agentes de execução, de maneira a permitir que o juiz se dedique exclusivamente às questões de jurisdição propriamente ditas.

As serventias extrajudiciais têm a estrutura e a viabilidade necessárias para auxiliar no processo de desjudicialização das demandas executórias, significando ganhar tempo, diminuir custos e contribuir para que o Estado cumpra sua missão pacificadora. Todo o procedimento executivo extrajudicial deverá ser conduzido não só "no *interesse do credor*, em nome do qual se realiza a fase da satisfação (art. 797 do NCPC); mas também na *menor onerosidade* ao devedor, dentre uma pluralidade existente de meios executivos"[8], de forma que a execução extrajudicializada, mais célere e eficaz e menos dispendiosa, atenderá aos interesses de ambas as partes.

Na esteira dos debates doutrinários sobre a desjudicialização da execução, o Congresso Nacional discute o Projeto de Lei 6.204/2019, de autoria da Senadora

---

7. FUX, Luiz. *Processo civil contemporâneo*. Rio de Janeiro: Forense, 2019. p. 289.
8. Ibidem, p. 291.

Soraya Thronicke, que propõe a transferência das atribuições executivas do Poder Judiciário para os denominados agentes de execução, função delegada, pela proposta legislativa, ao tabelião de protestos.

Sem dúvida, a realização de procedimentos apartados da estrutura burocrática em que está assentado o Poder Judiciário permite que haja maior celeridade, sem perda de segurança jurídica, ao ser a questão resolvida por outro profissional do direito, que, com mais liberdade de atuação, mas imbuído de fé pública, independência e imparcialidade, por exemplo, pode dar solução ao problema de forma segura e célere[9].

A extrajudicialização, nos moldes do Projeto de Lei 6.204/2019, objetiva dar efetividade ao processo de execução, permanecendo sob a esfera pública, ainda que delegada a agentes privados habilitados em concurso público. Como visto acima, alguns modelos de procedimentos que foram desjudicializados e passaram a ser feitos perante as serventias extrajudiciais significaram efetividade e celeridade para as partes, auxiliando no processo de desafogamento do Judiciário e satisfação dos direitos dos interessados.

3. AGENTES DE EXECUÇÃO: DELEGAÇÃO DO PODER PÚBLICO

No ordenamento jurídico brasileiro, a delegação de serviço público é concebida como transferência da titularidade do exercício de uma atividade do Estado para um particular. Há uma descentralização do serviço na busca de maior eficiência. Mostra-se vanguardista a possibilidade de delegação da atividade executiva a um agente não integrante do Poder Judiciário e, em razão disso, dúvidas, questionamentos e críticas surgem inevitavelmente.

Entre elas, destaca-se a alegação de que a desjudicialização da execução civil viola a inafastabilidade e a indelegabilidade da jurisdição, por ser esta atribuição específica e exclusiva dos membros do Poder Judiciário, sendo vedado a qualquer pessoa, sob delegação, exercer as funções de agente de execução. Nessa contextualização, Andrade explica que, "embora se defenda que essa limitação se aplica integralmente no caso de poder decisório, o próprio ordenamento prevê a delegação do poder instrutório, do poder diretivo do processo e do poder de execução das decisões"[10]. Magalhães ainda ressalta que:

> A esse propósito, precisa ser considerado que a atividade executiva, como manifestação do poder estatal, deve permanecer sob titularidade do Estado, que somente delegará seu exercício ao agente. A atividade executiva necessariamente é pública – caso contrário, flertaria com a autotutela –, o seu exercício é que pode ser transferido a particular.[11]

---

9. BRANDELLI, Leonardo. *Usucapião administrativa: de acordo como novo código de processo civil*. São Paulo: Saraiva, 2016.
10. ANDRADE, Júlia Melazzi. A delegação do exercício da competência no processo executivo brasileiro. *Revista de Processo*. v. 296, p. 111-147. São Paulo, out. 2019.
11. MAGALHÃES, Eduardo Pedroto de Almeida. *Desjudicialização e execução por quantia certa*. Dissertação de mestrado. Brasília: Instituto Brasiliense de Direito Público – IDP, 2020. p. 16.

O principal paradigma para análise da figura do agente de execução como agente delegado do Estado é o exemplo seguido em Portugal, em que essa figura surgiu diante da necessidade de dar celeridade ao processo executório, conduzindo-o com especialidade e de forma rápida. Os tribunais cultivam milhares de processos ano após ano, sem que uma alternativa viável seja posta em prática para solucionar ou, ao menos, amenizar a situação.

Dentro de sua atribuição, o agente de execução tem como função principal a condução do processo executivo, desde sua proposição até o desfecho. Insta salientar que o rito da execução não comporta questionamentos adicionais sobre o débito, de modo que a oposição de embargos se limita ao rol de possibilidades do art. 917 do CPC. Contudo, ainda que sobrevenham questionamentos acerca da execução em sede de embargos, o agente de execução remetê-los-ia à apreciação do magistrado, preservando a competência jurisdicional decisória.

Alexandre Arcaro ressalta que os atos transferidos aos agentes de execução são atos já praticados pelos juízes no processo judicial. Não são criados outros atos, apenas é atribuída uma nova titularidade a atos já existentes (atos esses sem qualquer conteúdo decisório, de mero expediente). Conclui Arcaro que, ante a ausência do caráter jurisdicional, esses atos podem ser delegados ao agente de execução. O autor esclarece que fica reservada ao juiz a atividade tipicamente jurisdicional, de cunho decisório, a fim de garantir o contraditório, a ampla defesa e o acesso à justiça.[12]

Nesse sentido, Taynara Ono ressalta que "foge do escopo da execução promover discussões sobre a justiça e injustiça da decisão judicial ou realizar análises em torno da situação subjacente que deu origem ao título executivo extrajudicial"[13]. Assevera ainda que a atividade cognitiva é limitada, pois os atos estão previstos e vinculados ao disposto na lei, e conclui afirmando que, "embora seja o magistrado quem conduz o processo de execução, pode-se dizer que quem, de fato, exerce o protagonismo nas execuções pecuniárias é a própria lei"[14].

E, realmente, ao se observarem as incumbências do agente de execução, previstas no art. 4º do PL 6.204/2019, percebe-se que não há espaço para cognoscibilidade. Quando houver, o agente de execução encaminhará ao juízo competente:

> Art. 4º. Incumbe ao agente de execução: I – examinar o requerimento e os requisitos do título executivo, bem como eventual ocorrência de prescrição e decadência; II – consultar a base de dados mínima obrigatória, nos termos do art. 29, para localização do devedor e de seu patrimônio; III – efetuar a citação do executado para pagamento do título, com os acréscimos legais; IV – efetuar a penhora e a avaliação dos bens; V – realizar atos de expropriação; VI – realizar o pagamento ao exequente; VII – extinguir a execução; VIII – suspender a execução diante da ausência de bens

---

12. ARCARO, Alexandre Augusto. *O fenômeno da desjudicialização na execução civil e o agente de execução*: dos atos dos agentes de execução e a interconexão com os órgãos jurisdicionais. Dissertação de mestrado. Brasília, Instituto Brasiliense de Direito Público – IDP, 2020.
13. ONO, Taynara Tiemi. *Acesso à justiça pela desjudicialização da execução das obrigações por quantia certa*. Dissertação de mestrado. Brasília: Universidade de Brasília – UnB, 2017. p. 132.
14. Ibidem, p. 134.

suficientes para a satisfação do crédito; IX – consultar o juízo competente para sanar dúvida relevante; X – encaminhar ao juízo competente as dúvidas suscitadas pelas partes ou terceiros em casos de decisões não reconsideradas.

Não há, portanto, nos termos do projeto de lei, qualquer óbice para a delegação aos agentes de execução das atividades executórias sem conteúdo cognitivo amplo, sem conteúdo jurisdicional. O traspasse de atos meramente administrativos aos agentes de execução, particulares delegados do Poder Público, trará mais eficiência.

A delegação do serviço confere a seu titular a prestação de um serviço público, mantendo-se a característica preponderante de ser exercida por um particular, mas que colabora com o Poder Público no exercício dessa função. Observa-se que "os modelos já existentes comprovam, assim, como a atuação de um agente ou oficial de execução não é uma realidade tão distante da brasileira e é benéfica, sobretudo, para a qualidade da tutela jurisdicional", conforme aponta Andrade[15].

A delegação pressupõe a existência de uma estrutura já pronta e que não demandará a realocação dos gastos nem o aparelhamento do Poder Judiciário, necessários à consecução das atividades a serem realizadas, por isso o Projeto de Lei prevê o deslocamento dos processos executivos para a seara das serventias extrajudiciais.

O art. 236 da Constituição Federal estabeleceu o exercício privado da atividade notarial e de registro, mediante delegação do Poder Público. O citado dispositivo constitucional disciplina que a outorga da delegação dar-se-á mediante concurso público de provas e títulos, prevê um regime próprio para a atividade e determina a fiscalização dos atos pelo Poder Judiciário. A delegação notarial e registral em tudo se assemelha à delegação da atividade de agente de execução.

Assim como o procedimento executivo, os serviços notariais e de registro são serviço público tipicamente estatal. Estes são definidos pela Lei 8.935/1994[16] como "os de organização técnica e administrativa destinados a garantir a publicidade, autenticidade, segurança e eficácia dos atos jurídicos" (art. 1º). A definição legal de notário e registrador está estampada no art. 3º da Lei 8.935/1994: "Notário, ou tabelião, e oficial de registro, ou registrador, são profissionais do direito, dotados de fé pública, a quem é delegado o exercício da atividade notarial e de registro". Esses profissionais, particulares em colaboração com o Poder Público, mas que desempenham suas funções em caráter privado, sujeitam-se a regime jurídico singular e, por mais que sejam particulares, sua atuação se submete a controle do Poder Judiciário – por isso o apontado *regime jurídico híbrido*.

Das características que definem a figura do tabelião e do registrador, decorre o fato de que eles não são funcionários públicos em sentido estrito, nem, tampouco,

---

15. ANDRADE, Júlia Melazzi. A delegação do exercício da competência no processo executivo brasileiro. *Revista de Processo*. v. 296, p. 111-147, São Paulo, out. 2019.
16. BRASIL. Lei 8.935 de 18 de novembro de 1994. Regulamenta o art. 236 da Constituição Federal, dispondo sobre serviços notariais e de registro. (Lei dos cartórios). Brasília, DF: Presidência da República, [2017]. Disponível em: http://www.planalto.gov.br/ccivil_03/leis/l8935.htm. Acesso em: 12 abr. 2021.

profissionais liberais do direito. São particulares, que atuam de maneira privada, prestando serviço público. Dentro desse regime jurídico especial da atividade notarial e de registro, conforme estabelecido na Constituição, os notários e registradores, no exercício de suas atividades, possuem um regramento de contornos eminentemente públicos para a prática dos atos, porém de gestão administrativa e financeira claramente privada, nos termos dos arts. 20 e 21 da Lei 8.935/1994.

O exercício privado dessa delegação do serviço público típico, que tem como função precípua dar segurança e eficácia aos atos jurídicos, necessita que esses agentes sejam dotados de fé pública. Por isso, certos atos que exigem robusta demonstração de seu acontecimento somente se perfazem se formalizados por atos dotados de fé pública, ou seja, por documentos públicos, como é o caso da renúncia a herança (art. 1.806 Código Civil), da constituição, transferência, modificação ou renúncia de direitos reais sobre imóveis de valor superior a trinta vezes o maior salário mínimo (art. 108 Código Civil), constituição de renda (art. 807, Código Civil), pacto antenupcial (art. 1.640, parágrafo único, Código Civil), entre outros.

A segurança jurídica é uma das principais características da atividade notarial e de registro, tendo como finalidade mais relevante a paz social, como uma forma de prevenir litígios. Por meio dos atos notariais e registrais, ela é alcançada tanto pela fé pública dos tabeliães e oficiais de registro, como pela necessária publicidade inerente a esses atos. É dessa forma que a atividade desempenhada pelos notários e oficiais de registros dá eficácia e autenticidade aos atos jurídicos, produzindo efeitos para toda a sociedade e não somente entre as partes.

Para que o notário e o registrador, efetivamente, tragam segurança jurídica aos atos que praticam, a sociedade deve confiar na atuação desses agentes públicos, pois nada adianta dar publicidade aos atos e ter fé pública se os cidadãos não depositarem confiança na figura do delegatário do serviço público. Para isso, os notários e registradores devem ser imparciais e impessoais. É necessário, portanto, que o notário e o registrador atuem de forma imparcial frente aos interesses das partes, objetivando evitar algum conflito decorrente do negócio jurídico[17]. Araújo ressalta, ainda, que, para se garantir a impessoalidade e a imparcialidade do notário e do registrador, é imperioso assegurar sua independência funcional. A Lei 8.935/1994, em seu art. 28, garante a autonomia funcional, a percepção dos emolumentos integrais e que somente perderá a delegação pelas hipóteses previstas em lei, tudo isso assegura a imparcialidade dos notários e registradores[18].

A grande importância e relevância para a sociedade do serviço notarial e de registro, cujo objetivo principal é garantir a segurança jurídica e a pacificação social, implica grande responsabilidade para os agentes delegados. Por isso, a Constituição Federal determinou a fiscalização dos atos pelo Poder Judiciário (art. 236 § 1º). An-

---

17. ARAÚJO, André Villaverde. *Cartórios extrajudiciais brasileiros como instrumentos de acesso a uma ordem jurídica justa pela extrajudicialização*. Tese de doutoramento. Fortaleza: UNIFOR, 2019. p. 48.
18. Ibidem, p. 48.

corado na previsão constitucional, o Poder Público se exime de realizar diretamente a atividade de notas e de registro, mas reserva para si o dever de assegurar que os delegatários desse serviço público o exerçam de modo adequado, por meio da fiscalização pelo Poder Judiciário.

Tendo em vista todas essas características da atividade notarial e de registro, percebe-se a similitude com a delegação da atividade de agente de execução. Os notários e registradores possuem um regime jurídico próprio que se encaixa à perfeição com as atividades exercidas pelo agente de execução, tornando de fácil compreensão a opção legislativa pela delegação da execução civil ao tabelião de protesto.

4. O AGENTE DE EXECUÇÃO PREVISTO NO PROJETO DE LEI 6.204/2019

O tabelião de protesto é um dos titulares de serviços notariais e de registro, conforme estampado no art. 5º da Lei 8.935/1994, juntamente com o tabelião de notas, o oficial de registro civil de pessoas naturais, o oficial de registro de imóveis, o oficial de registro de títulos e documentos e civil das pessoas jurídicas, o oficial de registro de distribuição e o tabelião e oficial de registro de contratos marítimos. Como visto anteriormente, sendo titular de uma das especialidades da atividade notarial e de registro, o tabelião de protesto possui características que se adaptam à delegação da atividade do agente de execução.

Diante dessa percepção é que o PL 6.204/2019 propõe que as atividades executivas, hoje realizadas em quase toda a sua integralidade pelo Poder Judiciário, passem a ser feitas pelo tabelião de protestos, "já que afeito aos títulos de créditos e outros documentos de dívida e dotado de infraestrutura para localização e intimação do devedor", conforme apontam Ribeiro e Cortez[19].

A solução, de um modo geral, como tem sido observado em outros meios desjudicializados, é a extrajudicialização, com deslocamento das demandas para o seio das serventias extrajudiciais – no caso, para o tabelionato de protesto, onde se encontram os profissionais do direito que já exercem atividades que auxiliarão ainda mais na consecução da nova função e que poderiam melhor gerir a condução do processo executivo fora do Judiciário.

Nesse contexto, no qual se desenvolvem as atividades realizadas pelas serventias extrajudiciais, em observância ao modelo organizado e estruturado que vigora no Brasil, vislumbra-se a possibilidade de alargar as funções atribuídas aos tabeliães de protesto para abranger aquelas afetas à figura do agente de execução. A atividade típica dos tabelionatos de protesto consiste no *protesto de títulos*, conceituado como a "afirmação solene em ato público formado por notário, com finalidade iminente de

---

19. RIBEIRO, Flávia Pereira; CORTEZ, Renata. Reflexões sobre o parecer do Conselho Federal da OAB sobre o PL 6.204/19 – parte I. *Migalhas*, 21 set. 2020. Disponível em: https://migalhas.uol.com.br/depeso/333661/reflexoes-sobre-o-parecer-do-conselho-federal-da-oab-sobre-o-pl-6-204-19---parte-i. Acesso em: 18 abr. 2021.

provar, com segurança jurídica, o descumprimento de obrigação"[20]. Freitas e Vita, no entanto, ressaltam os efeitos secundários do protesto:

> Com o passar dos anos, a evolução do direito, hoje Empresarial, e o aumento do objeto de incidência e efeitos decorrentes do Protesto extrajudicial fizeram com que a ampla publicidade operada por essa atividade passasse a repercutir efeitos secundários, como o de coação devedor a cumprir essa obrigação, cujo inadimplemento é posto a conhecimento de toda a sociedade, afetando a sua credibilidade financeira em face das relações jurídicas futuras e em curso. O contexto socioeconômico contemporâneo tem suas atividades lastradas em grande influência do direito financeiro (em sentido amplo) e das relações a ele atinentes, num mercado impulsionado por vendas a crédito, com pagamento diferido no tempo, financiamentos destinados a impulsionar atividades civis e empresariais como um todo, na sua quase totalidade amparadas por contratos com instituições financeiras (contrato de cartão de crédito, financiamentos dos mais diversos etc.). Nessa toada, denota-se a grande pertinência do Protesto extrajudicial, enquanto instrumento seguro de aferição da credibilidade econômica da pessoa (física ou jurídica), por parte de terceiros, respaldando este último a decidir a melhor forma de celebrar contratos com conteúdo econômico com os primeiros, ou não o fazer, se existir risco de inadimplemento que inviabilize o objetivo de contratar. Assim, dentro do que já se analisou, o protesto extrajudicial assume a condição instrumental de redução da assimetria de informações, tal como das externalidades resultantes do inadimplemento.[21]

Seria, portanto, o tabelião de protesto o melhor especializado dentre os titulares das serventias extrajudiciais e que passaria a realizar a tarefa de verificação "dos pressupostos do requerimento de execução, realizar a citação, penhorar, expropriar, receber pagamento e dar quitação"[22].

Por outro lado, o exercício da jurisdição estaria reservado ao juiz estatal em caso de oposição de embargos ou resolução de quaisquer litígios por meio de outros incidentes criados, como a consulta e a suscitação de dúvidas, "de modo que restam assegurados os princípios constitucionais do contraditório, da ampla defesa e até mesmo do acesso à Justiça, ainda que sob um novo prisma", conforme explica Ribeiro[23].

Como já descrito anteriormente, o Projeto de Lei 6.204/2019 prevê, em seu art. 4º, as atribuições do agente de execução para examinar o requerimento, os requisitos do título executivo e eventual ocorrência de prescrição e decadência, consultar a base de dados mínima obrigatória para localização do devedor e de seu patrimônio, efetuar a citação do executado para o pagamento, a penhora e a avaliação dos bens do executado, realizar atos de expropriação e o pagamento ao exequente, extinguir a execução ou suspendê-la diante da ausência de bens suficientes para a satisfação do crédito.

---

20. LOUREIRO, Luiz Guilherme. *Registros públicos*: teoria e prática. Salvador: Juspodivm, 2017. p. 1242.
21. FREITAS, Matheus Silva de; VITA, Jonathan Barros. A eficiência alocativa do tabelionato de protesto à luz da análise econômica do direito. *Economic Analysis of Law Review*, v. 8, n. 2, p. 22-46, Brasília, jul.-dez. 2017. Disponível em: https://portalrevistas.ucb.br/index.php/EALR/article/view/8560. Acesso em: 23 abr. 2021. p. 35.
22. RIBEIRO, Flávia Pereira. Desjudicialização da execução civil: mito ou realidade. *Migalhas*, 18 out. 2019. Disponível em: https://www.migalhas.com.br/depeso/313285/desjudicializacao-da-execucao-civil--mito-ou-realidade. Acesso em: 18 abr. 2021.
23. RIBEIRO, Flávia Pereira. Desjudicialização da execução civil: mito ou realidade. *Migalhas*, 18 out. 2019. Disponível em: https://www.migalhas.com.br/depeso/313285/desjudicializacao-da-execucao-civil--mito-ou-realidade. Acesso em: 18 abr. 2021.

Os titulares dos tabelionatos de protesto já praticam algumas atividades semelhantes às funções que porventura venham a exercer se o projeto for aprovado pelo Legislativo. O exame de documentações sob o aspecto legal e em contextos jurídicos é a principal delas, pois compõe praticamente todos os atos praticados no âmbito das serventias extrajudiciais. Magalhães ressalta as semelhanças das funções já exercidas pelo tabelião de protesto e as atribuições do agente de execução:

> Logo de plano identificam-se semelhanças com a execução de quantia, pois ambos visam a cobrança de dívida pecuniária, embora cada qual ostente força coercitiva própria: o protesto, ao conferir publicidade registral à inadimplência (o que costuma gerar alto efeito persuasivo em determinadas categorias profissionais, como empresários), e a execução, com a constrição e expropriação de bens do patrimônio do executado. Ambas pressupõem a apresentação de um título que descreve os elementos da dívida a ser cobrada, e que será apreciado pelos respectivos agentes: ao tabelião de protesto, a lei só permite que examine aspectos formais, extrínsecos do título, ao passo que o juiz da execução, desde que provocado pela parte, está autorizado a apreciar elementos intrínsecos, isto é, de conteúdo, do título. [24]

Merece menção que os tabeliães de protesto, assim como todos os notários e registradores, são bacharéis em direito aprovados em rigorosíssimo concurso público de provas e títulos. Para alcançar aprovação, o notário e o registrador devem demonstrar amplo conhecimento do Direito em geral e, especificamente, do Direito notarial e de registro. Além da prova escrita, são sabatinados, na prova oral, por banca examinadora composta de juízes, desembargadores, advogados, integrantes do Ministério Público, notários e registradores. São também submetidos a avaliação de títulos, de modo que somente os mais bem preparados e qualificados são aprovados e recebem a delegação. São tão bem preparados e qualificados quanto juízes e integrantes do Ministério Público.

Por outro lado, em razão do exercício privado da delegação, os titulares dos tabelionatos de protesto exercem função pública por sua conta e risco. São responsáveis por providenciar toda a estrutura de funcionamento do cartório, assim como seu custeio, a manutenção e a contratação dos profissionais de apoio a suas atividades. Não havendo qualquer comprometimento do orçamento público para a consecução do serviço. Ribeiro e Cortez exaltam a capacidade gestora e adaptativa dos delegatários, em razão do exercício privado da atividade notarial e de registro:

> Caso seja aprovado o PL 6204/19, é certo que os tabelionatos de protesto podem se estruturar para praticar os atos correspondentes à função de agentes da execução, devendo se lembrar que a gestão dos cartórios é privada e que, portanto, havendo aumento de demanda, o delegatário pode, por exemplo, aumentar o espaço, a estrutura e o número de colaboradores, não dependendo, para tanto, de qualquer contribuição financeira do Poder Judiciário. [25]

---

24. MAGALHÃES, Eduardo Pedroto de Almeida. *Desjudicialização e execução por quantia certa*. Dissertação de mestrado. Brasília: Instituto Brasiliense de Direito Público – IDP, 2020. p. 124.
25. RIBEIRO, Flávia Pereira; CORTEZ, Renata. Reflexões sobre o parecer do Conselho Federal da OAB sobre o PL 6.204/19 – parte I. *Migalhas*, 21 set. 2020. Disponível em: https://migalhas.uol.com.br/depeso/333661/reflexoes-sobre-o-parecer-do-conselho-federal-da-oab-sobre-o-pl-6-204-19---parte-i. Acesso em: 18 abr. 2021.

O que se pode colher da análise das atribuições do agente de execução elencadas no Projeto de Lei 6.204/2019 é que, tal como na atividade notarial, existe o pressuposto do cumprimento de certos requisitos para seu exercício, cabendo a ressalva de que haverá apenas a ampliação das funções já exercidas no âmbito das serventias extrajudiciais.

Por fim, merece destacar que, mesmo diante de toda a sua especialidade, o tabelião ainda poderá valer-se das consultas ao magistrado, realizadas quando houver dúvidas relevantes, o que possibilita que o órgão fiscalizador se mantenha a par de eventuais intercorrências que surjam no exercício da função executiva. Não há, no projeto de lei apresentado, indícios de afastamento completo do magistrado, sendo ele também instado a se manifestar por ocasião de eventuais dúvidas suscitadas pelas partes ou terceiros em casos de decisões não reconsideradas, assim como da oposição de embargos do devedor ou de terceiros.

Com efeito, a proposta legislativa considera o tabelião de protesto como a figura mais adequada para o exercício cumulativo da função de agente de execução, pelos motivos acima expostos. A adequação dos meios é necessária, já que se trata de uma função pronta, com regulamentação já existente e que possui regulação pelo Conselho Nacional de Justiça e pelas Corregedorias de Justiça locais. Nesse sentido, Inês Caeiros faz interessante comparativo com o ocorrido em Portugal e assegura:

> Não obstante, parece-nos muito razoável que a opção legislativa a seguir seja a de aproveitamento de estruturas já existentes, adaptando-as à realidade visionária. Ao fazermos o paralelismo com os benefícios obtidos no sistema judicial português, não é difícil prever um descongestionamento do sistema por mera retirada dos processos dos tribunais, reafectando e capacitando outras estruturas administrativas dimensionadas para o efeito, que já desempenham funções relacionadas com os títulos executivos. Alargando as competências do Tabelião de Protesto, e reconhecendo-o como agente de execução, estar-se-á a otimizar as suas funções, completando-as, aproveitando as estruturas já existentes e enraizadas no ordenamento jurídico brasileiro. No entanto, cremos ser ainda necessário um investimento de adaptação e evolução, de forma que a capacidade de tramitação do processo executivo seja gradual – não haverá distribuição automática, conforme o projeto de lei em andamento no Senado Federal brasileiro. [26]

A proposição legislativa acerta, dessa forma, ao desjudicializar a execução civil por quantia certa, especialmente por se verificar que é compatível com o ordenamento constitucional pátrio. Acertadamente, opta por um agente de execução privado, especificamente o tabelião de protesto, delegatário da atividade notarial e de registro, em razão de todas as vantagens que a privatização desse serviço traz, até este ponto apresentadas.

---

26. CAEIROS, Inês. *A quem atribuir a função de agente de execução* – uma opinião portuguesa. 1º out. 2020. Disponível em: https://www.migalhas.com.br/depeso/334211. Acesso em: 23 abr. 2021.

5. NOVOS AGENTES DE EXECUÇÃO PARA EXECUÇÃO DE GARANTIAS REAIS

A atribuição de agentes de execução, como já bem explicado nos capítulos anteriores, foi conferida, pela redação atual do Projeto de Lei 6.204/2019, aos tabeliães de protestos, como se pode constatar no art. 3º, que afirma: "Ao tabelião de protesto compete, exclusivamente, além de suas atribuições regulamentares, o exercício das funções de agente de execução". Não restam dúvidas de que o tabelião de protesto, dentre os notários e registradores, em razão de sua expertise com títulos executivos, intimação de devedores e cobrança de dívidas, é o que possui intimidade com a recuperação do crédito, portanto com a satisfação do credor, tal qual todo e qualquer procedimento de execução. Assim, por salutar conveniência, o legislador optou por elegê-los como agentes de execução.

Existem algumas execuções, no entanto, que serão processadas de forma mais adequada por outros agentes, distintos dos tabeliães de protesto. É o caso das execuções com garantias reais registradas nos ofícios de registro de imóveis, quando o bem dado em garantia for imóvel ou algum direito a ele relativo, e no registro de títulos e documentos, quando dado em garantia um bem móvel ou direito a ele relacionado[27].

Defende-se, então, que as execuções fundadas em título executivo com garantia real se processem nos respectivos ofícios de registro, nos quais se encontra registrada a garantia, ou seja, propõe-se que também sejam agentes de execução, no âmbito de suas atribuições, os oficiais de registro de imóveis e os oficiais de registro de títulos e documentos.

Ressalte-se que, assim como os tabeliães de protesto, o oficial de registro também é delegatário da atividade notarial e de registro, possuindo basicamente as mesmas características para que lhe seja delegada a atribuição de agente de execução. Não é demais repisar: é um profissional do direito, dotado de fé pública, que garante a publicidade, a autenticidade, a segurança e a eficácia dos atos jurídicos; deve ser aprovado em rigoroso concurso público de provas e títulos e sujeito à rígida fiscalização pelo Poder Judiciário. Está sujeito a um regime estritamente de direito público, atendendo ao princípio da legalidade estrita nos atos que pratica, mas exerce essa atividade em caráter privado, com toda a liberdade de gestão do serviço, sendo responsável pelo gerenciamento administrativo e financeiro, inclusive quanto às despesas de custeio, investimento e pessoal.

Assim, os registradores de imóveis e os registradores de títulos e documentos possuem as mesmas qualidades e qualificações dos tabeliães de protesto – todos aprovados em um mesmo concurso público sem distinção entre as especialidades –, não havendo qualquer empecilho para que também exerçam a atribuição de agentes de execução. Some-se a isso o fato de haver previsão no Projeto de Lei da capacitação dos agentes de execução, durante a *vacatio legis* (art. 22), tornando sem sentido o

---

27. O penhor rural e o mercantil ou industrial devem ser registrados no registro imobiliário competente para o imóvel no qual se situam os bens empenhados (art. 1.438 e art. 1.448, Código Civil).

argumento de melhor adequação das funções do tabelião de protesto – recuperação de créditos – em detrimento de outras especialidades. Não pairam dúvidas, portanto, de que esses oficiais de registro reúnem as qualidades necessárias para atuarem como agentes de execução.

A questão a ser respondia é se há, realmente, vantagem em as execuções de créditos com garantias reais serem processadas nos ofícios em que as garantias estejam registradas ou se é melhor manter a execução com os tabeliães de protesto, independentemente da existência ou não de garantia real. A resposta a essa pergunta gira em torno da eficiência e da ampliação das possibilidades de execução pelo credor.

De início, é de se observar que a proposta se restringe às garantias reais, não se aplicando às garantias fidejussórias. Para melhor compreensão do tema, é importante fazer a diferenciação:

> A garantia pode ser de duas espécies: a) pessoal ou fidejussória, consistindo em que uma pessoa estranha à relação obrigatória principal se responsabilize pela solução da dívida, caso o devedor deixe de cumprir a obrigação. Desta espécie é a fiança ou o aval (v. n. 271, supra, v. III)⊠ b) real, mais eficaz do que as garantias pessoais, quando se vincula ao pagamento um determinado bem do devedor, o que se concretiza com a afetação de um ou vários bens ao pagamento do credor.[28]

Assim, as garantias fidejussórias – ou pessoais – implicam que um terceiro se compromete a garantir o pagamento da dívida, configurando-se, em simplificação meramente didática[29], em mais um devedor, ou seja, mais uma pessoa a ser executada. Por outro lado, nas garantias reais, um bem integrante do patrimônio do devedor – ou de terceiro que aceita dar o bem em garantia – assegurará o pagamento da dívida. Trata-se de uma garantia mais concreta e de mais fácil execução.

A garantia real tem quatro características essenciais que a tornam mais eficaz que a fidejussória. A primeira é a *preferência* (art. 1.422 do Código Civil) que tem o credor no pagamento sobre outros créditos pela expropriação do bem. A segunda, sua *indivisibilidade* (art. 1.421 do Código Civil), implica o fato de que o pagamento de parte do crédito não exonera proporcionalmente a garantia, inclusive se consistir em vários bens, salvo previsão contratual expressa. Tampouco, em razão da indivisibilidade, é possível fracionar a garantia; é dizer, ela não é exonerada com alienação parcial do bem. Como terceira característica, tem-se a *sequela*, de forma que a garantia seguirá o bem, ou seja, mesmo este sendo alienado, a garantia real permanecerá vinculada ao cumprimento da obrigação, podendo o credor perseguir o bem independentemente de sua atual titularidade. Por fim, a quarta característica é a *excussão* (art. 1.422, Código Civil), pela qual é assegurado ao credor executar[30] a

---

28. PEREIRA, Caio Mário da Silva. *Instituições de direito civil*: direitos reais. 25. ed. Rio de Janeiro: Forense, 2017. v. IV. p. 292).
29. Essa simplificação didática decorre do fato de existirem pormenores em cada espécie de garantia fidejussória que não interessam ao escopo deste trabalho, bastando saber que o garantidor fidejussório, caso não garanta espontaneamente a dívida, também deverá integrar a execução como devedor.
30. O credor anticrético tem o direito de retenção do bem e não de executar (art. 1.423, Código Civil).

coisa dada em garantia, ingressando com o procedimento competente para promover a alienação do bem e satisfazer seu crédito.[31]

São três as espécies de garantias reais previstas no Código Civil: a hipoteca e a anticrese de imóveis e o penhor de bens móveis (art. 1.419). Há uma quarta garantia real, a alienação fiduciária em garantia (art. 1.367, Código Civil e art. 22, Lei 9.514/1997), que Tartuce[32] chama de garantia real sobre coisa própria, podendo recair tanto em bens móveis quanto imóveis.

Não é objetivo deste trabalho o estudo das garantias reais, no entanto, importa destacar que, para que elas se constituam, é necessário o correspondente registro no ofício próprio. Paulo Nader ensina que todo direito real, inclusive os de garantia sobre coisa alheia, requer publicidade para que possam produzir efeitos em relação a terceiros, que é alcançada mediante o registro. Segundo o autor, a falta de registro não anula o negócio jurídico, no entanto, o direito do credor é apenas pessoal.[33]

Percebe-se, dessa forma, tendo em vista a característica da excussão, que o credor tem o direito de alienar o bem dado em garantia para satisfazer seu crédito. Essa garantia sempre é passível de registro – seja no registro imobiliário, seja no registro de títulos e documentos, a depender do tipo de garantia e negócio jurídico antecedente[34]. As dívidas com garantias reais têm uma facilitação no procedimento executivo, pois há um bem material, em geral, suficiente para pagar o débito, o qual poderá ser alienado a pedido do credor, direito esse que pode ser exercido frente a qualquer detentor do bem, em razão da publicidade dada pelo registro.

O Código de Processo civil, inclusive, prevê que, nas execuções com garantia real, a penhora recaia sobre o bem dado em garantia (art. 835, § 3º), imprimindo maior celeridade ao procedimento. Não existe, portanto, a preocupação de se encontrar bem do devedor, pois já há um bem, previamente ofertado por ele, em comum acordo com o credor, que servirá para efetivar o pagamento da dívida no caso de inadimplemento.

Depois dessas breves considerações sobre as garantias reais, é importante analisar qual natureza de serviços notariais e registrais seria a mais adequada, a de melhor especialidade, para conduzir a execução de dívidas com garantias reais. Em que pese o tabelião de protesto ter a expertise de cobrança de dívidas e intimação de devedores, é de se observar que, em se tratando de execuções com garantia real, há um novo elemento imprescindível: a predefinição do bem a ser expropriado, que impulsiona o procedimento executivo. É dizer intimado, caso o devedor não efetue o pagamento, o bem dado em garantia será automaticamente penhorado e, em seguida, alienado – obviamente assegurados todos os meios de defesa. Qual das naturezas

---

31. TARTUCE, Flávio. *Direito Civil*: direito das coisas. 9. ed. Rio de Janeiro: Forense, 2017. v. 4.
32. TARTUCE, Flávio. *Direito Civil*: direito das coisas. 9. ed. Rio de Janeiro: Forense, 2017. v. 4. p. 864.
33. NADER, Paulo. *Curso de direito civil*: direito das coisas. 7. ed. Rio de Janeiro: Forense, 2016. v. 4.
34. Importante ressalva deve ser feita quanto ao registro da alienação fiduciária de veículos automotores, no qual a garantia é registrada no órgão de trânsito competente para o licenciamento, nos termos do art. 1.361, § 1º, do Código Civil, tema que será tratado mais adiante.

estaria mais afeita à expropriação dos bens? Parece evidente que os ofícios de registro nos quais as garantias estão registradas têm uma maior adequação, afinal é onde estão assegurados os direitos do credor oponíveis contra terceiros, em decorrência do registro dos bens dados em garantia.

Neste ponto, importante enaltecer a experiência de sucesso dos registradores de imóveis em relação à "execução" da garantia fiduciária imobiliária, prevista na Lei 9.514/1997, mediante a consolidação da propriedade fiduciária (arts. 26 e 27). Apesar de evidentes diferenças com relação à "execução" da propriedade fiduciária, a execução com garantia real aproveitará a experiência – mais de vinte anos – em efetivamente satisfazer o direito do credor. Claramente, a expropriação de garantia real está mais afeita aos ofícios que registram as garantias do que aos tabelionatos de protesto.

Ressalta-se que a proposta de execução extrajudicial feita neste estudo não engloba a consolidação da propriedade fiduciária realizada no registro de imóveis prevista na Lei 9.514/1997 (imóvel); afinal, como afirmado acima, é um instituto que está em funcionamento há mais de vinte anos e que sofreu aperfeiçoamentos legislativos pontuais durante todo esse período. Ademais, verifica-se que a citada lei institui a alienação fiduciária de imóveis, sendo mais adequado que a "execução" dessa garantia permaneça regulamentada naquele diploma legislativo.

No entanto, a execução hipotecária prevista no Decreto-Lei 70/1966 deve ser abrangida pela nova execução extrajudicial proposta no PL 6.204/2019, por ser alvo de contundentes questionamentos, especialmente porque o agente de execução, denominado no decreto-lei de agente fiduciário, é uma instituição financeira, atuante em atividade idêntica à do credor-exequente, pondo em risco a necessária imparcialidade. Dessa forma, o agente de execução passaria a ser o registrador imobiliário, terceiro de confiança, dotado de fé pública, desinteressado e imparcial.

Ainda advoga, em favor da ampliação sugerida, o fato de que a execução, pelos registradores de imóveis ou pelos oficiais de registro de títulos e documentos, é mais uma opção para o devedor. Explica-se. O que se propõe é que a execução da garantia real seja facultativa, podendo o credor escolher realizar a execução extrajudicial via tabelionato de protesto, renunciando ao direito de executar a garantia – pelo menos naquele momento – ou realizar a execução extrajudicial da garantia, via oficial de registro de imóveis ou de títulos e documentos – a depender da garantia. Em síntese, a garantia real somente poderá ser executada diretamente perante a serventia extrajudicial na qual esteja registrada. Abre-se, assim, mais uma porta de acesso à justiça.

Nesse caso, pode-se questionar qual seria o interesse do credor com garantia real de optar pela execução extrajudicial comum, e não pela execução da garantia. A resposta é simples: é possível que o devedor possua bens de maior liquidez do que o bem dado em garantia. Por exemplo, o art. 835 do Código de Processo Civil define a ordem de preferência da penhora, afirmando ser prioritária a penhora em dinheiro (art. 835, § 1º) – "em espécie ou em depósito ou aplicação em instituição financeira" (art. 835, I). Assim, caso o credor tenha conhecimento da existência de conta do devedor, é melhor o credor expropriar diretamente o dinheiro do que ter que levar a leilão o bem dado em garantia. Ou mesmo, por exemplo, no caso de um bem móvel dado em garantia que haja dificuldade em localizar, o credor poderá escolher realizar a execução no tabelionato de protestos, frente à existência de outros bens mais fáceis de localizar e expropriar.

Dessa forma, em resumo, havendo garantias reais que assegurem o cumprimento da obrigação de pagar, a execução das garantias deve ser processada pelo oficial de registro de imóveis ou pelo oficial de registro de títulos e documentos, a depender da espécie de garantia. É certo, nesse caso, que a definição da competência dar-se-á em razão do ofício no qual estiver registrada a garantia, e não no domicílio do devedor: sendo imóvel, no ofício da circunscrição territorial; sendo móvel, há previsão do art. 130 da Lei 6.015/1973, de que o registro seja realizado tanto no ofício da localidade do domicílio do devedor quanto no do domicílio do credor – na época do registro –, impondo-se que a definição da competência seja do ofício – que registrou a garantia – localizado no domicílio do devedor.

Merecem especial atenção, por outro lado, as alienações fiduciárias em garantia de veículos. Apesar de ser bem móvel, o Código Civil expressamente dispôs que o registro deve ser realizado "na repartição competente para o licenciamento" do veículo (art. 1.361, § 1º) excluindo-o da competência registrária do oficial de registro de títulos e documentos. Evidentemente, nesse caso, os órgãos competentes para licenciamento não são serventias extrajudiciais, não possuindo qualquer vocação para exercer a atribuição de agente de execução. Propõe-se que, em razão de sua vocação e da competência residual para registro (art. 127, parágrafo único, Lei 6.015/1973), a execução extrajudicial das propriedades fiduciárias em garantia de veículos seja realizada pelos oficiais de títulos e documentos, mediante o registro do contrato no domicílio do devedor, nos exatos termos do já citado § 1º, do art. 136, do Código Civil. Esse registro, para não ferir a exceção prevista no próprio diploma civil, somente será obrigatório na hipótese de necessidade de execução da garantia.

A respeito disso, importa comentar que tramita no Congresso Nacional o Projeto de Lei 478/2017, de autoria da Comissão de Assuntos Econômicos do Senado, propondo a criação de "procedimento facultativo do credor fiduciário para a cobrança extrajudicial de dívidas previstas em contratos com cláusula de alienação fiduciária de bem móvel, por meio do uso do instituto da busca e apreensão extrajudicial". De acordo como o atual texto desse PL, o procedimento executivo processar-se-á perante os oficiais de títulos e documentos, a quem competirá expedir "certidão com validade em todo o território nacional, atestando a condição de que o bem está sujeito à retomada extrajudicial", bem como "certidão autenticando a retomada da posse legítima do bem e de consolidação de propriedade, documento hábil para a venda do bem a terceiros".

A "execução" extrajudicial dos bens móveis dados em garantia por meio de alienação fiduciária, assim como já ocorre há mais de vinte anos com os imóveis, é uma demanda do mercado. Não se pode perder a oportunidade de regulamentar a consolidação da propriedade fiduciária de bens móveis pelos registradores de títulos e documentos, juntamente com a execução extrajudicial proposta no PL 6.024/2019, consolidando as execuções em um só diploma legal.

Assim, propõe-se que não só os tabeliães de protesto possam ser agentes de execução, mas que se deve ampliar este rol para admitir que os registradores de imóveis e os registradores de títulos e documentos também recebam essa atribuição, de forma que as execuções de créditos com garantias reais sejam conduzidas pelos oficiais de registro das serventias em que estiver registrada a garantia.

6. CONCLUSÃO

A impossibilidade de que a tutela jurisdicional seja prestada de modo adequado abre espaço para a atuação de outros mecanismos postos à disposição do cidadão como forma alternativa de solução dos conflitos, por meio dos quais ele poderá exercer sua liberdade de escolha. Atualmente, o conceito contemporâneo de jurisdição alcança a efetiva solução das demandas, seja pelo Poder Judiciário, seja por meios desjudicializados mais céleres, eficientes e eficazes, uma vez que, pelo processo judicial, a prestação jurisdicional se mostra lenta e dispendiosa.

A crise do Poder Judiciário, afetada principalmente pela ineficácia da execução, prima pela necessidade de dar célere satisfatividade ao processo executivo civil. Prima-se pela satisfação efetiva do direito, independentemente de esta ser concretizada diretamente pelo Estado ou por agente delegado.

Na esteira da efetivação dos direitos fundamentais, as serventias extrajudiciais exercem um papel importante ao oportunizarem à sociedade a desburocratização por meio de diversos serviços prestados, fazendo com que a jurisdição não seja a única forma de resolução dos conflitos. Esses serviços notariais e de registros têm a estrutura e a viabilidade necessárias para auxiliar no processo de desjudicialização das demandas executórias. O deslocamento de algumas competências do Judiciário para as serventias extrajudiciais permite a celeridade do procedimento e redução de custos financeiros com contornos modernos e versáteis, e contribui para a efetivação do acesso à justiça.

As serventias extrajudiciais estariam, assim, inseridas no sistema de acesso à justiça multiportas como entidades de pacificação de conflitos, mediante atuação dos titulares de serviços notariais e de registro, profissionais do direito que conhecem as disciplinas em que atuam, com dever de informação jurídica e imparcialidade. As atividades realizadas pelas serventias extrajudiciais de forma consensual e pacificadora diminuem a oportunidade de ajuizamento de eventuais demandas, contribuindo para a desjudicialização dos feitos ante o exercício de sua função social.

Os titulares de serviços notariais e de registro, profissionais do direito, dotados de fé pública, que atuam para garantir a publicidade, autenticidade, segurança e eficácia dos atos jurídicos, demonstram possuir todos os requisitos essenciais para receber as atribuições de agente de execução por delegação do Poder Público. Esses profissionais particulares em colaboração com o Poder Público, mas que desempenham suas funções em caráter privado, sujeitam-se a regime jurídico singular e, por mais que sejam particulares, sua atuação se submete a controle do Poder Judiciário.

Nesse sentido, a extrajudicialização, nos moldes do Projeto de Lei 6.204/2019, objetiva dar efetividade ao processo de execução. Ela é o ponto de partida das discussões no Parlamento e será alvo de aperfeiçoamentos. É necessária a inclusão dos Oficiais de Registro de Imóveis e dos Oficiais de Registro de Títulos e Documentos para exercerem a atividade delegada de agentes de execução, juntamente ao Tabelião de Protestos, nos termos já previstos na referida propositura legislativa.

Essa ampliação do rol de agentes de execução possibilita que execuções fundadas em título executivo com garantia real se processem nos respectivos ofícios de registro, nos quais se encontra registrada a garantia. É uma medida de importância ímpar para desafogar o Judiciário brasileiro, permitindo a realização da execução por um número maior de agentes, presentes em todos os municípios do país.

A desjudicialização dos procedimentos de execução existentes é uma demanda urgente, necessitando de formas alternativas de cobrança. É salutar que a legislação continue evoluindo, pois diversos outros procedimentos existentes podem e devem passar a ser realizados por meio de serventias extrajudiciais, como é o caso da execução civil por quantia certa.

O momento atual é oportuno: reclama a ressignificação e o redirecionamento de alguns contextos de efetivação de direitos. O cenário, portanto, se mostra favorável para que haja o aumento de demandas que podem ser ressignificadas e que outros mecanismos de solução de conflitos sejam buscados, a exemplo da execução civil extrajudicializada.

7. REFERÊNCIAS

ANDRADE, Júlia Melazzi. A delegação do exercício da competência no processo executivo brasileiro. *Revista de Processo*. v. 296, p. 111-147. São Paulo: out. 2019.

ARAÚJO, André Villaverde. *Cartórios extrajudiciais brasileiros como instrumentos de acesso a uma ordem jurídica justa pela extrajudicialização*. Tese de doutoramento. Fortaleza: UNIFOR, 2019.

ARCARO, Alexandre Augusto. *O fenômeno da desjudicialização na execução civil e o agente de execução*: dos atos dos agentes de execução e a interconexão com os órgãos jurisdicionais. Dissertação de mestrado. Brasília, Instituto Brasiliense de Direito Público – IDP, 2020.

BRANDELLI, Leonardo. *Teoria geral do direito notarial*. São Paulo: Saraiva, 2009.

BRANDELLI, Leonardo. *Usucapião administrativa*: de acordo com o novo código de processo civil. São Paulo: Saraiva, 2016.

BRASIL. CNJ. *Conselho Nacional de Justiça*. Justiça em números 2020: ano-base 2019. Brasília: CNJ, 2020. Disponível em: https://www.cnj.jus.br/wp-content/uploads/2020/08/WEB-V3-Justi%C3%A7a-em-N%C3%BAmeros-2020-atualizado-em-25-08-2020.pdf. Acesso em: 10 abr. 2021.

BRASIL. *Lei 8.935* de 18 de novembro de 1994. Regulamenta o art. 236 da Constituição Federal, dispondo sobre serviços notariais e de registro. (Lei dos cartórios). Brasília, DF: Presidência da República, [2017]. Disponível em: http://www.planalto.gov.br/ccivil_03/leis/l8935.htm. Acesso em: 12 abr. 2021.

BRASIL. *Projeto de Lei 6204*, de 2019. Disponível em: https://www25.senado.leg.br/web/atividade/materias/-/materia/139971. Acesso em: 10 abr. 2020.

CAEIROS, Inês. *A quem atribuir a função de agente de execução* – uma opinião portuguesa. 01 out. 2020. Disponível em: https://www.migalhas.com.br/depeso/334211. Acesso em: 23 abr. 2021.

FIGUEIRA JÚNIOR, Joel Dias. *Arbitragem*. 3. ed. Rio de Janeiro: Forense, 2019.

FREITAS, Matheus Silva de; VITA, Jonathan Barros. A eficiência alocativa do tabelionato de protesto à luz da análise econômica do direito. *Economic Analysis of Law Review*, Brasília, v. 8, n. 2, p. 22-46, jul./dez. 2017. Disponível em: https://portalrevistas.ucb.br/index.php/EALR/article/view/8560. Acesso em: 23 abr. 2021.

FUX, Luiz. *Processo civil contemporâneo*. Rio de Janeiro: Forense, 2019.

GRINOVER, Ada Pellegrini. A inafastabilidade do controle jurisdicional e uma nova modalidade de autotutela (parágrafos únicos dos artigos 249 e 251 do código civil). *Revista brasileira de Direito Constitucional*, São Paulo, v. 10, n. 02, 2007, p. 13-19. Disponível em: http://esdc.com.br/seer/index.php/rbdc/article/view/200/194. Acesso em: 15 maio 2021.

LOUREIRO, Luiz Guilherme. *Registros públicos*: teoria e prática. Salvador: Juspodivm, 2017.

MAGALHÃES, Eduardo Pedroto de Almeida. *Desjudicialização e execução por quantia certa*. Dissertação de mestrado. Brasília: Instituto Brasiliense de Direito Público – IDP, 2020.

NADER, Paulo. *Curso de direito civil*: direito das coisas. 7. ed. Rio de Janeiro: Forense, 2016. v. 4.

ONO, Taynara Tiemi. *Acesso à justiça pela desjudicialização da execução das obrigações por quantia certa*. Dissertação de mestrado. Brasília: Universidade de Brasília – UnB, 2017.

PEREIRA, Caio Mário da Silva. *Instituições de direto civil*: direitos reais. 25. ed. Rio de Janeiro: Forense, 2017. v. IV.

RIBEIRO, Flávia Pereira. *Desjudicialização da execução civil*. 2. ed. Curitiba: Juruá, 2019.

RIBEIRO, Flávia Pereira. Desjudicialização da execução civil: mito ou realidade. *Migalhas*, 18 out. 2019. Disponível em: https://www.migalhas.com.br/depeso/313285/desjudicializacao-da-execucao-civil--mito-ou-realidade. Acesso em: 18 abr. 2021.

RIBEIRO, Flávia Pereira; CORTEZ, Renata. Reflexões sobre o parecer do Conselho Federal da OAB sobre o PL 6.204/19 - parte I. *Migalhas*, 21 set. 2020. Disponível em: https://migalhas.uol.com.br/depeso/333661/reflexoes-sobre-o-parecer-do-conselho-federal-da-oab-sobre-o-pl-6-204-19---parte-i. Acesso em: 18 abr. 2021.

TARTUCE, Flávio. *Direito Civil*: direito das coisas. 9. ed. Rio de Janeiro: Forense, 2017. v. 4.

O ADVOGADO COMO AGENTE DE EXECUÇÃO E AS NECESSÁRIAS ADEQUAÇÕES AO PROJETO DE LEI 6.204/19 PARA O RESGUARDO AO DEVIDO PROCESSO LEGAL

Ana Beatriz Ferreira Rebello Presgrave

Doutora em Direito Constitucional pela UFPE. Mestre em Direito Processual Civil pela PUC-SP. Professora Adjunta da UFRN. Estágio pós-doutoral na Universidade de Münster. Presidente do IPPC. Membro da ABDPRO. Membro da ANNEP. Membro do IBDP. Diretora Regional do IPDP. Membro do CEAPRO. Conselheira Federal da OAB.

Isabela Araújo Barroso

Pós-graduanda em Direito Tributário pelo IBET. Bacharel em Direito pela UFRN. Advogada.

1. INTRODUÇÃO

O Relatório Justiça em Números, editado pelo Conselho Nacional de Justiça[1], traz dados assustadores sobre a execução no Brasil. Aquela que deveria ser a fase mais simples e rápida do procedimento – uma vez que se inicia a partir da certeza, liquidez e exigibilidade de um título – acaba sendo a mais morosa e dramática.

Em consonância com o Relatório Justiça em Números, os processos de execução são os que possuem o maior tempo de duração. No ano de 2020, a título de exemplo, o tempo médio das execuções (sem considerar as execuções penais) correspondeu a 7 anos e 8 meses na Justiça Federal e a 6 anos e 9 meses na Justiça Estadual[2].

Percebe-se que hoje a situação é a seguinte: o jurisdicionado bate às portas do Poder Judiciário, consegue a declaração do seu direito ("ganha o processo"), mas não consegue executar o título executivo judicial. Em termos populares, é o famoso "ganhou mas não levou". Esse cenário indica que a sistemática legal executiva vigente não é eficaz para a prestação e efetivação do direito.

Identificada a problemática, muitas propostas de solução vêm surgindo, a exemplo do Projeto de Lei nº 6.204/19 (PL), que "dispõe sobre a desjudicialização da execução civil de título executivo judicial e extrajudicial[3]" e altera as Leis nº

---

1. CONSELHO NACIONAL DE JUSTIÇA (ed.). *Justiça em Números 2020*. Brasília: Conselho Nacional de Justiça, 2020. Disponível em: https://www.cnj.jus.br/wp-content/uploads/2020/08/WEB-V3-Justi%C3%A7a-em-N%C3%BAmeros-2020-atualizado-em-25-08-2020.pdf. Acesso em: 11 mar. 2021.
2. Conselho Nacional de Justiça (ed.). *Justiça em Números 2020*. **Brasília**: Conselho Nacional de Justiça, 2020. Disponível em: https://www.cnj.jus.br/wp-content/uploads/2020/08/WEB-V3-Justi%C3%A7a-em-N%C3%BAmeros-2020-atualizado-em-25-08-2020.pdf. Acesso em: 11 mar. 2021.
3. BRASIL. Projeto Lei 6204, de 2019. Brasília, Disponível em: https://legis.senado.leg.br/sdleg-getter/documento?dm=8049470&ts=1594037651957&disposition=inline. Acesso em: 11 mar. 2021.

9.430/96, n° 9.492/97, n° 10.169/00 e o próprio Código de Processo Civil de 2015. Um dos objetivos do projeto de lei, conforme se extrai da sua justificação é a redução do tempo médio das execuções no Poder Judiciário[4].

Todavia, ante a previsão constitucional da inafastabilidade da jurisdição, surgiram questionamentos acerca da constitucionalidade da desjudicialização do procedimento executivo. Foi justamente por essa razão que em texto anterior[5] iniciamos pela análise da constitucionalidade da desjudicialização da execução.

Na oportunidade, além de entendermos pela ausência de ofensa à Constituição, especialmente porque o PL resguarda a inafastabilidade da jurisdição, ainda que mediata, em estrita consonância com o art. 5°, XXXV da Constituição Federal, identificamos que ela, caso bem empregada, pode trazer inúmeros benefícios aos cidadãos, representando uma alternativa à morosidade da execução judicial[67].

Naquela oportunidade, ao identificarmos a existência de diferentes modelos de desjudicialização, entendemos que o PL traz um modelo próximo ao português, embora possua "personalidade" própria, razão pela qual destacamos que possíveis referências ao direito estrangeiro devem ser realizadas levando esse aspecto em consideração[8].

Partindo dessas duas premissas – a constitucionalidade da desjudicialização e a aproximação do PL com o modelo português –, percebemos que, ao contrário do sugerido pelo projeto em comento, a função de agente de execução no Brasil seria melhor exercida pela advocacia, ao invés dos tabeliães de protesto conforme previsto no projeto original.

É claro que para tornar viável e segura essa atuação é necessário estabelecer uma série de ajustes ao PL, de modo a promover a adequada organização instrumental para a realização efetiva da execução fora da estrutura do Poder Judiciário assegurando-se a garantia do devido processo legal.

---

4. BRASIL. Projeto Lei 6204, de 2019. Brasília, Disponível em: https://legis.senado.leg.br/sdleg-getter/documento?dm=8049470&ts=1594037651957&disposition=inline. Acesso em: 11 mar. 2021.
5. PRESGRAVE, Ana Beatriz Ferreira Rebello; BARROSO, Isabela Araújo. A advocacia e a execução extrajudicial. In: ASSIS, Araken de (Org.). *Processo de Execução e Cumprimento da Sentença*: temas atuais e controvertidos. São Paulo: Ed. RT, 2021. p. 389-402.
6. PRESGRAVE, Ana Beatriz Ferreira Rebello; BARROSO, Isabela Araújo. A advocacia e a execução extrajudicial. In: ASSIS, Araken de (Org.). *Processo de Execução e Cumprimento da Sentença*: temas atuais e controvertidos. São Paulo: Ed. RT, 2021. p. 389-402.
7. Em Portugal, no ano de 2018, após a desjudicialização da execução, portanto, o número de processos atingiu o menor quantitativo desde 1996 (ARAÚJO, Luciano Vianna; DOTTI, Rogéria. *Parecer a respeito do Projeto de Lei 6204 de 2019*: desjudicialização da execução civil de título executivo judicial e extrajudicial. Brasília: Conselho Federal da Ordem dos Advogados do Brasil, 2020). Os dados portugueses são importantes porque o sistema de execução extrajudicial de Portugal é semelhante ao proposto pelo PL 6.204/19.
8. PRESGRAVE, Ana Beatriz Ferreira Rebello; BARROSO, Isabela Araújo. A advocacia e a execução extrajudicial. In: ASSIS, Araken de (Org.). *Processo de Execução e Cumprimento da Sentença*: temas atuais e controvertidos. São Paulo: Ed. RT, 2021. p. 389-402.

A proposta deste trabalho é justamente apresentar estudo mais aprofundado acerca do advogado como agente de execução, destacando a estrutura organizacional necessária e apontando os ajustes que servirão para a adequação do referido Projeto de Lei com a Constituição Federal, especialmente no que diz respeito ao devido processo legal.

2. O ADVOGADO COMO AGENTE DE EXECUÇÃO

Em Portugal, o Decreto-Lei 38/2003 transferiu para os solicitadores, profissionais liberais que praticam atividades jurídicas, as funções executivas outrora exercidas pelos juízes. Segundo o decreto, tanto o solicitador com formação jurídica como aquele sem a formação acadêmica, passaram à condição de agentes de execução[9].

Embora no ano de 2003 o título de bacharel em direito ou em solicitadoria já fosse condição necessária para o requerimento de inscrição como solicitador, em razão do baixo número de solicitadores com formação acadêmica, o próprio Decreto-Lei 38/2003 permitiu, em seu art. 3º, a atuação dos antigos solicitadores, sem formação técnica, como agentes de execução[10].

A opção legislativa de habilitar pessoas sem formação acadêmica em direito ou em solicitadoria gerou problemas ao novo sistema executivo português, tendo a experiência inicial da desjudicialização sido classificada por Flávia Pereira Ribeiro como "desastrosa", ante a ausência de formação técnica, experiência e maturidade desses profissionais[11].

Com vistas a dirimir esses problemas, o Decreto-Lei 226/2008 estabeleceu a necessidade de realização de estágio, com duração de 10 meses, por aqueles que quisessem exercer a função de agente de execução. A aceitação das inscrições de advogados no estágio também foi uma novidade trazida pelo Decreto-Lei, de modo que, a partir de então, sendo o advogado aprovado no estágio, poderá ele atuar como agente de execução[12].

A justificativa para adoção dessas medidas, trazidas pelo próprio Decreto-Lei 226/2008, foi a necessidade de aumentar o número de agentes de execução e de assegurar a adequada formação para o desempenho das funções executivas[13]. A observância desses dois pontos – número de agentes de execução e a formação deles – é de fundamental importância para que o Brasil possa, se não eliminar, ao menos dirimir possíveis problemas advindos da desjudicialização da execução, tornando-a mais efetiva.

---

9. RIBEIRO, Flávia Pereira. *Desjudicialização da Execução Civil*. 2. ed. Curitiba: Juruá, 2019. p. 121.
10. RIBEIRO, Flávia Pereira. *Desjudicialização da Execução Civil*. 2. ed. Curitiba: Juruá, 2019. p. 122.
11. RIBEIRO, Flávia Pereira. *Desjudicialização da Execução Civil*. 2. ed. Curitiba: Juruá, 2019. p. 146.
12. RIBEIRO, Flávia Pereira. *Desjudicialização da Execução Civil*. 2. ed. Curitiba: Juruá, 2019. p. 123.
13. PORTUGAL. Decreto-Lei 226, de 20 de novembro de 2008. Lisboa.

Para tanto, seriam necessários ajustes no Projeto de Lei nº 6.204/19, já que, conforme disposto na introdução do presente trabalho, o PL prevê que a função de agente de execução deverá ser exercida, exclusivamente, pelo tabelião de protesto (art. 3º). Vislumbramos que essa previsão não se adequa à realidade brasileira, em especial com a oferta quantitativa e qualitativa suficiente de agentes de execução, o que pode gerar "gravíssimo risco de falta de operosidade e efetividade para as execuções civis"[14].

No que diz respeito ao aspecto quantitativo de agentes de execução, o número de tabelionatos de protesto e os locais onde estão instalados não se mostram suficientes para atender de modo eficiente as demandas executivas. Basta dizer que muitos municípios brasileiros sequer possuem tabelionato de protesto em seu território – são 5.570 municípios no Brasil e apenas 3.777 tabelionatos de protesto, conforme dados do Conselho Nacional de Justiça[15].

Nesse exato sentido, dados do Instituto de Estudos de Protesto de Títulos do Brasil (IETB) revelam que os tabelionatos de protesto, em que pese a qualidade dos seus equipamentos, muito provavelmente não teriam suportado, por exemplo, a demanda das 3,9 milhões de novas execuções judiciais oferecidas no ano de 2018[16].

Do mesmo modo, em conformidade com o relatório Justiça em Números de 2019, editado pelo Conselho Nacional de Justiça, além das execuções que já estavam em andamento, surgiram outras 3.994.836 execuções em apenas um ano, ao passo que a quantidade de tabelionatos de protesto é fixa e muitíssimo inferior, não chegando a nem 1% desse montante[17].

Sentimos que os cartórios de protesto, portanto, não conseguiriam dar vazão célere à grande demanda dos processos de execução. Consequentemente, o maior objetivo da reforma legislativa do sistema de execução de títulos judiciais e extrajudiciais, qual seja, a atribuição de uma maior eficiência e celeridade aos processos de execução, restaria fracassada.

Essa questão quantitativa seria resolvida com a atribuição da função de agente de execução aos advogados, já que, ao contrário do que ocorre com os tabeliães, em consonância com dados obtidos em 25.07.2021, existem 1.296.808 advogadas e advogados ativos no país, número trezentas vezes maior que o de tabelionato de protesto[18].

---

14. ARAÚJO, Luciano Vianna; DOTTI, Rogéria. *Parecer a respeito do Projeto de Lei 6204 de 2019: desjudicialização da execução civil de título executivo judicial e extrajudicial.* Brasília: Conselho Federal da Ordem dos Advogados do Brasil, 2020.
15. COMISSÃO PERMANENTE DE DIREITO PROCESSUAL CIVIL. *Parecer sobre o Projeto de Lei do Senado 6.024/2019.* Rio de Janeiro: Instituto dos Advogados do Brasil, 2020.
16. FARIA. Márcio Carvalho Faria. *Primeiras impressões sobre o Projeto de Lei 6.024/19*: críticas e sugestões acerca da tentativa de se desjudicializar a execução civil brasileira (Gentilmente cedido pelo autor).
17. ARAÚJO, Luciano Vianna; DOTTI, Rogéria. *Parecer a respeito do Projeto de Lei 6204 de 2019:* desjudicialização da execução civil de título executivo judicial e extrajudicial. Brasília: Conselho Federal da Ordem dos Advogados do Brasil, 2020.
18. ORDEM DOS ADVOGADOS DO BRASIL. *Quadro de Advogados.* 2021. Disponível em: https://www.oab.org.br/institucionalconselhofederal/quadroadvogados. Acesso em: 25 jul. 2021.

Também comungam desse entendimento Luciano Vianna Araújo e Rogéria Fagundes Dotti ao defenderem a permissão da atuação dos advogados como agente de execução para prevenir que o Brasil cometa o mesmo erro primitivo de Portugal[19]. Ou seja, para evitar que, após a edição da lei de desjudicialização, o Brasil precise de uma reforma legislativa por perceber que não existem números suficientes de tabelionatos de protesto aptos ao processamento das execuções de títulos judiciais e extrajudiciais.

Ainda no que diz respeito ao aspecto quantitativo, nota-se que a existência de número considerável de advogados habilitados a atuar como agente de execução poderia gerar a criação de "escritórios especializados conforme o tipo de necessidade de cada exequente em conjunto com o perfil do executado/ou da natureza da obrigação inadimplida"[20], trazendo maior celeridade e grau de satisfação à execução.

Caso os tabeliães de protesto permaneçam como agentes de execução, muito provavelmente a possibilidade do surgimento desses escritórios especializados restará impossibilitada ante a proibição legal da concessão de descontos e/ou vantagens pelos ofícios de notas com o objetivo de angariar clientela. Por outro lado, inexiste proibição semelhante com relação aos advogados[21].

A escolha do advogado que atuaria como agente de execução, à semelhança do que acontece em Portugal, poderia se dar livremente pelo exequente[22], fato esse que, inclusive, possibilitaria ao exequente optar por profissional especializado a cada tipo de execução.

No aspecto qualitativo, a substituição dos tabeliães por advogados como agentes de execução nos parece a melhor solução para viabilizar a eficiência perseguida pelo PL 6.204/19, já que os advogados, por terem prática no foro e acompanharem as execuções civis, conhecem os seus grandes desafios[23], o que não ocorre com os tabeliães, que estão longe do dia a dia forense.

---

19. ARAÚJO, Luciano Vianna; DOTTI, Rogéria. *Parecer a respeito do Projeto de Lei 6204 de 2019*: desjudicialização da execução civil de título executivo judicial e extrajudicial. Brasília: Conselho Federal da Ordem dos Advogados do Brasil, 2020.
20. FARIA. Márcio Carvalho Faria. *Primeiras impressões sobre o Projeto de Lei 6.024/19*: críticas e sugestões acerca da tentativa de se desjudicializar a execução civil brasileira (Gentilmente cedido pelo autor).
21. "Vide, a esse respeito, o art. 16, VIII, da Lei Estadual de Minas Gerais n.º 15424/2004, que textualmente veda ao notário ou registrador "(...) conceder desconto remuneratório de emolumentos ou de valores da Taxa de Fiscalização Judiciária". Na legislação federal, embora não haja, salvo melhor juízo, norma expressa como a lei mineira citada, a análise conjunta dos arts. 29, VIII, Lei 8935/94 c/c art. 6°, Lei 10169/2000 permite concluir a impossibilidade, por vontade própria do tabelião, de concessão de descontos" (FARIA. Márcio Carvalho Faria. *Primeiras impressões sobre o Projeto de Lei 6.024/19*: críticas e sugestões acerca da tentativa de se desjudicializar a execução civil brasileira (Gentilmente cedido pelo autor).
22. CILURZO, Luiz Fernando. *A desjudicialização na execução por quantia*. 2016. 246 f. Dissertação (Mestrado) – Curso de Mestrado em Direito, Universidade de São Paulo, São Paulo, 2016.
23. PRESGRAVE, Ana Beatriz Ferreira Rebello; BARROSO, Isabela Araújo. A advocacia e a execução extrajudicial. In: ASSIS, Araken de (Org.). *Processo de Execução e Cumprimento da Sentença*: temas atuais e controvertidos. São Paulo: Ed. RT, 2021. p. 389-402.

Ademais, defendemos que a atividade de agente de execução seja exercida a partir de uma rigorosa avaliação realizada no âmbito da Ordem dos Advogados do Brasil, que deverá ocorrer após treinamento efetivado pela Escola Superior da Advocacia (ESA).

Assim, "ser advogado regularmente inscrito na OAB" seria apenas um requisito para se tornar agente de execução. A função não seria exercida por todo e qualquer advogado, mas apenas por aqueles que fizerem a capacitação na ESA e forem aprovados nos exames

Merece destaque o fato de que os advogados, assim como os tabeliães, somente podem exercer suas funções tradicionais após regular aprovação em exames profissionais, os quais não foram, até o momento, direcionados para a atividade de agente de execução. Assim, não há justificativa para se limitar a atividade de agente de execução aos tabeliães, pois esses também teriam que passar por capacitação para o exercício da função.

E nesse sentido, é muito mais razoável se permitir à advocacia que realize tal atividade, seja porque se trata de profissionais devidamente qualificados e que foram aprovados por exame técnico profissional, quer porque há quantitativo suficiente para atender à demanda existente no país. A qualificação específica será necessária tanto para a advocacia, quanto para os tabeliães.

Todavia, não podemos negar a existência de críticas sobre a atribuição da função de agente de execução aos advogados. Gisele Mazzoni Welsch, por exemplo, aponta a seguinte preocupação:

> O exercício da advocacia cumulada com as atribuições do agente de execução apresenta incompatibilidade, em razão da imparcialidade e da independência que devem nortear o agente. É preciso considerar os deveres éticos, as responsabilidades civil, administrativa, e criminal, que se agregam em caráter pessoal, no caso de tabeliães de protesto (art. 22, Lei 8.935/94, que dispõe sobre serviços notariais e de registro). Além disso, acrescente-se a fé pública de que são dotados os notários.
>
> Ainda, é preciso considerar o maior rigorismo correcional dos notários em função do controle que sofrem dos tribunais de justiça, por meio de suas respectivas Corregedorias a que estão vinculados, bem como do CNJ. Enquanto, se agente de execução for um bacharel em Direito, há discussão da entidade responsável pela sua correção, se seria a OAB[24].

Sem dúvidas, devem haver regras claras de impedimento de atuação dos agentes com vistas a resguardar a imparcialidade e a independência da execução, sendo imprescindível a consideração dos deveres éticos, bem como da responsabilidade civil, administrativa e criminal dos agentes. Todavia, ao contrário do defendido por Gisele Mazzoni Welsch, a atuação dos advogados como agentes de execução não exclui o resguardo da imparcialidade, da independência e da ética e nem impede a

---

24. WELSCH, Gisele Mazzoni. Análise crítica e comparada da desjudicialização da execução civil (Projeto de Lei nº 6.204/19). In: ASSIS, Araken de (Org.). *Processo de Execução e Cumprimento da Sentença*: temas atuais e controvertidos. São Paulo: Ed. RT, 2021. p. 403-417.

responsabilização por faltas ou danos sofridos em razão de ato ilícito praticado no exercício da função.

Nesse sentido, defendemos que o PL 6.204 traga em seu texto que as hipóteses de impedimento e suspeição dos juízes, insculpidas nos artigos 144 e 145 do Código de Processo Civil, devem ser aplicadas aos agentes de execução, nos exatos termos do art. 148, II, do Código de Processo Civil, enquadrando-os, portanto, como auxiliares da justiça[25].

Para além das hipóteses previstas nos artigos 144 e 145 do Código de Processo Civil, ante a particularidade do advogado como agente de execução, outras possibilidades de impedimento e suspeição – e não de incompatibilidade[26], ressalte-se – deveriam ser acrescidas ao art. 30 do Estatuto da Advocacia e da Ordem dos Advogados do Brasil (Lei nº 8.906/94), tudo para preservar a sua independência e imparcialidade.

Dessa forma, o advogado restaria impossibilitado de advogar a favor de qualquer das partes da execução em que tenha atuado, com vistas a evitar que o agente de execução pratique, no exercício da função, atos com a intenção de patrocinar futura demanda judicial ou arbitral em favor do exequente ou do executado. Ora, como bem destacado por Luciano Vianna Araújo e Rogéria Dotti, "não pode haver qualquer outro interesse ou possibilidade de favorecimento ao agente de execução, em virtude de sua atuação no processo executivo[27].

---

25. Seria, assim, impedido de exercer as funções de agente de execução aquele que tivesse atuado como advogado, perito, membro do Ministério Público, ou tivesse prestado depoimento como testemunha no processo judicial que originou o título a ser executado; quando seu cônjuge ou companheiro, ou qualquer parente, consanguíneo ou afim, em linha reta ou colateral, até o terceiro grau, exercer no processo judicial que originou o título a ser executado a função de advogado, perito, membro do Ministério Público; quando a parte exequente ou executada for seu cônjuge ou companheiro, ou qualquer parente, consanguíneo ou afim, em linha reta ou colateral, até o terceiro grau; quando for sócio ou membro de direção de administração da pessoa jurídica executada ou exequente; quando for herdeiro presuntivo, donatário ou empregador do executado ou do exequente; em que figure como executado ou exequente instituição de ensino com a qual tenha relação de emprego ou decorrente de contrato de prestação de serviços; em que figure como exequente ou executado cliente do escritório de advocacia seu, de seu cônjuge, companheiro ou parente, consanguíneo ou afim, em linha reta ou colateral, até o terceiro grau, inclusive, mesmo que patrocinado por advogado de outro escritório, e; quando promover ação contra a parte ou seu advogado. Também seria impedido de exercer as funções de agente de execução aquele que for amigo íntimo do executado, exequente ou de seus advogados; que receber presentes de pessoas que tiverem interesse na execução antes ou depois do seu início; que aconselhar alguma das partes acerca do objeto da execução; que subministrar meios para atender às despesas da execução; que for credor ou devedor do executado, do exequente, de seu cônjuge ou companheiro ou de parentes destes, em linha reta até o terceiro grau; que possuir interesse no resultado da execução em favor de qualquer das partes.
26. Hoje, a diferença "entre incompatibilidade e impedimento é que, no primeiro caso, o advogado não pode advogar, em hipótese alguma; no segundo caso, tem restrição para advogar contra determinadas pessoas jurídicas ou, dado seu cargo ou função, é proibido de advogar, seja contra ou a favor de determinadas pessoas jurídicas" (CORRÊA, Orlando de Assis. *Apud* HADDAD, José Eduardo. *E-4.371/2014*. 2014. Disponível em: https://www.oabsp.org.br/tribunal-de-etica-e-disciplina/ementario/2014/E-4.371.2014#:~:text=%E2%80%9CA%20diferen%C3%A7a%20fundamental%2C%20portanto%2C,contra%20ou%20a%20favor%20de. Acesso em: 13 mar. 2021).
27. ARAÚJO, Luciano Vianna; DOTTI, Rogéria. *Parecer a respeito do Projeto de Lei 6204 de 2019*: desjudicialização da execução civil de título executivo judicial e extrajudicial. Brasília: Conselho Federal da Ordem dos Advogados do Brasil, 2020.

Não obstante, com vistas a preservar a imparcialidade, ao agente de execução também deve ser assegurado o direito de recusa, a ser exercido imotivadamente, sempre que entender prejudicada a sua imparcialidade[28].

Também entendemos que o agente de execução deve restar impedido de atuar como advogado no juízo que proferiu a sentença a ser executada, bem como no juízo competente para conhecer dos embargos à execução (art. 18 da PL 6.204/19), para sanar possíveis dúvidas do agente (art. 21 da PL 6.204/19) e para aplicar medidas de força (art. 20 da PL 6.204/19).

Esses períodos de quarentena devem durar 1 ano a partir do término de todos os atos executivos, tomando como parâmetro o art. 6º da Lei 13.140/2015. Inicialmente, pensamos em adotar o parâmetro estabelecido pelo art. 95, parágrafo único, V, da Constituição Federal, que veda o exercício da advocacia pelo membro do Poder Judiciário, pelo período de 3 anos, no tribunal ao juízo do qual tenha se afastado por aposentadoria ou exoneração. Esse é, inclusive, o entendimento de Márcio Carvalho de Faria.[29]

Todavia, chegamos à conclusão de que o lapso temporal previsto pela Constituição Federal foi estabelecido levando em consideração tanto a provável facilidade de acesso do magistrado ao local onde exerce a magistratura, como o acesso a informações sigilosas que possuía.

O agente de execução, por sua vez, tem acesso restrito a informações privilegiadas e não exerce poder de império como o magistrado, de modo que se mostra razoável e suficiente a quarentena pelo prazo de 1 ano, nos moldes daquela aplicada aos mediadores.

É certo, entretanto, que com relação aos impedimentos e prazo da quarentena, até mesmo a doutrina que defende a atuação do advogado como agente de execução já apontou posicionamentos diversos ao ora defendido.

Luciano Vianna Araújo e Rogéria Dotti, por exemplo, entendem que o agente de execução não deve ser impedido de atuar no juízo vinculado à execução na qual atuou, ao fundamento de que o agente de execução não atua judicialmente e, portanto, não goza da proximidade com o juízo[30]. Entretanto, como acima disposto, existe a possibilidade de o agente de execução direcionar ao Poder Judiciário dúvidas surgidas no curso da execução enquanto auxiliar da justiça, o que poderia causar confusão com relação à sua função perante o juízo.

---

28. PRESGRAVE, Ana Beatriz Ferreira Rebello; BARROSO, Isabela Araújo. A advocacia e a execução extrajudicial. In: ASSIS, Araken de (Org.). *Processo de Execução e Cumprimento da Sentença*: temas atuais e controvertidos. São Paulo: Ed. RT, 2021. p. 389-402.
29. FARIA, Márcio Carvalho. Primeiras impressões sobre o projeto de lei 6.204/2019: críticas e sugestões acerca da tentativa de se desjudicializar a execução civil brasileira (parte quatro). *Revista de Processo*. v. 316, p. 389-414. São Paulo, jun. 2021.
30. ARAÚJO, Luciano Vianna; DOTTI, Rogéria. *Parecer a respeito do Projeto de Lei 6204 de 2019*: desjudicialização da execução civil de título executivo judicial e extrajudicial. Brasília: Conselho Federal da Ordem dos Advogados do Brasil, 2020.

Esse "relacionamento" do agente de execução com o Poder Judiciário é indubitável, em especial por se configurar verdadeiro auxiliar da justiça. Ademais, conforme já defendemos em trabalho pretérito, esse acesso ao Poder Judiciário, ainda que mediato, possui estrita consonância com o art. 5º, XXXV da CF[31].

Os mesmos autores defendem que o prazo para o agente de execução advogar em favor das partes da execução na qual atuou deve ser de 2 anos. Nesse sentido, argumentam que:

> sua atuação é cogente e pode gerar consequências muito mais graves que aquelas relativas à mediação. Deve-se, portanto, assegurar sua completa imparcialidade, evitando que o agente de execução tenha qualquer outro interesse profissional ou pessoal, ainda que postergado no tempo. Daí a necessidade desse período de 02 anos[32].

Entretanto, entendemos que embora a atuação do agente de execução seja cogente, não se mostra mais ou menos suscetível à existência de outros interesses pessoais ou profissionais que a do mediador, em especial pelo fato do mediador atuar dentro dos quadros do Poder Judiciário, o que poderia até mesmo sugerir um maior grau de influência deste em detrimento daquele. Portanto, não vemos qualquer justifica para que o agente de execução tenha um período de quarentena maior que aquele estabelecido ao mediador.

Também para resguardar a imparcialidade do agente de execução, deve-se permitir que tanto o exequente como o executado, fundamentadamente, possam requerer ao juízo competente a sua substituição (salvo nos casos de concordância do próprio agente)[33]. Tal previsão também deverá estar expressa no plano legislativo[34].

Demais disto, assim como os tabeliães, os advogados também são responsáveis pelos atos que praticarem com dolo ou culpa no exercício profissional, conforme art. 32 da Lei 8.906/94 (Estatuto da OAB). Por essas razões, a preocupação de Gisele Mazzoni Welsch de que os tabeliães de protesto seriam, em tese, mais adequados ao exercício da função de agente de execução ante à possibilidade de responsabilização pelos seus atos não é congruente, haja vista que a responsabilização do advogado também está prevista em lei.

No que toca à atividade correicional, entendemos que não há fundamento ao argumento de que os agentes de execução seriam submetidos a correição mais rígida

---

31. PRESGRAVE, Ana Beatriz Ferreira Rebello; BARROSO, Isabela Araújo. A advocacia e a execução extrajudicial. In: ASSIS, Araken de (Org.). *Processo de Execução e Cumprimento da Sentença*: temas atuais e controvertidos. São Paulo: Ed. RT, 2021. p. 389-402.
32. ARAÚJO, Luciano Vianna; DOTTI, Rogéria. *Parecer a respeito do Projeto de Lei 6204 de 2019*: desjudicialização da execução civil de título executivo judicial e extrajudicial. Brasília: Conselho Federal da Ordem dos Advogados do Brasil, 2020.
33. FARIA. Márcio Carvalho Faria. *Primeiras impressões sobre o Projeto de Lei 6.024/19*: críticas e sugestões acerca da tentativa de se desjudicializar a execução civil brasileira (Gentilmente cedido pelo autor).
34. PRESGRAVE, Ana Beatriz Ferreira Rebello; BARROSO, Isabela Araújo. A advocacia e a execução extrajudicial. In: ASSIS, Araken de (Org.). *Processo de Execução e Cumprimento da Sentença*: temas atuais e controvertidos. São Paulo: Ed. RT, 2021. p. 389-402

se sofrerem controle da corregedoria dos tribunais aos quais estão vinculados e do Conselho Nacional de Justiça, conforme defendido por Gisele Mazzoni Welsch[35]. Não há elementos que levem à conclusão de que a Ordem dos Advogados do Brasil é menos rigorosa no exercício do controle da atuação ética dos advogados.

Conforme dados divulgados pela Seccional da Ordem dos Advogados do Brasil de São Paulo, só entre os meses de janeiro a outubro de 2020 haviam 2907 advogados cumprindo pena aplicada em processo administrativo pela OAB São Paulo[36]. Isso demonstra que a Ordem dos Advogados do Brasil trabalha ativamente no resguardo do exercício ético da advocacia.

Todavia, embora a OAB deva ter um papel protagonista na implementação, seleção, capacitação e fiscalização das funções dos agentes de execução, é de fundamental importância a cooperação institucional com os Tribunais e o Conselho Nacional de Justiça (CNJ), como já prescrito nos artigos 24 e 27 do Projeto de Lei 6.204/19. Esse, aliás, o ponto que torna mais amplo o controle da atividade do agente de execução, pois inclui órgãos externos à OAB.

Defende-se, pois que os órgãos correicionais funcionem a partir das estruturas das seccionais da OAB, mas com atuação em cooperação institucional entre o CNJ, os Tribunais e a OAB, permitindo-se que haja efetivo controle da atuação do agente de execução por um órgão independente.

Para além desses, outro ponto fundamental a ser tratado é acerca da possibilidade de o advogado agente de execução perseguir bens em estado diverso da seccional da OAB à qual esteja vinculado enquanto agente de execução e os efeitos dessa perseguição face a possíveis impedimentos para atuação nos juízos da localização dos bens.

A abordagem desse ponto demanda a análise do procedimento previsto hoje, no sistema de execução judicial, de como é realizada a penhora de bens fora da jurisdição do juízo em que o processo de execução judicial tramita.

Sabendo que a eficácia da coisa julgada, por decorrer do exercício da jurisdição, não está restrita aos limites da competência territorial do juízo que prolatou a sentença[37], o juízo sentenciante pode determinar a constrição de bens localizados em lugar diverso do qual corre a execução. A constrição, todavia, dar-se-á mediante o envio de carta precatória ao juízo em cuja base territorial o bem se encontre.

Ao receber a carta precatória, o juízo deprecado deve dar cumprimento à solicitação do juízo deprecante, "ressalvadas as hipóteses legais de escusa estabelecidas

---

35. WELSCH, Gisele Mazzoni. Análise crítica e comparada da desjudicialização da execução civil (Projeto de Lei 6.204/19). In: ASSIS, Araken de (Org.). *Processo de Execução e Cumprimento da Sentença*: temas atuais e controvertidos. São Paulo: Ed. RT, 2021. p. 403-417.
36. Ted – Estatística Consolidada – Janeiro a Outubro/2020. São Paulo: Ordem dos Advogados do Brasil, 2020. Disponível em: https://www.oabsp.org.br/tribunal-de-etica-e-disciplina/corregedoria/estatisticas/ted-estatistica-consolidada-janeiro-a-outubro-2020//. Acesso em: 28 jul. 2021.
37. FERREIRA, Rony. *O limite territorial da coisa julgada nas ações coletivas*. 2020. Disponível em: https://www.conjur.com.br/2020-dez-16/ferreira-limite-territorial-coisa-julgada. Acesso em: 28 jul. 2021.

pelo art. 267 do diploma processual"[38], quais sejam: carta não revestida dos requisitos legais; faltar ao juízo competência em razão da matéria ou da hierarquia; o juiz tiver dúvida acerca da sua autenticidade.

Percebe-se, portanto, que não cabe ao juízo deprecado decidir acerca do cabimento da ordem emanada pelo juízo deprecante, mas apenas cumpri-la. É justamente em razão disso que, na execução por carta precatória, em regra, o juízo deprecante é o competente para julgar os embargos à execução, nos exatos termos do art. 914, § 2º, do CPC[39].

Entendemos que sistemática semelhante, com as devidas adaptações, pode ser aplicada ao agente de execução. O agente de execução, assim como fazem os juízes, poderia buscar bens passíveis de penhora em todo o território nacional. As buscas se dariam mediante o sistema a ser disponibilizado pelo Conselho Nacional de Justiça, conforme previsto pelo art. 29 da PL 6.204/19[40].

Assim, admitindo-se a busca de bens em todo o território nacional, a penhora somente poderia ser perfectibilizada por agente de execução inscrito no Conselho Seccional da OAB da localidade do bem, de modo a viabilizar inclusive o exercício da atividade correicional, acaso necessária, por eventuais abusos. Por esse motivo, sugerimos que haja atos concertados entre os agentes de execução, na hipótese de solicitação de penhoras de bens localizados em estado diverso do processamento da execução.

Necessário ressaltar que o art. 10, § 2º, do Estatuto da OAB permite ao advogado atuar em cinco causas anuais, em território de seccional diversa da que é inscrito. Entendemos que tal excepcionalidade não deve ser aplicada ao agente de execução, pois a atividade neste caso seria como auxiliar da Justiça, e não como procurador das partes.

Deve-se consignar, ainda, que os embargos à execução dos bens penhorados em outra localidade devem ser processados no juízo vinculado ao agente de execução solicitante e não ao juízo da base territorial do agente de execução que procedeu com o cumprimento da solicitação. Por essa razão, não vislumbramos que a penhora de bens em outra localidade geraria impedimento para o advogado enquanto agente de execução atuar no respectivo juízo.

---

38. RIBEIRO, Marcelo. *Processo Civil*. 2. ed. Rio de Janeiro: Método Forense, 2019.
39. Art. 914, § 2º, do CPC: Na execução por carta, os embargos serão oferecidos no juízo deprecante ou no juízo deprecado, mas a competência para julgá-los é do juízo deprecante, salvo se versarem unicamente sobre vícios ou defeitos da penhora, da avaliação ou da alienação dos bens efetuadas no juízo deprecado.
40. Sobre esse banco de dados, Márcio Carvalho Faria destaca o seguinte: "Ainda que o PL não defina qual seria exatamente a extensão dessa base de dados, parece importante que ali constem, entre outros, dados como a (i) identificação completa do executado; (ii) endereços (físicos e eletrônicos); (iii) rol de bens registráveis (v. g., em especial, imóveis e veículos); (iv) dados bancários; (v) a existência de participação em certames licitatórios; (vi) perfis em redes sociais; (vii) participação como cotista ou acionista em pessoas jurídicas; (viii) lista de ações judiciais e extrajudiciais em que o executado figure como parte etc." (FARIA, Márcio Carvalho. Primeiras impressões sobre o projeto de lei 6.204/2019: críticas e sugestões acerca da tentativa de se desjudicializar a execução civil brasileira (parte cinco). *Revista de Processo*. v. 316, p. 389-414. São Paulo, jun. 2021).

3. O DIREITO DE REPRESENTAÇÃO DO EXECUTADO E DO EXEQUENTE POR ADVOGADO

Defendemos em trabalho anterior que, em observância ao contraditório e à ampla defesa, a execução extrajudicial deveria garantir tanto ao exequente quanto ao executado o direito de representação por advogado (necessariamente diverso do agente de execução) em todos os atos. Por essa razão, sugerimos a modificação do art. 2º do Projeto de Lei 6.204/19[41], que somente prevê a obrigatoriedade de representação por advogado da parte exequente[42].

Contrariamente ao nosso entendimento, ao supor que, por já estar endividado, o executado não conseguiria reunir recursos para pagar advogado, Márcio Carvalho Faria conclui pela possibilidade da dispensa de advogado ao executado. Acrescenta, ainda, que embora o executado pudesse procurar a defensoria pública ou as práticas jurídicas das universidades, a deficiência das defensorias públicas seria uma problemática[43].

Em nosso sentir, argumentos dessa natureza são perigosos e não devem ser utilizados como fundamento para se afastar a figura do advogado da defesa dos interesses do Executado. É como se estivéssemos abrindo mão de garantias constitucionais, como a paridade de armas, a isonomia e o devido processo legal, ante a justificativa de que o estado foi incompetente e não conseguiu garantir a "assistência jurídica integral e gratuita aos que comprovarem insuficiência de recursos"[44].

Nosso entendimento vai justamente na direção oposta: deve-se buscar sim alternativas e políticas públicas eficientes para efetivar a assistência jurídica gratuita e integral às pessoas economicamente hipossuficientes, permitindo que sejam adequadamente representadas judicial e extrajudicialmente. A ineficiência do Estado não pode jamais ser utilizada como justificativa para a restrição ainda maior dos direitos dos hipossuficientes.

Portanto, reafirmamos o entendimento de que tanto o executado como o exequente devem estar devidamente representados por advogados, não parecendo razoável que "o exequente – que já detém o título executivo e, portanto, ao menos em tese, uma aparência de bom direito – seja obrigado a ter advogado e o executado, não"[45].

---

41. BRASIL. Projeto Lei 6204, de 2019. Brasília, Disponível em: https://legis.senado.leg.br/sdleg-getter/documento?dm=8049470&ts=1594037651957&disposition=inline. Acesso em: 11 mar. 2021.
42. PRESGRAVE, Ana Beatriz Ferreira Rebello; BARROSO, Isabela Araújo. A advocacia e a execução extrajudicial. In: ASSIS, Araken de (Org.). *Processo de Execução e Cumprimento da Sentença*: temas atuais e controvertidos. São Paulo: Ed. RT, 2021. p. 389-402.
43. FARIA, Márcio Carvalho. Primeiras impressões sobre o projeto de lei 6.204/2019: críticas e sugestões acerca da tentativa de se desjudicializar a execução civil brasileira (parte quatro). *Revista de Processo*, São Paulo, v. 316, p. 389-414, jun. 2021.
44. Constituição Federal, art. 5º, LXXIV – o Estado prestará assistência jurídica integral e gratuita aos que comprovarem insuficiência de recursos.
45. PRESGRAVE, Ana Beatriz Ferreira Rebello; BARROSO, Isabela Araújo. A advocacia e a execução extrajudicial. In: ASSIS, Araken de (Org.). *Processo de Execução e Cumprimento da Sentença*: temas atuais e controvertidos. São Paulo: Ed. RT, 2021. p. 389-402.

Mesmo na hipótese de execução de títulos cujo montante não ultrapasse 20 salários-mínimos, que, conforme previsão normativa do art. 9º da Lei 9.099/95 (Juizados Especiais), já faculta a assistência de advogados, entendemos que não há respaldo constitucional para a dispensa do defensor ao executado.

Márcio Carvalho Faria assim justifica seu posicionamento:

> Há aparente dicotomia entre o art. 2º do PL e o art. 9º, (LGL\1995\70), na medida em que, para a cobrança judicial de até 20 salários-mínimos, não se exige a presença de advogado, algo que não ocorre com a execução extrajudicial. Diante disso, propõe-se que o PL seja alterado ou para assegurar a facultatividade da presença de advogado nos requerimentos até esse montante, ou para se asseverar, expressamente, que, ao menos para as execuções de até 20 salários-mínimos, haja uma concomitância entre os sistemas judicial e extrajudicial executivos[46].

É certo que a garantia constitucional da paridade de armas exige que haja equilíbrio entre as partes, de modo que não há como se justificar a dispensa de advogado para apenas umas das partes, exigindo-se que a outra atue com defensor constituído.

Na hipótese de se defender a inexigência de advogados para a execução extrajudicial de títulos de pequeno valor, deve haver previsão expressa no sentido de haver dispensa para ambas as partes, ressalvando-se que o amparo de uma das partes por advogado demanda a exigência de constituição de defensor para a outra parte.

4. A DESNECESSIDADE DO PROTESTO DOS TÍTULOS JUDICIAIS

O art. 6º do PL 6.204/19 exige o prévio protesto dos títulos executivos judiciais e extrajudiciais como condição para o início da execução. Inegavelmente, sabendo-se que o protesto de títulos sempre foi uma opção do credor e não uma condição para o início da execução, essa nova exigência aumentaria o ônus financeiro do credor, já abalado economicamente pelo inadimplemento da dívida a ser executada. Esse novo ônus financeiro, que representa um verdadeiro acréscimo aos requisitos do título executivo apto à execução[47], fundamenta a crítica da parcela da doutrina que não concorda com o prévio protesto[48].

Todavia, na mesma linha do defendido por Márcio Carvalho Faria[49], entendemos que a previsão do prévio protesto faz sentido quanto aos títulos extrajudiciais, já que

---

46. FARIA, Márcio Carvalho. Primeiras impressões sobre o projeto de lei 6.204/2019: críticas e sugestões acerca da tentativa de se desjudicializar a execução civil brasileira (parte cinco). *Revista de Processo*, São Paulo, v. 316, p. 389-414, jun. 2021.
47. GAIO JÚNIOR, Antônio Pereira. Execução e desjudicialização. Modelos, procedimento extrajudicial pré-executivo e o PL n. 6.204/2019. In: ASSIS, Araken de (Org.). *Processo de Execução e Cumprimento da Sentença*: temas atuais e controvertidos. São Paulo: Ed. RT, 2021. p. 419-438.
48. LUCON, Paulo Henrique dos Santos; ARAÚJO, Luciano Vianna; DOTTI, Rogéria Fagundes. *Desjudicialização da execução civil*: a quem atribuir as funções de agente de execução? 2020. Disponível em: https://www.conjur.com.br/2020-dez-10/opiniao-desjudicializacao-execucao-civil?utm_source=dlvr.it&utm_medium=facebook. Acesso em: 13 mar. 2021.
49. FARIA. Márcio Carvalho Faria. *Primeiras impressões sobre o Projeto de Lei 6.024/19: críticas e sugestões acerca da tentativa de se desjudicializar a execução civil brasileira* (Gentilmente cedido pelo autor).

por meio do protesto o devedor poderá, ao ser devidamente notificado, sentir-se compelido a pagar a dívida e evitar o procedimento executivo. De modo diverso, no caso dos títulos judiciais, salvo se identificada a revelia processual, a dívida já é conhecida do devedor, tornando desnecessária a realização do protesto[50].

Como forma de valorizar o pagamento da dívida protestada objeto de título executivo extrajudicial, antes de ser iniciada a execução, o art. 10, §5º poderia ser aprimorado no sentido de prever a aplicação dessas situações. O dispositivo em comento prevê que em até 5 dias após a citação para pagamento, o devedor poderá depositar 30% do valor da dívida, acrescido dos emolumentos, juros, correção monetária e honorários advocatícios e pagar o restante em até 6 (seis) parcelas mensais, também acrescidas de correção monetária e juros de um por cento ao mês[51].

Sente-se que, se as benesses do art. 10, § 5º do art. 10, § 5º for estendida para os casos de pagamento de dívidas protestadas, mas não executadas, a intenção do protesto, para fins de conhecimento da dívida como forma de compelir o seu pagamento antes de iniciada a execução se mostrará mais eficiente. Inclusive, como não teria tido início a execução, poder-se-ia pensar em condições de pagamento melhores, como, por exemplo o aumento do número de prestações ou a diminuição do valor prévio a ser depositado.

Nos últimos 3 anos, mais da metade dos títulos levados a protesto foram adimplidos: em 2018, a porcentagem de adimplemento correspondeu a 67,1%; em 2019, a 63,9% e em 2020, a 55,9%[52]-[53]. Esses dados nos mostram que o protesto já é uma boa ferramenta para a compelir o devedor a pagar a dívida, bem como nós levam a crer que seria ainda mais eficiente caso o devedor fosse, mediante o recebimento de benefícios, como o acima sugerido, incentivado ao adimplemento.

Com relação ao ônus financeiro a ser inicialmente suportado[54] pelo credor, deve-se salientar a previsão do art. 5º do PL 6.204, no sentido de que o beneficiário

---

50. PRESGRAVE, Ana Beatriz Ferreira Rebello; BARROSO, Isabela Araújo. A advocacia e a execução extrajudicial. In: ASSIS, Araken de (Org.). *Processo de Execução e Cumprimento da Sentença*: temas atuais e controvertidos. São Paulo: Ed. RT, 2021. p. 389-402.
51. BRASIL. Projeto Lei 6204, de 2019. Brasília, Disponível em: https://legis.senado.leg.br/sdleg-getter/documento?dm=8049470&ts=1594037651957&disposition=inline. Acesso em: 11 mar. 2021.
52. Associação dos Notários e Registradores do Brasil. *Cartório em Números*: atos eletrônicos, desburocratização, capilaridade, cidadania e confiança. serviços públicos que nada custam ao estado e que beneficiam o cidadão em todos os municípios do país. 2020. Disponível em: https://www.anoreg.org.br/site/wp-content/uploads/2020/11/Cart%C3%B3rios-em-N%C3%BAmeros-2-edi%C3%A7%C3%A3o-2020.pdf. Acesso em: 25 jul. 2021.
53. Merece observação a diminuição da taxa de adimplemento dos títulos protestados em 2020, se comparado aos anos de 2018 e 2019. Sentimos que essa conjuntura pode ser atribuída a crise econômica provocada pela Pandemia da COVID-19 que, inclusive, ensejou a queda do PIB brasileiro em 4,1%, no ano de 2020, se comprado ao ano de 2019 (Agências de Notícias IBGE. *PIB cai 4,1% em 2020 e fecha o ano em R$ 7,4 trilhões*. Disponível em: https://agenciadenoticias.ibge.gov.br/agencia-sala-de-imprensa/2013-agencia-de-noticias/releases/30165-pib-cai-4-1-em-2020-e-fecha-o-ano-em-r-7-4-trilhoes. Acesso em: 25 jul. 2021).
54. Falamos que o ônus financeiro do protesto será *inicialmente* suportado pelo credor porque ao pagar o valor devido, ao devedor também caberá o pagamento/ressarcimento dos emolumentos iniciais, conforme art. 10 do PL 6204.

da justiça gratuita, quando da apresentação do título ao agente de execução, poderá requerer que o pagamento dos emolumentos se dê somente após o recebimento do crédito executado.

As demais pessoas, não beneficiárias da justiça gratuita, podem ter esse o ônus financeiro inicial *aliviado* mediante a aplicação das disposições do Provimento 86/2019 do Conselho Nacional de Justiça, que prevê a possibilidade de pagamento de forma parcelada dos emolumentos, acréscimos legais e demais despesas decorrentes da apresentação de títulos ou outros documentos de dívida para protesto[55].

5. CONCLUSÃO

Em conformidade com o quanto acima exposto, para que a desjudicialização da execução civil atinja os seus principais objetivos (dar maior celeridade e eficiência a execução de títulos judiciais e extrajudiciais), a função de agente de execução deve ser exercida por advogados pertencentes aos quadros da OAB, após regular capacitação e avaliação para o exercício profissional.

Isso porque, além do fato dos advogados possuírem o conhecimento técnico e prático necessário para o desempenho dessas atividades, o grande quantitativo de advogados que poderiam atuar como agentes de execução evitaria que o Brasil cometesse o mesmo erro de Portugal, com um baixo número de profissionais que poderiam exercer essa função e com ausência de capacidade técnica.

A existência de regulamentação rígida da atuação profissional, em especial sobre impedimentos, resolveria a maioria dos problemas imaginados por aqueles que criticam a figura do advogado como agente de execução.

A partir desse trabalho, constatamos também a necessidade de realização de ajustes ao PL no que toca ao procedimento e às garantias constitucionais do Exequente e Executado, especificamente com relação à desnecessidade de protesto dos títulos judiciais e à necessidade de representação por advogado por ambas as partes.

Por fim, concluímos que a atuação da OAB em cooperação com o CNJ e os Tribunais é fundamental para que a desjudicialização da execução ocorra de maneira segura, eficiente e com respeito ao devido processo legal.

6. REFERÊNCIAS

Agências de Notícias IBGE. *PIB cai 4,1% em 2020 e fecha o ano em R$ 7,4 trilhões*. Disponível em: https://agenciadenoticias.ibge.gov.br/agencia-sala-de-imprensa/2013-agencia-de-noticias/releases/30165-pib-cai-4-1-em-2020-e-fecha-o-ano-em-r-7-4-trilhoes. Acesso em: 25 jul. 2021

---

55. WELSCH, Gisele Mazzoni. Análise crítica e comparada da desjudicialização da execução civil (Projeto de Lei 6.204/19). In: ASSIS, Araken de (Org.). *Processo de Execução e Cumprimento da Sentença*: temas atuais e controvertidos. São Paulo: Ed. RT, 2021. p. 403-417.

ARAÚJO, Luciano Vianna; DOTTI, Rogéria. *Parecer a respeito do Projeto de Lei 6204 de 2019: desjudicialização da execução civil de título executivo judicial e extrajudicial*. Brasília: Conselho Federal da Ordem dos Advogados do Brasil, 2020.

Associação dos Notários e Registradores do Brasil. *Cartório em Números*: atos eletrônicos, desburocratização, capilaridade, cidadania e confiança. Serviços públicos que nada custam ao estado e que beneficiam o cidadão em todos os municípios do país. 2020. Disponível em: https://www.anoreg.org.br/site/wp-content/uploads/2020/11/Cart%C3%B3rios-em-N%C3%BAmeros-2-edi%C3%A7%C3%A3o-2020.pdf. Acesso em: 25 jul. 2021.

BRASIL. Lei 13105, de 16 de março de 2015. Brasília, 16 mar. 2015. Disponível em: https://www2.senado.leg.br/bdsf/bitstream/handle/id/512422/001041135.pdf. Acesso em: 11 mar. 2021.

BRASIL. Projeto Lei 6204, de 2019. Brasília, Disponível em: https://legis.senado.leg.br/sdleg-getter/documento?dm=8049470&ts=1594037651957&disposition=inline. Acesso em: 11 mar. 2021.

CILURZO, Luiz Fernando. *A desjudicialização na execução por quantia*. 2016. 246 f. Dissertação (Mestrado). Curso de Mestrado em Direito, Universidade de São Paulo, São Paulo, 2016.

COMISSÃO PERMANENTE DE DIREITO PROCESSUAL CIVIL. *Parecer sobre o Projeto de Lei do Senado 6.024/2019*. Rio de Janeiro: Instituto dos Advogados do Brasil, 2020.

Constituição da República Federativa do Brasil de 1988. Brasília, DF: Presidência da República, [2016]. Disponível em: http://www.planalto.gov.br/ccivil_03/Constituicao/Constituicao. Acesso em: 12 mar. 2021.

FARIA, Márcio Carvalho. Primeiras impressões sobre o projeto de lei 6.204/2019: críticas e sugestões acerca da tentativa de se desjudicializar a execução civil brasileira (parte cinco). *Revista de Processo*. v. 316, p. 389-414. São Paulo, jun. 2021.

FARIA. Márcio Carvalho Faria. *Primeiras impressões sobre o Projeto de Lei 6.024/19*: críticas e sugestões acerca da tentativa de se desjudicializar a execução civil brasileira (Gentilmente cedido pelo autor).

HILL, Flávia Pereira. Desjudicialização da Execução Civil: reflexões sobre o projeto de lei 6.024/2019. *Revista Eletrônica de Direito Processual*. set.-dez. 2020.

JÚNIOR, Antônio Pereira Gaio. Execução e desjudicialização. Modelos, procedimento extrajudicial pré-executivo e o PL n. 6.204/2019. In: ASSIS, Araken de (Org.). *Processo de Execução e Cumprimento da Sentença*: temas atuais e controvertidos. São Paulo: Ed. RT, 2021.

ORDEM DOS ADVOGADOS DO BRASIL. *Quadro de Advogados*. 2021. Disponível em: https://www.oab.org.br/institucionalconselhofederal/quadroadvogados. Acesso em: 25 jul. 2021.

PINHO, Humberto Dalla Bernardina de; STANCATI, Maria Martins Silva. A ressignificação do princípio do acesso à justiça à luz do art. 3º do CPC/2015. *Revista de Processo*. v. 254. p. 17-44. abr. 2016.

PORTUGAL. Decreto-Lei 226, de 20 de novembro de 2008.

PRESGRAVE, Ana Beatriz Ferreira Rebello; BARROSO, Isabela Araújo. A advocacia e a execução extrajudicial. In: ASSIS, Araken de (Org.). *Processo de Execução e Cumprimento da Sentença*: temas atuais e controvertidos. São Paulo: Ed. RT, 2021.

RIBEIRO, Flávia Pereira. *Desjudicialização da Execução Civil*. 2. ed. Curitiba: Juruá, 2019.

RIBEIRO, Marcelo. *Processo Civil*. 2. ed. Rio de Janeiro: Método Forense, 2019.

TED – Estatística Consolidada – Janeiro a Outubro 2020. São Paulo: Ordem dos Advogados do Brasil, 2020. Disponível em: https://www.oabsp.org.br/tribunal-de-etica-e-disciplina/corregedoria/estatisticas/ted-estatistica-consolidada-janeiro-a-outubro-2020//. Acesso em: 28 jul. 2021.

WELSCH, Gisele Mazzoni. Análise crítica e comparada da desjudicialização da execução civil (Projeto de Lei 6.204/19). In: ASSIS, Araken de (Org.). *Processo de Execução e Cumprimento da Sentença*: temas atuais e controvertidos. São Paulo: Ed. RT, 2021.

O AGENTE DE EXECUÇÃO NO PL 6.204/19: POR QUE SOMENTE O TABELIÃO DE PROTESTOS?[1]

Joel Dias Figueira Júnior

> Pós-doutor pela *Università degli Studi di Firenze*, Doutor e Mestre pela PUC/SP. Membro da Academia Brasileira de Direito Civil e do IBDP; Professor de Cursos de Pós-graduação do CESUSC; foi Presidente da Comissão de Juristas que elaborou o anteprojeto de lei que deu origem ao PL 6.204/19; integrou a Comissão Especial de Assessoria da Relatoria-Geral do Código Civil na Câmara dos Deputados. Membro do Comitê Brasileiro de Arbitragem-CBAr. Desembargador aposentado do TJSC. Advogado, Consultor Jurídico e Parecerista.

1. INTRODUÇÃO: BREVE ACENO À CRISE DA JURISDIÇÃO ESTATAL BRASILEIRA E A AGENDA 2030/ONU-ODS

Há décadas a jurisdição pública brasileira encontra-se mergulhada em crise que se agrava a cada ano, beirando ao colapso com o consequente risco de desestabilização do Estado Democrático de Direito, na medida em que, paulatinamente, vem deixando de corresponder aos anseios da população que, para resolver seus conflitos, precisa acessar o Estado-juiz sem a perspectiva de obter em tempo razoável a satisfação de suas pretensões resistidas ou insatisfeitas.

Mesmo antes da criação do Conselho Nacional de Justiça, quando ainda não dispúnhamos de dados estatísticos indicadores do funcionamento do Poder Judiciário, todos nós, profissionais do foro, já tínhamos a nítida impressão de que o principal ponto de estrangulamento residia nos processos de execução – como diriam os italianos, *il collo di botiglia* ("o gargalo da garrafa").

Não foi por menos que o Conselho Nacional de Justiça após instituir o anuário "Justiça em Números" e identificar este ponto, passou a denominar o problema que assombra os jurisdicionados e atormenta os juízes e advogados e demais profissionais do direito como sendo o *gargalo* do Poder Judiciário, assim representado pelas execuções civis e fiscais, responsáveis por aproximadamente 54% de todas as demandas que tramitam na jurisdição estatal (77 milhões). Significa dizer que, em torno de 42 milhões de processos são execuções de títulos extrajudiciais e judiciais, dos quais, aproximadamente, 13 milhões são execuções civis e 29 milhões execuções fiscais.

---

1. Dedico este modesto estudo ao eterno Mestre e Amigo Arruda Alvim, jurisconsulto de escol que esteve sempre, com sabedoria e humildade, avante de seu tempo, um visionário que não se continha em pensar e escrever as novas linhas da ciência do Direito, pois as transformava em prática cotidiana. Talvez uma das últimas e maiores lições do Mestre tenha sido a *desjudicialização*, e, com isso, o reforço ao desfazimento do mito de que a Justiça deva ser administrada somente pelos seus juízes. A prova do que afirmo – se é que precisa - está em sua doutrina sobre a jurisdição privada, no apoio incondicional ao PL 6.204/19 e nas atuações firmes, por mais de uma década, junto ao Supremo Tribunal Federal, no que concerne a defesa da constitucionalidade da execução hipotecária e da alienação fiduciária de imóveis. *Tempus fugit...*

Pois bem: esse é o quadro patológico crônico em que se encontra seriamente mergulhado o Poder Judiciário e que se agrava a cada ano – em estado quase terminal...

Urge, portanto, a tomada de providências que, no menor espaço de tempo possível, minimizem a crise da jurisdição estatal; para atingirmos este desiderato, mister afrontar o problema do processo de execução com seriedade e coragem, modificando paradigmas, superando mitos e dogmas que não mais se sustentam em pleno século XXI.[2]

Esperava-se com otimismo exacerbado[3] – quase ingênuo – diminuir essa crise gigantesca com reformas legislativas e pontuais durante a vigência do Código de 1973 e, mais recentemente, com o Diploma de 2015, que trouxe consigo algumas boas inovações e manteve os melhoramentos normativos, que se mostraram factíveis e que foram inseridos no Código revogado, frutos colhidos do "movimento reformista", então liderado pelos saudosos Ada Pellegrini Grinover, Athos Gusmão Carneiro e Sálvio de Figueiredo Teixeira.

Por outro lado, os dados estatísticos levantados pelo Conselho Nacional de Justiça revelam boa produtividade dos magistrados[4] que, sabidamente, empreendem esforços hercúleos para tentar reduzir o acervo de processos, contudo, sem jamais vencer a avalanche de demandas represadas, às quais se somam as novas ações que aportam diuturnamente em seus gabinetes – numa espécie de Don Quixote lutando contra moinhos de vento.

Este cenário dantesco tem origem em fatores diversos, tais como culturais, sociais, políticos e econômicos; vejamos num breve aceno alguns desses pontos: *a)* está arraigada em nosso povo a cultura do litígio fundada em sistema adversarial, enquanto forjados os advogados sob égide da ultrapassada filosofia Iheringhiana do século 19 da "Luta pelo Direito"[5], em absoluto descompenso com os métodos autocompositivos de resolução de controvérsias e equivalentes jurisdicionais; *b)* soma-se a cultura difusa da desobediência às leis e ao comando de ordens ou exor-

---

2. Tal superação já se verificou em diversos países de *common e civil law* – um deles é o mito de que a execução deva ser administrada exclusivamente pelo Estado-juiz.
3. Ao discorrer sobre o "viés de otimismo (*optimism bias*), Erik Navarro Wolkart em sua instigante obra (Tese de Doutoramento – PUC/SP) intitulada *Análise Econômica do Processo Civil* observa que, "... na média, as pessoas são otimistas. Elas superestimam as probabilidades de acontecimentos positivos e diminuem as probabilidades reais de um evento negativo. Em cenários de incerteza, e desde que as consequências negativas não possuam grande saliência, tendemos a distorcer as probabilidades de modo a acreditar que resultados positivos são mais prováveis do que realmente são e que consequências negativas são menos prováveis do que na realidade. É interessante notar que as pessoas, mesmo quando detém uma concepção correta da média de ocorrência de eventos negativos, via de regra, julgam-se abaixo dessa média" (p. 597/598, 2. ed.).
4. Depreende-se do *Justiça em Números 2020* que em 2019 a produtividade média dos julgadores foi a maior dos últimos 11 anos (elevando-se em 13%), com média de 2.017 processos baixados por magistrado, terminando o ano com 77,1 milhões de processos em tramitação, número semelhante ao verificado em 2015.
5. Sem dúvida, trata-se de um clássico da literatura jurídica que não pode deixar de ser lido por nenhum estudante de direito, porém, com os olhos e as ideias de um leitor do terceiro milênio em que os meios não adversariais de resolução de controvérsias se sobrepõe em valores e resultados no comparativo com os adversariais.

tações emanadas do Estado-juiz, o que se agrava com a disseminação dos recursos, criando o "jogo do sem fim"; *c)* por sua vez, o excessivo volume de demandas impede o Poder Judiciário de oferecer uma resposta rápida e eficiente aos jurisdicionados, tornando-se terreno fértil para os descumpridores de normas, violadores de direitos e recalcitrantes do pagamento de seus débitos, ou seja, um porto seguro para aqueles que estão despidos de razão, uma espécie de "reduto das injustiças"; *d)* há décadas convivemos com uma economia perversa e de crescimento sofrível, e, como se não bastasse, com o sistema financeiro calcado em juros escorchantes, o que se agrava com o oferecimento de um falacioso "crédito fácil" e um sistema tributário atroz, dando azo ao crescente endividamento das pessoas naturais e jurídicas que acabam por não conseguir cumprir com todos os compromissos assumidos, o que termina refletindo no aumento de demandas judiciais.[6]

Percebe-se facilmente que se trata de um círculo vicioso que parece não ter fim; *mutatis mutandis* esse fenômeno é encontrado também em outros países, com maior ou menor intensidade, impactando, ao fim e ao cabo, no desenvolvimento global, sobretudo em nações menos desenvolvidas.

Esses e outros complexos fatores que retardam ou inibem o crescimento de países subdesenvolvidos, ou em vias de desenvolvimento, além de obstar o tão desejado equilíbrio social e econômico mundial, levaram a Organização das Nações Unidas dar início no ano 2000 ao denominado *Programa* ou *Objetivos do Desenvolvimento do Milênio – ODM*, com metas a serem atingidas até 2015, mais precisamente uma "agenda global" a ser acolhida e observada pelos países signatários, notadamente aqueles "em desenvolvimento", com o escopo de se atingir, universalmente, uma melhor qualidade de vida para as pessoas.[7]

Os levantamentos realizados em 2015 apontaram, dentre outros fatores, para a necessidade de prosseguimento do "Programa", desta feita sintonizado com problemas emergentes de ordem social *lato sensu,* oportunidade em que o *PNUD* foi reformulado para a definição de novos objetivos e metas (*Objetivos do Desenvolvimento Sustentável*–ODS) a serem perseguidas e, se possível, atingidas até 2030. Essa "Agenda" *ODS* é formada por 17 "objetivos" e 169 metas sobre temáticas diversas, tais como a erradicação da pobreza, a redução das desigualdades sociais, questões energéticas e de abastecimento, problemas climáticos, educação, crescimento econômico, melhoramento da eficácia das instituições, acesso à justiça etc.

O Brasil assumiu este "Programa" e, no que concerne ao engajamento do Poder Judiciário, o Conselho Nacional de Justiça por meio de Comitê Interinstitucional encampou a "Agenda 2030" e passou a trabalhar, em especial, com o "Objetivo n. 16"

---

6. Não foi por menos que recentemente veio a lume a "Lei do Superindividamento" (Lei n. 14.181, de 1º de julho de 2021) que alterou parcialmente o Código de Defesa do Consumidor e o Estatuto do Idoso.
7. Essa "agenda" ou "objetivos" decorrem de vários estudos que foram realizados durante algumas décadas pela ONU e apresentados em conferências internacionais (Estocolmo, 1972; Rio de Janeiro, 1992; Johanesburgo, 2002; Rio de Janeiro, 2012).

que versa sobre a *paz, a justiça e a eficácia das instituições,* ponto em que se destacam 10 Metas, a saber: "16.1 – reduzir significativamente todas as formas de violência e as taxas de mortalidade relacionadas em todos os lugares; 16.2 – acabar com abuso, exploração, tráfico e todas as formas de violência e tortura contra crianças; 16.3 – promover o Estado de Direito, em nível nacional e internacional, e garantir a igualdade de acesso à justiça para todos; 16.4 – até 2030, reduzir significativamente os fluxos financeiros e de armas ilegais, reforçar a recuperação e devolução de recursos roubados e combater todas as formas de crime organizado;[8] 16.5 – reduzir substancialmente a corrupção e o suborno em todas as suas formas; 16.6 – desenvolver instituições eficazes, responsáveis e transparentes em todos os níveis; 16.7 – garantir a tomada de decisão responsiva, inclusiva, participativa e representativa em todos os níveis; 16.8 – ampliar e fortalecer a participação dos países em desenvolvimento nas instituições de governança global; 16.9 – fornecer, até 2030, identidade legal para todos, incluindo o registro de nascimento;[9] 16.10 – assegurar o acesso público à informação e proteger as liberdades fundamentais, em conformidade com a legislação nacional e os acordos internacionais.[10]

Infere-se claramente a pertinência do tema da *desjudicialização das execuções* com as metas 16.3, 16.6 e 16.7, porquanto ligado ao *acesso à justiça, ao desenvolvimento eficaz, responsável e transparente das instituições* e a *garantia de "tomada de decisões" responsivas, inclusivas, participativas e representativas.*

Vejamos então.

Já deixamos assentado alhures que o fenômeno do chamado "acesso à justiça," como decorrência dos influxos trazidos ao processo civil contemporâneo pelos estudos desenvolvidos durante o *Projeto Florença,* encontra inserido em dimensão mais

---

8. O Conselho Nacional de Justiça, por meio da Corregedoria Nacional de Justiça, está entre os 70 órgãos públicos e privados que compõem a Estratégia Nacional de Combate à Corrupção e à Lavagem de Dinheiro e busca alcançar o cumprimento da Meta 16.4. A iniciativa, prevista na ação 12/2019 da Estratégia Nacional, objetivou integrar notários e registradores no combate e prevenção aos crimes de lavagem de dinheiro e corrupção. Com base em Pedido de Providencias n. 6712-74, formulado pelo Conselho de Controle de Atividades Financeiras – COAF, visando a regulamentação do art. 9°, parágrafo único, inciso XIII, da Lei de Lavagem de Dinheiro (Lei 9.613/1998, com redação dada pela Lei 12.683/2012). Seguindo essa linha, em 1°.10.2019, o CNJ baixou o Provimento 88 que dispõe sobre a política, os procedimentos e os controles a serem adotados pelos notários e registradores visando à prevenção dos crimes de lavagem de dinheiro.
9. Em 3/9/2013 o CNJ publicou o Provimento n. 13, que dispõe sobre a emissão de certidão de nascimento nos estabelecimentos de saúde que realizam partos e, em 17.11.2017 a CNJ publicou o Provimento n. 63, que institui regras para emissão, pelos cartórios de registro civil, de certidão de nascimento, casamento e óbito, que passam a ter o número de CPF obrigatoriamente incluído, além de versar sobre a possibilidade de reconhecimento voluntário da maternidade e paternidade socioafetiva, que até então só era possível por meio de decisões judiciais ou em poucos Estados que possuíam normas específicas para isso. Em relação às crianças geradas por meio de reprodução assistida, retirou-se a exigência de identificação do doador de material genético no registro de nascimento da criança.
10. Em certa medida, esses temas convergem para a inclusão em tão propalado novo "Pacto Republicano" a ser firmado entre os Três Poderes, aliás, acenado pelo Min. Dias Toffoli em seu discurso de posse na Presidência do STF, em 2018, com o objetivo de garantir reformas fundamentais e aprimorar o sistema judicial brasileiro, ocasião em que lembrou a importância e resultado de "Pactos" anteriores, tais como a Lei de acesso à informação e a Lei anticorrupção.

ampla cujo contexto transcende os limites do "acesso ao Poder Judiciário" (CF, art. 5º, inc. XXXV) e ultrapassa o "acesso à jurisdição – estatal ou privada" (CPC, art. 3º, *caput*), para adentrar, ontologicamente, no plano do *acesso aos métodos de resolução de controvérsias* (adversariais ou não adversariais) erigidos pela doutrina processual ao patamar de *equivalentes jurisdicionais*.[11]

Portanto, é nesta linha que há de ser interpretada a *Meta n. 16.3*, que preconiza a *promoção do Estado de Direito e a garantia de igualdade de "acesso à justiça" para todas as pessoas*.

Por sua vez, a *Meta n. 16.6* trata da eficácia, transparência e responsabilidade das *instituições* em todos os níveis, ponto que converge para o *desenvolvimento do Poder Judiciário e das Serventias Extrajudiciais*, prestadoras de serviços notariais e registrais por delegação do Poder Público (CF, art. 236).

É neste cenário dotado de solo fecundo que se insere a proposta legislativa (PL 6.204/19), de autoria da Senadora Soraya Thronicke, de *desjudicialização da execução civil*, que põe em prática o procedimento extrajudicial sob os auspícios do *agente de execução*, novo mister que é conferido a ninguém melhor do que os *tabeliães de protesto*.

2. POR QUE NÃO OS ADVOGADOS PARA EXERCEREM AS ATRIBUIÇÕES DE "AGENTES DE EXECUÇÃO"?

Tem-se ouvido críticas ao PL 6.204/19, no que concerne a opção do legislador ao indicar o tabelião de protestos para exercer as novas atribuições de agente de execução, sob o fundamento de que ninguém melhor e mais capacitado do que os advogados para o exercício dessas atribuições.[12]

---

11. Cf. Joel Dias Figueira Jr., *Arbitragem*, Cap. II, item 2.1, p. 60-67, 2019; In: MEDEIROS NETO, Elias e RIBEIRO, Flávia (Coord.). *Reflexões sobre a desjudicialização da execução civil.* Da constitucionalidade da execução civil extrajudicial – análise dogmática do PL 6.204/2019, 2020.

12. Cf. Rogéria Dotti, Paulo Lucon e Luciano Vianna Araújo, "Desjudicialização da execução civil: a quem atribuir as funções de agente de execução? (*Conjur* de 10.12.2020); trata-se de artigo baseado em parecer firmado por Dotti e Araújo o qual foi apresentado ao Conselho Federal da OAB Nacional, em julho de 2020.

A bem da verdade, não se trata de opinião isolada, mas longe de unanimidade. Aliás, a matéria encontra-se em análise pelo Conselho Federal da OAB para emissão de Nota Técnica; nessa linha, manifestou-se a em voto-vista a Dra. Ana Beatriz Ferreira Rebello Presgrave (12.11.2020); de forma diversa, o voto-vista da Conselheira Daniela Lima de Andrade Borges (18/11/20) e, em contraposição aos demais, o voto do Relator Dr. Antônio Fabrício de Matos Gonçalves, contra o PL e a desjudicialização (19.07.2020).

Por seu turno, o Instituto dos Advogados do Brasil (IAB) emitiu parecer em 11.08.2020 favorável ao PL 6.204/19, com sugestão de algumas alterações, mantendo, contudo, as atribuições de agente de execução aos tabeliães de protesto, nos termos do art. 3º do PL.

Na mesma linha é o entendimento defendido por Marcio Carvalho Faria ("Primeiras impressões sobre o Projeto de Lei 6.204/2019: críticas e sugestões acerca da tentativa de se desjudicializar a execução civil brasileira". *RePro* v. 313/317, 2021).

Contrariando esse entendimento, com fundamentos substanciosos e acertados, v. os excelentes estudos da lavra de Flávia Ribeiro e Renata Cortez, em coautoria, intitulados "Reflexões sobre o parecer do Conselho Federal da OAB sobre o PL 6.204;19 – Porque a função de agentes de execução deve ser delegada aos tabeliães de protestos, nos termos do PL 6.204/19 – Parte I. *Migalhas 21/9/20*; "Reflexões sobre o parecer do Conselho Federal da OAB sobre o PL 6.204/19 – Porque a função de agentes de execução não deve ser realizada por advogados, nos termos do projeto de lei 6.204/19 – Parte II". *Migalhas*, 14.10.2020.

Entendemos que a escolha do legislador foi mais do que acertada, foi técnica e sintonizada com as políticas definidas pelo Poder Judiciário, sobretudo se considerarmos a elevada qualidade dos serviços prestados pelas serventias extrajudiciais aos consumidores, inclusive pela extensão de atribuições que a lei federal há muito lhes confere em sede de desjudicialização, tudo com fulcro na Lei Maior, art. 236.

Vale relembrar o contraponto que fizemos por meio de estudo elaborado em coautoria do Mestre Arruda Alvim, oportunidade em que destacamos que "não é a qualificação dos advogados para o exercício das atribuições de agente de execução que merece ser colocada em questão, pois não temos a menor dúvida de que são todos detentores de formação jurídica (bacharelado em Direito) e de capacidade postulatória afiançada pela aprovação em exame para ingresso nos quadros da Ordem dos Advogados do Brasil."

No aludido estudo procuramos deixar assentado que "o cerne da questão é bem outro e respeita a fatores distintos, que não podem deixar de ser considerados em momento algum por aqueles que defendem entendimento contrário ao chancelado no PL 6.204/19.

"Explica-se: em primeiro lugar, os países europeus que encamparam a desjudicialização (total ou parcial) das execuções não possuem um sistema cartorial idêntico ao brasileiro, que agrega elevada qualificação profissional, estruturas bem formadas e serviços prestados por delegação do Poder Judiciário, cuja fonte normativa é a Constituição Federal, com histórico indicador de que as atribuições desse jaez foram e continuam sendo prestadas – sobretudo nas últimas décadas – com resultados exitosos em prol dos jurisdicionados, por todos reconhecidos.[13]

"(...) Por outro lado, quando lançamos os olhos para os países do continente europeu que absorveram a técnica da execução desjudicializada total ou parcial (sob os auspícios do Conselho Europeu através da *Recomendação 17/2003*), percebe-se que os sistemas que trabalham com os advogados para o exercício das atribuições de ´agente de execução` exigem dos interessados que se submetam a concurso público para ingresso no cargo, ou, tratando-se de sistema híbrido, são funcionários que, em linhas gerais, integram a estrutura do Poder Executivo ou do Judiciário, destacados para o exercício desse mister, com maior ou menor poder e autonomia, dependendo das configurações normativas delineadas para cada um deles, tendo como ponto comum o impedimento ou a limitação para o exercício da advocacia.[14]

---

13. V. *Instituto de Pesquisa Datafolha* (2016-2017). Disponível em: https://www.acritica.net/editorias/geral/pesquisa-datafolha-com-usuarios-elege-cartorios-como-instituicao-mais/186904/.
14. Sobre a prática e os sistemas alienígenas atinentes à "desjudicialização da execução civil", em particular as atividades realizadas pelo *hussier* (França), pelo *gerichtsvollzieher* (Alemanha), pelo *solicitador de execução* (Portugal), pelo *agenti di esecuzione* (Italia), pelo *kronofogde* (Suécia) e pelo *secretário judicial* (Espanha), v. RIBEIRO, Flávia. *Desjudicialização da Execução Civil*. São Paulo Saraiva, 2013; FIGUEIRA JR., Joel Dias. Execução simplificada e a desjudicialização do processo de execução: mito ou realidade. In: ARRUDA ALVIM et al (Coord.). *Execução civil e temas afins* – do CPC/1973 ao novo CPC – Estudos em homenagem ao Prof. Araken de Assis (p. 576-604. São Paulo: Ed. RT, 2014; FIGUEIRA JR., Joel Dias & CHINI, Alexandre. Desjudicialização do Processo de Execução de Título Extrajudicial. *CNJ e a efetivação*

"É um equívoco pensar no exercício cabal da advocacia cumulada às atribuições de *agente de execução* (mesmo que se imponham restrições e "quarentenas") diante de manifesta incompatibilidade,[15] cujo mote é a salvaguarda da imparcialidade e independência que deve nortear o *agente*, somando-se aos deveres éticos, as responsabilidades civil, administrativa e criminal, que se agregam em caráter pessoal (*v.g.* art. 22, Lei 8.935/94).

"Por outro lado, os serviços prestados pelos tabeliães de protesto, tendo-se em conta os fins e a natureza, fundam-se em organização técnica e administrativa destinados a garantir a publicidade, autenticidade, segurança e eficiência dos atos jurídicos, sendo os respectivos profissionais dotados de fé pública (cf. art. 1º e 2º da Lei 8.935/94), o que em muito os diferencia.

"A Constituição Federal estabelece que o ingresso na atividade notarial e de registro depende de concurso público de provas e títulos (CF, art. 236, § 3º), o que significa dizer que os interessados, que preencherem os requisitos estabelecidas em Lei 8.935/94, art. 14 (especificamente o inc. V – "diploma de bacharel em direito"),

---

da Justiça. Brasília: Editora OAB, 2019; THEODORO JR., Humberto. As novas codificações francesa e portuguesa e a desjudicialização da execução forçada. In: RIBEIRO, F. & MEDEIROS NETO, E. (Coord.). *Reflexões sobre a desjudicialização da execução civil*. Curitiba: Juruá, 2020. p. 461-483 e, *Curso de Direito Processual* Civil. 52. ed. Rio de Janeiro: Forense, 2019. v. III, item 2, p. 5-7; FARIAS, Rachel Nunes de Carvalho. *Desjudicialização do Processo de Execução* – O modelo português como uma alternativa estratégia para a execução civil brasileira. Curitiba: Juruá, 2015; ONO, Taynara Tiemi. *Execução por Quantia Certa* – Acesso à justiça pela desjudicialização da execução civil. Curitiba: Juruá, 2018; idem. Desjudicialização da execução civil: uma análise das experiências estrangeiras e do projeto de lei 6.204;2016. In: RIBEIRO, F. & MEDEIROS NETO, E. (Coord.). *Reflexões sobre a desjudicialização da execução civil*. Curitiba: Juruá, 2020. p. 125-157; ASSIS, Carolina A. Desjudicialização da execução civil: um diálogo com o modelo português. In: RIBEIRO, F. & MEDEIROS NETO, E. (Coord.). *Reflexões sobre a desjudicialização da execução civil*. Curitiba: Juruá, 2020, p. 75-103; RIBEIRO, Eduardo & MOLLICA, Rogério. A desjudicialização na execução civil, a experiência portuguesa e o PL 6.204/19. In: RIBEIRO, F. & MEDEIROS NETO, E. (Coord.). *Reflexões sobre a desjudicialização da execução civil*. Curitiba: Juruá, 2020. p. 159-173; HILL, Flávia. O procedimento extrajudicial pré-executivo (PEPEX): reflexões sobre o modelo português em busca da efetividade da execução no Brasil. In: RIBEIRO, F. & MEDEIROS NETO, E. (Coord.). *Reflexões sobre a desjudicialização da execução civil*. Curitiba: Juruá, 2020. p. 305-322; RIBEIRO, Flávia. Proposta de desjudicialização da execução para o Brasil com base na experiência portuguesa – PL 6.204/19. In: RIBEIRO, F. & MEDEIROS NETO, E. (Coord.). *Reflexões sobre a desjudicialização da execução civil*. Curitiba: Juruá E, 2020. p. 323-360; MARTINS, Humberto. Reflexões sobre a desjudicialização como instrumento para a eficácia da execução civil. I: RIBEIRO, F. & MEDEIROS NETO, E. (Coord.). *Reflexões sobre a desjudicialização da execução civil*. Curitiba: Juruá, 2020. p. 451-459; RODRIGUES, Marcos e RANGEL, Rafael. O procedimento extrajudicial pré-executivo lusitano (PEPEX) e o projeto de Lei 6.204/19: rumo à desjudicialização da execução no Brasil. In: RIBEIRO, F. & MEDEIROS NETO, E. (Coord.). *Reflexões sobre a desjudicialização da execução civil*. Curitiba: Juruá, 2020. p. 635-649; POLLI, Marina Propostas de reforma legislativa para a criação de procedimentos pré-executivos judicial e extrajudicial no ordenamento brasileiro: diálogo com o sistema português. In: RIBEIRO, F. & MEDEIROS NETO, E. (Coord.). *Reflexões sobre a desjudicialização da execução civil*. Curitiba: Juruá, 2020. p. 673-700; CASTANHEIRA, Sérgio. O procedimento extrajudicial pré-executivo português. In: RIBEIRO, F. & MEDEIROS NETO, E. (Coord.). *Reflexões sobre a desjudicialização da execução civil*. Curitiba: Juruá, 2020. p. 739-746.

15. . *Mutatis mutandis*, não é por menos que o art. 25 da Lei 8.935/94 ao tratar "das incompatibilidades e dos impedimentos" dispõe, *in verbis*: "O exercício da atividade notarial e de registro é incompatível com o da advocacia, o da intermediação de seus serviços ou o de qualquer cargo, emprego ou função públicos, ainda que em comissão".

poderão submeter-se aos exames de acesso às vagas oferecidas. Vale lembrar mais uma vez que, transformando-se em lei e entrando em vigor o PL em questão, paulatinamente, ocorrerá o aumento de demandas nas serventias extrajudiciais, o que importará na necessidade gradual de criação de novos cargos e a realização de concursos públicos para o preenchimento das vagas, permitindo o acesso aos tabelionatos de protestos de títulos a todos os bacharéis de direito interessados.

"(...) Pois bem: considerando a realidade brasileira em que as serventias extrajudiciais prestam serviços de excelência, assim reconhecidos pelos consumidores e pelo Poder Judiciário, tudo leva a crer que conferir aos advogados as atribuições de "agente de execução" será um erro histórico – que não precisamos e não devemos cometer. O tempo haverá de testemunhar..."[16]

Em síntese, são fundamentalmente as seguintes razões que desaconselham conferir aos advogados as atribuições de agentes de execução:

a) manifesta incompatibilidade entre a atividade postulatória e tabelional por razões óbvias atinentes à imparcialidade, que se faz mister como garantia essencial na prestação desses serviços. Aliás, não é diferente o que preconiza o art. 28, inc. IV do EOAB quando dispõe sobre a incompatibilidade da advocacia, mesmo em causa própria, com o exercício dos serviços notariais e de registro e, na mesma linha, o que dispõe o art. 25 da Lei dos Cartórios (L 8.935/94);

b) como consectário lógico do ponto anterior, deixando de integrar os quadros da OAB, esses sujeitos não mais estariam submetidos ao controle ético do Órgão de Classe, o que exigiria não só a criação de uma entidade disciplinar para este fim específico, como ainda a lei haveria de dispor a respeito da criação e regulamentação desta nova "profissão", forma de acesso etc.;

c) o exercício das atribuições de agentes de execução não se enquadra no modelo de "auxiliar da justiça" com os contornos definidos no art. 149 e ss. do Código de Processo Civil. Isso porque as atividades do "agente de execução" são de natureza pública, exercidas em caráter privado por delegação do Poder Judiciário, segundo se infere do disposto no art. 236 da Lei Maior;

d) diferentemente dos "auxiliares da justiça" e dos advogados, os tabeliães de protesto ingressam por meio de rigoroso concurso nacional de provas e títulos para o exercício de função pública destinada a garantir a publicidade, a segurança jurídica, a autenticidade dos atos jurídicos, dotados de fé pública – presunção de legitimidade e veracidade, o que é uma decorrência da função de agente público "lato sensu" – princípio da oficialidade (Lei 9.435/94);

e) os tabeliães de protesto, diferentemente dos advogados, respondem civil e objetivamente por todos os prejuízos que causarem a terceiros, por culpa ou dolo, pessoalmente, pelos substitutos que designarem ou escreventes que autorizarem,

---

16. Artigo intitulado "Razões para atribuir as funções de agente de execução aos tabeliães de protesto: reflexões sobre a desjudicialização da execução civil (PL 6.204/19), publicado no *Migalhas* de 1º de fevereiro de 2021.

assegurado o direito de regresso (Lei 9.435/94, art. 22), além da responsabilidade criminal e administrativa;

f) diferentemente dos advogados, os tabeliães de protesto são fiscalizados rigorosamente pelo Poder Judiciário local e pelo Conselho Nacional de Justiça, passando por correições ordinárias anuais e, se necessário, extraordinárias; sabidamente, os bacharéis em direito e advogados não são fiscalizados pelo Estado-juiz;

g) a gestão e organização dos cartórios extrajudiciais em nada se assemelham aos escritórios de advocacia, que são desprovidos de estrutura com viés apropriado à procedimentalização das formas de maneira a absorver a contento o rito de um processo de execução desjudicializado.

3. POR QUE NÃO ESTENDER AOS DEMAIS DELEGATÁRIOS AS ATRIBUIÇÕES DE "AGENTES DE EXECUÇÃO"?

3.1 Simetria, pertinência temática, especialização e número suficiente de cartório de protestos

Demonstraremos a seguir que a resposta é simples, compondo-se a equação com os seguintes elementos:

a) perfeita *simetria* entre a competência definida por lei ao tabelião de protestos e a nova atribuição conferida em proposta legislativa (Lei 8.935/94, art. 11; Lei 9.492/97, art. 3° e PL 6.204/19, arts. 3° e 4°);

b) pertinência temática do protesto com o procedimento da execução civil desjudicializada, levando-se em consideração que o tabelião de protestos é o *único delegatário afeito aos títulos de crédito e documentos afins* com competência privativa, definida por lei, para o exercício destas atribuições[17];

c) cartórios em número suficientes com capilaridade por todo o território nacional e com infraestrutura adequada para a prestação de bons serviços.

Extrai-se da "Justificação" do PL 6.204/19 que "a delegação é o regime jurídico sugerido para que a desjudicialização da execução seja colocada em prática no Brasil, nos termos do artigo 236 da Constituição Federal. Dentre os agentes delegados existentes no ordenamento jurídico, sugere-se que o tabelião de protesto tenha sua atribuição alargada, para que assuma também a realização das atividades executivas, uma vez que afeito aos títulos de crédito. Além disso, propõe-se a valorização do protesto como eficiente medida para o cabal cumprimento das obrigações. Assim, confere-se ao tabelião de

---

17. Lei 8.935/94, art. 11, *caput*: "Art. 11. Aos tabeliães de protesto de título compete privativamente: I – protocolar de imediato os documentos de dívida, para prova do descumprimento da obrigação; II – intimar os devedores dos títulos para aceitá-los, devolvê-los ou pagá-los, sob pena de protesto; III – receber o pagamento dos títulos protocolizados, dando quitação; IV – lavrar o protesto, registrando o ato em livro próprio, em microfilme ou sob outra forma de documentação; V – acatar o pedido de desistência do protesto formulado pelo apresentante; VI – averbar: a) o cancelamento do protesto; b) as alterações necessárias para atualização dos registros efetuados; VII – expedir certidões de atos e documentos que constem de seus registros e papéis."

protesto a tarefa de verificação dos pressupostos da execução, bem como da realização de citação, penhora, alienação, recebimento do pagamento e extinção do procedimento executivo extrajudicial, reservando-se ao juiz estatal a eventual resolução de litígios, quando provocado pelo agente de execução ou por qualquer das partes ou terceiros."

Percebe-se, com facilidade, que o legislador foi criterioso, técnico e preciso ao orientar-se pela simetria que se faz mister observar entre as funções já exercidas pelos tabeliães de protestos – sabidamente os únicos delegatórios afeitos, por especialização, aos títulos executivos – e as novas atribuições que lhes são conferidas como "agentes de execução" no PL em voga, segundo se infere do art. 31, que dá nova redação ao art. 3º da Lei de Regência (9.492/97).

Primeiramente, não se pode olvidar de que, por definição legal, os serviços atinentes ao protesto de títulos são de competência privativa dos tabeliães de protesto, segundo se infere do disposto nos arts. 2º e 3º da Lei 9.492/97.

Em segundo lugar, a Lei 8.935/94, que regulamenta o art. 236 da Constituição Federal e dispõe sobre os serviços notariais e de registro (conhecida como "Lei dos Cartórios"), deixa patente no art. 11 a *competência privativa* dos tabeliães de protesto, cujas atribuições[18] estão umbilicalmente ligadas, por pertinência temática, às de *agente de execução*, o que por si só afasta qualquer possibilidade de absorção desta nova competência por outros delegatários.

Frisa-se ainda que a Lei dos Cartórios é precisa na manutenção da especialização dos delegatários, definindo como regra a não acumulação de competências, salvo nos casos em que os Municípios não comportarem, em razão do volume de atribuições ou de receita, a instalação de mais de um dos serviços (art. 26).

A especialização dos delegatários com suas competências bem definidas é, antes de tudo, consectário lógico e legal que tem por escopo melhor atender os consumidores dos serviços notariais e registrais; aliás, o século XXI já se iniciou com a chancela do conhecimento específico, ou seja, a era da especialização em que o destaque profissional se verifica pelo saber profundo sobre temas restritos, o que faz elevar a qualidade profissional e a colheita de melhores frutos.

Merece também relevo três excelentes estudos contemporâneos que muito nos servem, entre outras: o autor é Richard Susskind, e a obra é *Tomorrow's Lawyers* (Oxford University Press, 2. ed., 2017; *Online Courts and the future of Justice* (Oxford University Press, 2019; e, com seu filho Daniel Susskind, *The Future of the Professions*.

---

18. "Art. 11. Aos tabeliães de protesto de título compete privativamente: I – protocolar de imediato os documentos de dívida, para prova do descumprimento da obrigação; II – intimar os devedores dos títulos para aceitá-los, devolvê-los ou pagá-los, sob pena de protesto; III – receber o pagamento dos títulos protocolizados, dando quitação; IV – lavrar o protesto, registrando o ato em livro próprio, em microfilme ou sob outra forma de documentação; V – acatar o pedido de desistência do protesto formulado pelo apresentante; VI – averbar: *a)* o cancelamento do protesto; *b)* as alterações necessárias para atualização dos registros efetuados; VII – expedir certidões de atos e documentos que constem de seus registros e papéis. Parágrafo único. Havendo mais de um tabelião de protestos na mesma localidade, será obrigatória a prévia distribuição dos títulos."

Os estudos são abrangentes, com riqueza extraordinária de dados. A obra *Tomorrow's Lawyers* foi reputada pela *ABA, a American Bar Association* como sendo disparadamente a melhor obra do mundo. Como nortes principais a serem perseguidos estão o enquadramento ao que se entende a respeito das modificações do mundo moderno; a primeira realidade gravita em torno a *divisão do trabalho* com a afetação de tarefas a outros que se colocaram como satélites do agente principal; de outra parte, propugna-se que tem de haver um esforço imenso para se obter eficiência, utilizando-se das expressões em inglês *more for less* (obter mais por menos = *eficiência*).[19]

Seguindo essa linha, é irrefutável que a *eficiência* está intimamente ligada com a expertise dos profissionais prestadores dos respectivos serviços, o que se define como *especialização* – o norte dos novos tempos.

Não percamos também de vista que os tabeliães de protesto são os únicos delegatários a ostentar nos dias atuais atribuições padronizadas nacionalmente. Trata-se da primeira central de dados compartilhados para prestação de serviços, conforme disposto no art. 41-A da Lei 9.492/97, sendo que a adesão de todos à CENPROT é obrigatória, sob pena de responsabilidade funcional (art. 41-A, § 2º).

Frisa-se que nenhuma outra atribuição notarial ou registral se apresenta com essas configurações e que tanto vão ao encontro daquilo que está previsto no PL 6.204/19 para os tabeliães de protesto.[20]

Vejamos um exemplo: se quisermos fazer uma busca de um registro de nascimento, óbito ou casamento, a central do registro civil de pessoas naturais só fornecerá os dados de Pernambuco e São Paulo, por não existir nem uniformização nacional, nem obrigatoriedade de adesão; mas se quisermos hoje saber com base em CNPJ ou CPF de qualquer pessoa jurídica ou física se existe algum protesto em todo o Brasil encontraremos a resposta em poucos segundos, porque a alimentação desses dados é obrigatória para todos o tabeliães de protesto, sem exceção.

Nada obstante, entendimentos em sentido contrário têm surgido em defesa da ampliação das atribuições de agente de execução para outras serventias extrajudiciais distintas dos tabelionatos de protesto[21], sob o fundamento pífio de que em sua grande

---

19. Cf. ARRUDA ALVIM & FIGUEIRA JR., Joel. O fenômeno global da desjudicialização, o PL 6.204/19 e a Agenda 2030/ONU-ODS. *Migalhas* n. 4.979, de 16 de novembro de 2020.
20. Conforme disposto no Provimento 87/19 da CNJ, art. 16, incumbe aos tabeliães a autogestão da atividade, correção de prazos de procedimentos, excessos de prazos etc. e funcionam como órgão de colaboração com a Corregedoria-Nacional de Justiça e Corregedorias locais.
21. Neste sentido v.: CANTÍDIO, Cristiana C. do Amaral. *Dissertação de Mestrado*. Universidade de Marília, 2021. Notários e Oficiais de Registro como Agentes de Execução Civil Extrajudicial: Sugestões para o Projeto de Lei n. 6.204, de 2019; HILL, Flávia. Desjudicialização da Execução Civil: reflexões sobre o Projeto de Lei 6.204/2019; *Revista Eletrônica de Direito Processual* – REDP. ano 14. v. 21, Rio de Janeiro; FARIA, Marcio. Primeiras impressões sobre o Projeto de Lei 6.204/2019: críticas e sugestões acerca da tentativa de se desjudicializar a execução civil brasileira. *Revista de Processo*. v. 313/317. São Paulo, 2021. Também defendem esse entendimento no GT-CNJ criado para diagnosticar, avaliar e apresentar medidas voltadas à modernização e efetividade de atuação do Poder Judiciário, os seguintes integrantes: Candice Jobim, Antônio A. Aguiar Bastos, Marcelo Abelha Rodrigues e Heitor Sica.

maioria os delegatários prestam concurso para o exercício com competência geral e que o número total de cartórios (13.627) distribuídos entre os 5.570 municípios é muito superior aos cartórios que exercem atribuições atinentes ao protestos de (3.779).

Além de desconsiderar a especialização que norteia a prestação dos serviços extrajudiciais em prol da eficiência, são argumentos tendenciosos e destituídos de qualquer elemento capaz de indicar que os 3.779, cartórios que atualmente realizam de maneira exclusiva ou com competência cumulativa o protesto de títulos, sejam insuficientes para atender às novas demandas de execução extrajudicial.

Em outros termos, a eficiência dos tabelionatos de protesto não se consubstancia na pulverização de suas atribuições para outros delegatários, pois a questão principal é a qualificação da prestação dos serviços que se perfaz por meio de especialização, administração e padronização, valendo frisar que o protesto é a atribuição mais padronizada, segundo exsurge da Lei 13.775/18, que instituiu o art. 41-A na Lei 9.492/97.

Observa-se ainda que o número de cartórios com competência para protesto de títulos, por si só, é muito superior ao número de unidades jurisdicionais com competência cível para execução e juizados especiais que, segundo dados do "Justiça em Números 2020" perfaz um total de 2.801 varas, sendo que essas unidades cumulam competência de todas as outras ações de conhecimento.

Em outros termos, só a diferença verificada entre o número de varas cíveis com competência cumulativa com execução de título judicial e extrajudicial e os tabelionatos de protesto é de quase 1.000 cartórios, mais precisamente 978. Soma-se ainda o fato de que todos os titulares de cartório possuem um substituto, o que faz dobrar esse efetivo para 7.558 serventuários extrajudiciais, enquanto, sabidamente, cada unidade jurisdicional é dotada apenas de um juiz, salvo raríssimas exceções que também são temporárias. Vale lembrar ainda que todos os 5.570 municípios são atendidos pelos tabeliães de protesto sendo que, dependendo da lei local, alguns cartórios aglutinam dois ou mais municípios.

Em outras palavras, podemos afirmar com absoluta certeza que, hodiernamente, existe uma cobertura nacional dos serviços prestados pelos tabeliães de protesto, numa espécie de simetria lógica com a própria jurisdição estatal.

E mais: o tabelião de protesto – e somente este delegatário – sempre esteve ligado de forma direta com o processo judicial de execução, o que se tornou ainda mais forte com o advento do Código de 2015 (v. arts. 517, 528, §§ 1º e 3º).

Assim, afina-se neste ponto o Projeto com o disposto no art. 517 do CPC, que, nos dizeres do Ministro Presidente do Superior Tribunal de Justiça, Humberto Martins e do Juiz Auxiliar da Presidência, Alexandre Chini, em estudo recentemente publicado, trata-se de regra desjudicializante, em que o protesto extrajudicial aparece, modernamente, "como o autêntico veículo oficial de recuperação de crédito no Brasil ao prevenir a instauração de litígios em larga escala e propiciar a satisfação de direitos em tempo reduzido"[22]

Mais adiante prosseguem: "Quando de nossa passagem pela Corregedoria Nacional de Justiça, ao apresentarmos as metas e as diretrizes estratégicas que iriam nortear a atuação de todas as corregedorias do Poder Judiciário brasileiro ao longo do ano de 2020, em especial no que se refere às serventias extrajudiciais, tivemos a oportunidade de propor, como diretriz estratégica, a regulamentação do protesto extrajudicial das decisões transitadas em julgado e o incentivo à sua utilização (Justiça Estadual, Justiça Federal e Justiça do Trabalho). A diretriz guarda relação de estrita aderência com o macrodesafio da adoção de soluções alternativas de conflito e visa aumentar a efetividade das decisões judiciais e desafogar o Poder Judiciário em todo o território nacional."[23]

Também não se pode olvidar que o protesto de sentenças judiciais é providência inibitória da recalcitrância do devedor e, por conseguinte, de redução de demandas executivas (cumprimentos de sentença) tornando-se política nacional encapada pelo Poder Judiciário em prol da rápida satisfação do crédito perseguido pelo vencedor de demanda de conhecimento que não obteve espontaneamente do sucumbente o que lhe era devido.

Neste ponto o PL 6.204/19 está também afinadíssimo com as políticas judiciárias que há muito vêm incentivando o protesto de decisões judiciais; trata-se de verdadeira *meta nacional fixada pelo Colégio Permanente de Corregedores-Gerais de Justiça do Brasil – CCOGE*, estabelecida durante o encontro em Belo Horizonte, de 28 a 30 de junho de 2017, durante o 75º ENCOGE. Deliberou-se, naquela ocasião, a partir das Corregedorias, do Planejamento Estratégico e da Gestão na Justiça de Primeira Instância "incentivar a adoção do protesto extrajudicial de sentença *para a satisfação rápida, eficaz e econômica de obrigações reconhecidas judicialmente, visando à redução do acevo processual de execução.*

Extrai-se também das conclusões aprovadas durante o *II Fórum Nacional das Corregedorias (FONACOR)*, realizado em 09/10/2019, subscrita pelo Corregedor Nacional de Justiça, pelo Corregedor-Geral da Justiça do Trabalho, pelo Corregedor-Geral da Justiça Militar e pelo Presidente do Colégio Permanente de Corregedores-Gerais dos Tribunais de Justiça do Brasil ("Carta de Brasília"), a incumbência das Corregedorias-Gerais de todos os Tribunais do País de "(...) 7) *incentivar a adoção do protesto extrajudicial de sentença*".

Por seu turno, a Corregedoria Nacional de Justiça estabeleceu as metas e diretrizes estratégicas que deveriam nortear a atuação de todas as corregedorias do Poder Judiciário brasileiro ao longo do ano de 2020. As propostas foram divulgadas em

---

22. Os efeitos desjudicializantes do art. 517 do Novo Código de Processo Civil. In: ALVIM, Teresa, KUKINA, Sergio et al (Coord.). *O CPC de 2015 visto pelo STJ*. São Paulo: Ed. RT, 2021.
23. Idem, ibidem.

26/11/2019, durante o painel setorial que reuniu os corregedores e representantes de corregedorias no XIII Encontro Nacional do Poder Judiciário, em Maceió (AL).

Não foi por menos que o art. 6º do PL 6.204/19 prevê o protesto prévio necessário remetendo à obtenção de dúplice resultado positivo, a saber: a redução sensível do número de demandas executivas (em torno de 68% a menos) e a recuperação rápida e eficiente do crédito perseguido extrajudicialmente.

Também não levam em conta os defensores da extensão das atribuições de agentes de execução para outros delegatários o fato de que não haverá redistribuição plena dos processos executivos em curso, como bem dispõe o art. 25 do PL 6.204/19, *in verbis*: "As execuções pendentes quando da entrada em vigor desta Lei observarão o procedimento originalmente previsto na Lei 13.105, de 16 de março de 2015 – Código de Processo Civil, não sendo admitida a redistribuição dos processos para os agentes de execução, salvo se requerido pelo credor. Parágrafo Único: As Corregedorias Gerais dos Tribunais de Justiça dos Estados, em conjunto com os tabelionatos de protestos locais, estabelecerão as regras para redistribuição das execuções aos agentes de execução."

Ademais, durante a *vacatio legis* os tabeliães de protesto, seus prepostos e os serventuários da justiça que atuarão em varas cíveis com competência residual para execuções realizarão cursos de aperfeiçoamento/capacitação a serem oferecidos pelo CNJ e os tribunais, em conjunto com a entidade representativa de âmbito nacional dos extrajudiciais (PL 6.204/19, art. 22), assim como os tribunais por meio de suas corregedorias estarão atentos à eventual necessidade de abertura de concursos públicos para o preenchimento de novas serventias, que se fizerem necessárias ao bom e cabal exercício deste novo mister.

Cioso pela eficiência dos serviços a serem prestados pelos agentes de execução, o Poder Judiciário estará também fiscalizando e orientando os tabeliães de protesto para o cumprimento exitoso do novel diploma, por meio de atuação do Conselho Nacional de Justiça e dos tribunais locais (PL 6.204/19, art. 27).

3.2 Razões que justificam a inadequação da prática dos atos de "agente de execução" por outros delegatários

Alguns argumentos de ordem técnica, jurídica e prática merecem ser destacados para bem demonstrar a falta de lógica e de fundamento legal a respeito do entendimento daqueles que defendem a ampliação das atribuições da competência agente de execução para tabeliães de notas e registradores.

Para tanto, mister se faz tecer algumas considerações e distinções breves acerca da competência especial dos demais delegatários para demonstrar a dissintonia de suas atribuições bem definidas na Lei dos Cartórios (Lei 8.935/94) com aquelas previstas para os tabeliães de protesto enquanto "agentes de execução" no PL 6.204/19.

3.2.1 Do protesto e as afinidades com as atribuições de "agente de execução"

a) aderência com o tema principal das atribuições exercidas pelos tabeliães de protesto: recuperação do crédito;

b) o procedimento administrativo da execução não se afasta das atribuições já exercidas atualmente pelos tabeliães de protesto, uma vez que eles estão afetos à qualificação dos títulos que lhes chegam ao conhecimento;

c) verificam a regularidade formal dos títulos;

d) identificam credores e devedores;

e) envidam todos os esforços na localização do devedor;

f) efetuam a intimação do devedor – pessoal ou por meio de editais eletrônicos;

g) assentam o pagamento e a sustação judicial;

h) realizam comunicação estreita e constante com o Poder Judiciário;

i) concedem publicidade à dívida inadimplida;

j) são imparciais e zelam constante e fielmente pelos direitos e garantias envolvidas nas transações a eles apresentadas;

k) possuem estruturas física e tecnológica bem montadas, modernas e condizentes com a nova atribuição de agente de execução que a nova lei haverá de conferir-lhes;

l) ostentam capilaridade nacional e contam com a única Central Nacional de Serviços Eletrônicos Compartilhados (CENPROT), criada pela Lei 13.775/18 para dar publicidade e suporte eletrônico a todas as operações, regulada pelo Provimento 87/19 da CNJ que dispõe sobre as normas gerais de procedimentos para o protesto extrajudicial de títulos e outros documentos de dívida, além de regular a implantação da aludida "Central";

m) Atuam na recuperação de crédito com índices relevantes de eficiência (aprox. 68%) – acima de qualquer outro meio de cobrança – verificando-se o pagamento antes do registro propriamente dito do protesto e, com isso, exercem relevante função socioeconômica atinente à recuperação oficial dos créditos, terminando por fomentar a circulação de bens e riquezas.

3.2.2 Dos Tabeliães de Notas

A competência dos tabeliães de notas está definida nos arts. 6º e 7º da Lei de Regência, sendo fácil constatar que eles não praticam atos condizentes com as execuções assim como não estão familiarizados com os títulos de crédito e não praticam atos de intimação.

Ademais, já estão envolvidos com uma gama de atos que lhes exige grandes equipes e responsabilidades, somando-se ao fato do elevado número de pessoas que frequentam os cartórios de notas diariamente buscando autenticações, reconhecimento de firmas, escrituras, atas notariais etc.

Há de se levar em conta também que em breve novas atribuições serão incorporadas na competência dos tabeliães de notas, como por exemplo, a prática de despejo extrajudicial para locação residencial e comercial nos casos de desfazimento do contrato por falta de pagamento, prevista no PL 3.999/19, de autoria do Deputado Hugo Leal.

Observa-se ainda que se fosse estendida as atribuições de agente de execução aos tabeliães de notas eles estariam suspeitos em diversas situações para processar a execução por terem lavrado o instrumento público que deu forma ao negócio que, mais adiante, deixou de ser adimplido e transformou-se em título executivo extrajudicial.

3.2.3   Registro Civil de Pessoas Naturais e Pessoas Jurídicas

Nos termos do art. 12 da Lei 8.935/94 esses registradores têm a competência para a prática de atos relacionados aos registros públicos por definição legal, acerca dos quais são incumbidos independentemente de prévia distribuição, nada obstante sujeitos às normas que estabelecem as respectivas circunscrições geográficas.

Dessas práticas normatizadas infere-se, sem dificuldades que nenhuma delas guarda qualquer semelhança ou pertinência com o processo e o procedimento executivo extrajudicial delineado no PL 6.204/19 ou cobrança de títulos.

3.2.4   Registro de Imóveis

Também conforme disposição contida no art. 12 da Lei dos Cartórios e art. 167 da Lei dos Registros Públicos, os atos praticados pelos registradores de imóveis não guardam qualquer pertinência temática com os títulos de crédito e, muito menos, com o processo e procedimento estampado no PL da desjudicialização da execução civil.

3.2.5   Registro de Títulos e Documentos

Segundo a linha do art. 12 da Lei dos Cartórios e a Lei dos Registros Públicos, infere-se que a competência dos registradores de títulos e documentos destina-se à prática de atos específicos sem pertinência com os títulos de crédito e respectiva execução.

Registram documentos em geral para fins de conservação e publicidade e não para obtenção de recuperação de crédito; portanto, sem qualquer pertinência procedimental ou operacional com as atribuições atuais exercidas pelos tabeliães de protesto e, muito menos no futuro, como agentes de execução.

Assim como nos demais casos já analisados, haveria também aqui uma confusão de competências e a inaceitável invasão de atribuições, uma vez que o protesto, a publicidade de dívidas, intimação de devedores, recuperação de créditos (sua principal função social) etc., são atos privativos assim definidos por lei como sendo de competência própria e exclusiva dos tabeliães de protesto.

4. PODER JUDICIÁRIO E OBSERVÂNCIA DA PERTINÊNCIA TEMÁTICA NA PRÁTICA DE ATOS PELOS DELEGATÁRIOS

O Poder Judiciário, a começar pelos atos normativos editados pelo Conselho Nacional de Justiça e, em particular, no que concerne às serventias extrajudiciais, pela Corregedoria Nacional de Justiça, tem sido rigoroso na observância da simetria ditada pelas leis de regência das atividades notariais e registrais[24], de maneira a harmonizar as suas disposições com a especialização dos respectivos cartórios.

Diversos são os atos normativos que seguem criteriosamente a linha das atribuições conferidas em pertinência temática com a especialização dos delegatários, valendo destacar alguns para bem demonstrar o excepcional cuidado com que o Conselho Nacional de Justiça trata da matéria, como verdadeiro cânone, cujo eixo central é a busca constante do aprimoramento dos serviços prestados.

Vejamos então alguns atos normativos baixados pelo Conselho Nacional de Justiça, em especial pela Corregedoria Nacional de Justiça:

a) Provimento n. 63/17 (alterado pelo Provimento 83/19) que dispõe sobre o reconhecimento de filiação socioafetiva a ser realizado unicamente perante os oficiais de registro civil das pessoas naturais;

b) Provimento 65/2017 que estabelece as diretrizes para o procedimento da usucapião extrajudicial nos serviços notariais e de registro de imóveis. Neste caso, destacou-se bem os atos praticados pelos tabeliães de notas (atas notariais) e pelos registradores de imóveis (o processamento propriamente da usucapião extraordinária);

c) Provimento 66/2018 que dispõe sobre a prestação de serviços pelos oficiais de registro civil das pessoas naturais mediante convênio, credenciamento e matrícula com órgãos e entidades governamentais e privadas.

Com precisão cirúrgica, o ato normativo observa, fielmente, a simetria que deve ser seguida quando dispõe no art. 2º, que as serventias de registro civil das pessoas naturais, mediante convênio, prestarão serviços públicos relacionados à identificação dos cidadãos visando auxiliar a emissão de documentos pelos órgãos responsáveis. E mais: assenta no parágrafo único, que "os serviços públicos referentes à identificação dos cidadãos são aqueles inerentes à atividade registral, que tenham por objetivo a identificação do conjunto de atributos de uma pessoa, tais como biometria, fotografia, cadastro de pessoa física e passaporte;

d) Provimento n. 67/2018 dispõe sobre os procedimentos de conciliação e de mediação nos serviços notariais e de registro e ressalta no art. 9º, p. único que "notários e registradores poderão prestar serviços profissionais relacio-

---

24. Lei 6.015/73 (Lei dos Registros Públicos); Lei 8.935/94 (Lei dos Cartórios que regulamenta o art. 236 da CF); Lei 9.492/97 (Lei dos Tabeliães de Protesto).

nados com as suas atribuições às partes envolvias, em sessão de conciliação e mediação de sua responsabilidade".

e) Provimento n. 72/2018 trata das medidas de incentivo à quitação ou à renegociação de dívidas protestadas nos tabelionatos de protesto;

f) Provimento n. 86/2019, que dispõe sobre a possibilidade de pagamento postergado de emolumentos, acréscimos legais e demais despesas, devidos pela apresentação de títulos ou outros documentos de dívida para protesto, tudo a ser realizado exclusivamente perante o cartório competente;

g) Provimento 88/2019 que dispõe sobre a política, os procedimentos e os controles a serem adotados pelos notários e registradores visando a prevenção dos crimes de lavagem de dinheiro, previstos na Lei 9.613/98 e do financiamento do terrorismo, previsto na Lei 13.260/16. Aqui também observa-se a estrita simetria entre os atos praticados de acordo com as respectivas atribuições, tanto que o Provimento é dirigido aos tabeliães de notas, tabeliães e oficiais de registro de contratos marítimos, tabeliães de protesto de títulos, oficiais de registro de imóveis, oficiais de registro de títulos e documentos e civis de pessoas jurídicas (art. 2º).

h) Provimento 119/21 altera o Provimento 62, de 14 de novembro de 2017 e revoga o Provimento 106, de 17 de junho de 2020 e baseia-se na Resolução CNJ 228, de 22 de junho de 2016 (alterada pela Resolução CNJ 392/21) que, por seu turno, regulamenta a aplicação, no âmbito do Poder Judiciário, da Convenção sobre a Eliminação da Exigência de Legalização de Documentos Públicos Estrangeiros, celebrada na Haia, em 5 de outubro de 1961 ("Convenção da Apostila"), ampliou a prática do apostilamento para todos os titulares dos serviços extrajudiciais.

A ampliação do apostilamento eletrônico a ser realizado por todos os cartórios extrajudiciais afigura-se uma boa providência tomada pelo Conselho Nacional de Justiça, na exata medida em que a prática da legalização de documentos produzidos em território nacional para atender os fins definidos na denominada "Convenção da Apostila" pois aumenta sensivelmente o espectro de abrangência dos serviços prestados, sem que importe em violação ou inobservância do princípio da especialização de competências dos tabeliães e registradores, tornando mais fácil o acesso e mais célere o resultado buscado pelos consumidores desses serviços.

Isso porque o apostilamento de documentos não requer conhecimento específico por parte dos notários e registradores para os fins a que se destinam, tornando-se despiciente a observância de pertinência temática do objeto do apostilamento com a competência dos delegatários. Ademais, o apostilamento não é ato de ofício dos delegatários, mas atribuição que lhes confere o Conselho Nacional de Justiça mediante a expedição de Provimentos que regulamentam a atuação das autoridades apostilantes.

Destarte, a prática do apostilamento passa pela observância de exigências legais que são atendidas, necessariamente, por todos os delegatários, assim consideradas a organização técnica e administrativa voltadas a garantir a publicidade, autenticidade, segurança e eficácia dos atos jurídicos, dotados de fé pública e prestadores de serviços com adequação e eficiência (arts. 1º, 3º e 4º da Lei 8.935/94).

Ao alterar o Provimento 62/17, o Provimento 119/21 observou a importância da capacitação dos delegatários e escreventes para a prática do apostilamento, a ser oferecida por suas entidades de classe, sob supervisão do Conselho Nacional de Justiça (art. 4º), fazendo-se mister a aprovação em curso.

5. CONCLUSÃO

A Lei 8.935/94 ao regulamentar o art. 236 da Constituição Federal, que dispõe sobre os serviços notariais e registrais foi exemplar ao dispor a respeito da observância à simetria que deve ser seguida pelos delegatários na pratica de atos atinentes as suas respectivas competências, cônscio o legislador de que a pertinência temática é o vetor da excelência dos serviços por eles prestados aos consumidores do direito (qualidade satisfatória, eficiência, rapidez e segurança – arts. 1º e 4º c/c arts. 30, II e 38).

Seguindo a lógica legislativa, o Projeto de Lei 6.204/19 que trata da desjudicialização da execução civil confere tão somente aos tabeliães de protesto as novas atribuições de "agente de execução" justamente por serem eles os únicos delegatários com conhecimento profundo sobre títulos de créditos e documentos afins e com competência privativa para a prática de atos definidos no art. 11 da Lei de Regência.

Da mesma forma, as leis extravagantes que trataram de temas diversos afeitos à desjudicialização observaram também, atentamente, a simetria da nova atribuição a ser conferida aos delegatários com aquelas inerentes às respectivas competências privativas (v.g. retificação do registro imobiliário – Lei 10.931/2004; inventário, da separação e do divórcio – Lei 11.441/2007; retificação de registro civil – Lei 13.484/2017; usucapião extrajudicial instituída pelo Código de Processo Civil (art. 1.071 – LRP, art. 216-A).

Como não poderia deixar de ser, a mesma linha da pertinência temática é sempre observada nas Resoluções do Conselho Nacional de Justiça e nos Provimentos da Corregedoria Nacional de Justiça.

Viola não só o bom senso, mas toda a lógica contida de maneira robusta no sistema normativo, a começar pela própria Lei dos Cartórios, o entendimento que pretende estender para outros delegatários as atribuições conferidas ao tabelião de protestos no PL 6.204/19.

Com todas as vênias, tudo converge cada vez mais, notadamente em pleno século XXI, para a especialização das atividades prestadas em todos os ramos do conhecimento, não sendo diferente na seara do Direito e do Poder Judiciário.

Estender as atribuições de agente de execução para além dos tabeliães de protesto é colocar em xeque o êxito tão esperado da desjudicialização da execução civil.

Por outro lado, considerando-se que estamos diante de transferência, por delegação constitucional, de competência procedimental executiva do Estado-juiz para o agente de execução, tal mister não pode ser realizado por advogados, por todas as razões apontadas neste breve estudo.

Estamos certos de que a delegação das atividades executivas civis atinentes aos títulos extrajudiciais e judiciais condenatórios de quantia certa contra devedor solvente conferida no PL 6.204/2019 aos tabeliães de protestos significa, nada mais, nada menos, do que um enorme avanço legislativo em prol dos jurisdicionados e do Poder Público.

Se descurarmos da importância das especializações nos serviços prestados pelas serventias extrajudiciais, poderemos acabar subvertendo a ordem das coisas e constatar uma realidade indesejada, qual seja, o fim das competências privativas dos notários e registradores e, com isso, a decadência da qualidade e eficiência.

A desjudicialização da execução civil somente conseguirá atingir os elevados fins a que se destina, em sintonia com a chamada "Justiça 4.0" se for colocada em prática por intermédio da atuação firme e qualificada dos tabeliães de protesto, sob pena de insucesso da própria Meta 9 do Poder Judiciário.

6. REFERÊNCIA

ALVIM, Arruda; FIGUEIRA JR. Joel Dias. O fenômeno global da desjudicialização, o PL 6.204/19 e a Agenda 2030/ONU-ODS. *Migalhas* n. 4.979, de 16 de novembro de 2020.

ALVIM, Arruda; FIGUEIRA JR. Joel Dias. Razões para atribuir as funções de agente de execução aos tabeliães de protesto: reflexões sobre a desjudicialização da execução civil (PL 6.204/19). *Migalhas* de 1º de fevereiro de 2021.

ARAÚJO, Luciano Vianna; DOTTI, Rogéria; LUCON, Paulo. Desjudicialização da execução civil: a quem atribuir as funções de agente de execução? *Conjur* de 10.12.2020.

CHINI, Alexandre; MARTINS, Humberto. Os efeitos desjudicializantes do art. 517 do Novo Código de Processo Civil. In: ALVIM, Teresa; KUKINA, Sérgio et al). *O CPC de 2015 visto pelo STJ*. São Paulo: Ed. RT, 2021.

CANTÍDIO, Cristiana C. do Amaral. Dissertação de Mestrado. Universidade de Marília-SP, 2021. *Notários e Oficiais de Registro como Agentes de Execução Civil Extrajudicial*: Sugestões para o Projeto de Lei n. 6.204, de 2019".

CORTEZ, Renata; RIBEIRO, Flávia Pereira. Reflexões sobre o parecer do Conselho Federal da OAB sobre o PL 6.204;19 – Porque a função de agentes de execução deve ser delegada aos tabeliães de protestos, nos termos do PL 6.204/19 – Parte I. *Migalhas 21/9/20*; Reflexões sobre o parecer do Conselho Federal da OAB sobre o PL 6.204/19. Porque a função de agentes de execução não deve ser realizada por advogados, nos termos do projeto de lei 6.204/19 – Parte II". *Migalhas*, 14.10.2020.

FARIA, Márcio Carvalho. Primeiras impressões sobre o Projeto de Lei 6.204/2019: críticas e sugestões acerca da tentativa de se desjudicializar a execução civil brasileira. *Revista de Processo* v. 313/317. São Paulo, 2021.

FIGUEIRA JR. Joel Dias. *Arbitragem*. 3. ed. Rio de Janeiro: Forense, 2019.

FIGUEIRA JR. Joel Dias. Da constitucionalidade da execução civil extrajudicial – Análise dogmática do PL 6.204/2019. In: MEDEIROS NETO, Elias e RIBEIRO, Flávia (Coord.). *Reflexões sobre a desjudicialização da execução civil*. Curitiba: Juruá, 2020.

HILL, Flávia Pereira. Desjudicialização da Execução Civil: reflexões sobre o Projeto de Lei 6.204/2019. *Revista Eletrônica de Direito Processual* – REDP. ano 14. v. 21. n. 3. Rio de Janeiro, set.-dez 2020.

WOLKART, Erik Navarro. *Análise econômica do processo Civil* – Como a economia, o direito e a psicologia podem vencer a "tragédia da Justiça". 2. ed. São Paulo: Ed. RT, 2020.

DEZ RAZÕES PELAS QUAIS O TABELIÃO DE PROTESTO NÃO PODE SER O ÚNICO AGENTE DE EXECUÇÃO

Márcio Carvalho Faria

Pós-doutor (UFBA), Doutor e Mestre (UERJ) em Direito Processual. Professor Adjunto de Direito Processual (UFJF). Membro do Grupo de Trabalho sobre Execução Civil (CNJ). Membro do Instituto Brasileiro de Direito Processual (IBDP). Advogado (OAB/MG). Contatos: marciocfaria@gmail.com. www.twitter.com/marciocfaria // www.facebook/professormarciofaria. www.instagram.com/professormarciofaria // www.youtube.com/professormarciofaria.

1. CONSIDERAÇÕES INTRODUTÓRIAS[1]

Ao contrário do que já se fez em outra seara[2], quando foram analisadas, de modo bastante aprofundado, as questões mais relevantes do Projeto de Lei 6.204/2019 (doravante alcunhado de "PL"), o presente texto almeja tratar apenas de um ponto relacionado à desjudicialização executiva, qual seja: a escolha do tabelião de protesto como único profissional habilitado ao exercício da futura função de agente de execução.

Em síntese, pretende-se apresentar críticas ao art. 3º do referido PL, que prevê: "Ao tabelião de protesto compete, exclusivamente, além de suas atribuições regulamentares, o exercício das funções de agente de execução e assim será denominado para os fins desta lei".

Para se desincumbir desse mister, primeiramente serão delineados os principais argumentos lançados em prol da exclusividade do tabelião de protesto, sejam os trazidos pela própria Exposição de Motivos do PL, sejam os colacionados por aqueles que vêm se dedicando ao estudo do tema.

Posteriormente, serão apresentadas dez razões pelas quais se considera que o tabelião de protesto não pode assumir, exclusivamente, o exercício da novel função de agente de execução.

Ao final, demonstrar-se-á necessidade de que, durante a tramitação legislativa, o PL seja alterado para se ampliar, consideravelmente, o leque de opções acerca do futuro agente de execução.

Antes de prosseguir, imperioso se faz advertir o leitor: a conclusão a que este texto pretende chegar – qual seja, a de que *todos* os notários e registradores também

---

1. Colaboraram para a confecção deste artigo, os quais merecem os devidos agradecimentos: Clarissa Diniz Guedes Ferreira, Diogo Assumpção Rezende de Almeida, Douglas Oliveira Fontes, Elias Gazal Rocha, Fernando Gama de Miranda Netto, Guilherme Jales Sokal, Humberto Santarosa de Oliveira, José Aurélio de Araújo, Leonardo Carneiro da Cunha, Leonardo Greco, Lucas Geraseev Pinheiro Machado, Raphael D'Avila Barros Pereira e Vinícius Rocha Pinheiro Machado.
2. FARIA, Márcio Carvalho. Primeiras impressões sobre o Projeto de Lei 6.204/2019: críticas e sugestões acerca da tentativa de se desjudicializar a execução civil brasileira (partes um a cinco). *Revista de Processo*, v. 313 a 317. São Paulo: Ed. RT, mar.- jul. 2021.

devem ser agentes de execução – não significa adesão à tese de que advogados ou mesmo outros profissionais devem ser proibidos de assumir a mesma função.

Aliás, como já se defendeu alhures[3], *o ideal seria que se ampliassem ao máximo as possibilidades de escolha do agente de execução, admitindo-se o exercício de tal função inclusive por profissionais de fora da carreira cartorária*, o que, além de facilitar o acesso aos jurisdicionados, teria, dentre outras, as vantagens de (i) dar mais autonomia ao credor (que poderia eleger o profissional mais especializado e/ou que apresentasse índices mais interessantes de recuperação de crédito); (ii) fomentar a concorrência entre os diversos profissionais habilitados (como, aliás, já acontece com os tabeliães de notas, cf. art. 8º da Lei 8.935/94); e (iii) permitir a criação de *expertises* em determinados ramos de mercado, tudo isso em prol da efetividade da prestação da tutela executiva.

Aqui, porém, o objetivo é menos ambicioso: seja pela premência do tema, seja pela limitação de tempo e de espaço desta obra coletiva, busca-se demonstrar o desacerto da opção pela exclusividade do tabelião de protesto contida no art. 3º do PL 6.204/19.

Afinal, como se sabe, *piano, piano, si va lontano*.

2. EM QUE SE BASEIA A TESE DA EXCLUSIVIDADE PARA O TABELIÃO DE PROTESTO? BREVE ANÁLISE DA JUSTIFICAÇÃO DO PL 6204/19 E DA DOUTRINA

2.1 A Justificação do PL 6.204/19

De início, fundamental se afigura investigar os motivos oficiais, por assim dizer, da escolha do tabelião de protesto como único habilitado a assumir a função de agente de execução.

---

3. "(...) 9. Nada obstante a opção do PL pela utilização do tabelião de protestos como agente de execução, considera-se relevante que tal função venha a ser exercida por um novo profissional, que poderia vir a ser recrutado dentro do quadro de advogados do país, ou mesmo que fosse criada uma nova categoria de profissionais (assim como já ocorreu com a de mediador), ou, ainda, que se amplie o rol para se fazer incluir, dentre os possíveis agentes de execução, todos os notários e registradores do país. À semelhança do que ocorre quando o advogado é nomeado para integrar órgãos como o Conselho Nacional de Justiça (art. 103-B, XII, CF/88) ou um determinado Tribunal Regional Eleitoral (art. 120, § 1º, III, CF/88), se o advogado desejar exercer a função de agente de execução, deverá se licenciar dos quadros da Ordem dos Advogados do Brasil, sendo-lhe vedado, portanto, o exercício *simultâneo* de tais funções. 10. Enquanto durar o exercício de suas funções como agente de execução, o advogado se submeterá, para efeitos de controle e fiscalização, ao Conselho Nacional de Justiça e a eventuais conselhos de classe que vierem a ser criados. 11. A fim de proteger a sociedade, o PL deverá prever regra semelhante à do art. 95, parágrafo único, V, da CF/88, com o objetivo de vedar o exercício da advocacia no(s) local(is) em que o agente de execução atuava antes de decorridos três anos de seu afastamento. 12. Propõe-se, até mesmo para se facilitar e baratear o acesso à ordem executiva, que haja uma concomitância entre as mais diversas figuras de agente de execução, que poderiam laborar simultânea e concorrentemente, a fomentar o incremento da qualidade na prestação do serviço, bem como a formação de *expertises* das mais variadas no corpo de agentes de execução (...)". (FARIA, Márcio Carvalho. Primeiras impressões sobre o Projeto de Lei 6.204/2019: críticas e sugestões acerca da tentativa de se desjudicializar a execução civil brasileira (parte 5). *Revista de Processo.* v. 317. São Paulo: Ed. RT, jul. 2021, *versão online*).

Para tanto, retira-se, da leitura da Justificação[4] que foi apresentada em conjunto com o PL 6.204/19, que o tabelião de protesto seria o profissional mais indicado, pois:

1º) "devidamente concursado e remunerado de acordo com os emolumentos fixados por lei, cobrados via de regra ao final do procedimento executivo";

2º) "mais afeito aos títulos de crédito";

3º) [sua escolha permitiria] "a valorização do protesto como medida para o cabal cumprimento das obrigações".

De antemão, facilmente se verifica que o primeiro argumento acima apresentado deve ser desconsiderado para justificar a escolha exclusiva do tabelião de protesto, porquanto, como se sabe, aplicável a todos os profissionais da carreira extrajudicial (art. 14, inciso I, da Lei 8.935/94 c/c art. 236, § 3º, da CF/88).

2.2 A posição da doutrina favorável ao PL 6.204/19

Embora sempre haja o risco de se deixar passar despercebido algum trabalho de relevo aqui e acolá, a presente pesquisa conseguiu colher, da doutrina que tem tratado do tema, quatro argumentos favoráveis à atribuição da função de agente de execução ao tabelião de protesto.

Inicialmente, verifica-se, da lição de Flávia Pereira Ribeiro – uma das integrantes, aliás, da "comissão independente de professores" responsável pela elaboração do PL[5] –, que o tabelião de protesto deveria ser o agente de execução "já que afeito aos títulos e outros documentos de dívida e dotado de infraestrutura para localização e intimação do devedor. (...)"[6].

Além disso, a citada autora, após minudenciar o procedimento extrajudicial atinente ao protesto de título e, ainda, mencionar a realização de uma visita técnica à sede de um tabelionato de protesto na cidade de São Paulo, afirma que "a estrutura existente [nos tabelionatos] é apta a dar efetividade também para a execução", pois

---

4. "(...) Para tanto, propõe-se que a função pública da execução dos títulos executivos seja "delegada" a um tabelião de protesto, que é um profissional devidamente concursado e remunerado de acordo com os emolumentos fixados por lei, cobrados via de regra do devedor ao final do procedimento executivo. Salienta-se que a fiscalização dos tabeliães de protesto já é realizada pelo Poder Judiciário – CNJ e corregedorias estaduais. A delegação, portanto, é o regime jurídico sugerido para que a desjudicialização da execução seja colocada em prática no Brasil, nos termos do artigo 236 da Constituição Federal. Dentre os agentes delegados existentes no ordenamento jurídico, sugere-se que o tabelião de protesto tenha sua atribuição alargada, para que assuma também a realização das atividades executivas, uma vez que afeito aos títulos de crédito. Além disso, propõe-se a valorização do protesto como eficiente medida para o cabal cumprimento das obrigações. Assim, confere-se ao tabelião de protesto a tarefa de verificação dos pressupostos da execução, bem como da realização de citação, penhora, alienação, recebimento do pagamento e extinção do procedimento executivo extrajudicial, reservando-se ao juiz estatal a eventual resolução de litígios, quando provocado pelo agente de execução ou por qualquer das partes ou terceiros". (Parte integrante do Avulso do Projeto de Lei 6.204/19, Justificação, p. 17; disponível em: https://legis.senado.leg.br/sdleg-getter/documento?dm=8049470&ts=1621863671009&disposition=inline, acesso em 25 maio 2021).
5. Parte integrante do Avulso do PL 6.204/19, Exposição de Motivos..., op. cit., p. 21.
6. RIBEIRO, Flávia Pereira. *Desjudicialização da execução civil*. São Paulo: Saraiva, 2013, p. 184.

"a notável habilidade na análise do título para o protesto poderia ser aplicada na verificação dos pressupostos da execução"[7].

Salienta ainda que "os sistemas de localização do endereço do devedor, da expedição e efetivação de intimação e de publicação de edital servem tanto para o protesto como para a execução"[8], o que, a seu ver, seria suficiente para concluir que os tabeliães de protesto são "os únicos habituados aos títulos de dívidas e dotados de estrutura adequada para localização e intimação do devedor"[9].

Em texto mais recente, dessa vez em coautoria com Renata Cortez, Flávia Pereira Ribeiro volta novamente ao tema, repisando o argumento da especialização.

Na opinião das autoras, os tabeliães de protesto seriam mais adequados para exercer a nova função, pois "já estão estruturados e habituados às cobranças de dívidas, sendo certo que detêm o conhecimento técnico que mais se aproxima àquele exigido para o exercício das funções de agentes de execução, exatamente por lidarem diuturnamente com questões atinentes aos títulos executivos"[10].

Posteriormente, ambas consideram a escolha do PL a mais acertada "especialmente pela garantia de controle social relativamente aos atos praticados por tais delegatários", a qual se justificaria na "fiscalização constante por parte do Conselho Nacional de Justiça e pelas Corregedorias" e, ainda, na "responsabilidade subjetiva dos notários e registradores prevista em lei" e, por fim, "na responsabilidade objetiva do Estado relativamente aos atos praticados por tais delegatários"[11].

José Manoel de Arruda Alvim e Joel Dias Figueira Jr., por sua vez, embora sem mencionar a questão da exclusividade da escolha do tabelião de protesto, defendem a opção do PL por considerarem que os serviços prestados por esses profissionais "fundam-se em organização técnica e administrativa destinados a garantir a publicidade, autenticidade, segurança e eficiência dos atos jurídicos, sendo os respectivos profissionais dotados de fé pública"[12].

---

7. Idem, ibidem, p. 189.
8. Idem, ibidem, p. 191.
9. Idem, ibidem, p. 191. Idêntica conclusão é retomada pela mesma autora, em obra mais recente: RIBEIRO, Flávia Pereira. Proposta de desjudicialização da execução civil para o Brasil com base na experiência portuguesa – PL 6.204/2019, In: MEDEIROS NETO, Elias Marques de; RIBEIRO, Flávia Pereira (Coord.). *Reflexões sobre a desjudicialização da execução civil*. Curitiba: Juruá, 2020, p. 322-360, especialmente p. 352.
10. RIBEIRO, Flávia Pereira; CORTEZ, Renata. Reflexões sobre o parecer do Conselho Federal da OAB sobre o PL 6.204/19 – parte I, *Migalhas* de Peso. Disponível em: https://www.migalhas.com.br/depeso/333661/reflexoes-sobre-o-parecer-do-conselho-federal-da-oab-sobre-o-pl-6-204-19---parte-i. Acesso em: 26 maio 2021.
11. RIBEIRO, Flávia Pereira; CORTEZ, Renata. Reflexões sobre o parecer do Conselho Federal da OAB..., op. cit., acesso em: 26 maio 2021.
12. ALVIM NETTO, José Manoel Arruda; FIGUEIRA JR., Joel Dias. Razões para atribuir as funções de agente de execução aos tabeliães de protesto, *Migalhas de Peso*, 01 fev. 2021. Disponível em: https://www.migalhas.com.br/depeso/339710/as-funcoes-de-agente-de-execucao-aos-tabeliaes-de-protesto. Acesso em: 26 maio 2021.

Portanto – e também com o objetivo de consolidar as ideias lançadas –, é possível dizer que a escolha do tabelião de protesto se fundaria em quatro argumentos, numerados na sequência do tópico anterior para se facilitar a compreensão:

4º) na sua especialização, vez que já habituados ao manejo dos títulos executivos e à prática de atos de comunicação de devedores;

5º) na estrutura já existente, com organização técnica e administrativa;

6º) no controle social exercido pelo CNJ e pelas Corregedorias estaduais quanto aos atos dos tabeliães, bem como pelo sistema de responsabilidades;

7º) na garantia de publicidade, autenticidade, segurança e eficiência dos atos jurídicos praticados pelos tabeliães de protesto, vez que dotados de fé pública.

2.3 À guisa de síntese: a especialização como única justificativa digna de reflexão para a escolha exclusiva dos tabeliães de protesto

Cotejando-se os três primeiros argumentos (apresentados pela Justificação do PL) com os quatro últimos (colhidos da doutrina), facilmente se percebe que o segundo e o quarto se confundem, pois ambos afirmam existir uma especialização do tabelião de protesto em relação às demais ocupantes de serventias extrajudiciais.

Quanto aos demais argumentos (1º, 5º, 6º e 7º), todos dizem respeito também aos demais notários e registradores, não servindo para justificar a exclusividade pretendida pelo art. 3º do PL.

Afinal, quer se trate de um notário (ou tabelião), quer se trate de um registrador, (i) todos eles são profissionais escolhidos mediante concurso público, cujas serventias já possuem as respectivas estruturas administrativas; (ii) todos eles são controlados pelo CNJ e pelas corregedorias estaduais, submetendo-se ao mesmo regime de responsabilidade e, por fim, (iii) todos eles praticam atos jurídicos com garantia de publicidade, autenticidade, segurança e eficiência, pois dotados de fé pública.

Bem postas as coisas, portanto, vê-se que, dentro do recorte estabelecido por este texto de apenas considerar apenas os notários e registradores como possíveis agentes de execução, o único argumento a ser verdadeiramente enfrentado para se aferir o acerto (ou desacerto) da escolha exclusiva dos tabeliães de protesto diz respeito à propalada especialização que esses profissionais teriam com o manejo dos títulos executivos, uma vez que a ideia descrita no 3º argumento (a da "valorização do protesto como medida cabal para o cumprimento das obrigações") parece se tratar mais de uma consequência que uma justificativa desta escolha.

Nesse sentido, o próximo item demonstrará, por meio de dez razões, que essa pretensa especialização, em verdade, no mais das vezes, nem sequer existe ou, quando há, não é forte o bastante para justificar a atribuição exclusiva das funções de agente de execução ao tabelião de protesto.

É o que se verá.

3. DEZ RAZÕES PELAS QUAIS O TABELIÃO DE PROTESTO NÃO PODE SER O ÚNICO AGENTE DE EXECUÇÃO

3.1 Primeira razão: o aumento considerável da capilaridade

Do portal "Justiça Aberta", do Conselho Nacional de Justiça, é possível verificar que, no final de 2020, existiam 13.333 serventias extrajudiciais, sendo apenas 3.781 tabelionatos de protesto, o que representa aproximadamente 28,35%.

Nesse sentido, uma conta simples já seria suficiente para demonstrar que, se deixada de lado a exclusividade descrita no art. 3º, PL, o número de agentes de execução mais que se triplicaria[13].

Como se os números não falassem por si, há de se considerar que, por força de lei (art. 44, § 2º, Lei 8.935/94), deve existir pelo menos um cartório de registro civil de pessoas naturais em cada município brasileiro, independentemente de esse ser ou não sede de comarca, algo que não existe com os tabelionatos de protesto.

Assim, se adotada tal sugestão, seria possível encontrar agentes de execução em localidades em que hoje sequer existem oficiais de justiça, sem a necessidade de deslocamentos territoriais relevantes e/ou a utilização de atos de cooperação judiciária (arts. 67 a 69, CPC)[14].

Além disso, é muito provável que, mesmo nas cidades de grande porte, a exclusividade na escolha do agente de execução poderia causar grandes transtornos.

Basta se pensar, por exemplo, na cidade do Rio de Janeiro, que contém 4 (quatro) tabelionatos de protesto com atribuições exclusivas, todos eles localizados, aliás, no centro da cidade[15].

Se aprovada a exclusividade prevista no art. 3º do PL, a futura norma faria, por exemplo, com que um credor da Zona Oeste, que hoje pode levar seu título para ser executado no Fórum da Barra da Tijuca, tivesse que se dirigir ao Centro da cidade para fazê-lo, em um trajeto de mais de 30 quilômetros que, a depender das condições do trânsito, pode lhe custar duas ou mais horas de seu dia.

Ainda que, como o próprio PL dá a entender[16], as execuções extrajudiciais tramitem eletronicamente, a experiência com o processo judicial eletrônico mostra que vez ou outra se faz necessário o comparecimento presencial do interessado à

---

13. Na verdade, o aumento seria de aproximadamente 352%.
14. No mesmo sentido: HILL, Flávia Pereira. *Lições do isolamento: reflexões sobre Direito Processual em tempos de pandemia*. Rio de Janeiro: edição do autor, 2020, p. 102.
15. Segundo o Portal "Justiça Aberta", do CNJ, dois ofícios de protesto se localizam na Rua da Assembleia (o 3º e o 4º Ofícios), um na Av. Erasmo Braga (o 1º Ofício) e outro na Rua do Carmo (o 2º Ofício), todos esses logradouros integrantes do Centro do Rio de Janeiro.
16. Em três passagens, o PL menciona a expressão "eletrônico", ao dizer que deverão ser observadas "as regras do processo eletrônico" (§ 2º, art. 4º), que a citação por edital se dará mediante publicação em "jornal eletrônico" (art. 11, *caput*) e, ainda, que o CNJ deverá elaborar um modelo de requerimento de execução "para encaminhamento eletrônico aos agentes de execução" (art. 26).

sede do juízo, algo que, se vier a ocorrer com as execuções extrajudiciais, fará com que o jurisdicionado, que hoje se desloca apenas dentro de sua região, tivesse que atravessar longas distâncias para obter sua tutela na seara extrajudicial.

Tal ampliação, portanto, aumentaria a capilaridade da atuação do agente de execução, o que certamente facilitaria o acesso aos interessados e, muito provavelmente, promoveria o recrudescimento da efetividade da execução civil.

3.2 Segunda razão: a imensa maioria dos tabelionatos de protesto acumula funções relativas a outras serventias, ou seja, a especialidade não é assim tão exclusiva

Como se viu no item anterior, o Portal "Justiça Aberta", do CNJ, afirma que no final de 2020 eram 13.333 serventias extrajudiciais, sendo 3.781 tabelionatos de protesto.

Da mesma fonte se percebe que havia, na mesma data, 7.342 cartórios de registro civil de pessoas naturais (RCPN), 3.385 cartórios de registro civil de pessoas jurídicas (RCPJ), 3.598 cartórios de registros de imóveis (RI), 8.369 cartórios de notas (Notas), 2.272 cartórios de registro de interdições e tutelas (RIT), 524 cartórios de registros de contratos marítimos (RCM) e, por fim, 273 cartórios de registros de distribuição (RD).

Se fosse possível somar todas as serventias acima descritas, o número total seria de 29.544, ou seja, um montante bem superior àquele divulgado pelo próprio CNJ.

Onde está, portanto, o equívoco desta adição?

Embora o mesmo Portal "Justiça Aberta" não afirme, a conclusão é inequívoca: *há centenas de cartórios que exercem diversas atribuições cumulativamente.*

Lamentavelmente, o CNJ não dispõe de uma informação consolidada[17], mas basta uma consulta individualizada às mais diversas serventias, distribuídas por todo o país, para se confirmar o alegado: com exceção de capitais e/ou grandes cidades, *a imensa maioria dos tabelionatos de protesto não possui apenas atribuições de protesto.*

Aliás, deve-se considerar que não é incomum, em determinados municípios brasileiros, a existência de ofícios únicos, no qual o mesmo profissional ocupa, concomitantemente, todas as funções extrajudiciais.

Tome-se como exemplo o Estado do Rio de Janeiro, o terceiro mais populoso do Brasil; com exceção da Capital (com quatro tabelionatos de protesto com atribuições exclusivas) e das cidades de Petrópolis, Niterói e Duque de Caxias (que

---

17. Segundo José Manoel de Arruda Alvim Netto e Joel Dias Figueira Jr., seriam 99 (noventa e nove) serventias com atribuição exclusiva de protesto. ALVIM NETTO, José Manoel de; FIGUEIRA JR., Joel Dias. Do procedimento extrajudicial e o acesso ao agente de execução no PL 6.204/19: Anverso e reverso, *Migalhas de Peso*, 8 de junho de 2021. Disponível em: https://www.migalhas.com.br/depeso/346680/do-procedimento-extrajudicial-e-o-acesso-ao-agente-de-execucao. Acesso em: 09. jun. 2021.

contêm, cada uma, dois tabelionatos de protesto com atribuições exclusivas), todas as demais cidades fluminenses possuem serventias que acumulam, para além do protesto, outras funções.

Veja-se, ainda a título exemplificativo, o caso da cidade de São Gonçalo, a segunda mais populosa do Estado fluminense.

Naquela cidade, ainda segundo o Portal "Justiça Aberta", há treze serventias extrajudiciais, sendo doze com atribuição de notas, das quais apenas uma (a do 5º ofício), tem também atribuição de protesto.

Ora, se um determinado ofício pode exercer funções cumulativamente, por qual razão outro, eventualmente sediado na mesma cidade, não poderia fazê-lo?

Como se vê, portanto, a propalada especialidade do agente de execução em relação às demais categorias extrajudiciais parece ser tão excepcional que sequer deveria ser cogitada para efeitos de justificativa do PL.

Ademais, o exemplo dessa cidade fluminense pode servir para reforçar o afirmado no tópico anterior (3.1).

Segundo o Instituto Brasileiro de Geografia e Estatística (IBGE), em São Gonçalo/RJ residem mais de um milhão de habitantes[18] que, de acordo com o Tribunal de Justiça do Rio de Janeiro[19], dispõem de 8 (oito) varas cíveis, todas elas, em tese, competentes para processar execuções judiciais.

Sucede, porém, que, como visto, nessa mesma cidade há 13 (treze) serventias extrajudiciais, distribuídas entre os mais variados ofícios, mas apenas 1 (uma) com atribuição de protesto.

Permita-se mencionar mais um exemplo, dessa vez relativo ao Estado de Minas Gerais.

Juiz de Fora, a quarta cidade mais populosa do Estado[20], possui aproximadamente 573 mil habitantes[21] e conta atualmente com 8 (oito) varas cíveis na justiça estadual[22], além de 18 (dezoito) serventias extrajudiciais, das quais apenas 2 (duas) com atribuições de protesto de títulos.

Com tamanha restrição para a escolha dos agentes de execução, fica difícil imaginar que as execuções "desjudicializadas", que passariam a ser reunidas em um

---

18. Disponível em: https://cidades.ibge.gov.br/brasil/rj/sao-goncalo/panorama, acesso em 25 maio 2021.
19. Disponível em: http://www.tjrj.jus.br/servicos/serventias-habilitadas-para-realizar-o-cadastro-presencial/sao-goncalo. Acesso em: 25 maio 2021.
20. Disponível em: https://www.mg.gov.br/conteudo/conheca-minas/geografia/dados-gerais. Acesso em: 29 maio 2021.
21. Disponível em: https://cidades.ibge.gov.br/brasil/mg/juiz-de-fora/panorama. Acesso em: 29 maio 2021.
22. Disponível em: http://www8.tjmg.jus.br/servicos/gj/guia/primeira_instancia/consulta.do?codigoComposto=MG_0145&paginaFlag=forum&paginaForum=3&paginaJuizado=&opcConsulta=1&linesByPage=10&pagina=4. Acesso em: 29 maio 2021.

único tabelionato de protesto, pudessem tramitar mais rapidamente do que hoje, em que as execuções "judicializadas" se dividem por oito varas cíveis.

E nem se argumente que as serventias extrajudiciais, por conta de sua estrutura privada, poderiam ser ampliadas conforme o aumento da demanda, assim como ocorre como qualquer empresa que vislumbra a necessidade de expansão de seu empreendimento.

Nesse caso, ainda que realmente isso seja possível, o máximo que o tabelião de protesto poderá fazer é ampliar a sua equipe, contratando profissionais que, embora devam ser devidamente treinados e atuem sob sua supervisão e responsabilidade do tabelião, não teriam a sua especialidade.

Veja-se, aliás, que essa não é uma afirmação meramente hipotética; o § 3º do art. 4º, PL, expressamente prevê a possibilidade de substabelecimento, pelo tabelião de protesto, a "substitutos e escreventes devidamente credenciados", os quais serão, como prevê o art. 22, PL, "seus prepostos".

Em outros termos: se já se antevê a necessidade de ampliação da estrutura do agente de execução, não seria mais indicado que isso se desse *dentro da própria carreira dos notários e registradores?*

Ao que parece, portanto, a pretexto de favorecer a especialização, a atribuição exclusiva da função de agente de execução ao tabelião de protesto acabaria por se mostrar, a um só tempo, favorecedora da concentração de atribuições em mãos de poucos titulares e deletéria ao acesso do jurisdicionado.

Demais disso, é interessante constatar que, mesmo autores como José Manoel de Arruda Alvim Netto e Joel Dias Figueira Jr. (que defendem a atribuição da função de agente de execução ao tabelião de protesto), salientam a necessidade de "interpretação extensiva" do art. 3º, a fim de "contemplar as demais serventias extrajudiciais, que cumulam atribuições alusivas às notas, protesto e registros"[23].

Ora, se notários e registradores que hoje já cumulam as funções de protesto poderiam, pela interpretação acima proposta, exercer as funções de agente de execução, por qual razão aqueles que atualmente são "apenas" notários ou registradores não poderiam também, no futuro, exercer as mesmas funções?

Não custa frisar: não se está a defender, com essa ampliação, que notários e registradores passem a exercer *todas as funções atinentes ao tabelião de protesto;* pretende-se, sim, que *as novas funções de agente de execução possam ser exercidas cumulativamente por qualquer um dos delegatários abarcados pela Lei 8.935/94*[24].

---

23. ALVIM NETTO, José Manoel Arruda; FIGUEIRA JR., Joel Dias. Razões para atribuir as funções de agente de execução aos tabeliães de protesto..., op. cit., acesso em 26 maio 2021.
24. Como dito, considera-se que o ideal seria a ampliação, ainda maior, do campo de escolha do agente de execução, incluindo-se profissionais alheios à carreira cartorária (vide nota de rodapé n. 4 e, com mais vagar, o que já se escreveu aqui: FARIA, Márcio Carvalho. *Primeiras impressões...*, op. cit.).

3.3 Terceira razão: todos os delegatários de serviços extrajudiciais têm a mesma regulamentação normativa, ou seja, os tabelionatos de protesto não são assim tão diferentes das demais serventias

Os agentes extrajudiciais integrantes da carreira notarial e registral atuam por delegação constitucional, mais precisamente por força do art. 236, CF, que não estabelece qualquer distinção entre as mais diversas serventias.

O mesmo acontece em matéria infraconstitucional, porquanto a Lei 8.935/94, embora apresente separadamente, em seu art. 5º, as sete categorias dos agentes extrajudiciais[25], serve como norma de regência para toda a classe notarial e registral.

Nesse sentido, por exemplo, confira-se a exigência geral de que os profissionais sejam, em regra, graduados em Direito (art. 3º c/c art. 14, inciso V, da Lei 8.935/94), não se podendo falar, como visto, em qualquer particularidade relativa ao tabelião de protesto.

E nem se diga que a Lei 9.492/97, que se refere substancialmente ao protesto, poderia justificar o tratamento diferenciado do tabelião de protesto em relação aos demais notários e registrados, uma vez que, em verdade, tal norma apenas se ocupa dos *procedimentos* atinentes ao protesto, e não acerca de *quem* poderia vir a ser o titular dessa serventia.

Veja-se, portanto, que tanto a CF como a lei de regência trazem o mesmo regramento para todas as categorias, a denotar que a suposta especialização do tabelionato de protesto, se existente, tem natureza meramente infralegal.

3.4 Quarta razão: todos os delegatários se submetem, via de regra, aos mesmos concursos públicos, isto é, os tabeliães de protesto não têm, ao menos quando do ingresso, nenhuma especialização diferente das que possuem os demais integrantes da carreira

Como dito, para que o particular se torne delegatário de uma serventia extrajudicial, deverá se submeter a concurso público de provas e títulos (art. 14, inciso I, da Lei 8.935/94), exigência essa, aliás, também retirada do texto constitucional (art. 236, § 3º, da CF/88).

Pois bem.

Regra geral[26], conforme determina a Resolução 81/2009, do CNJ, os concursos de cartórios extrajudiciais contêm as mesmas exigências editalícias e aplicam as

---
25. São elas, cf. art. 5º da Lei 8.935/94: (I) tabeliães de notas; (II) tabeliães e oficiais de registro de contratos marítimos; (III) tabeliães de protesto de títulos; (IV) oficiais de registro de imóveis; (V) oficiais de registro de títulos e documentos e civis das pessoas jurídicas; (VI) oficiais de registros civis das pessoas naturais e de interdições e tutelas; e (VII) oficiais de registro de distribuição.
26. De se notar que há casos em que o edital já determina, de antemão, qual grupo de serventias o candidato deve escolher, como tem ocorrido no estado de São Paulo (vide, p. ex., o edital 01/2017-SP, mais precisamente o item 3); entretanto, salvo melhor juízo, parece se tratar de uma situação excepcional.

mesmas provas para todos os candidatos, não havendo qualquer diferença quanto à futura serventia que o aprovado vier a assumir.

Ao ser aprovado no concurso, o tabelião de protesto tem exatamente a mesma capacidade técnica de qualquer outro membro da carreira notarial ou registral.

Afinal, somente depois de aprovado é que o futuro profissional escolhe, mediante a ordem de classificação no certame e, ainda, seus respectivos interesses pessoais e/ou profissionais, a serventia que pretende ocupar.

Em outras palavras, e com o perdão da analogia: fosse uma "corrida", todos os candidatos aprovados no concurso de provas e títulos estariam *exatamente do mesmo ponto de partida*, ao menos quanto à especialização.

Há outra observação importante a esse respeito: bastante frequente é a realização de concursos de remoção, a fim de se prover as serventias vagas com profissionais que já integram a carreira. Nesse aspecto, mais uma vez há uniformidade no concurso público: seja o notário, seja o registrador, seja o distribuidor, seja o tabelião de protesto, enfim, todos que desejarem se remover terão que se submeter ao mesmo procedimento, o qual não estabelece distinção quanto aos interessados.

Aliás, mesmo após a entrada em exercício em determinada serventia, é muito comum que o profissional da carreira extrajudicial siga se preparando para um concurso de remoção que possa lhe dar o direito de assumir uma serventia vaga eventualmente mais interessante, pouco importando sua natureza ou competência.

Nesse sentido, a paridade entre os mais diversos delegatários extrajudiciais acaba por existir não apenas no "ponto de partida", mas também no curso de boa parte de suas carreiras, de modo que, também por essas razões, a pretensa especialização, se existente, não parece ser assim tão categórica.

No que se refere à especialização, assim, e retomando a analogia com a "corrida", parece ser possível afirmar que também *durante o percurso* é muito provável que o tabelião de protesto esteja competindo lado a lado com os demais delegatários extrajudiciais.

3.5 Quinta razão: as serventias extrajudiciais podem ser posteriormente subdivididas ou aglutinadas, sendo certo que o delegatário que se mostraria expert em determinada área pode vir a ser surpreendido com uma decisão que o obrigará a assumir novas funções

Não é incomum que o ente delegante, por força dos mais variados motivos, considere necessário redistribuir as serventias extrajudiciais já existentes, seja para se ampliar ou reduzir o número de cartórios em determinada cidade, seja para repartir as mais diversas competências, seja para tentar otimizar os serviços do Tribunal quanto às serventias desocupadas ou sem titular.

Tanto assim é que a própria Lei 8.935/94 prevê, em seu art. 29, inciso I, o direito de o notário e/ou registrador, no caso de desmembramento ou desdobramento de sua serventia, optar por aquela parcela que lhe parecer mais interessante.

Nesse instável cenário, portanto, desde que obedecidas as regras legais[27], pode ser que o delegatário que atualmente ocupa um tabelionato de protesto tenha que ocupar, ainda que precariamente, outra serventia, cuja atribuição é registral.

Perceba que, nesse hipotético – porém bastante frequente[28] – caso, o tabelião de protesto, que supostamente é o especialista no manuseio de títulos executivos extrajudiciais, terá que assumir a prática de atos de registro de imóveis, ou vice-versa.

E por que isso se sucede?

Exatamente porque, pouco importando a função atualmente exercida, o delegatário se afigura hábil para a prática de qualquer ato extrajudicial, pelo que se dessume que a alegada especialidade, quando existente, parece em verdade se tratar de mera condição momentânea.

3.6 Sexta razão: todos os delegatários estão sujeitos aos mesmos órgãos de controle, sendo certo que a responsabilidade do tabelião de protesto é igual à de seus pares

Conforme se verifica do art. 236, § 1º, CF/88 c/c o art. 37 da Lei 8.935/94, todos os ocupantes de serventias extrajudiciais – inclusive os tabeliães de protesto, por óbvio – sujeitam-se à fiscalização do Poder Judiciário e do Conselho Nacional de Justiça (art. 103-B, § 4º, da CF/88). Não custa frisar: seja um registrador, seja um notário (ou tabelião), os órgãos de controle não discrepam, ou seja, as formas de controle e de responsabilização são exatamente as mesmas para todos os demais integrantes da categoria (inclusive o tabelião de protesto).

Essa é, aliás, uma das características mais trazidas pela doutrina para justificar a escolha de um delegatário como agente de execução, em detrimento de um profissional liberal, como o advogado. Veja-se, por exemplo, lição de Flávia Pereira Ribeiro e Renata Cortez[29], para quem a "delegação estatal pressupõe o controle e a fiscalização

---

27. Veja-se, a esse respeito, o acórdão proferido pelo Plenário do STF nos autos da ADI 2.415/SP, sob relatoria do Min. Ayres Britto, j. 22.09.2011, DJ 09.02.2012, que definiu, quanto à criação, extinção, acumulação e desacumulação de serventias extrajudiciais, a reserva de lei em sentido formal.
28. Veja-se, por exemplo, o processo administrativo de n. 2021.0614211, que tramita no Tribunal de Justiça do Rio de Janeiro, em que o próprio Instituto de Estudos de Protesto de Títulos do Brasil (IEPTB/RJ) pleiteia, por diversas razões que aqui não cabe declinar, que serventias vagas (não apenas de protesto) sejam extintas e passem a ser cumuladas com outras de protesto já existentes, a denotar que a pretensa especialização dos tabelionatos de protesto nem sempre é razão para impedir o exercício cumulado de outras funções (Vide íntegra do Pedido de Providências 2021.0614211, disponível em: https://www3.tjrj.jus.br/sei/modulos/pesquisa/md_pesq_processo_pesquisar.php?acao_externa=protocolo_pesquisar&acao_origem_externa=protocolo_pesquisar&id_orgao_acesso_externo=0. Acesso em: 28 maio 2021).
29. RIBEIRO, Flávia Pereira; CORTEZ, Renata. Reflexões sobre o parecer do Conselho Federal da OAB..., op. cit., acesso em 26 mai. 2021.

da função pelo ente delegante e não por outros órgãos, tais como os de classe", algo que não aconteceria, no entender das autoras, caso os advogados fossem designados agentes de execução[30].

Não há dúvidas, por conseguinte, que este argumento não pode ser considerado um fator de *discrímen* entre o tabelião de protesto e os demais integrantes da carreira cartorária, pois efetivamente não o é.

3.7 Sétima razão: há atos extrajudiciais comuns a todos os integrantes da carreira, ou seja, nem sempre a especialização é determinante para a outorga de determinada função

A Lei 8.935/94 delimitou as atribuições dos notários e registradores, assim como, em alguma medida, a Lei 6.015/73.

Veja-se: os arts. 6º e 7º da Lei 8.935/94 tratam das atribuições dos tabelionatos de notas; o art. 10 do mesmo diploma versa sobre a competência dos oficiais de registro de contratos marítimos, ao passo que o art. 11 regula a dos tabeliães de protesto; por fim, os arts. 12 e 13 declinam as funções relativas aos oficiais de registros.

Já a Lei 6.015/73, especificamente em seus arts. 29, 114, 127 e 167, delimitou o âmbito de atuação dos registradores, discriminando quais documentos poderão lavrar e registrar.

Sucede, entretanto, que existem atividades que, a despeito de distribuídas internamente conforme as respectivas competências, são *comuns* a todas as serventias extrajudiciais.

É o que se dá, por exemplo, com as atividades de conciliação e mediação, reguladas pelo Provimento 67, de 26 de março de 2018, do Conselho Nacional de Justiça e, de modo ainda mais evidente, as de apostilamento, previstas no Provimento 62/2017, recentemente alterado pelo Provimento 119/2021.

Vale realçar, aliás, que quanto às atividades de apostilamento, nem os limites das respectivas atribuições dos notários e registradores foi observado pelo CNJ, vez que o art. 4º, § 1º, do Provimento 119/2021 expressamente dispõe que "apostilamento poderá ser executado por qualquer notário ou registrador cadastrado (...) independentemente de especialização do serviço".

Além disso, há previsão legal no sentido de que, à falta de atribuição expressa de alguma função para determinada serventia, caberá ao cartório de registro de títulos e documentos a realização de tais registros (art. 127, parágrafo único, Lei 6.015/73), a reforçar, mais uma vez, a noção de que nem sempre é a especialização que fala mais alto no que se refere à repartição de competências extrajudiciais.

---

30. Mesmo nesse caso, como os advogados precisariam se licenciar da OAB para a prática de atos de agente de execução, seria possível se falar em delegação. Nesse sentido, vide: FARIA, Márcio Carvalho. *Primeiras impressões...* (parte cinco), op. cit.

Bem vistas as coisas, portanto, não será possível dizer que a atribuição comum de uma mesma função (como as de agente de execução) a todos os notários e registradores seria algo sem precedentes.

3.8 Oitava razão: a exigência de protesto prévio como condição ao requerimento executivo, que oderia justificar a escolha do tabelião de protesto, deve ser abandonada

Um dos motivos levantados pela doutrina[31] para a atribuição exclusiva ao tabelião de protesto se relaciona à sua *expertise* com a prática de atos concernentes ao protesto, como protocolar, intimar, acolher devolução ou aceite, receber pagamento, lavrar e registrar o protesto, acatar a desistência do credor, proceder às averbações, prestar informações e fornecer certidões respectivas, conforme dispõe o art. 3º da Lei 9.492/97.

Nesse sentido, como o art. 6º, *caput,* do PL[32] exige que, antes de proceder ao requerimento executivo, o título executivo tenha sido previamente protestado, parece lógico concluir que, até mesmo por economia de tempo, dinheiro e energia, os dois atos fossem realizados em um mesmo local.

Assim, ao atribuir exclusivamente a função de agente de execução ao tabelião de protesto, a ideia do PL, como se retira de sua Justificação (vide item 2.1), seria a de valorizar o "protesto como medida para o cabal cumprimento das obrigações".

Sucede, todavia, como já aduzido em outra oportunidade[33], que a exigência de protesto prévio para o requerimento executivo não parece ter razão de ser, especialmente se o credor dispuser de um título executivo judicial, caso em que, no mais das vezes, o devedor não só já teve ciência prévia da dívida, como já poderia ter voluntariamente procurado o credor para realizar o pagamento.

Não é despicienda a reiteração: obrigar a realização de protesto prévio à cobrança dos títulos judiciais seria onerar excessivamente o credor (que terá que se desincumbir de mais um requisito para dar andamento ao seu pleito) e, sobretudo, o devedor, que além do pagamento de sua obrigação, ainda teria que arcar com os gastos desse ato cartorário.

Aliás, e fazendo-se uma *mea culpa*[34]*,* há que se notar que *nem mesmo em relação aos títulos executivos extrajudiciais a exigência de protesto prévio ao requerimento executivo se afigura pertinente.*

---

31. RIBEIRO, Flávia Pereira. *Desjudicialização...*, op. cit., p. 189-191.
32. Art. 6º. "Os títulos executivos judiciais e extrajudiciais representativos de obrigação de pagar quantia líquida, certa, exigível e previamente protestados, serão apresentados ao agente de execução por iniciativa do credor".
33. FARIA, Márcio Carvalho. Primeiras impressões... (parte três). *Revista de Processo,* v. 315. São Paulo: Ed. RT, 2021, p. 411.
34. Em outra oportunidade, entendeu-se que o protesto prévio obrigatório seria uma "novidade importante (...) que parece se enquadrar no contexto de tentativa de resolução dos conflitos o mais breve possível" (FARIA, Márcio Carvalho. Primeiras impressões... [parte três]. *Revista de Processo,* v. 315. São Paulo: Ed. RT, 2021, p. 411), algo que, refletindo-se melhor, não parece ser verdadeiramente escorreito.

Isso porque, ao condicionar o requerimento executivo ao protesto prévio, o PL parece confundir as condições necessárias à apresentação de um requerimento executivo (*v.g.*, a apresentação de um título executivo, a existência de obrigação líquida, certa e exigível, a legitimidade das partes *etc.*) com um "ato formal e solene pelo qual se prova a inadimplência", conforme prevê, aliás, o art. 1º da Lei 9.492/97.

Vale dizer: a despeito da importância do protesto para se demonstrar a inadimplência e constituir o devedor em mora (e, por consequência, fazer com que se sinta compelido a quitar a obrigação)[35], tal pode ser obtido de outras formas, como uma notificação extrajudicial ou mesmo pela citação/intimação a ser realizada na própria execução desjudicializada.

Em outras palavras, e como bem salientam Paulo dos Santos Lucon, Luciano Vianna Araújo e Rogéria Dotti[36], o fato de o protesto ser meio hábil a gerar uma restrição creditícia ao devedor (cf. art. 29, Lei 9492/97) não lhe retira a sua essência, qual seja, a de se consubstanciar em uma *opção* do credor.

O protesto, destarte, mesmo no futuro rito das execuções extrajudiciais, deve continuar a ser encarado como sempre foi: *uma* medida coercitiva colocada à disposição do credor, ao lado de tantas *outras* de mesma natureza pensadas pelo legislador.

Afinal de contas, mesmo que o protesto prévio apresente bons índices de recuperação de crédito[37], certo é que nem sempre essa estratégia pode se mostrar interessante, o que desaconselha, portanto, a sua obrigatoriedade.

Basta se pensar, por exemplo, nos casos em que o credor perceba que o devedor já tem outros títulos protestados; nesse cenário, um protesto a mais pouco importaria para efeito de forçar o devedor a cumprir a obrigação.

Além disso, o credor pode considerar que a restrição creditícia decorrente do protesto poderia ser obtida de outro modo (como a inscrição em cadastros de prote-

---

35. "(...) O protesto tem natureza jurídica de interpelação e como principal função constituir o devedor em mora quanto à dívida líquida e exigível que emana do título judicial. A notícia pública do protesto impõe ao devedor, principalmente, ao comerciante e ao empresário, restrições que podem contribuir para que ele se apresse em efetuar imediatamente o pagamento da dívida. É reforço do poder de excussão do credor (...)". (NERY JR., Nelson; NERY, Rosa Maria de Andrade. *Código de processo civil comentado*. 18. ed. São Paulo: Ed. RT, *versão online*).

36. "O PL 6204 apresenta ainda outra exigência injustificável: a obrigatoriedade do prévio protesto do título judicial ou extrajudicial como condição para a instauração do procedimento (artigos 6º e 14 do PL 6204). Trata-se, evidentemente, de requisito inaceitável, uma vez que o protesto sempre foi uma opção do credor, jamais um pressuposto para o início do processo executivo. Tal imposição cria um novo e desnecessário ônus financeiro ao exequente, frequentemente combalido pelo inadimplemento" (LUCON, Paulo dos Santos; ARAUJO, Luciano Vianna; DOTTI, Rogéria. Desjudicialização da execução civil: a quem atribuir as funções de agente de execução? *Revista Consultor Jurídico*, 10 dez. 2020. Disponível em: https://www.conjur.com.br/2020-dez-10/opiniao-desjudicializacao-execucao-civil. Acesso em: 29 maio 2021).

37. Segundo o relatório "Cartório em Números 2020", o índice de recuperação de crédito chegou a 55,9% para as dívidas privadas, embora alcance apenas 4,1% para as dívidas públicas. Os dados se referem aos primeiros oito meses de 2020, e estão disponíveis aqui: https://www.anoreg.org.br/site/wp-content/uploads/2020/11/Cart%C3%B3rios-em-N%C3%BAmeros-2-edi%C3%A7%C3%A3o-2020.pdf, especialmente nas páginas 92-95. Acesso em: 27 jul. 2021.

ção de crédito prevista no art. 782, § 3º, via SERASA-JUD), sem que para tanto fosse necessário gastar custas e emolumentos.

Veja-se, a título de exemplo, a situação da Fazenda Pública que, mesmo já tendo o direito de protestar extrajudicialmente a certidão de dívida ativa desde 2012[38], tanto lutou para que fosse reconhecido o direito de se valer do art. 782, § 3º, do CPC nas execuções fiscais[39].

Ademais, o credor pode simplesmente entender que a necessidade – ainda que postergada ou diferida – de recolhimento de emolumentos relativos ao protesto poderia dificultar o pagamento voluntário da obrigação pelo devedor, vez que o PL, em seu § 6º do art. 10[40], exige que tal despesa seja paga em sua integralidade, ainda que o credor renuncie parte de seu crédito.

Assim sendo, afigura-se importante que, durante o processo legislativo, a obrigatoriedade prevista no art. 6º, *caput*, PL deva ser abandonada, sob pena de se criar entraves ilegítimos à pretensão do credor.

3.9 Nona razão: a atuação concorrencial dos agentes de execução facilitará o acesso à justiça e servirá para fomentar a criação de nichos de expertises

Como já se defendeu em outra seara[41], a ampliação do leque de opções para a escolha do agente de execução poderia trazer benesses econômicas tanto para as partes como para o próprio sistema executivo, vez que permitiria, com a maior concorrência entre os agentes de execução, que os custos atinentes ao processo fossem reduzidos.

Nesse sentido, à semelhança do que atualmente já acontece com as serventias com atribuições de notas (art. 8º, Lei 8.935/94), *em relação especificamente à função de agente de execução,* parece salutar se pensar na livre escolha, pelo credor, da serventia que mais lhe parecesse interessante.

Dessa maneira, a concomitância da presença de agentes de execução de formações diversas e realidades pessoais e profissionais distintas poderia oxigenar o sistema, fazendo com que *expertises* das mais variadas entrassem em campo para potencializar os resultados da execução extrajudicial.

Outro aspecto a se considerar seria o de que, com mais agentes de execução a trabalhar, muito provavelmente o tempo médio de duração dos processos seria reduzido, algo que, além de trazer benefícios diretos aos credores, poderia fazer com

---

38. Vide art. 1º da Lei 9492/97, com redação dada pela Lei 12.767/12, cuja constitucionalidade foi reconhecida pelo Plenário do STF nos autos da ADI 5135, Rel. Min. Luis Roberto Barroso, j. 09.11.2016. Public. 07.02.2018.
39. STJ, 1ª Seção, REsp 1.807.180/PR, Rel. Min. Og Fernandes, j. 24.02.2021, DJe 11.03.2021.
40. Art. 10. (...) § 6º. "Se as partes celebrarem acordo, o credor dará quitação plena da obrigação, sendo devidos e calculados os emolumentos sobre o valor total da dívida originariamente executada".
41. FARIA, Márcio Carvalho. Primeiras impressões..., parte dois, *Revista de Processo,* v. 314. São Paulo: Ed. RT, 2021, p. 371-391, especialmente p. 384-391.

que o Brasil aumentasse as taxas de recuperação de crédito e, por consequência, reduzisse suas altíssimas taxas de juros bancários.

Por fim, mas não menos importante, deve-se considerar que a proposta de ampliação dos agentes de execução não seria algo sem precedentes; segundo relato de Álvaro Pérez Ragone[42], na Inglaterra e no País de Gales são três os tipos de profissionais a ocupar a função de agente de execução, cada qual com suas particularidades, sem que haja por conta disso, salvo melhor juízo, problemas de grande monta.

3.10 Décima razão: a função de agente de execução será inédita para todos os delegatários de modo que ainda não é possível dizer que exista especialização

Por derradeiro, o PL parte de um erro metonímico, ao considerar que a experiência do tabelião de protesto com os títulos executivos extrajudiciais seria suficiente para justificar sua especialização.

É bem verdade que o tabelião de protesto, diferentemente dos demais delegatários extrajudiciais, está habituado a lidar com títulos executivos extrajudiciais, notadamente os cambiais. Também é correta a afirmação de que o tabelião de protesto tem experiência na realização de atos de comunicação e localização do devedor, bem como de recebimento e pagamento do débito.

Entretanto, *todas essas ações, que também serão realizadas pelo agente de execução, constituem apenas uma pequena parte do que este futuro profissional terá que fazer*, conforme aliás prevê o próprio PL, notadamente em seu art. 4º.

Apenas a título de exemplo, vê-se que caberá ao agente de execução tarefas como "efetuar (...) a avaliação dos bens" (art. 4º, IV, PL) e até mesmo "extinguir a execução[43]" (art. 4º, VII, PL), dentre outras.

Além disso, a ele caberá "consultar a base de dados mínima obrigatória (...) para localização do (...) patrimônio [do devedor]" (art. 4º, II, PL), uma ferramenta que, segundo o próprio art. 29 do PL[44], ainda será criada pelo CNJ, e que servirá, ao que parece, não apenas para facilitar o acesso ao patrimônio do devedor, como, e sobretudo, permitir que o agente de execução pratique os atos atinentes à tutela executiva.

---

42. PÉREZ RAGONE, Álvaro. El modelo orgánico de la ejecución civil desjudicializada desde el punto de vista del Derecho comparado. Mitos y realidades de la desjudicialización, *Revista de Derecho de la Pontificia Universidad Católica de Valparaíso*, v. XXXVIII, 1º semestre, 2012. p. 393-430, especialmente p. 419-420. Disponível em: https://scielo.conicyt.cl/pdf/rdpucv/n38/a10.pdf. Disponível em: 15 abr. 2021, p. 411.
43. Como já se defendeu, entende-se que ao agente de execução somente caberá a extinção da execução nos casos em que houver a satisfação da obrigação; qualquer outra hipótese estará fora de sua competência, sob pena de ofensa à reserva de juiz. Sobre o tema, remete-se o leitor interessado: FARIA, Márcio Carvalho. *Primeiras impressões...*, op. cit., mais precisamente a parte 4, publicada no volume 316 da *Revista de Processo*, de junho 2021.
44. Art. 29. "O Conselho Nacional de Justiça deverá disponibilizar aos agentes de execução acesso a todos os termos, acordos e convênios fixados com o Poder Judiciário para consulta de informações, denominada de 'base de dados mínima obrigatória'".

Será, portanto, a partir dessa base de dados mínima obrigatória, que o agente de execução, ao encontrar, por exemplo, um imóvel de propriedade do executado, envidará esforços para penhorá-lo, avaliá-lo e, no futuro, expropriá-lo; também será por meio desse instrumento que o agente de execução, nessa mesma situação hipotética, determinará a averbação, na matrícula do imóvel, à semelhança do que acontece com o processo judicial (art. 828 do CPC), a pendência da execução extrajudicial, com o objetivo de reduzir a tentativa da prática de atos fraudulentos.

De igual modo, acredita-se que será também por essa "base de dados" que o agente de execução terá acesso a informações sobre veículos, dinheiro em espécie e/ou créditos dos mais variados, sendo pertinente afirmar, portanto, que esse instrumento será o *coração* da execução extrajudicial.

Afinal de contas, como se sabe, a crise da execução é, em larga medida, uma crise patrimonial[45], pelo que não parece ser possível se pensar em um processo executivo exitoso sem que haja uma plataforma uniforme, eletrônica, amigável e de fácil acesso, que contemple a universalidade patrimonial do executado.

Nessa ordem de ideias, portanto, não é exagero dizer que o sucesso da execução depende, necessariamente, do sucesso dessa ferramenta.

Assim sendo – e como se tratará de uma plataforma nova –, não é possível afirmar que o tabelião de protesto estaria mais habituado que seus colegas notários e registradores para a realização de tais atos, uma vez que essa "base de dados mínima obrigatória" sequer ainda existe.

Tratando-se, portanto, de um novo instrumento, que centralizará não apenas as informações, mas também os procedimentos atinentes à busca e apreensão de patrimônio do executado, nada impede – ao contrário, recomenda-se – que a função do agente de execução seja ampliada para todos os notários e registradores.

Afinal, não parece haver impedimento legal algum em se permitir que um notário, ao atuar como agente de execução, oficie eletronicamente o tabelião de protestos para que esse, no exercício de suas funções privativas (art. 3º, Lei 9.492/97), venha a protestar determinado título executivo do devedor.

De mesmo modo, não parece existir óbice para que um tabelião de protesto, que atue como agente de execução, valha-se do sistema para oficiar um registrador de imóveis, a fim de que este, em cumprimento às determinações do agente de execução, averbe uma penhora no imóvel de um devedor.

Será imprescindível, por conseguinte, como bem ressalta Flávia Pereira Hill, que os cartórios extrajudiciais cooperem entre si, "independentemente de figurar como agente de execução tal ou qual especialidade"[46].

---

45. "O êxito da execução depende exclusivamente dos bens que nela possam ser penhorados" (SOUSA, Miguel Teixeira. *A reforma da acção executiva*. Lisboa: Lex, 2004, p. 25).
46. "(...) De se consignar, ainda, que necessariamente os cartórios extrajudiciais precisarão cooperar entre si – assim como com o Poder Judiciário, como veremos a seguir – para que a execução chegue a bom termo.

Vale frisar: não se está a defender que o agente de execução possa suplantar os notários e registradores *no exercício de suas funções primordiais respectivas*, ou seja, cada serventia continuará a praticar exatamente os mesmos atos que já pratica.

O que se defende é que o futuro agente de execução, independentemente de sua condição originária (se notário, registrador ou tabelião), possa acessar o sistema eletrônico integrado para determinar, à serventia respectiva, que proceda aos atos notariais ou registrais necessários à consecução da tutela executiva.

Nessa ordem de ideias, portanto, não é possível afirmar que o tabelião de protesto – ou mesmo qualquer outro membro da carreira – tenha qualquer especialização digna de nota, vez que, como se viu, tratar-se-á de uma atividade inédita.

Demais disso – e com o objetivo de afastar, definitivamente, qualquer alegação de que o tabelião de protesto deveria ser o único agente de execução por ser mais especializado que os demais membros da carreira –, há que se observar que *o tabelião de protesto não tem qualquer experiência com a realização de medidas executivas como a penhora, o depósito ou a avaliação de bens*, atos que o futuro agente de execução terá que praticar (cf. art. 4º, IV e V, PL).

Além disso, *o tabelião de protesto não tem prática com atos expropriatórios* (aliás, diferentemente do registrador de imóveis, que ao menos já os exerce no rito das execuções extrajudiciais do DL 70/66), nem mesmo está acostumado a lidar com o recebimento de requerimentos dos mais diversos das partes.

Cabe reiterar: se tivesse que ser escolhido apenas um profissional para o exercício da função de agente de execução, e o único critério válido fosse o da experiência com execuções, o mais indicado seria o registrador de imóveis, e não o tabelião de protesto.

Se ainda há dúvida sobre o que se afirma, isto é, de que a pretensa especialização do tabelião de protesto é ínfima perto do que terá que fazer o agente de execução, basta se pensar em um último exemplo, que se relaciona ao fato de que *o tabelião de protesto não tem especialização alguma com o manejo dos títulos executivos judiciais* (descritos no art. 515, do CPC), os quais também seriam executados extrajudicialmente (art. 1º, *caput*, PL[47]).

Em outras palavras, e retomando-se a analogia já utilizada: fosse a execução extrajudicial uma "corrida", seria o mesmo que dizer que um corredor habituado

---

Isso porque, além do protesto do título executivo, vários outros atos extrajudiciais precisarão ser praticados por cartórios com outras atribuições, como é o caso, ad exemplum tantum, da notificação extrajudicial a ser realizada pelo cartório de Títulos e Documentos, o registro da penhora e do arresto de bem imóvel, a ser realizado pelo cartório de Registro de Imóveis, e assim por diante. Desse modo, a cooperação entre as serventias extrajudiciais se afigura indispensável e se aplica indistintamente a todas elas, independentemente de figurar como agente de execução tal ou qual especialidade. Somente o somatório de forças entre as serventias extrajudiciais de todas as especialidades e o Poder Judiciário poderá conduzir a execução a um novo patamar de efetividade e celeridade, deixando-se para trás a era de congestionamento e lentidão que vivenciamos atualmente" (HILL, Flávia Pereira. *Lições do isolamento...*, op. cit., p. 03-104).

47. Art. 1º. "A execução extrajudicial civil para cobrança de títulos executivos judiciais e extrajudiciais será regida por esta Lei e, subsidiariamente, pelo Código de Processo Civil".

a disputar provas de 100 metros rasos teria necessariamente maiores chances de ganhar uma maratona que seus concorrentes.

Por fim, deve-se levar em conta que o art. 22 do PL[48] prevê a necessidade de capacitação do agente de execução, o que demonstra que nem mesmo os tabeliães de protesto têm a *expertise* necessária para a realização dos novos atos executivos.

4. CONSIDERAÇÕES CONCLUSIVAS

Como já se defendeu em outra oportunidade[49], o ideal seria que o agente de execução pudesse ser escolhido também entre profissionais estranhos à carreira notarial e registral.

Todavia, o objetivo do presente texto foi menos audacioso – porém mais detalhista –, vez que buscou demonstrar que o tabelião de protesto não deve ser o único profissional apto a exercer a função de agente de execução, sendo imprescindível que todos os notários e registradores possam vir a exercê-la.

Em síntese, constatou-se, por meio de dez razões, que a pretensa especialização do tabelião de protesto não é forte o bastante para justificar a exclusividade descrita no art. 3º do PL 6.204/19 e, pior, pode verdadeiramente ser danosa à tão almejada melhoria da efetividade da tutela executiva brasileira.

Afinal de contas, como já se disse, *the devil is in the details*.

5. REFERÊNCIAS

ABELHA, Marcelo. *Manual de execução civil*. 7. ed. Rio de Janeiro: Forense, 2019.

ALVIM NETTO, José Manoel de; FIGUEIRA JR., Joel Dias. Do procedimento extrajudicial e o acesso ao agente de execução no PL 6.204/19: Anverso e reverso, *Migalhas de Peso*, 8 de junho de 2021. Disponível em: https://www.migalhas.com.br/depeso/346680/do-procedimento-extrajudicial-e-o-acesso-ao-agente-de-execucao. Acesso em: 09 jun. 2021.

ALVIM NETTO, José Manoel de. Razões para atribuir as funções de agente de execução aos tabeliães de protesto, *Migalhas de Peso*, 01 fev. 2021. Disponível em: https://www.migalhas.com.br/depeso/339710/as-funcoes-de-agente-de-execucao-aos-tabeliaes-de-protesto. Acesso em: 26 maio 2021.

ANDRADE, Juliana Melazzi. A delegação do exercício da competência no processo executivo brasileiro, *Revista de Processo*. v. 296. p. 111-147. São Paulo: Ed. RT, 2019, *versão online*.

ANDREWS, Neil. Obtaining information in support of enforcement proceedings under english law. In STÜRNER, Rolf; KAWANO, Masanori. *Comparative studies on enforcement and provisional measures*. Tübingen: Mohr Siebeck, 2011.

ASSIS, Araken de. *Manual da execução*. 20. ed. São Paulo: Ed. RT, 2018.

---

48. Art. 22. "O Conselho Nacional de Justiça e os tribunais, em conjunto com os tabeliães de protesto, por sua entidade representativa de âmbito nacional, promoverão a capacitação dos agentes de execução, dos seus prepostos e dos serventuários da justiça, a ser concluída até a entrada em vigor desta Lei".
49. Confira, a esse respeito, as partes 2 (dois) e 5 (cinco) do estudo denominado "Primeiras impressões sobre o Projeto de Lei 6.204/19: críticas e sugestões acerca da tentativa de se desjudicializar a execução civil brasileira", publicadas, respectivamente, nos volumes 314 e 317 da *Revista de Processo*, da editora Revista dos Tribunais, ambas apresentadas na bibliografia deste texto.

BARBOSA MOREIRA, José Carlos. Privatização do processo? *Temas de direito processual (Sétima Série)*. São Paulo: Saraiva, 2001. Também disponível em: https://www.emerj.tjrj.jus.br/revistaemerj_online/edicoes/revista03/revista03_13.pdf. Acesso em: 20 abr. 21.

CALMON DE PASSOS, J. J. A crise do processo de execução. In: ASSIS, Araken de et al (Org.). *O processo de execução*: estudos em homenagem ao professor Alcides de Mendonça Lima. Porto Alegre: Sergio Antonio Fabris, 1995.

CAMPEIS, Giuseppe; CAL, Giovanni de. *Il giusto processo nelle esecuzioni civili*. Profili operativi, formali e sostanziali. Piacenza: La Tribuna, 2018.

CHASE, Oscar; HERSHKOFF, Helen; SILBERMAN, Linda; TANIGUCHI, Yasuhei; VARANO, Vincenzo; ZUCKERMAN, Adrian. *Civil litigation in comparative context*. St. Paul: Thomsom/West, 2007.

CILURZO, Luiz Fernando. *A desjudicialização na execução por quantia*. Dissertação (Mestrado em Direito Processual). Faculdade de Direito, Universidade de São Paulo, 2016.

DIDIER JR., Fredie; CUNHA, Leonardo Carneiro da; BRAGA, Paula Sarno; OLIVEIRA, Rafael Alexandria de. *Curso de direito processual civil*. 11. ed. Salvador: Juspodivm, 2021. v. 5.

DINAMARCO, Cândido Rangel. *Instituições de direito processual civil*. 4. ed. São Paulo: Malheiros, 2019. v. IV.

FARIA, Márcio Carvalho. *A lealdade processual na prestação jurisdicional*: em busca de um modelo de juiz leal. São Paulo: Ed. RT, 2017.

FARIA, Márcio Carvalho. Primeiras impressões sobre o Projeto de Lei 6.204/2019: críticas e sugestões acerca da tentativa de se desjudicializar a execução civil brasileira (partes 1 a 5). *Revista de Processo*, v. 313 a 317. São Paulo: Ed. RT, mar.-jul. 2021.

FIGUEIRA JR., Joel Dias. Execução simplificada e a desjudicialização do processo civil: mito ou realidade. In: ALVIM, Arruda et al (Coord.). *Execução civil e temas afins – do CPC/1973 ao Novo CPC*: estudos em homenagem ao professor Araken de Assis. São Paulo: Ed. RT, 2014.

FREITAS, José Lebre de. *A ação executiva à luz do Código de Processo Civil de 2013*. 7. ed. Coimbra: Gestlegal, 2017.

GRADI, Marco. *Inefficienza della giustizia civile e "fuga dal processo"*: commento del decreto legge n. 132/2014 convertito in legge n. 162/2014. Messina: Edizione Leone, 2014.

GRECO, Leonardo. *Comentários aos artigos 797 a 823 do Código de Processo Civil de 2015*. São Paulo: Saraiva, 2020.

GRECO, Leonardo. *O processo de execução*. Rio de Janeiro: Renovar, 1999 e 2001, respectivamente. v. 1 e 2.

HESS, Burkhard. Different enforcement structures. In: STÜRNER, Rolf; KAWANO, Masanori (Ed.). Tübingen: Mohr Siebeck, 2011.

HILL, Flávia Pereira. *Lições do isolamento: reflexões sobre Direito Processual em tempos de pandemia*. Rio de Janeiro: edição do autor, 2020.

JOBIM, Marco Félix; ALFF, Hannah Pereira. Execução extrajudicial: a desjudicialização das medidas de satisfação. In: ASSIS, Araken de; BRUSCHI, Gilberto Gomes (Coord.). *Processo de execução e cumprimento de sentença*: temas atuais e controvertidos. São Paulo: Ed. RT/Thomson Reuters Brasil, 2020.

LUCON, Paulo dos Santos; ARAUJO, Luciano Vianna; DOTTI, Rogéria. Desjudicialização da execução civil: a quem atribuir as funções de agente de execução? *Revista Consultor Jurídico*, 10 dez. 2020. Disponível em: https://www.conjur.com.br/2020-dez-10/opiniao-desjudicializacao-execucao-civil, acesso em 29 mai. 2021.

MARINONI, Luiz Guilherme; ARENHART, Sérgio Cruz; MITIDIERO, Daniel. *Novo Código de Processo Civil Comentado*. 2. ed. São Paulo: Ed. RT, *versão on-line*.

MEDEIROS NETO, Elias Marques. A recente Portaria 33 da Procuradoria-Geral da Fazenda Nacional, a Lei 13.606/18 e o PEPEX português: movimentos necessários de busca antecipada de bens do devedor. *Revista de Processo*. v. 281. p. 219-239. São Paulo: Ed. RT, 2018.

MEDINA, José Miguel Garcia. *Execução*. 6. ed. São Paulo: Ed. RT, 2019.

NERY JR., Nelson; NERY, Rosa Maria de Andrade. *Código de Processo Civil Comentado*. 18. ed. São Paulo: Ed. RT, *versão on-line*.

NEVES, Daniel Amorim Assumpção. *Manual de direito processual civil*. 10. ed. Salvador: Juspodivm, 2018.

PEDROSO, João. Percurso(s) da(s) reforma(s) da administração da justiça – uma nova relação entre o judicial e o não judicial. *Centro de Estudos Sociais, Observatório Permanente da Justiça Portuguesa*. v. 171. p. 1-43. Coimbra, abr. 2002.

PÉREZ RAGONE, Álvaro. El modelo orgánico de la ejecución civil desjudicializada desde el punto de vista del Derecho comparado. Mitos y realidades de la desjudicialización. *Revista de Derecho de la Pontificia Universidad Católica de Valparaíso*, v. XXXVIII, 1º semestre, 2012. p. 393-430, especialmente p. 419-420. Disponível em: https://scielo.conicyt.cl/pdf/rdpucv/n38/a10.pdf. Acesso em: 15 abr. 2021.

PICÓ I JUNOY, Joan. La ejecucion procesal civil: existe todavía alguna medida posible que permita mejorar su eficacia? In: RAMOS MÉNDEZ, Francisco (Director). *Hacia uma gestión moderna y eficaz de la ejecución procesal*. Barcelona: Atelier Libros Jurídicos, 2014.

RIBEIRO, Flávia Pereira. *Desjudicialização da execução civil*. São Paulo: Saraiva, 2013.

RIBEIRO, Flávia Pereira. Proposta de desjudicialização da execução civil para o Brasil com base na experiência portuguesa – PL 6.204/2019. In: MEDEIROS NETO, Elias Marques de; RIBEIRO, Flávia Pereira (Coord.). *Reflexões sobre a desjudicialização da execução civil*. Curitiba: Juruá, 2020.

RIBEIRO, Flávia Pereira; CORTEZ, Renata. Reflexões sobre o parecer do Conselho Federal da OAB sobre o PL 6.204/19 – parte I. *Migalhas de Peso*. Disponível em: https://www.migalhas.com.br/depeso/333661/reflexoes-sobre-o-parecer-do-conselho-federal-da-oab-sobre-o-pl-6-204-19---parte-i. Acesso em: 26 maio 2021.

SCHENK, Leonardo Faria. Distribuição de competências no processo executivo português reformado. *Revista eletrônica de direito processual*, v. 3. Disponível em: https://www.e-publicacoes.uerj.br/index.php/redp/article/viewFile/22175/16023. Acesso em: 10 abr. 2021.

SICA, Heitor Vitor Mendonça. Tendências evolutivas da execução civil brasileira. In: ZUFELATO, Camilo; Bonato, Giovanni; SICA, Heitor Vitor Mendonça; CINTRA, Lia Carolina Batista (Org.). *I Colóquio Brasil-Itália de Direito Processual Civil*. Salvador: JusPodivm, 2015, v. I.

SILVA, Paula Costa e. A constitucionalidade da execução hipotecária do Decreto-lei 70, de 21 de novembro de 1966. *Revista de Processo*. v. 284. p. 185-209. São Paulo: Ed. RT, 2018.

SILVESTRI, Elisabetta. The devil is in the details: remarks on italian enforcement procedures. In: VAN RHEE, C. H.; UZELAC, Alan (Editors). *Enforcement and Enforceability* – Tradition and Reform. Antwerp/Oxford/Portland: Intersentia, 2010.

SOUSA, Miguel Teixeira de. *A reforma da acção executiva*. Lisboa: Lex, 2004.

SOUSA, Miguel Teixeira de. Processo executivo: a experiência de descentralização no processo civil português. *Revista de Processo Comparado*. v. 9. p. 83-97. São Paulo: Ed. RT, 2019, *versão eletrônica*.

STÜRNER, Rolf; KAWANO, Masanori. *Comparative studies on enforcement and provisional measures*. Tübingen: Mohr Siebeck, 2011.

THEODORO JR., Humberto. *Curso de direito processual civil*. 53. ed. Rio de Janeiro: Forense, 2021. v. III.

UZELAC, Alan. Privatization of enforcement services – a step forward for countries in transition? VAN RHEE, C. H.; UZELAC, Alan (Editors). *Enforcement and Enforceability* – Tradition and Reform. Antwerp/Oxford/Portland: Intersentia, 2010.

PROTESTO PRÉVIO NO PROJETO DE LEI 6.204/2019 COMO IMPORTANTE MEDIDA COERCITIVA NA EXECUÇÃO

Flávia Pereira Ribeiro

Pós-doutora pela Universidade Nova de Lisboa (2020). Doutora em processo civil pela PUC/SP (2012). Mestre em processo civil pela PUC/SP (2008). Membro do IBDP, do CEAPRO, do IASP e da Comissão de Processo Civil da OAB/SP. Membro do Conselho Editorial da Juruá Editora e da Revista Internacional Consinter de Direito. Integrante da comissão de elaboração do PL 6.204/2019 – desjudicialização da execução civil. Advogada.

1. INTRODUÇÃO

O Projeto de Lei (PL) 6.204/2019 propõe a desjudicialização da execução civil, devendo ser delegada a um serventuário extrajudicial a tarefa de verificar os pressupostos da execução, realizar a citação, penhorar, vender, receber pagamentos e dar quitação, reservando-se ao juiz estatal a eventual resolução de litígios, quando provocado por intermédio dos competentes embargos do devedor ou outros meios de defesa.

O PL 6.204/2019 estabelece que ao tabelião de protesto seja delegada a função pública da execução de títulos[1,2], de modo a outorgar a um profissional de direito devidamente concursado, cuja remuneração seja realizada de acordo com os emolumentos fixados por lei, em sua maior parte cobrada do devedor ao final do procedimento executivo. A fiscalização dessa atividade será realizada pelo Poder Judiciário, Corregedorias Estaduais e Conselho Nacional de Justiça (CNJ).

Duas são as razões da eleição do tabelionato de protesto – dentre os demais delegatários extrajudiciais – para realização da nova atividade de agente de execução. A primeira é estrutural e a segunda é estatística, sempre visando a efetividade da execução.

A primeira delas porque faz muito mais sentido a ampliação dos poderes dos tabelionatos de protesto, já que eles são afeitos aos títulos executivos e já realizam atividade muito similar à proposta comparativamente ao trato do protesto. A estrutura existente é apta a dar efetividade também para a execução; a habilidade na

---

1. O poder de império pode ser delegado, por opção legislativa, de modo a mantê-lo sob a esfera estatal. Os atos de constrição patrimonial não podem ser realizados por qualquer particular, mas sim por entes delegados pelo próprio Estado, que assim passam a exercer função pública de forma privada. In: RIBEIRO, Flávia Pereira Ribeiro. *A desjudicialização da execução civil*. 2. ed. Curitiba: Paraná, 2019. p. 196.
2. A execução forçada é um ato de força privativo do Estado. Realiza-se por meio de invasão da esfera patrimonial privada do devedor para promover coativamente o cumprimento da prestação a que tem direito o credor. (...) O direito de praticar a execução forçada é exclusivo do Estado, cabendo ao credor apenas a faculdade de pedir a sua atuação (direito de ação). In: THEODORO JÚNIOR, Humberto. *Processo de execução*. 22. ed. São Paulo: Liv. E Ed. Universitária de Direito, 2004. p. 56.

análise do título para o protesto pode ser aplicada na verificação dos requisitos de admissibilidade da execução; os sistemas de localização de endereço do devedor, de expedição e efetivação de intimação e de publicação de edital servem tanto para o protesto como para a execução, entre outros.

A segunda, como dito, vem das estatísticas. Conforme se extrai do Anuário publicado pelo Instituto de Protestos ("Cartórios em Números"), edição 2020, relativo ao exercício de 2019[3], 67,9% dos títulos privados protestados foram pagos, o que significa dizer que 2/3 dos títulos inadimplidos foram recuperados em um prazo de 12 meses, em um valor total de R$ 18.706.062.717,53. Esses números não podem passar desapercebidos. Vale notar que no mesmo período a efetividade dos processos executivos judiciais cíveis, segundo o "Justiça em Números" do CNJ, foi de 17,6%![4]

Se o protesto tornar-se prévio e obrigatório como requisito de admissibilidade das execuções, medida associada à desjudicialização da execução aos tabelionatos de protestos – que só receberiam seus emolumentos no êxito da execução –, poder-se-ia vislumbrar maior efetividade no cumprimento das obrigações nesse país.

Segundo Reinaldo Velloso, "uma das funções primordiais das leis e da administração de um país é assegurar o cumprimento das obrigações assumidas". Pondera também que "a falta de meios adequados para a exigência das obrigações não só faz diminuir sensivelmente os recursos disponíveis, como também onera o crédito, com a imposição de taxas de juros maiores". A publicidade do protesto gera importantes efeitos macroeconômicos, facilitando a realização de negócios, especialmente pela mitigação do risco do credor.[5]

O fortalecimento do protesto, aliado à uma execução mais efetiva, certamente modificará o cenário tão desfavorável hoje visto no país, especialmente em relação aos números estatísticos da ineficiência da execução. Nesse sentido, nos termos do artigo sexto do PL 6.204/2019, o protesto deve ser prévio: "Os títulos executivos judiciais e extrajudiciais representativos de obrigação de pagar quantia líquida, certa, exigível e previamente protestados, serão apresentados ao agente de execução por iniciativa do credor".[6]

---

3. ASSOCIAÇÃO DOS NOTÁRIOS E REGISTRADORES DO BRASIL. *Cartório em números:* Capilaridade, serviços eletrônicos, cidadania e confiança. Disponível em: https://www.anoreg.org.br/site/wp-content/uploads/2020/04/Cart%C3%B3rio-em-n%C3%BAmeros-1.pdf. Acesso em: 21 abr. 2019.
4. CONSELHO NACIONAL DE JUSTIÇA. *Justiça em números 2020.* Disponível em: https://www.cnj.jus.br/wp-content/uploads/2020/08/WEB-V3-Justi%C3%A7a-em-N%C3%BAmeros-2020-atualizado-em-25-08-2020.pdf. Acesso em: 21 abr. 2021.
5. SANTOS, Reinaldo Velloso do. *Protesto notarial e sua função no mercado de crédito.* Belo Horizonte: Dialética, 2021. p. 429
6. SENADO FEDERAL. *Projeto de lei 6.204 de 2019.* Dispõe sobre a desjudicialização da execução civil de título executivo judicial e extrajudicial; altera as Leis 9.430, de 27 de dezembro de 1996, 9.492, de 10 de setembro de 1997, 10.169, de 29 de dezembro de 2000, e 13.105 de 16 de março de 2015 – Código de Processo Civil. Disponível em: https://legis.senado.leg.br/sdleg-getter/documento?dm=8049470&ts=1594037651957&disposition=inline. Acesso em: 19 abr. 2021.

2. CONCEITO E PROCEDIMENTO DO PROTESTO

Segundo a Lei 9.492/97[7], protesto é o ato formal e solene pelo qual se prova a inadimplência e o descumprimento da obrigação originada em títulos e outros documentos de dívida e é garantia de autenticidade, publicidade, segurança e eficácia dos atos jurídicos (art. 1º e 2º).

Ainda de acordo com a referida lei, compete privativamente ao tabelião de protesto de títulos protocolizar, intimar, acolher devolução ou aceite, receber pagamento do título e de outros documentos de dívida, bem como lavrar e registrar o protesto ou acatar a desistência do credor, proceder às averbações, prestar informações e fornecer certidões relativas a todos os atos praticados (art. 3º).

Os títulos e documentos de dívida destinados ao protesto estão sujeitos, obrigatoriamente, à prévia distribuição nas localidades onde houver mais de um tabelionato de protesto de títulos, realizada por meio de um serviço instalado e mantido pelos próprios tabelionatos. Os títulos são recepcionados no distribuidor, separados e entregues na mesma data aos tabelionatos de protesto, obedecidos os critérios de quantidade e qualidade.

Segundo Walter Ceneviva, o critério é relativo ao número total de títulos e documentos recebidos em um só dia e ao tipo de cada papel (sentenças, duplicatas, letras de câmbio, promissórias, entre outros), e ainda ao seu valor nominal, tendo em vista o direito à equidade nos emolumentos. Há assim um duplo critério distintivo.[8]

Na sequência, todos os títulos recebidos e protocolizados são examinados em seus caracteres formais. Qualquer irregularidade relativa aos elementos extrínsecos do título obstará o registro do protesto, devendo haver, então, a devolução do documento ao apresentante. Não cabe ao tabelião investigar a ocorrência de prescrição do título[9], o que deve ser repensado no caso desse serviço assumir também a atividade executiva. O agente de execução deve estar, necessariamente, autorizado e habilitado a fazer esse tipo de análise, já que diretamente relacionada à capacidade executiva do título.

Se em conformidade, o tabelião deve expedir a intimação ao devedor – documento que deve conter todos os elementos de identificação do título e do devedor – e efetivá-la no endereço fornecido pelo apresentante do título ou no constante do documento de dívida. A remessa da intimação pode ser realizada mediante portador do

---

7. BRASIL. *Lei 9.492, de 10 de setembro de 1997*. Define competência, regulamenta os serviços concernentes ao protesto de títulos e outros documentos de dívida e dá outras providências. Disponível em: http://www.planalto.gov.br/ccivil_03/leis/l9492.htm. Acesso em: 19 abr. 2021.
8. CENEVIVA, Walter. *Lei dos notários e dos registradores comentada (Lei 8.935/94)*. São Paulo: Saraiva, 2007. p.95.
9. "É seguro afirmar que a legitimidade do protesto guarda completa independência perante os prazos prescricionais que gravitam em torno da cártula, sejam eles relativos à execução, à ação de enriquecimento ou à ação monitória". In: ROSENVALD, Nelson; LEITE, Marcelo Lauar. Regulação temporal do protesto do cheque: Direito ao esquecimento e outros diálogos com o REsp 1.423.464/SC. *Revista de Direito Civil Contemporâneo*: RDCC. v. 4, n. 13, p. 313-334. São Paulo, out.-dez. 2017.

próprio tabelião, ou por qualquer outro meio, desde que o recebimento fique assegurado e comprovado por protocolo, aviso de recebimento ou documento equivalente.

Se a pessoa indicada para aceitar ou pagar for desconhecida, sua localização for incerta ou ignorada, ou, ainda, ninguém se dispuser a receber a intimação no endereço fornecido pelo apresentante, a intimação será realizada por edital.

O pagamento será realizado diretamente no tabelionato competente, no valor igual ao declarado pelo apresentante, acrescido dos emolumentos e demais despesas, em dinheiro, boleto ou transferência. Já existe convênio para que o pagamento seja realizado por meio eletrônico.

No ato do pagamento, o tabelionato de protesto dará a respectiva quitação e o valor devido será colocado à disposição do apresentante. Não havendo pagamento, retirada ou sustação, o protesto será lavrado dentro do prazo de 3 dias úteis contados da protocolização do título no tabelionato.

O cancelamento do registro do protesto será solicitado diretamente no tabelionato de protesto de títulos, por qualquer interessado, mediante apresentação do documento protestado ou da carta de anuência.

Pelos atos que praticarem, os tabeliães de protesto perceberão, diretamente das partes, a título de remuneração, os emolumentos fixados na forma da lei estadual e de seus decretos regulamentadores.[10]

A Lei 9.492/97 trata especificamente das questões relacionadas aos tabelionatos de protesto. No seu artigo 37 trata dos emolumentos:

> Art. 37. Pelos atos que praticarem em decorrência desta Lei, os Tabeliães de Protesto perceberão, diretamente das partes, a título de remuneração, os emolumentos fixados na forma da lei estadual e de seus decretos regulamentadores, salvo quando o serviço for estatizado.
>
> § 1º Poderá ser exigido depósito prévio dos emolumentos e demais despesas devidas, caso em que, igual importância deverá ser reembolsada ao apresentante por ocasião da prestação de contas, quando ressarcidas pelo devedor no Tabelionato.
>
> (...)

A maioria dos Estados já dispensava o depósito prévio previsto no parágrafo primeiro do artigo 37 da mencionada lei. Nesses termos, em linhas gerais, o credor já não pagava qualquer valor na apresentação do título e os emolumentos já eram cobrados do devedor, ou interessado, por ocasião do pagamento ou cancelamento

---

10. Vale registrar que houve uma redução de emolumentos concedida a microempresas e empresas de pequeno porte, conforme artigo 73 da Lei Complementar 123/2006. Essas empresas pagam apenas a parte dos emolumentos devida ao tabelião de protesto e não pagam, se houver incidência ordinária, valores devidos ao Estado, ao Tribunal de Justiça, ou a quaisquer outros órgãos e entes, como sói acontecer. O texto legal emprega a palavra devedor, de modo que o benefício incide sobre os emolumentos devidos "se a empresa pagar, aceitar ou devolver o título ou documento. Se requerer o cancelamento do protesto, não será beneficiado pela redução". In: BUENO, Sérgio Luiz José. *Tabelionato de Protesto*, coordenado por Christiano Cassettari. 4. ed. Indaiatuba: Editora Foco, 2020. p. 134.

efetuado no tabelionato. Com a edição do Provimento 86/2019 do CNJ, a dispensa mencionada passou a ser imposta a todos os tabelionatos de protesto do país. Marcelo Rodrigues esclarece a razão da nova normatização:

> Através de seu Provimento 86, de 29/08/19, a Corregedoria Nacional padronizou questão aflitiva para os Tabelionatos de Protesto no País, que em muitos estados vinham sofrendo desleal concorrência de serviços privados referidos de "proteção ao crédito", com o grave inconveniente de não se sujeitarem à fiscalização do Poder Público e por pautar suas práticas, em muitos casos, sem a devida transparência e integridade. O cenário colocava em ameaça a viabilidade e, em alguns casos, a própria sobrevivência da delegação pública.[11]

Assim, frisa-se, o protesto é gratuito para o apresentante, no sentido que não há qualquer depósito prévio. No entanto, a gratuidade para o devedor, ou isenção por pobreza, não recebe qualquer amparo legal na atualidade. A simples alegação de pobreza da parte junto ao tabelião de protesto, mesmo que acompanhada de prova, não a beneficia com a isenção. A questão vem regulada de modo diferente no art. 98, § 1º, IX do Código de Processo Civil (CPC)[12]:

> Art. 98. A pessoa natural ou jurídica, brasileira ou estrangeira, com insuficiência de recursos para pagar as custas, as despesas processuais e os honorários advocatícios tem direito à gratuidade da justiça, na forma da lei.
> § 1º A gratuidade da justiça compreende:
> [...]
> IX – os emolumentos devidos a notários ou registradores em decorrência da prática de registro, averbação ou qualquer outro ato notarial necessário à efetivação de decisão judicial ou à continuidade de processo judicial no qual o benefício tenha sido concedido.

Assim, caso se tratar o devedor inadimplente de obrigação proveniente de sentença judicial líquida, certa e exigível, cujo benefício da gratuidade foi reconhecido no processo, parece não haver incidência de emolumentos para o levantamento do protesto previsto no artigo 517, *caput*, §§ 1º e 2º, do CPC.

O PL 6.204/2019, no que diz respeito à execução desjudicializada, trata da questão dos emolumentos e da gratuidade de modo muito similar, nos termos do seu artigo quinto: postergação dos emolumentos para o final do procedimento, pago pelo devedor e gratuidade para a parte que receber tal benefício em juízo.[13]

---

11. RODRIGUES, Marcelo. *Tratado de Registros Públicos e Direito Notarial*. 3. ed. Salvador: Juspodivm, 2021. p. 424.
12. BRASIL. *Lei 13.105, de 16 de março de 2015*. Código de processo civil. Disponível em: http://www.planalto.gov.br/ccivil_03/_ato2015-2018/2015/lei/l13105.htm. Acesso em: 21 abr. 2021.
13. "Art. 5º. O beneficiário de gratuidade da justiça, quando da apresentação do título, requererá ao agente de execução que o pagamento dos emolumentos seja realizado somente após o recebimento do crédito executado. § 1º Se for judicial o título executivo apresentado para execução no tabelionato de protesto, o exequente terá assegurado o benefício a que se refere o caput deste artigo desde que comprove ter obtido a gratuidade da justiça no curso do processo de conhecimento. § 2º Sendo extrajudicial o título executivo, ou não tendo obtido o benefício de gratuidade da justiça no processo judicial, o exequente deverá comprovar que preenche os requisitos legais. § 3º Discordando o agente de execução do pedido, consultará o juízo competente, que resolverá o incidente, nos termos do art. 20". In: SENADO FEDERAL. *Projeto de lei 6.204*

Por fim, vale o registro de mais dois recentes provimentos do CNJ: i) Provimento 72/2018, que estabelece que, caso haja a lavratura do protesto, há a possibilidade de que qualquer das partes requeira medidas tendentes à quitação ou renegociação da dívida por mediação do tabelião de protesto;[14] ii) Provimento 87/2019, que define normas gerais de procedimentos para o protesto extrajudicial, uniformizando a atividade em todo o território nacional, e regulamenta a implantação da central nacional de serviços eletrônicos compartilhados dos tabeliães de protesto.[15]

3. PROTESTO COMO IMPORTANTE MEDIDA COERCITIVA

O protesto é ato formal e solene pelo qual se prova a inadimplência e o descumprimento da obrigação originada em títulos e outros documentos de dívida, dando publicidade em face de terceiros. Assim, o protesto exerce sobre o inadimplente constrangimento moral e coerção, além de advertência perante a coletividade.[16]

O protesto, apesar de não possuir finalidade punitiva do devedor, serve na praxe como meio coercitivo para forçar o devedor a efetuar o pagamento do título apontado junto ao respectivo tabelionato. Não efetuado o pagamento a modo e a tempo, o protesto é lavrado, servindo para provar a inadimplência e o descumprimento de determinada obrigação.[17]

Teresa Arruda Alvim e outros afirmam que o protesto se trata "de uma medida coercitiva, traduzindo-se num meio executivo bastante eficaz de coação do executado, instando-o a pagar". Isso porque, na prática, "o protesto implica imediato abalo no acesso ao crédito e inscrição do devedor nos cadastros dos órgãos de restrição ao crédito".[18]

Luiz Guilherme Marinoni e outros sustentam que o protesto "constitui técnica de indução, tendente a forçar o devedor ao adimplemento da prestação".[19]

---

de 2019. Dispõe sobre a desjudicialização da execução civil de título executivo judicial e extrajudicial; altera as Leis 9.430, de 27 de dezembro de 1996, 9.492, de 10 de setembro de 1997, 10.169, de 29 de dezembro de 2000, e 13.105 de 16 de março de 2015 – Código de Processo Civil. Disponível em: https://legis.senado.leg.br/sdleg-getter/documento?dm=8049470&ts=1594037651957&disposition=inline. Acesso em: 21 abr. 2021.

14. CONSELHO NACIONAL DE JUSTIÇA. *Provimento 72, de 27 de junho de 2018*. Dispõe sobre medidas de incentivo à quitação ou à renegociação de dívidas protestadas nos tabelionatos de protesto do Brasil. Disponível em: https://www.anoreg.org.br/site/2018/06/29/provimento-no-72-do-cnj-dispoe-sobre-medidas-de-incentivo-a-quitacao-de-dividas-protestadas-2/. Acesso em: 21 abr. 2021.

15. CONSELHO NACIONAL DE JUSTIÇA. *Provimento 87, de 11 de setembro de 2019*. Dispõe sobre as normas gerais de procedimentos para o protesto extrajudicial de títulos e outros documentos de dívida, regulamenta a implantação da Central Nacional de Serviços Eletrônicos dos Tabeliães de Protesto de Títulos – CENPROT e dá outras providências. Disponível em: https://www.anoreg.org.br/site/2019/09/12/provimento-no-87-2019-da-corregedoria-nacional-de-justica-regulamenta-a-cenprot-nacional/. Acesso em: 26 abr. 2021.

16. FIGUEIREDO, Marcelo. Análise da importância da atividade notarial na prevenção dos litígios e dos conflitos sociais. *Revista de Direito Notarial*, ano 2/11. p. 96-97. São Paulo: Quartier Latin, 2010.

17. PARIZATTO, João Roberto. *Execução e Protesto de Título de Crédito*. Leme: Edipa Editora Parizatto, 2012. p. 776.

18. ALVIM, Teresa Arruda; et.al. *Primeiros comentários ao Código de Processo Civil*. 3. ed. São Paulo: Thomson Reuters, 2020. p. 965.

19. MARINONI, Luiz Guilherme; ARENHART, Sérgio Cruz; MITIDIERO, Daniel. *Código de Processo Civil comentado*. 6. ed. São Paulo: Thomson Reuters, 2020. p. 666.

Segundo Reinaldo Velloso, a possibilidade de encaminhamento do título a protesto "representa um estímulo à pontualidade, afetando o comportamento do devedor diante das possíveis consequências do ato notarial, como a necessidade de reembolso dos emolumentos e despesas e a publicidade da qual o ato é revestido". Nessas circunstâncias, a predisposição ao pagamento tende a ser maior.[20]

Pois bem, o temor ao protesto parece provir dos efeitos que a prova indiscutível do inadimplemento traz para o devedor, mas de modo algum o referido ato notarial pode ser considerado constrangimento desproporcional.[21] Não é razoável qualificar como um embaraço a publicidade de um evento de grande relevância jurídica e econômica – o descumprimento obrigacional–, devendo-se ter em mente, inclusive, o seu inegável caráter didático.[22]

Para Marcelo Rodrigues, além do fator coercitivo, o protesto cumpre a importante função de prevenir litígio com ampla segurança jurídica, já que realizada por profissional do direito dotado de imparcialidade e independência no desempenho de suas atribuições, a quem a lei confere poder certificante sob a contínua e permanente fiscalização do Poder Judiciário. Tal vocação foi potencializada ao ser autorizado que o tabelião de protesto realize a mediação para a quitação de título já protestado, consoante previsto no Provimento 72/2018 mencionado.[23]

Assim, o protesto deve ser utilizado como forma preventiva de todos os ônus de um processo judicial, que conhecidamente é caro, moroso e com baixa efetividade. O protesto também é mais vantajoso para o Poder Judiciário, que há muito não tem condições de atender às lides de maior grau de complexidade, uma vez que está sobrecarregado com ações de cobrança.[24]

O viés econômico do protesto também é de extrema relevância. Pode-se dizer que a inadimplência está na razão indireta da sobrevivência dos empresários e do índice de empregabilidade e na proporção direta da taxa de juros. A inadimplência é considerada um elemento de custo na formação dos preços e as consequências do

---

20. SANTOS, Reinaldo Velloso do. *Protesto notarial e sua função no mercado de crédito*. Belo Horizonte: Dialética, 2021. p. 432.
21. Em sentido contrário: "Há na doutrina quem entenda que o protesto é inconstitucional por ferir o princípio da dignidade humana. Segundo o art. 12 da Lei 9.492/1997 o protesto será registrado dentro de três dias úteis contados da protocolização do título ou documento de dívida. Percebe-se o caráter mais sancionatório que saneador do art. 12 da lei de protesto, pois a lei não visa buscar a satisfação do crédito, mas colocar o devedor em uma situação de total urgência e desespero. In: LA-FLOR, Martiane Jaques. O protesto extrajudicial e suas inconstitucionalidades. *Revista de Direito*, v. 6, n. 2, p. 175-203, 2014. p. 195. Disponível em: https://periodicos.ufv.br/revistadir/article/view/1403. Acesso em: 17 mar. 2021.
22. MORAES, Emanoel Macabu. *Protesto notarial: títulos de crédito e documentos de dívida*. 3. ed., São Paulo: Saraiva, 2014. p. 165.
23. RODRIGUES, Marcelo. *Tratado de Registros Públicos e Direito Notarial*. 3. ed. Salvador: Juspodivm, 2021. p. 363-365.
24. MORAES, Emanoel Macabu. *Protesto notarial*: títulos de crédito e documentos de dívida. 3. ed. São Paulo: Saraiva 2014. p. 161.

não cumprimento das obrigações é repassada isonomicamente à sociedade, sem distinguir o bom e o mau pagador.[25]

Nessa esteira, além de seus efeitos jurídicos típicos já destacados, o protesto exerce relevante função econômica no Brasil, não apenas por se caracterizar como confiável parâmetro para a concessão de crédito no mercado, mas também por servir de estímulo à pontualidade no cumprimento das obrigações. Além disso, como também dito, o protesto tende a reduzir a judicialização dos descumprimentos obrigacionais.

Assim, não há dúvidas de que o protesto deve ser cada vem mais valorizado como eficiente meio coercitivo para o cumprimento das obrigações. Na recente história, verificou-se o incentivo ao protesto como medida relevante de apoio ao adimplemento, a citar i) a lei que autorizou o protesto das Certidões de Dívidas Ativas, bem como ii) a inclusão do regramento do protesto no cumprimento de sentenças no CPC.

3.1 Protestos das Certidões de Dívidas Ativas

A alteração legislativa promovida pela Lei 12.767/2012 outorgou à Fazenda Pública uma nova opção de satisfação de seus créditos, mediante o protesto nos tabelionatos da Certidão de Dívida Ativa (CDA). A promulgação da lei não foi suficiente para colocar termo aos calorosos debates que a matéria suscita, mas a jurisprudência acabou por pacificar a controvérsia.

Gustavo Chies Cignachi ressalta que a realidade do mercado de crédito, focado na coerção, revela uma tendência maior em dispensar a intervenção do Poder Judiciário, evitando-se a morosidade e as incertezas inerentes ao processo.[26] Contra estatísticas não há argumentos e os bons números dos protestos privados não deixaram de ser observados pelo credor público.

Conforme o "Cartório em Números" do ano base de 2020, 28,4% dos títulos públicos (CDAs) levados a protesto foram pagos, representando a recuperação de R$ 1.906.709.802,10 em 12 meses para os cofres públicos. Essa leitura demonstra que mais de 1/4 – quase 1/3 – das CDAs levadas a protesto foram pagas, em valor equivalente à quase 2 bilhões de reais, sem qualquer custo inerente às cobranças judiciais para o Estado.[27] Em contrapartida, conforme o "Justiça em Números" do CNJ, a taxa de efetividade (baixa da pendência) é de apenas 13%, enquanto a taxa de congestio-

---

25. MORAES, Emanoel Macabu. *Protesto notarial*: títulos de crédito e documentos de dívida. 3. ed. São Paulo: Saraiva 2014. p. 165.
26. CIGNACHI, Gustavo Chies. O protesto da certidão de dívida ativa. *Revista de Doutrina da 4ª Região*, Porto Alegre, n. 65, abr. 2015. Disponível em: http://www.revistadoutrina.trf4.jus.br/artigos/edicao065/Gustavo_Cignachi.html. Acesso em: 17 abr. 2021
27. ASSOCIAÇÃO DOS NOTÁRIOS E REGISTRADORES DO BRASIL. *Cartório em números: Capilaridade, serviços eletrônicos, cidadania e confiança*. p. 49. Disponível em: https://www.anoreg.org.br/site/wp-content/uploads/2020/04/Cart%C3%B3rio-em-n%C3%BAmeros-1.pdf. Acesso em 17 abr. 2021.

namento é de 87%. Outros dados relevantes: os executivos fiscais representam 38% dos processos pendentes, com tempo médio de tramitação de 6 anos e 7 meses.[28]

No entanto, a despeito dos dados relevantes do protesto das CDAs, infelizmente "o modelo de cobrança fiscal brasileiro, a partir do inadimplemento da obrigação tributária e da constituição do crédito tributário, é essencialmente judicial". A judicialização da cobrança dos créditos da Fazenda Pública "reflete não apenas na própria relação jurídico-tributária e na satisfação do crédito público, mas também no congestionamento do Judiciário, contribuindo significativamente para a morosidade há muito instalada".[29]

Além disso, segundo Lais Batista Guerra, os custos envolvidos em um processo de execução fiscal são elevados e oneram o Erário Público e, consequentemente, toda a sociedade. Diante da dificuldade do Estado em promover a recuperação do crédito público de maneira célere e menos onerosa a todos os seus partícipes – Poder Judiciário, contribuintes e sociedade como um todo –, "ganham relevo as medidas alternativas para induzir ao adimplemento, dentre elas o protesto extrajudicial".[30]

No mesmo sentido, Luiz Henrique Antunes Alochio lembra que a possibilidade do protesto da CDA, por se converter em indutor de pagamento, reduz sobremaneira o número de ações executivas fiscais, aliviando o tão sobrecarregado Poder Judiciário.[31-32]

Carlos Rogério de Oliveira Londe tem posição bastante pungente em relação ao tema. Lembrando que o protesto das CDAs se encontra plenamente de acordo com a Constituição Federal, com a legislação vigente e com os princípios aplicáveis à execução, entende que o ato notarial assume importante papel como modalidade alternativa de cobrança da dívida ativa.[33] Considerando ainda que o protesto repre-

---

28. CONSELHO NACIONAL DE JUSTIÇA. *Justiça em números 2020*. p. 154-155. Disponível em: https://www.cnj.jus.br/wp-content/uploads/2020/08/WEB-V3-Justi%C3%A7a-em-N%C3%BAmeros-2020-atualizado-em-25-08-2020.pdf. Acesso em 17 abr. 2021.
29. GUERRA, Lais Batista. O protesto da Certidão de Dívida Ativa como medida de eficiência na cobrança extrajudicial de créditos tributários. *Revista Tributária e de Finanças Públicas: RTrib*. v. 23, n. 124, p. 287-304. São Paulo, set.-out. 2015.
30. GUERRA, Lais Batista. O protesto da Certidão de Dívida Ativa como medida de eficiência na cobrança extrajudicial de créditos tributários. *Revista Tributária e de Finanças Públicas: RTrib*. v. 23, n. 124, p. 287-304. São Paulo, set.-out. 2015.
31. ALOCHIO, Luiz Henrique Antunes. Dívida ativa e o "protesto" como "alternativa eficiente" ao "custo" da execução fiscal: uma reflexão a partir do estado do Espírito Santo. *Revista de Direito Público da Procuradoria-Geral do Município de Londrina*, v. 2, n. 1, p. 135-157, jan. dez. 2013.
32. "Ademais, em virtude da sobrecarga em que se encontra o Poder Judiciário, o envio da CDA para protesto, por si só, evitaria o ajuizamento de inúmeras execuções fiscais, com pouca chance de recuperação do débito, permitindo ao Estado, enquanto Procuradoria Fiscal, uma dedicação maior em direção aos grandes devedores". In: AMARAL, José Wilson Moitinho; PINTO, Edson Antônio Sousa Pontes. A eficiência da utilização do protesto como meio alternativo para cobrança de crédito fiscal. *Revista dos Tribunais: RT*. v. 108, n. 1004, p. 263-278. São Paulo. jun. 2019.
33. LONDE, Carlos Rogério de Oliveira. *O protesto extrajudicial de certidões de dívida ativa prévio à execução fiscal*. 2. ed. Salvador: Juspodivm, 2018, p. 155.

senta opção mais barata, muito mais célebre, efetiva e proporcional do que a execução fiscal afirma que:

> (...) a conduta de gestores públicos que insistem em ajuizar execuções fiscais sem o prévio protesto extrajudicial da dívida ativa contraria o ordenamento jurídico pátrio, nominalmente os princípios da Administração Pública da Eficiência e da Moralidade, bem como fere a Lei de Improbidade Administrativa e a Lei da Responsabilidade Fiscal.[34]

Em posição diametralmente oposta, há quem não concorde, sustentando que a certidão de dívida ativa, decorrente do processo administrativo fiscal, não está apta ao protesto, ferindo a Constituição Federal e a Lei do Processo Administrativo Federal.[35] Ou ainda, especando que, com vistas a receber o crédito tributário e reduzir o número de executivas fiscais, "a Fazenda Pública vem utilizando-se do instituto como via de constranger o contribuinte ao pagamento do crédito inscrito em dívida ativa, sob pena de sofrer as restrições inerentes ao protesto".[36]

Milton de Carmo Assis Junior entende que a Lei 12.767/2012 "introduziu uma sanção política como meio coercitivo ao pagamento de tributos, vez que a pessoa sujeita ao protesto de títulos sofre severas restrições no âmbito das relações privadas". Para ele, ainda, "impor esse tipo de restrição como forma de coação para pagamento de tributos representa verdadeiro desvio de finalidade da atividade administrativa".[37]

Na mesma linha de raciocínio, Renato Pelizzaro entende tratar-se de sanção política e discorda do protesto das CDAs, vez que é o único título executivo extrajudicial unilateral passível de protesto. Diversamente dos demais títulos extrajudiciais, as CDAs são emitidas pelas Fazendas Públicas sem qualquer participação dos contribuintes.[38]

Respeitados os posicionamentos contrários, considera-se que o protesto da CDA: i) não se configura como medida desarrazoada e desproporcional, de modo que não há que se falar em violação aos preceitos constitucionais; ii) possui amparo legal; e iii) constitui um importante instrumento para a recuperação dos créditos fiscais, com resultados positivos na prática.[39] Nessa esteira, a adoção dessa medida estratégica de cobrança deve ser "prévia ao ajuizamento do processo executivo", segundo Gustavo Chies Cignachi. Ele acrescenta que "a Fazenda Pública deve promover os atos administrativos necessários para a inclusão do protesto em suas rotinas de co-

---

34. LONDE, Carlos Rogério de Oliveira. *O protesto extrajudicial de certidões de dívida ativa prévio à execução fiscal*. 2. ed. Salvador: Juspodivm, 2018, p. 201.
35. FERREIRA, Luciano Carlos. O lançamento do crédito tributário e o protesto da certidão da dívida ativa. *Juris Plenum: Direito Administrativo*, v. 1, n. 2, p. 65-74. Caxias do Sul (RS), jun. 2014.
36. VILLALVA, Ticiana Dantas. O protesto de certidão de dívida ativa como uma medida desproporcional para a cobrança do crédito tributário. *Revista dos Tribunais: RT*. v. 104, n. 956, p. 171-190. São Paulo, jun. 2015.
37. ASSIS JÚNIOR, Milton de Carmo. As sanções políticas como meio coercitivo de pagamento de tributos e o protesto da CDA: Ilegalidade e inconstitucionalidade do Art. 25 da Lei 12.767/2012. *Revista Tributária e de Finanças Públicas: RTrib*, v. 21, n. 110, maio-jun. 2013.
38. PELIZZARO. Renato. Protesto das Certidões de Dívida Ativa: Tema sempre presente. *Revista de Direito Empresarial: ReDE*. v. 4, n. 17, p. 243-248. São Paulo, ago. 2016.
39. AZEVEDO, Priscilla Pinto de. O protesto extrajudicial da certidão de dívida ativa. *Revista de Doutrina da 4ª Região*. n. 64. Porto Alegre, fev. 2015. n.p.

brança, como forma de racionalização e adequação da gestão da dívida ativa à nova realidade do mercado".[40]

Nesse sentido, o Tribunal de Contas da União, em pronunciamento exarado no Acórdão 3.053/09, recomendou à Procuradoria-Geral da Fazenda Nacional que: (...) "9.7. Envide esforços no sentido de avaliar a utilização de mecanismos mais eficientes na cobrança da dívida ativa do FGTS, tais como cobrança administrativa via boleto bancário ou protesto do título da CDA".[41]

Apesar das muitas polêmicas havidas, os Tribunais Superiores pacificaram a questão do protesto das CDAs. O Superior Tribunal de Justiça fixou tese no repetitivo julgado pela Primeira Seção no REsp 1.686.659/SP, nos seguintes termos: "A Fazenda Pública possui interesse e pode efetivar o protesto da CDA, documento de dívida, na forma do art. 1º, parágrafo único, da Lei 9.492/1997, com a redação dada pela Lei 12.767/2012". O julgamento foi realizado em 28 de novembro de 2018 e o acórdão disponibilizado no DJE em 8 de março de 2019.[42]

O Supremo Tribunal Federal fixou tese no julgamento da Ação Direta de Inconstitucionalidade 5.135, nos seguintes termos:

> O protesto das Certidões de Dívida Ativa constitui mecanismo constitucional e legítimo, por não restringir de forma desproporcional quaisquer direitos fundamentais garantidos aos contribuintes e, assim, não constituir sanção política.

O julgamento foi realizado em 9 de novembro de 2016 e disponibilizado no DJE em 7 de fevereiro de 2018.[43]

Demonstrada a legalidade da medida em relação às CDAs e diante da falência do modelo judicial de cobrança, a busca dos créditos públicos pela via do protesto – preferencialmente prévio – torna-se necessária não só pela sua comprovada eficácia, mas também para evitar a sobrecarga do Poder Judiciário com execuções, na sua larga maioria, conhecidamente vazias de patrimônio.

3.2 Protesto das sentenças

Segundo José Miguel Garcia Medina, na vigência do CPC de 1973, a jurisprudência já vinha admitindo o protesto de sentença condenatória transitada em julgado[44]:

---

40. CIGNACHI, Gustavo Chies. O protesto da certidão de dívida ativa. *Revista de Doutrina da 4ª Região*. n. 65, Porto Alegre, abr. 2015. n.p. Disponível em: http://www.revistadoutrina.trf4.jus.br/artigos/edicao065/Gustavo_Cignachi.html. Acesso em: 17 mar. 2021.
41. TRIBUNAL DE CONTAS DA UNIÃO. *Acórdão n. 3.053/2009*. Rel. Min. André de Carvalho. Plenário. Data da sessão: 09.12.2009.
42. SUPERIOR TRIBUNAL DE JUSTIÇA. *Recurso Especial 1.686.659, São Paulo*. Rel. Min. Herman Benjamin. Primeira seção. j. 28.11.2018.
43. SUPREMO TRIBUNAL FEDERAL. *Ação direta de inconstitucionalidade 5.135*. Rel. Min. Roberto Barroso. Tribunal Pleno. j. 09.11.2016.
44. MEDINA, José Miguel Garcia. *Código de Processo Civil Comentado*. 6. ed. São Paulo: Thomson Reuters Brasil, 2020. p. 880.

O protesto comprova o inadimplemento. Funciona, por isso, como poderoso instrumento a serviço do credor, pois alerta o devedor para cumprir sua obrigação. O protesto é devido sempre que a obrigação estampada no título é líquida, certa e exigível. Sentença condenatória transitada em julgado é título representativo de dívida – tanto quanto qualquer título de crédito. É possível o protesto da sentença condenatória, transitada em julgado, que represente obrigação pecuniária líquida, certa e exigível. Quem não cumpre espontaneamente a decisão judicial não pode reclamar porque a respectiva sentença foi levada a protesto (STJ, REsp 750.805/RS, Rel. Ministro Humberto Gomes de Barros, 3.ª T., j. 14.02.2008).

Como pá de cal, firmou o Ministro Ricardo Villas Bôas Cueva: "A jurisprudência dessa Corte é assente no sentido de ser possível o protesto da sentença condenatória transitada em julgado, que represente obrigação pecuniária líquida, certa e exigível".[45] Assim, como o protesto do título judicial já vinha sendo admitido nos tribunais[46], mesmo antes de o CPC de 2015 prevê-lo expressamente, as regras contidas no atual diploma prestam-se mais para disciplinar a medida do que, propriamente, autorizá-la.[47]-[48]

Nesse passo, a sentença transitada em julgado poderá ser levada a protesto depois de transcorrido o prazo para pagamento voluntário. Para a efetivação do protesto, incumbe ao exequente apresentar certidão de teor da decisão, que deverá ser fornecida no prazo de 3 (três) dias, indicando nome e qualificação do exequente e do executado, número do processo, valor da dívida e data de decurso do prazo para pagamento (CPC, art. 517, caput e §§1º e 2º).

É de se atentar que o CPC não estabelece que a decisão judicial transitada em julgado está sujeita a protesto, mas sim a sentença da qual não houve pagamento voluntário no prazo legal, oportunizando-se o cumprimento espontâneo da obrigação sem os acréscimos de multa e honorários. Também é de se observar que não é possível o protesto de sentenças que não sejam líquidas, certas e exigíveis, conforme

---

45. SUPERIOR TRIBUNAL DE JUSTIÇA. *Agravo Regimental no Agravo de Recurso Especial 291.608, Rio Grande do Sul*. Rel. Min. Ricardo Villas Bôas Cueva, terceira turma, j. 22.10.2013.
46. "No regime instituído pelo art. 1º da Lei 9.492/1997, que é a legislação que se deve tomar em referência conforme previsão do caput do art. 517 do CPC/2015, o protesto passou a ter duas finalidades evidentes: 1º) constituir o devedor em mora e provar a sua inadimplência; e 2º) servir de modalidade alternativa para cobrança de dívida que foi desvinculada dos títulos estritamente cambiariformes para abranger todos e quaisquer títulos ou documentos de dívida. Foi por força desta maior abrangência que a jurisprudência passou a autorizar o protesto de decisões judiciais condenatórias, líquidas e certas, transitadas em julgado. No STJ: 3ª T. – REsp 750.805/RS – Rel. Min. Humberto Gomes de Barros – j. em 14.02.2008 – Dje de 16.06.2009; monocrática – REsp 835.480/RS – Min. Sidnei Beneti – j. em 24.08.2009 – Dje de 1º.09.2009; monocrática – REsp 1.196.134/PR – Min. Paulo de Tarso Sanseverino – j. em 22.06.2012 – Dje de 28/6/2012; monocrática – AREsp 17.357/SC – Min. Massami Uyeda – j. em 08.08.2012 – DJE de 14.08.2012; 3ª T. – AgRg no AREsp 291.608/RS – Rel. Min. Ricardo Villas Bôas Cueva – j. em 22.10.2013 – Dje de 28.10.2013; e 2ª T. – REsp 1.126.515/PR – Rel. Min. Herman Benjamin – j. em 03.12.2013 – Dje de 16.12.2013)". In: MARTINS, Sandro Gilbert. Título II, Capítulo I – Disposições gerais. In: CRUZ E TUCCI, José Rogério et al (Org.) *Código de Processo Civil Anotado*. Rio de Janeiro: LMJ Mundo Jurídico, 2016. p. 747.
47. WAMBIER, Luiz Rodrigues; TALAMINI, Eduardo. *Curso avançado de processo civil: Execução*. 17. ed. São Paulo: Thomson Reuters Brasil, 2020. v. 3, p. 445.
48. BECKER, Rodrigo Frantz. *Manual do processo de execução dos títulos judiciais e extrajudiciais*. Salvador: JusPodivm, 2021. p. 193.

expressa disposição legal. No entanto, é comum deparar-se com a controvérsia na jurisprudência quanto à possibilidade – ou não, como vem sendo decidido – do protesto nas execuções provisórias, a identificar-se o crescente interesse do credor judicial em relação à essa medida coercitiva:

> Ação anulatória julgada improcedente. Execução provisória de honorários sucumbenciais e multa por litigância de má-fé. Rejeição da impugnação e determinação de protesto do título executivo judicial. (...) Protesto da decisão judicial executada, porém, indevido. Necessidade de trânsito em julgado, à luz do artigo 517 do diploma processual civil. Recurso parcialmente provido. (TJSP. Agravo de Instrumento 2233226-17.2019.8.26.0000. 6ª Câm. Dir. Priv. Des. Rel. Paulo Alcides. j. 28.04.2020)

> Agravo de Instrumento. Execução de Título Extrajudicial. Expedição de certidão para fins de protesto. Impossibilidade. Medida restrita às decisões judiciais transitadas em julgado, situação que não é a dos autos. Inteligência do art. 517 do NCPC. Recurso improvido. (TJSP. Agravo de Instrumento 2241405-71.2018.8.26.0000. 29ª Câm. Dir. Priv. Des. Rel. Neto Barbosa Ferreira. j. 20.08.2019).

Uma questão importante diz respeito ao local de pagamento do valor notificado para protesto, se em juízo ou se perante o tabelionato de protesto. O CPC não tratou a questão, mas acredita-se que, uma vez encaminhado para protesto – o que significa dizer que o prazo de pagamento voluntário em juízo já transcorreu – o devedor deverá acorrer-se ao tabelionato de protesto e ali ofertar o valor devido para evitar o protesto. Há de se considerar que, pela disciplina da Lei 9.492/97, o oficial de protesto não pode recusar o pagamento oferecido dentro do tríduo legal. Em se tratando de decisão judicial, o regime não deve ser diverso.[49]

Nelson Nery Júnior e Rosa Maria de Andrade Nery pensam que "o devedor poderá optar entre pagar a dívida junto ao juízo no qual tramita o cumprimento da sentença ou no cartório de protesto"[50]. Eles entendem que a lei não estabelece preferência e sugerem que:

> [...] caso o devedor opte pelo pagamento no cartório de protestos, deverá informar o juízo, com prova do ato; se optar pelo pagamento em juízo, deverá informar o cartório de protestos mediante o ofício do CPC 517, §4º.[51]

Para os autores, o ofício previsto para o cancelamento do protesto pode ser expedido mesmo que o protesto ainda não tenha sido lavrado.[52]

O exíguo prazo para pagamento após a intimação realizada pelo tabelionato de protestos – de 3 (três) dias – leva a crer que a providência mais eficiente do

---

49. PAVAN, Dorival Renato. Título II – Do cumprimento da sentença. Capítulo I – Disposições Gerais (arts. 513 a 519). In: BUENO, Cássio Scarpinella (Org.). *Comentários ao código de processo civil*. São Paulo: Saraiva, 2017. v. 2 (arts. 318 a 538), p. 638.
50. NERY JÚNIOR, Nelson; NERY, Rosa Maria de Andrade. *Código de Processo Civil Comentado*. 17. ed. São Paulo: Thomson Reuters Brasil, 2018. p. 1454.
51. NERY JÚNIOR, Nelson; NERY, Rosa Maria de Andrade. *Código de Processo Civil Comentado*. 17. ed. São Paulo: Thomson Reuters Brasil, 2018. p. 1454.
52. NERY JÚNIOR, Nelson; NERY, Rosa Maria de Andrade. *Código de Processo Civil Comentado*. 17. ed. São Paulo: Thomson Reuters Brasil, 2018. p. 1454.

devedor que pretenda não ter seu nome negativado é da quitação no delegatário extrajudicial, devendo, na sequência, informar e comprovar em juízo o cumprimento da obrigação.

É importante registrar que, atualmente, o protesto das sentenças é uma faculdade do credor, mediante requerimento da certidão de teor da decisão para apresentação no cartório extrajudicial competente. Como já discorrido anteriormente, o protesto é uma medida coercitiva bastante eficaz, que induz o executado a pagar a dívida espelhada na sentença.

Nesse passo, nos termos do PL 6.204/2019, tanto os títulos extrajudiciais, como os títulos judiciais, deverão ser previamente protestados, em prol da máxima eficiência nas execuções. O procedimento da execução de título executivo judicial nos tabelionatos de protesto está previsto no artigo 14 do referido PL, sem deixar de oportunizar o pagamento voluntário em juízo. Diante do inadimplemento configurado, os atos meramente executivos devem, então, correr perante o agente de execução – após o protesto prévio:

> Art. 14. Não efetuado tempestivamente o pagamento voluntário da quantia definida em sentença condenatória e não apresentada impugnação, o credor requererá a instauração do procedimento executivo perante o tabelionato de protesto, apresentando certidão de trânsito em julgado e teor da decisão que demonstre a certeza, a liquidez e a exigibilidade, além da certidão de protesto do título.
>
> § 1º. Se a intimação judicial para pagamento voluntário houver ocorrido há menos de um ano, o agente de execução dispensará a citação, caso em que será, desde logo, procedida a penhora e a avaliação, seguindo-se os atos de expropriação.
>
> § 2º. Aplica-se ao cumprimento de sentença as normas que regem o procedimento de execução extrajudicial disciplinado nesta Lei.[53]

4. PROTESTO PRÉVIO NO PL 6.204/2019 COMO REQUISITO DE ADMISSIBILIDADE DA EXECUÇÃO

Antes de iniciar os atos executivos, o credor – independentemente da contratação de advogado, nos exatos termos do regramento atualmente existente – deverá protestar a sentença judicial ou o título extrajudicial. O tabelionato de protesto então realizará a intimação para protesto e, caso não seja efetuado o pagamento no tríduo legal, haverá o efeito da publicidade específica, fazendo-se constar a inadimplência nos bancos de dados disponíveis no mercado.

Todo e qualquer título pode ser protestado, embora tal medida coercitiva ainda não seja tão utilizada em relação às sentenças. Assim, além da desjudicialização, a proposta materializada no PL 6.205/2019 valoriza o protesto como eficiente medida

---

53. SENADO FEDERAL. *Projeto de lei 6.204 de 2019*. Dispõe sobre a desjudicialização da execução civil de título executivo judicial e extrajudicial; altera as Leis 9.430, de 27 de dezembro de 1996, 9.492, de 10 de setembro de 1997, 10.169, de 29 de dezembro de 2000, e 13.105 de 16 de março de 2015 – Código de Processo Civil. Disponível em: https://legis.senado.leg.br/sdleg-getter/documento?dm=8049470&ts=1594037651957&disposition=inline. Acesso em: 19 abr. 2021.

para o cabal cumprimento das obrigações, tornando-o obrigatório e prévio ao início das atividades executivas.

Nesse sentido, com a previsão do artigo sexto do PL 6.204/2019, estar-se-ia criando, verdadeiramente, um novo requisito de admissibilidade para a execução. Existe um regime geral comum para a atividade jurisdicional cognitiva e executiva, o qual se aplica à execução de título extrajudicial e à fase de cumprimento da sentença, como os pressupostos processuais e condições da ação (arts. 2º, 17, 18, 337, 485 do CPC), mas existem requisitos específicos do processo de execução, como a certeza, a liquidez e a exigibilidade do título, associados com a demonstração do inadimplemento da obrigação.[54]

Segundo Humberto Theodoro Júnior, o manejo da execução está, naturalmente, subordinado às chamadas condições de ação, quais sejam, a possibilidade jurídica do pedido, a legitimidade para agir e o interesse de agir. Já os pressupostos específicos da execução forçada são dois:

> 1º) um formal ou legal, que é a existência do título executivo que lhe serve de base, atestando a certeza e liquidez da dívida; 2º) um outro prático ou substancial, que é a atitude ilícita do devedor, ou seja, o inadimplemento da obrigação, que comprova a exigibilidade da dívida.[55]

De acordo com Nelson Nery e Rosa Maria Nery:

> [...] só haverá interesse processual, que autorize o credor a promover a execução, quando caracterizar-se o inadimplemento do devedor relativamente à obrigação certa, líquida e exigível, estampada em título executivo extrajudicial.[56]

Marcelo Abelha, por sua vez, entende que o inadimplemento é algo extrínseco ao título executivo, de modo que não poderia ser requisito ou pressuposto para a instauração ou desenvolvimento da tutela executiva. Se assim fosse, a exigência entraria em contradição lógica com a eficácia abstrata imanente ao título executivo. De todo modo, para ele, quando se fala que o inadimplemento é um requisito necessário para a obtenção da tutela executiva, o que se quer dizer é que o exequente deve sustentar em sua petição ou em seu requerimento inicial que não ocorreu o adimplemento, que sua pretensão está insatisfeita, razão pela qual é necessária a tutela jurisdicional executiva para trazer-lhe a satisfação pretendida.[57]

---

54. A ação de execução exige título que instrumentalize obrigação certa, líquida e exigível. Significa que, além das condições normais para toda e qualquer ação (legitimidade de parte e interesse processual, art. 330, II e III), na execução é imprescindível a apresentação de título executivo que documente uma obrigação certa, líquida e exigível. In: SHIMURA, Sérgio. Livro II – Do processo de execução. Título I, Capítulo I – Disposições gerais. In: BUENO, Cassio Scarpinella (Org.) *Comentários ao código de processo civil*. São Paulo: Saraiva, 2017. p. 486.
55. THEODORO JÚNIOR, Humberto. *Processo de execução*. 22. ed. São Paulo: Liv. E Ed. Universitária de Direito, 2004. p. 57.
56. NERY JÚNIOR, Nelson; NERY, Rosa Maria de Andrade. *Código de Processo Civil Comentado*. 17. ed. São Paulo: Thomson Reuters Brasil, 2018. p. 1848.
57. "Sob os olhos do exequente, portanto, a tutela executiva deve ser instaurada com a presença do título executivo e a mera afirmação de que a sua pretensão está insatisfeita e que é resultante de uma situação

Assim, segundo o PL 6.204/2019, como novo requisito de admissibilidade – visando o estímulo ao pagamento espontâneo, já que comprovadamente eficiente como medida coercitiva –, o título deverá ser protestado antes do início dos atos executivos. Lavrado o protesto por falta de pagamento, poderá então ser iniciada a execução perante o tabelionado de protesto.

Nesse caso, então, o advogado deverá apresentar seu requerimento demonstrando os requisitos necessários para a propositura da ação executiva, anexando documentos, cálculos e o que mais for necessário conforme o caso concreto, além da certidão de protesto.

O tabelião de protesto examinará o requerimento e o título executivo em seus caracteres formais. Qualquer irregularidade relativa aos elementos extrínsecos do título, além da eventual ocorrência da prescrição, obstará o seguimento da execução, devendo haver então a comunicação ao advogado do credor, que poderá retificar, esclarecer, juntar documento complementar, entre outras providências. Frisa-se, o agente de execução deve estar, necessariamente, autorizado e habilitado a fazer esse tipo de análise, já que diretamente relacionada à capacidade executiva do título.

Verificada a regularidade da execução, todos os atos de executivos deverão ser realizados perante o tabelião de protesto – agente de execução –, reservando-se ao juízo competente tão somente a exame de questões havidas entre as partes, das quais careçam de análise cognitiva e decisão judicial.

Foge ao escopo do presente estudo a explanação do procedimento executivo perante o tabelionato de protesto, reportando-se ao regramento previsto no PL 6.204/2019. Não há grandes alterações em relação ao hoje conhecido – em termos procedimentais –, mas tão somente uma partilha de competências entre atividades jurisdicionais e não jurisdicionais. Em relação às não jurisdicionais, espera-se que haja maior efetividade por inúmeras razões, seja pela especialidade, seja pela remuneração no êxito, seja pelas normas regimentais que orientam todo o trabalho dos delegatários extrajudiciais.

Se a execução não resultar efeito por si só, considerando que o título permanecerá protestado até que o devedor cumpra sua obrigação – respeitado o prazo legal de 5 anos –, o inadimplente poderá sentir-se induzido a pagar, já que não raramente a publicidade do ato notarial gera restrições ao crédito. Não há solução para a falta de patrimônio para a satisfação das obrigações, mas em se tratando de devedor solvente o protesto é uma ferramenta poderosa e ainda pouco utilizada pelos operadores do direito – devendo ser mais e mais valorizada.[58]

---

jurídica de inadimplemento causada pelo executado" In: ABELHA, Marcelo. *Manual de execução civil*. 7. ed. Rio de Janeiro: Forense, 2019. p. 197.

58. NALINI, José Renato. *Execução não é a solução!* Disponível em: https://renatonalini.wordpress.com/2012/03/18/execucao-nao-e-a-solucao/. Acesso em: 16 jan. 2020.

5. CONCLUSÃO

Não se pode deixar passar por desapercebido que 67,9% dos títulos privados protestados foram pagos em 2019, ano calendário 2020, o que significa dizer que 2/3 dos títulos inadimplidos foram recuperados em um prazo de 12 meses, em um valor total de R$ 18.706.062.717,53. Vale notar que no mesmo período a efetividade dos processos executivos judiciais cíveis foi de 17,6%!

O protesto, a rigor, é uma medida facultativa colocada ao alcance do credor. No entanto, conforme demonstrado, o protesto é um meio coercitivo de cobrança muito eficaz[59]. O protesto estimula – coage – o cumprimento das obrigações, exerce relevante função econômica no Brasil, inclusive em relação à confiabilidade e concessão de crédito no mercado, além de reduzir a judicialização relativa aos descumprimentos obrigacionais.

Assim, no presente trabalho, foram apresentadas razões pelas quais o protesto deve ser obrigatório e prévio ao procedimento executivo, nos termos do artigo 6º do PL 6.204/2019.

6. REFERÊNCIAS

ABELHA, Marcelo. *Manual de execução civil*. 7. ed. Rio de Janeiro: Forense, 2019.

ALOCHIO, Luiz Henrique Antunes. Dívida ativa e o "protesto" como "alternativa eficiente" ao "custo" da execução fiscal: uma reflexão a partir do estado do Espírito Santo. *Revista de Direito Público da Procuradoria-Geral do Município de Londrina*, v. 2, n. 1, p. 135-157, jan.-dez. 2013.

ALVIM, Teresa Arruda; et.al. *Primeiros comentários ao Código de Processo Civil*. 3. ed. São Paulo: Thomson Reuters, 2020.

AMARAL, José Wilson Moitinho; PINTO, Edson Antônio Sousa Pontes. A eficiência da utilização do protesto como meio alternativo para cobrança de crédito fiscal. *Revista dos Tribunais: RT.* v. 108, n. 1004, p. 263-278. São Paulo, jun. 2019.

ASSIS JÚNIOR, Milton de Carmo. As sanções políticas como meio coercitivo de pagamento de tributos e o protesto da CDA: Ilegalidade e inconstitucionalidade do Art. 25 da Lei 12.767/2012. *Revista Tributária e de Finanças Públicas: RTrib*, v. 21, n. 110, p. 95-108, maio-jun. 2013.

ASSOCIAÇÃO DOS NOTÁRIOS E REGISTRADORES DO BRASIL. *Cartório em números*: Capilaridade, serviços eletrônicos, cidadania e confiança. Disponível em: https://www.anoreg.org.br/site/wp-content/uploads/2020/04/Cart%C3%B3rio-em-n%C3%BAmeros-1.pdf. Acesso em: 21.04. abr. 2019.

AZEVEDO, Priscilla Pinto de. O protesto extrajudicial da certidão de dívida ativa. *Revista de Doutrina da 4ª Região*. n. 64. Porto Alegre, fev. 2015.

BECKER, Rodrigo Frantz. *Manual do processo de execução dos títulos judiciais e extrajudiciais*. Salvador: Editora JusPodivm, 2021.

BRASIL. *Lei 13.105, de 16 de março de 2015*. Código de processo civil. Disponível em: http://www.planalto.gov.br/ccivil_03/_ato2015-2018/2015/lei/l13105.htm. Acesso em: 21 abr. 2021.

---

59. PARIZATTO, João Roberto. *Execução e Protesto de Título de Crédito*. Leme: Edipa Editora Parizatto, 2012. p. 463.

BRASIL. *Lei 9.492, de 10 de setembro de 1997*. Define competência, regulamenta os serviços concernentes ao protesto de títulos e outros documentos de dívida e dá outras providências. Disponível em: http://www.planalto.gov.br/ccivil_03/leis/l9492.htm. Acesso em: 19 abr. 2021.

BUENO, Sérgio Luiz José. In: CASSETTARI, Christiano (Coord.). *Tabelionato de Protesto*. 4. ed. Indaiatuba: Editora Foco, 2020.

CENEVIVA, Walter. *Lei dos notários e dos registradores comentada (Lei 8.935/94)*. São Paulo: Saraiva, 2007.

CIGNACHI, Gustavo Chies. O protesto da certidão de dívida ativa. *Revista de Doutrina da 4ª Região*, Porto Alegre, n. 65, abr. 2015. Disponível em: http://www.revistadoutrina.trf4.jus.br/artigos/edicao065/Gustavo_Cignachi.html. Acesso em: 17 mar. 2021.

CONSELHO NACIONAL DE JUSTIÇA. *Justiça em números 2020*. p. 154-155. Disponível em: https://www.cnj.jus.br/wp-content/uploads/2020/08/WEB-V3-Justi%C3%A7a-em-N%C3%BAmeros-2020-atualizado-em-25-08-2020.pdf. Acesso em 17 abr. 2021.

CONSELHO NACIONAL DE JUSTIÇA. *Provimento 72, de 27 de junho de 2018*. Dispõe sobre medidas de incentivo à quitação ou à renegociação de dívidas protestadas nos tabelionatos de protesto do Brasil. Disponível em: https://www.anoreg.org.br/site/2018/06/29/provimento-no-72-do-cnj-dispoe-sobre-medidas-de-incentivo-a-quitacao-de-dividas-protestadas-2/. Acesso em: 21 abr. 2021.

CONSELHO NACIONAL DE JUSTIÇA. *Provimento 87, de 11 de setembro de 2019*. Dispõe sobre as normas gerais de procedimentos para o protesto extrajudicial de títulos e outros documentos de dívida, regulamenta a implantação da Central Nacional de Serviços Eletrônicos dos Tabeliães de Protesto de Títulos – CENPROT e dá outras providências. Disponível em: https://www.anoreg.org.br/site/2019/09/12/provimento-no-87-2019-da-corregedoria-nacional-de-justica-regulamenta-a-cenprot-nacional/. Acesso em: 26 abr. 2021.

FERREIRA, Luciano Carlos. O lançamento do crédito tributário e o protesto da certidão da dívida ativa. *Juris Plenum*: Direito Administrativo. v. 1, n. 2, p. 65-74, Caxias do Sul (RS), jun. 2014.

FIGUEIREDO, Marcelo. Análise da importância da atividade notarial na prevenção dos litígios e dos conflitos sociais. *Revista de Direito Notarial*. ano 2/11. São Paulo: Quartier Latin, 2010.

GUERRA, Lais Batista. O protesto da Certidão de Dívida Ativa como medida de eficiência na cobrança extrajudicial de créditos tributários. *Revista Tributária e de Finanças Públicas: RTrib*, v. 23, n. 124, p. 287-304, São Paulo, set.-out. 2015.

LA-FLOR, Martiane Jaques. O protesto extrajudicial e suas inconstitucionalidades. *Revista de Direito*, v. 6, n. 2, p. 175-203, 2014. Disponível em: https://periodicos.ufv.br/revistadir/article/view/1403. Acesso em: 17 mar. 2021.

LONDE, Carlos Rogério de Oliveira. *O protesto extrajudicial de certidões de dívida ativa prévio à execução fiscal*. 2. ed. Salvador: Juspodivm, 2018.

MARINONI, Luiz Guilherme; ARENHART, Sérgio Cruz; MITIDIERO, Daniel. *Código de Processo Civil comentado*. 6. ed. São Paulo: Thomson Reuters, 2020.

MARTINS, Sandro Gilbert. Título II, Capítulo I – Disposições gerais. In: CRUZ E TUCCI, José Rogério et al (Org.) *Código de Processo Civil Anotado*. Rio de Janeiro: LMJ Mundo Jurídico, 2016.

MEDINA, José Miguel Garcia. *Código de Processo Civil Comentado*. 6. ed. São Paulo: Thomson Reuters Brasil, 2020.

MORAES, Emanoel Macabu. *Protesto notarial: títulos de crédito e documentos de dívida*. 3. ed. São Paulo: Saraiva, 2014.

NALINI, José Renato. *Execução não é a solução!* Disponível em: https://renatonalini.wordpress.com/2012/03/18/execucao-nao-e-a-solucao/. Acesso em: 16 jan. 2020.

NERY JÚNIOR, Nelson; NERY, Rosa Maria de Andrade. *Código de Processo Civil Comentado*. 17. ed. São Paulo: Thomson Reuters Brasil, 2018.

PARIZATTO, João Roberto. *Execução e Protesto de Título de Crédito*. Leme: Edipa Editora Parizatto, 2012.

PAVAN, Dorival Renato. Título II – Do cumprimento da sentença. Capítulo I – Disposições Gerais (arts. 513 a 519). In: BUENO, Cássio Scarpinella (Org.). *Comentários ao código de processo civil*. São Paulo: Saraiva, 2017. v. 2 (arts. 318 a 538).

PELIZZARO. Renato. Protesto das Certidões de Dívida Ativa: Tema sempre presente. *Revista de Direito Empresarial: ReDE*. v. 4, n. 17, p. 243-248. São Paulo, ago. 2016.

RIBEIRO, Flávia Pereira Ribeiro. *A desjudicialização da execução civil*. 2. ed. Curitiba: Paraná, 2019.

RODRIGUES, Marcelo. *Tratado de Registros Públicos e Direito Notarial*. 3. ed. Salvador: Editora Juspodivm, 2021.

ROSENVALD, Nelson; LEITE, Marcelo Lauar. Regulação temporal do protesto do cheque: Direito ao esquecimento e outros diálogos com o REsp 1.423.464/SC. *Revista de Direito Civil Contemporâneo: RDCC*. v. 4, n. 13, p. 313-334. São Paulo, out./dez. 2017.

SANTOS, Reinaldo Velloso do. *Protesto notarial e sua função no mercado de crédito*. Belo Horizonte: Editora Dialética, 2021.

SENADO FEDERAL. *Projeto de lei 6.204 de 2019*. Dispõe sobre a desjudicialização da execução civil de título executivo judicial e extrajudicial; altera as Leis 9.430, de 27 de dezembro de 1996, 9.492, de 10 de setembro de 1997, 10.169, de 29 de dezembro de 2000, e a 13.105 de 16 de março de 2015 – Código de Processo Civil. Disponível em: https://legis.senado.leg.br/sdleg-getter/documento?dm=8049470&ts=1594037651957&disposition=inline. Acesso em: 19 abr. 2021.

SHIMURA, Sérgio. Livro II – Do processo de execução. Título I, Capítulo I – Disposições gerais. In: BUENO, Cassio Scarpinella (Org.) *Comentários ao Código de Processo Civil*. São Paulo: Saraiva, 2017.

SUPERIOR TRIBUNAL DE JUSTIÇA. *Agravo Regimental no Agravo de Recurso Especial 291.608, Rio Grande do Sul*. Rel. Min. Ricardo Villas Bôas Cueva, terceira turma., j. 22.10.2013.

SUPERIOR TRIBUNAL DE JUSTIÇA. *Recurso Especial 1.686.659, São Paulo*. Rel. Min. Herman Benjamin. Primeira seção. j. 28.11.2018.

SUPREMO TRIBUNAL FEDERAL. *Ação direta de inconstitucionalidade 5.135*. Rel. Min. Roberto Barroso. Tribunal Pleno. j. 09.11.2016.

THEODORO JÚNIOR, Humberto. *Processo de execução*. 22. ed. São Paulo: Liv. E Ed. Universitária de Direito, 2004.

TRIBUNAL DE CONTAS DA UNIÃO. *Acórdão n. 3.053/2009*. Rel. Min. André de Carvalho. Plenário. Data da sessão: 09.12.2009.

TRIBUTAL DE JUSTIÇA DE SÃO PAULO. Agravo de Instrumento 2233226-17.2019.8.26.0000. 6ª Câmara de Direito Privado. Des. Rel. Paulo Alcides. j. 28.04.2020.

TRIBUTAL DE JUSTIÇA DE SÃO PAULO. Agravo de Instrumento 2241405-71.2018.8.26.0000. 29ª Câmara de Direito Privado. Des. Rel. Neto Barbosa Ferreira. j. 20.08.2019.

VILLALVA, Ticiana Dantas. O protesto de certidão de dívida ativa como uma medida desproporcional para a cobrança do crédito tributário. *Revista dos Tribunais: RT*. v. 104, n. 956, p. 171-190. São Paulo, jun. 2015.

WAMBIER, Luiz Rodrigues; TALAMINI, Eduardo. *Curso avançado de processo civil: Execução*. 17. ed. São Paulo: Thomson Reuters Brasil, 2020. v. 3.

A DESJUDICIALIZAÇÃO DA EXECUÇÃO E A DELEGAÇÃO DE ATIVIDADES DE SATISFAÇÃO DO DIREITO

Marco Félix Jobim

Doutor pela Pontifícia Universidade Católica do Rio Grande do Sul com estágio pós-doutoral da Universidade Federal do Paraná. Mestre em Direitos fundamentais pela Universidade Luterana do Brasil. Professor Adjunto na PUC-RS na graduação, especialização, mestrado e doutorado. Advogado.

Ricardo Chemale Selistre Peña

Mestre e doutorando em Teoria Geral da Jurisdição e do Processo pela PUC-RS. Advogado.

1. INTRODUÇÃO

Partindo-se da premissa de que a academia tem a missão de buscar conhecer a realidade que a cerca à procura de respostas para a resolução de problemas, o pesquisador das diversas áreas e, em especial o do direito, deve importar do mundo das ideias a aplicação prática do estudo desenvolvido, de forma a colaborar, incessantemente, com a melhoria do sistema de justiça[1] que deságua no jurisdicionado e na sociedade em geral.

A busca por um processo civil efetivo é tema que merece toda atenção. Giuseppe Chiovenda foi um dos pensadores que atribuiu ao tema da efetividade um escopo maior a ser buscado pelo processo, eternizando o pensamento na frase: *"Il processo deve dar per quanto possible praticamente a chi há un diritto quello e propio quello ch'egli há diritto di conseguire"*.[2]

Evidentemente, de nada vale ser vencedor em sua pretensão sem que se "concretize" seu direito. A mera satisfação moral de uma sentença favorável, muitas vezes, acaba por não ser o suficiente. O vencedor quer que o vencido cumpra a obrigação ou lhe pague o equivalente, mas se este último não faz isso espontaneamente, em muitos casos fica ele sem cumprimento ou o débito sem pagamento.

A atenção com o cumprimento de sentença e com a execução judicial, decorrente de título executivo judicial ou extrajudicial respectivamente, que contenha uma obrigação de pagar determinada quantia em dinheiro, apresenta relevância máxima, pois é nela que se dará a efetiva satisfação ao credor. É missão da tutela satisfativa

---

1. Sobre a expressão "sistema de justiça" interessante ver: CADIET. Löic. *Perspectiva sobre o sistema de justiça civil francesa*: seis lições brasileiras. Trad. Daniel Mitidiero; Bibiana Gava Toscano de Oliveira; Luciana Robles de Almeida; Rodrigo Lomando. São Paulo: Ed. RT, 2017.
2. CHIOVENDA, Giuseppe. *Instituições de direito processual civil*. Campinas: Bookseller, 1998, v. 1, p. 67.

entregar ao credor exatamente aquilo a que tem direito, no menor prazo possível, do modo menos oneroso possível para o devedor e para o sistema processual. A demora na realização do crédito ou a frustração no seu recebimento gera verdadeiro descrédito no serviço público da Justiça.

As implicações resultantes do desapontamento não se limitam às expectativas pessoais dos jurisdicionados. O impacto da inefetividade causa incalculáveis prejuízos à economia e ao bem-estar social, pois alimenta consequências futuras relacionadas à falta de confiança de investidores, que interpretam a ausência de resposta adequada da justiça como um estímulo ao descumprimento das obrigações, na medida em que passa ele a ser visto como um bom negócio para o devedor recalcitrante não quitar seus débitos[3]. Como consequência lógica decorrente dessa desconfiança generalizada está a mudança das práticas negociais costumeiras, com a exigência de maiores e melhores garantias, análises de crédito cada vez mais rigorosas, contratos cada vez mais complexos e aumento de preços de bens e serviços em razão do repasse deste custo que podemos chamar de custo da "inefetividade da justiça".

Diante dessa repercussão que a ineficiência e inefetividade da prestação jurisdicional geram para a sociedade, a preocupação, principalmente com o cumprimento e execução de títulos judiciais e extrajudiciais, vem crescendo entre os profissionais do direito e com total razão de ser, pois os dados das recentes pesquisas realizadas pelo Conselho Nacional de Justiça, denominado "Justiça em Números"[4], não são nada animadores. A última pesquisa divulgada em 2020, concluiu que tramitavam, em 2019, aproximadamente 77,1 milhões de processos no judiciário brasileiro, sendo que mais da metade desses processos, cerca de 43 milhões, eram processos em fase de cumprimento e de execução.

As execuções fiscais, para se ter uma ideia, representam 70% do estoque de processos em execução. São elas as principais responsáveis pela alta taxa de congestionamento do Poder Judiciário. As execuções cíveis – cumprimento e execução –, somavam aproximadamente 13 milhões de processos.

Outro dado relevante divulgado na pesquisa é que a fase de conhecimento, na qual o juiz tem de vencer a postulação das partes e a dilação probatória para chegar à sentença, é mais tempestiva que a fase subsequente, que não envolve atividade de cognição, somente de concretização do direito reconhecido. As estatísticas apontam para um período de tempo e tramitação dos cumprimentos das decisões extremamente longo, qual seja, 4 anos e 9 meses, enquanto os processos de conhecimento tramitam em 1 anos e 6 meses.

---

3. GAIO JUNIOR, Antônio Pereira. Execução e Desjuducialização. Modelos, Procedimento Extrajudicial Pré-Executivo e o PL 6204/2019. *Revista de Processo* – RePro-RT, n. 306, p. 151. ago. 2020.
4. Justiça em Números 2020/Conselho Nacional de Justiça – Brasília: CNJ, 2020 e pesquisas anteriores.

Os resultados das pesquisas nos conduzem à conclusão de que a tutela satisfativa[5] constitui um dos principais gargalos à prestação jurisdicional efetiva no país, pois correspondem a quase metade dos processos judiciais em todo o Brasil e por possuir uma taxa de congestionamento altíssima com um baixo índice de atendimento à demanda, muito aquém dos processos de conhecimento em primeiro grau.

Diante desse cenário de crise, antes já percebido pelos profissionais do direito e jurisdicionados empiricamente e, há algum tempo, formalmente reconhecido pelos relatórios do Conselho Nacional de Justiça, mudanças se fazem imprescindíveis, surgindo como uma alternativa a ideia de desjudicialização da tutela satisfativa[6] de títulos executivos judiciais e extrajudiciais, a exemplo da sistemática já adotada em outros ordenamentos jurídicos, principalmente em países Europeus, como Espanha, França, Portugal, entre outros.

Não se pode deixar de realizar aqui, ainda que de forma singela, um agradecimento pelo convite feito pelos organizadores de tão significativa obra, o que o se faz nas pessoas do Ministro Marco Aurélio Bellizze e dos Professores Aluísio Gonçalves de Castro Mendes, Teresa Arruda Alvim e Trícia Navarro Xavier Cabral, parabenizando pela iniciativa.

2. O PROJETO DE LEI 6204/2019 QUE TRATA DA DESJUDICIALIZAÇÃO E A EXPERIÊNCIA PORTUGUESA NA DELEGAÇÃO DE ATIVIDADES EXECUTIVAS PARA O AGENTE DE EXECUÇÃO

Sensível aos impactos econômicos ao País, bem como ao alto custo da movimentação da máquina judiciária que o longo período de tramitação que a tutela satisfativa gera, a Senadora Soraya Thronicke, alicerçada em pesquisas acadêmicas[7], apresentou

---

5. Será preferido a utilização da expressão "tutela satisfativa" ou invés de "tutela executiva" por duas razões. A primeira em razão da terminologia utilizada pelo art. 4º, CPC. A segunda para demonstrar que deve-se iniciar a pensar em conceder maior distanciamento da fase do cumprimento de sentença para o processo de execução. Para tanto, ver: JOBIM, Marco Félix; TESSARI, Cláudio. A confusão terminológica dos capítulos de cumprimento de sentença e processo de execução do CPC/2015 e o retrocesso na eficiência da fase processual da efetivação do direito. *Revista Eletrônica de Direito Processual* – REDP. ano 15. v. 22. n. 2. p. 541-558. Rio de Janeiro, maio-ago. 2021. ISSN 1982-7636.
6. As execuções fiscais, certamente, merecem uma análise específica, pois impactam de forma mais relevante no congestionamento da justiça tanto na justiça estadual quanto na federal.
7. Trecho da Justificação do PL 6204/2019: "Por fim, a doutrina brasileira tem se debruçado sobre o tema em voga, buscando lançar luzes à desjudicialização da execução, conforme se depreende de vários e importantes estudos, a começar pela tese pioneira de doutorado em direito da Prof.ª Flávia Pereira Ribeiro, defendida em 2012, sob o título Desjudicialização da Execução Civil; o Prof. Joel Dias Figueira Júnior analisou o tema sob o prisma da crise da jurisdição estatal, juntamente com a arbitragem, mediação e a razoável duração do processo, em sede de Pós-doutoramento na Universidade de Florença, em 2012 e, em 2014 publicou estudo intitulado Execução Simplificada e a Desjudicialização do Processo Civil: Mito ou Realidade; esse trabalho foi atualizado mais recentemente em parceria com o Juiz de Direito Auxiliar da Corregedoria Nacional de Justiça, Dr. Alexandre Chini e publicado com o título Desjudicialização do Processo de Execução de Título Extrajudicial; Rachel Nunes de Carvalho Farias publicou a monografia intitulada Desjudicialização do processo de execução – O modelo português como uma alternativa estratégia para a execução civil brasileira e Taynara Tiemi Ono publicou a monografia intitulada Execução por quantia certa – Acesso à justiça pela desjudicialização da execução civil, dentre outros.

ao Congresso Nacional, em novembro de 2019, Projeto de Lei de iniciativa do Senado Federal, o qual foi autuado sob o n. 6204, que dispõe sobre a desjudicialização da execução civil[8] de título executivo judicial e extrajudicial.

O projeto de Lei 6204/2019 se propõe a simplificar e desburocratizar a tutela satisfativa de títulos executivos civis e, por conseguinte, alavancar a economia do Brasil, por meio de um sistema novo, porém já suficientemente experimentado com êxito no direito estrangeiro, conforme justificação do projeto de lei. Justifica-se a proposta, ainda, pela projeção de economia de 65 bilhões de reais aos cofres públicos com a implantação do modelo apresentado.

A desjudicialização proposta segue a linha do que já ocorreu em uma parte dos países europeus, nos quais a tutela de títulos judiciais e extrajudiciais é realizada sem a interferência do judiciário, cabendo ao denominado "agente de execução" receber o pedido e dar o devido andamento, procedendo com citações, notificações, investigação patrimonial – inclusive com consultas a base de dados – penhoras, alienação de bens e realização e pagamentos aos exequentes.

Um dos pontos fundamentais para o sucesso do Projeto de Lei diz respeito à figura do agente de execução, para o qual o PL propõe seja delegada diversas atividades que atualmente competem ao juízo no qual tramita o processo e aos auxiliares da justiça. Nos termos do PL, portanto, o tabelião de protesto ocupará esse papel passando a praticar atos decisórios, atos de comunicação, atos de documentação, entre outros, reservando-se ao juiz, nos termos do art. 20[9], a resolução de litígios, quando provocado pelo agente da execução[10], por alguma das partes ou por terceiros[11].

O aludido Projeto de Lei prevê, em seu art. 3º, que competirá, exclusivamente, ao tabelião de protesto, além de suas atribuições regulamentares, o exercício das

---

8. Aqui será utilizada a nomenclatura do projeto para fins da fidedignidade da informação.
9. PL 6204/19: Art. 20. O agente de execução poderá consultar o juízo competente sobre questões relacionadas ao título exequendo e ao procedimento executivo; havendo necessidade de aplicação de medidas de força ou coerção, deverá requerer ao juízo competente para, se for caso, determinar a autoridade policial competente para realizar a providência adequada.
§ 1º Nas hipóteses definidas no caput, o juiz intimará as partes para apresentar suas razões no prazo comum de 5 (cinco) dias, limitando-se ao esclarecimento das questões controvertidas, não podendo acrescentar fato ou fundamento novo.
10. PL 6204/19: Art. 18. O executado, independentemente de penhora, depósito ou caução, poderá opor-se à execução por meio de embargos a serem apresentados ao juízo competente.
§ 1º O juízo competente para conhecer e julgar os embargos à execução será sempre o do local onde se situar o tabelionato de protesto em que estiver sendo processada a execução extrajudicial.
11. PL 6204/19: Art. 21. As decisões do agente de execução que forem suscetíveis de causar prejuízo às partes poderão ser impugnadas por suscitação de dúvida perante o próprio agente, no prazo de cinco (5) dias que, por sua vez, poderá reconsiderá-las no mesmo prazo.
§ 1º Caso não reconsidere a decisão, o agente de execução encaminhará a suscitação de dúvida formulada pelo interessado para o juízo competente e dará ciência à parte contrária para, no prazo de 5 (cinco) dias, apresentar manifestação diretamente ao juízo.
§ 2º. A decisão que julgar a suscitação a que se refere este artigo será irrecorrível.

funções de agente de execução[12], enquanto no art. 4º estão definidas as incumbências do agente que podem ser de "I – examinar o requerimento e os requisitos do título executivo, bem como eventual ocorrência de prescrição e decadência; II – consultar a base de dados mínima obrigatória, nos termos do art. 29, para localização do devedor e de seu patrimônio; III – efetuar a citação do executado para pagamento do título, com os acréscimos legais; IV – efetuar a penhora e a avaliação dos bens; V – realizar atos de expropriação; VI – realizar o pagamento ao exequente; VII – extinguir a execução; VIII – suspender a execução diante da ausência de bens suficientes para a satisfação do crédito; IX – consultar o juízo competente para sanar dúvida relevante; X – encaminhar ao juízo competente as dúvidas suscitadas pelas partes ou terceiros em casos de decisões não reconsideradas".

Ao agente incumbirá, ainda, a análise dos pedidos de gratuidade da justiça, nos termos do art. 5º e seus parágrafos do projeto de lei em debate, ainda que reservado ao juiz a palavra final em caso de o agente discordar do pedido.[13]

O Projeto de Lei 6204/2019 claramente utiliza o sistema de desjudicialização lusitano como modelo a ser seguido[14], lembrando que Portugal passou, após as leis desjudicializantes, por uma reforma total em seu Código de Processo Civil pela Lei 41/2013[15]. Por essa razão, é importante que se traga ao debate aqueles pontos nos quais a desjudicialização portuguesa apresentou problemas. A partir do devido cotejo, havendo similitude com o Projeto de Lei brasileiro, será possível ao legislador pátrio melhor adequar a proposta à realidade do nosso sistema, reduzindo risco de insucesso da reforma da execução nacional.

A justificação do PL 6204/2019 descreve a desjudicialização portuguesa como uma experiência de sucesso na qual as metas perseguidas com seu implemento foram alcançadas em médio prazo.

---

12. PL 6204/19: Art. 3º. Ao tabelião de protesto compete, exclusivamente, além de suas atribuições regulamentares, o exercício das funções de agente de execução e assim será denominado para os fins desta lei.
13. Art. 5º. O beneficiário de gratuidade da justiça, quando da apresentação do título, requererá ao agente de execução que o pagamento dos emolumentos seja realizado somente após o recebimento do crédito executado.
    § 1º Se for judicial o título executivo apresentado para execução no tabelionato de protesto, o exequente terá assegurado o benefício a que se refere o *caput* deste artigo desde que comprove ter obtido a gratuidade da justiça no curso do processo de conhecimento.
    § 2º Sendo extrajudicial o título executivo, ou não tendo obtido o benefício de gratuidade da justiça no processo judicial, o exequente deverá comprovar que preenche os requisitos legais.
    § 3º Discordando o agente de execução do pedido, consultará o juízo competente, que resolverá o incidente, nos termos do art. 20.
14. Trechos da Justificação do PL 6204/2019: "Merecem destaque as reformas portuguesas de desjudicialização da execução realizadas nos anos de 2003 e 2008, que surgiram como resposta à crise da justiça lusitana, que envolvia o excesso de execuções pendentes e a morosidade na tramitação dos processos – fenômeno idêntico ao verificado no Brasil." Ainda: "Diante do sucesso da experiência portuguesa, propõe-se uma desjudicialização da execução adaptada à realidade brasileira, com o máximo aproveitamento das estruturas extrajudiciais existentes e que há muito já demonstram excelência no cumprimento de suas atividades". p. 16.
15. Para conhecer um pouco do histórico, recomenda-se: JOBIM, Marco Félix. As tutelas provisórias no CPC/2015 e a tutela de urgência antecipatória cautelar portuguesa: pontos de semelhança e diferença. In: GAIO JÚNIOR, Antônio Pereira; GONÇALVES, Marco Carvalho (Org.). *Direito processual civil*: diálogos Brasil-Portugal. Londrina, PR: Thoth, 2020. p. 247-269.

Em verdade, o processo de desjudicialização implementado em Portugal sofreu inúmeras críticas da comunidade jurídica lusitana e apresentou diversos problemas de ordem prática. Um dos problemas identificados está relacionado à designação dos solicitadores como agentes de execução.

Cabe aqui, para melhor compreensão do tema, uma breve digressão para uma visita ao modelo de desjudicialização adotado em Portugal com o intuito de identificar a figura do agente de execução hoje em atividade.

As reformas processuais de 2003 e 2008 – esta última apelidada por Lebre de Freitas de "reforma da reforma da ação executiva"[16] – vieram em resposta à crise da justiça em Portugal representada pela intempestividade no tramite dos processos e pelo grande volume de execuções pendentes.[17]

Na ocasião, havia um contexto global de desjudicialização e outro de harmonização de sistemas jurídicos dentro da Europa de forma que se verificou um movimento político/legislativo visando à liberação da economia e à redução do peso do Estado por meio da transferência para o setor privado de tarefas que historicamente eram confiadas ao Judiciário.[18]

Ao aderir à União Europeia, Portugal viu-se obrigado a adequar-se à política globalizante e neoliberal que vigorava na Europa. Os paradigmas são os da Suécia, Bélgica, França, Holanda, Grécia e Luxemburgo.

Até as reformas iniciadas em 2003, Portugal possuía um sistema processual semelhante ao que existe atualmente no Brasil no que se refere à atividade coercitiva de natureza civil. A realização coercitiva era realizada pelo Poder Judiciário, por intermédio do Estado-Juiz, o qual promovia, dirigia e administrava as diligências necessárias para a regular tramitação das execuções de títulos judiciais e extrajudiciais.

Na época, conforme descreve José Carlos Resende, as pesquisas indicavam que a duração média de um processo executivo para pagamento de dívidas civis e comerciais e de dívidas sobre prêmios de seguro, ultrapassava dois anos e meio, correspondendo estes dois grupos a 80% do total dos processos executivos, sendo que em aproximadamente metade deles não se obtinha êxito. O aumento anual de processos executivos caracterizava-se por uma progressão geométrica.[19] Em 2001,

---

16. Sobre a expressão, sugere-se ver: FREITAS. José Lebre de. *A ação executiva* – depois da reforma da reforma. 5. ed. Coimbra: Coimbra, 2009.
17. Acima de tudo, a recente realidade portuguesa expressava um tradicional quadro institucional de ineficiente e inefetivo funcionamento do sistema judicial (tal qual acontecia em parte significativa dos Estados-membros da União Europeia), habitualmente moroso consoante observado antes das reformas de 2003 e 2008 no instituto da execução civil, alterações legislativas estas que em sua essência, conforme dito, restaram resguardadas pelo Código de Processo Civil de 2013. CALDAS. Roberto Correia da Silva Gomes; MEIRA. Alexandre Augusto Fernandes. *Revista de Direito Brasileiro*. v. 25, n. 10, p. 345-356. Florianópolis, SC, jan.-abr. 2020.
18. RIBEIRO, Flavia Pereira. *Desjudicialização da Execução Civil*. 2. ed. Curitiba: Juruá, 2019. p. 115.
19. RESENDE, José Carlos. Balanço de um novo interveniente processual. *Balanço da Reforma da acção executiva* (encontro anual de 2004). Coimbra Editora, 2005, p. 60-61.

as ações executivas representavam 52,3% do volume das causas cíveis pendentes de solução.[20]

A partir das referidas reformas que atingiram diretamente a execução judicial surge a figura do agente de execução, um operador privado, o qual passa a ser visto como o meio para atingir um resultado que pudesse reverter as implicações verificadas quanto ao descrédito público sobre a capacidade do Estado lusitano em promover uma prestação jurisdicional não apenas eficiente, mas, também, tempestiva e efetiva, sendo que tal descrédito se notava alimentado pela desconfiança generalizada dos cidadãos europeus e operadores econômicos no sistema judicial português.[21]

O modelo adotado em Portugal configurou o abandono do modelo tradicional, que já não atendia mais aos problemas da sociedade portuguesa, e a adoção de outro já consagrado em legislações processuais civis estrangeiras, notadamente as integrantes da União Europeia, caracterizado pela desjudicialização. Nesses modelos o papel ativo na condução do processo executivo cabe a um agente de execução, inspirado no *huissier de justice* francês[22], mas tendo, ainda, como referencial os modelos existentes na Alemanha, Itália, Luxemburgo, Holanda e o Cantão de Genevé (Suíça)[23], enquanto o juiz tem a incumbência de decidir matérias exclusivamente jurisdicionais, como, por exemplo, nos embargos do devedor.[24]

No modelo português, portanto, o juiz, em sede de processo de execução, exerce funções de tutela, intervindo em caso de litígio surgido na pendência da execução, praticando atos de controle, proferindo despachos liminares e solucionando dúvidas entre outras atividades nos termos do artigo 723-1-a[25], 723-1-b[26] 723-1-c[27] e 723-1-d[28] do Código de Processo Civil Português, respectivamente.

---

20. Dados disponíveis em: http://www.portugal.gov.pt. Acesso em: 09 jul. 2008.
21. CALDAS. Roberto Correia da Silva Gomes; MEIRA. Alexandre Augusto Fernandes. *Revista de Direito Brasileira*. v. 25, n. 10, p. 345-356. Florianópolis, jan.-abr. 2020.
22. O *huissier de justice* é um profissional liberal com uma vasta gama de poderes. Além do cumprimento de decisões judiciais, o *huissier* possui poderes para prosseguir com todo o processo de execução de títulos extrajudiciais sem a intervenção do judiciário, sendo que este só atuará em casos de embargos do executado ou de a penhora recair sobre bens imóveis. O *huissier* possui ainda diversas outras competências e poderes, sendo autorizado a registrar hipotecas, efetuar o protesto de títulos de crédito, e certificar atos para que sirvam como prova para situações futuras.
23. FARIAS, Raquel Nunes de Carvalho. *Desjudicialização do processo de execução*: o modelo português como uma alternativa estratégica para a execução civil brasileira. Curitiba: Juruá, 2015. p. 76.
24. LOURENÇO, Paula Meira. A reforma da acção executiva. *Direito em Revista*. n. 3, p. 32. Lisboa: Universidade Católica Portuguesa/Faculdade de Direito, jul.-set. 2001.
25. Artigo 723. Competência do juiz. 1. Sem prejuízo de outras intervenções que a lei especificamente lhe atribui, compete ao juiz: a) Proferir despacho liminar, quando deva ter lugar.
26. b) Julgar a oposição à execução e à penhora, bem como verificar e graduar os créditos, no prazo máximo de três meses contados da oposição ou reclamação.
27. c) Julgar, sem possibilidade de recurso, as reclamações de atos e impugnações de decisões do agente de execução, no prazo de 10 dias.
28. d) Decidir outras questões suscitadas pelo agente de execução, pelas partes ou por terceiros intervenientes, no prazo de cinco dias.

Cabe ao Agente de Execução Português efetuar todas as diligências do processo executivo que não estejam atribuídas à secretaria, ou seja, de competência do juiz, incluindo, nomeadamente, citações, notificações, publicações, consultas de bases de dados, penhoras e seus registos, liquidações e pagamentos, como se nota do art. 719-1[29] do CPC Português, funções semelhantes àquelas que o projeto de Lei 6.204/2019 atribui aos agentes de execução.

Com relação à reforma portuguesa é esclarecedora a lição de Roberto Caldas e Alexandre Meira[30]:

> (...) no caso português ora enfocado, o *jus imperii* não foi subtraído do Estado-juiz, ao qual ainda é dado a fiscalização e revisão de todos os atos processuais e procedimentais, exercendo evidente e imprescindível atividade correicional, de tutela, podendo-o fazer inclusive *ex officio* na qualidade de corregedor permanente do juízo, segundo entendimento que ora se adota, embora de forma parcimoniosa e emparceirada com a CAAJ – Comissão para o Acompanhamento dos Auxiliares de Justiça e a OSAE – Ordem dos Solicitadores e dos Agentes de Execução, entidades precípua e legalmente estabelecidas para o controle direto (conforme um modelo de intervenção judicial mínimo) das atividades dos agentes de execução. (...)

A reforma portuguesa de 2003, então, transferiu a competência para a prática de atos executivos aos os agentes de execução, cargo inicialmente assumido pelos solicitadores, que passaram a realizar diligências do processo de execução, incluindo citações, notificações, publicações, penhoras, vendas e pagamentos.[31]

Os solicitadores são uma classe antiga constituída em associação pública há várias décadas. São possuidores de experiência e tradição na área jurídica, especialmente em questões patrimoniais, de direito de família e comercial, dentre outras.

A atividade do solicitador é bem ampla, atuando como conselheiro jurídico, elaborando contratos e minutas de escrituras, atua judicialmente em causas nas quais a atuação do advogado não é obrigatória, entre outras. No exercício de sua atividade possui prerrogativas semelhantes à dos advogados. Trata-se de profissional liberal que pratica atos jurídicos para outros, mediante remuneração. Pode desempenhar atividade extrajudicial, judicial ou de consultoria.

Os solicitadores já estavam profissionalmente organizados e sujeitos às regras disciplinares próprias e a categoria profissional alcançava razoável extensão geográfica, o que era favorável ao projeto.[32] Além disso, suas atribuições profissionais guardavam relação com aquelas realizadas pelos agentes de execução de outros sistemas.

---

29. Artigo 719. Repartição de competências. 1. Cabe ao agente de execução efetuar todas as diligências do processo executivo que não estejam atribuídas à secretaria ou sejam da competência do juiz, incluindo, nomeadamente, citações, notificações, publicações, consultas de bases de dados, penhoras e seus registos, liquidações e pagamentos.
30. CALDAS. Roberto Correia da Silva Gomes; MEIRA. Alexandre Augusto Fernandes. *Revista de Direito Brasileira*. v. 25, n. 10, p. 345-356. Florianópolis, SC, jan.-abr. 2020.
31. SILVA, Paula Costa e. *A reforma da acção executiva*. Coimbra: Coimbra, 2003. p. 11.
32. RESENDE, José Carlos. Balanço de um novo interveniente processual. *Balanço da Reforma da acção executiva* (encontro anual de 2004). Coimbra Editora, 2005, p. 59-72.

Destaca Schenk que a profissão de solicitador estava em profunda crise, sendo que a privatização dos serviços de notas e a ampliação da utilização da mão de obra dos estagiários para os serviços complementares dos escritórios contribuíram para esse cenário. Para a categoria, portanto, a opção do legislador se mostrava vantajosa.[33]

Conforme esclarece Ribeiro, a formação acadêmica não era exigida do profissional que atuava como solicitador, embora estivesse habilitado para exercer quase todo o tipo de atividade jurídica. Tal situação perdurou até a entrada em vigor do Decreto-Lei 8 de 08/01/1999 (Estatuto dos Solicitadores), o qual no artigo 71 passou a exigir bacharelado em direito ou solicitadoria para que fosse permitida a inscrição do solicitador no estágio obrigatório para o exercício da atividade.[34]

Quando da reforma de 2003, ocorrida após 4 anos de tal exigência, poucos solicitadores possuíam algum tipo de formação acadêmica. Visando adequação à nova realidade e à nova profissão de agente de execução foi aprovado um novo Estatuto dos Solicitadores (Dec.-Lei 38/2003), por meio do qual se previu que aqueles já inscritos passassem à condição de agentes da execução, em caráter de regime especial, dispensando-os dos requisitos acadêmicos e curriculares.

Então, muitos agentes de execução que passaram a desempenhar atividades executivas naquela ocasião não possuíam formação técnica nem experiência para assumir aquelas atividades.

Outro fator que impactou negativamente para o sucesso da reforma portuguesa, ainda no que se refere aos agentes de execução, foi a insuficiência de solicitadores para dar conta da quantidade de demandas cuja competência lhes foi confiada. Em 2005, apenas 800 solicitadores estavam aptos a exercer a atividade de agentes de execução (ou solicitadores de execução), sendo que somente 550 estavam inscritos, resultando em uma média de 300 processos por solicitador.[35] Por conta disso, na reforma da reforma (Dec.-Lei 226/2008), como forma de ajustar esse problema, foi estabelecido que advogados poderiam se candidatar e, uma vez admitidos e aprovados no estágio[36], poderiam exercer a atividade de agente.

A falta de preparo e a pouca quantidade de solicitadores, entre outros aspectos da reforma, foram alvos de muitas críticas da comunidade jurídica portuguesa, para a qual houve precipitação na entrada em vigor da lei, pois a infraestrutura para implantação do projeto era precária e, em razão da urgência, procedeu-se com o recrutamento de

---

33. SCHENK, Leonardo Fria. Distribuição da competência no processo executivo português reformado. *Revista Eletrônica de Direito Processual*, v. III, p. 214, jan.-jun. Patrono: José Carlos Barbosa Moreira. Disponível em: https://www.e-publicacoes.uerj.br/index.php/redp/article/view/22175/16023. Acesso em: 28 maio 2021.
34. RIBEIRO, Flavia Pereira. *Desjudicialização da Execução Civil*. 2. ed. Curitiba: Juruá, 2019. p. 122.
35. GOUVEIA, Mariana França. A reformada ação executiva – ponto da situação. *Balanço da Reforma da acção executiva* (encontro anual 2004). Coimbra Editora, 2005. p. 52-53.
36. O estágio hoje tem prazo de 10 meses e o exame de admissão e avaliação é realizado por uma entidade independente denominada Comissão para a Eficácia das Execuções (CPEE).

agentes na classe profissional dos solicitadores que receberam apressada formação para o exercício da função.[37]

Destaca-se que o agente de execução, seja oriundo da classe dos solicitadores ou da classe dos advogados, tal como o *huissier de justice* francês, é um misto de profissional liberal e funcionário público, cujo estatuto de auxiliar da justiça implica a detenção de poderes de autoridade no processo executivo.[38] O agente de execução (ou solicitador de execução) tem "dupla qualidade", já que é um profissional liberal encarregado de uma missão de interesse público e que carrega consigo poderes de autoridade.[39]

Não há dúvidas que a experiência lusitana na implantação de um novo modelo de execução, no qual ocorre a transferência de atos da execução de competência dos magistrados para os agentes de execução, é o mais relevante exemplo que temos, seja pelo aspecto da atualidade, seja pela identidade cultural decorrente da colonização que nos deixou como herança, entre outras relevantes características, a língua falada.

Na busca pelo modelo ideal de execução civil a ser implantado em nossa legislação, nosso legislador não pode se permitir tropeçar nos mesmos obstáculos que recentemente criaram embaraços à caminhada dos portugueses em busca de uma maior efetividade no processo.

A proposta apresentada no PL 6294/2019 de delegar a função pública de execução dos títulos executivos aos tabeliães de protesto deve ser muito bem analisada e debatida.

Inicialmente, faz-se necessário identificar a figura do tabelião de protesto.

Nos termos do art. 3º da Lei 8.935, de 18.11.1994, "notário, ou tabelião, e oficial de registro, ou registrador, são profissionais do direito, dotados de fé pública, a quem é delegado o exercício da atividade notarial e de registro". E o art. 1º da mesma Lei estabelece que os "serviços notariais e de registro são os de organização técnica e administrativa destinados a garantir a publicidade, autenticidade, segurança e eficácia dos atos jurídicos".

Os tabeliães, assim como os registradores, são definidos pela lei como profissionais do direito. A atividade, que tem fundamento constitucional é exercida em caráter privado, mas por delegação do Poder Público. Daí porque a atividade prestada por tais delegatários – embora não seja reputada como serviço público propriamente dito – é considerada de natureza pública.[40]

---

37. ALEMÃO, Ivan. Reforma da execução em Portugal: desjudicialização ou privatização? *Revista Jus Navigandi*, ISSN 1518-4862, Teresina, ano 12, n. 1442, 13 jun. 2007. Disponível em: https://jus.com.br/artigos/10000. Acesso em: 28 maio 2021.
38. FREITAS, José Lebre de. *A ação executiva* – depois da reforma da reforma. 5. ed. Coimbra: Coimbra, 2009. p. 28.
39. GOUVEIA, Mariana França. Poder Geral de Controlo. *Revista Subjudice*, n. 29, p. 17. out.-dez. 2004, publicada em maio de 2005.
40. "(...) Tratam-se de atividades jurídicas que são próprias do Estado, porém exercidas por particulares mediante delegação. Exercidas ou traspassadas, mas não por conduto da concessão ou da permissão, normadas pelo *caput* do art. 175 da Constituição como instrumentos contratuais de privatização do exercício dessa atividade material (não jurídica) em que se constituem os serviços públicos. (ADI 2415, Relator(a): Min. Ayres Britto, Tribunal Pleno, julgado em 22.09.2011, Acórdão Eletrônico DJe-028 Divulg 08.02.2012 Public 09.02.2012.

Segundo justificação do PL 6204/2019, o tabelião de protesto "é um profissional devidamente concursado e remunerado de acordo com os emolumentos fixados por lei, cobrados via de regra do devedor ao final do procedimento executivo" e tem a sua atividade fiscalizada pelo Poder Judiciário – CNJ e corregedorias estaduais.

Destaca Vieira Peixoto[41], alguns atributos das serventias extrajudiciais:

> Em primeiro lugar, já se afirmou anteriormente que os instrumentos normativos que promovem a desjudicialização têm demonstrado uma preferência pelas serventias extrajudiciais e há vários argumentos que a justificam: a) a atividade notarial e registral tem fundamento constitucional (art. 236); b) a atividade, delegada pelo Estado, é considerada pública, embora exercida em caráter privado; c) a atividade está submetida à fiscalização do Poder Judiciário, inclusive com possibilidade de perda da delegação; d) os notários e registradores são profissionais do Direito, aprovados em concurso público de provas e títulos e têm por função garantir a publicidade, a autenticidade, a eficácia e, especialmente, a segurança das relações jurídicas; e) os notários e registradores possuem fé pública; f) os notários e registradores são qualificados e altamente especializados nas matérias pertinentes às suas respectivas atribuições; g) as serventias são dotadas de alta capilaridade, o que as aproxima da população, que confia nos serviços prestados; h) a modernização e a melhoria na prestação dos serviços têm sido constantes em todo o Brasil.

Os tabeliães de protestos, segundo Vieira Peixoto[42], já estão habituados com a cobrança de dívidas, inclusive possuem colaboradores e estrutura suficientes para promover dezenas e até mesmo centenas de notificações diárias dos devedores (dependendo do tamanho e demanda da serventia), além dos demais atos relativos ao protesto, o que os habilitaria para o exercício da atividade executiva.

Partindo-se de uma premissa de que o tabelião de protesto é a figura mais indicada para ocupar, também, a função de agente da execução faz-se necessário, de pronto, a realização de pesquisas para identificar se a quantidade de cartórios de protestos no Brasil (e em cada uma de suas comarcas) é suficiente para assumir a quantidade de novas execuções e cumprimento de sentenças, de títulos extrajudiciais e judiciais, conforme previsto no projeto de lei. A partir daí, será possível estimar a dimensão das adequações necessárias.

De outro lado, por mais que se reconheça o conhecimento técnico do tabelião de protesto em uma abrangente área de atuação, é imprescindível que todas as cautelas sejam tomadas para que estejam, efetivamente, aptos para conduzir a tutela satisfativa com mais eficiência[43] do que o Poder Judiciário apresenta atualmente.

---

41. VIEIRA PEIXOTO, Renata Cortez. O Projeto de Lei 6.204/2019 e a Desjudicialização da Execução Civil: Adequação da Atribuição de Agentes de Execução aos Tabeliães de Protestos. *Revista ANNEP de Direito Processual*. v. 1, n. 2. p. 94. jul.-dez. 2020.
42. VIEIRA PEIXOTO, Renata Cortez. O Projeto de Lei 6.204/2019 e a Desjudicialização da Execução Civil: Adequação da Atribuição de Agentes de Execução aos Tabeliães de Protestos. *Revista ANNEP de Direito Processual*. v. 1, n. 2. p. 94. jul.-dez. 2020.
43. Sobre o tema da eficiência: JOBIM, Marco Félix. *As funções da eficiência no processo civil brasileiro*. São Paulo: Ed. RT, 2018.

Não se desconhece que o PL 6204/2019, em seu art. 22[44], prevê a capacitação dos agentes de execução, dos seus prepostos, e dos serventuários da justiça antes da entrada em vigor da Lei. Porém, é fundamental que essa capacitação seja real e não meramente formal.

A preparação do agente de execução merece atenção especial, pois, conforme previsto no PL 6.204/2019, entre suas incumbências estão uma série de atividades estranhas ao cotidiano dos tabeliães, muitas das quais exigem habilidades que necessitam ser desenvolvidas para viabilizar o exercício da função. O tabelião deverá estar apto a proceder na análise de prescrição e decadência de títulos executivos, consultar base de dados de uma série de sistemas que serão colocados à sua disposição para localização do executado e de seu patrimônio, efetuar penhora e avaliação de bens – função exercida atualmente pelo oficial de justiça –, realizar atos de expropriação, entre outras. No cumprimento dessas atividades necessitará interagir com as partes, advogados, juízes, terceiros e outras serventias.

O exemplo português, por ocasião da sua primeira reforma estabelecida pelo Dec.-Lei 38/2003, falhou nesse ponto. Embora a câmara dos solicitadores tenha promovido, em âmbito nacional, cursos de especialização, a frequência nestes cursos não era obrigatória para o exercício na nova profissão de agente de execução. A insipiente preparação dos solicitadores de execução foi observada por Freitas, embora reconheça ter havido enorme esforço, nesse sentido, da Câmara dos Solicitadores.[45]

As debilidades funcionais dos agentes de execução e o curto período de preparação para o exercício da atividade foram fatores que contribuíram para a elevada ineficiência da nova ação executiva em Portugal, conforme descreve Armindo Ribeiro Mendes.[46]

Novamente, a experiência portuguesa pode nos auxiliar, inclusive no que se refere a delimitação do prazo da *vacatio legis,* de forma que a entrada em vigor da lei somente ocorra após a efetiva preparação de todos os atores da reforma, mediante a participação em cursos obrigatórios.

Sobre a reforma portuguesa, Paulo Pimenta[47] advertiu:

> "Sem profissionais verdadeiramente preparados e vocacionados para o exercício da carreira forense de agente de execução, sem profissionais aptos a intervir no processo com dignidade e estatutos próprios, capazes de ombrear, sem complexos, com os juízes de execução e com os mandatários judiciais, nunca teremos uma autêntica reforma da acção executiva".

---

44. Art. 22. O Conselho Nacional de Justiça e os tribunais, em conjunto com os tabeliães de protesto, por sua entidade representativa de âmbito nacional, promoverão a capacitação dos agentes de execução, dos seus prepostos e dos serventuários da justiça, a ser concluída até a entrada em vigor desta Lei.
45. FREITAS. José Lebre, O primeiro ano de uma reforma executiva adiada. *Revista Subjudice.* n. 29, p. 8. out.-dez. 20048.
46. MENDES. Armindo Ribeiro. *Revista Julgar.* n. 16. p. 87. Coimbra: Coimbra, 2012.
47. PIMENTA. Paulo. In Tópicos para a reforma do processo civil português. *Revista Julgar.* n. 17. p. 121. Coimbra: Coimbra, 2012.

A preparação dos agentes de execução por meio de cursos preparatórios rigorosos e obrigatórios é pressuposto fundamental para o sucesso da desjudicialização proposta no PL 6204/2019. Para isso, há necessidade de determinado tempo, o que deve ser considerado pelo legislador.

Evidentemente, tal como aconteceu com a categoria dos solicitadores em Portugal, para os tabeliões de protestos brasileiros a inclusão da nova competência, com acréscimo das demandas executivas, mostra-se vantajosa e representa acréscimo no faturamento em proporções ainda não calculadas, mas que certamente impactaram positivamente nos resultados operacionais dos tabelionatos, uma vez que seus serviços serão remunerados pelos emolumentos.

A propósito, outro tema que ensejará acirrado debate é o referente ao valor e forma de pagamento destes emolumentos aos agentes de execução.

A questão dos honorários do agente de execução foi mais um dos problemas enfrentados com a reforma portuguesa de 2003. A cobrança de honorários considerados elevados e incompatíveis com os valores das excussões de pequenas montas, bem como a previsão de diligências em excesso, representavam importantes entraves burocráticos[48].

Ainda no tema dos honorários, por meio da Portaria 709/2003 ficou estabelecido que a remuneração do agente de execução constituída por uma parte fixa, vinculada ao valor da execução e do tipo de ato praticado, e outra variável constituiria verdadeira remuneração por prêmio de produtividade, com os riscos inerentes ao próprio fator de estímulo, uma vez que quanto maior o vulto da execução, mais dedicação atrairia, relegando as execuções de pequeno valor a um ritmo lento.[49]

Para que o novo modelo de tutela satisfativa brasileira "caia nas graças" dos jurisdicionados é forçoso que os futuros emolumentos não superem o valor das custas que hodiernamente se pratica na execução civil.

Vários outros questionamentos surgem a partir da análise do PL 6204/19. Entretanto, ainda merece atenção especial, nesta incompleta análise na qual nos limitamos a investigar os aspectos relacionados à figura do agente de execução, a delimitação e exata definição das suas competências e aspectos relacionados à sua inserção no sistema processual na qualidade de ator na atividade executiva.

Novamente, buscando a experiência portuguesa, é possível afirmar que, quando da reforma de 2003, verificou-se que muitos magistrados enxergavam o solicitador de execução como um verdadeiro intruso. Embora os magistrados tenham acolhido a ideia de transferir parte do trabalho que lhes competia para os solicitadores da execu-

---

48. CALDAS. Roberto Correia da Silva Gomes; MEIRA. Alexandre Augusto Fernandes. *Revista de Direito Brasileira*. v. 25, n. 10, p. 345-356. Florianópolis, SC, jan.-abr. 2020.
49. SCHENK, Leonardo Fria. Distribuição da competência no processo executivo português reformado. *Revista Eletrônica de Direito Processual*, v. III, p. 214, jan.-jun. Patrono: José Carlos Barbosa Moreira. p. 217. Disponível em: https://www.e-publicacoes.uerj.br/index.php/redp/article/view/22175/16023. Acesso em: 28 maio 2021.

ção, não lhes caiu bem ter que lidar com a contrapartida de ter um profissional liberal gerindo os processos. Tal fator é cultural, mas é necessário superá-lo como aponta Daniela Olímpio de Oliveira[50] ao mostrar que o caminho da justiça na desjudicialização está alicerçado na autonomia do indivíduo, na tolerância e na diversidade, o que passa pelo pensamento, também, de Bruno de Sá Barcelos Cavaco[51], para quem o tema da desjudicialização está calcado na ordem democrática e plural.

Tal sentimento dos magistrados, somado à falta de preparo dos solicitadores contribuíram para a ruptura do necessário equilíbrio ente os juízes e os agentes, de forma que a hostilização do solicitador de execução pelos demais atores do processo executivo não era incomum, conforme narra Carlos Lopes Rego.[52]

Conforme destaca Gouveia, os advogados, por sua vez, estavam acostumados a manter as atividades dos solicitadores sob o controle da advocacia. Com a reforma, não só os solicitadores como também os processos executivos escaparam desse controle[53]. Nem mesmo os oficiais de justiça conseguiram assimilar bem a novidade.

A inserção da figura do agente de execução ocorreu no sistema jurídico português concomitantemente com a criação e regulamentação da função o que justifica a falta e cooperação sistemática pelos demais atores que "não se percebiam ou assumiam os limites de intervenção do juiz e do agente de execução", conforme esclarece Farias[54].

Por conta disso, muitos advogados continuaram enviando requerimentos aos juízes, quando deveriam dirigi-los aos agentes de execução e os juízes, ao recebê-los, ao invés de redirecioná-los para os agentes, os apreciavam. Os agentes de execução, por sua vez, remetiam aos juízes requerimentos para prática de atos que eram de sua própria competência, inclusive atos decisórios, o que causa ineficiência ao sistema pensado. Essa situação, na qual os agentes de execução não ocuparam seu devido

---

50. OLIVEIRA, Daniela Olímpio de. *Desjudicialização, acesso à justiça e teoria geral do processo*. 2. ed. Curitiba: Juruá, 2015. p. 245. Escreve: "O dilema se resolve assim, ampliando o alcance do acesso à Justiça a partir dos seus núcleos semânticos, nos quais os movimentos de desjudicialização e a expansão da processualidade para outros cenários, que não exclusivamente o judicial, surgem como corolários de uma nova concepção do justo, que passam pela abertura dos centros de pacificação social a outros atores e instituições. Cuida-se de nova onda processualística estendida a toda a sociedade, ou mesmo partindo daqui o seu nascedouro. Justiça aqui é o Direito pautado na autonomia do indivíduo, na tolerância e na diversidade".
51. CAVACO, Bruno de Sá Barcelos. *Desjudicialização e resolução de conflitos*: a participação procedimental e o protagonismo do cidadão na pós-modernidade. Curitiba: Juruá, 2017. p. 255. Escreve: "Nesse sentido, no mundo real, a desjudicialização se perfaz em um fenômeno de maio espectro, caracterizado pela busca de instâncias institucionalizadas para o processamento e distribuição do direito, calcada em ordem democrática e plural".
52. REGO, Carlos Lopes. Resultados da nova repartição de competências entre juiz, solicitador de execução e secretaria. *Balanço da Reforma da acção executiva* (encontro anual de 2004). Coimbra Editora, 2005. p. 29.
53. GOUVEIA, Mariana França. A reforma da ação executiva – ponto da situação. *Balanço da Reforma da acção executiva* (encontro anual 2004). Coimbra: Coimbra, 2005. p. 55.
54. FARIAS, Raquel Nunes de Carvalho. *Desjudicialização do processo de execução*: o modelo português como uma alternativa estratégica para a execução civil brasileira. Curitiba: Juruá, 2015. p. 121.

espaço no cenário da execução, causou verdadeiro caos de entendimento após a reforma de 2003.[55]

Para Lebre de Freitas a reforma de 2003 entrou em vigor sem que o terreno estivesse inteiramente preparado. Sequer os juízes privativos de execução estavam aptos, sendo criados somente um ano após a vigência da lei.[56]

Diversos fatores, portanto, foram responsáveis pelo insucesso da reforma lusitana de 2003. Avalia Lebre de Freitas que o sucesso do novo modelo dependia da "disponibilidade de juízes inteiramente dedicados à execução, a fácil comunicação entre eles e os agentes de execução e a supressão das barreiras burocráticas em juízos de execução tecnologicamente apetrechados e inteligentemente eficientes"[57], o que não ocorreu.

Parece-nos que a definição exata quanto às funções do agente de execução, a delimitação da sua atuação e a forma de solução para eventuais conflitos de competência entre magistrados, servidores e agentes de execução devem estar detalhadas no PL 6204/2019.

Por fim, de nada adiantará toda uma mudança paradigmática se, ao final, as inovações implantadas não trouxerem a contribuição esperada, qual seja, conferir tempestividade, eficiência e efetividade à execução. Nesse sentido não há como deixar de observar que o PL 6204/2019 não impõe ao agente de execução quaisquer prazos para o cumprimento dos atos executivos que lhe competirão. Se na atual legislação processual a delimitação de prazos para o juiz, a exigência para o seu cumprimento e a imposição de sanção pelo não atendimento da norma inexistem (ou inexiste na prática forense), por razões que não nos cabe aqui debater, o mesmo não pode ocorrer no caso de a prática da atividade executiva ser realizada pelo agente de execução.

É imprescindível que para todos os atos executivos que competem ao agente de execução, relacionados no art. 4º do PL 6204/2019, haja a correspondente fixação de prazo para sua realização, bem como previsão de sanção ao agente em caso de inobservância deste, que poderá ser relativizada pela via da devida justificativa do incumprimento, sob pena de resultar frustrada toda a reforma pretendida, com a manutenção da situação de morosidade já conhecida, que resulta na dificuldade ou impossibilidade de obter uma execução efetiva e eficiente.

Não é difícil imaginar um terrível cenário, no qual a serventia (tabelionato de protestos) está assoberbada de execuções, com milhares de atos aguardando cumprimento sem previsão para sua realização, enquanto partes e advogados

---

55. PIMENTA. Paulo. Tópicos para a reforma do processo civil português. *Revista Julgar*. n. 17, p. 120. Coimbra: Coimbra, 2012
56. FREITAS, José Lebre, O primeiro ano de uma reforma executiva adiada. *Revista Subjudice*. n. 29, p. 21-24. out.-dez. 2004.
57. FREITAS, José Lebre, O primeiro ano de uma reforma executiva adiada. *Revista Subjudice*. n. 29, p. 23. out.-dez. 2004.

buscam incessantemente o cumprimento do ato ou a realização da diligência. Por isso, novamente se defende, o preparo prévio e efetivo é condição de possibilidade do sucesso do PL.

A questão merece muita atenção no que se refere a responsabilidade civil do Estado pela demora no tramite do processo.

Faz algum tempo que a responsabilização civil do Estado pela inobservância do princípio da duração razoável do processo vem sendo apontada pela doutrina[58], ainda que a tese não tenha sido acolhida pela jurisprudência de forma que a tempestividade dos processos é uma preocupação eminentemente da parte credora. Entretanto, na hipótese de implantação da reforma sugerida no PL 6204/19, em que a função pública de execução de títulos será de responsabilidade do tabelião de protestos, por delegação Estatal, a intempestividade na entrega da prestação jurisdicional pelo tabelião de protesto caracteriza uma falha que pode gerar responsabilização do Estado, nos termos da jurisprudência do Supremo Tribunal Federal.[59]

3. CONSIDERAÇÕES FINAIS

O tradicional modelo da tutela satisfativa presente no ordenamento jurídico brasileiro pode e deve ser repensado. A experiência mundial, notadamente dos países europeus, aponta uma tendência rumo à desjudicialização, que apesar de não ser um caminho fácil, vem sendo trilhado por vários ordenamentos jurídicos.

Experiências como a de Portugal demonstram que reformas baseadas em estudos concretos, mesmo que necessitem de correções pontuais a serem realizadas após a demonstração de seus resultados, acabam por ser predominantemente benéficas.[60]

A desjudicialização como uma possível solução para o grave problema enfrentado pelo judiciário brasileiro merece ser analisada pela comunidade jurídica. Evidentemente, a implantação de um modelo importado passa necessariamente por uma profunda análise quanto à sua adequação, no mínimo, no que diz com os aspectos culturais, históricos, geográficos e econômicos. Ainda, é necessário o debate sobre

---

58. JOBIM, Marco Félix. *O direito à duração razoável do processo*: responsabilidade civil do Estado em decorrência da intempestividade processual. 2. ed. Porto Alegre: Livraria do Advogado. 2012. p. 219. "(...)O Estado é responsável pela intempestividade do processo frente a seu judiciário. Deve ele responder processo autônomo de indenização pelos danos patrimoniais e extrapatrimoniais decorrentes do dissabor sofrido pelo tempo desnecessário suportado pelo jurisdicionado quando intempestiva sua tutela jurisdicional.(...)".
59. O Estado possui responsabilidade civil direta e primária pelos danos que tabeliães e oficiais de registro, no exercício de serviço público por delegação, causem a terceiros. STF. Plenário. RE 842846/RJ, Rel. Min. Luiz Fux, julgado em 27.02.2019 (repercussão geral) (Info 932).
60. Em razão dos problemas enfrentados em Portugal, foi necessário uma nova reforma, ocorrida em 2008, chamada de a "reforma da reforma", que teve como objetivo aperfeiçoar o modelo inicial, para (i) tornar a execução mais simples; (ii) conferir maior efetividade ao processo executivo e (iii) inserir medidas preventivas destinadas a evitar ações judiciais desnecessárias. Assim, muitos dos problemas identificados inicialmente foram corrigidos.

a viabilidade da constitucionalidade da desjudicialização no Brasil, em razão da garantia processual do devido processo legal[61].

Esse breve estudo limitou-se a trazer alguns questionamentos relacionados à figura do agente de execução, função a ser exercida pelo tabelião de protesto de acordo com o PL 6204/2019. Entretanto, diversos outros aspectos merecem aprofundada análise e amplo debate. Temas relacionados à reserva constitucional de jurisdição e à inafastabilidade do controle jurisdicional serão objeto de muitas indagações.

A proposta (PL 6204/2019) é interessante. Trata-se, evidentemente, de uma proposta de ruptura, de rompimento com um sistema caracterizado pelo monopólio quanto às atividades judiciárias procedimentais pelo Estado-Juiz, subtraindo-lhe o exercício de atos burocráticos e os distribuindo ao agente de execução.

Não há dúvidas que na condução de eventual evolução na ideia inicial da mudança, na linha do PL apresentado, nosso legislador deve apropriar-se da experiência portuguesa evitando os erros lá cometidos, porém deve estar claro que não estamos vinculados ao modelo lusitano na sua integralidade.

Não se pode pretender simplesmente transplantar medidas adotadas em Portugal ou em outros países para o Brasil. Há que se considerar, como já mencionado, as diferenças culturais e econômicas, dimensão territorial e populacional, infraestrutura tecnológica, além de necessária adequação ao ordenamento jurídico vigente, de forma que a nova legislação não seja colidente com as garantias constitucionais.

4. REFERÊNCIAS

ALEMÃO, Ivan. Reforma da execução em Portugal: desjudicialização ou privatização? *Revista Jus Navigandi*, ISSN 1518-4862, Teresina, ano 12, n. 1442, 13 jun. 2007. Disponível em: https://jus.com.br/artigos/10000. Acesso em: 28 maio 2021.

CADIET. Löic. *Perspectiva sobre o sistema de justiça civil francesa*: seis lições brasileiras. Trad. Daniel Mitidiero; Bibiana Gava Toscano de Oliveira; Luciana Robles de Almeida; Rodrigo Lomando. São Paulo: Ed. RT, 2017.

CALDAS. Roberto Correia da Silva Gomes; MEIRA. Alexandre Augusto Fernandes. Revista de Direito Brasileira. v. 25, n. 10, p. 345-356. Florianópolis, SC, jan.-abr. 2020.

CAVACO, Bruno de Sá Barcelos. *Desjudicialização e resolução de conflitos*: a participação procedimental e o protagonismo do cidadão na pós-modernidade. Curitiba: Juruá, 2017.

CHIOVENDA, Giuseppe. *Instituições de direito processual civil*. Campinas: Bookseller, 1998. v. 1.

FARIAS, Raquel Nunes de Carvalho. *Desjudicialização do processo de execução*: o modelo português como uma alternativa estratégica para a execução civil brasileira. Curitiba: Juruá, 2015.

FREITAS, José Lebre de. *Os paradigmas da ação executiva*. Estudos de Direito Civil e Processo Civil. Coimbra, 2002.

FREITAS, José Lebre de. *A ação executiva* – depois da reforma da reforma. 5. ed. Coimbra: Coimbra, 2009.

---

61. O tema restou já trabalhado em outro artigo por um dos autores. Ver: JOBIM, Marco Félix; ALFF, Hannah Pereira. Execução extrajudicial: a desjudicialização das medidas de satisfação. In: ASSIS, Araken de e BRUSCHI, Gilberto Gomes (Coord.). *Processo de execução e cumprimento de sentença*: temas atuais e controvertidos. São Paulo: Ed. RT, 2020. p. 235-252.

FREITAS, José Lebre. O primeiro ano de uma reforma executiva adiada. *Revista Subjudice*. n. 29, out.-dez. 2004.

GAIO JUNIOR, Antônio Pereira. Execução e Desjuducialização. Modelos, Procedimento Extrajudicial Pré-Executivo e o PL 6204/2019. *Revista de Processo* – RePro-RT. n. 306, p. 151-175. ago. 2020.

GOUVEIA, Mariana França. A reforma da ação executiva – ponto da situação. *Balanço da Reforma da acção executiva* (encontro anual 2004). Coimbra: Coimbra, 2005.

GOUVEIA, Mariana França. Poder Geral de Controlo. *Revista Subjudice*. n. 29, out.-dez. 2004, publicada em maio de 2005.

JOBIM, Marco Félix. *As funções da eficiência no processo civil brasileiro*. São Paulo: Ed. RT, 2018.

JOBIM, Marco Félix. As tutelas provisórias no CPC/2015 e a tutela de urgência antecipatória cautelar portuguesa: pontos de semelhança e diferença. In: GAIO JÚNIOR, Antônio Pereira; GONÇALVES, Marco Carvalho (Org.). Direito processual civil: diálogos Brasil-Portugal. Londrina, PR: Thoth, 2020.

JOBIM, Marco Félix. *O direito à duração razoável do processo*: responsabilidade civil do Estado em decorrência da intempestividade processual. 2. ed. Porto Alegre: Livraria do Advogado.

JOBIM, Marco Félix; ALFF, Hannah Pereira. Execução extrajudicial: a desjudicialização das medidas de satisfação. In: ASSIS, Araken de e BRUSCHI, Gilberto Gomes (Coord.). *Processo de execução e cumprimento de sentença*: temas atuais e controvertidos. São Paulo: Ed. RT, 2020.

JOBIM, Marco Félix; TESSARI, Cláudio. A confusão terminológica dos capítulos de cumprimento de sentença e processo de execução do CPC/2015 e o retrocesso na eficiência da fase processual da efetivação do direito. *Revista Eletrônica de Direito Processual* – REDP. ano 15. v. 22. n. 2. p. 541-558. maio-ago. 2021. ISSN 1982-7636.

Justiça em Números 2020. Conselho Nacional de Justiça – Brasília: CNJ, 2019.

LOURENÇO, Paula Meira. A reforma da acção executiva. *Direito em Revista*. n. 3. Lisboa: Universidade Católica Portuguesa/Faculdade de Direito, jul.-set. 2001.

MENDES. Armindo Ribeiro. *Revista Julgar*. n. 16. Coimbra: Coimbra, 2012.

OLIVEIRA, Daniela Olímpio de. *Desjudicialização, acesso à justiça e teoria geral do processo*. 2. ed. Curitiba: Juruá, 2015.

PIMENTA. Paulo. Tópicos para a reforma do processo civil português. *Revista Julgar*. n. 17. Coimbra: Coimbra, 2012.

REGO, Carlos Lopes. Resultados da nova repartição de competências entre juiz, solicitador de execução e secretaria. *Balanço da Reforma da acção executiva* (encontro anual de 2004). Coimbra Editora, 2005

RESENDE, José Carlos. Balanço de um novo interveniente processual. *Balanço da Reforma da acção executiva* (encontro anual de 2004). Coimbra Editora, 2005.

RIBEIRO, Flavia Pereira. *Desjudicialização da Execução Civil*. 2. ed. Curitiba: Juruá, 2019.

RIBEIRO, Flavia Pereira. *Desjudicialização da Execução Civil*. 2. ed. Curitiba: Juruá, 2019. Dados disponíveis em: http://www.portugal.gov.pt. Acesso em: 09 jul. 2008.

SCHENK, Leonardo Fria. Distribuição da competência no processo executivo português reformado. *Revista Eletrônica de Direito Processual*, n. 3, v. III, jan./jun. de 2009. Rio de Janeiro. Patrono: José Carlos Barbosa Moreira. p. 210-223. Disponível em: https://www.e-publicacoes.uerj.br/index.php/redp/article/view/22175/16023. Acesso em: 28 maio 2021.

SILVA, Paula Costa e. *A reforma da acção executiva*. Coimbra: Coimbra, 2003.

VIEIRA PEIXOTO, Renata Cortez. O Projeto de Lei 6.204/2019 e a Desjudicialização da Execução Civil: Adequação da Atribuição de Agentes de Execução aos Tabeliães de Protestos. *Revista ANNEP de Direito Processual*. v. 1, n. 2. jul.-dez. 2020.

ANOTAÇÕES PRÉVIAS SOBRE A NEGOCIAÇÃO PROCESSUAL E A PROPOSTA DE DESJUDICIALIZAÇÃO DA EXECUÇÃO[1]

Pedro Henrique Nogueira

Pós-Doutor pela Universidade Federal de Pernambuco (UFPE). Doutor em Direito pela Universidade Federal da Bahia (UFBA) e Mestre pela Universidade Federal de Alagoas (UFAL). Professor no mestrado e na graduação da Universidade Federal de Alagoas (UFAL). Membro fundador da Associação Norte e Nordeste de Professores de Processo (ANNEP), do Instituto Brasileiro de Direito Processual (IBDP) e do Instituto Iberoamericano de Direito Processual. Advogado e consultor.

Rodrigo Mazzei

Doutor (FADISP) e mestre (PUC-SP), com pós-doutoramento (UFES). Professor da graduação e do mestrado da UFES. Líder do Núcleo de Estudos em Processo e Tratamento de Conflitos (NEAPI – UFES). Advogado e Consultor.

1. INTRODUÇÃO

O procedimento executório, no direito brasileiro, é campo muito fértil para celebração de negócios jurídicos processuais, servindo aos mais variados propósitos das partes. O PL 6.204/2019, em tramitação no Senado Federal, propõe a chamada "desjudicialização" da execução civil de título executivo judicial e extrajudicial no Brasil.

Neste breve estudo, buscaremos examinar algumas possibilidades de negociação processual a partir do modelo que se pretende introduzir com a referida proposta de alteração legislativa.

2. FUNDAMENTOS PARA A NEGOCIAÇÃO DA EXECUÇÃO NO DIREITO BRASILEIRO

É possível utilizar, amplamente, a negociação processual, quer para promover a celeridade e a eficiência da execução forçada, quer para limitar a atividade executiva, restringindo a prática de atos de constrição, quer, ainda, para regular como os atos executórios haverão de ser praticados, conferindo assim maior previsibilidade para os envolvidos.

Do ponto de vista do direito positivo brasileiro, há três principais justificativas para ratificar a afirmação de que a execução é campo propício para a negociação processual: a) a norma fundamental do respeito ao autorregramento da vontade no

---

1. Este artigo é resultado das atividades desenvolvidas no âmbito dos grupos de pesquisa NEAPA – Núcleo de Estudos em Analítica Processual e Processo Civil Aplicado, vinculado à UFAL, e NEAPI – Núcleo de Estudos em Processo e Tratamento de Conflitos, vinculado à UFES, ambos liberados pelos autores deste estudo, Pedro Henrique Nogueira e Rodrigo Mazzei, respectivamente.

processo; b) a cláusula geral de atipicidade da negociação processual; c) o regime de disponibilidade da execução forçada.

2.1 A norma fundamental do respeito ao autorregramento da vontade no processo

Para além da constatação de que o CPC/15 passou a prever diversas modalidades de negócios processuais típicos e a consagração de ampla liberdade para negociação processual atípica, é necessário levar em consideração a positivação em nosso ordenamento da *norma fundamental* de respeito ao autorregramento da vontade no processo[2], expressamente consagrada no art. 3º, § 2º, ao prever que "O Estado promoverá, sempre que possível, a solução consensual dos conflitos." O Código também enuncia, no § 3º do art. 3º, que "A conciliação, a mediação e outros métodos de solução consensual de conflitos deverão ser estimulados por juízes, advogados, defensores públicos e membros do Ministério Público".

Da conjugação desses dois enunciados normativos podem-se extrair, analiticamente: (a) uma norma jurídica que tem como destinatário o juiz, estabelecendo um *dever geral de promover a autocomposição*, além de (b) uma norma jurídica destinada aos alguns sujeitos do processo (juízes, advogados, defensores públicos e membros do Ministério Público), determinando o estímulo à autocomposição.

O dever geral de promover a autocomposição abrange um dever positivo de priorizar a solução autocompositiva. O ordenamento jurídico brasileiro se estruturou para dar *primazia à autocomposição*. A solução adjudicada deve ser sempre residual.

Além disso, o dever geral de promover a autocomposição também engloba um dever negativo, uma imposição de abstenção. O juiz não pode interferir nas soluções autocompositivas arranjadas pelas partes.

O respeito ao autorregramento da vontade, como núcleo da norma do art. 3º, § 2º do CPC/15, supõe um espaço de liberdade[3] para as partes encontrarem soluções autocompositivas, sem interferência do órgão jurisdicional. Isso, evidentemente, não significa que o juiz deva silenciar sobre todo e qualquer acordo ou negócio jurídico que lhe seja apresentado, mas sim que o seu modo de atuação estará limitado: a função do juiz em face da autocomposição será de controlar a validade do ato.

---

2. DIDIER JR., Fredie. Princípio do respeito ao autorregramento da vontade no processo civil. In: CABRAL, Antonio; NOGUEIRA, Pedro Henrique (Org.). *Negócios Processuais*. Salvador: Juspodivm, 2015, p. 22.
3. Fredie Didier Jr., de maneira precisa, identifica a conexão entre a liberdade como direito fundamental consagrada na Constituição brasileira e os espaços de autonomia da vontade que devem existir para que se tenha um processo devido (*due process*): "Um processo que limite injustificadamente o exercício da liberdade não pode ser considerado um processo devido. Um processo jurisdicional hostil ao exercício da liberdade não é um processo devido, nos termos da Constituição brasileira" (DIDIER JR., Fredie. Princípio do respeito ao autorregramento da vontade no processo civil. In: CABRAL, Antonio; NOGUEIRA, Pedro Henrique (Org.). *Negócios Processuais*. Salvador: Juspodivm, 2015, p. 22).

A autocomposição, examinada enquanto fenômeno do processo ou para o processo, possui uma *dimensão substancial*, quando vertida para os direitos litigiosos (v.g. acordos e transações celebrados pelas partes para pôr fim ao litígio), e uma *dimensão processual*, centrada na busca de consenso em torno do procedimento ou de situações jurídicas processuais (aqui o espaço para os negócios jurídicos processuais).

A negociação processual, no sistema do CPC/15, constitui apenas uma das dimensões da autocomposição, que, por sua vez, deve ocorrer no contexto do respeito ao autorregramento da vontade. Trata-se de norma fundamental do processo civil brasileiro, que se estrutura a partir dela.

Impor o respeito ao autorregramento da vontade não significa abstenção absoluta do juiz em face dos negócios jurídicos processuais; muda, contudo, a função a ser desempenhada pelo órgão jurisdicional, que se transforma num facilitador da negociação, possuindo o dever de implementar e assegurar o cumprimento do que foi convencionado pelas partes e também de controlar a validade das convenções[4].

Por isso, o regime da negociação processual no ordenamento jurídico brasileiro, a partir do CPC/15, deve ter como ponto de partida o dever geral de promover a autocomposição (art. 3º, § 2º).

2.2 A cláusula geral de atipicidade na negociação processual

Não se pode negar que o art. 190, *caput*, do CPC/2015[5] representa um grande marco no direito brasileiro: por meio dele foi atribuída às partes e aos sujeitos em geral o poder jurídico de disciplinar, celebrando negócios jurídicos, o próprio processo.

O dispositivo é resultado do uso da técnica legislativa da cláusula geral, caracterizada por revelar disposições normativas que utilizam em sua linguagem uma tessitura aberta e vaga, promovendo a abertura do sistema. O CPC/2015 (art. 3º, § 3º) estabelece um dever geral de estímulo à autocomposição. A negociação sobre o processo constitui uma das formas possíveis de solução consensual dos litígios, valorizando a possibilidade de acordo sobre o modo de resolver os conflitos, especialmente quando não seja possível a sua própria resolução por via amigável.

A partir do art. 190 do CPC/2015 é possível extrair a possibilidade de celebração de negócios jurídicos processuais atípicos[6], isto é, para além daqueles já expressa-

---

4. Com razão Delosmar De Mendonça Neto e Luciano Guimarães, ao afirmarem: "o juiz se vincula ao celebrado pelas partes em matéria de procedimento ou às disposições relacionadas aos ônus, poderes e deveres processuais, cabendo-lhe, tão somente, promover a implementação dos meios necessários ao cumprimento do que fora acordado" (MENDONÇA NETO, Delosmar de; GUIMARÃES, Luciano Cezar Vernalha. Negócio jurídico processual, direitos que admitem a autocomposição e o *pactum de non petendo*. *Revista de Processo*, n. 272. p. 419-439. São Paulo: Ed. RT, out. 2017).
5. "Art. 190. Versando o processo sobre direitos que admitam autocomposição, é lícito às partes plenamente capazes estipular mudanças no procedimento para ajustá-lo às especificidades da causa e convencionar sobre os seus ônus, poderes, faculdades e deveres processuais, antes ou durante o processo."
6. No direito brasileiro, pode-se admitir a existência de negócios processuais típicos, quando o respectivo modelo já vier previamente estabelecido (v.g. acordo para suspensão do processo, art. 313, II), bem como

mente previstos no sistema. E mesmo no âmbito da atipicidade negocial, as partes podem (a) negociar sobre o procedimento (acordos de procedimento), assim como (b) negociar sobre ônus, faculdades e direitos e também sobre seus deveres no processo[7].

A escolha do procedimento pode ser um negócio jurídico unilateral feito pelo autor ao ajuizar a demanda. Não raro estará o demandante autorizado pelo sistema a optar por um dentre dois ou mais procedimentos admissíveis para tutela do direito subjetivo material afirmado (para se pleitear o reconhecimento de um crédito fiscal pode-se ajuizar uma "ação" ordinária, mas se revela admissível também o ajuizamento de mandado de segurança, v.g.). Esse ato de escolha configura um negócio jurídico processual unilateral. Para as hipóteses em que pelo sistema é dado ao demandante optar por um ou outro procedimento[8] não haveria justificativa para recusar que essa opção fosse estabelecida consensualmente, entre autor e réu.

Os acordos de procedimento valorizam o diálogo entre o juiz e as partes, conferindo-lhes, quando necessário e nos limites traçados pelo próprio sistema, a condição de adaptar o procedimento para adequá-lo às exigências específicas do litígio; trata-se de instrumento valioso para a construção de um processo civil democrático. Podem ser classificados em: (a) acordos de procedimento estáticos e (b) acordos de procedimento dinâmicos, conforme a convenção preveja ou não um regramento diferenciado para o rito[9].

Os negócios jurídicos bilaterais que recaem sobre o rito, denominados de acordos de procedimento, podem se restringir a uma simples escolha das partes quanto a um procedimento previamente estabelecido na lei; são *acordos estáticos*.

Por outro lado, as partes podem, exercitando as faculdades que decorrem da incidência do art. 190 do CPC/2015, ajustar o procedimento de acordo com seus interesses, seja criando um novo rito, seja restringindo fases, seja limitando prazos, meios de prova, ou a própria forma dos atos do processo. Aqui temos os *acordos dinâmicos*.

---

de negócios processuais atípicos, quando não houver previsão, mas abertura do sistema para a estipulação negocial como fruto do exercício do poder de autorregramento da vontade. Esses negócios podem resultar da estipulação e configuração de novos arranjos negociais, ou de combinação ou fusão de negócios típicos.

7. Na Alemanha, há quem classifique os contratos de procedimento em duas espécies: a) contratos de procedimento em sentido estrito, nos quais as partes acordam alterar ou afastar regras do procedimento, ou, até mesmo, criar um novo regramento; e b) contratos que criam obrigações relativas ao procedimento, por meio dos quais a parte se compromete a adotar um certo comportamento processual (KERN, Cristopher A. Procedural contracts in Germany. In: CABRAL, Antonio; NOGUEIRA, Pedro Henrique (Org.). *Negócios Processuais*. Salvador: Juspodivm, 2015, p. 181 e s.). Mantidas as devidas proporções, a tipologia serve para evidenciar que, também no Brasil, é possível dividir os negócios jurídicos entre aqueles que, diretamente, se destinam a regular o procedimento, flexibilizando-o e aqueles que objetivam afetar as situações jurídicas processuais dos sujeitos do processo (ônus, faculdades, deveres, direitos). Essa divisão pode ser extraída do enunciado do *caput* do art. 190 do CPC/2015.

8. Outro exemplo de negócio jurídico processual de escolha de procedimento está no acordo entre os litigantes sobre a conversão do processo de inventário para arrolamento sumário (CPC/2015, art. 659).

9. Sobre o assunto: NOGUEIRA, Pedro Henrique. Sobre os acordos de procedimento no processo civil brasileiro. In: CABRAL, Antonio; NOGUEIRA, Pedro Henrique (Org.). *Negócios Processuais*. Salvador: Juspodivm, 2015, p. 92.

Ao lado dos acordos de procedimento, o art. 190 do CPC/2015, *caput*, também permite a celebração de negócios jurídicos tendo por objeto ônus, faculdades, poderes e deveres processuais, sem que desse ajuste, necessariamente, resulte qualquer mudança no procedimento[10] (*v.g.* um pacto de redução de prazos processuais, ou um pacto prévio de não executar provisoriamente não interfere na estrutura do procedimento).

As premissas até aqui colocadas se revelam relevantes, pois o PL 6.204/2019 visa introduzir, claramente, como se verá, uma proposta de "desjudicialização" mediante escolha negocial do procedimento executório no direito brasileiro.

2.3 O regime de disponibilidade da execução forçada no Brasil

O Código de Processo Civil de 2015, seguindo a mesma sistemática da codificação anterior[11], adotou a regra da disponibilidade da execução[12]-[13], consagrada expressamente no enunciado do art. 775: "O exequente tem o direito de desistir de toda a execução ou de apenas alguma medida executiva."[14] A desistência independe da concordância da parte executada[15].

A execução se desenvolve no interesse do credor, que, por sua vez, tem a liberdade de decidir e abrir mão da prática de atos executivos, expropriatórios ou não, que possam vir a ser praticados no procedimento executório.

Consagra-se o poder de disposição em favor do exequente, quer quanto ao processo, do que lhe resulta o direito subjetivo processual de desistir a qualquer tempo

---

10. Sobre o regime jurídico dos negócios jurídicos processuais atípicos: NOGUEIRA, Pedro Henrique. *Negócios Jurídicos Processuais*. 4. ed. Salvador: Juspodivm, 2017, p. 227 e ss.
11. O art. 569 do CPC/73 estabelecia: "Art. 569. O credor tem a faculdade de desistir de toda a execução ou de apenas algumas medidas executivas".
12. Trata-se do que a doutrina brasileira costuma designar de princípio da disponibilidade na execução, segundo o qual "a execução tem por única finalidade a satisfação do crédito, de modo que sua razão de ser está relacionada exclusivamente ao interesse e ao proveito do credor, que dela pode dispor". (ZAVASCKI, Teori Albino. *Comentários ao Código de Processo Civil*. São Paulo: Ed. RT, 2003, v. 8, p. 75). No mesmo sentido: GRECO, Leonardo. *O Processo de Execução*. Rio de Janeiro: Renovar, 1999, v. 1, p. 306; ASSIS, Araken de. *Manual da Execução*. 18 ed. São Paulo: Ed. RT, 2016, p. 147; NEVES, Daniel Amorim Assumpção. *Manual de Direito Processual Civil*. Salvador: Juspodivm, 2017, p. 1065, dentre outros.
13. Seguindo a ideia de disponibilidade da execução, acima exposta, mas entendendo tratar-se de "regra fundamental" da execução (e não um "princípio"), nomenclatura que também nos parece mais adequada: DIDIER JR., Fredie; CUNHA, Leonardo Carneiro da; BRAGA, Paula Sarno; OLIVEIRA, Rafael Alexandria de. *Curso de Direito Processual Civil*. Salvador: Juspodivm, 2017, v. 5, p. 87.
14. A exceção ao regime da disponibilidade da execução está posto no parágrafo único do art. 775 do CPC/15: "Art. 775. [...]
    Parágrafo único. Na desistência da execução, observar-se-á o seguinte:
    I – serão extintos a impugnação e os embargos que versarem apenas sobre questões processuais, pagando o exequente as custas processuais e os honorários advocatícios;
    II – nos demais casos, a extinção dependerá da concordância do impugnante ou do embargante."
15. MIRANDA, Pontes de. *Comentários ao Código de Processo Civil*, X. Rio de Janeiro: Forense, 1976, p. 544; DINAMARCO, Cândido Rangel. *Instituições de Direito Processual Civil*, IV. São Paulo: Malheiros, 2004, p. 801, dentre outros.

da execução, mesmo depois da citação do executado, quer quanto a abdicar apenas de determinadas medidas executivas. O enunciado normativo se utiliza do termo "execução" ao invés de "processo executivo", do que resulta a plena aplicação dessa regra da disponibilidade a *todos os procedimentos executórios* (execuções de título extrajudicial, execuções extrajudiciais e cumprimento de sentença relativos a obrigações de pagar quantia, entregar coisa, fazer e não fazer, pagar prestação alimentícia etc.).

O Código utilizou a expressão "medidas executivas", cujo significado, por ser mais abrangente, alcança tanto os atos executivos propriamente ditos, sub-rogatórios, quanto as medidas executivas de execução indireta[16]. É lícito ao exequente, portanto, abrir mão das multas cominatórias (*astreintes*), da penhora sobre determinados bens, da adjudicação, além de outras medidas conforme adiante exposto.

A desistência das "medidas executivas", inclusive as de caráter coercitivo, não dependente de qualquer consentimento por parte do executado[17]. Trata-se de faculdade de disposição assegurada ao exequente pelo ordenamento jurídico brasileiro, que pode exercê-la unilateralmente.

Isso mostra que no Brasil abriu-se amplo espaço à negociação processual na execução. O ato jurídico de desistir, seja do processo executório (revogação da demanda), seja de medidas executórias em particular, configura-se um *negócio jurídico processual unilateral* praticado pelo exequente, por ser desnecessária a concordância do executado; havendo pendência de embargos ou impugnação versando sobre o mérito, a concordância do executado é necessária e, se não houver, a execução será extinta, mas os embargos ou impugnação prosseguem até o julgamento[18].

Como a disponibilidade é um poder conferido ao exequente, fica clara também a possibilidade de haver acordos processuais (negócios jurídicos processuais *bilaterais*) celebrados com o executado em torno dela. Se o credor pode dispor da execução, possível seria celebrar negócios jurídicos e obter vantagens legítimas como contrapartida da abdicação a ser negociada.

3. ESCOLHAS NEGOCIAIS ADMITIDAS PELO PL 6.204/2019

Para além da possibilidade de se negociar a adoção de medidas executivas, a partir da combinação normativa do art. 775 com os arts. 3º, § 2º e 190 do CPC/15, o PL 6.204/2019 já contempla certas escolhas negociais como ferramentas de "desjudicialização" da atividade executiva.

---

16. Como salienta Pontes de Miranda, as "medidas executivas" a serem objeto da desistência são "as medidas que têm por fim a execução de título judicial ou extrajudicial, como a sub-rogação (art. 673), a alienação em praça (art. 732 e parágrafo único), a prisão d devedor (art. 733, § 1º, 2º e 3º)" (MIRANDA, Pontes de. *Comentários ao Código de Processo Civil*, IX. Rio de Janeiro: Forense, 1976, p. 111).
17. LIMA, Alcides Mendonça. *Comentário ao Código de Processo Civil*. Rio de Janeiro: Forense, 1977, v. VI, t. I, p. 188. No mesmo sentido: CARVALHO, Fabiano. In: ALVIM, Teresa Arruda et alii (Coord.). *Breves Comentários ao Código de Processo Civil*. 3 ed. São Paulo: Ed. RT, 2016, p. 1988.
18. CUNHA, Leonardo Carneiro da. Comentário ao art. 775. In: STRECK, Lenio Luiz; NUNES, Dierle; CUNHA, Leonardo Carneiro da. *Comentários ao Código de Processo Civil*. São Paulo: Saraiva, 2017, p. 1.039.

Note-se que o art. 1º do PL 6.204/2019[19] consagra a aplicação subsidiária das normas do Código de Processo Civil para disciplinar o procedimento executório desjudicializado, o que atrai a possibilidade de utilização das regras previstas nos arts. 190 e 775 do CPC/15 para incrementar a "desjudicialização" em conformidade com a conveniência manifestada pelas partes.

Disso resulta, inclusive, a possiblidade de arranjos negociais estabelecendo um formato "híbrido" para execuções, contemplando o procedimento executório judicial, mas com possibilidade da prática de apenas alguns atos extraprocessualmente (v.g. penhora conduzida pelo agente de execução, mas a expropriação feita em hasta pública judicial; acordos para que o eventual cumprimento provisório da sentença seja feito judicialmente, enquanto o cumprimento definitivo possa ser feito extrajudicialmente etc.).

A utilização do procedimento extrajudicial executivo civil, segundo a disciplina proposta pelo PL 6.204/2019, não é obrigatória[20]. Vale dizer, caberá ao exequente eleger a via executiva que lhe for mais adequada. Caso ao credor, por razões estratégicas, econômicas ou por qualquer outro motivo, não seja conveniente promover a atividade executiva extrajudicialmente, facultar-se-á a ele a adoção da via judicial para exigência do seu crédito.

Será possível que as partes, no próprio título executivo, ou mesmo em outro instrumento negocial, já convencionem a prévia opção pela execução civil extrajudicial, observando-se o procedimento previsto no art. 8º e seguintes do PL 6.204/2019, afastando com isso a utilização da via judicial.

Do mesmo modo, será perfeitamente lícito às partes estipularem a *exclusão* do procedimento executório civil extrajudicial previsto no PL 6.204/2019, com pacto de opção expressa pelo rito da execução por quantia certa, prevista no art. 824 e ss. do CPC/15.

A escolha do procedimento executório extrajudicial, ou mesmo a sua exclusão, por força de negócio jurídico, constitui um autêntico *acordo de procedimento*, perfeitamente compatível com o regime estabelecido no PL 6.204/2019.

4. UMA ILUSTRAÇÃO PROPOSITIVA: ADAPTAÇÃO DO "PENHOR LEGAL" POR CONVENÇÃO

Dentre os temas que o PL 6.204/2019 provoca discussão está, sem dúvida, a possibilidade das partes convencionarem técnicas aplicáveis à execução, tendo como superfície os modelos já previstos em lei que admitem (ainda que em parte) a execução

---

19. "Art. 1º A execução extrajudicial civil para cobrança de títulos executivos judiciais e extrajudiciais será regida por esta Lei e, subsidiariamente, pelo Código de Processo Civil".
20. No mesmo sentido aqui defendido, enfatizando a "atividade volitiva da parte interessada para a sua instauração": GAIO JUNIOR, Antonio Pereira. Execução e desjudicialização: modelos, procedimento extrajudicial pré-executivo e o PL 6204/2019. In: *Revista de Processo*, n. 306. p. 151-175. São Paulo: Ed. RT, ago. 2020.

extrajudicial, mas com campo restrito de aplicação. Em exemplo pulsante, o "penhor legal" – figura presente no CC (arts. 1.477-1.482) e CPC/15 (arts. 703-706) – é uma forma de garantia em favor do credor que decorre da própria lei, alcançando bens móveis em hipóteses previamente desenhadas pela legislação[21]. Às claras, no penhor legal há atos executivos extrajudiciais, sendo possível, inclusive, que o procedimento (e a própria satisfação da dívida) ocorra sem que a "cobrança" seja levada à jurisdição estatal, consoante se insere do art. 703, §§ 3º e 4º, do CPC/15.[22]

Com olhos nos ditames que estão inseridos no PL 6.204/2019 há de se analisar a possibilidade de que as partes, a partir do modelo legal que já aplica ao referido penhor, possam não só aumentar o alcance de tal garantia, mas também lhe acrescentar modulação nas faixas não previstas em lei, visando conferir fluidez da execução, com atos extrajudiciais.

Sem rebuços, o singelo exemplo trazido (penhor legal) é rico na projeção de desdobramentos que poderão ser alcançados, caso o PL 6.204/2019 possa ser utilizado como a plataforma de adição ao instituto, com repercussão concreta na execução. Com efeito, as partes, por convenção – além de reconhecer a aplicação concreta dos ditames aplicáveis ao penhor legal – poderão definir a sua área de abrangência, alcançando, por exemplo, em caso de locação comercial as mercadorias que estão no próprio estoque do estabelecimento, afastando, assim, eventual embate acerca da interpretação do art. 1.467, inciso II, do CC[23], que faz uma alusão genérica aos móveis que guarnecem (de titularidade do inquilino) que guarnecem o imóvel. Indo além, definida a garantia, a formalização poderá ser desenhada de forma pontual (art. 1.470 do CC[24]), autorizando-se, em outra exemplificação, procedimento de alienação antecipada, a fim de sub-rogar o valor dos bens em dinheiro. Perceba-se, no ponto,

---

21. Note-se que o penhor legal pode ser encontrado em outros diplomas legais, tais como a Lei 6.533/78 (Art. 31. Os profissionais de que trata esta Lei têm penhor legal sobre o equipamento e todo o material de propriedade do empregador, utilizado na realização de programa, espetáculo ou produção, pelo valor das obrigações não cumpridas pelo empregador) e o Código Comercial (Art. 632. O capitão tem hipoteca privilegiada para pagamento do preço da passagem em todos os efeitos que o passageiro tiver a bordo, e direito de os reter enquanto não for pago. O capitão só responde pelo dano sobrevindo aos efeitos que o passageiro tiver a bordo debaixo da sua imediata guarda, quando o dano provier de fato seu ou da tripulação). Com olhos na competência constitucional (art. 22, inciso I), há amplo campo para a instituição, inclusive, de novas hipóteses de penhor legal por legislação ordinária, não podendo se limitar a análise do instituto apenas ao âmbito das codificações.
22. Art. 703 (...) § 2º A homologação do penhor legal poderá ser promovida pela via extrajudicial mediante requerimento, que conterá os requisitos previstos no § 1º deste artigo, do credor a notário de sua livre escolha. § 3º Recebido o requerimento, o notário promoverá a notificação extrajudicial do devedor para, no prazo de 5 (cinco) dias, pagar o débito ou impugnar sua cobrança, alegando por escrito uma das causas previstas no art. 704, hipótese em que o procedimento será encaminhado ao juízo competente para decisão. § 4º Transcorrido o prazo sem manifestação do devedor, o notário formalizará a homologação do penhor legal por escritura pública.
23. Art. 1.467. São credores pignoratícios, independentemente de convenção: (...) II – o dono do prédio rústico ou urbano, sobre os bens móveis que o rendeiro ou inquilino tiver guarnecendo o mesmo prédio, pelos aluguéis ou rendas.
24. Art. 1.470. Os credores, compreendidos no art. 1.467, podem fazer efetivo o penhor, antes de recorrerem à autoridade judiciária, sempre que haja perigo na demora, dando aos devedores comprovante dos bens de que se apossarem.

que não se trata de negócio jurídico que permite que o credor pignoratício venha a ficar com o objeto da garantia (postura vedada pelo art. 1.428 do CC[25]), mas de delineamento da garantia e sua alienação antecipada para a sua conversão em pecúnia, sem a necessidade de intervenção do Poder Judiciário.

Além das questões acima postas, que envolvem a própria "potencialização" do penhor legal por convenção - dentro de projeções que a legislação futura poderá permitir – não se pode descartar o transporte das técnicas da referida figura para outras situações de penhor (convencional) que atualmente a legislação federal trata de forma afastada da execução extrajudicial.

Assim, poderá ser admitido, ao menos em tese, o transporte de técnicas da referida garantia legal, mediante convenção das partes, para execuções envolvendo outras formas de penhor (por exemplo, o translado do procedimento extrajudicial tracejado nos parágrafos do art. 703 do CPC/15)[26].

O penhor legal, em registro de arremate, é apenas uma figura do cardápio de institutos que contém previsões afinadas à execução extrajudicial (em sentido amplo), podendo se citar, em novo exemplo, a alienação fiduciária de bens imóveis, prevista na Lei 9.514/97[27]. Portanto, a breve resenha, ao trazer (em cogitação e ilustração) a possibilidade de mudanças do figurino de execução do penhor legal, demonstra a amplitude e o calibre dos debates que podem ser extraídos de visão mais amplificada do PL 6.204/2019.

5. REFERÊNCIAS

ALVIM, Teresa Arruda et alii (Coord.). Breves Comentários ao Código de Processo Civil. 3 ed. São Paulo: Ed. RT, 2016.

ASSIS, Araken de. Manual da Execução. 18 ed. São Paulo: Ed. RT, 2016.

CABRAL, Antonio do Passo. Convenções Processuais. Salvador: Juspodivm, 2016.

CARVALHO, Fabiano. In: ALVIM, Teresa Arruda et ali (Coord.). Breves Comentários ao Código de Processo Civil. 3 ed. São Paulo: Ed. RT, 2016.

CUNHA, Leonardo Carneiro da. Comentário ao art. 775. In: STRECK, Lenio Luiz; NUNES, Dierle; CUNHA, Leonardo Carneiro da. Comentários ao Código de Processo Civil. São Paulo: Saraiva, 2017.

DIDIER JR., Fredie. Princípio do respeito ao autorregramento da vontade no processo civil. In: CABRAL, Antonio; NOGUEIRA, Pedro Henrique (Org.). Negócios Processuais. Salvador: Juspodivm, 2015.

---

25. Art. 1.428. É nula a cláusula que autoriza o credor pignoratício, anticrético ou hipotecário a ficar com o objeto da garantia, se a dívida não for paga no vencimento. Parágrafo único. Após o vencimento, poderá o devedor dar a coisa em pagamento da dívida.
26. Sobre o transporte de técnicas na execução (sentido amplo), confira-se: MAZZEI, Rodrigo e GONÇALVES, Tiago Figueiredo (Ensaio sobre o processo de execução e o cumprimento da sentença como bases de importação e exportação no transporte de técnicas processuais. In Processo de execução e cumprimento da sentença: temas atuais e controvertidos. Araken de Assis e Gilberto Gomes Bruschi (Coord.). São Paulo: Ed. RT, 2020, p. 32-34).
27. Apenas em rápida provocação, a técnica de "alienação" (expropriação extrajudicial) prevista no art. 26 da Lei 9.514/97 pode ser transportada (ainda que por adaptação) por convenção processual a partir das bússolas do PL 6.204/2019?

DIDIER JR., Fredie; CABRAL, Antonio do Passo. Negócios jurídicos processuais atípicos e execução. *Revista de Processo*, n. 275. São Paulo: Ed. RT, jan. 2018.

DIDIER JR., Fredie; CUNHA, Leonardo Carneiro da; BRAGA, Paula Sarno; OLIVEIRA, Rafael Alexandria de. *Curso de Direito Processual Civil*. Salvador: Juspodivm, 2017. v. 5.

DINAMARCO, Cândido Rangel. *Instituições de Direito Processual Civil*, IV. São Paulo: Malheiros, 2004.

GAIO JUNIOR, Antonio Pereira. Execução e desjudicialização: modelos, procedimento extrajudicial pré-executivo e o PL 6204/2019. *Revista de Processo*. n. 306. São Paulo: Ed. RT, ago. 2020.

GAJARDONI, Fernando. *Flexibilização Procedimental*. São Paulo: Atlas, 2008.

GRECO, Leonardo. *O Processo de Execução*. Rio de Janeiro: Renovar, 1999. v. 1.

KERN, Cristopher A. Procedural contracts in Germany. In: CABRAL, Antonio; NOGUEIRA, Pedro Henrique (Org.). *Negócios Processuais*. Salvador: Juspodivm, 2015.

LIMA, Alcides Mendonça. *Comentários ao Código de Processo Civil*. Rio de Janeiro: Forense, 1977, v. VI, t. I.

MAZZEI, Rodrigo; NOGUEIRA, Pedro Henrique. Comentários aos arts. 528 a 533. In: ALVIM, Angelica Arruda et. alii (Coord.). *Comentários ao Código de Processo Civil*. São Paulo: Saraiva, 2016.

MAZZEI, Rodrigo; GONÇALVES, Tiago Figueiredo. Ensaio sobre o processo de execução e o cumprimento da sentença como bases de importação e exportação no transporte de técnicas processuais. In: ASSIS, Araken de; BRUSCHI, Gilberto Gomes (Coord.). *Processo de execução e cumprimento da sentença*: temas atuais e controvertidos. São Paulo: Ed. RT, 2020.

MENDONÇA NETO, Delosmar de; GUIMARÃES, Luciano Cezar Vernalha. Negócio jurídico processual, direitos que admitem a autocomposição e o *pactum de non petendo*. In: *Revista de Processo*, n. 272. São Paulo: Ed. RT, out. 2017.

MIRANDA, Pontes de. *Comentários ao Código de Processo Civil*, IX. Rio de Janeiro: Forense, 1976.

MIRANDA, Pontes de. *Comentários ao Código de Processo Civil*, X. Rio de Janeiro: Forense, 1976.

NEVES, Daniel Amorim Assumpção. *Manual de Direito Processual Civil*. Salvador: Juspodivm, 2017.

NOGUEIRA, Pedro Henrique. *Negócios Jurídicos Processuais*. 4 ed. Salvador: Juspodivm, 2017.

NOGUEIRA, Pedro Henrique. Sobre os acordos de procedimento no processo civil brasileiro. In: CABRAL, Antonio; NOGUEIRA, Pedro Henrique (Org.). *Negócios Processuais*. Salvador: Juspodivm, 2015.

ZAVASCKI, Teori Albino. *Comentários ao Código de Processo Civil*. São Paulo: Ed. RT, 2003, v. 8.

Parte VI
SUGESTÕES DE APRIMORAMENTO DA EXECUÇÃO CIVIL NO BRASIL

Parte VI

RETIRADA DO EFEITO SUSPENSIVO DA APELAÇÃO: UMA MEDIDA EM PROL DA EFETIVIDADE DA EXECUÇÃO

Paulo Henrique dos Santos Lucon

Livre-Docente, Doutor e Mestre pela Faculdade de Direito da Universidade de São Paulo, instituição na qual se graduou e é Professor-Associado nos Cursos de Graduação e Pós-Graduação. Presidente do Instituto Brasileiro de Direito Processual e Vice-Presidente do Instituto Iberoamericano de Direito Processual – Região Brasil. Membro da International Association of Procedural Law. Advogado em São Paulo e Brasília.

1. ANTECEDENTES

Em 1999, depois de passar quase um ano na Itália, sob a orientação do Professor Giuseppe Tarzia, defendi em banca com a presença do saudoso Professor da Faculdade de Direito da Università degli Studi di Milano, e também dos Professores Edoardo Flavio Ricci (igualmente da Universidade de Milão), Vicente Greco Filho (USP), Luiz Carlos de Azevedo (USP) e José Rogério Cruz e Tucci (USP), a tese de doutorado "Execução provisória: perspectivas de um novo direito processual", convertida no ano seguinte no livro "Eficácia das decisões e execução provisória", publicada pela Editora Revista dos Tribunais. Na referida tese, defendi a execução imediata da sentença, na linha do que ocorria em muitos países desenvolvidos de tradição romano-germânica ou da *common law*. Vinte e dois anos se passaram da defesa da tese e o sistema brasileiro, inacreditavelmente, continua com norma ultrapassada e descolada da realidade que atribui suspensividade por obra da lei ao recurso de apelação.

Sem êxito, tentei, na Comissão Especial da Câmara dos Deputados para a elaboração do Código de Processo Civil de 2015, que integrava, a alteração do sistema, sempre com o apoio de todos os colegas estudiosos do processo civil. Essa proposta também foi feita no Projeto de Lei apresentado no Senado Federal, elaborado por Comissão de Juristas constituída no Senado e sob a Presidência do Ministro Luiz Fux.

Enquanto isso, ao longo de todos esses anos e mesmo antes, verifica-se que a maior parte das sentenças proferidas no país é confirmada por todos os tribunais da federação. Ou seja, há um trabalho imenso que poderia ser em grande medida evitado se se autorizasse a execução imediata da sentença. No entanto, o legislador prefere que as sentenças não tenham efetividade e os processos fiquem parados nos escaninhos, hoje não mais físicos, mas eletrônicos. As prateleiras físicas contendo os autos dos processos passaram a ser eletrônicas e nas nuvens e a triste realidade continua: milhões de jurisdicionados aguardam o julgamento de seus recursos de apelação para finalmente poder exigir o que lhes é devido e foi reconhecido em sentença proferida pelos próprios órgãos do Poder Judiciário.

A proposta, defendida há anos, não significa a impossibilidade de suspensão de execuções disparatas e sem amparo no direito material e na realidade dos fatos. Muito pelo contrário, estabelece um sistema que viabiliza a suspensão da execução em segundo grau, pelo relator da apelação, em decisão monocrática, suscetível de agravo, e que depois poderia vir a ser confirmada pelo órgão colegiado.

É hora, no entanto, de se retomar e revisitar o tema, com a esperança de que se desenvolvam e prosperem não somente a execução provisória da sentença por obra da lei, mas também as ideias apresentadas e debatidas no Grupo de Trabalho que tenho a honra de participar instituído no Conselho Nacional de Justiça visando à modernização e efetividade dos processos de execução e cumprimento de sentença, conduzida pela segura batuta do Ministro do Superior Tribunal de Justiça Marco Aurélio Bellizze, grupo instituído pelo Presidente do Conselho Nacional de Justiça, Ministro Luiz Fux.

2. DANO MARGINAL NO PROCESSO

O valor de um ordenamento jurídico revela-se no exato momento em que é posto à prova e isso se dá exatamente quando deveres são descumpridos e direitos não são respeitados. Enquanto o direito material estabelece situações bem definidas, compete ao direito processual fazer atuar as normas substanciais de modo mais efetivo possível e no menor espaço de tempo. Essa atuação ocorre com a simples declaração autoritativa ou por atos práticos e materiais que garantam a plena realização de direitos ou de atos ou fatos jurídicos que tenham proteção pelo ordenamento jurídico.

Com a crescente e rápida evolução da dinâmica nas relações sociais, a dimensão do tempo passou a ser nas últimas décadas fundamental para a realização da justiça, já que a prestação jurisdicional tardia de nada adianta para a parte que tem razão. O discurso não é novo, mas tomou novos patamares com o desenvolvimento das novas tecnologias.[1]

É de Francesco Carnelutti a reflexão, que ainda permanece de extrema atualidade, em torno do valor do tempo: "o valor, que o tempo tem para o processo, é imenso e, em grande parte, desconhecido. Não seria exagero comparar o tempo a um inimigo contra o qual o juiz luta sem descanso. De resto, também sob este aspecto, o processo é vida. As exigências que se apresentam ao magistrado, com relação ao tempo, são três: detê-lo, retroceder ou acelerar o seu curso".[2] Maiores são os sofrimentos, as angústias e os prejuízos das partes quanto mais tardia for a prestação jurisdicional, com um inegável descrédito da Justiça. Os efeitos sociais de sua demora também são sentidos

---
1. Vale conferir as recentes obras que destacam o imenso impacto das novas tecnologias no direito processual: *Direito, processo e tecnologia*, São Paulo, Thomson Reuters – Revista dos Tribunais, 2020 (1. ed.), 2021 (2. ed.). In: LUCON, Paulo Henrique dos Santos; WOLKART, Erik Navarro; LAUX, Francisco de Mesquita e RAVAGNANI, Giovani (Coord.); *Inteligência artificial*, São Paulo, Ius Podivm, 2020 (1. ed.), 2021 (2. ed.), In: NUNES, Dierle; LUCON, Paulo Henrique dos Santos e WOLKART, Erik Navarro (Coord.).
2. *Diritto e processo*, Napoli: Morano, n. 232, p. 354.

na medida em que as pessoas são desestimuladas a cumprir a lei, quando sabem que outras a descumprem reiteradamente e obtêm manifestas e indevidas vantagens, das mais diversas naturezas. Com o processo virtual, muitas partes se valem do modo de ser processo, juntando repetidos e incontáveis documentos, tudo para retardar a prestação jurisdicional. Quantidades infinitas de informações tornaram o trabalho do magistrado impossível, sendo imperativa a criação de um sistema artificial inteligente de análise de documentos e informações. Vicenzo Vigoritti, há décadas, já vaticinava que um processo lento provoca não apenas efeitos negativos àqueles que dele participaram, mas também a toda a coletividade.[3] Há ainda os efeitos econômicos decorrentes do atraso na consecução da justiça, pois são favorecidas a especulação e a insolvência, acentuando-se as diferenças entre aqueles que podem esperar e tudo têm a ganhar com a demora da prestação jurisdicional e os que têm muito a perder com a excessiva duração do processo.[4] Na clássica obra "Acesso à justiça", Mauro Cappelletti e Bryant Garth, lembram que a demora na outorga da prestação jurisdicional "aumenta os custos para as partes e pressiona os economicamente fracos a abandonar suas causas, ou a aceitar acordos por valores muito inferiores àqueles a que teriam direito".[5]

Por tudo isso, a efetivação das decisões judiciais com presteza é aspecto fundamental do acesso à justiça, uma vez que a demora na solução dos litígios atinge em cheio aqueles que não tem recursos para suportar uma espera não condizente com os dias atuais. O processo passa a ser uma fonte de vantagens econômicas, pois, entre adimplir com pontualidade e esperar a decisão desfavorável, ao devedor passa a ser muito mais vantajoso patrimonialmente a segunda opção.

Nesse contexto, é necessário definir-se o que vem a ser o denominado *dano marginal do processo,* suas origens e seu impacto na sociedade atual.

Dano marginal do processo é o conjunto de efeitos gravíssimos na vida das pessoas, nas suas mais variadas manifestações, decorrente da demora do processo. Essa expressão, *dano marginal*, emergente da lentidão do processo, é atribuída por Piero Calamandrei, na conhecidíssima obra *Introduzione allo studio sistematico dei provvedimenti cautelari,*[6] mas, na realidade, deve ser atribuída a um jurista italiano do início do século passado, pouco conhecido entre nós, Enrico Finzi, que o definia como *periculum in mora* correspondente "quel danno marginale, che non vi sarebbe se non nella ipotesi di ritardo nella esecuzione, e che scompare con la esecuzione provvisoria",[7] ou seja, para Finzi, o dano marginal proveniente da demora demasiada do processo somente desapareceria com a execução provisória.

---

3. Costo e durata del processo civile. Spunti per una riflessione, *Rivista de diritto* civile, v. I, p. 319. Milano: Giuffrè, 1986.
4. Cf. Trocker, *Processo civile e Costituzione (problemi di diritto tedesco e italiano)*, Milano: Giuffrè, 1974, p. 276.
5. *Acesso à justiça*, Trad. e rev. Ellen Gracie Northfleet, Porto Alegre: Sérgio A. Fabris editor, n. 3, p. 20.
6. *Introduzione allo studio sistematico dei provvedimenti cautelari*. Opere giuridiche. Napoli: Morano, 1983, v. IX, n. 8, p. 173.
7. Questioni controverse in tema di esecuzione provisória. *Rivista di diritto processuale*, v. II, p. 50. Padova: Cedam, 1926.

Constituem figuras de dano marginal (a) o processo de depauperamento do pretenso devedor e de correlativa e progressiva erosão da garantia patrimonial que protege o direito daquele que se afirma credor, (b) a desvalorização monetária, (c) o registro da demanda nos distribuidores, o qual, no campo dos direitos reais imobiliários, exerce, de modo menos enérgico, mas muitas vezes eficaz, uma função análoga àquela do sequestro ou arresto cautelar (CPC, art. 301), pois muitas vezes os bens das partes litigantes passam a ser considerados indisponíveis pelas demais pessoas estranhas ao processo.

A duração demasiada do processo é a ocasião propícia durante a qual, juntamente com um evento determinado, produz-se lesão de grandes proporções a uma das partes. Por tudo isso, o sistema processual é responsável por definir precisamente a extensão temporal do processo considerada satisfatória para o Estado e legítima para os jurisdicionados. De acordo com o Italo Andolina, para o magistrado, o dilema situa-se entre duas posições antagônicas e inconciliáveis: intervir a favor do demandante ou abster-se de proceder a esta intervenção, poupando o demandado dos danos decorrentes de atos práticos e materiais que podem ulteriormente revelar-se injustos; o saudoso professor refere-se também ao dano marginal que individualiza o plano dogmático do título executivo, caracterizado pelo fato de ser uma consequência direta e imediata da simples permanência, durante o tempo correspondente ao desenvolvimento do processo, do estado de insatisfação do direito, ou seja, daquela concreta situação lesiva que está na própria origem do processo. Tal tipo peculiar de dano pode ser denominado "dano marginal em sentido estrito" ou mesmo como "dano marginal de indução processual", pois ele não é genericamente ocasionado, mas especificamente causado pela distensão do tempo do processo.[8]

A bem da verdade, na perspicaz reflexão de Enrico Finzi, não existe processo no qual não se verifique, relativamente à parte vitoriosa, um dano provocado pela demora necessária para se conseguir a vitória.[9]

Nos dias atuais, o grave problema da demora na outorga da prestação jurisdicional definitiva no contexto brasileiro tem muitas manifestações: a dispersão jurisprudencial; o grande número de recursos dotados por força de lei de efeito suspensivo; o conflito de competências entre os tribunais e nos próprios tribunais (dúvidas de competência); os diversos recursos, remédios e ações oferecidos pelo ordenamento jurídico contra os atos decisórios; a excessiva demora no julgamento desses recursos, remédios e ações; a excessiva duração da instrução probatória; a facilidade de juntada de documentos que exigem do magistrado dias e meses de análise; a grande capacidade que tem o Estado de fomentar litígios.

---

8. V. Andolina, Italo. *"Cognizione" ed "esecuzione forzata" nel sistema della tutela giurisdizionale*, Milano: Giuffrè, 1983, n. 5, p. 18-21, esp. p. 20.
9. V., mais uma vez, Questioni controverse in tema di esecuzione provvisoria, *Rivista di diritto processuale*, v. II, p. 49. Padova: Cedam, 1926.

Como consequência natural e procurando refletir o efetivo interesse dos jurisdicionados, a questão reside no tempo necessário para que as decisões judiciais projetem seus efeitos no mundo exterior. A razão de ser do processo está na sua aptidão de atuar na vida das pessoas do modo mais justo e no menor espaço de tempo possível. A solução está na criação de meios legítimos de efetivação das decisões no menor espaço de tempo possível e sem prejuízo da certeza jurídica. Com isso, o processo cumprirá os escopos desejados pelo ordenamento jurídico. Lapso temporal razoável para a tramitação do processo e segurança jurídica devem ser metas para todos que contribuem com o direito nas suas mais diversas exteriorizações. O equilíbrio desses dois valores, essencialmente contrapostos, dá condições para um processo justo. É o eterno dilema muito bem colocado por Carlo Furno entre *far presto e far bene*, ou seja, entre celeridade e certeza jurídica.[10]

3. DESENHO SISTEMÁTICO DA COGNIÇÃO

O compromisso de apreciar as lesões e ameaças a direitos – o compromisso de prestar tutela jurisdicional – é, antes de mais nada, um dever estatal, que deve ser cumprido de modo eficaz e no menor espaço de tempo possível, sob pena de consagrar a total falência dos padrões eleitos de convívio social e das instituições que compõem o Estado democrático de direito.[11] Os efeitos de uma prestação jurisdicional intempestiva são, portanto, metajurídicos e fator de instabilidade social.

Uma das técnicas destinadas a melhor permitir a tutela jurisdicional é a do exame da atividade de conhecimento do juiz. É sabido que a maior ou menor cognição repercutirá na espécie de provimento jurisdicional outorgado. Mas, muito mais que determinar a espécie de provimento, o exame da cognição tem por finalidade precípua propiciar aos órgãos jurisdicionais o cumprimento da lei material no menor espaço de tempo, de modo a fazer com que as partes não esperem indefinidamente uma solução. No sistema processual brasileiro existem muitos exemplos do que se quer demonstrar. Assim, a tutela provisória, presente nos arts. 294 e seguintes do Código de Processo Civil de 2015, propicia a efetivação da proteção desejada por um *iter procedimental* que exige apenas a cognição sumária. Do mesmo modo, a antecipação de efeitos ocorre com a sentença de mérito provisoriamente executiva, proferida por meio de uma cognição exauriente, mas sujeita à revisão por órgão hierarquicamente superior.

O direito de acesso à justiça, contido no art. 5.º, XXXV, da Constituição Federal deve ser visto de forma ampla. Se de um lado, extrínseco ao processo, esse preceito constitucional significa um *canal de abertura* de acesso incondicionado aos órgãos do Poder Judiciário; de outro, intrínseco ao processo, o mesmo preceito, ao assegurar uma tutela apta a afastar "qualquer forma de denegação da justiça",[12] representa o direito

---

10. *Disegno sistematico delle opposizioni nel processo esecutivo*, Florença: Barbera, 1942, n. 3, p. 18.
11. Nesse sentido escreveu o saudoso ZAVASCKI, Teori. *Antecipação de tutela*. São Paulo: Saraiva, 1997, p. 6.
12. Watanabe, Kazuo. *Da cognição no processo civil*, São Paulo: Ed. RT, 1987, p. 21.

à *tutela jurisdicional adequada* e, por consequência, *tempestiva*. A tutela provisória, consagrada pelo Código de Processo Civil, insere-se precisamente nesse contexto.

Além da técnica da tutela provisória, a tutela jurisdicional é concedida com a sentença de mérito transitada materialmente em julgado, sendo acolhida ou não a pretensão deduzida pelo demandante, pois a decisão beneficia quem esteja amparado pelo direito material por um procedimento de cognição exauriente cujo provimento final tem aptidão de se tornar definitivo. A tutela jurisdicional é concedida pelo simples fato de ter sido apreciado o pedido deduzido pelo demandante. Portanto, ao demandado também é concedida proteção quando a demanda é julgada improcedente, já que a sentença uma vez transitada em julgado define a real situação substancial existente entre as partes. Em termos amplos e a partir de uma visão publicística, o processo realiza seus escopos sociais, políticos e jurídicos independentemente de seus resultados.[13] Revisitando James Goldschmidt com um novo enfoque, a tutela concedida pelos órgãos jurisdicionais está na atuação do *direito justicial material público*: o processo destina-se a realizar precipuamente os escopos do direito material.[14] Não se trata de relativizar o binômio direito substancial e processo, mas de integrá-los de modo a corretamente tutelar as pessoas.

Essa *escalada de situações* demonstra a razão pela qual o exame da atividade de conhecimento do juiz revela-se importante para o aperfeiçoamento do processo e, em particular, para a executoriedade das decisões. A possibilidade equânime de obter a tutela de suas razões é diretamente proporcional à participação dos litigantes em todas as fases do processo. É tarefa precípua do processo procurar atingir uma solução que corresponda, com a maior fidelidade possível, à plena realização do direito material no caso concreto; por isso, a cognição no processo civil deve objetivar, na medida do que for praticamente possível, a reconstituição verdadeira dos fatos, pressuposto indispensável da correta aplicação das normas jurídicas. O conhecimento humano da realidade é unilateral e fragmentário por natureza, podendo somente tornar-se menos imperfeito na medida em que as coisas sejam analisadas por mais de um ângulo e se ponham em confronto as diversas imagens parciais assim colhidas.[15] Este é o espelho da realidade que no processo se objetiva refletir.

O exame da cognição no processo civil permite em grande parte definir as espécies de provimentos jurisdicionais. Mais ainda: em consonância com a atividade de conhecimento desenvolvida, os atos de realização do direito reconhecido à parte poderão ser considerados provisórios ou definitivos. Enquanto a eficácia das decisões é importante na definição do modo de atuação dos atos executivos em sentido amplo, o exame da cognição tem a sua relevância na medida em que estabelece em

---

13. V. Yarshell, Flávio. *Tutela jurisdicional específica nas obrigações de declaração de vontade*. São Paulo: Malheiros, 1993, p. 19, 28-30.
14. *Derecho justicial material*, Buenos Aires, EJEA, 1959, p. 22 et seq.
15. V. Barbosa Moreira, José Carlos. A garantia do contraditório na atividade de instrução. *Revista de Processo*, v. 35, p. 232. São Paulo: Ed. RT. Publicado também em *Temas de direito processual (terceira série)*, São Paulo, Saraiva, 1984.

quais situações no curso do processo será admitida a execução e de que modo ela se realizará. A cognição é instrumental à eficácia das decisões e por isso seu exame mostra-se imprescindível.[16]

A cognição tem por objeto o mérito da causa: "'causa' é sinônimo disso que dá lugar à intervenção do juiz, isto é, de 'controvérsia'; 'mérito' é o objeto da controvérsia, ou seja, a situação 'substancial' e os seus componentes. 'Conhecer' significa para o juiz resolver a questão da existência de tal situação, isto é, a 'questão de mérito': esta, por sua vez, se decompõe na 'questão de fato' e na 'questão de direito'".[17] Desse modo, ao valorar as circunstâncias do caso concreto, o juiz aplica a norma de direito substancial aos fatos constantes do processo. A subsunção do fato à norma significa valorar os pontos de fato segundo a dimensão do direito. Tal é o trinômio fato-valor-norma.[18]

Examinar a cognição no *plano vertical* significa analisá-la em consonância com o grau de profundidade ou de intensidade de conhecimento do objeto. Aqui tem importância o estudo dos diferentes graus de intensidade da relação existente entre o sujeito cognoscente e o objeto cognoscível.

Será *completa* a cognição quando ocorrer o trânsito em julgado de uma sentença de mérito; será *incompleta* sempre que *não definitiva, parcial* ou *sumária*, sendo a *antecipação da execução* (ou antecipação da realização prática do direito naquele momento reconhecido) o objetivo comum dessas várias formas de restrição à cognição ordinária. Os atos jurisdicionais proferidos após cognição incompleta e que autorizam a realização de atos materiais e práticos, segundo Giuseppe Chiovenda, têm o nome de *declarações com prevalente função executiva*: todas elas apontam diferentes graus de certeza, ou seja, a declaração deve ser compreendida em termos amplos, pois aqui ela nada mais é que uma "operação destinada a uma verificação qualquer que se queira, mesmo não producente de certeza jurídica".[19]

---

16. Como observado por ELIO Fazzalari (*Istituzioni di diritto processuale civile*, 4. ed., Padova: Cedam, 1986, p. 110), "... a stretto rigore, quindi, la cognizione è strumentale rispetto alla sentenza; solo in considerazione del fatto che la piú gran parte di attività e il più gran tempo del processo si spendono ai fini di quella cognizione, il processo *de quo* passa sotto tale etiquetta: in verità, meglio si chiamerebbe 'processo di condanna' (o di 'accertamento' o 'costitutivo')".
17. Fazzalari, La giustizia civile in Italia. *La giustizia civile nei paesi comunitari,* Padova: Cedam, 1996, , p. 78-79.
18. Esse é o ponto central da teoria tridimensional elaborada por Miguel Reale, que tem grande significado para o direito processual e revela, com exatidão, o fenômeno prático do direito: "fatos e valores se integram dialeticamente em um processo normativo" (*Filosofia do direito*, 8. ed. São Paulo: Saraiva, 1978, p. 194).
19. A Chiovenda deve ser atribuída essa expressão tão frequentemente utilizada pela doutrina italiana no estudo da execução provisória (v. *Instituições de direito processual civil*. São Paulo, Saraiva, 1969, com notas de Enrico Tullio Liebman, n. 71, p. 236-238). V. também Calamandrei, *Introduzione allo studio sistematico dei provvedimenti cautelari*. Opere giuridiche. Napoli: Morano, 1983, n. 15, p. 188-189. Os exemplos de Chiovenda não são elucidativos dentro da realidade existente no ordenamento jurídico brasileiro. No entanto, a classificação é extremamente útil para a compreensão dos atos que autorizam a execução provisória ou, mais amplamente, a realização prática do direito de uma das partes naquele momento reconhecido.
    Não obstante, autores como Federico Carpi criticam a expressão *declaração com prevalente função executiva*, pois a 'função executiva' decorre da lei, sozinha ou combinada com uma pronúncia do juiz, enquanto a declaração é própria do provimento de mérito e não da pronúncia, que é extrínseca e complementar ao dito provimento (Esecutorietà. *Enciclopedia giuridica*, Istituto Poligrafico e Zecca dello Stato, 1989, p. 2).

De acordo com esse entendimento, a sentença, por exemplo, pode ser vista como uma *declaração de direito* e como uma *declaração com prevalente função executiva*, sendo certo que, enquanto o primeiro dos efeitos não tem lugar quando a sentença é impugnada, o segundo estabelece uma eficácia executiva, prescindindo da existência do direito, mas autorizando medidas análogas, como se direito houvesse.[20]

As três formas de cognição têm por característica fundamental a provisoriedade, podendo o ato judicial ser alterado ou confirmado pelo mesmo órgão jurisdicional que o proferiu ou por órgão hierarquicamente superior. Toda medida dotada do atributo provisoriedade tem por escopo atuar "uma efetiva vontade de lei, mas uma vontade consistente em garantir a atuação de *outra* suposta vontade de lei: se, em seguida, v. g., se demonstra a inexistência dessa outra vontade, a vontade que se atuou com a medida provisória manifesta-se igualmente como uma vontade que *não teria devido existir*".[21]

Já a cognição é *definitiva* quando se opera o trânsito em julgado e o juiz, ao longo de todo o *arco procedimental*, examinou a fundo todas as razões encartadas aos autos do processo, não tendo havido qualquer limitação, no *plano vertical*, da atividade cognitiva (cognição exauriente). Nesse caso diz-se que a cognição é *ordinária*, pois na verdade realizou-se de forma *plenária* e *completa*. Aqui, a pretensão, definitivamente decidida, não será mais objeto de cognição em qualquer outro processo. Mais ainda, a forma pela qual a atividade de conhecimento do juiz no processo foi realizada propicia maior justiça das decisões e menor incidência de erros. Em tais casos o órgão jurisdicional aproxima-se ao máximo da certeza a respeito do conhecimento dos fatos alegados pelas partes. Todavia, não há como negar que toda sentença ou acórdão fruto de cognição exauriente funda-se na mera reprodução dos fatos relevantes para o julgamento da causa e atesta uma "certeza meramente psicológica" do julgador.[22] Portanto, a partir de um enfoque amplo, é correto dizer que a veracidade dos fatos constantes do processo não passa de simples verossimilhança, já que a realidade histórica jamais poderá ser fielmente reproduzida.[23]

Relativamente à atividade de conhecimento do juiz no processo, a certeza não pode ser vista como um conceito absoluto, mas deve ser entendida dentro de limites definidos a partir do juízo histórico passível de ser formulado pelo julgador: pode

---

Com arrimo em conceito elaborado por SALVATORE Satta (*Commentario al codice di procedura civile*. Milano: Giuffrè, 1959-1960, v. IV, p. 4 et seq.), FERRUCCIO Tommaseo afirma preferir a expressão *normativa sem juízo*, que representa uma derrogação ao princípio segundo o qual a declaração deve necessariamente preceder à execução (*I provvedimenti d'urgenza*. Padova: Cedam, 1983, n. 7, p. 37).

20. Chiovenda, Giuseppe. *Instituições de direito processual civil*, São Paulo: Saraiva, 1969, com notas de Enrico Tullio Liebman, n. 71, p. 236 et seq.
21. Chiovenda, Giuseppe. *Instituições de direito processual civil*, São Paulo: Saraiva, 1969, com notas de Enrico Tullio Liebman, n. 82, p. 272.
22. A expressão é de Enrico Tullio Liebman e demonstra que a convicção do julgador nada mais é que um elemento subjetivo diante da suficiência ou não das provas encartadas nos autos (*Manuale di diritto processuale civile*. 4. ed. Milano: Giuffrè, 1984, v . 2, n. 164, p. 69-72).
23. Cfr. Malatesta, Nicolo Framerino dei; *La logica delle prove in materia criminale*. Torino, UTET, 1895, p. 42 et seq.; Calamandrei, Piero. Verità e verossimiglianza nel processo civile. *Rivista di diritto processuale*, Padova, Cedam, 1955, p. 166-167.

ser considerada existente desde o momento em que são afastados todos os fatos divergentes à aceitação de determinada proposição mediante a produção das provas pertinentes à solução do caso concreto. A *certeza no processo de conhecimento* é fruto da convicção do juiz diante do direito e da prova constante dos autos; daí ser correto dizer que ela existe quando presente o mais elevado grau de probabilidade acerca da existência ou inexistência dos fatos afirmados pelas partes.[24] Constitui escopo da tutela jurisdicional a proteção de situações substanciais amparadas hipoteticamente pelo ordenamento jurídico a partir da aparência da realidade tal como descrita no processo. Por um enfoque mais amplo, a certeza jurídica desejada pelos sujeitos parciais do processo depende da verificação de situações concorrentes: *reprodução*, mais fiel possível, da realidade no processo; *interpretação* correta das normas jurídicas; *vinculação e atuação* das decisões proferidas (imutabilidade e inevitabilidade).

A cognição pode ser considerada exauriente e *não definitiva* quando, uma vez produzidas todas as provas pertinentes à solução do caso concreto, a decisão depende apenas de um *ato confirmador* ou *reformador* de um órgão jurisdicional hierarquicamente superior, em razão de estar pendente de apreciação recurso interposto por parte sucumbente. O denominado *ato confirmador* ocorre com o desprovimento do recurso. Já o *ato reformador* depende do conhecimento e provimento do recurso. Em ambos os casos, o relevante é que ainda não há no processo um ato por assim dizer definitivo, transitado materialmente em julgado, em virtude da interposição de um meio impugnativo.

A sentença de mérito, proferida após cognição exauriente, mas impugnada por recurso de apelação, é exemplo de fase do processo em que a cognição é ainda *não definitiva*. Somente com o trânsito em julgado material é que a decisão poderá vir a ser considerada definitiva. Ou seja, embora a cognição seja exauriente, falta-lhe o atributo da definitividade. Todavia, a ausência de tal predicado é irrelevante, pois a imperatividade da sentença com a produção de efeitos externos ao processo é um fenômeno autônomo e distinto da definitividade.

Em outras situações previstas no ordenamento jurídico, preocupando-se com a celeridade, o legislador exige apenas a cognição *sumária* ou *superficial*. Pelas próprias circunstâncias do caso concreto, em razão da necessidade emergente de tutela e da prova constante dos autos, não há possibilidade de um aprofundamento maior das razões apresentadas pelas partes.

Em linhas gerais, exige-se do próprio órgão jurisdicional ulterior *ato confirmador*, dotado de maior motivação e fruto de cognição exauriente, *do ato jurisdicional precedente*, concedido após mera cognição sumária. O ato decisório fruto de cognição sumária pode ser mantido, reformado ou até anulado, pelo mesmo órgão jurisdicional ou por outro de grau hierárquico superior, já que um dos seus principais atributos é a

---

24. Assim como o processo é um mero *espelho da realidade*, o objeto da prova não é um fato em si mesmo, mas a afirmação de um fato (v. Sentís Melendo, Santiago. *La prueba*, Buenos Aires: EJEA, 1978, p. 12-13).

provisoriedade, que pode, em alguns casos, afastada, tal como ocorre na estabilização da tutela antecipada *ex vi* do art. 304 do Código de Processo Civil.

Já a tutela jurisdicional diferenciada tem duas acepções. A primeira entende ser aquela concedida nos processos dotados de especialidade procedimental, mas que propiciam o desenvolvimento de atividade cognitiva ampla e exauriente. A segunda liga a expressão à gradação da atividade cognitiva. Assim, seria ela toda modalidade de tutela concedida a partir de uma cognição não exauriente.[25] Não obstante, nos dois significados constata-se um objetivo comum: procurar desenvolver formas de tutela jurisdicional tempestiva, que permitam a alteração de uma realidade no menor espaço de tempo e de maneira satisfatória ao titular de um direito, outorgando o *bem da vida* ou a situação jurídica desejada.

Na verdade, a tutela jurisdicional será diferenciada sempre que possa ser concedida a proteção antes de ocorrer cognição exauriente. Esta sim é a tutela que se diferencia daquela que ordinariamente ocorre no processo de conhecimento após o encerramento de toda a fase instrutória. São, portanto, formas de tutela jurisdicional diferenciada aquelas concedidas após cognição não exauriente e definitiva. Entre nós, a mais comum delas é aquela decorrente de cognição sumária, embora a execução provisória de sentença seja também uma forma de tutela jurisdicional diferenciada, pois é fruto de uma cognição exauriente não definitiva.

A *cognição sumária* funda-se num juízo de probabilidade inferior àquele que se atinge ao fim do processo de conhecimento. Constitui a probabilidade situação decorrente da preponderância de fatos convergentes à aceitação de determinada realidade, sobre fatos divergentes. Ela é menos que a certeza, porque os fatos divergentes ainda estão presentes e deverão ser esclarecidos na instrução probatória, mas é muito mais que a verossimilhança das alegações, na qual há uma equivalência entre os fatos convergentes e os divergentes.[26] Na cognição sumária, exige-se a demonstração de certos fatos (e não a totalidade deles) para que uma providência seja concedida. Nesses casos, não há prova inequívoca a respeito dos fatos, mas simples probabilidade, porque existem ainda provas a ser produzidas. Todavia, tal probabilidade é suficiente para que os órgãos jurisdicionais concedam a proteção. A atividade de conhecimento, embora não finda, justifica a concessão de ato jurisdicional capaz de produzir efeitos sobre certa realidade, tal como descrita. A probabilidade é superior à verossimilhança das alegações, pois esta se contenta com a mera plausibilidade, ou seja, com a possibilidade de os fatos alegados pela parte serem verdadeiros. Aqui, ao contrário, procede-se a um juízo de credibilidade em torno dos fatos em função das provas até o momento constantes dos autos.

---

25. V. Proto Pisani, Andrea. *Appunti sulla giustizia civile*, Bari: Caccucci, 1982, p. 213-215 e 244-246.
26. V., em sentido semelhante, com arrimo em MALATESTA, Nicolo Framerino dei; *La logica delle prove in materia criminale*. Torino: UTET, 1895, p. 42 et seq., Dinamarco, Cândido Rangel. *A instrumentalidade do processo*. 6. ed. São Paulo: Malheiros, 1998, n. 33, p. 236-243.

A cognição sumária não é exauriente ou ampla, já que, em razão do momento procedimental em que é concedida a decisão, o conteúdo material constante do processo restringe o direito das partes com relação aos meios destinados à plena efetivação da bilateralidade de suas razões. Ao juiz somente é facultado adentrar no exame de parte do litígio, pois há uma limitação à atividade instrutória, o que traz como consequência natural que o juízo não seja definitivo, mas provisório, podendo ser revisado ulteriormente.[27] Em linhas gerais, é possível afirmar que na cognição sumária há "uma apreciação plena e completa de caráter parcial (enquanto tendo por objeto o material já disponível) e uma apreciação de caráter provável e sumário sobre aquilo que poderá emergir no futuro".[28]

O exemplo claro de cognição sumária previsto no nosso ordenamento é o das liminares concedidas em sede de mandado de segurança. Em tais casos, o julgador realiza um juízo de probabilidade, pois consta dos autos prova documental suficiente para demonstrar a existência de direito líquido e certo, exigido pela Lei do Mando de Segurança. A afirmação do fato violador pode ser de imediato verificada a partir das provas produzidas já com a impetração.

Outro exemplo de juízo de probabilidade é o da tutela provisória, prevista nos arts. 294 e ss. do Código de Processo Civil. A cognição é feita de forma sumária e o ato jurisdicional proferido tem o atributo da provisoriedade. No entanto, muitas vezes a tutela antecipada é concedida a partir de uma procedência parcial da demanda desde logo passível de ser outorgada, com o julgamento antecipado do mérito de alguns dos pedidos deduzidos pelo demandante. Nessas hipóteses, relativamente a esses pedidos, não resta dúvida de que a cognição se desenvolveu de forma ampla e exauriente, sendo correta a utilização da técnica do julgamento parcial da lide, consoante o disposto no art. 356 do Código de Processo Civil.

Por fim, deve ser feita referência ao juízo de probabilidade feito pelo julgador no processo monitório brasileiro ao verificar, por meio dos documentos apresentados, a possibilidade concreta de terem ocorrido os fatos constitutivos narrados pelo demandante. Mesmo nos casos de duplicata sem aceite não protestada, parece que também há, pela simples presença de documentos, um juízo de probabilidade, pois presentes, de início, fatos convergentes a determinada realidade em contraposição a fatos divergentes. Apenas no processo monitório puro, em que há dispensa da prova escrita, pode-se afirmar que inexiste atividade cognitiva jurisdicional, bastando a mera afirmação do demandante para que se determine a expedição do mandado de paga-

---

27. Sobre a sumarização, com profunda pesquisa história, cfr. Fairén Guillén, Victor. *El juicio ordinario y los plenarios rápidos*, Barcelona: Bosch, 1943, p. 41-51.
28. Ricci, Eduardo Flávio. A tutela antecipatória brasileira vista por um italiano. *Genesis – Revista de Direito Processual Civil*, v. 6, n. 3, p. 694. Curitiba: Furtado & Luchtemberg, 1997. No trecho transcrito, o autor refere-se a dois componentes integrantes da valoração confiada ao juiz na tutela antecipada e que tem ainda aplicação no sistema de tutela provisória constante do Código de Processo Civil de 2015. No entanto, tem grande oportunidade, pois transmite com precisão um dos pontos distintivos entre *cognição sumária* e *cognição superficial*.

mento ou de entrega de coisa; ao contrário do procedimento monitório impuro, aqui não se exige prova documental demonstrando um indício de existência do crédito.[29]

Em todos os casos acima citados, o julgador deve evitar providências que se distanciem do direito substancial, mas deverá preferir errar concedendo tais providências do que errar negando-as. A certeza aqui reside na probabilidade de não sujeitar o direito material a sacrifícios inaceitáveis e comprometedores da própria efetividade do processo. As tutelas concedidas em cognição sumária devem observar, sempre que for possível, o contraditório. Admitir o contrário, significa aceitar o processo civil do autor, em que somente o demandante pode expor suas razões. O direito de ação é igual ao direito de defesa, diferindo apenas na faculdade de o demandante ter iniciado o processo. O fato de um dos sujeitos do processo ter promovido sua demanda antes não é suficiente a justificar a atribuição a ele de *armas* diversas daquelas conferidas a outro.[30] A *paridade de armas* realiza-se com a outorga de meios processuais idênticos às partes para fazerem valer suas próprias razões. O contraditório efetiva-se com a participação no processo, mediante a utilização de todos os meios legítimos e disponíveis destinados a convencer o julgador a conceder um julgamento favorável a quem tem um direito. Decisões *inaudita altera parte* devem ser exceção absoluta no sistema, pois somente com a implementação do contraditório pode o juiz analisar os fatos por mais de um prisma

Ao contrário do que possa parecer num primeiro exame, a *cognição sumária* nenhuma relação tem com aquela que se realiza no procedimento sumário dos juizados especiais cíveis estaduais ou federais. O procedimento sumário exige *cognição plenária* e *exauriente*, típica do processo de conhecimento, havendo apenas uma abreviação (ou aceleração) do *iter* procedimental, com a concentração de atos em audiência. A *forma* pela qual se desenvolve o procedimento sumário é rápida, em nada interferindo no *conteúdo*, que é pleno e típico do processo de conhecimento. Ou seja, a cognição é plena e seu resultado pode tornar-se definitivo com o trânsito em

---

29. A diferenciação entre procedimento monitório puro e procedimento monitório documental é apontada por Piero Calamandrei ao analisar principalmente os sistemas italiano, austríaco e germânico (*Il procedimento monitorio nella legislazione italiana. Opere giuridiche*. Napoli: Morano, 1983, v. IX, n. 5-9, p. 14-22). Calamandrei faz também referência ao *grau de probabilidade* ao traçar as diferenças existentes entre as duas espécies de procedimento monitório (op. cit., n. 5, p. 16). Na verdade, no denominado processo monitório puro, leva-se em consideração apenas a afirmação do demandante, não se podendo falar de *gradação da probabilidade*. Isso é reforçado pela circunstância objetiva de que, em alguns países, a atividade inicial de tal procedimento, consistente na ordem de pagamento, é feita por órgão auxiliar não dotado de poder jurisdicional. Na Alemanha, a ordem liminar de pagamento (*Zahlungsbefehl*) constitui mero *ato funcional*, exarado por um *auxiliar do juiz* (*Rechtspfleger*), o que revela a total ausência de atividade jurisdicional nesta primeira fase do procedimento (v., nesse sentido, Cruz e Tucci, José Rogério. *Ação monitória*. 2. ed. São Paulo: Ed. RT, 1997, p. 42-43).

30. V. ANDOLINA, Italo; VIGNERA, Giuseppe. *Il modello costituzionale del processo civile italiano*, Torino: Giapicchelli, 1990, p. 107; Habscheid, Walter J. *Introduzione al diritto processuale civile comparato*. Rimini, Maggioli, 1985, p. 132; Lucon, Paulo Henrique dos Santos. Garantia do tratamento paritário das partes. In: CRUZ E TUCCI, José Rogério (Coord.). *Garantias constitucionais do processo civil*, São Paulo: Ed. RT, 1998, p. 103.

julgado. Por isso, o procedimento dos juizados especiais cíveis estaduais e federais deve ser considerado um *procedimento plenário rápido*.

Os *juízos plenários rápidos* têm origem na decretal do Papa Clemente V, de 1306, conhecida por *Clementina Saepe Contingit*. Na verdade, historicamente, é característica fundamental do processo sumário a cognição incompleta e não a concentração de atos.[31] No entanto, hoje, nos *juízos plenários rápidos* a sumariedade é apenas *formal*, enquanto que na *tutela provisória* a sumariedade é *material*, visto que a cognição não chega a ser exauriente.[32]

Obviamente, o processo de cognição pelo procedimento ordinário é o arquétipo do processo mais complexo e mais bem articulado, no qual as partes têm ampla possibilidade de demonstrar suas razões. A estatuição do procedimento sumário surge em relação a causas que, em razão de uma opção política do legislador, podem ser decididas por meio de um processo com abreviação do *arco procedimental*. Entretanto, fica claro que tal abreviação não pode prejudicar a atividade de conhecimento do juiz, que deve ser ampla e exauriente.

No procedimento sumário dos juizados especiais cíveis, estaduais e federais, a cognição é exauriente, mas com abreviação do *iter* procedimental. Não há atividade de conhecimento, pois a atividade cognitiva do julgador ao sentenciar deve incidir sobre todos os fatos afirmados pelas partes e relevantes para o julgamento da causa. Em tal procedimento, destinado a solucionar as causas cíveis de menor complexidade, às partes litigantes são franqueados todos os meios de prova em direito admitidos.[33] Por isso, parte da doutrina denomina o procedimento dos juizados especiais cíveis de sumaríssimo, sugerindo uma oportuna gradação dos diferentes procedimentos segundo a maior ou menor concentração de atos, mas sem prejuízo da cognição, que é sempre exauriente.

Situação muito semelhante ocorre no processo monitório, pois, embora não haja abreviação do *iter* procedimental, a participação do demandado no contraditório exige necessariamente a oposição de embargos ao mandado e possibilita a instauração de processo de cognição exauriente. Não obstante o oferecimento de embargos, com nova relação jurídica, no processo monitório observa-se o escopo de neutralizar ou acelerar o tempo existente entre o início de um processo cognitivo e o provimento jurisdicional com eficácia de "título executivo judicial".[34]

---

31. V. Hans Karl Briegleb, *Einleitung in die theorie der summarischen processe*, § 4.º, p. 11-13, apud Oliveira, Carlos Alberto Álvaro de. *Comentários ao Código de Processo Civil*. 3. ed. Rio de Janeiro: Forense, 1998, n. 8, p. 17. Sobre o tema, cf. também Fairén Guillén, Victor. Juicio ordinario, plenario, rápido, sumario, sumaríssimo. Barcelona, Bosch, 1953, p. 828; Fabrício, Adroaldo Furtado. *Doutrina e prática do procedimento sumaríssimo*, 2. ed. Rio de Janeiro: Aide, 1980, p. 45-48; Silva, Ovídio A. Baptista da. *Curso de processo civil*. 4. ed. São Paulo: Ed. RT, 1998, v. I, p. 147.
32. V., relativamente à tutela cautelar, Oliveira, Carlos Alberto Alvaro de. *Comentários ao Código de Processo Civil*. 3. ed. Rio de Janeiro: Forense, 1998, n. 8, p. 17-18.
33. Cf. Lucon, Paulo Henrique dos Santos. Juizados especiais cíveis: aspectos polêmicos. *Revista de Processo*. v. 90, p. 175 et seq. São Paulo, Ed. RT, 1998.
34. V. Cruz e Tucci, José Rogério. *Ação monitória*. 2. ed. São Paulo: Ed. RT, 1997, p. 63; Talamini, Eduardo. *Tutela monitória*, São Paulo: Ed. RT, 1998, p. 70-77 e 88, nas quais destaca o caráter sumário da cognição e

Algumas vezes, a abreviação do *iter* procedimental encontra justificativa na urgência que se exige para a solução do caso concreto. Assim ocorre na busca e apreensão, tutela de urgência satisfativa autônoma que "si realizza con un modello processuale di per sé completo, volto alla realizzazione di situazioni soggettive, patrimoniali e non patrimoniali, le quali per la loro stessa natura ed esistenza richiedono l'immediatezza dell'intervento giudiziale".[35]

Em todos esses casos, o objetivo do legislador é proporcionar ao jurisdicionado uma tutela sumária idônea "a ditar uma disciplina definitiva da relação jurídica controvertida".[36] Portanto, trata-se de uma modalidade de tutela, não cautelar nem antecipada, destinada a regular definitivamente a situação jurídica substancial existente entre as partes num espaço de tempo inferior àquele do processo comum ordinário.

No plano horizontal, por sua vez, a cognição diz respeito à matéria processual, às condições da ação e ao mérito. Seu estudo revela-se importante em virtude de poder ser limitada (ou parcial) ou ilimitada (plenária), favorecendo, na primeira hipótese, o tempo na prestação da tutela jurisdicional. Será limitada diante da determinação da própria lei, que pode restringir a *causa petendi* ou mesmo a amplitude da defesa. Será ilimitada quando a atividade de conhecimento puder estabelecer-se sobre todas as questões de direito material, sem qualquer restrição ao debate das partes ou à cognição do juiz.

As limitações impostas pela lei no *plano horizontal* da cognição são relevantes porque propiciam uma prestação jurisdicional mais célere. O procedimento que admite a cognição parcial no *plano horizontal* prestigia os valores certeza e celeridade, pois permite surgir decisão com eficácia de coisa julgada material em um tempo inferior àquele necessário ao exame de toda a extensão do litígio.

No entanto, ainda que haja alguma restrição imposta por lei à cognição horizontal, não tem ela o condão de impedir que a decisão em algum momento venha a tornar-se definitiva. Já as decisões proferidas em cognição sumária ou superficial, no ordenamento jurídico brasileiro, dependem necessariamente de um ato jurisdicional ulterior, confirmando-as ou reformando-as.

Alguns exemplos de tentativa de limitação à cognição horizontal estão no próprio Código de Processo Civil. Assim, a impugnação ao cumprimento de sentença somente pode versar sobre as matérias constantes no art. 525 e no art. 535 do referido

---

a eficácia de título judicial. Para Liebman, o processo injuntivo ou monitório representa uma derrogação ao princípio do contraditório, sendo a oposição (no direito brasileiro: embargos ao mandado) um direito a favor do devedor para restabelecer o equilíbrio e a igualdade entre as partes (Tema di esecuzione provvisoria del decreto d'ingiunzione", v. II, p. 80).

35. Carpi, Federico. La tutela d'urgenza fra cautela, "sentenza anticipata" e giudizio di mérito. *La tutela d'urgenza – Atti del XV Convegno Nazionanle*, Bari. 4-5 ottobre, 1985, Rimini: Maggioli, 1986, p. 56.
36. Proto Pisani, Andrea. *Lezioni di diritto processuale civile,* 2. ed. Napoli: Jovene, 1996, p. 659. Não obstante esse entendimento, Proto Pisani coloca a tutela sumária não cautelar em termos mais restritos, sustentando seu cabimento naquelas hipóteses em que o processo de cognição plena não foi ainda instaurado ou mesmo, depois de sua instauração, tenha sido extinto (op. cit., loc. cit.).

diploma. O rol do aludido dispositivo legal, todavia, é tão extenso que há apenas uma limitação relativa. Na verdade, exceção feita ao inc. I do § 1º do art. 525 e ao inc. I do art. 535 (inexistência ou nulidade de citação na fase de conhecimento anterior), em todos os demais casos, a matéria deve referir-se a situações ulteriores à formação do título executivo (ao trânsito em julgado da decisão). Com isso, há verdadeiramente uma limitação temporal em relação à causa de pedir da impugnação ao cumprimento de sentença.[37]

Nos embargos à execução de título extrajudicial de natureza cambiária, há uma limitação da cognição no plano horizontal, já que o executado não pode valer-se em sua defesa do negócio jurídico subjacente. Ao embargante não é permitido opor ao exequente exceções baseadas nas relações pessoais dele com o sacador ou com os portadores anteriores, ressalvados os casos em que o portador, na aquisição do título, tenha agido de má-fé, com o claro objetivo de prejudicar o executado (Lei Uniforme da Convenção de Genebra, art. 17).[38]

A tentativa de limitação no plano horizontal está também presente no art. 544 do Código de Processo Civil, na medida em que a contestação da ação de consignação em pagamento apenas pode referir-se às situações previstas no aludido dispositivo legal. Todavia deve-se admitir ao longo do processo a discussão de tudo quanto seja pertinente à própria finalidade da demanda. A regra do art. 544 impõe uma aparente limitação, já que a redação constante dos incisos permite a mais ampla alegação de fatos por parte do demandado. Na consignação em pagamento, o pedido deduzido pelo autor sempre tem por objetivo a liberação da obrigação, tendo o provimento jurisdicional natureza declaratória, pois confirmará ou não o cumprimento da obrigação. Portanto, pode o juiz apreciar todas as questões atinentes ao depósito, como a integralidade, a titularidade, ainda que seja necessária a interpretação de cláusula contratual ou de norma legal.

A cognição parcial também tem lugar no processo monitório, que permite um provimento jurisdicional *inaudita altera parte* com eficácia executiva sujeita à condição suspensiva se oferecidos os embargos. A instauração do processo cognitivo e, por consequência, do contraditório é postergada; somente nos embargos ao mandado haverá ampla discussão em torno de todas as circunstâncias relativas à causa. Sendo o contraditório ulterior e condicionado à oposição de embargos, o provimento emanado antes de sua efetivação é limitado ao conhecimento dos fatos constitutivos alegados pelo demandante e ao enquadramento destes nas normas relativas ao processo monitório. Por isso que a cognição é limitada ou parcial, pois tem por objeto apenas parte dos fatos relevantes: os constitutivos expostos pelo demandante em sua petição inicial e suficientes para a concessão de tal modalidade de tutela; os demais fatos relevantes somente poderão ser suscitados em juízo após

---

37. Cfr. Lucon, *Embargos à execução*. 2. ed. São Paulo: Saraiva, 2001, n. 48, p. 109-113.
38. V., mais amplamente, Lucon, *Embargos à execução*. 2. ed. São Paulo: Saraiva, 2001, n. 49, p. 113-115.

o provimento judicial *initio litis* e se contra ele o demandado oferecer resistência, opondo embargos ao mandado.

As decisões proferidas nesses processos, a partir de um determinado momento, tornam-se *definitivas* e cobertas pela autoridade da coisa julgada material. Portanto, a limitação imposta pela lei à cognição no *plano horizontal* jamais terá o condão de atribuir uma eficácia provisória às decisões. O atributo da provisoriedade é inerente ao exame da cognição no *plano vertical*.

No processo executivo a cognição está presente, mas não é direcionada a um julgamento de mérito. Isso não quer dizer que não haja qualquer atividade decisória no processo de execução. Como poder de decidir imperativamente e impor decisões, a jurisdição exige sempre dos órgãos jurisdicionais a tomada de decisões. A diferença é que, ao contrário do que ocorre na fase de conhecimento, em que as decisões são proferidas com a finalidade de se chegar a um julgamento quanto ao pedido deduzido pelo demandante, na fase executiva ou no processo de execução as decisões são proferidas com o escopo de orientar a efetivação de atos materiais para a satisfação do exequente. Enquanto na fase de conhecimento os atos são prevalentemente destinados a permitir um juízo lógico a respeito de qual das partes tem razão, na execução e no cumprimento de sentença os atos têm por objetivo permitir a realização prática da vontade constante do título executivo. Na fase de conhecimento o juiz profere, ao sentenciar ou decidir por antecipar, um *juízo lógico*, que leva em consideração as razões trazidas pelas partes e as provas encartadas aos autos; na execução e no cumprimento de sentença a atividade decisória do juiz tem por escopo uma atuação eminentemente prática, destinada a uma tutela satisfativa. Mas aqui a cognição e o contraditório estão presentes para que essa modalidade de tutela seja prestada de maneira correta, de modo a não sacrificar o patrimônio do executado mais do que o necessário ou prejudicar o exequente com um processo excessivamente lento.[39] A cognição na execução e no cumprimento de sentença é eventual, pois surge em decorrência de certos atos e incidentes que podem acontecer. Isso ocorre quando, por exemplo, o juiz é chamado a decidir sobre a suficiência dos bens oferecidos à penhora, se ocorreram todas as intimações previstas em lei, se a expropriação foi feita por preço vil etc. Além de coordenar atos materiais, ao juiz compete verificar *in executivis* a presença dos pressupostos processuais e das condições da ação executiva, para que o processo possa chegar ao *desfecho único* com a tutela satisfativa

---

39. Sobre os diferentes aspectos do contraditório no processo de execução, cfr. Bonsignori, Angelo. *L'esecuzione forzata*. 3. ed. Torino: Giapicchelli, 1996, n. 15, p. 44-46; Carnelutti, *Diritto e processo* cit., n. 185, p. 296-297; Martinetto, Giuseppe. Il giudice dell'esecuzione. *L'expropriazione forzata*. Torino: UTET, 1963, n. 6, p. 10 et seq.; Tarzia, Giuseppe. O contraditório no processo executivo. Trad. Thereza Alvim. *Revista de Processo*. v. 28, p. 55-95. São Paulo: Ed. RT; Vaccarella, Romano. *Titolo esecutivo, precetto, opposizioni*. Em cooperação com Bruno Capponi e Claudio Cecchela, Torino: Giappichelli, 1992, n. 18, p. 83-89; Dinamarco, *Execução civil*. 6. ed., São Paulo: Malheiros, 1998, n. 97-106, p. 164-181, *Direito processual civil*, São Paulo: José Bushatsky, 1975, n. 127, p. 198 et seq.

ao exequente.[40] Ademais, podem ser pelas partes suscitados incidentes processuais fora do procedimento principal, tais como impugnação ao valor da causa e exceção de incompetência. Nesses casos, não há dúvida de que o juiz é chamado a realizar um juízo lógico no curso do processo de execução.

Como se depreende, todos esses juízos lógicos são eventuais e não são destinados a saber ao fim do processo qual das partes tem razão; o escopo, como dito, é o de proceder à execução da maneira mais justa e equilibrada possível.

Além disso, embora a atividade cognitiva não seja destinada a um julgamento de mérito, em relação à situação substancial constante do processo de execução, o *meritum causae* está presente. Excepcionalmente, o mérito da execução poderá ser julgado, sendo oferecidos impugnação ao cumprimento de sentença ou embargos à execução que tenham por finalidade definir a existência ou os limites da obrigação que fundamenta a pretensão executiva. Os contornos da relação jurídica material definirão o objeto litigioso do cumprimento de sentença ou dos embargos do executado nos embargos do executado quando relacionados com o mérito. Em situações excepcionalíssimas, o mérito da execução poderá ser decidido no próprio processo de execução. Assim, por exemplo, quando se reconhece no processo executivo, sem o oferecimento de embargos, prescrição ou pagamento, diante da singela manifestação do executado, há verdadeiramente um julgamento de mérito, que atinge a própria relação jurídica substancial. Esses casos representam as verdadeiras situações em que se verificam as chamadas *exceções de pré-executividade*. Essa orientação desfigura a já mencionada ideia de *desfecho unívoco* ou *único* na execução, consistente na satisfação do exequente, na exata medida em que passa a admitir defesas relacionadas com o direito material *in executivis*.

A gradação da cognição depende da exigência prevista em lei e tem sua importância na medida em que venha a proporcionar, no menor espaço de tempo, a tutela a quem seja titular de uma situação jurídica favorável naquele momento reconhecida. Ao autorizar a realização de atos práticos sujeitos ainda ao exame pelos órgãos jurisdicionais, a preocupação do legislador incide unicamente sobre a efetividade do processo. A técnica da execução provisória deve ser vista como um instrumento de realização da justiça e não como obstáculo a consecução do direito justo. Ao possibilitar a atuação imediata de uma decisão, o instituto da execução provisória evita manobras dilatórias e reforça a credibilidade dos órgãos jurisdicionais.

---

40. É de Liebman o ensinamento segundo o qual o título executivo é um *ato* ou *fato constitutivo da ação executiva*, vinculado à disciplina das condições da ação (*Embargos do executado*. Trad. J. Guimarães Mengale. São Paulo, Saraiva, 1968, n. 81, p. 135-136). No mesmo sentido, Martinetto, Giuseppe. *Gli accertamenti degli organi esecutivi*. Milano: Giuffrè, 1963, n. 4, p. 49-50. Sobre os pressupostos processuais e as condições da ação executiva, cfr. mais amplamente, Lucon, Paulo Henrique dos Santos. *Embargos à execução*. 2. ed. São Paulo: Saraiva, 2001, §§ 9-11, p. 128-183.

A expressão *desfecho unívoco* ou *único* deve ser atribuída à Alfredo Buzaid (*Do agravo de petição no sistema do Código de Processo Civil*, São Paulo, Saraiva, 1958, n. 43-E, p. 98), também adotando-a Dinamarco (*Execução civil* cit., n. 89, p. 150-153).

O exame da cognição destina-se fundamentalmente a possibilitar a análise das diferentes situações em que o ordenamento jurídico admite neutralizar o *espaço de tempo* existente entre o início de um processo cognitivo e a prestação jurisdicional desejada. A gradação da cognição demonstra que o legislador não se preocupa com a efetiva coincidência entre as medidas concedidas ao longo do processo e o direito material, mas com os graus de probabilidade por meio dos quais o processo é capaz de produzir os resultados desejados, operando modificações na realidade existente.

De um lado, o direito material impõe exigências próprias para a obtenção de uma tutela adequada; de outro, o direito processual estabelece diferentes instrumentos, técnicas e soluções específicas, não somente quanto à eficácia do provimento (ponto de maior aderência às exigências do direito material), como também no que diz respeito ao tempo do processo, à eventual antecipação da tutela, à intensidade e amplitude da cognição e a muitos outros aspectos.[41] A integração do direito material com o processo revela-se fundamental para a definição da técnica processual, esta considerada como predisposição ordenada de meios destinados a obter resultados previamente estabelecidos.[42] A instrução, como técnica de preparação para o provimento, deve estar adequada, para que haja efetiva tutela da situação jurídica substancial descrita no menor espaço de tempo.

A distinção entre a cognição sumária, em que o conhecimento da realidade se apresenta de forma restrita e fragmentada, e a plenária ou exauriente, na qual o conhecimento se dá de forma completa, não se evidencia apenas no que diz respeito ao procedimento ou à fase procedimental em que é concedida a medida, mas também no *iudicium*, no qual também se verifica a completude ou não da *cognitio*. De tudo isso, depreende-se que existe uma relação de adequação entre a tutela jurisdicional e a cognição.

No sistema jurídico brasileiro, a execução provisória pode ocorrer por meio de cognição sumária ou exauriente e tem por finalidade evitar o prejuízo decorrente da espera da prestação jurisdicional. Na grande maioria dos casos, é injusto fazer com que um dos sujeitos parciais do processo aguarde o fim do *arco procedimental*, com o processamento e o julgamento dos recursos. Por meio de diferentes técnicas, como a tutela provisória e a execução provisória da sentença, o legislador procura diminuir os efeitos danosos do tempo no processo e corre certos riscos sempre com fundamento numa razoável probabilidade de acerto. Daí a importância de separar definitivamente a executoriedade das decisões do instituto da coisa julgada e prestigiar-se a execução da sentença apelada, pois fruto de cognição exauriente, apenas não definitiva. Como é natural, as regras e os institutos jurídicos têm seu valor na exata medida dos benefícios sociais que possam gerar.

---

41. Cf. Watanabe, *Da cognição no processo civil*, São Paulo: Ed. RT, 1987, p. 19.
42. V. Dinamarco, *A instrumentalidade do processo*, 6. ed. São Paulo: Malheiros, 1998, p. 224.

4. A PROPOSTA DE ALTERAÇÃO DO ART. 1.102

Por tudo o que se expôs, a execução da sentença deve ser *ope legis* em todos os casos. Pela proposta que se apresenta, o relator poderá atribuir efeito suspensivo se demonstrada a viabilidade da apelação (probabilidade de provimento do recurso) e o risco de atos de definitiva transferência patrimonial com a assinatura da carta de arrematação ou adjudicação.

Confira-se, a propósito, a redação original do art. 1.102 do Código de Processo Civil de 2015:

> Art. 1.012. A apelação terá efeito suspensivo.
>
> § 1º Além de outras hipóteses previstas em lei, começa a produzir efeitos imediatamente após a sua publicação a sentença que:
>
> I – homologa divisão ou demarcação de terras;
>
> II – condena a pagar alimentos;
>
> III – extingue sem resolução do mérito ou julga improcedentes os embargos do executado;
>
> IV – julga procedente o pedido de instituição de arbitragem;
>
> V – confirma, concede ou revoga tutela provisória;
>
> VI – decreta a interdição.
>
> § 2º Nos casos do § 1º, o apelado poderá promover o pedido de cumprimento provisório depois de publicada a sentença.
>
> § 3º O pedido de concessão de efeito suspensivo nas hipóteses do § 1º poderá ser formulado por requerimento dirigido ao:
>
> I – tribunal, no período compreendido entre a interposição da apelação e sua distribuição, ficando o relator designado para seu exame prevento para julgá-la;
>
> II – relator, se já distribuída a apelação.
>
> § 4º Nas hipóteses do § 1º, a eficácia da sentença poderá ser suspensa pelo relator se o apelante demonstrar a probabilidade de provimento do recurso ou se, sendo relevante a fundamentação, houver risco de dano grave ou de difícil reparação.

Sugere-se a alteração da atual redação do art. 1012 do CPC para a seguinte redação:

> Art. 1012. A sentença começa a produzir efeitos imediatamente após a sua publicação.
>
> § 2º O apelado poderá promover o pedido de cumprimento provisório depois de interposta a apelação.
>
> § 3º O pedido de concessão de efeito suspensivo poderá ser formulado por requerimento apresentado pelo apelante ou por terceiro juridicamente interessado, com a demonstração da probabilidade de provimento do recurso e do risco de dano grave ou de difícil reparação, e será dirigido ao:
>
> I – tribunal, no período compreendido entre a interposição da apelação e sua distribuição, restando o relator designado para seu exame prevento para julgá-la;
>
> II – relator, se já distribuída a apelação.
>
> § 4º O risco de dano grave ou de difícil reparação apenas se configurará se houver a iminência de atos de efetiva transferência patrimonial.

Em síntese, não há razão para a manutenção do efeito suspensivo da apelação *ope legis*. Como contrapartida, sempre haverá a possibilidade de se pleitear a suspensão da eficácia da sentença ao relator do recurso de apelação desde que demonstrada a probabilidade de provimento do recurso e do risco de dano grave ou de difícil reparação. Não faz sentido o sistema jurídico brasileiro conferir maior efetividade à tutela provisória, fruto de decisão proferida em cognição sumária, comparativamente à sentença, ato de maior inteligência, decorrente de cognição exauriente. Espera-se, com essas ponderações, que tema volte à discussão e o sistema processual avance rumo à necessária efetividade da execução civil.

PROPOSTAS DE ALTERAÇÃO DO CÓDIGO DE PROCESSO CIVIL EM MATÉRIA DE EXECUÇÃO CONSTANTES DE ANÁLISE PELO GRUPO DE TRABALHO CRIADO PELA PORTARIA 272, DE 4 DE DEZEMBRO DE 2020 PELO CNJ

Marcelo Abelha Rodrigues

Pós-Doutor em Direito pela Universidade de Lisboa. Doutor e Mestre em Direito pela PUC-SP. Advogado e Consultor Jurídico.

1. INTROITO

O presente ensaio está diretamente relacionado com as sugestões que apresentei no Grupo de Trabalho criado pela Portaria 272, de 4 de dezembro de 2020 pelo então presidente do CNJ, Min. Luiz Fux com intuito de contribuir com a modernização e efetividade da atuação do Poder Judiciário nos processos de execução e cumprimento de sentença, excluídas as execuções fiscais.

Estas sugestões – junto com outras apresentadas pelos demais membros[1] – estão sendo objeto de debate com professores brilhantes em sucessivos encontros coordenados pelo notável Ministro do Superior Tribunal de Justiça, Marco Aurélio Belizze. A minha intenção de publicá-las (as sugestões que fiz) neste ensaio não é outro senão permitir que essa discussão possa se pulverizar, alcançando o maior número de operadores do Direito, para democratizar a informação e permitir que todos, de alguma forma, possam apresentar críticas e sugestões que contribuirão, certamente, no aperfeiçoamento das propostas que, se espera, possam constar de um relatório final desses encontros.

São sugestões que venho pensando há muitos anos, fruto de uma intensa dedicação acadêmica sobre o tema da execução que me propus a desenvolver com meus alunos, orientandos e professores da UFES que compuseram os referidos grupos de pesquisa e observatórios tendo por objeto, exclusivamente, os problemas da tutela executiva. Destaco aqui a Professora Trícia Navarro Xavier, o Professor Thiago Silveira, os alunos Rafael Oliveira, Vander Giuberti, Cinthia Lacerda, Hector Chamberlain, Filipe Oliveira, Tainá Moreira e Nathielle Zanelato que certamente contribuíram muito para que eu pudesse construir as ideias que submeto à comunidade jurídica.

Antes de passar ao texto propriamente dito é preciso que se registrem algumas advertências:

---

1. Neste ensaio apresentarei apenas as sugestões que fiz à Comissão.

1. As mais de 70 sugestões são apenas "ideias inacabadas" que constituem ponto de partida para uma discussão, debate, alteração, acréscimo etc.;

2. As sugestões preocuparam-se em trazer o "factível", sem mudanças bruscas de estrutura pois a intenção é cumprir os ditames que governaram o CPC de 2015 (simplicidade, desburocratização, eficiência, efetividade etc.). A intenção é de que possam melhorar a tutela executiva do CPC;

1. Aqui estão apenas sugestões da execução comum, excluídas, portanto, as execuções especiais (fiscal, contra a fazenda, insolvência, alimentos) porque estes temas específicos são objeto de análise própria e específica, tal como o tema da desjudicialização. Nada impede que a posteriori sejam todas agregadas e contextualizadas numa proposta única;

2. Essas sugestões não diminuem em absolutamente nada o excelente e hercúleo trabalho que foi feito para a construção do CPC de 2015, que só não avançou mais em relação ao tema da execução porque ainda se aguardava os reflexos das mudanças na execução ocorridas nos anos de 2005 (Lei 11.232) e 2006 (Lei 11.382), bem como pelo fato de que foi justamente após 2017 que o CNJ conseguiu radiografar com maior precisão, com números estarrecedores, que a execução é hoje o maior gargalo responsável pelo represamento de causas no Poder Judiciário.

2. AS SUGESTÕES LEGISLATIVAS

2.1 O método de exposição

Como já se disse anteriormente sugerimos mais de "70 propostas" de forma que para facilitar a compreensão de todos que lerem este ensaio, elas serão arroladas abaixo seguindo a ordem de numeração dos artigos do Código. Para facilitar a análise, colocaremos a redação atual do dispositivo do CPC, a sugestão de texto que fizemos para aquele dispositivo e em seguida, pelos limites de publicação deste ensaio, uma breve justificativa da mudança proposta.

Naqueles casos em que não se trata de uma alteração ou modificação de texto propriamente dita, mas sim uma inclusão de algo que não consta no atual Código, iremos reproduzir como está o artigo correspondente atual, e como ficaria com a inserção sugerida.

2.2 O texto atual, o texto sugerido e a breve justificativa da sugestão

ARTIGO ATUAL	ARTIGO SUGERIDO	JUSTIFICATIVA BREVÍSSIMA
Art. 55 [...] II – às execuções fundadas no mesmo título executivo.	Art. 55 [...] II – às execuções fundadas no mesmo título executivo. III – às execuções envolvendo o mesmo exequente e o mesmo executado ainda que fundada em títulos executivos diversos	1. O artigo 55, II pressupõe a reunião por conexão na hipótese em que um mesmo título enseja mais de uma execução. 2. O mesmo título executivo (pressuposto jurídico[2], causa de pedir[3]) é fundamento para a reunião no inciso II. 3. No entanto, o art. 780 do CPC admite a cumulação de execuções, ainda que fundadas em títulos diferentes, quando o executado for o mesmo e desde que para todas elas sejam competentes o mesmo juízo e idêntico o procedimento. 4. O que se pretende com este inciso sugerido é justamente permitir que a modificação da competência (reunião por conexão) se dê, também nas hipóteses de conexão meramente subjetiva[4], em consonância com o artigo 780 do CPC.
Art. 77. [...] § 1º Nas hipóteses dos incisos IV e VI, o juiz advertirá qualquer das pessoas mencionadas no caput de que sua conduta poderá ser punida como ato atentatório à dignidade da justiça.	Art. 77. [...] § 1º Nas hipóteses dos incisos IV e VI, o juiz poderá advertir previamente qualquer das pessoas mencionadas no caput de que sua conduta poderá ser punida como ato atentatório à dignidade da justiça. [...] § 8º Considera-se embaraço à sua efetivação no inciso IV qualquer conduta, comissiva ou omissiva, que postergue, desatenda, dificulte, obste ou atrapalhe a eficácia ou a execução da decisão judicial.	1. Da forma como está o dispositivo dá a entender que os tipos dos incisos IV e VI só podem incidir no caso concreto se tiver ocorrido uma previa advertência, ou seja, de que a advertência seria condição necessária, antecedente, à incidência das hipóteses dos incisos IV e VI. 2. A modificação do § 1º pretender afastar esta situação de *necessária advertência* prévia. Isso de forma alguma afasta a necessidade de que toda e qualquer punição seja precedida de contraditório real e efetivo daquele potencial infrator. 3. A mudança no §8º tem por finalidade densificar quais os tipos de conduta tipificam a expressão "não cumprir com exatidão as decisões jurisdicionais

---

2. LIEBMAN, Enrico Tulio. *Processo de execução*. 2. ed. São Paulo: Saraiva, 1963.
3. BRAGA, Paula Sarno; DIDIER JR., Fredie; OLIVEIRA, Rafael Alexandria de. *Curso de Direito Processual Civil*. 10. ed. 2020. v. V.
4. Admitida a conexão subjetiva, mas não a *cumulação subjetiva* (coligação de partes) como explicita ASSIS, Araken. *Manual da Execução Civil*. 18. ed. São Paulo: Ed. RT, 2016, p. 449.

Art. 85 [...] § 1º São devidos honorários advocatícios na reconvenção, no cumprimento de sentença, provisório ou definitivo, na execução, resistida ou não, e nos recursos interpostos, cumulativamente. [...] § 13. As verbas de sucumbência arbitradas em embargos à execução rejeitados ou julgados improcedentes e em fase de cumprimento de sentença serão acrescidas no valor do débito principal, para todos os efeitos legais.	Art. 85 [...] § 1º São devidos honorários advocatícios na reconvenção, em qualquer modalidade de cumprimento de sentença, provisório ou definitivo, na execução, resistida ou não, e nos recursos interpostos, cumulativamente. [...] § 13. As verbas de sucumbência arbitradas em embargos à execução rejeitados ou julgados improcedentes e em fase de cumprimento de sentença, inclusive em impugnação ao cumprimento de sentença, serão acrescidas no valor do débito principal, para todos os efeitos legais.	1. Apenas ajuste para as situações de cumprimento de sentença/impugnação do executado que embora ausentes no texto devem ser contempladas, segundo posição sedimentada no STJ.[5]
Art. 133 [...] § 2º Dispensa-se a instauração do incidente se a desconsideração da personalidade jurídica for requerida na petição inicial, hipótese em que será citado o sócio ou a pessoa jurídica. § 3º A instauração do incidente suspenderá o processo, salvo na hipótese do § 2º.	Art. 133 [...] § 2º Dispensa-se a instauração do incidente se a desconsideração da personalidade jurídica for requerida na petição inicial da ação condenatória, hipótese em que será citado o sócio ou a pessoa jurídica. § 3º A instauração do incidente suspenderá o processo cognitivo, salvo na hipótese do § 2º.	1. As duas observações são formas de corrigir o equívoco ao dizer simplesmente "petição inicial". A formulação da pretensão em "petição inicial de execução ou cumprimento de sentença" não possui compatibilização procedimental e, nestas situações, deve ser feito em petição própria dando ensejo a incidente processual cognitivo como nas demais hipóteses.[6]

---

5. REsp 1358837 / SP.
6. RODRIGUES, Marcelo Abelha. Observações sobre o incidente de desconsideração da personalidade jurídica. *Revista Magister de Direito Civil e Processual Civil*, n. 102, maio-jun. 2021, Porto Alegre, p. 14.

Art. 297. O juiz poderá determinar as medidas que considerar adequadas para efetivação da tutela provisória. Parágrafo único. A efetivação da tutela provisória observará as normas referentes ao cumprimento provisório da sentença, no que couber.	Art. 297. O juiz poderá determinar as medidas que considerar adequadas para efetivação da tutela provisória. Parágrafo único. A efetivação da tutela provisória, urgente ou evidente, observará o inciso IV do art. 139 e os incisos I, II e III do art. 520.	1. A proposta tem por finalidade deixar claro que o regime diferenciado de "efetivação provisória" da tutela provisória (urgente ou evidente) é distinto do cumprimento provisório da sentença constante no art. 520, sendo que os incisos deste dispositivo se prestam como diretrizes de realização com base em um título provisório. 2. Trata-se de tratar maior densificação à expressão "no que couber" prevista no art. 297, consagrando a distinção de regime jurídico entre o cumprimento provisório da sentença (art. 520) e a efetivação da tutela provisória (art. 297).[7] 3. A urgência e a evidência constantes de provimento do art. 294 e ss. são autorizadores deste regime especial de efetivação provisória que segue o modelo do art. 139 como diretriz.
Art. 319. A petição inicial indicará:	Art. 319. A petição inicial indicará: [...] VIII – proceder à averbação em registros públicos do ato de propositura da ação condenatória, para conhecimento de terceiros para fins do art. 792, IV.	1. A intenção deste dispositivo é permitir que se faça a averbação da ação condenatória, acompanhando a regra do artigo 792, V criando presunção em desfavor do terceiro adquirente e eliminando o vácuo temporal deixado pelo referido dispositivo que trata da fraude à execução. 2. Quando no cumprimento de sentença o exequente se depara com a ausência de patrimônio do executado, destoando de uma situação jurídica patrimonial existente quando da propositura da ação condenatória[8], permite-se aplicar a regra do artigo 792, V, o que nem sempre é fácil verificar a situação de fraude, normalmente ocorrida há muito tempo, mas depois de iniciado o processo. Esta proposta pretende uma tutela preventiva da responsabilidade patrimonial, justamente para atender ao art. 792, V.

---

7. RODRIGUES, Marcelo Abelha. Notas para uma reflexão sobre o cumprimento provisório da sentença e a efetivação da tutela provisória no direito processual civil brasileiro. *Revista Unicuritiba*, v. 2, n. 59, p. 522-537, 2020. Disponível em: http://dx.doi.org/10.21902/revistajur.2316-753X.v2i59.4234. Acesso em: 20 jul. 2021.
8. A respeito ver ASSIS, Araken. *Manual da Execução Civil*. 18. ed. São Paulo: Ed. RT, 2016, p. 400, 401.

Art. 516. O cumprimento da sentença efetuar-se-á perante: [...] III – o juízo cível competente, quando se tratar de sentença penal condenatória, de sentença arbitral, de sentença estrangeira ou de acórdão proferido pelo Tribunal Marítimo.	Art. 516. O cumprimento da sentença efetuar-se-á perante: [...] III – o juízo cível competente, quando se tratar de sentença penal condenatória, de sentença arbitral, de sentença estrangeira ou de acórdão proferido pelo Tribunal Marítimo.	1. Simples adequação ao veto presidencial ao disposto no art. 515, inc. X, CPC/15. O trecho excluído não deveria ter constado no CPC vigente.
Art. 518. Todas as questões relativas à validade do procedimento de cumprimento da sentença e dos atos executivos subsequentes poderão ser arguidas pelo executado nos próprios autos e nestes serão decididas pelo juiz.	Art. 518. Respeitado o prazo e as matérias arguíveis pela impugnação do executado (art. 525), todas as questões relativas à validade do procedimento de cumprimento da sentença e dos atos executivos subsequentes poderão ser arguidas pelo executado nos próprios autos e nestes serão decididas pelo juiz.	1. É preciso dar ao procedimento executivo a mesma segurança que se dá ao procedimento cognitivo no que concerne ao instituto da preclusão. A sugestão de mudança pretende evitar que o devedor tenha uma carta branca para a qualquer tempo alegar o que deve ser feito por meio da impugnação do executado[9]. Há que se concentrar, dentro do possível, as matérias de defesa ao momento específico afim de evitar retardamento do feito, o que não exclui, obviamente, a possibilidade de utilização de demandas autônomas heterotópicas.
Art. 523. No caso de condenação em quantia certa, ou já fixada em liquidação, e no caso de decisão sobre parcela incontroversa, o cumprimento definitivo da sentença far-se-á a requerimento do exequente, sendo o executado intimado para pagar o débito, no prazo de 15 (quinze) dias, acrescido de custas, se houver.	Art. 523. Não cumprida espontaneamente a decisão condenatória definitiva para pagamento de quantia certa, poderá o credor, após 15 dias contados da intimação do trânsito em julgado da decisão, requerer o cumprimento definitivo da sentença, sendo o executado intimado para pagar o débito, no prazo de 3 (três) dias, acrescido de multa de 10% e custas, se houver.	1. Atualmente, uma sentença condenatória transitada em julgado não possui nenhum atributo que estimule o condenado a adimplir o seu comando, antes o contrário, pois se "pagar" no prazo de 15 dias (art. 523) do cumprimento de sentença que vier a ser instaurado, fica livre da multa e dos honorários. 2. Da forma como está o texto hoje, estimula-se o não cumprimento da sentença e obriga o credor a iniciar o cumprimento de sentença para que o executado pague nos 15 dias.

---

9. Sobre a preclusão como fenômeno impeditivo e limitador do exercício das faculdades processuais das partes ver SICA, Heitor Mendonça. *Preclusão processual civil*. 2. ed. São Paulo: Atlas, 2008, p. 109 e ss.

| | § 1º Não ocorrendo pagamento voluntário no prazo de 3 dias previsto no caput, o débito será acrescido de multa de dez por cento e, também, de honorários de advogado de dez por cento.
§ 2º Efetuado o pagamento parcial no prazo do parágrafo anterior, a multa e os honorários previstos no § 1º incidirão sobre o restante.
§ 3º Tão logo seja determinada a intimação do executado para adimplir no prazo de 3 dias, deverá o juiz expedir mandado de penhora e avaliação que só não será cumprido se o executado informar e comprovar nos autos o pagamento.
§ 4º Realizada a penhora seguir-se-á o procedimento executivo previsto no Capítulo IV, Título II, Livro II deste Código. | 3. Neste cenário, duas propostas de mudanças i) para evitar que a sentença condenatória continue a ser um "nada" jurídico estabelece-se uma multa pelo não adimplemento voluntário da sentença no prazo de 15 dias da intimação do trânsito em julgado; ii) após o requerimento executivo fixa o prazo de 3 dias (igualdade com o artigo 827 e ss.) para o "adimplemento voluntário" sob pena de nova multa de 10%.
4. Equaliza-se o prazo e o valor da multa do artigo 523 com o art. 827.
5. Passa-se a ter uma multa pelo não cumprimento da sentença transitada em julgado e outra multa pelo não adimplemento voluntário no prazo de 3 dias após iniciada a execução ou cumprimento de sentença.
6. Além disso, passa a ser do executado o ônus de provar nos autos que adimpliu no prazo. Da forma como está o dispositivo atualmente, é necessário que o exequente informe ao juízo que o executado não adimpliu no prazo para que seja deflagrada a penhora e avaliação (art. 523, §3º). A expedição do mandado como se propôs é imediata, junto com a intimação para pagar em três dias e passado o prazo deve ser cumprido independentemente de qualquer solicitação do exequente, competindo ao executado o ônus de demonstrar o pagamento, como aliás, já consta do artigo 525, § 1º, VII.
7. Da forma como se encontra o Código a penhora só se realiza após a informação de que não houve adimplemento voluntário. A sugestão é transferir para o executado essa responsabilidade, devendo o mandado ser cumprido imediatamente após a citação. |

Art. 525. Transcorrido o prazo previsto no art. 523 sem o pagamento voluntário, inicia-se o prazo de 15 (quinze) dias para que o executado, independentemente de penhora ou nova intimação, apresente, nos próprios autos, sua impugnação. § 1º Na impugnação, o executado poderá alegar:	Art. 525. Transcorrido o prazo previsto no art. 523 sem o pagamento voluntário, inicia-se o prazo de 15 (quinze) dias para que o executado, independentemente de penhora ou nova intimação, apresente, nos próprios autos, sua impugnação. § 1º A impugnação do executado só será recebida se o executado apresentar declaração de mão própria informando o rol de bens que integram o seu patrimônio. Na sua impugnação, poderá alegar:	1. A proposta é consentânea com o princípio da colaboração e boa-fé, que já se vê estampada em dispositivos como o art. 805, parágrafo único e art. 525, § 4º etc. 2. A proposta estabelece como documento essencial para exercício defesa do executado por meio de impugnação que apresente declaração atualizada de seu patrimônio. A mesma regra deverá ser inserida no artigo 917 para o caso de embargos à execução. 3. É o executado que conhece o seu patrimônio melhor do que ninguém, e, desde já fica na mira do *contempt of court*, pois eventual descoberta de patrimônio posteriormente que não corresponda ao que foi declarado implica em punição processual.
Art. 537. A multa independe de requerimento da parte e poderá ser aplicada na fase de conhecimento, em tutela provisória ou na sentença, ou na fase de execução, desde que seja suficiente e compatível com a obrigação e que se determine prazo razoável para cumprimento do preceito.	Art. 537. A multa independe de requerimento da parte e poderá ser aplicada na fase de conhecimento, em tutela provisória ou na sentença, ou na fase de execução, desde que seja suficiente e compatível com a obrigação e que se determine o prazo inicial e final de sua incidência e que seja razoável para cumprimento do preceito.	1. Tem sido comum no Judiciários longos debates sobre o momento de incidência da multa. Um dos problemas são as *multas eternas* que geram o "enriquecimento sem causa" pelo exequente que adota a postura de ignorar o cumprimento da decisão judicial dada em seu favor, ao mesmo tempo que passa a apostar no recebimento da multa acumulada[10]. 2. Além disso, com a proposta pretende-se que o magistrado se atente para a fixação do prazo inicial e o prazo final da multa imposta, o que deverá ser feito considerando as circunstâncias do caso concreto; 3. Com a fixação do dies a quo evita-se o locupletamento ilícito e a transformação indevida do papel coercitivo para o "punitivo", permitindo que ao final do prazo, caso a multa seja inefetiva, que possa ser substituída por outra medida ou até mesmo aumentado o seu valor.

---

10. Ver, por todos, BUENO, Cassio Scarpinella. *Curso sistematizado de direito processual civil 3*. 9. ed. São Paulo: Saraiva, 2020, p. 550.

Art. 773. O juiz poderá, de ofício ou a requerimento, determinar as medidas necessárias ao cumprimento da ordem de entrega de documentos e dados. Parágrafo único. Quando, em decorrência do disposto neste artigo, o juízo receber dados sigilosos para os fins da execução, o juiz adotará as medidas necessárias para assegurar a confidencialidade.	Art. 773. O juiz poderá, de ofício ou a requerimento, determinar as medidas necessárias para que o executado ou terceiros cumpram a ordem de entrega de documentos e dados. § 1º Quando, em decorrência do disposto neste artigo, o juízo receber dados sigilosos para os fins da execução, o juiz adotará as medidas necessárias para assegurar a confidencialidade. § 2º Incumbe ao terceiro cooperar com o cumprimento da decisão judicial quando a efetividade da medida dependa de sua colaboração. § 3º Os custos suportados pelo terceiro para realização do ato de devem ser adiantados pelo exequente e ao final ressarcidos pelo executado. § 4º No caso de o terceiro descumprir a ordem judicial impedindo ou embaraçando a sua efetivação e não apresentar justificativa fundamentada para a sua recusa, este ato será considerado atentatório à dignidade da justiça e poderá juiz determinar, além da imposição de multa, outras medidas indutivas, coercitivas, mandamentais ou sub-rogatórias para obter o resultado pretendido.	1. Tem sido cada vez mais comum em uma sociedade virtual a necessidade de que terceiros (provedores, sites etc.) colaborem com a efetivação de ordem judicial. Há verdadeiramente o problema do custo da realização deste ato colaborativo que não pode ser imputado ao terceiro e por isso a sugestão de que seja adiantado pelo exequente e ressarcido depois pelo executado. A sugestão se aproxima da regra do art. 380 do CPC.[11]

---

11. AgRg no RMS 65.291/MG, Rel. Ministro Felix Fischer, Quinta Turma, julgado em 23.03.2021, DJe 05.04.2021; REsp n. 1.568.445/PR, Terceira Seção, Rel. Min. Rogerio Schietti Cruz, Rel. p/ Acórdão Min. Ribeiro Dantas, DJe de 20.08.2020.

Art. 774. Considera-se atentatória à dignidade da justiça a conduta comissiva ou omissiva do executado que: I – frauda a execução; II – se opõe maliciosamente à execução, empregando ardis e meios artificiosos; III – dificulta ou embaraça a realização da penhora; IV – resiste injustificadamente às ordens judiciais; V – intimado, não indica ao juiz quais são e onde estão os bens sujeitos à penhora e os respectivos valores, nem exibe prova de sua propriedade e, se for o caso, certidão negativa de ônus. Parágrafo único. Nos casos previstos neste artigo, o juiz fixará multa em montante não superior a vinte por cento do valor atualizado do débito em execução, a qual será revertida em proveito do exequente, exigível nos próprios autos do processo, sem prejuízo de outras sanções de natureza processual ou material.	Art. 774. Considera-se atentatória à dignidade da justiça a conduta comissiva ou omissiva do executado que: I – frauda a execução; II – se opõe maliciosamente à execução, empregando ardis e meios artificiosos; III – dificulta ou embaraça a realização dos atos executivos de constrição e expropriação do patrimônio; IV – Resiste injustificadamente às ordens judiciais; V – Intimado, não indica ao juiz quais são e onde estão os bens sujeitos à penhora e os respectivos valores, nem exibe prova de sua propriedade e, se for o caso, certidão negativa de ônus. VI – Quando se descobrir a existência de bens no seu patrimônio que não estiverem declarados nos embargos à execução ou na impugnação do executado. Parágrafo único. Nos casos previstos neste artigo, o juiz fixará multa em montante não superior a vinte por cento do valor atualizado do débito em execução, a qual será revertida em proveito do exequente, exigível nos próprios autos do processo, sem prejuízo de outras sanções de natureza processual ou material.	1. A primeira mudança é para alcançar todos os atos executivos e não apenas a penhora. Não há razão para a referida limitação, já que existem inúmeras maneiras de o executado praticar atos para frustrar os atos expropriatórios finais. 2. A segunda está em consonância com a proposta mencionada acima de exigir que o executado apresente, no primeiro momento de falar nos autos, a declaração atualizada do seu patrimônio.

Art. 789. O devedor responde com todos os seus bens presentes e futuros para o cumprimento de suas obrigações, salvo as restrições estabelecidas em lei.	Art. 789. O devedor responde com todos os seus bens presentes e futuros para o cumprimento de suas obrigações, salvo as restrições estabelecidas em lei. § 1º Não será admitida convenção processual que exclua ou torne excessivamente difícil a efetivação da responsabilidade patrimonial.	1. A integridade da responsabilidade patrimonial tem repercussão social para trazer segurança jurídica no cumprimento das relações jurídicas[12], daí porque o tema não pode ser analisado apenas sob o viés privado da livre disponibilidade sem observar o desequilíbrio que tal clausula pode causar no direito subjacente à convenção excludente da responsabilidade patrimonial. 2. A sugestão apenas explicita o que já é expresso no artigo 789 que vincula à lei as *restrições* à responsabilidade patrimonial[13]. Há, portanto, limite decorrente da *reserva legal*[14]. Obviamente não há restrição para convencionar a *ampliação* ou *priorização* (ordem de preferência) a penhora (e futura expropriação) de qualquer bem em relação a outros do mesmo patrimônio.
Art. 792. A alienação ou a oneração de bem é considerada fraude à execução: [...] § 4º Antes de declarar a fraude à execução, o juiz deverá intimar o terceiro adquirente, que, se quiser, poderá opor embargos de terceiro, no prazo de 15 (quinze) dias.	Art. 792. A alienação ou a oneração de bem é considerada fraude à execução: [...] § 4º Antes de declarar a fraude à execução, o juiz instaurará o incidente processual e deverá intimar o terceiro adquirente, que, se quiser, apesentar impugnação no prazo de 15 (quinze) dias ou oferecer embargos de terceiro. § 5º A decisão no incidente de fraude à execução poderá ser impugnada por agravo de instrumento.	1. Não há razão para que não seja instaurado um incidente cognitivo prévio, em respeito ao contraditório, para que aconteça o reconhecimento da fraude à execução[15]. Este pronunciamento (decisão interlocutória) seria prolatado num incidente processual cognitivo com respeito ao contraditório aos envolvidos, inclusive o terceiro mencionado no §4º do art. 792. Haverá aí uma decisão interlocutória de mérito acerca do objeto do incidente que não poderá ser renovado em outras demandas.

---

12. MORENO, Francisco Javier Orduña, HAYA, Silvia Tamayo. *La protección patrimonial del crédito*. Civitas: Editorial Aranzadi, t. I. La conservación de la garantía patrimonial del derecho de crédito, p. 26 e ss.
13. Admitindo a restrição, ao menos parcialmente, GAJARDONI, Fernando Fonseca. Convenções processuais atípicas na execução civil. *Revista Eletrônica de Direito Processual*. Disponível em: https://www.e-publicacoes.uerj.br/index.php/redp/article/view/56700/36321. Acesso em: 20 jul. 2021.
14. Sobre os limites à liberdade processual em razão do objeto a ser convencionado ser de "reserva legal" ver CABRAL, Trícia Navarro Xavier. Limites da liberdade processual. São Paulo: Editora Foco, 2019, p. 143.
15. RODRIGUES, Marcelo Abelha. *Manual de execução civil*. 7. ed. Rio de Janeiro: Forense, 2019.

Art. 792. A alienação ou a oneração de bem é considerada fraude à execução: § 2º No caso de aquisição de bem não sujeito a registro, o terceiro adquirente tem o ônus de provar que adotou as cautelas necessárias para a aquisição, mediante a exibição das certidões pertinentes, obtidas no domicílio do vendedor e no local onde se encontra o bem.	Art. 792. A alienação ou a oneração de bem é considerada fraude à execução: § 2º No caso de aquisição de bem não sujeito a registro, será do terceiro adquirente o ônus de provar que adotou as cautelas necessárias para a aquisição, mediante, tais como a demonstração de que pagou o valor de mercado do bem, a exibição das certidões pertinentes, inclusive judiciais, obtidas no domicílio do vendedor e no local onde se encontra o bem.	1. Não há inovação na sugestão, senão porque apenas amplia as hipóteses do rol que expressamente passa a ser exemplificativo (é do terceiro o encargo probatório).
Art. 793. O exequente que estiver, por direito de retenção, na posse de coisa pertencente ao devedor não poderá promover a execução sobre outros bens senão depois de excutida a coisa que se achar em seu poder.	Art. 793. O exequente que estiver, com base na lei ou no contrato, por direito de retenção, na posse de coisa pertencente ao devedor não poderá promover a execução sobre outros bens senão depois de excutida a coisa que se achar em seu poder.	1. Apenas explicita, por segurança jurídica, que este direito de autotutela (retenção) deve estar embasado em lei ou contrato.
Art. 794. O fiador, quando executado, tem o direito de exigir que primeiro sejam executados os bens do devedor situados na mesma comarca, livres e desembargados, indicando-os pormenorizadamente à penhora. [...] § 3º O disposto no caput não se aplica se o fiador houver renunciado ao benefício de ordem.	Art. 794. O fiador, quando executado, tem o direito de exigir que primeiro sejam executados os bens do devedor situados na mesma comarca, livres e desembargados, indicando-os pormenorizadamente à penhora. [...] § 3º O disposto no *caput* não se aplica se o fiador houver renunciado ao benefício de ordem.	1. Permite claramente que o fiador, titular do benefício de ordem, possa promover demanda com a finalidade de evitar o desfalque patrimonial daquele que deve responder primeiro pela dívida. Não se trata de tutela do crédito do credor/exequente em "legitimação extraordinária", mas de tutela preventiva para resguardo do seu próprio patrimônio para que só venha a excutido depois do patrimônio do devedor principal.[16]

---

16. . A respeito ver SHIMURA, Sérgio. *Arresto cautelar*. 3. ed. São Paulo: Ed. RT, 2005, p. 40 e ss.

	§ 4º Havendo benefício de ordem, tem o fiador legitimidade para propor demanda contra o devedor principal, do qual será intimado o exequente, com a finalidade de indisponibilizar o patrimônio do devedor sempre que houver indícios de que esteja cometendo desfalque proposital para evitar a sua responsabilidade patrimonial.	
Art. 797. Ressalvado o caso de insolvência do devedor, em que tem lugar o concurso universal, realiza-se a execução no interesse do exequente que adquire, pela penhora, o direito de preferência sobre os bens penhorados. Parágrafo único. Recaindo mais de uma penhora sobre o mesmo bem, cada exequente conservará o seu título de preferência.	Art. 797. Ressalvado o caso de insolvência do devedor, em que tem lugar o concurso universal, realiza-se a execução no interesse do exequente que adquire, pela penhora, o direito de preferência sobre os bens penhorados. Parágrafo único. Recaindo mais de uma penhora sobre o mesmo bem, cada exequente conservará o seu título de preferência a ser exercido por meio do incidente processual do art. 908 e 909 do CPC.	1. A sugestão tem por finalidade deixar claro que o concurso de exequente e credores dá ensejo a um incidente cognitivo prévio à entrega do dinheiro ao exequente.
Art. 799 [...] IX – proceder à averbação em registro público do ato de propositura da execução e dos atos de constrição realizados, para conhecimento de terceiros.	Art. 799 [...] IX – proceder à averbação em registro público do ato de propositura da execução e dos atos de constrição realizados, para conhecimento de terceiros nos termos do art. 828 do CPC	1. Ajusta e compatibiliza o artigo 799, IX com o art. 828 que com o CPC de 2015 traziam aparente conflito de normas.[17]

---

17. THEODORO JR., Humberto. *Curso de direito processual civil.* 52. ed. Rio de Janeiro: Forense, 2019, v. 3, item 278.

Art. 800. Nas obrigações alternativas, quando a escolha couber ao devedor, esse será citado para exercer a opção e realizar a prestação dentro de 10 (dez) dias, se outro prazo não lhe foi determinado em lei ou em contrato.	Art. 800. Nas obrigações alternativas, quando a escolha couber ao devedor, esse será citado para exercer a opção e realizar a prestação no prazo fixado pelo juiz dentro de 10 (dez) dias, se outro prazo não lhe foi determinado em lei ou em contrato.	1. Respeitado o prazo previsto em lei ou contrato, caso não exista esta indicação pode o magistrado definir o prazo adequado para cumprimento da obrigação. Um prazo genérico de 10 dias, abstrato e desconectado com as situações em concreto, como está no texto do artigo pode ser inadequado para o tipo de obrigação a ser cumprida.
Art. 803. É nula a execução se I – o título executivo extrajudicial não corresponder a obrigação certa, líquida e exigível; II – o executado não for regularmente citado; III – for instaurada antes de se verificar a condição ou de ocorrer o termo. Parágrafo único. A nulidade de que cuida este artigo será pronunciada pelo juiz, de ofício ou a requerimento da parte, independentemente de embargos à execução.	Art. 803. É nula a execução se: I – o título executivo extrajudicial não corresponder a obrigação certa, líquida e exigível; II – o executado não for regularmente citado; III – for instaurada antes de se verificar a condição ou de ocorrer o termo. Parágrafo único. A nulidade de que cuida este artigo será pronunciada pelo juiz, respeitado o art. 10 do CPC, de ofício ou a requerimento da parte, independentemente de impugnação (art. 525) ou embargos à execução (art. 914).	1. Apenas compatibiliza o dispositivo que trata do reconhecimento de ofício ou por requerimento da nulidade – muitas vezes feito fora dos meios típicos de oposição do executado como diz o parágrafo único – ao artigo 10 evitando decisões surpresa
Art. 806. O devedor de obrigação de entrega de coisa certa, constante de título executivo extrajudicial, será citado para, em 15 (quinze) dias, satisfazer a obrigação.	Art. 806. O devedor de obrigação de entrega de coisa certa, constante de título executivo extrajudicial, será citado para, em 15 (quinze) dias, satisfazer a obrigação em prazo razoável, se outro prazo não estiver determinado no título executivo. § 3º Aplica-se subsidiariamente o artigo 827 do CPC	1. Respeitado o prazo previsto em lei ou contrato, caso não exista esta indicação pode o magistrado definir o prazo adequado para cumprimento da obrigação. Um prazo genérico e abstratamente concebido pela lei, de 15 dias como está no texto do artigo, pode ser inadequado para o tipo de obrigação a ser cumprida.

Art. 814. Na execução de obrigação de fazer ou de não fazer fundada em título extrajudicial, ao despachar a inicial, o juiz fixará multa por período de atraso no cumprimento da obrigação e a data a partir da qual será devida. Parágrafo único. Se o valor da multa estiver previsto no título e for excessivo, o juiz poderá reduzi-lo.	Art. 814. Na execução de obrigação de fazer ou de não fazer fundada em título extrajudicial, ao despachar a inicial, o juiz poderá fixar multa processual aplicando-se no que couber o art. 537 fixará multa por período de atraso no cumprimento da obrigação e a data a partir da qual será devida. Parágrafo único. Se o valor da multa estiver previsto no título e for excessivo, o juiz poderá reduzi-lo. Aplica-se subsidiariamente o art. 827 do CPC	1. A alteração do caput é, primeiro, para retirar a regra impositiva (fixará) e depois para adequar a disciplina das astreintes. Não está o juiz obrigado a fixar as astreintes. Pode deferir a medida executiva coercitiva caso assim entenda como necessária e adequada à obtenção da satisfação da tutela executiva. 2. A segunda alteração, do parágrafo único, é para corrigir o histórico erro do dispositivo de baralhar a *multa contratual* (natureza civil) com a *multa processual* (astreintes) quando alterou o art. 645 por meio da Lei 8.953/94.
Art. 822. Se o executado praticou ato a cuja abstenção estava obrigado por lei ou por contrato, o exequente requererá ao juiz que assine prazo ao executado para desfazê-lo.	Art. 822. Para a obtenção da tutela da obrigação de não fazer o juiz poderá, a requerimento, determinar as medidas necessárias à satisfação do exequente, tais como a imposição de multa, a busca e apreensão, a remoção de pessoas e coisas, o desfazimento de obras e o impedimento de atividade nociva, podendo, caso necessário, requisitar o auxílio de força policial. Parágrafo único. Se o executado praticou ato a cuja abstenção estava obrigado por lei ou por contrato, o exequente requererá ao juiz que assine prazo ao executado para desfazê-lo.	3. Correção da clássica falha do legislador que não prevê tutela de obrigação de não fazer (inibitória) quando fundado em título extrajudicial[18]. Reserva-se para o parágrafo único a tutela de fazer (desfazimento do que não poderia ter feito).

---

18. MARINONI, Luiz Guilherme; ARENHART, Sérgio Cruz; MITIDIERO, Daniel. *Código de Processo Civil Comentado*. 3. ed. São Paulo: Ed. RT, 2017, p. 904.

Art. 829. O executado será citado para pagar a dívida no prazo de 3 (três) dias, contado da citação. § 1º Do mandado de citação constarão, também, a ordem de penhora e a avaliação a serem cumpridas pelo oficial de justiça tão logo verificado o não pagamento no prazo assinalado, de tudo lavrando-se auto, com intimação do executado.	Art. 829. O executado será citado para pagar a dívida no prazo de 3 (três) dias, contado do ato de citação. § 1º Do mandado de citação constarão, também, a ordem de penhora e a avaliação a serem cumpridas pelo oficial de justiça tão logo seja realizada a citação verificado o não pagamento no prazo assinalado, de tudo lavrando-se auto, com intimação do executado. § 1º-A Caberá ao executado informar e comprovar se realizou o adimplemento no prazo assinalado para que o mandado seja recolhido.	1. A sugestão melhora a redação do caput para dizer que o prazo para pagar é do ato citatório evitando imaginar que seria da juntada aos autos do mandado cumprido. 2. Da forma como se encontra o Código a penhora só se realiza após a informação ("tão logo") de que não houve adimplemento voluntário. A sugestão é transferir para o executado esse ônus de informar que houve o pagamento (art. 525, § 1º, VII e art. 917, VI), devendo o mandado ser cumprido imediatamente após a citação.
Art. 833. São impenhoráveis: § 2º O disposto nos incisos IV e X do caput não se aplica à hipótese de penhora para pagamento de prestação alimentícia, independentemente de sua origem, bem como às importâncias excedentes a 50 (cinquenta) salários-mínimos mensais, devendo a constrição observar o disposto no art. 528, § 8º, e no art. 529, § 3º.	Art. 833. São impenhoráveis: § 2º O disposto nos incisos IV e X do caput não se aplica à hipótese de penhora para pagamento de prestação alimentícia, independentemente de sua origem, bem como às importâncias excedentes a 50 (cinquenta) 20 (vinte) salários-mínimos mensais, devendo a constrição observar o disposto no art. 528, § 8º, e no art. 529, § 3º	1. Redução de 50 para 20 salários-mínimos a imunidade prevista na lei. O valor sugerido, embora ainda seja elevado, é mais adequado e próximo da realidade brasileira.[19]
Art. 834. Podem ser penhorados, à falta de outros bens, os frutos e os rendimentos dos bens inalienáveis.	Art. 834. Podem ser penhorados, à falta de outros bens, os frutos e os rendimentos dos bens inalienáveis e os bens das subseções VIII e IX desta Seção III.	1. Adequação e explicitação, em dispositivo próprio, do que já consta no art. 865 e 866.

---

19. A respeito ver: MEDINA, José Miguel Garcia. *Processo Civil Moderno*: processo de execução e cumprimento de sentença. 3 ed. São Paulo: Ed. RT, 2013. v. 2. p. 158; CÂMARA, Alexandre Freitas. A eficácia da execução e a eficiência dos meios executivos: em defesa dos meios executivos atípicos e da penhora de bens impenhoráveis. In: ALVIM, Arruda; ALVIM, Eduardo Arruda; BRUSCHI, Gilberto Gomes; CECHI, Mara Larsen; COUTO, Mônica Bonetti (Coord.). *Execução civil e temas afins* – Do CPC/1973 ao Novo CPC: estudos em homenagem ao Professor Araken de Assis. São Paulo: Ed. RT, 2014.

Art. 835. A penhora observará, preferencialmente, a seguinte ordem: § 1º É prioritária a penhora em dinheiro, podendo o juiz, nas demais hipóteses, alterar a ordem prevista no caput de acordo com as circunstâncias do caso concreto. § 2º Para fins de substituição da penhora, equiparam-se a dinheiro a fiança bancária e o seguro garantia judicial, desde que em valor não inferior ao do débito constante da inicial, acrescido de trinta por cento. § 3º Na execução de crédito com garantia real, a penhora recairá sobre a coisa dada em garantia, e, se a coisa pertencer a terceiro garantidor, este também será intimado da penhora.	Art. 835. A penhora observará, preferencialmente, a seguinte ordem: § 1º Não sendo possível a penhora de dinheiro, poderá o juiz, nas demais hipóteses, alterar a ordem prevista no caput de acordo com as circunstâncias do caso concreto. § 2º Para fins de substituição da penhora nas hipóteses dos incisos II à XIII, equiparam-se a dinheiro a fiança bancária e o seguro garantia judicial, desde que em valor não inferior ao do débito constante da inicial, acrescido de trinta por cento. § 3º Na execução de crédito com garantia real, a penhora recairá preferencialmente sobre a coisa dada em garantia, e, se a coisa pertencer a terceiro garantidor, este também será intimado da penhora.	1. Retira o termo "prioridade" para deixar claro que o dinheiro é sempre, e obrigatoriamente, o primeiro bem alvo da penhora. 2. A segunda mudança é para excluir o dinheiro das hipóteses de substituição do bem penhorado. 3. Recoloca a palavra "preferencialmente" que constava no CPC de 73 e foi trocada pelo "recairá" no CPC atual. Não parece correto retirar do credor titular de garantia real o direito de obter tutela executiva sobre outros bens, inclusive dinheiro, do patrimônio do executado, impondo-lhe a execução hipotecária.
Art. 843. Tratando-se de penhora de bem indivisível, o equivalente à quota-parte do coproprietário ou do cônjuge alheio à execução recairá sobre o produto da alienação do bem. § 1º É reservada ao coproprietário ou ao cônjuge não executado a preferência na arrematação do bem em igualdade de condições.	Art. 843. Tratando-se de penhora de bem indivisível, o equivalente à quota-parte do coproprietário ou do cônjuge alheio à execução recairá sobre o produto da alienação do bem. § 1º É reservada ao coproprietário ou ao cônjuge não executado a preferência na arrematação adjudicação do bem nos termos do art. art. 876, §5º em igualdade de condições.	1. A preferência do coproprietário ou cônjuge deve ser feita na adjudicação do art. 876, § 5º tendo que fazer pelo preço o valor da avaliação. 2. Não exercida a prerrogativa acima aí sim – correndo o risco de um terceiro arrematar – terá preferência em igualdade de condições do arrematante, mas a sua cota parte será deduzida do valor pelo qual foi arrematado. 3. Da forma como está o dispositivo há um desestímulo na adjudicação pelo cônjuge ou coproprietário.

§ 2º Não será levada a efeito expropriação por preço inferior ao da avaliação na qual o valor auferido seja incapaz de garantir, ao coproprietário ou ao cônjuge alheio à execução, o correspondente à sua quota-parte calculado sobre o valor da avaliação.	§ 2º Não sendo requerida a adjudicação preferencial prevista no parágrafo anterior, poderá o coproprietário ou ao cônjuge participar da arrematação em igualdade de condições com os demais participantes. § 3º Não exercido o direito de adjudicação preferencial a que alude o art. 876, § 5º, e desde que respeitado o limite do preço vil (art. 891), será o bem levado a expropriação garantindo ao coproprietário ou ao cônjuge alheio à execução, o correspondente à sua quota-parte calculado sobre o valor da arrematação.	
Art. 845. Efetuar-se-á a penhora onde se encontrem os bens, ainda que sob a posse, a detenção ou a guarda de terceiros. § 1º A penhora de imóveis, independentemente de onde se localizem, quando apresentada certidão da respectiva matrícula, e a penhora de veículos automotores, quando apresentada certidão que ateste a sua existência, serão realizadas por termo nos autos. § 2º Se o executado não tiver bens no foro do processo, não sendo possível a realização da penhora nos termos do § 1º, a execução será feita por carta, penhorando-se, avaliando-se e alienando-se os bens no foro da situação.	Art. 845. Efetuar-se-á a penhora onde se encontrem os bens, ainda que sob a posse, a detenção ou a guarda de terceiros. § 1º Dar-se-á sempre a preferência pela penhora de bens na forma eletrônica, segundo as regras estabelecidas pelo CNJ. § 2º A penhora de imóveis, independentemente de onde se localizem, quando apresentada certidão da respectiva matrícula, e a penhora de veículos automotores, quando apresentada certidão que ateste a sua existência, serão realizadas por termo nos autos. § 3º Se o executado não tiver bens no foro do processo, não sendo possível a realização da penhora nos termos do § 1º, a execução será feita por carta, penhorando-se, avaliando-se e alienando-se os bens no foro da situação.	1. Explicita a opção pela solução mais simples e eficiente.

Art. 846. Se o executado fechar as portas da casa a fim de obstar a penhora dos bens, o oficial de justiça comunicará o fato ao juiz, solicitando-lhe ordem de arrombamento. § 1º Deferido o pedido, 2 (dois) oficiais de justiça cumprirão o mandado, arrombando cômodos e móveis em que se presuma estarem os bens, e lavrarão de tudo auto circunstanciado, que será assinado por 2 (duas) testemunhas presentes à diligência. § 2º Sempre que necessário, o juiz requisitará força policial, a fim de auxiliar os oficiais de justiça na penhora dos bens. § 3º Os oficiais de justiça lavrarão em duplicata o auto da ocorrência, entregando uma via ao escrivão ou ao chefe de secretaria, para ser juntada aos autos, e a outra à autoridade policial a quem couber a apuração criminal dos eventuais delitos de desobediência ou de resistência. § 4º Do auto da ocorrência constará o rol de testemunhas, com a respectiva qualificação.	Art. 846. Se o executado fechar as portas da casa a fim de obstar a penhora dos bens, o oficial de justiça comunicará o fato ao juiz, solicitando-lhe ordem de arrombamento. § 1º Deferido o pedido, 2 (dois) oficiais o oficial de justiça cumprirá o mandado, arrombando cômodos e móveis em que se presuma estarem os bens, e lavrarão de tudo auto circunstanciado, que será assinado por 2 (duas) testemunhas presentes à diligência. § 2º Sempre que necessário, o juiz requisitará força policial, a fim de auxiliar os oficiais o oficial de justiça na penhora dos bens. § 3º Os oficiais de justiça lavrarão O oficial de justiça lavrará em duplicata o auto da ocorrência, entregando uma via ao escrivão ou ao chefe de secretaria, para ser juntada aos autos, e a outra à autoridade policial a quem couber a apuração criminal dos eventuais delitos de desobediência ou de resistência. § 4º Do auto da ocorrência constará o rol de testemunhas, com a respectiva qualificação.	1. Pouco utilizado o referido dispositivo que, por razões de eficiência e disponibilidade de servidores pode não apenas atrapalhar a realização da diligência como atrasar outras que dependam de oficial de justiça. 2. O dispositivo tem redação quase idêntica ao art. 933 do CPC de 1939. O art. 661 do CPC de 1973 manteve a redação do art. 933 trazendo ainda a regra dos dois oficiais de justiça que constava do art. 352, § 1º do CPC de 1939.

Art. 847. O executado pode, no prazo de 10 (dez) dias contado da intimação da penhora, requerer a substituição do bem penhorado, desde que comprove que lhe será menos onerosa e não trará prejuízo ao exequente. [...] § 4º O juiz intimará o exequente para manifestar-se sobre o requerimento de substituição do bem penhorado.	Art. 847. O executado pode, no prazo de 15 (quinze) 10 (dez) dias contado da intimação da penhora, requerer a substituição do bem penhorado, desde que comprove que lhe será menos onerosa e não trará prejuízo ao exequente. [...] § 4º O juiz intimará o exequente para manifestar-se sobre o requerimento de substituição do bem penhorado no prazo de 15 dias.	1. A sugestão tem por finalidade aproximar o padrão de 15 dias adotado pelo Código para manifestação, e, igual prazo para o contraditório já o parágrafo é silente.
Art. 848. As partes poderão requerer a substituição da penhora se: [...] VI – fracassar a tentativa de alienação judicial do bem; ou VII – o executado não indicar o valor dos bens ou omitir qualquer das indicações previstas em lei. Parágrafo único. A penhora pode ser substituída por fiança bancária ou por seguro garantia judicial, em valor não inferior ao do débito constante da inicial, acrescido de trinta por cento.	Art. 848. As partes poderão requerer a substituição da penhora se: [...] VI – fracassar a tentativa de alienação judicial do bem e não tenha sido requerida nova avaliação; ou VII – o executado não indicar o valor dos bens ou omitir qualquer das indicações previstas em lei. Parágrafo único. A penhora pode ser substituída por fiança bancária ou por seguro garantia judicial, em valor não inferior ao do débito constante da inicial, acrescido de trinta por cento.	1. É preciso deixar claro no texto que havendo "leilão negativo" é perfeitamente possível que seja feita nova avaliação do bem para que possa ser novamente levado a leilão judicial. O leilão infrutífero tanto pode ter sido causado pela ausência de interesse pelo bem penhorado, como por falta de divulgação adequada ou até mesmo uma avaliação inadequada do referido bem em relação ao mercado.
Art. 852. O juiz determinará a alienação antecipada dos bens penhorados quando:	Art. 852. O juiz determinará a alienação antecipada dos bens penhorados de forma expedita e seguindo no que couber as regras do art. 879 e ss. quando:	1. É preciso aproximar o art. 852 do regime executivo das tutelas provisórias. Há um silêncio do legislador sobre como deve ser o procedimento (atípico ao que parece) desta modalidade de alienação antecipada. Detectada as hipóteses dos incisos, o magistrado deve colher do art. 879 as regras básicas para manutenção do devido processo legal, flexibilizando o procedimento para que seja mais expedito possível.[20]

---

20. . NEVES, Daniel Amorim A. *Curso de Direito Processual Civil*. 10. ed. Salvador: JusPodivm, 2018, p. 1308.

I – se tratar de veículos automotores, de pedras e metais preciosos e de outros bens móveis sujeitos à depreciação ou à deterioração; II – houver manifesta vantagem.	I – se tratar de veículos automotores, de pedras e metais preciosos e de outros bens móveis sujeitos à depreciação ou à deterioração ou; II – houver manifesta vantagem.	
Art. 857. Feita a penhora em direito e ação do executado, e não tendo ele oferecido embargos ou sendo estes rejeitados, o exequente ficará sub-rogado nos direitos do executado até a concorrência de seu crédito. § 1º O exequente pode preferir, em vez da sub-rogação, a alienação judicial do direito penhorado, caso em que declarará sua vontade no prazo de 10 (dez) dias contado da realização da penhora. § 2º A sub-rogação não impede o sub-rogado, se não receber o crédito do executado, de prosseguir na execução, nos mesmos autos, penhorando outros bens.	Art. 857. Feita a penhora em direito e ação do executado, e não tendo ele oferecido impugnação ou embargos à execução, ou sendo estes rejeitados, o exequente poderá adjudicar o direito de crédito do executado até a concorrência de seu crédito nos termos do art. 876. § 1º O exequente pode preferir, em vez da adjudicação, que seja realizada a alienação judicial do direito penhorado, caso em que declarará sua opção no prazo de 15 (quinze) dias contados da intimação da penhora. § 2º A adjudicação do direito de crédito do executado não impede o exequente, se não receber integralmente o valor exequendo, de prosseguir na execução, nos mesmos autos, penhorando outros bens. §3º Desde a penhora poderá o exequente exercer atos de tutela do referido direito de crédito.	1. O texto atual é uma reprise do CPC de 1973 sem a cautela de adequá-lo à forma de oposição ao cumprimento de sentença. Daí a inserção *impugnação*. 2. A doutrina sempre criticou este dispositivo posto que não se trata de sub-rogação propriamente dita, mas de adjudicação do direito de crédito.[21] 3. A opção pela adjudicação ou alienação deve ser manifestada 15 dias após a intimação da penhora. 4. Atribui ainda ao exequente que realiza a penhora o direito de crédito a tomar medidas, inclusive judiciais, de tutela do referido crédito contra terceiros.

---

21. . A respeito ver, com precisão, PONTES DE MIRANDA, Francisco Cavalcanti. *Comentários ao Código de Processo Civil*. Rio de Janeiro: Forense, 1976, t. X, p. 315.

Art. 858. Quando a penhora recair sobre dívidas de dinheiro a juros, de direito a rendas ou de prestações periódicas, o exequente poderá levantar os juros, os rendimentos ou as prestações à medida que forem sendo depositados, abatendo-se do crédito as importâncias recebidas, conforme as regras de imputação do pagamento.	Art. 858. Quando a penhora recair sobre dívidas de dinheiro a juros, de direito a rendas ou de prestações periódicas, na forma do art. 904 e ss., o exequente poderá levantar os juros, os rendimentos ou as prestações à medida que forem sendo depositados, abatendo-se do crédito as importâncias recebidas, conforme as regras de imputação do pagamento.	1. Apenas explicitar que a fase satisfativa, também nestas hipóteses, segue a disciplina do art. 904 e ss. do CPC.
Art. 859. Recaindo a penhora sobre direito a prestação ou a restituição de coisa determinada, o executado será intimado para, no vencimento, depositá-la, correndo sobre ela a execução.	Art. 859. Recaindo a penhora sobre direito a restituição de coisa determinada, o executado será intimado para, no vencimento, depositá-la, correndo sobre ela a execução. Parágrafo único. Recaindo a penhora sobre direito a prestação poderá o exequente pretender a adjudicação e, em caso de inadimplemento, exercer o direito de conversão em perdas e danos.	1. Nem sempre o direito de crédito refere-se ao pagamento de quantia, embora o Código silencie a respeito. A proposta separa a hipótese de entrega de coisa da hipótese de prestação de fazer. Abre-se a possibilidade, silenciada pelo Código, de o exequente adjudicar a prestação de fazer que, se inadimplida (art. 860), poderá lhe proporcionar a conversão em perdas e danos.[22]
Art. 871. Não se procederá à avaliação quando:	Art. 871. Não se procederá à avaliação pelo oficial de justiça quando:	1. Apenas corrige-se o texto, pois avaliação há. Dessa forma evita-se problemas futuros com arguições esdrúxulas de que não houve avaliação em relação aos incisos do art. 871 para fins de adjudicação.

---

22. PONTES DE MIRANDA, Francisco Cavalcanti. *Comentários ao Código de Processo Civil*. Rio de Janeiro: Forense, 1976, t. X, p. 315.

Art. 876. É lícito ao exequente, oferecendo preço não inferior ao da avaliação, requerer que lhe sejam adjudicados os bens penhorados. § 5º Idêntico direito pode ser exercido por aqueles indicados no art. 889, incisos II a VIII, pelos credores concorrentes que hajam penhorado o mesmo bem, pelo cônjuge, pelo companheiro, pelos descendentes ou pelos ascendentes do executado.	Art. 876. É lícito ao exequente, tão logo seja efetuada a penhora, oferecendo preço não inferior ao da avaliação, requerer que lhe sejam adjudicados os bens penhorados. § 5º Desde que não tenha sido aperfeiçoada a adjudicação ou arrematação do bem, idêntico direito pode ser exercido, mediante depósito ou transferência da quantia, por aqueles indicados no art. 889, incisos II a VIII, pelos credores concorrentes que hajam penhorado o mesmo bem, pelo cônjuge, pelo companheiro, pelos descendentes ou pelos ascendentes do executado.	1. Cria-se prazo final para exercício da adjudicação (remição/arrematação preferencial) evitando discussão que há muito acontece nos tribunais. O momento fixado segue a orientação do STJ.[23] 2. Deixa claro que só se admite se for feito o pagamento em dinheiro, pois o direito de usar crédito (exequendo) para adjudicar restringe-se ao exequente.
Art. 877. Transcorrido o prazo de 5 (cinco) dias, contado da última intimação, e decididas eventuais questões, o juiz ordenará a lavratura do auto de adjudicação. [...] § 4º Na hipótese de falência ou de insolvência do devedor hipotecário, o direito de remição previsto no § 3º será deferido à massa ou aos credores em concurso, não podendo o exequente recusar o preço da avaliação do imóvel.	Art. 877. Transcorrido o prazo de 5 (cinco) dias, contado da última intimação, e decididas eventuais questões, o juiz ordenará a lavratura do auto de adjudicação. [...] § 4º Na hipótese de falência ou de insolvência do devedor hipotecário, o direito de remição previsto no § 3º será deferido à massa ou aos credores em concurso, não podendo o exequente recusar o preço da avaliação do imóvel. § 5º Permite-se a impugnação da adjudicação por petição simples ou por ação autônoma nos termos do art. 903 do CPC	1. A proposta sugerida estende, como deve ser, as hipóteses de oposição à arrematação previstas no 903 também a adjudicação.

---

23. ABELHA, Marcelo. *Manual de execução civil*, p. 364.

Art. 878. Frustradas as tentativas de alienação do bem, será reaberta oportunidade para requerimento de adjudicação, caso em que também se poderá pleitear a realização de nova avaliação.	Art. 878. Frustradas as tentativas de alienação do bem, será reaberta oportunidade para requerimento de adjudicação, caso em que também se poderá pleitear a realização de nova avaliação, permitindo que seja requerida adjudicação pelo novo valor ou seguir para nova expropriação em leilão público.	1. Havendo nova avaliação reabre-se para o exequente e demais legitimados do art. 876 o direito de adjudicar pelo valor da nova avaliação.
Art. 895. O interessado em adquirir o bem penhorado em prestações poderá apresentar, por escrito: I – até o início do primeiro leilão, proposta de aquisição do bem por valor não inferior ao da avaliação; II – até o início do segundo leilão, proposta de aquisição do bem por valor que não seja considerado vil.	Art. 895. O interessado em adquirir o bem penhorado em prestações poderá apresentar, por escrito: I – até o início do primeiro leilão, proposta de aquisição do bem por valor não inferior ao que seja considerado vil (art. 891, parágrafo único); II – até o início do segundo leilão, proposta de aquisição do bem por valor que não seja considerado vil.	1. Corrige o art. 895 do CPC que ainda falava em 1º e 2º leilão que já deveria ter sido extinto pelo CPC de 2015 como aliás pretendeu fazer ao estabelecer o preço mínimo fixado pelo juiz (art. Art. 88, § 1º; art. 885 e art. 891), e, desde logo dizer que não havendo preço mínimo é vil o previsto no parágrafo único do art. 891.
Art. 903. Qualquer que seja a modalidade de leilão, assinado o auto pelo juiz, pelo arrematante e pelo leiloeiro, a arrematação será considerada perfeita, acabada e irretratável, ainda que venham a ser julgados procedentes os embargos do executado ou a ação autônoma de que trata o § 4º deste artigo, assegurada a possibilidade de reparação pelos prejuízos sofridos.	Art. 903. Qualquer que seja a modalidade de leilão, assinado o auto pelo juiz, pelo arrematante e pelo leiloeiro, a arrematação será considerada perfeita, acabada e irretratável, ainda que venham a ser julgados procedentes a impugnação do executado, os embargos do executado ou ainda a ação autônoma de que trata o § 4º deste artigo, assegurada a possibilidade de reparação pelos prejuízos sofridos.	1. Apenas corrige o texto para estender a situação a impugnação do executado. 2. Impõe o requisito da demonstração de prejuízo, na linha da orientação do STJ, que prima pela mantença do auto de arrematação sempre que possível para dar segurança jurídica[24] ao ato judicial de expropriação[25].

---

24. GAJARDONI, Fernando da Fonseca. *Execução e Recursos*: Comentários ao CPC 2015. São Paulo: Método, 2017, p. 454.
25. ARRUDA ALVIM, Teresa. *Primeiros comentários ao novo Código de Processo Civil*: artigo por artigo. São Paulo: Ed. RT, 2016.; BUENO, Cassio Scarpinella. *Comentários ao Código de Processo Civil*. São Paulo: Saraiva, 2017, v. 3, p. 765.

§ 1º Ressalvadas outras situações previstas neste Código, a arrematação poderá, no entanto, ser: I – invalidada, quando realizada por preço vil ou com outro vício; II – considerada ineficaz, se não observado o disposto no art. 804; III – resolvida, se não for pago o preço ou se não for prestada a caução. [...]	§ 1º Ressalvadas outras situações previstas neste Código, e desde que se demonstre a existência de prejuízo, a arrematação poderá, no entanto, ser: I – invalidada, quando realizada por preço vil ou com outro vício; II – considerada ineficaz, se não observado o disposto no art. 804; III – resolvida, se não for pago o preço ou se não for prestada a caução. [...] § 7º Aplica-se este dispositivo, no que couber, à adjudicação e alienação por iniciativa particular.	
Art. 904. A satisfação do crédito exequendo far-se-á: I – pela entrega do dinheiro; II – pela adjudicação dos bens penhorados.	Art. 904. A satisfação do crédito exequendo far-se-á: I – pela entrega do dinheiro; II – pela adjudicação dos bens penhorados pelo exequente	1. A redação sugerida torna precisa a hipótese em que a adjudicação é satisfativa. Evita confundir a adjudicação que satisfaz o exequente com a adjudicação que atua como arrematação preferencial (art. 876, § 5º), hipótese em que a satisfação se dará por meio da entrega em dinheiro (art. 904, I).[26]
Art. 894. Quando o imóvel admitir cômoda divisão, o juiz, a requerimento do executado, ordenará a alienação judicial de parte dele, desde que suficiente para o pagamento do exequente e para a satisfação das despesas da execução.	Art. 894. Quando o imóvel admitir cômoda divisão, e desde que tenha atendida a regra do art. 872, §2º, o juiz, a requerimento do executado, ordenará a alienação judicial de parte dele, desde que suficiente para o pagamento do exequente e para a satisfação das despesas da execução.	1. O art. 894 é dependente do artigo 872, §2º, daí porque é preciso que seja feita a remissão, pois não poderá ser alienado em partes sem que tenha sido feita a prévia avaliação das referidas partes em separado.[27]

---

26. RODRIGUES, Marcelo Abelha Rodrigues. *Execução por quantia certa contra devedor solvente*. São Paulo: Foco. 2021.
27. NEVES, Daniel Amorim A. *Curso de direito processual civil*, p. 1303.

Art. 905. O juiz autorizará que o exequente levante, até a satisfação integral de seu crédito, o dinheiro depositado para segurar o juízo ou o produto dos bens alienados, bem como do faturamento de empresa ou de outros frutos e rendimentos de coisas ou empresas penhoradas, quando:	Art. 905. O juiz autorizará que o exequente levante ou lhe seja transferido, até a satisfação integral de seu crédito, a quantia diretamente penhorada ou que seja obtida pela alienação dos bens, bem como do faturamento de empresa ou de outros frutos e rendimentos de coisas ou empresas penhoradas, desde que:	1. Trata-se de mera adequação da terminologia à realidade e também ao 906, §único. Além disso, corrige e melhora a redação do artigo em relação a origem do dinheiro penhorado que será entregue ao exequente.
I – a execução for movida só a benefício do exequente singular, a quem, por força da penhora, cabe o direito de preferência sobre os bens penhorados e alienados;	I – a execução for movida só a benefício do exequente singular, a quem, por força da penhora, cabe o direito de preferência sobre os bens penhorados e alienados;	
II – não houver sobre os bens alienados outros privilégios ou preferências instituídos anteriormente à penhora.	II – não houver sobre os bens alienados outros privilégios ou preferências instituídos anteriormente à penhora.	
Parágrafo único. Durante o plantão judiciário, veda-se a concessão de pedidos de levantamento de importância em dinheiro ou valores ou de liberação de bens apreendidos.	Parágrafo único. Durante o plantão judiciário, veda-se a concessão de pedidos de levantamento de importância em dinheiro ou valores ou de liberação de bens apreendidos.	
Art. 908. Havendo pluralidade de credores ou exequentes, o dinheiro lhes será distribuído e entregue consoante a ordem das respectivas preferências.	Art. 908. Havendo pluralidade de credores ou exequentes, o juiz instaurará o incidente de concurso de credores e exequentes, e, respeitado o contraditório dos participantes, o dinheiro lhes será distribuído e entregue consoante a ordem das respectivas preferências.	

§ 1º No caso de adjudicação ou alienação, os créditos que recaem sobre o bem, inclusive os de natureza *propter rem*, sub-rogam-se sobre o respectivo preço, observada a ordem de preferência. § 2º Não havendo título legal à preferência, o dinheiro será distribuído entre os concorrentes, observando-se a anterioridade de cada penhora.	§ 1º No caso de adjudicação ou alienação, os créditos que recaem sobre o bem, inclusive os de natureza *propter rem*, sub-rogam-se sobre o respectivo preço, observada a ordem de preferência. § 2º Não havendo título legal à preferência, o dinheiro será distribuído entre os concorrentes, observando-se a anterioridade de cada penhora. § 3º A competência para processar e decidir o incidente é do juízo onde foi realizada a alienação do bem penhorado.	1. Deixa de forma clara a necessidade de que seja instaurado um incidente processual cognitivo onde as pretensões sejam exercidas e exista o contraditório, terminando por decisão interlocutória. O concurso de credores/exequentes é um incidente processual cognitivo que se desenvolve por meio de franco contraditório dos envolvidos[28] e que é decidido por meio de uma *decisão interlocutória agravável* (art. 1015, parágrafo único) e que acontece no curso do procedimento executivo com *requisitos de admissibilidade* (legitimidade, competência etc.[29]) e *mérito* (*pretensão de recebimento segundo a ordem de preferencias*). 2. A proposta apresentada também fixa a competência do juízo de onde se deu a expropriação liquidativa e onde o dinheiro está depositado como o competente para processar e julgar o incidente. Este tema tem enfrentado enormes discussões desde 1939[30]. O CPC de 1973 ficou silente. O CPC de 39 fixada no juízo da penhora. O STJ tem decisão[31] afirmando que o critério é o da preferência do crédito que não nos parece a mais acertada pois este é próprio mérito do incidente[32].
Art. 914. O executado, independentemente de penhora, depósito ou caução, poderá se opor à execução por meio de embargos.	Art. 914. O executado, independentemente de penhora, depósito ou caução, poderá se opor à execução por meio de embargos.	1. Se os atos de constrição e alienação forem realizados por meio eletrônico não há necessidade/justificativa de que a execução seja por carta, seguindo a orientação do STJ.[33]

---

28. REsp 976.522/SP, Rel. Ministra Nancy Andrighi, Terceira Turma, julgado em 02.02.2010, DJe 25.02.2010.
29. . BUZAID, Alfredo. *Do concurso de credores no processo de execução*. São Paulo: Saraiva, 1952, p. 300.
30. Idem, ibidem, p. 297-298.
31. . CC 171.782/SP, Rel. Ministro Moura Ribeiro, Segunda Seção, julgado em 25.11.2020, DJe 10.12.2020.
32. RODRIGUES, Marcelo Abelha. *Execução por quantia certa contra devedor solvente*.
33. CC 147.746/SP, Rel. Ministro Napoleão Nunes Maia Filho, Primeira Seção, julgado em 27.05.2020, DJe 04.06.2020.

§ 1º Os embargos à execução serão distribuídos por dependência, autuados em apartado e instruídos com cópias das peças processuais relevantes, que poderão ser declaradas autênticas pelo próprio advogado, sob sua responsabilidade pessoal. § 2º Na execução por carta, os embargos serão oferecidos no juízo deprecante ou no juízo deprecado, mas a competência para julgá-los é do juízo deprecante, salvo se versarem unicamente sobre vícios ou defeitos da penhora, da avaliação ou da alienação dos bens efetuadas no juízo deprecado.	§ 1º Os embargos à execução serão distribuídos por dependência, autuados em apartado e instruídos com cópias das peças processuais relevantes, que poderão ser declaradas autênticas pelo próprio advogado, sob sua responsabilidade pessoal. § 2º Não será por carta a execução se os atos de constrição e alienação forem realizados de forma eletrônica. § 3º Na execução por carta, os embargos serão oferecidos no juízo deprecante ou no juízo deprecado, mas a competência para julgá-los é do juízo deprecante, salvo se versarem unicamente sobre vícios ou defeitos da penhora, da avaliação ou da alienação dos bens efetuadas no juízo deprecado.	
Art. 916. No prazo para embargos, reconhecendo o crédito do exequente e comprovando o depósito de trinta por cento do valor em execução, acrescido de custas e de honorários de advogado, o executado poderá requerer que lhe seja permitido pagar o restante em até 6 (seis) parcelas mensais, acrescidas de correção monetária e de juros de um por cento ao mês.	Art. 916. No prazo para embargos, reconhecendo o crédito do exequente e comprovando o depósito de trinta por cento do valor em execução, acrescido de custas e de honorários de advogado, o executado poderá requerer que lhe seja permitido pagar o restante em até 6 (seis) parcelas mensais, acrescidas de correção monetária e de juros de um por cento ao mês.	1. A sugestão deixa claro que a *proposta* do executado pode não ser aceita pelo exequente desde que este fundamente o porquê de não ser mais vantajoso receber na forma do art. 916. 2. Em segundo lugar corrige a inexplicável limitação que se estabelece ao parágrafo sétimo, inclusive, alinhando-se com a regra do art. 701, § 5º.[34]

---

34. BUENO, Cassio Scarpinella. *Manual de direito processual civil*. 2. ed. São Paulo: Saraiva. 2016. p. 780.

§ 1º O exequente será intimado para manifestar-se sobre o preenchimento dos pressupostos do caput, e o juiz decidirá o requerimento em 5 (cinco) dias.	§ 1º O exequente será intimado para manifestar-se sobre o preenchimento dos pressupostos do caput, expondo fundamentadamente as razões de rejeição da proposta, sendo que o juiz decidirá o requerimento em 5 (cinco) dias.	
§ 2º Enquanto não apreciado o requerimento, o executado terá de depositar as parcelas vincendas, facultado ao exequente seu levantamento.	§ 2º Enquanto não apreciado o requerimento, o executado terá de depositar as parcelas vincendas, facultado ao exequente seu levantamento.	
§ 3º Deferida a proposta, o exequente levantará a quantia depositada, e serão suspensos os atos executivos.	§ 3º Deferida a proposta, o exequente levantará a quantia depositada, e serão suspensos os atos executivos.	
§ 4º Indeferida a proposta, seguir-se-ão os atos executivos, mantido o depósito, que será convertido em penhora.	§ 4º Indeferida a proposta, seguir-se-ão os atos executivos, mantido o depósito, que será convertido em penhora.	
§ 5º O não pagamento de qualquer das prestações acarretará cumulativamente:	§ 5º O não pagamento de qualquer das prestações acarretará cumulativamente:	
I – o vencimento das prestações subsequentes e o prosseguimento do processo, com o imediato reinício dos atos executivos;	I – o vencimento das prestações subsequentes e o prosseguimento do processo, com o imediato reinício dos atos executivos;	
II – a imposição ao executado de multa de dez por cento sobre o valor das prestações não pagas.	II – a imposição ao executado de multa de dez por cento sobre o valor das prestações não pagas.	
§ 6º A opção pelo parcelamento de que trata este artigo importa renúncia ao direito de opor embargos	§ 6º A opção pelo parcelamento de que trata este artigo importa renúncia ao direito de opor embargos	
§ 7º O disposto neste artigo não se aplica ao cumprimento da sentença.	§ 7º O disposto neste artigo não se aplica ao cumprimento da sentença.	

Art. 917. Nos embargos à execução, o executado poderá alegar:	Art. 917. Nos embargos à execução, o executado poderá alegar: § 8º Os embargos à execução só serão recebidos se executado apresentar declaração de mão própria informando o rol de bens que integram o seu patrimônio.	1. Compatibilizar com a sugestão de alteração do art. 525, §1º explicado acima.
Art. 918. O juiz rejeitará liminarmente os embargos: I – quando intempestivos; II – nos casos de indeferimento da petição inicial e de improcedência liminar do pedido; III – manifestamente protelatórios. Parágrafo único. Considera-se conduta atentatória à dignidade da justiça o oferecimento de embargos manifestamente protelatórios.	Art. 918. O juiz rejeitará liminarmente os embargos: I – quando intempestivos; II – nos casos de indeferimento da petição inicial e de improcedência liminar do pedido; III – manifestamente protelatórios. IV – não cumprida a exigência do §8º do art. 917 ou se verificar no curso do processo que o bem penhorado não estava no rol apresentado pelo executado. Parágrafo único. Considera-se conduta atentatória à dignidade da justiça as hipóteses dos incisos III e IV, caso em que o juiz imporá, em favor do exequente, multa ao embargante em valor não superior a 20% (vinte por cento) do valor em execução	1. Adequação da proposta anterior. Se a finalidade da execução por quantia é expropriar o patrimônio do executado, e, considerando que o executado é quem conhece o seu patrimônio, nada mais justo que apresente o rol de bens que possui como condição para se defender. A ausência da declaração na apresentação dos embargos gera o seu indeferimento pois é documento indispensável das oposições típicas do executado (impugnação e embargos). A incorreção da informação gera a sanção pelo ato atentatório.
Art. 920. Recebidos os embargos: I – o exequente será ouvido no prazo de 15 (quinze) dias; II – a seguir, o juiz julgará imediatamente o pedido ou designará audiência; III – encerrada a instrução, o juiz proferirá sentença.	Art. 920. Recebidos os embargos segue-se o procedimento comum (título IV e ss.) I – o exequente será ouvido no prazo de 15 (quinze) dias; II – a seguir, o juiz julgará imediatamente o pedido ou designará audiência; III – encerrada a instrução, o juiz proferirá sentença.	1. A redação atual e quase idêntica ao art. 740 do CPC anterior. O texto sugere a existência de um procedimento cognitivo especial para os embargos, mas na verdade segue o procedimento comum. Apenas adequação à realidade.

Art. 921. Suspende-se a execução: I – nas hipóteses dos arts. 313 e 315, no que couber; II – no todo ou em parte, quando recebidos com efeito suspensivo os embargos à execução; III – quando o executado não possuir bens penhoráveis; IV – se a alienação dos bens penhorados não se realizar por falta de licitantes e o exequente, em 15 (quinze) dias, não requerer a adjudicação nem indicar outros bens penhoráveis; V – quando concedido o parcelamento de que trata o art. 916. § 1º Na hipótese do inciso III, o juiz suspenderá a execução pelo prazo de 1 (um) ano, durante o qual se suspenderá a prescrição. § 2º Decorrido o prazo máximo de 1 (um) ano sem que seja localizado o executado ou que sejam encontrados bens penhoráveis, o juiz ordenará o arquivamento dos autos.	Art. 921. Suspende-se a execução: I – nas hipóteses dos arts. 313 e 315, no que couber; II – no todo ou em parte, quando recebidos com efeito suspensivo os embargos à execução; III – quando o executado não possuir bens penhoráveis; IV – se a alienação dos bens penhorados não se realizar por falta de licitantes e o exequente, em 15 (quinze) dias, não requerer a adjudicação nem indicar outros bens penhoráveis; V – quando concedido o parcelamento de que trata o art. 916. § 1º Na hipótese do inciso III, o juiz suspenderá a execução pelo prazo de 1 (um) ano, durante o qual se suspenderá a prescrição. § 1º-A Na hipótese do inciso III, poderá ser requerida a insolvência civil do executado. § 1º-B Para a proteção do crédito de outros credores que poderão consultar e requerer a insolvência civil do executado, o juiz determinará a inscrição do executado em cadastro do CNJ de executados em tal situação jurídica. § 2º Decorrido o prazo máximo de 1 (um) ano sem que seja localizado o executado ou que sejam encontrados bens penhoráveis, o juiz ordenará o arquivamento dos autos.	1. Com os números alarmantes fornecidos pelo CNJ acerca das execuções infrutíferas em curso no país, não parece lógico que uma vez reconhecida a insuficiência de patrimônio esta acarrete a suspensão da execução e daí não advenha consequências da insolvência civil (precedida do respectivo procedimento). O problema da insuficiência patrimonial não se restringe às partes, e, tampouco à frustação da atividade jurisdicional que desperdiçou tempo e dinheiro com um processo inútil. É preciso colher a informação obtida com o processo da *insuficiência patrimonial* e alimentar um cadastro que deve ser acessado pelo público em geral para que possam ser *evitadas* novas execuções infrutíferas ao mesmo tempo que permite que venha ser inaugurado um procedimento para o reconhecimento da insolvência civil do executado.

§ 3º Os autos serão desarquivados para prosseguimento da execução se a qualquer tempo forem encontrados bens penhoráveis. § 4º Decorrido o prazo de que trata o § 1º sem manifestação do exequente, começa a correr o prazo de prescrição intercorrente. § 5º O juiz, depois de ouvidas as partes, no prazo de 15 (quinze) dias, poderá, de ofício, reconhecer a prescrição de que trata o § 4º e extinguir o processo.	§ 3º Os autos serão desarquivados para prosseguimento da execução se a qualquer tempo forem encontrados bens penhoráveis. § 4º Decorrido o prazo de que trata o § 1º sem manifestação do exequente, começa a correr o prazo de prescrição intercorrente. § 5º O juiz, depois de ouvidas as partes, no prazo de 15 (quinze) dias, poderá, de ofício, reconhecer a prescrição de que trata o § 4º e extinguir o processo.	

3. REFERÊNCIAS

ARRUDA ALVIM, Teresa. *Primeiros comentários ao novo Código de Processo Civil*: artigo por artigo. São Paulo: Ed. RT, 2016.

ASSIS, Araken. *Manual da Execução Civil*. 18. ed. São Paulo: Ed. RT, 2016.

BRAGA, Paula Sarno; DIDIER JR., Fredie; OLIVEIRA, Rafael Alexandria de. *Curso de Direito Processual Civil*. 10. ed. 2020. v. V.

BUENO, Cassio Scarpinella. *Curso sistematizado de direito processual civil 3*. 9. ed. São Paulo: Saraiva, 2020.

BUENO, Cassio Scarpinella. *Manual de direito processual civil*. 2. ed. São Paulo: Saraiva. 2016.

BUENO, Cassio Scarpinella. *Comentários ao código de processo civil*. São Paulo: Saraiva, 2017. v. 3.

BUZAID, Alfredo. *Do concurso de credores no processo de execução*. São Paulo, Saraiva, 1952.

CABRAL, Trícia Navarro Xavier. *Limites da liberdade processual*. São Paulo: Editora Foco, 2019.

CÂMARA, Alexandre Freitas. A eficácia da execução e a eficiência dos meios executivos: em defesa dos meios executivos atípicos e da penhora de bens impenhoráveis. In: ALVIM, Arruda; ALVIM, Eduardo Arruda; BRUSCHI, Gilberto Gomes; CECHI, Mara Larsen; COUTO, Mônica Bonetti (Coord.). *Execução civil e temas afins* – Do CPC/1973 ao Novo CPC: estudos em homenagem ao Professor Araken de Assis. São Paulo: Ed. RT, 2014.

GAJARDONI, Fernando Fonseca. Convenções processuais atípicas na execução civil. *Revista Eletrônica de Direito Processual*. Disponível em: https://www.e-publicacoes.uerj.br/index.php/redp/article/view/56700/36321. Acesso em: 20 jul. 2021.

GAJARDONI, Fernando Fonseca. *Execução e Recursos*: Comentários ao CPC 2015. São Paulo: Método, 2017.

LIEBMAN, Enrico Tulio. *Processo de execução*. 2. ed. São Paulo: Saraiva, 1963.

MARINONI, Luiz Guilherme; ARENHART, Sérgio Cruz; MITIDIERO, Daniel. *Código de Processo Civil Comentado*. 3. ed. São Paulo: Ed. RT, 2017.

MEDINA, José Miguel Garcia. *Processo Civil Moderno*: processo de execução e cumprimento de sentença. 3. ed. São Paulo: Ed. RT, 2013. v. 2.

MORENO, Francisco Javier Orduña, HAYA, Silvia Tamayo. *La protección patrimonial del crédito*. Civitas: Editorial Aranzadi. 2006. t. La conservación de la garantía patrimonial del derecho de crédito.

NEVES, Daniel Amorim A. *Curso de Direito Processual Civil*. 10. ed. Salvador: JusPodivm 2018. Vol. Único.

PONTES DE MIRANDA, Francisco Cavalcanti. *Comentários ao Código de Processo Civil*. Rio de Janeiro: Forense, 1976. t. X.

RODRIGUES, Marcelo Abelha. *Execução por quantia certa contra devedor solvente*. São Paulo: Foco. 2021.

RODRIGUES, Marcelo Abelha. *Manual de execução civil*. 7. ed. Rio de Janeiro: Forense, 2019.

RODRIGUES, Marcelo Abelha. Observações sobre o incidente de desconsideração da personalidade jurídica. *Revista Magister de Direito Civil e Processual Civil*. n. 102, maio-jun. 2021, Porto Alegre.

RODRIGUES, Marcelo Abelha. Notas para uma reflexão sobre o cumprimento provisório da sentença e a efetivação da tutela provisória no direito processual civil brasileiro. *Revista Unicuritiba*. v. 2, n. 59, p. 522-537, 2020. Disponível em: http://dx.doi.org/10.21902/revistajur.2316-753X.v2i59.4234. Acesso em: 20 jul. 2021.

SHIMURA, Sérgio. *Arresto cautelar*. 3. ed. São Paulo: Ed. RT, 2005.

SICA, Heitor Mendonça. *Preclusão processual civil*. 2. ed. São Paulo: Atlas, 2008.

THEODORO JR., Humberto. *Curso de direito processual civil*. 52. ed. Rio de Janeiro: Forense, 2019. v. 3.

PROPOSTA DE ALTERAÇÃO DO CÓDIGO DE PROCESSO CIVIL PARA INSERÇÃO DA PREVISÃO DA EXECUÇÃO EXTRAJUDICIAL[1]

Fernando Crespo Queiroz Neves

Doutor e Mestre em Direito pela PUC/SP. Membro da Academia Paulista de Direito. Advogado.

Flávia Pereira Hill

Doutora e Mestre em Direito Processual pela UERJ. Professora Adjunta de Direito Processual Civil da UERJ. Tabeliã.

Heitor Vitor Mendonça Sica

Livre-Docente, Doutor e Mestre em Direito Processual pela USP. Professor-Associado da USP. Advogado.

Larissa Clare Pochmann da Silva

Pós-Doutora em Direito Processual pela UERJ. Doutora e Mestre pela Unesa. Professora da Unesa e Coordenadora do Curso de Direito do Campus Recreio. Advogada.

Marcelo Abelha Rodrigues

Pós-Doutor em Direito pela Universidade de Lisboa. Doutor e Mestre em Direito Processual pela PUC-SP. Professor da UFES. Advogado e Consultor Jurídico.

Márcio Carvalho Faria

Pós-Doutor em Direito pela UFBA. Doutor e Mestre em Direito Processual pela UERJ. Professor Adjunto da UFJF. Advogado e Consultor Jurídico.

Márcio Rocha

Pós-Doutorando em Direito pela USP. Doutor em Direito Processual pela UFPE. Mestre em Direito Processual pela UFAL. Professor Adjunto Uneal. Advogado.

Marcos Youji Minami

Pós-Doutorando em Direito pela USP. Doutor e Mestre pela UFBA. Professor da URCA.

---

1. Projeto apresentado pelo Grupo "Observatório da Execução Judicial e Desjudicializada", coordenado pelo Prof. Heitor Vitor Mendonça Sica, na Faculdade de Direito da Universidade de São Paulo.

1. EXPOSIÇÃO DE MOTIVOS

Desde meados da década de 2000 discutem-se propostas de alteração legislativa para o fim de desjudicializar, em maior ou menor medida, a atividade executiva. Sucessivos projetos de lei (que não lograram aprovação) propuseram desjudicialização total das execuções fiscais[2], ou ao menos de algumas de suas fases e atos[3]. Em tempos recentes, o tema voltou a ganhar força em razão de novas propostas legislativas, focadas, contudo, nas execuções civis em geral, fundadas tanto em títulos judiciais quanto extrajudiciais[4]. O profundo debate ensejado por essas iniciativas revela haver suficiente consenso quanto à utilidade e à oportunidade de tal inovação, que desafogaria o Poder Judiciário (assoberbado por execuções[5]) e deixaria a legislação brasileira em sintonia com os mais avançados sistemas jurídicos europeus.

O presente anteprojeto, a exemplo de outras proposições anteriormente apresentadas, também se inspira no sistema português implantado em 2003 e reformulado em 2008, confiando os atos executivos a sujeito imparcial estranho aos quadros permanentes do funcionalismo do Poder Judiciário denominado "agente de execução". Adiante se discorrerá sobre que sujeitos se propõe encarnem essa função.

Ademais, a exemplo do que ocorre em outros países e propõem projetos de lei anteriormente apresentados no Brasil, a desjudicialização aqui alvitrada recai exclusivamente sobre a execução por quantia certa, sabidamente a mais comum e relevante, deixando-se inalterado o regime jurídico das execuções de obrigações de entregar coisa, fazer e não fazer.

Todavia, à diferença de outros projetos de lei já postos em discussão, que almejam se tornarem diplomas de "legislação extravagante", a presente proposta incorpora ao corpo do Código de Processo Civil.

Essa é a primeira e principal premissa do presente anteprojeto, por se entender que não convém deixar fora do CPC o regramento dos atos executivos, mesmo que desjudicializados. Essa diretriz se explica por duas razões principais.

Em primeiro lugar, a atividade executiva constitui parcela absolutamente fundamental da tutela jurisdicional, como deixa claro o art. 4º do CPC. Assim, mostra-se inadequado deixar para esse diploma primordialmente o regramento da atividade cognitiva e reservar lei extravagante para as linhas mestras da atividade executiva; ambas se completam e se combinam de variadas formas, ao ponto de se apresentarem indissociáveis.

---

2. Destacam-se os Projetos de Lei n. 5615/2005 e 2412/2007.
3. Destaca-se o PL n. 5080/2009.
4. Em especial o PL n. 6204/2019.
5. Segundo o relatório da pesquisa "Justiça em números", elaborado pelo CNJ relativamente ao ano de 2020, as execuções respondem por 55,8% dos 77,1 milhões de processos pendentes na Justiça brasileira ao final de 2019. A taxa de congestionamento é de 86,9% para execução fiscal e de 82,4% para execuções de título extrajudicial (contra 50,5% dos processos de conhecimento).

Em segundo lugar, é forçoso reconhecer que toda lei processual extravagante impõe dificuldades hermenêuticas, em razão das dúvidas quanto à aplicação ou não de disposições do CPC. É natural que a lei processual extravagante não descreva todos os pormenores do procedimento do qual se ocupa, invariavelmente exigindo a aplicação subsidiária do CPC. Todavia, essa operação não se reveste de simplicidade, e com muita frequência gera discussões que conspiram contra a efetividade da jurisdição e a razoável duração do processo. Exemplo eloquente disso repousa sobre as diversas discussões sobre a aplicação das alterações trazidas pela Lei n. 11382/2006 (que reformou o CPC de 1973) às execuções fiscais, as quais o Superior Tribunal de Justiça levou anos para pacificar. Destaca-se em particular a necessidade de aplicar as disposições do CPC quanto ao regime formal dos atos processuais (em especial aqueles de comunicação processual, como citações, intimações e cartas), bem como quanto aos poderes e deveres do agente de execução no quadro dos poderes e deveres dos demais sujeitos imparciais do processo.

Para além desse cômputo, outra diretriz fundamental do presente anteprojeto é a necessidade de que se preserve a prática atualmente vigente de que os procedimentos executivos – fundados tanto em título judicial (definitivo ou provisório) quanto extrajudicial – se iniciem perante o Poder Judiciário, mediante simples petição (quando se tratar de inaugurar mera fase executiva em processo pendente) ou petição inicial (quando se tratar de execução autônoma). Garante-se, com isso, que todas as execuções estarão registradas e autuadas como processos judiciais, devidamente identificadas por numeração segundo o padrão do CNJ e passíveis de buscas pelos sistemas informatizados dos tribunais e por certidões de distribuidores forenses.

Como consequência, preserva-se o poder-dever do magistrado em realizar o juízo de admissibilidade da execução, examinando os requisitos formais e substanciais do título executivo antes de determinar a intimação ou citação do executado e a deflagração dos atos executivos. Manter tal atribuição ao juiz constitui ferramenta fundamental para evitar execuções injustas, risco a que se sujeita o sistema processual brasileiro ao prever uma grande profusão, sem paralelo em outros países, de títulos executivos extrajudiciais, muitos deles desprovidos de mínima segurança quanto à probabilidade de efetiva existência da obrigação.

Essa escolha reflete outra importante diretriz da presente proposição, qual seja, a de que a "divisão de trabalho" entre magistrado e agente de execução deva levar em consideração a distinção entre atividade cognitiva e atividade executiva. A primeira se desenvolve por meio de atos de inteligência, que recaem sobre alegações de fatos e respectivas provas, para aplicação de normas jurídicas. A segunda se desdobra em atos materiais destinados à satisfação de obrigações. Propõe-se que o juiz preserve as primeiras, e que o agente de execução absorva as segundas.

Assim, o magistrado não apenas realizaria o juízo de admissibilidade da execução, como ainda decidiria, a pedido da parte interessada ou por provocação do agente de execução, sobre todas as questões controvertidas que surgirem ao longo da atividade executiva, em especial sobre as defesas do executado quanto à execução e contra os atos executivos, sobre os incidentes suscitados pelo exequente (desconsideração da personalidade jurídica, fraude à execução etc.) e sobre a aplicação das medidas executivas atípicas *ex vi* do art. 139, IV, do CPC.

De outro lado, caberá ao agente de execução realizar os atos de comunicação processual (citações, intimações e cartas) e os atos executivos típicos (busca de bens inclusive em bases de dados eletrônicas, penhora, avaliação, expropriação em suas variadas formas e pagamento ao credor). Com isso evita-se que as questões incidentes na execução se submetam a sucessivas instâncias decisórias (agente de execução, instância administrativa de controle dos atos do agente de execução, juízo de 1º grau de jurisdição, tribunal de 2º grau de jurisdição e tribunais superiores), mantendo-se apenas aquelas atualmente vigentes para os processos em geral (juízo de 1º grau de jurisdição, tribunal de 2º grau de jurisdição e tribunais superiores).

Alguns últimos elementos fundamentais merecem destaque.

Propõe-se que o papel de agente de execução seja encarnado por todos os delegatários de serventias extrajudiciais, notários e registradores, sem exceção. A anteriormente alvitrada atribuição exclusiva dessa função a tabeliães de protesto parte de premissas questionáveis[6] e poderia reduzir substancialmente a quantidade de agentes de execução disponíveis, sobretudo em médias e pequenas cidades[7].

De outro lado, exclui-se a possibilidade, igualmente cogitada nos debates sobre o tema, de atribuir tais funções a advogados, considerando-se a dificuldade de controle das Corregedorias dos Tribunais de Justiça sobre a classe (sujeita ao regime jurídico-disciplinar da Ordem dos Advogados do Brasil), o elevado risco de inexistência de estrutura material para atendimento à população e o risco acentuado de conflitos de interesse na cumulação da atividade advocatícia e de agente de execução.

Por fim, propõe-se que a adoção da execução desjudicializada seja uma opção do exequente, considerando-se, para tanto, que tende a ser extremamente complexa a criação de uma estrutura de agentes de execução adequada e distribuída em todo o território de um país de dimensões continentais e com abissais disparidades regionais.

2. PROJETO

Artigo 72

Art. 72. O juiz nomeará curador especial ao: (...)

---

6. Como, por exemplo, a suposta "familiaridade com títulos executivos" a qual se limitaria aos títulos de crédito e algumas outras poucas modalidades de títulos executivos submetidos a protesto, e não teria qualquer pertinência com as atividades executivas propriamente ditas, as quais estão muito mais afeitas à atividade das serventias de registro imobiliário, que averbam penhoras e processam procedimentos de expropriação de bens imóveis alienados fiduciariamente.
7. Segundo o Portal "Justiça Aberta", do CNJ, no final de 2020 havia 13333 serventias extrajudiciais, das quais 3781 tabelionatos de protesto (28,35% do total).

II – réu preso revel, bem como ao réu revel citado por edital ou com hora certa, enquanto não for constituído advogado.

§ 1º *Aplica-se o inciso II à execução extrajudicial em que o executado tenha sido citado por edital e não constitua procurador nos autos.*

§ 2º A curatela especial será exercida pela Defensoria Pública, nos termos da lei.

Artigo 77, inciso IV

Art. 77. Além de outros previstos neste Código, são deveres das partes, de seus procuradores e de todos aqueles que de qualquer forma participem do processo: (...)

IV – cumprir com exatidão as decisões jurisdicionais, de natureza provisória ou final, e não criar embaraços à sua efetivação, *inclusive na execução extrajudicial*;

Artigo 134

Art. 134. O incidente de desconsideração é cabível em todas as fases do processo de conhecimento, no cumprimento de sentença, e na execução fundada em título executivo extrajudicial, *inclusive na execução extrajudicial.*

(...)

§ 5º *O incidente será instaurado diretamente perante o juízo competente, no caso de execução extrajudicial.*

Artigo 139

Art. 139. O juiz dirigirá o processo conforme as disposições deste Código, incumbindo-lhe: (...)

IV – determinar todas as medidas indutivas, coercitivas, mandamentais ou sub-rogatórias necessárias para assegurar o cumprimento de ordem judicial, inclusive nas ações que tenham por objeto prestação pecuniária; (...)

§ 1º A dilação de prazos prevista no inciso VI somente pode ser determinada antes de encerrado o prazo regular.

§ 2º *Na execução extrajudicial, caberá ao exequente requerer diretamente ao juízo competente a determinação das medidas previstas no inciso IV.*

Art. 148. Aplicam-se os motivos de impedimento e de suspeição:

I – ao membro do Ministério Público;

II – aos auxiliares da justiça;

III – *aos demais sujeitos imparciais do processo.*

§ 1º A parte interessada deverá arguir o impedimento ou a suspeição, em petição fundamentada e devidamente instruída, na primeira oportunidade em que lhe couber falar nos autos.

§ 1º-A *Tratando de impedimento ou suspeição do agente de execução, a arguição deverá ser dirigida ao juízo competente, em 15 (quinze) dias a contar da ciência do fato.*

§ 2º O juiz mandará processar o incidente em separado e sem suspensão do processo, ouvindo o arguido no prazo de 15 (quinze) dias e facultando a produção de prova, quando necessária.

§ 3º Nos tribunais, a arguição a que se refere o § 1º será disciplinada pelo regimento interno.

§ 4º O disposto nos §§ 1º e 2º não se aplica à arguição de impedimento ou de suspeição de testemunha.

Capítulo III
Dos auxiliares da justiça

Art. 149. São auxiliares da Justiça, além de outros cujas atribuições sejam determinadas pelas normas de organização judiciária, o escrivão, o chefe de secretaria, o oficial de justiça, *o agente de execução,* o perito, o depositário, o administrador, o intérprete, o tradutor, o mediador, o conciliador judicial, o partidor, o distribuidor, o contabilista e o regulador de avarias.

Art. 154. Incumbe ao oficial de justiça *ou ao agente de execução:*

I – fazer pessoalmente citações, prisões, penhoras, arrestos e demais diligências próprias do seu ofício, sempre que possível na presença de 2 (duas) testemunhas, certificando no mandado o ocorrido, com menção ao lugar, ao dia e à hora;

II – executar as ordens do juiz a que estiver subordinado;

III – entregar o mandado em cartório após seu cumprimento;

IV – auxiliar o juiz na manutenção da ordem;

V – efetuar avaliações, quando for o caso;

VI – certificar, em mandado, proposta de autocomposição apresentada por qualquer das partes, na ocasião de realização de ato de comunicação que lhe couber.

Parágrafo único. Certificada a proposta de autocomposição prevista no inciso VI, o juiz ordenará a intimação da parte contrária para manifestar-se, no prazo de 5 (cinco) dias, sem prejuízo do andamento regular do processo, entendendo-se o silêncio como recusa.

Art. 155. O escrivão, o chefe de secretaria, *o agente de execução* e o oficial de justiça são responsáveis, civil e regressivamente, quando:

I – sem justo motivo, se recusarem a cumprir no prazo os atos impostos pela lei ou pelo juiz a que estão subordinados;

II – praticarem ato nulo com dolo ou culpa.

§ 1º De ofício ou a requerimento das partes, o agente de execução poderá ser substituído pelo juiz quando configurar as hipóteses descritas neste dispositivo.

§ 2º O juiz mandará processar o incidente em separado e sem suspensão do processo, ouvidas as partes e o arguido no prazo de 15 (quinze) dias e facultando a produção de prova, quando necessária.

§ 3º Considera-se conduta atentatória à dignidade da justiça (art. 774, CPC) o pedido de substituição do agente de execução manifestamente protelatório.

Seção VI – Do agente de execução

Art. 175-A. Os atos executivos extrajudiciais serão realizados por agente de execução.

§ 1º Aos delegatários de serventias extrajudiciais compete, exclusivamente, além de suas atribuições regulamentares, o exercício das funções de agente de execução e assim será denominado para os fins desta lei.

§ 2º Nas comarcas dotadas de mais de um agente de execução, a sua escolha será definida mediante distribuição, nos termos determinados pelo tribunal ao qual o juiz está vinculado.

§ 3º Os tribunais realizarão avaliações periódicas dos agentes de execução, considerando as suas formação, atualização e experiência profissionais.

Art. 175-B. O agente de execução, no exercício de suas funções ou em razão delas, fica equiparado ao funcionário público, para os efeitos da legislação penal.

§ 1º O regime de responsabilidade do agente de execução se estende à sua equipe.

§ 2º O agente de execução será responsável, civil e criminalmente, na forma da lei aplicável aos delegatários de serventias extrajudiciais.

§ 3º O agente de execução responde objetivamente pelos prejuízos causados pelos membros de sua equipe, assegurando-lhe o direito de regresso.

Art. 175-C. Incumbe ao agente de execução:

I – realizar todos os atos de comunicação e executivos determinados pelo juiz;

II – promover, a qualquer tempo, a autocomposição, preferencialmente com auxílio de conciliadores e mediadores;

III – realizar todos os atos executivos não decisórios determinados pelo juiz, inclusive atos de constrição patrimonial, sendo-lhe autorizado o acesso ao sistema eletrônico gerido pela autoridade supervisora do sistema financeiro nacional;

IV – consultar todos os sistemas e base de dados à disposição do Poder Judiciário para a localização do executado, do responsável secundário e de seus respectivos bens;

V – submeter ao juiz, para decisão, os incidentes que surgirem durante a execução;

VI – submeter ao juiz a decretação da suspensão e da extinção da execução.

§ 1º Caberá ao tribunal ao qual o juiz está vinculado dispor sobre a fiscalização e responsabilização das atividades do agente de execução e seus prepostos, sem prejuízo da apuração e punição de ilícitos previstos em legislação especial.

§ 2º O agente de execução terá a sua disposição todos os meios assegurados ao oficial de justiça para o cumprimento de suas atividades.

Art. 175-D. A remuneração do agente de execução e a concessão de gratuidade de justiça serão reguladas pelo Conselho Nacional de Justiça.

Art. 175-E. O Conselho Nacional de Justiça promoverá a constante capacitação e atualização dos agentes de execução.

Artigo 193

Art. 193. Os atos processuais podem ser total ou parcialmente digitais, de forma a permitir que sejam produzidos, comunicados, armazenados e validados por meio eletrônico, na forma da lei.

Parágrafo único. O disposto nesta Seção aplica-se, no que for cabível, à prática de atos notariais e de registro, *bem como aos atos do agente de execução*.

Capítulo II
Do tempo e do lugar dos atos processuais
Seção I
Do Tempo

Art. 215. Processam-se durante as férias forenses, onde as houver, e não se suspendem pela superveniência delas:

I – os procedimentos de jurisdição voluntária e os necessários à conservação de direitos, quando puderem ser prejudicados pelo adiamento;

II – a ação de alimentos e os processos de nomeação ou remoção de tutor e curador;

III – os processos que a lei determinar.

IV – as execuções e os cumprimentos de sentença.

Artigo 217

Seção II
Do lugar

Art. 217. Os atos processuais realizar-se-ão ordinariamente na sede do juízo *ou no local de trabalho do agente de execução*, ou, excepcionalmente, em outro lugar em razão de deferência, de interesse da justiça, da natureza do ato ou de obstáculo arguido pelo interessado e acolhido pelo juiz.

Artigo 233

Seção II

Da verificação dos prazos e das penalidades

Art. 233. Incumbe ao juiz verificar se *o auxiliar da justiça* excedeu, sem motivo legítimo, os prazos estabelecidos em lei.

§ 1º Constatada a falta, o juiz ordenará a instauração de processo administrativo, na forma da lei.

§ 2º Qualquer das partes, o Ministério Público ou a Defensoria Pública poderá representar ao juiz contra o *auxiliar da justiça* que injustificadamente exceder os prazos previstos em lei.

Artigo 237

Art. 237. Será expedida carta:

I – de ordem, pelo tribunal, na hipótese do § 2º do art. 236;

II – rogatória, para que órgão jurisdicional estrangeiro pratique ato de cooperação jurídica internacional, relativo a processo em curso perante órgão jurisdicional brasileiro;

III – precatória, para que órgão jurisdicional brasileiro pratique ou determine o cumprimento, na área de sua competência territorial, de ato relativo a pedido de cooperação judiciária formulado por órgão jurisdicional de competência territorial diversa;

IV – arbitral, para que órgão do Poder Judiciário, *se necessário, com a participação do agente de execução,* pratique ou determine o cumprimento, na área de sua competência territorial, de ato objeto de pedido de cooperação judiciária formulado por juízo arbitral, inclusive os que importem efetivação de tutela provisória.

Parágrafo único. Se o ato relativo a processo em curso na justiça federal ou em tribunal superior houver de ser praticado em local onde não haja vara federal, a carta poderá ser dirigida ao juízo estadual da respectiva comarca.

Capítulo II

DA citação

Artigo 245

Art. 245. Não se fará citação quando se verificar que o citando é mentalmente incapaz ou está impossibilitado de recebê-la.

§ 1º O oficial de justiça *ou o agente de execução* descreverá e certificará minuciosamente a ocorrência.

§ 2º Para examinar o citando, o juiz nomeará médico, que apresentará laudo no prazo de 5 (cinco) dias.

§ 3º Dispensa-se a nomeação de que trata o § 2º se pessoa da família apresentar declaração do médico do citando que ateste a incapacidade deste.

§ 4º Reconhecida a impossibilidade, o juiz nomeará curador ao citando, observando, quanto à sua escolha, a preferência estabelecida em lei e restringindo a nomeação à causa.

§ 5º A citação será feita na pessoa do curador, a quem incumbirá a defesa dos interesses do citando.

Artigo 246

Art. 246. A citação será feita:

I – pelo correio;

II – por oficial de justiça;

III – pelo escrivão ou chefe de secretaria, se o citando comparecer em cartório;

IV – por edital;

V – por meio eletrônico, conforme regulado em lei.

VI – *pelo agente de execução.*

Artigo 248

Art. 248. Deferida a citação pelo correio, o escrivão, ou o chefe de secretaria *ou o agente de execução* remeterá ao citando cópias da petição inicial e do despacho do juiz e comunicará o prazo para resposta, o endereço do juízo e o respectivo cartório.

Artigo 249

Art. 249. A citação será feita por meio de oficial de justiça *ou agente de execução* nas hipóteses previstas neste Código ou em lei, ou quando frustrada a citação pelo correio.

Artigo 250

Art. 250. O mandado que o oficial de justiça *ou agente de execução* tiver de cumprir conterá:

I – os nomes do autor e do citando e seus respectivos domicílios ou residências;

II – a finalidade da citação, com todas as especificações constantes da petição inicial, bem como a menção do prazo para contestar, sob pena de revelia, ou para embargar a execução;

III – a aplicação de sanção para o caso de descumprimento da ordem, se houver;

IV – se for o caso, a intimação do citando para comparecer, acompanhado de advogado ou de defensor público, à audiência de conciliação ou de mediação, com a menção do dia, da hora e do lugar do comparecimento;

V – a cópia da petição inicial, do despacho ou da decisão que deferir tutela provisória;

VI – a assinatura do escrivão ou do chefe de secretaria e a declaração de que o subscreve por ordem do juiz.

Artigo 251

Art. 251. Incumbe ao oficial de justiça *ou agente de execução* procurar o citando e, onde o encontrar, citá-lo:

I – lendo-lhe o mandado e entregando-lhe a contrafé;

II – portando por fé se recebeu ou recusou a contrafé;

III – obtendo a nota de ciente ou certificando que o citando não a apôs no mandado.

Artigo 252

Art. 252. Quando, por 2 (duas) vezes, o oficial de justiça *ou agente de execução* houver procurado o citando em seu domicílio ou residência sem o encontrar, deverá, havendo suspeita de ocultação, intimar qualquer pessoa da família ou, em sua falta, qualquer vizinho de que, no dia útil imediato, voltará a fim de efetuar a citação, na hora que designar.

Parágrafo único. Nos condomínios edilícios ou nos loteamentos com controle de acesso, será válida a intimação a que se refere o caput feita a funcionário da portaria responsável pelo recebimento de correspondência.

Artigo 253

Art. 253. No dia e na hora designados, o oficial de justiça *ou agente de execução*, independentemente de novo despacho, comparecerá ao domicílio ou à residência do citando a fim de realizar a diligência.

§ 1º Se o citando não estiver presente, o oficial de justiça *ou o agente de execução* procurará informar-se das razões da ausência, dando por feita a citação, ainda que o citando se tenha ocultado em outra comarca, seção ou subseção judiciárias.

§ 2º A citação com hora certa será efetivada mesmo que a pessoa da família ou o vizinho que houver sido intimado esteja ausente, ou se, embora presente, a pessoa da família ou o vizinho se recusar a receber o mandado.

§ 3º Da certidão da ocorrência, o oficial de justiça *ou o agente de execução* deixará contrafé com qualquer pessoa da família ou vizinho, conforme o caso, declarando--lhe o nome.

§ 4º O oficial de justiça *ou o agente de execução* fará constar do mandado a advertência de que será nomeado curador especial se houver revelia.

Artigo 254

Art. 254. Feita a citação com hora certa, o escrivão, ou o chefe de secretaria *ou o agente de execução* enviará ao réu, executado ou interessado, no prazo *de 15 (quinze) dias*, contado da data da juntada do mandado aos autos, carta, telegrama ou correspondência eletrônica, dando-lhe de tudo ciência.

Artigo 255

Art. 255. Nas comarcas contíguas de fácil comunicação e nas que se situem na mesma região metropolitana, o oficial de justiça *ou o agente de execução* poderá efetuar, em qualquer delas, citações, intimações, notificações, penhoras e quaisquer outros atos executivos.

Artigo 260
Capítulo III
Das cartas

Art. 260. São requisitos das cartas de ordem, precatória e rogatória:

I – a indicação dos juízes *ou agentes de execução* de origem e de cumprimento do ato;

II – o inteiro teor da petição, do despacho judicial e do instrumento do mandato conferido ao advogado;

III – a menção do ato processual que lhe constitui o objeto;

IV – o encerramento com a assinatura do juiz *ou do agente de execução*.

Artigo 261

Art. 261. Em todas as cartas o juiz *ou o agente de execução* fixará o prazo para cumprimento, atendendo à facilidade das comunicações e à natureza da diligência.

§ 1º As partes deverão ser intimadas pelo juiz *ou pelo agente de execução* do ato de expedição da carta.

§ 2º Expedida a carta, as partes acompanharão o cumprimento da diligência perante o juízo *ou o agente de execução* destinatário, ao qual compete a prática dos atos de comunicação.

Artigo 263

Art. 263. As cartas deverão, preferencialmente, ser expedidas por meio eletrônico, caso em que a assinatura do juiz *ou de agente de execução* deverá ser eletrônica, na forma da lei.

Artigo 265

Art. 265. O secretário do tribunal, o escrivão, ou o chefe de secretaria do juízo *ou o agente de execução* deprecante transmitirá, por telefone, a carta de ordem ou a carta precatória ao juízo em que houver de se cumprir o ato, por intermédio do escrivão do primeiro ofício da primeira vara, se houver na comarca mais de um ofício ou de uma vara, observando-se, quanto aos requisitos, o disposto no art. 264.

§ 1º O escrivão ou o chefe de secretaria, no mesmo dia ou no dia útil imediato, telefonará ou enviará mensagem eletrônica ao secretário do tribunal, ao escrivão ou ao chefe de secretaria do juízo *ou ao agente de execução* deprecante, lendo-lhe os termos da carta e solicitando-lhe que os confirme.

§ 2º Sendo confirmada, o escrivão, ou o chefe de secretaria *ou agente de execução* submeterá a carta a despacho.

Artigo 267

Art. 267. O juiz *ou o agente de execução* recusará cumprimento a carta precatória ou arbitral, devolvendo-a com decisão motivada quando:

I – a carta não estiver revestida dos requisitos legais;

II – faltar ao juiz *ou ao agente de execução* competência em razão da matéria ou da hierarquia;

III – o juiz *ou ao agente de execução* tiver dúvida acerca de sua autenticidade.

Parágrafo único. No caso de incompetência em razão da matéria ou da hierarquia, o juiz *ou o agente de execução* deprecado, conforme o ato a ser praticado, poderá remeter a carta ao juiz ou, ao tribunal *ou ao agente de execução* competente.

Artigo 268

Art. 268. Cumprida a carta, será devolvida ao juízo *ou agente de execução* de origem no *prazo de 15 (quinze) dias*, independentemente de traslado, pagas as custas pela parte.

Artigo 271

Capítulo IV

Das intimações

Art. 271. O juiz *ou ao agente de execução* determinará de ofício as intimações em processos pendentes, salvo disposição em contrário.

Artigo 273

Art. 273. Se inviável a intimação por meio eletrônico e não houver na localidade publicação em órgão oficial, incumbirá ao escrivão, ao chefe de secretaria *ou ao agente de execução* intimar de todos os atos do processo os advogados das partes:

Artigo 274

Art. 274. Não dispondo a lei de outro modo, as intimações serão feitas às partes, aos seus representantes legais, aos advogados e aos demais sujeitos do processo pelo correio ou, se presentes em cartório, diretamente pelo escrivão, chefe de secretaria *ou agente de execução.*

Artigo 275

Art. 275. A intimação será feita por oficial de justiça *ou pelo agente de execução* quando frustrada a realização por meio eletrônico ou pelo correio.

Artigo 290

Título IV

Da distribuição e do registro

Art. 290-A. Aplicam-se as disposições deste Título, no que couber, *à distribuição a agentes de execução.*

Artigo 513

Art. 513. O cumprimento da sentença será feito segundo as regras deste Título, observando-se, no que couber e conforme a natureza da obrigação, o disposto no Livro II da Parte Especial deste Código.

§ 1º O cumprimento da sentença que reconhece o dever de pagar quantia, provisório ou definitivo, far-se-á a requerimento do exequente, *cabendo-lhe manifestar a sua opção pela via judicial ou extrajudicial.*

(...)

§ 6º Na hipótese de opção pela execução extrajudicial, a definição do agente de execução seguirá a regra de distribuição prevista no artigo 290-A.

§ 7º Pode o exequente requerer ao juiz, no curso da execução, a sua modificação para a via judicial ou extrajudicial.

Artigo 782

Art. 782. Não dispondo a lei de modo diverso, o juiz determinará os atos executivos, e o oficial de justiça *ou o agente de execução* os cumprirá.

§ 1º O oficial de justiça *ou o agente de execução* poderá cumprir os atos executivos determinados pelo juiz também nas comarcas contíguas, de fácil comunicação, e nas que se situem na mesma região metropolitana.

(...)

§ 6º *O agente de execução poderá ser nomeado depositário e/ou administrador, desde que não tenha atuado direta ou indiretamente na demanda.*

Artigo 792

Art. 792. A alienação ou a oneração de bem é considerada fraude à execução:

(...)

§ 5º *A fraude à execução deverá ser arguida diretamente perante o juízo competente, quando verificada no curso de execução extrajudicial.*

Artigo 798

Art. 798. Ao propor a execução, incumbe ao exequente:

(...)

II – indicar:

(...)

d) *a opção pela via judicial ou extrajudicial, caso se trate da execução de obrigação de pagar quantia certa.*

Artigo 801

Art. 801. Verificando que a petição inicial está incompleta ou que não está acompanhada dos documentos indispensáveis à propositura da execução, *ou, ainda, que não consta a opção pela via judicial ou extrajudicial, caso se trate de execução para pagar quantia certa,* o juiz determinará que o exequente a corrija, no prazo de 15 (quinze) dias, sob pena de indeferimento.

Artigo 829

Art. 829. O executado será citado para pagar a dívida no prazo de 3 (três) dias, contado da citação.

§ 1º Do mandado de citação constarão, também, a ordem de penhora e a avaliação a serem cumpridas pelo oficial de justiça *ou pelo agente de execução* tão logo verificado o não pagamento no prazo assinalado, de tudo lavrando-se auto, com intimação do executado.

Artigo 830

Art. 830. Se o oficial de justiça *ou o agente de execução* não encontrar o executado, arrestar-lhe-á tantos bens quantos bastem para garantir a execução.

§ 1º Nos 10 (dez) dias seguintes à efetivação do arresto, o oficial de justiça *ou o agente de execução* procurará o executado 2 (duas) vezes em dias distintos e, havendo suspeita de ocultação, realizará a citação com hora certa, certificando pormenorizadamente o ocorrido.

Artigo 836

Art. 836. Não se levará a efeito a penhora quando ficar evidente que o produto da execução dos bens encontrados será totalmente absorvido pelo pagamento das custas da execução.

§ 1º Quando não encontrar bens penhoráveis, independentemente de determinação judicial expressa, o oficial de justiça *ou o agente de execução* descreverá na certidão os bens que guarnecem a residência ou o estabelecimento do executado, quando este for pessoa jurídica.

Artigo 837

Art. 837. Obedecidas as normas de segurança instituídas sob critérios uniformes pelo Conselho Nacional de Justiça, a penhora de dinheiro e as averbações de penhoras de bens imóveis e móveis podem ser realizadas, *pelo juiz ou pelo agente de execução*, preferencialmente por meio eletrônico.

Artigo 846

Art. 846. Se o executado fechar as portas da casa a fim de obstar a penhora dos bens, o oficial de justiça *ou o agente de execução* comunicará o fato ao juiz, solicitando-lhe ordem de arrombamento.

§ 1º Deferido o pedido, 2 (dois) oficiais de justiça cumprirão o mandado, arrombando cômodos e móveis em que se presuma estarem os bens, e lavrarão de tudo auto circunstanciado, que será assinado por 2 (duas) testemunhas presentes à diligência.

§ 1º Deferido o pedido:

I – tratando-se de execução pela via judicial, o oficial de justiça cumprirá o mandado, arrombando cômodos e móveis em que se presuma estarem os bens, e lavrarão de tudo auto circunstanciado, que será assinado por 2 (duas) testemunhas presentes à diligência;

II – tratando-se de execução pela via extrajudicial, o agente de execução será obrigatoriamente acompanhado de força policial para arrombar cômodos e móveis em que se presuma estarem os bens, e lavrará de tudo auto circunstanciado, que será assinado por 2 (duas) testemunhas presentes à diligência;

§ 2º Sempre que necessário, o juiz requisitará força policial, a fim de auxiliar o oficial de justiça na penhora dos bens.

§ 3º O oficial de justiça ou o agente de execução lavrará em duplicata o auto da ocorrência, entregando uma via ao escrivão ou ao chefe de secretaria, para ser juntada aos autos, e a outra à autoridade policial a quem couber a apuração criminal dos eventuais delitos de desobediência ou de resistência.

Artigo 847

Art. 847. O executado pode, no prazo de 15 *(quinze)* dias contado da intimação da penhora, requerer a substituição do bem penhorado, desde que comprove que lhe será menos onerosa e não trará prejuízo ao exequente.

§ 1º O juiz *ou o agente de execução* só autorizará a substituição se o executado:

I – comprovar *a atualidade* das respectivas matrículas e dos registros, por certidão do correspondente ofício, quanto aos bens imóveis;

(...)

§ 4º *O juiz ou o agente de execução* intimará o exequente para manifestar-se sobre o requerimento de substituição do bem penhorado.

Artigo 853

Art. 853. Quando uma das partes requerer alguma das medidas previstas nesta Subseção, o juiz ouvirá sempre a outra, no prazo de 3 (três) dias, antes de decidir.

§ 1º Todos os atos praticados pelo agente de execução serão impugnáveis ao juízo competente no prazo de 15 (quinze) dias.

§ 2º O juiz decidirá de plano qualquer questão suscitada.

Artigo 854

Art. 854. Para possibilitar a penhora de dinheiro em depósito ou em aplicação financeira, o juiz *ou o agente de execução, quando se tratar de execução extrajudicial,* a requerimento do exequente, sem dar ciência prévia do ato ao executado, determinará às instituições financeiras *e equiparadas*, por meio de sistema eletrônico gerido pela autoridade supervisora do sistema financeiro nacional, que torne indisponíveis ativos financeiros existentes em nome do executado, limitando-se a indisponibilidade ao valor indicado na execução *atualizado e com os acréscimos legais*.

§ 1º No prazo de 24 (vinte e quatro) horas a contar da resposta, de ofício, o juiz determinará o cancelamento de eventual indisponibilidade excessiva, o que deverá ser cumprido pela instituição financeira *e equiparada* em igual prazo.

§ 2º Tornados indisponíveis os ativos financeiros do executado, este será intimado *pelo juiz ou pelo agente de execução* na pessoa de seu advogado ou, não o tendo, pessoalmente.

§ 3º Incumbe ao executado, *em petição dirigida ao juízo competente, no prazo de 15 (quinze) dias, alegar e* comprovar que:

I – as quantias tornadas indisponíveis são impenhoráveis;

II – ainda remanesce indisponibilidade excessiva de ativos financeiros.

III – há algum vício de validade do procedimento, na forma do art. 518.

§ 3º-A Após a manifestação do executado, será ouvido o exequente, no prazo de 15 (quinze) dias.

§ 4º Acolhida qualquer das arguições do § 3º, o juiz determinará o cancelamento de eventual indisponibilidade irregular ou excessiva, a ser cumprido pela instituição financeira em 24 (vinte e quatro) horas.

§ 5º Rejeitada ou não apresentada a manifestação do executado, converter-se-á a indisponibilidade em penhora, sem necessidade de lavratura de termo, devendo o *agente de execução* determinar à instituição financeira depositária que, no prazo de 24 (vinte e quatro) horas, transfira o montante indisponível para conta vinculada ao juízo da execução.

§ 6º Realizado o pagamento da dívida por outro meio, o juiz ou *o agente de execução* determinará, imediatamente, por sistema eletrônico gerido pela autoridade supervisora do sistema financeiro nacional, a notificação da instituição financeira *ou equiparada* para que, em até 24 (vinte e quatro) horas, cancele a indisponibilidade.

(...)

§ 8º A instituição financeira ou equiparada será responsável pelos prejuízos causados ao executado em decorrência da indisponibilidade de ativos financeiros em valor superior ao indicado na execução ou pelo juiz, bem como na hipótese de não cancelamento da indisponibilidade no prazo de 24 (vinte e quatro) horas, quando assim determinar o juiz *ou o agente de execução*.

§ 9º Quando se tratar de execução contra partido político, o juiz *ou o agente de execução*, a requerimento do exequente, determinará às instituições financeiras *ou equiparadas*, por meio de sistema eletrônico gerido por autoridade supervisora do sistema bancário, que tornem indisponíveis ativos financeiros somente em nome do órgão partidário que tenha contraído a dívida executada ou que tenha dado causa à violação de direito ou ao dano, ao qual cabe exclusivamente a responsabilidade pelos atos praticados, na forma da lei.

Artigo 861

Art. 861. Penhoradas as quotas ou as ações de sócio em sociedade simples ou empresária, o juiz assinará prazo razoável, não superior a 3 (três) meses, para que a sociedade:

(...)

§ 3º Para os fins da liquidação de que trata o inciso III do caput, o juiz poderá, a requerimento do exequente ou da sociedade, nomear administrador *ou agente de execução*, que deverá submeter à aprovação judicial a forma de liquidação.

(...)

§ 5º Caso não haja interesse dos demais sócios no exercício de direito de preferência, não ocorra a aquisição das quotas ou das ações pela sociedade e a liquidação do inciso III do caput seja excessivamente onerosa para a sociedade, o juiz poderá determinar o leilão judicial das quotas ou das ações, *o qual será, preferencialmente, conduzido pelo agente de execução.*

Artigo 862

Art. 862. Quando a penhora recair em estabelecimento comercial, industrial ou agrícola, bem como em semoventes, plantações ou edifícios em construção, o juiz ou *o agente de execução, após aprovação judicial, quando se tratar de execução extrajudicial*, nomeará administrador-depositário, determinando-lhe que apresente em 10 (dez) dias o plano de administração.

§ 1º Ouvidas as partes, *o agente de execução oficiará o juiz, que decidirá.*

§ *1º-A Desde que autorizada judicialmente, a nomeação do administrador-depositário, bem como a condução do respectivo procedimento, poderá ser realizada pelo agente de execução.*

§ 2º É lícito às partes ajustar a forma de administração e escolher o depositário, hipótese em que o juiz homologará por despacho a indicação.

Art. 866. Se o executado não tiver outros bens penhoráveis ou se, tendo-os, esses forem de difícil alienação ou insuficientes para saldar o crédito executado, o juiz *ou o agente de execução, após aprovação judicial, realizará* a penhora de percentual de faturamento de empresa.

§ 1º O juiz fixará percentual que propicie a satisfação do crédito exequendo em tempo razoável, mas que não torne inviável o exercício da atividade empresarial.

§ 2º O juiz *ou o agente de execução, após aprovação do juiz,* nomeará administrador-depositário, o qual submeterá à aprovação judicial a forma de sua atuação e prestará contas mensalmente, entregando em juízo as quantias recebidas, com os respectivos balancetes mensais, a fim de serem imputadas no pagamento da dívida.

Artigo 867

Art. 867. O juiz pode ordenar a penhora de frutos e rendimentos de coisa móvel ou imóvel quando a considerar mais eficiente para o recebimento do crédito e menos gravosa ao executado, *cabendo ao agente de execução efetivá-la.*

Artigo 868

Art. 868. Ordenada a penhora de frutos e rendimentos, o juiz *ou o agente de execução, após aprovação do juiz,* nomeará administrador-depositário, que será investido de todos os poderes que concernem à administração do bem e à fruição de seus frutos e utilidades, perdendo o executado o direito de gozo do bem, até que o exequente seja pago do principal, dos juros, das custas e dos honorários advocatícios.

Artigo 869

Art. 869. O juiz *ou o agente de execução, após aprovação do juiz,* poderá nomear como administrador-depositário, o exequente ou o executado, ouvida a parte contrária, e, não havendo acordo, nomeará profissional qualificado para o desempenho da função.

(...)

§ 5º As quantias recebidas pelo administrador *ou pelo agente de execução* serão entregues ao exequente, a fim de serem imputadas ao pagamento da dívida.

§ 6º O exequente *ou o agente de execução* dará ao executado, por termo nos autos, quitação das quantias recebidas.

Artigo 870

Art. 870. A avaliação será feita pelo oficial de justiça *ou pelo agente de execução.*

Parágrafo único. Se forem necessários conhecimentos especializados e o valor da execução o comportar, o juiz nomeará avaliador *ou o agente de execução requererá ao juiz a nomeação,* fixando-lhe prazo não superior a 15 *(quinze)* dias para entrega do laudo.

Artigo 872

Art. 872. A avaliação realizada pelo oficial de justiça *ou pelo agente de execução* constará de vistoria e de laudo anexados ao auto de penhora ou, em caso de perícia realizada por avaliador, de laudo apresentado no prazo fixado pelo juiz, devendo-se, em qualquer hipótese, especificar:

(...)

§ 2º Realizada a avaliação e, sendo o caso, apresentada a proposta de desmembramento, as partes serão ouvidas no prazo de 15 (quinze) dias.

Artigo 873

Art. 873. É admitida nova avaliação quando:

(...)

II – *se o juiz ou o agente de execução* verificar, posteriormente à avaliação, que houve majoração ou diminuição no valor do bem;

Artigo 874

Art. 874. Após a avaliação, o juiz *ou o agente de execução* poderá, a requerimento do interessado e ouvida a parte contrária em 15 *(quinze) dias*, mandar:

Artigo 875

Art. 875. Realizadas a penhora e a avaliação, *tratando-se de execução judicial*, o juiz dará início aos atos de expropriação do bem *ou, tratando-se de execução extrajudicial, o juiz autorizará o agente de execução a iniciar os atos de expropriação do bem*.

Artigo 880

Art. 880. Não efetivada a adjudicação, o exequente poderá requerer a alienação por sua própria iniciativa ou por intermédio de corretor ou leiloeiro público credenciado perante o órgão judiciário, *ou ainda, pelo agente de execução*.

(...)

§ 4º Nas localidades em que não houver corretor ou leiloeiro público credenciado nos termos do § 3º, *ou ainda, quando não exista agente de execução na localidade*, a indicação será de livre escolha do exequente.

Artigo 881

Art. 881. A alienação far-se-á em leilão judicial se não efetivada a adjudicação ou a alienação por iniciativa particular.

§ 1º O leilão do bem penhorado será realizado por leiloeiro público *ou agente de execução*.

Artigo 883

Art. 883. Caberá ao juiz *ou ao agente de execução* a designação do leiloeiro público, que poderá ser indicado pelo exequente.

Artigo 884

Art. 884. Incumbe ao leiloeiro público *ou ao agente de execução*:

(...)

IV – receber e depositar, dentro de 1 (um) dia, à ordem do juiz, o produto da alienação, *no caso de execução judicial*;

(...)

Parágrafo único. O leiloeiro *ou o agente de execução* tem o direito de receber do arrematante a comissão estabelecida em lei ou arbitrada pelo juiz.

Artigo 886

Art. 886. O leilão será precedido de publicação de edital, que conterá:

(...)

II – o valor pelo qual o bem foi avaliado, o preço mínimo pelo qual poderá ser alienado, as condições de pagamento e, se for o caso, a comissão do leiloeiro *ou do agente de execução*;

Artigo 887

Art. 887. O leiloeiro público designado *ou o agente de execução* adotará providências para a ampla divulgação da alienação.

(...)

§ 2º O edital será publicado na rede mundial de computadores *em sítios ou redes sociais que permitam a mais ampla divulgação*, e conterá descrição detalhada e, sempre que possível, ilustrada dos bens, informando expressamente se o leilão se realizará de forma eletrônica ou presencial.

§ 3º *Não sendo possível a publicação na forma do § 2º, o edital será publicado em veículos de comunicação de ampla circulação local.*

§ 4º Atendendo ao valor dos bens e às condições da sede do juízo, o juiz poderá alterar a forma e a frequência da publicidade na imprensa, mandar publicar o edital em local de ampla circulação de pessoas e divulgar avisos em emissora de rádio ou televisão local, bem como em sítios distintos do indicado no § 2º. (Revogar)

§ 4º Os editais de leilão de imóveis e de veículos automotores serão publicados pela imprensa ou por outros meios de divulgação, preferencialmente na seção ou no local reservados à publicidade dos respectivos negócios.

§ 5º *Admite-se a reunião de publicações em listas referentes a mais de uma execução.*

Artigo 888

Art. 888. Não se realizando o leilão por qualquer motivo, o juiz mandará publicar a transferência, observando-se o disposto no 887.

Parágrafo único. *O agente de execução,* o escrivão, o chefe de secretaria ou o leiloeiro que culposamente der causa à transferência responde pelas despesas da nova publicação, podendo o juiz aplicar-lhe a pena de suspensão por 5 (cinco) dias a 3 (três) meses, em procedimento administrativo regular.

Artigo 889

Art. 889. Serão cientificados da alienação judicial, com pelo menos 5 (cinco) dias de antecedência:

Artigo 890

Art. 890. Pode oferecer lance quem estiver na livre administração de seus bens, com exceção:

(...)

III – do juiz, do membro do Ministério Público e da Defensoria Pública, do escrivão, do chefe de secretaria, *do agente de execução* e dos demais servidores e auxiliares da justiça, em relação aos bens e direitos objeto de alienação na localidade onde servirem ou a que se estender a sua autoridade;

Artigo 901

Art. 901. A arrematação constará de auto que será lavrado de imediato e poderá abranger bens penhorados em mais de uma execução, nele mencionadas as condições nas quais foi alienado o bem.

§ 1º A ordem de entrega do bem móvel ou a carta de arrematação do bem imóvel, com o respectivo mandado de imissão na posse, será expedida depois de efetuado o depósito ou prestadas as garantias pelo arrematante, bem como realizado o pagamento da comissão do leiloeiro *ou do agente de execução* e das demais despesas da execução.

Artigo 903

Art. 903. Qualquer que seja a modalidade de leilão, assinado o auto pelo juiz, pelo arrematante e pelo leiloeiro *ou pelo agente de execução*, a arrematação será considerada perfeita, acabada e irretratável, ainda que venham a ser julgados procedentes os embargos do executado ou a ação autônoma de que trata o § 4º deste artigo, assegurada a possibilidade de reparação pelos prejuízos sofridos.

(...)

§ 4º *Em até 90 (noventa) dias, após* a expedição da carta de arrematação ou da ordem de entrega, a invalidação da arrematação poderá ser pleiteada por ação autônoma, em cujo processo o arrematante figurará como litisconsorte necessário.

Artigo 921

Art. 921. Suspende-se a execução:

(...)

§ *1º-A A suspensão da execução retroage à data da expedição da certidão do agente de execução ou do oficial de justiça que certificar a ausência de bens penhoráveis ou de baixa liquidez do executado.*

ANOTAÇÕES